엑셀 and 파워포인트 2016 and 한글NEO

장경호, 서정동 지음

환장의 콤비
엑셀 & 파워포인트 2016 & 한글 NEO

Copyright ⓒ2016 by Youngjin.com Inc.
10F, Daeryung Techno Town 13-th, 24, Gasan Digital 1-ro, Geumcheon-gu, Seoul 08591, Korea.
All rights reserved. First published by Youngjin.com. in 2016. Printed in Korea

ISBN 978-89-314-5306-5

독자님의 의견을 받습니다
이 책을 구입한 독자님은 영진닷컴의 가장 중요한 비평가이자 조언가입니다. 저희 책의 장점과 문제점이 무엇인지, 어떤 책이 출판되기를 바라는지, 책을 더욱 알차게 꾸밀 수 있는 아이디어가 있으면 이메일, 또는 우편으로 연락주시기 바랍니다. 의견을 주실 때에는 책 제목 및 독자님의 성함과 연락처(전화번호나 이메일)를 꼭 남겨 주시기 바랍니다. 독자님의 의견에 대해 바로 답변을 드리고, 또 독자님의 의견을 다음 책에 충분히 반영하도록 늘 노력하겠습니다.

이메일 : support@youngjin.com
주 소 : (우)08591 서울특별시 금천구 가산디지털1로 24 대륭테크노타운 13차 10층
등 록 : 2007. 4. 27. 제16-4189호

STAFF
저자 장경호, 서정동 | **책임** 김태경 | **진행** 성민 | **본문 편집** 최동연 | **본문 디자인** 고은애, 지화경 | **표지 디자인** 임정원

PREFACE

오피스 2016이 새롭게 출시되었습니다. 오피스 2016을 통해 협업과 생산성으로 요약할 수 있는 비즈니스 업무를 가장 효과적으로 처리할 수 있습니다. 환상의 콤비 도서는 오피스 프로그램을 한 권으로 묶어 가장 효과적으로 공부할 수 있습니다.

환상의 콤비는 아래의 기준에 따라 집필하였습니다.

▶ 한 권의 도서만으로 오피스(엑셀, 파워포인트)를 완벽하게 마스터할 수 있도록 내용에 충실할 것!

▶ 타 도서보다 많은 내용을 다룰 수 있도록 프로그램별로 중복 집필하지 말고, 연계 기능에 신경 쓸 것!

▶ 업데이트되는 내용(엑셀, 파워포인트)은 저자가 운영하는 21만 회원이 소속되어 있는 실무카페를 통해 A/S 할 것!

환상의 콤비라는 이름으로 벌써 다섯 번째 도서를 출간하게 되었습니다. 그 동안의 노하우를 잘 풀어쓸 수 있도록 도와주신 영진닷컴 식구들과 김태경 부장님, 성민 과장님에게 고마움을 전합니다. 항상 곁에서 힘이 되어주는 아내와 내년과 내후년에 학교에 갈 소연, 소희에게 사랑한다고 이야기하고 싶습니다.

2016년 3월
장경호

오피스 2016(엑셀, 파워포인트)은 계속해서 새로운 기능과 내용이 업데이트됩니다. 저자가 운영하는 실무카페를 통해 해당 내용을 소개하고 있으며, 피드백 창구도 마련하고 있습니다.

환상의 콤비 도서를 공부하면서 궁금한 점을 물어보면 21만 회원과 함께 답을 찾아보겠습니다. 환상의 콤비 도서만이 가질 수 있는 장점을 놓치지 마세요.

오피스 실무카페 http://cafe.naver.com/ppt

Preview

이 책은 오피스 2016에 수록되어 있는 엑셀, 파워포인트와 한컴오피스 NEO의 한글을 각각의 PART로 나누어 설명하고 있습니다. 각 PART는 Chapter와 Section으로 구성되어 있으며, Section의 시작 부분에는 Intro 코너를 마련하여 해당 Section에서 다루는 전반적

■ 엑셀, 파워포인트, 한글

엑셀, 파워포인트 2016과 한글 NEO를 각각 PART로 나눠서 분권으로 구성하여 초보자들의 눈높이에 맞는 기본+활용 노하우를 소개합니다.

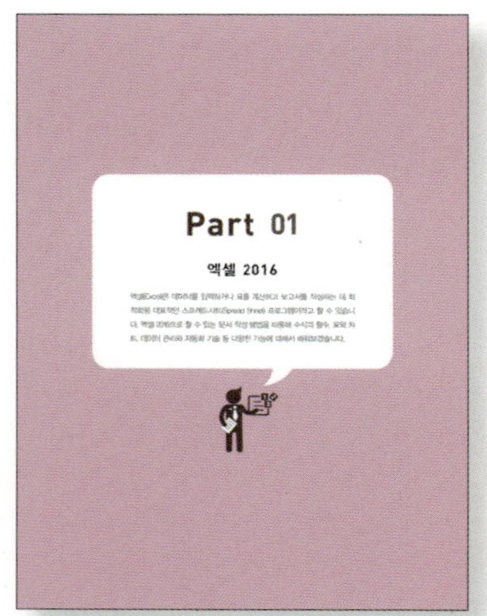

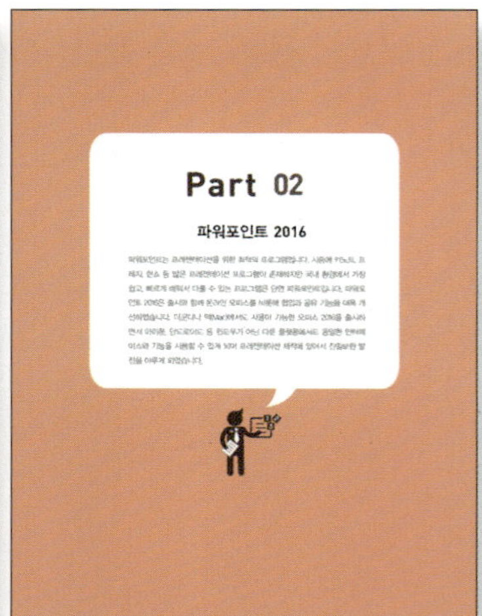

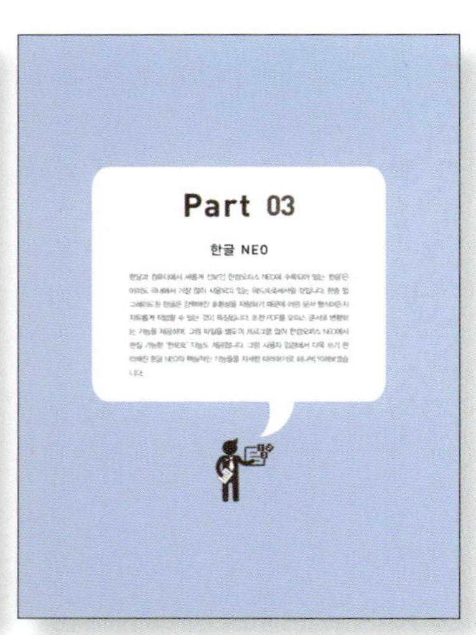

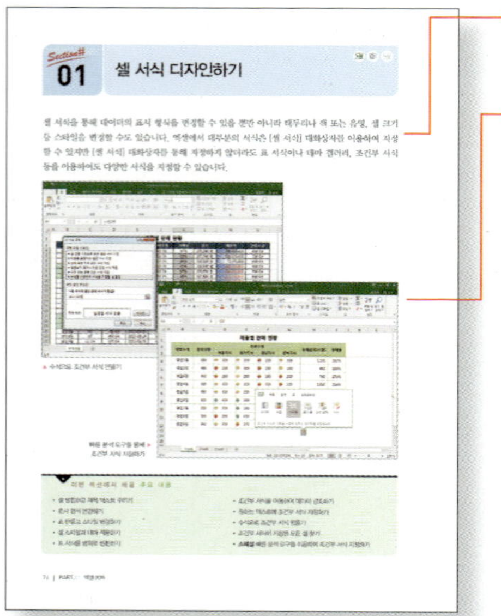

■ INTRO

각 Section의 시작 전에 어떤 내용을 배우게 되는지 알아봅니다.

■ Preview

각 Section에서 배우게 되는 주요 예제들을 미리 보기로 확인합니다.

인 내용을 한눈에 파악할 수 있습니다. 그리고 자세한 따라하기를 비롯하여 부연 설명이나 주의해야 할 사항, 추가적인 정보는 'TIP', '꼭! 알고가기', 'QR 코드로 더 자세히' 등의 요소로 독자들의 이해를 돕습니다. 마지막으로 'Special Page'에서는 본문에서 다루지 못했지만 오피스 2016과 한글 NEO 사용에 유용한 저자의 노하우를 소개하며 '체크해봐요'에서는 본문에서 익힌 내용을 활용하여 응용력을 키울 수 있는 문제들을 제공합니다.

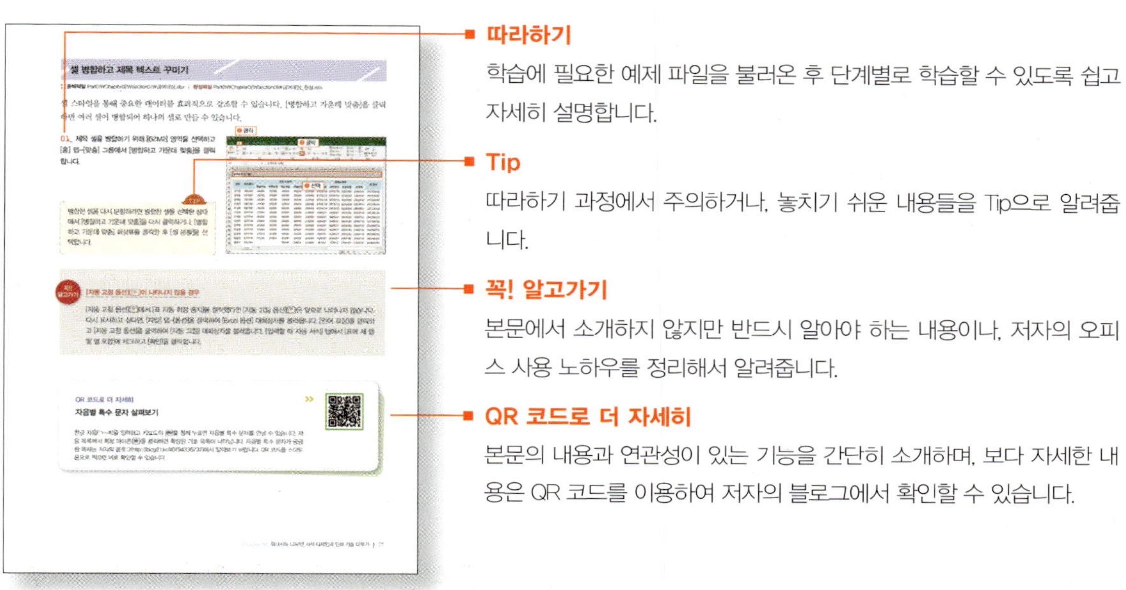

■ 따라하기
학습에 필요한 예제 파일을 불러온 후 단계별로 학습할 수 있도록 쉽고 자세히 설명합니다.

■ Tip
따라하기 과정에서 주의하거나, 놓치기 쉬운 내용들을 Tip으로 알려줍니다.

■ 꼭! 알고가기
본문에서 소개하지 않지만 반드시 알아야 하는 내용이나, 저자의 오피스 사용 노하우를 정리해서 알려줍니다.

■ QR 코드로 더 자세히
본문의 내용과 연관성이 있는 기능을 간단히 소개하며, 보다 자세한 내용은 QR 코드를 이용하여 저자의 블로그에서 확인할 수 있습니다.

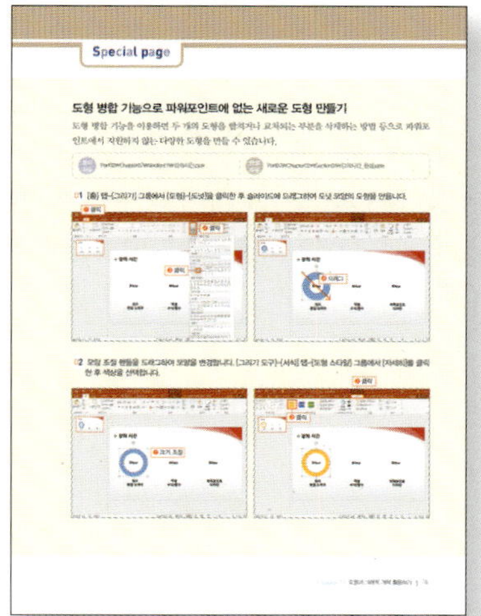

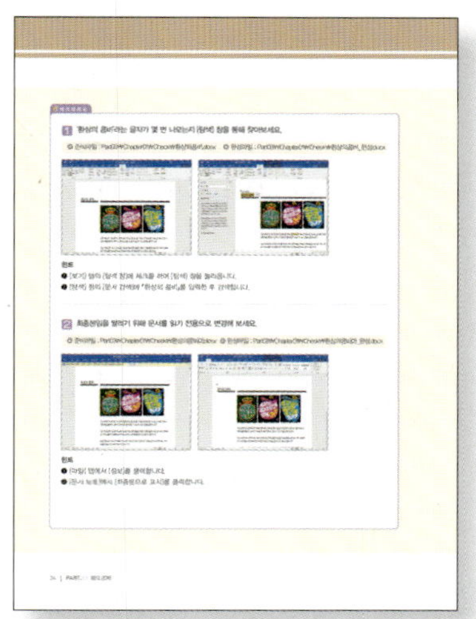

■ Special Page
오피스 2016과 한글 NEO의 학습에 도움이 되는 내용들을 별도의 페이지로 구성하여 설명합니다.

■ 체크해봐요
앞선 따라하기에서 익힌 내용을 바탕으로 응용력을 키울 수 있는 문제들을 제공하며, 자세한 풀이 과정은 부록 CD에 수록되어 있는 해설 파일을 참고합니다.

이 책의 구성

'환상의 콤비 엑셀+파워포인트 2016+한글 NEO'는 더욱 강력해지고 편리해진 오피스 2016과 한글 NEO의 핵심 기능들을 어떻게 하면 제대로 써먹을 수 있는지 설명하고 있습니다. 엑셀, 파워포인트 2016과 한글 NEO의 멋진 기능들을 활용한 실전 문서 제작 방법과 저자의 노하우가 스며들어 있는 문서 작업 효율 극대화 방법을 소개하여 엑셀, 파워포인트, 한글을 전혀 모르더라도 쉽게 배울 수 있습니다. 이 책은 엑셀, 파워포인트, 한글을 각각의 PART로 구성하고 분권 처리를 하여 휴대성을 높였습니다. 그럼 본격적인 학습에 앞서 이 책이 어떻게 구성되어 있는지 간단히 살펴보겠습니다.

PART · 01 엑셀 2016

엑셀(Excel)은 데이터를 입력하거나 표를 계산하고 보고서를 작성하는 데 최적화된 대표적인 스프레드시트(Spread Sheet) 프로그램이라고 할 수 있습니다. PART 01에서는 엑셀 2016의 인터페이스와 기본 기능을 비롯하여 문서 작성 방법, 수식과 함수, 표와 차트, 데이터 관리와 자동화 기술 등 다양한 기능들을 소개합니다.

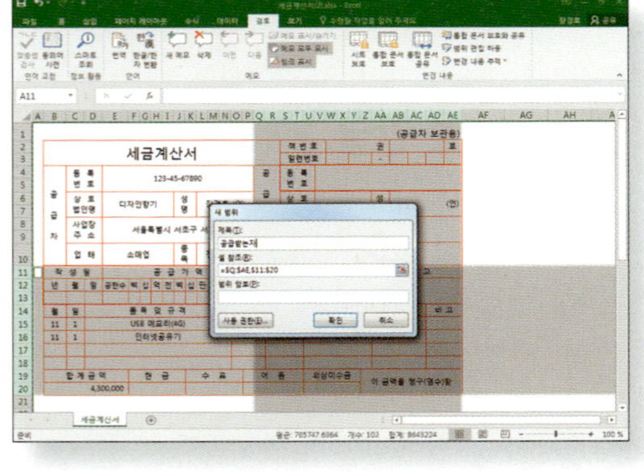

- ▶ **Chapter 01** 엑셀의 첫 걸음! 기본 문서 작성하기
- ▶ **Chapter 02** 워크시트 디자인! 서식 디자인과 인쇄 기술 다루기
- ▶ **Chapter 03** 복잡한 계산을 효율적으로! 수식과 함수 활용하기
- ▶ **Chapter 04** 데이터 관리하고 분석하기

부록 CD
살펴보기

이 책의 부록 CD에는 본문에서 사용하는 예제 파일과 완성 파일, 그리고 '체크해봐요' 요소의 풀이 과정 해설 파일이 수록되어 있습니다. 부록 CD의 파일들은 내 컴퓨터에 복사한 후 사용할 것을 권장합니다.

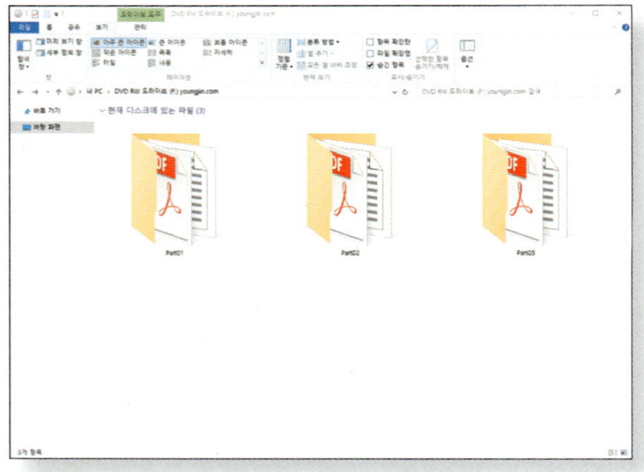

Part01 : 'Part01 엑셀 2016'의 따라하기에 필요한 예제 파일과 완성 파일, 그리고 [체크해봐요] 요소의 문제 풀이 과정 파일이 수록되어 있습니다.

Part02 : 'Part02 파워포인트 2016'의 따라하기에 필요한 예제 파일과 완성 파일, 그리고 [체크해봐요] 요소의 문제 풀이 과정 파일이 수록되어 있습니다.

Part03 : 'Part03 한글 NEO'의 따라하기에 필요한 예제 파일과 완성 파일, 그리고 [체크해봐요] 요소의 문제 풀이 과정 파일이 수록되어 있습니다.

동일한 부록 CD 데이터를 영진닷컴 홈페이지(www.youngjin.com)의 [고객센터]-[부록 CD 다운로드]-[IT도서/교재]에서 도서명으로 검색한 후 다운로드할 수도 있습니다.

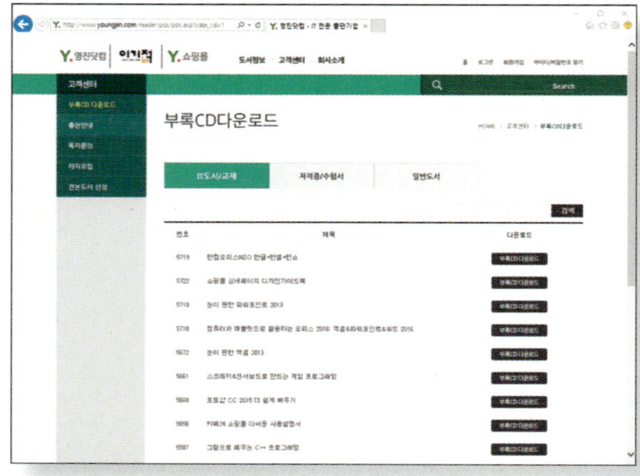

Part 01

엑셀 2016

엑셀(Excel)은 데이터를 입력하거나 표를 계산하고 보고서를 작성하는 데 최적화된 대표적인 스프레드시트(Spread Sheet) 프로그램이라고 할 수 있습니다. 엑셀 2016으로 할 수 있는 문서 작성 방법을 비롯해 수식과 함수, 표와 차트, 데이터 관리와 자동화 기술 등 다양한 기능에 대해서 배워보겠습니다.

Contents

엑셀의 첫 걸음!
기본 문서 작성하기

엑셀은 방대한 양의 데이터를 파악하고 분석할 수 있는 매우 강력한 도구입니다. 물론, 데이터의 양이 많지 않더라도 클릭 한 두 번으로 간단하게 데이터를 처리할 수 있으며, 원하는 내용을 정리하고, 보고하는 데 매우 유용한 도구이기도 합니다. 여기서는 다양한 실무 예제를 통해 엑셀의 기본 문서를 작성해보겠습니다.

Section 1. 엑셀 2016 시작하기

Section 2. 데이터 입력하기

Section 3. 셀과 워크시트 다루기

01 엑셀 2016 시작하기

엑셀 2016을 실행하면 최근에 사용한 항목이나 전문가가 만든 온라인 서식 파일이 제일 먼저 나타납니다. 이 중에 원하는 서식 파일이 있다면 선택하여 보다 빠르게 엑셀 작업을 할 수 있습니다. 여기서 '새 통합 문서'를 선택하면 비어있는 문서가 열리며 새롭게 엑셀 문서를 만들 수도 있습니다.

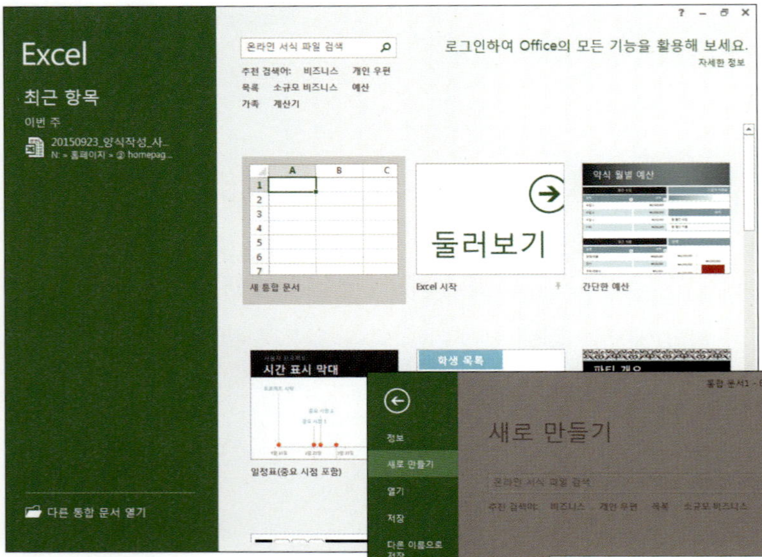

▲ 새 통합 문서 시작하기

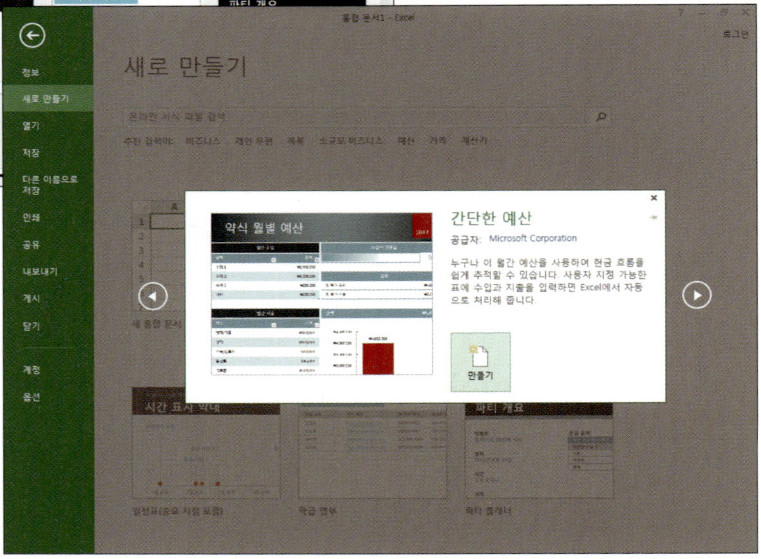

▲ 서식 파일 열고 저장하기

이번 섹션에서 배울 주요 내용

- 엑셀 2016 시작 화면 살펴보기
- 엑셀 2016 화면 구성 살펴보기
- 새 통합 문서 시작하기
- 서식 파일 열고 저장하기
- 엑셀 2016 리본 메뉴 살펴보기
- 중요 문서에 암호 설정하기
- **스페셜** OneDrive를 통해 다른 사용자와 문서 공유하기

엑셀 2016 시작 화면 살펴보기

엑셀 2016을 실행하면 처음 등장하는 시작 화면은 최근에 사용한 문서를 선택하거나, 온라인 서식 파일을 비롯해 내 컴퓨터에 저장되어 있는 문서를 빠르게 불러올 수 있습니다.

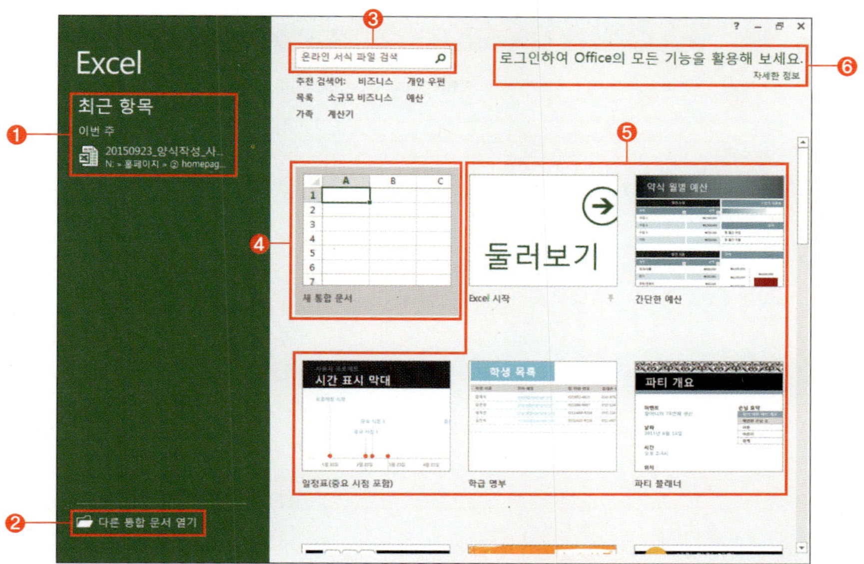

❶ **최근 항목** : 최근에 사용한 문서를 표시합니다.

❷ **다른 통합 문서 열기** : OneDrive, 내 컴퓨터 등에 저장되어 있는 문서를 엽니다.

❸ **온라인 서식 파일 검색** : 원하는 키워드를 입력하여 온라인 서식 파일을 엽니다.

❹ **새 통합 문서** : 비어있는 새 통합 문서를 엽니다.

❺ **서식 파일** : 엑셀 2016이 제공하는 다양한 서식 파일을 보여줍니다.

❻ **로그인** : OneDrive와 같은 Microsoft 온라인 서비스에 자동으로 로그인됩니다.

주요 Excel 서식 파일

온라인 서식 파일은 엑셀 2016 시작 화면에서도 검색할 수 있지만 Office.com의 서식 페이지에서도 검색하고 내 컴퓨터로 다운로드할 수 있습니다.

https://templates.office.com

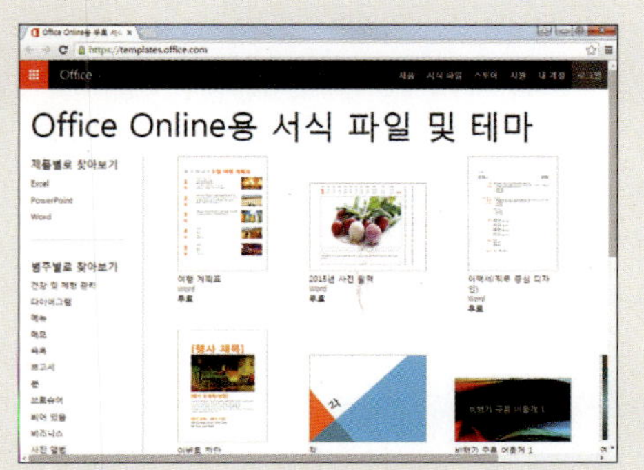

엑셀 2016의 화면은 엑셀 2010, 2013과 유사하지만 제목 표시줄의 색상이 깔끔하게 변경되었으며,
로그인과 사용자 정보, 그리고 문서를 공유하기 위한 협업 기능이 강조되었습니다.

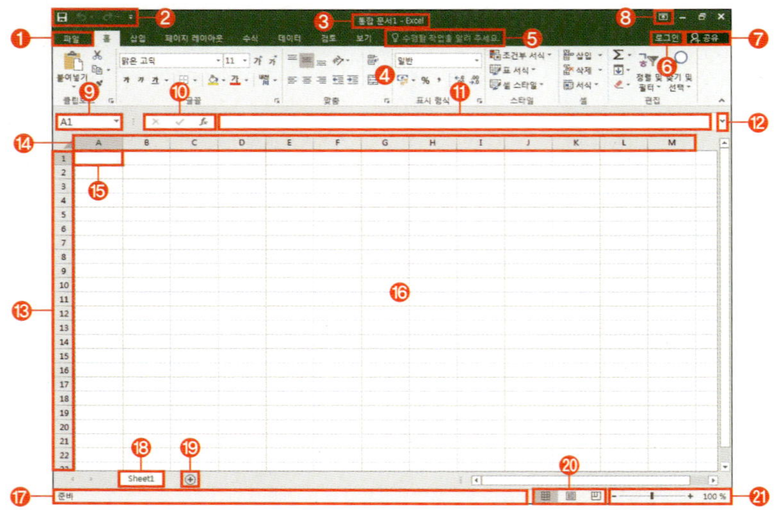

❶ **[파일] 탭** : 새로 만들기, 열기, 저장, 인쇄, 내보내기 등 문서를 관리하고 옵션을 지정할 수 있는 메뉴로 구성되어 있습니다.

❷ **빠른 실행 도구 모음** : 자주 사용하는 명령을 모아 놓은 도구 모음으로 원하는 명령을 추가하거나 삭제할 수 있습니다.

❸ **제목 표시줄** : 통합 문서의 파일명이 나타납니다.

❹ **리본 메뉴** : 탭과 그룹으로 구성되어 있으며, 탭과 그룹마다 비슷한 성격의 명령 단추로 나열되어 있습니다.

❺ **빠른 실행** : 엑셀 2016에서 제공하는 도움말을 비롯해 기능을 빠르게 실행할 수 있습니다.

❻ **로그인** : Microsoft 서비스에 로그인하거나 사용자의 로그인 정보를 확인할 수 있습니다.

❼ **공유** : 다른 사용자와 공동 작업을 위해 문서를 클라우드(OneDrive)에 저장할 수 있으며, 공유한 문서를 통해 공동 작업을 진
행할 수 있습니다.

❽ **리본 메뉴 확대/축소 단추** : 워크시트를 넓게 사용하고 싶거나 리본 메뉴를 표시하지 않도록 설정할 수 있습니다.

❾ **이름 상자** : 셀이나 범위의 이름이 나타나며, 이름을 지정하지 않으면 선택한 셀 주소가 나타납니다.

❿ **함수 삽입** : [함수 마법사] 대화상자를 통해 원하는 함수를 빠르고 편리하게 선택할 수 있습니다.

⓫ **수식 입력줄** : 입력한 데이터나 수식이 표시되며, 직접 수식을 입력할 수도 있습니다.

⓬ **수식 입력줄 확장 단추** : 수식 입력줄의 크기를 확장하거나, 축소할 수 있습니다.

⓭ **행 머리글** : 워크시트의 행을 표시하는 이름표로써 행 머리글은 1, 2, 3 등으로 나타납니다.

⓮ **열 머리글** : 워크시트의 열을 표시하는 이름표로써 열 머리글은 A, B, C 등으로 나타납니다.

⓯ **셀** : 행과 열이 교차되는 곳으로 수식과 데이터를 입력할 수 있습니다.

⓰ **워크시트** : 데이터 작업이 이루어지는 공간을 말합니다.

⓱ **상태 표시줄** : 화면 보기 단추와 확대/축소 단추가 있는 상태 표시줄을 통해 합계, 평균 등 간단한 계산을 표시할 수 있으며,
키보드 상태와 페이지 번호 등을 확인할 수 있습니다.

⓲ **시트 탭** : 엑셀 작업이 이루어지는 워크시트의 이름이 표시되며, 추가하거나 삭제할 수 있습니다.

⓳ **새 시트** : [새 시트] 단추를 클릭하여 워크시트를 추가할 수 있습니다.

⓴ **여러 가지 보기 단추** : 문서의 화면 보기 형태를 다양하게 선택할 수 있습니다.

㉑ **화면 확대/축소 단추** : 화면을 원하는 배율로 조절할 수 있습니다.

새 통합 문서 시작하기

빈 워크시트 화면을 불러오기 위해서는 시작 화면에서 새 통합 문서를 선택해야 합니다.

01_ 엑셀 2016을 실행합니다. 빈 워크시트 화면을 불러오기 위해 [새 통합 문서]를 클릭합니다.

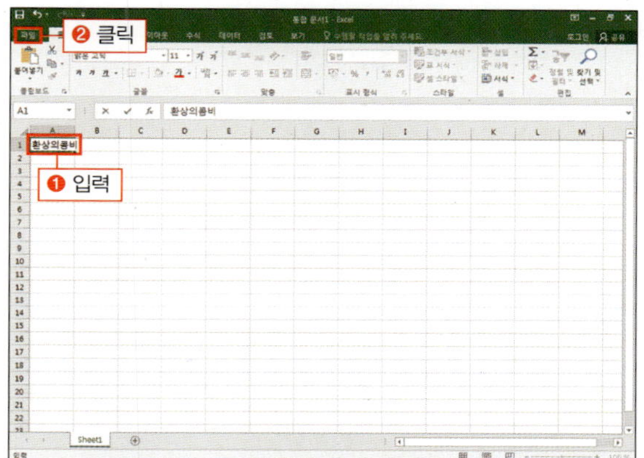

> **TIP**
>
> [새 통합 문서]는 **Ctrl**+**N**을 눌러 불러올 수도 있습니다.

02_ 새 통합 문서가 나타나면 [A1] 셀에 『환상의콤비』를 입력합니다. 문서를 저장하기 위해 [파일] 탭을 클릭합니다.

03_ [다른 이름으로 저장]에서 [저장 위치]를 선택합니다. 여기서는 내 컴퓨터에 저장하기 위해 [이 PC]를 선택한 후 원하는 폴더를 클릭합니다. 여기서는 [내 문서]를 선택합니다.

> **TIP**
>
> [저장] 단축키는 **Ctrl**+**S**이며, [다른 이름으로 저장] 단축키는 **F12**입니다.

04_ [다른 이름으로 저장] 대화상자가 나타나면 [파일 이름]에 원하는 이름을 입력합니다. 여기서는 『환상의콤비』를 입력한 후 [저장]을 클릭합니다.

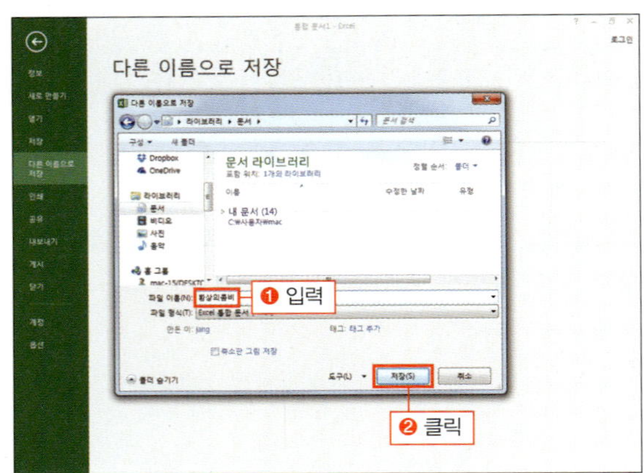

05_ 제목 표시줄에 '환상의콤비.xlsx'라는 파일명이 나타납니다.

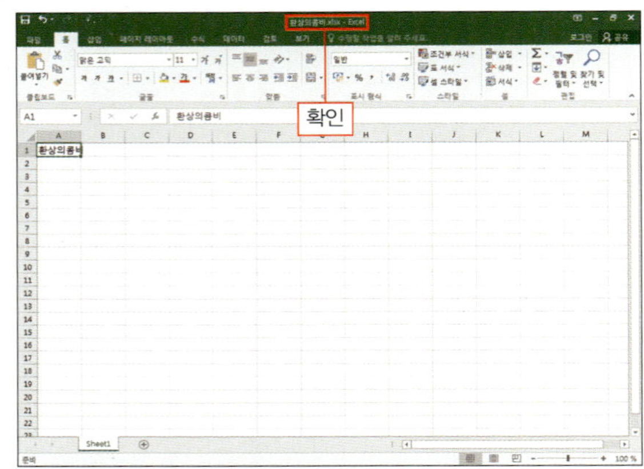

엑셀 파일 저장 형식 살펴보기

엑셀 2016을 비롯해, 2013, 2010, 2007의 경우 확장자로 'xlsx'를 사용합니다. 최신 엑셀 버전의 경우 XML(eXtensible Markup Language) 포맷으로 저장됩니다. 파일의 저장 형식이 XML 포맷으로 변경되면서 전반적인 파일 크기가 작아졌으며, 보안 기능과 호환을 위한 유연성이 향상되었습니다. 하지만 엑셀 2003을 비롯해 이전 버전의 경우 확장자로 'xls'를 사용합니다. 여기서 엑셀 파일의 저장 형식에 대해서 살펴보겠습니다.

저장 형식	확장자	설명
Excel 통합 문서	.xlsx	엑셀 2016의 기본 저장 형식입니다.
Excel 매크로 사용 통합 문서	.xlsm	매크로가 포함된 파일 형식입니다.
Excel 서식 파일	.xltx	엑셀 서식 파일 형식입니다.
Excel 바이너리 통합 문서	.xlsb	바이너리(이진) 파일 형식입니다.
Excel 97 – Excel 2003 통합 문서	.xls	엑셀 97~2003 버전의 파일 형식입니다.
Excel 4.0 통합 문서	.xlw	엑셀 4.0 파일 형식입니다.

엑셀 2016에서 제공하는 온라인 서식 파일을 이용하면 다양한 문서를 쉽게 만들 수 있습니다.

01_ 서식 파일로 문서를 시작하기 위해 [파일] 탭을 클릭한 후 [새로 만들기]를 클릭합니다. 서식 파일이 나타나면 원하는 서식 파일을 선택합니다. 여기서는 [간단한 예산]을 선택합니다.

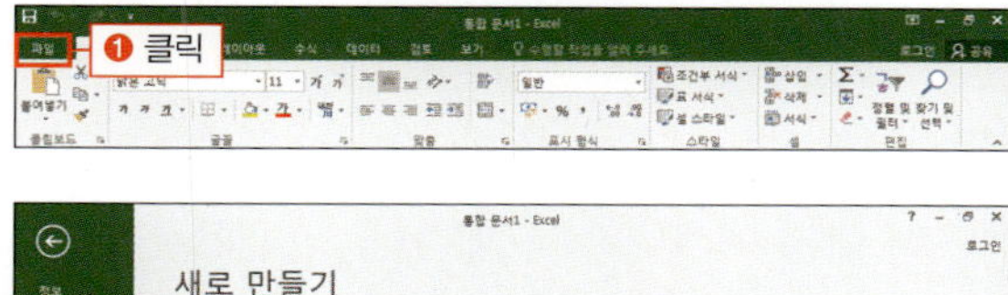

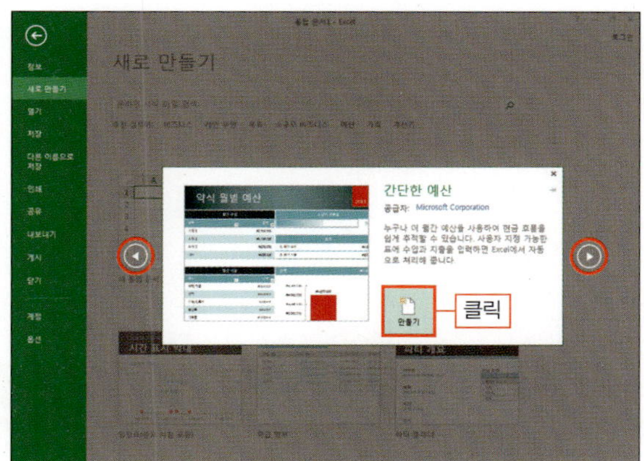

02_ 상세 페이지가 열리면 좌, 우 화살표를 클릭하여 서식 파일 내용을 미리 확인한 후 [만들기]를 클릭합니다.

03_ '간단한 예산' 서식 파일이 열립니다. 워크시트 내용을 수정하여 엑셀 문서를 만듭니다.

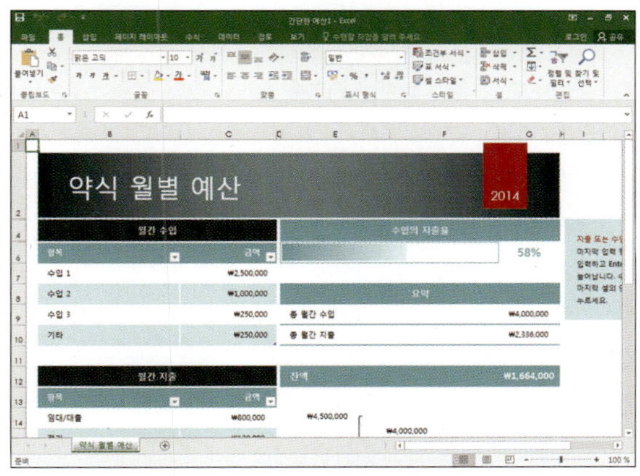

리본 메뉴는 [홈], [삽입], [페이지 레이아웃], [수식], [데이터], [검토], [보기] 탭 등으로 구성되며 선택하는 기능에 따라 상황별 탭이 나타나기도 합니다.

[파일] 탭

[파일] 탭은 엑셀 문서를 열거나 저장하는 등 다양한 파일 작업과 인쇄와 공유, 내보내기, 옵션 설정 등을 할 수 있습니다.

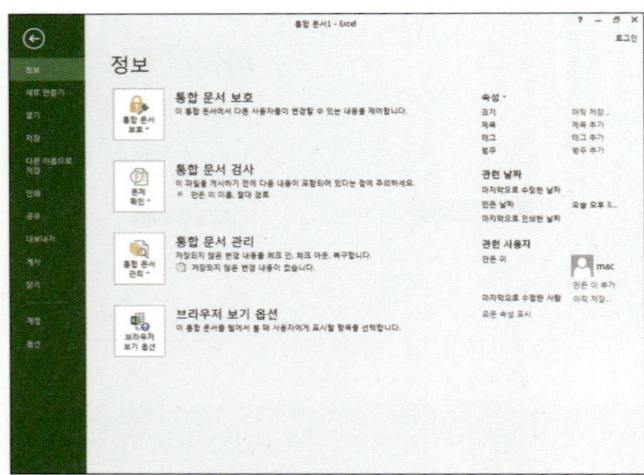

[홈] 탭

[홈] 탭은 엑셀 2016을 실행했을 때 기본 설정되어 있는 탭으로써 텍스트 작업 등 엑셀에서 가장 많이 사용하는 편집 기능과 서식 설정 등을 할 수 있습니다.

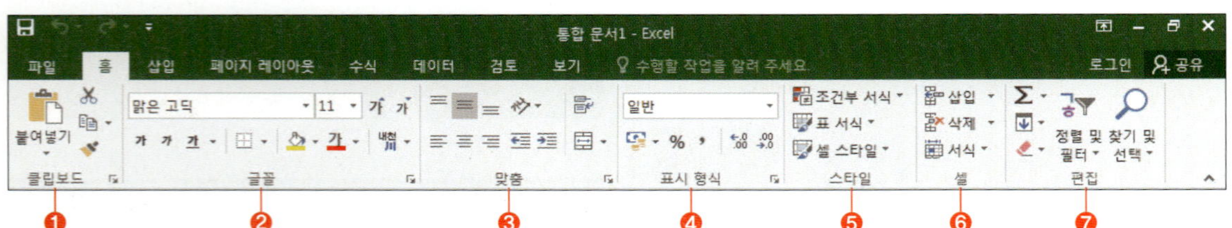

❶ **[클립보드] 그룹 :** 선택한 영역을 복사하거나 잘라내고 다시 붙이는 등 클립보드를 이용한 작업을 할 수 있습니다.

❷ **[글꼴] 그룹 :** 글꼴과 글꼴 크기를 비롯한 글꼴 작업과 배경 및 글꼴 색상 등의 작업을 할 수 있습니다.

❸ **[맞춤] 그룹 :** 데이터를 정렬하거나 여러 셀을 병합하여 하나의 셀로 만드는 기능을 포함한 다양한 맞춤 관련 작업을 할 수 있습니다.

❹ **[표시 형식] 그룹 :** 백분율이나 통화, 콤마 등 셀 데이터의 표시 형식을 설정하거나 변경할 수 있습니다.

❺ **[스타일] 그룹 :** 조건부 서식을 비롯하여 표 서식 그리고, 셀 스타일을 설정할 수 있습니다.

❻ **[셀] 그룹 :** 행이나 열을 삽입하거나 삭제할 수 있으며 다양한 셀과 시트의 서식을 설정할 수 있습니다.

❼ **[편집] 그룹 :** 자동 합계나 채우기, 정렬 및 필터 그리고 특정 텍스트나 서식을 찾을 수 있는 기능 등으로 구성되어 있습니다.

[삽입] 탭

[삽입] 탭은 표를 비롯하여 일러스트레이션이나 앱 스토어를 통해 개체를 삽입하거나 추가할 수 있으며, 차트나 필터, 스파크라인 등 다양한 시각적 효과를 위한 기능을 추가할 수 있습니다.

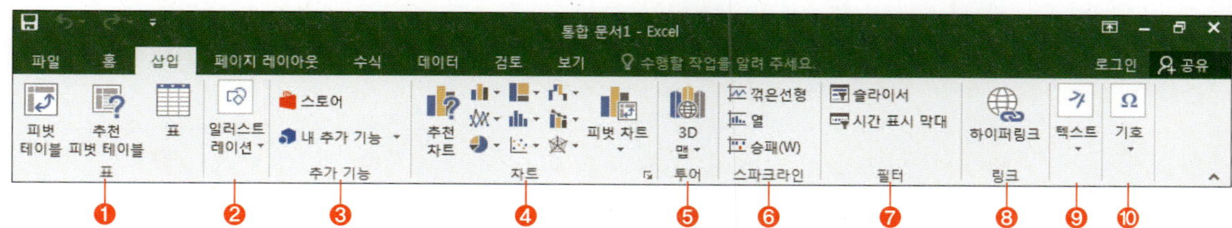

❶ **[표] 그룹** : 워크시트에 표와 피벗 테이블을 삽입하는 기능으로 구성되어 있습니다.

❷ **[일러스트레이션] 그룹** : 그림이나 클립아트, 도형, 스마트아트 등을 삽입할 수 있으며, 화면을 캡처할 수 있는 스크린 샷 등의 작업을 할 수 있습니다.

❸ **[추가 기능] 그룹** : 오피스 관련 앱을 설치하여 엑셀에서 활용할 수 있습니다.

❹ **[차트] 그룹** : 다양한 차트를 워크시트에 삽입할 수 있으며, 각각의 차트 항목을 선택하면 세부적인 차트를 다시 설정할 수 있습니다.

❺ **[투어] 그룹** : 3D 맵 등을 통해 보다 나은 엑셀 보고서나 문서를 만들 수 있습니다.

❻ **[스파크라인] 그룹** : 선택한 영역에 스파크라인 차트를 삽입할 수 있습니다.

❼ **[필터] 그룹** : 피벗 테이블의 데이터를 재구성할 수 있는 슬라이서 작업을 할 수 있습니다.

❽ **[링크] 그룹** : 워크시트에 하이퍼링크 등을 연결할 수 있습니다.

❾ **[텍스트] 그룹** : 텍스트 상자를 삽입하거나 머리글/바닥글 등을 설정할 수 있습니다.

❿ **[기호] 그룹** : 수식이나 기호를 삽입할 수 있습니다.

[페이지 레이아웃] 탭

워크시트에 다양한 서식이 포함된 테마를 적용할 수 있으며, 인쇄를 위한 페이지 설정과 시트 옵션 등 다양한 인쇄 관련 기능을 비롯하여 개체들을 정렬할 수 있습니다.

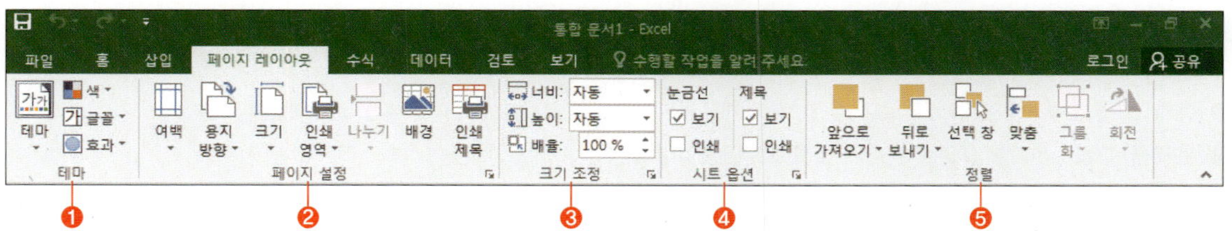

❶ **[테마] 그룹** : 색이나 글꼴 등의 다양한 서식이 포함된 테마 기능을 한 번에 워크시트에 적용할 수 있으며, 개별적으로 색이나 글꼴, 효과 등을 설정할 수도 있습니다.

❷ **[페이지 설정] 그룹** : 페이지의 여백이나 용지의 방향, 크기 등을 설정할 수 있습니다.

❸ **[크기 조정] 그룹** : 최대 페이지 수에 맞게 너비나 높이를 조절하여 인쇄를 하거나 배율을 조절할 수 있습니다.

❹ **[시트 옵션] 그룹** : 인쇄할 때 시트의 눈금선 표시 방법을 변경하거나 시트 인쇄와 관련된 설정을 변경할 수 있습니다.

❺ **[정렬] 그룹** : 삽입한 개체의 순서를 변경하거나 개체의 정렬, 또는 그룹, 회전 등을 설정할 수 있습니다.

[수식] 탭

[수식] 탭은 함수를 삽입하거나 수식을 분석하는 등 수식과 관련된 기능을 설정할 수 있습니다.

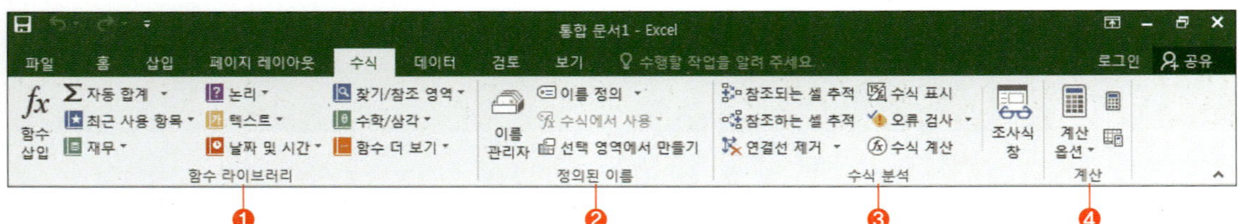

❶ **[함수 라이브러리] 그룹** : 여러 함수 형식을 선택하거나 세부적으로 함수를 선택할 수 있습니다.

❷ **[정의된 이름] 그룹** : 선택한 영역의 이름을 정의하고 정의된 이름을 관리하는 기능들이 있습니다.

❸ **[수식 분석] 그룹** : 참조 셀을 표시하거나 수식을 표시하는 등 수식의 관계를 분석하고 관리하는 기능을 설정할 수 있습니다.

❹ **[계산] 그룹** : 수식을 계산할 시간을 설정하거나 현재 시트를 계산하는 기능 등으로 구성되어 있습니다.

[데이터] 탭

[데이터] 탭은 액세스 데이터베이스나 웹 페이지 등의 외부 데이터를 가져오거나 데이터를 정렬 또는
필터링하여 원하는 데이터만 추출할 수 있습니다.

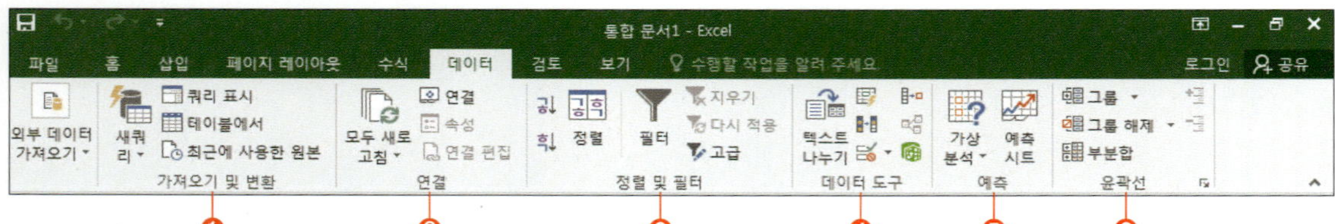

❶ **[가져오기 및 변환] 그룹** : 액세스 데이터베이스나 웹 페이지 등에서 외부 데이터를 가져올 수 있습니다.

❷ **[연결] 그룹** : 데이터 원본에서 가져온 모든 정보를 업데이트하거나 새로운 외부 데이터를 연결하는 등의 작업을 할 수 있습
니다.

❸ **[정렬 및 필터] 그룹** : 데이터를 정렬하거나 필터링 등을 할 수 있습니다.

❹ **[데이터 도구] 그룹** : 텍스트를 나누거나 중복된 데이터를 제거, 유효한 데이터만 입력하는 등 데이터 입력 및 관리를 할 수
있습니다.

❺ **[예측] 그룹** : 시나리오 관리자, 목표 값 찾기, 데이터 추세 등을 통해 시트에 다양한 수식 값을 예측할 수 있습니다.

❻ **[윤곽선] 그룹** : 선택한 셀들을 하나의 그룹으로 만들거나 부분합을 구할 수 있습니다.

[검토] 탭

[검토] 탭은 입력한 데이터의 맞춤법을 검사하거나 언어를 번역, 언어를 교정할 수 있으며, 메모를 입력하거나 시트를 보호 또는, 공유할 수 있습니다.

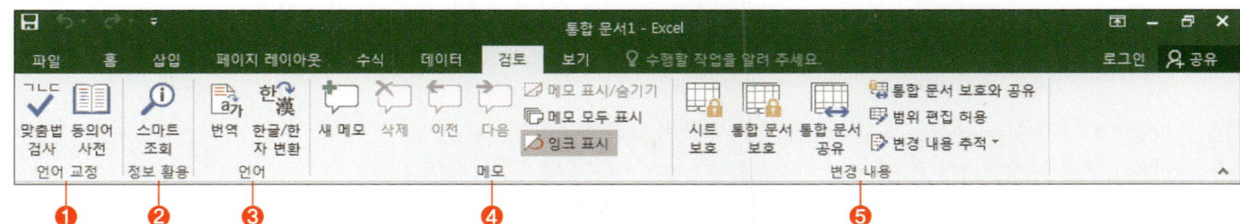

❶ **[언어 교정] 그룹** : 맞춤법 검사나 리서치, 동의어 사전 등 입력된 데이터를 교정할 수 있습니다.

❷ **[정보 활용] 그룹** : 다양한 온라인 소스 정보 및 이미지 등을 조회할 수 있습니다.

❸ **[언어] 그룹** : 언어를 번역하거나 한글을 한자로 변환할 수 있습니다.

❹ **[메모] 그룹** : 메모를 추가하거나 삭제하는 등 메모와 관련된 기능을 사용할 수 있습니다.

❺ **[변경 내용] 그룹** : 시트 보호나 통합 문서 보호, 공유 등을 할 수 있습니다.

[보기] 탭

[보기] 탭은 페이지 레이아웃을 변경하거나 페이지 나누기를 미리 보기로 확인할 수 있으며, 화면을 확대 또는, 축소하거나 매크로 등을 실행할 수 있습니다.

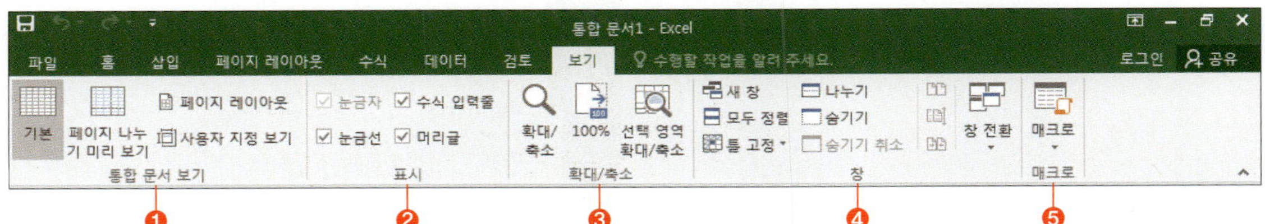

❶ **[통합 문서 보기] 그룹** : 페이지 레이아웃 화면이나 전체 화면 등으로 통합 문서 보기 방법을 변경하거나 워크시트의 페이지 나누기 등을 할 수 있습니다.

❷ **[표시] 그룹** : 눈금선이나 수식 입력줄 등의 화면 표시 방법을 설정할 수 있습니다.

❸ **[확대/축소] 그룹** : 화면의 배율을 설정하거나 일부분을 확대할 수 있습니다.

❹ **[창] 그룹** : 창을 나누거나 다른 창으로 전환, 또는 원하는 셀의 틀을 고정할 수 있습니다.

❺ **[매크로] 그룹** : 매크로 목록을 보거나 매크로를 실행, 작성, 제거할 수 있으며 다른 매크로 옵션에 액세스할 수 있습니다.

중요 문서에 암호 설정하기

:: **준비파일** Part01₩Chapter01₩Section01₩고객명부.xlsx | **완성파일** Part01₩Chapter01₩Section01₩고객명부_완성.xlsx

개인 정보 보호법이 강화되어 개인 정보가 담긴 문서를 취급할 때에는 이전보다 더 많은 주의가 요구됩니다. 개인 정보가 하나라도 포함된 문서라면 암호를 설정하는 습관을 들이는 것이 좋습니다.

01_ [파일] 탭-[다른 이름으로 저장]을 클릭한 후 [이 PC]-[찾아보기]를 선택합니다. [다른 이름으로 저장] 대화 상자가 나타나면 [도구]-[일반 옵션]을 클릭합니다.

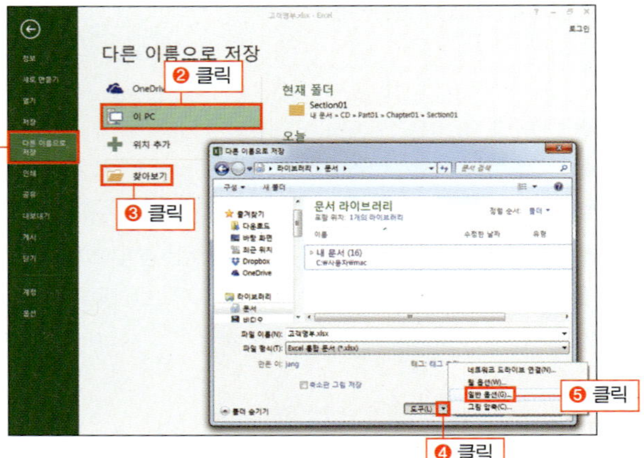

> **TIP**
>
> [파일] 탭-[정보]-[통합 문서 보호]-[암호 설정]으로도 암호를 설정할 수 있습니다.

02_ 암호를 입력합니다. [열기 암호]에 『1234』를 입력한 후 [쓰기 암호]에 『4321』을 입력하고 [확인]을 클릭합니다.

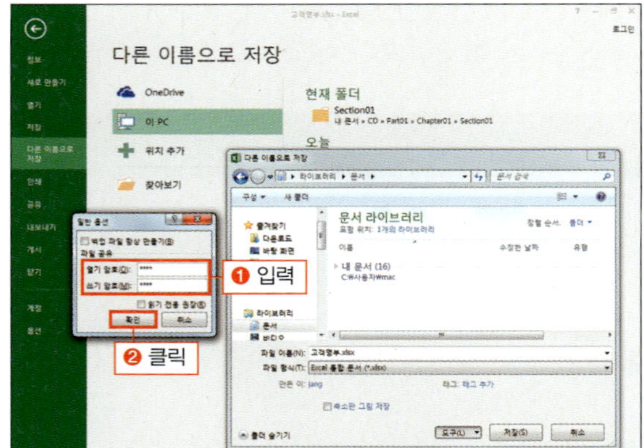

> **TIP**
>
> [일반 옵션] 대화상자에서 [백업 파일 항상 만들기]와 [읽기 전용 권장]으로 구분해서 암호를 지정할 수 있습니다. [백업 파일 항상 만들기]는 파일을 항상 생성하는 기능이며, [읽기 전용 권장]은 문서를 불러올 때마다 읽기 전용으로 열리도록 설정하는 기능입니다. [읽기 전용]으로 열리는 문서는 수정이 불가능하며 읽기만 가능한 문서입니다.

03_ [암호 확인] 대화상자가 나타나면 02번 따라하기에서 지정한 암호를 입력합니다. [열기 암호]에 『1234』를 입력한 후 [확인]을 클릭합니다. [쓰기 암호]에 『4321』을 입력하고 [확인]을 클릭합니다.

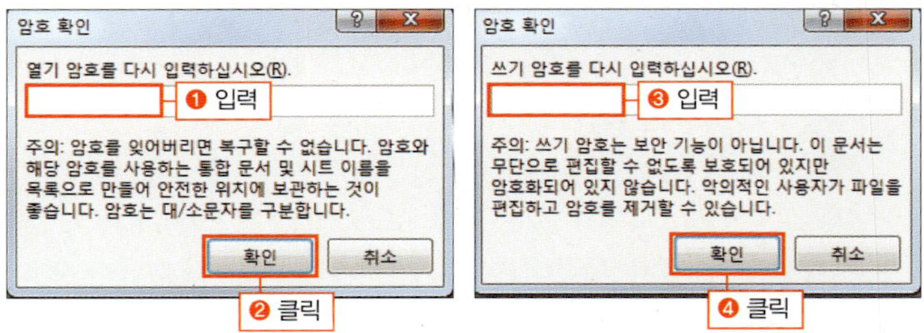

> **TIP**
> 사용자가 지정하는 암호는 [열기 암호]와 [쓰기 암호]로 나누어지며, [열기 암호]는 파일을 불러올 때, [쓰기 암호]는 파일의 내용을 수정하거나 변경할 때 사용하는 암호입니다.

04_ 암호를 지정한 문서를 저장한 후 엑셀 2016을 종료합니다. 다시 엑셀 2016을 실행한 후 암호를 저장한 문서를 엽니다. [암호] 대화상자가 나타나면, 『1234』를 입력하고 [확인]을 클릭합니다. 다시 [암호] 대화상자가 나타나면 『4321』을 입력한 후 [확인]을 클릭합니다.

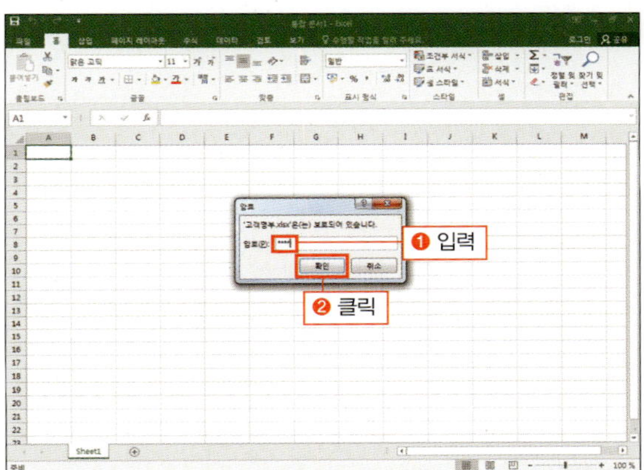

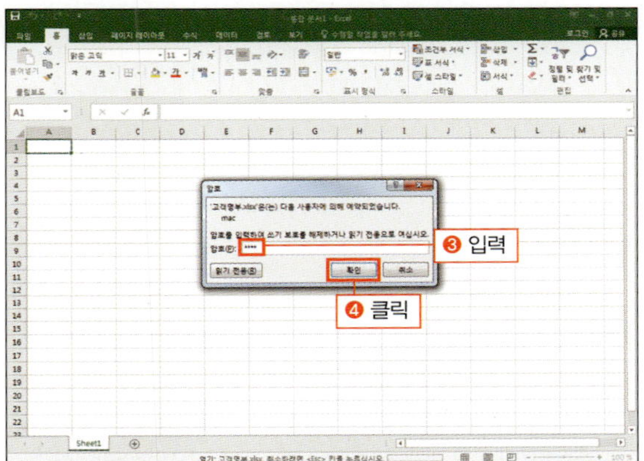

> **TIP**
> 첫 번째 [암호] 대화상자는 열기 암호 대화상자로 열기 암호를 모르면 파일 자체가 열리지 않습니다. 두 번째 [암호] 대화상자는 쓰기 암호 대화상자로 쓰기 암호를 모르면 [읽기 전용]을 클릭해 읽기 전용으로 불러올 수 있습니다.

> **TIP**
> 암호를 입력할 경우 기존 사용자에 의해 예약되었다는 메시지가 나타날 수 있습니다. 이럴 경우에는 읽기 전용이나 쓰기 보호를 해제하여 문서를 엽니다.

OneDrive를 통해 다른 사용자와 문서 공유하기

엑셀 2016을 비롯한 오피스 2016에서는 OneDrive라는 클라우드를 기본 저장 공간으로 사용할 수 있습니다. OneDrive라는 클라우드에 파일을 저장하면 어떤 장점이 있을까요? 먼저, 내 컴퓨터나 외장 하드가 없어도 인터넷만 가능하다면 언제 어디서나 문서를 불러와서 사용할 수 있습니다. 또한, 다른 사용자와 문서를 공유하여 협업을 할 수 있습니다.

준비 파일 : Part01₩Chapter01₩Section01₩거래처집계.xlsx

완성 파일 : https://onedrive.live.com/redir?page=view&resid=C1929F8B8365C9F3!1663&authkey=!ALPuUNgVLa06suE

01 사용자와 문서를 공유하기 위해 리본 메뉴 오른쪽에 있는 [공유]를 클릭합니다. [공유] 창이 나타나면 [클라우드에 저장]을 클릭합니다.

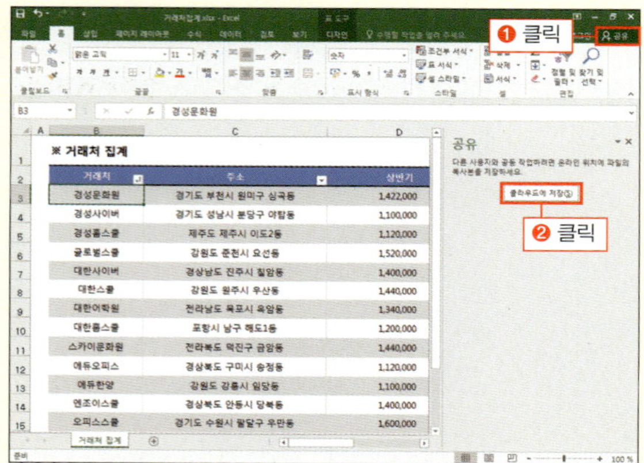

02 [다른 이름으로 저장]-[OneDrive]-[로그인]을 클릭합니다.

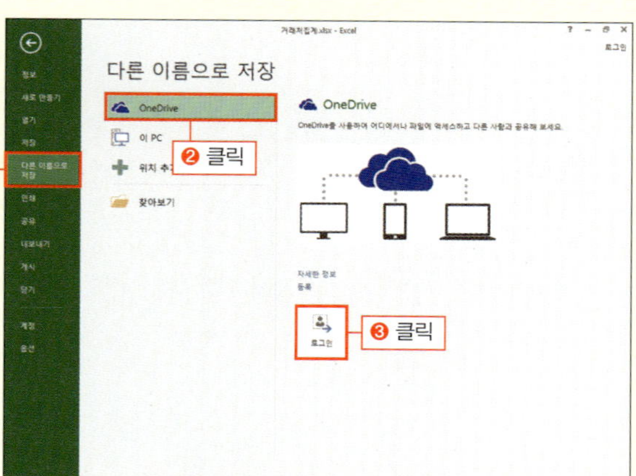

> **TIP**
> 본 서비스를 사용하기 위해서는 Windows Live ID가 필요합니다. 만일, Hotmail이나 Outlook.com 메일, Msn, 또는 Xbox LIVE, Windows phone 아이디가 있으면 아이디를 새로 만들 필요 없이 사용하는 아이디를 이용해 바로 로그인할 수 있습니다.

> **TIP**
> 아이디가 없다면 [등록]을 클릭하여 아이디를 생성한 후 따라하기를 진행합니다.

03 [로그인] 창이 나타나면 사용자 메일 주소를 입력한 후 [다음]을 클릭합니다. 사용자 암호 입력란이 나타나면 암호를 입력한 후 [로그인]을 클릭합니다.

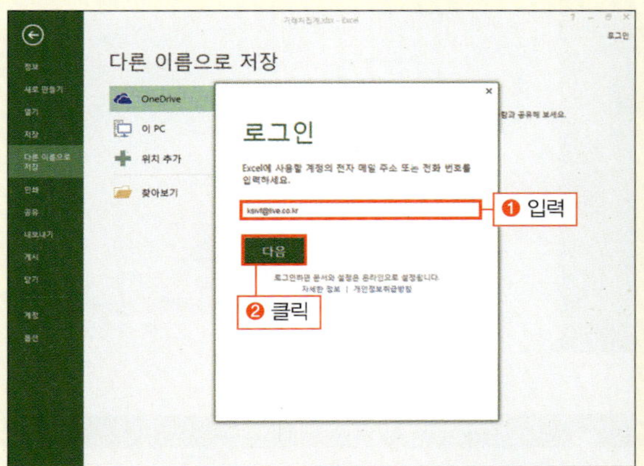

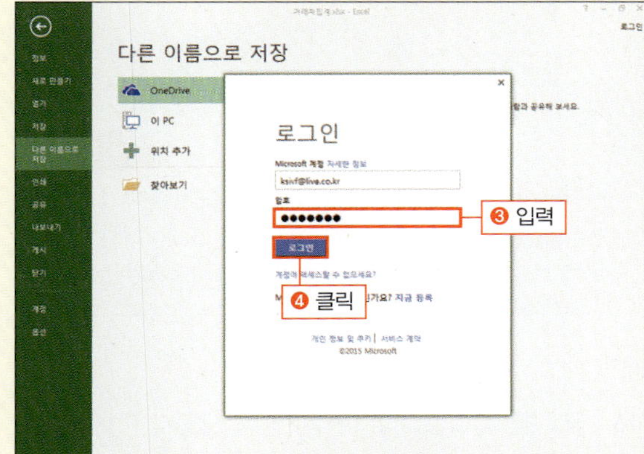

TIP

이미 로그인되어 있다면 본 과정은 생략합니다.

04 본인의 OneDrive 계정이 나타나면 최근 만들어진 폴더를 비롯해 파일을 확인할 수 있습니다. 여기서는 [공개]를 클릭합니다. [공개] 폴더가 없으면 아무 폴더나 클릭합니다.

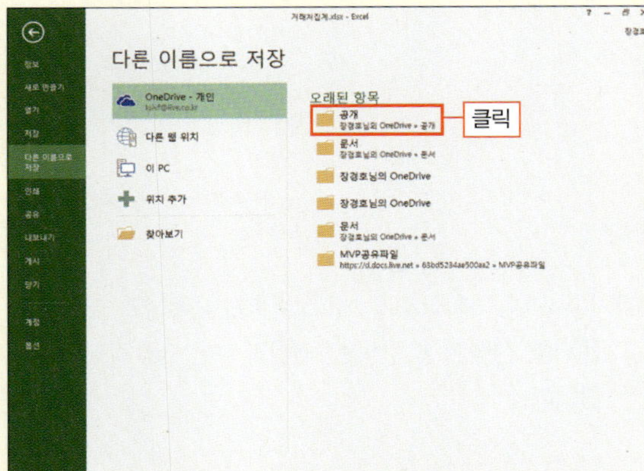

TIP

사용자에 따라 OneDrive 계정에 생성된 폴더 이름 및 개수가 다를 수 있습니다.

05 [다른 이름으로 저장] 대화상자가 나타납니다. [파일 이름]에 『거래처집계』가 입력되어 있는지 확인한 후 [저장]을 클릭합니다.

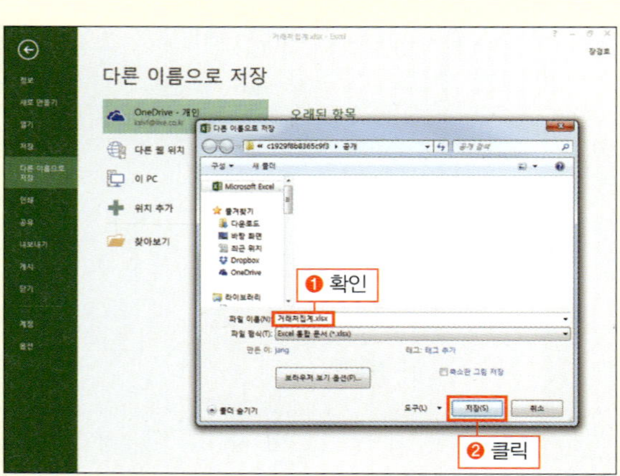

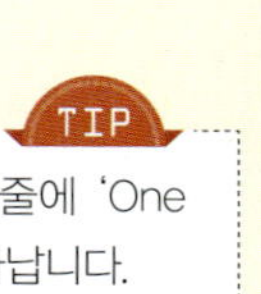

> **TIP**
> 원드라이브에 파일이 저장되면 상태 표시줄에 'One Drive에 업로드하는 중'이라는 메시지가 나타납니다.

06 [공유]를 클릭합니다. [공유] 창에 사용자 이름이 나타납니다. 문서를 함께 수정하거나 공유하고 싶은 사용자를 연결해 보겠습니다. [사용자 초대] 입력란의 [주소록](🔳)을 클릭합니다.

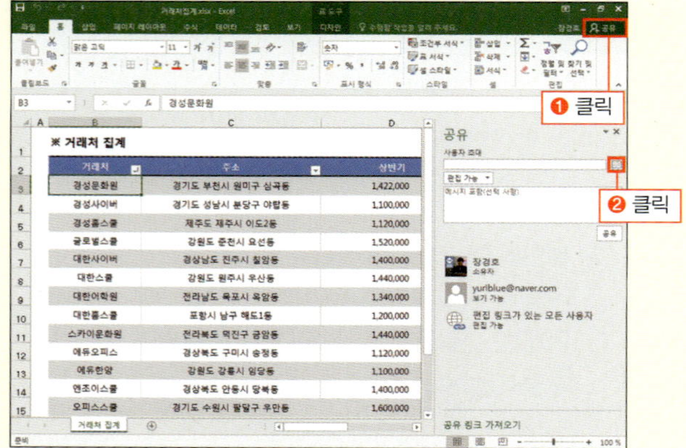

07 [주소록] 대화상자가 나타납니다. 공유하고 싶은 사용자를 선택한 후 [받는 사람]과 [확인]을 각각 클릭합니다.

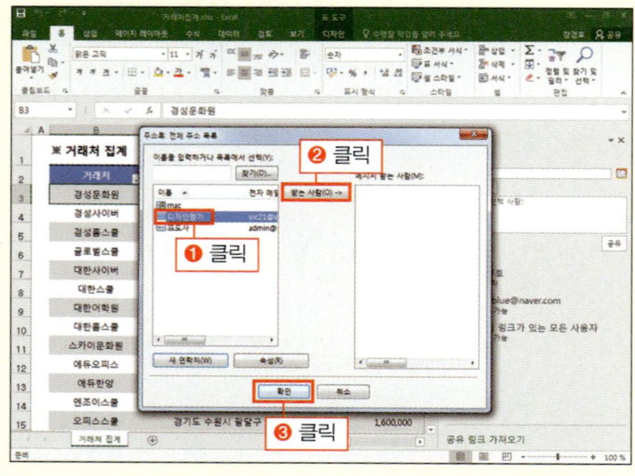

> **TIP**
> 공유하고 싶은 사용자가 많다면 다수를 선택할 수도 있습니다.

> **TIP**
> 주소록뿐만 아니라 [사용자 초대] 입력란에 사용자의 이메일 주소를 직접 입력하여 공유할 수도 있습니다.

주소록 추가하기

[주소록] 대화상자에서 연락처를 추가하여 문서를 공유하거나 주소록으로 활용할 수도 있습니다. [새 연락처]를 클릭하여 사용자를 추가합니다.

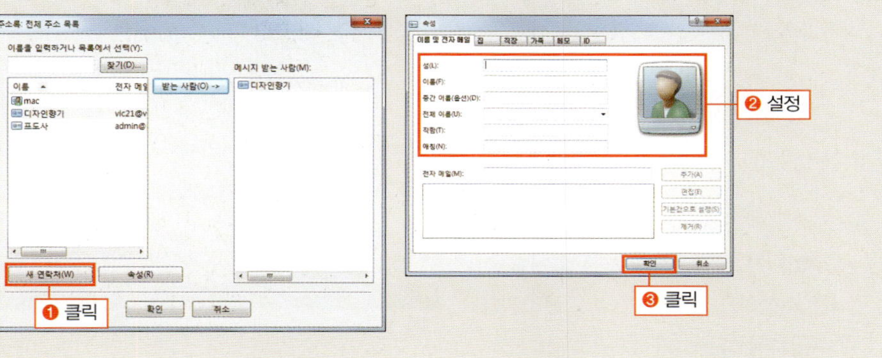

08 [편집 가능] 화살표를 클릭하여 사용 권한을 변경할 수도 있습니다. 여기서는 '편집 가능'을 선택한 후 [공유]를 클릭합니다.

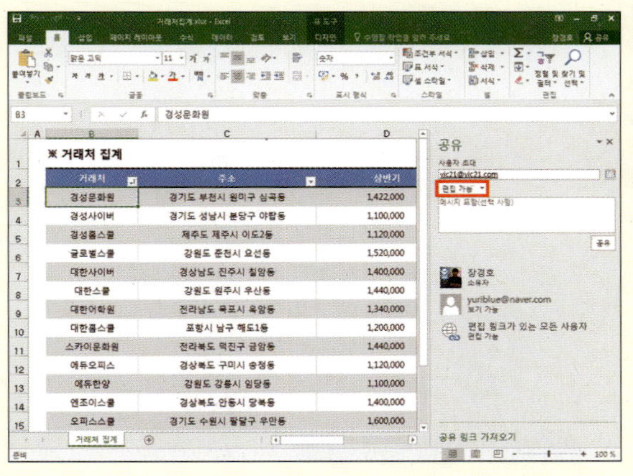

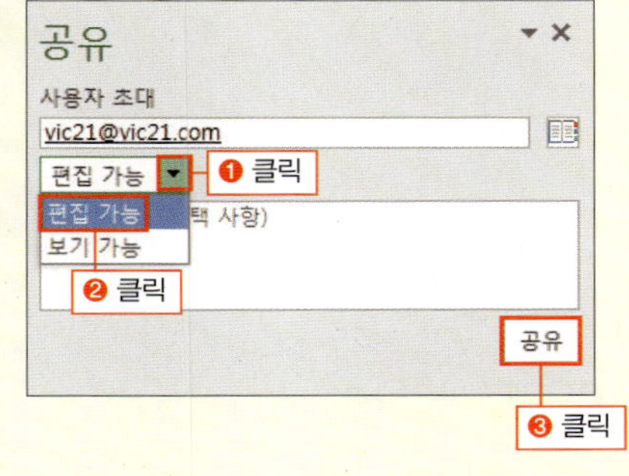

'편집 가능'은 문서를 수정하거나 편집하는 권한을 상대방에게 줄 수 있습니다. '보기 가능'은 문서를 수정하거나 편집하는 권한 없이 문서를 볼 수 있는 권한만 상대방에게 줄 수 있습니다.

09 상대방이 메일 계정으로 로그인하면 다음과 같은 메일이 전달됩니다. [OneDrive에서 보기]를 클릭합니다.

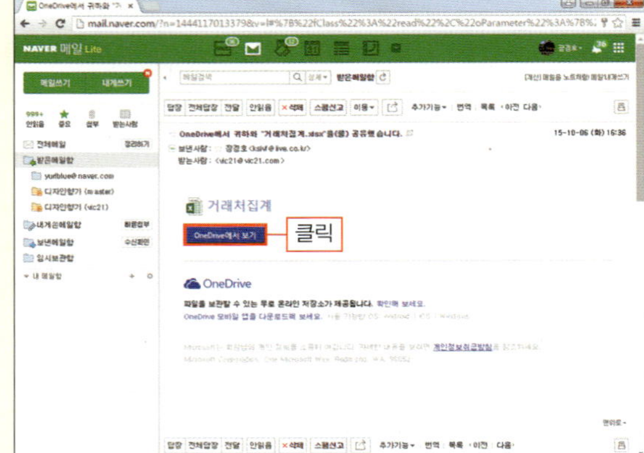

> **TIP**
> ❾~⓭ 과정은 공유 작업을 위해 다른 컴퓨터에서 다른 사용자가 로그인하여 작업하는 과정을 가정한 것입니다.

10 'Excel Online' 페이지가 열리면서 문서를 확인할 수 있습니다. 문서를 수정하고 싶다면 오피스 온라인에 로그인해야 합니다. [로그인]을 클릭합니다.

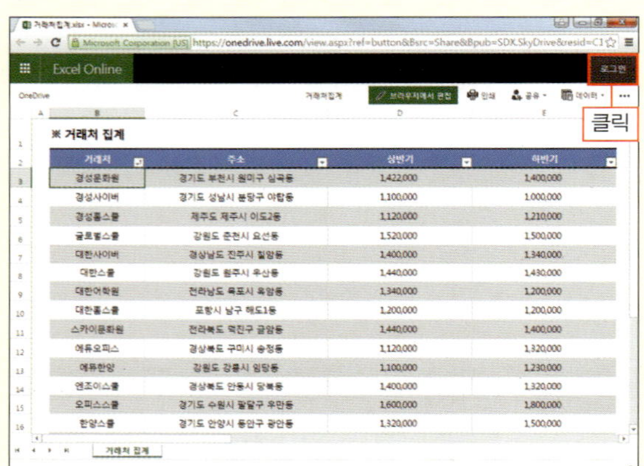

11 OneDrive 페이지가 나타나면 로그인 아이디와 패스워드를 입력한 후 [로그인]을 클릭합니다.

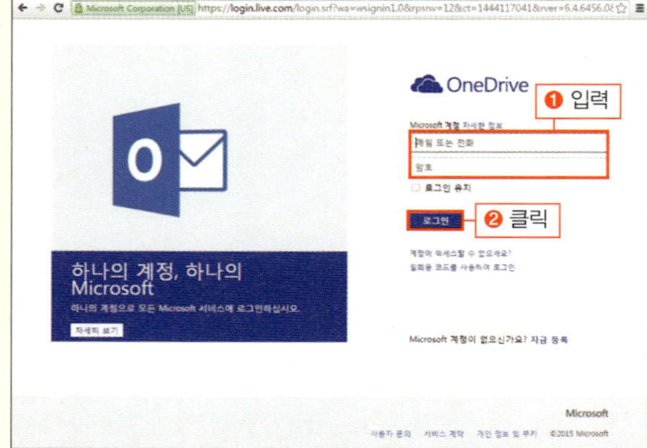

> **TIP**
> 본 과정은 공유 작업을 위해 다른 컴퓨터에서 다른 사용자가 로그인하는 과정을 가정한 것입니다.

12 사용자가 로그인됩니다. 공유한 사용자와 함께 문서를 편집하고 내용을 공유할 수 있습니다. [통합 문서 편집]을 클릭하여 'Excel에서 편집'과 'Excel Online에서 편집' 중에서 선택하여 문서를 편집할 수 있습니다. 여기서는 'Excel Online에서 편집'을 선택한 후 문서를 수정합니다.

Excel에서 편집과 Excel Online에서 편집

문서를 수정하거나 편집하고 싶다면 [통합 문서 편집]을 클릭한 후 'Excel에서 편집' 또는 'Excel Online에서 편집'을 선택합니다.

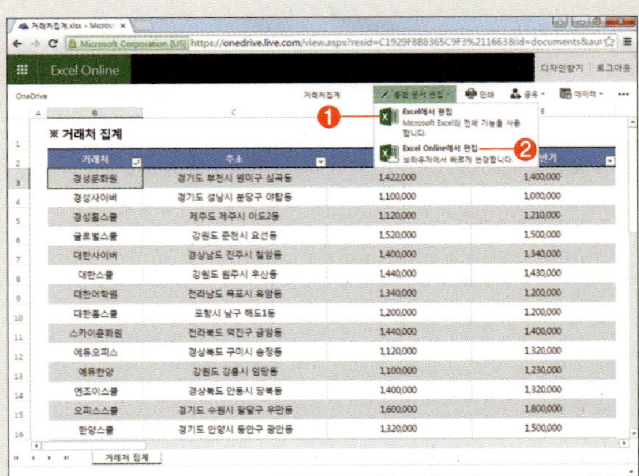

❶ **Excel에서 편집** : 사용자의 컴퓨터에 엑셀이 설치되어 있다면 엑셀을 실행하여 문서를 편집할 수 있습니다.

❷ **Excel Online에서 편집** : 사용자의 컴퓨터에 엑셀이 설치되어 있지 않더라도 온라인에서 엑셀 앱을 열어 문서를 편집할 수 있습니다.

13 문서를 수정합니다. 여기서는 마지막 셀 영역에 내용을 입력한 후 [로그아웃]을 클릭하여 엑셀 온라인을 종료합니다.

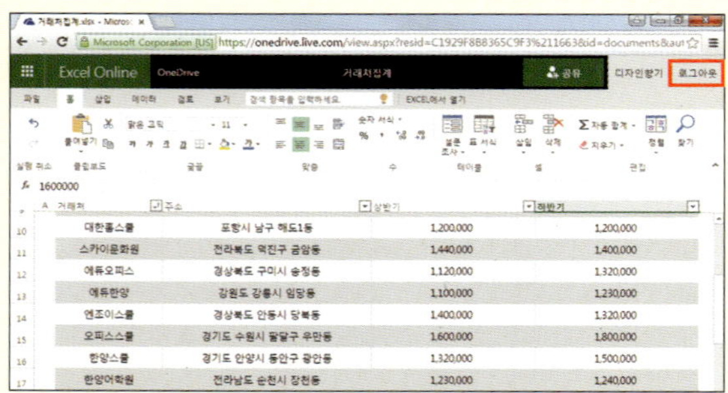

> **TIP**
> 엑셀 온라인에는 저장하기 기능이 따로 없습니다. 실시간으로 클라우드에 저장되기에 문서 작업 후 종료를 하면 자동으로 클라우드에 저장됩니다.

14 엑셀 2016을 열어 OneDrive에 공유한 문서를 다시 엽니다. 엑셀 온라인을 통해 협업자가 수정한 내용이 반영되어 나타납니다.

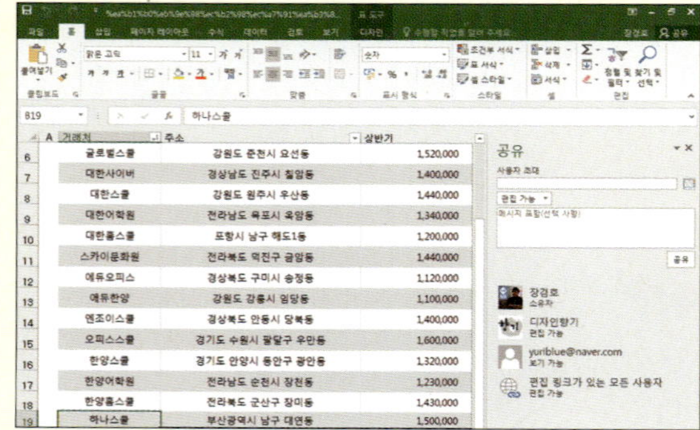

공유 링크 가져오기

[공유] 창 하단에 표시되어 있는 [공유 링크 가져오기]를 클릭하면 페이스북이나 트위터, 또는 다양한 네트워크를 통해 링크를 공유할 수 있습니다.

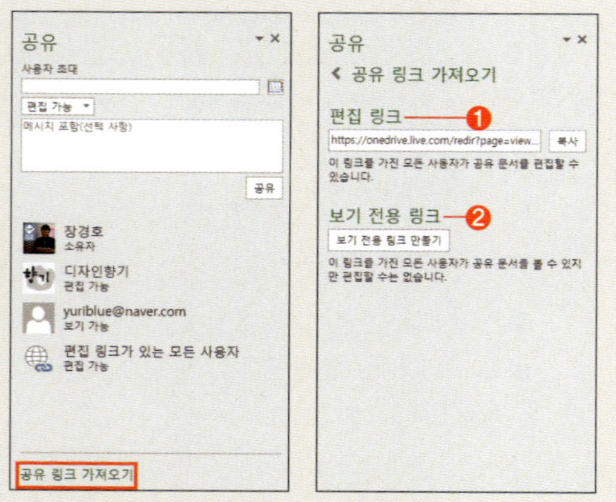

❶ **편집 링크** : 링크를 받은 사람이라면 누구나 문서를 편집할 수 있습니다.

❷ **보기 전용 링크** : 편집은 불가능하지만 링크를 받은 사람이라면 누구나 문서를 열람할 수 있습니다.

1 오피스 2016은 사용자 계정을 여러 개 추가하여 다중 사용자로 등록할 수 있습니다. 로그인이 되어 있는 상태에서 계정 전환을 통해 사용자 계정을 추가해 보고 자유롭게 계정을 이동해 보세요.

◎ 준비파일 : 없음　　◎ 완성파일 : 없음

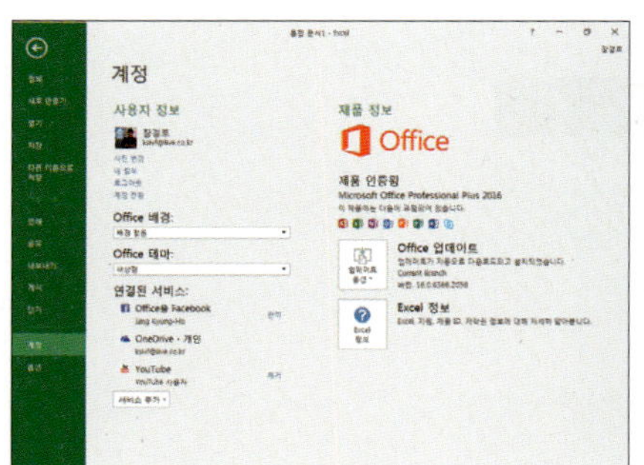 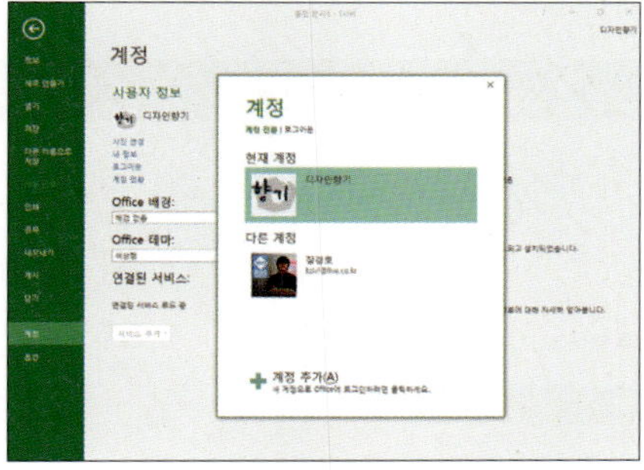

힌트

❶ [파일] 탭-[계정]을 클릭한 후 [계정 전환]을 클릭합니다.

❷ [계정] 창이 나타나면 [계정 추가]를 통해 계정을 추가합니다.

---

2 Office.com을 통해 이력서나 자기소개서, 혹은 초대장, 가계부 등 다양한 서식 파일을 다운로드 받아 오피스 2016으로 불러올 수 있습니다. 여기서는 '가계부'와 관련되어 있는 서식 파일을 엑셀 2016에 불러오세요.

◎ 준비파일 : 없음　　◎ 완성파일 : 없음

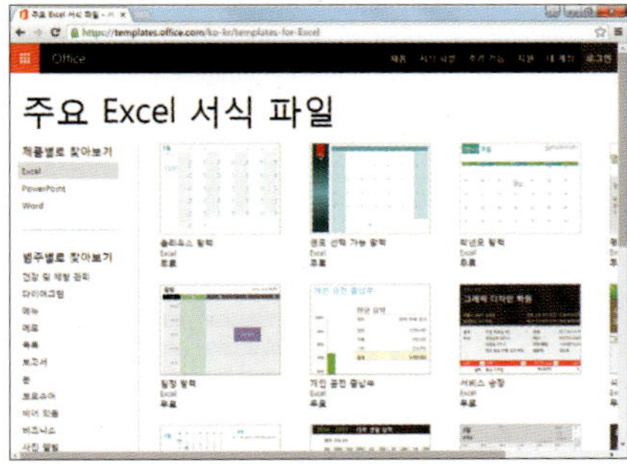 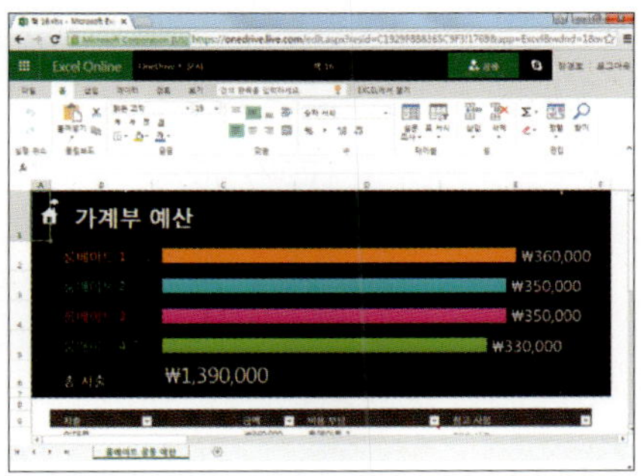

힌트

❶ 'http://www.office.com'에 접속한 후 [템플릿] 혹은, [서식 파일]을 클릭합니다.

❷ 가계부 관련 서식 파일을 찾아 엑셀 온라인으로 연 후 엑셀 2016으로 가져옵니다.

Section# 02

데이터 입력하기

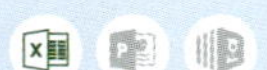

엑셀에 데이터를 입력하는 가장 기본 단위는 셀(Cell)입니다. 셀은 표를 쉽게 작성할 수 있도록 가로와 세로를 눈금선으로 구분하고 있습니다. 셀에는 숫자를 비롯해 텍스트, 수식, 함수 등 다양한 데이터를 입력할 수 있습니다. 여기서는 셀에 데이터를 입력해보고, 서식을 적용하여 문서를 작성하는 방법에 대해서 살펴보겠습니다.

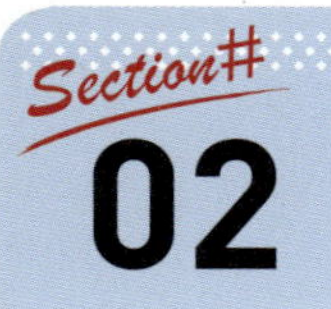

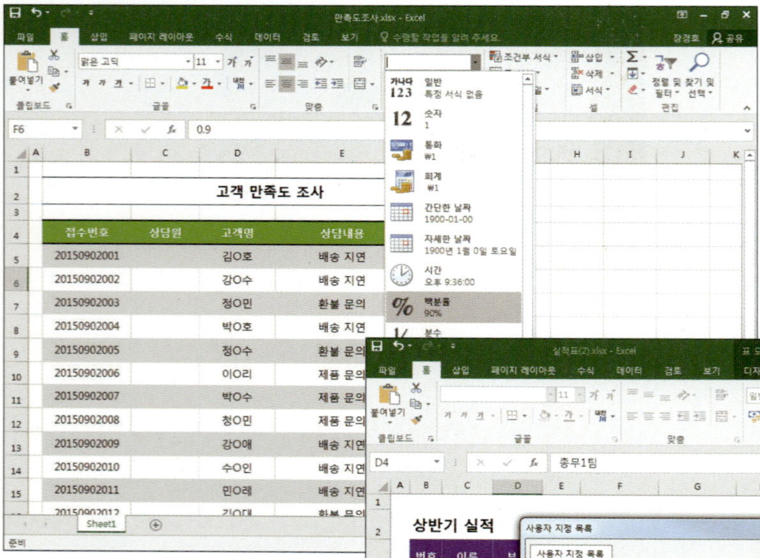

▲ 소수와 백분율 표시 형식 변경하기

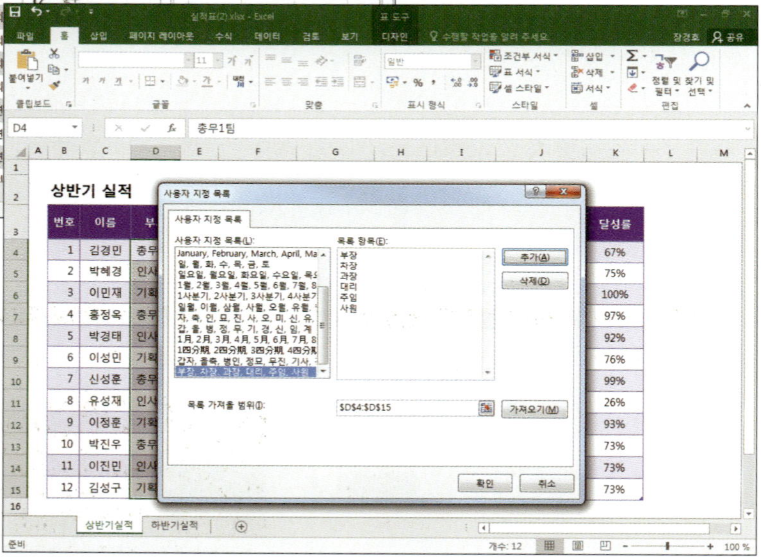

사용자 지정 목록 만들어 자동 채우기 ▶

이번 섹션에서 배울 주요 내용

- 문자와 숫자 데이터 입력하기
- 날짜와 시간 데이터 입력하기
- 텍스트 방향을 자유롭게 변경하기
- 한 셀에 두 줄 텍스트 입력하기
- 소수와 백분율 표시 형식 변경하기
- 한자와 기호 입력하기
- 메모 삽입하고 색, 글꼴 변경하기
- 채우기 핸들로 데이터 자동 채우기
- 사용자 지정 목록 만들어 자동 채우기

문자와 숫자 데이터 입력하기

:: **준비파일** Part01₩Chapter01₩Section02₩데이터입력.xlsx | **완성파일** Part01₩Chapter01₩Section02₩데이터입력_완성.xlsx

문자 데이터는 셀의 왼쪽에 정렬되며, 숫자 데이터는 셀의 오른쪽에 정렬됩니다. 문자의 길이가 셀
너비보다 긴 경우에는 오른쪽 셀에 내용이 없으면 모두 표시되며, 오른쪽 셀에 내용이 있으면 표시되
지 않습니다.

01_ 문자 데이터를 입력해 보겠습니다. [C5] 셀을 선택
하고 『환상의콤비』를 입력한 후 Enter 를 누릅니다.

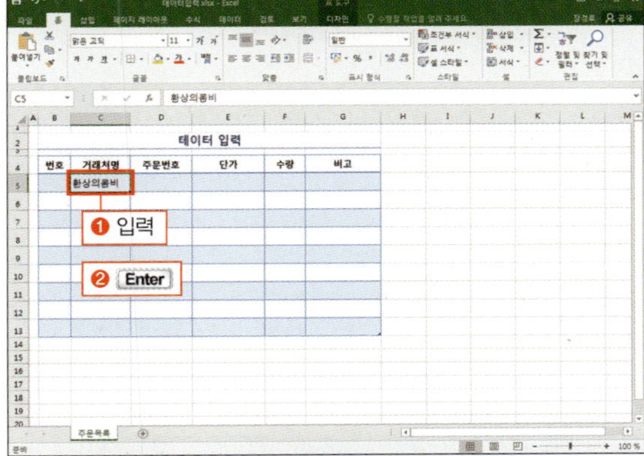

TIP
문자 데이터는 셀의 왼쪽에 정렬됩니다.

02_ [C6] 셀을 선택하고 『오피스 실무카페 엑셀과 파워
포인트』를 입력한 후 Enter 를 누릅니다.

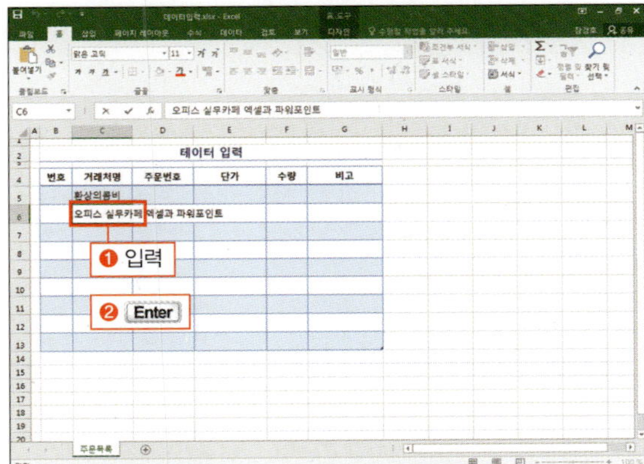

TIP
오른쪽 셀에 내용이 없는 경우에 문자 데이터가 셀 너
비보다 길다면 셀 너비를 벗어나 모두 나타납니다.

03_ 숫자 데이터를 입력해 보겠습니다. [E5] 셀을 선택
하고 『35000』을 입력한 후 Enter 를 누릅니다.

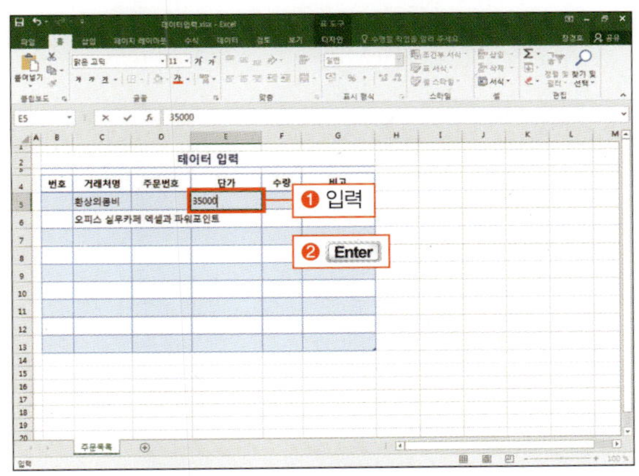

TIP
숫자 데이터는 셀의 오른쪽에 정렬됩니다.

04_ [E6] 셀을 선택하고 『123456789012345』를 입력한 후 **Enter** 를 누릅니다. 그리고 입력된 데이터를 확인합니다.

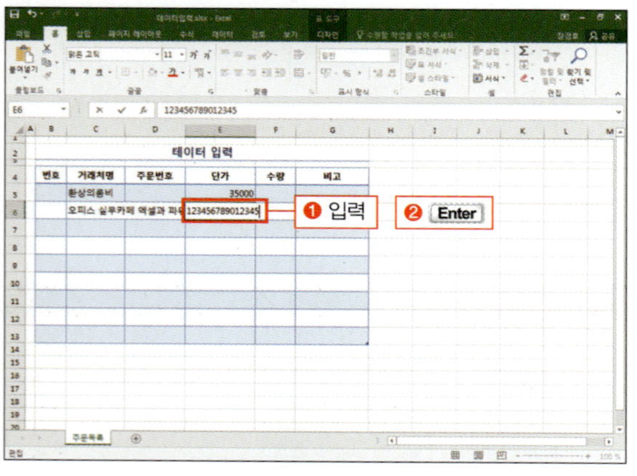
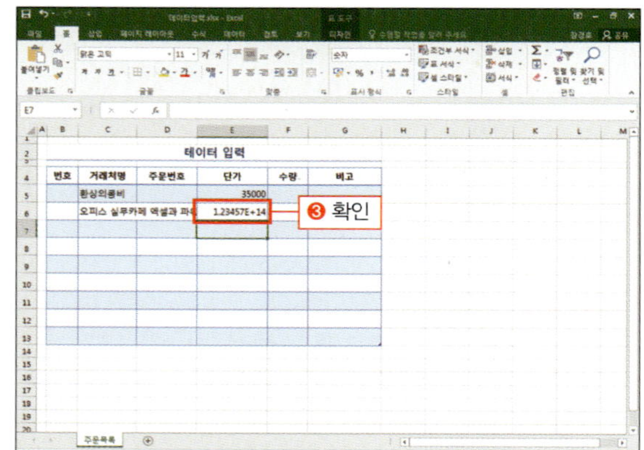

> **TIP**
> 지수로 데이터가 입력됩니다.

05_ 이번에는 [E7] 셀을 선택하고 [E6] 셀과 동일하게 『123456789012345』를 입력한 후 **Enter** 를 누릅니다.

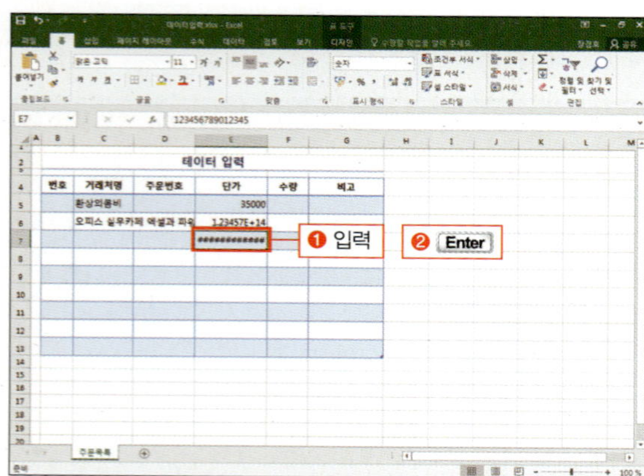
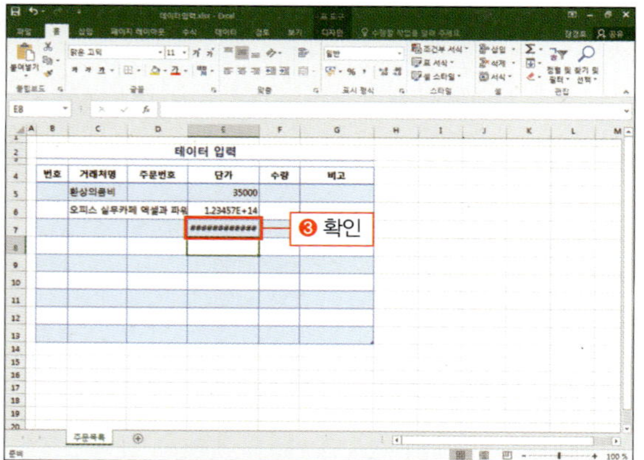

> **TIP**
> 지수가 아닌 '####'으로 데이터가 입력됩니다. 지수 형식이나 '####'의 경우 데이터의 오류가 아니기에 작업에 아무런 영향
> 을 주지는 않습니다. 이런 데이터는 열 너비를 늘려주면 정상적으로 나타납니다.

> **TIP**
> 엑셀은 기본적으로 11자리까지를 인식하기 때문에 긴 숫자를 입력했을 경우 열 너비가 좁다면 지수 형식이나 '####'으로
> 나타납니다. 셀에 아무런 표시 형식이 없을 경우에는 지수로 표시되며, 표시 형식이 있을 경우 '####'으로 데이터가 나타납
> 니다. [E6] 셀의 표시 형식은 '일반'이며, [E7] 셀의 표시 형식은 '숫자'로 설정되어 있습니다. 표시 형식은 45페이지에서 설
> 명하고 있습니다.

날짜와 시간 데이터 입력하기

:: **준비파일** Part01₩Chapter01₩Section02₩날짜와시간.xlsx | **완성파일** Part01₩Chapter01₩Section02₩날짜와시간_완성.xlsx

날짜 데이터는 슬래시(−)나 하이픈(/) 기호를 사용하여 입력하며, 시간 데이터는 콜론(:) 기호를 사용하여 입력합니다.

01_ [C4] 셀을 선택하고 『2015−10−20』을 입력한 후 **Enter** 를 누릅니다. 날짜 데이터가 입력됩니다.

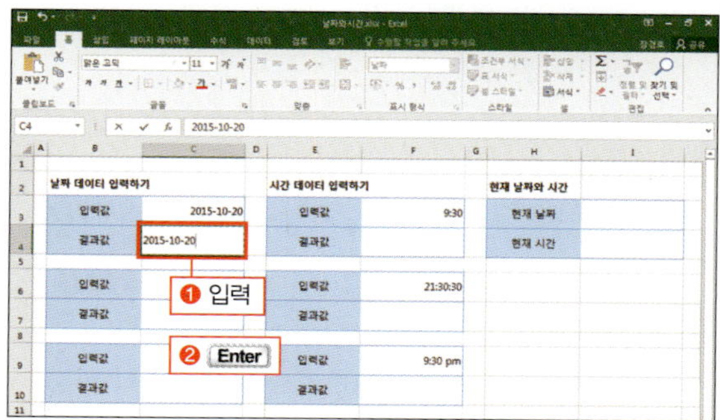
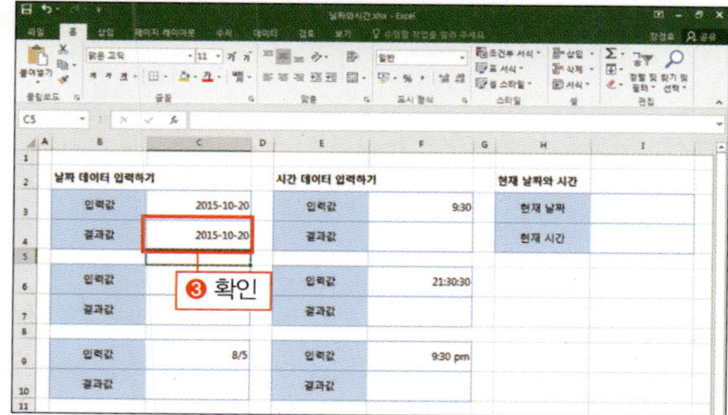

> **TIP**
> '−'나 '/' 기호를 사용하면 엑셀은 날짜 데이터로 인식을 하게 됩니다.

02_ [C7] 셀을 선택하고 『7−1』을 입력한 후 **Enter** 를 누르면 날짜 데이터가 입력됩니다. 다시 [C10] 셀을 선택하고 『8/5』를 입력한 후 **Enter** 를 누릅니다.

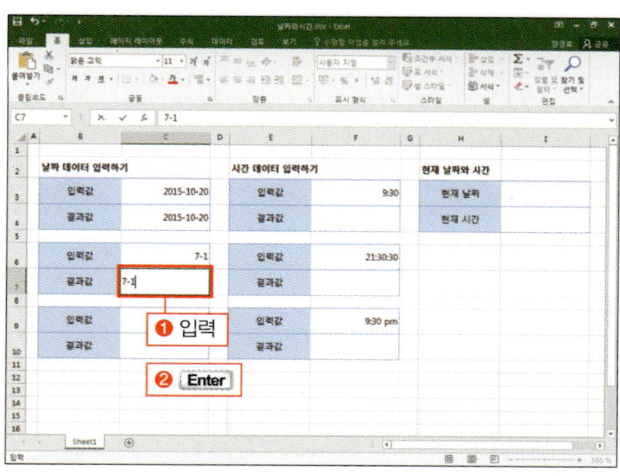
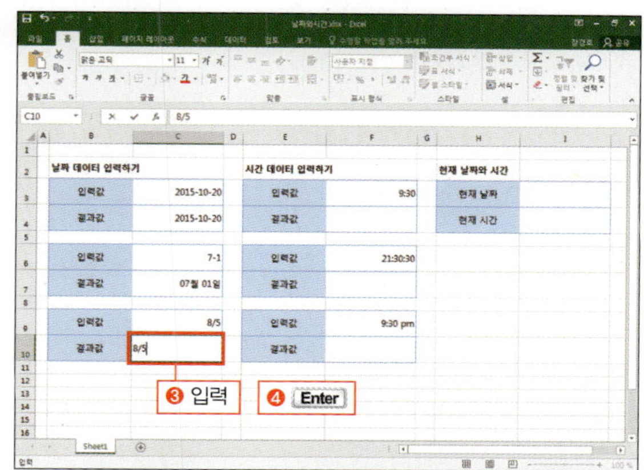

> **TIP**
> 입력하는 방식은 모두 다르지만 날짜 데이터로 인식하는 점은 같습니다.

> **TIP**
> 연도를 입력하지 않으면 입력한 날짜에 해당하는 연도로 인식합니다. 그렇기에 올해 날짜를 입력하는 것이 아니라면 연도를 입력해야 정확한 날짜를 표시할 수 있습니다.

03_ [F4] 셀을 선택하고 『9:30』을 입력한 후 [Enter]를 누릅니다. [F7] 셀을 선택하고 『21:30:30』을 입력한 후 [Enter]를 누릅니다. 다시 [F10] 셀을 선택하고 『9:30 pm』을 입력한 후 [Enter]를 누릅니다.

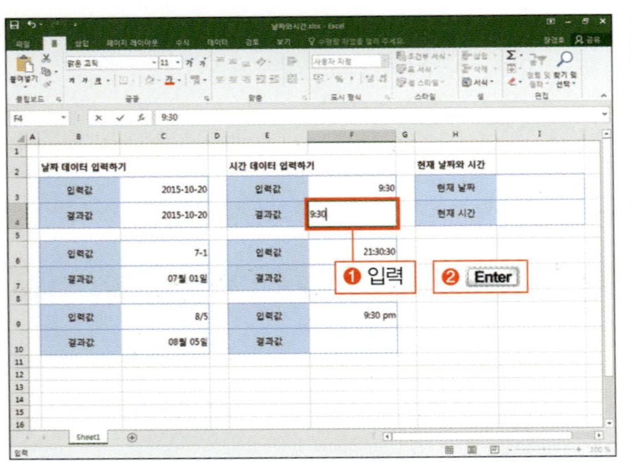

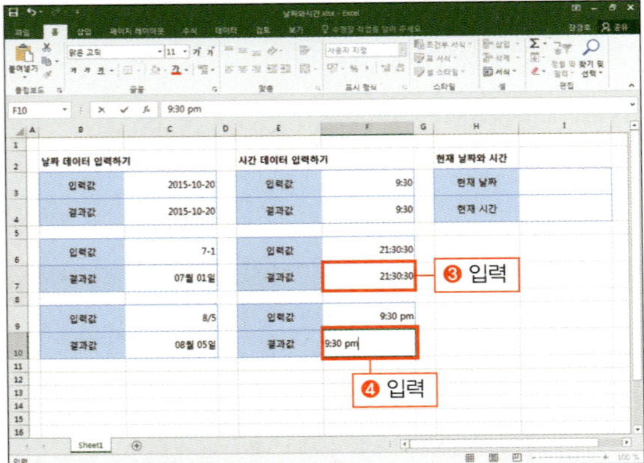

TIP

':' 기호를 사용하면 엑셀은 시간 데이터로 인식하게 됩니다. 또한, 시간 뒤에 'AM' 또는 'PM'을 입력하여 오전, 오후를 지정할 수도 있습니다.

TIP

입력하는 방식은 다르지만 모두 시간 데이터로 인식됩니다.

04_ 이번에는 문서를 작성하는 현재의 날짜와 시간을 입력해 보겠습니다. [I3] 셀을 선택하고 [Ctrl]+[:]을 누릅니다. 다시 [I4] 셀을 선택하고 [Ctrl]+[Shift]+[:]을 누릅니다.

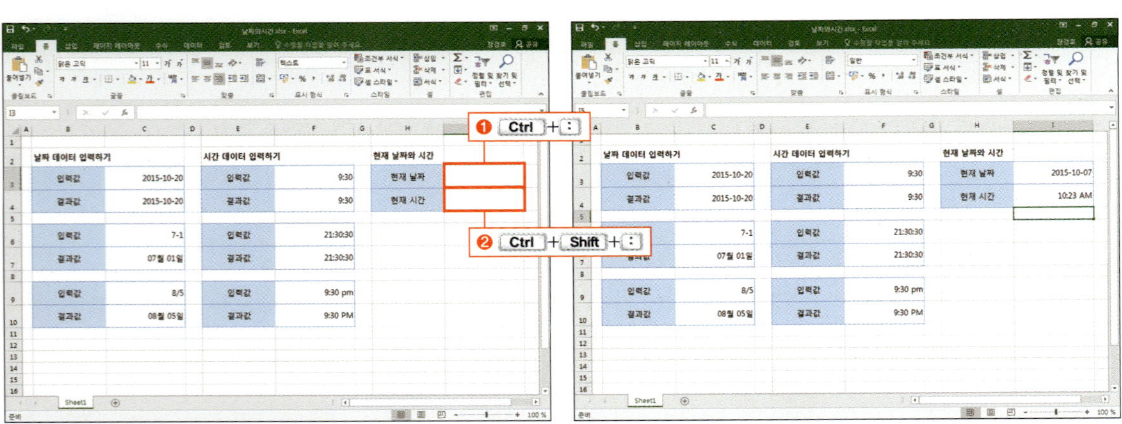

TIP

[Ctrl]+[:]을 누르면 현재 날짜가 입력되며, [Ctrl]+[Shift]+[:]을 누르면 현재 시간이 입력됩니다.

텍스트 방향을 자유롭게 변경하기

:: **준비파일** Part01₩Chapter01₩Section02₩업무분장표.xlsx | **완성파일** Part01₩Chapter01₩Section02₩업무분장표_완성.xlsx

텍스트 방향을 가로에서 세로로 변경하고 싶은 경우에는 [홈] 탭-[맞춤] 그룹에서 원하는 방향을 선택하면 됩니다.

01_ [B6] 셀을 선택하고 [홈] 탭-[맞춤] 그룹에서 [방향]-[세로 쓰기]를 클릭합니다.

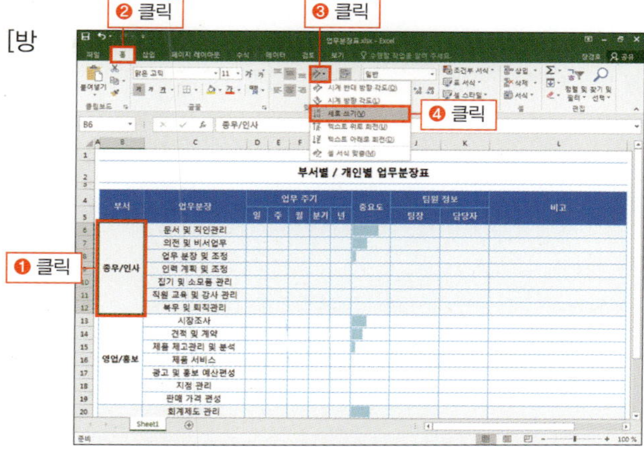

02_ [B6] 셀의 방향이 세로로 변경됩니다. [셀 서식] 대화상자에서도 텍스트 방향을 변경할 수 있습니다. [B6] 셀을 선택하고 [홈] 탭-[맞춤] 그룹에서 [방향]-[셀 서식 맞춤]을 클릭합니다.

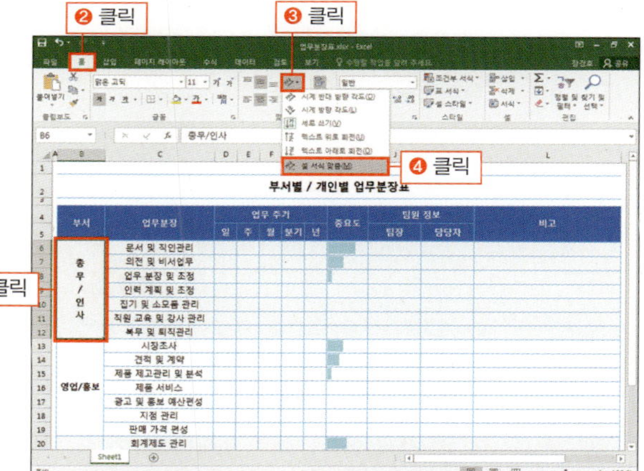

03_ [셀 서식] 대화상자가 나타나면 [방향]의 '텍스트'라고 적힌 영역에서 마우스 포인터를 자유롭게 움직여 각도를 조절합니다.

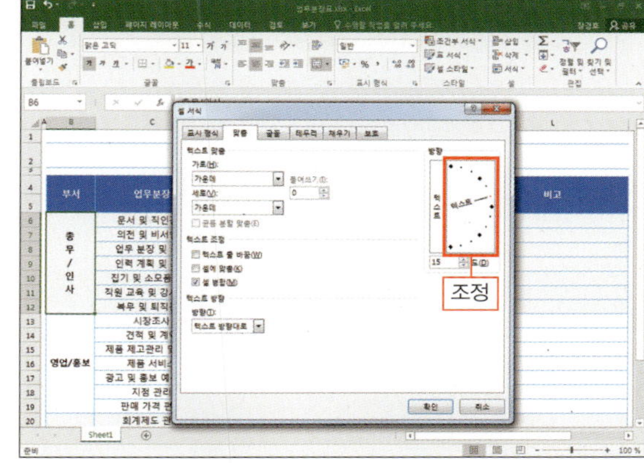

> **TIP**
> [셀 서식] 대화상자의 [맞춤] 탭-[방향]에서 [각도] 입력란에 원하는 각도를 직접 입력할 수도 있습니다.

한 셀에 두 줄 텍스트 입력하기

준비파일 Part01₩Chapter01₩Section02₩업무분장표(2).xlsx | **완성파일** Part01₩Chapter01₩Section02₩업무분장표(2)_완성.xlsx

한 셀에 두 줄 이상의 텍스트를 입력해야 할 경우에는 두 번째 줄로 변경할 곳에 커서를 위치시키고 `Alt` + `Enter`를 누르면 됩니다.

01_ [B13] 셀을 선택하고 '영업' 이라는 글자 다음에 커서를 위치시킨 후 `Alt` + `Enter`를 누릅니다.

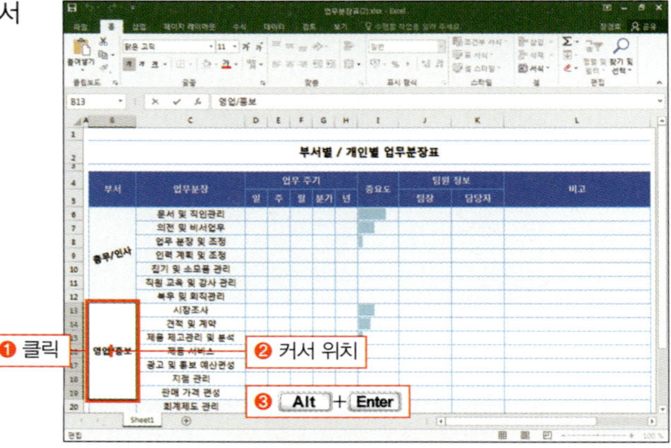

02_ 동일한 방법으로 '/'라는 기호 다음에 커서를 위치시키고 `Alt` + `Enter`를 누릅니다.

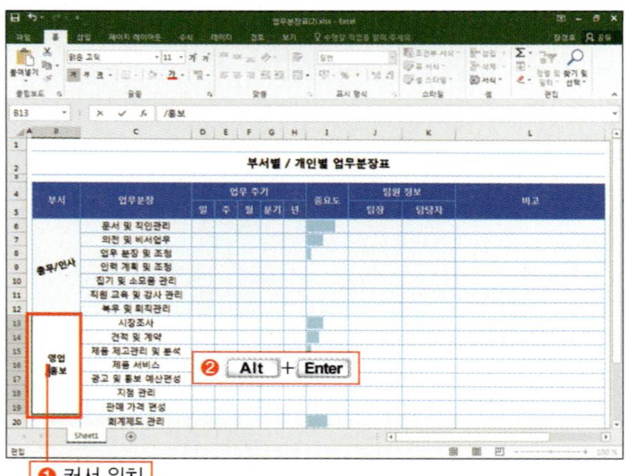

> **TIP**
>
> 한 셀에 두 줄 이상의 텍스트를 입력할 경우 수식 입력 줄에는 첫 번째 줄의 텍스트만 나타납니다. 수식 입력 줄에서 [수식 입력줄 확장] 단추를 클릭하면 나머지 텍스트도 확인할 수 있습니다.

소수와 백분율 표시 형식 변경하기

:: 준비파일 Part01₩Chapter01₩Section02₩만족도조사.xlsx | **완성파일** Part01₩Chapter01₩Section02₩만족도조사_완성.xlsx

엑셀에 소수점이 포함된 데이터를 입력할 경우 [백분율 스타일]을 통해 표시 형식을 간단하게 백분율로 변경할 수 있습니다. 소수나 백분율은 표시 형식만 다를 뿐 실제 값은 동일합니다.

01_ [F5] 셀에 『80%』를 입력한 다음 **Enter**를 누릅니다.

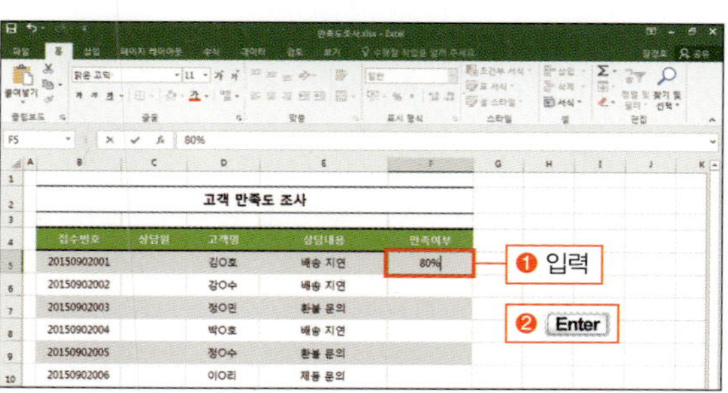

> **TIP**
>
> 셀에 '%'를 입력하면 [홈] 탭–[표시 형식] 그룹의 [표시 형식]이 '일반'에서 '백분율'로 자동 변경됩니다.

02_ [F6] 셀에 『0.9』를 입력한 다음 **Enter**를 누릅니다.

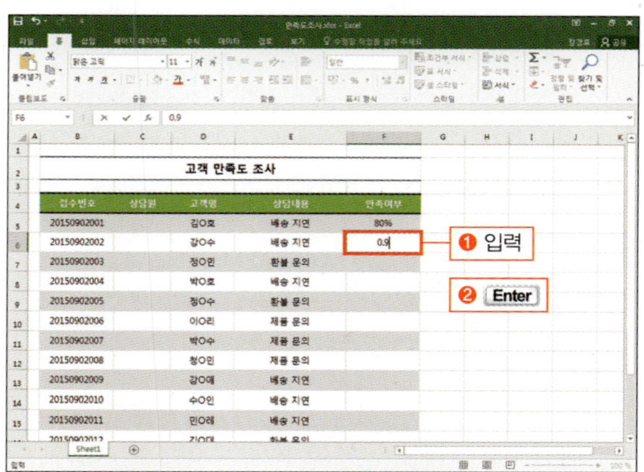

> **TIP**
>
> [자릿수 늘림](())을 클릭하면 '0.90' 또는, '90.0%'처럼 소수점 자릿수가 늘어나고, [자릿수 줄임](())을 클릭하면 '0.9' 또는, '90%'처럼 소수점 자릿수가 줄어듭니다. 소수점 자릿수가 더 이상 줄어들 수 없다면 반올림 또는, 반내림되어 정수가 나타납니다.

03_ 소수를 백분율로 변경하기 위해 [F6] 셀이 선택된 상태로 [홈] 탭–[표시 형식] 그룹에서 [백분율]을 클릭합니다.

> **TIP**
>
> 소수점으로 표시된 데이터가 백분율로 변경됩니다.

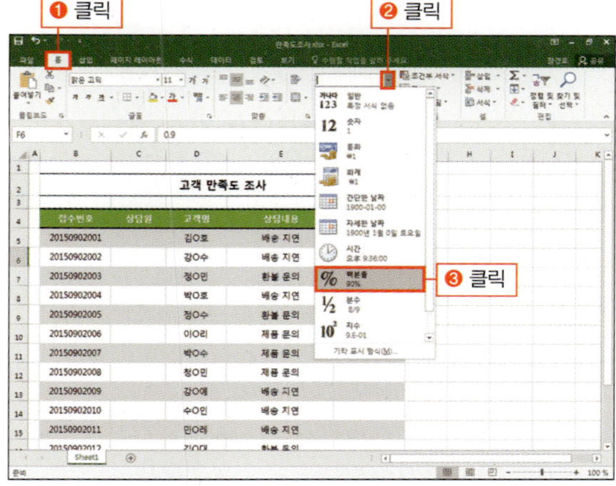

한자와 기호 입력하기

:: **준비파일** Part01\Chapter01\Section02\계획표.xlsx | **완성파일** Part01\Chapter01\Section02\계획표_완성.xlsx

한자는 한글을 입력한 후 한자를 누르거나 [검토] 탭에서 [한글/한자 변환]을 통해 삽입할 수 있습니다.
기호는 [삽입] 탭에서 [기호]를 클릭하거나 ㅁ+한자, ㅈ+한자 등을 눌러 삽입할 수 있습니다.

01_ [B2] 셀에 입력되어 있는 '업무'라는 글자를 드래그하여 선택하고 한자를 누릅니다. [한글/한자 변환] 대화상자가 나타나면 [한자 선택]에서 해당하는 한자를 선택하고 [변환]을 클릭합니다.

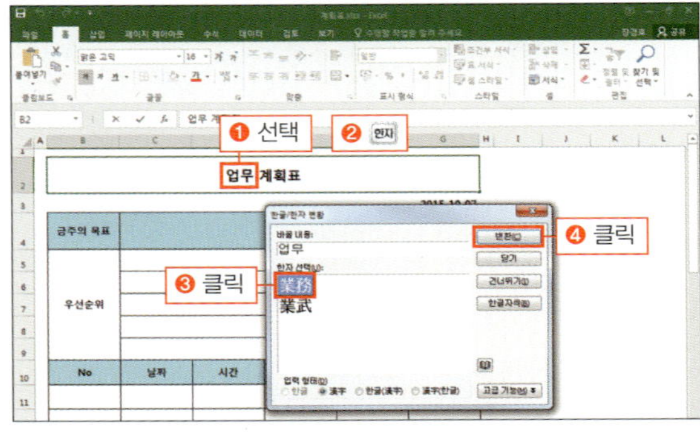

02_ 한글이 한자로 변환됩니다. 이번에는 한글과 한자를 함께 표시해 보겠습니다. [B2] 셀의 '계획표'를 드래그하여 선택하고 [검토] 탭-[언어] 그룹에서 [한글/한자 변환]을 클릭합니다. 변환할 한자를 선택한 후 [입력 형태]에서 원하는 형식을 선택합니다. [한자 사전](📖)을 클릭합니다. [한자 사전] 대화상자가 나타나면 한자를 확인하고 [확인]과 [변환]을 차례대로 클릭합니다.

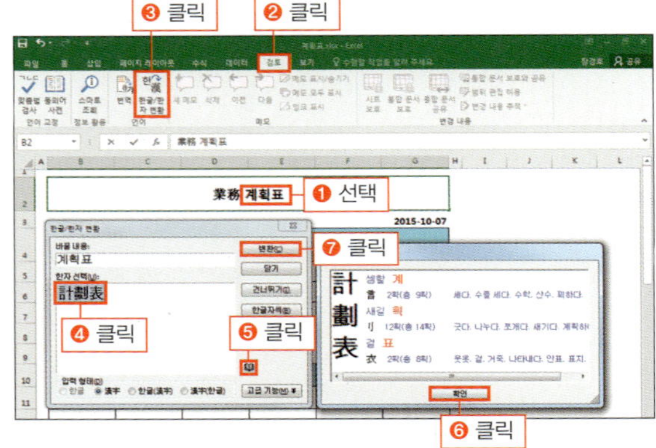

03_ 이번에는 기호를 입력해 보겠습니다. [C4] 셀을 선택하고 [삽입] 탭-[기호] 그룹에서 [기호]-[기호]를 클릭합니다. [기호] 대화상자가 나타나면 [기호] 탭에서 [글꼴]의 화살표를 클릭한 후 [Wingdings 2]를 선택합니다. 원하는 기호를 선택하고 [삽입]을 클릭한 후 대화상자를 닫습니다.

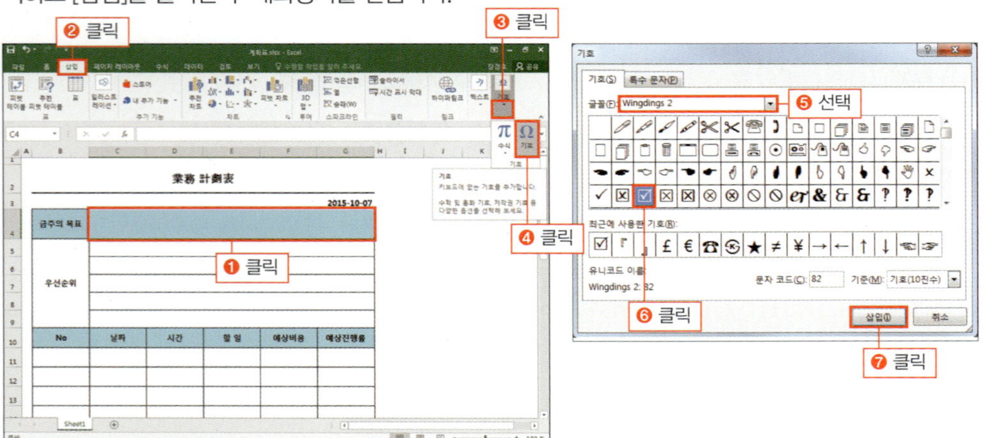

04_ □+한자, ㅈ+한자 등을 눌러 기호를 삽입할 수 있습니다. [C5] 셀을 선택하고 ㅇ+한자를 누른 후 원하는 기호를 선택합니다. 원하는 기호가 없다면 확장 아이콘(≫)을 클릭합니다.

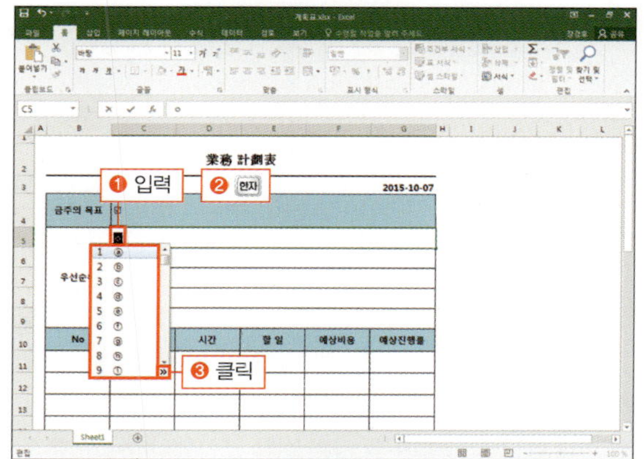

05_ 여기서는 ①을 선택합니다. [C6], [C7], [C8], [C9] 셀에도 같은 방법으로 기호를 삽입합니다.

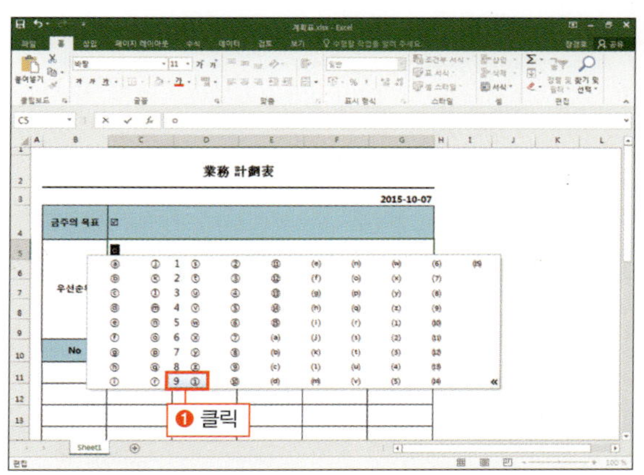

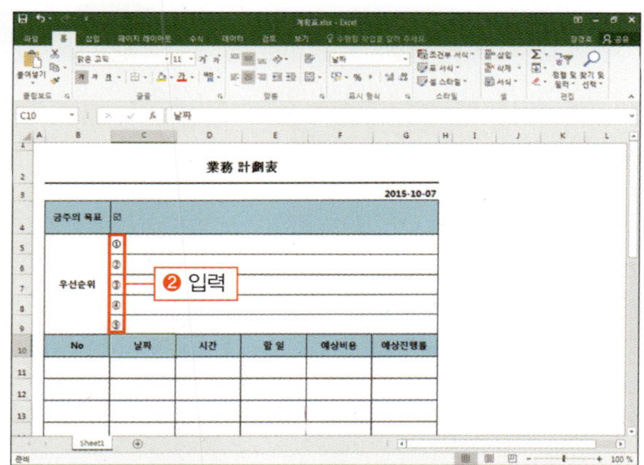

QR 코드로 더 자세히

자음별 특수 문자 살펴보기

한글 자음(ㄱ~ㅎ)을 입력하고 키보드의 한자를 함께 누르면 자음별 특수 문자를 만날 수 있습니다. 자음 목록에서 확장 아이콘(≫)을 클릭하면 확장된 기호 목록이 나타납니다. 자음별 특수 문자가 궁금한 독자는 저자의 블로그(http://blog21.kr/40194338737)에서 알아보기 바랍니다. QR 코드를 스마트폰으로 찍으면 바로 확인할 수 있습니다.

메모 삽입하고 색, 글꼴 변경하기

:: **준비파일** Part01₩Chapter01₩Section02₩출석부.xlsx | **완성파일** Part01₩Chapter01₩Section02₩출석부_완성.xlsx

워크시트에 셀 내용에 대한 보충 설명이 필요하다면 메모를 입력할 수 있습니다. 메모는 셀에 표시하거나 숨길 수 있어 내용을 보충하는 보조 장치로 편리하게 활용할 수 있습니다.

01_ 메모를 삽입하고 싶은 셀을 선택합니다. 여기서는 [B1] 셀을 선택하고 [검토] 탭-[메모] 그룹에서 [새 메모]를 클릭합니다. 메모 입력 상자가 나타나면 내용을 입력합니다. 메모를 입력한 후 다른 셀을 클릭합니다.

> **TIP**
> 메모를 삽입하고 싶은 셀을 선택하고 마우스 오른쪽 버튼을 클릭한 후 [메모 삽입]을 선택하거나, Shift + F2 를 눌러도 됩니다.

02_ 메모 입력 상자가 사라지면서 셀의 우측 상단 모서리에 빨간색 표식이 나타납니다. 메모를 확인하고 싶다면 빨간색 표식에 마우스 포인터를 위치시킵니다. 사라졌던 메모가 다시 나타납니다.

> **TIP**
> 빨간색 표식에 마우스 포인터를 위치시키면 사라졌던 메모가 다시 나타납니다.

03_ 메모 창을 화면에 항상 표시하고 싶다면 [검토] 탭-[메모] 그룹에서 [메모 모두 표시]를 클릭합니다. 메모의 테두리를 마우스 오른쪽 버튼으로 클릭하고 [메모 서식]을 선택합니다. [메모 서식] 대화상자가 나타나면 다양한 탭을 통해 색이나 글꼴 등을 변경할 수 있습니다.

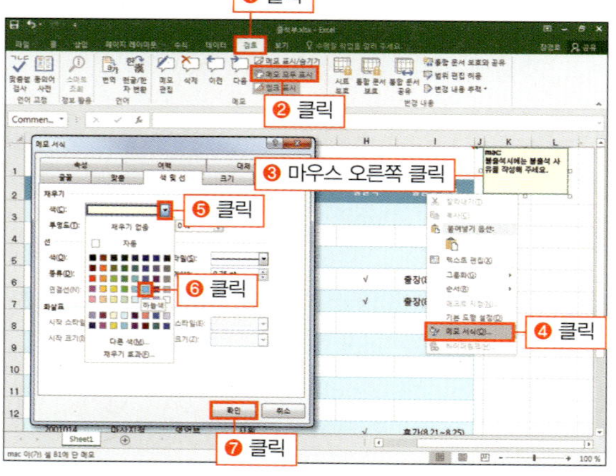

채우기 핸들로 데이터 자동 채우기

:: **준비파일** Part01₩Chapter01₩Section02₩실적표.xlsx | **완성파일** Part01₩Chapter01₩Section02₩실적표_완성.xlsx

'1, 2, 3,…'과 같이 연속적인 데이터는 채우기 핸들을 이용하여 쉽게 입력할 수 있습니다.

01_ [상반기실적] 시트의 [B4] 셀을 선택하고 『1』을 입력한 후 **Enter**를 누릅니다. 다시 [B4] 셀을 선택하고 채우기 핸들(┓)을 [B15] 셀까지 드래그합니다.

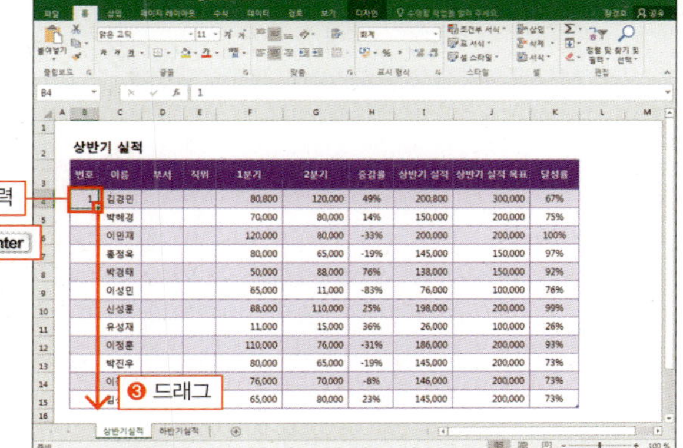

> **TIP**
>
> [자동 채우기 옵션]을 통해 셀 복사나 연속 데이터 등 채우기 속성을 변경할 수도 있습니다.

02_ '1'이 복사되어 나타납니다. [자동 채우기 옵션](📋)을 클릭한 다음 [연속 데이터 채우기]를 선택합니다. 숫자가 연속으로 증가되어 나타납니다.

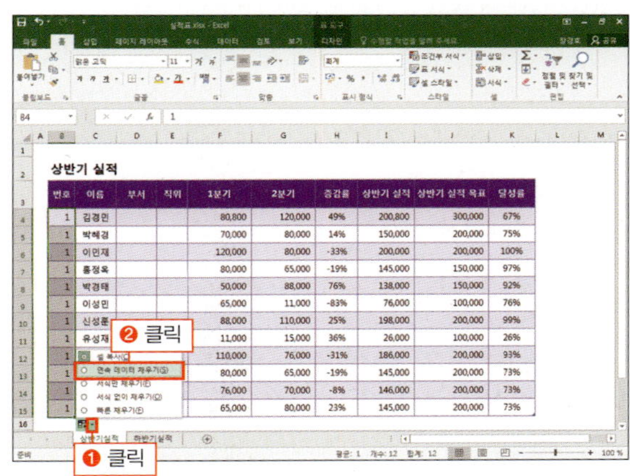

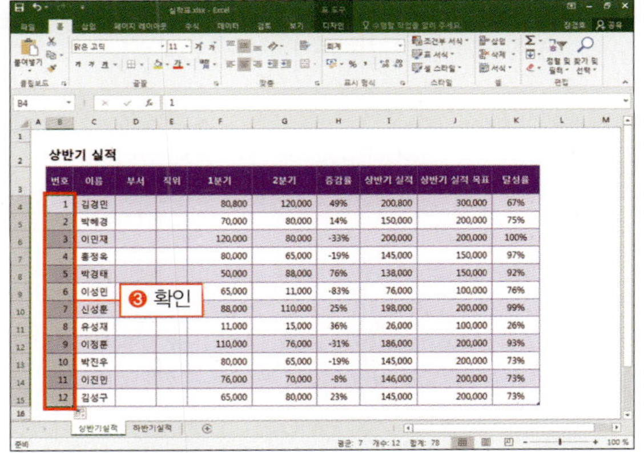

03_ 이번에는 [하반기실적] 시트를 클릭합니다. [B4] 셀을 선택하고 『1』을 입력한 후 **Enter** 를 누릅니다. 다시 [B4] 셀을 선택하고 **Ctrl** 을 누른 상태에서 채우기 핸들(✛)을 [B15] 셀까지 드래그합니다. 숫자가 자동으로 증가되어 나타납니다.

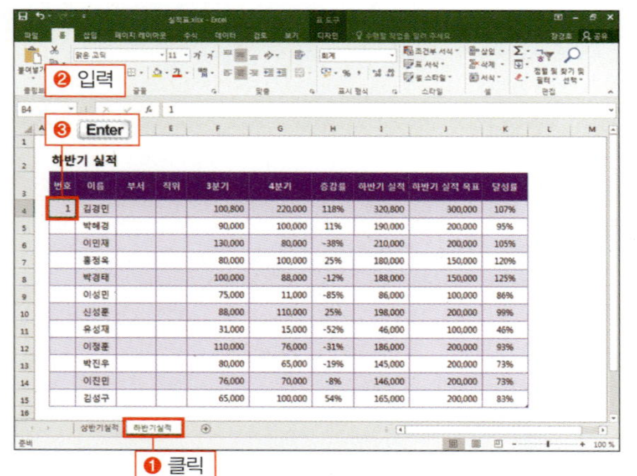
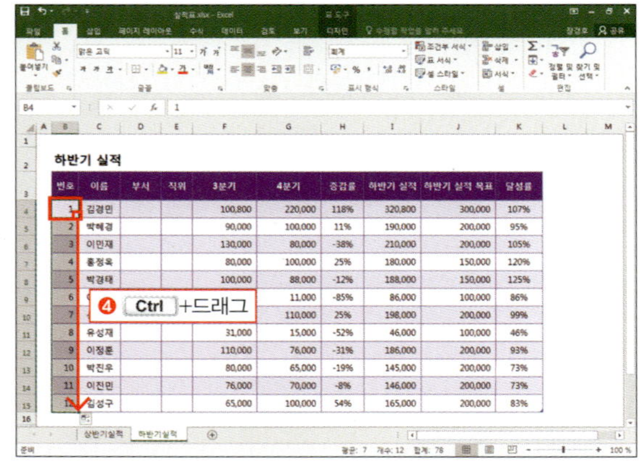

TIP

Ctrl 을 누른 상태에서 채우기 핸들(✛)을 드래그하면 [자동 채우기 옵션](📊)으로 속성을 지정하지 않더라도 연속 데이터를 입력할 수 있습니다.

04_ 이번에는 문자와 숫자가 같이 있는 데이터를 입력한 후 자동 채우기를 해보겠습니다. [상반기실적] 시트를 클릭합니다. [D4] 셀을 선택하고 『총무1팀』, [D5] 셀을 선택하고 『인사1팀』, [D6] 셀을 선택하고 『기획1팀』을 각각 입력합니다. [D4] 셀에서 [D6] 셀까지를 드래그하여 선택한 다음 채우기 핸들(✛)을 [D15] 셀까지 드래그합니다.

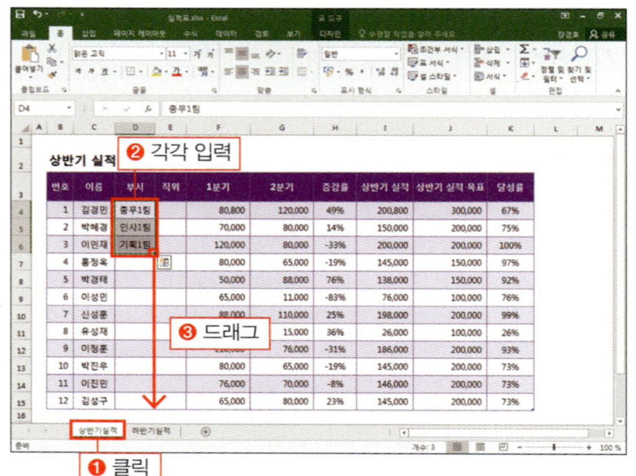

05_ 문자와 숫자가 자동으로 반복 및 증가되어 입력됩니다. 다만, 문자는 반복해서 입력되지만 숫자는 자동 증가되어 입력됩니다. 숫자도 반복해서 입력하기 위해 [자동 채우기 옵션](📊)을 클릭하고 [셀 복사]를 선택합니다. 숫자가 증가되지 않고 반복해서 입력됩니다.

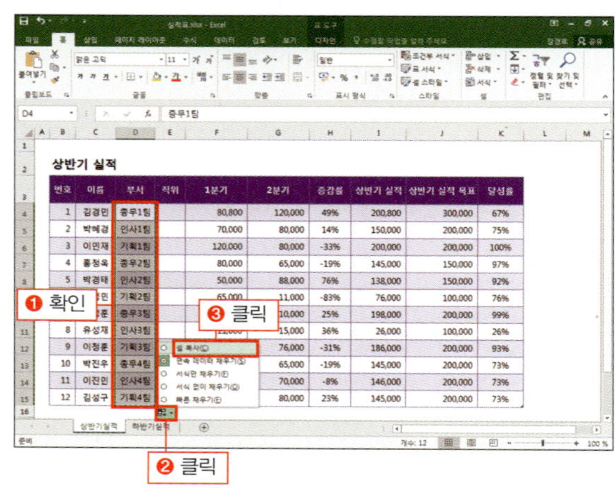

사용자 지정 목록 만들어 자동 채우기

:: **준비파일** Part01₩Chapter01₩Section02₩실적표(2).xlsx | **완성파일** Part01₩Chapter01₩Section02₩실적표(2)_완성.xlsx

1월부터 12월, 또는 월요일부터 일요일 같은 데이터는 엑셀이 자동으로 인식하여 연속 데이터로 자동 채우기를 해줍니다. 하지만 부장, 과장, 대리, 사원 등 직위나 부서명, 지점명 등을 자동 채우기로 입력하고 싶다면 사용자 지정 목록을 만들어 사용해야 합니다.

01_ [파일] 탭을 클릭한 다음 [옵션]을 선택합니다.

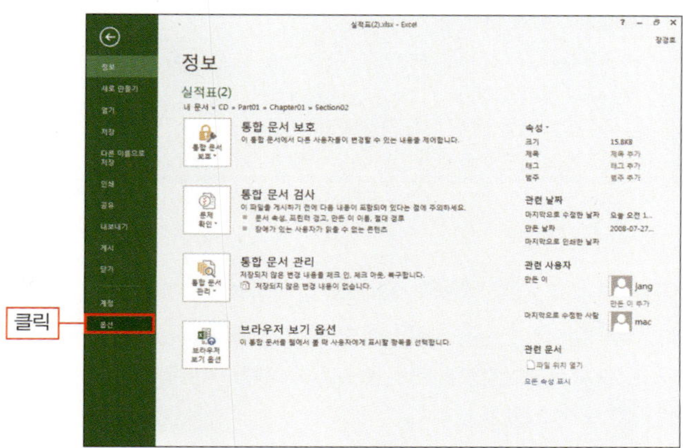

02_ [Excel 옵션] 대화상자가 나타나면 [고급]–[사용자 지정 목록 편집]을 클릭합니다.

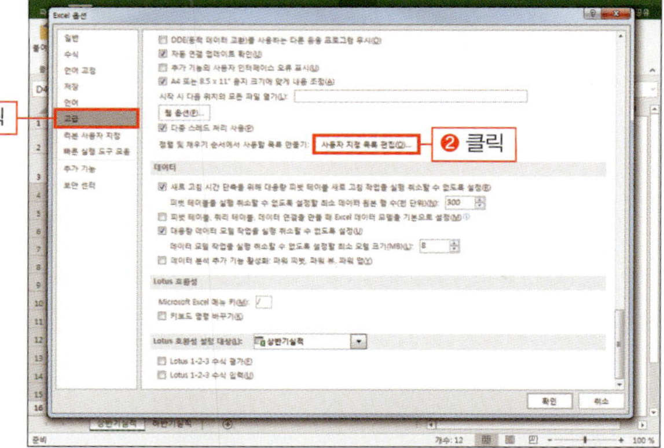

03_ [사용자 지정 목록] 대화상자가 나타나면 [목록 항목]에 『부장』, 『차장』, 『과장』, 『대리』, 『주임』, 『사원』을 입력한 다음 [추가]를 클릭하여 [사용자 지정 목록]에 입력합니다. [확인]을 클릭한 후 [Excel 옵션] 대화상자에서도 [확인]을 클릭합니다.

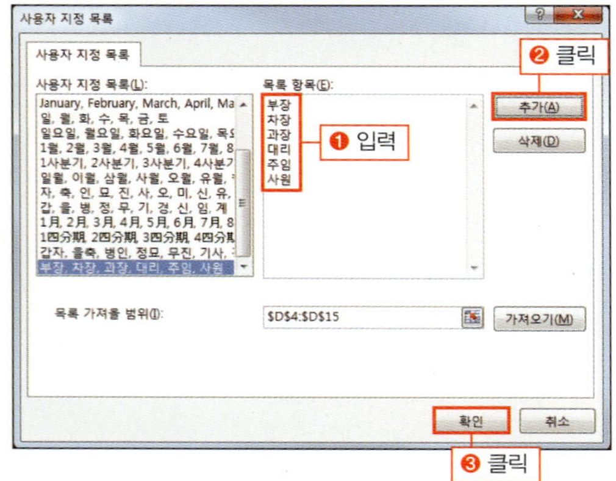
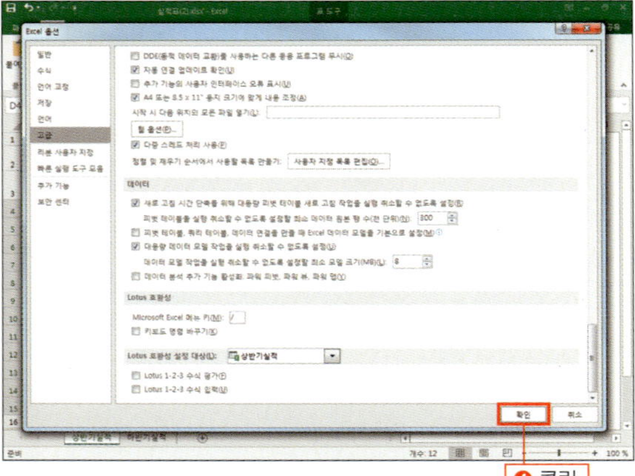

04_ 사용자 지정 목록이 제대로 입력되었는지 확인해 보겠습니다. [E4] 셀에 『부장』을 입력하고 **Enter** 를 누릅니다. 다시 [E4] 셀을 선택하고 채우기 핸들(┼)을 [E15] 셀까지 드래그합니다.

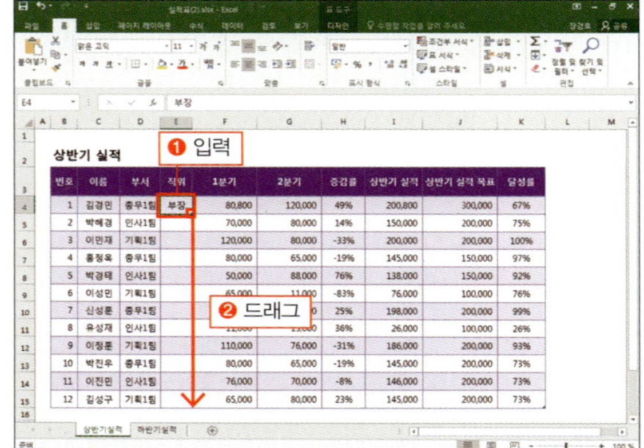

05_ 사용자 지정 목록에 추가한 데이터가 차례대로 입력되는지 확인합니다.

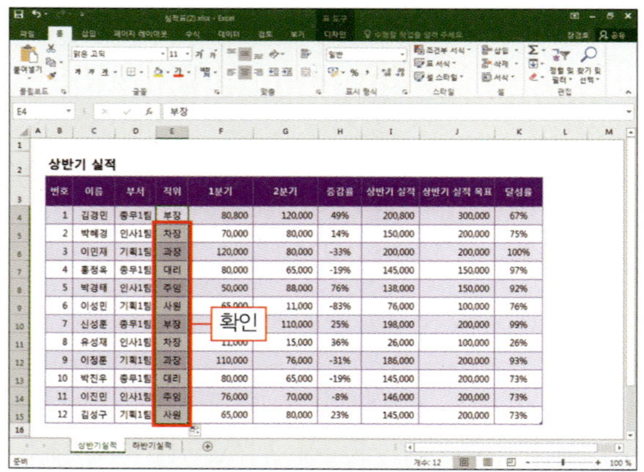

[사용자 지정 목록]의 [목록 항목]에 『부장』, 『차장』, 『과장』, 『대리』, 『주임』, 『사원』을 추가하지 않은 상태에서 [E4] 셀에 『부장』을 입력한 후 채우기 핸들(┼)을 드래그하면 '부장'이라는 문자만 연속해서 채워집니다.

1 사용자 지정 목록을 이용하여 [B5:B9] 영역에 『콘서트』, 『연극』, 『영화』, 『뮤지컬』, 『오페라』를 차례대로 입력해 보세요. 그리고, [E14] 셀에 [E5:E9] 영역의 합계를 표시해 보세요.

◎ 준비파일 : Part01₩Chapter01₩Check₩지출비용.xlsx　　◎ 완성파일 : Part01₩Chapter01₩Check₩지출비용_완성.xlsx

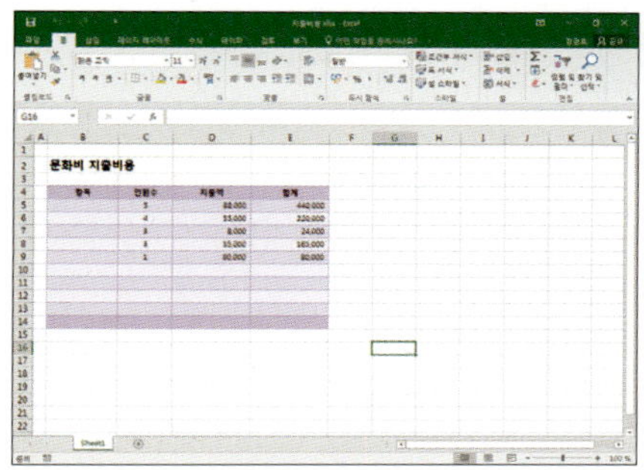 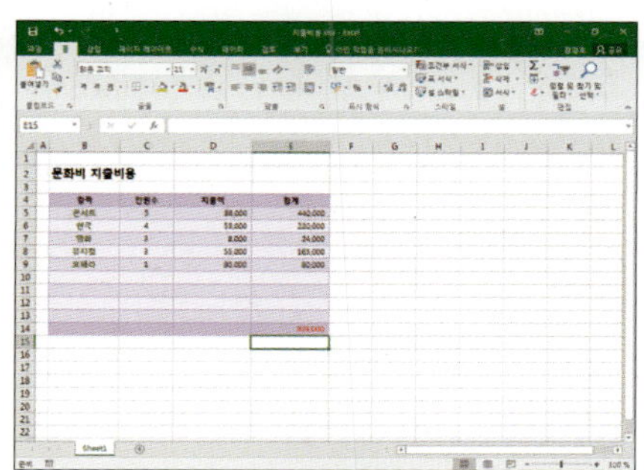

힌트

❶ [파일] 탭-[옵션]-[고급]-[사용자 지정 목록 편집] 클릭하여 사용자 지정 목록을 추가합니다.

❷ 합계를 구하는 수식으로 합계를 구함 『=SUM(E5:E9)』

---

2 채우기 핸들을 이용하면 반복되는 텍스트나 '1, 2, 3'과 같은 연속 숫자를 빠르게 삽입할 수 있습니다. 여기서는 제품코드에 '1, 3, 5'순으로 홀수 숫자를 빠르게 삽입해 봅니다.

◎ 준비파일 : Part01₩Chapter01₩Check₩재고관리.xlsx　　◎ 완성파일 : Part01₩Chapter01₩Check₩재고관리_완성.xlsx

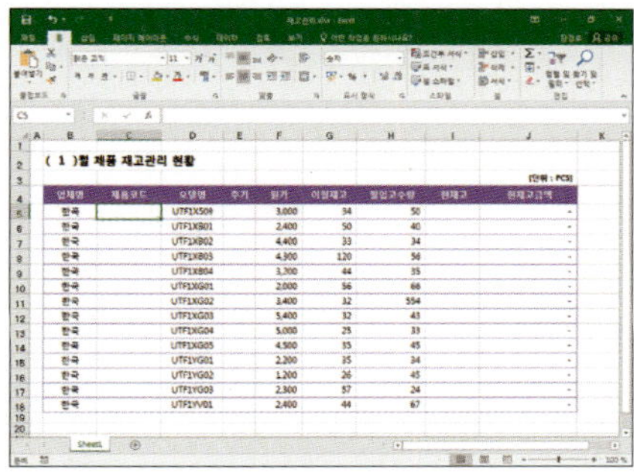 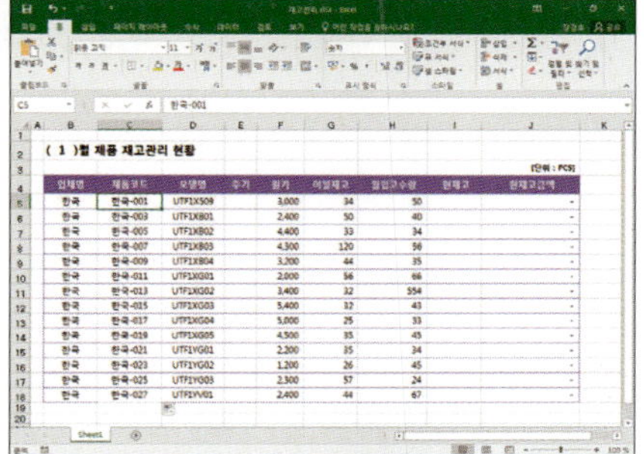

힌트

❶ [C5] 셀에 『한국-001』을 입력한 후 [C6] 셀에 『한국-003』을 입력합니다.

❷ [C5:C6] 영역을 선택한 후 자동 채우기 핸들을 드래그합니다.

셀과 워크시트 다루기

엑셀 2016의 작업이 이루어지는 워크시트는 행 머리글과 행(Row), 열 머리글과 열(Column)로 구성됩니다. 하나의 통합 문서는 하나 이상의 워크시트를 포함하고 있습니다. 워크시트를 편집하면서 셀을 복사하거나 이동하는 경우, 행과 열을 삽입하거나 이동, 또는 크기를 조절하는 경우도 빈번하게 발생합니다. 이번 섹션에서는 셀과 워크시트를 다루는 다양한 작업에 대해서 배워보겠습니다.

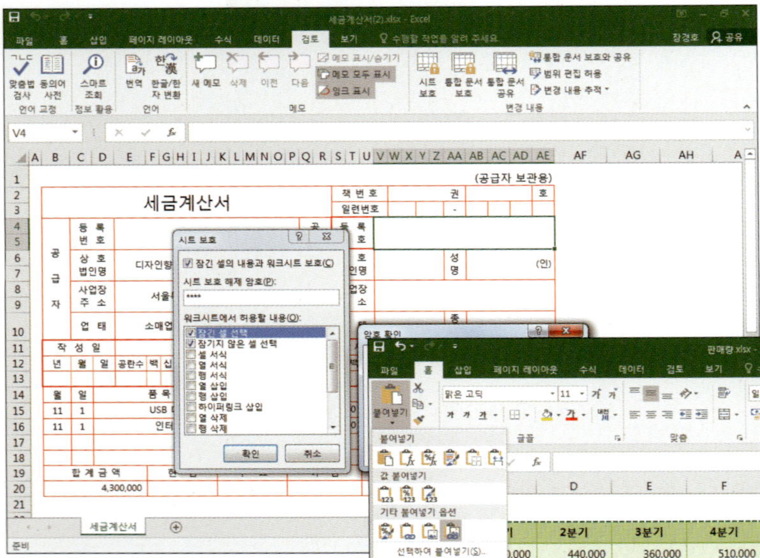

▲ 워크시트 보호하기

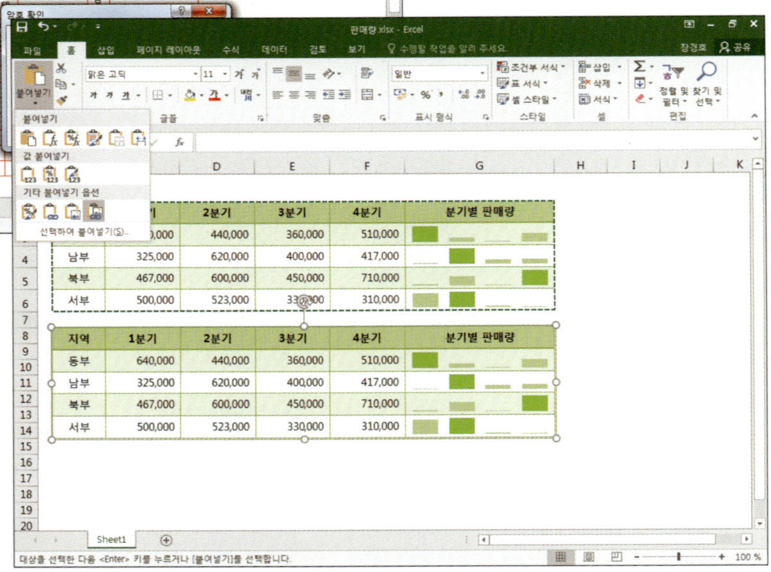

연결된 그림 붙여넣기 ▶

이번 섹션에서 배울 주요 내용

- 행 높이와 열 너비 조절하기
- 워크시트 보호하기
- 붙여넣기와 선택하여 붙여넣기
- 행과 열 숨기기와 취소하기
- 워크시트 이동하고 복사하기

- 시트 이름과 색상 변경하기
- 틀 고정하고 창 나누기
- 워크시트를 그림으로 붙여넣기
- 연결된 그림 붙여넣기
- **스페셜** 빠른 채우기로 셀 분리하기

행의 높이와 열의 너비 조절하기

:: **준비파일** Part01₩Chapter01₩Section03₩세금계산서.xlsx | **완성파일** Part01₩Chapter01₩Section03₩세금계산서_완성.xlsx

행 높이나 열 너비 등 셀 간격은 머리글 사이의 경계선(➕)을 드래그하거나 머리글 사이를 두 번 클릭하여 조절할 수 있습니다.

01_ [B] 열과 [C] 열 머리글 사이의 경계선(➕)을 왼쪽으로 드래그하여 간격을 조절합니다.

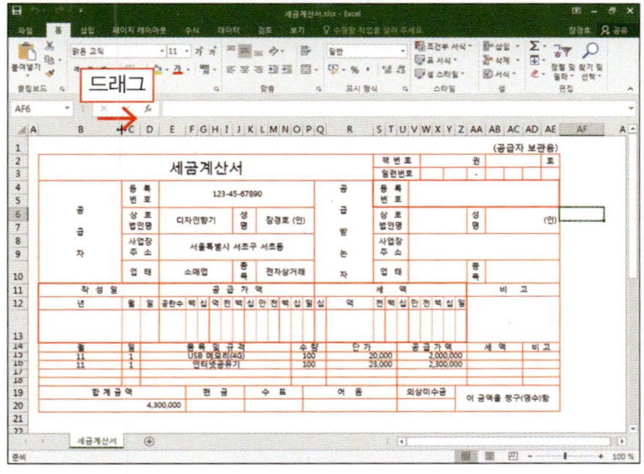

02_ 머리글 사이를 두 번 클릭하여 간격을 조절할 수도 있습니다. [R] 열과 [S] 열 머리글 사이를 두 번 클릭합니다.

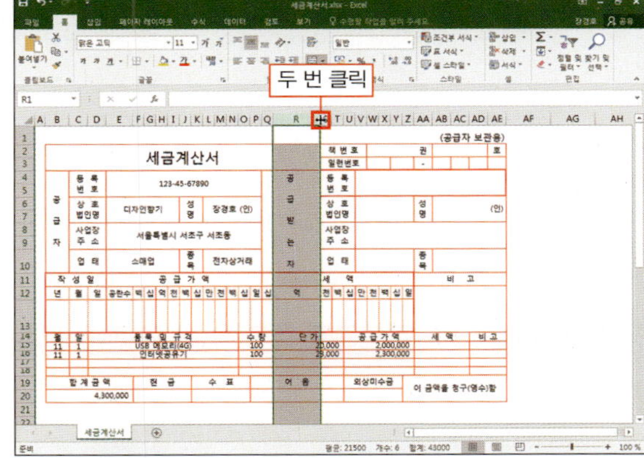

> **TIP**
> 열 너비는 열 머리글에서 마우스 오른쪽 버튼을 클릭하고 [열 너비]를 선택하여 조절할 수 있습니다.

03_ 이번에는 [행 높이] 대화상자를 통해 간격을 조절해 보겠습니다. [13] 행 머리글을 마우스 오른쪽 버튼으로 클릭하고 [행 높이]를 선택합니다.

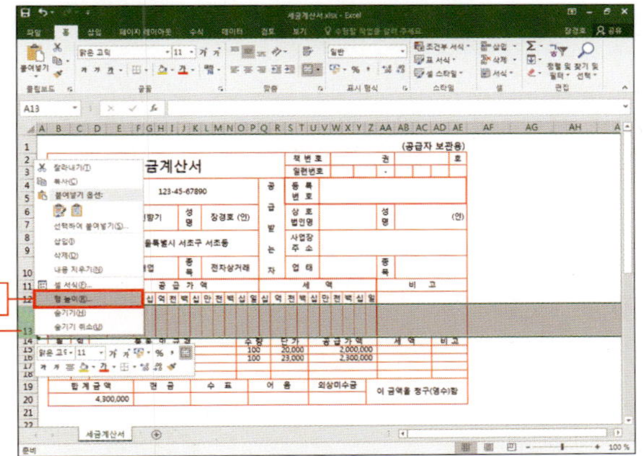

04_ [행 높이] 대화상자가 나타나면 [행 높이]에 『17.25』
를 입력하고 [확인]을 클릭합니다.

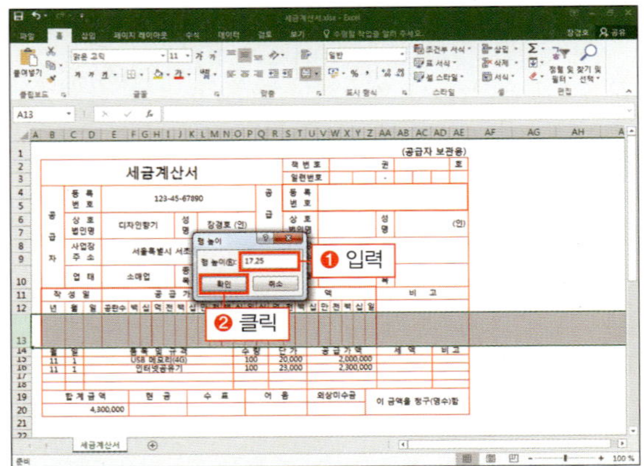

05_ 이번에는 여러 개의 행 머리글을 선택해 높이를 한
번에 조절해 보겠습니다. [14] 행 머리글에서 [18] 행 머리
글을 Shift 를 누른 채 선택합니다.

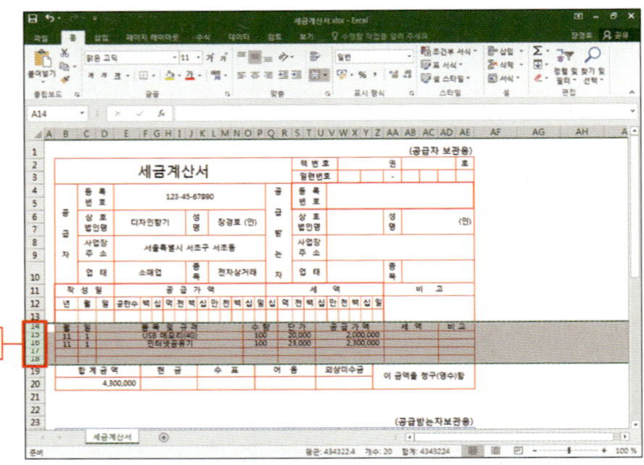

06_ 마우스 오른쪽 버튼을 클릭하고 [행 높이]를 선택합니다. [행 높이] 대화상자가 나타나면 [행 높이]에 『16.5』를 입력
하고 [확인]을 클릭합니다.

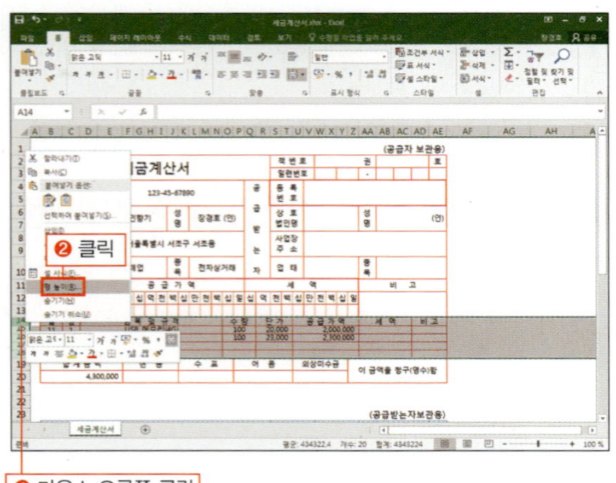

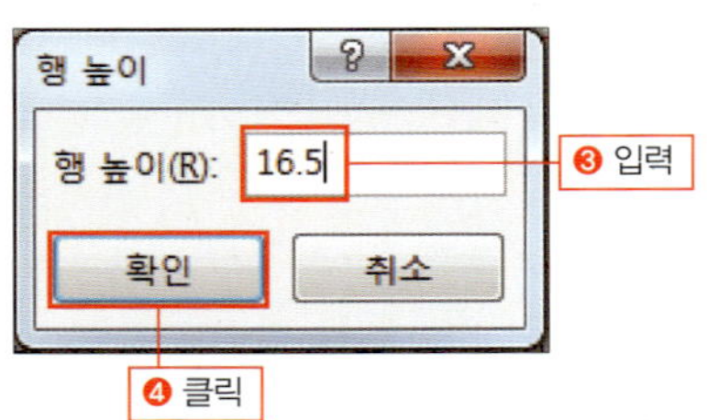

워크시트 보호하기

:: **준비파일** Part01₩Chapter01₩Section03₩세금계산서(2).xlsx | **완성파일** Part01₩Chapter01₩Section03₩세금계산서(2)_완성.xlsx

시트 보호를 통해 다른 사람들이 문서의 내용을 수정하지 못하도록 설정할 수 있습니다. 수정해야 하는 부분과 수정하면 안 되는 부분을 선택하여 편집 범위를 변경해 보겠습니다.

01_ 편집 범위를 변경하기 위해 공급자 영역을 제외한 부분을 Ctrl 을 누른 상태로 선택합니다. [검토] 탭-[변경 내용] 그룹에서 [범위 편집 허용]을 클릭합니다.

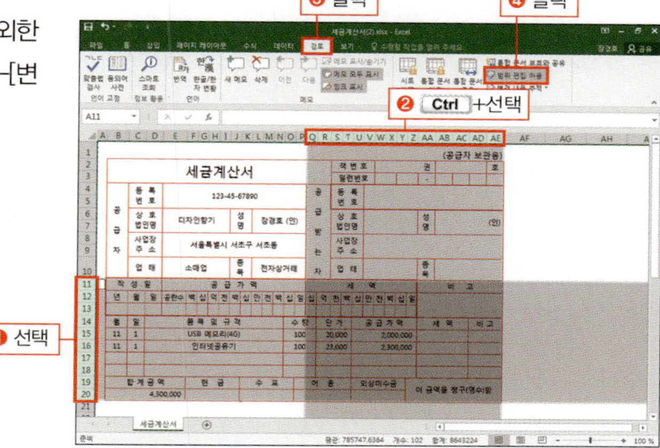

02_ [범위 편집 허용] 대화상자가 나타나면 [새로 만들기]를 클릭합니다.

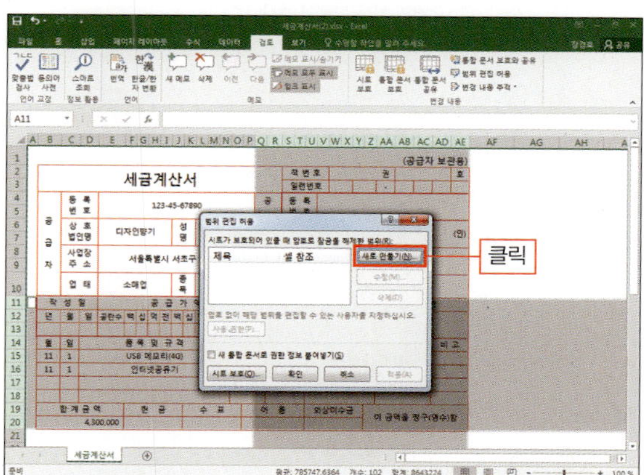

03_ [새 범위] 대화상자가 나타나면 [제목]에 『공급받는자』를 입력하고 [확인]을 클릭합니다. [범위 편집 허용] 대화상자에서도 [확인]을 클릭합니다.

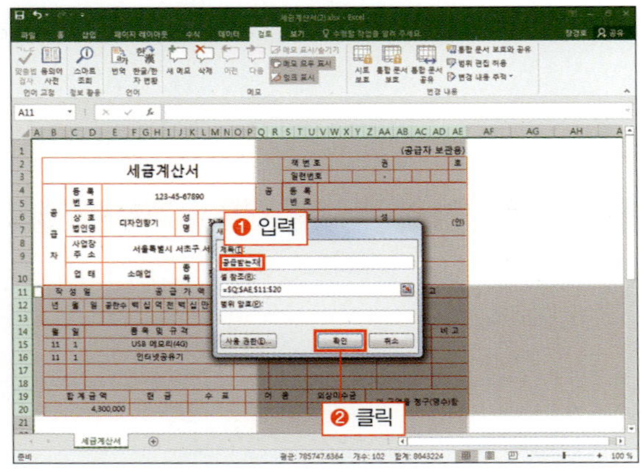

04_ 셀을 하나 선택합니다. [검토] 탭–[변경 내용] 그룹에서 [시트 보호]를 클릭합니다. [시트 보호] 대화상자가 나타나면 [시트 보호 해제 암호]에 『1234』를 입력하고 [확인]을 클릭합니다. [암호 확인] 대화상자가 나타나면 『1234』를 입력하고 [확인]을 클릭합니다.

> **TIP**
>
> [시트 보호] 대화상자의 [시트 보호 해제 암호]는 선택 사항입니다. 암호를 지정하지 않으면 누구든지 시트 보호를 해제하고 보호된 요소를 변경할 수 있습니다.

05_ 공급자 부분의 셀을 클릭해서 수정이 가능한지 확인해 보겠습니다. [E4] 셀을 클릭합니다. 경고 창이 나타나면서 내용을 수정할 수 없습니다. 공급자 부분 이외의 셀을 클릭하면 내용을 수정할 수 있습니다.

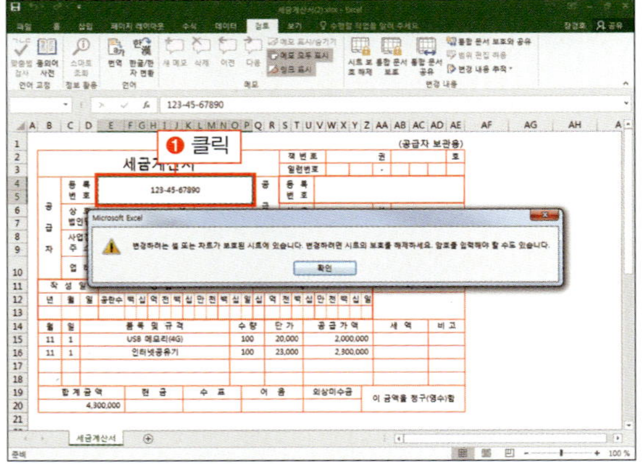

> **TIP**
>
> [검토] 탭–[변경 내용] 그룹에서 [시트 보호 해제]를 클릭하면 시트의 보안을 해제할 수 있습니다.

붙여넣기와 선택하여 붙여넣기

:: **준비파일** Part01₩Chapter01₩Section03₩면접점수.xlsx | **완성파일** Part01₩Chapter01₩Section03₩면접점수_완성.xlsx

선택하여 붙여넣기를 통해 수식이나 값, 서식 등을 붙여넣기 할 수 있으며, 수식을 제거하고 붙여넣기 하거나 붙여넣는 값에 데이터를 더하거나 곱할 수도 있습니다.

01_ 먼저, 열 머리글을 복사하여 붙여넣기해 보겠습니다. [H] 열 머리글을 선택하고 마우스 오른쪽 버튼을 클릭한 후 [복사]를 선택합니다.

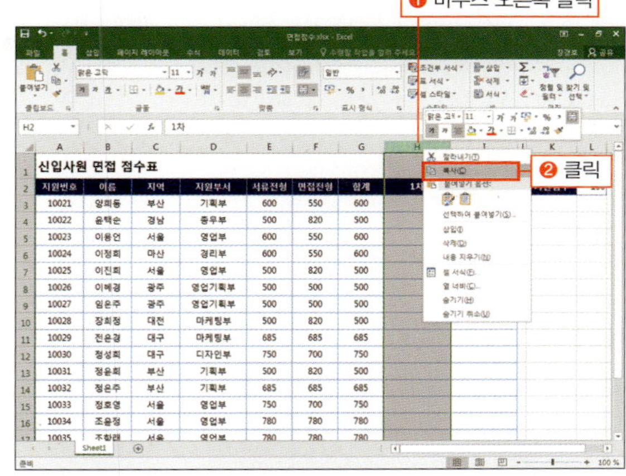

02_ [H] 열 머리글을 다시 선택하고 마우스 오른쪽 버튼을 클릭한 후 [복사한 셀 삽입]을 선택합니다.

TIP

[복사한 셀 삽입]을 선택하면 선택한 셀의 왼쪽에 복사한 셀이 삽입됩니다.

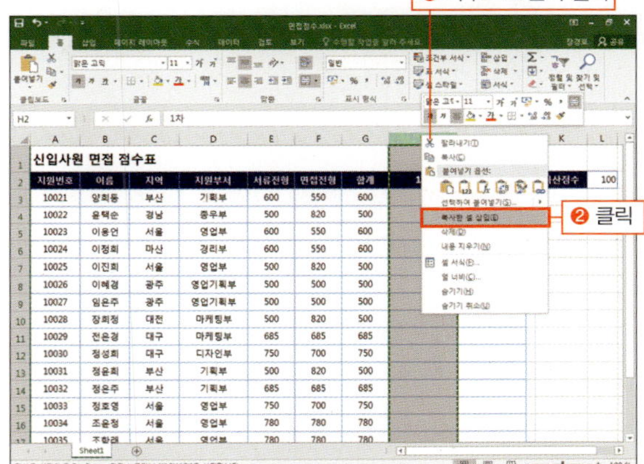

03_ [H2] 셀의 이름을 『가산합계』로 변경합니다. [G3:G21] 영역을 드래그하여 선택하고 Ctrl + C 를 눌러 복사합니다.

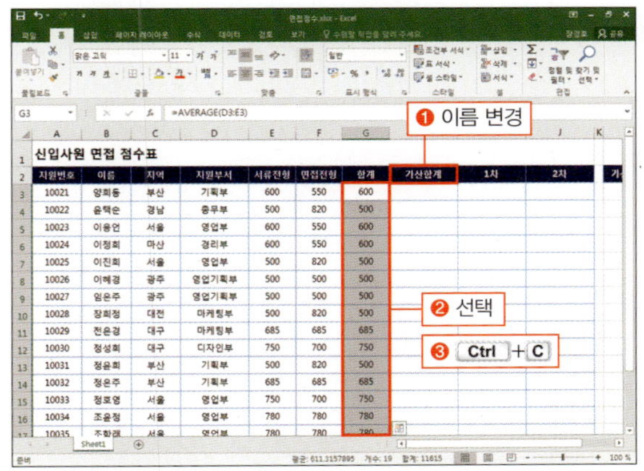

04_ [G3:G21] 영역에는 수식이 입력되어 있습니다. 수식을 포함하지 않고 합계 점수만 붙여넣기 위해 [H4] 셀을 선택하고 [홈] 탭–[클립보드] 그룹에서 [붙여넣기]–[값 붙여넣기]–[값]을 클릭합니다.

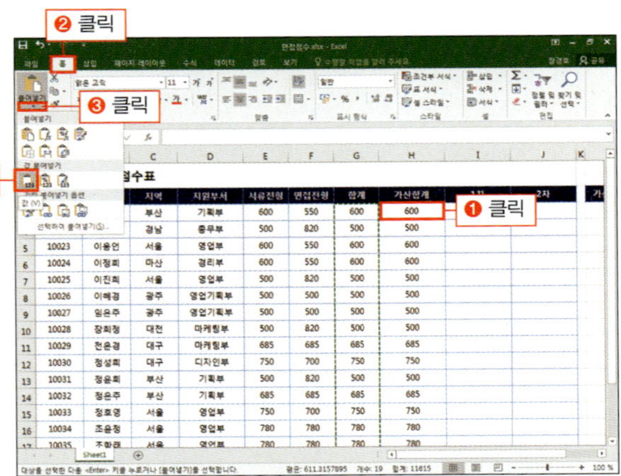

> **TIP**
>
> 수식이 지정되어 있는 셀을 복사한 후 [값 붙여넣기]–[값]을 선택하면 수식이 제거된 값만 붙여넣기할 수 있습니다.

05_ 합계 점수가 가산합계 점수에 붙여넣기가 됩니다. 이번에는 가산합계 점수에 가산점수인 '100점'을 포함해 붙여넣기 해보겠습니다. [M2] 셀을 선택하고 Ctrl + C 를 눌러 복사합니다. [H3:H21] 영역을 드래그하여 선택하고 [홈] 탭–[클립보드] 그룹에서 [붙여넣기]–[선택하여 붙여넣기]를 클릭합니다.

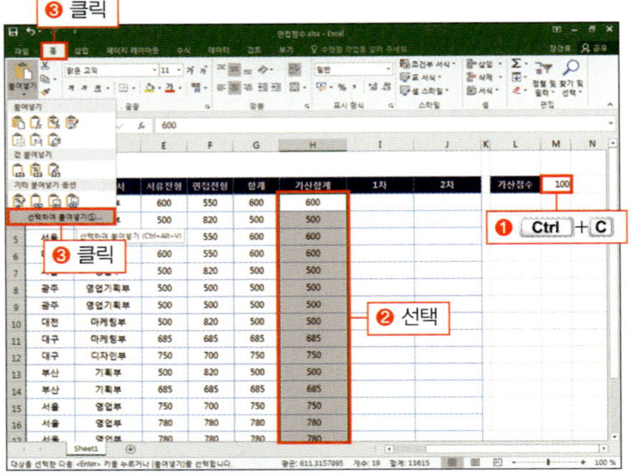

> **TIP**
>
> Ctrl + Alt + V 를 눌러도 선택하여 붙여넣기를 할 수 있습니다.

06_ [선택하여 붙여넣기] 대화상자가 나타납니다. [붙여넣기]–[값]을 체크합니다. 그리고 [연산]–[더하기]를 체크한 후 [확인]을 클릭합니다. [홈] 탭–[맞춤] 그룹에서 [가운데 맞춤]을 클릭하면 가운데로 정렬할 수 있습니다.

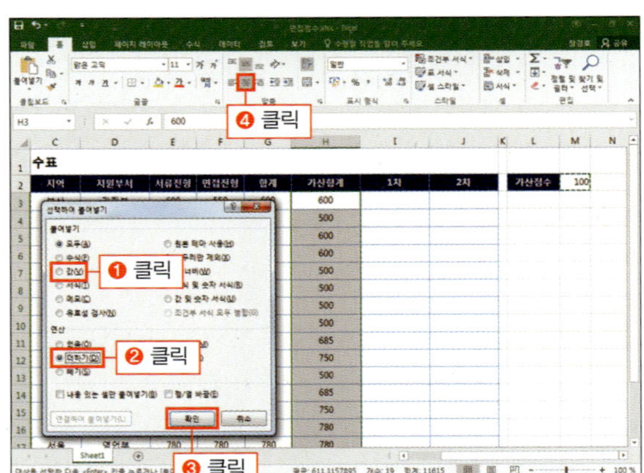

> **TIP**
>
> [연산]–[더하기]를 체크하면 가산점수가 가산합계 열에 추가되어 붙여넣기가 됩니다.

엑셀 2016의 붙여넣기는 다음과 같이 다양한 옵션이 존재합니다. 수식만 붙여넣기나, 원본 서식을 유지한 채 붙여넣기 등을 선택할 수 있습니다.

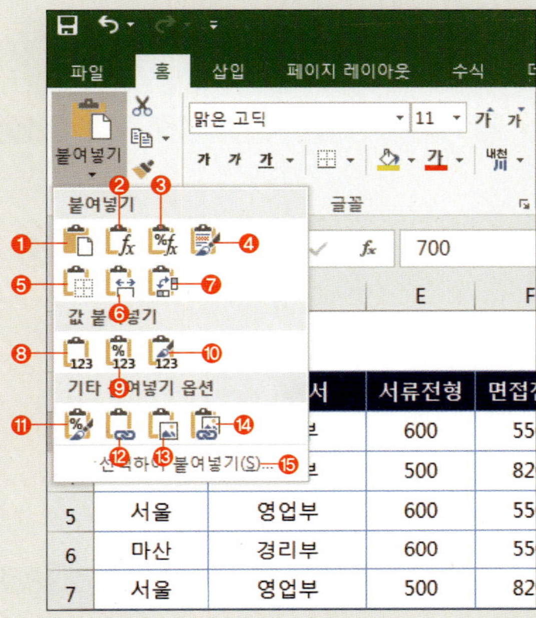

• 붙여넣기

❶ 붙여넣기 : 데이터 값 및 숫자, 셀 서식 등 모든 내용을 붙여넣습니다.

❷ 수식 : 복사한 데이터의 수식만 붙여넣습니다.

❸ 수식 및 숫자 서식 : 복사한 데이터의 수식과 숫자 서식만 붙여넣습니다.

❹ 원본 서식 유지 : 원본의 서식을 유지한 채 붙여넣습니다.

❺ 테두리 없음 : 테두리를 제외하고 붙여넣습니다.

❻ 원본 열 너비 유지 : 열 너비를 그대로 유지한 채 붙여넣습니다.

❼ 바꾸기 : 행과 열을 서로 바꾸어 붙여넣습니다.

• 값 붙여넣기

❽ 값 : 복사한 데이터의 값만 붙여넣습니다.

❾ 값 및 숫자 서식 : 복사한 데이터의 값과 숫자 서식만 붙여넣습니다.

❿ 값 및 원본 서식 : 복사한 데이터의 값과 셀 서식만 붙여넣습니다.

• 기타 붙여넣기 옵션

⓫ 서식 : 복사한 데이터에 포함된 서식을 모두 붙여넣습니다.

⓬ 연결하여 붙여넣기 : 원본 데이터가 수정되면 붙여넣기 한 데이터도 수정되도록 연결하여 붙여넣습니다.

⓭ 그림 : 복사한 데이터를 그림으로 붙여넣습니다.

⓮ 연결된 그림 : 복사한 데이터를 그림으로 붙여넣거나, 데이터도 수정되도록 연결하여 붙여넣습니다.

• 선택하여 붙여넣기

⓯ 선택하여 붙여넣기 : [선택하여 붙여넣기] 대화상자를 실행시켜 다양한 옵션을 설정할 수 있습니다.

:: **준비파일** Part01₩Chapter01₩Section03₩면접점수(2).xlsx | **완성파일** Part01₩Chapter01₩Section03₩면접점수(2)_완성.xlsx

행과 열 숨기기를 통해 행이나 열을 워크시트에 표시하지 않을 수 있습니다. 행이나 열을 숨기더라도 연산 작업이나 수식에는 전혀 지장이 없습니다.

01_ [H] 열 머리글을 선택하고 **Ctrl** 을 누른 상태로 [L], [M] 열 머리글을 드래그하여 선택합니다. 마우스 오른쪽 버튼을 클릭하여 [숨기기]를 선택합니다.

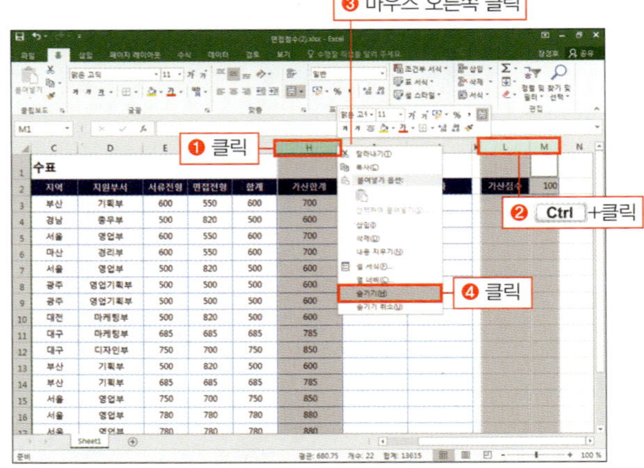

02_ 선택한 열이 모두 숨기기가 적용됩니다. 숨기기 명령을 사용하여 행이나 열을 숨길 수 있지만 행 높이나 열 너비를 '0'으로 변경하여 숨길 수도 있습니다.

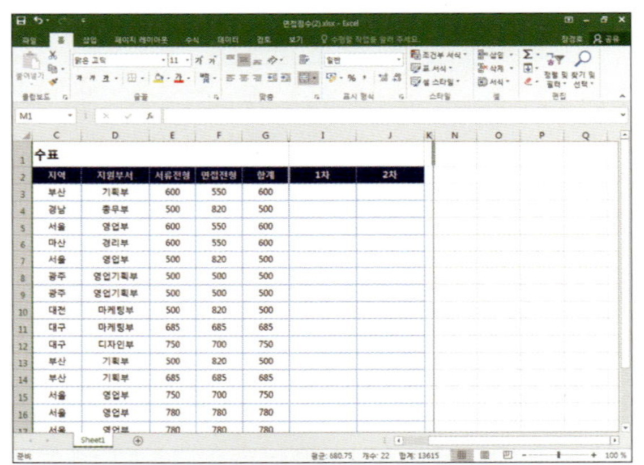

03_ 숨기기를 취소하기 위해 [G] 열 머리글에서 [N] 열 머리글을 드래그하여 선택한 다음 마우스 오른쪽 버튼을 클릭하고 [숨기기 취소]를 선택합니다.

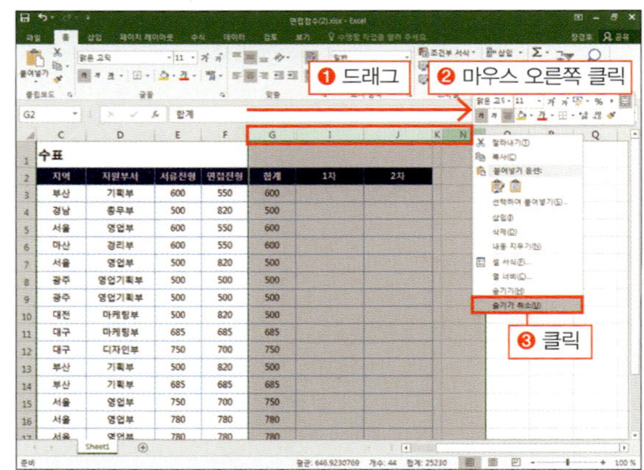

워크시트 이동하고 복사하기

:: **준비파일** Part01₩Chapter01₩Section03₩면접점수(3).xlsx | **완성파일** Part01₩Chapter01₩Section03₩면접점수(3)_완성.xlsx

작업한 워크시트는 복사본을 만들어 복사할 수 있습니다. 여러 워크시트가 존재할 경우 워크시트의 순서를 마음대로 변경할 수도 있습니다.

01_ [Sheet1] 시트를 선택한 다음 마우스 오른쪽 버튼을 클릭하고 [이동/복사]를 선택합니다. [이동/복사] 대화상자가 나타나면 [다음 시트의 앞에]에서 [(끝으로 이동)]을 선택하고, [복사본 만들기]에 체크한 후 [확인]을 클릭합니다.

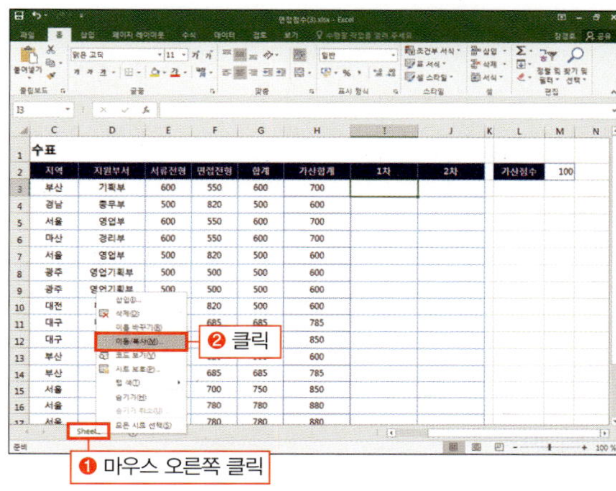

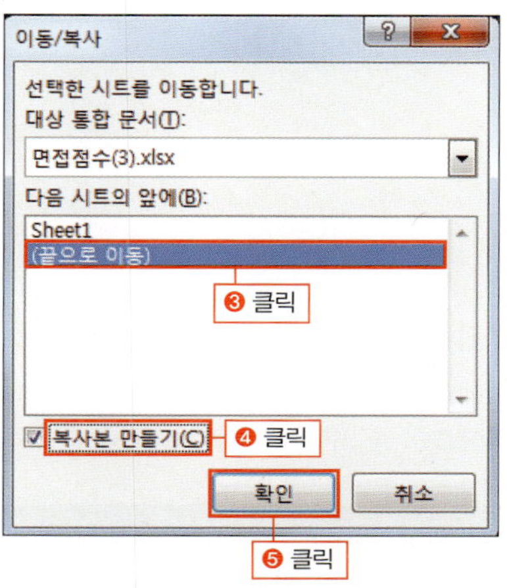

02_ [Sheet1] 시트가 복사되어 [Sheet1 (2)] 시트가 나타납니다. [이동/복사] 대화상자를 이용하지 않더라도 **Ctrl** 을 누른 상태로 원하는 위치로 이동시켜도 워크시트가 복사됩니다. [Sheet1] 시트를 선택하고 **Ctrl** 을 누른 상태로 [Sheet1 (2)] 시트 뒤로 드래그합니다.

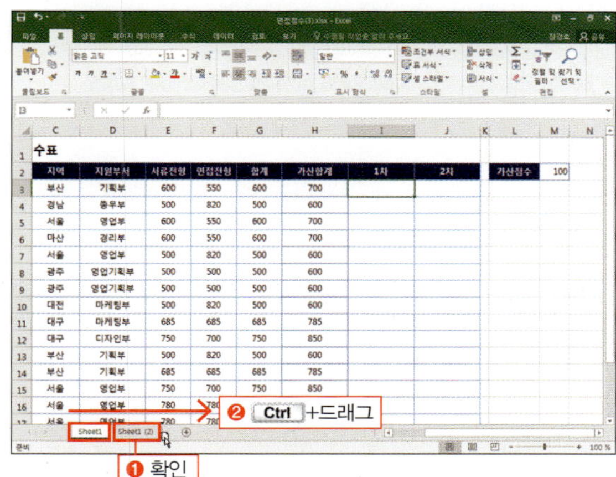

03_ [Sheet1] 시트가 복사되어 [Sheet1 (3)]이라는 이름의
시트가 만들어집니다.

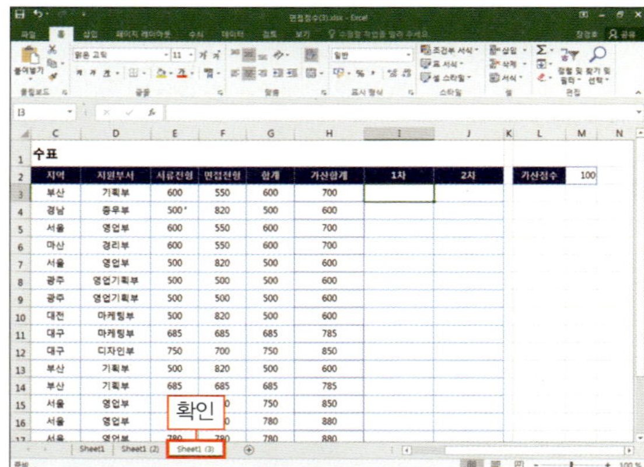

시트를 이동하려면 시트를 선택한 후 원하는 부분으로
드래그합니다.

시트를 삭제하고 싶다면 시트를 마우스 오른쪽 버튼으로 클릭하고 [삭제]를 선택합니다. 경고 창이 나타나면 [삭제]를 클릭
합니다.

04_ 워크시트는 다른 문서로 이동하거나 복사할 수도 있습니다. 여기서는 새로운 엑셀 문서에 워크시트를 복사해 보겠습
니다. [Sheet1 (3)] 시트를 마우스 오른쪽 버튼으로 클릭하고 [이동/복사]를 선택합니다. [이동/복사] 대화상자가 나타나면
[대상 통합 문서] 화살표를 클릭한 후 [(새 통합 문서)]를 선택합니다. [복사본 만들기]에 체크하고 [확인]을 클릭합니다.

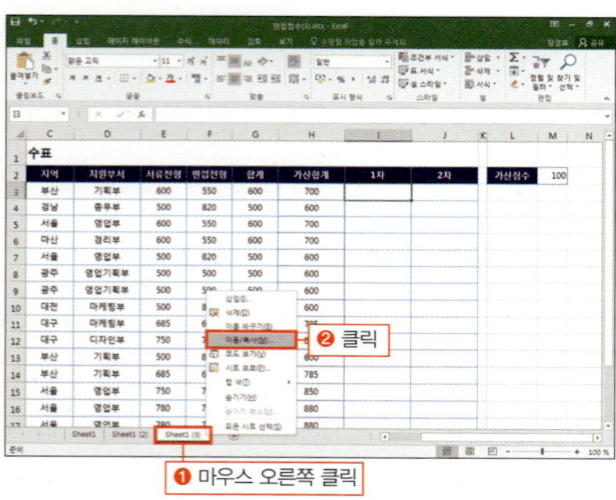

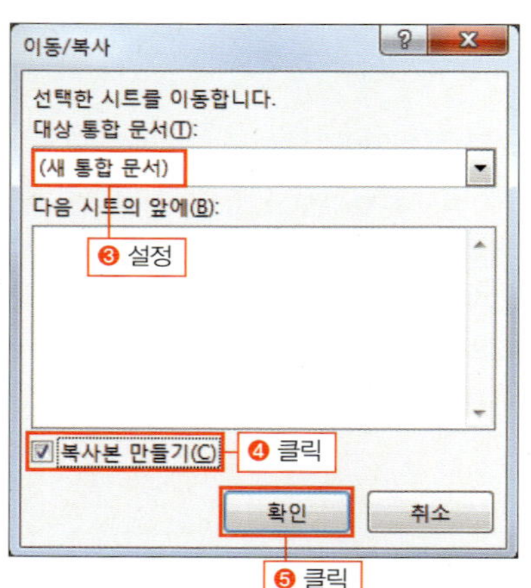

05_ 새로운 엑셀 문서가 나타나면서 [Sheet1 (3)] 시트가
복사됩니다. 제목 표시줄을 확인하면 '통합 문서1'이라는
새로운 문서가 생성된 것을 확인할 수 있습니다.

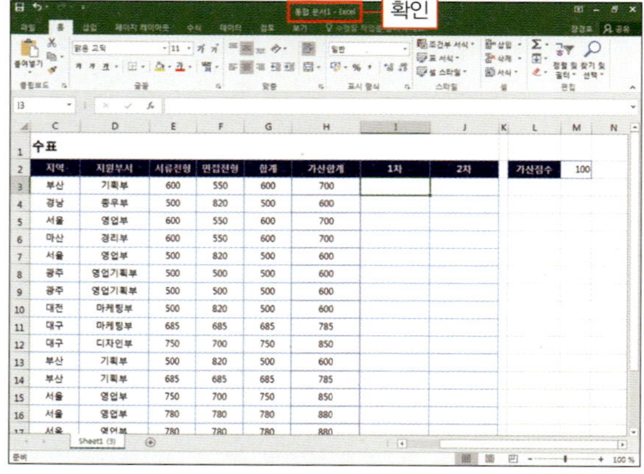

시트 이름과 색상 변경하기

:: **준비파일** Part01₩Chapter01₩Section03₩면접점수(4).xlsx | **완성파일** Part01₩Chapter01₩Section03₩면접점수(4)_완성.xlsx

여러 개의 워크시트가 통합 문서에 존재할 경우 시트 이름을 변경하거나 색상을 변경하여 보다 편하게 관리할 수 있습니다.

01_ 워크시트의 이름을 변경하기 위해 [Sheet1 (3)] 시트의 이름을 더블클릭합니다. 시트명이 블록으로 설정되면 『면접점수표』를 입력한 다음 **Enter** 를 누릅니다.

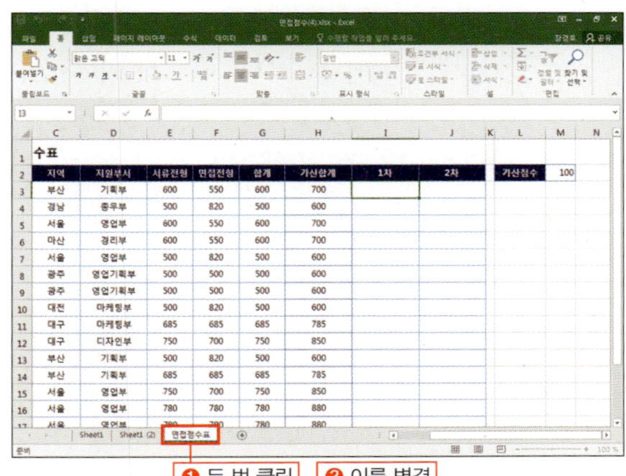

> **TIP**
>
> 시트 이름을 마우스 오른쪽 버튼으로 클릭하고 목록 중에 [이름 바꾸기]를 선택해도 됩니다.

02_ 시트 탭의 색상을 변경해 보겠습니다. [면접점수표] 시트를 마우스 오른쪽 버튼으로 클릭하고 [탭 색]–[연한 녹색]을 선택합니다.

> **TIP**
>
> 시트 탭에 적용한 색상을 없애려면 시트 탭을 마우스 오른쪽 버튼으로 클릭하고 [탭 색]–[색 없음]을 선택합니다.

틀 고정하고 창 나누기

:: **준비파일** Part01\Chapter01\Section03\부서별성적.xlsx | **완성파일** Part01\Chapter01\Section03\부서별성적_완성.xlsx

데이터의 양이 많다면 한 화면에 전체 내용을 표시할 수 없기 때문에 기준 셀은 '틀 고정'을 통해 고정해 놓는 것이 좋습니다. '창 나누기'는 틀 고정과 비슷하나 워크시트를 여러 창으로 분리하는 기능으로 여러 데이터를 비교, 분석할 때 유용합니다.

01_ 틀 고정을 하기 위해서는 기준 셀을 지정해야 합니다. 틀 고정을 원하는 [B4] 셀을 선택하고 [보기] 탭–[창] 그룹에서 [틀 고정]–[틀 고정]을 클릭합니다.

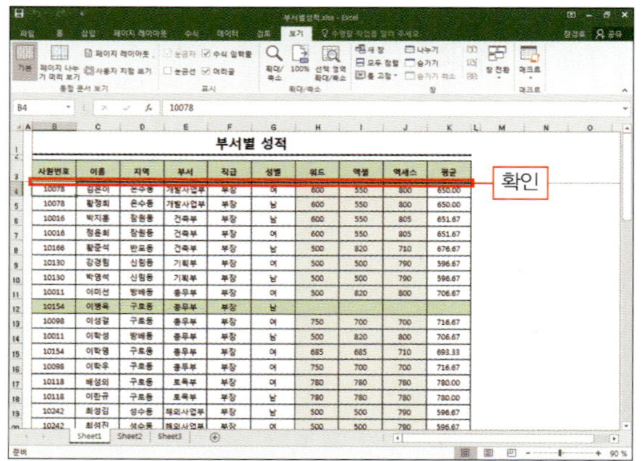

> **TIP**
>
> 틀 고정을 위해서는 먼저 기준 셀을 선택해야 합니다. 기준 셀을 지정하면 시트가 움직이더라도 화면에 그대로 고정되어 있습니다.

02_ [B4] 셀을 기준으로 고정선이 생깁니다. 스크롤 바를 이동해 보면 기준 셀을 기준으로 셀들이 고정됩니다.

03_ [보기] 탭–[창] 그룹에서 [틀 고정]–[틀 고정]–[틀 고정 취소]를 클릭하면 기준 셀 고정을 취소할 수 있습니다.

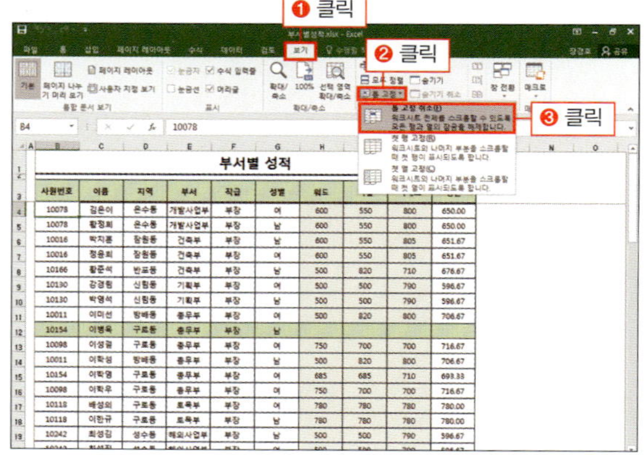

04_ 이번에는 창 나누기를 해보겠습니다. [G7] 셀을 선택하고 [보기] 탭-[창] 그룹에서 [나누기]를 클릭합니다.

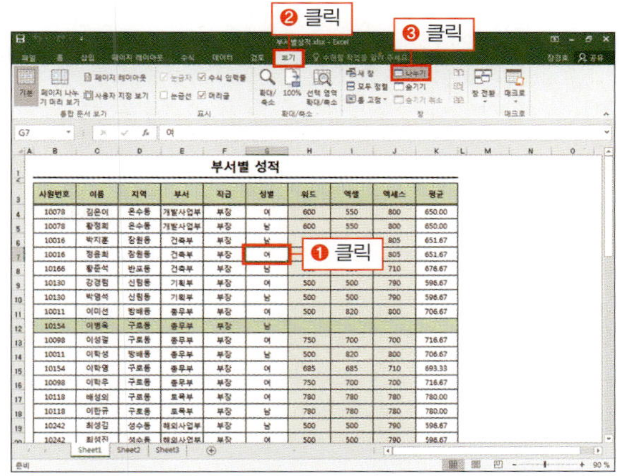

05_ 워크시트가 4개의 영역으로 분할됩니다. 각 영역별로 창이 나누어졌으며 경계선을 드래그하면 창 영역의 크기를 조절할 수 있습니다.

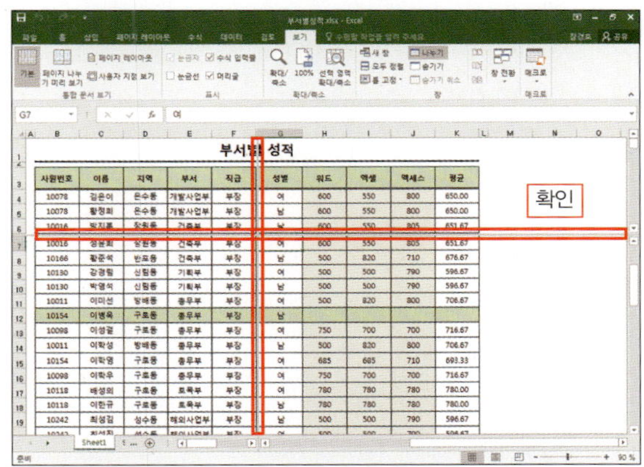

> **TIP**
>
> 창 나누기는 워크시트에서 데이터를 서로 비교할 때 유용하게 사용되며, 나누려는 위치는 작업하기 적당한 위치에서 나눠주는 것이 좋습니다.

06_ 네 번째 창에서 원하는 영역을 선택하거나 드래그해 봅니다. 다른 창과의 셀 값을 서로 비교해 볼 수 있습니다.

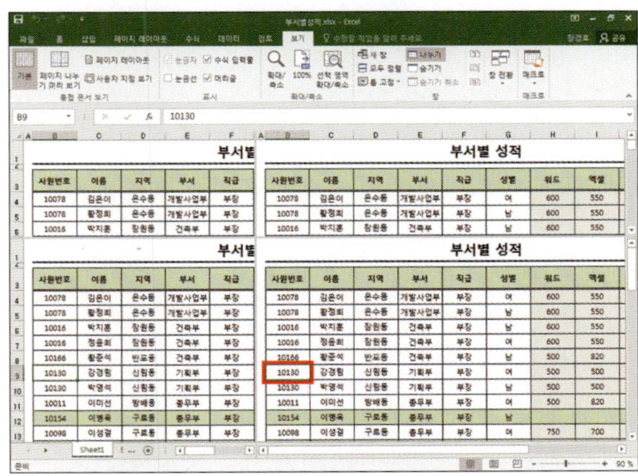

> **TIP**
>
> 창 나누기를 취소하려면 창을 나누고 있는 분할줄을 아무 곳이나 두 번 클릭하거나, [보기] 탭-[창] 그룹에서 [나누기]를 클릭합니다.

워크시트를 그림으로 붙여넣기

:: **준비파일** Part01₩Chapter01₩Section03₩작업일지.xlsx | **완성파일** Part01₩Chapter01₩Section03₩작업일지_완성.xlsx

워크시트의 표나 데이터를 그림 형식으로 지정할 수 있습니다. 단순한 그림으로 붙여넣을 수 있으며 데이터를 연결하여 그림으로 붙여넣을 수도 있습니다.

01_ [확인란] 시트를 클릭한 후 [B2:D4] 영역을 드래그하여 선택합니다. [홈] 탭-[클립보드] 그룹에서 [복사]-[그림으로 복사]를 클릭합니다. [그림 복사] 대화상자가 나타나면 [화면에 표시된 대로]가 체크된 것을 확인하고 [확인]을 클릭합니다.

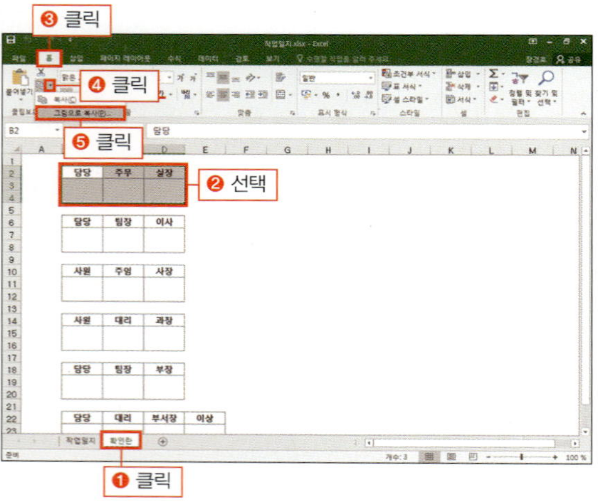

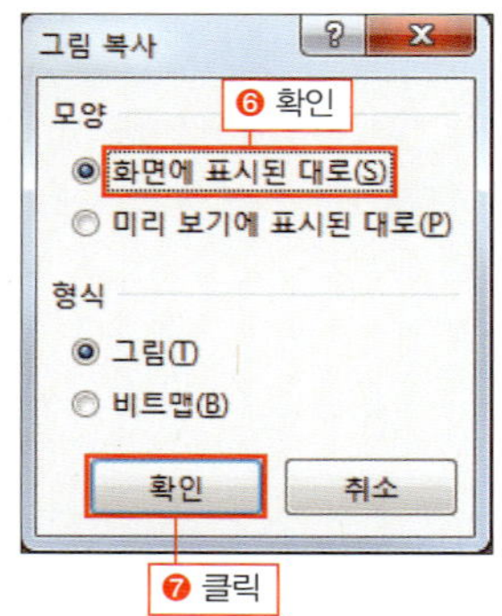

02_ [작업일지] 시트를 클릭한 후 [E2] 셀을 선택합니다. [홈] 탭-[클립보드] 그룹에서 [붙여넣기]-[붙여넣기]를 클릭합니다.

> **TIP**
> 그림으로 붙여넣기를 하면 붙여넣기할 셀 영역에 상관없이 원본 셀 크기와 동일한 크기로 붙여넣기가 됩니다.

연결된 그림 붙여넣기

:: **준비파일** Part01₩Chapter01₩Section03₩판매량.xlsx | **완성파일** Part01₩Chapter01₩Section03₩판매량_완성.xlsx₩

이번에는 연결된 그림 붙여넣기를 해보겠습니다. 연결된 그림 붙여넣기의 경우 원본 데이터의 내용이 변경되면 붙여넣은 그림의 데이터도 함께 연동되어 변경됩니다.

01_ [B2:G6] 영역을 드래그하여 선택하고 [홈] 탭–[클립보드] 그룹에서 [복사]–[복사]를 클릭하거나, `Ctrl`+`C`를 누릅니다.

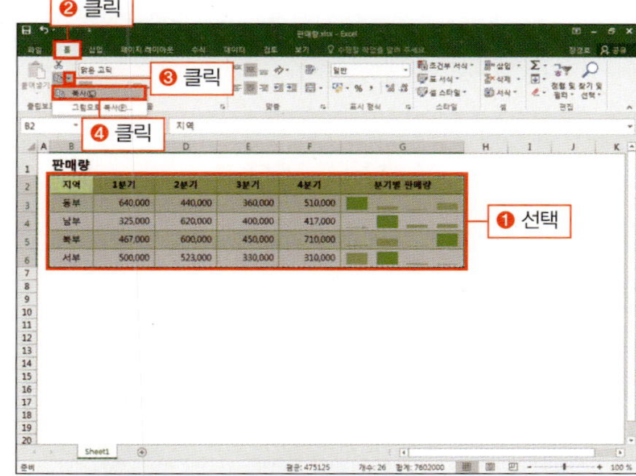

02_ [B8] 셀을 선택하고 [홈] 탭–[클립보드] 그룹에서 [붙여넣기]–[기타 붙여넣기 옵션]–[연결된 그림]을 클릭합니다. 그리고 `Esc`를 눌러 선택 영역을 해제합니다.

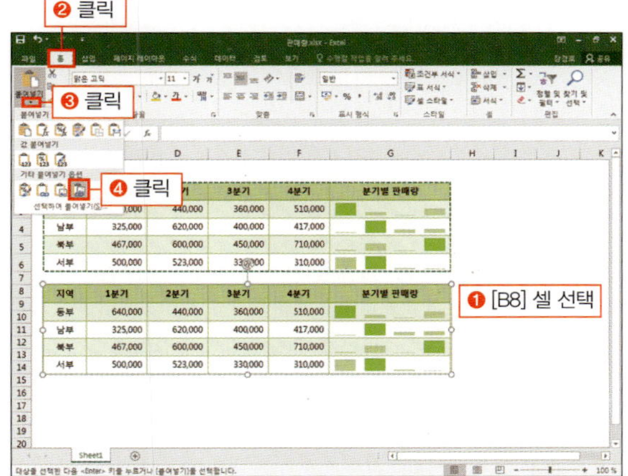

03_ 원본 데이터의 값을 변경해 보겠습니다. [C4] 셀의 값을 선택하고 『800000』을 입력한 후 `Enter`를 누릅니다.

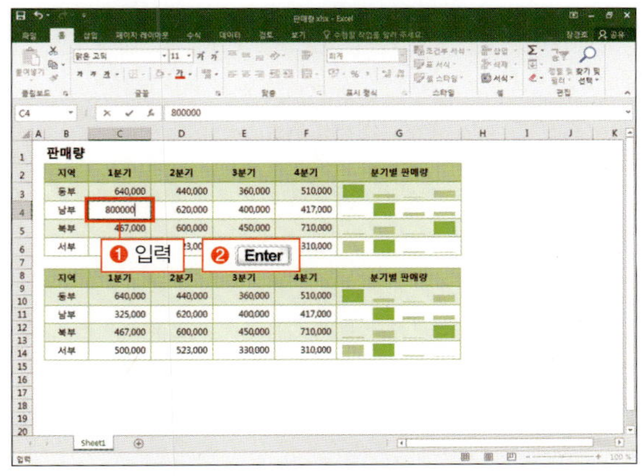

04_ [연결된 그림]으로 붙여넣은 그림에도 '800,000'으로 값이 변경되어 나타납니다.

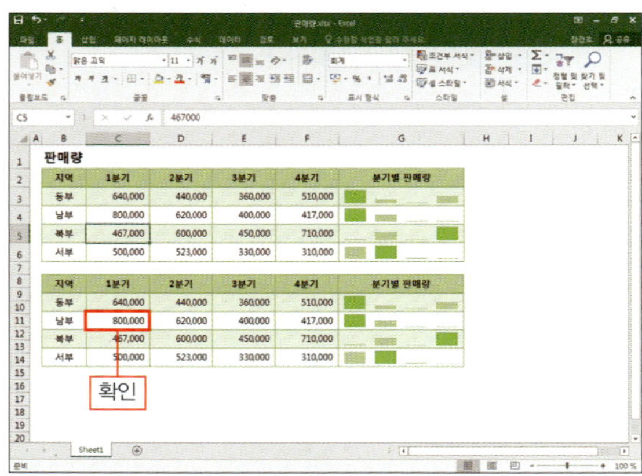

05_ 연결된 그림의 경우 그림으로 인식하기 때문에 드래그하여 쉽게 위치를 이동할 수도 있습니다.

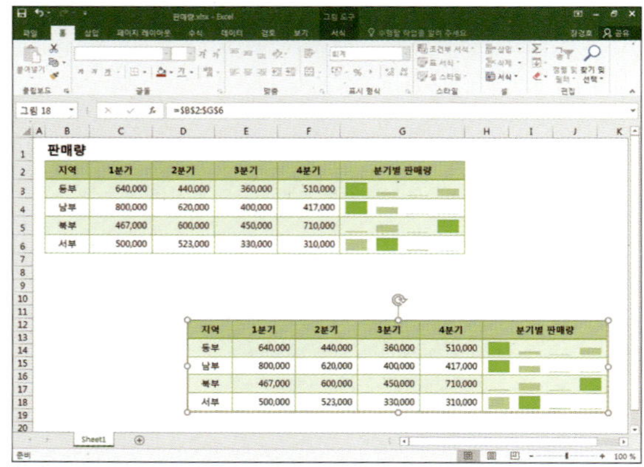

빠른 채우기로 셀 분리하기

빠른 채우기는 일정한 패턴이 있는 데이터를 여러 개의 열로 나눌 수 있는 기능입니다. 예전에는 LEFT, MID, RIGHT 등의 함수를 이용해 데이터를 분리할 수 있었다면 이제는 빠른 채우기를 통해 손쉽게 데이터를 분리할 수 있습니다.

01 주소에서 시, 군을 구분해 보겠습니다. [F3] 셀을 선택하고 『부산광역시』를 입력한 후 Enter 를 누릅니다.

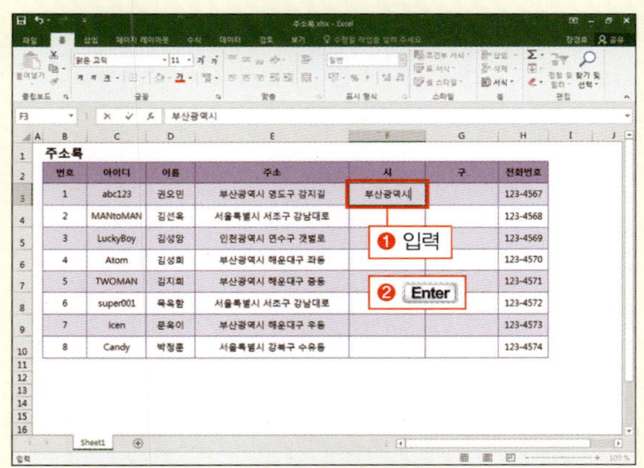

02 [F4] 셀을 선택하고 『서』를 입력하면, 자동으로 데이터 채우기가 실행됩니다. Enter 를 누릅니다.

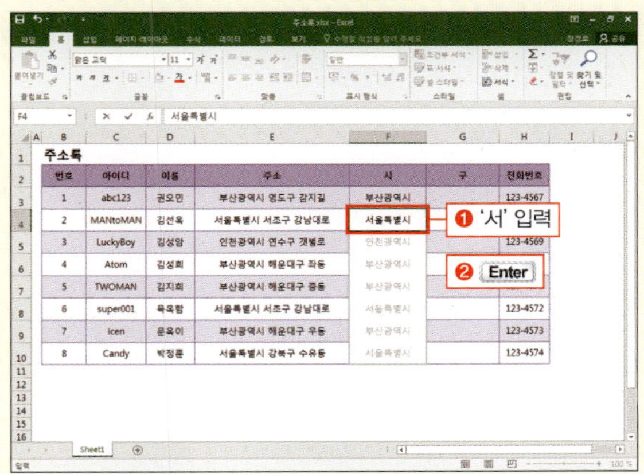

> **TIP**
>
> 선택한 데이터가 동일한 패턴으로 구성되었다면 데이터를 모두 입력하지 않아도 데이터가 자동으로 채워집니다.

03 이번에는 [G3] 셀을 선택하고 『영도구』를 입력한 후 Enter 를 누릅니다.

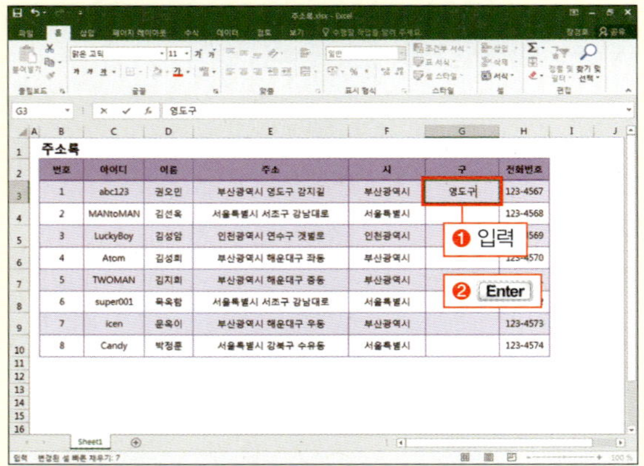

04 [데이터] 탭-[데이터 도구] 그룹에서 [빠른 채우기]를 클릭합니다.

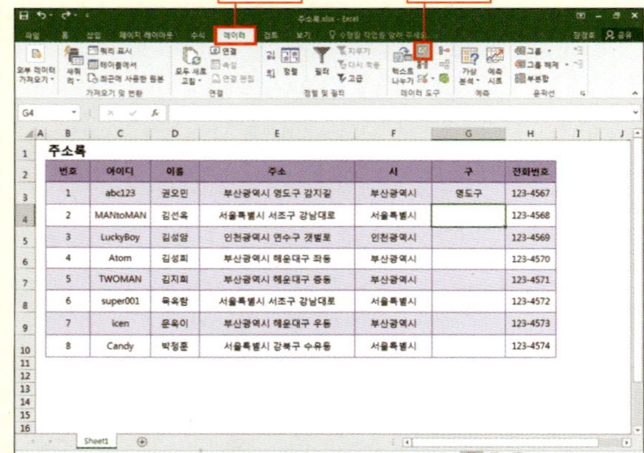

TIP

빠른 채우기는 값을 자동으로 채우는 기능입니다.

05 자동으로 나머지 셀에도 데이터가 채워집니다.

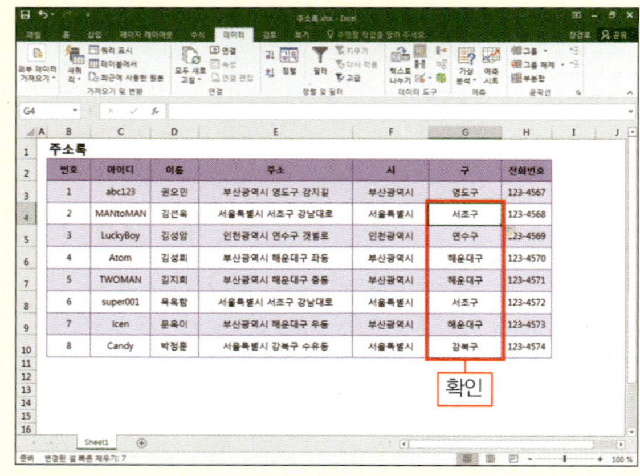

TIP

빠른 채우기는 [홈] 탭-[편집] 그룹에서 [채우기]를 클릭하여 채울 수도 있습니다.

1 'Sheet1' 시트의 복사본을 'Sheet1' 시트 바로 뒤에 만들어 보세요.

◎ 준비파일 : Part01₩Chapter01₩Check₩제품별판매현황.xlsx

◎ 완성파일 : Part01₩Chapter01₩Check₩제품별판매현황_완성.xlsx

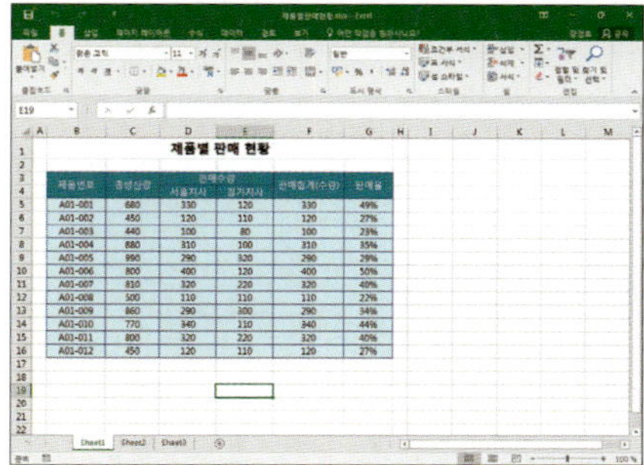
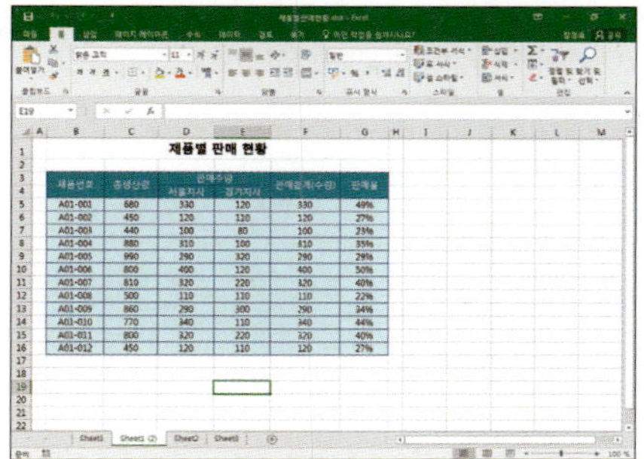

힌트

❶ 'Sheet1' 시트를 선택한 후 마우스 오른쪽 버튼을 클릭하고 [이동/복사]를 선택합니다.

❷ 원하는 시트를 선택한 후 [복사본 만들기]에 체크합니다.

---

2 셀이나 표를 복사하면 다양한 붙여넣기 옵션을 설정할 수 있습니다. 여기서는 '공급자' 시트에 있는 공급자란을 복사하여 '견적서' 시트에 그림으로 붙여넣어 봅니다.

◎ 준비파일 : Part01₩Chapter01₩Check₩견적서.xlsx   ◎ 완성파일 : Part01₩Chapter01₩Check₩견적서_완성.xlsx

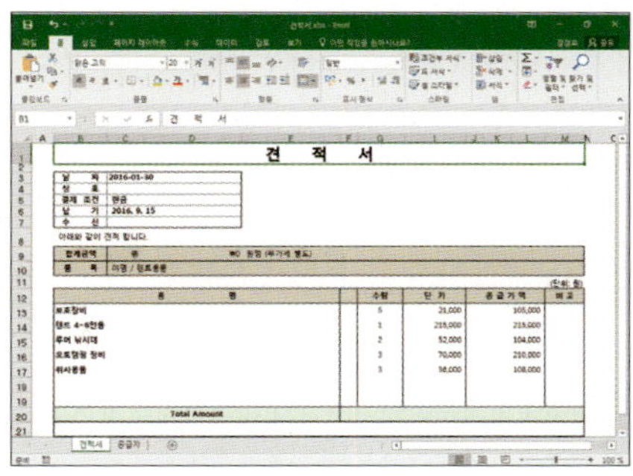
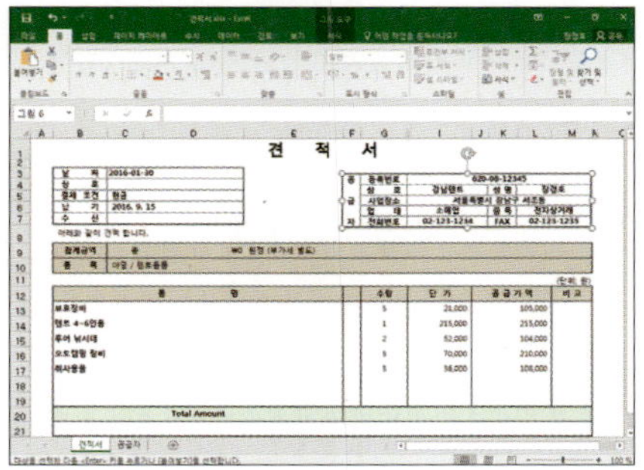

힌트

❶ 그림으로 붙여넣기하고 싶은 셀 영역을 선택한 후 복사합니다.

❷ [홈] 탭-[클립보드] 그룹에서 [붙여넣기]의 아랫부분을 클릭한 후 [그림으로 붙여넣기]를 선택합니다.

워크시트 디자인!
서식 디자인과
인쇄 기술 다루기

엑셀은 셀을 기준으로 데이터를 입력하며, 셀이 모여 표가 완성됩니다. 표를 분석하여 그 결과물로 차트를 만들기도 합니다. 셀을 꾸미기 위해 셀 서식이 존재하며, 한 번에 스타일을 변경하기 위해 표 스타일과 테마 스타일이 존재합니다. 또한, 다양한 차트 형식을 제공하여 최적의 분석이 가능하도록 도와줍니다. 뿐만 아니라 조건부 서식 등 다양한 기능을 통해 특정 부분을 강조하거나 규칙을 지정할 수도 있으며 워크시트 전체를 인쇄하거나 원하는 부분만 보기 좋게 인쇄할 수도 있습니다. 여기서는 다양한 서식 디자인을 비롯해 인쇄 기술에 대해서 배워보겠습니다.

Section 1. 셀 서식 디자인하기

Section 2. 차트 서식 디자인하기

Section 3. 인쇄 기술 다루기

셀 서식 디자인하기

셀 서식을 통해 데이터의 표시 형식을 변경할 수 있을 뿐만 아니라 테두리나 색 또는 음영, 셀 크기 등 스타일을 변경할 수도 있습니다. 엑셀에서 대부분의 서식은 [셀 서식] 대화상자를 이용하여 지정할 수 있지만 [셀 서식] 대화상자를 통해 지정하지 않더라도 표 서식이나 테마 갤러리, 조건부 서식 등을 이용해도 다양한 서식을 지정할 수 있습니다.

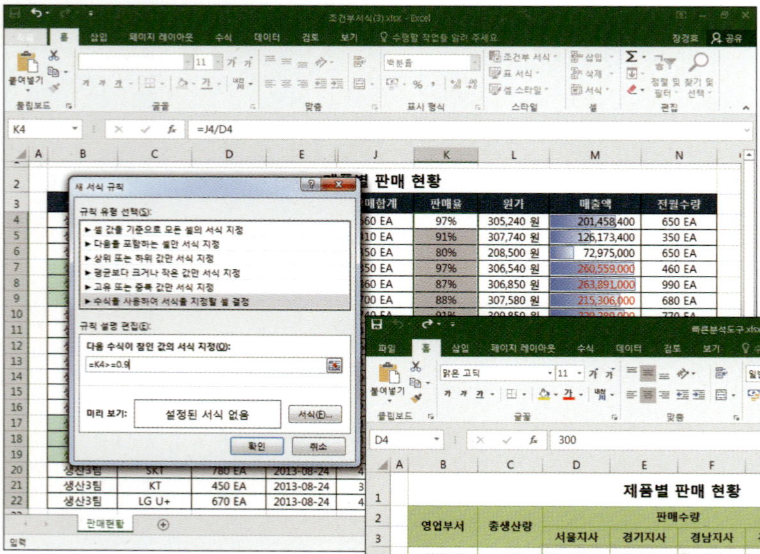

▲ 수식으로 조건부 서식 만들기

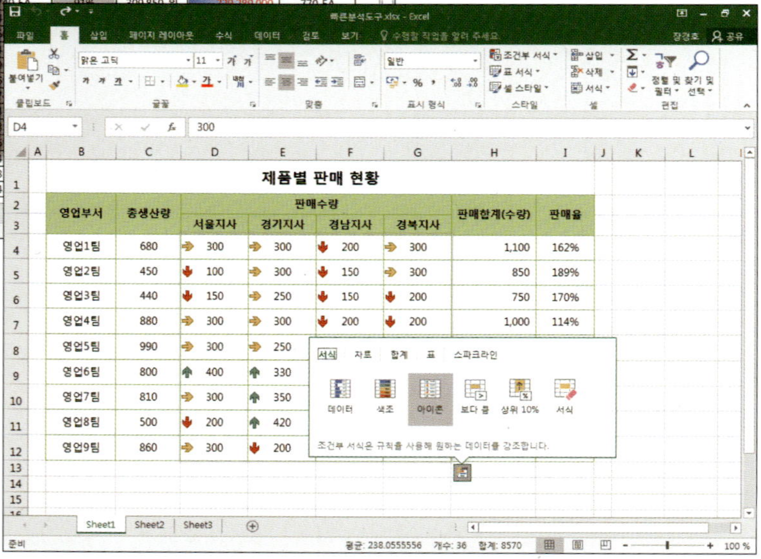

빠른 분석 도구를 통해 ▶
조건부 서식 지정하기

- 셀 병합하고 제목 텍스트 꾸미기
- 표시 형식 변경하기
- 표 만들고 스타일 변경하기
- 셀 스타일과 테마 적용하기
- 표 서식을 범위로 변환하기

- 조건부 서식을 이용하여 데이터 강조하기
- 원하는 텍스트에 조건부 서식 지정하기
- 수식으로 조건부 서식 만들기
- 조건부 서식이 지정된 모든 셀 찾기
- **스페셜** 빠른 분석 도구를 이용하여 조건부 서식 지정하기

셀 병합하고 제목 텍스트 꾸미기

:: **준비파일** Part01₩Chapter02₩Section01₩급여대장.xlsx | **완성파일** Part01₩Chapter02₩Section01₩급여대장_완성.xlsx

셀 스타일을 통해 중요한 데이터를 효과적으로 강조할 수 있습니다. [병합하고 가운데 맞춤]을 클릭하면 여러 셀을 병합하여 하나의 셀로 만들 수 있습니다.

01_ 제목 셀을 병합하기 위해 [B2:M2] 영역을 선택하고 [홈] 탭-[맞춤] 그룹에서 [병합하고 가운데 맞춤]을 클릭합니다.

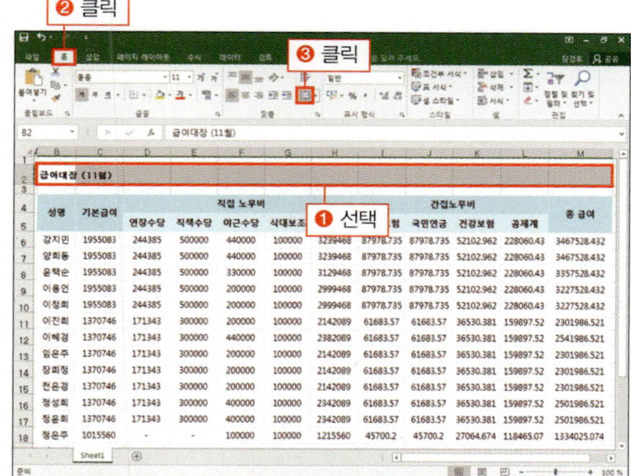

> **TIP**
>
> 병합한 셀을 다시 분할하려면 병합한 셀을 선택한 상태에서 [병합하고 가운데 맞춤]을 다시 클릭하거나, [병합하고 가운데 맞춤] 화살표를 클릭한 후 [셀 분할]을 선택합니다.

02_ 제목 셀의 스타일을 변경하기 위해 [홈] 탭-[스타일] 그룹에서 [셀 스타일]-[제목 및 머리글]-[제목 1]을 클릭합니다.

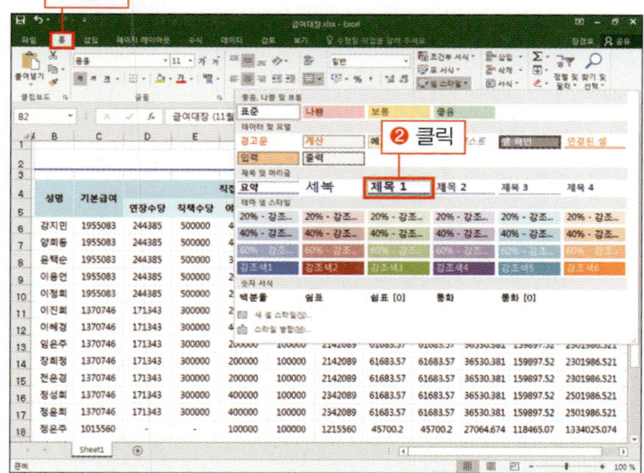

표시 형식 변경하기

:: **준비파일** Part01₩Chapter02₩Section01₩급여대장(2).xlsx | **완성파일** Part01₩Chapter02₩Section01₩급여대장(2)_완성.xlsx

입력한 데이터는 백분율, 통화, 날짜나 회계 형식으로 변경할 수 있습니다. [표시 형식] 그룹이나 [셀 서식] 대화상자를 이용하면 다양한 형태의 표시 형식을 선택할 수도 있습니다.

01_ 천 단위 마다 콤마(,)를 넣기 위해 [C6:M22] 영역을 선택합니다. [홈] 탭-[표시 형식] 그룹에서 [쉼표 스타일]을 클릭합니다.

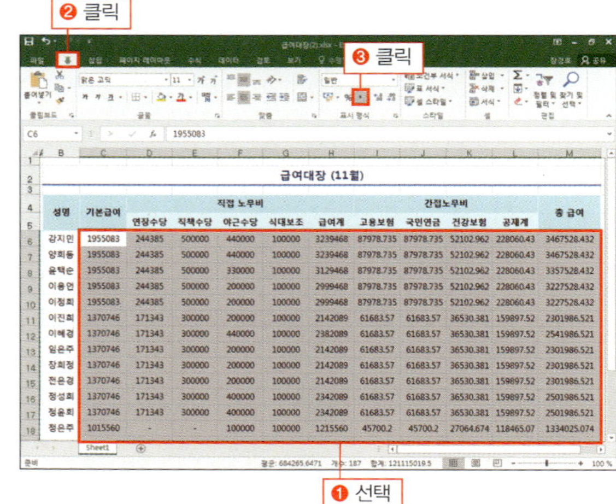

꼭!! 알고가기

[표시 형식] 그룹 살펴보기

❶ **표시 형식** : 일반, 숫자, 통화 등 표시 형식을 선택할 수 있습니다.

❷ **회계 표시 형식** : 각 나라의 화폐 단위를 표시합니다. 원화 이외에 다른 나라의 통화 기호를 선택할 수 있습니다.

❸ **백분율 스타일** : 백분율을 표시합니다.

❹ **쉼표 스타일** : 1000 단위마다 구분 기호를 적용합니다.

❺ **자릿수 늘림** : 소숫점을 한 자리씩 늘려 표시합니다.

❻ **자릿수 줄임** : 소숫점을 한 자리씩 줄여 표시합니다.

❼ **대화상자 표시 아이콘** : [셀 서식] 대화상자를 불러와 표시 형식을 변경합니다.

02_ 이번에는 급여 뒤에 '원'을 표시해 보겠습니다. [홈] 탭-[표시 형식] 그룹에서 대화상자 표시 아이콘(☑)을 클릭합니다. [셀 서식] 대화상자가 나타나면 [표시 형식] 탭을 클릭합니다. [범주]에서 '사용자 지정'을 선택하고 [형식]에 『#,##0원』을 입력한 후 [확인]을 클릭합니다.

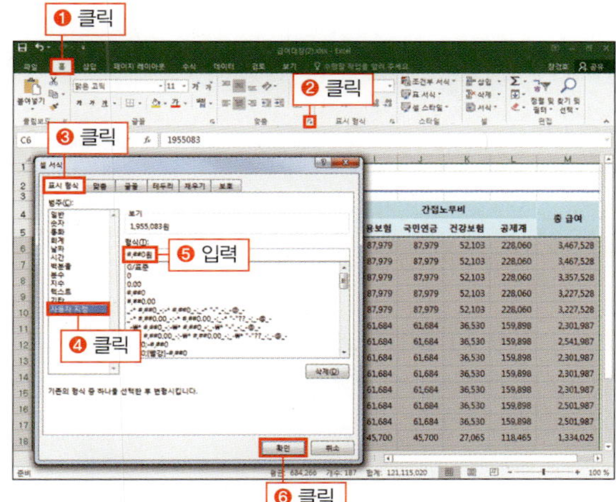

03_ 급여 뒤에 '원'이라는 단어가 추가되어 나타납니다.

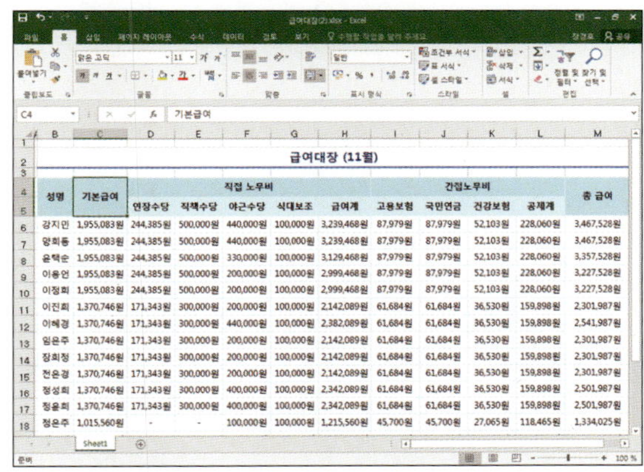

서식 코드 사용 예 살펴보기

• 숫자 표시 형식

코드	입력	표시	비고
#	1000	1000	있는 그대로 표시
#,###	1000	1,000	세 자리마다 콤마를 적용해 표시
#, ###원	1000	1,000원	세 자리마다 콤마, 뒤에 '원' 표시
#,###,	1000000	1,000	세 자리마다 콤마, 뒤에 세 자리 표시 안 함
#,###,,	1000000	1	세 자리마다 콤마, 뒤에 여섯 자리 표시 안 함

• 문자 표시 형식

코드	입력	표시	비고
@	홍길동	홍길동	있는 그대로 표시
@님	홍길동	홍길동님	뒤에 '님' 표시
@@	홍길동	홍길동홍길동	입력 글자를 두 번 표시

표 만들고 스타일 변경하기

:: **준비파일** Part01₩Chapter02₩Section01₩성적표.xlsx | **완성파일** Part01₩Chapter02₩Section01₩성적표_완성.xlsx

표를 만든 후 스타일을 지정하면 [표 도구]의 상황별 탭인 [디자인] 탭이 나타납니다. [디자인] 탭에서는 보다 다양한 표 서식을 지정할 수 있습니다.

01_ 데이터가 입력된 셀 하나를 선택한 후 [삽입] 탭-[표] 그룹에서 [표]를 클릭합니다. [표 만들기] 대화상자가 나타나면 셀 범위가 제대로 지정되어 있는지 확인하고 [확인]을 클릭합니다.

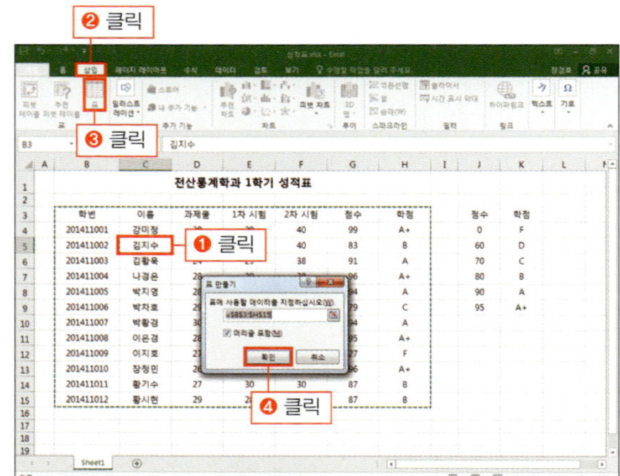

TIP

[표 만들기] 대화상자에서 [머리글 포함]의 체크를 해제하면 머리글도 데이터로 인식하여 스타일이 지정됩니다.

02_ 표로 전환되면 표의 마지막 열에 데이터를 입력할 경우 표 스타일이 자동으로 적용됩니다. [B16] 셀을 선택하고 『201411013』을 입력한 후 **Enter**를 누릅니다.

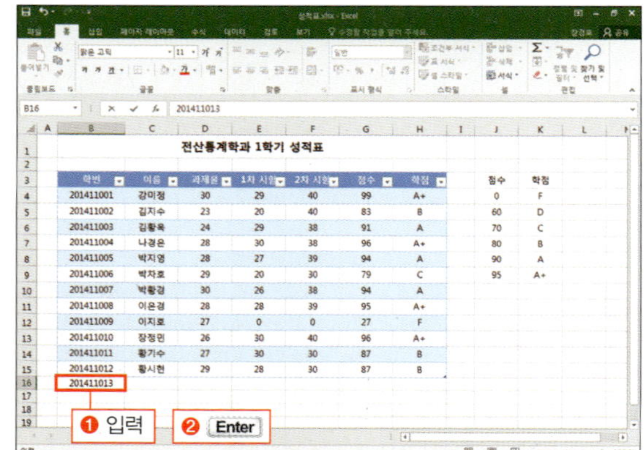

TIP

표 스타일은 [홈] 탭-[스타일] 그룹에서 [표 서식]을 클릭해도 지정할 수 있습니다.

03_ 자동으로 입력한 데이터가 표 영역에 포함되며, 셀 서식이 적용되는 것을 확인할 수 있습니다. [자동 고침 옵션](🖅)을 클릭하면 입력할 때 자동 서식의 설정 유무를 선택할 수 있습니다. [표 자동 확장 취소]나 [표 자동 확장 중지]를 클릭하면 데이터를 추가할 때 자동으로 셀 서식이 적용되지 않습니다. [자동 고침 옵션](🖅)을 확인했으면 확장된 표 영역에 내용을 입력합니다.

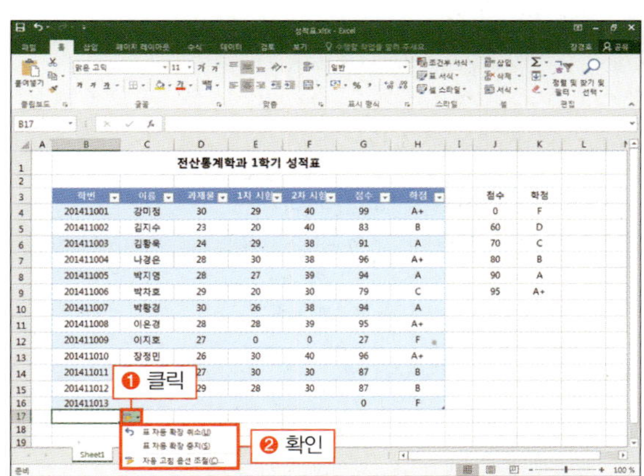

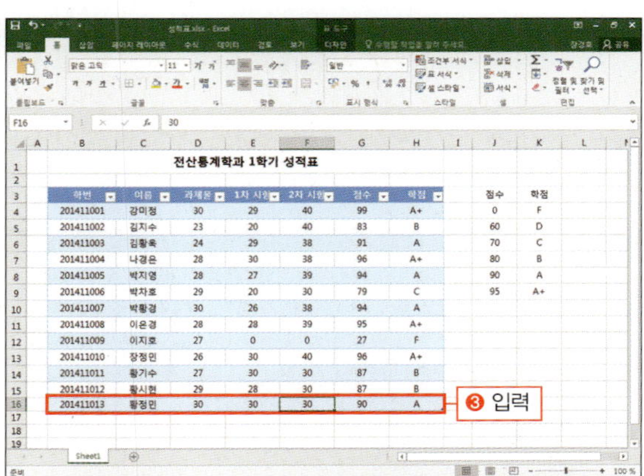

[자동 고침 옵션](🖅)이 나타나지 않을 경우

[자동 고침 옵션](🖅)에서 [표 자동 확장 중지]를 클릭했다면 [자동 고침 옵션](🖅)은 앞으로 나타나지 않습니다. 다시 표시하고 싶다면, [파일] 탭-[옵션]을 클릭하여 [Excel 옵션] 대화상자를 불러옵니다. [언어 교정]을 클릭하고 [자동 고침 옵션]을 클릭하여 [자동 고침] 대화상자를 불러옵니다. [입력할 때 자동 서식] 탭에서 [표에 새 탭 및 열 포함]에 체크하고 [확인]을 클릭합니다.

04_ 표 안에 셀을 하나 선택한 후 [표 도구]-[디자인] 탭-[표 스타일] 그룹에서 [자세히](▾)를 클릭하고 원하는 스타일을 선택합니다. 여기서는 [표 스타일 보통 14]를 클릭합니다.

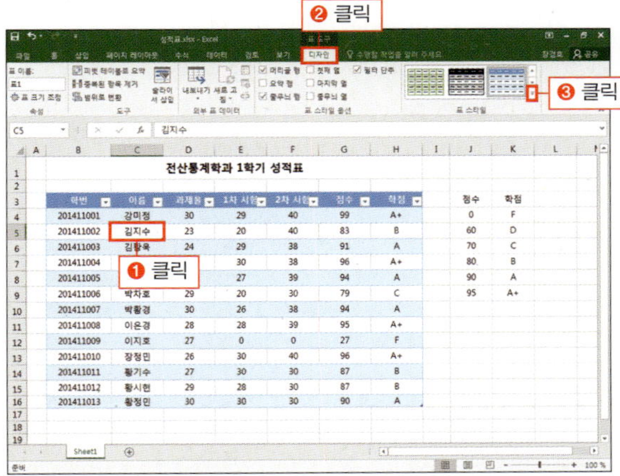

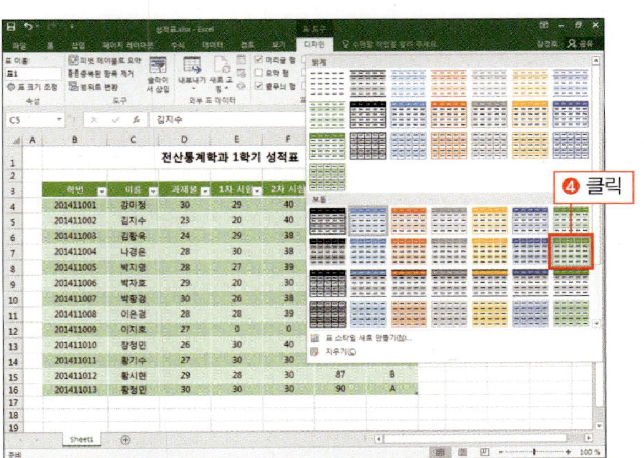

셀 스타일과 테마 적용하기

:: **준비파일** Part01₩Chapter02₩Section01₩성적표(2).xlsx | **완성파일** Part01₩Chapter02₩Section01₩성적표(2)_완성.xlsx

표 스타일과 마찬가지로 셀에도 스타일을 지정할 수 있으며, 테마를 통해 전체 스타일을 한 번에 변경할 수도 있습니다.

01_ [B1] 셀을 선택하고 [홈] 탭–[글꼴] 그룹에서 [밑줄]–[이중 밑줄]을 클릭합니다. [기울임꼴]을 클릭한 후 [글꼴 크기 크게]를 두 번 클릭합니다.

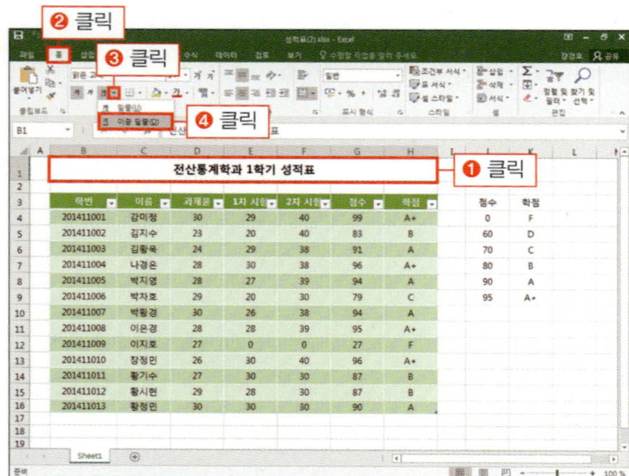

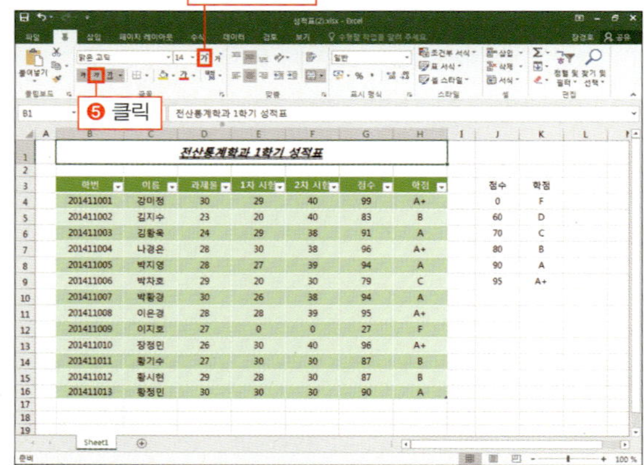

02_ 테마를 적용하기 위해 표 안에 셀을 선택한 후 [페이지 레이아웃] 탭–[테마] 그룹에서 [테마]–[깊이]를 클릭합니다. 글꼴이나 색상 등 표의 모든 서식이 한 번에 변경됩니다.

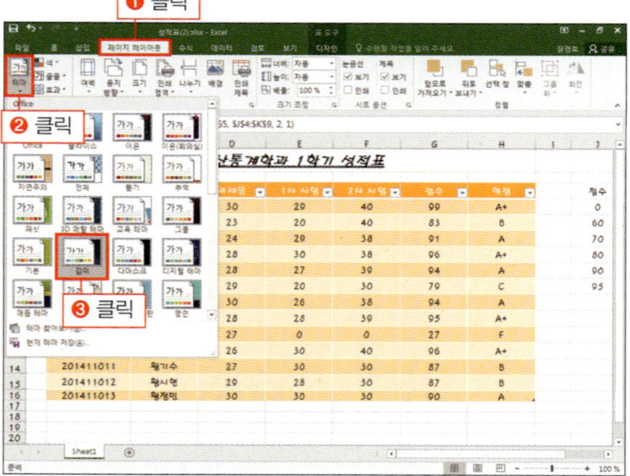

> **TIP**
>
> [테마] 그룹에는 [테마] 이외에도 [색]과 [글꼴], [효과]를 선택할 수가 있습니다. [테마]를 적용하면 한 번에 전체 스타일을 변경할 수 있지만 [색], [글꼴], [효과]를 선택하면 각각의 서식을 개별적으로 지정할 수 있습니다.

표 서식을 범위로 변환하기

:: **준비파일** Part01₩Chapter02₩Section01₩성적집계.xlsx | **완성파일** Part01₩Chapter02₩Section01₩성적집계_완성.xlsx

표 서식을 적용하면 자동으로 서식이 적용되기에 무척 편리합니다. 하지만, 표 서식이 적용되지 않은 일반 서식이 때로는 편하기도 합니다. 일반 서식으로 변경하면 [표 도구] 상황별 탭을 비롯해 필터 기능, 표 자동 확장 등은 더 이상 사용할 수 없지만 기존에 적용했던 서식과 데이터 등은 그대로 유지됩니다.

01_ 표 서식이 지정된 임의의 셀을 선택한 다음 [표 도구]-[디자인] 탭-[도구] 그룹에서 [범위로 변환]을 클릭합니다. '표를 정상 범위로 변환하시겠습니까?'라는 경고 창이 나타나면 [예]를 클릭합니다.

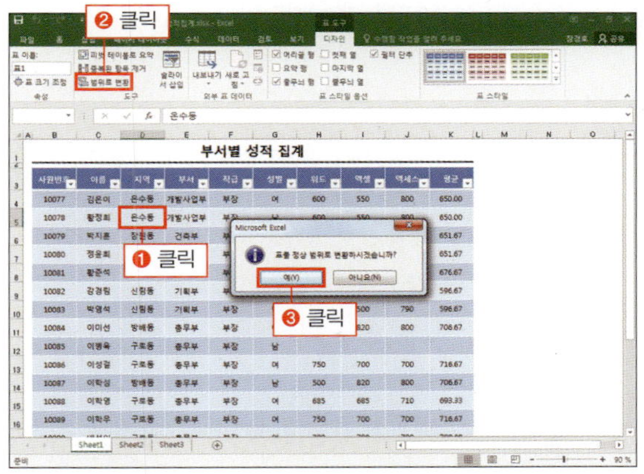

02_ 필터를 비롯해 자동 확장 기능이 삭제된 범위로 표가 변환됩니다.

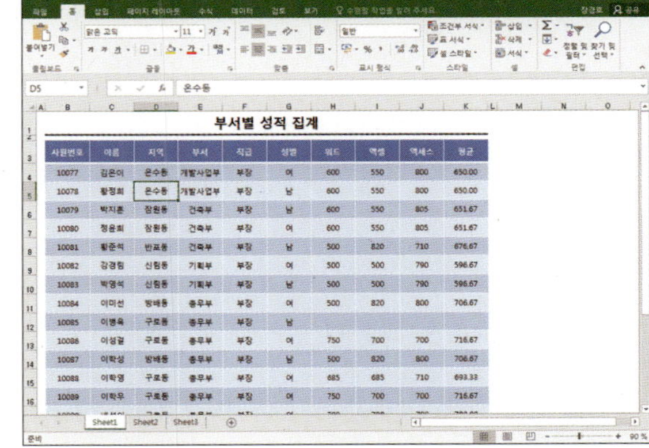

> **TIP**
> 표 서식의 경우 [표 도구]-[디자인] 상황별 탭이 표시되어 다양한 표 관련 서식을 지정할 수 있지만 일반 서식은 상황별 탭이 표시되지 않습니다.

조건부 서식을 이용하여 데이터 강조하기

:: **준비파일** Part01₩Chapter02₩Section01₩조건부서식.xlsx | **완성파일** Part01₩Chapter02₩Section01₩조건부서식_완성.xlsx

조건부 서식을 적용하면 특정 조건에 해당하는 셀이나 셀 범위가 시각적으로 표시되어 패턴을 분석하기 좋으며, 원하는 데이터를 쉽게 확인할 수도 있습니다.

01_ [M4:M22] 영역을 선택하고 [홈] 탭-[스타일] 그룹에서 [조건부 서식]-[데이터 막대]-[그라데이션 채우기]-[파랑 데이터 막대]를 클릭합니다.

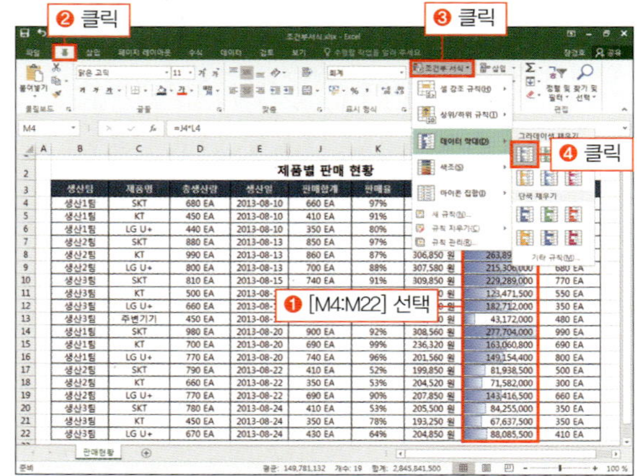

02_ 새 규칙을 적용하여 특정 값에 다른 조건부 서식을 적용해 보겠습니다. [홈] 탭-[스타일] 그룹에서 [조건부 서식]-[새 규칙]을 클릭합니다.

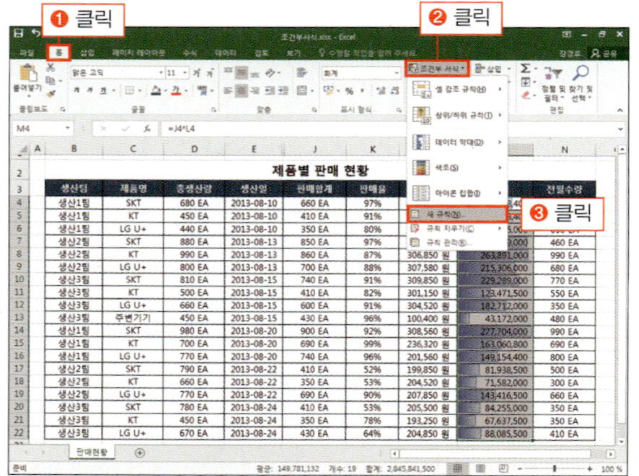

03_ [새 서식 규칙] 대화상자가 나타나면 [규칙 유형 선택]에서 [상위 또는 하위 값만 서식 지정]을 선택한 다음 [규칙 설명 편집]에서 [상위]를 선택하고 『30』을 입력한 후 [% 이내]에 체크합니다. 그리고 [서식]을 클릭한 후 [셀 서식] 대화상자가 나타나면 [글꼴] 탭에서 [색]-[빨강]을 선택하고 [확인]을 클릭합니다.

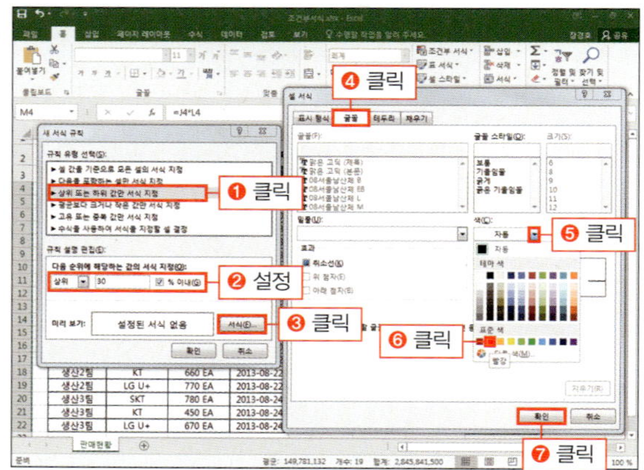

04_ [새 규칙 서식] 대화상자의 미리 보기 항목에 서식이 지정된 것을 확인한 다음 [확인]을 클릭합니다.

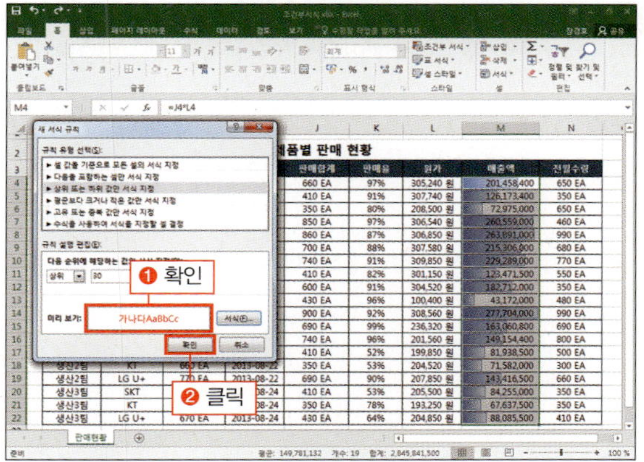

05_ 상위 30% 안에 드는 매출액에 서식이 적용되는 것을 확인할 수 있습니다.

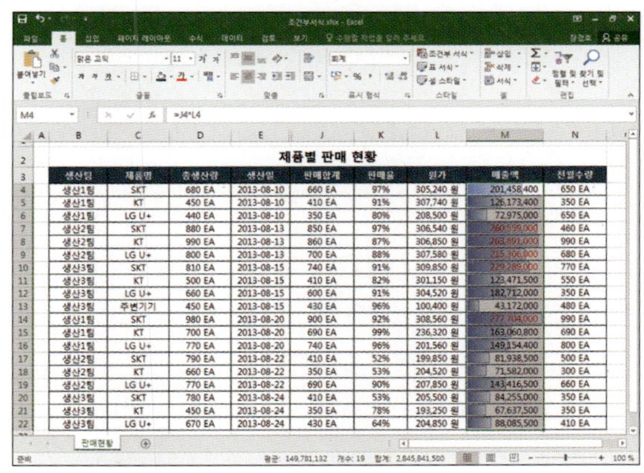

원하는 텍스트에 조건부 서식 지정하기

:: **준비파일** Part01₩Chapter02₩Section01₩조건부서식(2).xlsx | **완성파일** Part01₩Chapter02₩Section01₩조건부서식(2)_완성.xlsx

셀 강조 규칙의 텍스트 포함 항목을 통해 셀에 포함된 텍스트에 조건부 서식을 지정할 수 있습니다.

01_ [B4:B22] 영역을 드래그하여 선택하고 [홈] 탭-[스타일] 그룹에서 [조건부 서식]-[셀 강조 규칙]-[텍스트 포함]을 차례대로 클릭합니다.

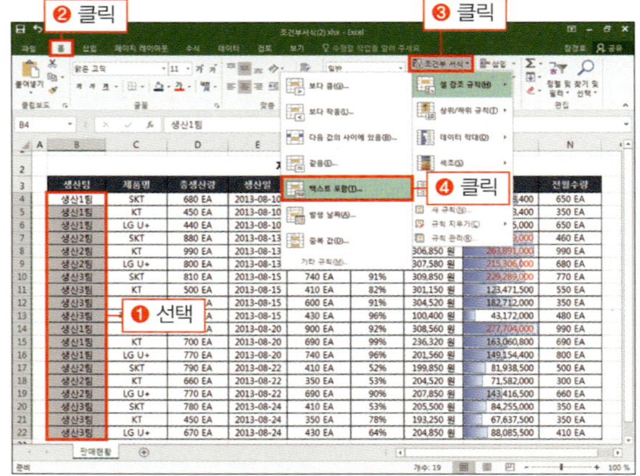

02_ [텍스트 포함] 대화상자가 나타나면 [셀 항목]에 『생산2팀』을 입력합니다. [적용할 서식]에서 '진한 녹색 텍스트가 있는 녹색 채우기'를 선택합니다. '생산2팀'이라는 텍스트에 조건부 서식이 지정됩니다. [확인]을 클릭합니다.

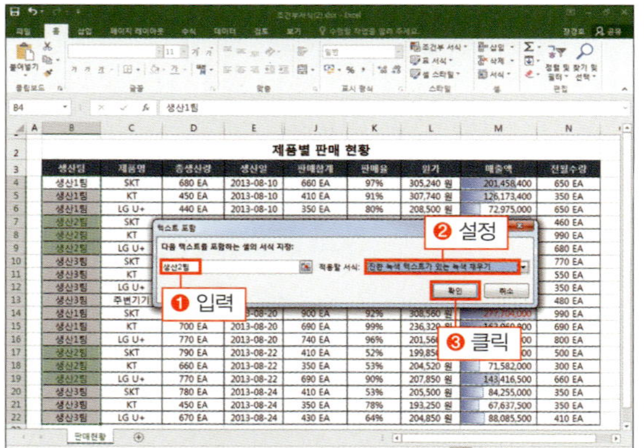

수식으로 조건부 서식 만들기

:: **준비파일** Part01₩Chapter02₩Section01₩조건부서식(3).xlsx | **완성파일** Part01₩Chapter02₩Section01₩조건부서식(3)_완성.xlsx

수식을 이용하여 조건부 서식을 만들면 해당하는 값이 특정 조건을 넘는 경우에 자동으로 서식을 지정되게 만들 수 있습니다. 예를 들어, 판매율이 90% 이상인 항목에만 조건부 서식을 지정할 수 있습니다.

01_ [K4] 셀을 선택하고 Ctrl + Shift + ↓ 을 눌러 범위를 지정합니다. [홈] 탭-[스타일] 그룹에서 [조건부 서식]-[새 규칙]을 클릭합니다.

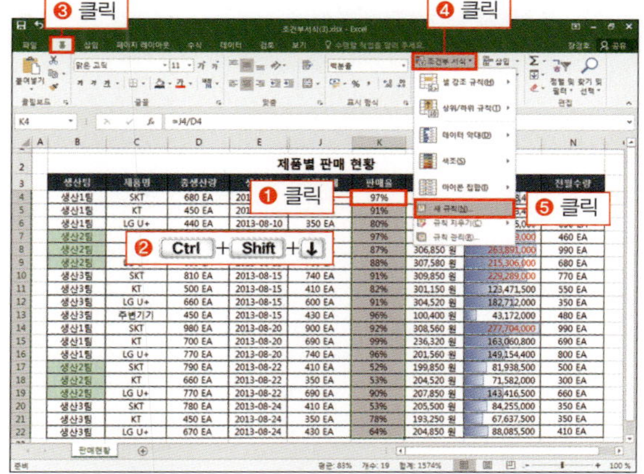

02_ [새 서식 규칙] 대화상자가 나타나면 [규칙 유형 선택]에서 [수식을 사용하여 서식을 지정할 셀 결정]을 선택합니다. [다음 수식이 참인 값의 서식 지정]에 『=K4>=0.9』를 입력하고 [서식]을 클릭합니다.

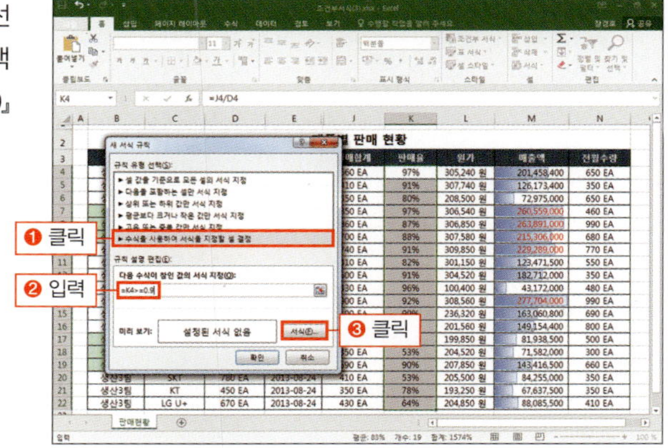

03_ [셀 서식] 대화상자가 나타나면 [채우기] 탭에서 원하는 색상을 선택하고 [확인]을 클릭합니다. [새 서식 규칙] 대화상자에서도 [확인]을 클릭합니다.

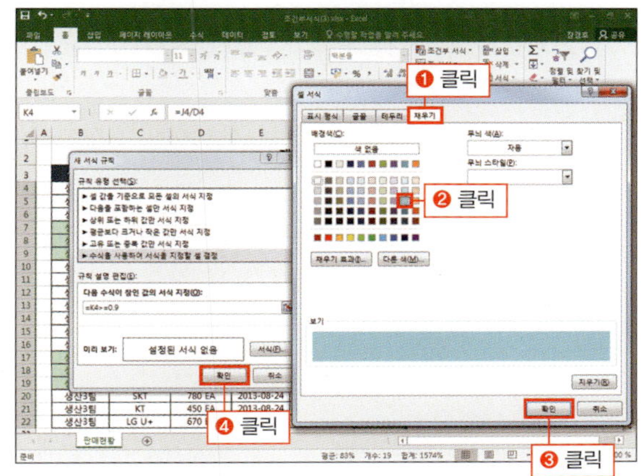

조건부 서식이 지정된 모든 셀 찾기

:: **준비파일** Part01₩Chapter02₩Section01₩조건부서식(4).xlsx | **완성파일** Part01₩Chapter02₩Section01₩조건부서식(4)_완성.xlsx

데이터가 많은 문서의 경우 조건부 서식이 지정된 셀을 찾기가 힘든 경우가 있습니다. 이러한 경우에 [찾기 및 선택]을 이용하여 조건부 서식이 지정된 모든 셀을 찾을 수 있습니다.

01_ 표 안에 셀을 그림과 같이 선택하고 [홈] 탭-[편집] 그룹에서 [찾기 및 선택]-[조건부 서식]을 클릭합니다.

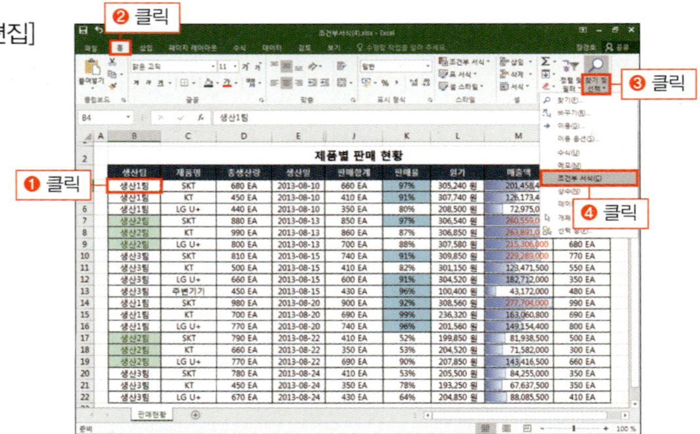

02_ 조건부 서식이 지정된 모든 셀이 검색됩니다.

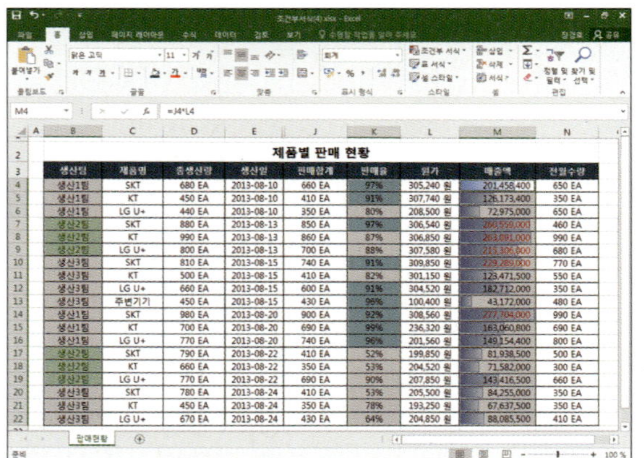

빠른 분석 도구를 이용하여 조건부 서식 지정하기

엑셀 2013부터 새롭게 등장한 빠른 분석 도구를 이용하면 조건부 서식, 스파크라인, 차트 등을 빠르게 적용할 수 있습니다. 데이터 범위를 선택하면 자동으로 빠른 분석 도구가 선택한 범위 하단 오른쪽에 표시되며, 미리 보기 화면을 통해 선택 항목을 한번에 적용할 수 있습니다.

 **준비 파일** Part01₩Chapter02₩Section01₩빠른분석도구.xlsx

 **완성 파일** Part01₩Chapter02₩Section01₩빠른분석도구_완성.xlsx₩

01 [D4:G12] 영역을 드래그하여 선택하면 데이터 하단에 나타나는 [빠른 분석](□) 아이콘을 클릭합니다.

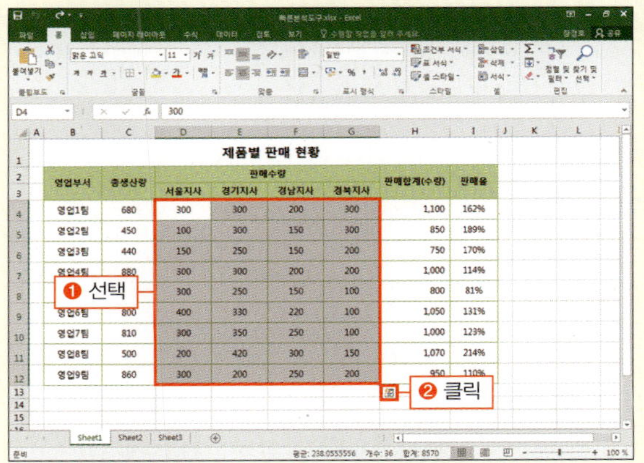

02 다양한 분석 도구가 나타나면 [서식] 탭의 [아이콘 집합]을 클릭합니다. 선택한 영역에 아이콘 집합 서식이 적용됩니다.

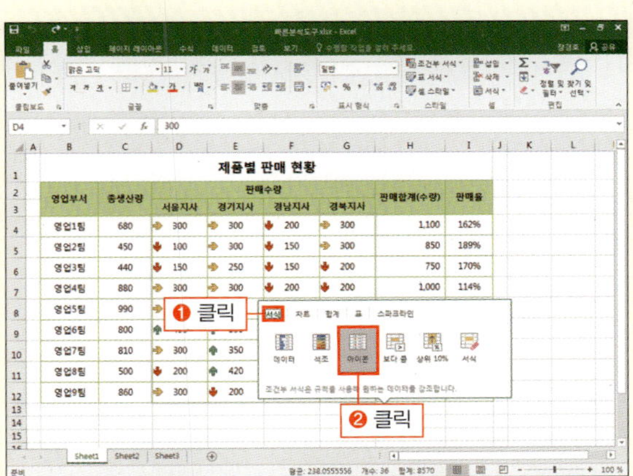

1 표 서식을 지정하여 스타일을 변경하고, 머리글 행의 필터 단추를 해제해 보세요.

◎ 준비파일 : Part01₩Chapter02₩Check₩비상연락망.xlsx   ◎ 완성파일 : Part01₩Chapter02₩Check₩비상연락망_완성.xlsx

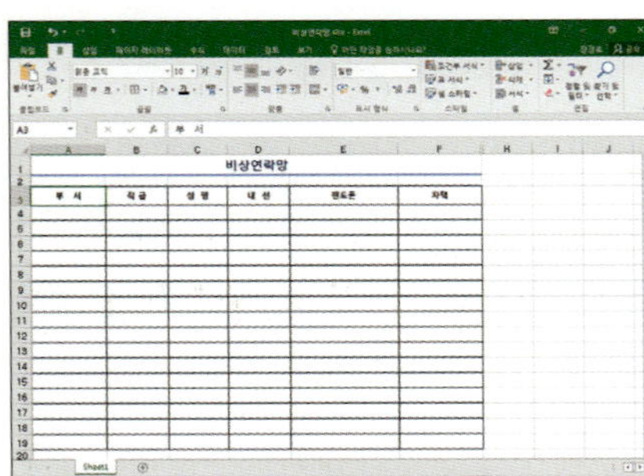 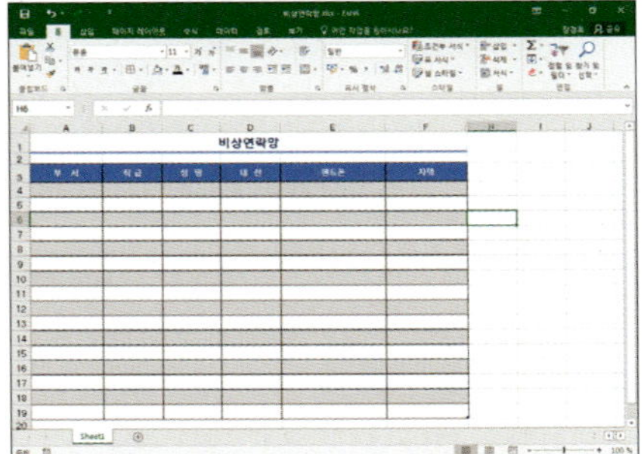

힌트

❶ [A3:F19] 영역을 선택한 다음 [홈] 탭–[스타일] 그룹에서 [표 서식]을 클릭하여 원하는 스타일 선택합니다.

❷ [표 도구]–[디자인] 탭–[표 스타일 옵션] 그룹에서 [필터 단추]의 체크를 해제합니다.

---

2 1차 합격자 명단 중에서 특정 셀에 조건부 서식을 지정하여 다른 색상이나 표식을 지정할 수 있습니다. 여기서는 평균 점수가 90점 이상인 셀에 조건부 서식을 지정해 보세요.

◎ 준비파일 : Part01₩Chapter02₩Check₩합격자명단.xlsx   ◎ 완성파일 : Part01₩Chapter02₩Check₩합격자명단_완성.xlsx

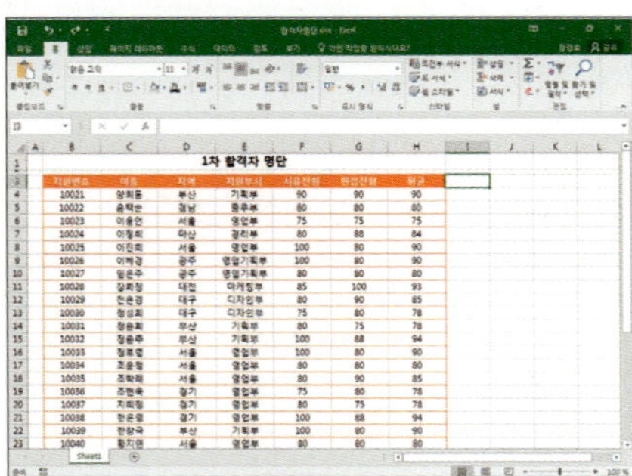 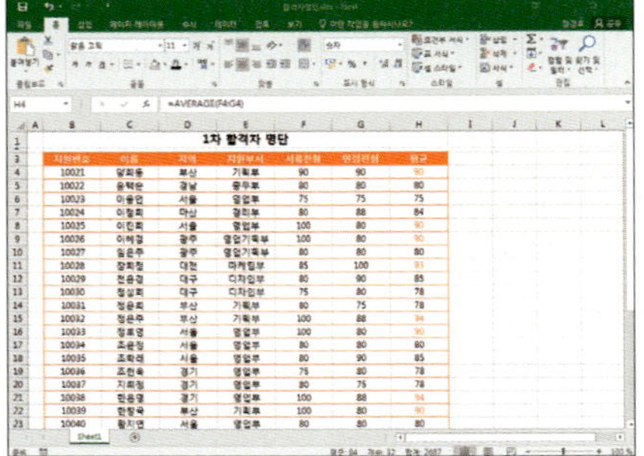

힌트

❶ 조건부 서식을 지정할 셀 영역을 선택하고 [홈] 탭–[스타일] 그룹에서 [조건부 서식]을 클릭한 후 원하는 조건부 서식 형식을 선택합니다.

Section# 02

차트 서식 디자인하기

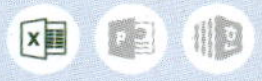

차트는 여러 수치 데이터를 비교하거나 분석하는 데 가장 효과적인 도구입니다. 데이터 값이나 추세를 비교하여 가장 적합한 차트를 사용해야 하는데 엑셀은 막대 그래프, 꺾은선 그래프, 원 그래프 등 다양한 차트를 제공하고 있으며, 데이터를 분석하여 추천 차트를 통해 초보자도 쉽게 차트를 만들고, 적합한 차트를 선택할 수 있습니다.

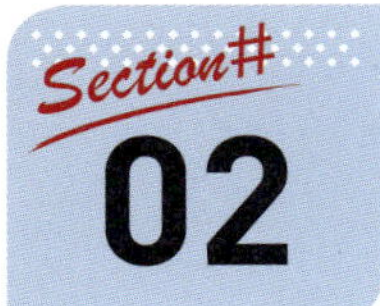

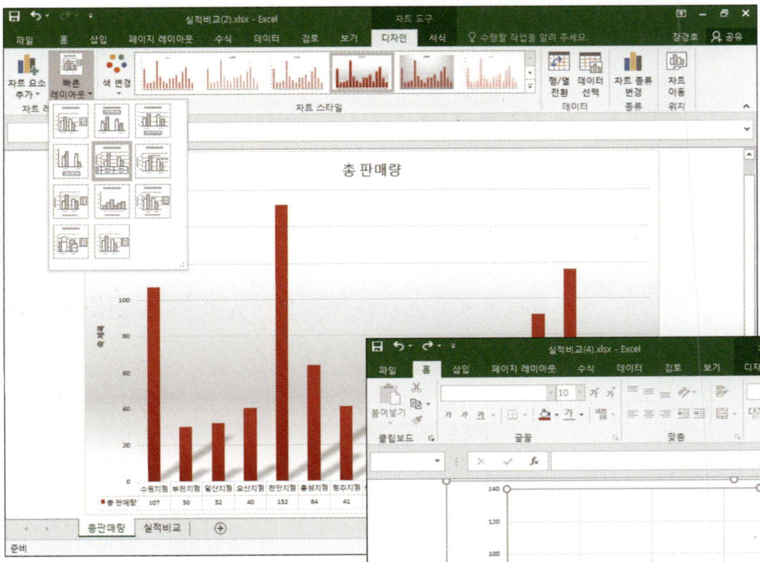

▲ 레이아웃 변경하고 차트 요소 추가하기

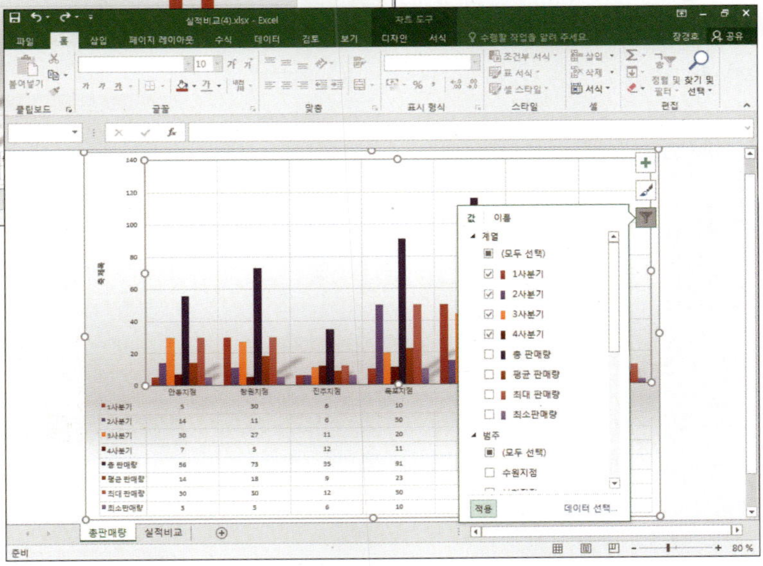

빠른 실행 단추로 차트 변경하기 ▶

이번 섹션에서 배울 주요 내용

- 차트 삽입하고 스타일 변경하기
- 차트의 구성 요소 살펴보기
- 레이아웃 변경하고 차트 요소 추가하기
- 데이터 선택으로 차트 데이터 추가하기
- 빠른 실행 단추로 차트 변경하기
- 혼합(콤보) 차트 만들기
- 추천 차트로 만들고 차트 변경하기
- 스파크라인으로 셀 안에 차트 만들기
- 스파크라인 차트 종류 변경하기
- **스페셜** 선버스트 차트와 트리맵 차트 작성하기

차트 삽입하고 스타일 변경하기

:: **준비파일** Part01₩Chapter02₩Section02₩실적비교.xlsx | **완성파일** Part01₩Chapter02₩Section02₩실적비교_완성.xlsx

차트를 만들기 전에 먼저 데이터 영역을 지정해야 합니다. 데이터 영역을 지정하면 클릭 몇 번으로 세련된 디자인의 차트를 만들 수 있습니다.

01_ 차트로 만들고 싶은 데이터 영역을 먼저 선택합니다. 여기서는 [A2:A18] 영역을 선택하고 **Ctrl** 을 누른 상태에서 [F2:F18] 영역을 드래그하여 선택합니다. [삽입] 탭–[차트] 그룹에서 [세로 또는 가로 막대형 차트 삽입]–[묶은 세로 막대형]을 클릭합니다.

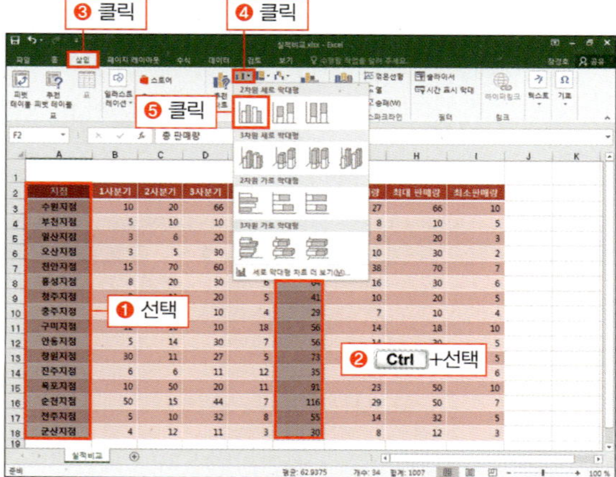

TIP

데이터 영역을 선택한 상태에서 **F11** 을 누르면 'Chart1' 이라는 새로운 시트에 차트가 삽입됩니다.

02_ 워크시트에 차트가 삽입됩니다. 차트가 삽입되면 [차트 도구] 상황별 탭이 생성됩니다. 차트를 이동한 후 크기 조절 핸들을 드래그하여 크기를 조절합니다. 이번에는 생성한 차트를 새로운 시트에 옮겨보겠습니다. 차트가 선택된 상태로 [차트 도구]–[디자인] 탭–[위치] 그룹에서 [차트 이동]을 클릭합니다.

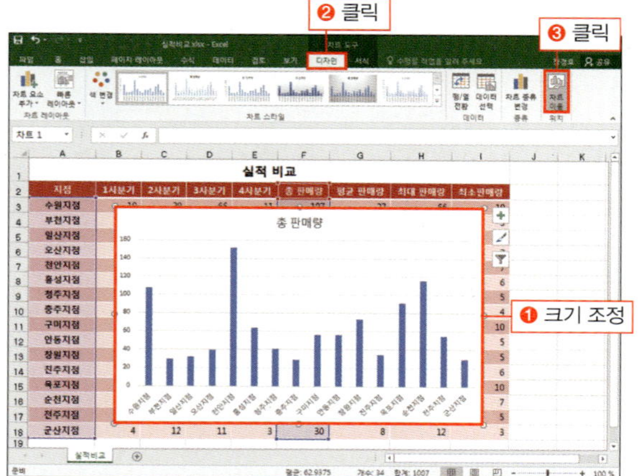

03_ [차트 이동] 대화상자가 나타나면 [새 시트]를 체크합니다. 『총판매량』을 입력하고 [확인]을 클릭합니다.

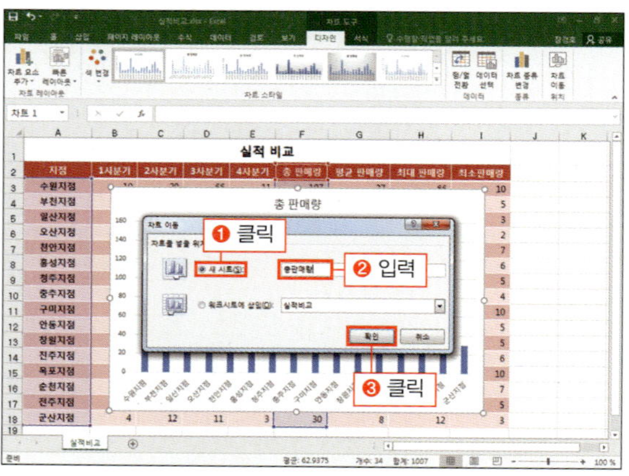

04_ '총판매량'이라는 시트가 삽입됩니다. 차트의 색상을 변경하기 위해 [차트 도구]-[디자인] 탭-[차트 스타일] 그룹에서 [색 변경]을 클릭한 후 원하는 색상을 선택합니다. 여기서는 [색 3]을 클릭합니다.

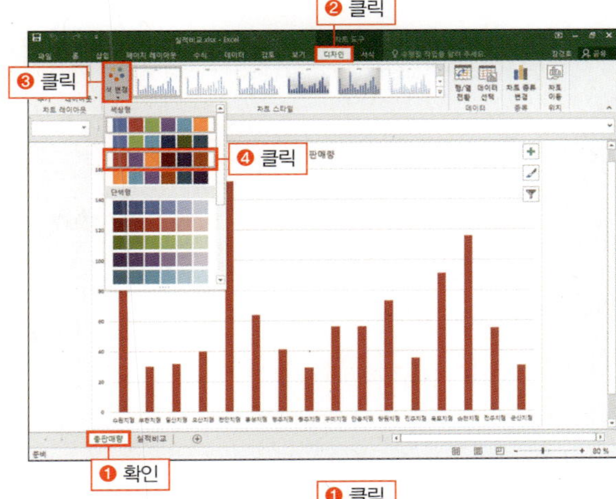

05_ [차트 도구]-[디자인] 탭-[차트 스타일] 그룹에서 [자세히]를 클릭한 후 원하는 차트 스타일을 선택합니다. 여기서는 [스타일 4]를 클릭합니다.

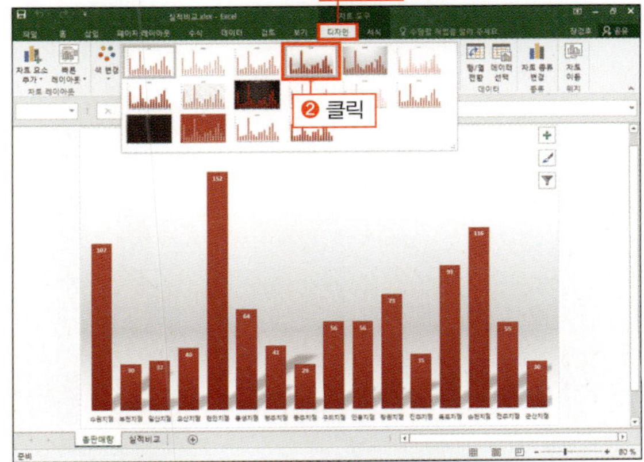

차트의 구성 요소 살펴보기

엑셀은 다양한 종류의 차트를 제공하고 있습니다. 모든 차트를 알고 있을 필요는 없지만 분석할 데이터에 맞는 적절한 차트를 선택하는 것은 중요합니다. 여기서는 차트의 구성 요소를 살펴보겠습니다.

차트의 구성 요소

차트 영역이나 그림 영역, 데이터 영역, 데이터 레이블 등 각각의 차트 구성 요소를 알고 있으면 차트 기능을 다룰 때 많은 도움이 됩니다.

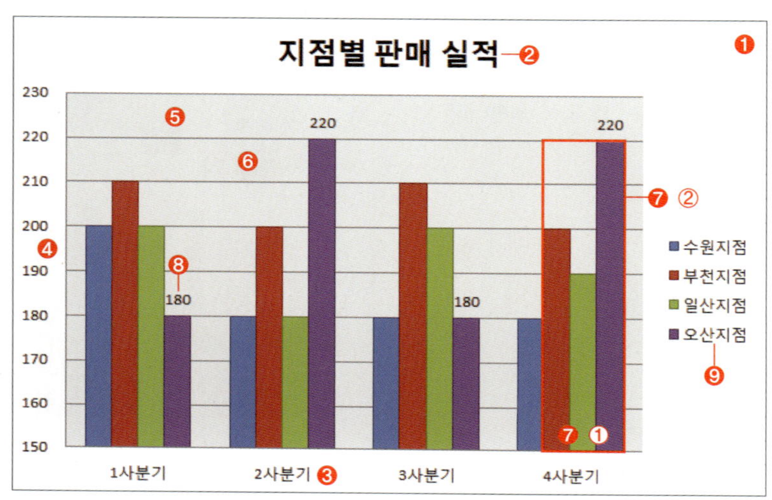

❶ **차트 영역 :** 차트의 전체 부분을 말합니다.

❷ **차트 제목 :** 차트의 제목을 말합니다.

❸ **가로(항목) 축 :** X축의 항목이 표시되는 부분입니다.

❹ **세로(값) 축 :** Y축의 값이 표시되는 부분입니다.

❺ **그림 영역 :** 차트가 직접 그려진 그래프 그림을 말합니다.

❻ **눈금 영역 :** 각 데이터의 측정 단위를 말합니다.

❼ **데이터 영역 :** 데이터가 표현되는 모든 데이터 영역을 말합니다.

　① **데이터 계열 :** 데이터 영역 중 한 가지 종류를 데이터 계열이라고 합니다.

　② **데이터 요소 :** 데이터 계열 중 하나를 데이터 요소라고 합니다.

❽ **데이터 레이블 :** 데이터 계열 또는, 요소의 값이나 이름을 표시합니다.

❾ **범례 영역 :** 각 차트를 구별해주는 참조 영역을 말합니다.

레이아웃 변경하고 차트 요소 추가하기

:: **준비파일** Part01₩Chapter02₩Section02₩실적비교(2).xlsx | **완성파일** Part01₩Chapter02₩Section02₩실적비교(2)_완성.xlsx

엑셀에서 제공하는 차트 스타일과 차트 레이아웃뿐만 아니라 빠른 레이아웃을 선택하여 차트의 레이아웃을 변경하고, 차트 요소 추가를 통해 차트 구성 요소를 변경할 수 있습니다.

01_ 차트가 선택된 상태로 [차트 도구]-[디자인] 탭-[차트 레이아웃] 그룹에서 [빠른 레이아웃]을 클릭하고 원하는 차트 레이아웃을 선택합니다. 여기서는 [레이아웃 5]를 클릭합니다.

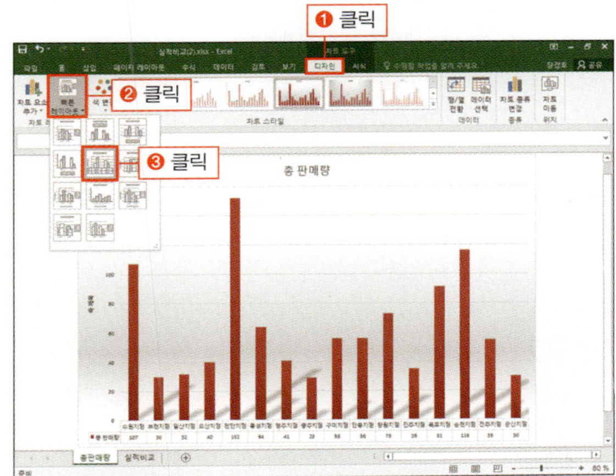

> **TIP**
>
> [빠른 레이아웃]은 차트 제목, 축이나 범례 등을 각기 다른 모양으로 제공합니다. [레이아웃 5]의 경우 차트의 수치 데이터를 표시하는 데이터 표를 차트에 표시해 줍니다.

02_ 보다 다양한 차트 구성 요소를 추가하거나 삭제하기 위해 [차트 도구]-[디자인] 탭-[차트 레이아웃] 그룹에서 [차트 요소 추가]를 클릭합니다. 다양한 차트 구성 요소가 나타나는 데 여기서는 [눈금선]-[기본 주 세로]를 클릭합니다.

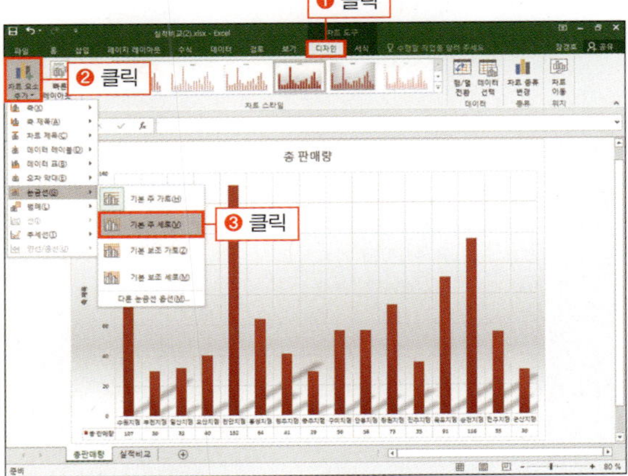

> **TIP**
>
> [차트 요소 추가]를 통해 다양한 차트 요소를 추가할 수 있습니다.

차트 종류와 용도

엑셀이 제공하는 다양한 차트를 살펴보고, 각 차트별로 제공하는 하위 차트도 살펴보겠습니다.

차트 종류	설명	예
세로 막대형	시간의 경과에 따른 데이터 변동을 표시하거나 항목별 비교	
꺾은선형	연속적인 데이터를 표시하거나 일정 간격에 따라 데이터의 추세를 표시	
원형	열이나 행에 있는 데이터를 원형으로 나타내며, 데이터 요소는 원형 전체에 대한 백분율로 표시	
가로 막대형	여러 열이나 행에 있는 데이터를 가로 막대형 차트로 표시	
영역형	여러 열이나 행에 있는 데이터 표시, 시간에 따른 변동의 크기나 합계 값을 추세에 표시	
분산형	여러 데이터 계열에 있는 숫자 값 사이의 관계를 표시	
주식형	주가 변동을 나타내는 데 주로 사용	
표면형	두 데이터 집합간의 최적 조합을 표시	
방사형	여러 데이터 계열의 집계 값을 비교	
트리맵	데이터를 계층 구조 보기로 제공	
선버스트	하나의 고리나 원으로 계층 구조의 각 수준을 표시	
히스토그램	분포 내의 빈도수를 표시	
상자 수염 그림	데이터 분포를 사분위수로 표시, 평균과 이상 값을 강조	
폭포	값을 더하거나 빼는 재무 데이터의 누계를 표시	
콤보	계열이 두 개 이상일 경우 두 개의 차트를 하나의 차트에 표시	

데이터 선택으로 차트 데이터 추가하기

:: **준비파일** Part01₩Chapter02₩Section02₩실적비교(3).xlsx | **완성파일** Part01₩Chapter02₩Section02₩실적비교(3)_완성.xlsx

차트를 만들기 위해 지정한 셀 영역이라고 하더라도 [데이터 선택]을 통해 지정한 셀 영역을 변경할
수 있습니다.

01_ 차트를 선택하고 [차트 도구]–[디자인] 탭–[차트 스
타일] 그룹에서 [데이터]–[데이터 선택]을 클릭합니다.

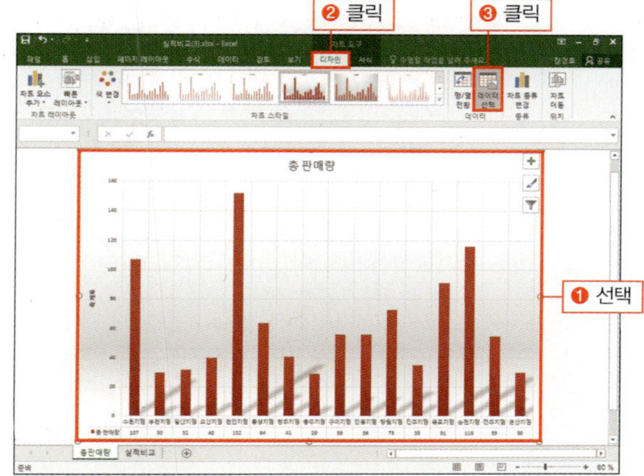

02_ [데이터 원본 선택] 대화상자가 나타나면서 차트를
지정한 워크시트가 열립니다. [A2:I18] 영역을 선택하고
[확인]을 클릭합니다.

> **TIP**
>
> [데이터 원본 선택] 대화상자를 통해 데이터 범위를 다
> 시 지정하거나 범례 항목(계열)의 순서를 변경하거나
> 가로(항목) 축 레이블의 값을 편집할 수 있습니다. 또한,
> 행/열 전환을 통해 가로와 세로 축 항목을 전환할 수
> 있습니다.

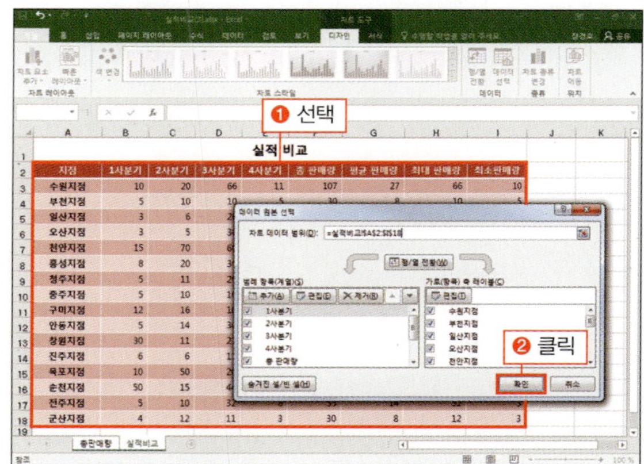

03_ 차트에 표시되는 데이터 범위가 변경됩니다.

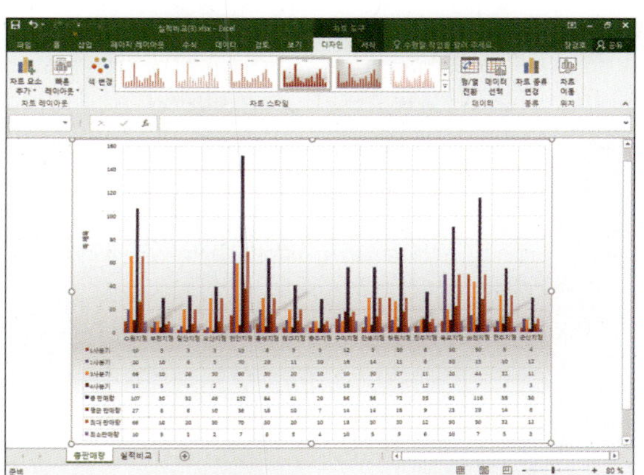

:: **준비파일** Part01₩Chapter02₩Section02₩실적비교(4).xlsx | **완성파일** Part01₩Chapter02₩Section02₩실적비교(4)_완성.xlsx

엑셀 2016에서는 차트 오른쪽 상단에 빠른 실행 단추라는 새로운 기능을 통해 원하는 차트 요소나 스타일, 색 등을 보다 빠르게 수정할 수 있습니다.

01_ 현재 차트에는 1사분기, 2사분기, 3사분기, 4사분기 뿐만 아니라 총 판매량과 평균 판매량 등 차트에 표시할 필요가 없는 영역까지 지정되어 있습니다. 먼저, [필터]를 통해 필요한 부분만 남겨두고 나머지 부분은 숨겨보겠습니다. 세 번째 단추인 [필터]를 클릭하고 [값]-[범주]에서 [수원지점]의 체크를 해제합니다.

> **TIP**
>
> 계열이나 범주 중에서 원하는 항목을 선택하면 해당하는 계열이나 범주만 활성화되어 차트에 나타납니다.

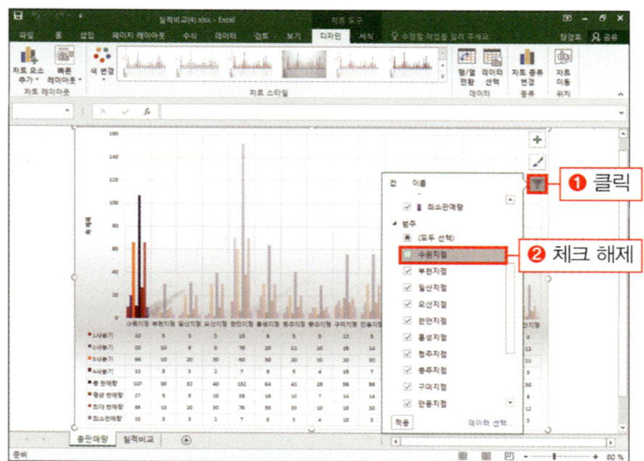

02_ 나머지 범주 중에서도 필요 없는 범주는 체크를 해제합니다. 여기서는 [부전지점]부터 [구미지점]까지의 체크를 해제하고 [적용]을 클릭합니다.

> **TIP**
>
> 차트에 표시할 데이터 요소 및 항목은 [차트 필터] 기능을 통해 원하는 부분만 표시하거나 수정할 수 있습니다. [필터] 단추를 통한 [값]-[계열]이나 [값]-[범주]의 체크 표시를 해제한다고 해서 차트에 범주가 삭제되는 것은 아닙니다. 다시 체크하면 차트에 나타납니다.

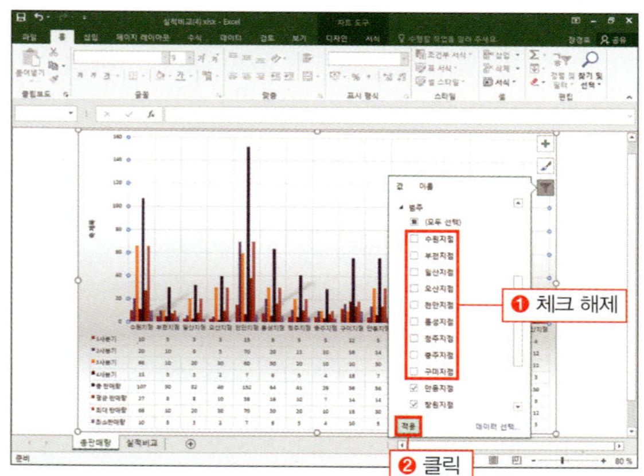

03_ 차트에 선택한 범주가 사라집니다. [필터]를 클릭한 후 [값]-[계열]에서 [총 판매량], [평균 판매량], [최대 판매량], [최소 판매량]에 체크 표시를 해제한 후 [적용]을 클릭합니다.

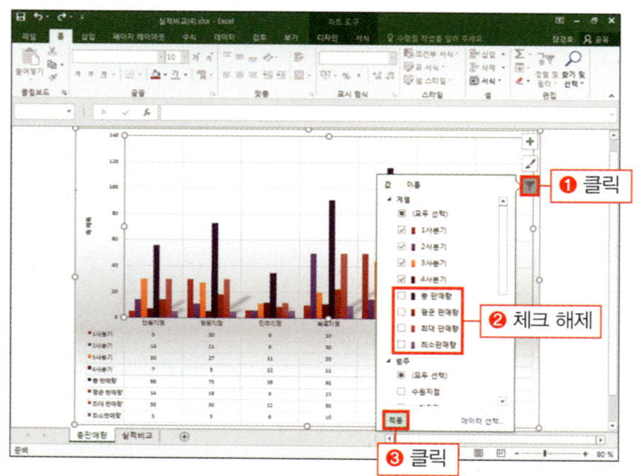

04_ 이번에는 차트의 요소를 추가하거나 삭제해 보겠습니다. [차트 요소]를 클릭하고 [데이터 표]에 체크를 해제합니다. 그리고 [범례]에 체크합니다.

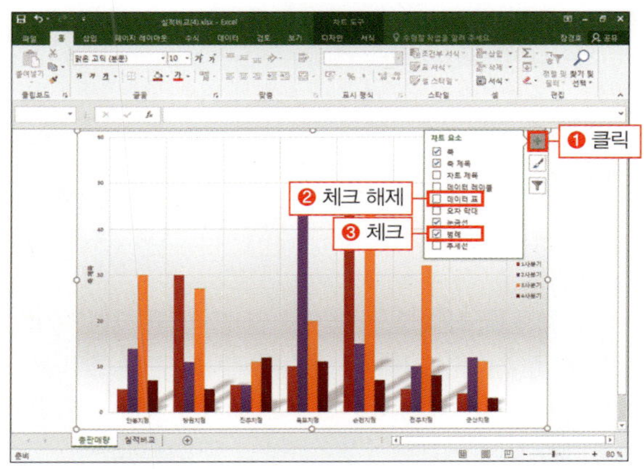

05_ 차트에 데이터 표, 오차막대가 사라지고, 범례가 나타납니다. 이번에는 차트 스타일을 변경하기 위해 두 번째 단추인 [차트 스타일]을 클릭합니다. [스타일] 탭에서 [스타일 13]을 클릭합니다.

> **TIP**
>
> [스타일 13]을 선택하면 차트 색상을 비롯해 오른쪽에 표시되던 범례가 차트의 하단에 나타납니다.

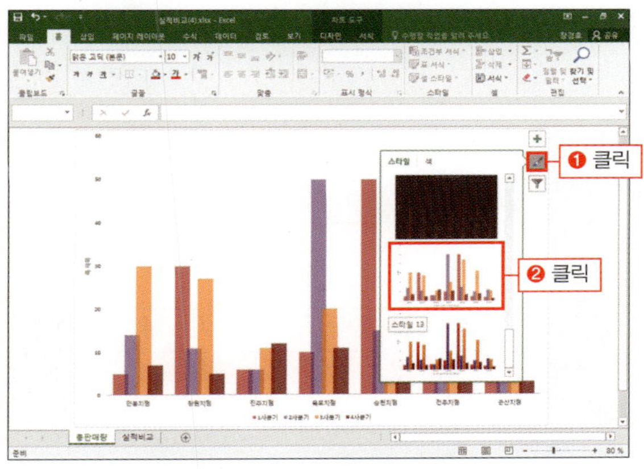

06_ 이번에는 [차트 스타일]-[색]을 클릭하고, [색상형]-[색 2]를 클릭합니다. 이처럼 빠른 실행 단추를 통해 차트의 요소를 비롯해 스타일, 색상 등을 보다 빠르게 수정할 수 있습니다.

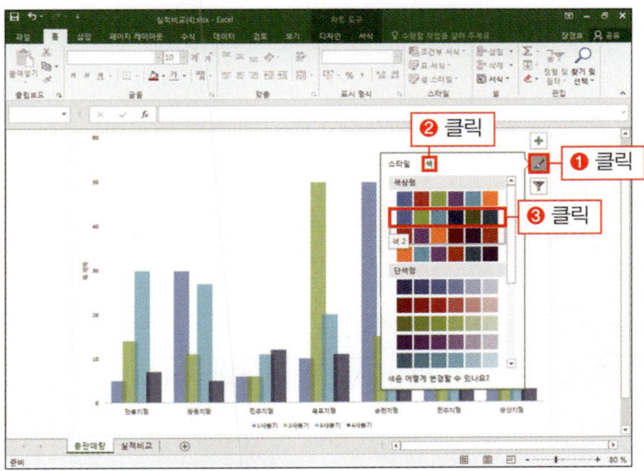

혼합(콤보) 차트 만들기

:: **준비파일** Part01₩Chapter02₩Section02₩혼합차트.xlsx | **완성파일** Part01₩Chapter02₩Section02₩혼합차트_완성.xlsx

데이터 값의 차이가 큰 계열을 하나의 차트로 표현할 때 세로 축을 기본 축과 보조 축으로 분리한 혼합(콤보) 차트를 이용하면 효과적으로 표현할 수 있습니다.

01_ 차트를 선택한 상태에서 [차트 도구]–[디자인] 탭–[차트 스타일] 그룹에서 [종류]–[차트 종류 변경]을 클릭합니다. [차트 종류 변경] 대화상자가 나타나면 [콤보]–[묶은 세로 막대형 – 꺾은선형]을 클릭합니다.

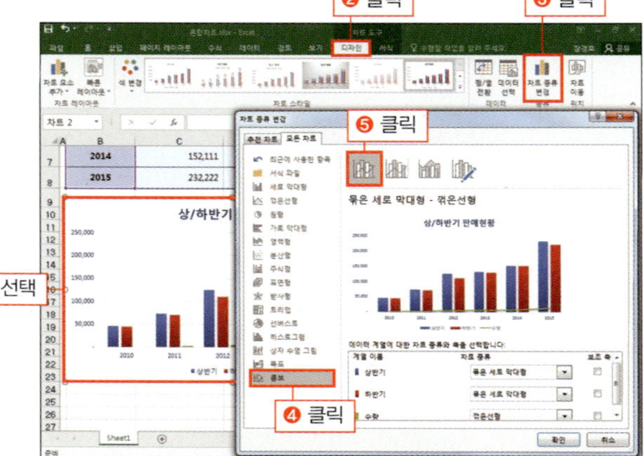

02_ 상반기, 하반기의 차트 종류는 [묶은 세로 막대형]을, 수량은 [표식이 있는 누적 꺾은 선형]을 선택합니다. [보조 축]을 체크하고 [확인]을 클릭합니다.

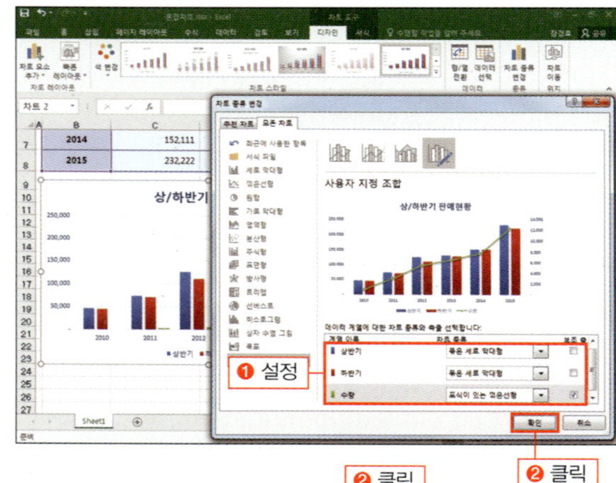

03_ 총 판매량 계열이 표식이 있는 누적 꺾은 선형으로 변경됩니다. 꺾은 선형의 서식 및 스타일을 변경하기 위해 꺾은 선형을 선택합니다. [차트 도구]–[서식] 탭–[도형 스타일] 그룹에서 [도형 윤곽선]을 클릭합니다. [표준색]–[주황]을 선택한 후 [두께]–[3pt]를 선택합니다.

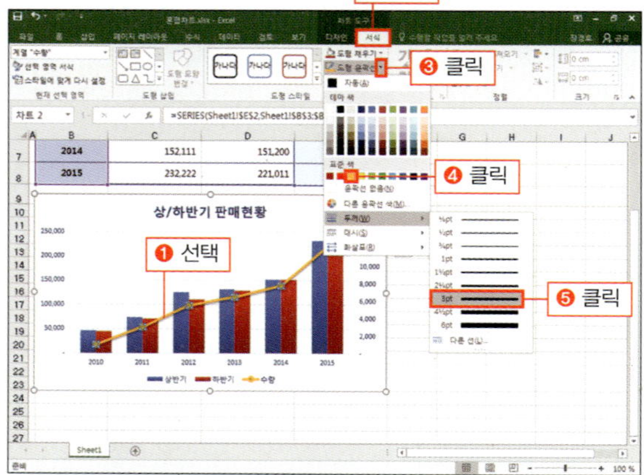

추천 차트로 만들고 차트 변경하기

:: **준비파일** Part01₩Chapter02₩Section02₩매출추이.xlsx | **완성파일** Part01₩Chapter02₩Section02₩매출추이_완성.xlsx

선택한 데이터에 적합한 차트를 찾기 어려울 경우 추천 차트를 통해 손쉽게 차트를 표시할 수 있습니다.

01_ 추천 차트로 만들 영역을 드래그하여 선택합니다. [삽입] 탭–[차트] 그룹에서 [추천 차트]를 클릭합니다. [차트 삽입] 대화상자가 나타나면 [추천 차트] 탭에서 표에 적합한 추천 차트를 표시해 줍니다. 적합한 차트를 선택하고 [확인]을 클릭합니다.

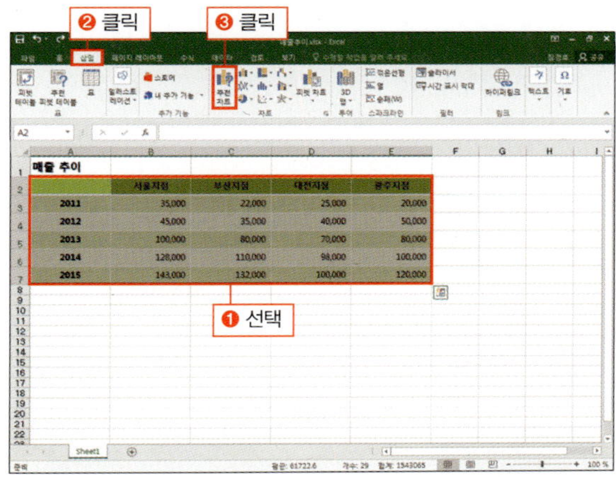
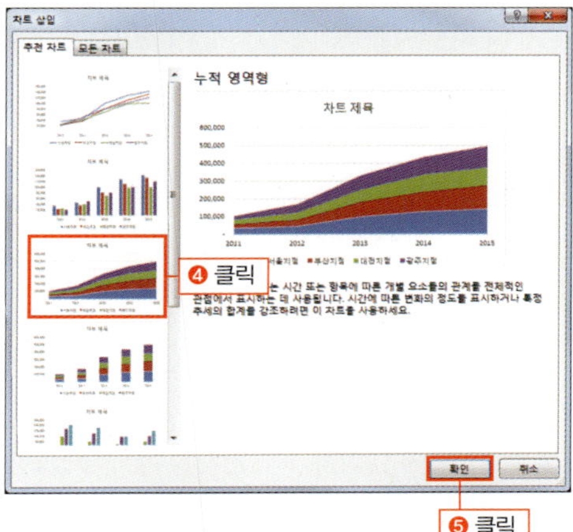

02_ 선택한 차트가 삽입됩니다. 추천 차트를 통해 손쉽게 차트를 완성할 수 있습니다. 이번에는 다른 차트로 변경해 보겠습니다. [차트 도구]–[디자인] 탭–[종류] 그룹에서 [차트 종류 변경]을 클릭합니다. [차트 종류 변경] 대화상자가 나타나면 변경할 차트를 선택합니다. 여기서는 [세로 막대형]–[3차원 묶은 세로 막대형]을 클릭하고 두 번째 차트를 선택한 후 [확인]을 클릭합니다.

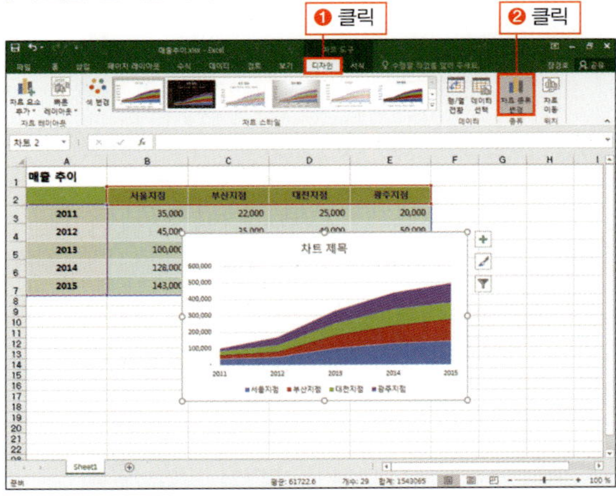
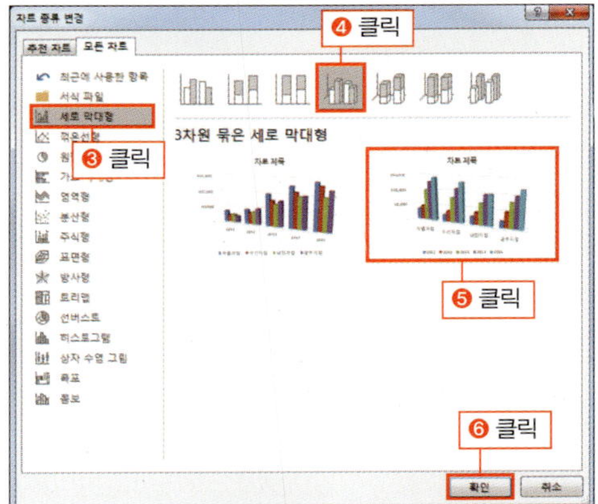

> **TIP**
> 첫 번째 차트와 두 번째 차트는 가로(항목) 축과 범례 영역에 차이가 있습니다.

스파크라인으로 셀 안에 차트 만들기

:: **준비파일** Part01₩Chapter02₩Section02₩컴퓨터부품.xlsx | **완성파일** Part01₩Chapter02₩Section02₩컴퓨터부품_완성.xlsx

스파크라인은 데이터를 시각적으로 표시하는 셀 안에 삽입하는 작은 차트입니다.

01_ [B3:F10] 영역을 드래그하여 선택합니다. [삽입] 탭-[스파크라인] 그룹에서 [열]을 클릭합니다. [스파크라인 만들기] 대화상자가 열리면 [위치 범위]를 선택한 상태에서 [G3:G10] 영역을 드래그한 후 [확인]을 클릭합니다.

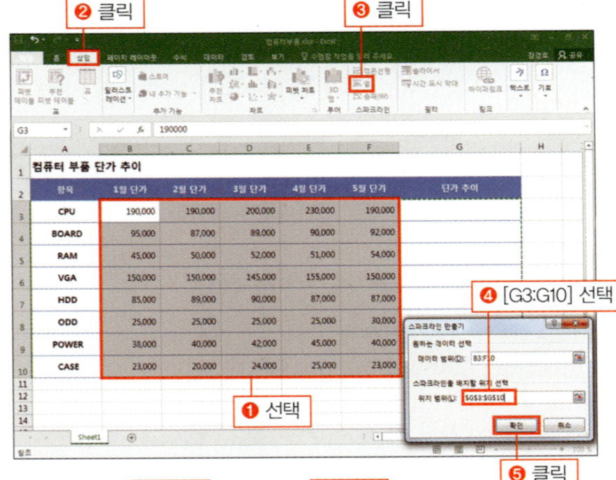

02_ 스파크라인이 셀에 삽입됩니다. 단가가 가장 높았던 월에 다른 색상을 지정하기 위해 [스파크라인 도구]-[디자인] 탭-[표시] 그룹에서 [높은 점]에 체크합니다. 그러면 가장 높은 점의 색상이 변경됩니다.

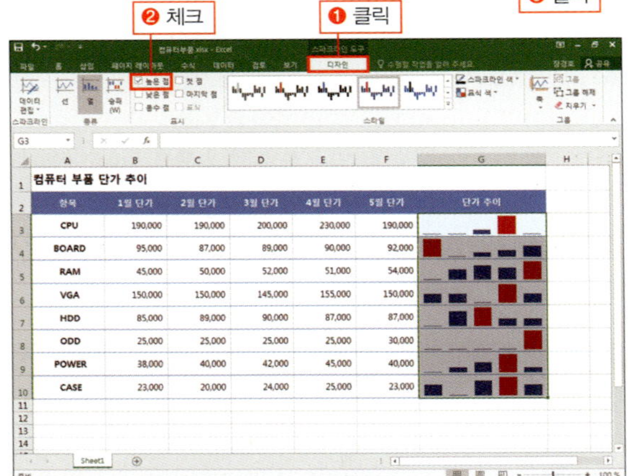

03_ 스파크라인의 디자인을 변경하기 위해 [스파크라인 도구]-[디자인] 탭-[스타일] 그룹에서 [자세히]를 클릭한 후 원하는 스타일을 선택합니다. 여기서는 [스파크라인 스타일 강조5, 40% 더 밝게]를 클릭합니다.

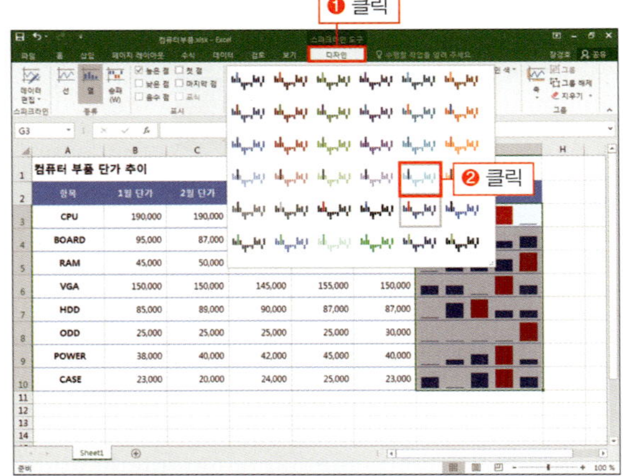

스파크라인 차트 종류 변경하기

:: **준비파일** Part01₩Chapter02₩Section02₩컴퓨터부품(2).xlsx | **완성파일** Part01₩Chapter02₩Section02₩컴퓨터부품(2)_완성.xlsx

스파크라인으로 생성한 차트도 일반적인 차트와 마찬가지로 종류를 쉽게 변경할 수 있습니다. 차트 종류를 변경해 보고, 스파크라인 색과 두께도 변경해 보겠습니다.

01_ 스파크라인이 그려진 [G3:G10] 영역을 선택한 후 [스파크라인 도구]-[디자인] 탭-[종류] 그룹에서 [선]을 클릭합니다.

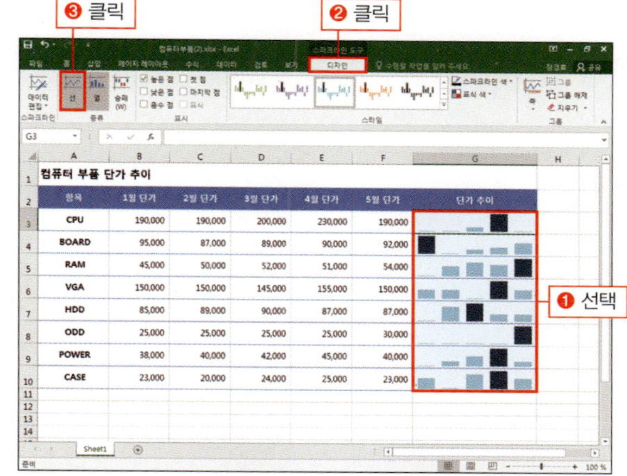

02_ 스파크라인의 종류가 '열'에서 '선'으로 변경됩니다. 스파크라인의 색상을 변경하기 위해 [스타일] 그룹에서 [스파크라인 색]-[표준 색]-[파랑]을 클릭합니다. 두께를 변경하기 위해 [두께]-[3pt]를 클릭합니다.

> **TIP**
>
> [디자인] 탭-[스타일] 그룹에서 [표식 색]을 클릭하면 높은 점을 비롯해 낮은 점이나 첫 번째 점, 또는 마지막 점의 색상을 변경할 수 있습니다.

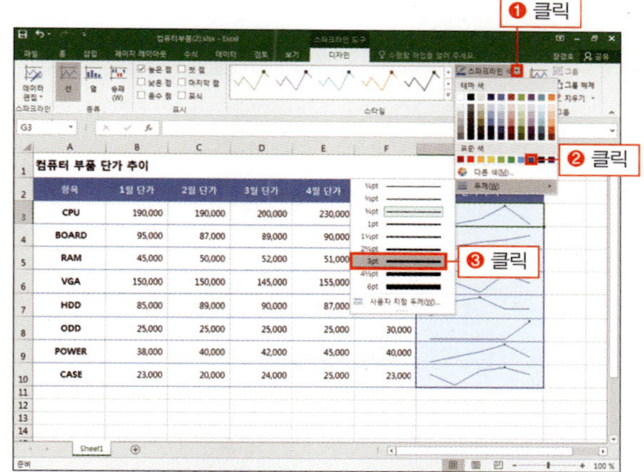

선버스트 차트와 트리맵 차트 작성하기

선버스트와 트리맵 차트는 엑셀 2016에 새롭게 등장한 차트로써 개별 항목과 전체를 비교하거나 여러 열로 구성된 범주가 계층 구조를 형성하는 경우 선버스트와 트리맵 차트를 선택하여 효과적인 분석을 할 수 있습니다

> **준비파일** Part01₩Chapter02₩Section02₩매출액.xlsx
> **완성파일** Part01₩Chapter02₩Section02₩매출액_완성.xlsx

01 표를 선택하고 [삽입] 탭–[차트] 그룹에서 [계층 구조 차트 삽입]–[선버스트]를 클릭합니다.

02 계층 수준 내의 비율을 고리형으로 표시하는 선버스트 차트가 나타납니다. 차트 위치 및 크기를 조절하고 '차트 제목'을 선택한 후 Delete 를 눌러 삭제합니다.

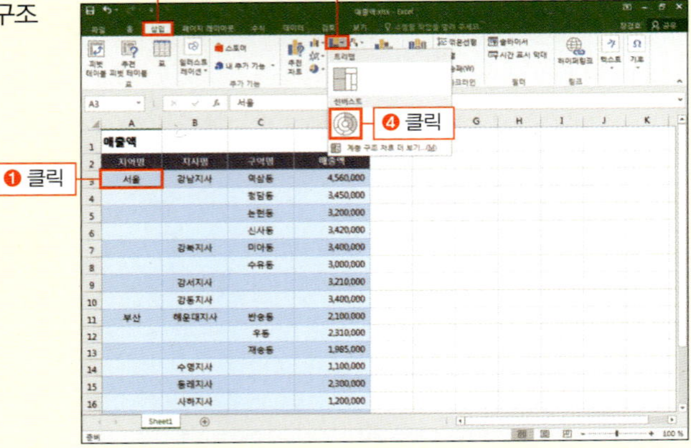

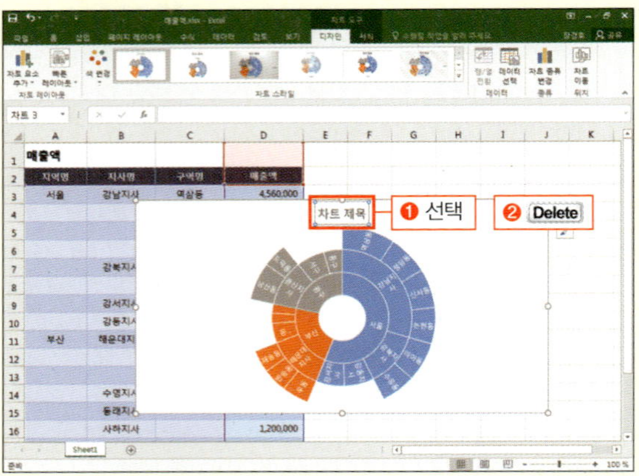

03 데이터 레이블을 선버스트 차트에 표시하기 위해
[빠른 실행 단추]에서 [차트 요소]를 클릭합니다. 그
리고 [데이터 레이블]−[기타 레이블 데이터 옵션]을
클릭합니다.

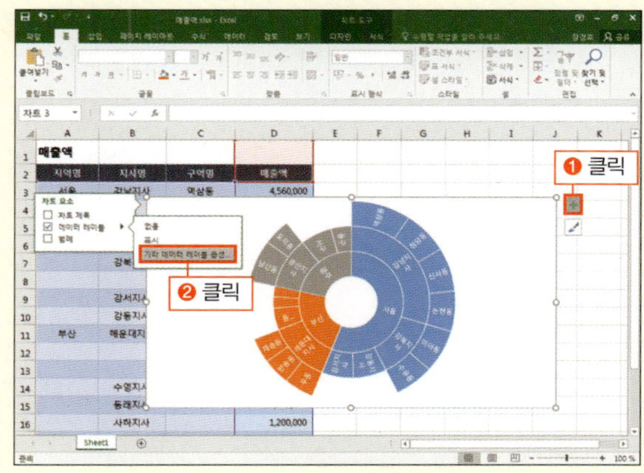

04 [데이터 레이블 서식] 창이 나타나면 [레이블 옵션]
을 클릭합니다. [레이블 내용]에서 [항목 이름]과
[값]에 체크한 후 [닫기]를 클릭합니다.

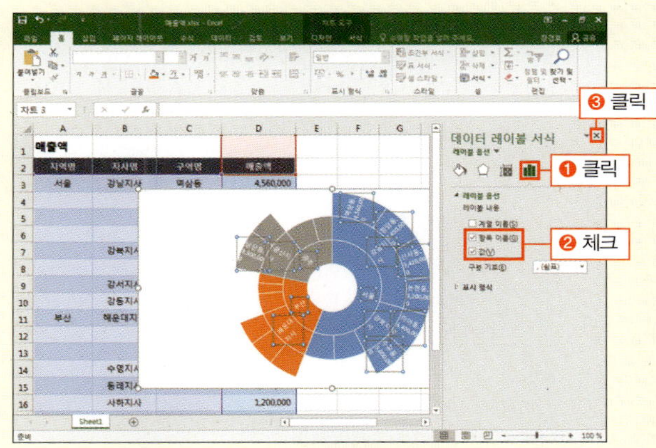

05 선버스트 차트에 항목과 값이 모두 표시되지 않는
다면 차트 시트를 열어 표시하는 것이 좋습니다. 차
트를 선택한 상태로 [차트 도구]−[디자인] 탭−[위치]
그룹에서 [차트 이동]을 클릭합니다. [차트 이동] 대
화상자가 나타나면 [새 시트]를 체크하고 [확인]을
클릭합니다.

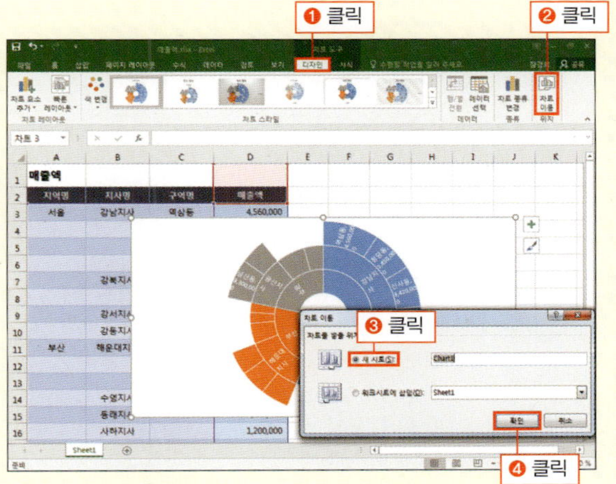

06 선버스트 차트가 새 시트로 나타납니다. 이번에는 트리맵 차트를 표시해 보겠습니다. [Sheet1] 시트를 선택합니다.

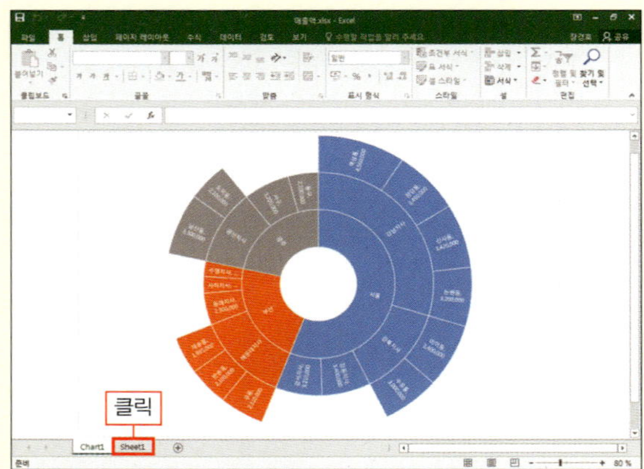

07 [삽입] 탭-[차트] 그룹에서 [계층 구조 차트 삽입]-[트리맵]을 클릭합니다.

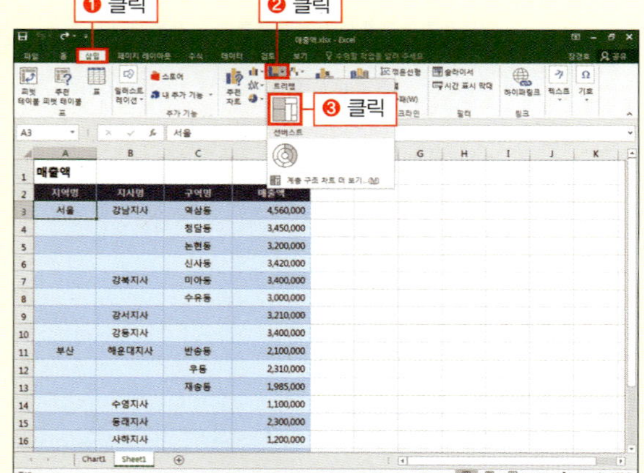

08 트리맵 차트가 삽입되면 [차트 도구]-[디자인] 탭-[차트 스타일] 그룹에서 차트 스타일을 선택한 후 차트 위치와 크기를 조절합니다. [차트 제목]을 선택하고 Delete 를 눌러 삭제합니다.

> **TIP**
>
> 트리맵은 매출액을 분할해서 사각형으로 차트로 표현합니다. 가장 많은 매출이 이루어진 지점은 '역삼동'이며, 가장 적은 매출이 이루어진 지점은 '수영지사'라는 것을 확인할 수 있습니다.

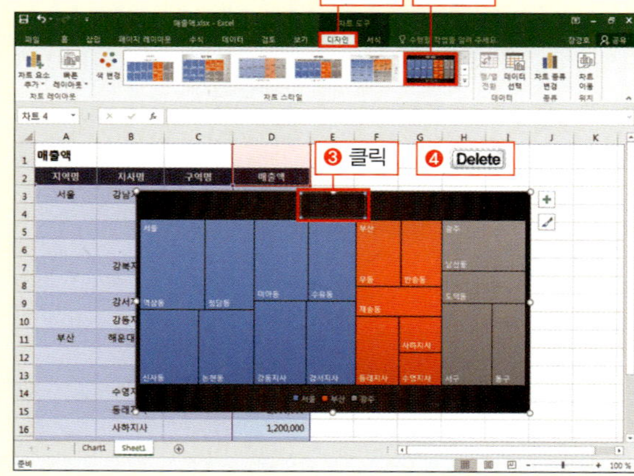

1 삽입된 표의 '합계' 데이터 영역을 삭제한 다음 차트의 행/열을 변경해 보세요.

◎ 준비파일 : Part01₩Chapter02₩Check₩년도별매출액현황.xlsx

◎ 완성파일 : Part01₩Chapter02₩Check₩년도별매출액현황_완성.xlsx

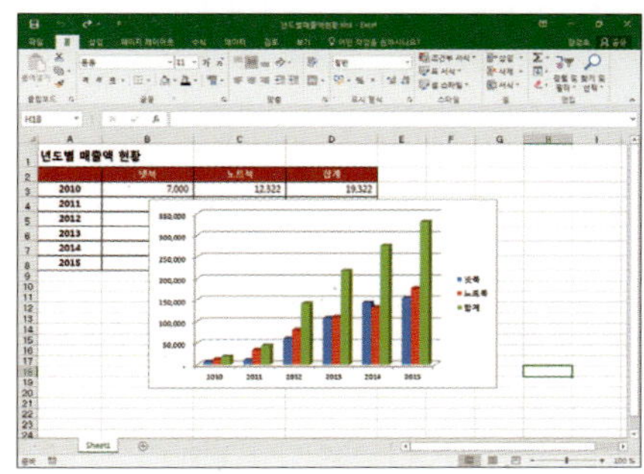 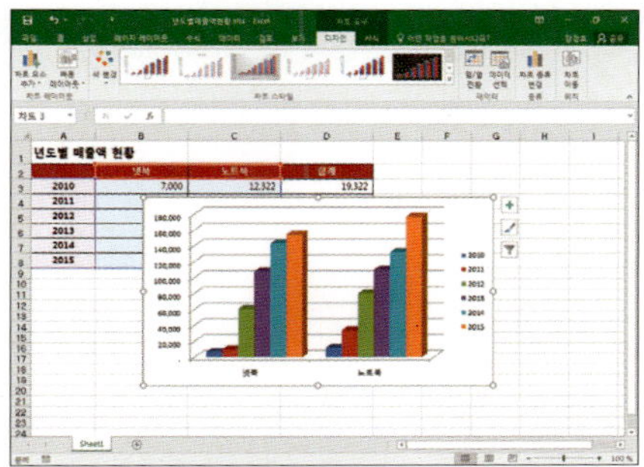

힌트

❶ '합계' 데이터 영역을 선택한 다음 **Delete** 를 눌러서 삭제합니다.

❷ [차트 도구]–[디자인] 탭–[데이터] 그룹에서 [행/열 전환]을 클릭합니다.

---

2 넷북과 노트북으로 막대형 차트를 만들고 합계를 꺾은 선형 차트로 만들어 보세요.

◎ 준비파일 : Part01₩Chapter02₩Check₩년도별매출액현황(2).xlsx

◎ 완성파일 : Part01₩Chapter02₩Check₩년도별매출액현황(2)_완성.xlsx

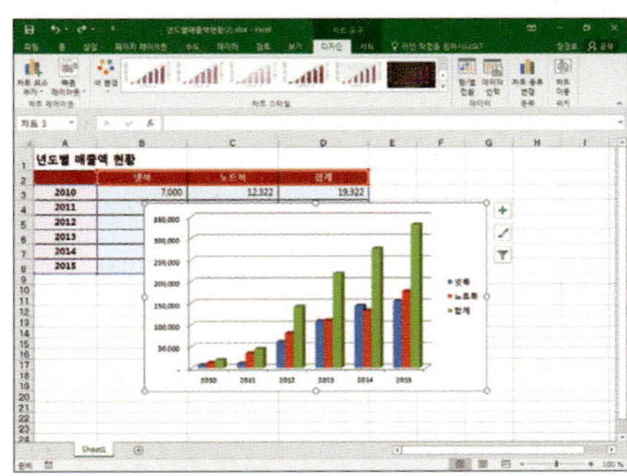 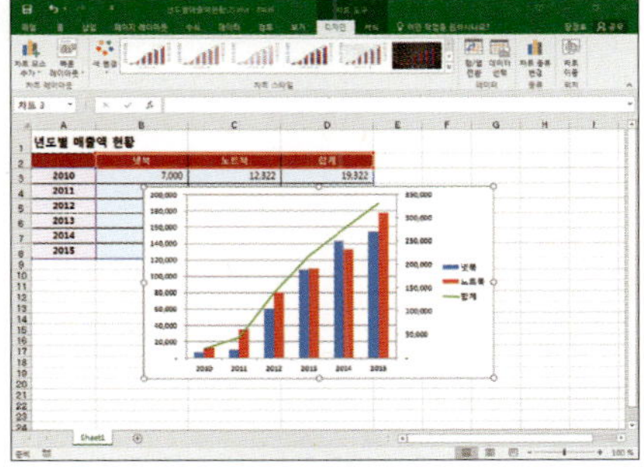

힌트

❶ 차트를 마우스 오른쪽 버튼으로 클릭한 후 [차트 종류 변경]을 선택합니다.

❷ [차트 종류 변경] 대화상자가 나타나면 [콤보] 차트를 선택합니다.

Section# 03

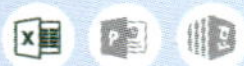

인쇄 기술 다루기

워크시트는 매우 방대한 데이터를 표시하기 때문에 인쇄를 할 때 한 장의 용지에 내용이 모두 표시되지 않거나, 원하는 형식으로 인쇄가 되지 않는 경우도 많습니다. 그렇기에 인쇄를 하기 전에 미리 보기를 통해 어떻게 인쇄가 되는지 확인하는 것이 좋습니다. 엑셀에서는 문서 일부 인쇄나 용지의 방향, 여백 그리고, 인쇄 배율을 조정하는 등 다양한 방법으로 통합 문서를 인쇄할 수 있습니다.

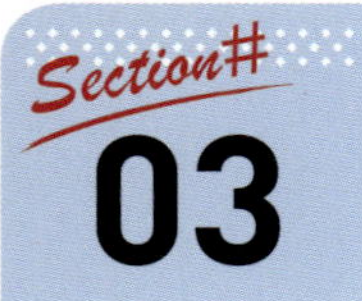

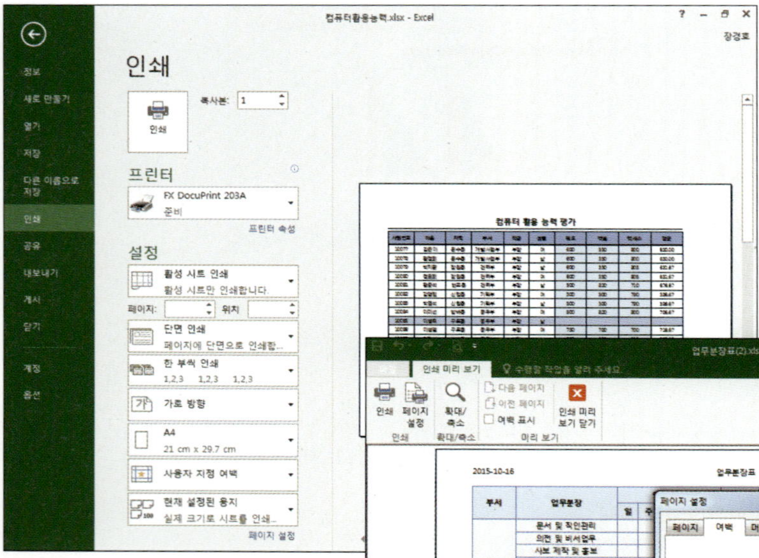

▲ 인쇄 미리 보기와 [페이지 설정] 대화상자 살펴보기

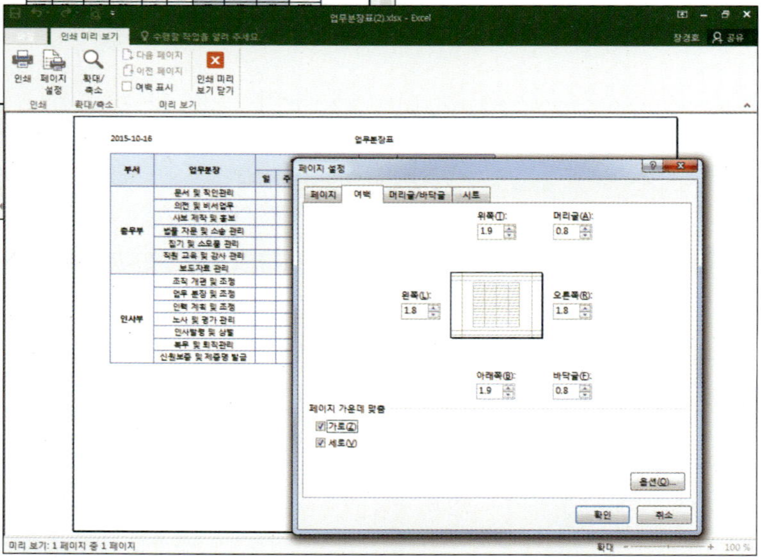

페이지 가운데로 인쇄 영역 지정하고 배율 조절하기 ▶

이번 섹션에서 배울 주요 내용

- 인쇄 미리 보기와 [페이지 설정] 대화상자 살펴보기
- 전체 화면 인쇄 미리 보기 추가하기
- 페이지마다 같은 행 반복 인쇄하기
- 머리글과 바닥글 설정하기
- 전체가 아닌 문서의 일부만 인쇄하기
- 페이지 가운데로 인쇄 영역 지정하고 배율 조절하기
- **스페셜** PDF 문서나 인터넷 문서로 출판하기

인쇄 미리 보기와 [페이지 설정] 대화상자 살펴보기

:: **준비파일** Part01₩Chapter02₩Section03₩컴퓨터활용능력.xlsx | **완성파일** Part01₩Chapter02₩Section03₩컴퓨터활용능력_완성.xlsx

[파일] 탭–[인쇄]를 클릭하면 문서를 간단히 인쇄할 수 있습니다. 인쇄 미리 보기 화면을 통해 인쇄 옵션을 지정하는 방법을 비롯해 [페이지 설정] 대화상자에 대해서 살펴보겠습니다.

01_ [파일] 탭–[인쇄]를 클릭하면 인쇄 미리 보기 화면이 나타납니다. [프린터]를 클릭한 후 프린터를 선택합니다. 여기서는 방향을 변경해 보겠습니다. [세로 방향]을 클릭해 '가로 방향'을 선택합니다.

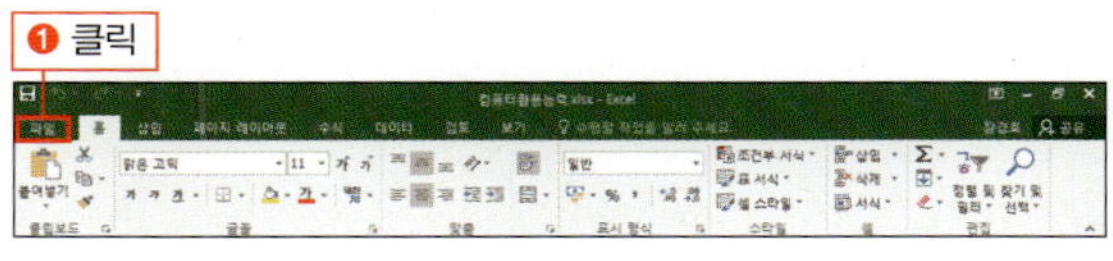

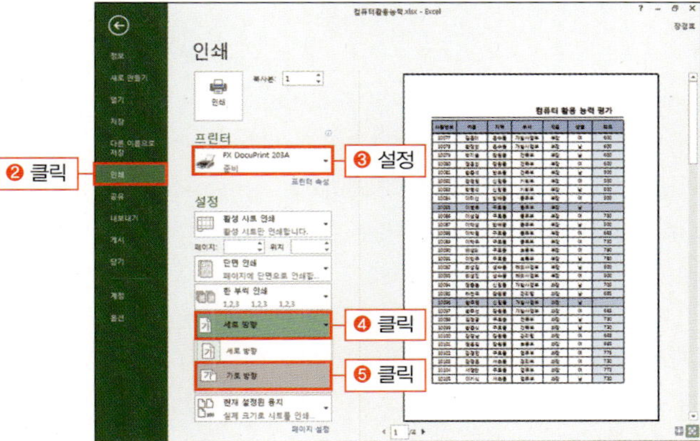

> **TIP**
>
> [프린터 속성]을 클릭하면 내 컴퓨터에 연결된 프린터의 속성을 설정할 수 있습니다.

> **TIP**
>
> [복사본] 항목에서 인쇄할 부수를 지정할 수 있습니다. '2'를 입력하면 총 2부가 인쇄됩니다. [설정] 항목에서는 인쇄 방향을 비롯해, 페이지 여백을 지정할 수 있습니다.

02_ 미리 보기 화면을 확대 또는, 축소해 보겠습니다. 오른쪽 하단에 위치하고 있는 [페이지 확대/축소]를 클릭합니다.

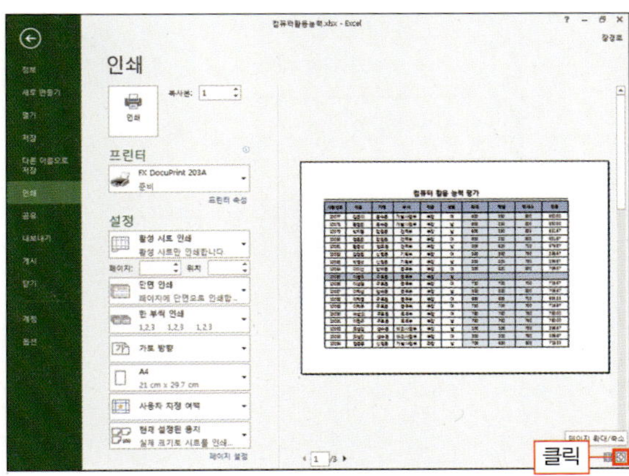

> **TIP**
>
> [페이지 확대/축소]를 한 번 더 클릭하면 미리 보기 화면이 축소되어 나타납니다.

03_ 미리 보기 화면이 확대되어 나타납니다. [페이지 확대/축소]를 한 번 더 클릭하여 미리 보기 화면을 축소합니다. 이번에는 [여백 표시]를 클릭합니다. 미리 보기 화면에 여백이 나타납니다. 실선을 마우스로 드래그하면 인쇄 위치를 조절할 수 있습니다. 여기서는 왼쪽 여백을 조절하기 위해 왼쪽 여백 조절선을 드래그합니다.

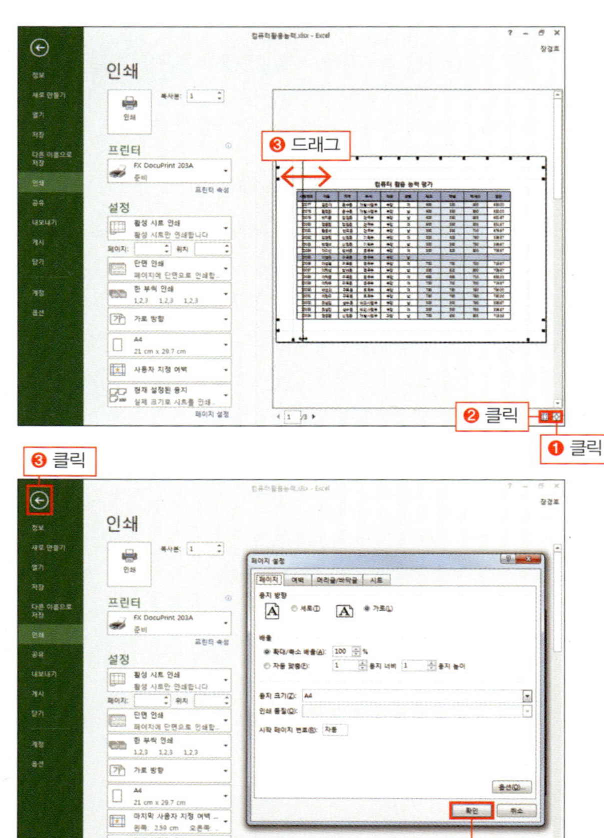

04_ 이번에는 [페이지 설정]을 클릭합니다. [페이지 설정] 대화상자가 나타나면 [페이지] 탭을 비롯해 [여백], [머리글/바닥글], [시트] 탭을 통해 페이지를 설정할 수 있습니다. 참고로, [페이지] 탭에서는 **01**번 따라하기에서 설정한 용지 방향을 비롯해 인쇄할 때의 배율이나 용지 크기 등을 설정할 수 있습니다. 설정된 사항을 확인한 후 [확인]을 클릭합니다. 워크시트로 되돌아가기 위해 [뒤로]를 클릭합니다.

꼭!! 알고가기

[페이지 설정] 대화상자 살펴보기

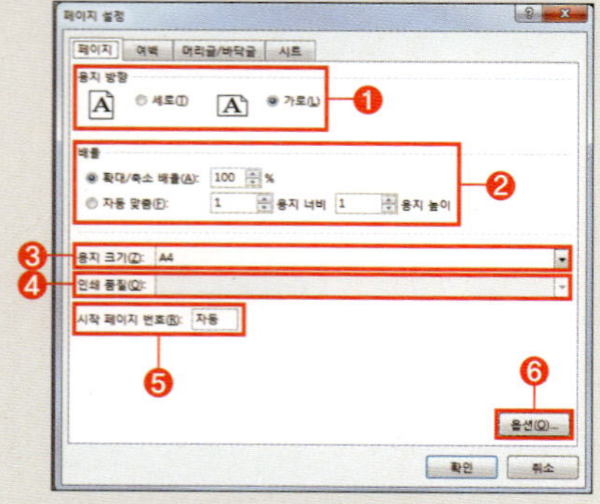

❶ **용지 방향** : 인쇄 용지의 방향을 세로 또는, 가로로 지정할 수 있습니다.

❷ **배율** : 10~400%의 범위 안에서 확대/축소 배율을 직접 지정할 수 있습니다. [자동 맞춤]을 체크하면 자동으로 배율을 조정할 수 있습니다.

❸ **용지 크기** : A4, A5 등 다양한 인쇄 용지를 지정할 수 있습니다.

❹ **인쇄 품질** : 인쇄 해상도를 지정합니다.

❺ **시작 페이지 번호** : 시작 페이지의 번호를 지정할 수 있습니다.

❻ **옵션** : 프린트의 인쇄 옵션을 설정할 수 있습니다.

전체 화면 인쇄 미리 보기 추가하기

:: **준비파일** Part01₩Chapter02₩Section03₩컴퓨터활용능력(2).xlsx

엑셀 2016의 인쇄 미리 보기 화면은 [파일] 탭-[인쇄]에서 확인할 수 있습니다. 하지만 예전 버전의 엑셀 미리 보기 화면이 익숙하다면 [전체 화면 인쇄 미리 보기] 단추를 빠른 실행 도구 모음에 추가하여 불러올 수 있습니다.

01_ [파일] 탭-[옵션]을 클릭하여 [Excel 옵션] 대화상자를 불러옵니다. [빠른 실행 도구 모음]-[리본 메뉴에 없는 명령]-[전체 화면 인쇄 미리 보기]를 선택한 후 [추가]와 [확인]을 각각 클릭합니다.

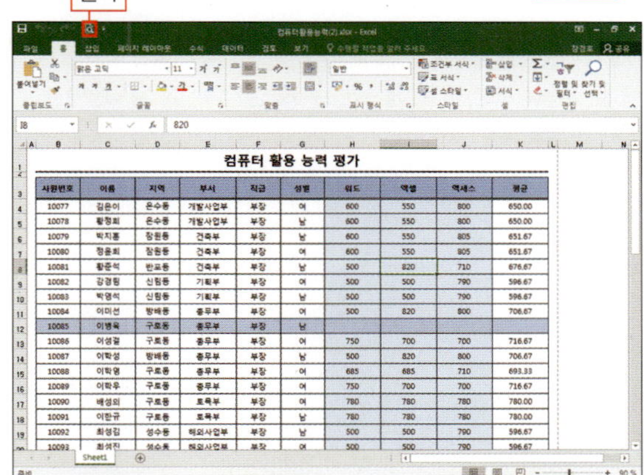

02_ 빠른 실행 도구 모음에 [전체 화면 인쇄 미리 보기]( )가 추가됩니다. [전체 화면 인쇄 미리 보기]( )를 클릭합니다.

03_ [인쇄 미리 보기] 탭이 나타나면서 워크시트가 미리 보기 화면에 나타납니다. [미리 보기] 그룹에서 [다음 페이지]를 클릭하여 페이지를 확인한 후 [인쇄 미리 보기 닫기]를 클릭하여 워크시트로 되돌아옵니다.

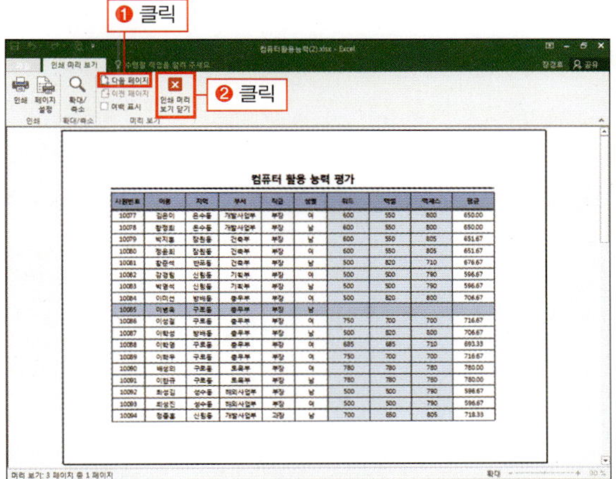

TIP

[전체 화면 인쇄 미리 보기]( )를 클릭하면 [인쇄 미리 보기] 탭이 나타납니다. [인쇄 미리 보기] 탭에서 인쇄를 비롯해 페이지 설정, 확대/축소 등 인쇄 관련 기능을 선택할 수 있습니다.

페이지마다 같은 행 반복 인쇄하기

:: **준비파일** Part01₩Chapter02₩Section03₩컴퓨터활용능력(2).xlsx | **완성파일** Part01₩Chapter02₩Section03₩컴퓨터활용능력(2)_완성.xlsx

하나의 워크시트에 많은 양의 데이터가 있을 경우 제목이나 필드 영역은 첫 번째 페이지에만 인쇄되고 두 번째 페이지부터는 인쇄되지 않습니다. 두 번째, 세 번째 페이지에도 제목이나 필드 영역을 반복하여 인쇄할 수 있습니다.

01_ [페이지 레이아웃] 탭-[페이지 설정] 그룹에서 [인쇄 제목]을 클릭합니다.

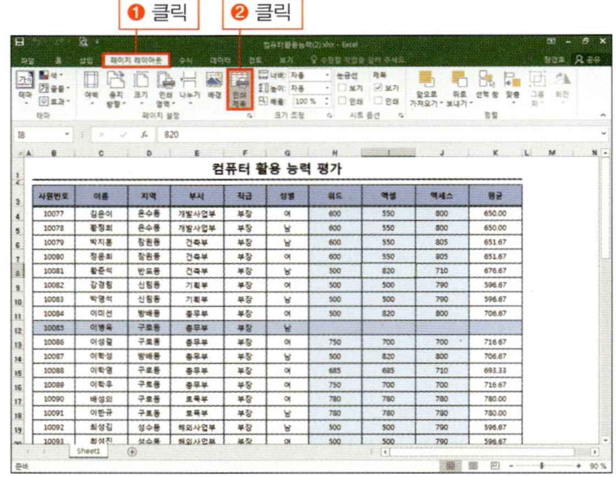

02_ [페이지 설정] 대화상자의 [시트] 탭이 나타나면 [반복할 행]의 오른쪽 끝에 있는 대화상자 축소 아이콘(📷)을 클릭합니다.

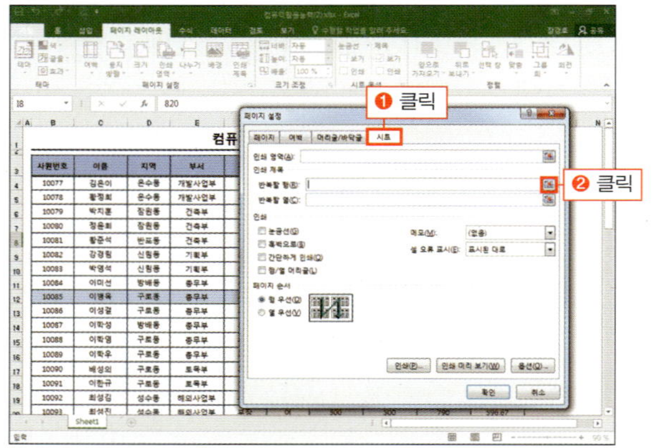

03_ 반복 인쇄할 영역을 드래그하여 선택합니다. 여기서는 1~3행만 반복할 것이므로 1행에서 3행까지 드래그합니다. 다시 대화상자 축소 아이콘(📷)을 클릭하여 [페이지 설정] 대화상자로 되돌아갑니다.

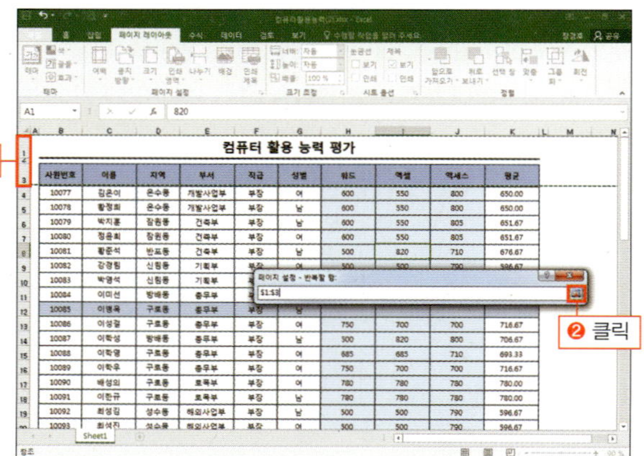

04_ [인쇄 제목]-[반복할 행]에 『$1:$3』이 입력되어 있는
것을 확인한 후 [인쇄 미리 보기]를 클릭합니다.

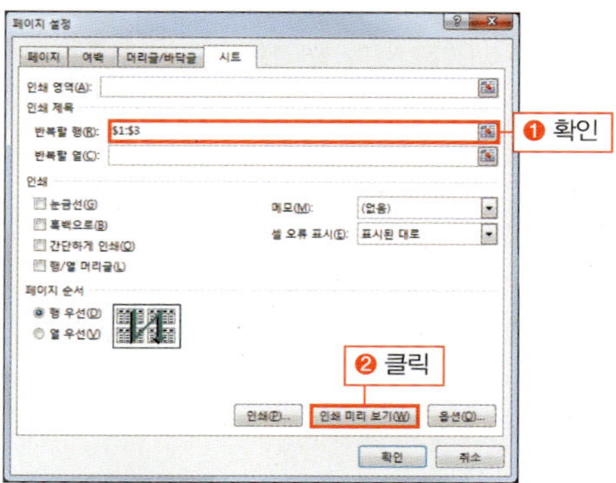

05_ 인쇄 페이지가 미리 보기됩니다. [다음 페이지]를 클
릭합니다.

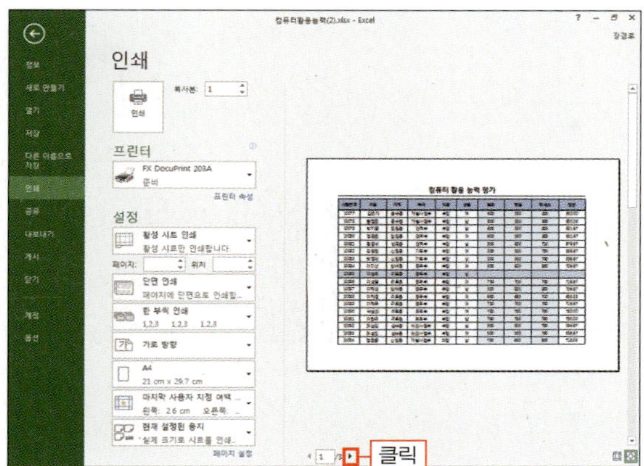

06_ 설정한 영역이 다음 페이지에도 반복되어 표시되는
것을 확인할 수 있습니다.

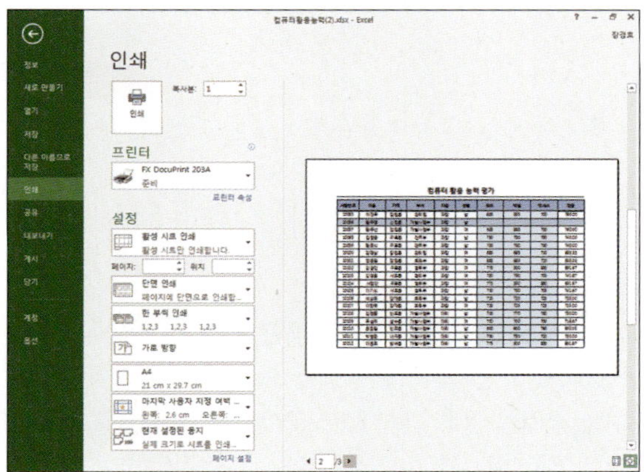

::: **준비파일** Part01₩Chapter02₩Section03₩컴퓨터활용능력(3).xlsx | **완성파일** Part01₩Chapter02₩Section03₩컴퓨터활용능력(3)_완성.xlsx

머리글이나 바닥글을 설정하여 문서의 제목이나 페이지 번호, 날짜와 시간 등을 표시할 수 있습니다.

01_ 머리글이나 바닥글을 삽입하기 위해 [삽입] 탭–[텍스트] 그룹에서 [머리글/바닥글]을 클릭합니다.

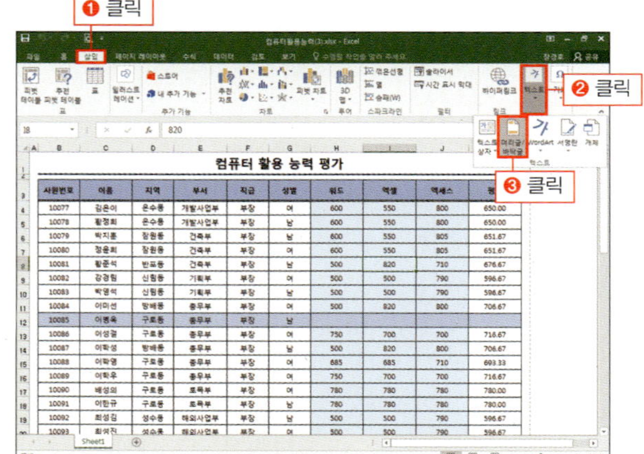

> **TIP**
>
> [보기] 탭–[통합 문서 보기] 그룹에서 [페이지 레이아웃]을 클릭해도 머리글이나 바닥글을 지정할 수 있습니다.

02_ 페이지 레이아웃 보기 모드로 전환되면서 머리글이나 바닥글을 삽입할 수 있는 공간이 나타납니다. 머리글의 중간 영역을 클릭한 후 『평가표』라고 입력합니다.

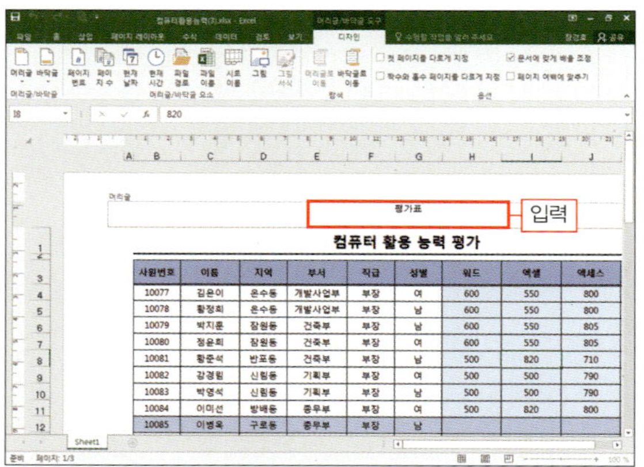

> **TIP**
>
> 페이지 레이아웃 보기 모드를 통해 워크시트의 여백을 확인하거나 인쇄 영역, 머리글이나 바닥글을 쉽게 작성할 수 있습니다.

03_ 머리글의 왼쪽 영역을 클릭한 후 [머리글/바닥글 도구]–[디자인] 탭–[머리글/바닥글 요소] 그룹에서 [현재 날짜]를 클릭합니다. 다시 [머리글/바닥글 도구]–[디자인] 탭–[탐색] 그룹에서 [바닥글로 이동]을 클릭합니다.

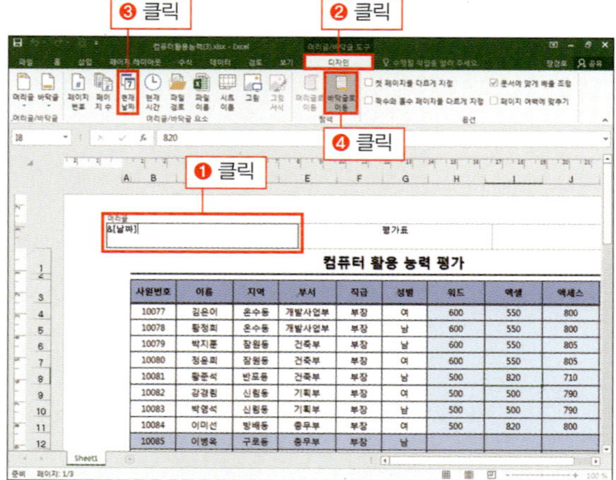

> **TIP**
>
> [탐색] 그룹의 [머리글로 이동]이나 [바닥글로 이동]을 클릭하면 머리글이나 바닥글로 빠르게 이동할 수 있습니다.

04_ 바닥글로 이동하면 바닥글의 중간 영역을 클릭한 후 [머리글/바닥글 요소] 그룹에서 [페이지 번호]를 클릭하고 『/』를 입력합니다. 다시 [페이지 수]를 클릭합니다. 머리글과 바닥글 이외의 부분을 클릭하여 머리글, 바닥글 지정을 종료합니다.

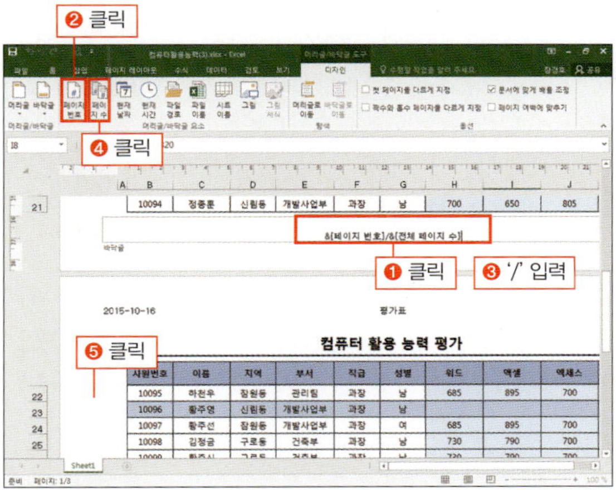

05_ 빠른 실행 도구 모음의 [전체 화면 인쇄 미리 보기](🔍)를 클릭해 머리글과 바닥글이 제대로 삽입되었는지 확인합니다.

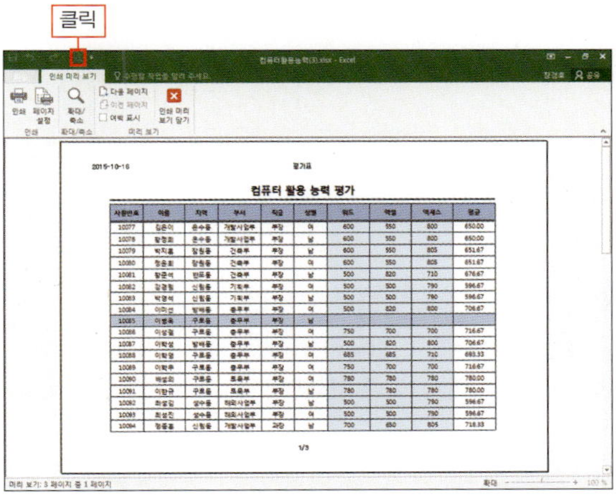

> **TIP**
>
> 빠른 실행 도구 모음에서 [전체 화면 인쇄 미리 보기](🔍)가 나타나지 않으면 111페이지를 참고하여 [전체 화면 인쇄 미리 보기]를 빠른 실행 도구 모음에 추가합니다.

> **TIP**
>
> [파일] 탭-[인쇄]를 클릭하면 나타나는 인쇄 미리 보기 화면에서도 머리글, 바닥글이 제대로 표시되는지 확인할 수 있습니다.

전체가 아닌 문서의 일부만 인쇄하기

:: **준비파일** Part01₩Chapter02₩Section03₩업무분장표.xlsx | **완성파일** Part01₩Chapter02₩Section03₩업무분장표_완성.xlsx

인쇄 영역을 설정하면 워크시트의 전체 페이지가 아닌 일부만을 선택하여 인쇄할 수 있습니다.

01_ 인쇄하고 싶은 영역을 드래그하여 지정합니다. 여기서는 [B4:K19] 영역을 선택합니다. [페이지 레이아웃] 탭–[페이지 설정] 그룹에서 [인쇄 영역]–[인쇄 영역 설정]을 클릭합니다.

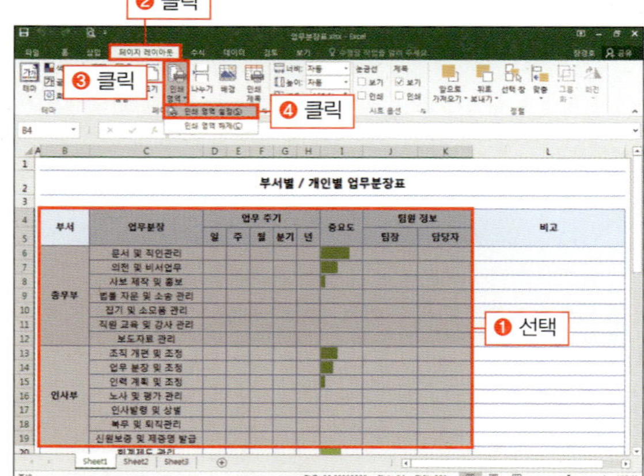

> **TIP**
>
> 인쇄 영역을 해제하고 싶다면 [페이지 레이아웃] 탭–[페이지 설정] 그룹에서 [인쇄 영역]–[인쇄 영역 해제]를 클릭합니다.

02_ 빠른 실행 도구 모음에서 [전체 화면 인쇄 미리 보기]( )를 클릭한 후 인쇄되는 화면을 확인합니다. 그리고 [미리 보기] 탭에서 [인쇄 미리 보기 닫기]를 클릭합니다.

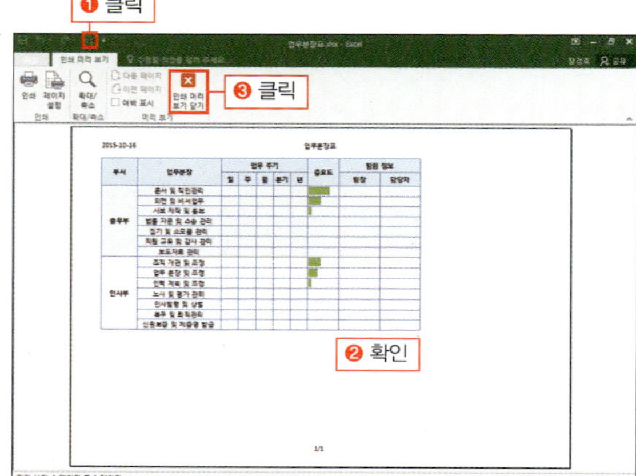

페이지 가운데로 인쇄 영역 지정하고 배율 조절하기

:: **준비파일** Part01₩Chapter02₩Section03₩업무분장표(2).xlsx | **완성파일** Part01₩Chapter02₩Section03₩업무분장표(2)_완성.xlsx

인쇄할 내용이 페이지의 가운데에 표시되도록 지정할 수 있습니다. 또한, 확대/축소 배율을 통해 인쇄 비율을 조절할 수도 있습니다.

01_ 문서 내용을 페이지 중앙에 표시해 보겠습니다. 빠른 실행 도구 모음의 [전체 화면 인쇄 미리 보기]( )를 클릭합니다. [인쇄] 그룹에서 [페이지 설정]을 클릭합니다.

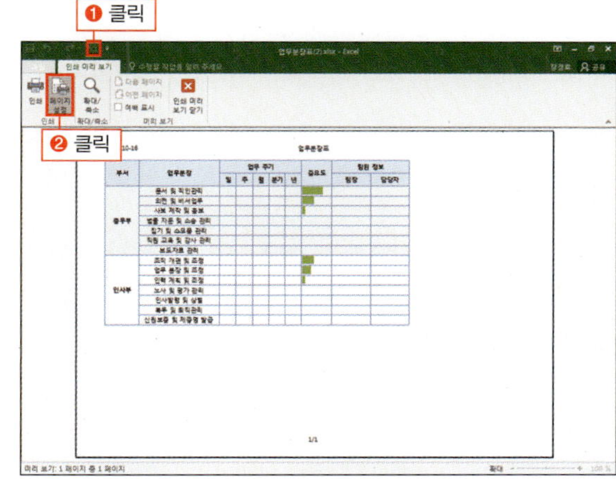

02_ [페이지 설정] 대화상자가 나타나면 [여백] 탭을 클릭합니다. [여백] 탭을 통해 위쪽, 아래쪽, 왼쪽, 오른쪽 등의 여백을 조절할 수 있습니다. 여기서는 [페이지 가운데 맞춤]에서 [가로]와 [세로]에 체크하고 [확인]을 클릭합니다.

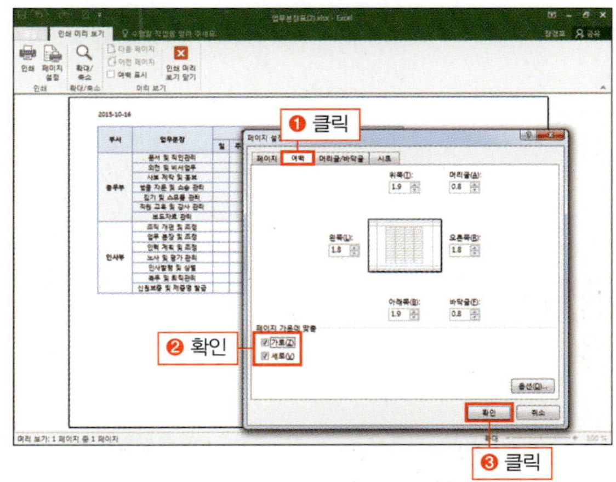

03_ 인쇄 미리 보기를 통해 가로, 세로 가운데로 정렬된 인쇄 화면을 확인합니다. 이번에는 배율을 조절하기 위해 [인쇄 미리 보기] 탭-[인쇄] 그룹에서 [페이지 설정]을 다시 클릭합니다.

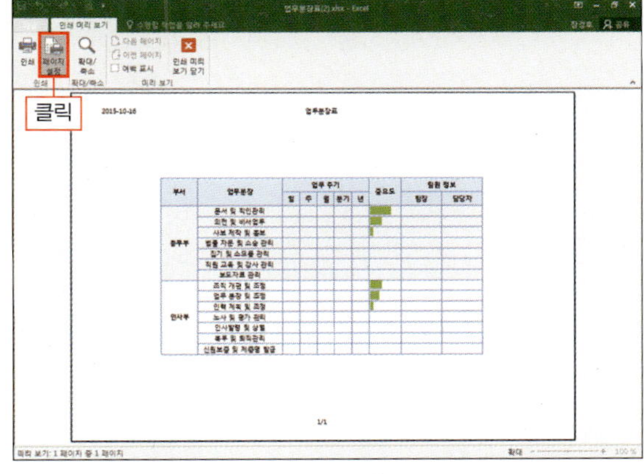

04_ [페이지 설정] 대화상자가 나타나면 [페이지] 탭을 클릭하고 [배율]-[확대/축소 배율]에 원하는 배율을 입력합니다. 여기서는 한 화면에 인쇄되는 배율보다 보다 크게 인쇄하기 위해 『130』을 입력하고 [확인]을 클릭합니다.

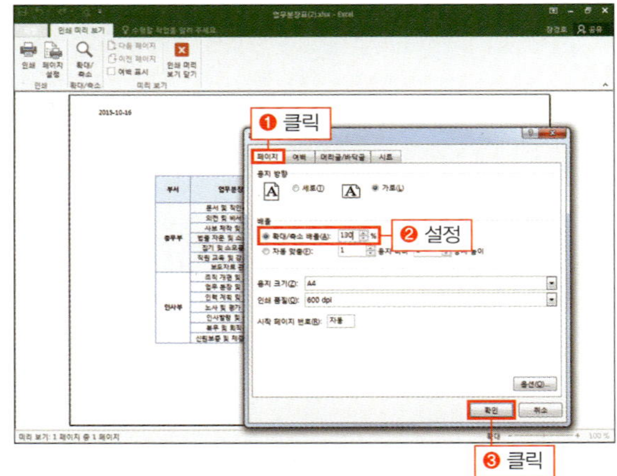

05_ 화면의 배율이 '130%'로 확대되어 나타납니다. [인쇄] 그룹에서 [인쇄]를 클릭하여 한 페이지에 꽉찬 워크시트 내용을 인쇄할 수 있습니다.

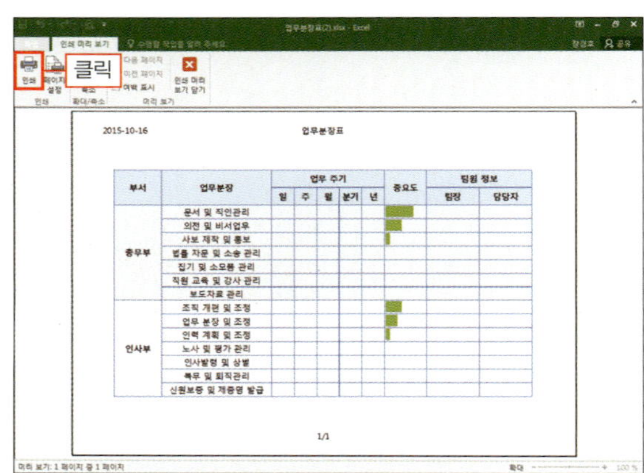

[페이지 레이아웃] 탭 살펴보기

[페이지 레이아웃] 탭-[페이지 설정] 그룹에서 다양한 인쇄 관련 설정을 할 수 있습니다.

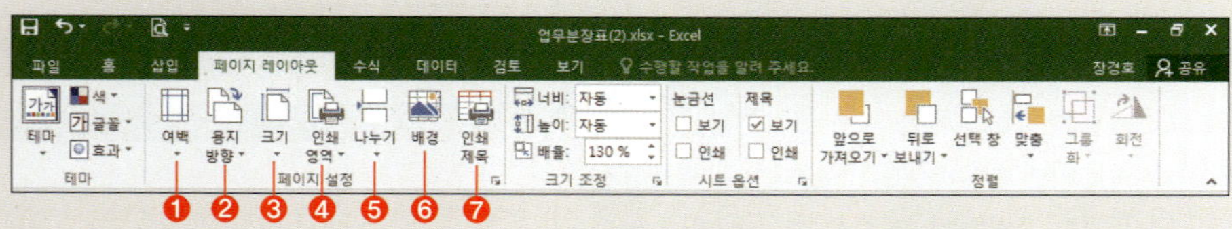

❶ **여백** : 페이지의 여백을 기본, 넓게, 좁게, 사용자 지정 여백으로 설정할 수 있습니다.

❷ **용지 방향** : 세로로 설정되어 있는 용지 방향을 가로 방향으로 변경할 수 있습니다.

❸ **크기** : A4 용지로 설정되어 있는 현재 구역의 용지 크기를 변경할 수 있습니다. 기타 용지 크기를 통해 특정 용지 크기를 설정할 수도 있습니다.

❹ **인쇄 영역** : 문서의 일부만 인쇄 영역으로 설정할 수 있습니다.

❺ **나누기** : 인쇄 시 새 페이지가 시작되는 부분을 설정할 수 있습니다.

❻ **배경** : 워크시트 배경에 그림을 지정할 수 있습니다.

❼ **인쇄 제목** : 인쇄 제목을 지정하여 특정 제목 행이나 제목 열을 전체 페이지에 반복 설정할 수 있습니다.

PDF 문서나 인터넷 문서로 출판하기

엑셀 파일을 수정할 수 없는 문서로 배포하고 싶거나 쉽게 인터넷에 공유하고 싶다면 PDF 문서나 인터넷 문서로 변환한 후 인쇄하면 됩니다.

준비파일 Part01₩Chapter02₩Section03₩프로필.xlsx **완성파일** Part01₩Chapter02₩Section03₩프로필.pdf, excel.files, excel.htm

01 [파일] 탭을 클릭하고 [내보내기]─[PDF/XPS 문서 만들기]─[PDF/XPS 만들기]를 클릭합니다.

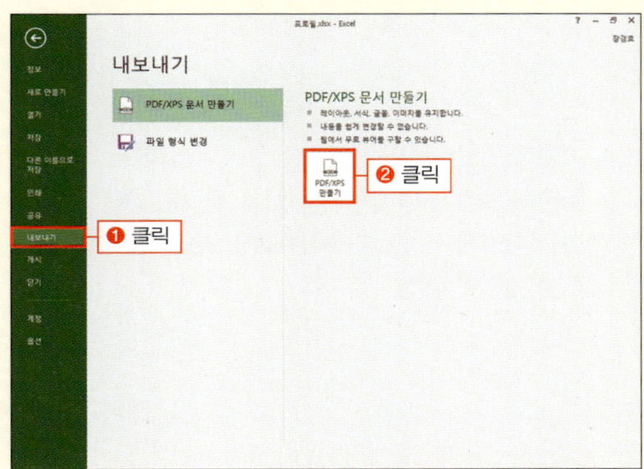

TIP

PDF 파일을 보려면 내 컴퓨터에 PDF Reader를 설치해야 합니다. 대표적인 PDF 프로그램으로는 어도비(Adobe)사의 Acrobat Reader가 있습니다. 참고로, 엑셀 2016에서는 소프트웨어나 플러그인 추가 없이도 파일을 PDF 또는, XPS 형식으로 쉽게 변환할 수 있습니다

TIP

PDF(Portable Document Format) 파일은 전자문서 파일 형태를 말하는데 어떤 운영체제에서도 전송과 읽기가 가능해 문서를 출판할 때 주로 사용하는 형태입니다. 특히, 변환 전의 파일보다 용량을 많이 줄여주고 뷰어 프로그램만 있어도 내용을 볼 수 있어 많이 사용하고 있습니다.

02 [PDF 또는 XPS로 게시] 대화상자가 나타나면 [파일 경로]와 [파일 이름]을 확인한 다음 [게시]를 클릭합니다.

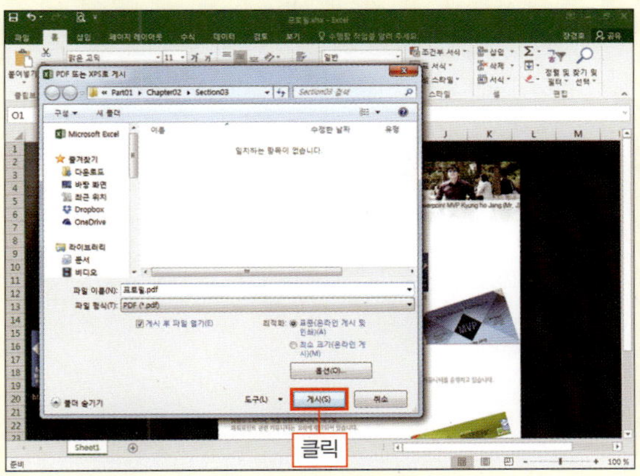

03 PDF 파일이 생성되며, PDF Reader가 실행됩니다.

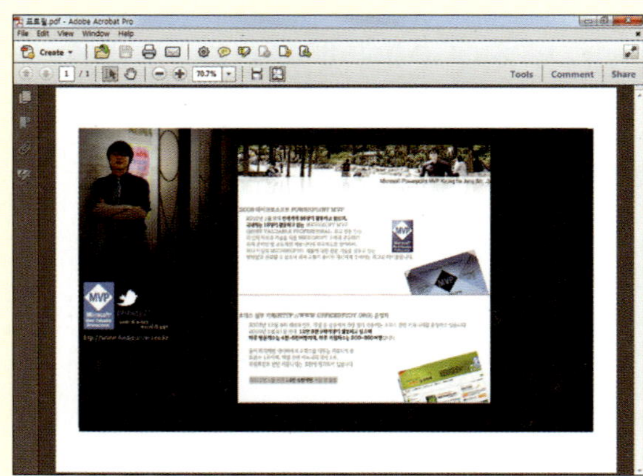

04 이번에는 인터넷 문서로 저장한 후 웹상에서 내용을 확인해 보겠습니다. [파일] 탭을 클릭한 후 [내보내기]-[파일 형식 변경]-[다른 파일 형식으로 저장]을 두 번 클릭합니다.

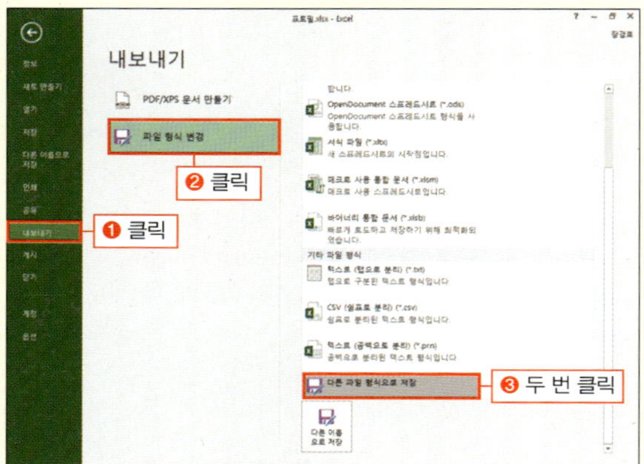

05 [다른 이름으로 저장] 대화상자가 나타나면 [파일 형식]-[웹 페이지(*.htm,*.html)]를 선택합니다. [파일 이름]에 『excel』을 입력하고 [저장]을 클릭합니다. 경고창이 나타나면 [예]를 클릭합니다.

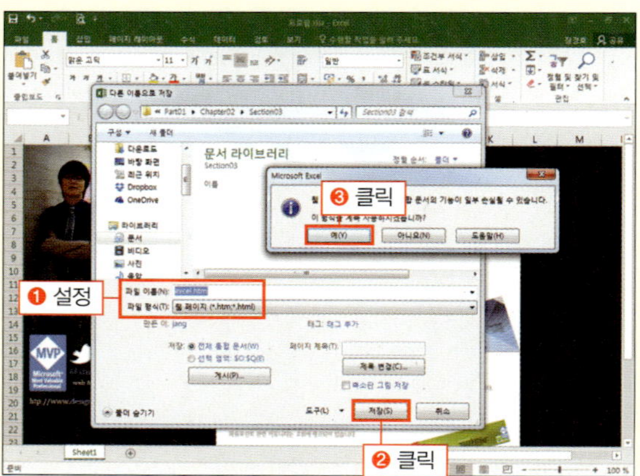

06 저장한 폴더를 열면 'excel.htm' 문서와 'excel.files' 폴더가 생성된 것을 확인할 수 있습니다. 이를 FTP 등을 통해 인터넷 서버에 업로드하여 다른 사람들과 공유할 수 있습니다.

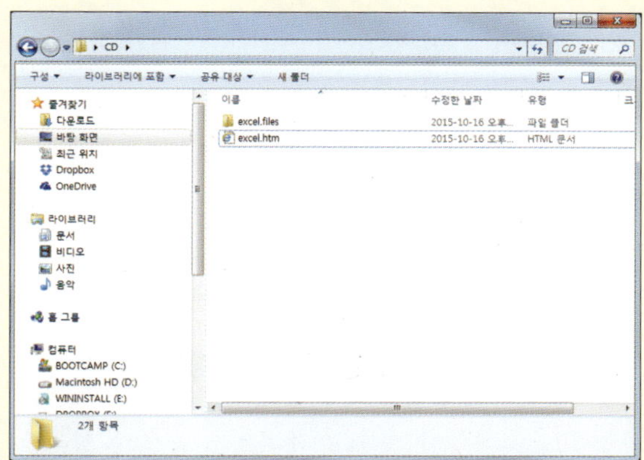

07 인터넷 문서를 만들어 외부에 공유하기 위해서는 호스팅 서버가 필요합니다. 호스팅 서버는 카페24, 후이즈, 호스팅케이알 등 국내 도메인, 호스팅 제공 업체에서 월, 연 단위로 계약하여 구입할 수 있습니다. 호스팅 서버가 구축되면 FTP 프로그램 등을 통해 본인의 서버 계정에 해당 파일을 업로드하여 외부에 쉽게 공유할 수 있습니다.

TIP

인터넷 서버 업로드 예 : http://www.vic21.com/excel.htm

1 워크시트를 인쇄할 때 원하는 열이나 행을 반복해서 모든 페이지에 인쇄할 수 있습니다. 여기서는 [B] 열 전체를 모든 페이지에 반복 인쇄해 보세요.

◎ 준비파일 : Part01₩Chapter02₩Check₩방문객출입현황.xlsx
◎ 완성파일 : Part01₩Chapter02₩Check₩방문객출입현황_완성.xlsx

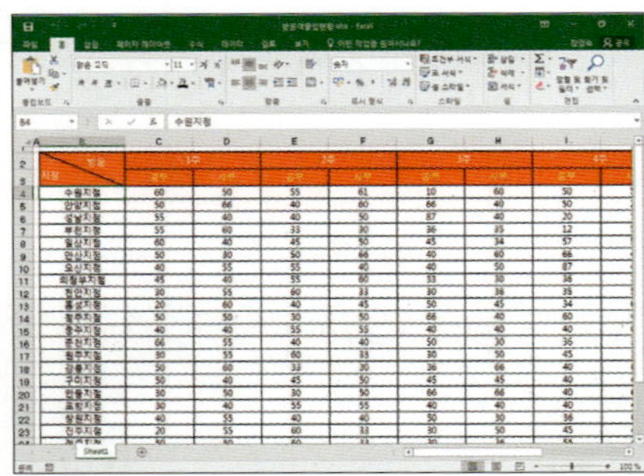
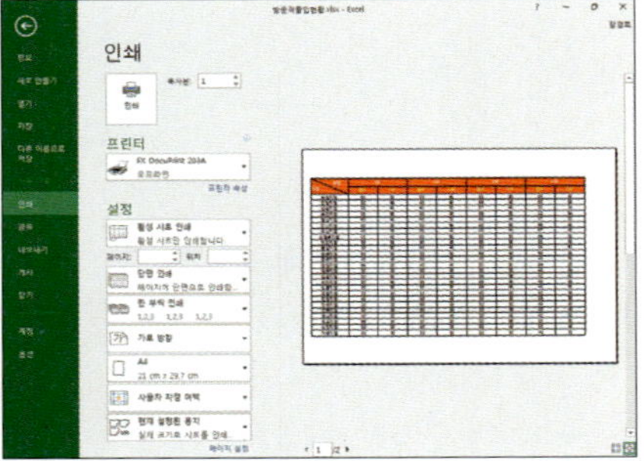

힌트

❶ [페이지 레이아웃] 탭-[페이지 설정] 그룹에서 [인쇄 제목]을 클릭한 후 [반복할 열]을 지정합니다.

---

2 페이지 설정을 이용하여 페이지 가운데 맞춤으로 설정해 보세요.

◎ 준비파일 : Part01₩Chapter02₩Check₩방문객출입현황(2).xlsx
◎ 완성파일 : Part01₩Chapter02₩Check₩방문객출입현황(2)_완성.xlsx

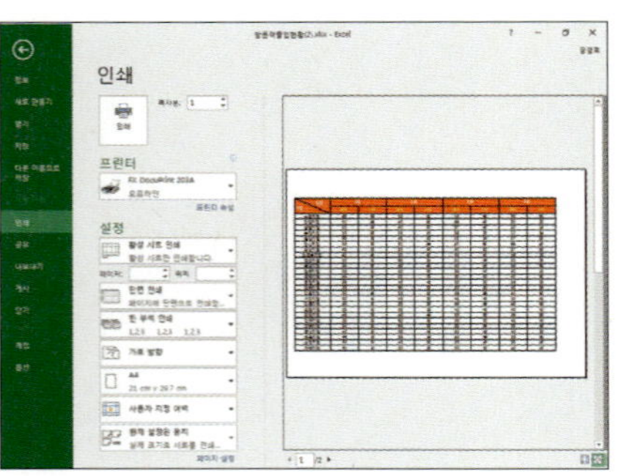
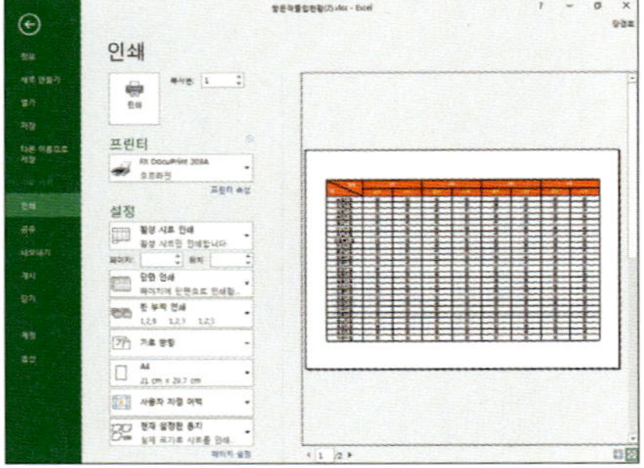

힌트

❶ [파일] 탭-[인쇄]-[페이지 설정]을 클릭합니다.
❷ [페이지 설정] 대화상자에서 [여백] 탭-[페이지 가운데 맞춤]의 [가로], [세로]를 체크합니다.

복잡한 계산을 효율적으로!
수식과 함수 활용하기

엑셀에서는 더하기, 빼기, 곱하기, 나누기 등 보통의 사칙 연산을 비롯해 다양한 연산자를 이용하여 데이터를 작성하며, 수식 계산을 비롯해 반복적이고 복잡한 계산을 위해 함수를 활용합니다. 함수는 복잡한 계산을 편하게 해결하기 위해 미리 만들어 놓은 수식이라고 할 수 있습니다. 엑셀을 사용하는 이유는 이렇게 반복적이고 복잡한 계산을 보다 빠르고 편하게 하기 위한 것이 아닐까 싶습니다. 여기서는 수식을 입력하는 방법과 더불어 함수의 종류와 활용 방법에 대해서 살펴보겠습니다.

Section 1. 수식과 자동 함수 활용하기

Section 2. 기초 함수 익히기

Section 3. 필수 함수 익히기

Section 4. 실무 함수 익히기

Section# 01

수식과 자동 함수 활용하기

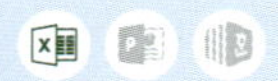

엑셀에서 수식을 사용하기 위해서는 기본적인 수식 규칙과 형식에 맞게 작성해야 합니다. 수식이란, 등호(=)로 시작하여 숫자나 셀 주소를 참조하는 계산식을 만드는 과정을 말합니다. 또한, 수식은 등호와 피연산자 그리고 연산자의 조합으로 구성되는 데 여기서는 수식 구조를 비롯해 상대 참조, 절대 참조, 그리고 자동 합계 등에 대해서 살펴보겠습니다.

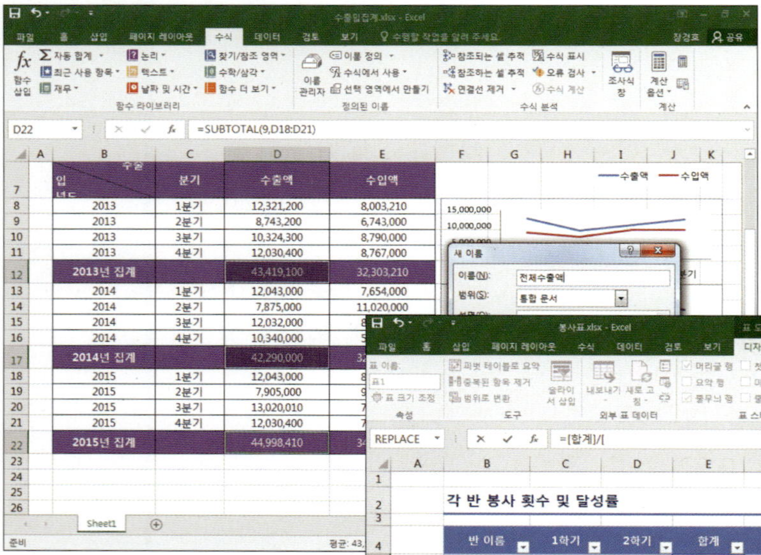

▲ 셀 주소를 이름 정의하기

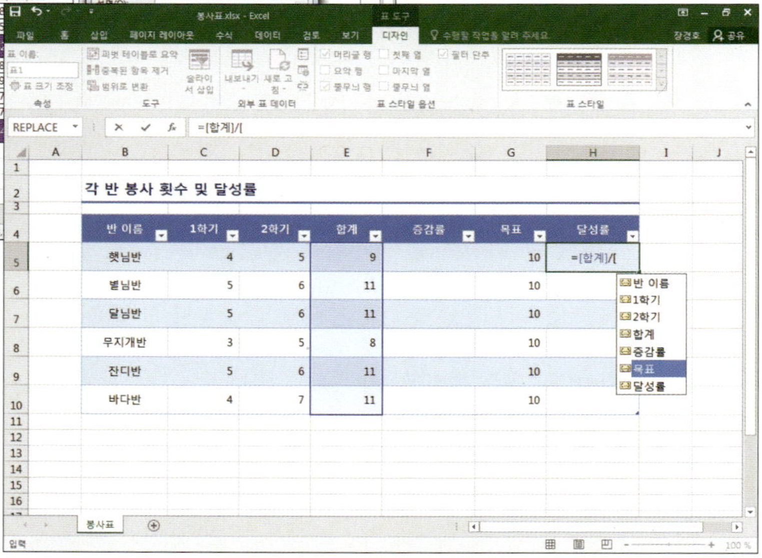

구조적 참조를 이용하여 ▶
한 번에 계산하기

이번 섹션에서 배울 주요 내용

- 엑셀의 수식 구조 이해하기
- 상대 참조와 절대 참조로 수식 계산하기
- 혼합 참조로 셀 주소 일부만 고정하기
- 다른 워크시트의 셀 참조하기
- 다른 파일의 셀 참조하기
- 셀 주소를 이름으로 정의하기
- 정의한 이름으로 수식 계산하기
- 구조적 참조를 이용하여 한 번에 계산하기
- 표 서식에 요약 행 설정하기
- 자동 합계를 이용하여 수식 계산하기
- 함수 라이브러리에서 함수 시작하기
- 함수 마법사를 통해 함수 검색하기

엑셀의 수식 구조 이해하기

엑셀은 계산기를 이용하는 것보다 더 쉽고 빠르게 수식을 계산할 수 있습니다. 수식을 입력할 때 몇 가지 규칙이 있는데 수식을 입력하기 위해서는 꼭 등호(=)를 사용해야 한다는 점과 더불어 엑셀 수식을 위한 몇 가지 규칙을 살펴보겠습니다.

수식의 조합

엑셀의 수식은 등호와 함께 피연산자 그리고, 연산자의 조합으로 구성됩니다.

=	피연산자	연산자	피연산자
❶	❷	❸	❷
등호	피연산자	연산자	피연산자
=	10	+	20
=	A1	+	B1
=	F4	−	150

❶ **등호** : 수식을 입력할 때 앞에 꼭 등호(=)를 입력해야 합니다.
❷ **피연산자** : 피연산자는 10과 같은 숫자나 A1 이나 F4 와 같은 셀 주소를 말합니다.
❸ **연산자** : 곱하기(*), 나누기(/), 더하기(+), 빼기(−) 등의 부호를 사용할 수 있습니다.

워크시트에서 입력하는 수식은 보통 아래와 같은 형식으로 작성됩니다. 더하기, 빼기, 곱하기, 나누기 등의 산술 연산자를 비롯해 다양한 함수로도 수식을 작성할 수 있습니다.

수식	비교
=10+5*3	5와 3의 곱에 10을 더합니다.
=A1+A2+A3	A1, A2, A3 셀의 값을 더합니다.
=TODAY()	오늘 날짜를 구합니다.
=RANK.EQ(A1, $A$1:$A$10)	A1에서 A10 셀의 순위를 구합니다.

연산자의 종류

엑셀에서 사용하는 연산자에는 산술 연산자와 비교 연산자, 참조 연산자, 결합 연산자 등이 있습니다. 산술 연산자는 더하기, 빼기, 곱하기, 나누기와 같이 계산식에서 사용하는 연산자를 말합니다.

연산자	의미	예
+	더하기	=3+2
−	빼기	=3−2
*	곱하기	=3*2
/	나누기	=3/2
%	백분율	=3%
^	제곱	=3^2

비교 연산자는 두 값을 비교할 때 사용합니다. 비교 연산자는 보통 함수들과 사용하는데 비교 연산자를 이용하여 두 값을 비교할 경우 결과는 TRUE나 FALSE로 나타냅니다.

연산자	의미	예
=	같다	A1=A2
〉	크다	A1〉A2
〈	작다	A1〈A2
〈〉	같지 않다	A1〈〉A2
〉=	크거나 같다	A1〉=A2
〈=	크거나 같다	A1〉=A2

결합 연산자는 여러 문자열을 연결하고 싶을 때 자주 사용합니다. 결합 연산자는 &를 사용합니다.

연산자	의미	예
& (앰퍼샌드)	두 개 이상의 문자열를 연결하여 하나로 만듭니다.	="엑셀" & "2016"

참조 연산자는 연산자를 사용하여 계산에 필요한 셀 범위를 결정합니다. 즉, 참조 연산자는 셀 주소를 참조할 때 사용되는 연산자입니다.

연산자	의미	예
:(콜론)	두 참조와 그 사이의 모든 셀을 연속적인 범위로 지정합니다.	A1:A3
,(콤마)	떨어져 있는 여러 참조를 하나의 셀 범위로 지정합니다.	SUM(A1, A3) SUM(A1:A3, B1:B3)
(공백)	두 개의 셀 범위가 교차되는 범위를 지정합니다.	A1:A3 B1:B3

연산자 우선순위

하나의 수식에서 여러 개의 연산자를 사용하면 아래 표에 표시된 순서대로 연산이 수행됩니다. 즉, 곱하기와 더하기 연산자가 함께 포함되어 있다면 우선순위대로 곱하기부터 연산됩니다.

순위	연산자	설명
1	( )	괄호
2	:	참조 연산자
3	.	참조 연산자
4	–	음수
5	%	백분율
6	^	거듭제곱
7	× 및 /	곱하기와 나누기
8	+ 및 –	더하기와 빼기
9	&	결합 연산자
10	= 〈 〉 〈= 〉= 〈〉	비교 연산자

셀 참조 방법 살펴보기

수식 작성 시 값이 입력된 셀 주소를 이용하여 계산하는 방법을 '셀 참조'라고 합니다. 셀 참조에는 상대 참조, 절대 참조, 혼합 참조가 있습니다. 보통, 수식을 복사하여 다른 셀에 붙여넣기를 하면 셀을 참조하는 위치에 따라 셀 주소가 자동으로 변경됩니다. 하지만, 경우에 따라 셀 주소를 고정하거나, 행이나 열만 고정하여 셀을 참조할 수도 있습니다.

셀 참조 방법	형식	설명
상대 참조	A1	셀을 참조하는 위치에 따라 셀 주소가 자동으로 변경됩니다.
절대 참조	$A$1	셀을 참조하는 위치에 상관없이 셀 주소가 변경되지 않고 고정됩니다.
혼합 참조	A$1, $A1	상대 참조와 절대 참조를 혼합하여 사용됩니다. – A$1 : 행이 고정되는 혼합 참조 – $A1 : 열이 고정되는 혼합 참조

처음 셀을 선택하면 'A1'과 같이 상대 참조로 표시되지만 F4를 누르면 '$A$1'과 같이 절대 참조로, 다시 F4를 누르면 'A$1'과 같이 행 고정 혼합 참조, 다시 F4를 누르면 '$A1'과 같이 열 고정 혼합 참조로 변경됩니다.

A1 →[F4] $A$1 →[F4] A$1 →[F4] $A1 →[F4] A1

:: **준비파일** Part01₩Chapter03₩Section01₩실적집계.xlsx | **완성파일** Part01₩Chapter03₩Section01₩실적집계_완성.xlsx

셀을 참조하는 위치에 따라 셀 주소가 자동으로 변경되는 참조를 '상대 참조'라고 하며, 셀을 참조하는 위치에 상관없이 셀 주소가 변경되지 않고 고정되는 참조를 '절대 참조'라고 합니다. '절대 참조'는 행 머리글이나 열 머리글 앞에 '$' 기호가 붙습니다.

01_ 상대 참조로 상반기와 하반기 매출액 합계를 구해 보겠습니다. [F4] 셀을 선택하고 『=D4+E4』를 입력한 후 Enter 를 누릅니다.

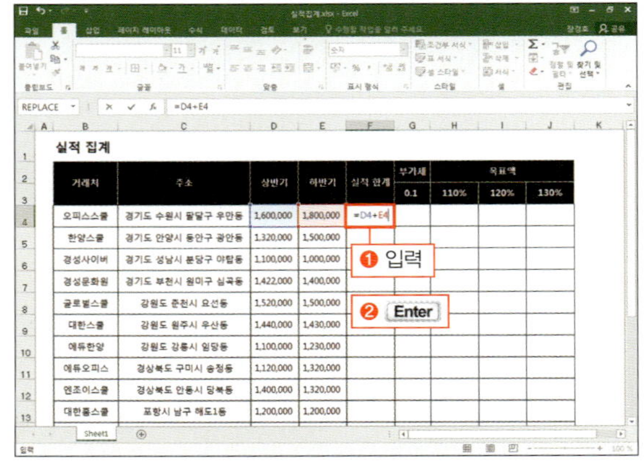

02_ [F4] 셀을 선택하고 [채우기 핸들](⊞)을 [F19] 셀까지 드래그합니다.

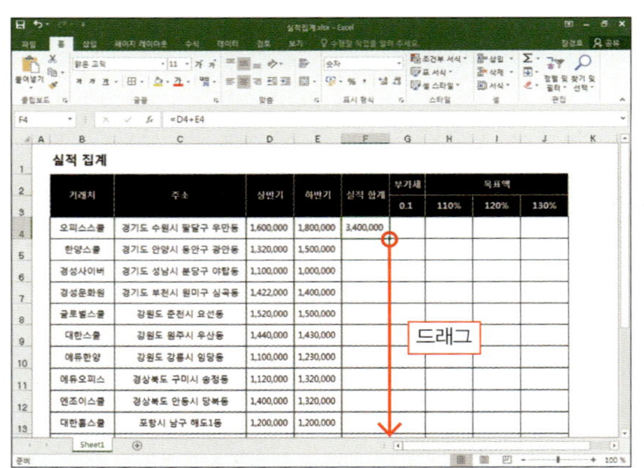

03_ 수식이 자동으로 채워집니다. [F19] 셀을 선택해 보면 수식이 '=D19+E19'으로 변경되어 있는 것을 확인할 수 있습니다. 즉, 셀 위치에 따라 참조한 셀 주소도 함께 변경되는 것을 확인할 수 있습니다. 이를 상대 참조라고 합니다.

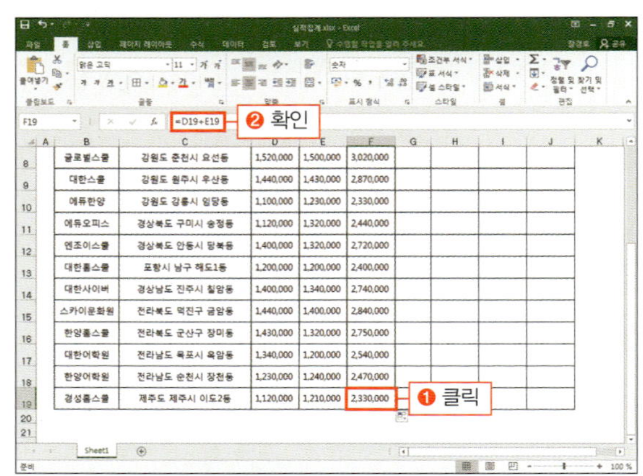

04_ 이번에는 절대 참조 방식으로 수식을 입력해 보겠습니다. [G4] 셀을 선택한 다음 『=SUM(F4*G3)』을 입력하고 Enter 를 누릅니다.

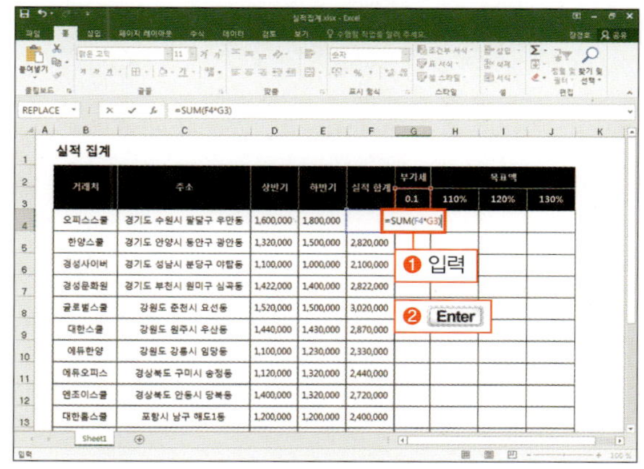

05_ 절대 참조 방식으로 변경하기 위해 [G4] 셀을 선택합니다. 수식 입력줄의 'G3'을 선택한 후 F4 를 누릅니다.

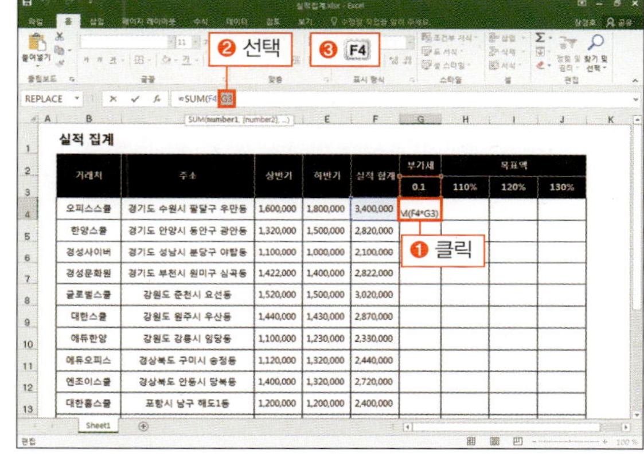

> **TIP**
>
> F4 를 누르지 않고 열이나 행 번호 앞에 '$' 표시를 직접 입력할 수도 있습니다.

06_ 수식 입력줄의 수식이 절대 참조로 변경되는 것을 확인할 수 있습니다. Enter 를 누릅니다.

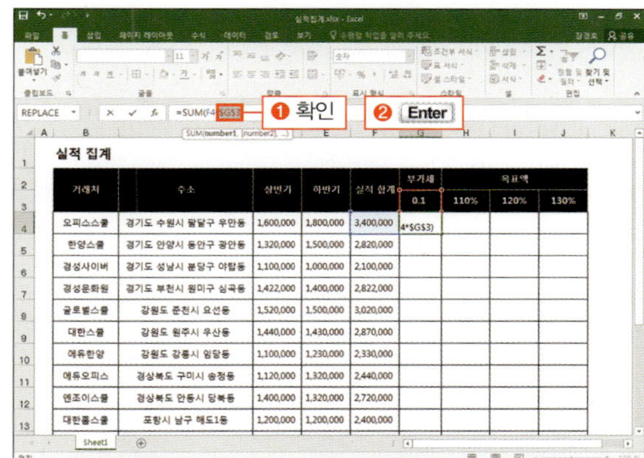

> **TIP**
>
> '$G$3'과 같이 절대 참조를 지정하면 [G3] 셀이 변경되지 않고 수식이 적용됩니다.

07_ [G4] 셀을 선택한 후 [채우기 핸들]을 [G19] 셀까지 드래그하면 수식이 채워집니다.

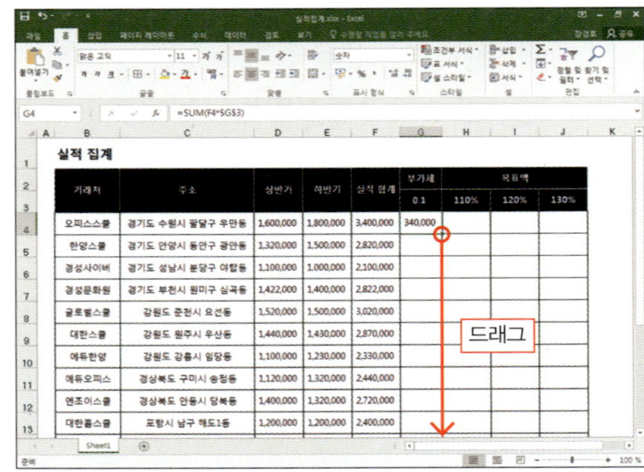

08_ [G19] 셀을 선택해 보면 수식이 '=SUM(F19*$G$3)'으로 변경되어 있는 것을 확인할 수 있습니다. 즉, 절대 참조로 변경한 셀 주소는 변경되지 않고 그대로 고정되어 있는 것을 확인할 수 있습니다. 이를 절대 참조라고 합니다.

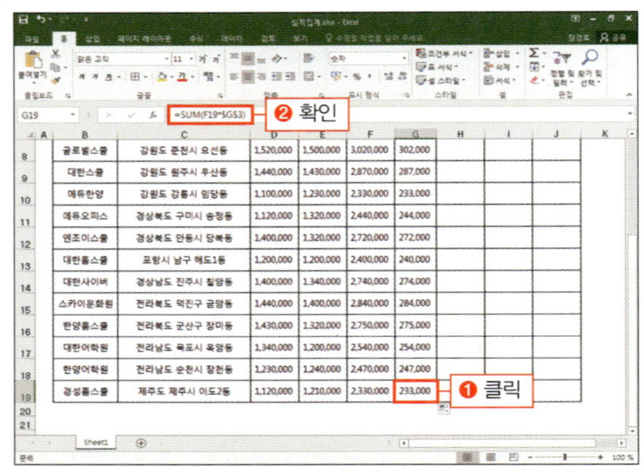

혼합 참조로 셀 주소 일부만 고정하기

:: **준비파일** Part01₩Chapter03₩Section01₩실적집계(2).xlsx | **완성파일** Part01₩Chapter03₩Section01₩실적집계(2)_완성.xlsx

혼합 참조는 열 번호나 행 번호 중에서 하나만 '$' 기호를 붙여 하나는 상대 참조, 하나는 절대 참조로 만드는 방법입니다. '$' 기호가 붙은 열이나 행만 고정됩니다.

01_ [H4] 셀을 선택하고 『=F4*H3』을 입력합니다. 수식 입력줄에서 'F4'를 선택하고 **F4** 를 세 번 누르면, 'F4'가 '$F4'로 변경된 것을 확인합니다.

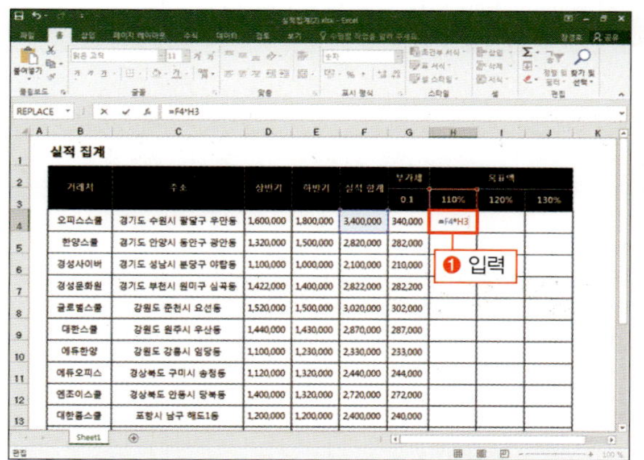
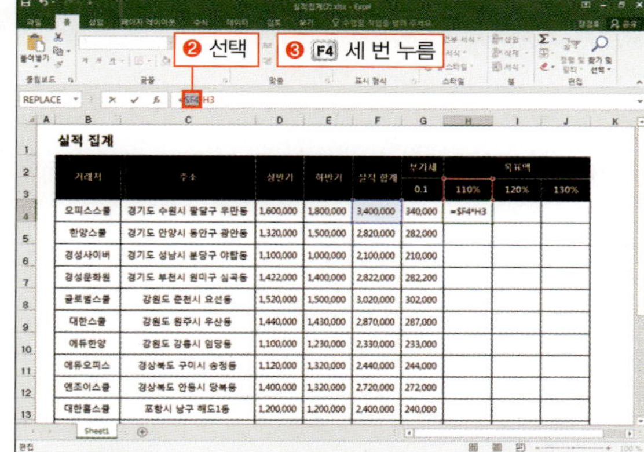

TIP
F4 를 세 번 누르면 '$F$4'→'F$4'→'$F4'로 참조 형식이 변경됩니다.

02_ 이번에는 'H3'을 선택하고 **F4** 를 두 번 누릅니다. 'H3'이 'H$3'으로 변경된 것을 확인한 후 **Enter** 를 누릅니다.

TIP
F4 를 두 번 누르면 '$H$3'→'H$3'으로 참조 형식이 변경됩니다.

TIP
최종적으로 [H4] 셀에는 '=$F4*H$3'이 입력됩니다.

03_ [H4] 셀의 채우기 핸들(⬚)을 [J4] 셀까지 드래그합니다. 채우기 핸들(⬚)을 오른쪽으로 드래그하면 F열은 고정된 채 H열만 참조 형식이 변경되면서 수식이 채워집니다.

| H4 셀 : =$F4*H$3 |
| I4 셀 : =$F4*I$3 |
| J4 셀 : =$F4*J$3 |

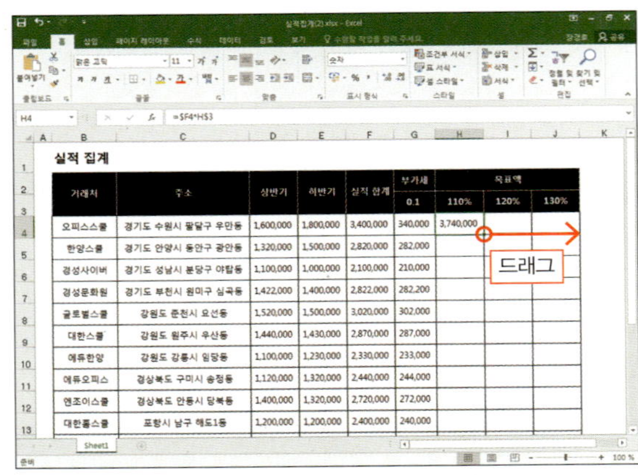

04_ 이어서 [J4] 셀의 채우기 핸들(⬚)을 [J19] 셀까지 드래그합니다. 채우기 핸들(⬚)을 아래로 드래그하면 $F4 셀의 4행은 상대 참조로, 행 번호가 변경되면서 수식이 채워지며, H$3 셀의 3행은 고정된 채 수식이 채워집니다.

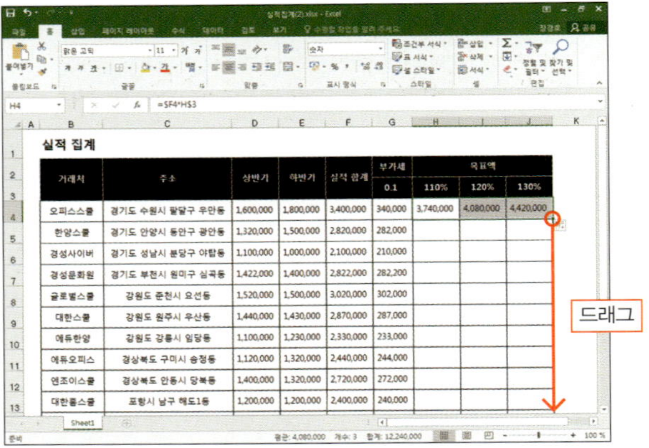

05_ 최종적으로 목표액 110%, 120%, 130%에 해당하는 실적합계가 구해집니다.

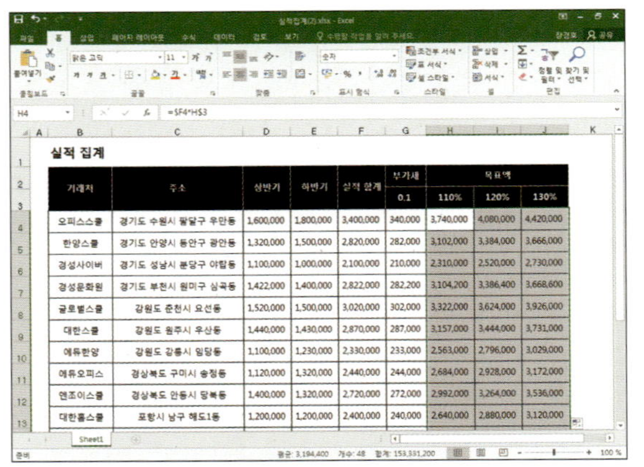

다른 워크시트의 셀 참조하기

:: **준비파일** Part01₩Chapter03₩Section01₩판매실적.xlsx | **완성파일** Part01₩Chapter03₩Section01₩판매실적_완성.xlsx

수식을 입력할 때 다른 워크시트의 셀을 참조하여 입력할 수 있습니다. 다른 워크시트의 셀을 참조하면 워크시트 이름과 셀 주소 사이에 느낌표(!)가 붙습니다.

01_ [하반기] 시트 탭을 클릭하고 [F5] 셀에 『=E5-』를 입력한 다음 [상반기] 시트 탭을 클릭합니다.

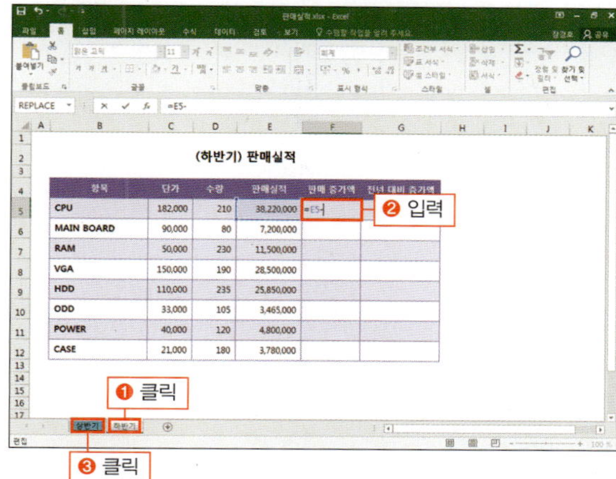

02_ [상반기] 시트 탭에서 [E5] 셀을 선택하고 Enter 를 누릅니다.

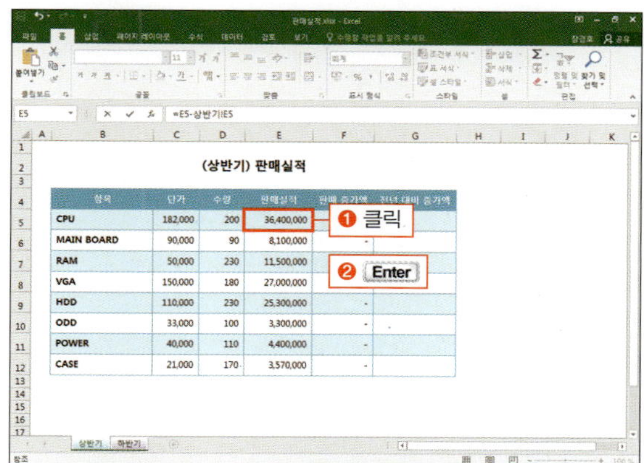

03_ [하반기] 시트에서 [F5] 셀을 선택합니다. 수식 입력줄에 '=E5-상반기!E5' 수식이 입력되어 있는 것을 확인합니다. [F5] 셀에서 채우기 핸들(필)을 [F12] 셀까지 드래그합니다. [자동 채우기 옵션](필)을 클릭하고 [서식 없이 채우기]를 선택합니다.

> **TIP**
>
> 수식 입력줄의 '=E5-상반기!E5'에서 '상반기!E5'는 [상반기] 시트의 [E5] 셀을 참조했다는 것을 의미합니다.

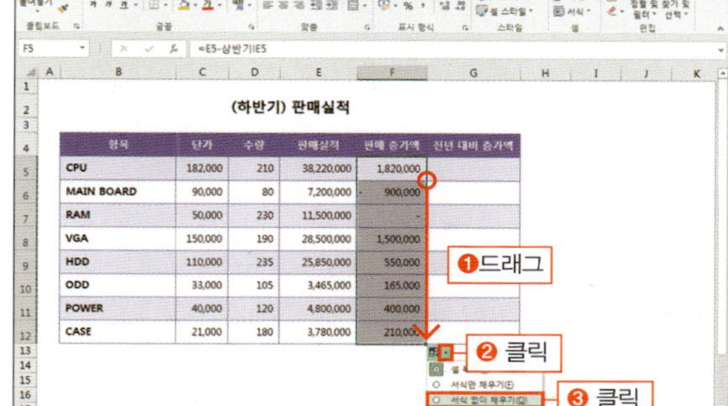

다른 파일의 셀 참조하기

:: **준비파일** Part01\Chapter03\Section01\전년판매실적.xlsx, 올해판매설직.xlsx | **완성파일** Part01\Chapter03\Section01\올해판매실적_완성.xlsx

이번에는 다른 파일의 셀을 참조해 보겠습니다. 다른 워크시트의 셀을 참조하는 방법과 비슷합니다.

01_ '전년판매실적.xlsx'와 '올해판매실적.xlsx' 파일을 함께 엽니다. '올해판매실적.xlsx' 파일에서 [2사분기] 시트 탭을 클릭합니다. [G5] 셀에 『=F5-』를 입력한 다음 [보기] 탭-[창] 그룹에서 [창 전환]을 클릭하고 '전년판매실적.xlsx'를 선택합니다.

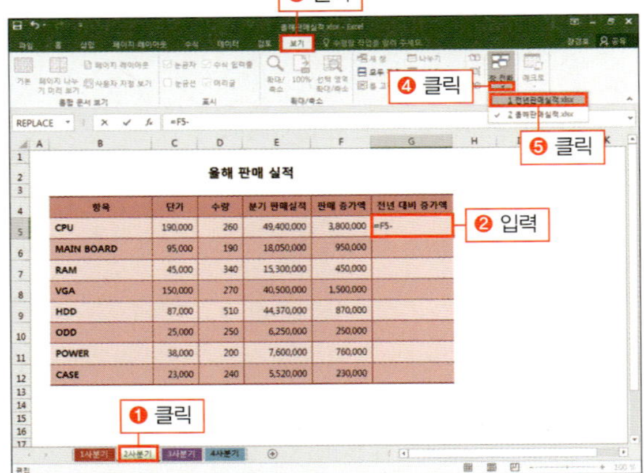

02_ '전년판매실적.xlsx' 파일이 나타나면 [2사분기] 시트 탭을 클릭하고 [F5] 셀을 선택한 다음 Enter를 누릅니다.

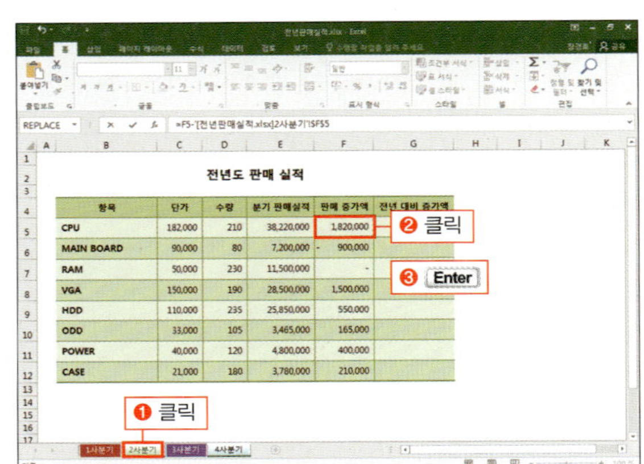

03_ 다른 파일의 셀을 참조하면 기본적으로 절대 참조 형식으로 참조됩니다. 다른 셀에도 해당 셀 주소를 참조해야 하므로 절대 참조를 상대 참조로 변경하겠습니다. [G5] 셀을 선택하고 수식 입력줄의 '$F$5'을 선택한 후 F4를 3번 눌러 상대 참조로 수정하여 'F5'로 변경된 것을 확인합니다. Enter를 누릅니다.

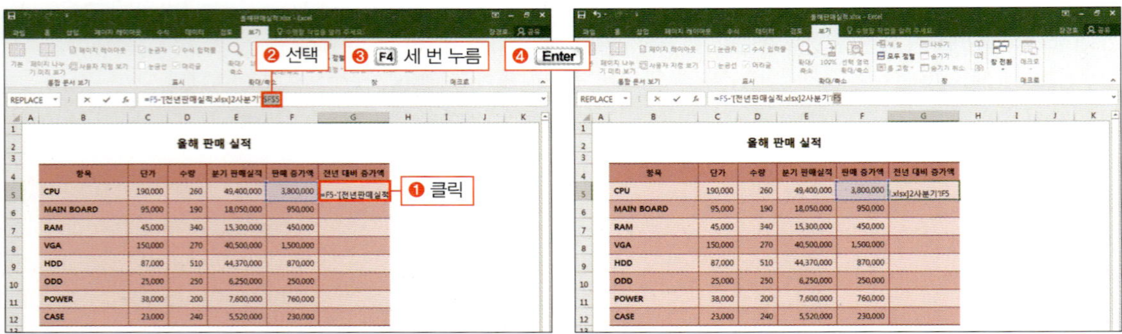

수식 입력줄의 수식이 '=F5-'[판매실적_2013년.xlsx]2사분기'!F5'로 변경되었는지 확인합니다. 수식 입력줄에서 표시되는 대괄호([ ])는 다른 파일의 셀을 참조했다는 것을 알려줍니다.

04_ [G5] 셀을 선택한 다음 채우기 핸들(┼)을 [G12] 셀까지 드래그합니다. [자동 채우기 옵션](▦)을 클릭하여 [서식 없이 채우기]를 선택합니다.

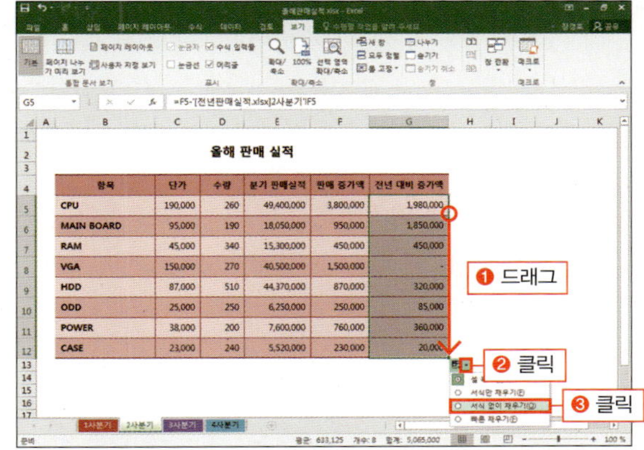

꼭!! 알고가기

다른 통합 문서의 셀 범위에 대한 외부 참조 만들기

외부 파일의 셀을 참조하는 것을 외부 참조라고 합니다. 외부 참조는 셀 참조와 비슷하지만 다른 여러 통합 문서에 분산되어 있는 많은 양의 데이터를 병합하고 원본이 변경되면 외부 참조도 함께 변경되므로 편리하게 문서를 통합 관리할 수 있습니다.

참조할 엑셀 파일이 열려 있으면 외부 참조에는 대괄호([ ])로 묶은 통합 문서 이름, 느낌표(!)와 함께 워크시트 이름, 그리고 참조하는 셀이 순서대로 나타납니다.

> =F5-'[판매실적.xlsx]2사분기'!F5

원본이 열려 있지 않아도 외부 참조를 표현할 수 있는데 이때에는 외부 참조의 전체 경로가 나타납니다.

> =F5-'C:₩해당파일경로₩[판매실적.xlsx]2사분기'!F5

셀 주소를 이름으로 정의하기

:: **준비파일** Part01\Chapter03\Section01\수출입집계.xlsx | **완성파일** Part01\Chapter03\Section01\수출입집계_완성.xlsx

수식을 입력할 때 셀 주소를 입력하기보다 이름을 정의하여 입력하면 어느 부분이 참조되는지 바로 알 수 있습니다. 이름을 정의할 때 첫 글자는 반드시 한글이나 영문 등의 문자로 시작해야 하며, 특수 문자나 띄어쓰기를 사용할 수 없습니다.

01_ [D18] 셀을 선택하고 [D21] 셀까지 드래그하여 선택한 후 [이름 상자]에 『수출액』이라고 입력합니다. 그리고 Enter 를 누릅니다.

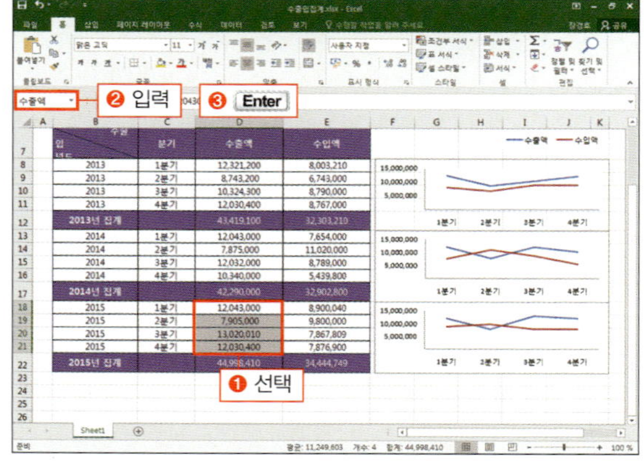

02_ 이번에는 떨어져 있는 셀들을 하나의 이름으로 정의하겠습니다. [D12] 셀을 선택한 다음 Ctrl 을 누른 상태에서 [D17] 셀과 [D22] 셀을 선택합니다. [수식] 탭-[정의된 이름] 그룹에서 [이름 정의]를 클릭합니다. [새 이름] 대화상자가 나타나면 [이름]에 『전체수출액』이라고 입력한 다음 [확인]을 클릭합니다.

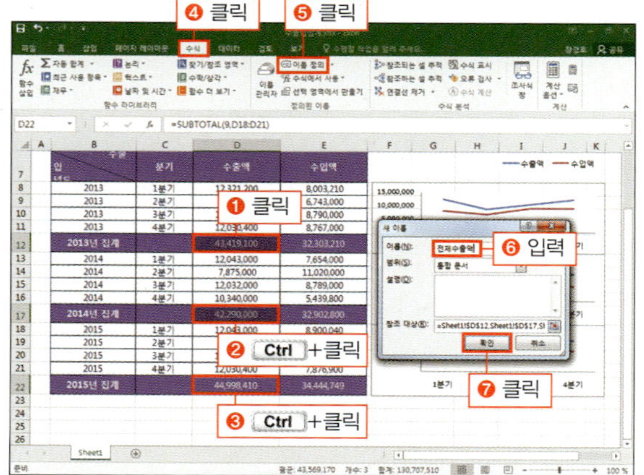

정의한 이름으로 수식 계산하기

::: **준비파일** Part01₩Chapter03₩Section01₩수출입집계(2).xlsx | **완성파일** Part01₩Chapter03₩Section01₩수출입집계(2)_완성.xlsx

이름을 정의했다면 이번에는 정의한 이름으로 수식을 계산해 보겠습니다. 정의한 이름으로 수식을 작성하면 절대 참조 형식으로 수식이 계산됩니다.

01_ 정의한 이름으로 수식을 계산해 보겠습니다. [E4] 셀을 선택하고 수식 입력줄에 『=SUM(수출액)』이라고 입력한 후 Enter 를 누릅니다.

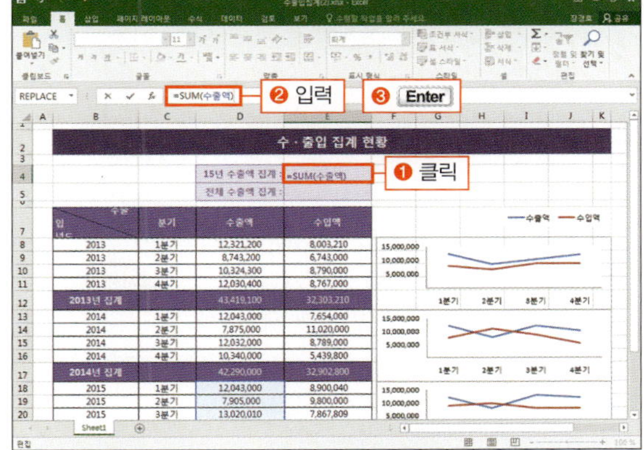

> **TIP**
>
> '수출액'이라는 이름을 정의하지 않았을 경우 '=SUM(D18:D21)'과 같이 셀 범위를 지정해야 합니다.

02_ 2015년도 수출액이 집계됩니다. 이번에는 전체 수출액을 집계하기 위해 [E5] 셀을 선택하고 『=SUM(전체수출액)』을 입력한 후 Enter 를 누릅니다.

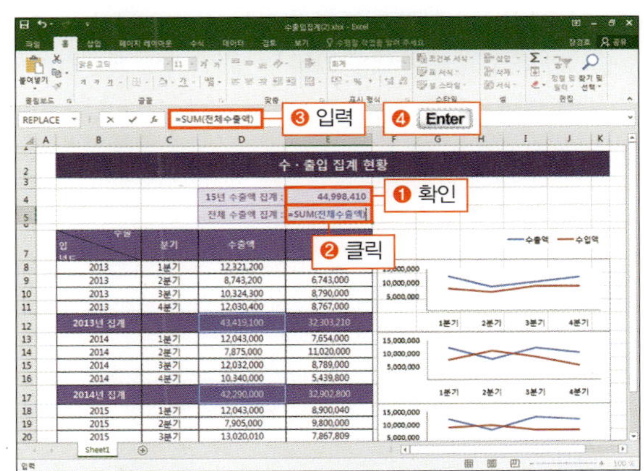

꼭!! 알고가기

정의한 이름 목록 확인하기

정의한 이름을 간단히 확인하고 싶다면 [이름 상자]의 화살표를 클릭합니다. [이름 상자]의 화살표를 클릭하면 정의한 이름 목록을 확인할 수 있습니다.

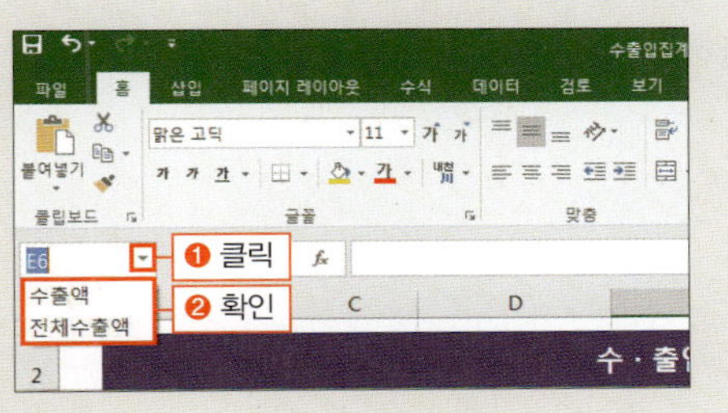

구조적 참조를 이용하여 한 번에 계산하기

:: **준비파일** Part01₩Chapter03₩Section01₩봉사표.xlsx | **완성파일** Part01₩Chapter03₩Section01₩봉사표_완성.xlsx

'구조적 참조'란 표의 이름과 표의 열 머리글 등을 활용하여 수식을 작성하는 것으로 합계나 평균 등의 수식을 쉽게 작성할 수 있습니다.

01_ 데이터 범위를 표로 지정하기 위해 임의의 셀을 선택하고 [삽입] 탭-[표] 그룹에서 [표]를 클릭합니다. [표 만들기] 대화상자가 나타나면 [머리글 포함]에 체크가 되어 있는지 확인한 후 [확인]을 클릭합니다.

> **TIP**
>
> [머리글 포함]에 체크를 할 경우 첫째 행을 제목 행으로 인식하게 됩니다. 체크를 하지 않을 경우 열1, 열2, 열3과 같은 제목 행이 자동으로 삽입됩니다.

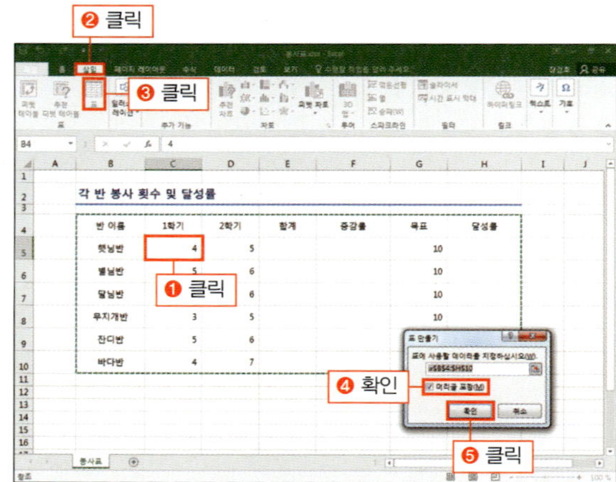

02_ 표가 만들어지면 구조적 참조 표현식을 작성해 보겠습니다. [E5] 셀을 선택한 다음 『=』을 입력합니다. 그리고 [C5] 셀을 선택한 후 『+』를 입력합니다. 다시 [D5] 셀을 선택하고 **Enter** 를 누릅니다.

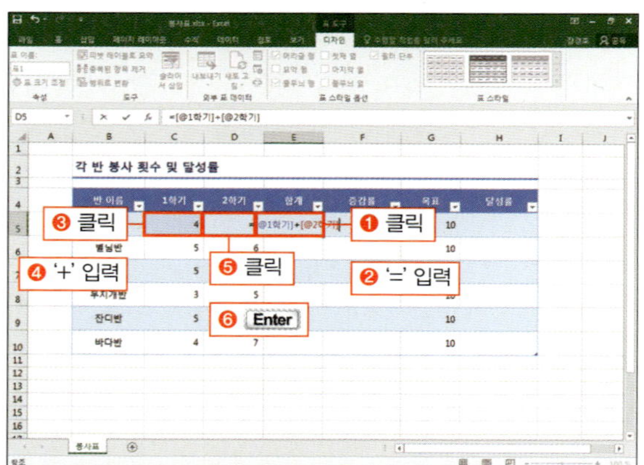

03_ 상반기 성과가 자동으로 계산됩니다. 이번에는 표의 구성 요소를 이용하여 구조적 참조를 표현해 보겠습니다. [H5] 셀을 선택한 다음 『=[』를 입력합니다. 자동으로 열 머리글 목록이 나타납니다. '합계'를 선택하고 **Tab** 을 누르거나 더블클릭합니다.

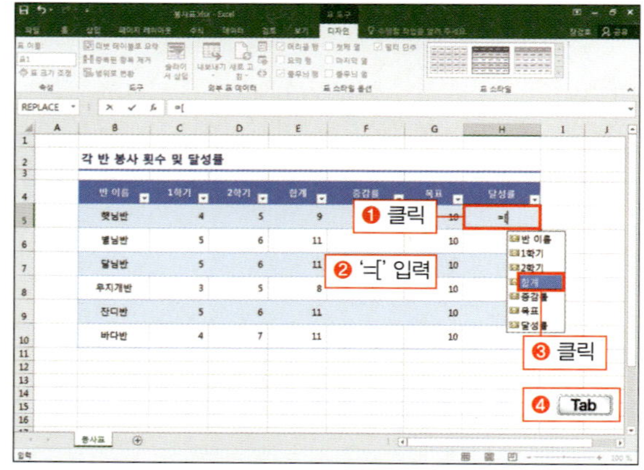

04_ 이어서 『]/[』를 입력한 다음 나타나는 열 머리글 목록에서 '목표'를 선택하고 Tab 을 누르거나 더블클릭합니다.

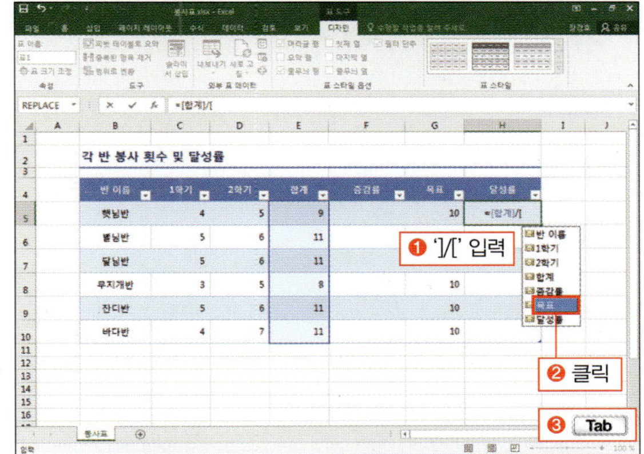

05_ 『]』을 입력한 다음 Enter 를 누릅니다.

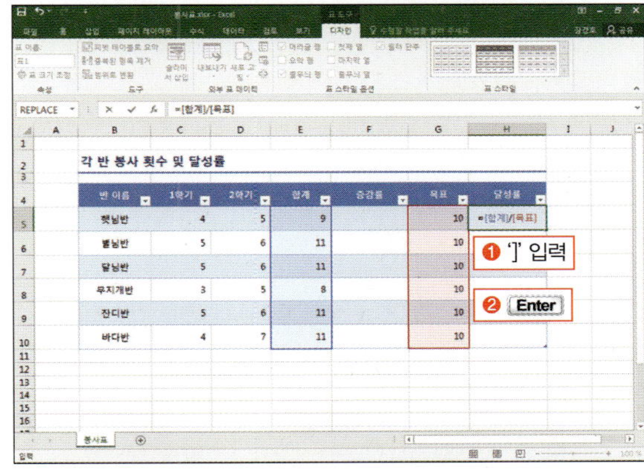

06_ 상반기 성과 달성률이 자동으로 계산되어 표현됩니다.

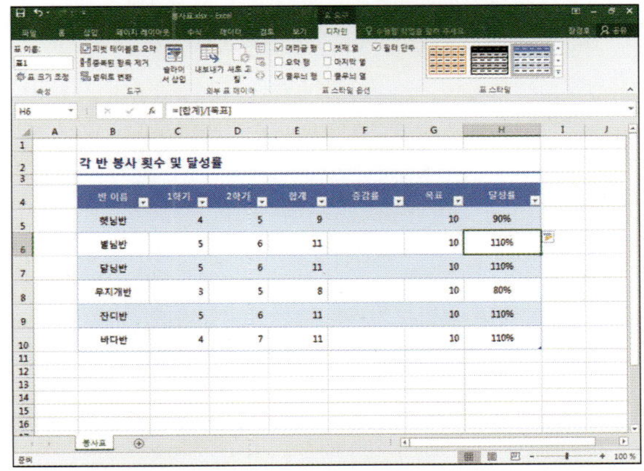

> **TIP**
>
> 표의 일부 또는, 전체를 참조하는 수식을 사용할 때 구조적 참조를 사용하면 간편하게 작업할 수 있습니다. 특히 표의 데이터 범위가 자주 변경되고 표에서 행과 열을 추가 및 삭제할 때나 외부 데이터를 새로 고칠 때 수식을 다시 작성할 필요가 없어 편리합니다.

표 서식에 요약 행 설정하기

:: **준비파일** Part01₩Chapter03₩Section01₩봉사표(2).xlsx | **완성파일** Part01₩Chapter03₩Section01₩봉사표(2)_완성.xlsx

요약 행을 추가하면 별도로 합계나 평균 등의 수식을 지정하지 않아도 평균, 최대값, 최소값, 합계 등 표의 요약한 결과값을 표시할 수 있습니다.

01_ 먼저 행을 하나 추가해 보겠습니다. [B11] 셀을 선택하고 『하늘반』을 입력한 후 **Tab** 을 누릅니다. 자동으로 표가 확장되면서 행이 추가됩니다.

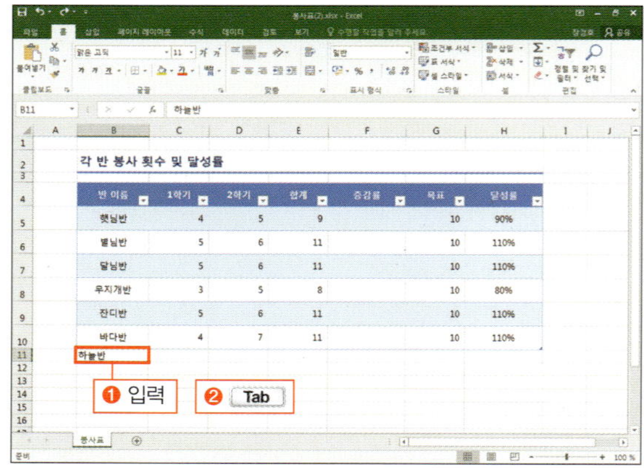

02_ 행 높이를 적절하게 조절한 후 셀 내용을 입력합니다.

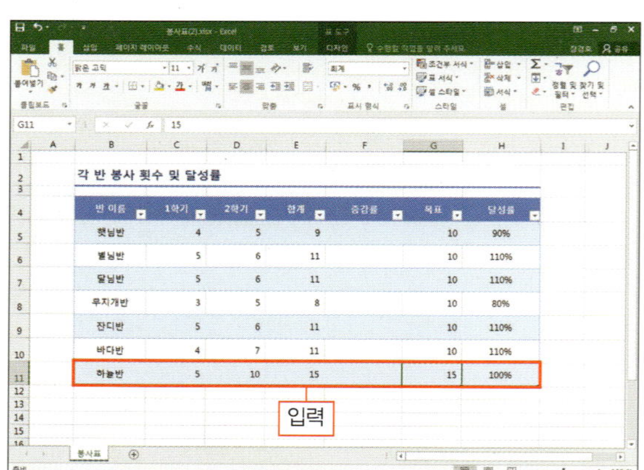

03_ 요약 행을 설정하기 위해 표 안에 임의의 셀을 선택하고 [표 도구]-[디자인] 탭-[표 스타일 옵션] 그룹에서 [요약 행]을 클릭하여 체크합니다. 요약 행이 표의 맨 끝에 삽입됩니다.

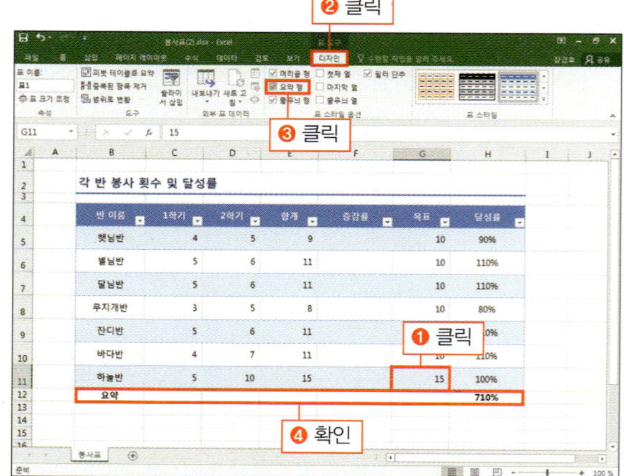

04_ 행 높이를 적절하게 조절한 후 [C12] 셀의 화살표를 클릭하고 [평균]을 선택합니다.

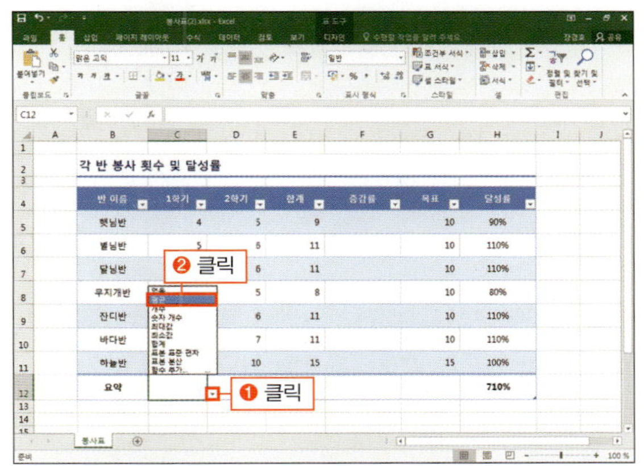

05_ 나머지 요약 행에도 [평균]이나 [합계] 등을 선택해 요약 행을 완성합니다.

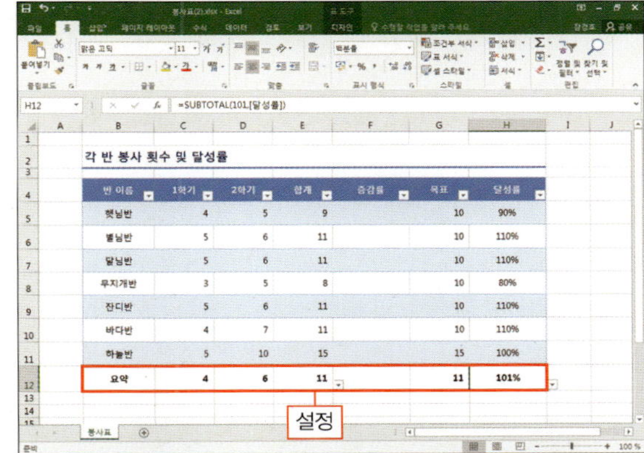

> **TIP**
> 표 서식에 [요약 행]을 추가하면 현재 표에서 해당하는 수식을 자동으로 계산하여 표시해 줍니다.

> **TIP**
> 요약 행을 선택하면 나타나는 화살표를 클릭한 후 [함수 추가]를 선택하면 평균이나 합계 등 목록으로 나타나는 함수 이외에도 다양한 함수를 사용할 수 있습니다.

자동 합계를 이용하여 수식 계산하기

:: **준비파일** Part01₩Chapter03₩Section01₩거래처판매.xlsx | **완성파일** Part01₩Chapter03₩Section01₩거래처판매_완성.xlsx

[수식] 탭–[함수 라이브러리] 그룹에서 [자동 합계]를 클릭하거나, [홈] 탭의 [합계]를 클릭하여 합계, 평균, 숫자 개수, 최대값, 최소값 등의 함수식을 삽입할 수 있습니다.

01_ 합계를 구하기 위해 [B11] 셀을 선택하고 [홈] 탭–[편집] 그룹에서 [자동 합계]–[합계]를 클릭합니다.

> **TIP**
> - 합계 : 선택한 셀 범위의 합계를 계산합니다.
> - 평균 : 선택한 셀 범위의 평균을 계산합니다.
> - 숫자 개수 : 선택한 셀 범위의 개수를 계산합니다.
> - 최대값 : 선택한 셀 범위 중 최대값을 구합니다.
> - 최소값 : 선택한 셀 범위 중 최소값을 구합니다.

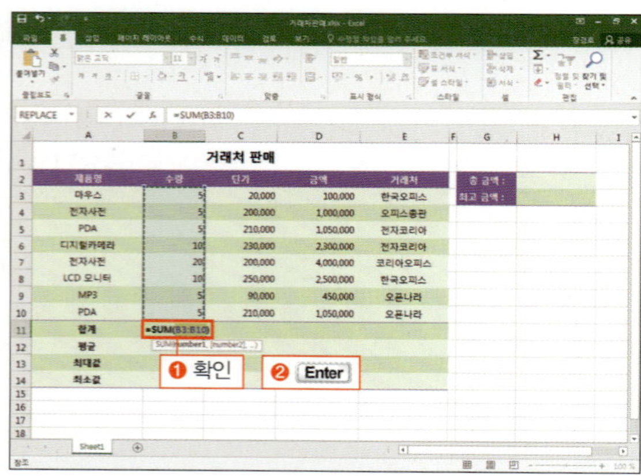

02_ 자동으로 '=SUM(B3:B10)'가 입력되면서 합계가 구해집니다. **Enter** 를 누른 후 채우기 핸들(⊞)을 [D11] 셀까지 드래그합니다.

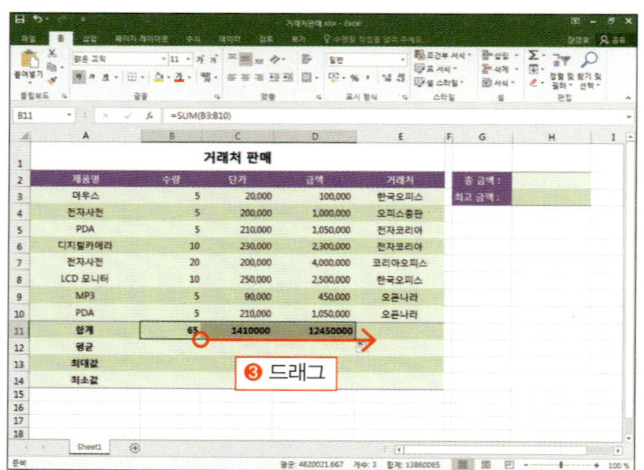

03_ 이번에는 [B12] 셀을 선택하고 [홈] 탭–[편집] 그룹에서 [자동 합계]–[평균]을 클릭합니다.

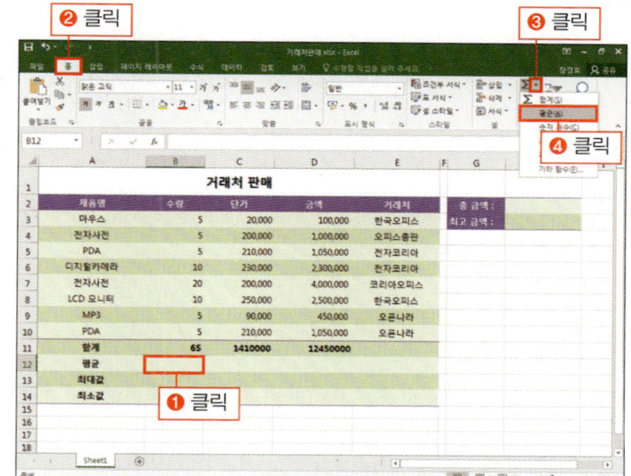

> **TIP**
> 평균이나 최대값, 최소값 역시 [홈] 탭–[편집] 그룹에서 [합계] 화살표를 클릭하여 구할 수 있습니다.

04_ 자동으로 '=AVERAGE(B3:B11)'가 입력되면서 평균이 구해집니다. 자동 합계의 경우 인접한 범위가 자동으로 선택되기에 이러한 경우 셀 범위를 다시 지정해야 합니다. 셀 범위로 [B3:B10] 영역을 다시 드래그하고 Enter 를 누릅니다.

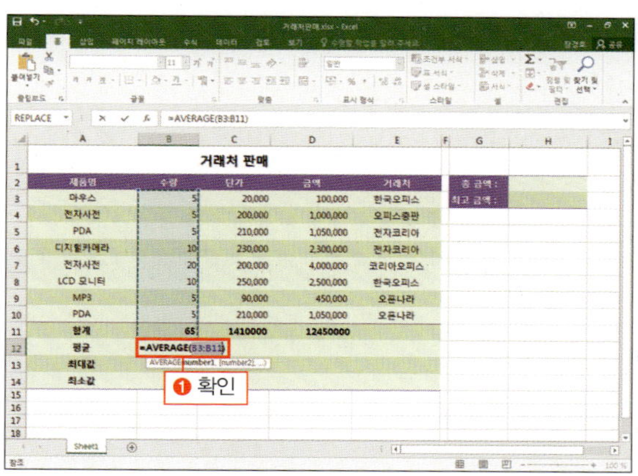

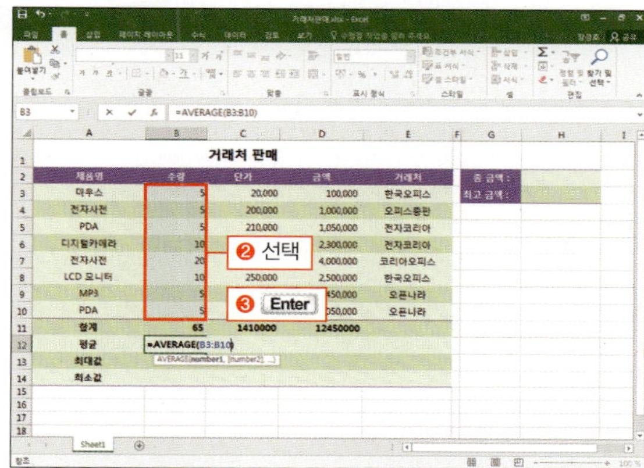

05_ 채우기 핸들(+)을 [D12] 셀까지 드래그합니다. 최대값과 최소값도 동일한 방법으로 구해 봅니다.

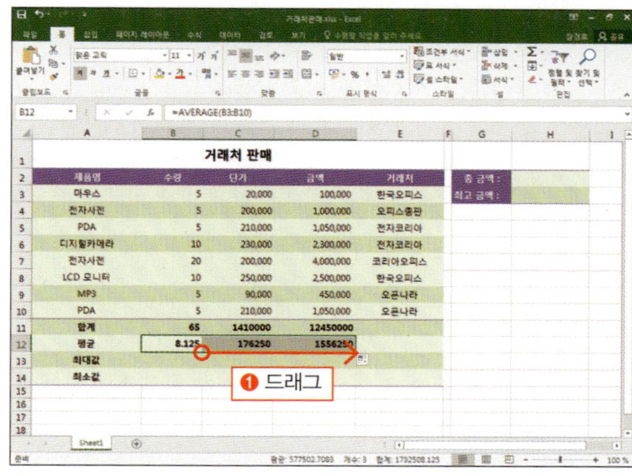

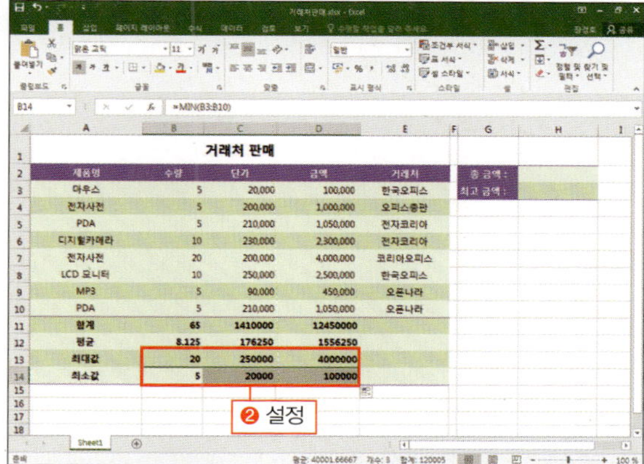

함수 라이브러리에서 함수 시작하기

:: **준비파일** Part01₩Chapter03₩Section01₩거래처판매(2).xlsx | **완성파일** Part01₩Chapter03₩Section01₩거래처판매(2)_완성.xlsx

[수식] 탭–[함수 라이브러리] 그룹의 명령 단추를 통해 함수식을 삽입할 수 있습니다. 각각의 범주마다 사용하는 함수가 다르기 때문에 함수 라이브러리를 활용하면 보다 손쉽게 함수를 사용할 수 있습니다.

01_ 함수 라이브러리를 이용하여 총 금액을 구하기 위해 [H2] 셀을 선택하고 [수식] 탭–[함수 라이브러리] 그룹에서 [수학/삼각]–[SUM]을 클릭합니다.

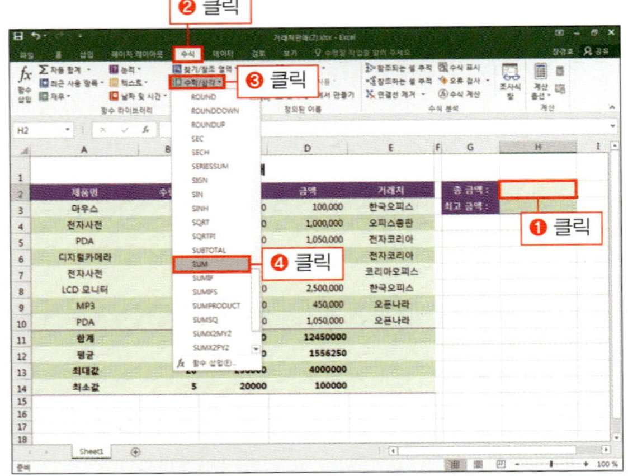

02_ [함수 인수] 대화상자가 나타납니다. [Number1]에 『D3:D10』을 입력하고 [확인]을 클릭합니다.

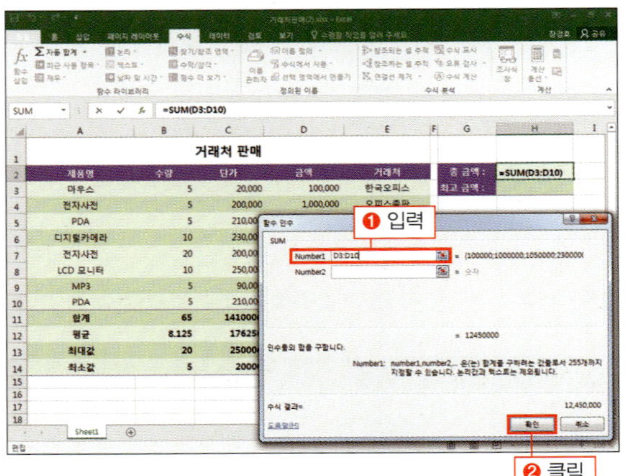

> **TIP**
>
> [함수 인수] 대화상자에는 수식 결과를 포함해 함수 인수에 대한 설명이 표시되어 쉽게 함수의 유형과 사용 방법을 확인할 수 있습니다.

함수 마법사를 통해 함수 검색하기

:: **준비파일** Part01₩Chapter03₩Section01₩거래처판매(3).xlsx | **완성파일** Part01₩Chapter03₩Section01₩거래처판매(3)_완성.xlsx

함수 마법사를 활용하면 함수명을 정확히 알지 못해도 함수를 쉽게 검색하여 활용할 수 있습니다.

01_ 최고 금액을 계산해 보겠습니다. [H3] 셀을 선택하고 [함수 삽입](f_x)을 클릭하면 [함수 마법사] 대화상자가 나타납니다. [함수 검색]에 『최대값』을 입력한 후 [검색]을 클릭합니다.

> **TIP**
> 'MAX'라는 함수명을 정확히 알지 못해도 '최대값'이라는 단어를 통해 'MAX' 함수를 선택할 수 있습니다.

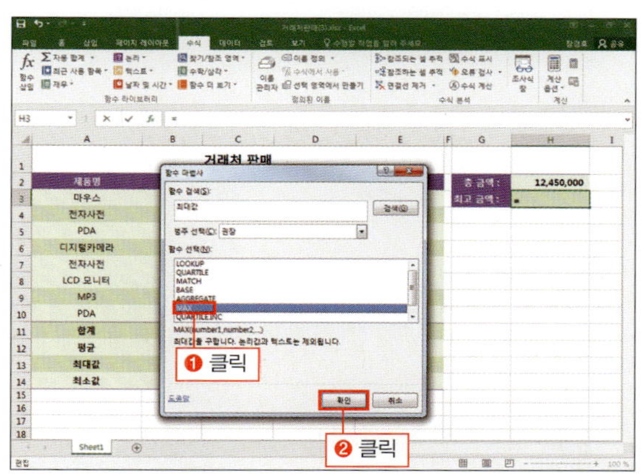

02_ '최대값'과 관련된 함수 목록이 나타납니다. 함수 목록 하단에 함수 설명을 통해 원하는 함수를 유추할 수 있습니다. 여기서는 'MAX'를 선택하고 [확인]을 클릭합니다.

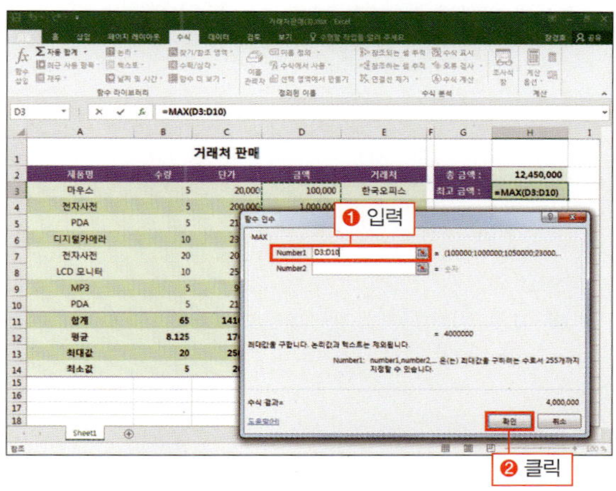

03_ [함수 인수] 대화상자가 나타나면 [Number1]에 『D3:D10』을 입력하고 [확인]을 클릭합니다.

1 지점별 공급액 통계를 자동 합계 기능을 이용하여 간단하게 합계해 보세요.

◎ 준비파일 : Part01₩Chapter03₩Check₩지점별공급액.xlsx

◎ 완성파일 : Part01₩Chapter03₩Check₩지점별공급액_완성.xlsx

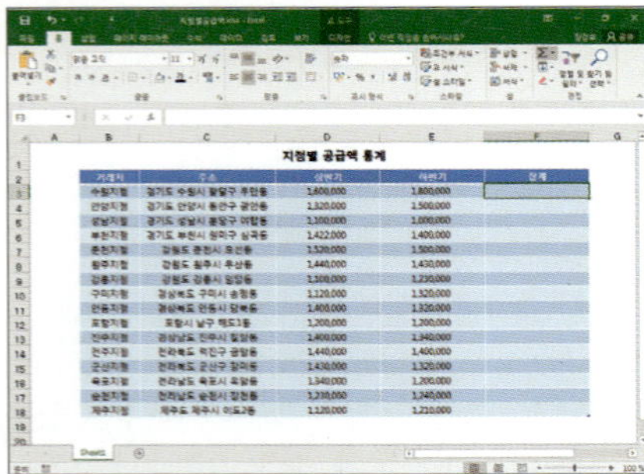 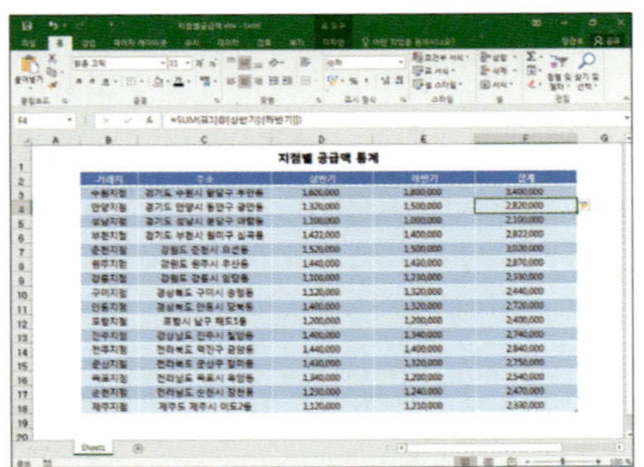

힌트

❶ [F3] 셀을 선택한 후 [홈] 탭–[편집] 그룹에서 [합계]를 클릭합니다.

---

2 요약 행을 추가하면 평균이나 최대값, 최소값, 합계 등을 표시할 수 있습니다. 여기서는 표의 마지막 행에 요약 행을 추가해 봅니다.

◎ 준비파일 : Part01₩Chapter03₩Check₩성적평가표.xlsx　　◎ 완성파일 : Part01₩Chapter03₩Check₩성적평가표_완성.xlsx

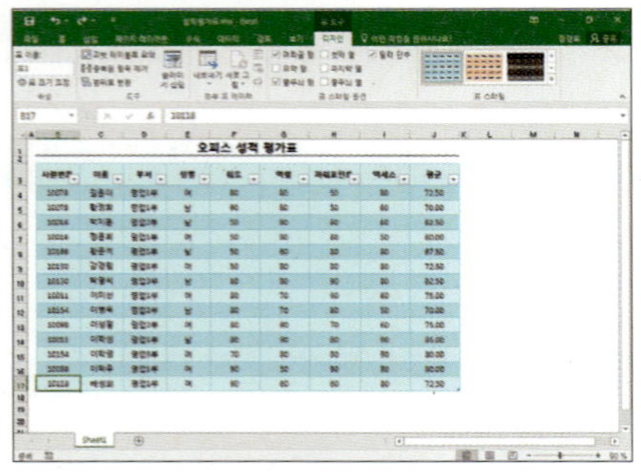 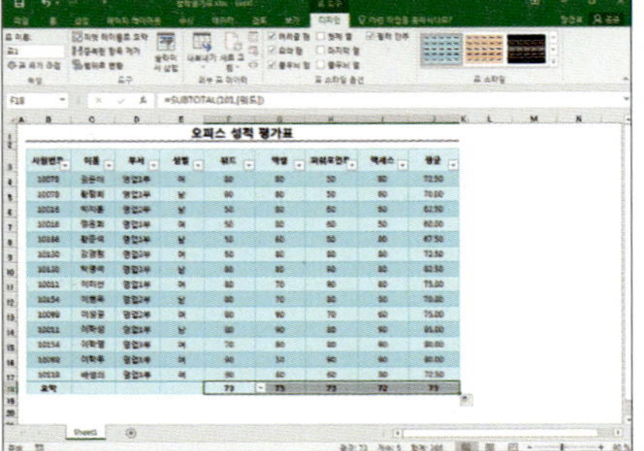

힌트

❶ [표 도구]–[디자인] 탭–[표 스타일 옵션] 그룹에서 [요약 행]에 체크합니다.

Section# 02

기초 함수 익히기

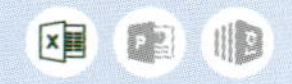

엑셀 2016에서 제공하는 함수를 이용하면 아무리 복잡하고 어려운 수식도 한 번에 빠르고 편리하게 처리할 수 있습니다. 함수에는 논리 함수, 통계 함수, 텍스트 함수, 날짜/시간 함수 등 범주별로 다양한 함수가 존재하는데 여기서는 함수의 기본 형식을 비롯해 가장 기본이 되는 기초 함수를 익혀보겠습니다.

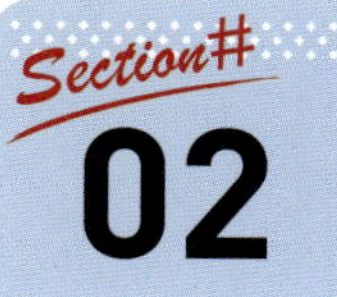

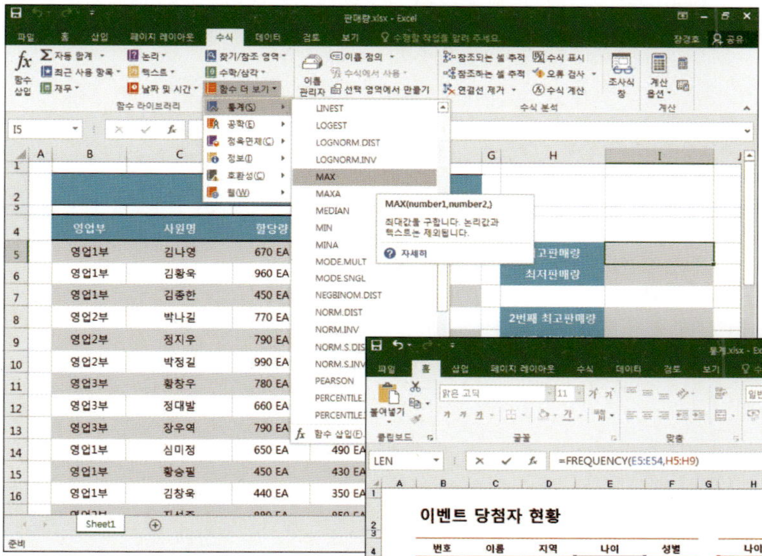

▲ MAX, MIN 함수로 최고, 최저 판매량 구하기

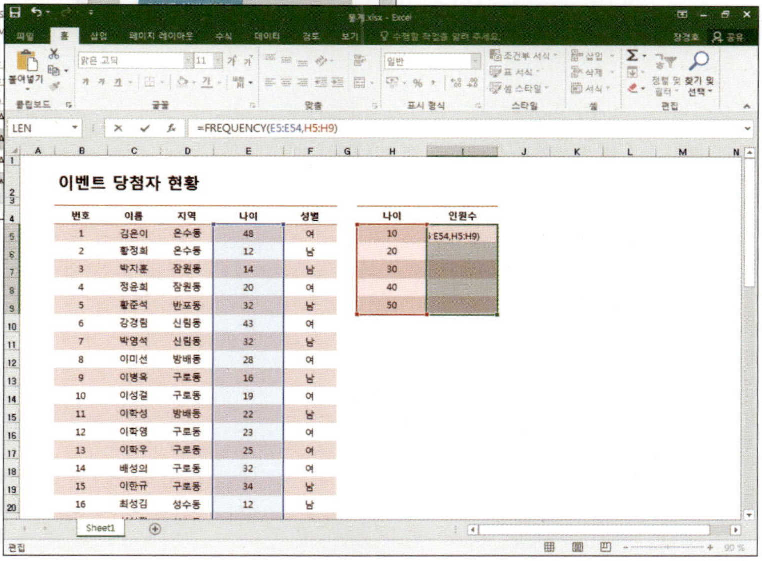

FREQUENCY 함수로 빈도수 구하기 ▶

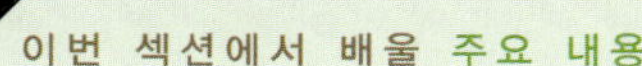

이번 섹션에서 배울 주요 내용

- 함수의 기본 형식과 구성 요소
- MAX, MIN 함수로 최고, 최저 판매량 구하기
- LARGE, SMALL 함수로 두 번째 최고, 최저점 구하기
- ROUND, ROUNDUP, ROUNDDOWN 함수로 자릿수 조절하기
- INT 함수로 부가세 구하기
- LEN 함수로 문자 개수 알아보기
- FREQUENCY 함수로 빈도수 구하기
- REPLACE 함수로 주민등록번호 뒷자리 감추기

아무리 복잡한 데이터라 하더라도 쉽고, 효율적으로 처리할 수 있는 것이 바로 엑셀의 함수 기능입니다. 엑셀에서 제공하는 함수를 이용하면 복잡한 데이터도 쉽게 풀어낼 수 있습니다.

함수의 기본 형식

함수란 반복적이고 복잡한 계산을 정해진 수식에 따라 풀 수 있도록 만들어진 기능입니다. 셀의 양이 많아지거나 사칙연산 외에 복잡한 계산의 경우 함수를 이용하면 쉽고 편리하게 작업을 수행할 수가 있습니다.

예를 들어 대학교 중간고사 3과목의 평균 점수를 구하기 위해서는 A과목, B과목, C과목 점수를 합산하여 평균을 구해야 합니다. 이때, 평균을 구하는 AVERAGE 함수를 이용하면 간편하게 계산을 할 수 있습니다. 즉 '=AVERAGE(A1:C1)' 또는, '=AVERAGE(A1, B1, C1)'로 나타낼 수 있습니다.

❶ **등호(=)** : 수식을 입력할 때와 마찬가지로 함수를 입력할 때에도 함수 왼쪽 앞에 등호를 입력합니다.

❷ **함수명** : 엑셀에서 제공하는 함수명을 입력합니다. 함수명에 따라 사용하는 함수식이 달라집니다.

❸ **괄호** : 사용된 함수의 인수를 괄호를 통해서 묶어주게 됩니다.

❹ **인수** : 함수 계산에 필요한 데이터로 함수에 따라 달라집니다.

❺ **콤마(,)** : 함수에서 인수와 인수를 구분할 때 사용하는 기호입니다.

수식의 오류

엑셀에서 함수를 작성하다 보면 가끔 의도와는 다르게 '#DIV/0!, #N/A, #NAME?, #NULL!, #NUM!, #REF!, #VALUE!'와 같이 알 수 없는 오류 메시지가 나타나는 경우가 있습니다. 엑셀이 표시하는 오류 메시지를 잘 파악하면 쉽게 수식을 수정할 수가 있습니다.

오류	설명
#####	열 너비가 좁아 셀의 일부 문자를 표시할 수 없거나 셀에 음수로 된 날짜 또는, 시간 값이 포함된 경우 이 오류가 나타납니다.
#DIV/0!	값이 포함되지 않은 셀이나 어떤 값을 '0'으로 나눌 때 이 오류가 나타납니다.
#N/A	사용할 수 없는 함수나 수식에 값을 참조했을 때 이 오류가 나타납니다.
#NAME?	수식의 텍스트를 인식할 수 없는 경우 이 오류가 나타납니다. 즉, 범위 이름이나 함수 이름을 잘못 입력한 경우에 나타납니다.
#NULL!	존재하지 않는 값을 사용했을 때 이 오류가 나타납니다.
#NUM!	수식이나 함수에 잘못된 숫자 값이 포함되어 있을 경우 이 오류가 나타납니다.
#REF!	셀 참조가 유효하지 않으면 이 오류가 나타납니다. 즉, 수식에 참조된 셀이 없어졌을 때 나타납니다.
#VALUE!	수식에 여러 데이터 형식이 포함된 셀이 있는 경우 이 오류가 표시될 수 있습니다. 즉, 값이 잘못되었을 때 나타납니다.

MAX, MIN 함수로 최고, 최저 판매량 구하기

:: 준비파일 Part01₩Chapter03₩Section02₩판매량.xlsx | **완성파일** Part01₩Chapter03₩Section02₩판매량_완성.xlsx

데이터 값 중에서 최고 판매량이나 최저 판매량을 구하기 위해서는 MAX 함수와 MIN 함수를 이용합니다.

MAX 함수 : MAX(number1, number2, ...)

설명	인수 중에서 최대값을 구합니다.
인수	number1, number2, ... : 최대값을 구할 숫자로, 1개에서 255개까지 지정할 수 있습니다.

MIN 함수 : MIN(number1, number2, ...)

설명	인수 중에서 최소값을 구합니다.
인수	number1, number2, ... : 최소값을 구할 숫자로, 1개에서 255개까지 지정할 수 있습니다.

01_ 최고 판매량을 구하기 위해 [I5] 셀을 선택합니다. [수식] 탭─[함수 라이브러리] 그룹에서 [함수 더 보기]─[통계]─[MAX]를 클릭합니다. [함수 인수] 대화상자가 나타나면 [Number1]에 『E5:E44』를 입력하고 [확인]을 클릭합니다.

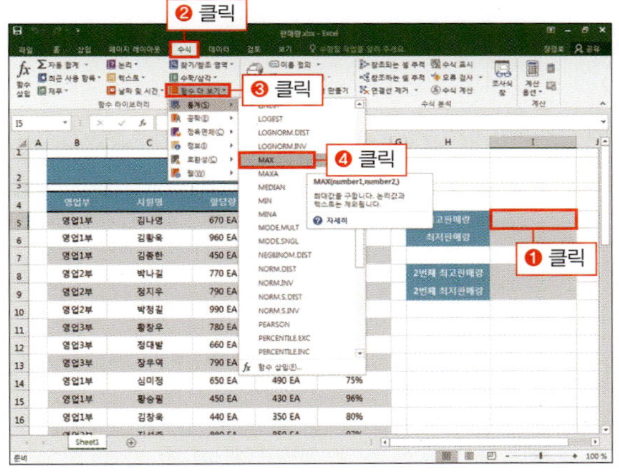

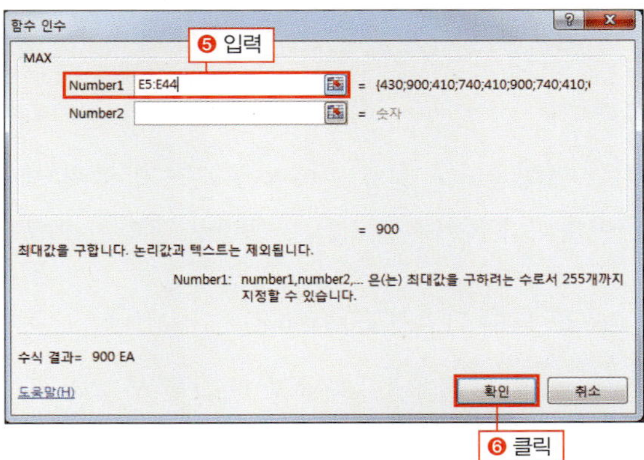

02_ 이번에는 최저 판매량을 구하기 위해 [I6] 셀을 선택합니다. [수식] 탭-[함수 라이브러리] 그룹에서 [함수 더 보기]-[통계]-[MIN]을 클릭합니다. [함수 인수] 대화상자가 나타나면 [Number1]에 『E5:E44』를 입력하고 [확인]을 클릭합니다.

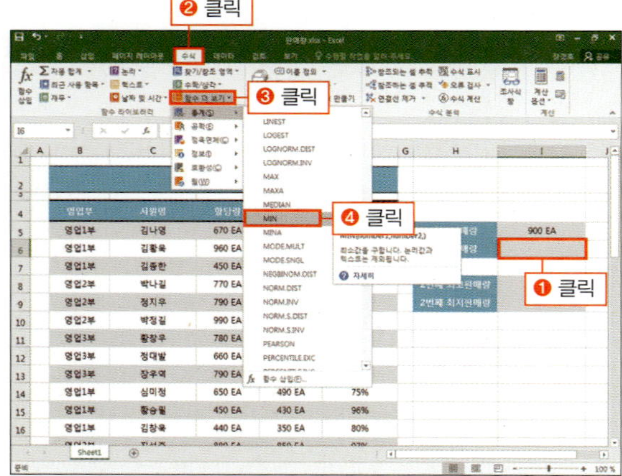

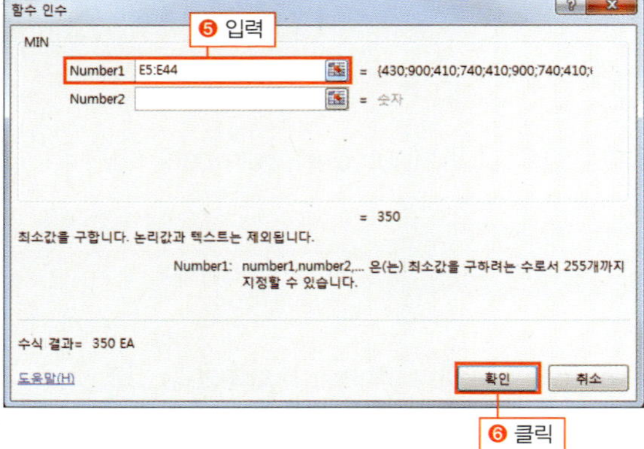

[I6] 셀에 들어가는 완성 수식 : =MIN(E5:E44)

LARGE, SMALL 함수로 두 번째 최고, 최저점 구하기

∷ 준비파일 Part01₩Chapter03₩Section02₩판매량(2).xlsx | **완성파일** Part01₩Chapter03₩Section02₩판매량(2)_완성.xlsx

최고 판매량이나 최저 판매량을 구하기 위해서는 MAX 함수와 MIN 함수를 이용하지만 K번째로 큰 판매량이나 K번째로 작은 판매량을 구하기 위해서는 LARGE 함수와 SMALL 함수를 이용합니다.

LARGE 함수 : LARGE(array,k)

설명	인수 중에서 k번째로 큰 값을 구합니다.
인수	array : 필수 요소로써 k번째로 큰 값을 확인할 셀 범위를 입력합니다. k : 필수 요소로써 몇 번째로 큰 값을 구할지 입력합니다.

SMALL 함수 : SMALL(array,k)

설명	인수 중에서 k번째로 작은 값을 구합니다.
인수	array : 필수 요소로써 k번째로 작은 값을 확인할 셀 범위를 입력합니다. k : 필수 요소로써 몇 번째로 작은 값을 구할지 입력합니다.

01_ [I8] 셀을 선택하고 [수식] 탭–[함수 라이브러리] 그룹에서 [함수 더 보기]–[통계]–[LARGE]를 클릭합니다.

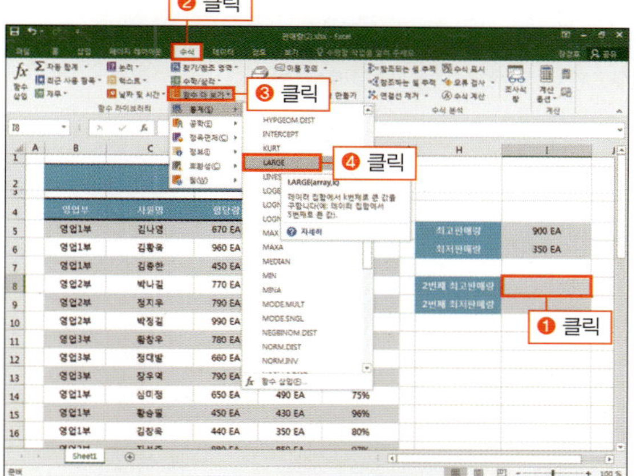

02_ [함수 인수] 대화상자가 나타나면 [Array]에 『E5:E44』, [K]에 『2』를 각각 입력합니다.

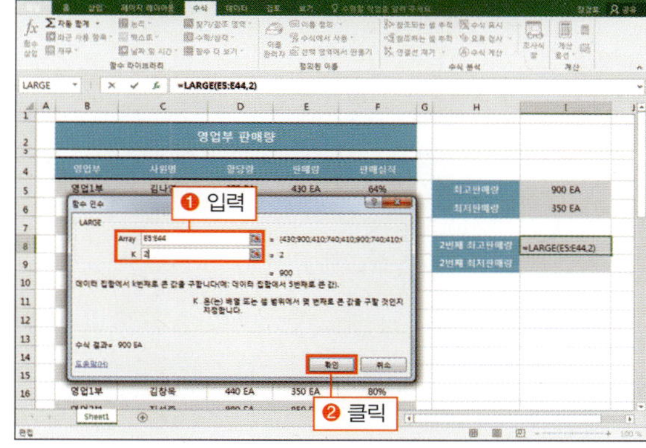

TIP

[K]에 『2』를 입력하면 두 번째로 큰 값을 구할 수 있습니다.

03_ [I9] 셀을 선택하고 [수식] 탭–[함수 라이브러리] 그룹에서 [함수 더 보기]–[통계]–[SMALL]을 클릭합니다.

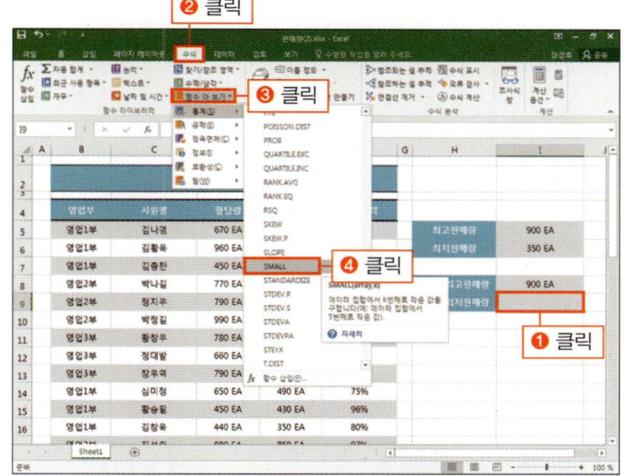

□4_ [함수 인수] 대화상자가 나타나면 [Array]에
『E5:E44』, [K]에 『2』를 각각 입력합니다.

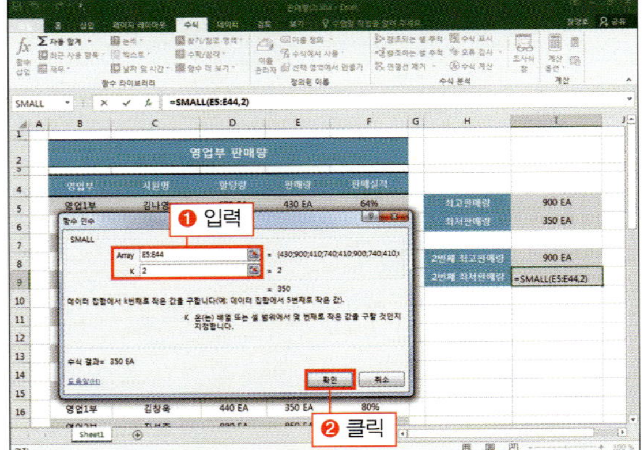

> **TIP**
> [K]에 『2』를 입력하면 두 번째로 작은 값을 구할 수 있
> 습니다.

MEDIAN 함수로 중간 점수 알아보기

MAX 함수와 MIN 함수로 최대값과 최소값을 구하고, LARGE 함수와 SMALL 함수로 상위 K번째와 하위 K번째
점수를 구했다면, MEDIAN 함수를 이용하여 중간값을 구할 수 있습니다.

함수 구문	=MEDIAN(number1, number2, …)
인수	number : 중간값을 구하려는 셀 범위 또는, 값을 입력합니다.

예를 들어, '=MEDIAN(1,2,3,4,5)'라고 입력되어 있다면 1~5의 중간값인 '3'을 구합니다.

ROUND, ROUNDUP, ROUNDDOWN 함수로 자릿수 조절하기

:: 준비파일 Part01₩Chapter03₩Section02₩반올림.xlsx | **완성파일** Part01₩Chapter03₩Section02₩반올림_완성.xlsx

셀에 입력된 데이터를 반올림을 할 때에는 ROUND, 올림을 할 때에는 ROUNDUP, 내림을 할 때에
는 ROUNDDOWN 함수를 사용합니다.

ROUND 함수 : ROUND(number, num_digits)

설명	숫자를 지정한 자릿수로 반올림합니다.
인수	**number** : 반올림할 숫자입니다. **num_digits** : 반올림할 자릿수입니다.

ROUNDUP 함수 : ROUNDUP(number, num_digits)

설명	숫자를 지정한 자릿수로 올림합니다.
인수	number : 올림할 숫자입니다. num_digits : 올림할 자릿수입니다.

ROUNDDOWN 함수 : ROUNDDOWN(number, num_digits)

설명	숫자를 지정한 자릿수로 내림합니다.
인수	number : 내림할 숫자입니다. num_digits : 내림할 자릿수입니다.

01_ 자릿수를 반올림하기 위해 [I3] 셀을 선택합니다. [수식] 탭-[함수 라이브러리] 그룹에서 [수학/삼각]-[ROUND]를 클릭합니다.

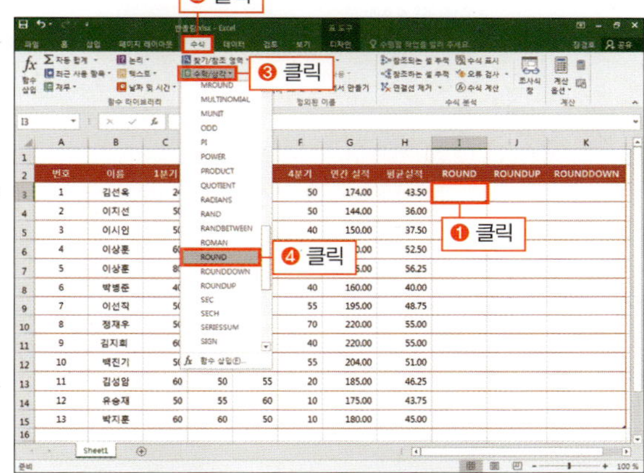

02_ [함수 인수] 대화상자가 나타나면 [Number]에 『H3』을 입력하고, [Num_digits]에 『0』을 입력한 후 [확인]을 클릭합니다.

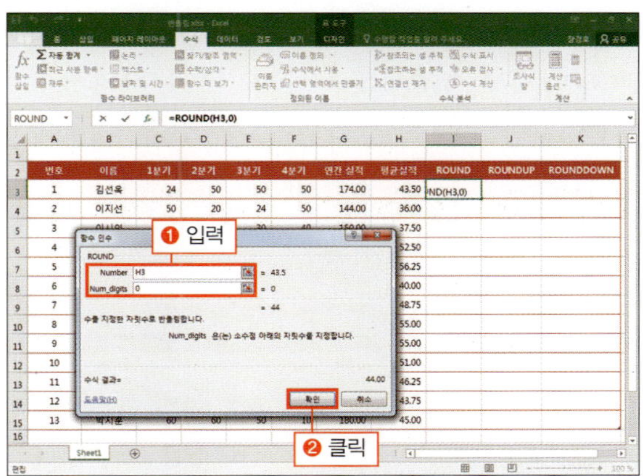

03_ 이번에는 자릿수를 올림하기 위해 [J3] 셀을 선택합니다. [수식] 탭-[함수 라이브러리] 그룹에서 [수학/삼각]-[ROUNDUP]을 클릭합니다.

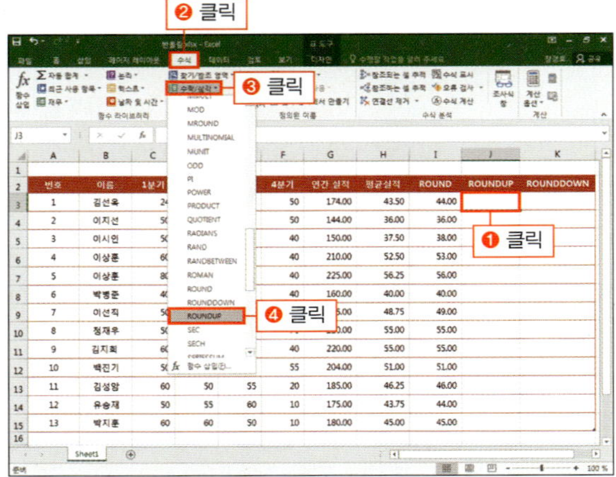

04_ [함수 인수] 대화상자가 나타나면 [Number]에 『H3』을 입력하고, [Num_digits]에 『0』을 입력한 후 [확인]을 클릭합니다.

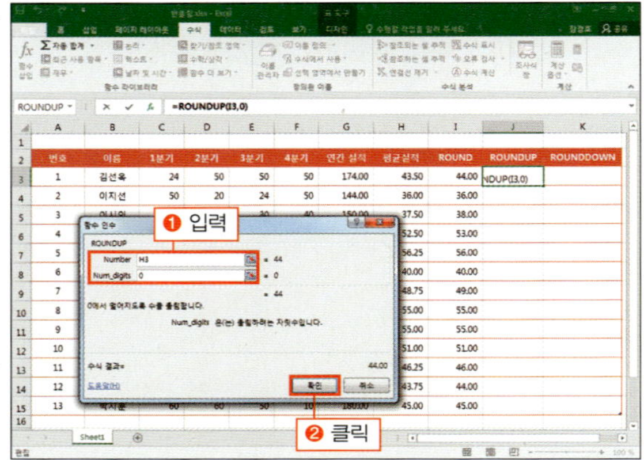

05_ 마지막으로 자릿수를 내림하기 위해 [K3] 셀을 선택합니다. [수식] 탭-[함수 라이브러리] 그룹에서 [수학/삼각]-[ROUNDDOWN]을 클릭합니다. [함수 인수] 대화상자가 나타나면 [Number]에 『H3』, [Num_digits]에 『0』을 각각 입력한 후 [확인]을 클릭합니다.

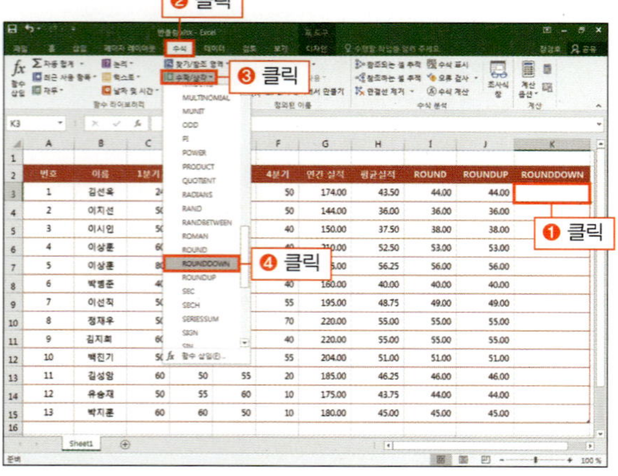

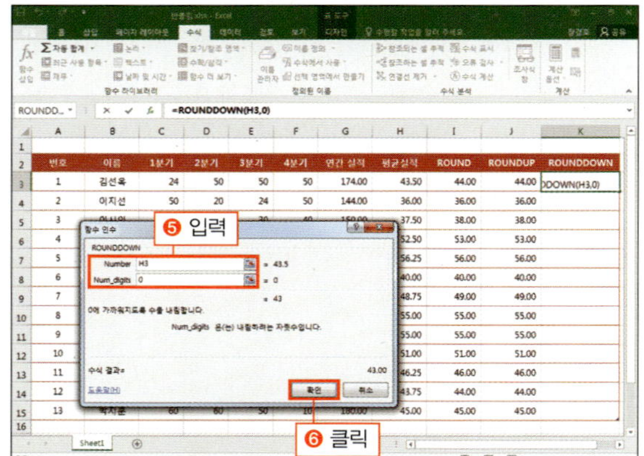

:: 준비파일 Part01₩Chapter03₩Section02₩세금계산서.xlsx | **완성파일** Part01₩Chapter03₩Section02₩세금계산서_완성.xlsx

INT 함수는 숫자의 소수 부분 값을 기준으로 하여 숫자를 가장 가까운 정수로 내림합니다. 예를 들어, '=INT(−4.3)'의 경우 '−5'가 더 하위의 수이므로 '−5'를 반환하게 됩니다. 또한, '=INT(2.5)'의 경우 '2'가 더 하위의 수이므로 '2'를 반환하게 됩니다.

INT 함수 : INT(number)

설명	가장 가까운 정수로 내림합니다.
인수	number : 정수로 내림할 실수입니다.

01_ 부가세를 구하기 위해 [Z15] 셀을 선택합니다. [수식] 탭−[함수 라이브러리] 그룹에서 [수학/삼각]−[INT]를 클릭합니다. [함수 인수] 대화상자가 나타나면 [Number]에 『T15*0.1』을 입력한 후 [확인]을 클릭합니다.

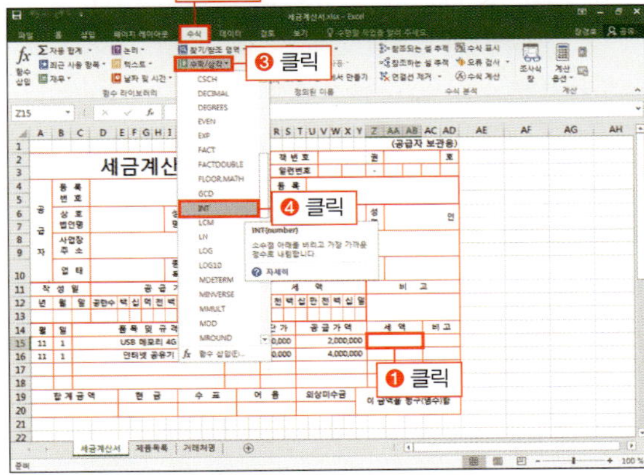

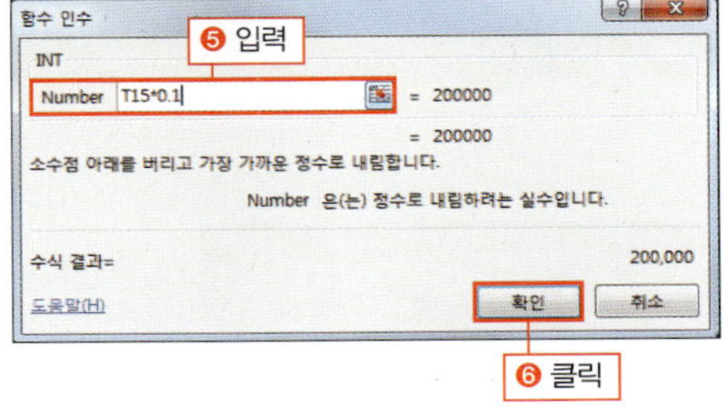

> **TIP**
> [Z15] 셀에 들어가는 완성 수식 : =INT(T15*0.1)

02_ [Z15] 셀의 채우기 핸들(┼)을 [Z16] 셀까지 드래그하여 세액을 완성합니다.

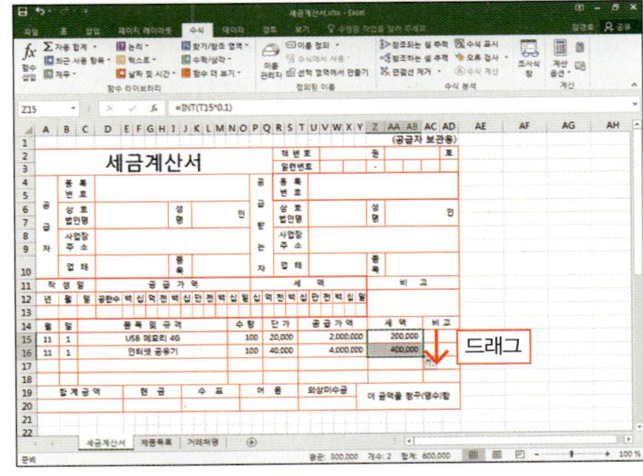

LEN 함수로 문자 개수 알아보기

:: **준비파일** Part01\Chapter03\Section02\상담문자수.xlsx | **완성파일** Part01\Chapter03\Section02\상담문자수_완성.xlsx

글자 수의 제한이 있을 때나 글자 수가 몇 개 인지 알고 싶을 때 사용하는 함수가 LEN 함수입니다. LEN 함수는 문자 수와 공백 수를 모두 더하여 글자 수를 계산합니다.

LEN 함수 : LEN(text)

설명	셀에 입력되어 있는 문자 수와 공백 수를 모두 더해 글자 수를 표시합니다. 예를 들어, =LEN("울산시 울주군")을 입력하면 '울산시 울주군'이라는 문자와 공백을 포함하여 글자 수 '7'을 표시합니다.
인수	text : 글자 수를 확인하려는 문자 또는, 셀을 지정합니다.

01_ [H3] 셀을 선택하고 [수식] 탭–[함수 라이브러리] 그룹에서 [함수 삽입](f_x)을 클릭합니다. [함수 마법사] 대화상자의 [범주 선택]에서 '텍스트'를, [함수 선택]에서 'LEN'을 선택한 후 [확인]을 클릭합니다. [함수 인수] 대화상자가 나타나면 [Text]에 『F3』을 입력하고 [확인]을 클릭합니다.

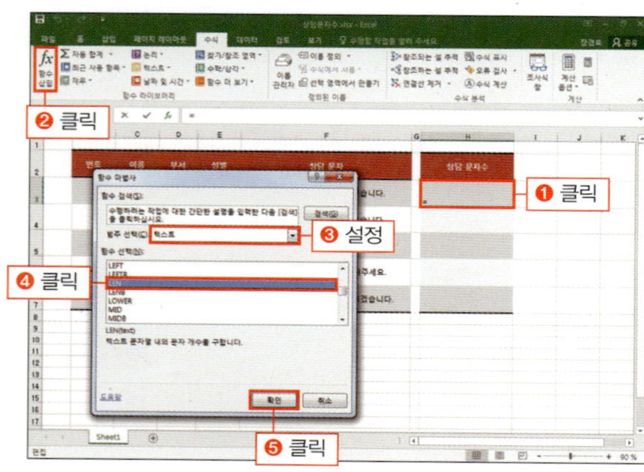

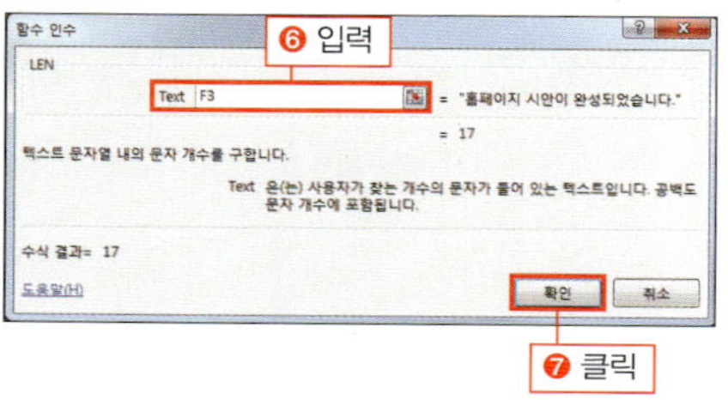

02_ [H3] 셀에 [F3] 셀에 해당하는 문자 수가 구해집니다. [H3] 셀의 채우기 핸들( )을 [H7] 셀까지 드래그합니다.

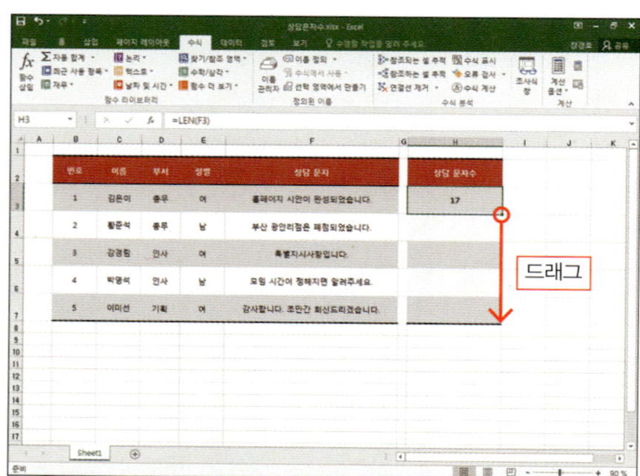

FREQUENCY 함수로 빈도수 구하기

:: **준비파일** Part01₩Chapter03₩Section02₩통계.xlsx | **완성파일** Part01₩Chapter03₩Section02₩통계_완성.xlsx

FREQUENCY 함수는 값의 범위에서 해당 값의 발생 빈도를 계산하여 세로 배열 형태로 반환하는 함수입니다.

FREQUENCY 함수 : FREQUENCY(data_array, bins_array)

설명	데이터 범위에서 값의 빈도를 계산하여 세로 배열 형태로 반환합니다.
인수	data_array : 데이터 범위로써 빈도를 계산할 값 집합의 참조 또는, 배열입니다. bins_array : 구간 범위로써 data_array에서 값을 분류할 간격의 참조 또는, 배열입니다

01_ [I5:I9] 영역을 선택하고 수식 입력줄에 『=FREQUENCY(E5:E54,H5:H9)』를 입력한 후 **Ctrl** + **Shift** + **Enter** 를 누릅니다.

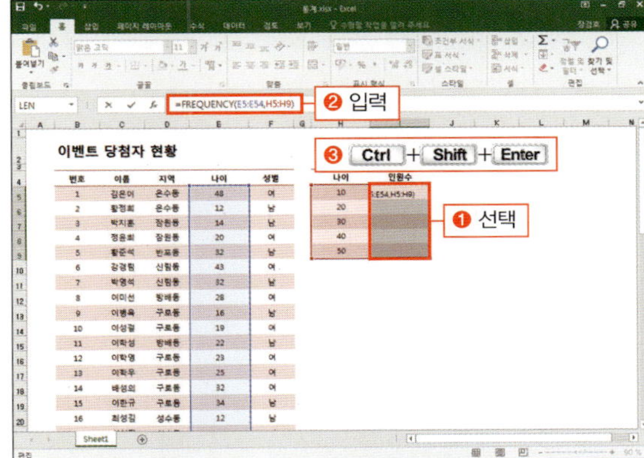

> **TIP**
>
> [I5:I9] 영역에 들어가는 완성 수식 : {=FREQUENCY(E5:E54,H5:H9)}

02_ 수식에 자동으로 중괄호({})가 삽입되어 배열 수식으로 변경되고, 데이터 범위에서 값의 발생 빈도가 산출됩니다.

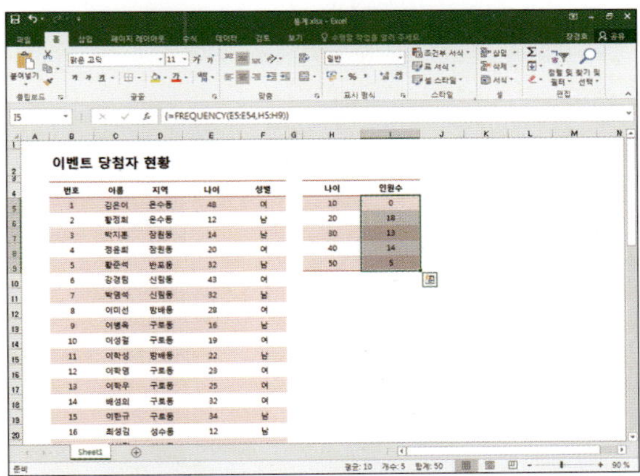

> **TIP**
>
> 배열 수식이란, 배열에 있는 하나 이상의 항목에서 여러 계산을 수행할 수 있는 수식을 말합니다. 배열 수식을 이용하면 셀 범위에 포함된 문자 수 계산이나 특정 조건을 만족하는 숫자의 합계, 또는 값 범위에서 n번째 값의 합계 등 보다 정교한 연산을 수행할 수 있습니다.

REPLACE 함수로 주민등록번호 뒷자리 감추기

:: **준비파일** Part01₩Chapter03₩Section02₩주민등록번호.xlsx | **완성파일** Part01₩Chapter03₩Section02₩주민등록번호_완성.xlsx

REPLACE 함수는 지정한 문자 수에 따라 텍스트 문자열의 일부를 다른 텍스트 문자열로 바꾸는 함수입니다. 실무에서는 주민등록번호를 다른 문자로 변경하거나 비밀번호를 다른 문자로 보이게 하는 용도로 사용합니다.

REPLACE 함수 : REPLACE(old_text, start_num, num_chars, new_text)

설명	텍스트의 일부를 다른 텍스트로 바꿉니다.
인수	Old_text : 바꿀 문자열을 입력합니다. Start_num : 시작할 자릿수를 지정합니다. Num_chars : 글자 수를 지정합니다. New_text : old_text에 바꿔서 넣을 글자를 입력합니다.

01_ [G2] 셀을 선택합니다. [수식] 탭─[함수 라이브러리] 그룹에서 [텍스트]─[REPLACE]를 클릭합니다.

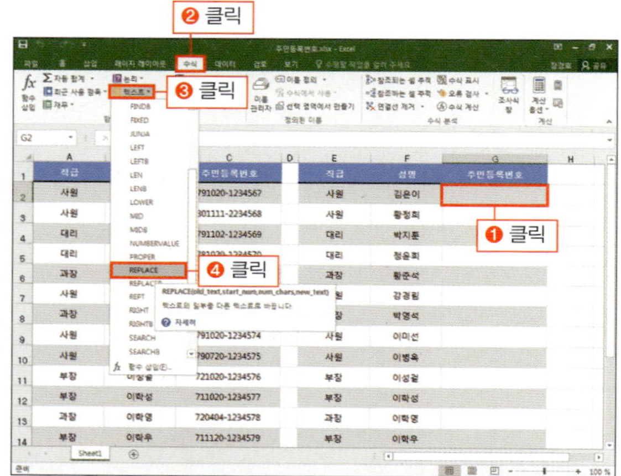

02_ [함수 인수] 대화상자가 나타나면 [Old_text]에서 [C2] 셀을 선택합니다. [Start_num]에 『8』, [Num_chars]에 『7』, 마지막으로 [New_text]에 『*******』을 입력하고 [확인]을 클릭합니다.

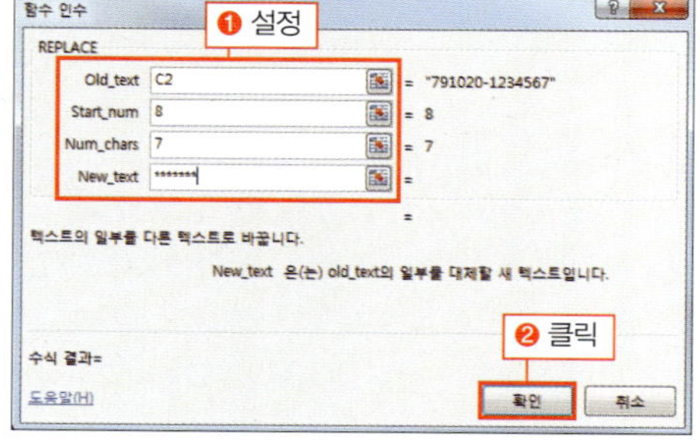

> **TIP**
> 주민등록번호와 같은 개인정보나 간단히 정보를 감출 필요가 있을 경우 REPLACE 함수를 사용합니다.

03_ [G2] 셀의 채우기 핸들(┼)을 [G19] 셀까지 드래그
합니다.

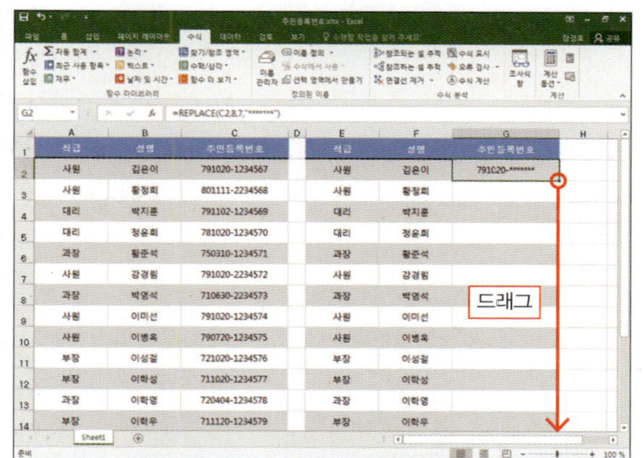

04_ [자동 채우기 옵션](▦)에서 [서식 없이 채우기]를
선택합니다.

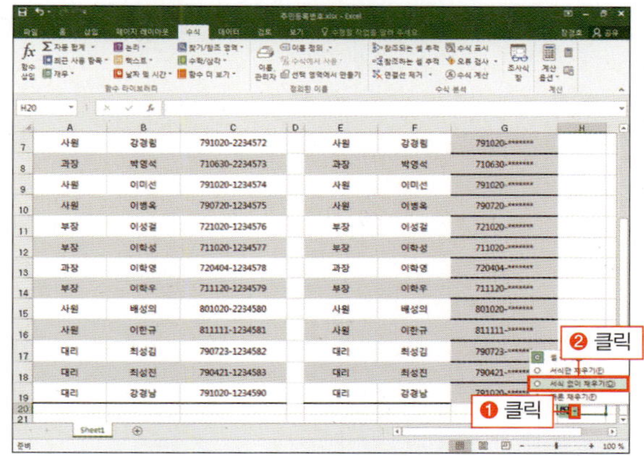

[G2] 셀에 들어가는 완성 수식 : =REPLACE(C2,8,7,"******")

1 응시생을 비롯해 미응시생, 총인원을 함수를 활용해 구할 수 있습니다. 여기서는 COUNTA 함수와 COUNT 함수를 이용해 총인원과 응시생을 구해봅니다.

◎ 준비파일 : Part01₩Chapter03₩Check₩인원수.xlsx　　◎ 완성파일 : Part01₩Chapter03₩Check₩인원수_완성.xlsx

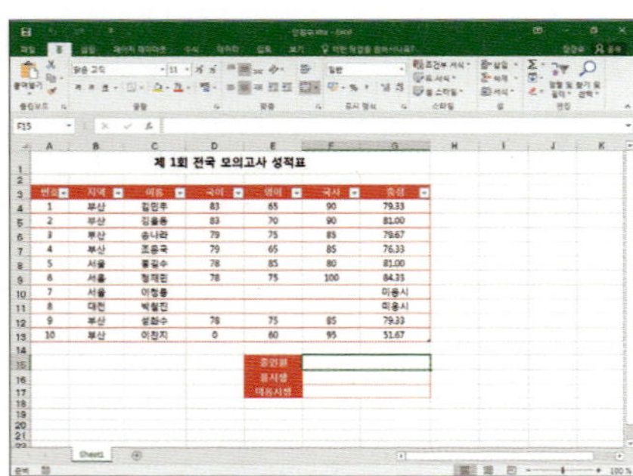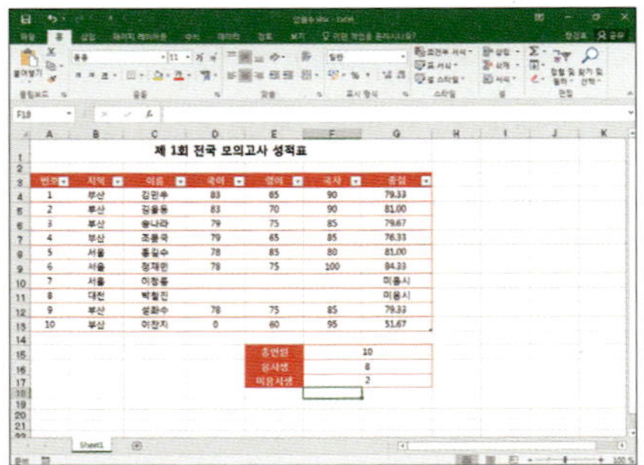

힌트

❶ 총인원은 COUNTA 함수를 통해 구할 수 있으며, 응시생은 COUNT 함수를 통해 구할 수 있습니다.

---

2 작성된 수식이 잘못되었거나 오류가 있을 때 #DIV/0! 혹은 #VALUE! 등의 오류값이 나타납니다. 이럴 때 IFERROR 함수를 이용하여 오류를 표시하지 않을 수 있습니다. IFERROR 함수를 활용해 오류값을 제거해 보세요.

◎ 준비파일 : Part01₩Chapter03₩Check₩오류값제거.xlsx　　◎ 완성파일 : Part01₩Chapter03₩Check₩오류값제거_완성.xlsx

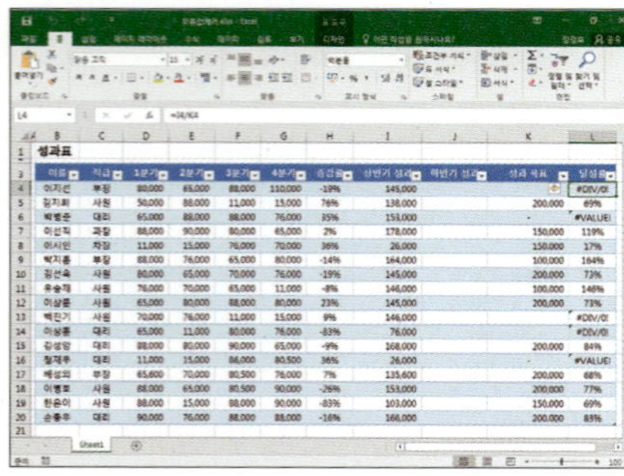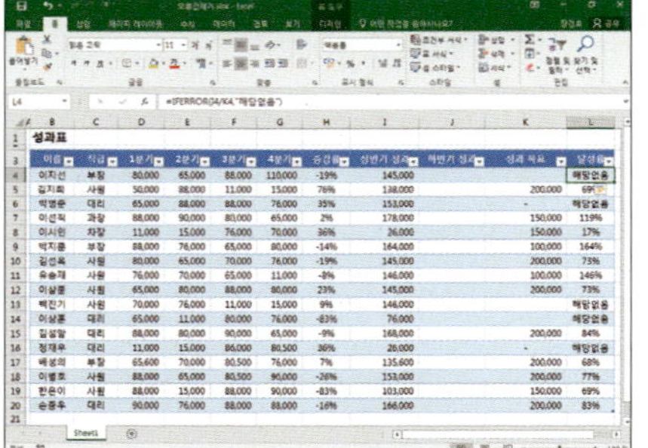

힌트

❶ [함수 마법사] 대화상자를 불러와서 [범주 선택]–[논리], [함수 선택]–[IFERROR]를 선택합니다.

❷ [Value]에 『I4/K4』, [Value_if_error]에 『해당없음』을 각각 입력합니다.

03 필수 함수 익히기

함수는 반복적이고 복잡한 계산을 정해진 수식에 따라 계산되도록 만들어진 기능으로, 계산해야 할 셀의 양이 많거나, 사칙연산 외에 복잡한 계산을 해야 하는 경우 쉽고 편리하게 작업을 수행할 수 있습니다. 필수 함수는 기초 함수와 함께 실무에서 가장 자주 사용하는 함수로써 반드시 익혀야 하는 중요도가 높은 함수입니다.

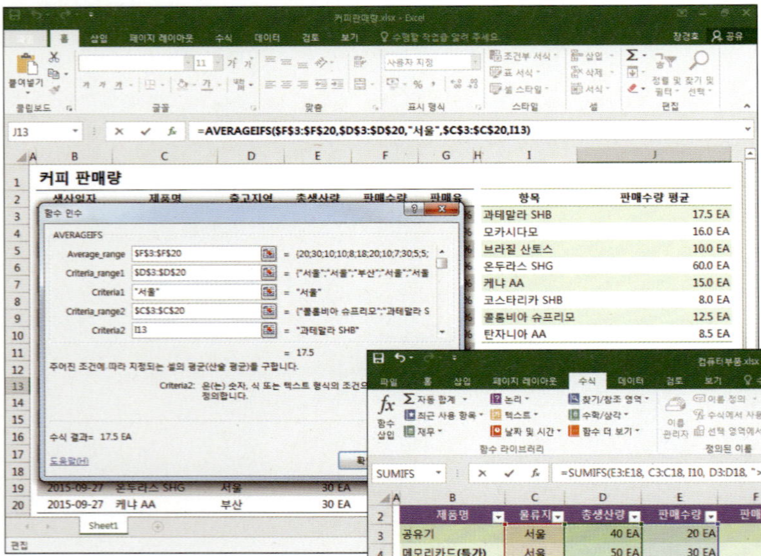

▲ AVERAGEIF, AVERAGEIFS 함수로
　지역별 커피 평균 구하기

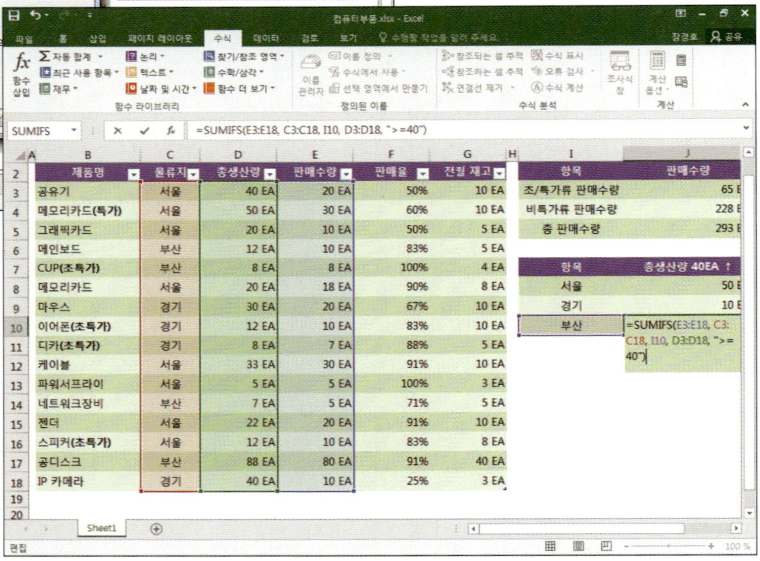

▲ SUMIF, SUMIFS 함수로 판매 수량 구하기

이번 섹션에서 배울 주요 내용

- AVERAGE, AVERAGEA 함수로 진급 시험 평균 구하기
- AVERAGEIF, AVERAGEIFS 함수로 지역별 커피 평균 구하기
- IF, LEFT, MID, RIGHT 함수로 지역 구분하고 성별 구별하기
- 중첩 IF 함수로 회원 등급 나누기
- SUMIF, SUMIFS 함수로 판매 수량 구하기
- COUNT, COUNTBLANK 함수로 응시자, 미응시자 구하기
- COUNTIF, COUNTIFS 함수로 조건에 맞는 개수 구하기
- TODAY, YEAR, MONTH 함수로 초과 근무 시간 구하기

AVERAGE, AVERAGEA 함수로 진급 시험 평균 구하기

:: **준비파일** Part01₩Chapter03₩Section03₩진급시험.xlsx | **완성파일** Part01₩Chapter03₩Section03₩진급시험_완성.xlsx

AVERAGE 함수와 AVERAGEA 함수로 평균을 구하는 방법은 동일하지만 AVERAGE 함수는 누락 값을 포함하지 않으며, AVERAGEA 함수는 문자나 누락 값까지 모두 포함하여 평균을 구합니다.

AVERAGE 함수 : AVERAGE(number1, number2, ...)

설명	셀 범위에 있는 숫자를 모두 더하여 평균을 구합니다.
인수	Number1, Number2, ... : 평균을 구하려는 숫자나 셀 범위로써 평균을 구할 대상을 최대 255까지 지정할 수 있습니다.

AVERAGEA 함수 : AVERAGEA(value1, value2, ...)

설명	수치뿐만 아니라 문자열이나 논리 값 등의 인수 목록에서 산술 평균 값을 계산합니다. 즉 숫자 외에 텍스트 등도 계산에 포함됩니다.
인수	value1, value2, ... : 평균을 구하려는 셀, 셀 범위 또는 값으로, 1개에서 255개까지 지정할 수 있습니다.

01_ [I5] 셀을 선택하고 수식 입력줄에 있는 [함수 삽입](f_x)을 클릭합니다. [함수 마법사] 대화상자가 나타나면 [범주 선택]에서 '통계'를 선택하고 [함수 선택]에서 'AVERAGE'를 선택한 후 [확인]을 클릭합니다.

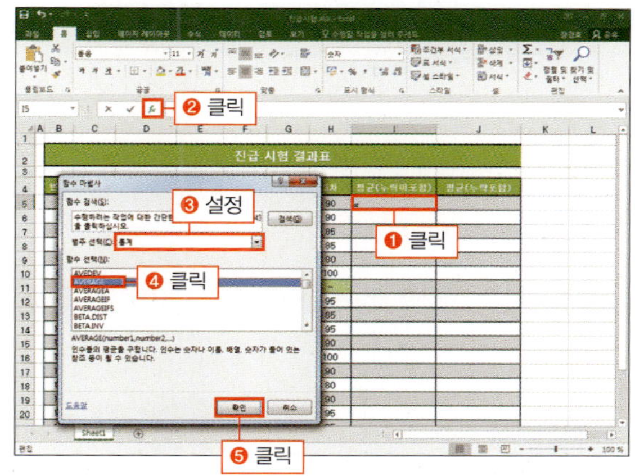

02_ [함수 인수] 대화상자가 나타나면 [Number1]에 『F5:H5』를 입력하고 [확인]을 클릭합니다.

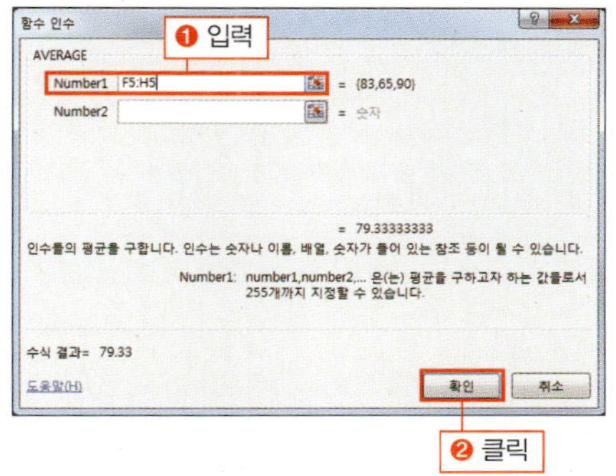

TIP

[I5] 셀에 들어가는 완성 수식 : =AVERAGE(F5:H5)

03_ 이번에는 [J5] 셀을 선택하고 수식 입력줄에서 [함수 삽입](f_x)을 클릭합니다. [함수 마법사] 대화상자가 나타나면 [범주 선택]에서 '통계'를 선택하고 [함수 선택]에서 'AVERAGEA'를 선택한 다음 [확인]을 클릭합니다.

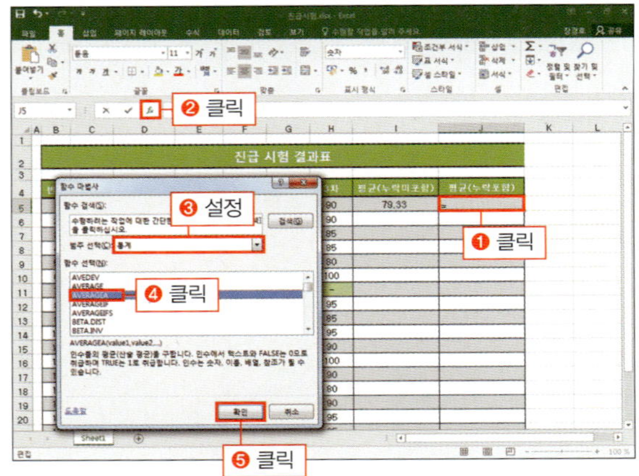

04_ [함수 인수] 대화상자가 나타나면 [Value1]에 『F5:H5』를 입력하고 [확인]을 클릭합니다.

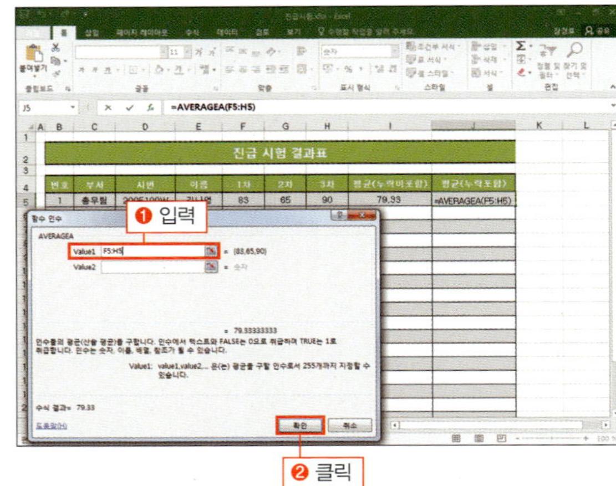

> **TIP**
> [J5] 셀에 들어가는 완성 수식 : =AVERAGEA(F5:H5)

05_ [I5:J5] 영역을 선택한 다음 채우기 핸들( )을 [J24] 셀까지 드래그합니다. [자동 채우기 옵션]( )에서 [서식 없이 채우기]를 선택합니다.

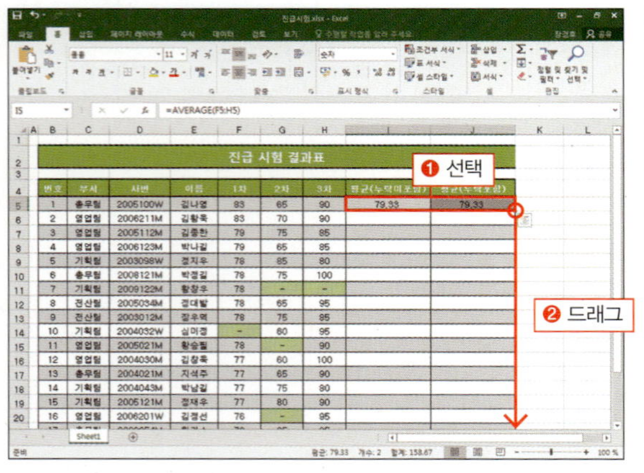

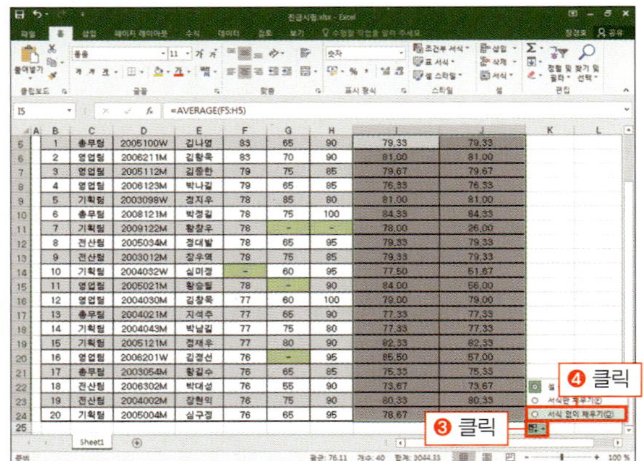

> **TIP**
> 동일한 영역의 평균을 구했지만 [11] 행의 경우 AVERAGE 함수의 값은 '78점'이지만 AVERAGEA 함수의 값은 '26점'입니다.

AVERAGEIF, AVERAGEIFS 함수로 지역별 커피 평균 구하기

:: **준비파일** Part01₩Chapter03₩Section03₩커피판매량.xlsx | **완성파일** Part01₩Chapter03₩Section03₩커피판매량_완성.xlsx

평균을 구할 때 조건이 한 가지라면 AVERAGEIF 함수를, 조건이 여러 가지 일 때에는 AVERAGEIFS 함수를 이용할 수 있습니다.

AVERAGEIF 함수 : AVERAGEIF(range, criteria)

설명	범위에서 지정한 조건을 만족하는 모든 셀의 평균(산술 평균)을 반환합니다.
인수	range : 조건을 적용할 셀 범위를 지정합니다. criteria : 조건 값의 셀을 지정하거나 조건 값을 입력합니다.

AVERAGEIFS 함수 : AVERAGEIFS(average_range, criteria_range1, criteria1, …)

설명	여러 조건에 맞는 모든 셀의 평균을 반환합니다. criteria_range1의 조건은 127개 사이에서 지정할 수 있습니다.
인수	average_range : 조건을 적용할 셀 계산 범위를 지정합니다. criteria_range1 : 조건 값의 셀을 지정하거나 조건 값을 입력합니다. criteria1 : 평균을 구할 셀을 정의합니다.

01_ 먼저 AVERAGEIF 함수를 통해 제품명에 따른 판매 수량 평균을 구하겠습니다. [J3] 셀을 선택하고 수식 입력 줄의 [함수 삽입](f_x)을 클릭합니다. [함수 마법사] 대화 상자가 나타나면 [범주 선택]에서 '통계', [함수 선택]에서 'AVERAGEIF'를 선택한 후 [확인]을 클릭합니다.

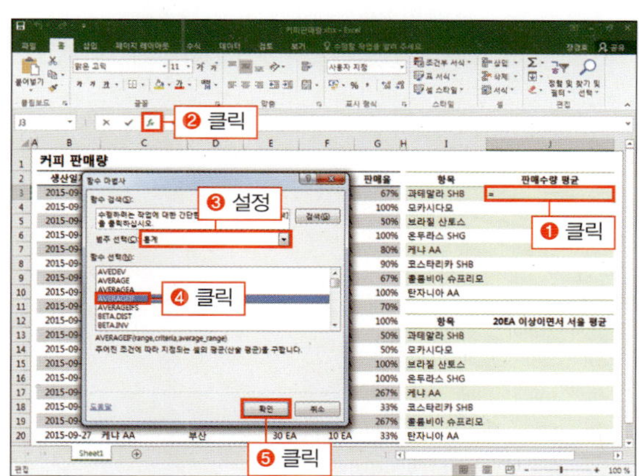

02_ [함수 인수] 대화상자가 나타나면 [Range]에
『$C$3:$C$20』, [Criteria]에 『I3』, [Average_range]에
『$F$3:$F$20』을 각각 입력하고 [확인]을 클릭합니다.

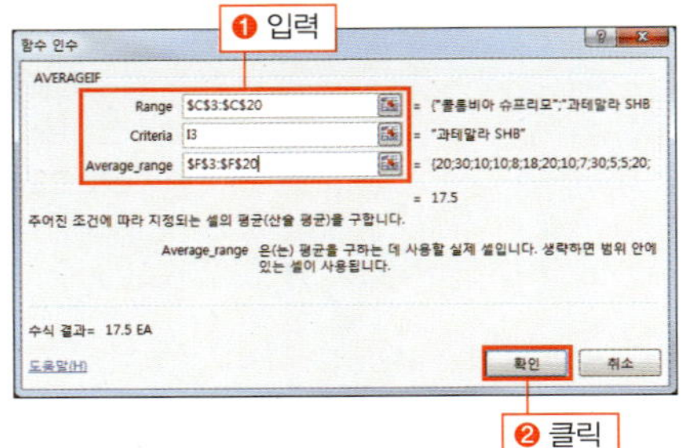

03_ [J3] 셀에 값이 구해집니다. [J3] 셀의 채우기 핸들
(□)을 [J10] 셀까지 드래그합니다. [자동 채우기 옵션]
(□)을 클릭하고 [서식 없이 채우기]를 선택합니다.

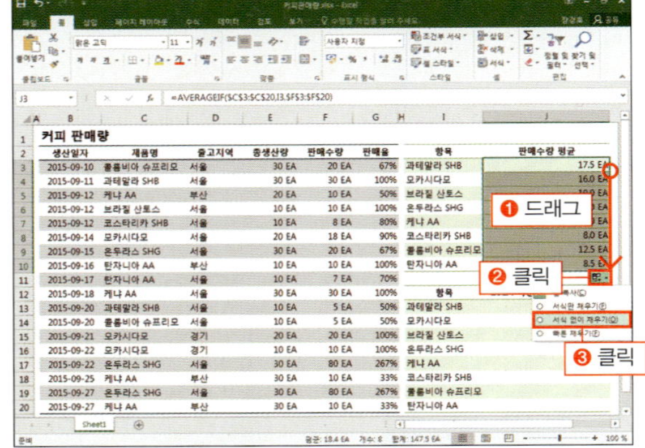

> **TIP**
>
> [J3] 셀에 들어가는 완성 수식 : =AVERAGEIF($C$3:$C
> $20,I3,$F$3:$F$20)

04_ 이번에는 AVERAGEIFS 함수를 통해 20EA 이상이
면서 출고 지역이 서울인 판매 수량의 평균을 구해보겠
습니다. [J13] 셀에 『=AVERAGEIFS(』를 입력하고 **Ctrl**
+**A**를 누릅니다.

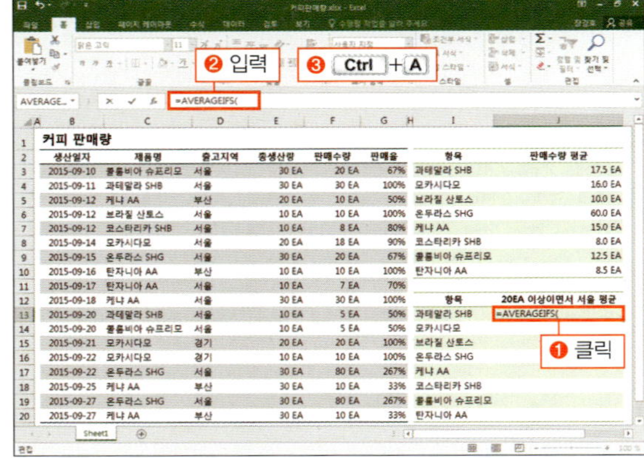

> **TIP**
>
> 함수를 입력한 후 **Ctrl**+**A**를 누르면 [함수 인수] 대
> 화상자가 표시되어 인수를 빠르게 입력할 수 있습니다.

05_ [함수 인수] 대화상자가 나타나면 [Average_range]에 『$F$3:$F$20』, [Criteria_range1]에 『$D$3:$D$20』, [Criteria1]에 『서울』, [Criteria_range2]에 『$C$3:$C$20』, [Criteria2]에 『I13』을 각각 입력하고 [확인]을 클릭합니다.

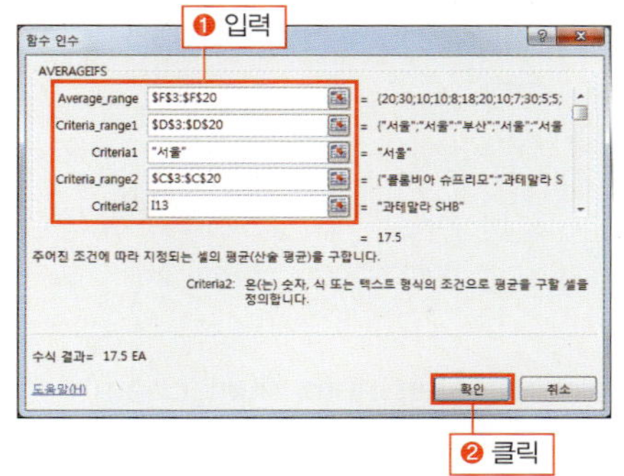

> **TIP**
>
> [J13] 셀에 들어가는 완성 수식 : =AVERAGEIFS($F$3:$F$20,$D$3:$D$20,"서울",$C$3:$C$20,I13)

06_ [J13] 셀에 값이 구해집니다. [J13] 셀의 채우기 핸들(⊞)을 [J20] 셀까지 드래그합니다. [자동 채우기 옵션](⊞)을 클릭하고 [서식 없이 채우기]를 선택합니다.

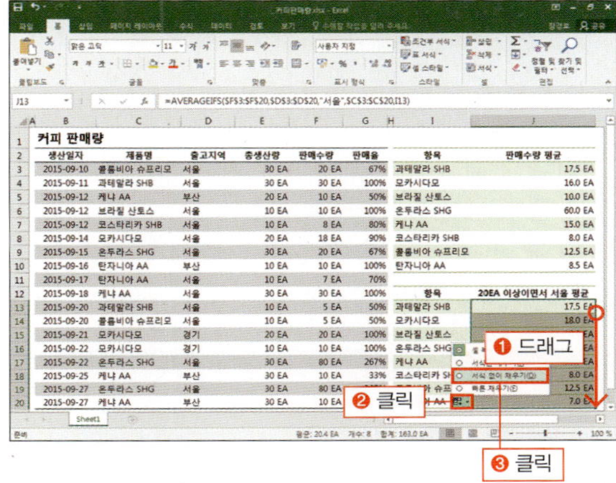

IF, LEFT, MID, RIGHT 함수로 지역 구분하고 성별 구별하기

: : 준비파일 Part01₩Chapter03₩Section03₩사원연명부.xlsx | **완성파일** Part01₩Chapter03₩Section03₩사원연명부_완성.xlsx

IF 함수는 지정한 조건이 참인지 거짓인지를 판단하여 결과 값을 반환하는 함수이며, MID 함수는 지정한 위치로부터 지정한 개수의 문자를 표시하는 함수입니다.

IF 함수 : IF(logical_test, value_if_true, value_if_false)

설명	지정된 조건이 참 또는, 거짓에 따라 각각 다른 값을 반환합니다.
인수	logical_test : 결과를 나타내기 위해서 필요한 조건식을 입력합니다. value_if_true : 조건식의 결과가 참일 경우 나타나는 내용입니다. value_if_false : 조건식의 결과가 거짓일 경우 나타나는 내용입니다.

예를 들어, '=IF(A2>=80, "합격", "불합격")'이라고 입력한다면 A2의 숫자가 80보다 크거나 같으면 '합격'이 표시되고, 80보다 적으면 '불합격'이 표시됩니다.

LEFT 함수 : LEFT(text, num_chars)/RIGHT 함수 : RIGHT(text, num_chars)

설명	LEFT 함수는 문자열의 왼쪽부터 지정한 개수만큼의 글자를 표시하는 기능을 하며, RIGHT 함수는 문자열의 오른쪽부터 지정한 개수만큼의 글자를 표시하는 기능을 합니다.
인수	**text** : 추출할 문자가 들어있는 텍스트 문자열입니다. **num_chars** : 추출할 문자 수입니다.

MID 함수 : MID(text, start_num, num_chars)

설명	문자열의 지정한 위치를 기준으로 지정한 개수만큼의 글자를 표시하는 기능을 합니다.
인수	**text** : 추출할 문자가 들어있는 텍스트 문자열입니다. **Start_num** : 추출할 첫 문자의 위치입니다. **Num_chars** : 문자의 개수를 지정합니다.

01_ 주소를 활용하여 지역을 추출하기 위해 [G4] 셀을 선택합니다. [수식] 탭–[함수 라이브러리] 그룹에서 [텍스트]–[LEFT]를 클릭합니다. [함수 인수] 대화상자가 나타나면 [Text]에서 주소 셀이 있는 [F4]를 선택합니다. [Num_chars]에서 3자리의 문자를 추출하기 위해 『3』을 입력한 후 [확인]을 클릭합니다.

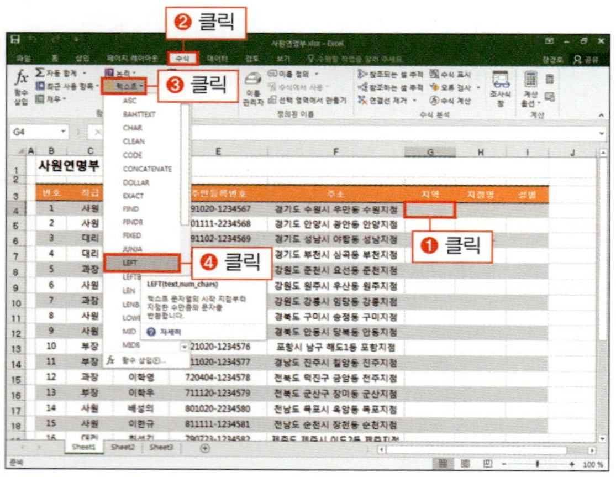

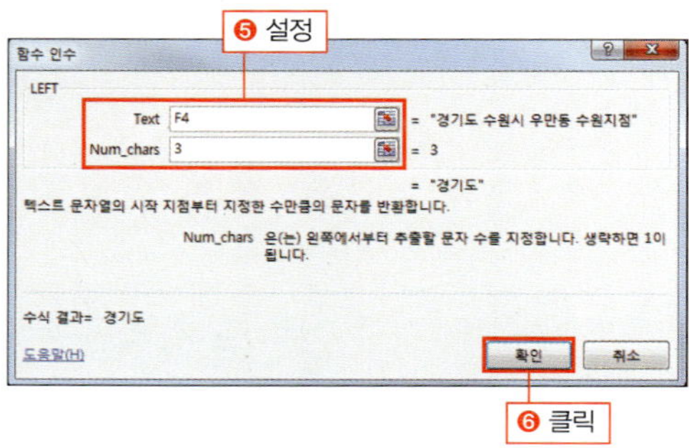

텍스트 함수에는 LEFT, RIGHT, MID, REPLACE, REPT, TEXT 등이 있습니다. 그 중에 대표적인 텍스트 함수인 LEFT 함수는 문자열의 왼쪽부터 지정한 개수만큼의 글자를 표시하는 기능을 합니다. 예를 들어 『=LEFT(A1, 2)』라고 입력하면 [A1] 셀에 입력된 문자열의 처음 두 자리를, 『=LEFT(A1, 10)』이라고 입력하면 [A1] 셀에 입력된 문자열의 처음 열 자리까지를 출력하는 명령이 됩니다.

02_ 이번에는 지점명을 추출하기 위해 [H4] 셀을 선택하고, [수식] 탭-[함수 라이브러리] 그룹에서 [텍스트]-[RIGHT]를 클릭합니다. [함수 인수] 대화상자가 나타나면 [Text]에서 주소 셀이 있는 [F4]를 선택합니다. [Num_chars]에서는 4자리의 문자를 추출하기 위해 『4』를 입력하고 [확인]을 클릭합니다.

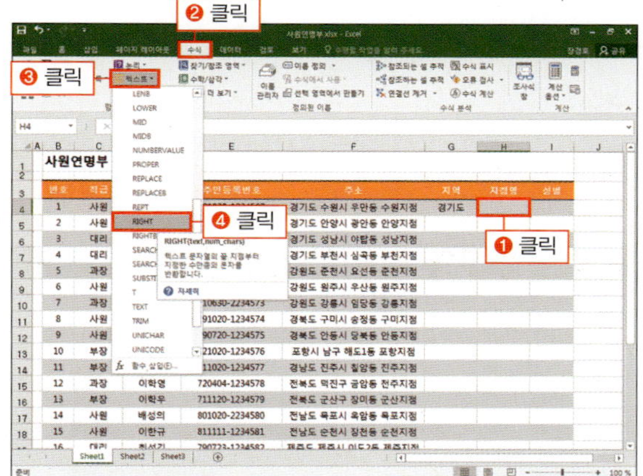

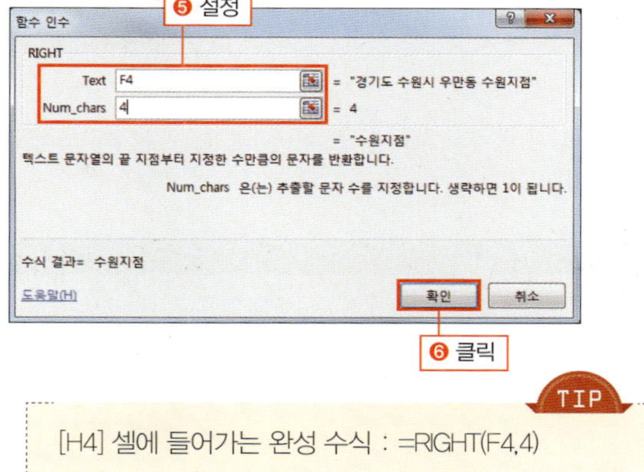

03_ 이번에는 주민등록번호를 이용하여 성별을 추출하기 위해 [I4] 셀을 선택합니다. [수식] 탭-[함수 라이브러리] 그룹에서 [논리]-[IF]를 클릭합니다.

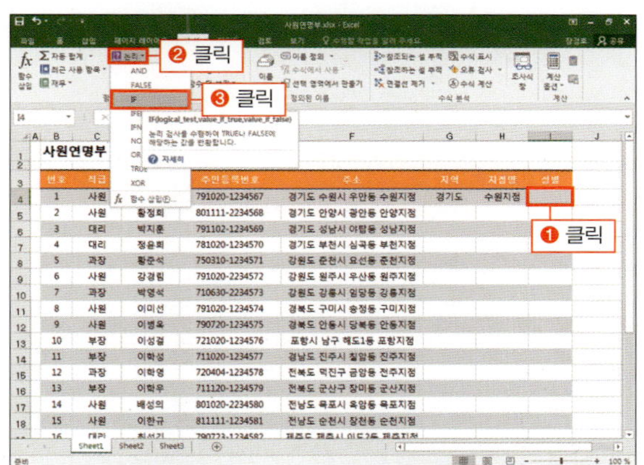

04_ 주민등록번호 뒷자리의 첫 번째 숫자가 '1'이면 '남자', '2'이면 '여자'로 표시하기 위해 [함수 인수] 대화상자가 나타나면 [Logical_test]에 『MID(E4, 8, 1)=1』을 입력합니다. [Value_if_true]에는 『남자』를 입력하고, [Value_if_false]에 『여자』를 입력한 후 [확인]을 클릭합니다.

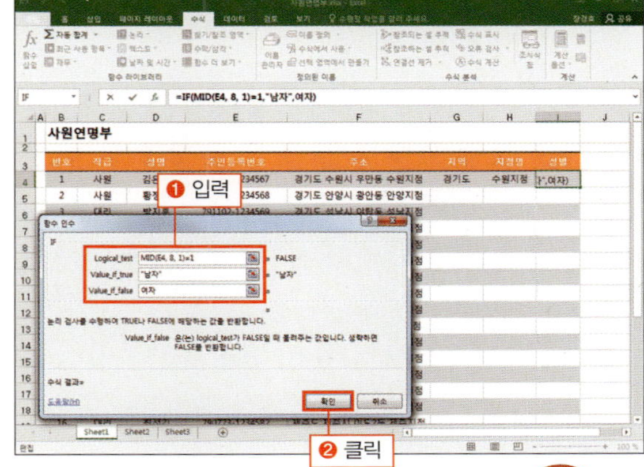

MID 함수는 문자열의 지정한 위치를 기준으로 지정한 개수만큼의 글자를 표시하는 기능을 합니다. 예를 들어 '=MID(A1, 2, 4)'라고 한다면 [A1] 셀에 입력되어 있는 텍스트의 두 번째부터 시작하여 4자를 표시합니다. [A1] 셀에 'ABCDEF'가 입력되어 있다면 두 번째인 'B'부터 4자리까지인 'BCDE'가 표시됩니다.

IF 함수는 지정된 조건이 참 또는, 거짓에 따라 각각 다른 값을 반환합니다. 예를 들어, '=IF(A2)=80,"합격","불합격")'이라고 한다면 A2의 숫자가 80보다 크거나 같으면 수식에서 '합격'이 표시되고, 80보다 적으면 '불합격'이 표시됩니다. '=IF(A2)89,"A",IF(A2)79,"B", IF(A2)69,"C",IF(A2)59,"D","F"))))'와 같이 IF 함수 속에 IF 함수를 중첩해서 사용하면 보다 많은 조건식을 만들 수 있습니다.

05_ [G4:I4] 영역의 채우기 핸들을 [I27] 셀까지 드래그합니다. [자동 채우기 옵션]에서 [서식 없이 채우기]를 선택합니다.

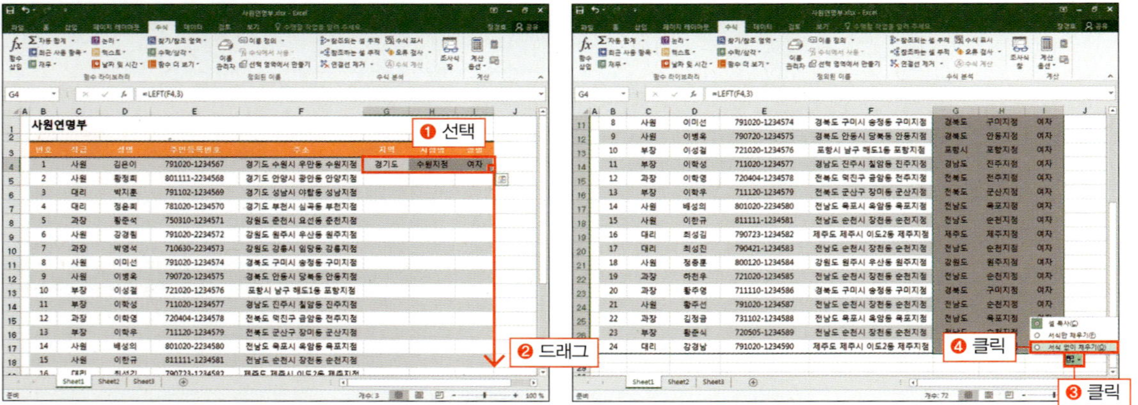

나머지를 구하는 MOD 함수로 성별 구분하기

주민등록번호는 앞에 6자리, 뒤에 7자리로 구성되어 있습니다. 여기서 뒤에 있는 7자리 중 첫 번째는 성별을 나타내는데 1900년도에 태어났을 경우 1은 남자, 2는 여자입니다. 하지만 1800년도에 태어났을 경우 남자는 9, 여자는 0이며, 2000년도에 태어났을 경우 남자는 3, 여자는 4로 구성되어 있습니다. 주민등록번호의 일곱 번째 숫자가 9, 1, 3이면 남자, 0, 2, 4이면 여자로 주문등록번호에서 남과 여를 구분하기 위해서는 MOD 함수를 이용할 수 있습니다.

```
=IF(MOD(VALUE(MID(A1, 8, 1)), 2)=1, "남", "여")
```

IF 함수를 사용하되, MID 함수로 남, 여에 따른 필요한 숫자를 추출하고 MOD 함수를 이용하여 2로 나눈 나머지가 1이면 "남", 1이 아니면 "여"가 입력되도록 만들 수 있습니다. MOD 함수는 나머지를 구하는 함수인데 주민등록번호에서 8번째 자리의 숫자를 가져와 이를 2로 나눠서 나머지가 홀수이면 1, 짝수이면 0으로 나오게 됩니다. 이럴 때 1이면 "남", 1이 아니면 "여"라고 생각할 수 있습니다. VALUE 함수는 문자, 날짜, 상수 등을 숫자로 변환하는 함수입니다.

:: **준비파일** Part01₩Chapter03₩Section03₩회원등급.xlsx | **완성파일** Part01₩Chapter03₩Section03₩회원등급_완성.xlsx

중첩 IF 함수는 여러 조건을 함께 비교하여 64개까지 중첩하여 사용할 수 있습니다. 여기서는 회원 등급을 우수, 일반, 초보 등급으로 구분해 보겠습니다.

01_ [I4] 셀을 선택하고 [수식] 탭—[함수 라이브러리] 그룹에서 [논리]—[IF]를 클릭합니다.

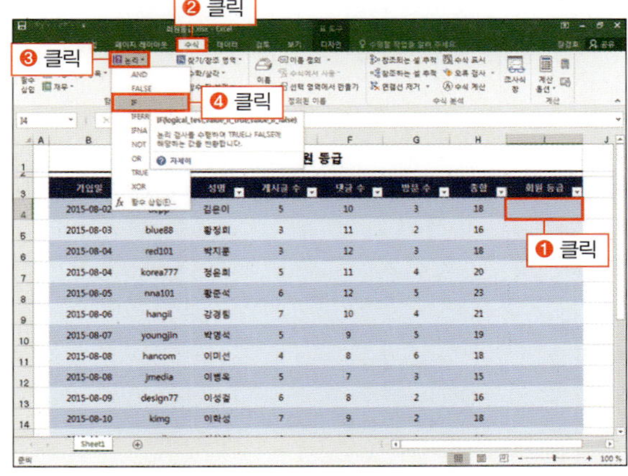

02_ [함수 인수] 대화상자가 나타나면 [Logical_test]에 『H4>=20』을 입력하고, [Value_if_true]에 『우수』를 입력합니다.

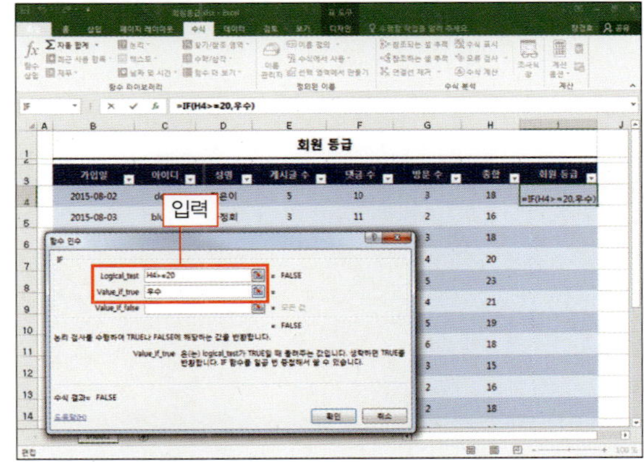

03_ [Value_if_false]에서 중첩 함수를 사용하기 위해 [이름 상자]의 화살표를 클릭하고 [IF]를 선택합니다.

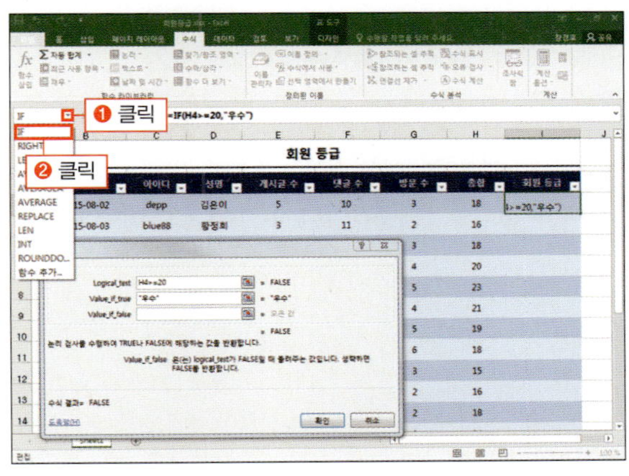

04_ [함수 인수] 대화상자가 다시 나타나면 [Logical_test]에 『H4>=10』, [Value_if_true]에 『일반』, [Value_if_false]에 『초보』를 입력하고 [확인]을 클릭합니다.

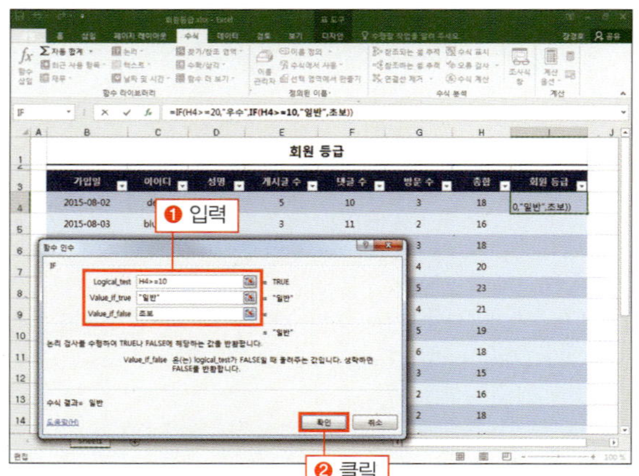

05_ 자동으로 표 구조가 확장되어 삽입됩니다.

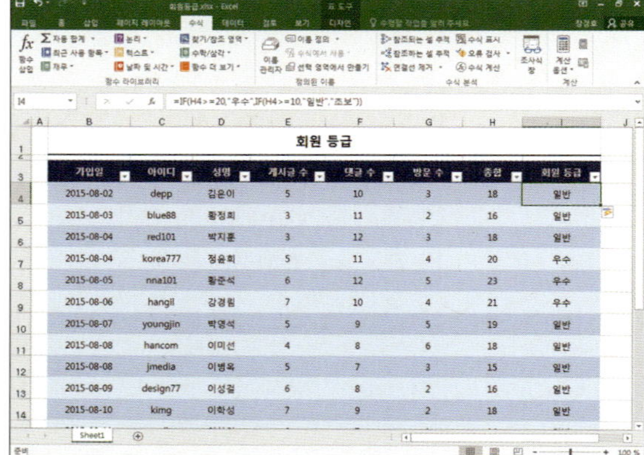

> **TIP**
>
> [I4] 셀에 들어가는 완성 수식 : =IF(H4>=20,"우수",IF(H4>=10,"일반","초보"))

SUMIF, SUMIFS 함수로 판매 수량 구하기

준비파일 Part01₩Chapter03₩Section03₩컴퓨터부품.xlsx | **완성파일** Part01₩Chapter03₩Section03₩컴퓨터부품_완성.xlsx

SUMIF 함수는 특정 조건에 해당하는 숫자를 더할 때 사용하는 함수이며, SUMIFS 함수는 여러 조건을 만족하는 경우에 사용할 수 있는 함수입니다.

SUM 함수 : SUM(number1, number2, …)

설명	셀 범위에 있는 숫자를 모두 더합니다.
인수	**number1, number2, …** : 합계 값이나 합을 구할 인수입니다. 1개부터 255개까지 지정할 수 있습니다.

SUMIF 함수 : SUMIF(range, criteria, sum_range)

설명	지정한 조건에 맞는 범위의 합계를 더합니다.
인수	range : 조건을 적용할 셀 범위를 지정합니다. criteria : 숫자, 수식 또는 텍스트 형태로 된 찾을 조건을 지정합니다. sum_range : 합을 구하려는 실제 셀이나 셀 범위입니다.

SUMIFS 함수 : SUMIFS(sum_range, criteria_range1, criteria1, criteria_range2, criteria2, ...)

설명	여러 조건을 충족하는 범위의 셀을 더합니다.
인수	sum_range : 합을 구하려는 실제 셀이나 셀 범위입니다. 빈 값이나 텍스트 값은 무시됩니다. criteria_range1, criteria_range2 : 지정할 범위 및 관련 조건으로써 최대 127개까지 지정할 수 있습니다. criteria1, criteria2, ... : 숫자, 식, 셀 참조 또는, 텍스트 형식의 조건입니다.

01_ '특가'라는 단어가 포함된 모든 제품의 판매 수량을 구하기 위해 [J3] 셀을 선택합니다. [수식] 탭-[함수 라이브러리] 그룹에서 [함수 삽입](f_x)을 클릭합니다. [함수 마법사] 대화상자가 나타나면 [범주 선택]에서 '수학/삼각', [함수 선택]에서 'SUMIF'를 각각 선택하고 [확인]을 클릭합니다.

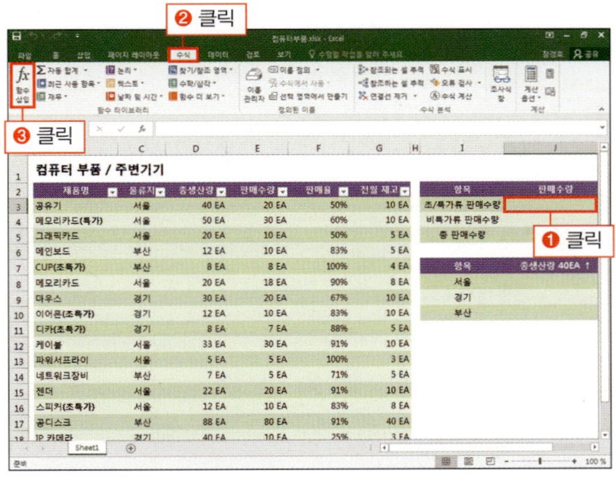

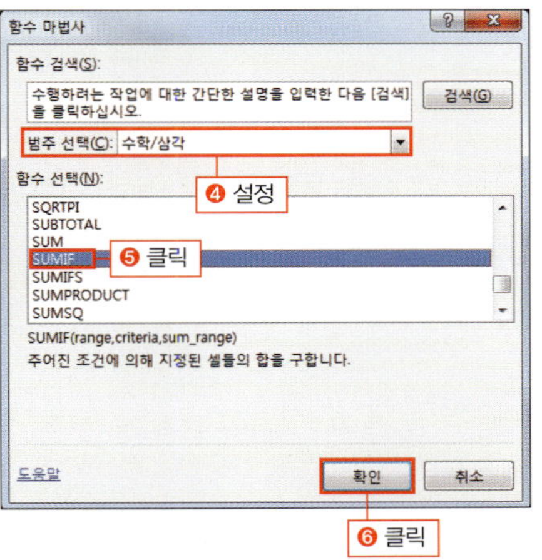

02_ [함수 인수] 대화상자가 나타나면 [Range]에서 [B3] 셀과 [B18] 셀을 드래그하여 선택합니다. [Criteria]에 『*특가*』를 입력하고, [Sum_range]에서 [E3] 셀과 [E18] 셀을 드래그하여 선택한 다음 [확인]을 클릭합니다.

> **TIP**
> 수식에 사용되는 셀 범위를 입력란에 직접 입력하는 것보다 셀 범위를 드래그하여 지정하는 것이 더 효율적입니다.

> **TIP**
> [J3] 셀에 들어가는 완성 수식 : =SUMIF(표1[제품명],"*특가*",표1[판매수량])

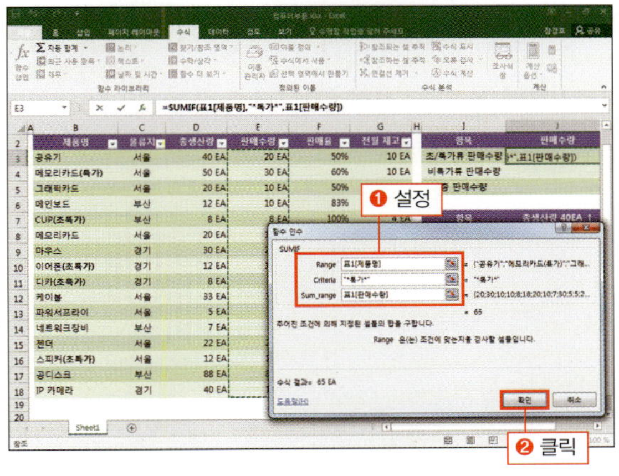

03_ [J3] 셀에 '특가'가 포함된 모든 제품명의 판매 수량이 집계됩니다. 이번에는 특가가 포함되지 않은 제품의 판매 수량을 구해보겠습니다. [J4] 셀을 선택하고 『=SUMIF(B3:B18,"⟨⟩*특가*",E3:E18)』을 입력한 후 **Enter** 를 누릅니다.

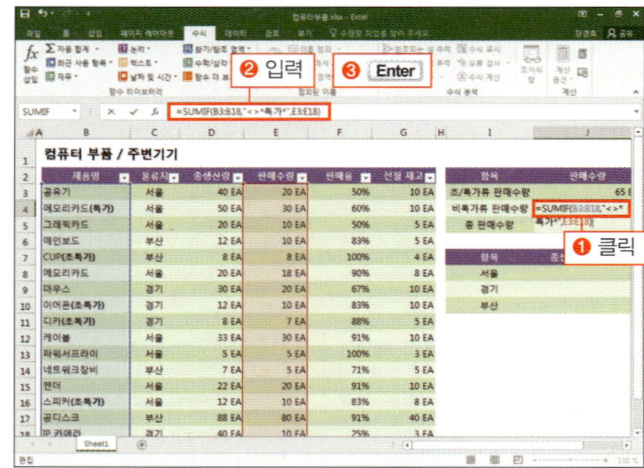

> **TIP**
>
> [J4] 셀에 들어가는 완성 수식 : =SUMIF(B3:B18,"⟨⟩*특가*",E3:E18)

04_ 특가류와 비특가류 제품의 모든 판매 수량을 합산하기 위해 [J5] 셀을 선택하고 [수식] 탭-[함수 라이브러리] 그룹에서 [자동 합계]-[합계]를 클릭합니다.

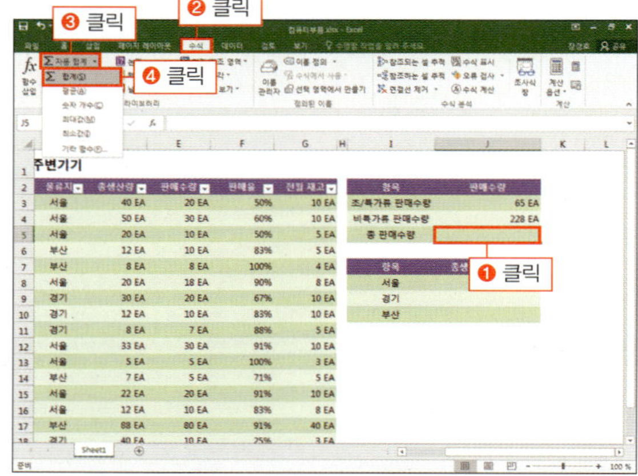

05_ 자동으로 영역이 지정되면 **Enter** 를 누릅니다.

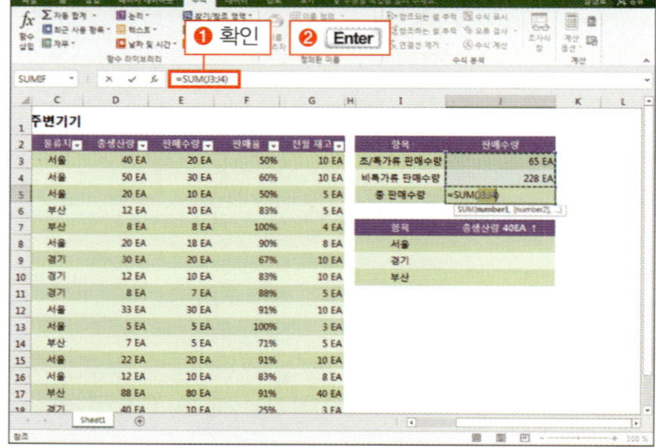

> **TIP**
>
> [J5] 셀에 들어가는 완성 수식 : =SUM(J3:J4)

06_ 이번에는 SUMIFS 함수를 이용해 물류지가 서울이면서 총생산량이 40EA 이상인 제품의 판매 수량을 구해보겠습니다. [J8] 셀을 선택하고 [수식] 탭–[함수 라이브러리] 그룹에서 [수학/삼각]–[SUMIFS]를 클릭합니다.

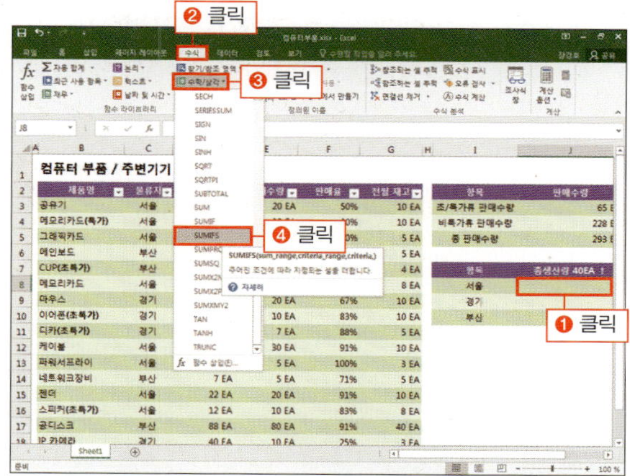

07_ [함수 인수] 대화상자가 나타나면 다음과 같이 인수를 입력하고 [확인]을 클릭합니다.

> **TIP**
> [J8] 셀에 들어가는 완성 수식 : =SUMIFS(E3:E18, C3:C18, I8, D3:D18, ")=40")

> **TIP**
> SUMIF 함수와 SUMIFS 함수는 인수 순서가 서로 다릅니다. 특히, sum_range 인수는 SUMIFS 함수의 첫 번째 인수이지만 SUMIF 함수에서는 세 번째 인수입니다.

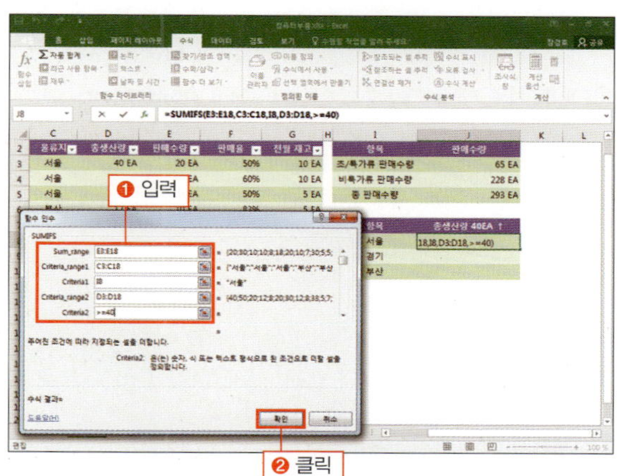

08_ 물류지가 경기이면서 총생산량이 40EA 이상인 제품의 판매 수량과 물류지가 부산이면서 총생산량이 40EA 이상인 제품의 판매 수량도 구합니다.

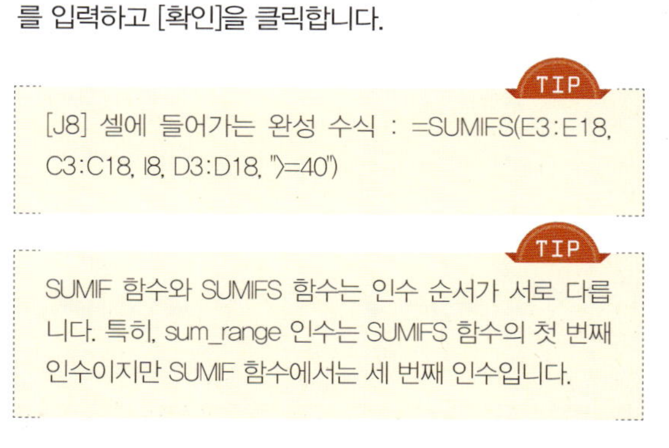

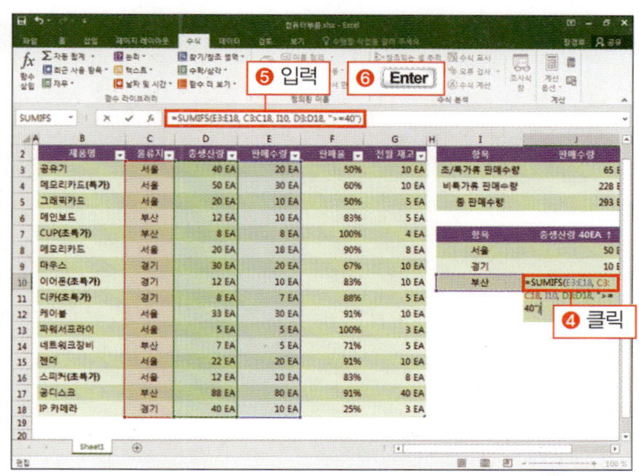

> **TIP**
> [J9] 셀에 들어가는 완성 수식 : =SUMIFS(E3:E18, C3:C18, I9, D3:D18, ")=40")

> **TIP**
> [J10] 셀에 들어가는 완성 수식 : =SUMIFS(E3:E18, C3:C18, I10, D3:D18, ")=40")

> **TIP**
> SUMIFS 함수는 엑셀 2007부터 추가된 함수이므로 엑셀 2003 이하에서는 'NAME?' 오류가 발생합니다.

:: 준비파일 Part01₩Chapter03₩Section03₩성적집계.xlsx | **완성파일** Part01₩Chapter03₩Section03₩성적집계_완성.xlsx

COUNT 함수는 숫자로 구성된 셀의 개수를 구하는 함수이며, COUNTA 함수는 문자든 숫자든 상관없이 빈 셀을 제외한 셀의 개수를, COUNTBLANK 함수는 빈 셀의 개수를 구하는 함수입니다.

COUNT 함수 : COUNT(value1, value2, ...)

설명	인수 목록에서 숫자가 포함된 셀과 숫자의 개수를 계산합니다.
인수	value1, value2, ... : 개수를 세려는 항목이나 셀 참조 또는, 범위입니다. 최대 255개까지 추가할 수 있습니다.

COUNTBLANK 함수 : COUNTBLANK(range)

설명	지정한 범위에 있는 빈 셀의 개수를 계산합니다.
인수	range : 빈 셀의 개수를 계산할 범위입니다.

01_ COUNT 함수로 부서별 응시자 수를 구해보겠습니다. [M8] 셀을 선택한 후 수식 입력줄에 『=COUNT(F7:F59)』를 입력하고 **Enter** 를 누릅니다. [M8] 셀에 결과 값이 '0'으로 나타납니다.

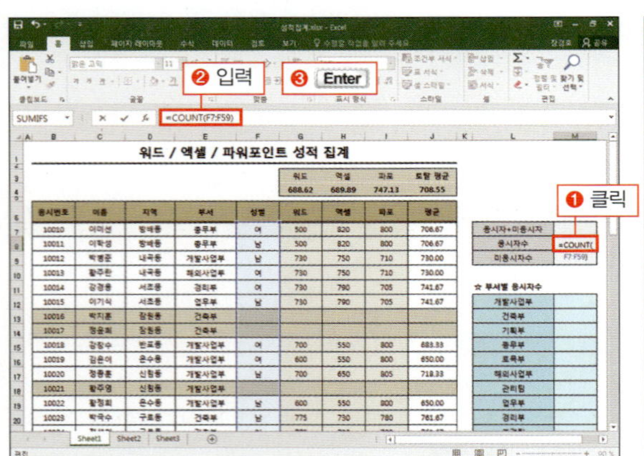
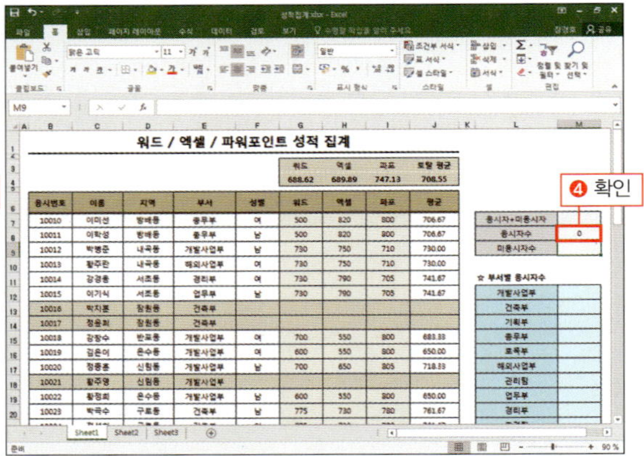

02_ 응시자 수가 구해지지 않는 이유는 지정한 셀 범위가 숫자가 아닌 문자이기 때문입니다. COUNT 함수는 숫자로 구성된 셀의 범위를 구하는 함수이므로 [M8] 셀에 『=COUNT(J7:J59)』를 다시 입력하고 Enter 를 누르면 응시자 수가 구해집니다.

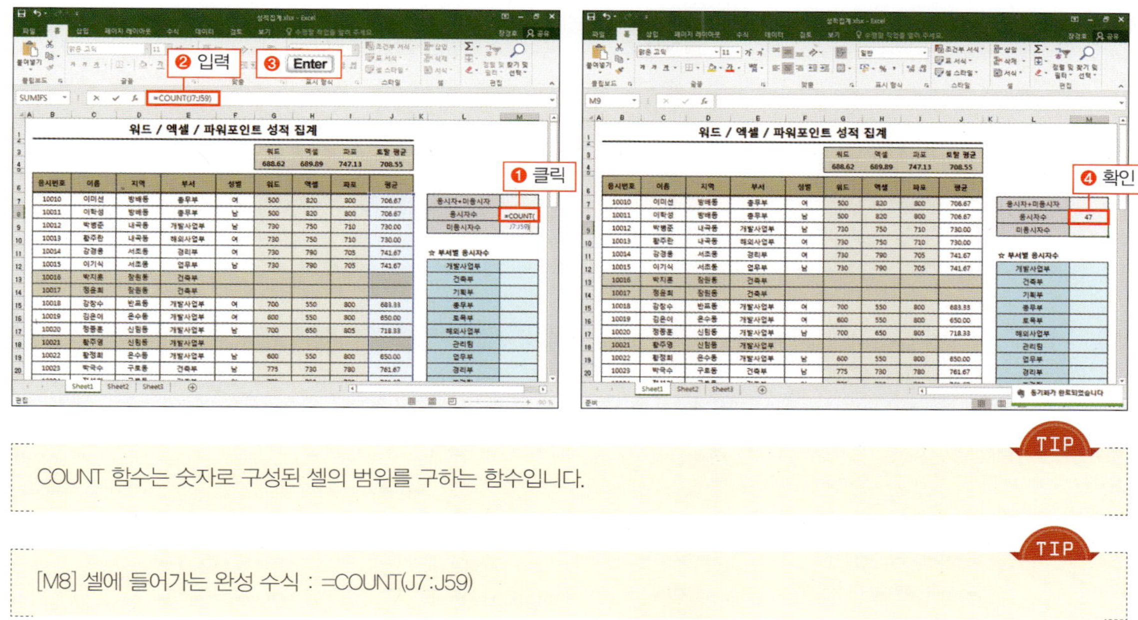

> **TIP**
>
> COUNT 함수는 숫자로 구성된 셀의 범위를 구하는 함수입니다.

> **TIP**
>
> [M8] 셀에 들어가는 완성 수식 : =COUNT(J7:J59)

03_ COUNTA 함수를 통해서도 응시자 수를 구할 수 있습니다. [M8] 셀을 다시 선택하고 수식 입력줄에 『=COUNTA(F7:F59)』를 입력한 후 Enter 를 누르면 응시자 수가 구해집니다.

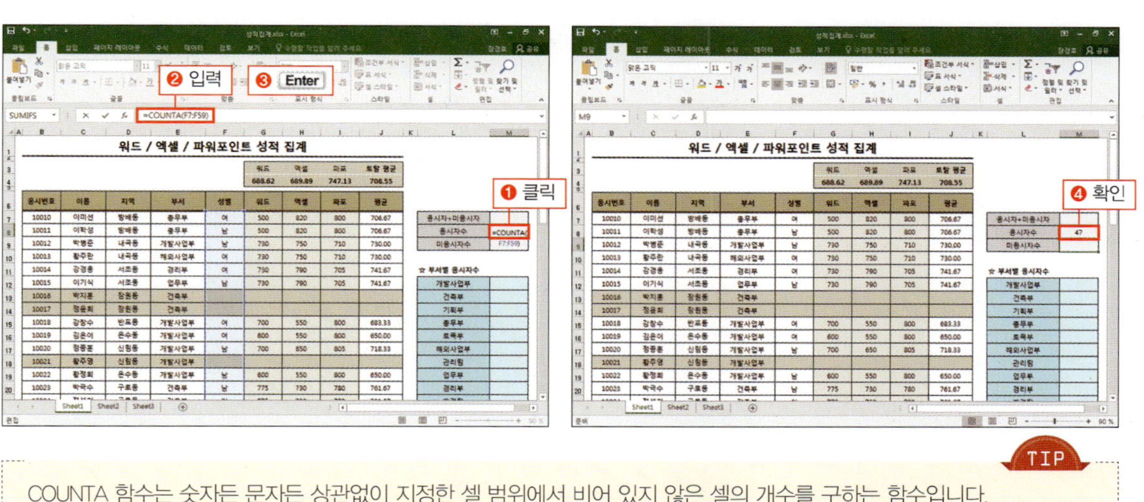

> **TIP**
>
> COUNTA 함수는 숫자든 문자든 상관없이 지정한 셀 범위에서 비어 있지 않은 셀의 개수를 구하는 함수입니다.

> **TIP**
>
> [M8] 셀에 들어가는 완성 수식 : =COUNTA(F7:F59)

04_ 이번에는 값이 입력되어 있지 않은 미응시자 수를 구해보겠습니다. [M9] 셀을 선택하고 수식 입력줄에 『=COUNTBLANK(J7:J59)』를 입력한 후 Enter 를 누릅니다.

> **TIP**
> COUNTBLANK 함수는 빈 셀의 개수를 구하는 함수입니다.

> **TIP**
> [M9] 셀에 들어가는 완성 수식 : =COUNTBLANK(J7:J59)

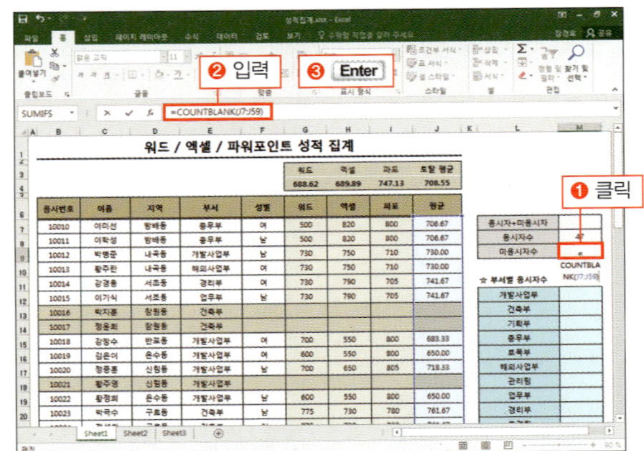

05_ 이번에는 COUNT 함수와 COUNTBLANK 함수를 함께 사용하여 응시자 수와 미응시자 수 모두를 구해보겠습니다. [M7] 셀을 선택하고 수식 입력줄에 『=COUNT(J7:J59)+COUNTBLANK(J7:J59)』를 입력한 후 Enter 를 누릅니다.

> **TIP**
> [M9] 셀에 들어가는 완성 수식 : =COUNT(J7:J59)+COUNTBLANK(J7:J59)

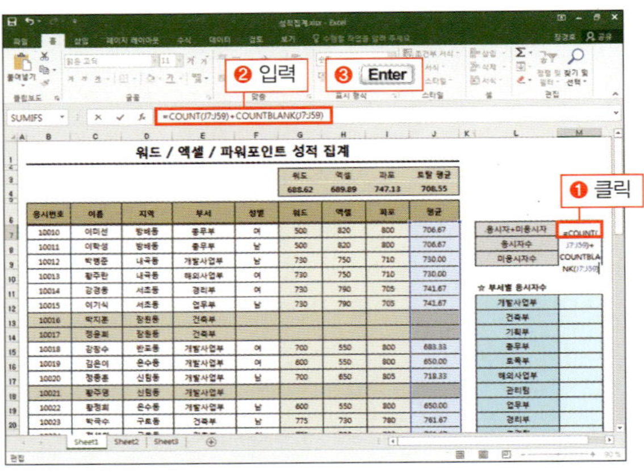

06_ 응시자 수와 미응시자 수가 구해집니다.

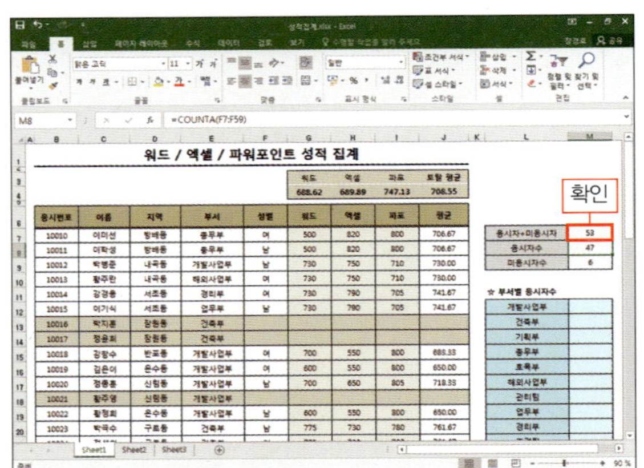

COUNTIF, COUNTIFS 함수로 조건에 맞는 개수 구하기

:: **준비파일** Part01₩Chapter03₩Section03₩성적집계(2).xlsx ｜ **완성파일** Part01₩Chapter03₩Section03₩성적집계(2)_완성.xlsx

COUNTIF 함수는 한 개의 조건에 맞는 셀의 개수를 구하는 함수이며, COUNTIFS 함수는 지정한 범위에서 여러 조건에 맞는 셀의 개수를 구하는 함수입니다.

COUNTIF 함수 : COUNTIF(range, criteria)

설명	지정한 범위에서 조건에 맞는 셀의 개수를 구할 때 사용합니다.
인수	range : 조건에 맞는 셀 범위를 지정합니다. criteria : 개수를 구할 조건을 입력합니다.

COUNTIFS 함수 : COUNTIFS(criteria_range1, criteria1, …)

설명	지정한 범위에서 여러 조건에 맞는 셀의 개수를 구할 때 사용합니다.
인수	criteria_range : 조건을 찾을 첫 번째 범위를 지정합니다. criteria : 개수를 구할 조건을 입력합니다.

01_ 부서별 응시자 수를 구하기 위해 [M12] 셀을 선택합니다. 수식 입력줄의 [함수 삽입](f_x)을 클릭하고 [함수 마법사] 대화상자가 나타나면 이번에는 [함수 검색]에 『COUNTIF』를 입력한 후 [검색]을 클릭합니다. [함수 선택]에 다양한 함수가 검색되면 'COUNTIF'를 선택하고 [확인]을 클릭합니다.

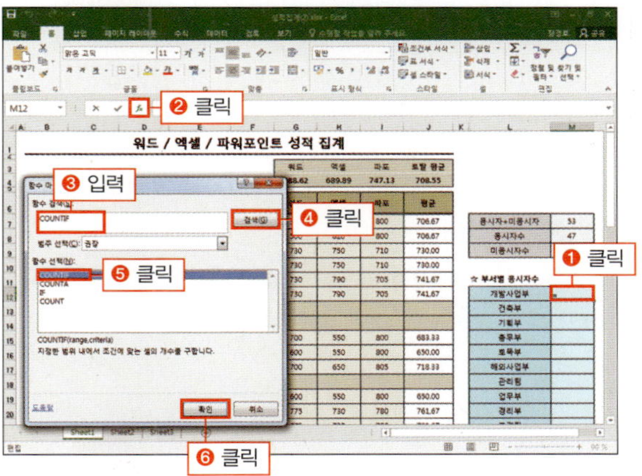

> **TIP**
>
> COUNTIF 함수는 한 개의 조건에 맞는 셀의 개수를 구하는 함수로써 여기서는 부서별로 응시자 수를 구합니다.

02_ [함수 인수] 대화상자가 나타나면 [Range]에 『E7:E59』를 입력하여 부서가 입력되어 있는 영역을 지정합니다. [Criteria]에는 『L12』를 입력하고 [확인]을 클릭합니다.

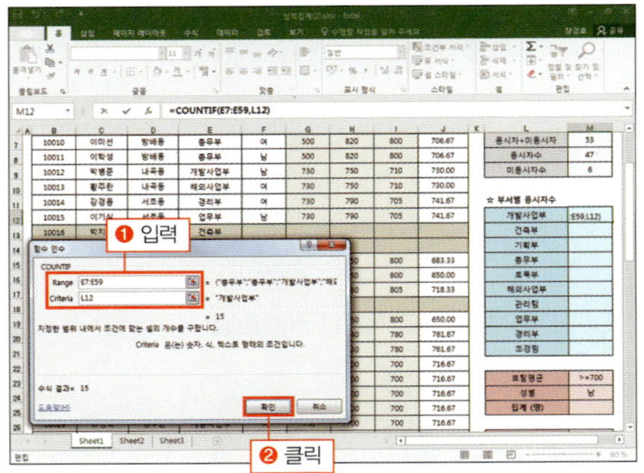

> **TIP**
>
> [M12] 셀에 들어가는 완성 수식 : =COUNTIF(E7:E59,L12)

03_ 부서별 응시자 수를 구하기 위해 [M12] 셀에서 [M21] 셀을 드래그하여 선택합니다. 수식 입력줄에 입력되어 있는 수식 중에 'E7:E59'를 드래그하여 선택하고 F4 를 눌러 절대 참조로 변경합니다. 즉, 『=COUNTIF($E$7:$E$59,L12)』 절대 참조로 변경한 후 Ctrl + Enter 를 누릅니다.

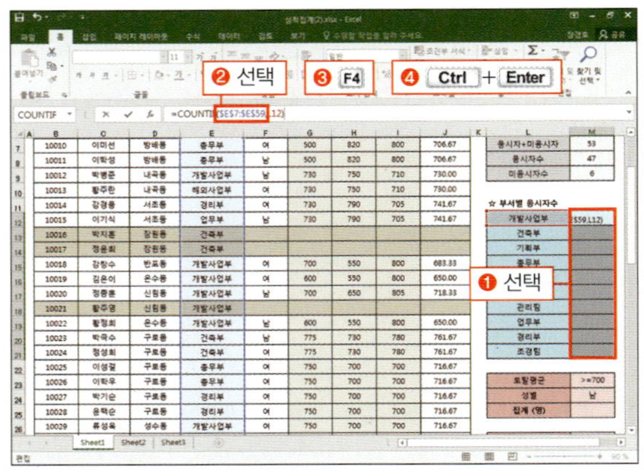

> **TIP**
>
> 영역을 지정하여 수식을 입력한 다음 Ctrl + Enter 를 누르면 지정한 영역에 한 번에 수식이 채워집니다.

04_ [M12] 셀에서 [M21] 셀까지 응시자 수가 집계됩니다. 이번에는 평균이 700점 이상인 남성 응시자를 구하기 위해 [M25] 셀을 선택합니다. 수식 입력줄에 『=COUNTIFS(J8:J59,M23,F8:F59,M24)』를 입력하고 Enter 를 누릅니다.

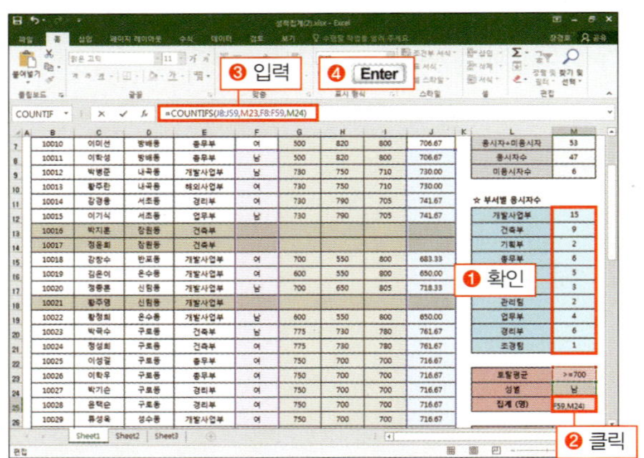

> **TIP**
>
> COUNTIFS 함수는 COUNTIF 함수와 비슷하나 여러 개의 조건에 맞는 셀의 개수를 구할 때 사용합니다. 여기서는 평균 700점 이상과 성별에 따른 집계를 구합니다.

> **TIP**
>
> [M25] 셀에 들어가는 완성 수식 : =COUNTIFS(J8:J59,M23,F8:F59,M24)

05_ 평균이 700점 이상이면서 성별이 남자인 집계가 구해집니다. 이번에는 평균이 700점 이상이면서 성별이 여자인 집계를 구하기 위해 [M29] 셀을 선택합니다. 수식 입력줄에 『=COUNTIFS(J7:J58,M27,F8:F59,M28)』을 입력하고 **Enter**를 누릅니다.

> **TIP**
>
> 범위를 지정할 수 있는 [Criteria_range]와 조건을 지정할 수 있는 [Criteria]은 최대 127개까지 지정할 수 있습니다.

> **TIP**
>
> [M29] 셀에 들어가는 완성 수식 : =COUNTIFS(J7:J58,M27,F8:F59,M28)

TODAY, YEAR, MONTH 함수로 초과 근무 시간 구하기

:: 준비파일 Part01₩Chapter03₩Section03₩초과근무시간.xlsx | **완성파일** Part01₩Chapter03₩Section03₩초과근무시간_완성.xlsx

시작 시간과 종료 시간을 계산하고, TODAY, YEAR, MONTH 함수를 이용하면 초과 근무 시간을 구할 수 있습니다.

TODAY 함수 : TODAY( )

설명	시스템의 현재 날짜를 입력합니다.

YEAR 함수 : YEAR(serial_number)

설명	날짜에 해당하는 연도를 반환합니다. 연도는 1900에서 9999 사이의 정수입니다.
인수	serial_number : 연도를 구할 날짜입니다.

MONTH 함수 : MONTH(serial_number)

설명	날짜의 월을 반환합니다. 월은 1(1월)에서 12(12월) 사이의 정수입니다.
인수	serial_number : 월을 구할 날짜입니다.

01_ 금일 날짜를 입력하기 위해 [F2] 셀을 선택합니다. [수식] 탭–[함수 라이브러리] 그룹에서 [날짜 및 시간]–[TODAY]를 클릭합니다. [함수 인수] 대화상자가 나타나면 [확인]을 클릭합니다.

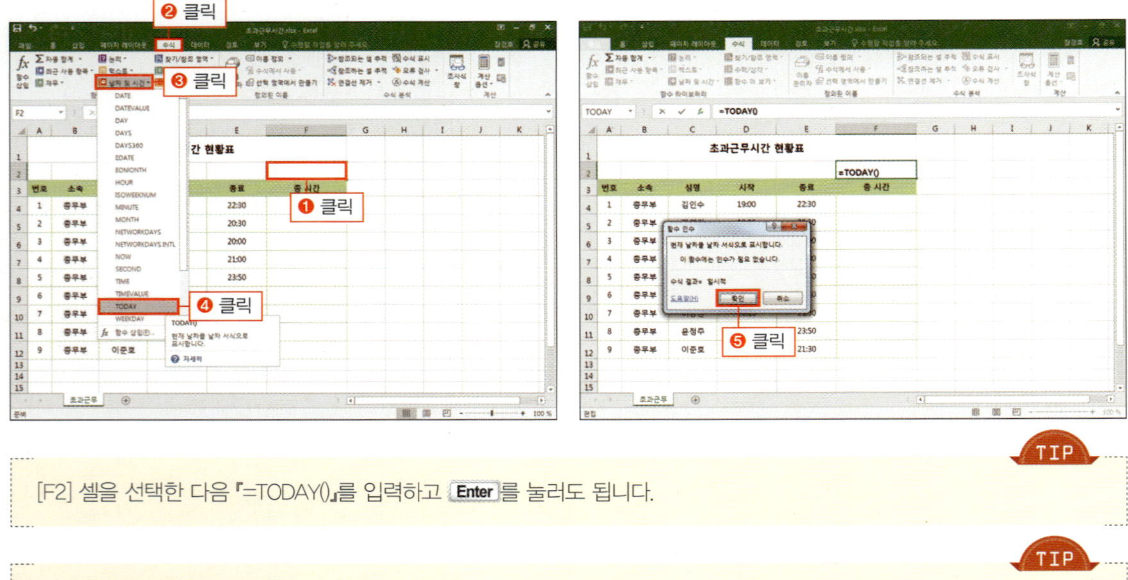

TIP

[F2] 셀을 선택한 다음 『=TODAY()』를 입력하고 Enter 를 눌러도 됩니다.

TIP

[F2] 셀에 들어가는 완성 수식 : =TODAY()

02_ 초과 근무 시간을 구하기 위해 [F4] 셀을 선택합니다. [수식] 탭–[함수 라이브러리] 그룹에서 [날짜 및 시간]–[HOUR]를 클릭합니다.

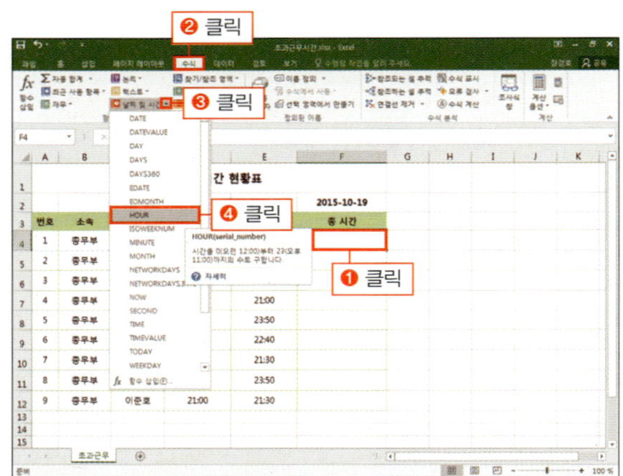

03_ [함수 인수] 대화상자의 [Serial_number]에 『F4–E4』를 입력하고 [확인]을 클릭합니다.

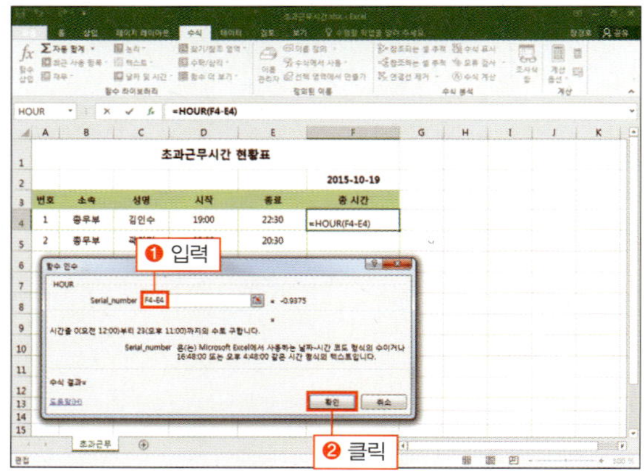

04_ 수식 입력줄에서 '=HOUR(E4-D4)' 뒤에 『&"시간"&MINUTE(E4-D4)&"분"』을 입력하고 **Enter** 를 누릅니다.

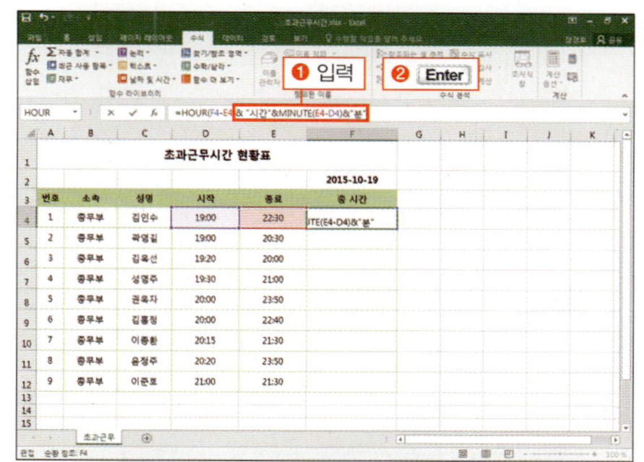

05_ [F4] 셀의 채우기 핸들( )을 [F12] 셀까지 드래그하여 완성합니다.

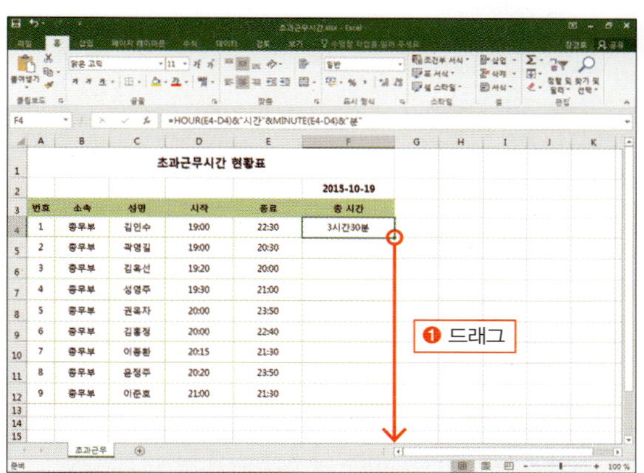
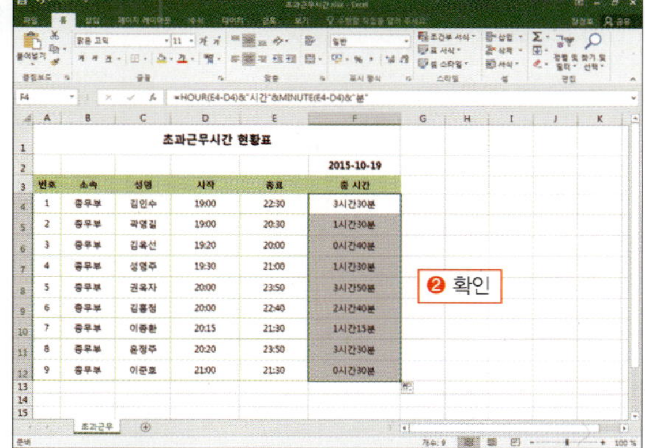

[F4] 셀에 들어가는 완성 수식 : =HOUR(E4-D4)&"시간"&MINUTE(E4-D4)&"분"

1 TRIM 함수는 문자의 앞, 뒤에 불필요한 공백이 발생했을 경우 공백 하나만 남긴 채 나머지 공백은 제거하는 함수입니다. 준비파일을 불러온 후 TRIM 함수를 활용해 공백을 제거해 보세요.

◎ 준비파일 : Part01₩Chapter03₩Check₩주소록.xlsx　　◎ 완성파일 : Part01₩Chapter03₩Check₩주소록_완성.xlsx

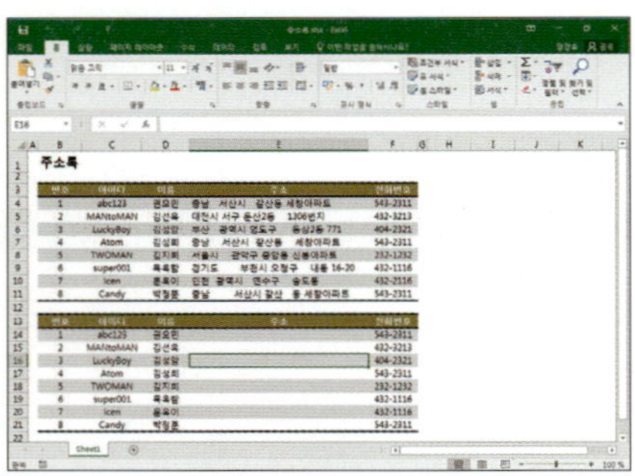 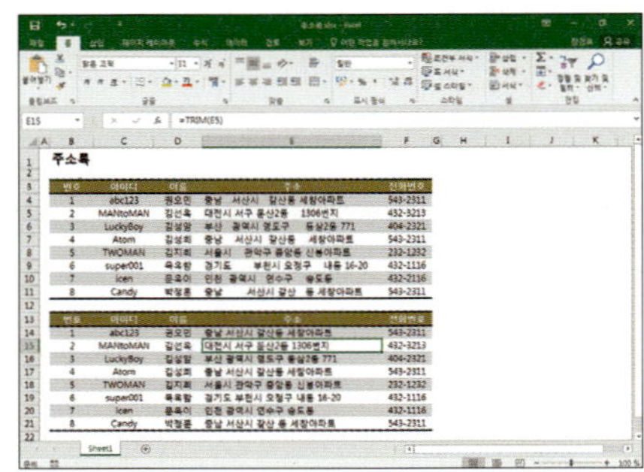

힌트

❶ [E14:E21] 영역을 드래그하여 선택하고 수식 입력줄에 『=TRIM(E4)』를 입력합니다.

❷ 영역을 먼저 지정한 후 수식을 입력한다면 Enter 가 아닌 Ctrl + Enter 를 누릅니다.

---

2 아이디나 영문 이름의 경우 모든 문자를 대문자로 변경하거나 소문자로 변경하는 등 통일해야 하는 경우가 발생합니다. 이럴 때 사용할 수 있는 함수가 바로 LOWER, UPPER, PROPER 함수입니다. 이런 함수들을 이용하여 대문자, 소문자, 대소문자로 문자를 변경해 보세요.

◎ 준비파일 : Part01₩Chapter03₩Check₩닉네임.xlsx　　◎ 완성파일 : Part01₩Chapter03₩Check₩닉네임_완성.xlsx

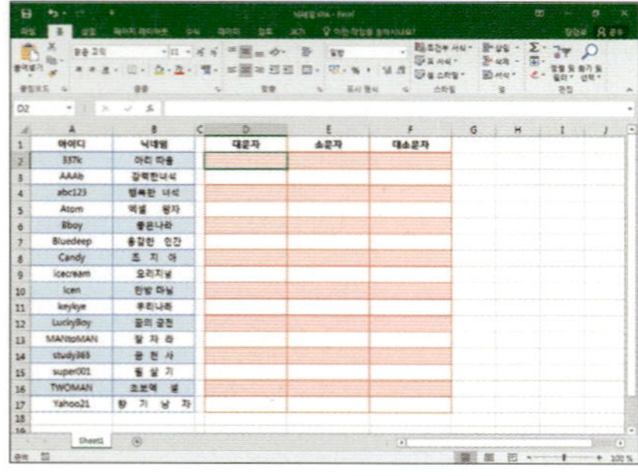 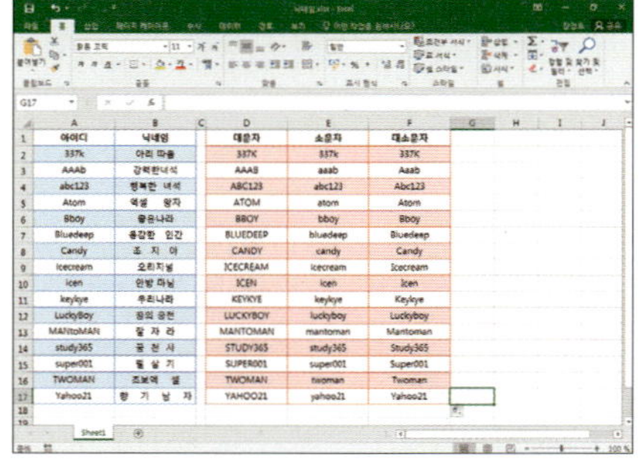

힌트

❶ 영문을 대문자로 변경하기 위해 [D2] 셀을 선택하고 수식 입력줄에 『=UPPER(A2)』를 입력합니다.

❷ 영문을 소문자와 대소문자로 변경하기 위해 'LOWER', 'PROPER' 함수를 활용해 문자를 변경합니다.

Section# 04

실무 함수 익히기

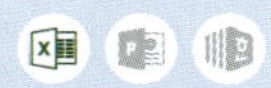

다양한 형식으로 구성된 데이터의 경우 실무 함수를 적절히 활용할 수 있어야 합니다. 여기서는 자주 사용하지는 않지만 유용하게 사용되는 함수를 비롯해 실무 함수를 통해 업무 능률을 향상시킬 수 있는 방법을 살펴보겠습니다.

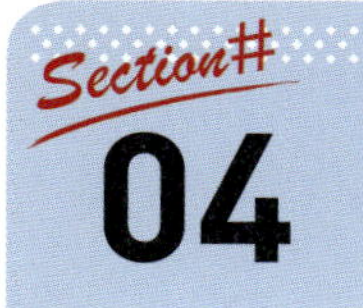

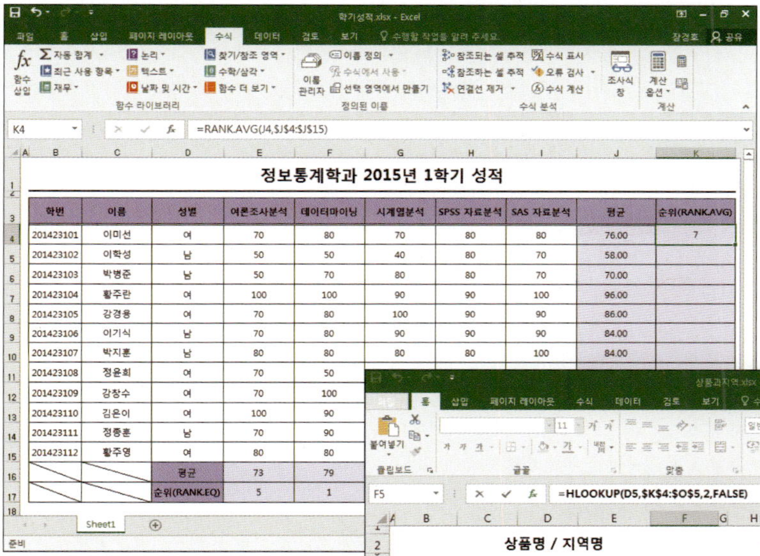

▲ RANK.EQ, RANK.AVG 함수로 1학기 성적 순위 구하기

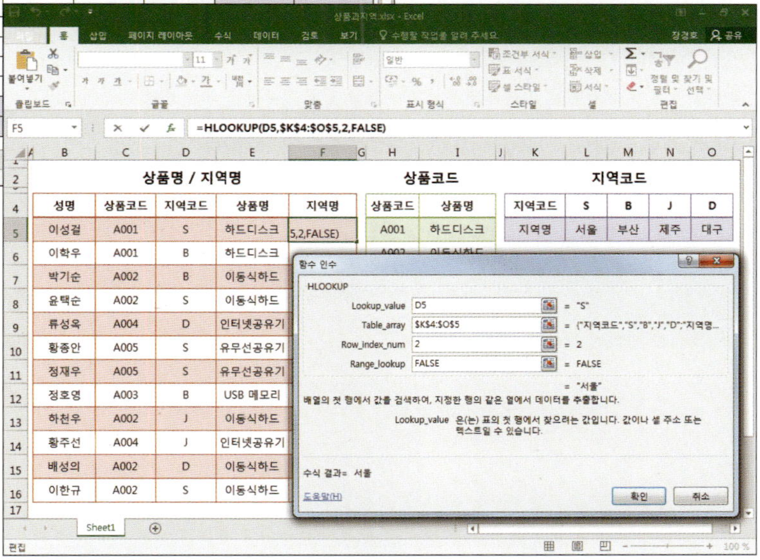

▲ VLOOKUP, HLOOKUP 함수로 상품명과 지역명 입력하기

이번 섹션에서 배울 주요 내용

- RANK.EQ, RANK.AVG 함수로 1학기 성적 순위 구하기
- LOOKUP 함수로 제품코드로 제품명 나타내기
- VLOOKUP, HLOOKUP 함수로 상품명과 지역명 입력하기
- INDEX 함수로 근무연수에 따른 연봉 구하기
- SUMPRODUCT 함수로 배열 값 구하기
- DSUM, DAVERAGE 함수로 부서 합계, 평균 구하기
- DCOUNT 함수로 조건에 맞는 응시인원, 합격인원 구하기
- FV 함수를 이용해 정기적금 만기 시 받을 금액 산출하기

RANK.EQ, RANK.AVG 함수로 1학기 성적 순위 구하기

:: **준비파일** Part01₩Chapter03₩Section04₩학기성적.xlsx | **완성파일** Part01₩Chapter03₩Section04₩학기성적_완성.xlsx

RANK.EQ 함수는 기존 RANK 함수와 마찬가지로 둘 이상이 순위가 동일하면 동일한 순위를 구하며, RANK.AVG 함수는 평균 순위를 구하는 함수입니다.

RANK 함수 : RANK(number,ref,order)

설명	지정한 목록들의 순위를 구합니다. 엑셀 2010 이전 버전에서 사용했던 순위 함수로써 엑셀 2010부터 RANK.EQ, RANK.AVG로 변경되었습니다.
인수	**number** : 순위를 구하려는 셀을 입력합니다. **ref** : 숫자 목록의 범위입니다. 숫자 이외의 값은 무시됩니다. **order** : 순위 결정 방법을 지정하는 수입니다. 0이거나 생략하면 내림차순으로, 0이 아니면 오름차순으로 정렬됩니다.

RANK.EQ 함수 : RANK.EQ(number,ref,order)

설명	지정한 목록들의 순위를 구합니다. 동일한 순위가 여러 개이면 가장 높은 순위를 반환합니다.
인수	**number** : 순위를 구하려는 셀을 입력합니다. **ref** : 숫자 목록의 범위입니다. 숫자 이외의 값은 무시됩니다. **order** : 순위 결정 방법을 지정하는 수입니다.

RANK.AVG 함수 : RANK.AVG(number,ref,order)

설명	지정한 목록들의 순위를 구합니다. 동일한 순위가 여러 개이면 평균 순위를 반환합니다.
인수	**number** : 순위를 구하려는 셀을 입력합니다. **ref** : 숫자 목록의 범위입니다. 숫자 이외의 값은 무시됩니다. **order** : 순위 결정 방법을 지정하는 수입니다.

01_ RANK.EQ 함수를 이용하여 순위를 구해보겠습니다. [E17] 셀을 선택하고 [수식] 탭–[함수 라이브러리] 그룹에서 [함수 더 보기]–[통계]–[RANK.EQ]를 클릭합니다. [함수 인수] 대화상자가 나타나면 [Number]에 『E16』, [Ref]에 『$E$16:$J$16』을 입력하고 [확인]을 클릭합니다.

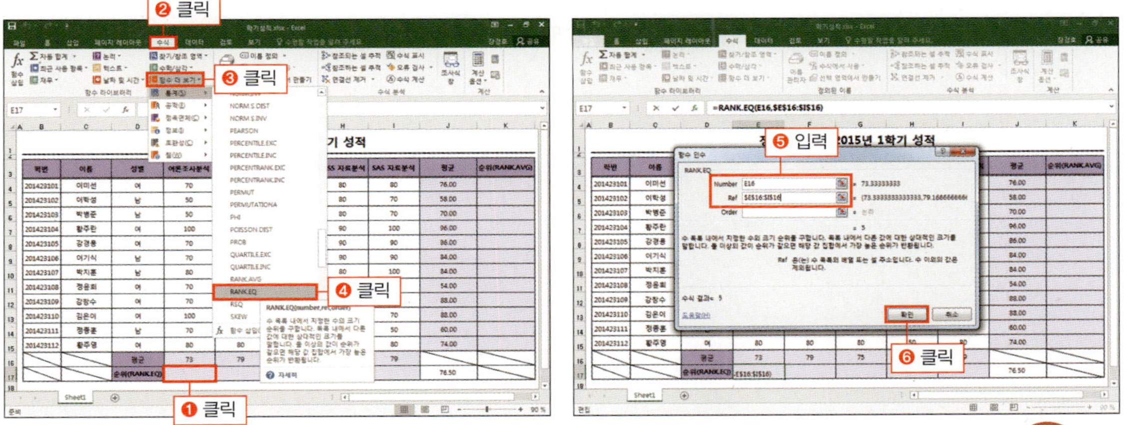

TIP

[Order] 입력란에는 순위 결정 방법을 지정하는 수를 입력합니다. 0이거나 생략하면 내림차순으로, 0이 아니면 오름차순으로 정렬됩니다.

TIP

[E17] 셀에 들어가는 완성 수식 : =RANK.EQ(E16,$E$16:$J$16)

02_ [E17] 셀에 과목별 순위가 구해집니다. 채우기 핸들을 [I17] 셀까지 드래그하여 과목별 순위를 구합니다.

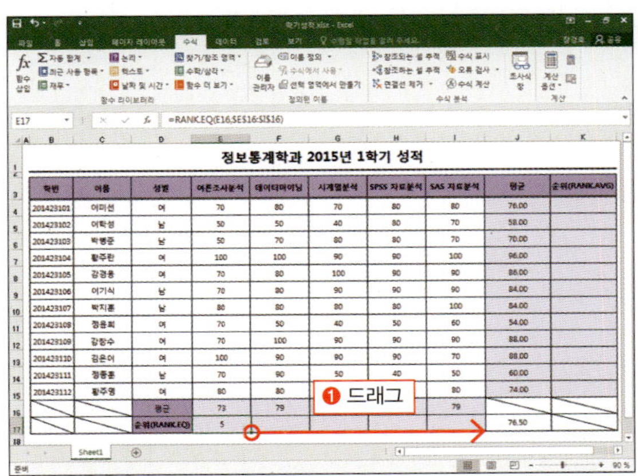

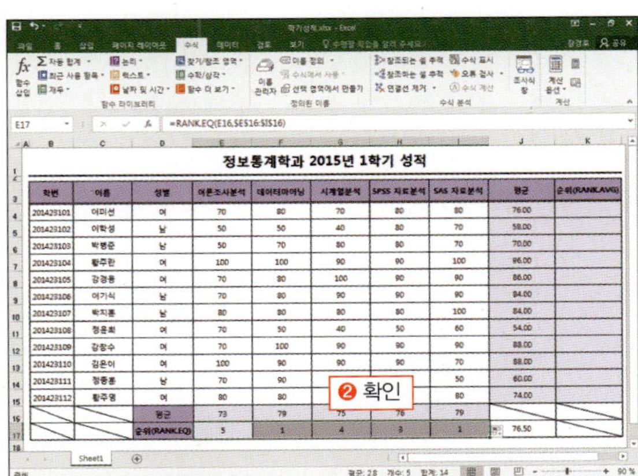

03_ 이번에는 RANK.AVG 함수를 이용하여 순위를 구해보겠습니다. [K4] 셀을 선택하고 [수식] 탭-[함수 라이브러리] 그룹에서 [함수 더 보기]-[통계]-[RANK.AVG]를 클릭합니다. [함수 인수] 대화상자가 나타나면 [Number]에 『J4』, [Ref]에 『$J$4:$J$15』를 입력하고 [확인]을 클릭합니다.

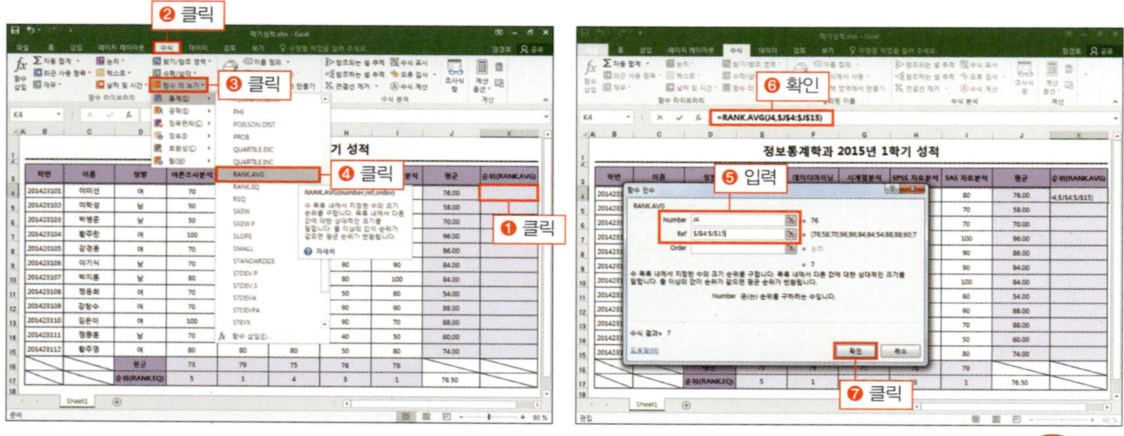

[K4] 셀에 들어가는 완성 수식 : =RANK.AVG(J4,$J$4:$J$15)

04_ [K4] 셀에 학생별 순위가 구해집니다. 채우기 핸들을 [K15] 셀까지 드래그하여 학생별 순위를 구합니다.

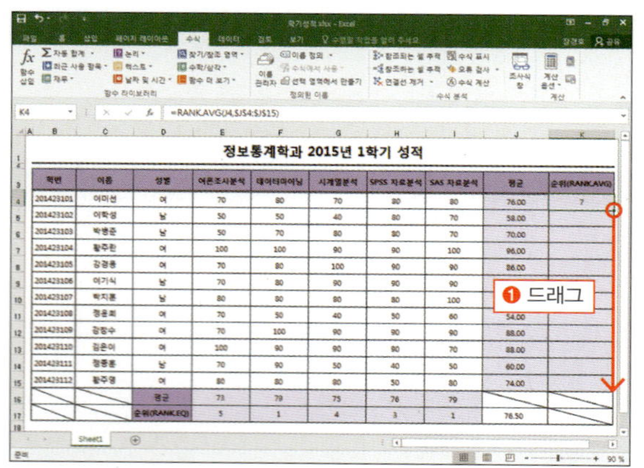
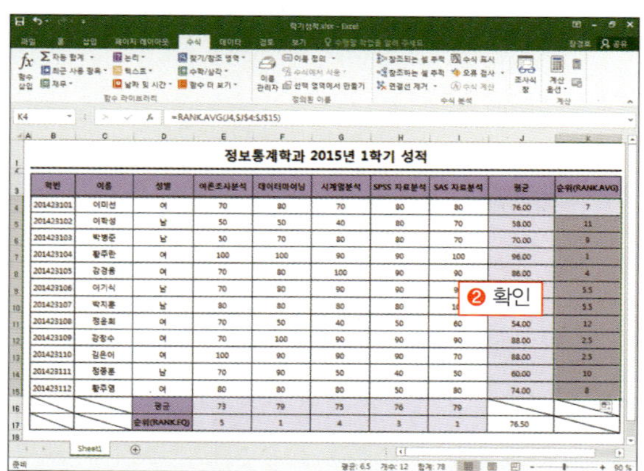

[수식] 탭-[함수 라이브러리] 그룹에서 [함수 더 보기]-[통계]를 클릭하면 이전 버전에 존재했던 RANK 함수를 찾을 수 없고, RANK.EQ 함수와 RANK.AVG 함수만 찾을 수 있습니다. 만일 기존에 사용하던 RANK 함수를 사용하고 싶다면 [수식] 탭-[함수 라이브러리] 그룹에서 [함수 더 보기]-[통계]-[호환성]을 클릭한 후 RANK 함수를 선택합니다.

개선된 함수

개선된 함수는 새롭게 정의된 함수이거나 추가된 함수로, 함수 뒤에 '.'이 붙어 있습니다. 예를 들어, RANK.EQ 함수와 RANK.AVG 함수의 경우 이전 버전에서 제공되던 RANK 함수를 새롭게 개선하여 추가된 함수입니다.

함수	용도
RANK 함수	순위를 구하는 함수로 엑셀 2007 이전에 사용하던 함수입니다.
RANK.AVG 함수	순위를 구하는 함수로 순위가 같은 수가 여러 개이면 평균 순위를 반환합니다.
RANK.EQ 함수	이전 버전에서 사용하던 RANK 함수와 마찬가지로 순위가 같은 수가 여러 개이면 가장 높은 순위를 반환합니다.

LOOKUP 함수를 이용하여 제품코드로 제품명 나타내기

::: 준비파일 Part01₩Chapter03₩Section04₩배송상품.xlsx | **완성파일** Part01₩Chapter03₩Section04₩배송상품_완성.xlsx

제품코드는 알고 있지만 정확한 제품명을 모른다고 가정했을 경우 제품코드에 해당하는 제품명을 찾아 화면에 표시할 수 있습니다. 이런 값을 찾아야 한다면 조회 및 참조 함수 중 하나인 LOOKUP 함수를 사용합니다.

LOOKUP 함수

벡터형 : LOOKUP(lookup_value, lookup_vector, result_vector)

설명	한 개의 행이나 한 개의 열로 이루어진 범위 또는, 배열에서 값을 반환합니다. 찾으려는 값의 목록이 길거나 시간이 흐름에 따라 값이 변할 수 있는 경우 벡터형을 사용합니다.
인수	**lookup_value** : LOOKUP 함수를 사용하여 첫 번째 벡터에서 검색하려는 값입니다. **lookup_vector** : 행이나 열을 한 개만 포함합니다. **result_vector** : 인수는 lookup_vector와 크기가 같아야 합니다.

배열형 : LOOKUP(lookup_value, array)

설명	값의 목록이 길지 않거나 시간이 지나도 값이 변하지 않는 경우 배열형을 사용합니다.
인수	**lookup_value** : LOOKUP 함수를 사용하여 배열에서 찾으려는 값입니다. **array** : lookup_value와 비교할 셀 범위입니다.

01_ 제품코드를 이용하여 상품명을 나타내기 위해 [F3] 셀을 선택합니다. [수식] 탭-[함수 라이브러리] 그룹에서 [찾기/참조 영역]-[LOOKUP]을 클릭합니다.

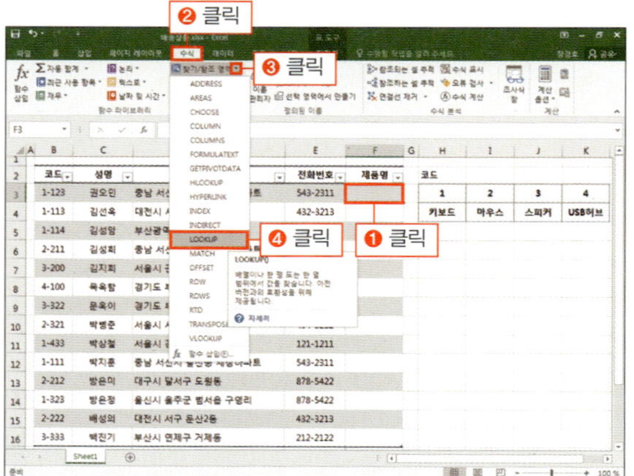

02_ [인수 선택] 대화상자에서 'Lookup_value, array'를 선택한 다음 [확인]을 클릭합니다.

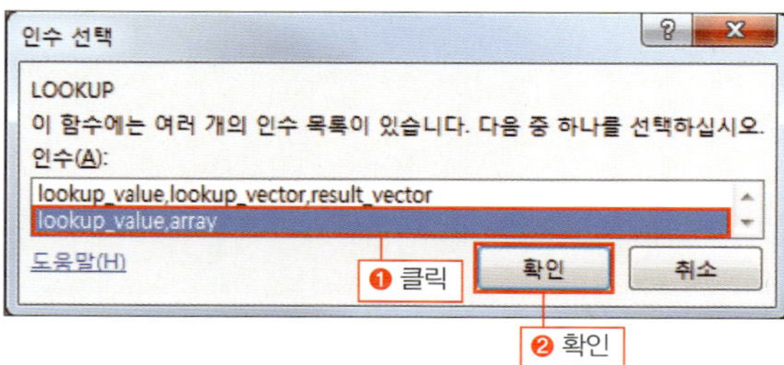

03_ [함수 인수] 대화상자가 나타나면 [Lookup_value]에 『LEFT(B3, 1)』, [Array]에 『$H$3:$K$4』를 입력하고 [확인]을 클릭합니다.

TIP

[F3] 셀에 들어가는 완성 수식 : =LOOKUP(LEFT(B3, 1),$H$3:$K$4)

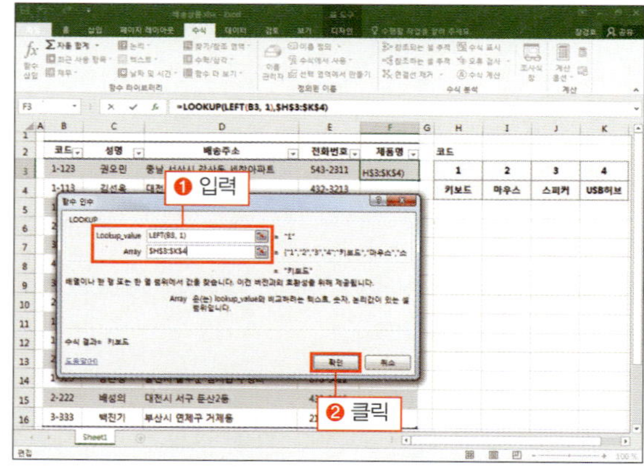

:: **준비파일** Part01₩Chapter03₩Section04₩상품과지역.xlsx | **완성파일** Part01₩Chapter03₩Section04₩상품과지역_완성.xlsx

참조하는 표의 머리글이 열 순서대로 나열되어 있으면 VLOOKUP 함수를 사용하고, 행 순서대로 나열되어 있으면 HLOOKUP 함수를 사용합니다.

VLOOKUP 함수 : VLOOKUP(lookup_value, table_array, col_index_num, range_lookup)

설명	표의 첫 열에서 값을 찾아서 같은 행의 데이터를 반환합니다.
인수	lookup_value : 테이블의 첫 열에서 찾을 값입니다. table_array : 데이터를 찾을 표입니다. col_index_num : 같은 행에서 반환할 열 번호입니다. range_lookup : VLOOKUP이 정확하게 일치하는 값을 찾을 것인지 근사 값을 찾을 것인지를 지정하는 논리 값으로써 FALSE를 입력하면 정확한 값을, TRUE이거나 생략하면 비슷한 범위 값을 산출합니다.

HLOOKUP 함수 : HLOOKUP(lookup_value, table_array, row_index_num, range_lookup)

설명	표의 첫 행에서 값을 찾아서 같은 열의 데이터를 반환합니다.
인수	lookup_value : 테이블의 첫 행에서 찾을 값입니다. table_array : 데이터를 찾을 표입니다. col_index_num : 같은 열에서 반환할 행 번호입니다. range_lookup : HLOOKUP이 정확하게 일치하는 값을 찾을 것인지 근사 값을 찾을 것인지를 지정하는 논리 값으로써 FALSE를 입력하면 정확한 값을, TRUE이거나 생략하면 비슷한 범위 값을 산출합니다.

01_ 상품코드를 보면 표의 머리글이 열 순서대로 나열되어 있습니다. VLOOKUP 함수를 이용하기 위해 [E5] 셀을 선택하고 수식 입력줄의 [함수 삽입](f_x)을 클릭합니다. [함수 인수] 대화상자가 나타나면 [범주 선택]에서 '찾기/참조 영역', [함수 선택]에서 'VLOOKUP'을 선택하고 [확인]을 클릭합니다.

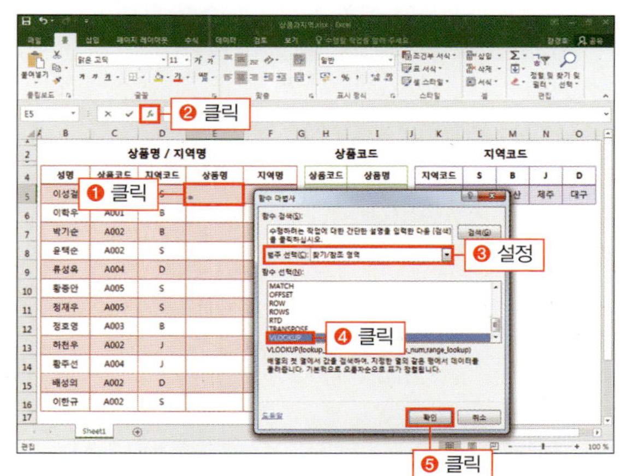

> **TIP**
>
> VLOOKUP 함수는 가로로 입력된 데이터를 추출할 때 사용하며, HLOOKUP 함수는 세로로 입력된 데이터를 추출할 때 사용합니다. 하지만 두 개의 함수 모두 사용 형식이 동일합니다.

02_ [함수 인수] 대화상자가 나타나면 [Lookup_value]에 『C5』, [Table_array]에 『$H$5:$I$9』, [Col_index_num]에 『2』, [Range_lookup]에 『FALSE』를 입력하고 [확인]을 클릭합니다.

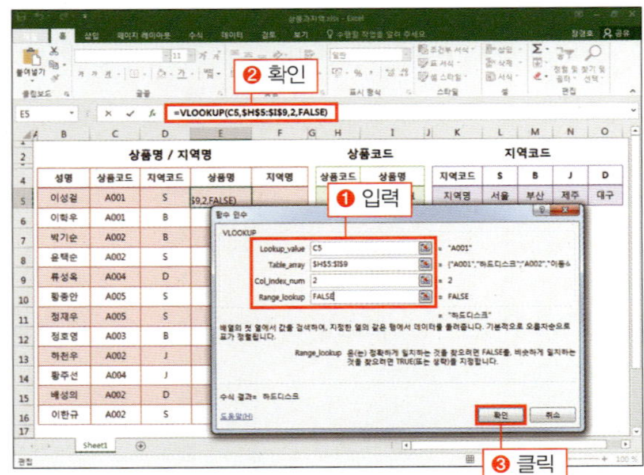

03_ [E5] 셀의 자동 채우기 핸들(⊞)을 [E16] 셀까지 드래그하여 자동 채우기 합니다. [자동 채우기 옵션](⊞)을 클릭하고 [서식 없이 채우기]를 선택합니다.

> **TIP**
>
> [E5] 셀에 들어가는 완성 수식 : =VLOOKUP(C5,$H$5:$I$9,2,FALSE)

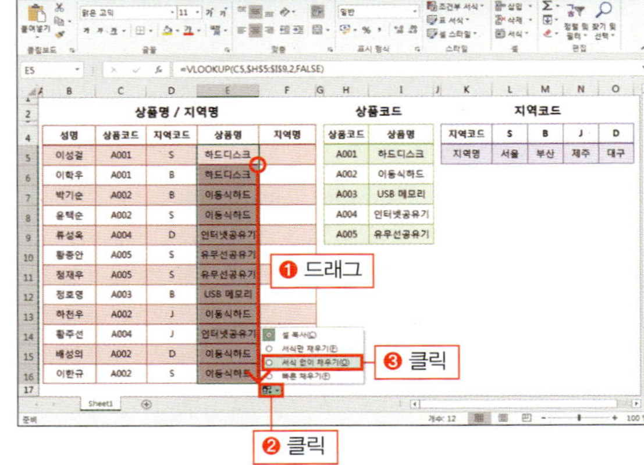

04_ 지역코드를 보면 표의 머리글이 행 순서대로 나열되어 있습니다. 이럴 때에는 HLOOKUP 함수를 사용할 수 있습니다. [F5] 셀을 선택하고 수식 입력줄의 [함수 삽입](fx)을 클릭합니다. [함수 인수] 대화상자가 나타나면 [범주 선택]에서 '찾기/참조 영역', [함수 선택]에서 'HLOOKUP'을 선택하고 [확인]을 클릭합니다.

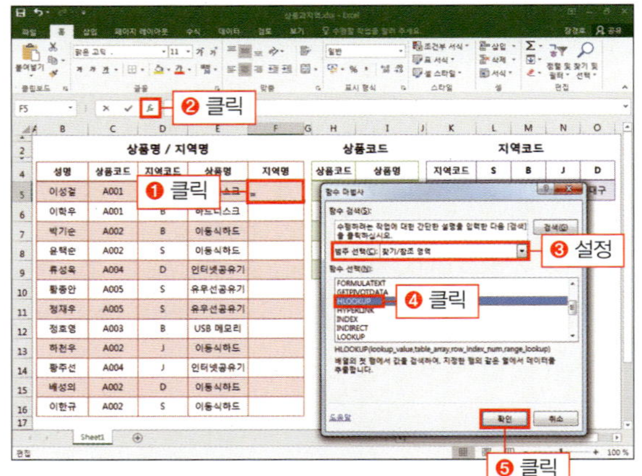

05_ [함수 인수] 대화상자가 나타나면 [Lookup_value]에 『D5』, [Table_array]에 『$K$4:$O$5』, [Col_index_num]에 『2』, [Range_lookup]에 『FALSE』를 입력하고 [확인]을 클릭합니다.

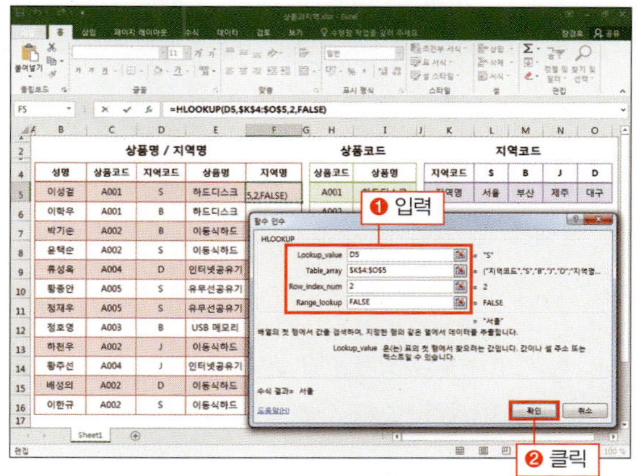

06_ [F5] 셀에 값이 입력됩니다. 자동 채우기 핸들()을 [F16] 셀까지 드래그하여 자동 채우기 합니다. [자동 채우기 옵션](📋)을 클릭한 후 [서식 없이 채우기]를 선택합니다.

> **TIP**
>
> [F5] 셀에 들어가는 완성 수식 : =HLOOKUP(D5,$K$4:$O$5,2,FALSE)

꼭!! 알고가기 — 대표적인 함수

함수는 필요한 인수를 지정하기만 해도 복잡한 계산을 쉽게 풀어낼 수가 있습니다. 이러한 함수는 각종 계산을 위해 홀로 사용할 수도 있고, 함수의 인수로 숫자나 셀 주소 이외에 다른 함수를 입력하는 등 중첩 형식으로 사용할 수도 있습니다.

엑셀에서 사용하는 함수 중 특히 사용 빈도가 높은 함수는 다음에 나오는 표와 같습니다. 계산식이 간단할 경우 수식을 입력하는 것이 편리하지만 복잡한 계산식이라면 함수를 이용하는 것이 편리합니다.

NO	범주	대표 함수	대표적인 용도
1	수학 함수	SUM, SUMIF, ….	수학적인 계산을 할 때 사용
2	날짜/시간 함수	DAY, YEAR, ….	날짜와 시간이 필요할 때 사용
3	통계 함수	AVERAGE, COUNT, ….	통계를 사용할 때 사용
4	텍스트 함수	LEFT, RIGHT, MID, ….	문자열과 관련된 역할
5	논리 함수	IF, ….	값을 비교하여 참 거짓 판정
6	찾기/참조 함수	INDEX, HLOOKUP, ….	특정한 값을 추출
7	재무 함수	FV, PMT, ….	재무 관련 계산을 할 때 사용

INDEX 함수로 근무연수에 따른 연봉 구하기

:: 준비파일 Part01₩Chapter03₩Section04₩연봉표.xlsx | **완성파일** Part01₩Chapter03₩Section04₩연봉표_완성.xlsx

INDEX 함수는 표나 선택 범위 안에서 값이나 참조 영역을 구하는 함수입니다. 선택한 범위나 영역을 행렬로 인식하기 때문에 필요한 내용을 찾을 때 행의 순서나 열의 순서를 입력하면 원하는 값을 쉽게 찾을 수 있습니다.

01_ 봉급 및 연봉표의 계급 및 호봉에 따른 연봉을 구하기 위해 [I4] 셀을 선택하고, [수식] 탭-[함수 라이브러리] 그룹에서 [찾기/참조 영역]-[INDEX]를 클릭합니다. [함수 선택] 대화상자에서 'array,row_num,column_num'을 선택하고 [확인]을 클릭합니다.

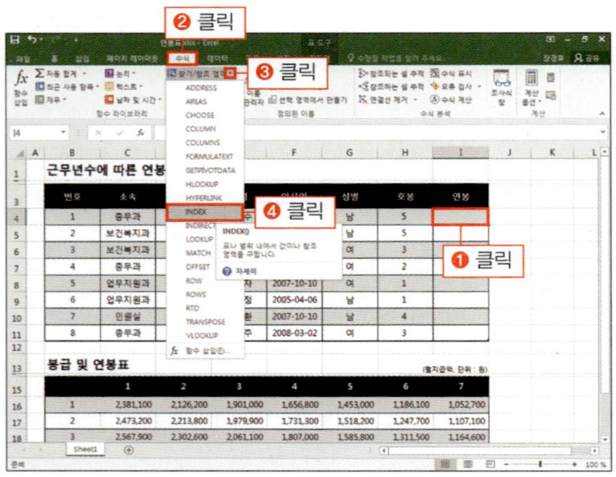

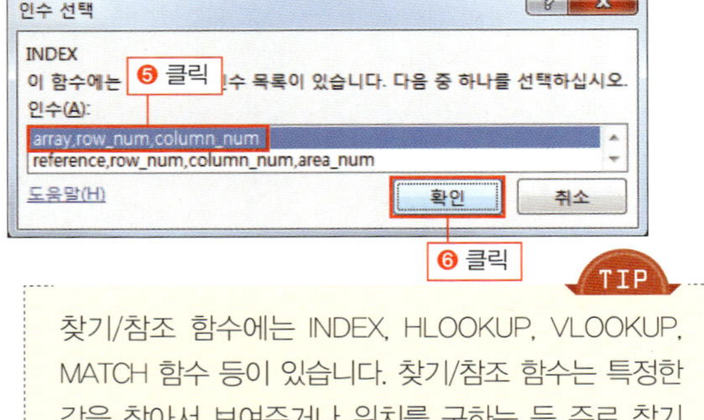

> **TIP**
>
> 찾기/참조 함수에는 INDEX, HLOOKUP, VLOOKUP, MATCH 함수 등이 있습니다. 찾기/참조 함수는 특정한 값을 찾아서 보여주거나 위치를 구하는 등 주로 찾기 기능에 적합한 함수입니다.

> **TIP**
>
> INDEX 함수에는 배열형과 참조형이라는 두 가지 형식이 있습니다. 배열형은 지정된 셀이나 셀 배열의 값을 반환하며, 참조형은 지정된 셀에 대한 참조를 반환합니다.

02_ [함수 인수] 대화상자가 나타나면 [Array]에 『$C$16:$I$20』, [Row_num]에 『H4』, [Column]에 『D4』를 입력하고 [확인]을 클릭합니다.

> **TIP**
>
> [I4] 셀에 들어가는 완성 수식 : =INDEX($C$16:$I$20,H4,D4)

SUMPRODUCT 함수로 배열 값 구하기

:: 준비파일 Part01₩Chapter03₩Section04₩판매집계.xlsx | **완성파일** Part01₩Chapter03₩Section04₩판매집계_완성.xlsx

SUMPRODCUT 함수를 활용하면 지정한 행과 행 또는 열과 열에 대한 곱한 값을 더한 총 합계를 구할 수 있습니다. 예를 들어, C1*D1, C2*D2, C3*D3 등으로 곱한 값의 합계를 구할 때 사용합니다.

SUMPRODUCT 함수 : SUMPRODUCT(array1, array2, array3, ...)

설명	배열 또는, 범위에 대응하는 값끼리 곱해서 합계를 구합니다.
인수	array1 : 필수 요소입니다. 계산하려는 배열의 첫 번째 인수입니다. array2, array3 : 선택 요소입니다. 계산하려는 배열의 인수로써 2개에서 255개까지 지정할 수 있습니다.

01_ [G2] 셀을 선택하고 [수식] 탭-[함수 라이브러리] 그룹에서 [수학/삼각]-[SUMPRODUCT]를 클릭합니다.

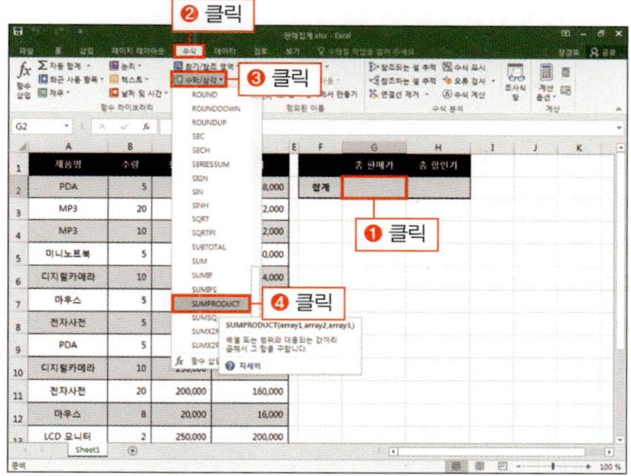

02_ [함수 인수] 대화상자가 나타나면 [Array1]에 『C2:C15』를 입력하고, [Array2]에 『D2:D15』를 입력한 후 [확인]을 클릭합니다.

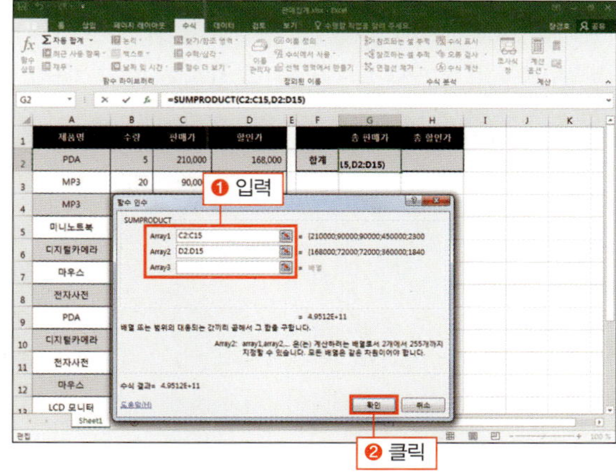

> **TIP**
> [G2] 셀에 들어가는 완성 수식 : =SUMPRODUCT(C2:C15,D2:D15)

03_ 수량과 판매가가 곱해진 상태에서 총 합계가 계산
됩니다. 같은 방법으로 총 할인가도 구해봅니다.

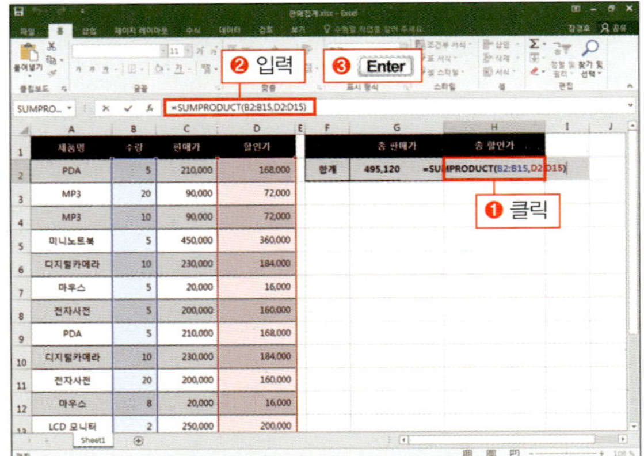

> **TIP**
>
> [H2] 셀에 들어가는 완성 수식 : =SUMPRODUCT(B2
> :B15,D2:D15)

DSUM, DAVERAGE 함수로 부서 합계, 평균 구하기

:: 준비파일 Part01₩Chapter03₩Section04₩부서집계.xlsx | **완성파일** Part01₩Chapter03₩Section04₩부서집계_완성.xlsx

DSUM 함수는 범위를 데이터베이스로 지정하고 조건에 맞는 필드의 값을 찾아서 합계를 구하는 함
수이며, DAVERAGE 함수는 평균을 구하는 함수입니다.

DSUM 함수 : DSUM(database, field, criteria)

설명	목록이나 데이터베이스의 레코드 필드(열)에서 지정한 조건에 맞는 값들의 합계를 구합니다.
인수	**database** : 데이터베이스나 목록으로 지정할 셀 범위입니다. **field** : 합계를 구할 열의 번호입니다. **criteria** : 지정한 조건이 있는 셀 범위입니다.

DAVERAGE 함수 : DAVERAGE(database, field, criteria)

설명	목록이나 데이터베이스의 레코드 필드(열)에서 지정한 조건에 맞는 값들의 평균을 구합니다.
인수	**database** : 데이터베이스나 목록으로 지정할 셀 범위입니다. **field** : 평균을 구할 열의 번호입니다. **criteria** : 지정한 조건이 있는 셀 범위입니다.

01_ '총무팀'의 점수 합계를 구하기 위해 [M3] 셀을 선택하고 『=DSUM(』를 입력한 후 Ctrl + A 를 누릅니다.

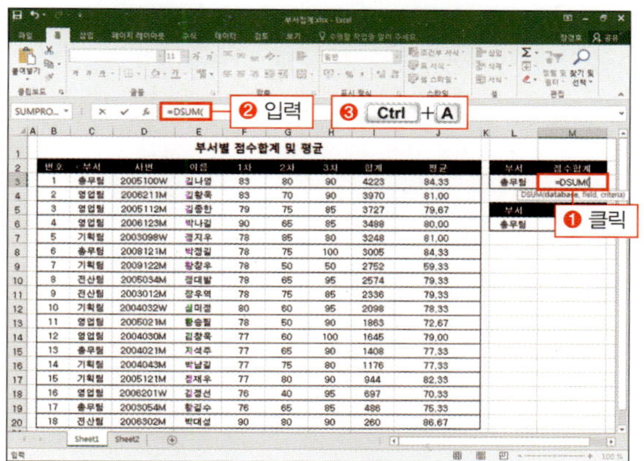

02_ [함수 인수] 대화상자가 나타나면 [Database]에 『B2:J20』, [Field]에 『7』, [Criteria]에 『L2:L3』을 입력한 후 [확인]을 클릭합니다.

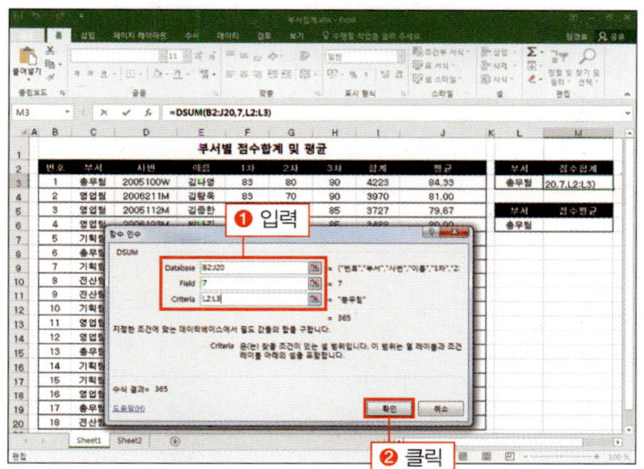

> **TIP**
>
> DSUM 함수는 목록이나 데이터베이스의 레코드 필드 (열)에서 지정한 조건에 맞는 값들의 합계를 구하는 함수로써 Database 인수는 데이터베이스나 목록으로 지정할 셀 범위, Field 인수는 합계를 구할 열의 번호를, Criteria 인수는 지정한 조건이 있는 셀 범위입니다.

03_ [M3] 셀에 '총무팀'의 점수 합계가 구해집니다. [L3] 셀에서 목록 단추를 클릭하여 '영영팀'을 선택합니다. '영업팀' 점수 합계를 확인합니다.

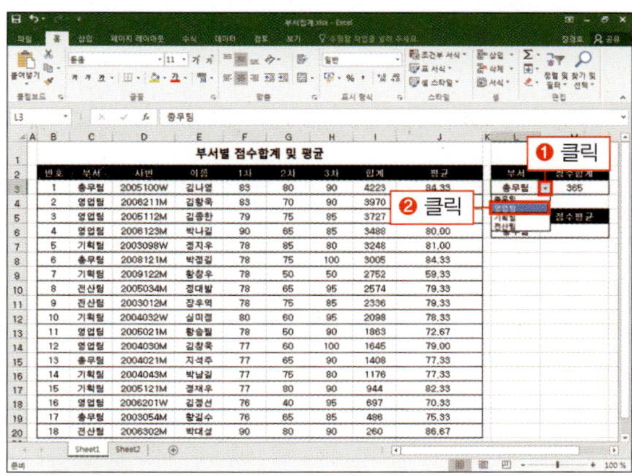

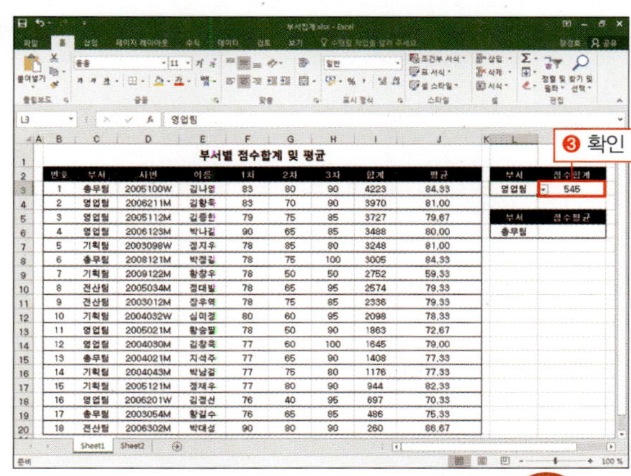

> **TIP**
>
> 데이터베이스 함수는 보통 전체 범위에서 원하는 조건에 대한 결과 값을 구하는 함수로써 함수 앞 글자에 'D'가 붙어 데이터베이스 함수인지를 쉽게 확인할 수 있습니다.

> **TIP**
>
> [M3] 셀에 들어가는 완성 수식 : =DSUM(B2:J20,7,L2:L3)

04_ 이번에는 '총무팀'의 점수 평균을 구하기 위해 [M6] 셀을 선택하고 『=DAVERAGE(』를 입력한 후 **Ctrl** + **A** 를 누릅니다.

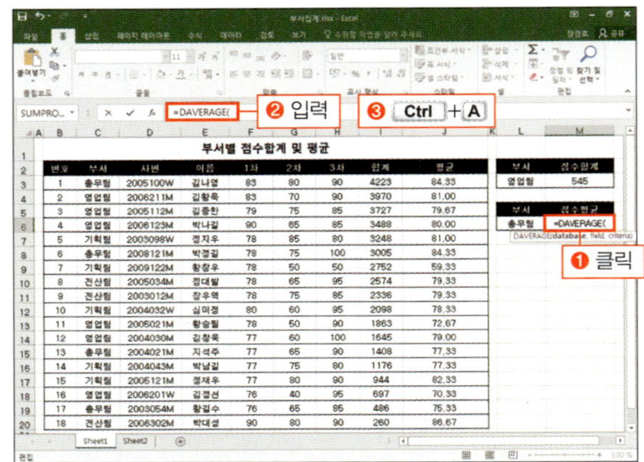

05_ [함수 인수] 대화상자가 나타나면 [Database]에 『B2:J20』, [Field]에 『7』, [Criteria]에 『L5:L6』을 입력한 다음 [확인]을 클릭합니다.

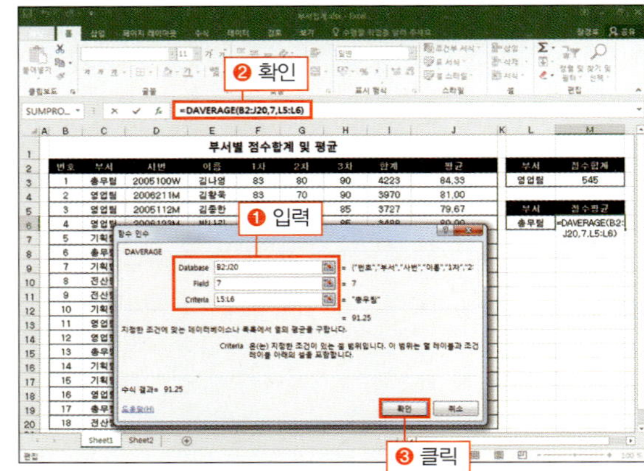

> **TIP**
>
> DAVERAGE 함수는 목록이나 데이터베이스의 레코드 필드(열)에서 지정한 조건에 맞는 값들의 평균을 구하는 함수로써 Database 인수는 데이터베이스나 목록으로 지정할 셀 범위, Field 인수는 합계를 구할 열의 번호를, Criteria 인수는 지정한 조건이 있는 셀 범위입니다.

06_ [M6] 셀에 총무팀의 점수 평균이 구해집니다. [L6] 셀의 목록 단추를 클릭해 다른 부서의 평균도 확인합니다.

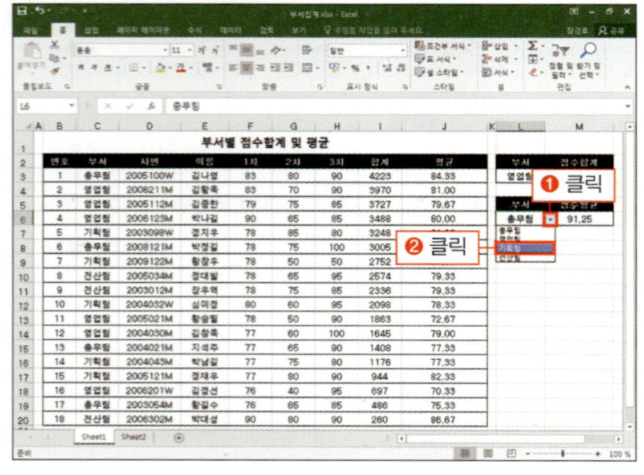

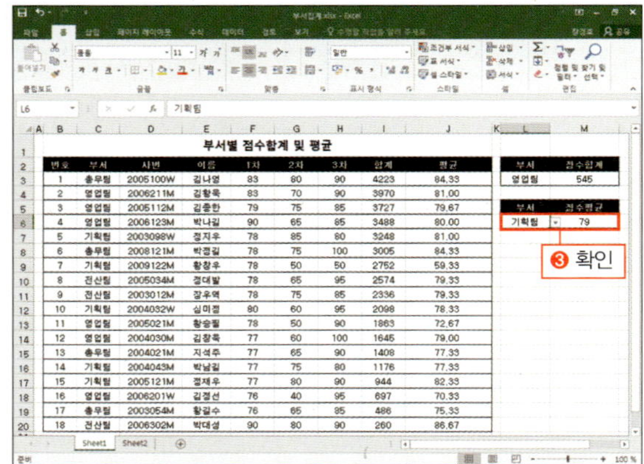

> **TIP**
>
> [M6] 셀에 들어가는 완성 수식 : =DAVERAGE(B2:J20,7,L5:L6)

DCOUNT 함수로 조건에 맞는 응시인원, 합격인원 구하기

::준비파일 Part01\Chapter03\Section04\합격통계.xlsx | **완성파일** Part01\Chapter03\Section04\합격통계_완성.xlsx

DCOUNT 함수는 데이터베이스에서 숫자가 있는 셀의 개수를 구할 때 사용하는 함수입니다.

DCOUNT 함수 : DCOUNT(database, field, criteria)

설명	목록이나 데이터베이스의 레코드 필드(열)에서 지정한 조건에 맞는 숫자가 들어 있는 셀의 개수를 구합니다.
인수	**database** : 데이터베이스나 목록으로 지정할 셀 범위입니다. **field** : 합계를 구할 열의 번호입니다. field 인수를 생략하면 데이터베이스에서 조건에 맞는 모든 레코드 개수가 구해집니다. **criteria** : 지정한 조건이 있는 셀 범위입니다.

01_ 지원부서별로 응시인원과 합격인원을 구해보겠습니다. 먼저, 응시인원을 구하기 위해 [L4] 셀을 선택하고 수식 입력줄의 [함수 삽입](f_x)을 클릭합니다. [함수 마법사] 대화상자가 나타나면 [범주 선택]에서 '데이터베이스', [함수 선택]에서 'DCOUNT'를 선택한 후 [확인]을 클릭합니다.

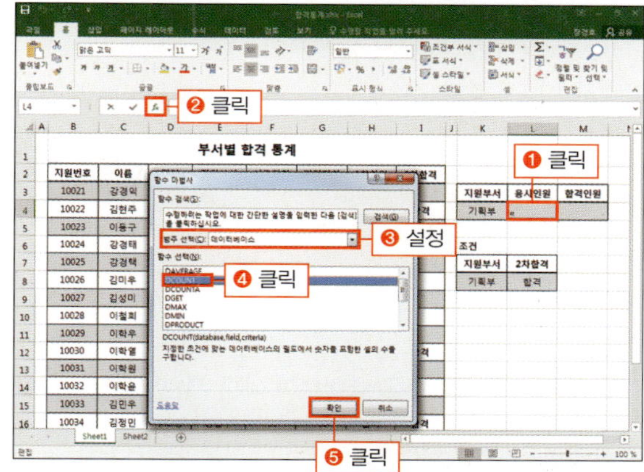

02_ [함수 인수] 대화상자가 나타나면 [Database]에 『B2:I19』, [Field]에 『B2』, [Criteria]에 『K3:K4』를 입력한 다음 [확인]을 클릭합니다.

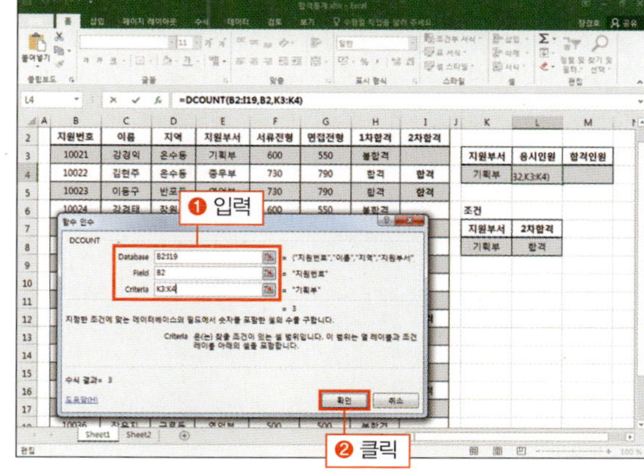

> **TIP**
>
> [L4] 셀에 들어가는 완성 수식 : =DCOUNT(B2:I19, B2,K3:K4)

03_ 이번에는 합격인원을 구해보겠습니다. [M4] 셀을 선택한 다음 수식 입력줄의 [함수 삽입]( )을 클릭합니다. [함수 마법사] 대화상자가 나타나면 [범주 선택]에서 '최근에 사용한 함수', [함수 선택]에서 'DCOUNT'를 선택한 후 [확인]을 클릭합니다.

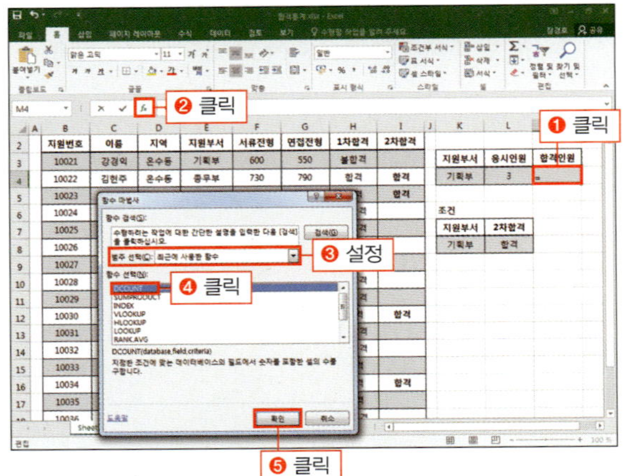

04_ [함수 인수] 대화상자가 나타나면 [Database]에 『B2:I19』, [Field]에 『B2』, [Criteria]에 『K7:L8』을 입력하고 [확인]을 클릭합니다.

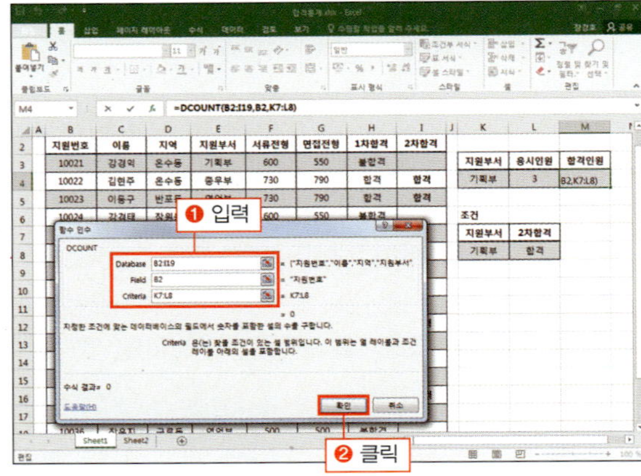

> **TIP**
>
> [M4] 셀에 들어가는 완성 수식 : =DCOUNT(B2:I19, B2,K7:L8)

05_ [K4] 셀의 화살표를 클릭하여 다른 지원부서를 선택해 응시인원과 합격인원이 제대로 구해지는지 확인합니다.

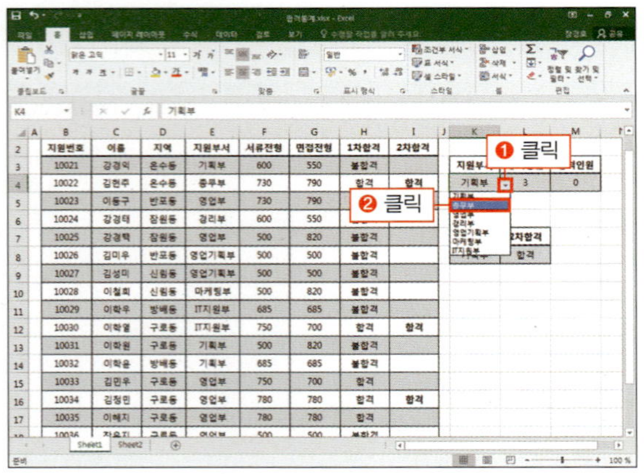

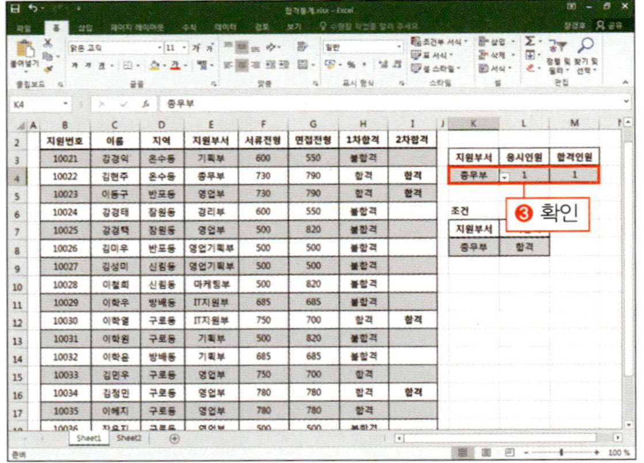

FV 함수를 이용해 정기적금 만기 시 받을 금액 산출하기

::: 준비파일 Part01₩Chapter03₩Section04₩정기적금.xlsx | **완성파일** Part01₩Chapter03₩Section04₩정기적금_완성.xlsx

FV 함수는 일정 금액을 정기적으로 불입하고 일정한 이율을 적용하는 투자의 미래 가치를 계산할 수 있는 함수입니다.

FV 함수 : FV(rate,nper,pmt,pv,type)

설명	일정 금액을 정기적으로 불입하고 일정한 이율을 적용하여 미래 가치를 계산할 수 있습니다.
인수	**rate :** 기간당 이율입니다. 이율은 적립기간동안 일정해야 합니다. **nper :** 연간 총 납입 횟수입니다. **pmt :** 정기적으로 적립하는 금액입니다. '–'를 붙여야 합니다. **pv :** 현재 가치 또는, 앞으로 지불할 납입금의 현재 가치를 나타내는 총액을 표시합니다. 생략하면 0으로 간주합니다. **type :** 0 또는 1로 납입 시점을 나타냅니다. type을 생략하면 0으로 간주합니다.

01_ 만기지급액을 구하기 위해 [G3] 셀을 선택합니다. [수식] 탭–[함수 라이브러리] 그룹에서 [재무]–[FV]를 클릭합니다. [함수 인수] 대화상자가 나타나면 [Rate]에 『F3/12』, [Nper]에 『D3』, [Pmt]에 『–E3』, [Type]에 『1』을 입력하고 [확인]을 클릭합니다. [Pv] 입력란은 비워둡니다.

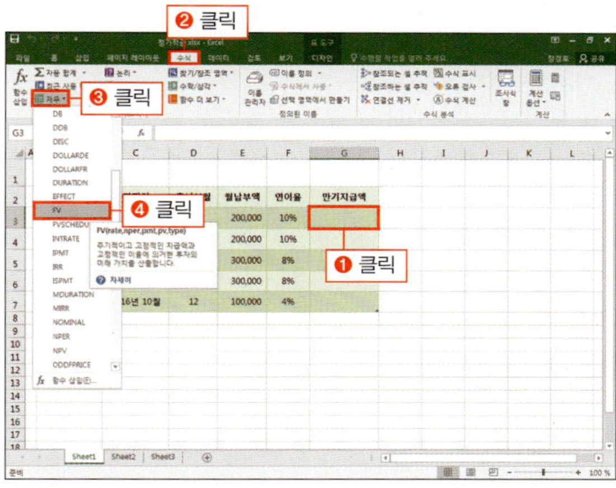

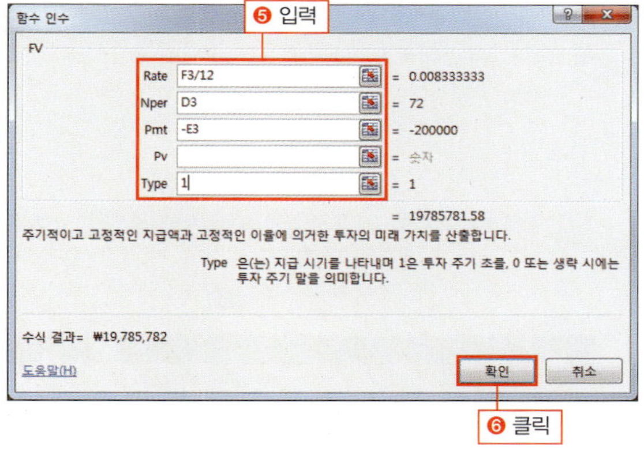

02_ 결과 값을 확인합니다. 재무 함수에는 FV, PMT, PV, NPER, RATE 함수 등이 있습니다. 재무 함수로 감가상각액이라든지 미래 가치, 상환액 등을 구할 수 있습니다.

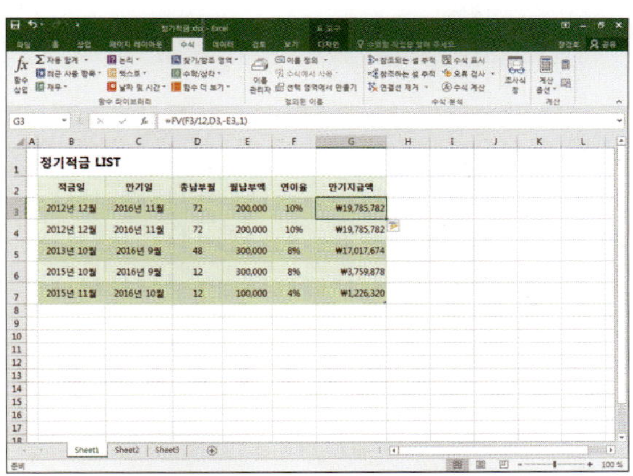

TIP

[G3] 셀에 들어가는 완성 수식 : =FV(F3/12,D3,–E3,,1)

1 점수에 따라서 A, B, C, D, E, F 학점을 구하기 위해서는 IF 함수를 활용할 수 있지만 VLOOKUP 함수를 이용하여 구할 수도 있습니다. 여기서는 VLOOKUP 함수를 이용해 1학기 학점을 구해 보세요.

◎ 준비파일 : Part01₩Chapter03₩Check₩1학기성적표.xlsx　　◎ 완성파일 : Part01₩Chapter03₩Check₩1학기성적표_완성.xlsx

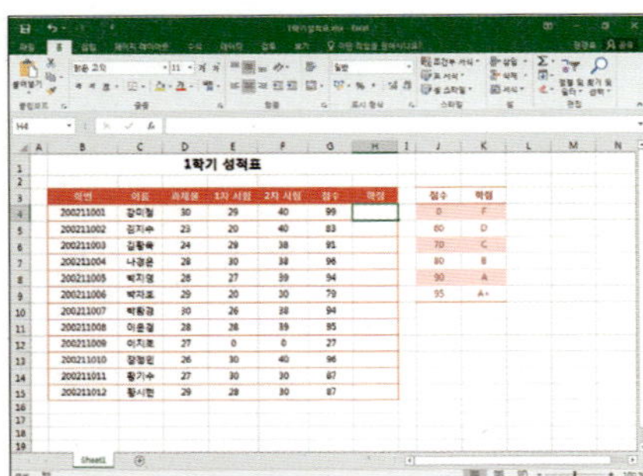 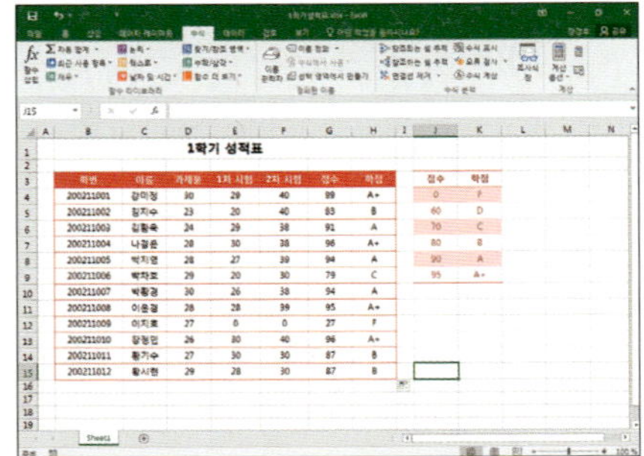

힌트

❶ [H4] 셀을 선택하고 [수식] 탭–[함수 라이브러리] 그룹에서 [찾기/참조 영역]–[VLOOKUP]을 클릭합니다.

❷ [함수 인수] 대화상자에서 [Lookup_value]에 『G4』, [Table_array]에 『$J$4:$K$9』, [Col_index_num]에 『2』, [Range_lookup]에 『1』을 각각 입력합니다.

---

2 DSUM 함수를 이용하여 A팀의 판매금액을 산출해 보세요.

◎ 준비파일 : Part01₩Chapter03₩Check₩판매내역.xlsx　　◎ 완성파일 : Part01₩Chapter03₩Check₩판매내역_완성.xlsx

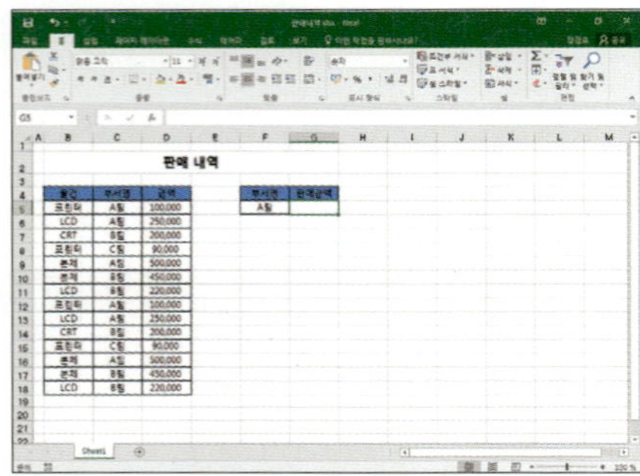 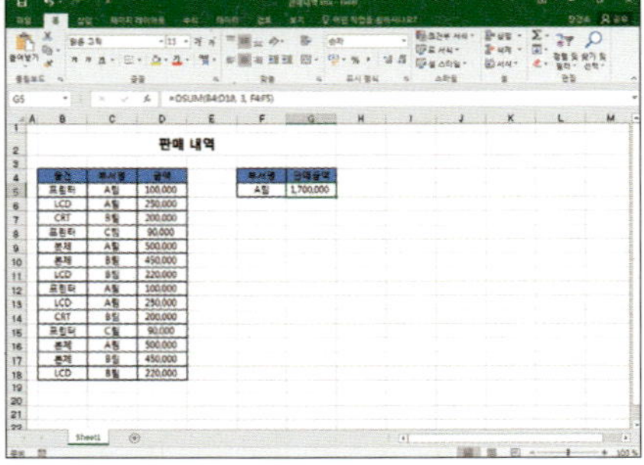

힌트

❶ [G5] 셀을 선택하고 수식 입력줄의 [함수 삽입]을 클릭합니다.

❷ [함수 마법사] 대화상자가 나타나면 [함수 선택]에서 [DSUM]을 선택한 후 수식을 입력합니다.

데이터 관리하고 분석하기

워크시트에 작성한 데이터는 자동 필터, 고급 필터, 피벗 테이블이나 피벗 차트, 부분합 등을 이용하여 다양한 방법으로 관리하고 분석할 수 있습니다. 수천 개로 이루어진 데이터를 바탕으로 사용자가 원하는 기준을 설정하면 원하는 내용만 정리하여 표시할 수 있는 다양한 데이터 관리 기법에 대해서 살펴보겠습니다.

Section 1. 데이터 관리하기

Section 2. 데이터 요약하기

Section 3. 가상 분석과 매크로

데이터 관리하기

복잡한 데이터를 관리해야 한다면 먼저, 문자나 숫자, 날짜 등의 기준으로 정렬해야 합니다. 정렬을 할 때에도 다중 조건을 통해 보다 면밀하게 정렬할 수 있습니다. 또한, 사용자 지정 필터나 고급 필터를 통해 원하는 항목만 선택하거나 가져올 수 있습니다. 여기서는 복잡한 데이터를 관리하는 방법에 대해서 살펴보겠습니다.

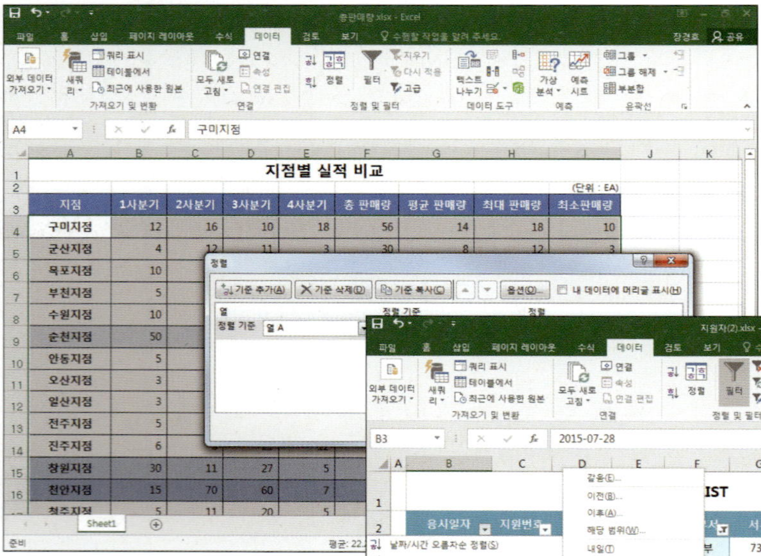

▲ 셀 색, 글꼴 색을 기준으로
데이터 정렬하기

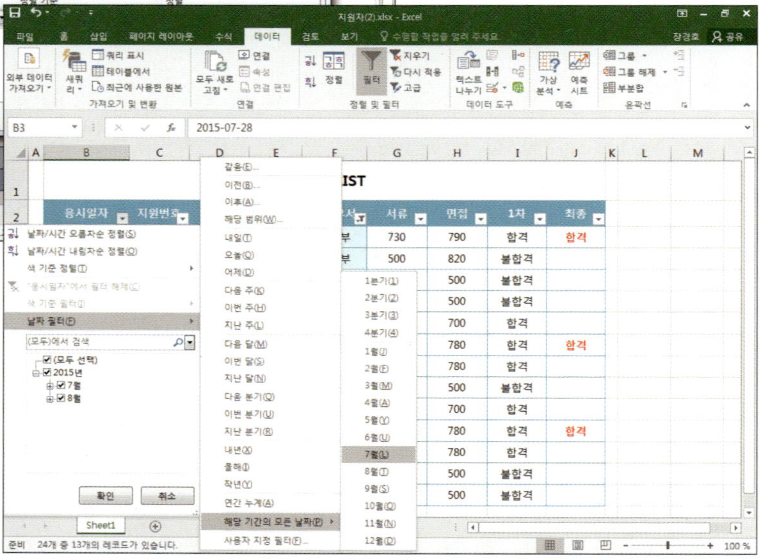

숫자나 날짜 데이터로 데이터 추출하기 ▶

이번 섹션에서 배울 주요 내용

- 오름차순과 내림차순으로 데이터 정렬하기
- 여러 가지 기준으로 데이터 정렬하기
- 사용자가 원하는 임의의 순서대로 정렬하기
- 셀 색 글꼴 색을 기준으로 데이터 정렬하기
- 자동 필터에서 데이터 추출하기
- 숫자나 날짜 데이터로 데이터 추출하기

- 사용자 지정으로 데이터 추출하기
- 셀 서식을 기준으로 데이터 추출하기
- 고급 필터에서 다중 데이터 추출하기
- 여러 조건으로 데이터 추출하기
- AND 조건과 OR 조건으로 혼합 데이터 추출하기
- **스페셜** 고급 필터 지정 조건 살펴보기

오름차순과 내림차순으로 데이터 정렬하기

:: **준비파일** Part01₩Chapter04₩Section01₩판매현황.xlsx | **완성파일** Part01₩Chapter04₩Section01₩판매현황_완성.xlsx

많은 양의 데이터를 한눈에 파악하기 위해서는 일정한 기준에 따라 원하는 순서에 맞게 데이터를 구성하여 효과적으로 관리하는 게 좋습니다.

01_ 생산팀을 기준으로 오름차순으로 정렬해 보겠습니다. '생산팀' 필드명을 선택하고 [홈] 탭-[정렬 및 필터] 그룹에서 [텍스트 오름차순 정렬]을 클릭합니다.

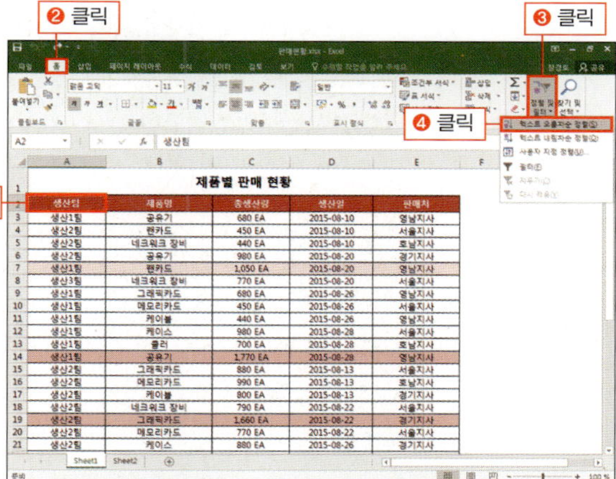

> **TIP**
>
> [홈] 탭-[편집] 그룹에서 [정렬 및 필터]를 선택하여 [텍스트 오름차순 정렬] 또는, [텍스트 내림차순 정렬]을 할 수도 있습니다.

02_ '생산팀'을 오름차순 정렬했습니다. '생산팀'을 기준으로 같은 행의 데이터도 함께 정렬됩니다. 이번에는 다른 필드는 그대로 두고 선택 영역만 정렬해 보겠습니다. [B2:B40] 영역을 선택하고 [홈] 탭-[정렬 및 필터] 그룹에서 [텍스트 오름차순 정렬]을 클릭합니다.

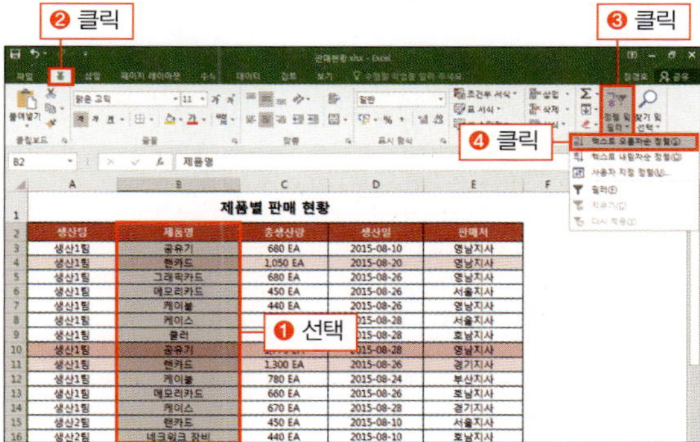

03_ [정렬 경고] 창이 나타납니다. [현재 선택 영역으로 정렬]을 체크하고 [정렬]을 클릭합니다. 같은 행의 데이터는 변경되는 것 없이 현재 선택한 영역만 오름차순 정렬됩니다.

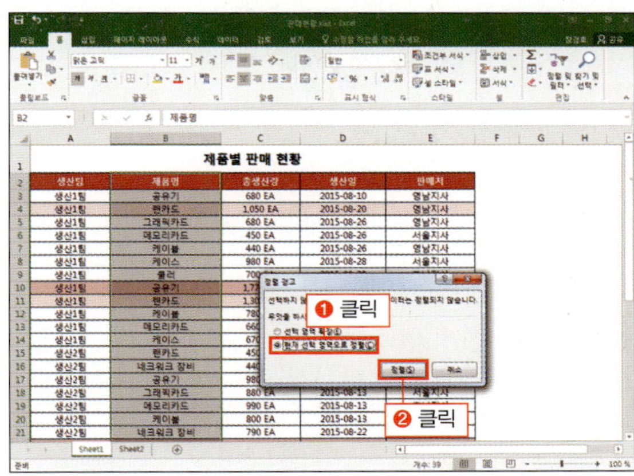

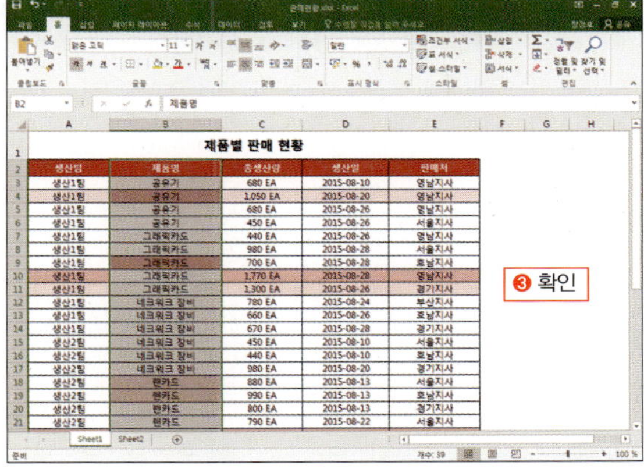

여러 가지 기준으로 데이터 정렬하기

::: 준비파일 Part01₩Chapter04₩Section01₩판매현황(2).xlsx | **완성파일** Part01₩Chapter04₩Section01₩판매현황(2)_완성.xlsx

여러 가지 조건으로 데이터를 정렬할 수 있습니다. 이럴 때는 [정렬] 대화상자를 이용하여야 하며, 정렬 기준에 따라 오름차순과 내림차순을 선택하여 다중 정렬합니다.

01_ [Sheet2] 시트를 선택하고 표 안에 임의의 셀을 하나 선택합니다. 여러 조건으로 데이터 범위를 정렬하기 위해 [데이터] 탭-[정렬 및 필터] 그룹에서 [정렬]을 클릭합니다.

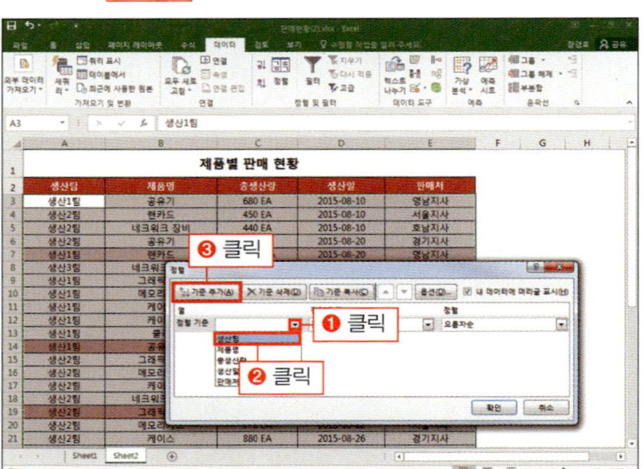

02_ [정렬] 대화상자가 나타납니다. [열]의 [정렬 기준]에서 화살표를 클릭하고 '생산팀'을 선택한 후 [기준 추가]를 클릭합니다.

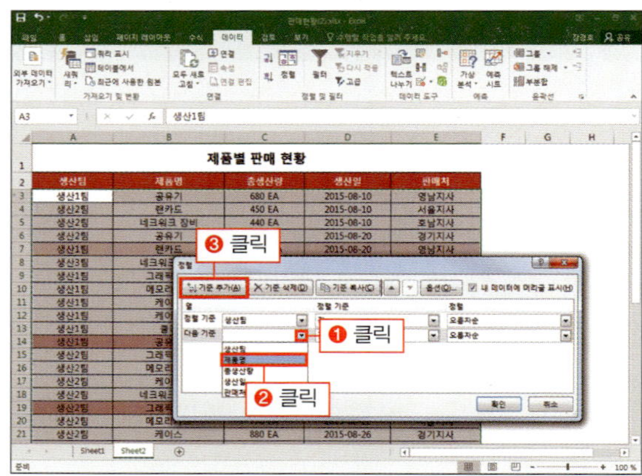

03_ 기준이 추가되면 [다음 기준]의 화살표를 클릭하고 '제품명'을 선택합니다. 다시 기준을 추가하기 위해 [기준 추가]를 클릭합니다.

04_ [다음 기준]의 화살표를 클릭하고 '판매처'를 선택한
후 [확인]을 클릭합니다.

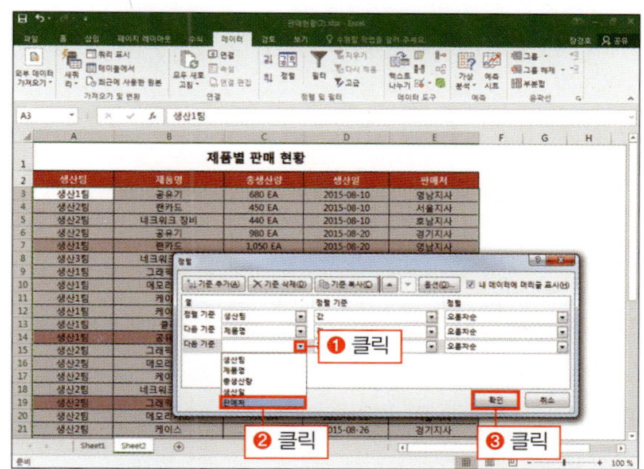

05_ 생산팀, 제품명, 판매처 순서대로 데이터가 정렬됩
니다. '생산팀'이 같을 경우 '제품명'을 기준으로 오름차순
정렬되며, '생산팀'과 '제품명'이 같을 경우 '판매처'를 기
준으로 오름차순 정렬됩니다.

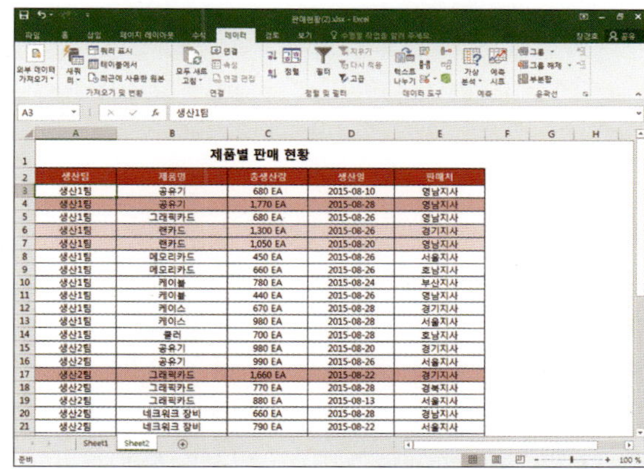

꼭!!
알고가기 **시작 옵션 지정하기**

[정렬] 대화상자를 이용하면 정렬할 기준을 추가하거나 정렬 순서를 지정할 수 있습니다.

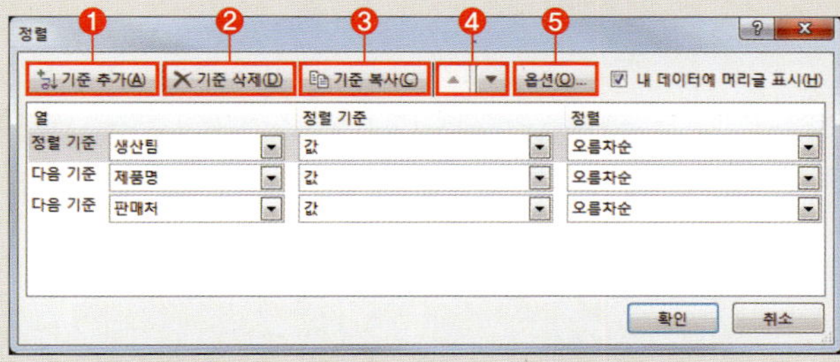

❶ **기준 추가** : 정렬할 기준을 추가할 수 있습니다.

❷ **기준 삭제** : 정렬에 있는 기준을 삭제합니다.

❸ **기준 복사** : 기존 기준을 복사하여 동일하게 추가할 수 있습니다.

❹ **올리기/내리기** : 정렬할 열의 순서를 변경할 수 있습니다.

❺ **옵션** : 정렬하는 방향을 설정합니다.

사용자가 원하는 임의의 순서대로 정렬하기

:: **준비파일** Part01₩Chapter04₩Section01₩판매현황(3).xlsx | **완성파일** Part01₩Chapter04₩Section01₩판매현황(3)_완성.xlsx

가, 나, 다 순으로 정렬하는 일반적인 정렬뿐만 아니라 사용자가 원하는 임의의 순서대로 데이터를 정렬할 수도 있습니다.

01_ [Sheet2] 시트에서 제품명을 사용자가 원하는 순서대로 선택하여 정렬해 보겠습니다. 셀을 하나 선택하고 [데이터] 탭-[정렬 및 필터] 그룹에서 [정렬]을 클릭합니다. [정렬] 대화상자가 나타나면 [제품명] 필드의 [정렬] 화살표를 클릭하고 '사용자 지정 목록'을 선택합니다.

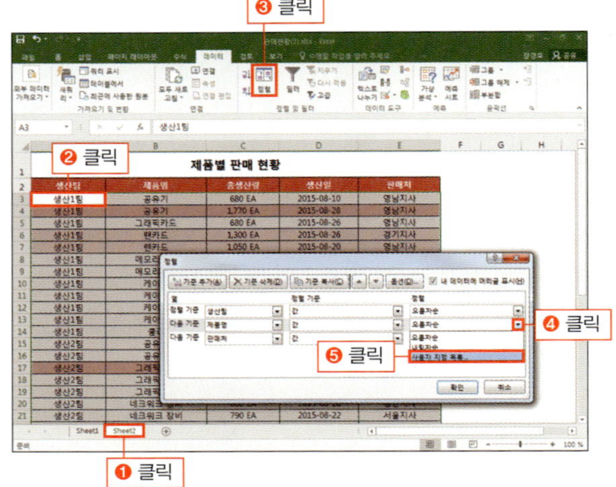

02_ [사용자 지정 목록] 대화상자가 나타나면 [목록 항목]에 『네트워크 장비』, 『케이블』, 『케이스』, 『쿨러』, 『공유기』, 『랜카드』, 『그래픽카드』, 『메모리카드』를 차례대로 입력하고 [추가]와 [확인]을 각각 클릭합니다. [정렬] 대화상자가 다시 나타나면 [확인]을 클릭합니다.

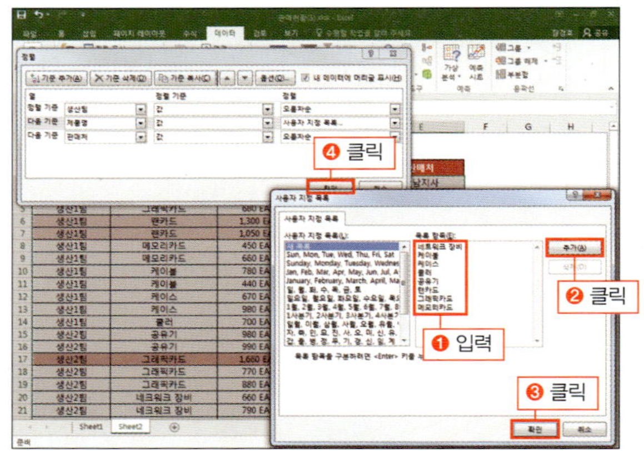

03_ 사용자가 지정한 목록에 맞게 데이터가 정렬됩니다. 이번에는 가로 방향으로 정렬해 보겠습니다. 가로 방향으로 정렬하고 싶은 데이터 범위를 선택합니다. 제목 열을 기준으로 정렬해야 하기에 제목 열까지 모두 데이터 범위로 지정해야 합니다. [데이터] 탭-[정렬 및 필터] 그룹에서 [정렬]을 클릭합니다. [정렬] 대화상자가 나타나면 '제품명'에 해당하는 [다음 기준] 열을 선택하고 [기준 삭제]를 클릭합니다.

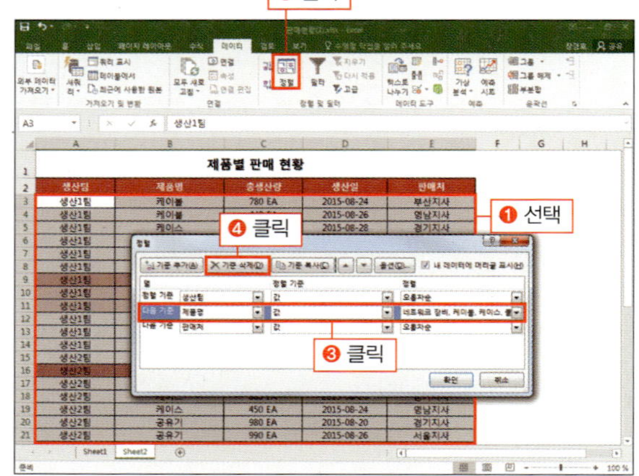

데이터는 보통 세로로 작성되기에 정렬도 세로 방향으로 오름차순, 내림차순하는 것이 대부분입니다. 하지만 제목 필드명과 같이 가로 방향으로 되어 있는 데이터 같은 경우에는 [정렬 옵션]을 통해 가로로 정렬할 수 있습니다.

04_ 다시 '판매처'에 해당하는 [다음 기준] 열을 선택하고 [기준 삭제]를 클릭합니다.

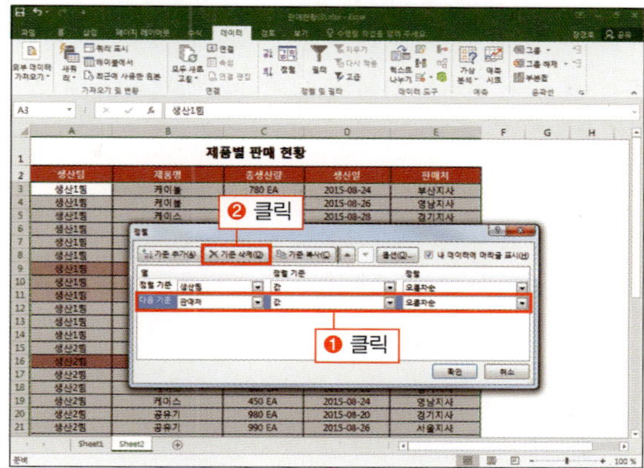

05_ [옵션]을 클릭합니다. [정렬 옵션] 대화상자가 나타나면 [방향]-[왼쪽에서 오른쪽]을 선택하고 [확인]을 클릭합니다.

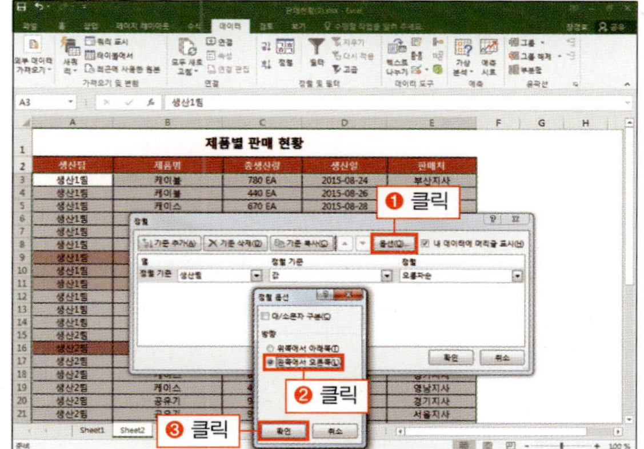

06_ [정렬 기준] 화살표를 클릭하고 '행 2'를 선택한 후 [확인]을 클릭합니다.

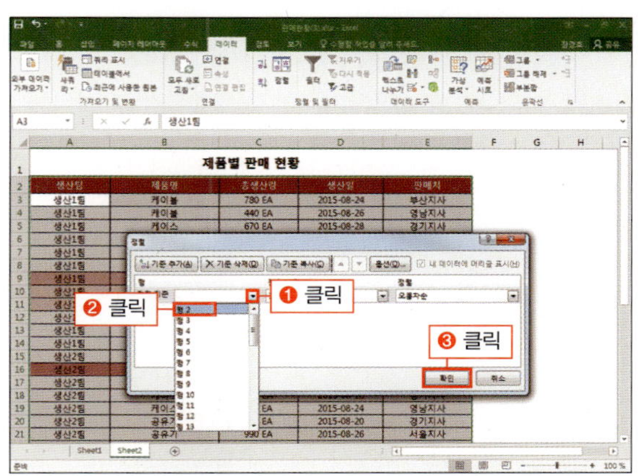

셀 색, 글꼴 색을 기준으로 데이터 정렬하기

∷ 준비파일 Part01₩Chapter04₩Section01₩총판매량.xlsx | **완성파일** Part01₩Chapter04₩Section01₩총판매량_완성.xlsx

정렬 기준은 오름차순, 내림차순도 있지만 셀 색상이나 글꼴 색을 기준으로도 정렬할 수 있습니다.

01_ [A4:I19] 영역을 선택하고 [데이터] 탭–[정렬 및 필터] 그룹에서 [정렬]을 클릭합니다. [정렬] 대화상자가 나타나면 색상을 기준으로 정렬하기 위해 [정렬 기준]의 화살표를 클릭하고 '셀 색'을 선택합니다.

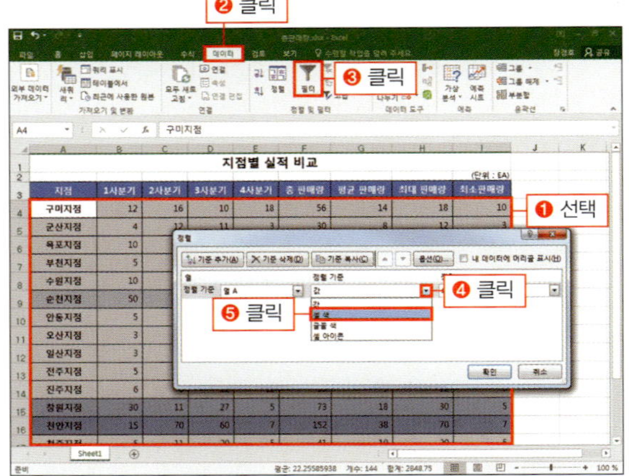

02_ 새로운 정렬 조건이 하나 나타납니다. [셀 색 없음]의 화살표를 클릭한 후 먼저 표시할 색을 선택합니다. 여기서는 가장 진한 파란색 계열의 색상을 선택합니다.

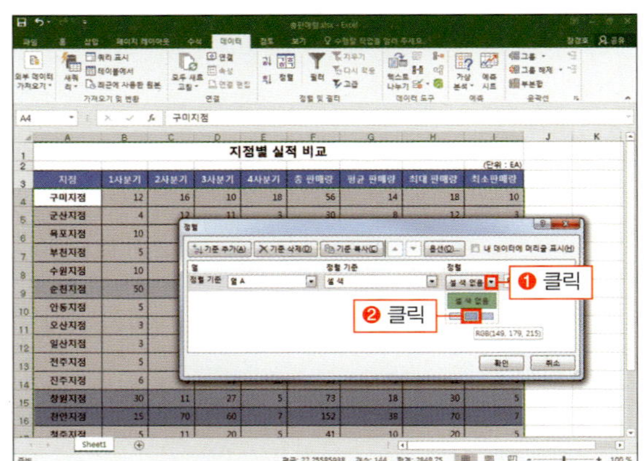

03_ [기준 추가]를 클릭합니다. 기준이 추가되면 [다음 기준]의 화살표를 클릭하고 '열 A'를 선택합니다. [정렬 기준]의 화살표를 클릭하고 '셀 색'을 선택한 후 [셀 색 없음]의 화살표를 클릭하고 두 번째로 진한 파란색 계열의 색상을 선택합니다.

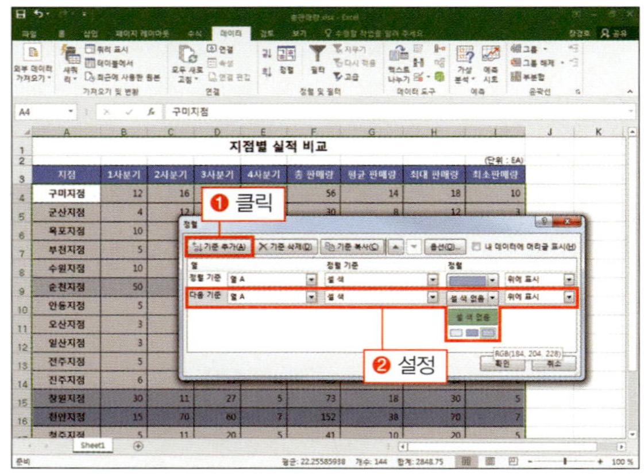

04_ [기준 추가]를 다시 클릭합니다. 기준이 추가되면 [다음 기준]의 화살표를 클릭하고 '열 A'를 선택합니다. [정렬 기준]의 화살표를 클릭하고 '셀 색'을 선택한 후 [셀 색 없음]의 화살표를 클릭하고 가장 연한 파란색 계열의 색상을 선택합니다. 그리고 [확인]을 클릭합니다.

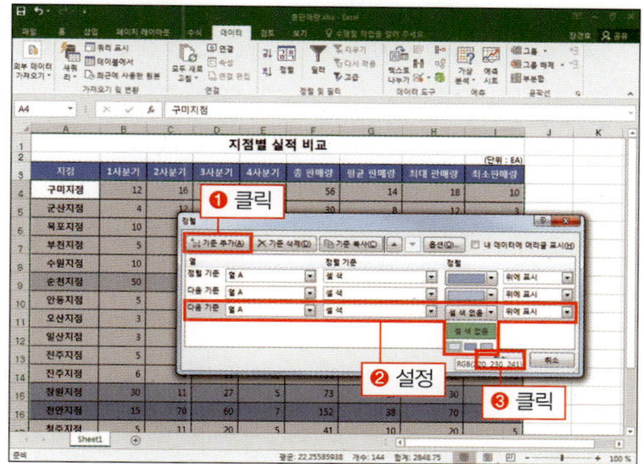

05_ 선택한 색상에 따라 데이터가 정렬되어 나타납니다.

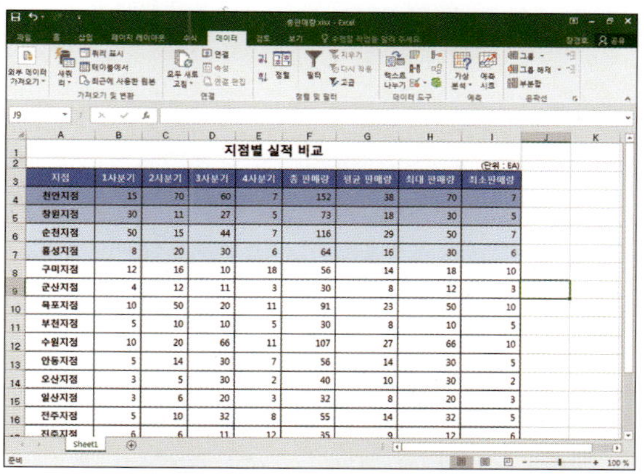

자동 필터로 데이터 추출하기

: 준비파일 Part01₩Chapter04₩Section01₩지원자.xlsx | **완성파일** Part01₩Chapter04₩Section01₩지원자_완성.xlsx

필터를 통해 사용자가 원하는 데이터만을 추출할 수 있습니다. 자동 필터는 필드에 생성되는 필터 단추를 통해 원하는 필터를 쉽게 추출할 수 있습니다. 필터 종류에 따라 값으로 추출하거나 날짜 단위로 추출, 숫자 범위로 추출 또는, 사용자 지정을 통하여 원하는 형태로 필터가 가능합니다.

01_ 필터를 적용하기 위해 셀 하나를 선택하고 [데이터] 탭-[정렬 및 필터] 그룹에서 [필터]를 클릭합니다.

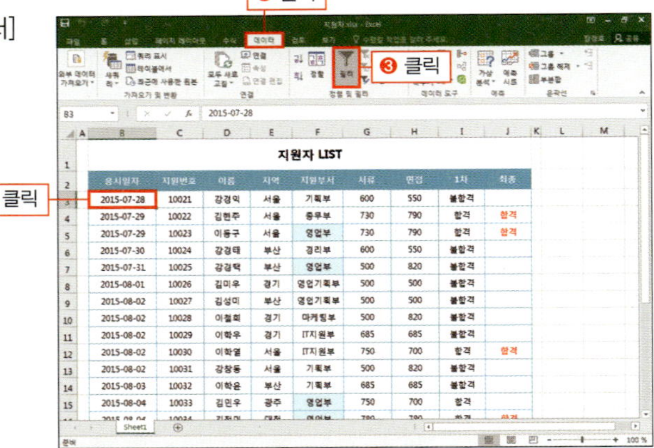

02_ 자동 필터가 적용되면 [지원부서] 필드에서 [영업기획부]와 [영업부]만 추출하기 위해 [지원부서] 필드의 필터 단추를 클릭합니다. [(모두 선택)]을 클릭하여 체크 표시를 모두 없앤 다음 [영업기획부], [영업부]만 체크하고 [확인]을 클릭합니다.

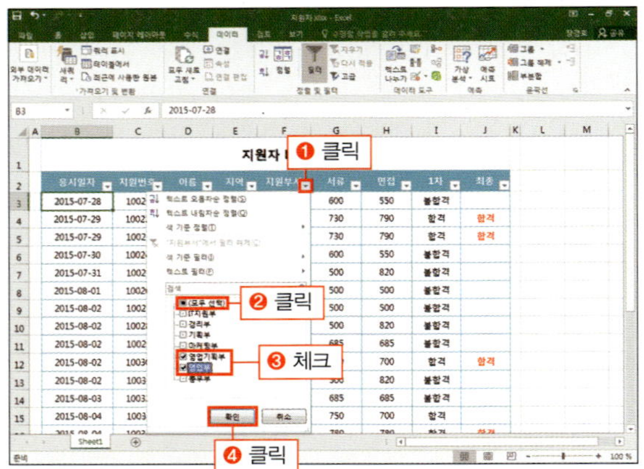

> **TIP**
>
> [지원부서] 필드에 '영업'이 들어간 부서는 영업기획부와 영업부 밖에는 없기 때문에 [지원부서] 필드의 필터 단추를 클릭하고 『영업』을 입력해도 영업기획부와 영업부를 필터링할 수 있습니다.

숫자나 날짜 데이터로 데이터 추출하기

:: **준비파일** Part01₩Chapter04₩Section01₩지원자(2).xlsx | **완성파일** Part01₩Chapter04₩Section01₩지원자(2)_완성.xlsx

데이터에 숫자가 입력되어 있거나 날짜가 입력되어 있을 경우 상위나 하위에서 지정한 영역만큼 데이터를 추출할 수 있습니다.

01_ [서류] 필드에서 점수가 700점 이상인 레코드만 추출해 보겠습니다. [서류] 필드의 필터 단추를 클릭하고 [숫자 필터]-[크거나 같음]을 클릭합니다.

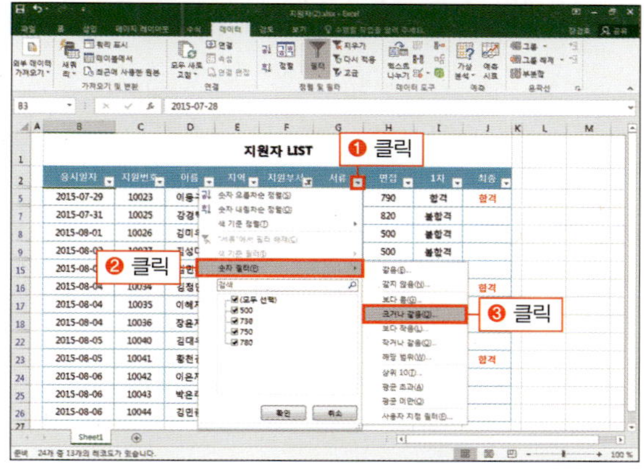

02_ [사용자 지정 자동 필터] 대화상자가 나타나면 [서류]에 『700』을 입력하고 [확인]을 클릭합니다.

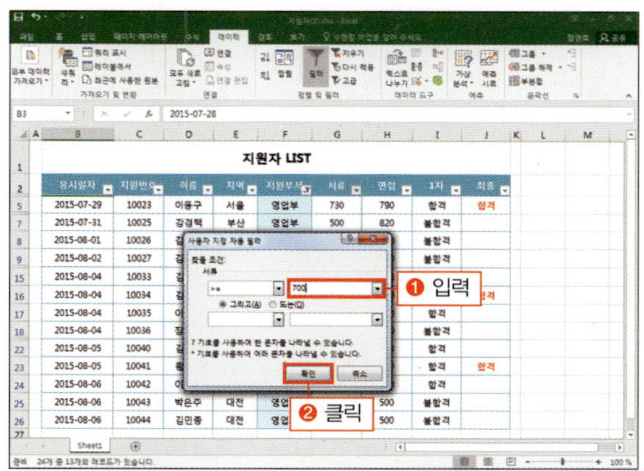

03_ [서류] 필드에서 700점 이상인 값이 필터됩니다. 필터를 해제하기 위해 [서류] 필드를 클릭하고 ['서류'에서 필터 해제]를 선택합니다.

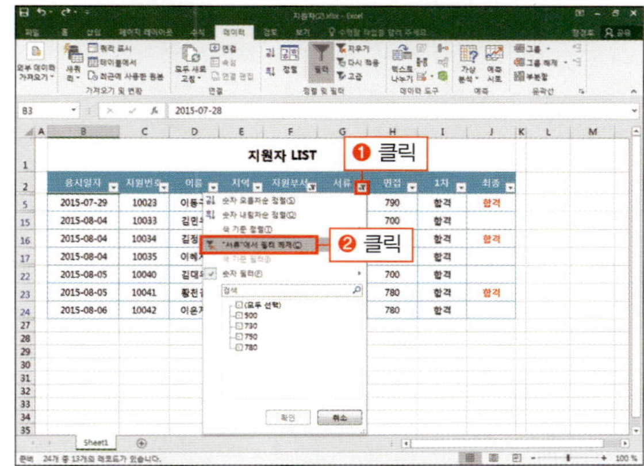

04_ 이번에는 [응시일자]가 2015년 7월인 레코드를 추출하기 위해 [응시일자] 필드의 필터 단추를 클릭합니다. [날짜 필터]-[해당 기간의 모든 날짜]-[7월]을 선택합니다.

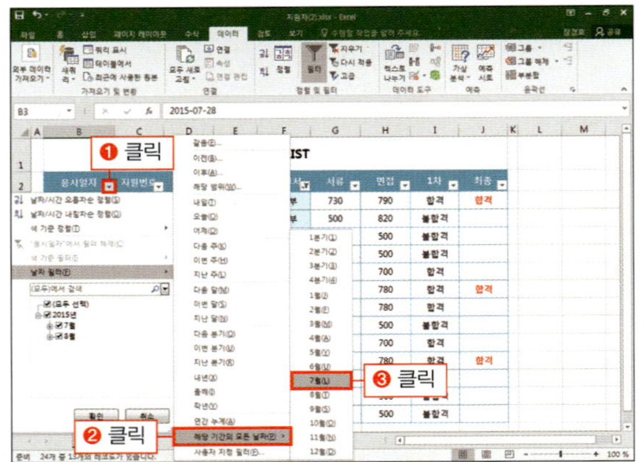

05_ '응시일자'가 '7월'인 데이터가 추출됩니다.

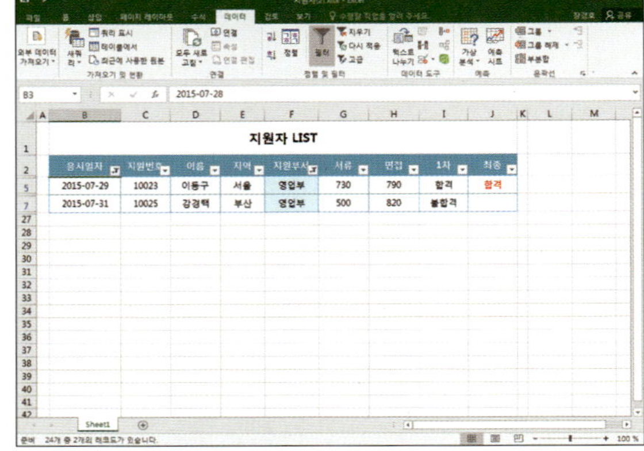

> **TIP**
>
> 필터 단추를 삭제하려면 [정렬 및 필터] 그룹의 [필터]를 다시 한 번 클릭합니다.

사용자 지정으로 데이터 추출하기

:: **준비파일** Part01₩Chapter04₩Section01₩판매율.xlsx | **완성파일** Part01₩Chapter04₩Section01₩판매율_완성.xlsx

사용자 지정 자동 필터를 통해 두 가지 조건으로 데이터를 추출해 보겠습니다.

01_ 판매율이 80% ~ 90%인 레코드만 추출해 보겠습니다. [Sheet1] 시트에서 [판매율] 필드의 필터 단추를 클릭한 다음 [숫자 필터]–[사용자 지정 필터]를 선택합니다.

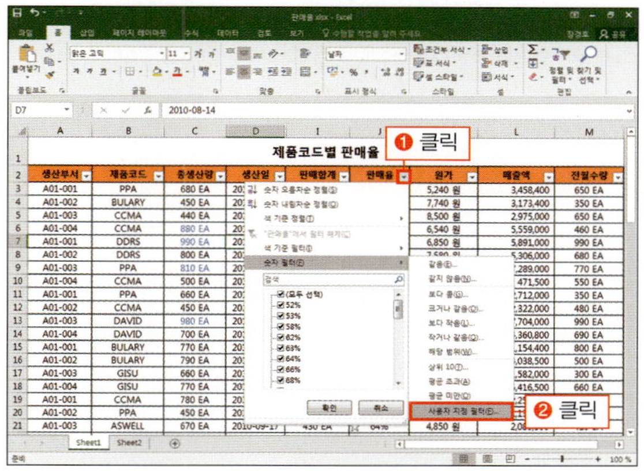

02_ [사용자 지정 자동 필터] 대화상자가 나타나면 [판매율]에서 화살표를 클릭하고 [>]를 선택합니다. 화살표를 클릭한 후 [80%]을 선택합니다. [그리고]를 체크한 상태에서 화살표를 클릭하고 [<]를 선택합니다. 화살표를 클릭하고 [90%]를 선택한 후 [확인]을 클릭합니다.

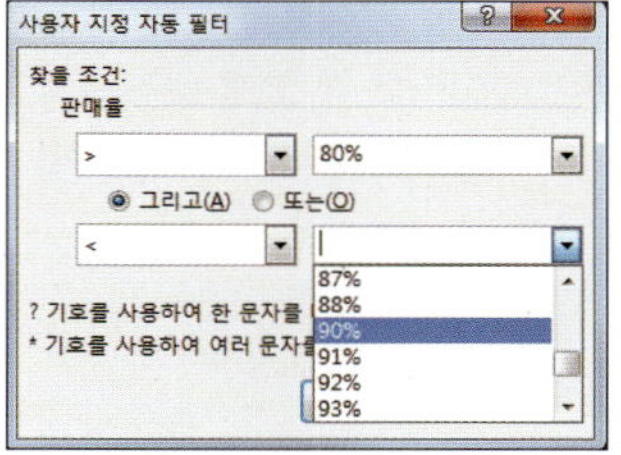

셀 서식을 기준으로 데이터 추출하기

:: **준비파일** Part01₩Chapter04₩Section01₩판매율(2).xlsx | **완성파일** Part01₩Chapter04₩Section01₩판매율(2)_완성.xlsx

오름차순이나 내림차순뿐만 아니라 셀 색상이나 글꼴, 아이콘 등을 이용하여 정렬할 수도 있습니다.

01_ [Sheet2] 시트를 선택합니다. [판매율] 필드의 필터 단추를 클릭하고 [색 기준 필터]-[셀 아이콘 기준 필터]-[별](★)을 선택합니다.

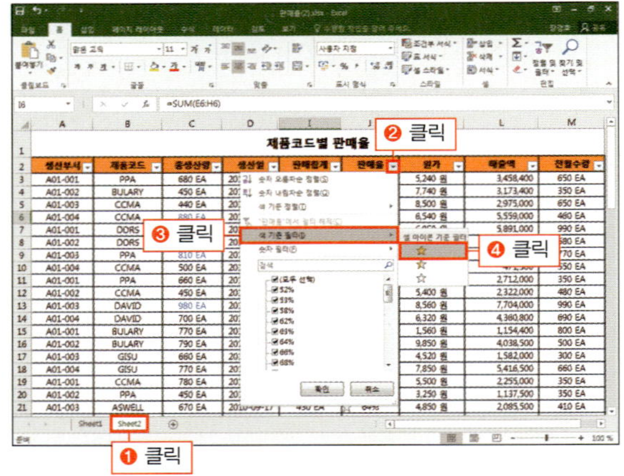

02_ 셀 아이콘 중 별 아이콘(★)을 가진 레코드만 필터 링됩니다. 이번에는 색상으로 데이터를 추출해 보겠습니다. [총생산량] 필드의 필터 단추를 클릭하고 [색 기준 필터]-[파란색]을 선택합니다.

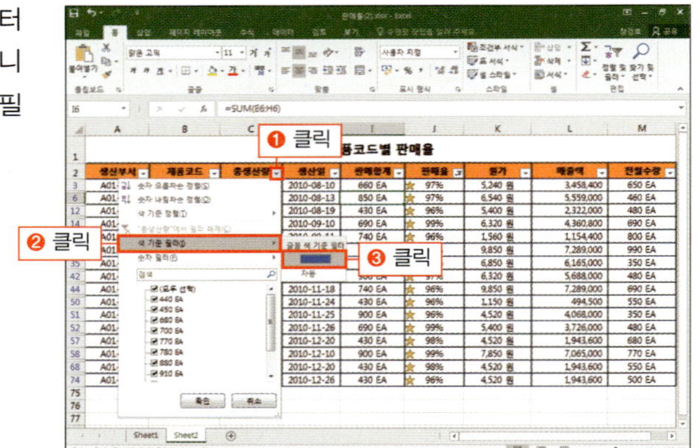

고급 필터에서 다중 데이터 추출하기

∷ 준비파일 Part01\Chapter04\Section01\직원리스트.xlsx | **완성파일** Part01\Chapter04\Section01\직원리스트_완성.xlsx

자동 필터를 활용하면 쉽고 간단하게 데이터를 추출할 수 있지만, 좀 더 다양한 조건으로 데이터를 추출하고 싶다면 고급 필터를 활용해야 합니다. 고급 필터를 활용하면 다양한 조건과 여러 가지 중복 조건으로 데이터를 추출할 수 있습니다.

01_ '부서'가 '기획과'이면서, '성별'이 '여'인 경우를 고급 필터로 추출해 보겠습니다. 임의의 셀을 선택하고 [데이터] 탭–[정렬 및 필터] 그룹에서 [고급]을 클릭합니다.

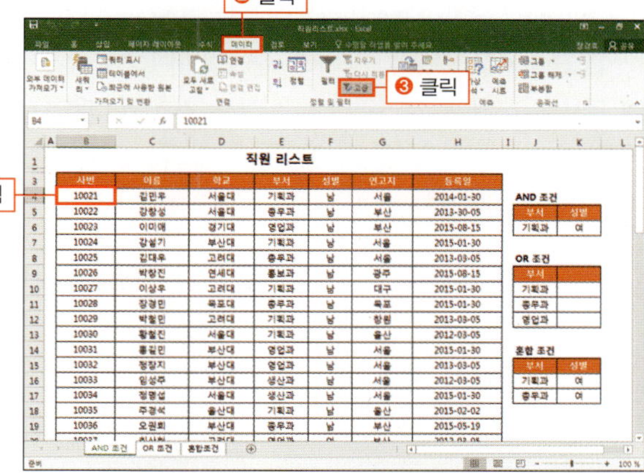

02_ 자동으로 표 영역이 선택되면서 [고급 필터] 대화상자가 나타납니다. [결과]–[현재 위치에 필터]를 선택합니다. [조건 범위]를 클릭한 다음 AND 조건이 포함되어 있는 [J5:K6] 영역을 선택한 다음 [확인]을 클릭합니다.

> **TIP**
>
> 자동 필터는 하나의 필드에 2개 이상의 조건을 설정할 수 없지만 고급 필터를 사용하면 AND, OR, 혼합 조건을 이용하여 보다 복잡하고 다양한 조건으로 데이터를 검색할 수 있습니다.

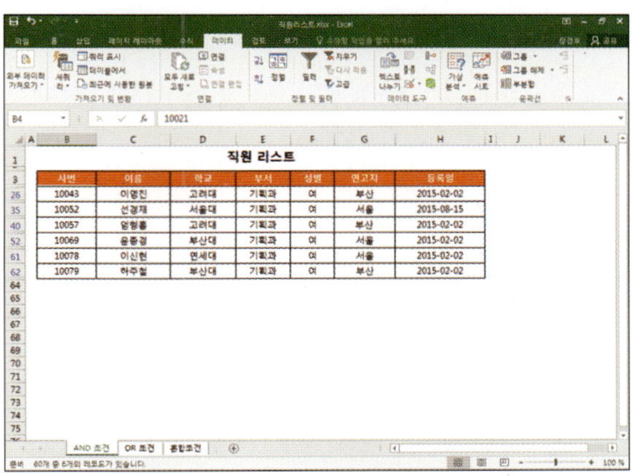

03_ '부서'가 '기획과'이면서 '성별'이 '여'인 조건에 만족하는 필드가 추출됩니다.

> **TIP**
>
> 모든 조건을 만족하는 레코드를 추출하기 위해서는 AND 조건으로 고급 필터를 지정합니다. AND 조건을 설정하려면 첫 행에는 데이터베이스의 필드명, 그리고 아래에는 조건 값을 입력합니다.

여러 조건으로 데이터 추출하기

:: **준비파일** Part01₩Chapter04₩Section02₩직원리스트(2).xlsx | **완성파일** Part01₩Chapter04₩Section02₩직원리스트(2)_완성.xlsx

자동 필터는 하나의 필드에 2개 이상의 조건을 설정할 수 없지만 고급 필터를 사용하면 AND, OR, 또는 혼합 조건을 이용하여 보다 복잡하고 다양한 조건으로 데이터를 검색할 수 있습니다.

01_ [OR 조건] 탭을 클릭합니다. 임의의 셀을 선택하고 [데이터] 탭─[정렬 및 필터] 그룹에서 [고급]을 클릭합니다. [고급 필터] 대화상자가 나타나면 [결과]─[다른 장소에 복사]를 선택합니다. [조건 범위]에서 [J9:K12] 영역을 드래그하여 선택하고, [복사 위치]에 『B65』를 입력한 후 [확인]을 클릭합니다.

> **TIP**
>
> 여러 개의 조건 중 하나의 조건이라도 만족하는 레코드를 추출할 때에는 OR 조건을 이용합니다.

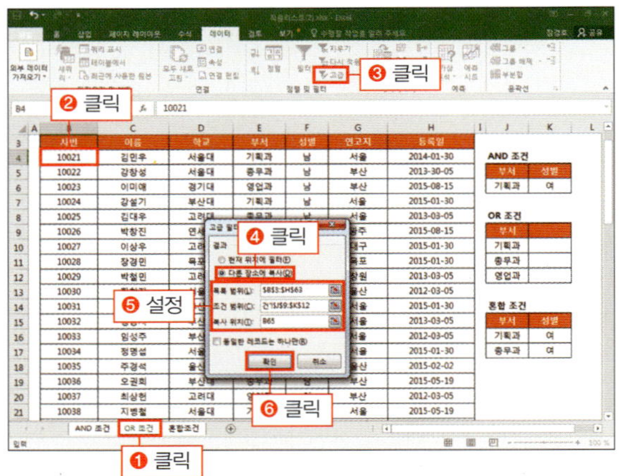

02_ [B65] 셀에 직원 명부의 부서가 기획과, 총무과, 영업과에 해당하는 필터 결과가 나타납니다.

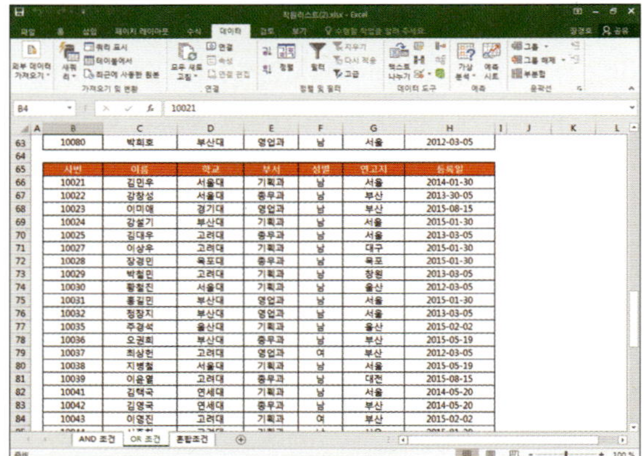

AND 조건과 OR 조건으로 혼합 데이터 추출하기

∷ 준비파일 Part01₩Chapter04₩Section01₩직원리스트(3).xlsx | **완성파일** Part01₩Chapter04₩Section01₩직원리스트(3)_완성.xlsx

혼합 조건의 경우 AND 조건과 OR 조건을 혼합하여 원하는 데이터를 추출할 수 있습니다.

01_ 이번에는 AND 조건과 OR 조건을 혼합한 데이터를 추출해 보겠습니다. [혼합조건] 탭을 클릭합니다. 임의의 셀을 선택하고 [데이터] 탭→[정렬 및 필터] 그룹에서 [고급]을 클릭합니다. [고급 필터] 대화상자가 나타나면 [결과]→[다른 장소에 복사]를 선택합니다. [조건 범위]에서 [J15:K17] 영역을 드래그하여 선택하고 [복사 위치]를 선택한 후 『B65』를 입력합니다. 그리고 [확인]을 클릭합니다.

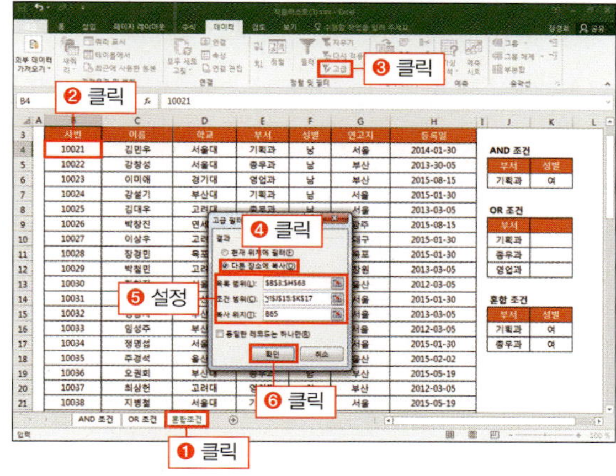

02_ [B65] 셀에 부서가 '기획과'이거나 '총무과'인 성별이 '여'인 필터 결과가 나타납니다.

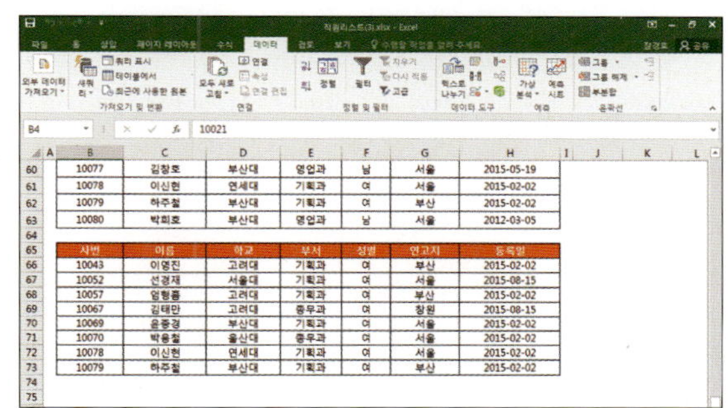

꼭!! 알고가기

[고급 필터] 대화상자 살펴보기

고급 필터의 경우 [고급 필터] 대화상자를 통해 위치나 조건 범위 등을 지정할 수 있습니다.

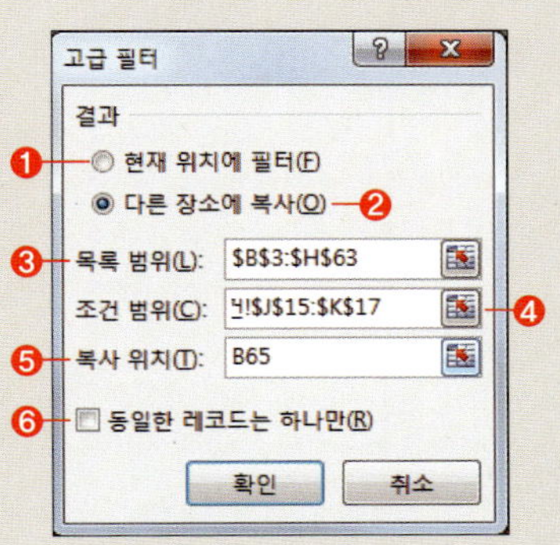

❶ **현재 위치에 필터** : 자동 필터처럼 추출된 결과를 현재의 위치에 표시합니다.

❷ **다른 장소에 복사** : 추출된 결과를 다른 장소에 복사하여 표시합니다.

❸ **목록 범위** : 추출한 데이터의 범위를 지정하며 반드시 항목 이름을 포함합니다.

❹ **조건 범위** : 조건이 입력된 범위를 지정하는 것으로 항목 이름을 포함합니다.

❺ **복사 위치** : '다른 장소에 복사'를 선택했을 시 복사 위치를 지정합니다.

❻ **동일한 레코드는 하나만** : 체크할 경우 중복된 내용을 제거한 후 데이터를 나타낼 수 있습니다.

고급 필터 지정 조건 살펴보기

'자동 필터'가 필드의 필터 단추를 클릭한 다음 원하는 항목을 추출하는 방식이라면 '고급 필터'는 여러 가지 복잡한 조건을 지정해 현재 위치나 다른 장소에 결과를 추출하는 방식입니다.

고급 필터를 통해 조건을 입력할 때에는 같은 행에 입력하는지, 다른 행에 입력하는지에 따라 필터되는 내용이 달라집니다. 즉, AND, OR, 혼합 조건으로 구성된 고급 필터의 지정 조건은 아래의 설명을 참조하기 바랍니다.

AND(그리고)

조건을 입력할 때 동일한 행 방향으로 입력된 조건들은 AND 조건으로 추출이 됩니다. 같은 행에 조건이 나란히 입력되어야 하며, 다음의 조건을 모두 만족해야 합니다.

부서	성별
총무부	남

▲ 부서가 '총무부'이고, 성별이 '남'으로 두 조건을 모두 만족하는 조건

OR(또는)

열 방향 또는, 다른 열 방향으로 입력된 조건들은 OR 조건이 됩니다. 필드명을 제외하고 다른 행에 조건이 입력되어야 하며, 하나만 만족해도 됩니다.

부서	부서	부서
총무부	남	
	기획부	
		인사부

▲ 부서가 '총무부'이거나 부서가 '기획부'이거나 부서가 '인사부'인 조건

AND(그리고)와 OR(또는) 혼합

행과 열 방향에 모두 조건을 입력하면 AND와 OR 조건이 혼합된 조건으로 추출할 수 있습니다. 즉, 조건이 서로 같은 행과 다른 열 방향으로 붙어 있으면 AND와 OR 혼합 조건입니다.

지역	부서
서울	총무부
부산	기획부

▲ 지역이 '서울'이고, 부서가 '총무부'이거나, 지역이 '부산'이고, 부서가 '기획부'인 조건

1 [판매율] 필드에서 판매율이 60% 이하인 제품만 추출해 보세요.

◎ 준비파일 : Part01₩Chapter04₩Check₩판매율.xlsx　　◎ 완성파일 : Part01₩Chapter04₩Check₩판매율_완성.xlsx

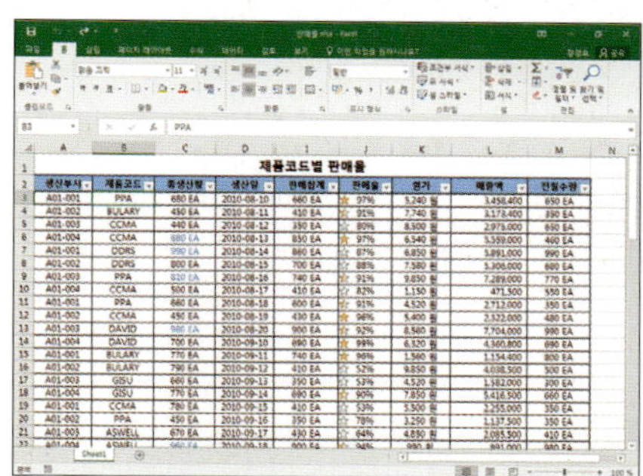 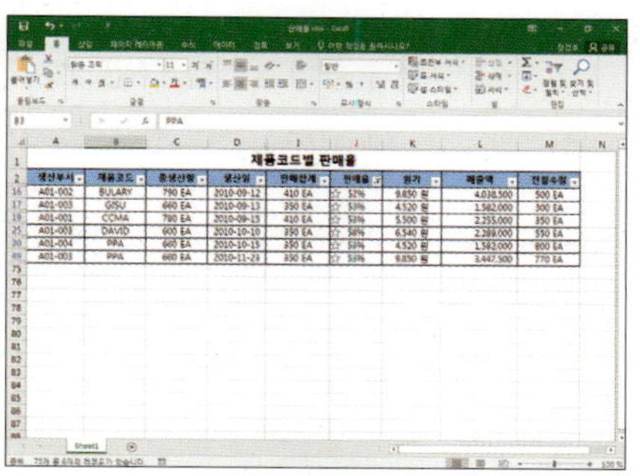

힌트

❶ [판매율] 필드의 필터 단추를 클릭한 다음 [숫자 필터]–[보다 작음]을 선택합니다.

❷ [사용자 지정 자동 필터] 대화상자가 나타나면 [판매율]에 『60%』를 입력합니다.

---

2 고급 필터를 통해 조건에 맞는 데이터를 추출할 수 있습니다. 여기서는 부서가 인사부이면서 직급이 대리인 목록을 고급 필터를 통해 구해 보세요.

◎ 준비파일 : Part01₩Chapter04₩Check₩출석부.xlsx　　◎ 완성파일 : Part01₩Chapter04₩Check₩출석부_완성.xlsx

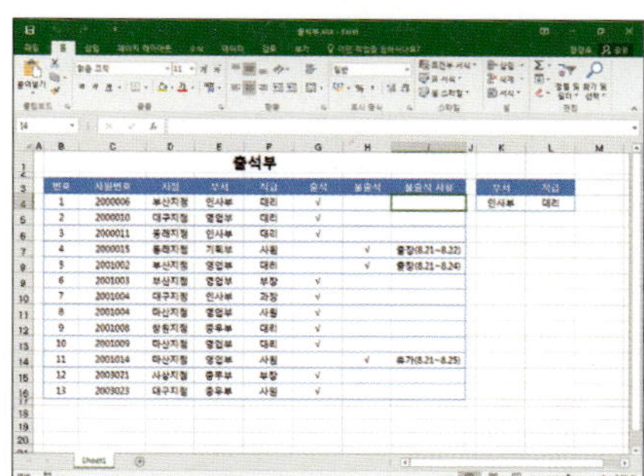 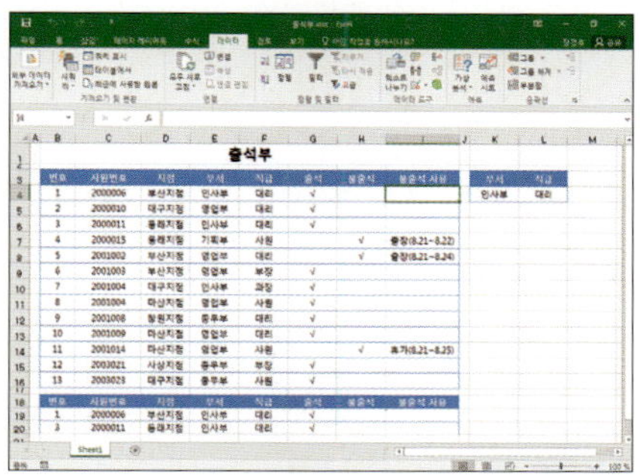

힌트

❶ [데이터] 탭–[정렬 및 필터] 그룹에서 [고급]을 클릭합니다.

❷ [고급 필터] 대화상자에서 목록 범위를 비롯해 조건 범위, 복사 위치를 지정합니다.

데이터 요약하기

데이터를 다루다 보면 데이터에 적합한 보고서를 작성해야 할 경우가 발생합니다. 부분합을 이용하면 데이터를 특성에 맞게 분석할 수 있으며, 피벗 테이블이나 피벗 차트를 이용하면 요약 보고서를 작성할 수 있습니다.

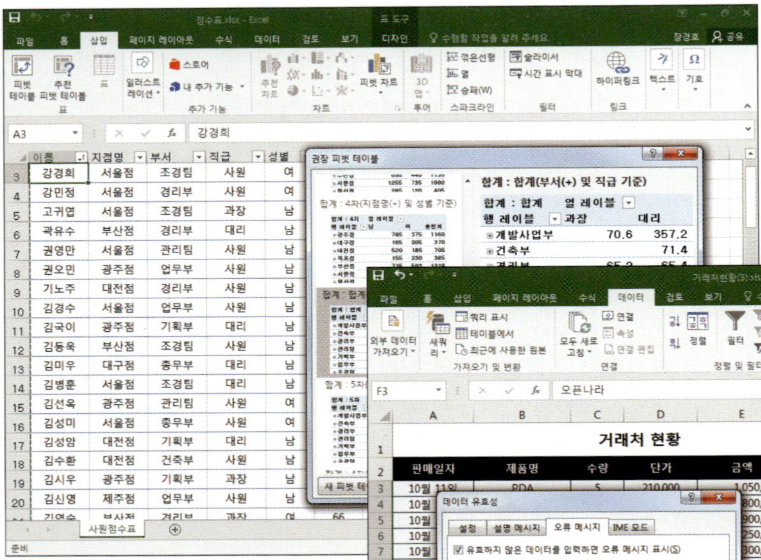

▲ 추천 피벗 테이블 작성하기

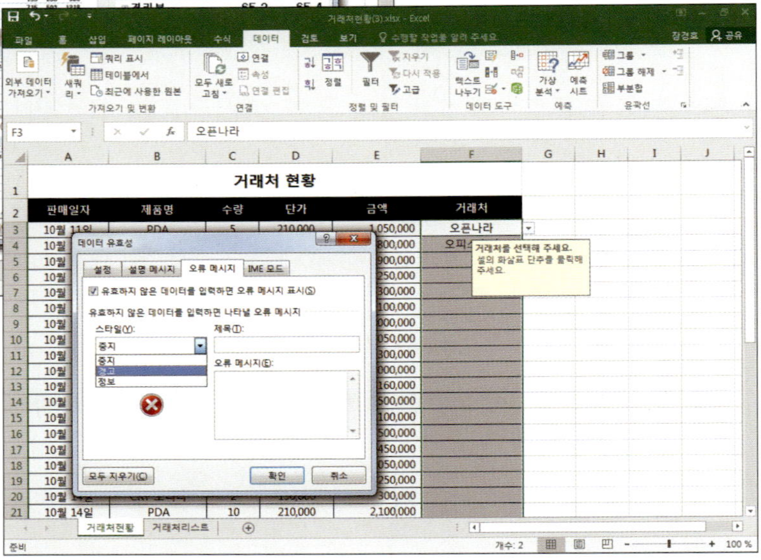

데이터 유효성 검사로 ▶
오류 메시지 표시하기

이번 섹션에서 배울 주요 내용

- 부분합으로 요약 보고서 작성하기
- 부분합을 그룹으로 묶어서 윤곽 조정하기
- 여러 그룹으로 구성된 다중 부분합 작성하기
- 부분합 요약 보고서 결과 복사하기
- 원하는 필드만으로 피벗 테이블 만들기
- 필드를 그룹으로 설정하기
- 피벗 테이블 스타일 지정하기
- 피벗 테이블 시간 표시 막대 삽입하기
- 피벗 차트로 보고서 작성하기

- 슬라이서로 필터 만들기
- 하나의 셀에 있는 텍스트 나누기
- 중복된 항목 제거하기
- 데이터 유효성 검사로 항목 입력하기
- 데이터 유효성 검사로 설명 메시지 입력하기
- 데이터 유효성 검사로 오류 메시지 표시하기
- **스페셜** 원하는 기능이나 궁금증을 한 번에 해결하기
- **스페셜** 플래시 필 기능으로 항목 수정하고 합산하기

부분합으로 요약 보고서 작성하기

:: **준비파일** Part01₩Chapter04₩Section02₩거래처.xlsx | **완성파일** Part01₩Chapter04₩Section02₩거래처_완성.xlsx

부분합은 데이터 범위 중에서 열 방향의 특정 필드로 분류하고 부문별로 합계, 평균, 개수, 최대값, 최소값, 표준 편차, 분산 등을 자동 계산한 후 요약해 주는 기능입니다.

01_ 부분합 정렬을 위해 필드를 정렬해야 합니다. 제품 명을 기준으로 요약 보고서를 작성할 것이기 때문에 [B3] 셀을 선택하고 [데이터] 탭-[정렬 및 필터] 그룹에서 [텍스트 오름차순 정렬]을 클릭합니다.

> **TIP**
>
> 부분합은 특정 필드를 기준으로 합계나 평균 등의 소계를 자동으로 계산되어 워크시트에 요약하여 표시해 줍니다. 부분합을 구하기 위해서는 먼저 필드가 정렬되어 있어야 합니다.

02_ [데이터] 탭-[윤곽선] 그룹에서 [부분합]을 클릭합니다. [부분합] 대화상자가 나타나면 [그룹화할 항목]에 '제품명'을 선택하고, [사용할 함수]는 '합계', [부분합 계산 항목]에는 [금액]에만 체크한 후 [확인]을 클릭합니다.

03_ 제품명별로 금액 합계가 구해집니다. 만일, 부분합을 제거하려면 [부분합] 대화상자에서 [모두 제거]를 클릭합니다.

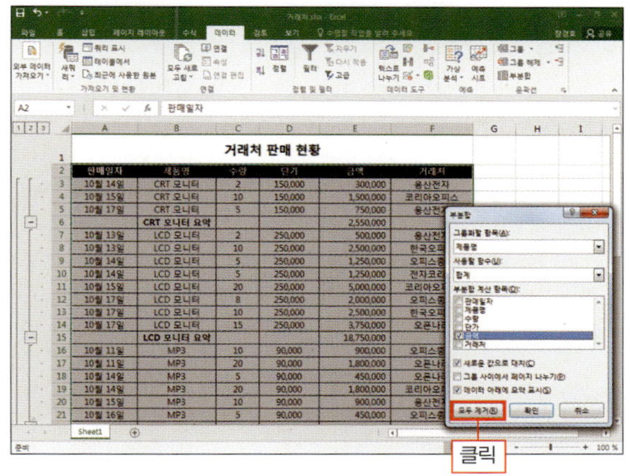

부분합을 그룹으로 묶어서 윤곽 조정하기

:: **준비파일** Part01₩Chapter04₩Section02₩거래처(2).xlsx | **완성파일** Part01₩Chapter04₩Section02₩거래처(2)_완성.xlsx

윤곽 조절 단추 중 〈1〉을 클릭하면 총합계만 표시되며, 〈2〉를 클릭하면 요약 데이터만 표시되며, 〈3〉을 클릭하면 모든 레코드가 나타납니다.

01_ 윤곽 조절 단추 중에서 〈2〉를 클릭합니다. 요약 데이터만 나타납니다.

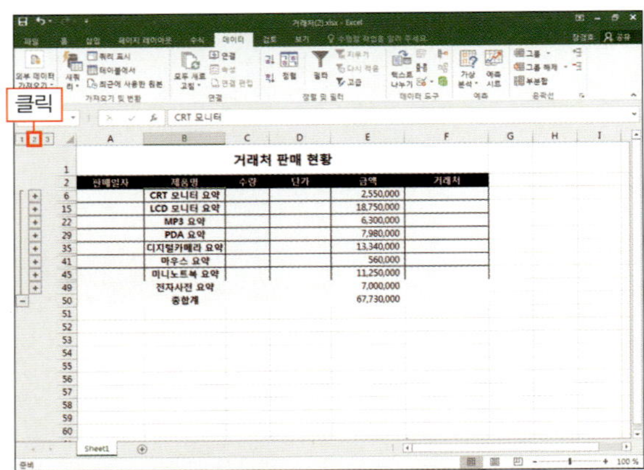

> **TIP**
>
> 윤곽 조절 단추를 통해 총합계, 부분 합계, 그리고 전체 레코드를 표시하여 데이터를 좀 더 쉽게 요약 및 분석할 수 있습니다. 부분합 데이터를 확장 또는, 축소하려면 〈+〉 및 〈-〉를 클릭합니다.

02_ 'MP3 요약'의 〈+〉를 클릭합니다. 동일한 방식으로 각각의 제품명별로 데이터를 요약 및 정리할 수 있습니다.

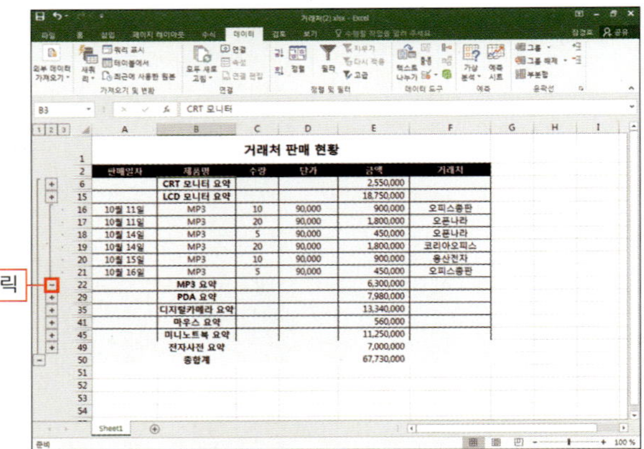

여러 그룹으로 구성된 다중 부분합 작성하기

:: **준비파일** Part01₩Chapter04₩Section02₩거래처(3).xlsx | **완성파일** Part01₩Chapter04₩Section02₩거래처(3)_완성.xlsx

요약 부분합이 구해진 상태에서 평균 함수를 추가하여 다중 부분합을 작성해 보겠습니다.

01_ 윤곽 조절 단추 중 〈3〉을 클릭하여 부분합과 관련된 모든 레코드를 표시하고 [데이터] 탭-[윤곽선] 그룹에서 [부분합]을 클릭합니다. [부분합] 대화상자가 나타나면 [그룹화할 항목]에 '제품명'을 선택하고, [사용할 함수]는 '평균', [부분합 계산 항목]에는 [금액]에 체크합니다. [새로운 값으로 대치]에 체크 표시를 해제한 다음 [확인]을 클릭합니다.

> **TIP**
>
> 다중 부분합은 합계를 구한 상태에서 다른 함수를 추가로 구하고 싶을 때 사용할 수 있습니다.

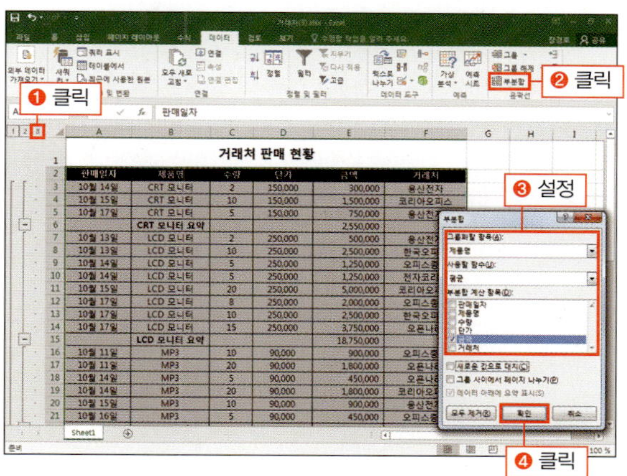

02_ 제품명별로 평균과 요약 부분합이 동시에 구해집니다.

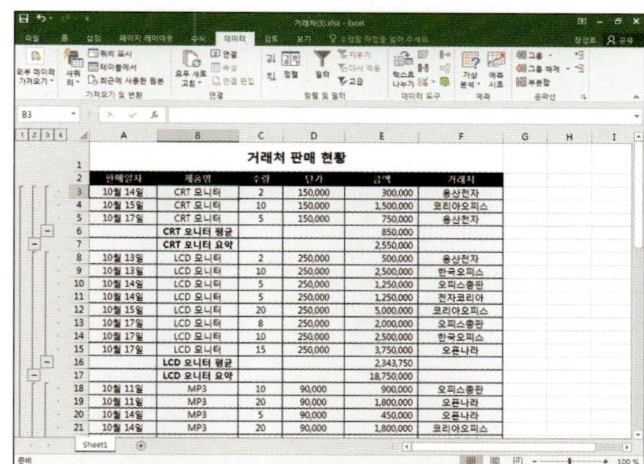

부분합 요약 보고서 결과 복사하기

:: **준비파일** Part01₩Chapter04₩Section02₩거래처(4).xlsx | **완성파일** Part01₩Chapter04₩Section02₩거래처(4)_완성.xlsx

부분합 결과로 산출된 요약 보고서를 그대로 복사하면 요약되기 전에 숨겨진 행이나 열까지 모두 복사되어 나타납니다. 숨겨진 셀을 제외한 요약 보고서 결과만 복사해 보겠습니다.

01_ 〈 2 〉를 클릭한 후 요약 보고서 결과를 복사할 범위를 지정합니다. [홈] 탭-[편집] 그룹에서 [찾기 및 선택]을 클릭하고 [이동 옵션]을 선택합니다. [이동 옵션] 대화상자가 나타나면 [화면에 보이는 셀만]을 체크하고 [확인]을 클릭합니다.

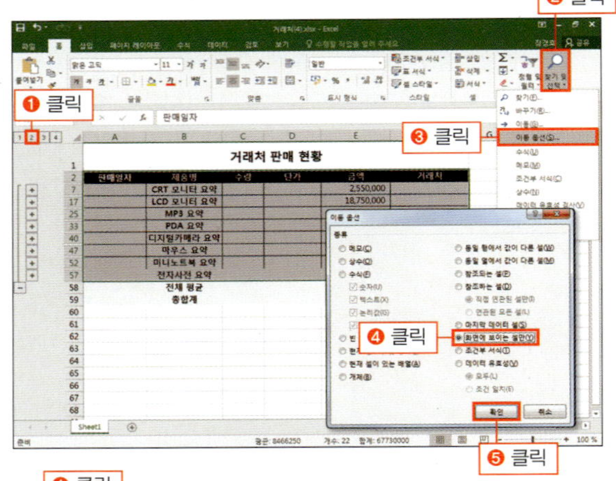

02_ [홈] 탭-[클립보드] 그룹에서 [복사]-[복사]를 클릭합니다. [새 시트] 단추를 클릭하여 새 시트를 엽니다.

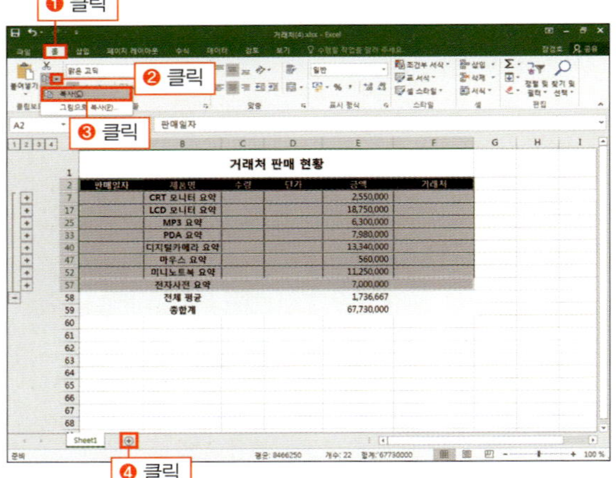

03_ [A1] 셀을 선택하고 Ctrl + V 를 눌러 붙여넣기 합니다. 그리고 표를 편집하여 완성합니다.

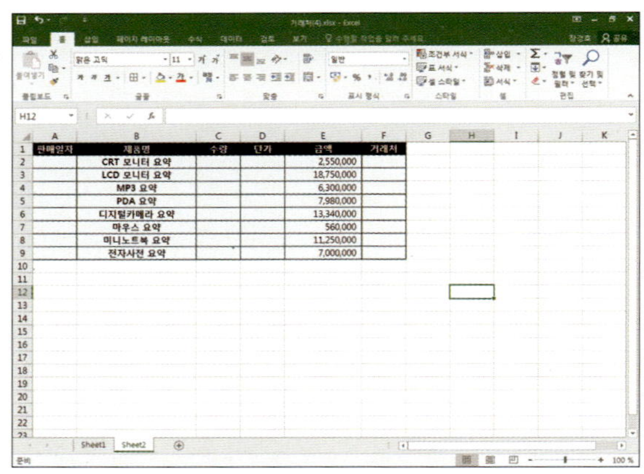

원하는 필드만으로 피벗 테이블 만들기

:: 준비파일 Part01₩Chapter04₩Section02₩설치현황표.xlsx | **완성파일** Part01₩Chapter04₩Section02₩설치현황표_완성.xlsx

피벗 테이블(Pivot Table)은 방대하고 복잡한 데이터를 간단하게 요약, 정리하여 표로 표시하는 기능입니다. 행과 열 방향으로 그룹화된 항목을 정렬하거나 요약하여 데이터를 빠르게 분석할 수 있는데 예를 들어, 이름과 가입지점, 처리부서, 성별, 설치지역 등 다양한 정보가 섞여 있다면 이 표에서 원하는 정보만 추려 새로운 기준으로 요약할 수 있습니다.

01_ 임의의 셀을 선택합니다. 피벗 테이블을 작성하기 위해 [삽입] 탭─[표] 그룹에서 [피벗 테이블]을 클릭합니다. [피벗 테이블 만들기] 대화상자가 나타나면 [표 또는 범위 선택]에서 [표1], [피벗 테이블 보고서를 넣을 위치를 선택하십시오.]에 [새 워크시트]가 선택되어 있는 것을 확인한 다음 [확인]을 클릭합니다.

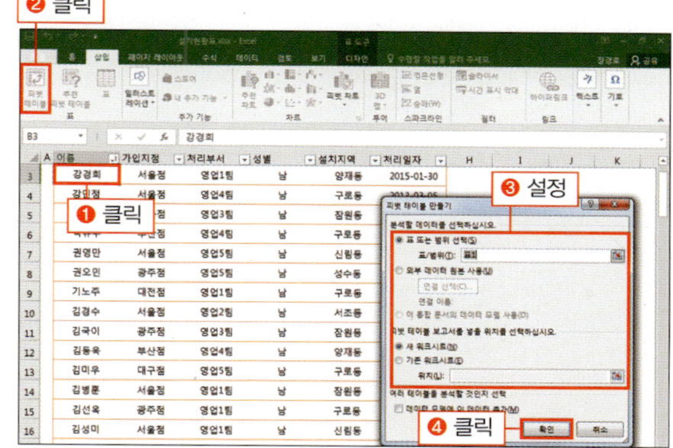

> **TIP** 피벗 테이블은 데이터를 요약하고 분석하고 탐색하며 요약 데이터를 제공하는 데 유용한 도구입니다. 피벗 테이블은 [피벗 테이블 만들기] 대화상자를 통해 데이터 범위와 테이블 보고서가 나타날 위치를 지정할 수 있습니다.

02_ [Sheet1] 시트가 추가됩니다. [피벗 테이블 필드] 창의 [보고서에 추가할 필드 선택]에서 [성별] 필드에 체크합니다. [행] 영역에 [성별] 필드가 포함되면 [필터] 영역으로 드래그합니다.

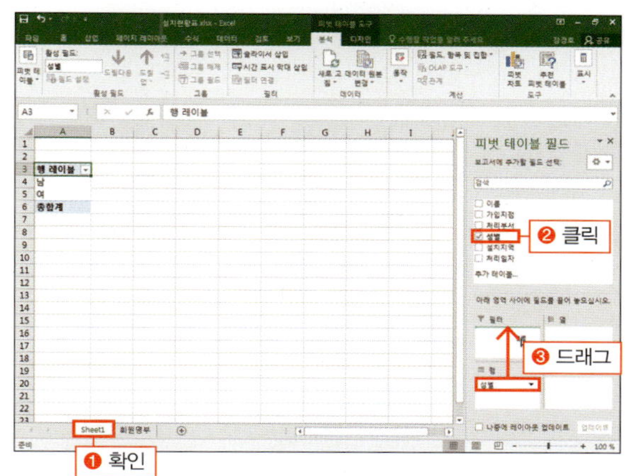

03_ [처리일자] 필드에 체크 표시를 한 후 [행] 영역으로, [설치지역] 필드에 체크하고 [열] 영역으로 드래그합니다.

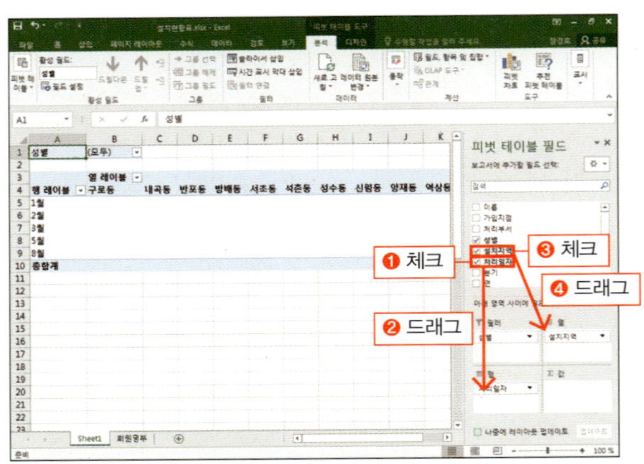

> **TIP**
>
> [피벗 테이블 필드] 창을 통해 보고서에 추가할 필드를 보고서 필터, 열 레이블, 행 레이블, 값 목록 상자로 드래그하여 피벗 테이블 레이아웃을 작성할 수 있습니다.

04_ 동일한 방법으로 [성별] 필드를 [값] 영역으로 드래그하여 [값] 영역에 추가합니다.

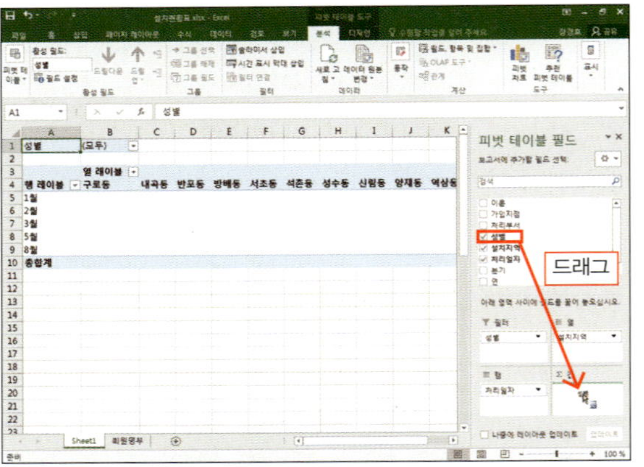

05_ '성별' 필터를 비롯해, '설치 지역'으로 구성된 열과 '처리일자'로 구성된 행, 그리고 '성별'에 해당하는 값으로 구성된 피벗 테이블이 완성됩니다.

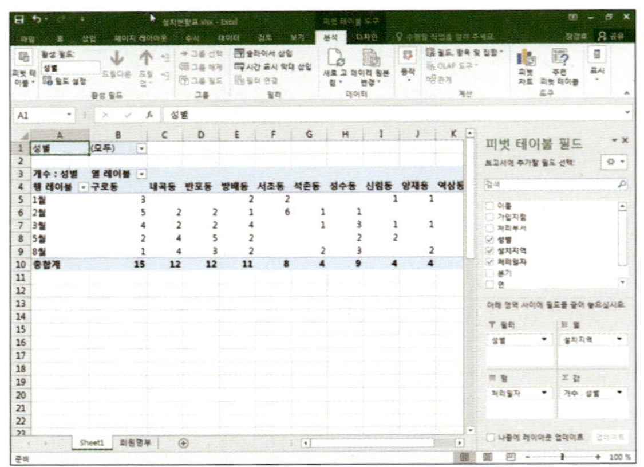

필드를 그룹으로 설정하기

:: **준비파일** Part01₩Chapter04₩Section02₩설치현황표(2).xlsx | **완성파일** Part01₩Chapter04₩Section02₩설치현황표(2)_완성.xlsx

필드가 많으면 데이터를 요약해서 확인하기가 쉽지 않습니다. 피벗 테이블에서는 행이나 열에 대해 그룹을 지정하여 표시할 수 있습니다.

01_ [A5] 셀을 선택하고 [피벗 테이블 도구]–[분석] 탭–[그룹] 그룹에서 [그룹 필드]를 클릭합니다. [그룹화] 대화상자가 나타나면 [단위]에서 [분기]를 선택하고 [확인]을 클릭합니다.

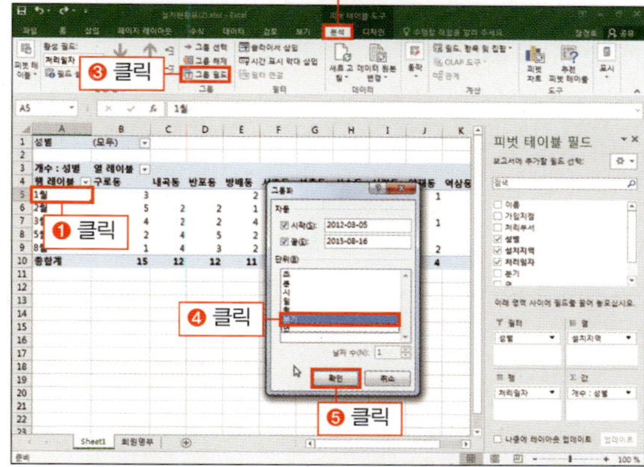

TIP

마우스 오른쪽 버튼을 클릭하고 [그룹]을 선택해도 그룹을 설정할 수 있습니다.

02_ 행 레이블의 가입일이 '분기' 단위로 변경된 것을 확인할 수 있습니다.

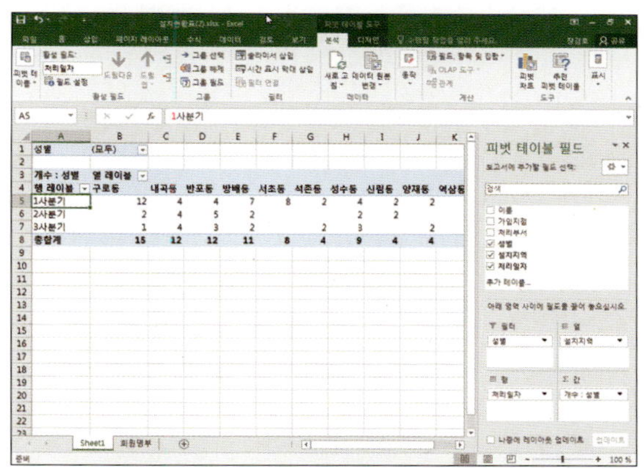

:: **준비파일** Part01₩Chapter04₩Section02₩설치현황표(3).xlsx | **완성파일** Part01₩Chapter04₩Section02₩설치현황표(3)_완성.xlsx

피벗 테이블을 이용하면 스타일과 필터를 지정하여 시각적으로 보기 좋은 문서로 만들 수 있습니다.

01_ 피벗 테이블의 셀이 선택된 상태로 [피벗 테이블 도구]-[디자인] 탭-[레이아웃] 그룹에서 [보고서 레이아웃]-[테이블 형식으로 표시]를 클릭합니다.

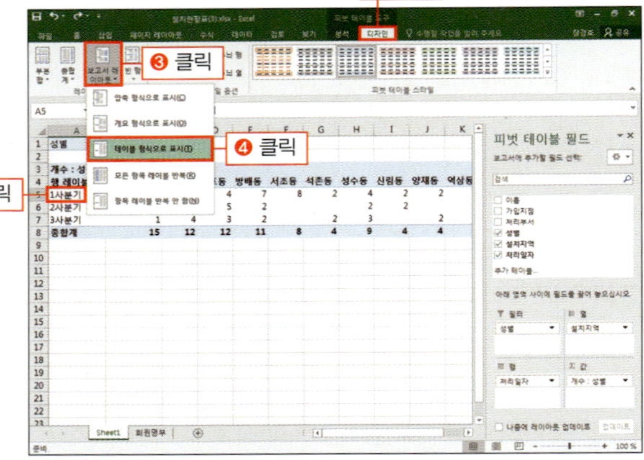

02_ [피벗 테이블 도구]-[디자인] 탭-[피벗 테이블 스타일] 그룹에서 [자세히](⯆)를 클릭한 후 원하는 스타일을 선택합니다. 여기서는 [피벗 스타일 보통 3]을 선택합니다.

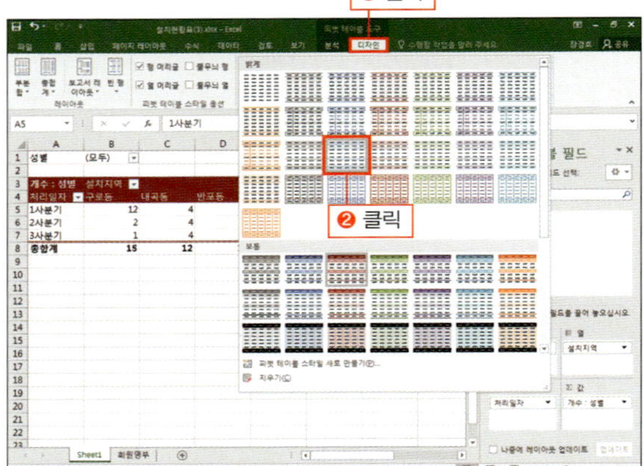

피벗 테이블에 시간 표시 막대 삽입하기

::준비파일 Part01₩Chapter04₩Section02₩설치현황표(4).xlsx | **완성파일** Part01₩Chapter04₩Section02₩설치현황표(4)_완성.xlsx

피벗 테이블에 시간 표시 막대를 삽입하면 날짜나 시간대별로 다양한 분석을 할 수 있습니다.

01_ 피벗 테이블에 시간 표시 막대를 추가해 보겠습니다. 피벗 테이블을 선택하고 [피벗 테이블 도구]–[분석] 탭–[필터] 그룹에서 [시간 표시 막대 삽입]을 클릭합니다. [시간 표시 막대 삽입] 대화상자가 나타나면 [처리일자]에 체크하고 [확인]을 클릭합니다.

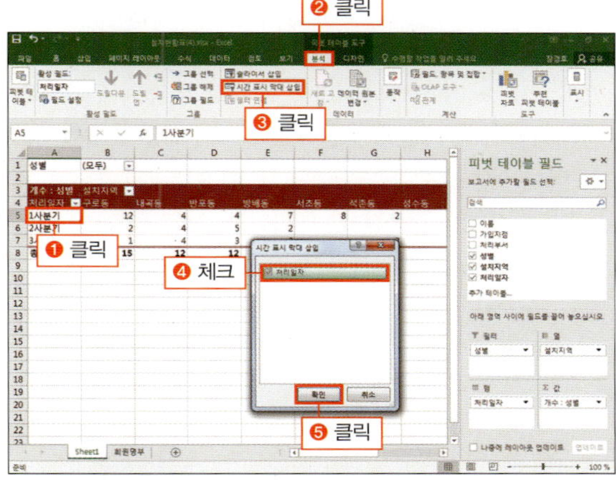

02_ [시간 표시 막대] 창이 나타납니다. [월] 화살표를 클릭한 후 '년'으로 변경합니다.

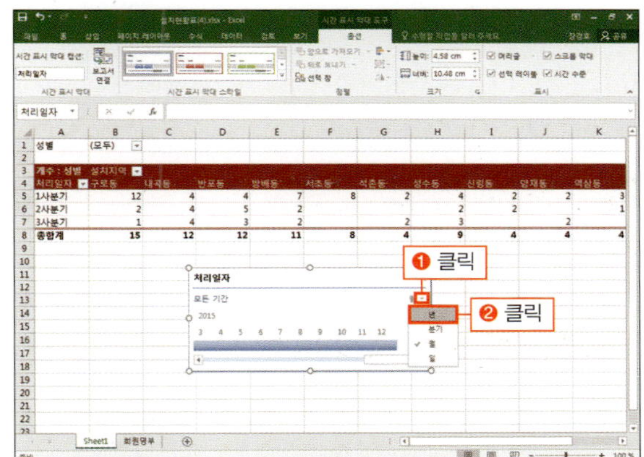

03_ 원하는 기간을 클릭합니다. 여기서는 '2014'와 '2015'를 선택합니다. 2014년~2015년에 처리한 내역이 피벗 테이블 보고서에 나타납니다.

TIP

시간 표시 막대에 표시되는 영역 조절 핸들을 이용해 기간을 지정할 수도 있으며 Shift 를 누른 채 영역을 선택할 수도 있습니다.

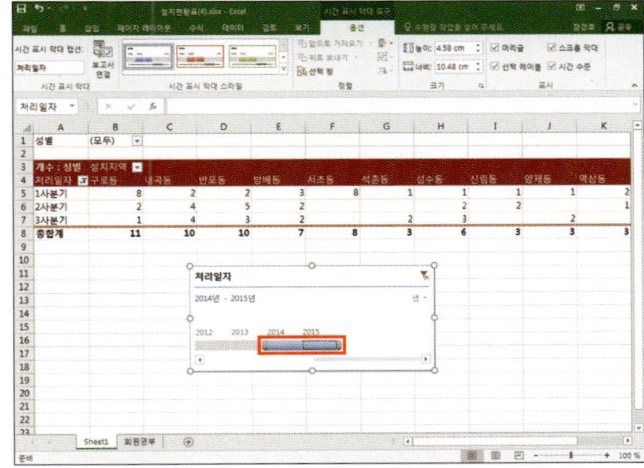

::준비파일 Part01₩Chapter04₩Section02₩설치현황표(5).xlsx | **완성파일** Part01₩Chapter04₩Section02₩설치현황표(5)_완성.xlsx

피벗 차트를 사용하면 피벗 테이블의 요약 데이터를 시각화하여 데이터를 간편하게 비교할 수 있으며 데이터의 패턴과 추세를 쉽게 파악할 수 있습니다.

01_ 피벗 테이블의 데이터를 차트로 만들기 위해 피벗 테이블에서 임의의 셀을 선택하고 [피벗 테이블 도구]-[분석] 탭-[도구] 그룹에서 [피벗 차트]를 클릭합니다. [차트 삽입] 대화상자가 나타나면 [세로 막대형]-[묶은 세로 막대형]을 선택하고 [확인]을 클릭합니다.

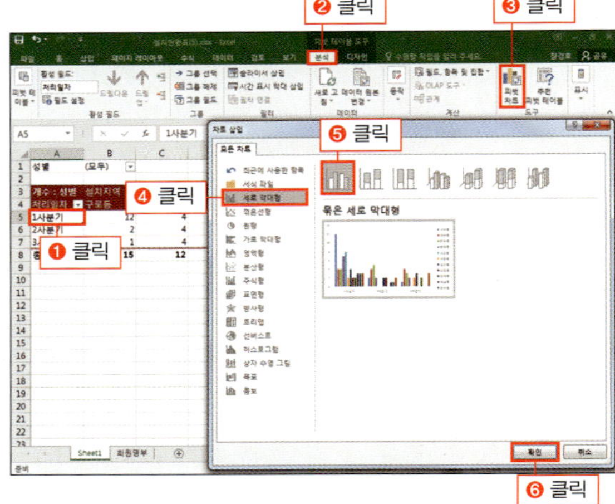

02_ 차트가 삽입됩니다. 차트가 삽입되면 필요 없는 레이블을 삭제할 수 있습니다. [설치지역]의 화살표를 클릭한 후 필요 없는 레이블의 체크 표시를 해제하여 완성합니다.

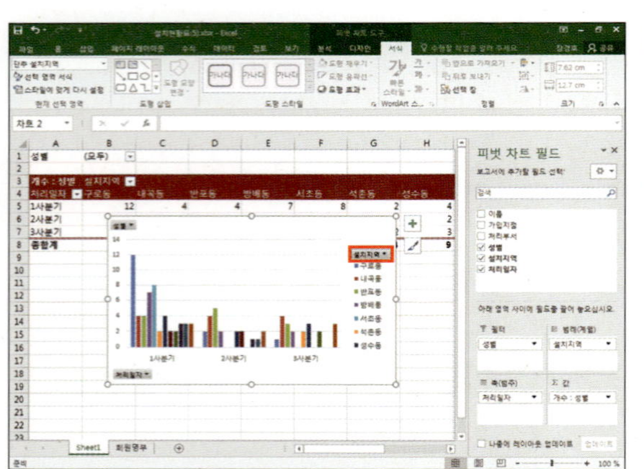

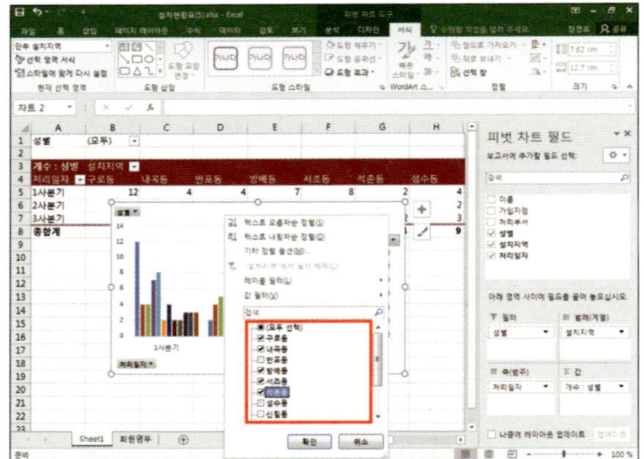

슬라이서로 필터 만들기

:: **준비파일** Part01₩Chapter04₩Section02₩슬라이서.xlsx | **완성파일** Part01₩Chapter04₩Section02₩슬라이서_완성.xlsx

슬라이서는 피벗 테이블 필드 목록에서 필드별 데이터를 선택하는 것만으로 표시된 데이터를 변경할 수 있습니다.

01_ 슬라이서로 필터를 적용하기 위해 [Sheet1] 시트 탭을 클릭합니다. [피벗 테이블 도구]–[분석] 탭–[필터] 그룹에서 [슬라이서 삽입]을 클릭합니다. [슬라이서 삽입] 대화상자가 나타나면 [지점명], [성별]에 체크하고 [확인]을 클릭합니다.

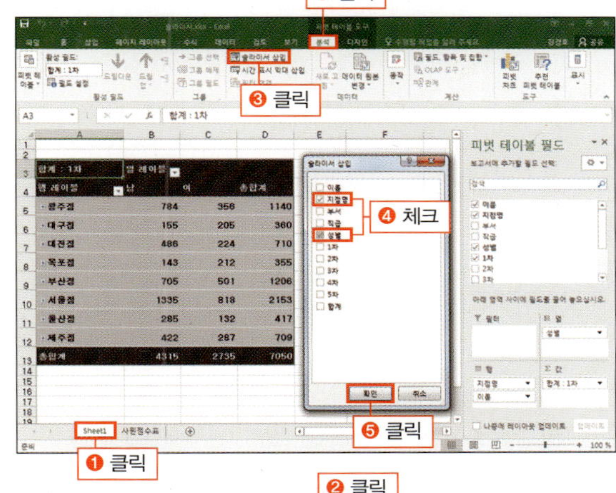

02_ 슬라이서를 드래그하여 위치를 이동합니다. [성별] 슬라이서가 선택된 상태에서 [슬라이서 도구]–[옵션] 탭–[슬라이서 스타일] 그룹의 [자세히](▽)를 클릭하여 원하는 스타일을 선택합니다.

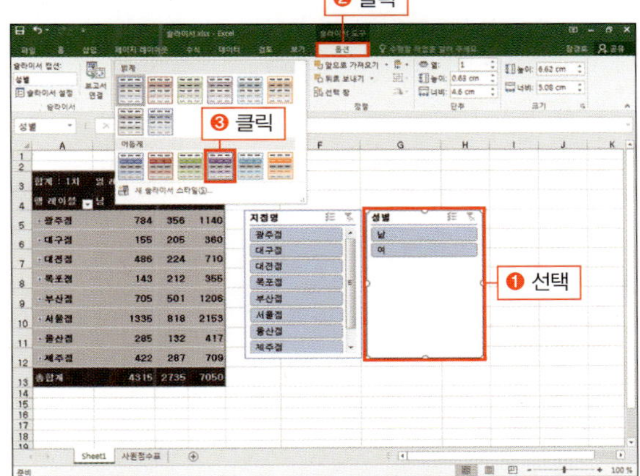

03_ 슬라이서를 통해 데이터를 필터링해 보겠습니다. [지점명] 슬라이서에서 [광주점]을 클릭합니다.

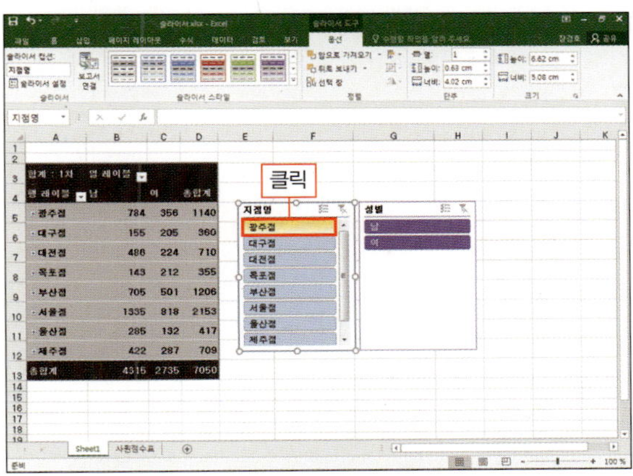

04_ '광주점'이 필터링되어 화면에 나타납니다. [지점명] 슬라이서에서 Ctrl 을 누른 상태로 [부산점], [서울점]을 선택합니다.

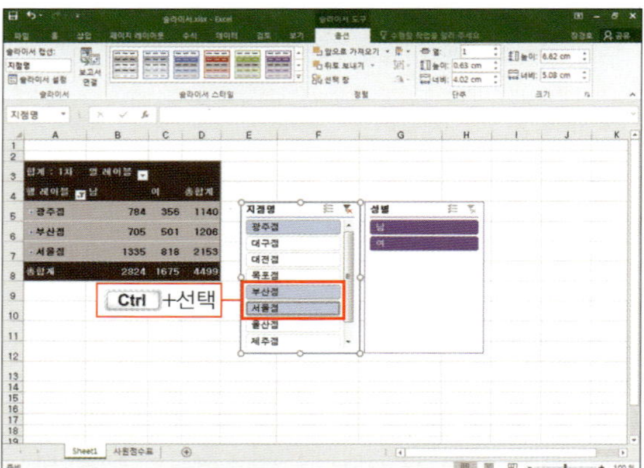

05_ 슬라이서의 이름과 정렬 순서를 변경해 보겠습니다. [지점명] 슬라이서를 선택하고 [슬라이서 도구]–[옵션] 탭–[슬라이서] 그룹에서 [슬라이서 설정]을 클릭합니다. [슬라이서 설정] 대화상자가 나타나면 [머리글]–[캡션]에 『전국지점』이라고 입력하고 [항목 정렬 및 필터링]의 [내림차순(사전 역순)]을 체크한 후 [확인]을 클릭합니다.

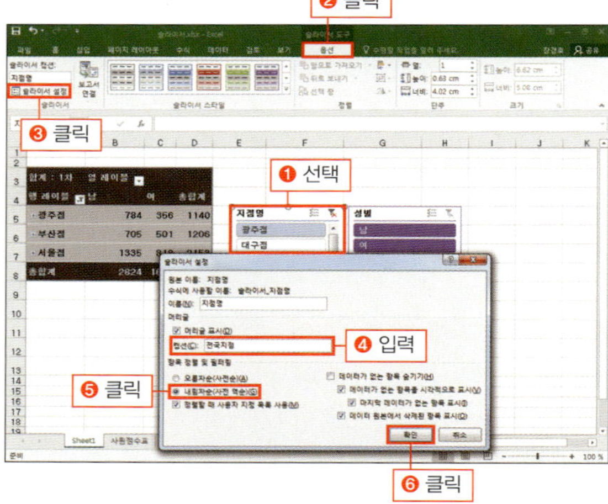

06_ 슬라이서의 이름이 '전국지점'으로 변경되며, 슬라이서의 순서가 가나다 역순으로 표기됩니다.

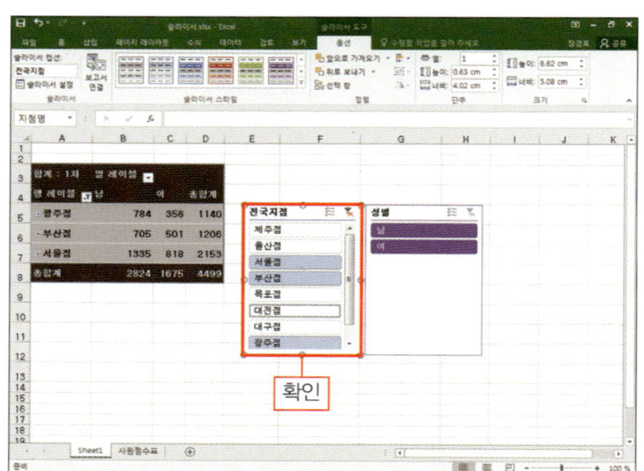

하나의 셀에 있는 텍스트 나누기

:: **준비파일** Part01₩Chapter04₩Section02₩주소록.xlsx | **완성파일** Part01₩Chapter04₩Section02₩주소록_완성.xlsx

셀 하나에 다양한 항목의 데이터가 존재할 경우 텍스트 나누기를 통해 여러 개의 셀에 나누어 넣을 수 있습니다.

01_ 텍스트 나누기를 할 데이터를 모두 선택합니다. 여기서는 [A1] 셀에서 [A19] 셀을 드래그하여 선택합니다. [데이터] 탭–[데이터 도구] 그룹에서 [텍스트 나누기]를 클릭합니다. [텍스트 마법사] 대화상자가 나타나면 [구분 기호로 분리됨]을 체크하고 [다음]을 클릭합니다.

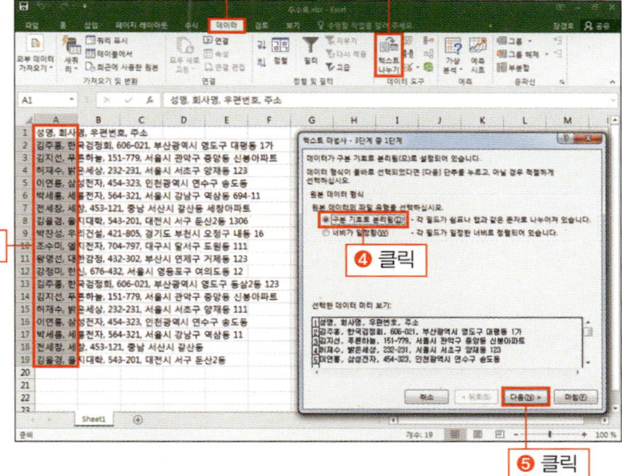

02_ [구분 기호]에서 [쉼표]에 체크하고 [다음]을 클릭합니다.

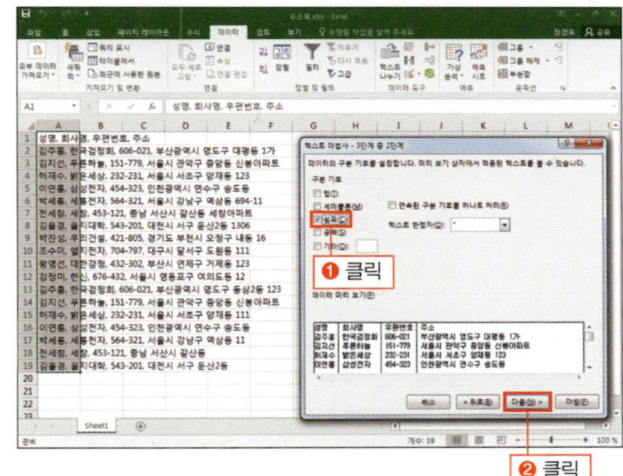

> **TIP**
> 텍스트가 구분되어 있는 기준에 따라 탭이나, 세미콜론, 쉼표, 공백 등을 선택할 수 있습니다.

03_ 텍스트를 확인하고 [마침]을 클릭합니다.

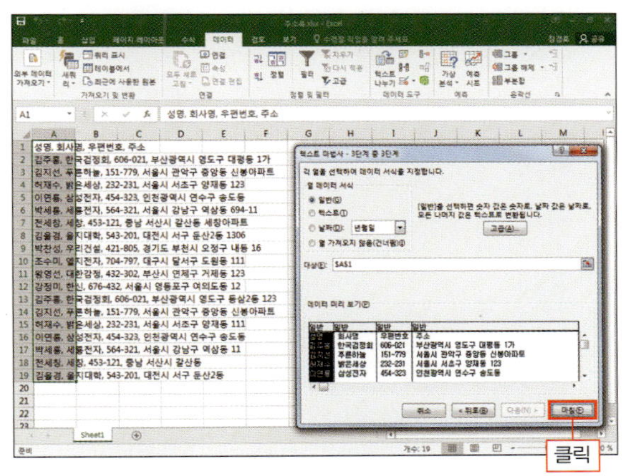

중복된 항목 제거하기

:: **준비파일** Part01₩Chapter04₩Section02₩주소목록.xlsx | **완성파일** Part01₩Chapter04₩Section02₩주소목록_완성.xlsx

데이터를 입력하다 보면 중복되는 경우가 있습니다. 이럴 때에는 [중복된 항목 제거]를 통해 중복된 데이터를 제거해 주는 것이 좋습니다.

01_ 데이터를 작성하다 보면 중복 값이 발생할 수 있습니다. 이를 제거하기 위해 [데이터] 탭-[데이터 도구] 그룹에서 [중복된 항목 제거]를 클릭합니다. [중복된 항목 제거] 대화상자가 나타나면 [열]을 모두 선택하고 [확인]을 클릭합니다.

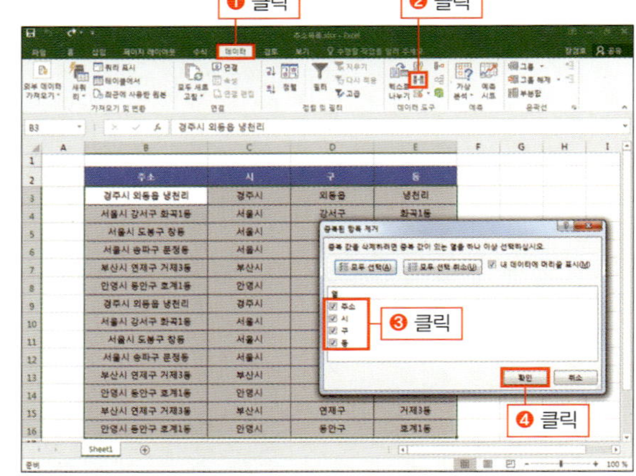

02_ 중복된 값이 검색되어 제거되었다는 창이 나타나면 [확인]을 클릭합니다.

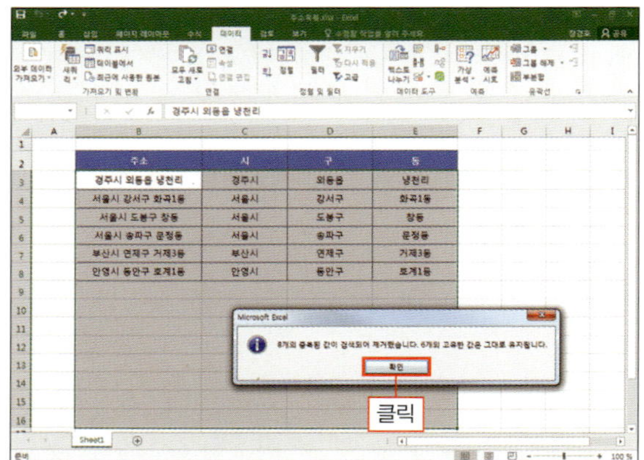

데이터 유효성 검사로 항목 입력하기

:: **준비파일** Part01₩Chapter04₩Section02₩거래처현황.xlsx | **완성파일** Part01₩Chapter04₩Section02₩거래처현황_완성.xlsx

데이터 유효성 검사를 통해 사용자가 셀에 입력하는 데이터 또는, 값의 유형을 정하거나 특정 셀에 숫자만 입력하거나 텍스트 길이 등을 제어할 수 있습니다.

01_ [F3:F41] 영역을 선택하고 [데이터] 탭-[데이터 도구] 그룹에서 [데이터 유효성 검사]를 클릭합니다.

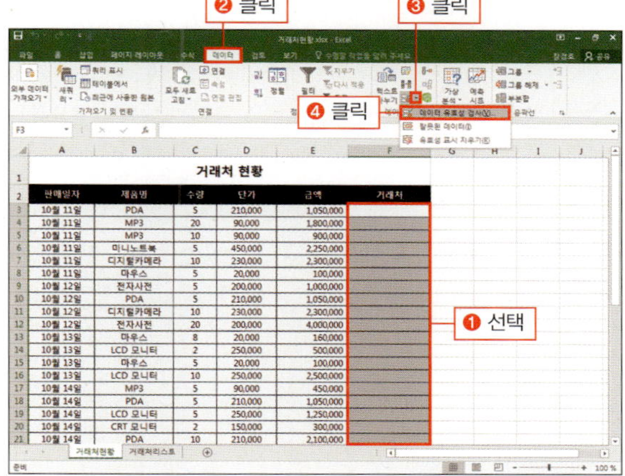

02_ [데이터 유효성] 대화상자가 나타나면 [설정] 탭에서 [제한 대상]의 화살표를 클릭한 후 '목록'을 선택합니다.

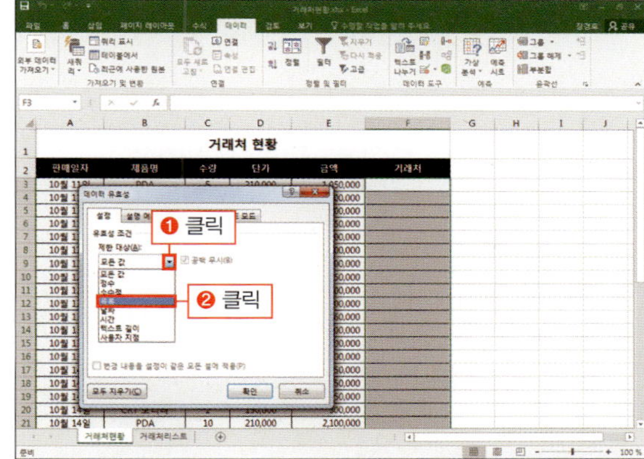

> **TIP**
>
> 제한 대상에 '목록'뿐만 아니라 '소수점, 날짜, 시간, 텍스트 길이' 등을 선택할 수 있습니다.

03_ [원본]에서 [거래처리스트] 시트 탭을 선택합니다. [A1:A6] 영역을 드래그하여 셀 범위를 지정하고 [확인]을 클릭합니다.

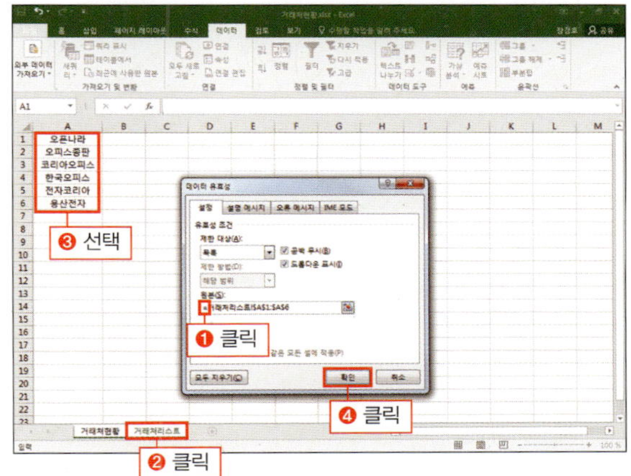

04_ 선택한 영역에 화살표 단추가 나타납니다. 화살표 단추를 클릭하면 직위 목록이 표시되어 원하는 항목을 쉽게 선택할 수 있습니다. [F5] 셀을 선택하고 [화살표]를 클릭한 후 원하는 거래처를 선택합니다.

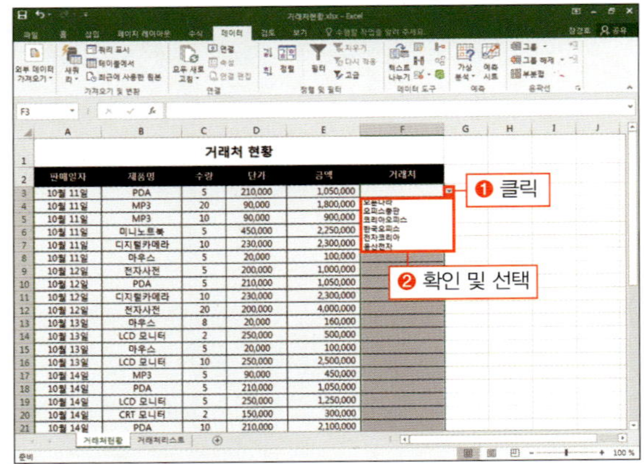

05_ 거래처 이름이 입력되면 동일한 방법으로 나머지 항목에도 화살표 단추를 클릭해 거래처 이름을 입력할 수 있습니다.

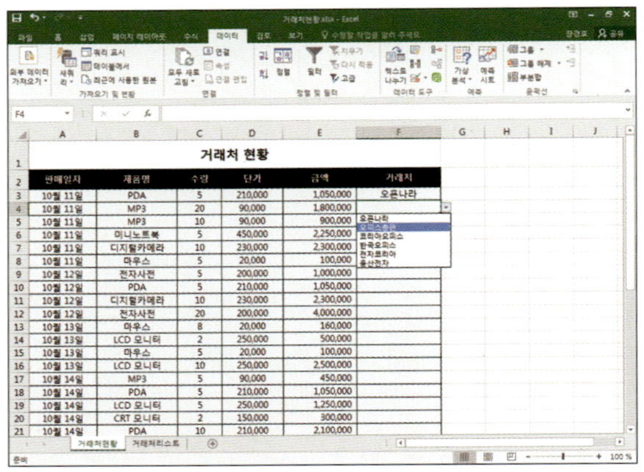

데이터 유효성 검사로 설명 메시지 입력하기

:: **준비파일** Part01₩Chapter04₩Section02₩거래처현황(2).xlsx | **완성파일** Part01₩Chapter04₩Section02₩거래처현황(2)_완성.xlsx

데이터 유효성 검사를 지정했을 경우 설명 메시지를 표기해 알려주면 보다 효과적으로 문서를 만들 수 있습니다.

01_ [F3:F41] 영역을 선택하고 [데이터] 탭–[데이터 도구] 그룹에서 [데이터 유효성 검사]를 클릭합니다. [데이터 유효성] 대화상자가 나타나면 [설명 메시지] 탭의 [제목]에 『거래처를 선택해 주세요.』를 입력합니다. [설명 메시지]를 클릭하고, 『셀의 화살표 단추를 클릭해 주세요.』를 입력한 후 [확인]을 클릭합니다.

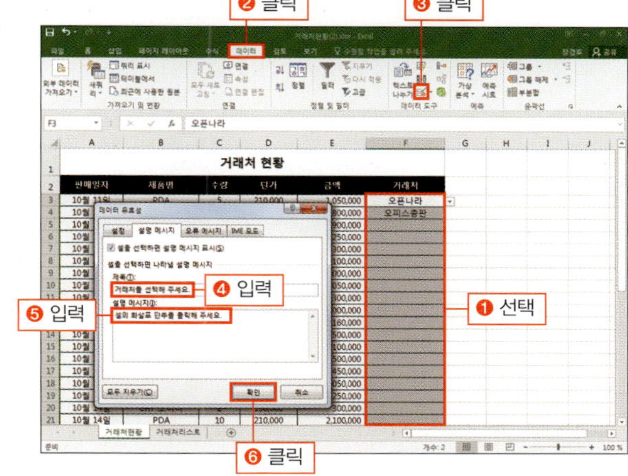

02_ 선택한 영역에 설명 메시지가 나타나는 것을 확인할 수 있습니다.

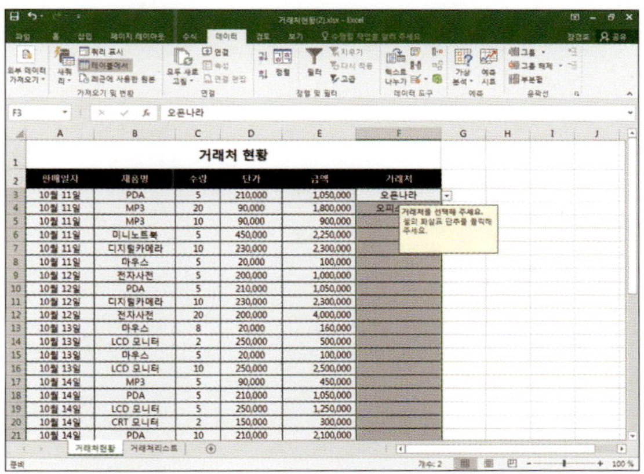

데이터 유효성 검사로 오류 메시지 표시하기

:: **준비파일** Part01₩Chapter04₩Section02₩거래처현황(3).xlsx | **완성파일** Part01₩Chapter04₩Section02₩거래처현황(3)_완성.xlsx

데이터 유효성 검사가 설정된 항목에 다른 데이터를 입력하면 경고 창이 나타나면서 오류 메시지를 나타낼 수 있습니다.

01_ [F3:F41] 영역을 드래그하여 선택한 후 [데이터] 탭-[데이터 도구] 그룹에서 [데이터 유효성 검사]를 클릭합니다. [데이터 유효성] 대화상자가 나타나면 [오류 메시지] 탭의 [스타일] 화살표를 클릭한 후 '경고'를 선택합니다.

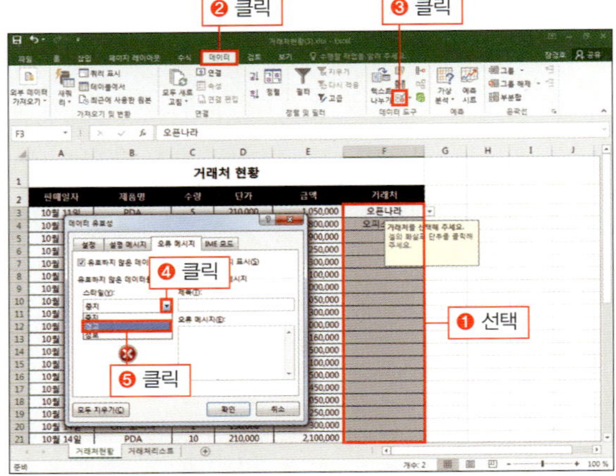

02_ [제목]에 『거래처 오류』를 입력하고 [오류 메시지]에 『목록에 없는 거래처입니다.』를 입력한 후 [확인]을 클릭합니다.

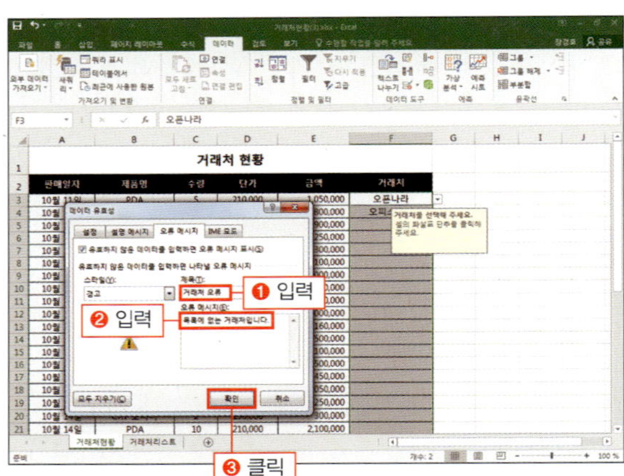

03_ [F5] 셀을 선택하고 『디자인향기』라는 상호를 입력한 후 Enter 를 누릅니다. [거래처 오류] 경고 창에 오류 메시지가 나타납니다.

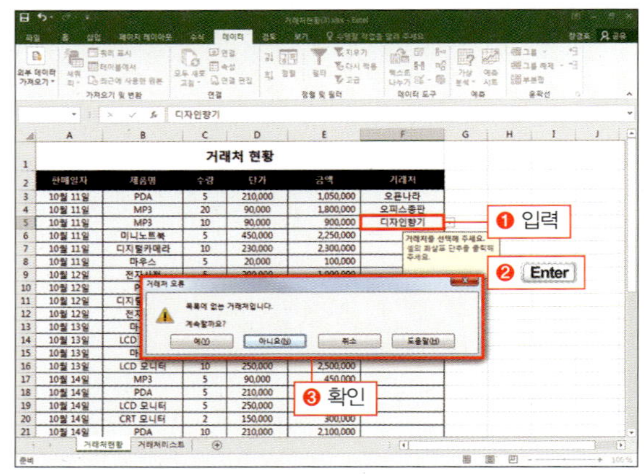

원하는 기능이나 궁금증을 한 번에 해결하기

엑셀 2016에 새롭게 추가된 기능으로 리본 메뉴 오른쪽에 위치하고 있는 '수행할 작업을 알려 주세요'라는 텍스트 입력란에 내용을 입력하여 원하는 기능이나 궁금증을 한 번에 해결할 수 있습니다.

> **준비파일** Part01₩Chapter04₩Section02₩주소목록.xlsx

01 [수행할 작업을 알려 주세요.]에 원하는 명령을 입력합니다. 여기서는 『중복된 항목 제거』를 입력합니다. 목록이 나타나면 [중복된 항목 제거]를 클릭합니다.

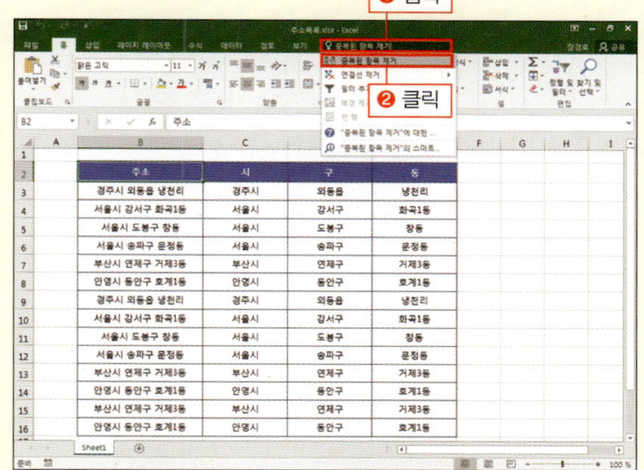

02 [중복된 항목 제거] 대화상자가 나타나면서 중복된 항목을 제거할 수 있습니다.

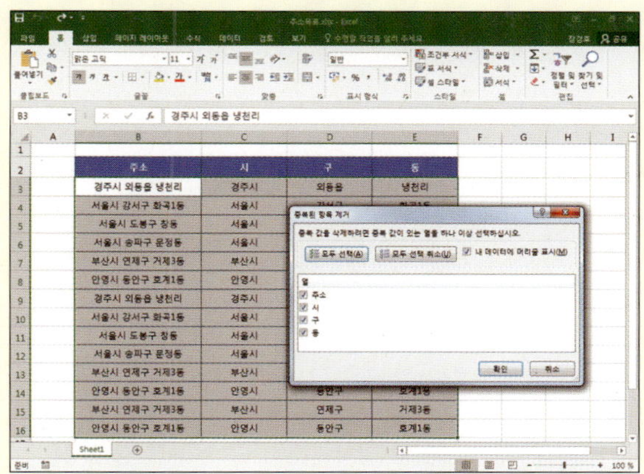

03 [수행할 작업을 알려 주세요.]에 원하는 단어나 명령어를 입력하면 관련된 유사 명령에 대한 검색과 함께 도움말도 나타납니다. **01**번 따라하기에서처럼 '중복된 항목 제거'라는 명령어를 이 위치에서 바로 실행할 수 있으며, '중복된 항목 제거'에 대한 도움말 등도 바로 확인할 수 있습니다. 아래에서 두 번째 위치한 '도움말' 항목을 클릭합니다.

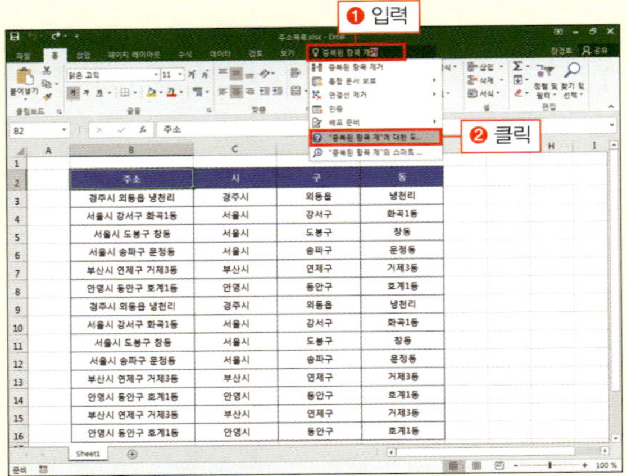

04 [Excel 2016 도움말] 창이 나타나면서 검색했던 '중복된 항목 제거'와 관련된 도움말을 확인할 수 있습니다.

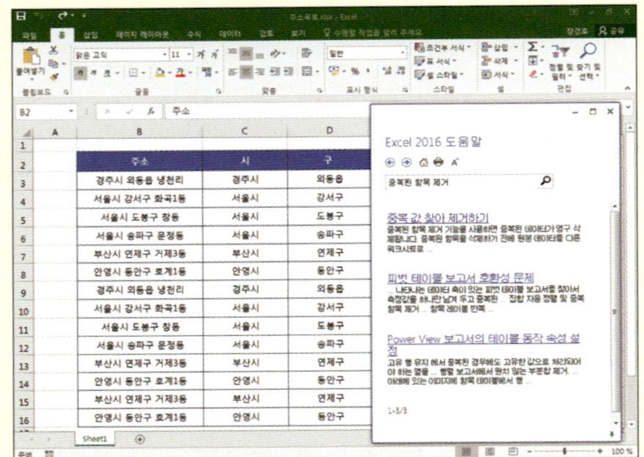

플래시 필 기능으로 항목 수정하고 합산하기

플래시 필은 입력한 데이터의 패턴을 분석하여 나머지 빈칸을 자동으로 채워주는 기능에서 더 나아가 데이터의 조합을 통해 새로운 패턴을 만들 수 있는 기능입니다. 예를 들어, 전화번호 사이사이에 하이픈(–)을 넣고 싶거나 사원의 이름과 지점명, 부서 등을 조합하여 특별한 사원번호를 만들 수 있습니다.

 준비 파일 Part01₩Chapter04₩Section02₩사원번호조합.xlsx

 완성 파일 Part01₩Chapter04₩Section02₩사원번호조합_완성.xlsx

01 [H3] 셀을 선택하고 [G3] 셀에 입력되어 있는 전화번호를 입력하되 사이사이에 하이픈(–)을 삽입합니다. 즉, 『010–1111–2222』를 입력하고 Enter 를 누릅니다.

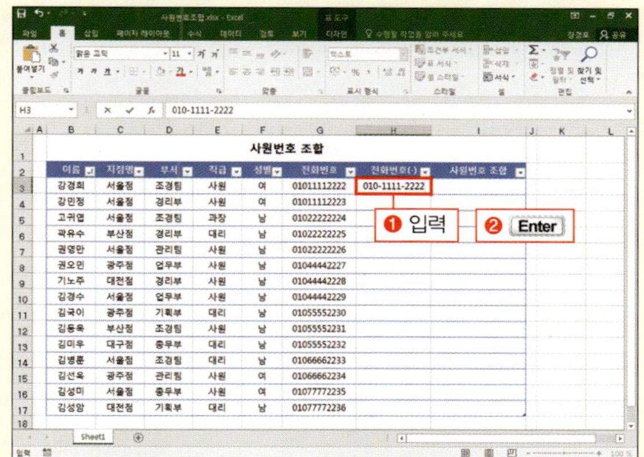

02 다시 [H3] 셀을 선택하고 Ctrl + E 를 누릅니다. 자동으로 나머지 항목도 동일한 패턴이 채워집니다.

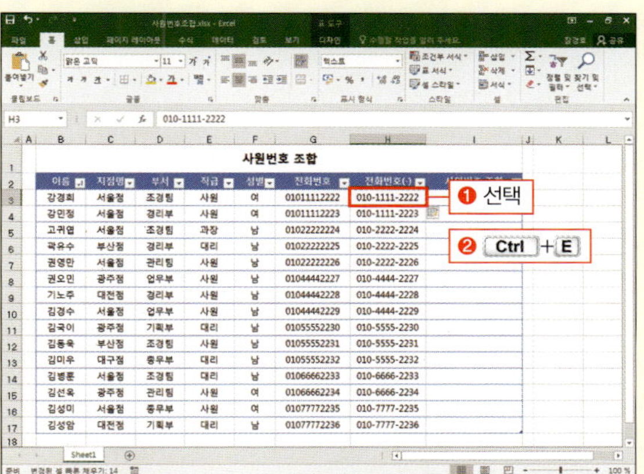

03 이번에는 이름과 지점명, 부서, 그리고 전화번호를
조합하여 새로운 사원번호를 만들어 보겠습니다.
[I3] 셀을 선택하고 『강 서울 조경 2222』를 입력한 후
Enter 를 누릅니다.

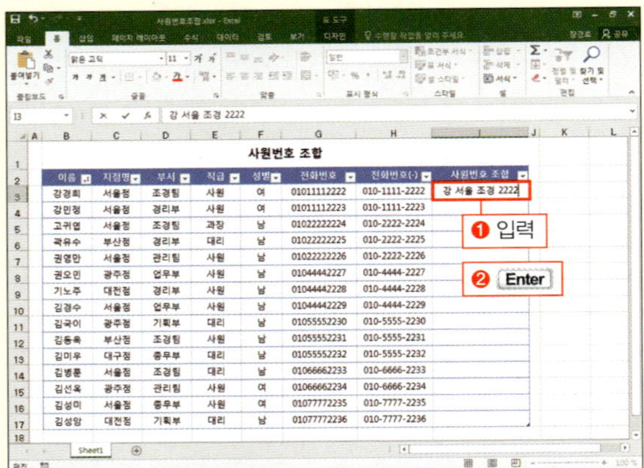

04 다시 [I3] 셀을 선택하고 **Ctrl** + **E** 를 누릅니다. 자
동으로 나머지 항목도 동일한 패턴이 채워집니다.

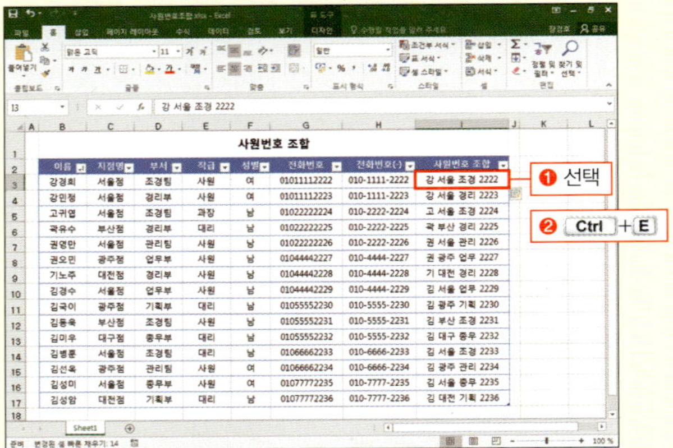

1 추천 피벗 테이블은 지정한 데이터를 바탕으로 피벗 테이블 보고서 유형을 미리 보여주고 원하는 형식을 직접 선택할 수 있습니다. 해당하는 예제에 적합한 추천 피벗 테이블을 만들어 보세요.

◎ 준비파일 : Part01₩Chapter04₩Check₩점수표.xlsx　　◎ 완성파일 : Part01₩Chapter04₩Check₩점수표_완성.xlsx

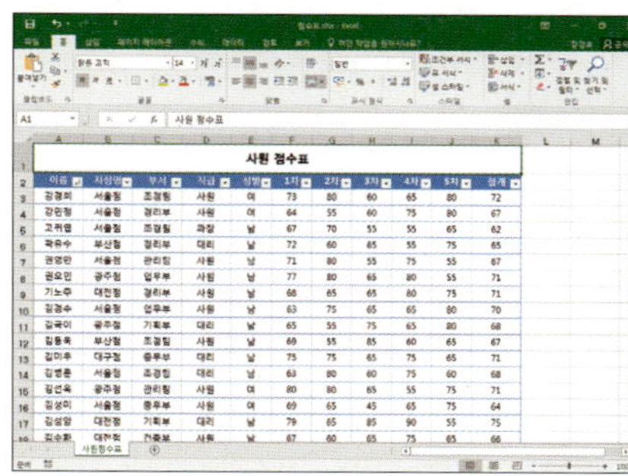
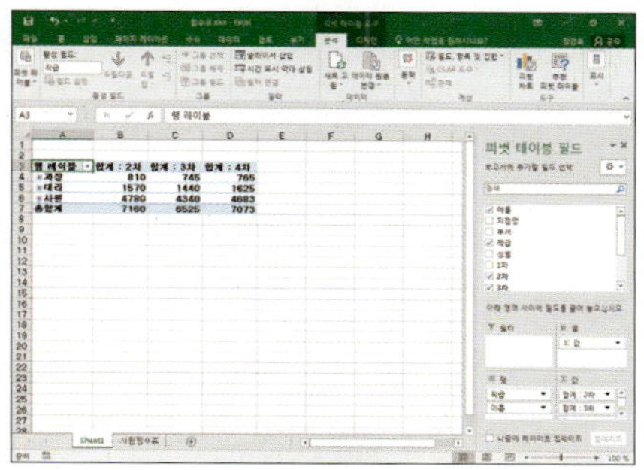

힌트

❶ 임의의 셀을 선택하고 [삽입] 탭–[표] 그룹에서 [추천 피벗 테이블]을 클릭합니다.

❷ [권장 피벗 테이블] 대화상자가 나타나면 원하는 피벗 테이블을 선택하고 [확인]을 클릭합니다.

---

2 슬라이서는 피벗 테이블 필드 목록에서 필드별 데이터를 선택하는 것만으로 표시된 데이터를 변경할 수 있습니다. 피벗 테이블을 선택한 후 슬라이서를 삽입하여 데이터를 필터링해 보세요.

◎ 준비파일 : Part01₩Chapter04₩Check₩점수표(2).xlsx　　◎ 완성파일 : Part01₩Chapter04₩Check₩점수표(2)_완성.xlsx

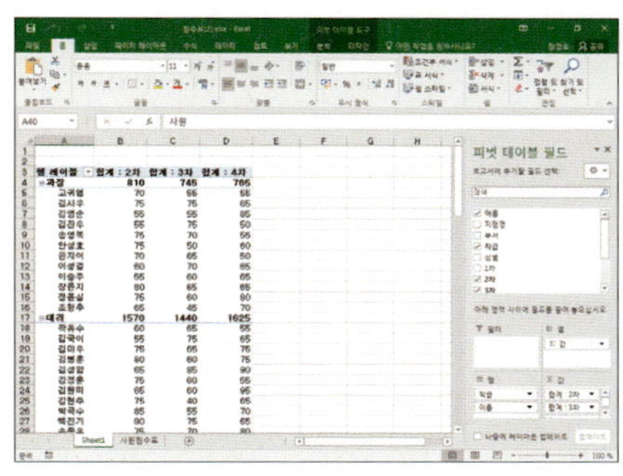
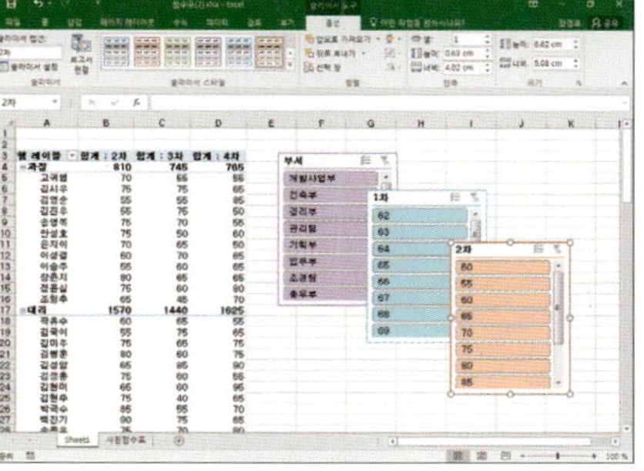

힌트

❶ [피벗 테이블 도구]–[분석] 탭–[필터] 그룹에서 [슬라이서 삽입]을 클릭합니다.

❷ 원하는 스타일을 지정한 후 데이터를 필터링합니다.

Section# 03

가상 분석과 매크로

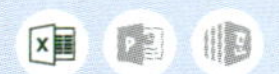

엑셀에서 반복적으로 일어나는 작업은 매크로를 통해 한 번에 처리할 수 있습니다. 반복되는 작업을 기록으로 남겨 이를 자동으로 반복해서 실행해 주는 기능이 바로 '매크로'입니다. 이번 섹션에서는 목표 값을 찾거나 시나리오 작성 등 가상 분석 기능을 비롯해 매크로, VBA(Visual Basic for Applications)에 대해서 살펴보겠습니다.

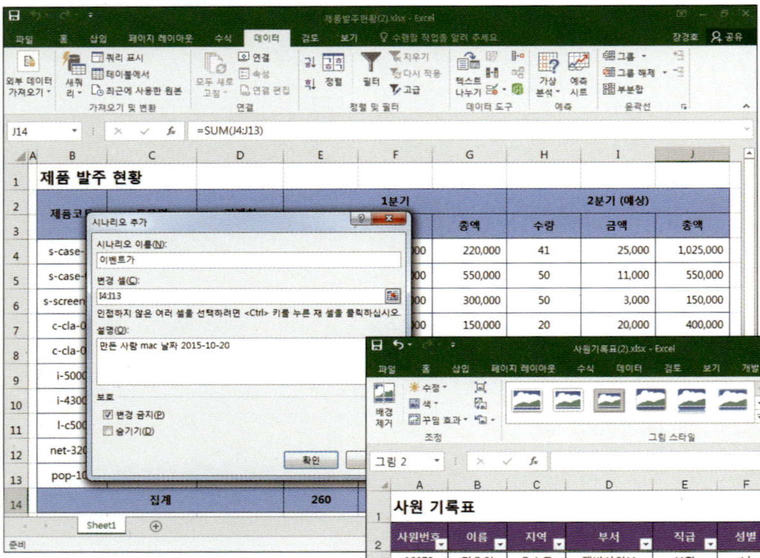

▲ 할인가에 따른 변동 수익률 시나리오 작성하기

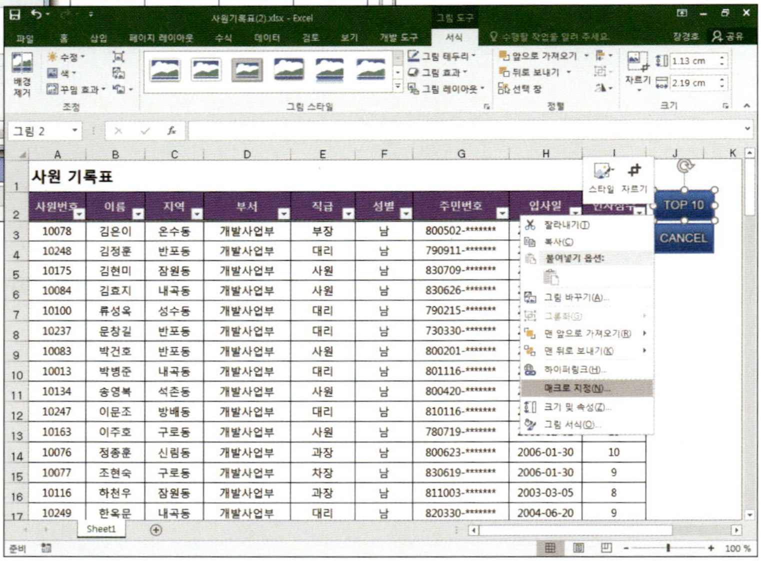

도형에 매크로 실행 단추 만들기 ▶

이번 섹션에서 배울 주요 내용

- 가상 분석을 이용하여 목표 값 찾기
- 할인가에 따른 변동 수익률 시나리오 작성하기
- 숨겨진 [개발 도구] 탭 표시하기
- 매크로가 포함된 파일 열기
- 매크로 보안 설정하기
- 매크로 바로 가기 키 설정하고 저장하기
- 도형에 매크로 실행 단추 만들기
- 기록한 매크로 삭제하기
- **스페셜** VBA 편집기 실행하고 매크로 수정하기

가상 분석을 이용하여 목표 값 찾기

:: 준비파일 Part01₩Chapter04₩Section03₩제품발주현황.xlsx | **완성파일** Part01₩Chapter04₩Section03₩제품발주현황_완성.xlsx

목표 값 찾기는 하나의 값을 기준으로 셀의 특정 값을 찾는 기능입니다. 2분기에 발주해야 하는 총액이 3,000,000원이 되려면 '가죽케이스'를 얼마나 판매해야 하는지 목표 값 찾기를 통해 알아보겠습니다.

01_ [J14] 셀을 선택하고 [데이터] 탭-[예측] 그룹에서 [가상 분석]-[목표 값 찾기]를 클릭합니다. [목표 값 찾기] 대화상자가 나타나면 [수식 셀]은 J14 셀, [찾는 값]은 『3000000』, [값을 바꿀 셀]은 [H4] 셀로 설정한 후 [확인]을 클릭합니다.

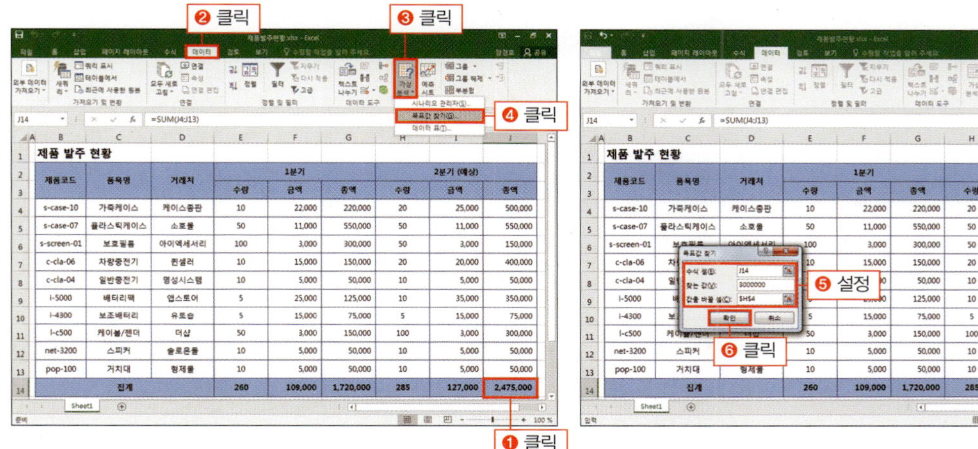

02_ [목표 값 찾기 상태] 대화상자가 나타나면 [확인]을 클릭합니다. 목표 값 결과가 워크시트에 반영됩니다.

> **TIP**
> 2분기에 예상하는 발주 총액을 3,000,000원으로 조정하기 위해서 가죽케이스를 41개 판매해야 함을 알 수 있습니다.

할인가에 따른 변동 수익률 시나리오 작성하기

:: **준비파일** Part01₩Chapter04₩Section03₩제품발주현황(2).xlsx | **완성파일** Part01₩Chapter04₩Section03₩제품발주현황(2)_완성.xlsx

시나리오는 입력한 데이터를 바탕으로 여러 가지 상황을 가상으로 설정해 보고 다양한 결과를 예측해 보는 기능입니다.

01_ 2분기에 예상하는 제품 판매 금액을 여러 각도에서 다르게 분석하기 위해 [데이터] 탭-[예측] 그룹에서 [가상 분석]-[시나리오 관리자]를 클릭합니다.

> **TIP**
> 시나리오는 입력한 데이터를 바탕으로 여러 변수에 대해 다양한 결과를 미리 예측해 보는 기능입니다.

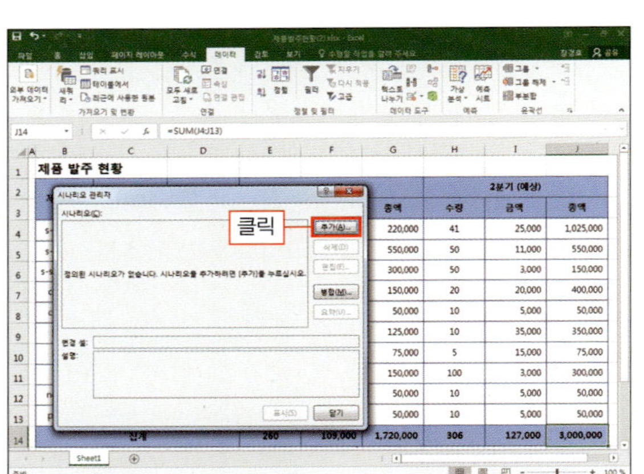

02_ [시나리오 관리자] 대화상자가 나타나면 [추가]를 클릭합니다.

03_ [시나리오 편집] 대화상자가 나타나면 [시나리오 이름]은 『현재가』를 입력하고, [변경 셀]에서 [I4:I13] 영역을 선택한 후 [확인]을 클릭합니다.

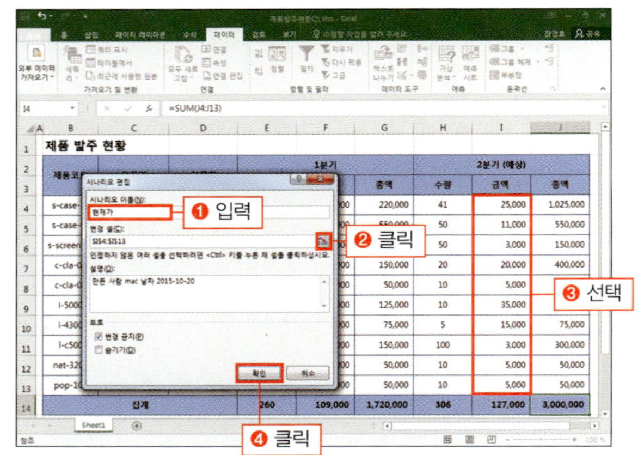

04_ [시나리오 값] 대화상자가 나타나면 각 셀에 해당하는 값을 확인할 수 있습니다. 원래 값을 그대로 사용하기 위해 [추가]를 클릭합니다.

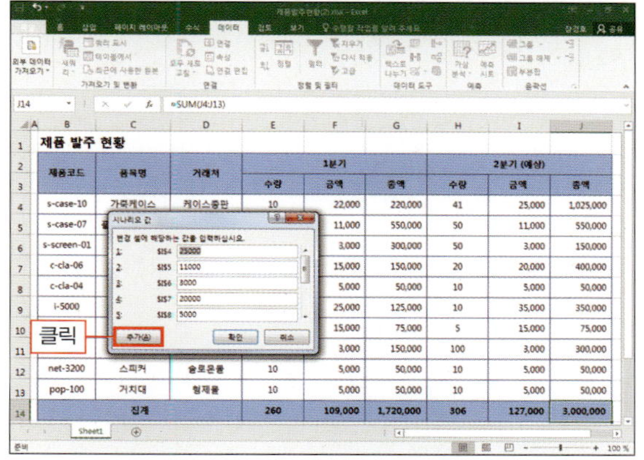

05_ [시나리오 추가] 대화상자가 나타나면 [시나리오 이름]은 『이벤트가』를 입력하고, [변경 셀]에는 [I4:I13] 영역이 설정되어 있는지 확인한 후 [확인]을 클릭합니다.

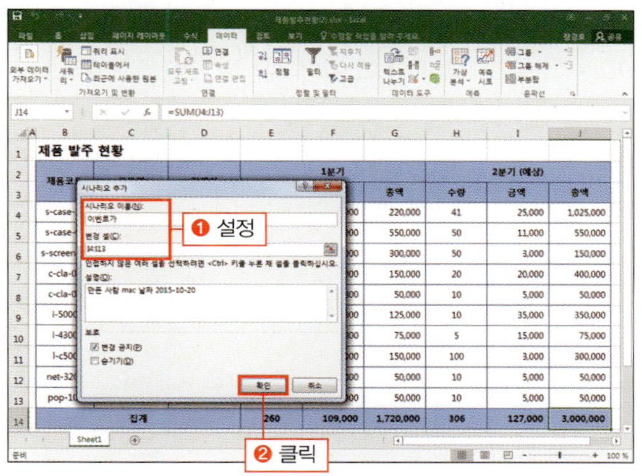

06_ [시나리오 값] 대화상자가 나타나면 각 셀에 해당하는 값을 아래와 같이 변경하고 [확인]을 클릭합니다.

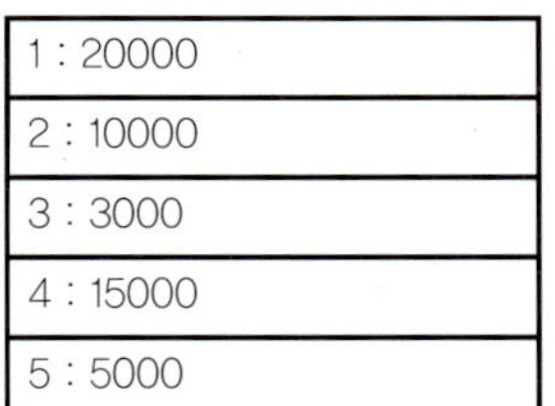

| 1 : 20000 |
| 2 : 10000 |
| 3 : 3000 |
| 4 : 15000 |
| 5 : 5000 |

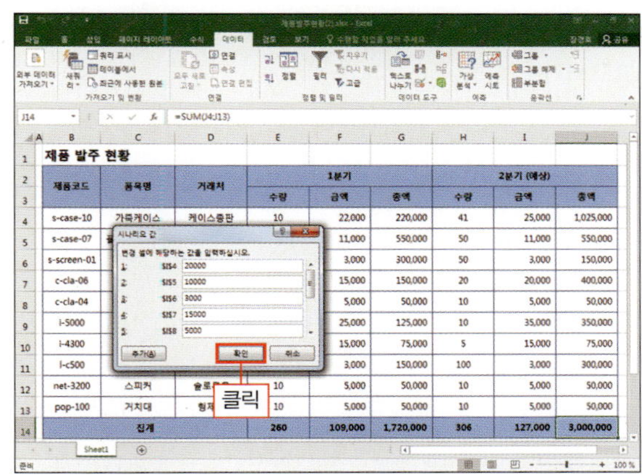

시나리오를 더 추가하고 싶으면 [시나리오 값] 대화상자에서 [추가]를 클릭합니다.

07_ [시나리오 관리자] 대화상자가 나타나면 [요약]을 클릭합니다.

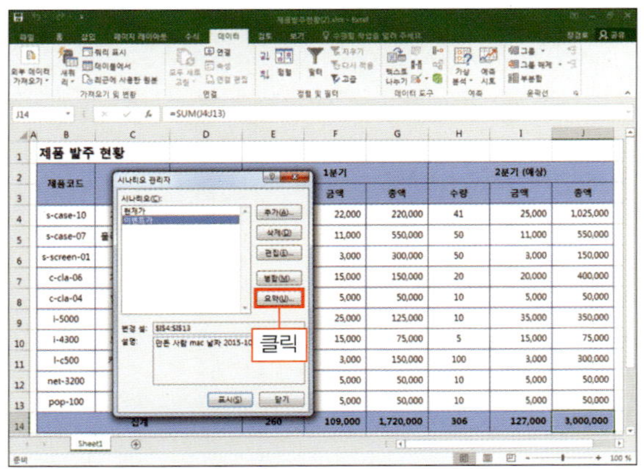

08_ [시나리오 요약] 대화상자가 나타나면 [보고서 종류]에 [시나리오 요약]을 체크합니다. [결과 셀]에는 [I14:J14] 영역을 선택하고 [확인]을 클릭합니다.

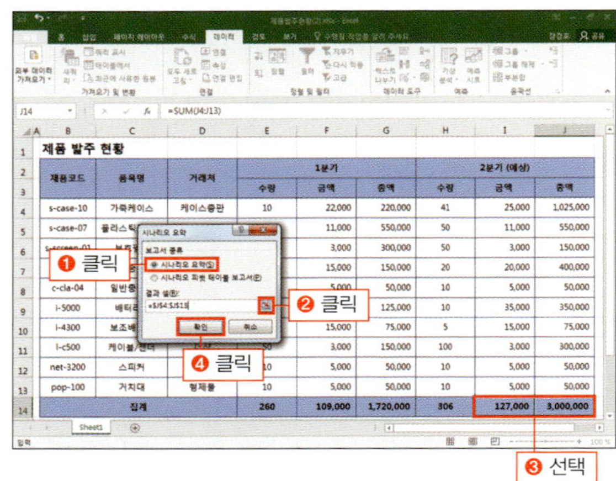

09_ [시나리오 요약] 시트가 추가되면서 시나리오 요약 보고서가 완성됩니다.

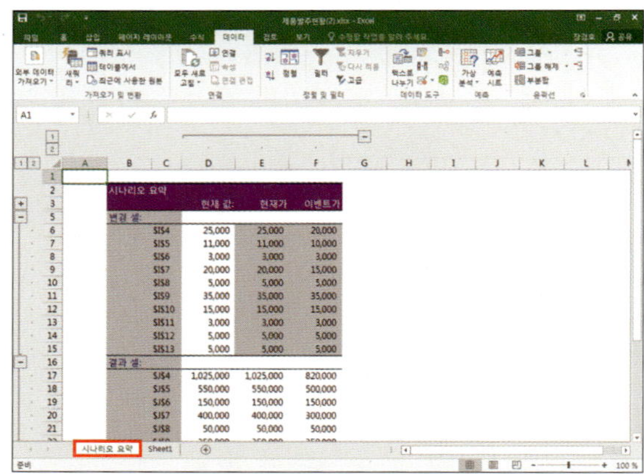

숨겨진 [개발 도구] 탭 표시하기

엑셀의 기본 설정에는 매크로 관련 도구가 표시되지 않습니다. 매크로와 VBA를 활용하기 위해서는 [개발 도구] 탭이 필요합니다. [개발 도구] 탭은 [Excel 옵션] 대화상자를 통해 불러올 수 있습니다.

01_ [파일] 탭을 클릭한 다음 [옵션]을 클릭합니다. [Excel 옵션] 대화상자가 나타나면 [리본 사용자 지정]-[리본 메뉴 사용자 지정]에서 [개발 도구]에 체크한 후 [확인]을 클릭합니다.

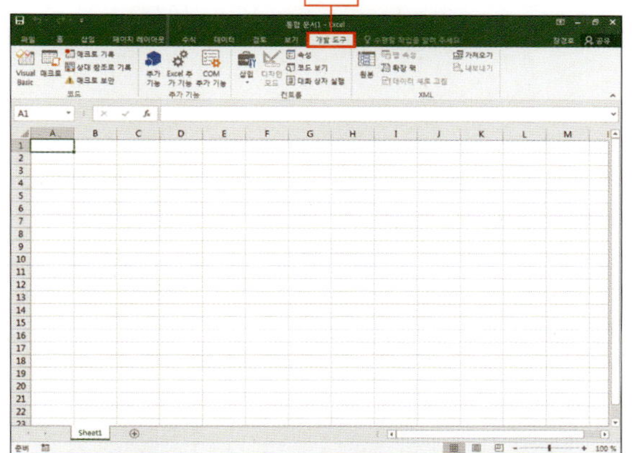

02_ 리본 메뉴에 [개발 도구] 탭이 추가된 것을 확인하고 [개발 도구] 탭을 클릭합니다. [개발 도구] 탭은 코드, 추가 기능, 컨트롤 등의 그룹으로 다시 나눠지며 개발 도구와 관련된 다양한 기능을 실행할 수 있습니다. 또한, 매크로 및 VBA를 만들고 편집할 수 있는 도구들이 제공됩니다.

꼭!! 알고가기

[개발 도구] 탭 살펴보기

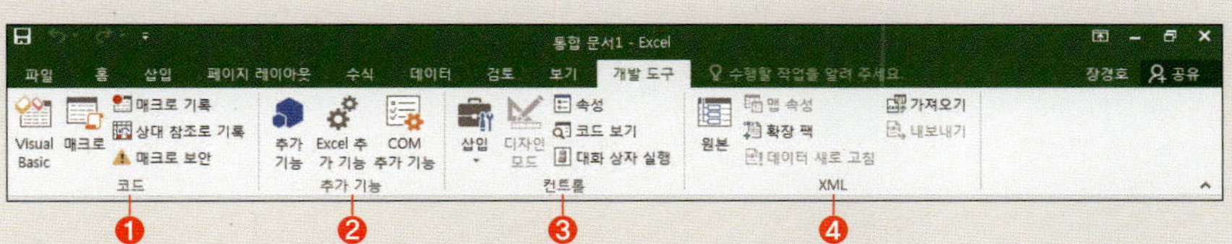

❶ **코드** : 매크로 및 VBA를 작성하고 편집할 수 있습니다.

❷ **추가 기능** : 레이블 인쇄 마법사나 분석 도구, 유료화 도구처럼 다양한 기능을 추가할 수 있습니다.

❸ **컨트롤** : 워크시트에 각종 컨트롤을 삽입하고 정렬하거나, 사용자 지정 대화상자를 실행할 수 있습니다.

❹ **XML** : XML 원본 작업 창을 열거나 XML 데이터를 가져올 수 있습니다.

매크로가 포함된 파일 열기

::: 준비파일 Part01₩Chapter04₩Section03₩학생명부.xlsm | **완성파일** Part01₩Chapter02₩Section01₩급여대장_완성.xlsx

매크로가 포함된 문서의 확장자는 'xlsx'가 아닌 'xlsm'으로 파일을 열면 [보안 경고] 창이 나타나는 것이 정상입니다. 매크로를 신뢰할 수 있다면 보안 경고를 해제하면 됩니다.

01_ 준비 파일을 불러오면 매크로가 포함되어 있기에 [보안 경고] 창이 나타납니다. '매크로를 사용할 수 없도록 설정했습니다.'라고 적힌 부분을 클릭합니다.

TIP

매크로가 포함되어 있지만 [보안 경고] 창이 뜨지 않으면 [매크로 보안]에서 [모든 매크로 포함]이나 [모든 매크로 제외(알림 표시 없음)]으로 설정되어 있기 때문입니다.

TIP

[콘텐츠 사용]을 클릭해도 매크로가 포함된 파일을 열 수 있습니다.

02_ [모든 콘텐츠 사용]을 클릭하여 매크로가 포함된 파일을 엽니다.

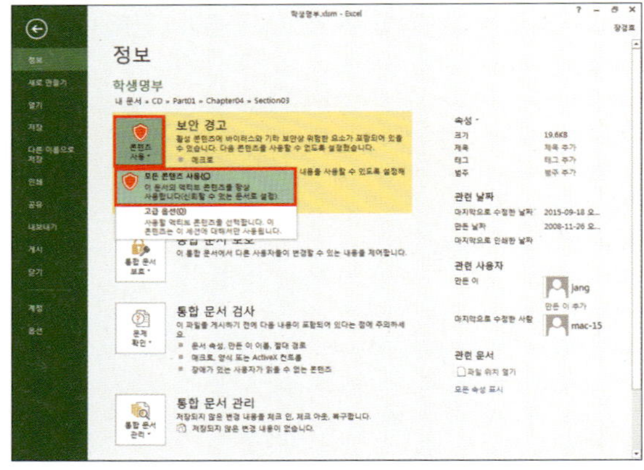

매크로 보안 설정하기

:: **준비파일** Part01₩Chapter04₩Section03₩학생명부.xlsm

매크로가 포함되어 있는 문서를 열면 기본적으로 [보안 경고] 창이 나타납니다. [보안 경고] 창 없이 문서를 바로 열고 싶다면 매크로 보안 설정을 변경하면 됩니다.

01_ [개발 도구] 탭-[코드] 그룹에서 [매크로 보안]을 클릭합니다.

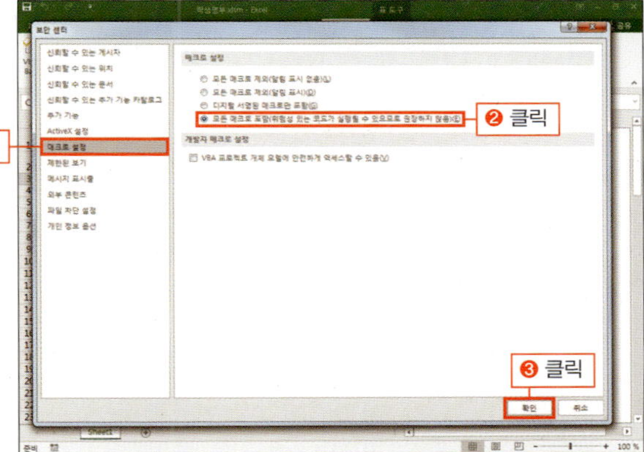

> **TIP**
>
> [개발 도구] 탭이 표시되지 않는다면 255페이지를 참조하여 표시할 수 있습니다.

02_ [보안 센터] 대화상자가 나타나면 [매크로 설정]-[모든 매크로 포함]을 체크하고 [확인]을 클릭합니다.

> **TIP**
>
> [모든 매크로 포함(위험성 있는 코드가 실행될 수 있으므로 권장하지 않음)]은 악성코드가 포함될 수 있기에 권장하지 않습니다. 본 예제에서 적용해본 후 다시 [모든 매크로 제외(알림 표시)]로 변경하기 바랍니다.

:: **준비파일** Part01₩Chapter04₩Section03₩사원기록표.xlsx | **완성파일** Part01₩Chapter04₩Section03₩사원기록표_매크로.xlsm

매크로는 반복되는 작업을 몇 번의 마우스 클릭만으로 빠르게 처리할 수 있는 편리한 기능입니다. 매크로를 바로 가기 키로 설정하여 간단히 실행해 보겠습니다.

01_ [개발 도구] 탭–[코드] 그룹에서 [매크로 기록]을 클릭합니다. [매크로 기록] 대화상자가 나타나면 [매크로 이름]에 『상위10』을 입력합니다. [바로 가기 키]에 『t』를 입력하고 [확인]을 클릭합니다.

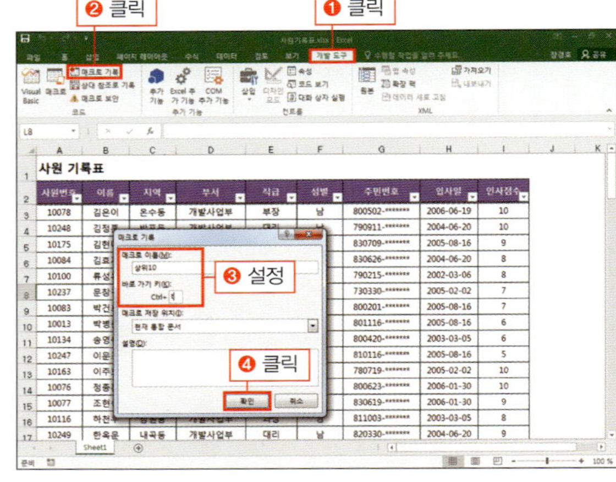

02_ 매크로 기록이 시작됩니다. [I3:I102] 영역을 드래그하여 선택하고 [홈] 탭–[스타일] 그룹에서 [조건부 서식]–[상위/하위 규칙]–[상위 10개 항목]을 클릭합니다.

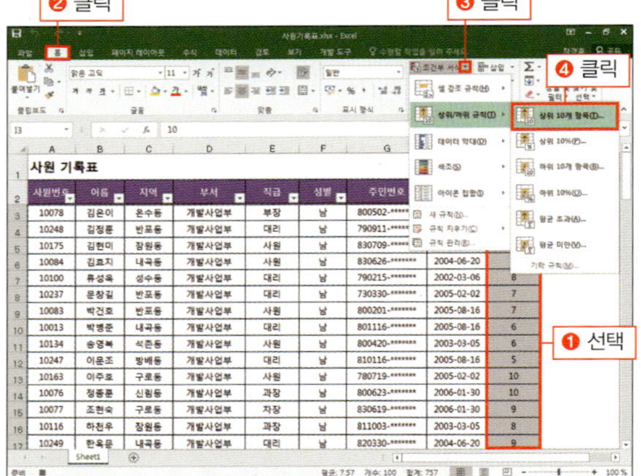

03_ [상위 10개 항목] 대화상자가 나타나면 [적용할 서식]에 '진한 녹색 텍스트가 있는 녹색 채우기'를 선택하고 [확인]을 클릭합니다.

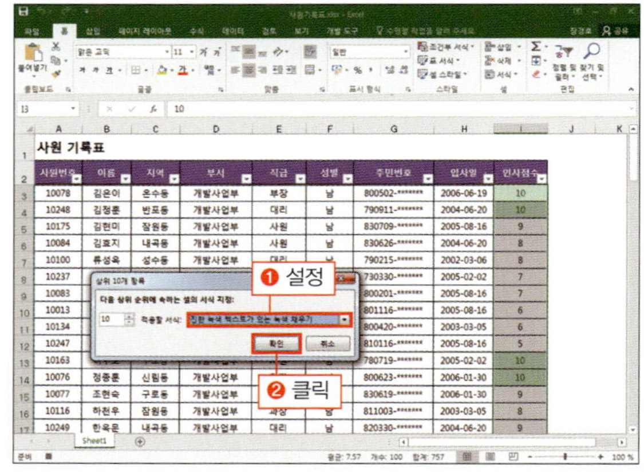

04_ [개발 도구] 탭–[코드] 그룹에서 [기록 중지]를 클릭하여 매크로 기록을 마칩니다.

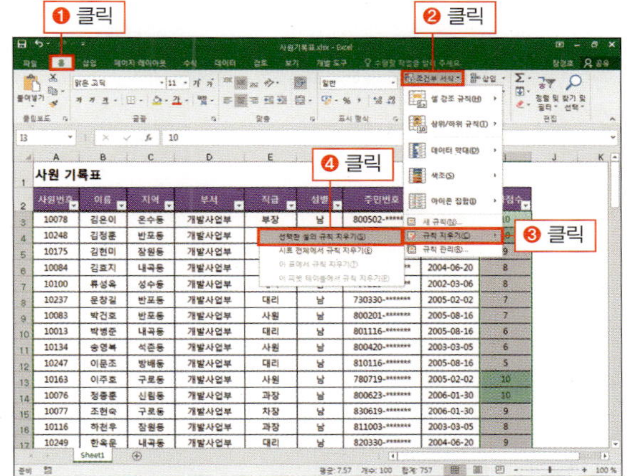

05_ 매크로가 제대로 기록되었는지 확인하기 위해 지정된 조건부 서식을 삭제합니다. [홈] 탭–[스타일] 그룹에서 [조건부 서식]–[규칙 지우기]–[선택한 셀의 규칙 지우기]를 클릭합니다.

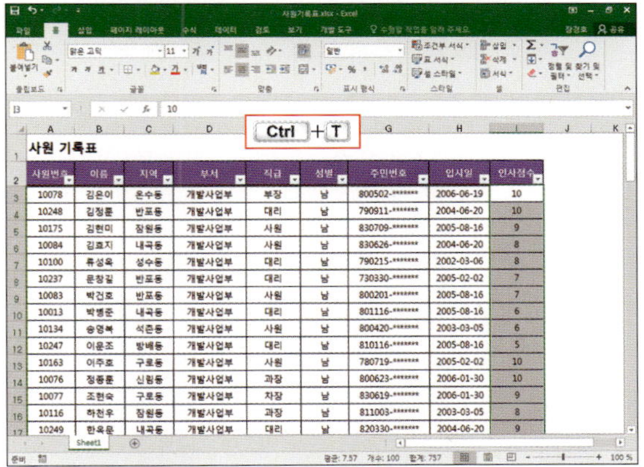

06_ 조건부 서식이 삭제되면 매크로를 위해 지정한 단축키인 Ctrl + T 를 누릅니다.

07_ 단축키를 통해 매크로를 자동으로 실행할 수 있습니다.

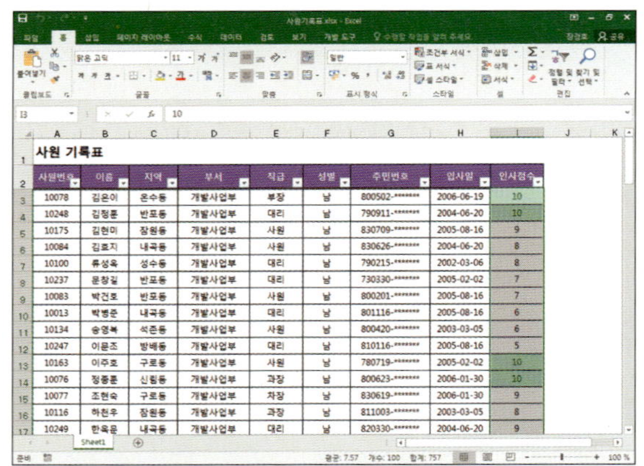

상태 표시줄의 [기록 중지]

매크로 기록이 시작되면 [매크로 기록] 단추가 [기록 중지]로 변경됩니다. 기록을 중지할 때에는 [개발 도구] 탭-[코드] 그룹에서 [기록 중지]를 클릭해도 되며, 상태 표시줄의 [기록 중지]를 클릭해도 됩니다.

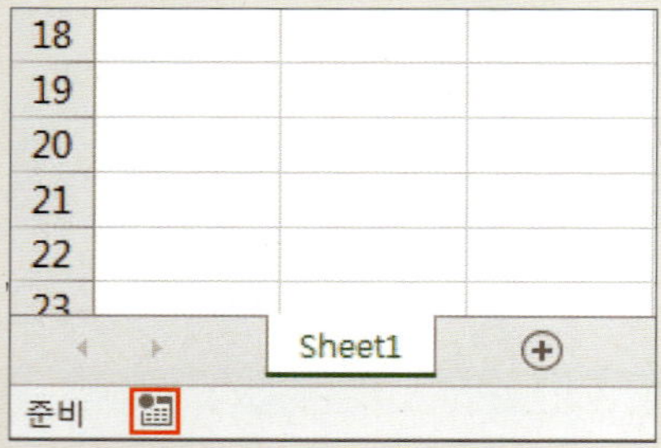

▲ 매크로 기록 전

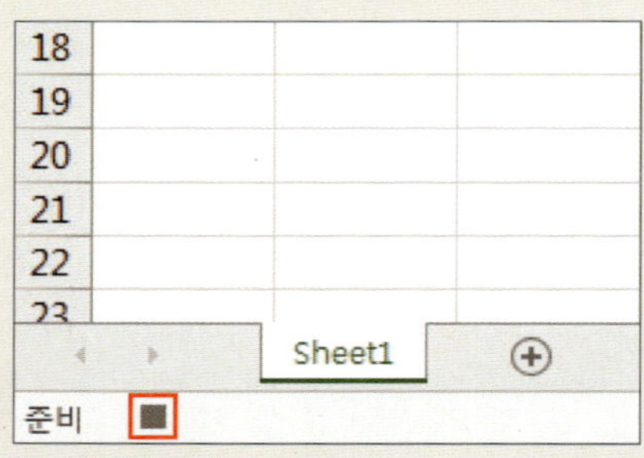

▲ 매크로 기록 중

08_ 매크로가 지정된 파일을 저장해 보겠습니다. [파일] 탭-[다른 이름으로 저장]-[이 PC]를 선택한 다음 [찾아보기]를 클릭합니다. [다른 이름으로 저장] 대화상자가 나타나면 [파일 이름]에 『사원기록표_매크로』를 입력하고 [파일 형식]에서 'Excel 매크로 사용 통합 문서(*.xlsm)'를 선택한 후 [저장]을 클릭합니다.

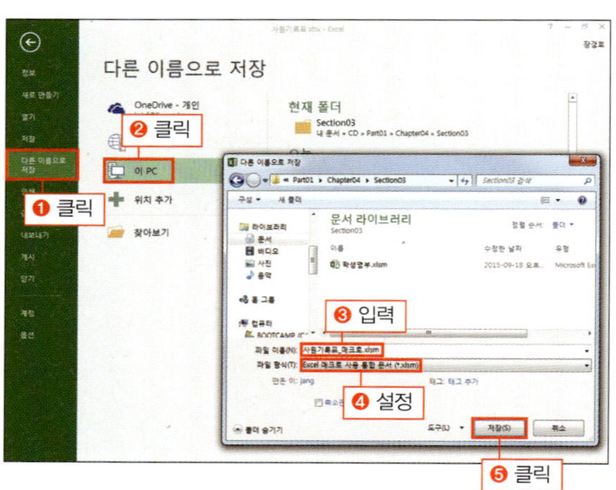

> **TIP**
> 매크로가 기록된 문서는 기본 엑셀 확장자인 '*.xlsx'가 아닌 '*.xlsm'으로 저장해야 합니다.

:: **준비파일** Part01₩Chapter04₩Section03₩사원기록표(2).xlsx, bar_01.png, bar_02.png
완성파일 Part01₩Chapter04₩Section03₩사원기록표(2)_매크로.xlsm

도형을 삽입하여 매크로를 연결하면 바로 가기 키를 통해 연결하는 것보다 깔끔하게 매크로 기능을 이용할 수 있습니다. 도형뿐만 아니라 양식 컨트롤을 통해 매크로를 연결할 수도 있습니다.

01_ [삽입] 탭-[일러스트레이션] 그룹에서 [그림]을 클릭합니다. [그림 삽입] 대화상자가 나타나면 'bar_01.png', 'bar_02.png' 파일을 선택하고 [삽입]을 클릭합니다.

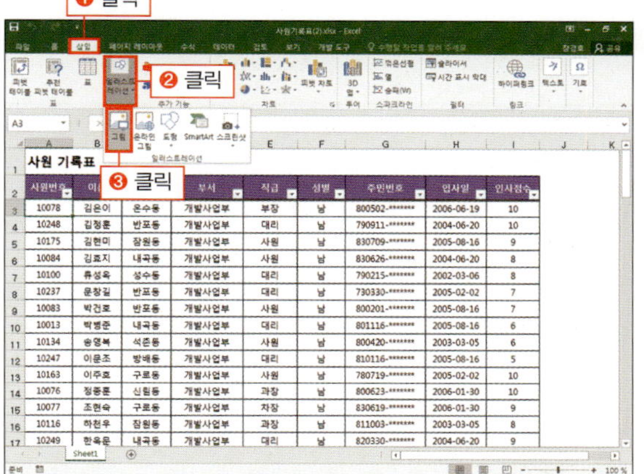
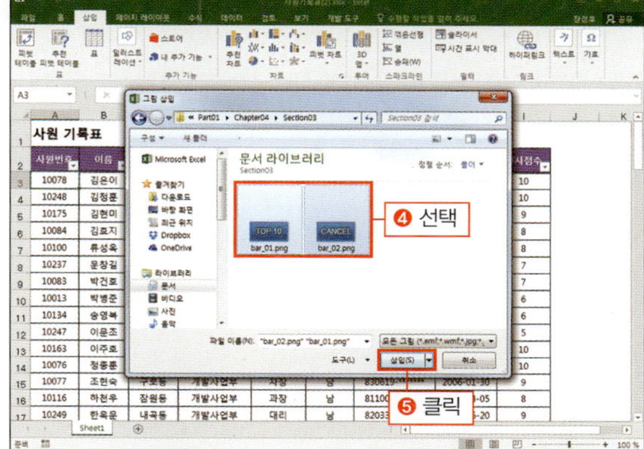

02_ 삽입한 도형의 위치와 크기를 조절한 다음 'TOP 10' 이라고 적힌 도형을 마우스 오른쪽 버튼으로 클릭하여 [매크로 지정]을 선택합니다. [매크로 지정] 대화상자가 나타나면 [매크로 이름]에 『인사점수』를 입력하고 [기록]을 클릭합니다.

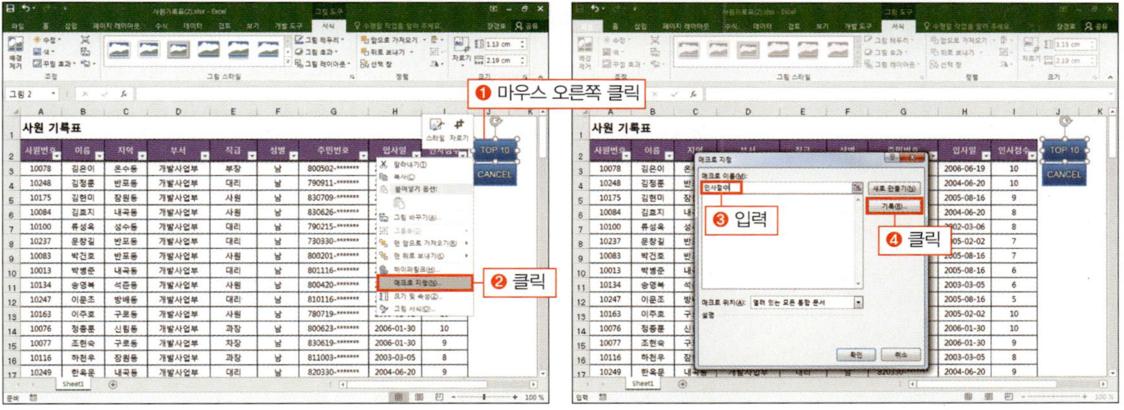

03_ [매크로 기록] 대화상자가 나타나면 [매크로 이름]에 '인사점수'가 입력되어 있는 것을 확인하고 [확인]을 클릭합니다.

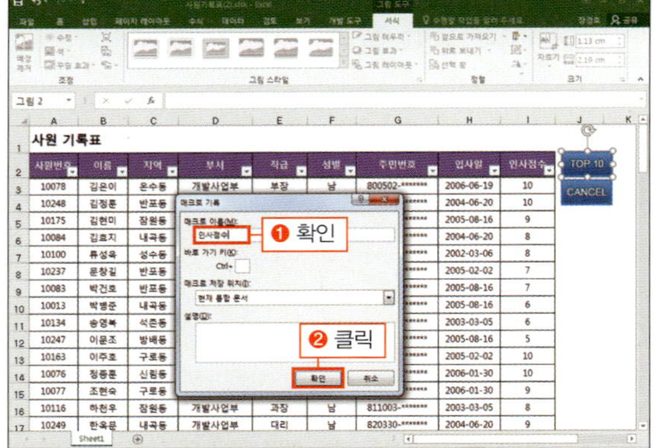

> **TIP**
> '바로 가기 키'를 지정할 수도 있지만 여기서는 도형에 매크로를 지정할 것이기에 '바로 가기 키'는 생략합니다.

04_ 매크로를 기록하기 위해 [인사점수]의 화살표를 클릭하고 [숫자 내림차순 정렬]을 선택합니다.

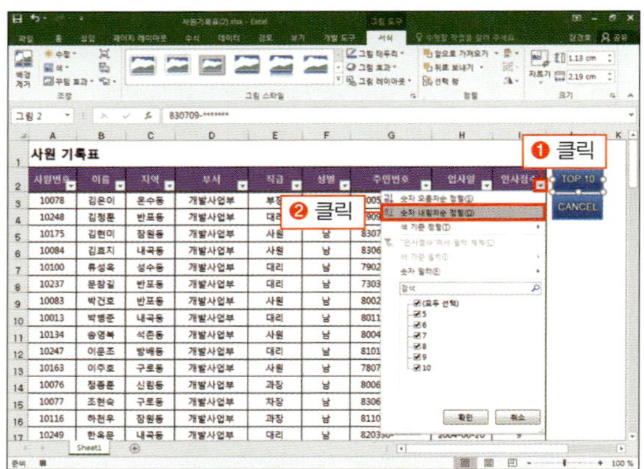

05_ 매크로 기록을 중지하기 위해 [개발 도구] 탭–[코드] 그룹에서 [기록 중지]를 클릭합니다.

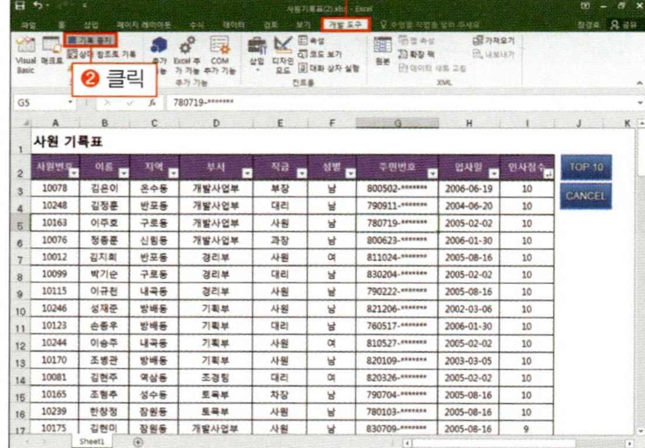

> **TIP**
> 매크로 기록을 중지하기 위해 상태 표시줄에서 [정지]를 클릭해도 됩니다.

06_ 이번에는 'CANCEL'이라고 적힌 도형을 마우스 오른쪽 버튼으로 클릭하고 [매크로 지정]을 선택합니다.

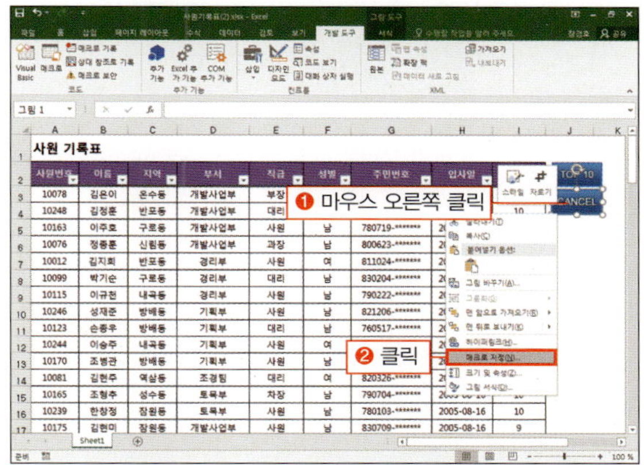

07_ [매크로 지정] 대화상자가 나타나면 [매크로 이름]에 『취소하기』를 입력하고 [기록]을 클릭합니다.

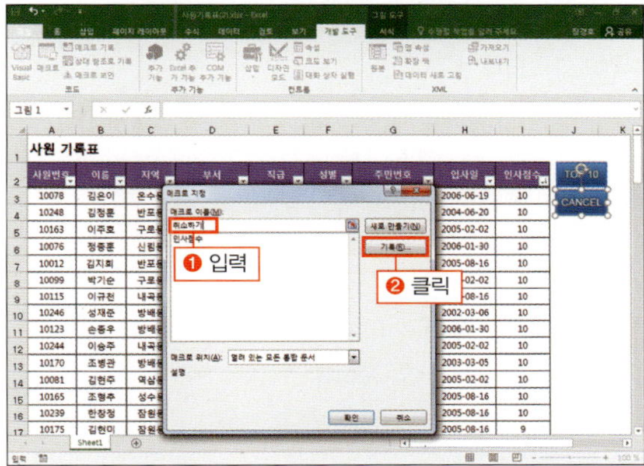

08_ [매크로 기록] 대화상자가 나타나면 [매크로 이름]에 『취소하기』가 입력되어 있는 것을 확인하고 [확인]을 클릭합니다.

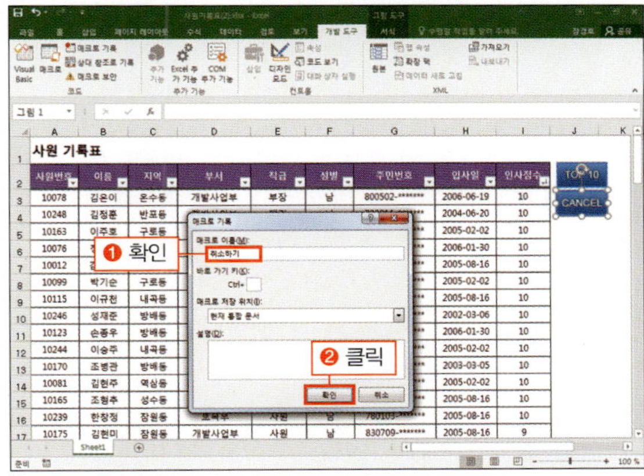

09_ 매크로를 기록하기 위해 [인사점수]의 화살표를 클릭하고 [숫자 오름차순 정렬]을 선택합니다.

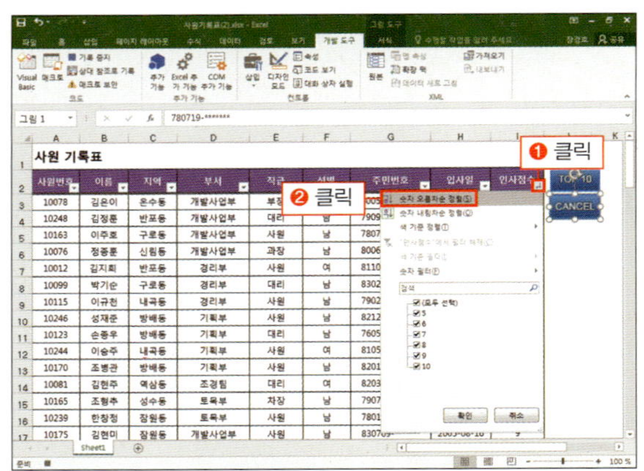

10_ 매크로 기록을 중지하기 위해 상태 표시줄에서 [정지]를 클릭합니다.

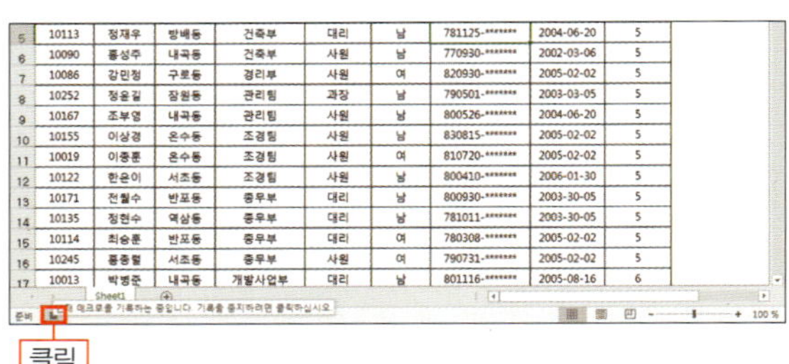

> **TIP**
>
> [개발 도구] 탭–[코드] 그룹에서 [기록 중지]를 클릭하여 매크로 기록을 종료할 수도 있습니다.

11_ 매크로가 제대로 기록되었는지 살펴보고, 'TOP 10'이라고 적힌 도형을 클릭합니다.

12_ [인사점수]가 내림차순으로 정렬됩니다. 'CANCEL'이라고 적힌 도형을 클릭합니다.

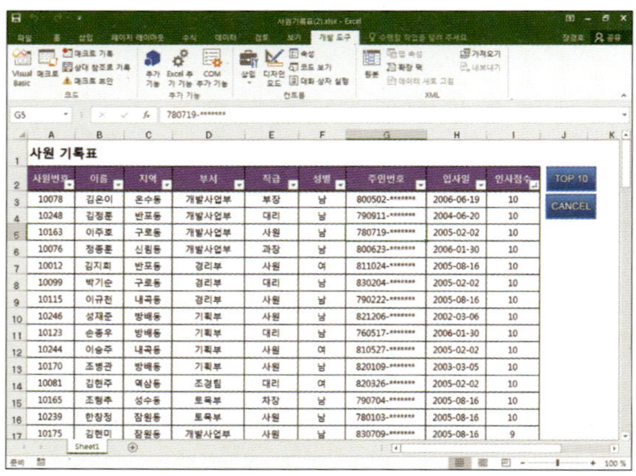

기록한 매크로 삭제하기

:: **준비파일** Part01₩Chapter04₩Section03₩사원기록표(3).xlsm | **완성파일** Part01₩Chapter04₩Section03₩사원기록표(3)_매크로.xlsm

기록된 매크로가 더 이상 필요하지 않다면 [개발 도구] 탭-[코드] 그룹에서 [매크로]를 클릭해 삭제할 수 있습니다.

01_ [개발 도구] 탭-[코드] 그룹에서 [매크로]를 클릭합니다. [매크로] 대화상자가 나타나면 [매크로 이름]에서 '인사점수'를 선택하고 [삭제]를 클릭합니다.

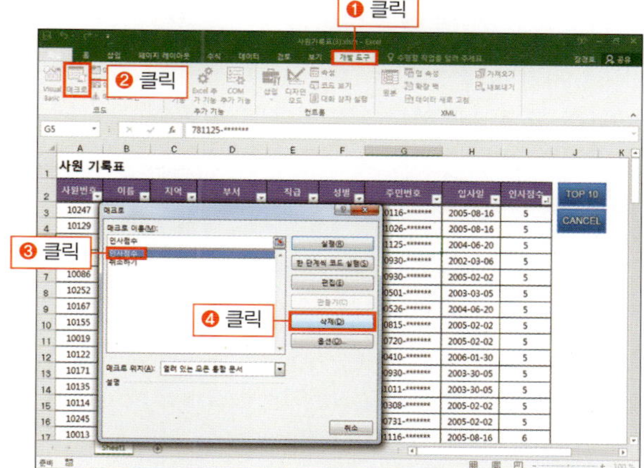

02_ 경고 창이 나타나면 [예]를 클릭합니다. 'TOP 10'을 클릭하면 '매크로를 실행할 수 없습니다.'라는 메시지가 나타나면서 매크로가 실행되지 않습니다.

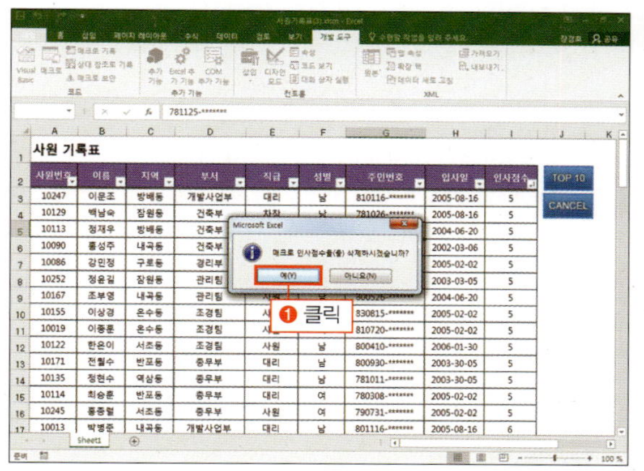

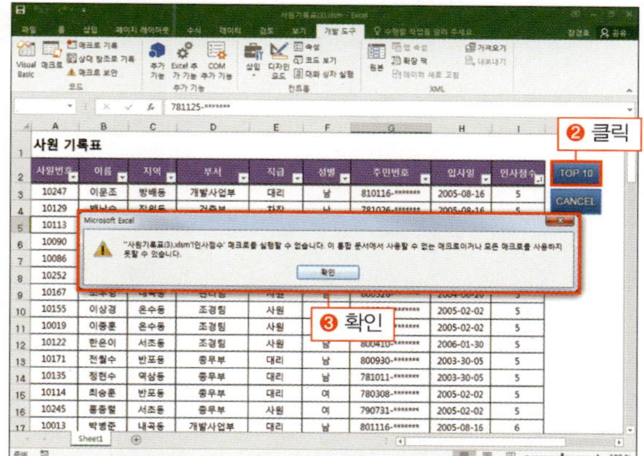

VBA 편집기 실행하고 매크로 수정하기

매크로를 기록하면 VBA 편집기를 통해 코드를 확인할 수 있습니다. VBA는 'Visual Basic for Application'의 약어로써 비주얼 베이직 프로그래밍 언어를 활용하여 엑셀에서 미처 다루지 못하는 다양한 프로그래밍이 가능하도록 도와줍니다. VBA 편집기를 이용하면 동일한 방식의 매크로를 복사하여 활용하거나 일부만 수정하여 다른 매크로를 생성할 수도 있습니다.

준비
파일 Part01₩Chapter04₩Section03₩VBA편집기.xlsm

01 [개발 도구] 탭–[코드] 그룹에서 [Visual Basic]을 클릭하여 VBA 편집기를 실행합니다.

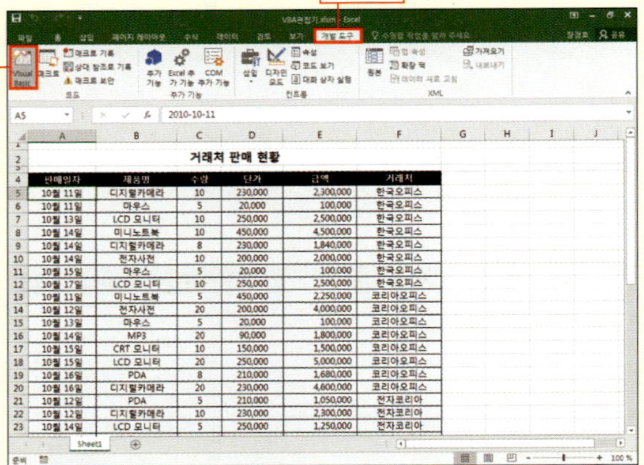

02 VBA 편집기는 별도의 프로그램이 실행되면서 엑셀 창이 아닌 새 창으로 나타납니다. 탐색기와 같은 [프로젝트] 창을 비롯해 [속성] 창, [코드] 창 등으로 구성됩니다. [모듈]–[Module1]을 클릭해 내용을 확인합니다.

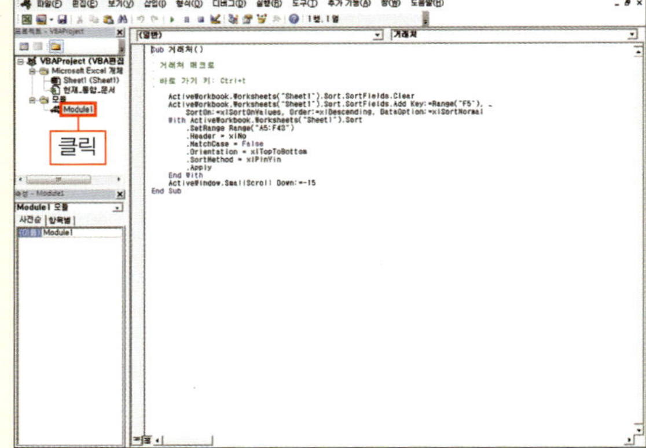

TIP

[파일]–[닫고 Microsoft Excel(으)로 돌아가기] 메뉴를 클릭하면 VBA 편집기를 종료하고 엑셀로 돌아갑니다.

03 '거래처' 프로시저 전체를 복사하고 Ctrl + C 를 눌러 복사합니다.

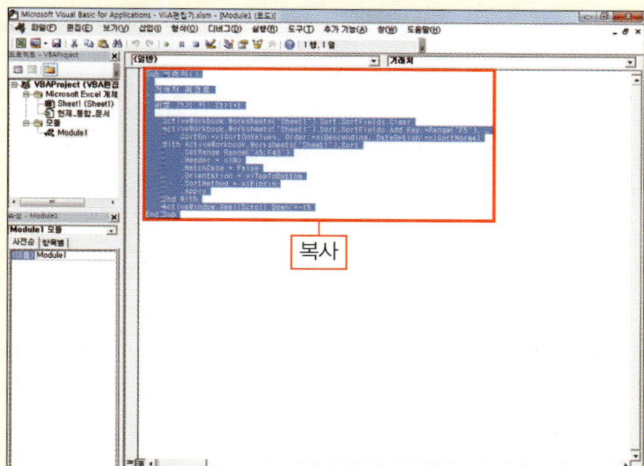

04 하단 부분에 Ctrl + V 를 눌러 붙여넣기 한 다음 프로시저명을 '거래처2'로 변경하고 '바로 가기 키: Ctrl+T'를 삭제합니다.

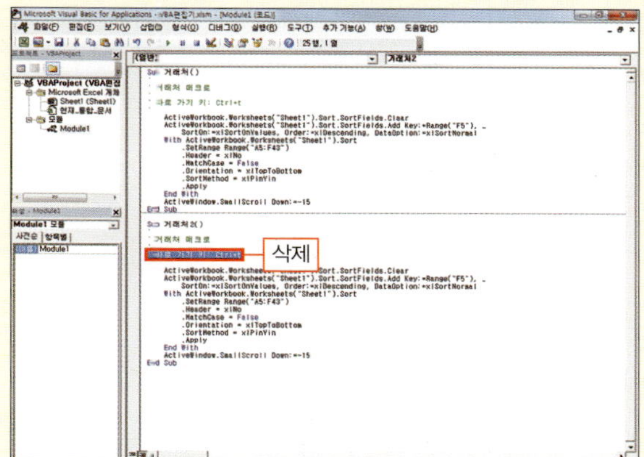

05 복사된 코드 중 '=Range("F5")'를 '=Range("E5")'로 변경합니다. [파일]-[닫고 Microsoft Excel(으)로 돌아가기] 메뉴를 클릭하여 VBA 편집기를 종료합니다.

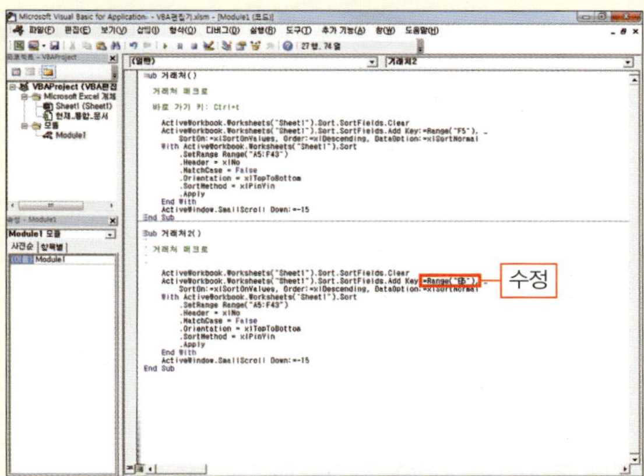

> **TIP**
> 'F5'로 지정할 경우 거래처 항목에 대한 정렬을 하게 되며, 'E5'로 지정할 경우 금액 항목에 대한 정렬을 하게 됩니다.

> **TIP**
> 단축키 Alt + Q 를 눌러도 VBA 편집기를 종료할 수 있습니다.

06 [개발 도구] 탭-[코드] 그룹에서 [매크로]를 클릭하고 [매크로] 대화상자가 나타나면 [매크로 이름] 목록에 '거래처2'가 추가된 것을 확인할 수 있습니다. '거래처2'를 선택하고 [실행]을 클릭합니다.

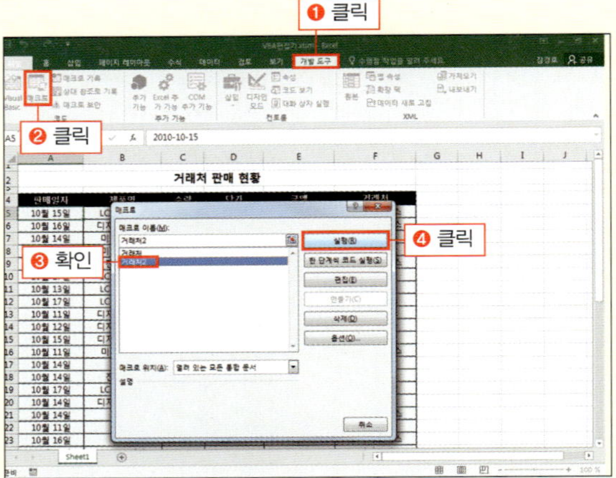

07 매크로가 실행되면서 금액이 오름차순으로 정렬되는 것을 확인할 수 있습니다.

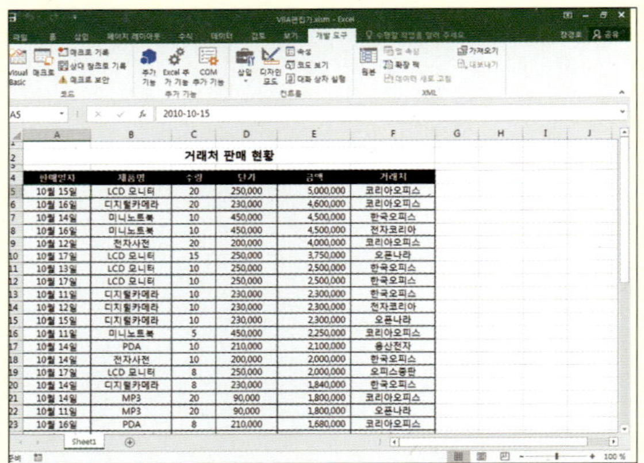

1 매크로로 자주 사용하는 기능을 기록해 놓으면 편하게 적용할 수 있습니다. 여기서는 매크로를 통해 텍스트 오름차순 정렬을 기록하고 적용해 봅니다.

◎ 준비파일 : Part01₩Chapter04₩Check₩등록명부.xlsx　　◎ 완성파일 : Part01₩Chapter04₩Check₩등록명부_완성.xlsx

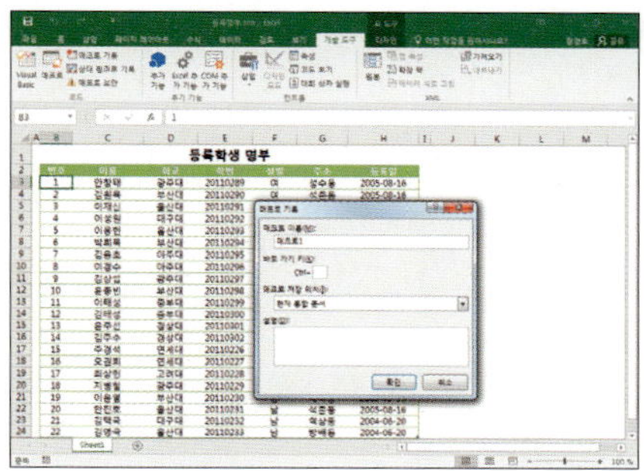 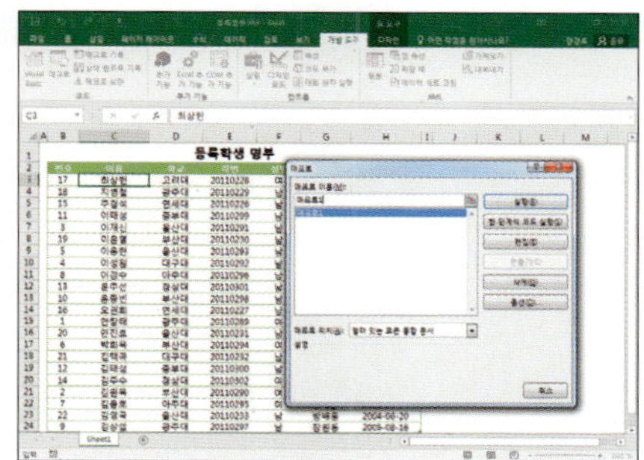

힌트

❶ [개발 도구] 탭–[코드] 그룹에서 [매크로 기록]을 클릭합니다.

❷ 텍스트 오름차순을 지정한 후 [개발 도구] 탭–[코드] 그룹에서 [기록 중지]를 클릭합니다.

---

2 [모든 매크로 포함(위험성 있는 코드가 실행될 수 있으므로 권장하지 않음)]은 악성코드가 포함될 수 있기에 권장하지 않습니다. 보안 센터를 통해 [모든 매크로 제외(알림 표시)]로 변경해 보세요.

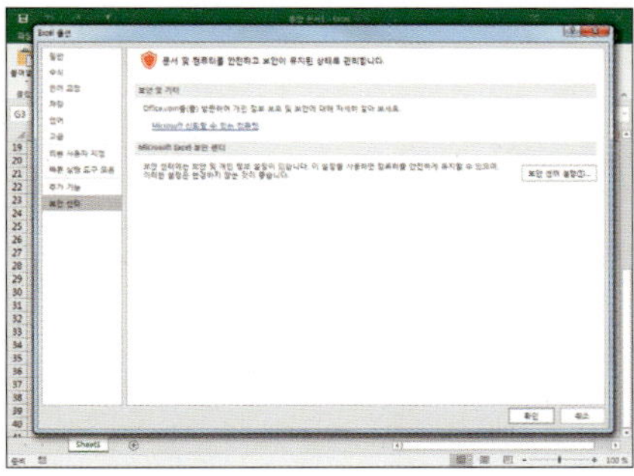 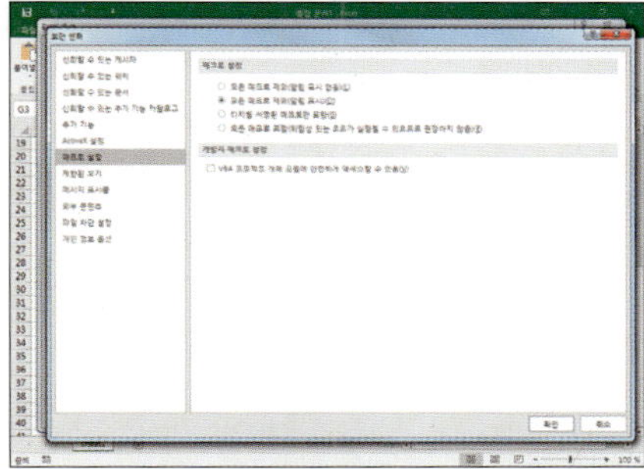

힌트

❶ [파일] 탭에서 [옵션]을 클릭합니다. 그리고 [보안 센터]–[보안 센터 설정]을 클릭합니다.

❷ [보안 센터] 대화상자가 나타나면 [매크로 설정]을 선택한 후 원하는 옵션을 선택합니다.

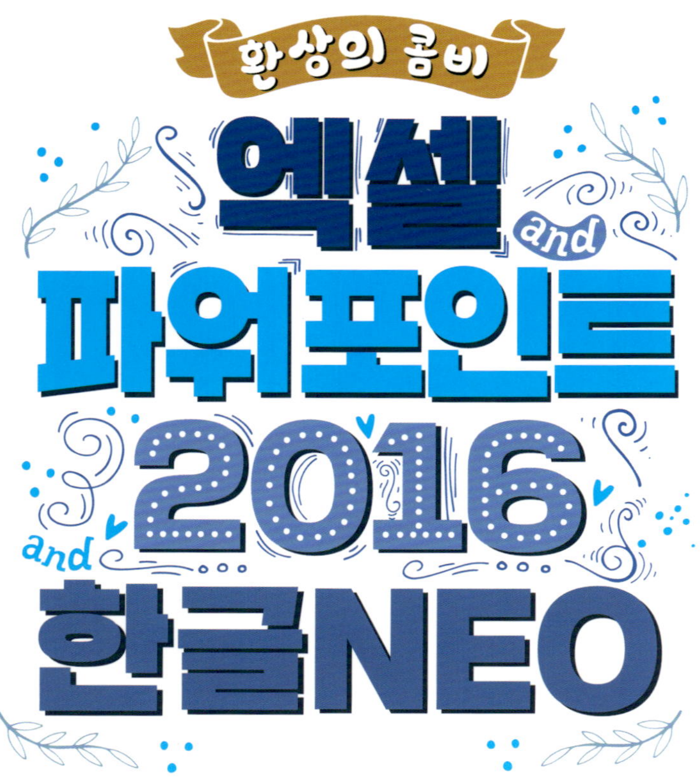

다양한 실무 예제로 배우는
환상의 콤비
엑셀+파워포인트 2016+한글 NEO

✔ 더욱 강력해진 엑셀, 파워포인트 2016과 한글 NEO의 핵심 기능 소개

✔ 회사 업무에서 꼭 필요한 오피스 2016과 한글 NEO 실전 활용 예제 수록

✔ 기초부터 응용까지, 문서 작업 효율의 극대화를 위한 필살 노하우 공개

PART.1
엑셀 2016

Chapter 01
엑셀의 첫 걸음!
기본 문서
작성하기

Chapter 02
워크시트 디자인!
서식 디자인과
인쇄 기술 다루기

Chapter 03
복잡한 계산을
효율적으로!
수식과 함수 활용하기

Chapter 04
데이터
관리하고
분석하기

오피스 | 값 17,000원

13000

9 788931 453065
ISBN 978-89-314-5306-5

• 부록 CD •
예제/완성 파일 및 해설 파일 수록

YoungJin.com Y.
영진닷컴

Part 02

파워포인트 2016

파워포인트는 프레젠테이션을 위한 최적의 프로그램입니다. 시중에 키노트, 프레지, 한쇼 등 많은 프레젠테이션 프로그램이 존재하지만 국내 환경에서 가장 쉽고, 빠르게 배워서 다룰 수 있는 프로그램은 단연 파워포인트입니다. 파워포인트 2016은 출시와 함께 온라인 오피스를 비롯해 협업과 공유 기능을 대폭 개선하였습니다. 더군다나 맥(Mac)에서도 사용이 가능한 오피스 2016을 출시하면서 아이폰, 안드로이드 등 윈도우가 아닌 다른 플랫폼에서도 동일한 인터페이스와 기능을 사용할 수 있게 되어 프레젠테이션 제작에 있어서 진일보한 발전을 이루게 되었습니다.

Contents

Chapter 04. 테마 설정하고 인쇄 및 공유하기 · · · 156

Section 01 테마와 슬라이드 마스터 · · · 158

Section 02 검토하고 인쇄하기 · · · 172

파워포인트 2016, 슬라이드 디자인하기

새 슬라이드를 추가하고, 텍스트를 입력하는 과정 속에서 하나의 슬라이드를 완성할 수 있습니다. 파워포인트는 다른 프로그램과 다르게 텍스트를 입력하는 것만으로도 슬라이드 디자인이 가능합니다. 여기서는 텍스트를 디자인하는 방법을 비롯해 입력과 관련된 다양한 서식 기능에 대해서 알아보겠습니다.

Section 1. 파워포인트 2016 시작하기

Section 2. 내용 입력하고 편집하기

Section# 01

파워포인트 2016 시작하기

파워포인트를 처음 실행하면 나타나는 인트로 화면을 비롯해 슬라이드를 만드는 방법과 서식 디자인을 적용하는 방법, 그리고 저장에 관한 내용을 배워보겠습니다.

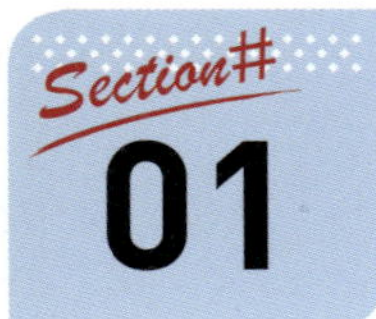

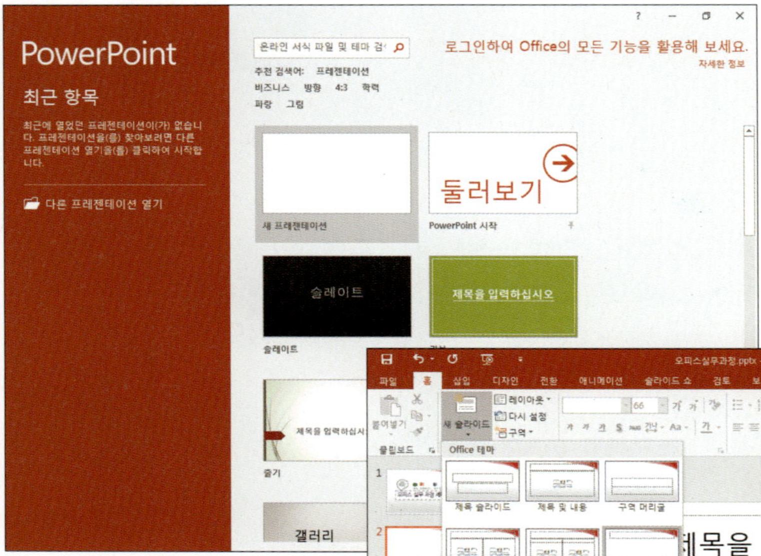

▲ 서식 파일로 슬라이드 시작하기

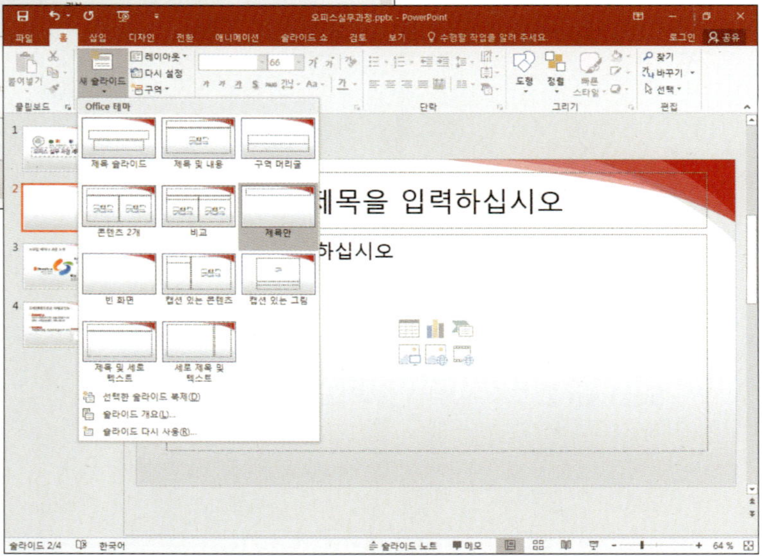

▲ 슬라이드 레이아웃 추가하기

이번 섹션에서 배울 주요 내용

- 파워포인트 2016 화면 구성 살펴보기
- 9개의 리본 메뉴 살펴보기
- 서식 파일로 슬라이드 시작하기
- 새 파일 만들고 저장하기
- 슬라이드 레이아웃 추가하기
- 슬라이드 레이아웃 변경하기
- 개체 틀에 텍스트 입력하기
- 슬라이드 이동하고 복제하기
- 원하는 배율로 확대하고 축소하기
- 표준과 와이드 스크린으로 전환하기
- 슬라이드 보기 화면 변경하기
- **스페셜** 빠른 실행 도구 모음 추가하기
- **스페셜** 옵션을 통해 다양한 파워포인트 환경 설정하기

파워포인트 2016의 화면 구성은 [파일] 탭을 비롯한 다양한 리본 메뉴, 미리 보기 창, 작업 창 등으로 나눌 수 있습니다.

파워포인트 시작 화면 살펴보기

파워포인트 2016을 실행하면 가장 먼저 만나는 화면입니다. 최근 항목을 비롯해 온라인 서식 파일 및 테마 검색 창, 그리고 사용자 정보 창을 만날 수 있습니다.

❶ **최근 항목** : 가장 최근에 열어본 슬라이드 파일부터 차례대로 사용했던 슬라이드 파일이 나타납니다.

❷ **다른 프레젠테이션 열기** : 내 컴퓨터나 OneDrive에 저장된 프레젠테이션 목록을 엽니다.

❸ **온라인 서식 파일 및 테마 검색** : Office.com의 다양한 온라인 서식 파일과 테마를 검색할 수 있습니다.

❹ **주요 서식 파일** : 파워포인트 2016에서 추천하는 주요 서식 파일이 나타납니다.

❺ **로그인 정보** : 오피스에 로그인했을 경우 로그인 사용자의 사진과 계정 정보가 나타납니다.

❻ **이 항목을 목록에 고정** : 마우스 오른쪽 버튼을 클릭하고 [목록에 고정]을 통해 최상단에 문서를 고정할 수 있습니다. 항목 리스트가 변경되어도 고정된 목록은 그대로 나타납니다.

파워포인트 2016 화면 구성

파워포인트 2016에서 실제 작업하는 화면입니다. 제목 표시줄을 비롯해 빠른 실행 도구 모음, 사용자 정보, 리본 메뉴, 옵션 창 등으로 나눌 수 있습니다.

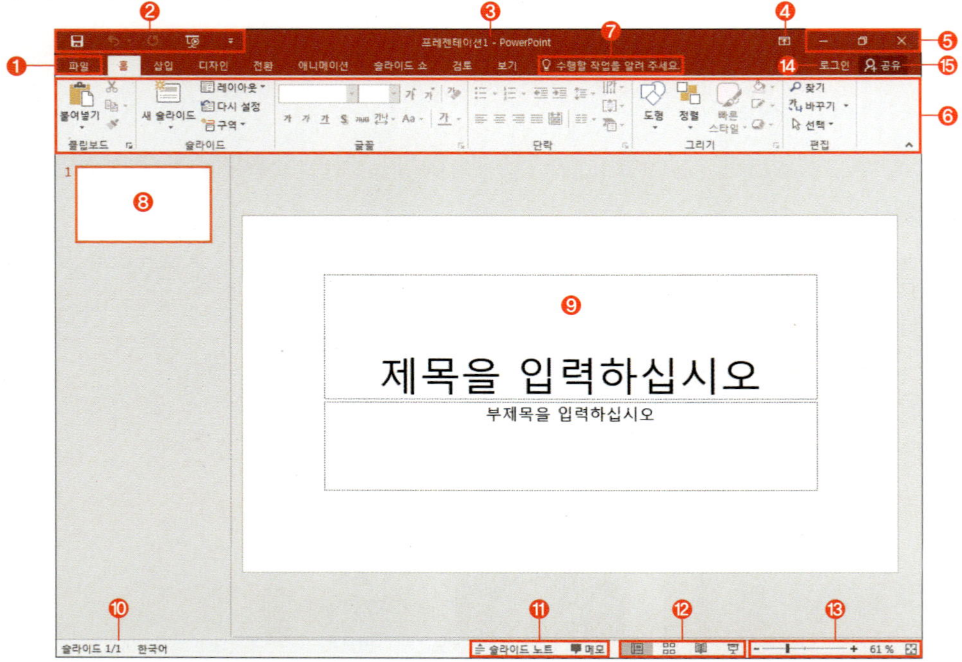

❶ **[파일] 탭 :** 클라우드 서비스를 비롯해 새로 만들기, 열기, 저장, 인쇄 등의 기본적인 메뉴와 파워포인트의 다양한 옵션을 지정할 수 있는 [PowerPoint 옵션]을 제공합니다.

❷ **빠른 실행 도구 모음 :** 자주 사용하는 기능을 아이콘 형식으로 표시하여 편하게 불러올 수 있습니다.

❸ **제목 표시줄 :** 작업 중인 프레젠테이션의 파일명을 표시합니다.

❹ **리본 메뉴 표시 옵션 :** 리본 메뉴를 자동으로 숨기거나, 탭만으로 표시할 수 있습니다.

❺ **화면 조절 단추 :** 화면의 크기 조정을 비롯해 파워포인트를 종료할 수 있습니다.

❻ **리본 메뉴 :** [홈], [삽입], [디자인] 등 유사한 기능이 탭으로 구분되어 있으며, 각각의 탭은 그룹이라는 이름으로 묶여있습니다.

❼ **빠른 실행 :** '수행할 작업을 알려주세요' 입력란에 원하는 기능을 입력하면 빠르게 기능을 사용할 수 있으며, 궁금한 기능을 검색할 수도 있습니다.

❽ **미리 보기 창 :** 미리 보기 창을 통해 슬라이드 화면을 섬네일로 표시합니다.

❾ **슬라이드 작업 창 :** 제목 개체 틀 등 다양한 개체 틀을 통해 슬라이드 작업이 이루어지는 공간입니다.

❿ **상태 표시줄 :** 슬라이드의 번호, 디자인 테마, 언어를 표시합니다.

⓫ **슬라이드 노트 및 메모 단추 :** 슬라이드에 대한 시나리오나 간단한 설명 등을 텍스트로 입력할 수 있는 슬라이드 노트 및 여러 사람들과 함께 의견을 나눌 수 있는 메모를 표시합니다.

⓬ **보기 단추 :** 기본, 여러 슬라이드, 읽기용 보기, 슬라이드 쇼로 슬라이드를 보는 방법을 선택합니다.

⓭ **확대/축소 단추 :** 슬라이드 작업 창을 확대하거나 축소할 수 있습니다.

⓮ **사용자 정보 :** 파워포인트를 사용하는 사용자 정보를 확인할 수 있습니다.

⓯ **공유 :** 다른 사용자와 공동 작업할 수 있으며, 원드라이브라는 클라우드에 파일을 저장할 수 있습니다.

슬라이드 화면의 4가지 작업 영역

슬라이드 화면은 [개요] 창을 비롯해 [슬라이드] 미리 보기 창, [슬라이드] 편집 창, [슬라이드 노트] 창으로 구분할 수 있습니다.

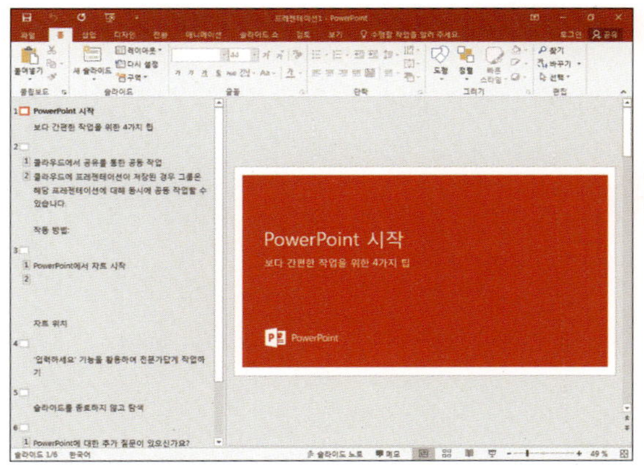

▲ [개요] 창

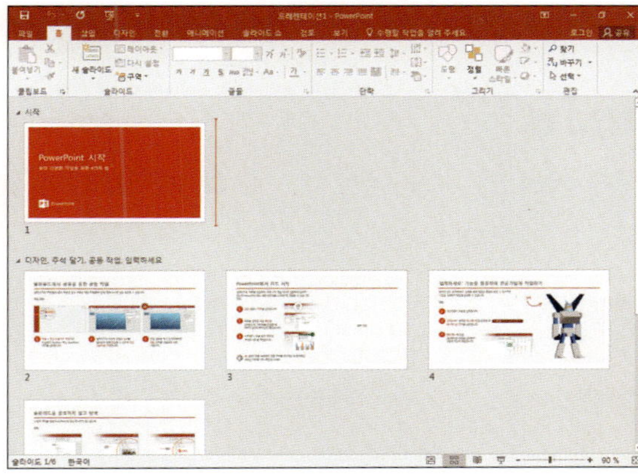

▲ [슬라이드] 미리 보기 창

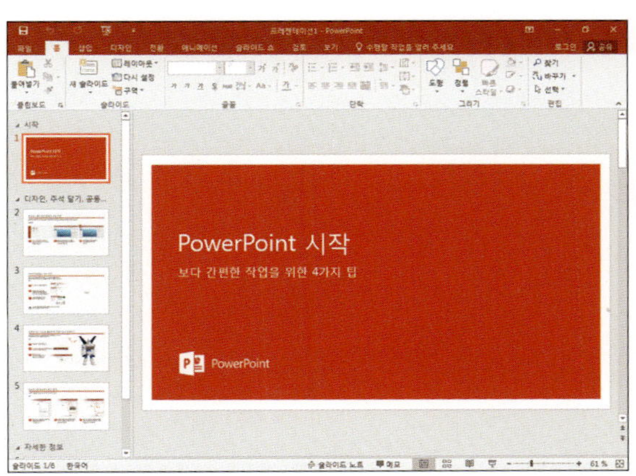

▲ [슬라이드] 편집 창

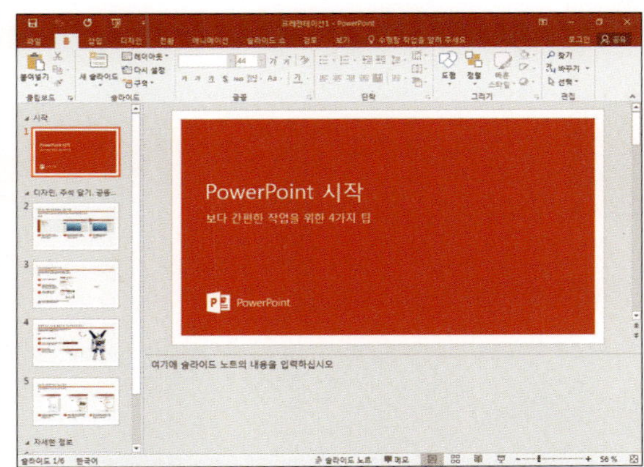

▲ [슬라이드 노트] 창

- **[개요] 창 :** [개요] 창은 슬라이드 텍스트를 개요 형식으로 보여줍니다. [개요] 창은 상태 표시줄의 [슬라이드 노트] 단추 오른쪽에 있는 [기본] 단추를 클릭해서 열 수 있습니다.
- **[슬라이드] 미리 보기 창 :** 슬라이드를 축소판 그림으로 표시합니다. 축소판 그림을 사용하면 쉽게 슬라이드의 구성을 확인할 수 있으며, 슬라이드를 정렬할 수 있습니다.
- **[슬라이드] 편집 창 :** 슬라이드 작업이 실질적으로 이루어지는 공간으로 텍스트를 추가하고, 다양한 멀티미디어 기능 및 개체를 삽입할 수 있습니다.
- **[슬라이드 노트] 창 :** [노트] 창에는 현재 슬라이드에 해당하는 내용을 입력할 수 있습니다. [노트] 창을 불러오기 위해서는 상태 표시줄에서 [슬라이드 노트] 단추를 클릭합니다.

9개의 리본 메뉴 살펴보기

리본 메뉴는 [홈], [삽입], [디자인], [전환], [애니메이션], [슬라이드 쇼], [검토], [보기] 등의 여러 가지 탭으로 구성되어 있습니다.

[파일] 탭

현재 열려있는 슬라이드 파일에 대한 정보를 비롯해 새로 만들기, 열기, 저장, 인쇄 등의 파워포인트 옵션을 지정할 수 있습니다.

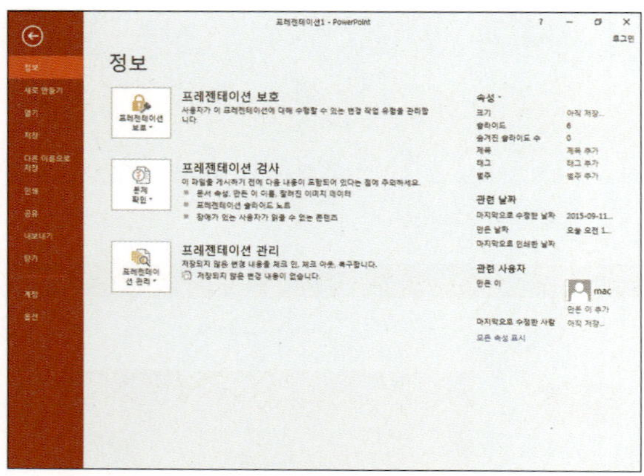

[홈] 탭

슬라이드 레이아웃을 추가하거나 변경할 수 있으며, 글꼴 서식을 비롯해 도형, 빠른 스타일 등을 선택할 수 있습니다.

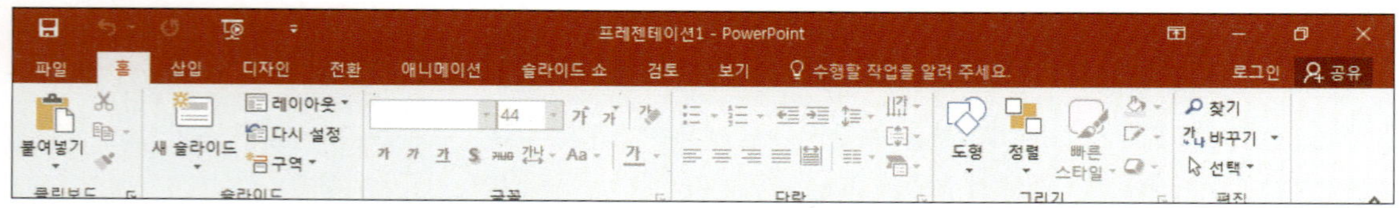

[삽입] 탭

슬라이드에 표나 차트를 삽입하거나, 그림이나 온라인 그림 등 다양한 개체를 삽입할 때 사용하는 탭입니다.

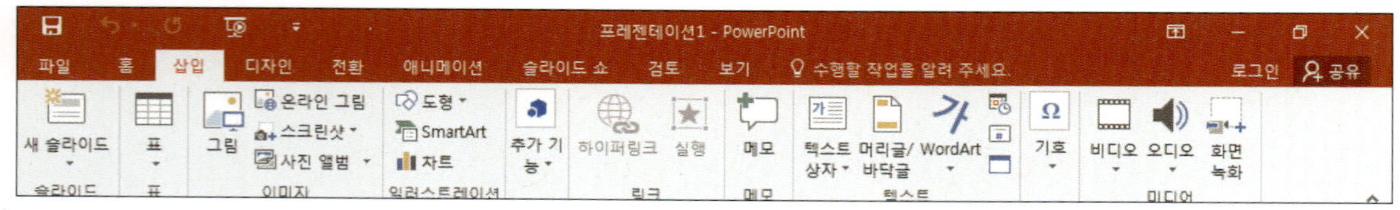

[디자인] 탭

[디자인] 탭에서는 테마를 비롯해 배경, 글꼴의 색 구성 등 전체 슬라이드 디자인을 변경할 수 있습니다.

[전환] 탭

슬라이드 화면 전환을 비롯해 화면 전환 시 소리, 타이밍 등을 설정할 수 있습니다.

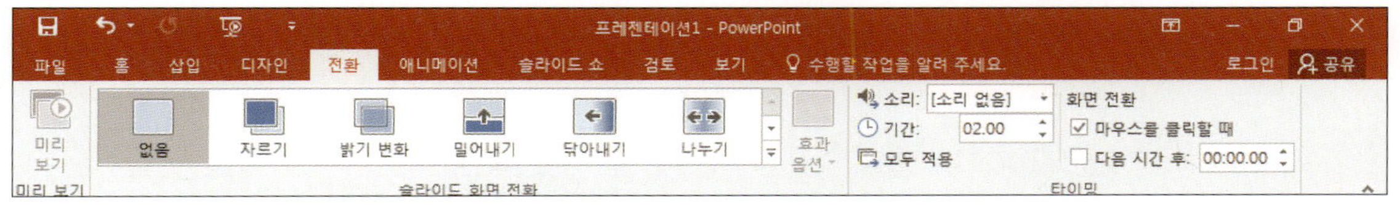

[애니메이션] 탭

사용자 지정 애니메이션 등을 지정하거나 부가적인 애니메이션 옵션을 지정하고 싶을 때 사용합니다.

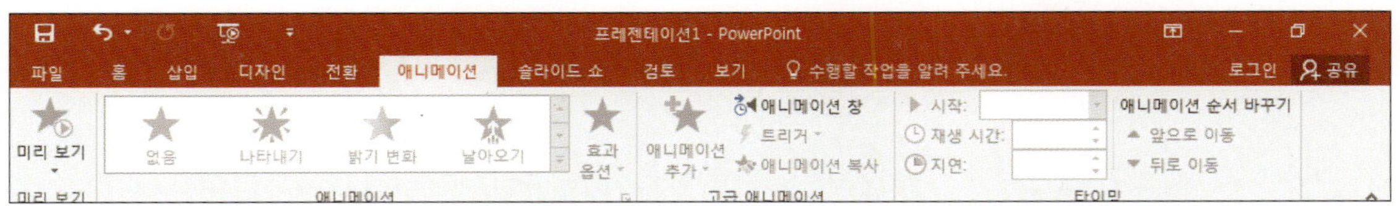

[슬라이드 쇼] 탭

설명을 녹화하거나 슬라이드 설정, 발표자 도구 등을 선택할 수 있으며 프레젠테이션을 진행하기 위해 슬라이드 쇼를 선택할 수 있습니다.

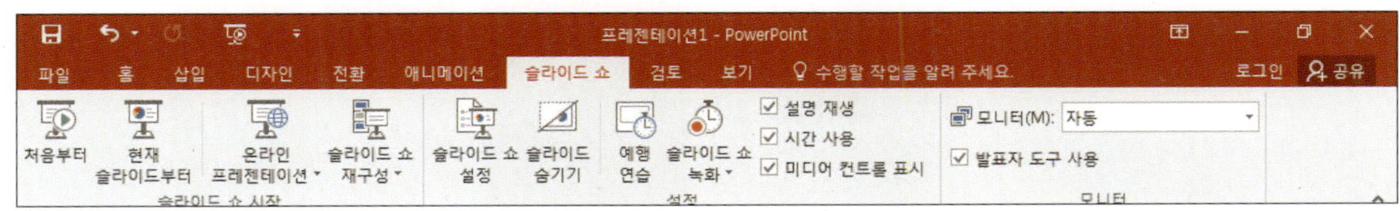

[검토] 탭

언어 교정이나 메모 또는, 프레젠테이션 파일의 보호를 위한 기능을 선택할 수 있습니다.

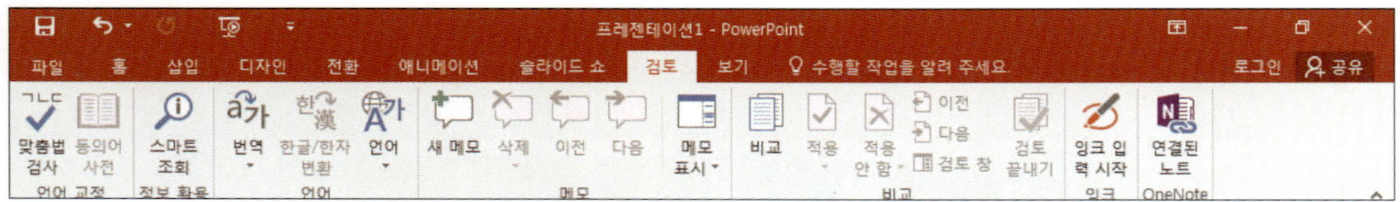

[보기] 탭

여러 슬라이드, 슬라이드 노트, 슬라이드 마스터 보기 등을 선택할 수 있으며, 매크로 기능이나 슬라이드 창의 확대/축소도 할 수 있습니다.

서식 파일로 슬라이드 시작하기

파워포인트는 Office.com을 통해 이미 만들어진 서식 파일을 불러와서 슬라이드 작업을 진행할 수 있습니다.

01_ 파워포인트 2016을 실행하면 처음 나타나는 인트로 화면에서 원하는 서식 파일을 선택합니다. 여기서는 [자연주의]를 선택합니다.

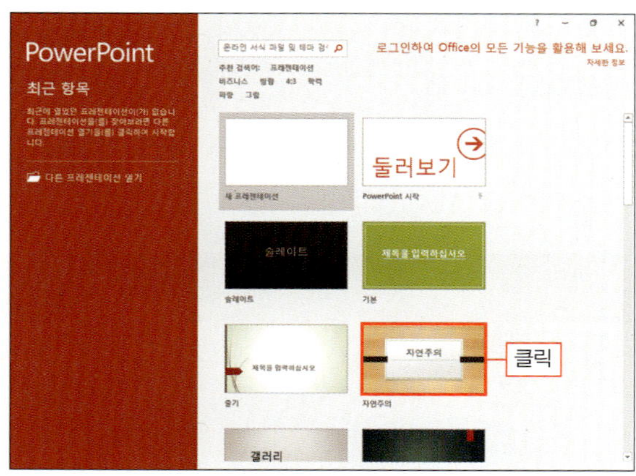

> **TIP**
> 표시되는 서식 파일의 순서는 현재 화면과 다를 수 있습니다.

02_ 디자인을 비롯해 구성된 테마를 확인할 수 있습니다. 미리 보기 화면의 오른쪽에 있는 테마 중에서 두 번째 테마를 선택한 후 [만들기]를 선택합니다.

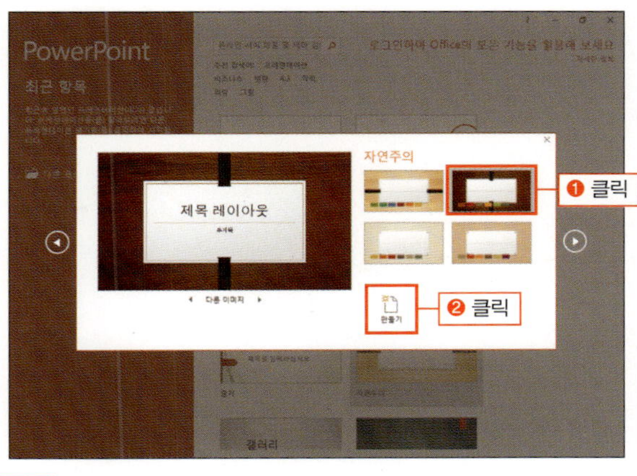

미리 보기 화면의 오른쪽에 있는 4장의 이미지는 서식 파일에 구성되어 있는 테마 이미지로, 같은 디자인으로 구성되어 있지만 색상과 서식 등을 다르게 적용한 테마로 선택할 수 있습니다.

03_ 슬라이드가 열립니다. 다른 서식 파일을 선택해 보겠습니다. [파일] 탭을 클릭합니다.

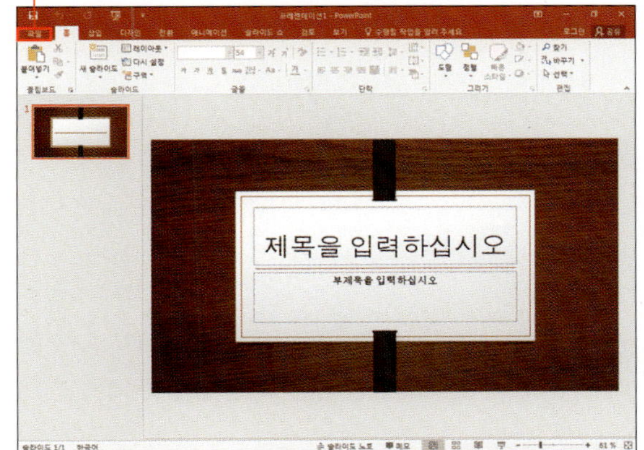

04_ [새로 만들기]를 클릭합니다. [새로 만들기] 페이지가 열리면 원하는 서식 파일을 클릭합니다. 여기서는 검색 창을 통해 서식 파일을 찾아보겠습니다. 검색 창에 『비즈니스』를 입력한 후 [검색]을 클릭합니다.

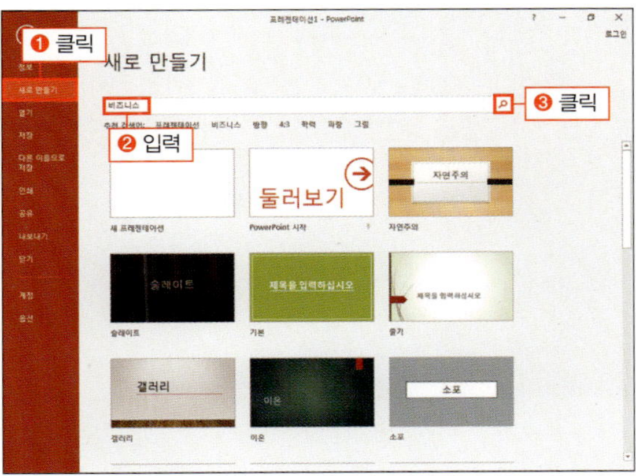

05_ 다양한 서식 파일이 검색됩니다. 검색된 서식 파일
중 원하는 서식 파일을 선택합니다.

TIP

오른쪽에는 서식 파일의 연관되는 범주가 나타납니다.
이곳에서 원하는 범주를 선택할 수 있습니다.

새 파일 만들고 저장하기

:: 완성파일 Part02₩Chapter01₩Section01₩환상의콤비.pptx

파워포인트 2016을 통해 새로운 프레젠테이션을 만들고 내 컴퓨터에 저장하는 방법에 대해서 살펴
보겠습니다.

01_ 이번에는 서식 파일이 아닌 새 프레젠테이션을 통해 직접 슬라이드를 만들어 보겠습니다. 인트로 화면에서 [새 프
레젠테이션]을 선택합니다. 혹은 [파일] 탭–[새로 만들기]를 클릭한 후 [새 프레젠테이션]을 선택합니다.

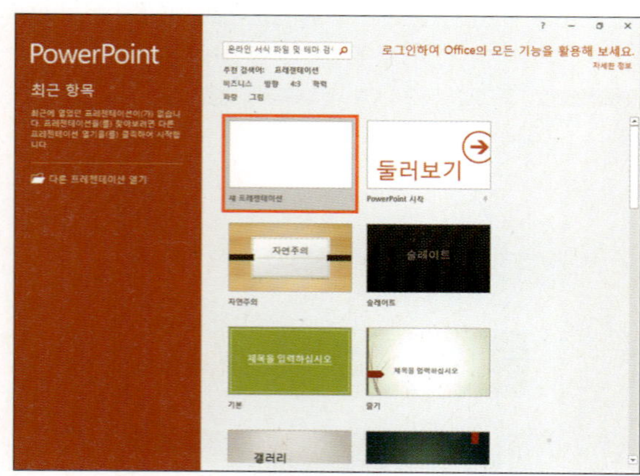

02_ 슬라이드 편집 화면이 나타나면 '제목을 입력하십시오'라고 적힌 제목 개체 틀을 선택하고, 『파워포인트 2016』을 입력한 후 제목 개체 틀을 제외한 부분을 클릭합니다.

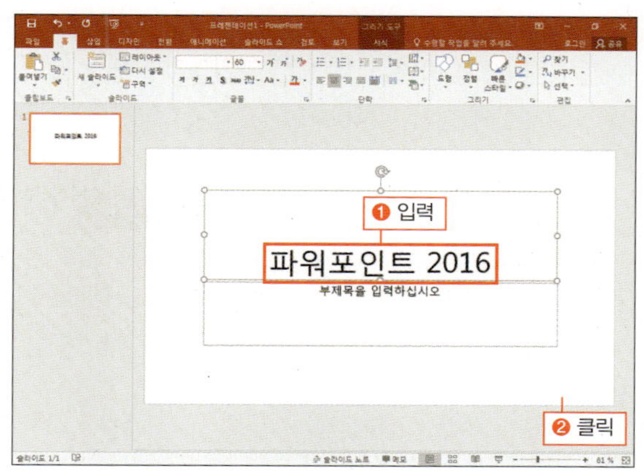

TIP

새 프레젠테이션을 열면 '제목 개체 틀'을 비롯해 '부제목 개체 틀'이라는 사각형의 입력란이 나타납니다.

03_ '부제목을 입력하십시오'라고 적힌 부제목 개체 틀을 선택하고 『환상의 콤비 엑셀, 파워포인트, 워드』를 입력한 후 부제목 개체 틀을 제외한 부분을 클릭합니다.

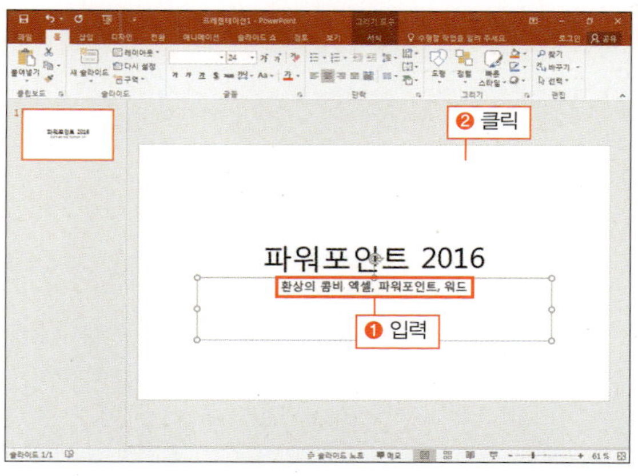

04_ 파워포인트 파일을 저장하기 위해 [파일] 탭을 클릭한 후 [다른 이름으로 저장]을 클릭합니다. [이 PC]-[내 문서]를 선택합니다.

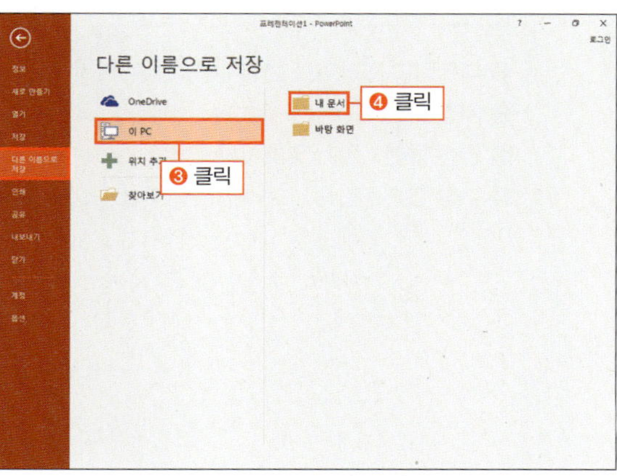

TIP

[이 PC]를 선택하면 기존에 작업한 슬라이드 문서를 비롯해 [내 문서]와 [바탕 화면] 폴더가 나타납니다. [찾아보기]를 클릭해 원하는 폴더에 저장할 수도 있습니다.

05_ [다른 이름으로 저장] 대화상자가 나타납니다. [파일 이름]에 『환상의콤비』를 입력하고 [저장]을 클릭합니다.

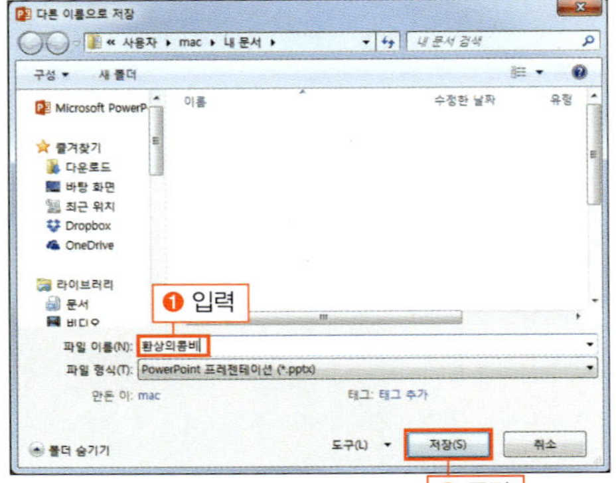

꼭!! 알고가기 — [다른 이름으로 저장] 대화상자의 [도구] 활용하기

[도구]를 클릭하면 저장 옵션 및 사용자 암호 등 다양한 옵션을 지정할 수 있습니다.

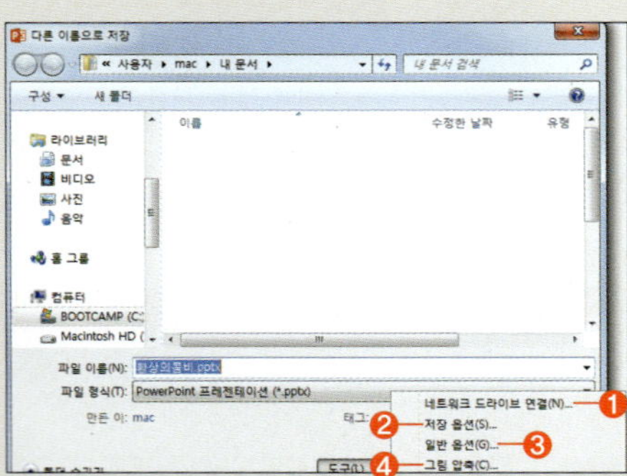

❶ **네트워크 드라이브 연결 :** 연결할 네트워크 폴더를 선택해 네트워크에 슬라이드 파일을 저장할 수 있습니다.

❷ **저장 옵션 :** [PowerPoint 옵션] 대화상자를 통해 여러 가지 저장 옵션을 선택할 수 있습니다.

❸ **일반 옵션 :** 열기 암호 및 쓰기 암호를 비롯해 매크로 보안 등을 설정할 수 있습니다.

❹ **그림 압축 :** 인쇄(220ppi), 화면(150ppi), 전자 메일(96ppi) 등 원하는 형식으로 그림을 압축할 수 있습니다.

슬라이드 레이아웃 추가하기

:: **준비파일** Part02₩Chapter01₩Section01₩오피스실무과정.pptx | **완성파일** Part02₩Chapter01₩Section01₩오피스실무과정_ 완성.pptx

새로 만든 슬라이드나 서식 파일로 불러온 슬라이드에서 슬라이드 레이아웃을 추가하여 내용을 작성할 수 있습니다.

01_ 준비 파일을 불러온 후 첫 번째 슬라이드를 선택한 상태에서 새 슬라이드를 삽입하기 위해 [홈] 탭-[슬라이드] 그룹에서 [새 슬라이드] 윗부분을 클릭합니다.

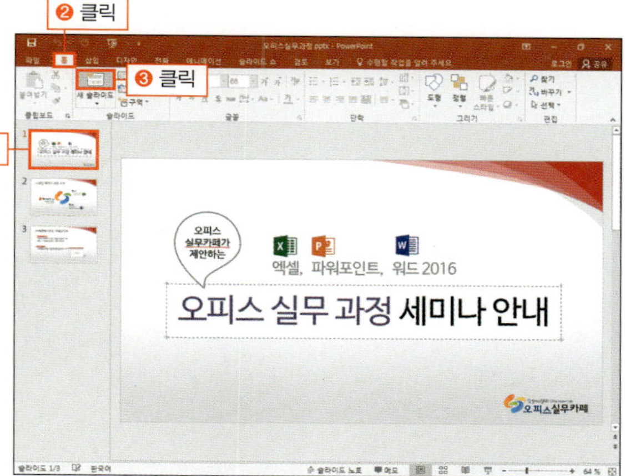

> **TIP**
>
> 준비 파일에서 사용한 서체는 네이버에서 무료 제공하는 '나눔바른고딕'입니다. '나눔바른고딕' 서체가 아닌 다른 서체로 표시된다면 37페이지에서 서체를 먼저 설치한 후 예제를 따라하세요.

02_ 새 슬라이드가 추가됩니다. 이번에는 [홈] 탭-[슬라이드] 그룹에서 [새 슬라이드] 화살표를 클릭합니다. 레이아웃 갤러리가 열리며 원하는 슬라이드 레이아웃을 선택할 수 있습니다. 여기서는 [제목만] 슬라이드를 선택합니다.

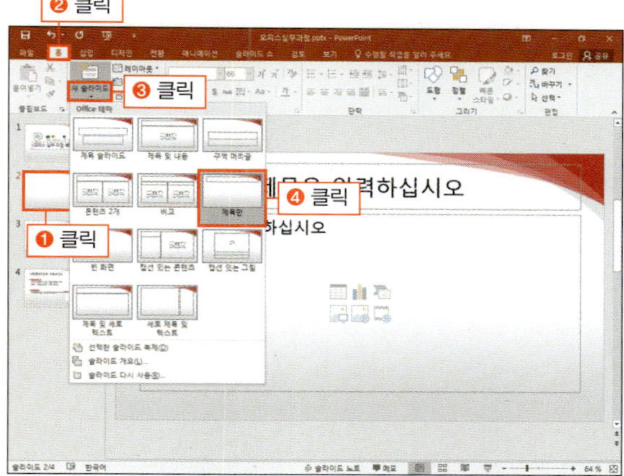

> **TIP**
>
> `Ctrl`+`M`을 눌러도 새로운 슬라이드를 추가할 수 있습니다. [새 슬라이드] 화살표를 클릭하면 슬라이드 레이아웃 갤러리를 통해 원하는 슬라이드 레이아웃을 선택할 수 있습니다

03_ [제목만] 슬라이드가 추가됩니다. 동일한 슬라이드 레이아웃을 계속 추가하고 싶다면 슬라이드 미리 보기 창에서 `Enter` 를 누릅니다.

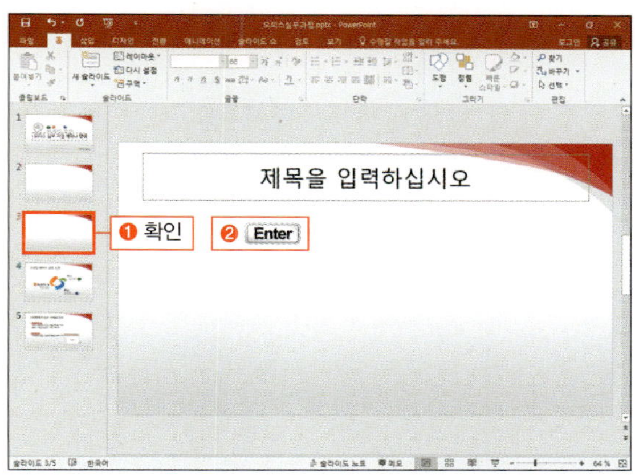

04_ 동일한 [제목만] 슬라이드가 추가됩니다. [홈] 탭-[슬라이드] 그룹에서 [새 슬라이드] 윗부분을 클릭해도 동일한 슬라이드를 계속 추가할 수 있습니다. [홈] 탭-[슬라이드] 그룹에서 [새 슬라이드] 윗부분을 클릭합니다.

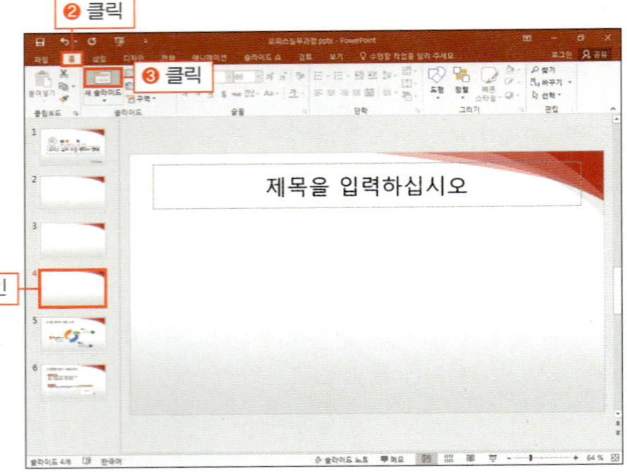

첫 번째 슬라이드인 [제목 슬라이드]를 선택한 상태에서 Enter 를 누르면 [제목 및 내용 슬라이드] 레이아웃이 추가됩니다. [제목 슬라이드]를 제외한 다른 슬라이드 레이아웃을 선택한 상태로 미리 보기 창에서 Enter 를 누르거나 [홈] 탭-[슬라이드] 그룹에서 [새 슬라이드] 윗부분을 클릭하고 선택한 슬라이드 레이아웃과 동일한 슬라이드 레이아웃을 빠르게 추가할 수 있습니다.

05_ [제목만] 슬라이드가 추가됩니다.

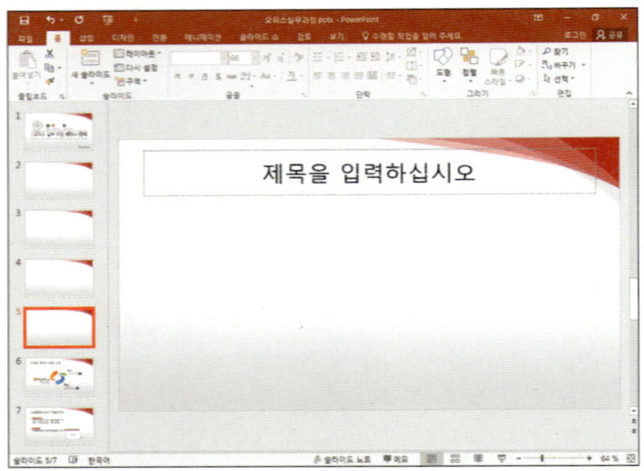

슬라이드 레이아웃 변경하기

:: **준비파일** Part02₩Chapter01₩Section01₩오피스실무과정(2).pptx | **완성파일** Part02₩Chapter01₩Section01₩오피스실무과정(2)_완성.pptx

슬라이드를 추가하거나 미리 완성된 슬라이드의 모양이 마음에 들지 않을 경우 슬라이드 레이아웃을 변경할 수 있습니다.

01_ 두 번째 슬라이드를 선택합니다. [홈] 탭–[슬라이드] 그룹에서 [레이아웃]을 클릭하고 [빈 화면] 슬라이드 레이아웃을 선택합니다.

> **TIP**
>
> [빈 화면] 슬라이드는 다양한 개체 틀에 상관없이 자유로운 형식으로 슬라이드를 작성할 때 주로 사용합니다.

02_ [제목 및 내용] 슬라이드 레이아웃이 [빈 화면] 슬라이드 레이아웃으로 변경됩니다.

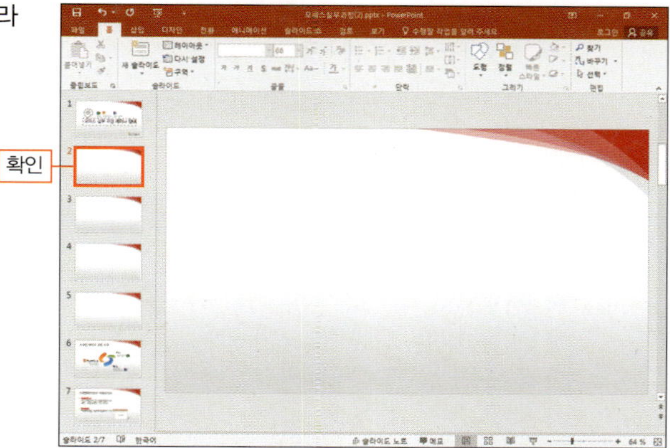

03_ 내용이 작성된 슬라이드 레이아웃을 다른 레이아웃으로 변경하기 위해 마지막 슬라이드를 선택합니다. 마지막 슬라이드는 [콘텐츠 2개] 슬라이드로 이미 내용이 작성되어 있습니다. 이번에는 미리 보기 화면에서 레이아웃을 변경해 보겠습니다. 미리 보기 화면에서 마우스 오른쪽 버튼을 클릭한 후 [레이아웃]–[캡션 있는 그림] 슬라이드를 선택합니다.

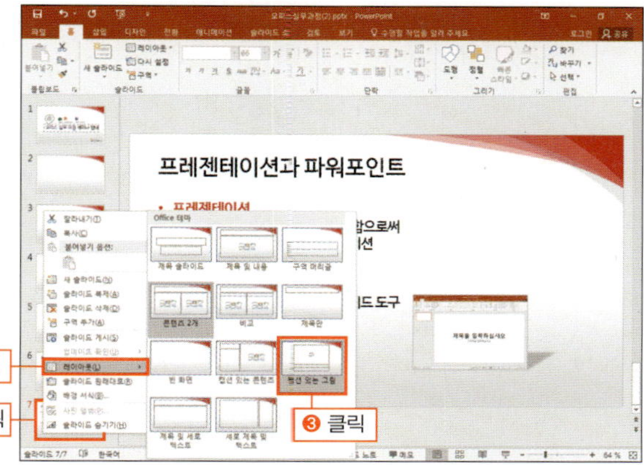

04_ 이미 작성되어 있는 슬라이드 레이아웃이 다른 형태의 슬라이드 레이아웃으로 변경됩니다.

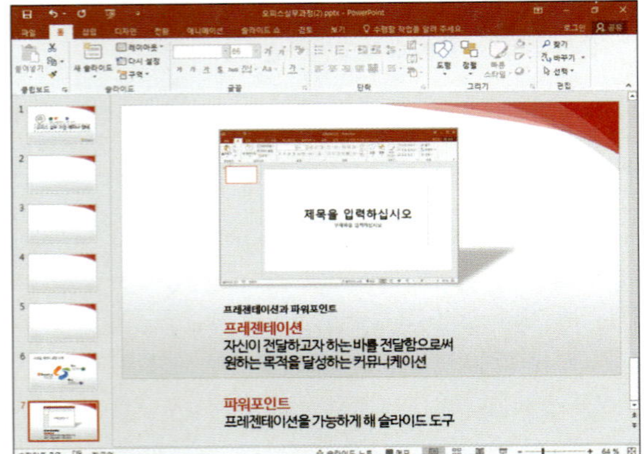

> **TIP**
>
> 각각의 슬라이드 레이아웃은 [빈 화면] 슬라이드 레이아웃만을 제외하고 여러 가지 성격의 개체 틀로 구성되어 있습니다. 용도에 따라 적절한 레이아웃을 선택하여 사용하면 됩니다.

꼭!! 알고가기

[새 슬라이드]와 [레이아웃]

[새 슬라이드]는 문서에 슬라이드를 추가하는 기능입니다. [홈] 탭–[슬라이드] 그룹에서 [새 슬라이드] 위쪽을 클릭하면 현재 화면과 동일한 레이아웃을 가진 슬라이드가 추가되며, [새 슬라이드] 아래쪽을 클릭하면 슬라이드 레이아웃 갤러리를 통해 원하는 슬라이드 레이아웃을 선택할 수 있습니다.

슬라이드를 추가하는 것이 아니라, 현재 선택한 슬라이드의 레이아웃을 변경하고 싶다면 [홈] 탭–[슬라이드] 그룹에서 [레이아웃]을 클릭합니다.

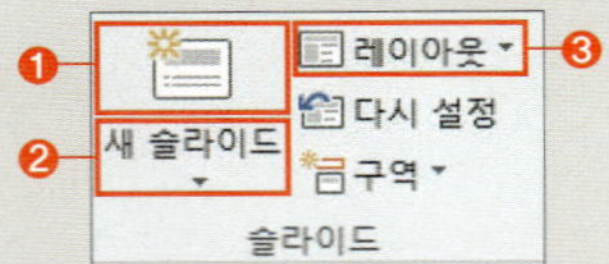

❶ **[새 슬라이드] 윗부분** : 현재 슬라이드 편집 화면과 동일한 레이아웃을 추가합니다.
❷ **[새 슬라이드] 아랫부분** : 레이아웃 갤러리를 통해 원하는 레이아웃을 추가합니다.
❸ **레이아웃** : 현재 슬라이드의 레이아웃을 다른 모양으로 변경합니다.

개체 틀에 텍스트 입력하기

:: 준비파일 Part02₩Chapter01₩Section01₩오피스실무과정(3).pptx | **완성파일** Part02₩Chapter01₩Section01₩오피스실무과정(3)_완성.pptx

슬라이드 레이아웃은 성격이 다른 다양한 개체 틀이 나타납니다. 개체 틀에는 텍스트를 비롯해 표, 차트, 그리고 이미지 등을 작성하고 삽입할 수 있습니다.

01_ 두 번째 슬라이드를 선택합니다. [빈 화면] 슬라이드를 다시 [제목 및 내용] 슬라이드로 변경하기 위해 [홈] 탭-[슬라이드] 그룹에서 [레이아웃]-[제목 및 내용]을 클릭합니다.

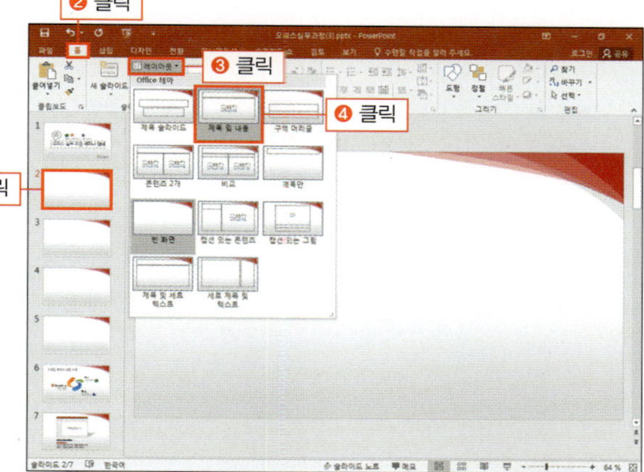

> **TIP**
>
> [빈 화면] 슬라이드의 경우 개체 틀을 추가하여 텍스트를 삽입할 수 있습니다. 39페이지를 참고하기 바랍니다.

02_ '제목을 입력하십시오'라고 적힌 제목 개체 틀에 『오피스 2016 실무 과정』을 입력합니다. 그리고 '텍스트를 입력하십시오'라고 적힌 내용 개체 틀을 클릭한 후 『엑셀』을 입력하고 **Enter** 를 누릅니다.

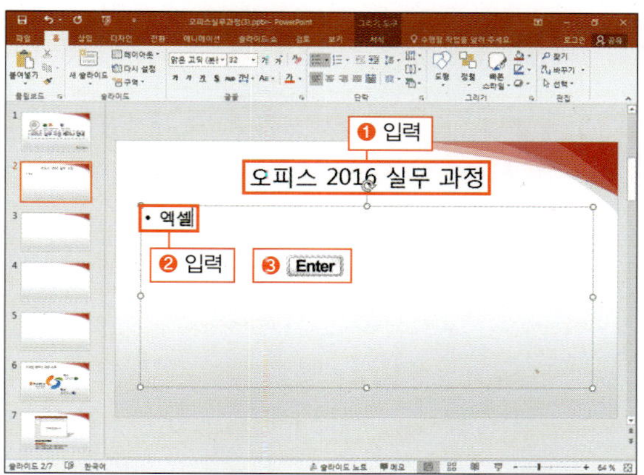

03_ 두 번째 단락으로 이동하면 이번에는 『파워포인트』를 입력한 후 Shift + Enter 를 눌러 줄 바꿈을 합니다.

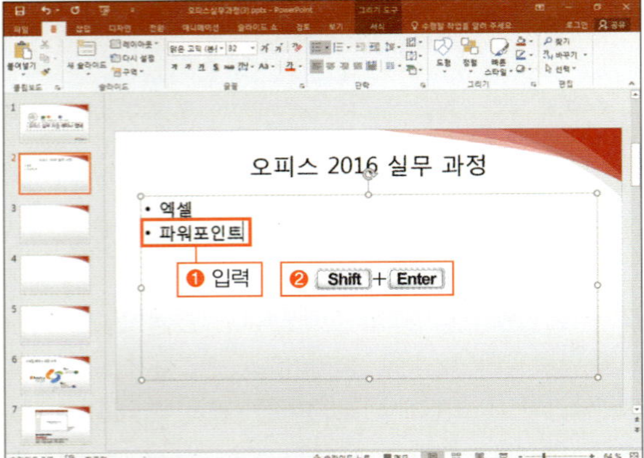

04_ 줄 바꿈이 되면 『슬라이드 디자인 배우기』를 입력합니다. 입력 후 다시 Enter 를 눌러 단락을 변경합니다.

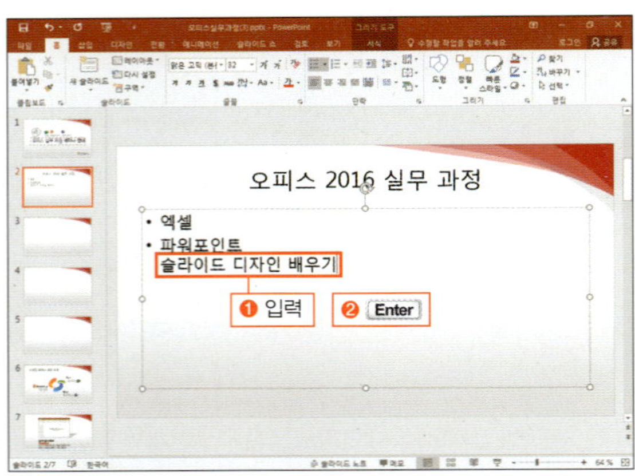

05_ 세 번째 단락으로 이동하면 『워드』를 입력한 후 Esc 를 두 번 눌러 텍스트 입력을 마무리합니다.

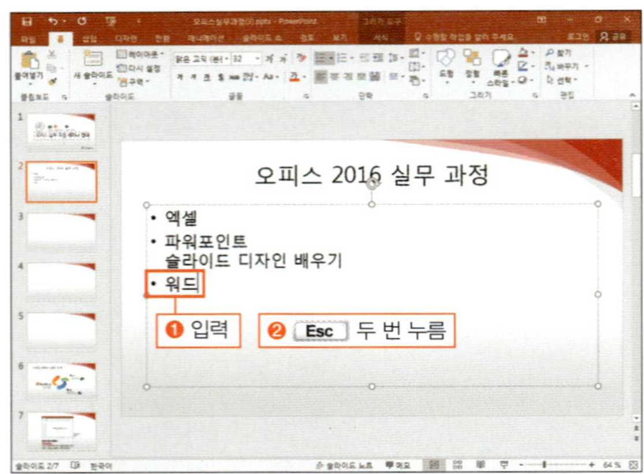

∷ 준비파일 Part02₩Chapter01₩Section01₩오피스실무과정(4).pptx | **완성파일** Part02₩Chapter01₩Section01₩오피스실무과정(4)_완성.pptx

생성한 슬라이드는 슬라이드 편집 창 왼쪽에 있는 미리 보기 창에서 마우스 드래그만으로 간단하게 이동할 수 있습니다. 또한, 똑같은 모양의 슬라이드를 손쉽게 복제할 수도 있습니다.

01_ 슬라이드는 드래그하여 가볍게 이동할 수 있습니다. '소모임 세미나 과정 소개' 슬라이드를 두 번째로 이동하기 위해 6번 슬라이드를 선택하고 드래그하여 1번과 2번 슬라이드 사이로 이동합니다.

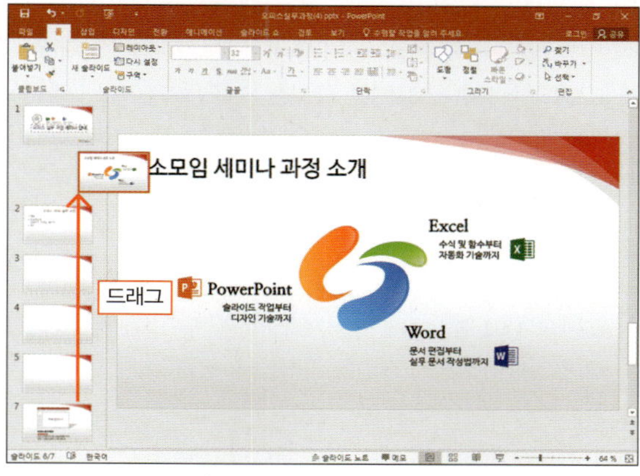

02_ 이번에는 슬라이드를 복제해 보겠습니다. '소모임 세미나 과정 소개' 슬라이드를 선택한 상태에서 마우스 오른쪽 버튼을 클릭하고 [슬라이드 복제]를 선택합니다.

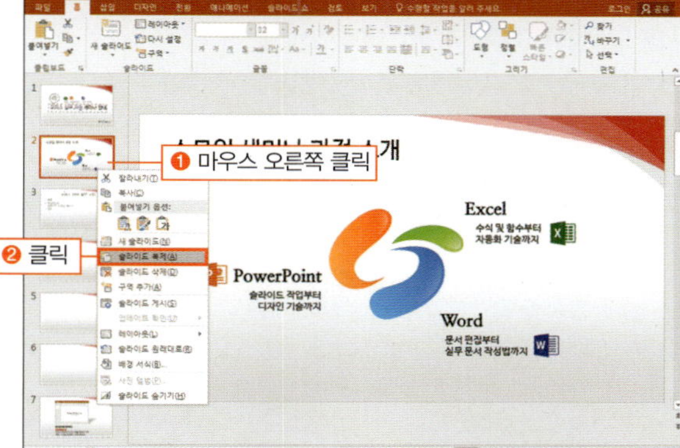

> **TIP**
>
> 파워포인트 2013에서는 '중복 슬라이드'라는 기능으로 슬라이드 복제를 할 수 있었습니다. 파워포인트 2016에서는 '슬라이드 복제'로 명령어가 변경되었습니다.

03_ 똑같은 모양의 슬라이드가 복제되는 것을 확인할 수 있습니다. 파워포인트는 '슬라이드 복제'를 통해 슬라이드를 생성한 후 내용만 변경하여 사용하는 경우가 많습니다. **Ctrl**+**D**를 눌러도 슬라이드를 복제할 수 있습니다. 세 번째 슬라이드를 선택한 상태에서 **Ctrl**+**D**를 누르면 슬라이드가 복제됩니다.

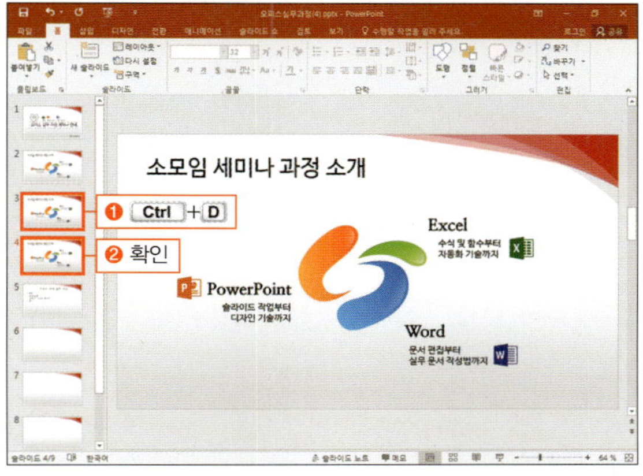

원하는 배율로 확대하고 축소하기

:: **준비파일** Part02₩Chapter01₩Section01₩오피스실무과정(5).pptx | **완성파일** Part02₩Chapter01₩Section01₩오피스실무과정(5)_완성.pptx

슬라이드 편집 창의 크기는 사용자가 원하는 크기로 확대하거나 축소할 수 있습니다.

01_ 2번 슬라이드에서 확대를 원하는 개체를 선택합니다. 여기서는 '슬라이드 작업부터 디자인 기술까지'라고 적힌 텍스트 개체 틀을 선택합니다. [보기] 탭─[확대/축소] 그룹에서 [확대/축소]를 클릭한 다음 [확대/축소] 대화상자에서 사용자 지정에 『150』을 입력하고 [확인]을 클릭합니다.

> **TIP**
>
> 하단의 상태 표시줄에 있는 [확대/축소]를 이용해도 슬라이드 편집 화면의 크기를 조절할 수 있습니다.

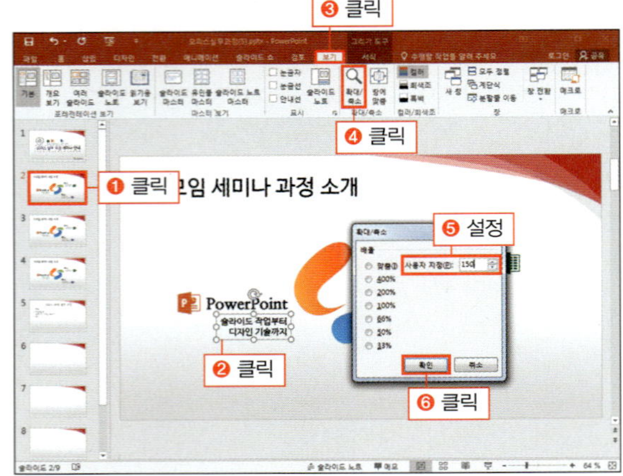

02_ 슬라이드 편집 창이 '150%'으로 확대되어 나타납니다. 슬라이드 편집 창에 맞게 다시 조절하기 위해 상태 표시줄의 [창에 맞춤](⊞)을 클릭합니다.

> **TIP**
>
> 상태 표시줄의 [창에 맞춤](⊞)을 클릭하면 슬라이드 편집 창에 맞게 자동 조절됩니다.

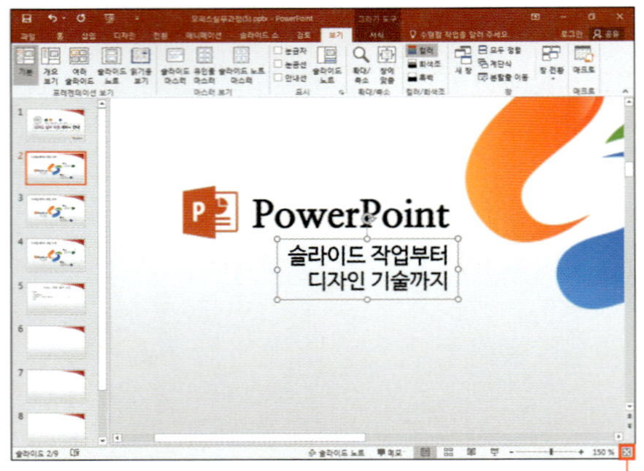

⠿ 준비파일 Part02₩Chapter01₩Section01₩어학연수.pptx | **완성파일** Part02₩Chapter01₩Section01₩어학연수_완성.pptx

파워포인트 2016의 슬라이드 기본 크기는 16:9의 와이드 화면입니다. 하지만, 파워포인트 2007이나 2010처럼 4:3의 표준 화면으로 변경할 수 있습니다.

01_ [디자인] 탭–[사용자 지정] 그룹에서 [슬라이드 크기]를 클릭하고 [표준 (4:3)]을 선택합니다.

> 파워포인트 2007이나 2010 버전의 슬라이드 크기는 전형적인 4:3 비율을 가지고 있지만 파워포인트 2016에서는 와이드 스크린과 HD 형식을 채택하고 있습니다. 하지만 와이드 화면이 불편하거나 빔 프로젝터가 와이드 비율을 지원하지 않는다면 슬라이드 화면을 4:3 비율로 변경하여 사용하는 것이 좋습니다.

02_ 경고 창이 나타납니다. 콘텐츠를 최대 크기로 조정하거나 새 슬라이드에 맞게 크기를 줄일 수 있습니다. 여기서는 [맞춤 확인]을 클릭합니다.

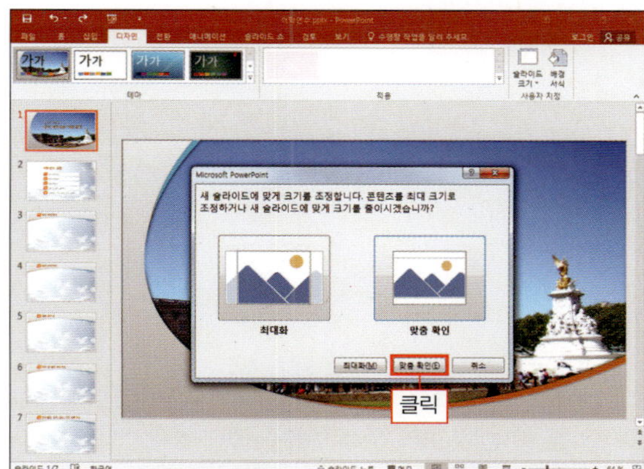

> 와이드 슬라이드 크기를 표준 슬라이드 크기로 변경 시 [최대화], [맞춤 확인] 중에서 선택할 수 있습니다.
> - **최대화** : 슬라이드 크기가 4:3 비율을 가진 표준 모드로 변경되면서 축소되지만 슬라이드에 포함되어 있는 개체는 원래의 크기를 유지합니다.
> - **맞춤 확인** : 슬라이드 크기가 4:3 비율을 가진 표준 모드로 변경되면서 슬라이드에 포함되어 있는 개체도 함께 축소되어 나타납니다.

슬라이드 보기 화면 변경하기

:: 준비파일 Part02₩Chapter01₩Section01₩어학연수(2).pptx

파워포인트 2016을 실행했을 때 나타나는 기본 화면인 [기본 보기]는 슬라이드 미리 보기 창, 슬라이드 작업 화면, 그리고 슬라이드 노트 창으로 구성되어 있습니다. 여기서는 슬라이드 보기 화면을 변경하는 방법에 대해서 살펴보겠습니다.

01_ 슬라이드를 열면 처음 만나는 화면은 [기본 보기] 화면입니다. [보기] 탭-[프레젠테이션 보기] 그룹에서 [개요 보기]를 클릭합니다. 현재 슬라이드에는 미리 개요 탭을 통해 내용을 입력해 놓았습니다. 개요 보기를 통해 슬라이드에 포함된 개요를 확인할 수 있습니다.

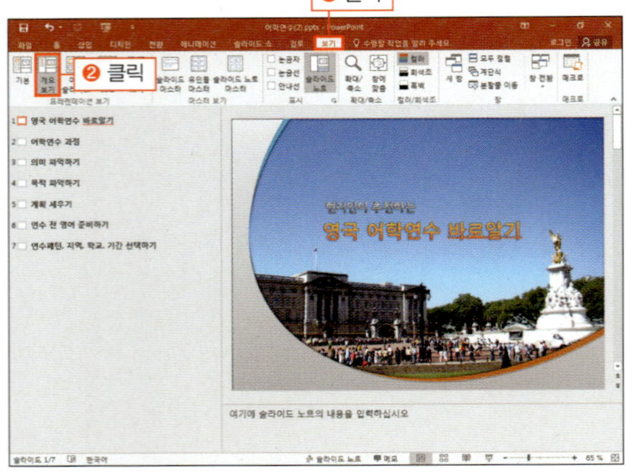

02_ [기본 보기]로 다시 되돌리기 위해 [보기] 탭-[프레젠테이션 보기] 그룹에서 [기본]을 클릭합니다. [기본 보기]로 되돌아오면 이번에는 상태 표시줄을 통해 [개요 보기] 창을 열어보겠습니다. 상태 표시줄의 [기본](▣)을 클릭합니다.

03_ [개요 보기] 창이 다시 열립니다. 이번에는 여러 슬라이드를 한 번에 보기 위해 [보기] 탭을 클릭한 후 [여러 슬라이드]를 선택합니다.

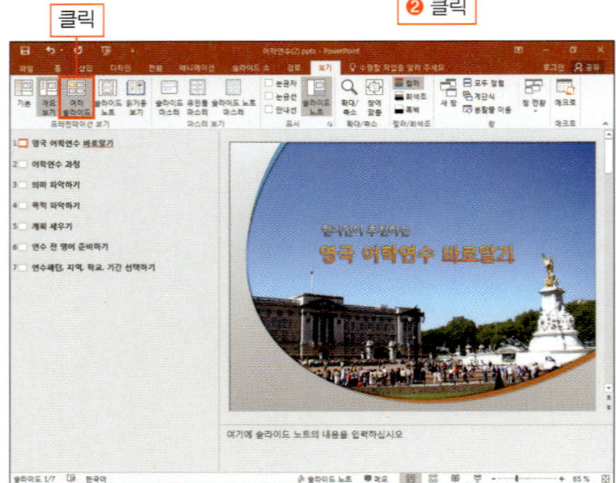

> **TIP**
>
> 파워포인트 2010에는 [개요 보기] 창과 [슬라이드 노트] 창이 기본적으로 표시되지만 파워포인트 2016에는 [개요 보기] 창과 [슬라이드 노트] 창이 기본적으로 표시되지 않습니다. [보기] 탭-[프레젠테이션 보기] 그룹에서 [개요 보기]를 클릭하여 [개요 보기] 창을 표시하거나 [표시] 그룹에서 [슬라이드 노트]를 클릭해 [슬라이드 노트] 창을 표시할 수 있습니다.

04_ 여러 장의 슬라이드가 미리 보기됩니다. 상태 표시줄의 [확대](+)를 여러 번 클릭해 미리 보기 화면을 확대해 봅니다.

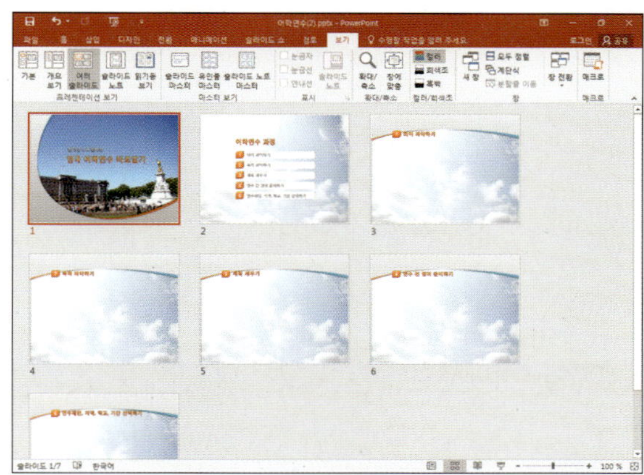 

> **TIP**
> [여러 슬라이드]는 여러 슬라이드가 존재하는 경우에 한 번에 모든 슬라이드를 보여주고자 할 때 사용하는 슬라이드 보기 방식으로, 전체적인 흐름이나 위치 변경, 슬라이드 쇼 설정 등을 할 때 주로 사용합니다.

> **TIP**
> 상태 표시줄의 [여러 슬라이드](⊞)를 클릭해도 여러 슬라이드 미리 보기 화면을 열 수 있습니다. 특히, 상태 표시줄의 [확대/축소](- ──┼── + 150 %)를 통해 여러 슬라이드 미리 보기 화면을 확대하거나 축소할 수 있습니다.

05_ 이번에는 [보기] 탭-[프레젠테이션] 그룹에서 [슬라이드 노트]를 클릭합니다. 슬라이드 노트는 슬라이드 노트를 통해 입력한 텍스트나 유인물 등을 통해 발표자 노트를 함께 보고 싶을 때 선택할 수 있습니다.

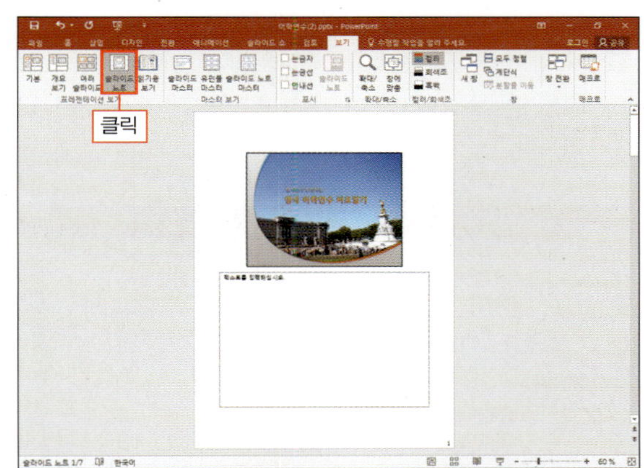

06_ 프레젠테이션을 진행하는 것이 아니라 내 컴퓨터에서 슬라이드를 간단히 확인하고 싶거나 슬라이드 쇼와 다른 슬라이드 편집 화면을 보면서 작업하고 싶을 때는 [읽기용 보기]를 선택합니다. 상태 표시줄의 [읽기용 보기](▤)를 클릭해도 [읽기용 보기] 창을 열 수 있습니다.

빠른 실행 도구 모음 추가하기

자주 사용하는 명령이나 단추를 제목 표시줄 왼쪽에 위치하고 있는 빠른 실행 도구 모음에 추가할 수 있습니다.

01 [빠른 실행 도구 모음 사용자 지정](⏷) 단추를 클릭하면 나타나는 메뉴에서 [기타 명령]을 선택합니다.

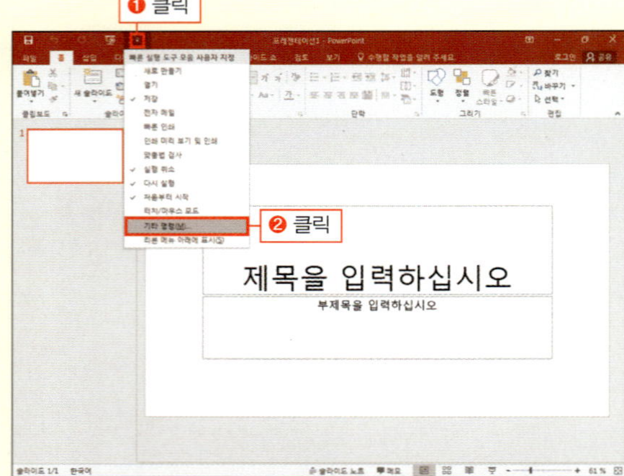

TIP

[파일] 탭–[옵션]을 클릭한 후 [빠른 실행 도구 모음]을 선택해도 됩니다.

02 [PowerPoint 옵션] 대화상자가 나타납니다. [명령 선택]–[모든 명령]을 선택하고 [빠른 실행 도구 모음]에 추가하고 싶은 명령을 선택한 후 [추가]를 클릭합니다. [빠른 실행 도구 모음 사용자 지정]에 명령을 추가한 후 [확인]을 클릭합니다.

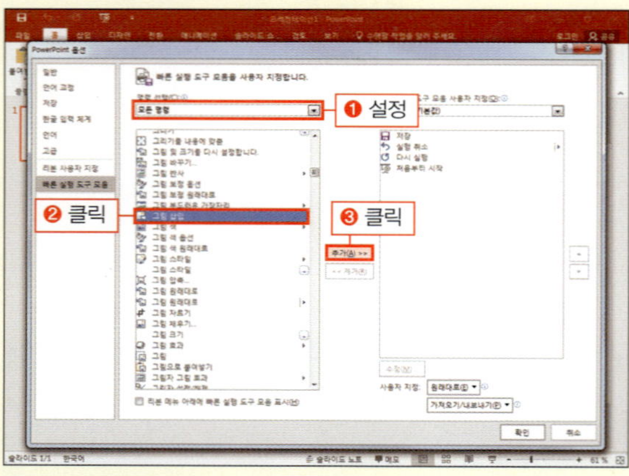

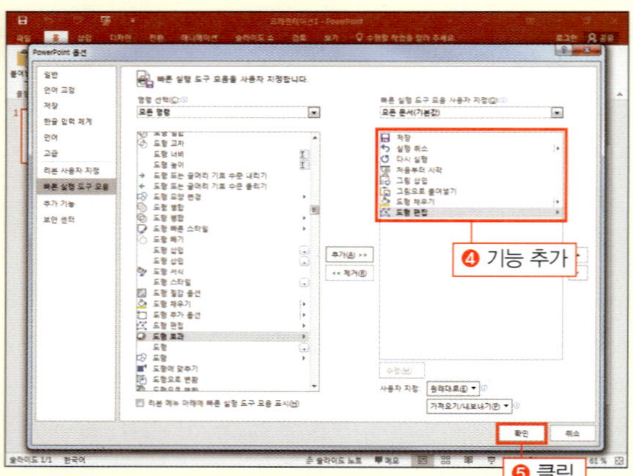

03 빠른 실행 도구 모음에 명령이 추가됩니다. 리본 메뉴에서도 바로 빠른 실행 도구 모음에 기능을 추가할 수 있습니다. 리본 메뉴에서 추가하고 싶은 기능을 선택하고 마우스 오른쪽 버튼을 클릭한 후 [빠른 실행 도구 모음에 추가]를 선택합니다.

> **TIP**
>
> 빠른 실행 도구 모음에 추가한 명령을 삭제하고 싶다면 삭제하고 싶은 단추를 마우스 오른쪽 버튼으로 클릭한 후 [빠른 실행 도구 모음에서 제거]를 선택하면 됩니다.

04 선택한 명령이 빠른 실행 도구 모음에 추가되는 것을 확인할 수 있습니다. 제목 표시줄의 [빠른 실행 도구 모음 사용자 지정]( ) 단추를 클릭한 후 [리본 메뉴 아래에 표시하기]를 선택합니다.

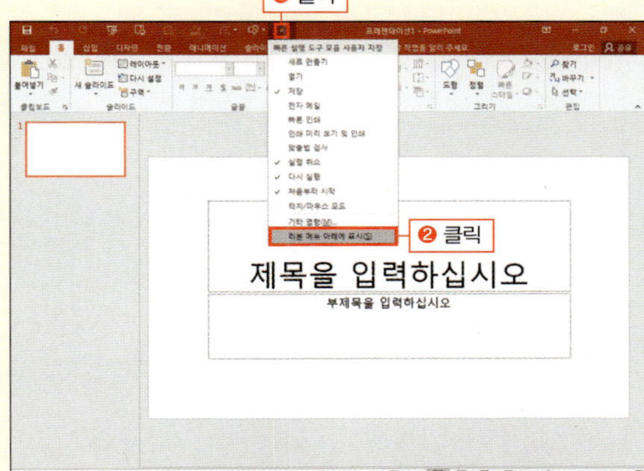

05 리본 메뉴 하단에 빠른 실행 도구 모음이 나타납니다. 다시 원래 자리로 되돌리고 싶다면 [빠른 실행 도구 모음 사용자 지정]( ) 단추를 클릭한 후 [리본 메뉴 위에 표시하기]를 선택합니다.

> **TIP**
>
> 빠른 실행 도구 모음을 처음으로 되돌리기 위해서는 [PowerPoint 옵션] 대화상자의 [빠른 실행 도구 모음]에서 [원래대로]–[빠른 실행 도구 모음만 다시 설정]을 선택합니다.

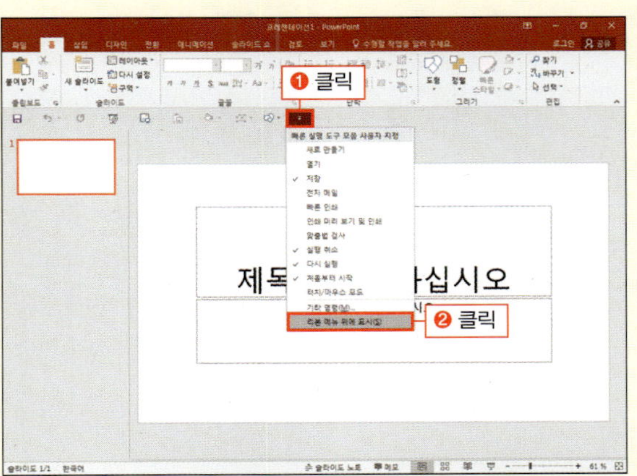

옵션을 통해 다양한 파워포인트 환경 설정하기

파워포인트는 사용자 이름을 비롯해 파일이 저장되는 폴더도 원하는 대로 변경할 수 있습니다. 여기서는 옵션을 통해 다양한 환경 설정을 알아보겠습니다.

기본 보기 방법 변경하기

파워포인트는 [기본] 보기로 슬라이드가 열리거나 마지막 저장할 때 설정한 보기로 슬라이드가 열립니다. 이를 원하는 보기 방법으로 변경할 수 있습니다. [파일] 탭을 클릭한 후 [옵션]을 선택합니다. [PowerPoint 옵션] 대화상자가 나타나면 [고급]에서 [이 보기를 사용하여 모든 문서 열기]의 화살표를 클릭하여 보기 방법을 변경합니다.

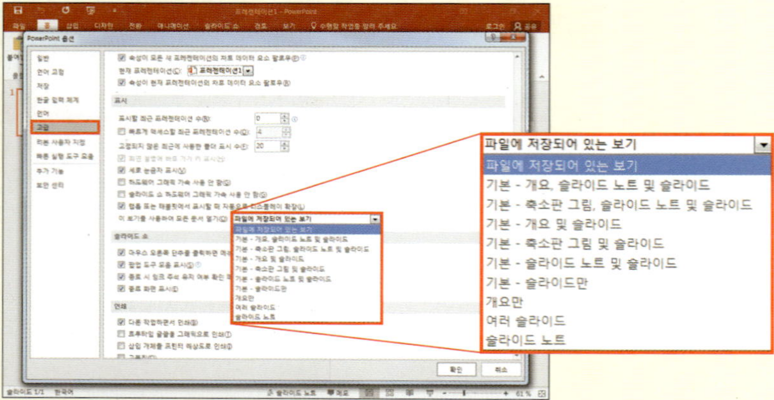

사용자 이름 변경하기

사용자 이름은 슬라이드를 저장할 때 만든 이가 누구인지 알 수 있는 중요한 요소입니다. [일반]에서 [사용자 이름]과 [이니셜]에 사용자 이름과 이니셜을 입력합니다.

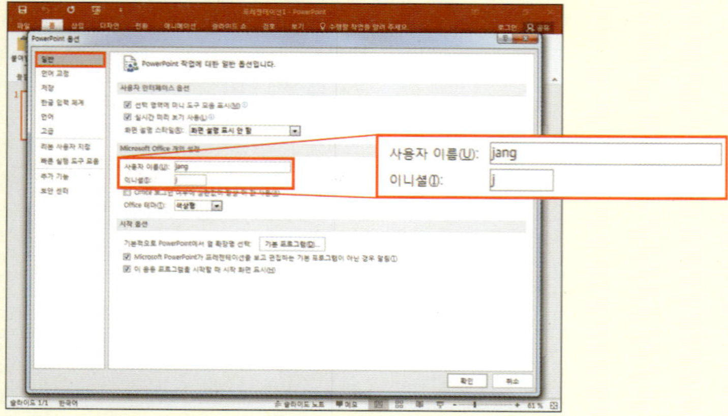

Office 테마 변경하기

파워포인트의 제목 표시줄과 리본 메뉴는 빨간색의 강렬한 인상을 주는 디자인으로 구성되어 있지만 어두운 회색이나 흰색으로 변경할 수 있습니다. [일반]에서 [Office 테마] 화살표를 클릭하여 원하는 테마를 선택합니다.

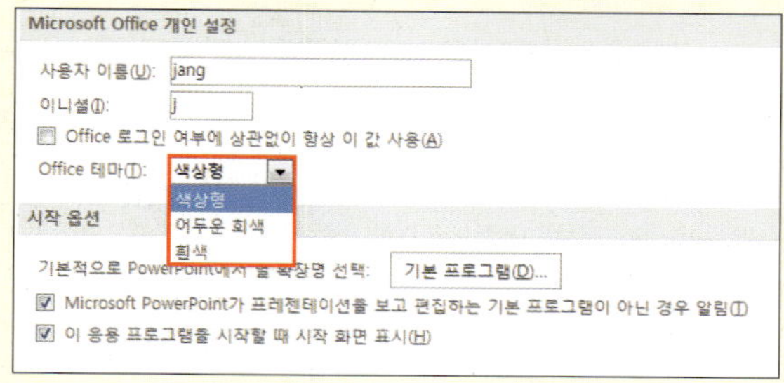

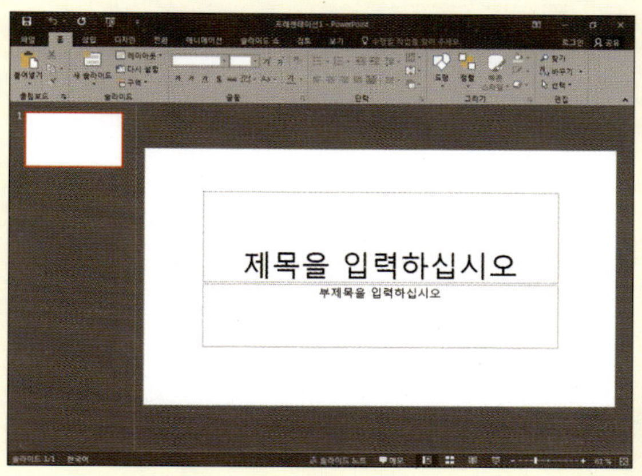

▲ 어두운 회색

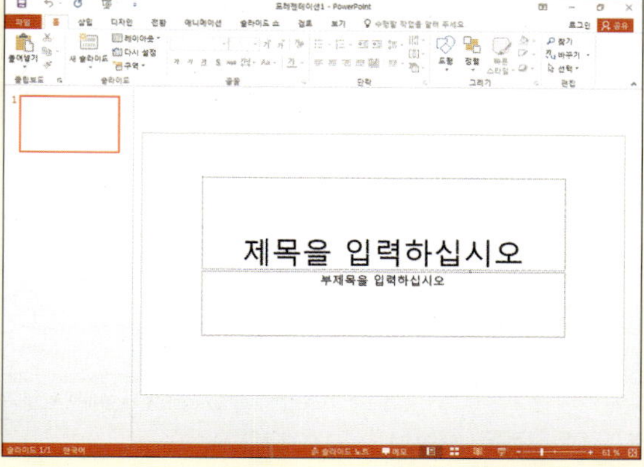

▲ 흰색

Office 배경 변경하기

파워포인트의 배경 이미지가 마음에 들지 않는다면 [Office 배경]을 통해 변경할 수 있습니다. [계정]에서 사용자 로그인 후 [Office 배경] 화살표를 클릭한 후 원하는 배경을 선택합니다. 여기서는 [회로도]를 선택하였습니다. 파워포인트의 오른쪽 상단에 배경 이미지가 삽입됩니다.

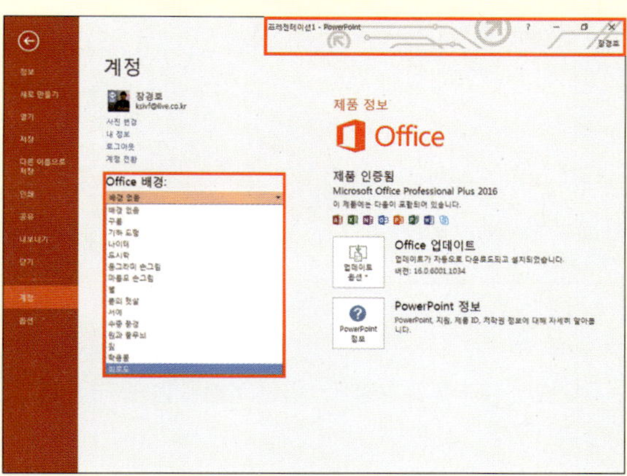

슬라이드 저장 위치 변경하기

파워포인트에 로그인되어 있다면 기본 저장 위치는 내 컴퓨터가 아닌 OneDrive입니다. 이를 내 컴퓨터의 [문서] 폴더 혹은 [Documents] 폴더로 기본 저장 위치를 변경하고 싶다면 [저장]에서 [기본적으로 컴퓨터에 저장]에 체크합니다. 기본 저장 위치를 원하는 폴더가 있다면 [기본 로컬 저장 위치]에 원하는 폴더를 지정합니다.

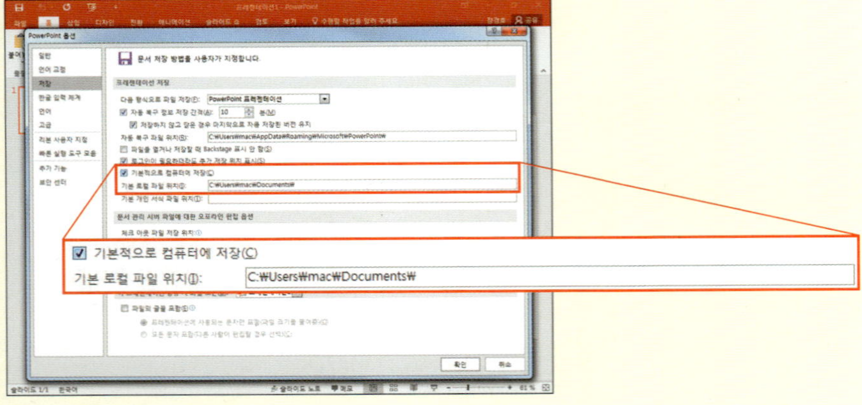

사용한 글꼴을 파일에 함께 저장하기

윈도우에서 제공하는 글꼴을 사용하지 않고 특정 글꼴을 사용했다면 상대방 컴퓨터에서는 글꼴이 제대로 표시되지 않을 수 있습니다. 이러한 경우 [저장]에서 [파일의 글꼴 포함]에 체크한 후 [프레젠테이션에 사용되는 문자만 포함]이나 [모든 문자 포함]을 선택하여 사용한 글꼴을 파일과 함께 저장할 수 있습니다.

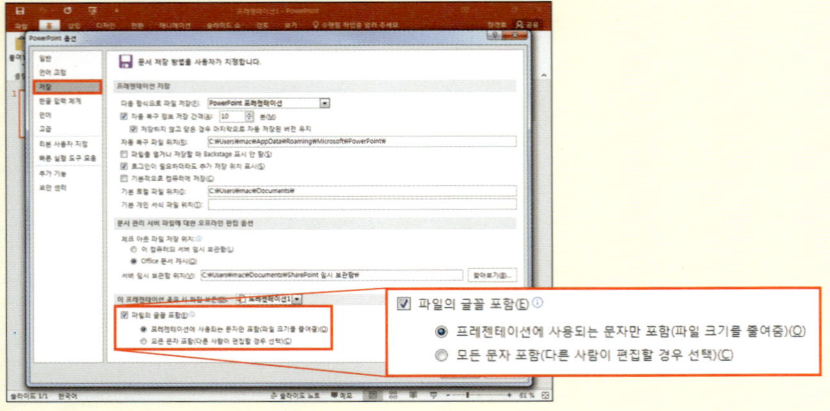

> **TIP**
>
> 사용한 글꼴을 파일에 함께 저장할 경우 파일의 용량이 커질 수 있다는 단점과 함께 상업적인 글꼴의 경우 함께 저장되지 않거나 저장되더라도 저작권 문제가 발생할 수 있으니 주의가 필요합니다.

체크해 봐요

1 파워포인트는 다른 오피스 프로그램보다 서식 파일이나 이미지 파일을 검색할 경우가 많습니다. 여기서는 달력과 관련된 서식 파일을 파워포인트 2016으로 가져와 봅니다.

◎ 준비파일 : 없음　　◎ 완성파일 : 없음

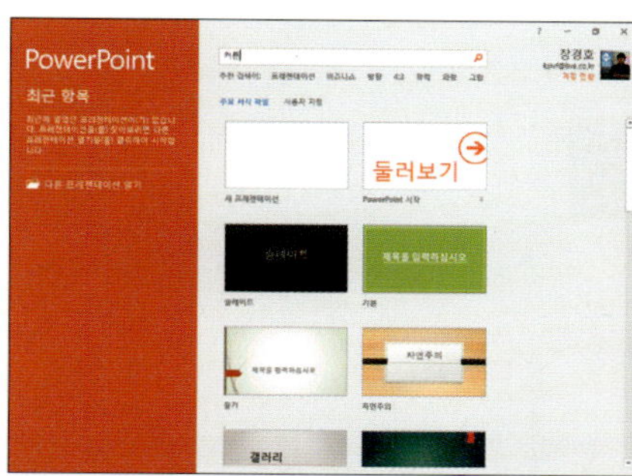
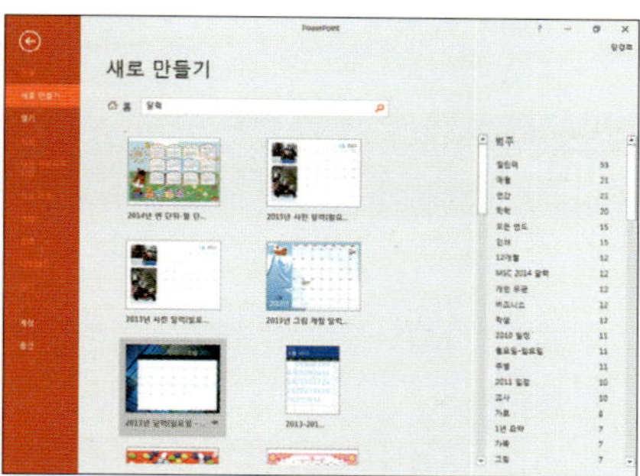

힌트

❶ 파워포인트 2016을 실행하고 [온라인 서식 파일 및 테마 검색]에 『달력』을 입력합니다.

---

2 [홈] 탭-[슬라이드] 그룹을 이용하여 슬라이드 레이아웃을 콘텐츠 2개 슬라이드 레이아웃으로 변경해 보세요.

◎ 준비파일 : Part02₩Chapter01₩Check₩회사소개서.pptx　　◎ 완성파일 : Part02₩Chapter01₩Check₩회사소개서_완성.pptx

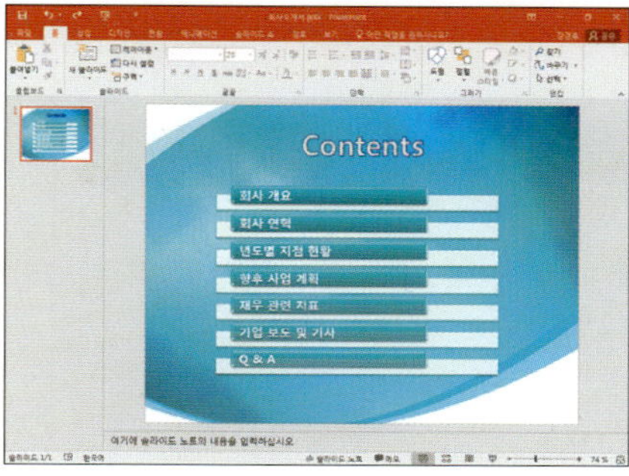
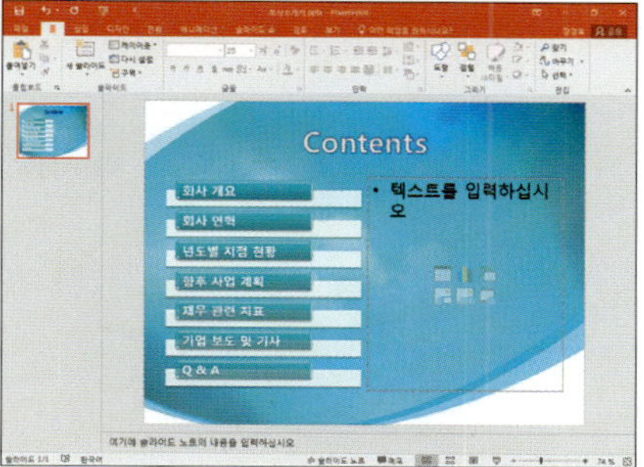

힌트

❶ [홈] 탭-[슬라이드] 그룹에서 [레이아웃]을 클릭합니다.
❷ [콘텐츠 2개] 레이아웃을 선택합니다.

내용 입력하고 편집하기

파워포인트는 오피스 2016이 제공하는 글꼴 이외에 다양한 글꼴을 사용할 수 있습니다. 또한, 글머리 기호를 비롯해 한자와 특수 문자를 입력할 수 있으며, 워드나 한글처럼 줄 간격이나 정렬 등 다양한 텍스트 기능도 사용할 수 있습니다.

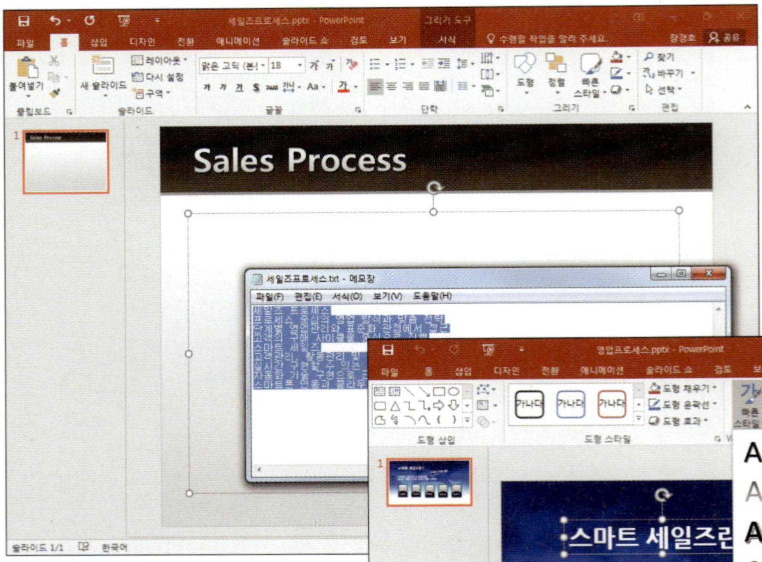

▲ 메모장의 텍스트를
슬라이드에 불러오기

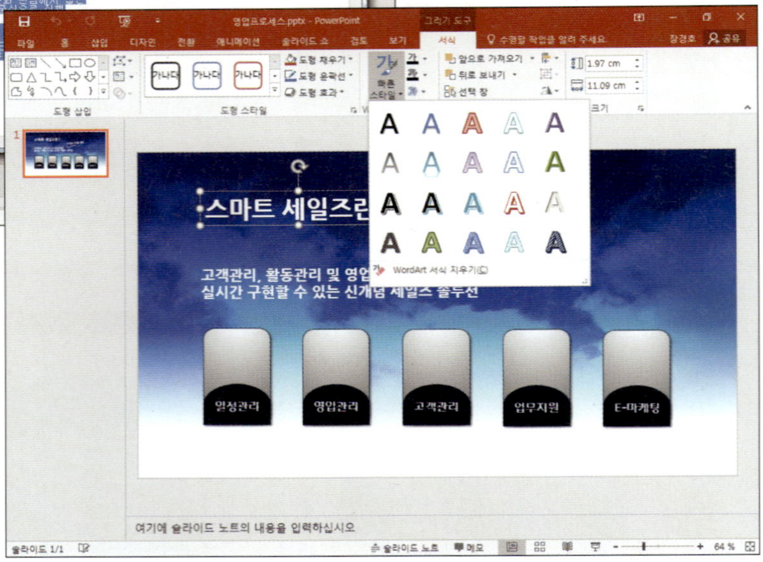

텍스트를 워드아트로 변환하기 ▶

이번 섹션에서 배울 주요 내용

- 네이버 나눔체, 다음체 설치하기
- 메모장의 텍스트를 슬라이드에 불러오기
- 가독성 좋은 서체로 바꾸기
- 텍스트 서식 복사하기
- 글머리 기호 삽입하고 크기 조절하기
- 줄 간격과 텍스트 간격 조절하기
- 들여쓰기 내어쓰기 수준 조절하기

- 한자와 특수 문자 입력하기
- 선택한 텍스트 번역하기
- 글머리 기호를 그림으로 삽입하기
- 글머리 번호 매기기
- 텍스트를 워드아트로 변환하기
- 텍스트와 워드아트에 적용된 서식 지우기
- **스페셜** 슬라이드에 입력한 서체 한번에 변경하기

네이버 나눔체, 다음체 설치하기

파워포인트 2016은 기본적으로 '맑은 고딕'이라는 글꼴이 기본 서체로 지정되어 있습니다. 맑은 고딕도 뛰어난 글꼴이지만 최근 많이 사용하는 '네이버 나눔체'나 혹은 '다음체' 등을 다운로드 받아 파워포인트의 기본 글꼴로 사용할 수 있습니다.

01_ 먼저 네이버 나눔체를 설치해 보겠습니다. 브라우저를 열어 'http://hangeul.naver.com'에 접속합니다. [나눔글꼴]-[나눔글꼴 모음]을 선택한 후 [나눔글꼴 모음 설치하기]-[TTF 나눔글꼴 모음 윈도우용]을 클릭합니다. [실행]을 클릭하여 서체를 설치합니다.

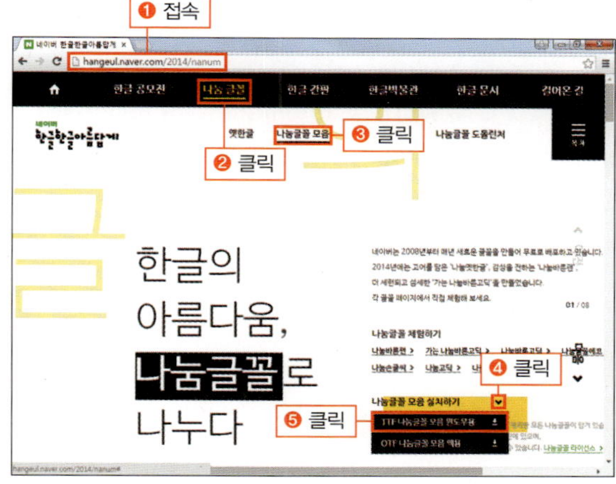

> **TIP**
>
> [OTF 나눔글꼴 모음 맥용]의 경우 매킨토시에서 사용할 수 있는 글꼴입니다.

02_ [나눔글꼴 설치] 설치 창이 나타나면 나눔글꼴을 설치합니다.

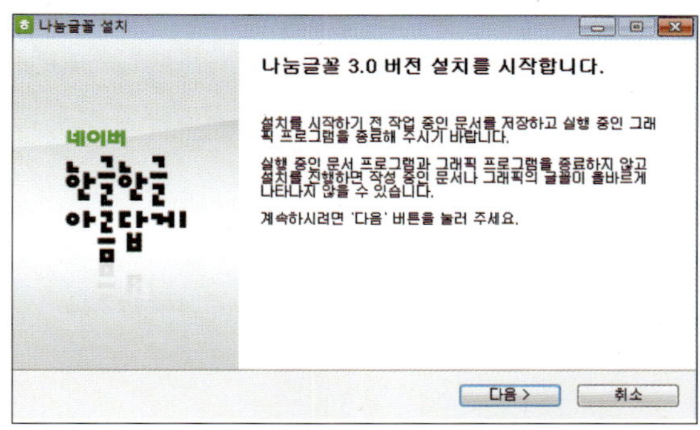

03_ 이번에는 다음카카오에서 제공하는 다음서체를 설치해 보겠습니다. 다음서체의 경우 네이버 검색 창에서 『다음체』를 검색하여 간편하게 다운로드 받을 수 있습니다. [다운로드]를 클릭합니다.

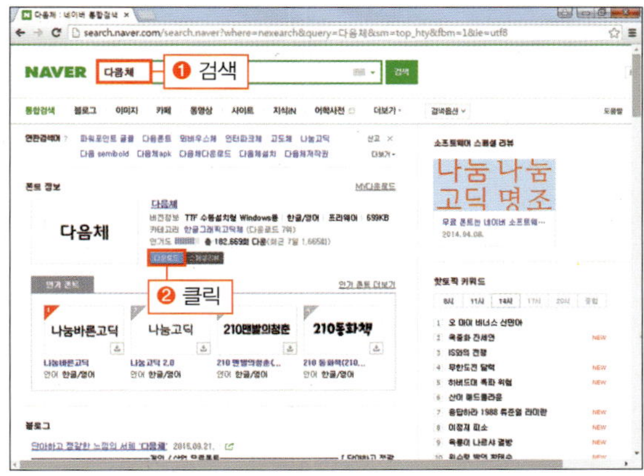

> **TIP**
>
> 다음서체는 네이버 나눔글꼴과 같이 설치 프로그램을 따로 제공하지 않습니다. 내 컴퓨터의 [Fonts] 폴더에 직접 설치해야 합니다.

04_ 네이버에서 제공하는 폰트 페이지가 열리면 [다운로 드]를 클릭합니다. 팝업 창이 나타나면 [다운로드]를 클릭 하여 폰트를 다운로드 받습니다.

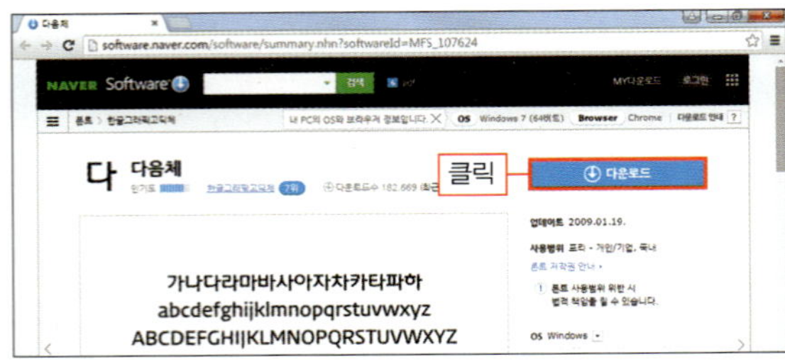

05_ 다운로드 받은 서체 파일을 선택해 압축을 푼 후 폴 더를 엽니다. 두 개의 서체 파일이 나타나면 모두 선택한 후 마우스 오른쪽 버튼을 클릭하고 [설치]를 선택합니다. 내 컴퓨터에 서체가 자동으로 설치됩니다.

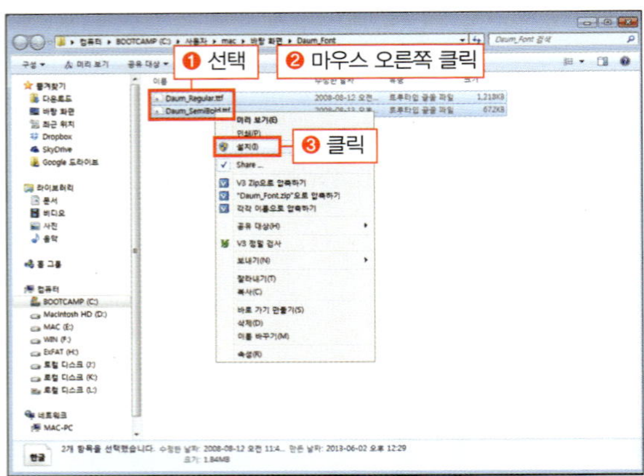

06_ 파워포인트 2016을 종료한 후 다시 실행합니다. [홈] 탭-[글꼴] 그룹의 [글꼴]에서 나눔체와 다음체가 제대로 설치되었는지 확인합니다.

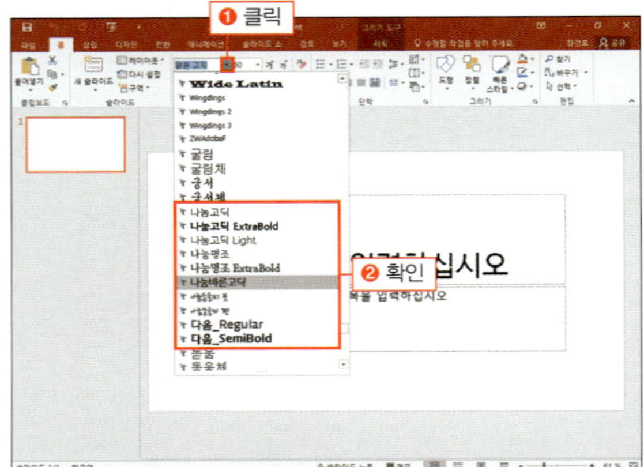

네이버 소프트웨어 사이트의 폰트 페이지

네이버 나눔글꼴이나 다음서체 이외에도 무료로 제공되는 서체는 생각보다 많습니다. 이런 서체를 인터넷에서 직접 찾아다니지 않더라도 네이버 소프트웨어 사이트의 [폰트] 페이지를 이용하면 한 번에 확인하고 설치할 수 있습니다.

메모장의 텍스트를 슬라이드에 불러오기

:: **준비파일** Part02\Chapter01\Section02\세일즈프로세스.txt, 세일즈프로세스.pptx | **완성파일** Part02\Chapter01\Section02\세일즈프로세스_완성.pptx

이제 본격적으로 슬라이드 작업을 진행해 보겠습니다. 파워포인트를 통해 텍스트를 바로 입력할 수 있지만, 여기서는 메모장에 입력된 텍스트를 슬라이드로 불러오겠습니다.

01_ '세일즈프로세스.pptx' 파일을 불러온 후 [홈] 탭-[그리기] 그룹에서 [도형]-[가로 텍스트 상자]를 클릭합니다.

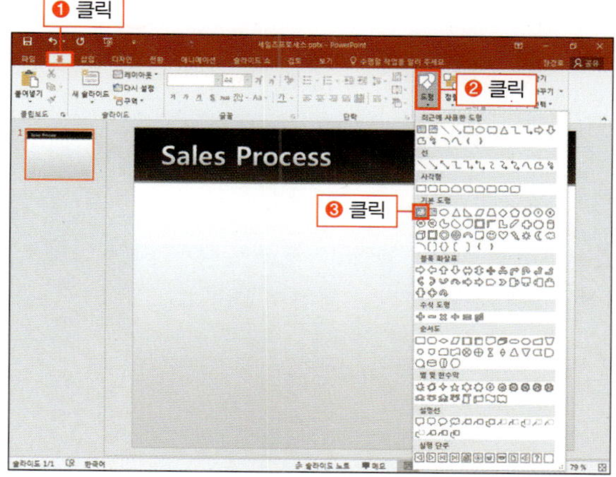

TIP

리본 메뉴는 사용자의 컴퓨터 해상도에 따라서 약간씩 다르게 표시될 수 있습니다. 기능상 차이는 전혀 없으니 위치를 잘 찾도록 합시다.

▲ 낮은 해상도   ▲ 높은 해상도

02_ 슬라이드 편집 창에서 마우스를 드래그하여 텍스트 상자를 삽입합니다.

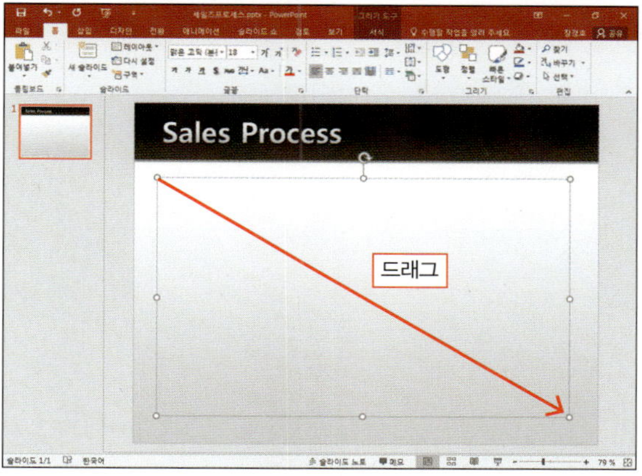

03_ '세일즈프로세스.txt' 파일을 열어 내용을 모두 드래 그하여 선택한 후 `Ctrl` + `C`를 눌러 모두 복사합니다.

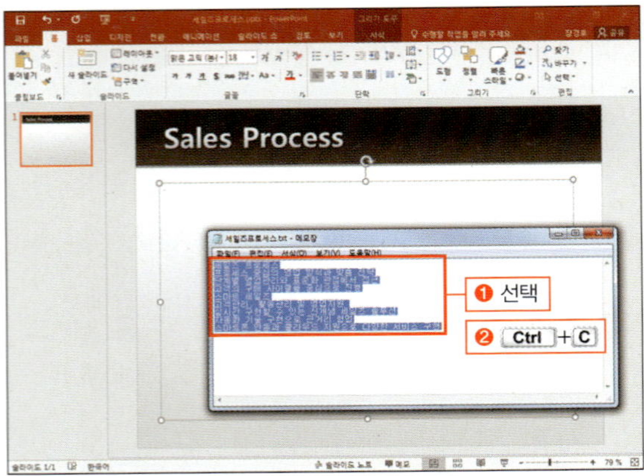

04_ 텍스트 상자를 클릭하여 텍스트 상자가 활성화되면 `Ctrl` + `V`를 눌러 텍스트를 붙여 넣습니다.

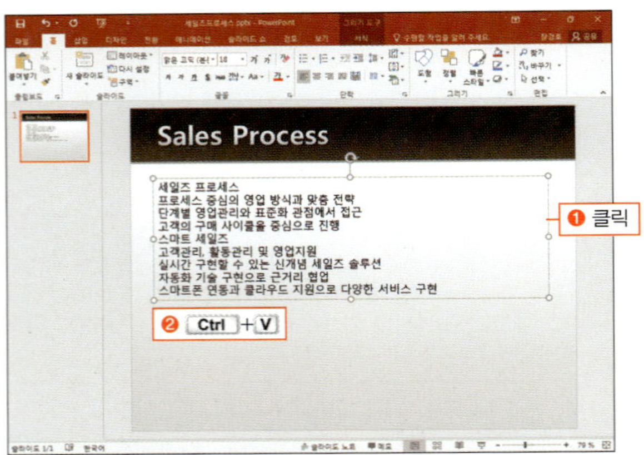

05_ 슬라이드에 텍스트를 붙여 넣으면 '스마트 세일즈' 단어 앞에 커서를 놓은 후 `Enter`를 눌러 단락 간격을 나누어줍니다.

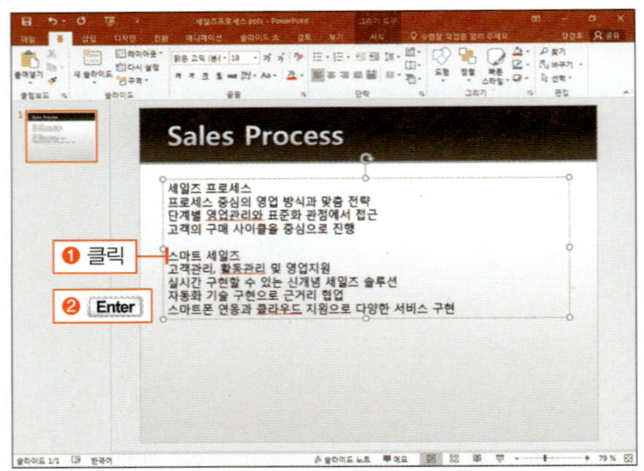

가독성 좋은 서체로 바꾸기

:: 준비파일 Part02₩Chapter01₩Section02₩세일즈프로세스(2).pptx | **완성파일** Part02₩Chapter01₩Section02₩세일즈프로세스(2)_완성.pptx

서체와 크기, 색상 변경만으로도 가독성 좋은 슬라이드를 완성할 수 있습니다.

01_ '세일즈 프로세스'를 드래그하여 선택하고 [홈] 탭-[글꼴] 그룹에서 [글꼴] 화살표를 클릭한 후 [HY견고딕], [글꼴 크기] 화살표를 클릭한 후 [30pt]를 선택합니다.

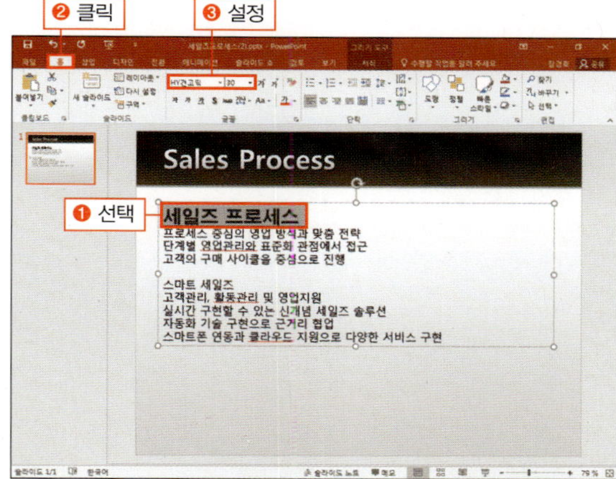

> **TIP**
> 37페이지에서 다룬 내용처럼 인터넷 서체를 설치했다면 '나눔체' 혹은 '다음체'를 선택해 서체를 변경할 수도 있습니다.

02_ [홈] 탭-[글꼴] 그룹에서 [글꼴 색] 화살표를 클릭한 후 [다른 색]을 선택합니다. [색] 대화상자가 나타나면 파란색 계열의 색상을 선택하고 [확인]을 클릭합니다.

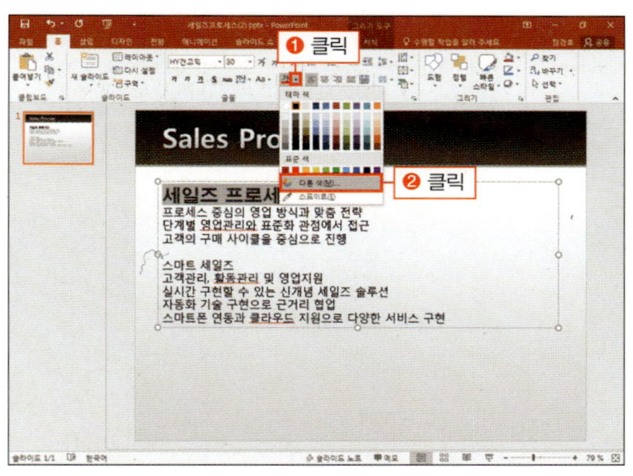

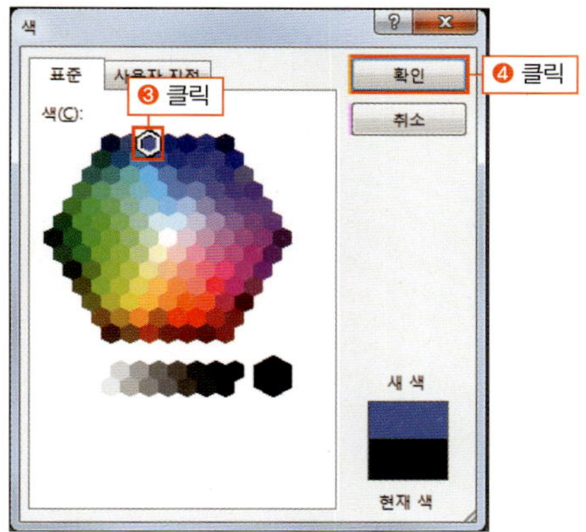

> **TIP**
> [글꼴 색] 화살표를 클릭하면 나타나는 '테마 색'과 '표준 색' 중에서도 색상을 선택할 수 있지만 [다른 색]을 통해 다양한 색상을 선택할 수도 있습니다.

텍스트 서식 복사하기

:: **준비파일** Part02₩Chapter01₩Section02₩세일즈프로세스(3).pptx | **완성파일** Part02₩Chapter01₩Section02₩세일즈프로세스(3)_완성.pptx

나머지 단락도 통일감을 주기 위해 동일한 서체와 크기, 색상으로 지정해야 합니다. 이럴 때에는 다시 지정할 필요 없이 '서식 복사'를 이용하면 손쉽게 동일하게 지정할 수 있습니다.

01_ '세일즈 프로세스'를 드래그하여 선택한 상태로 [홈] 탭-[클립보드] 그룹에서 [서식 복사]를 클릭합니다.

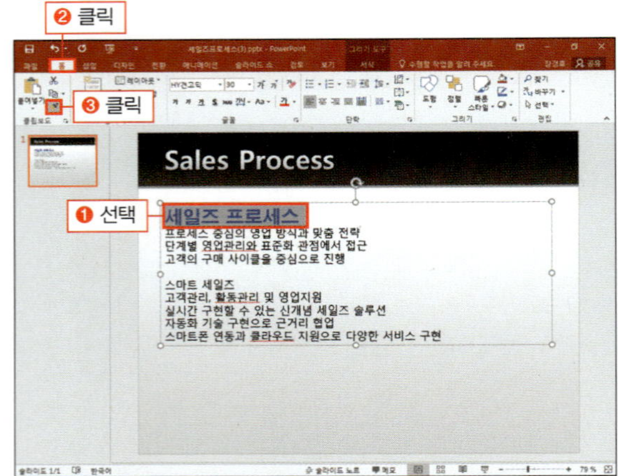

02_ 마우스 포인터가 서식 복사 아이콘(⊿I)으로 변경됩니다. '스마트세일즈'를 드래그하면 자동으로 서식이 복사됩니다.

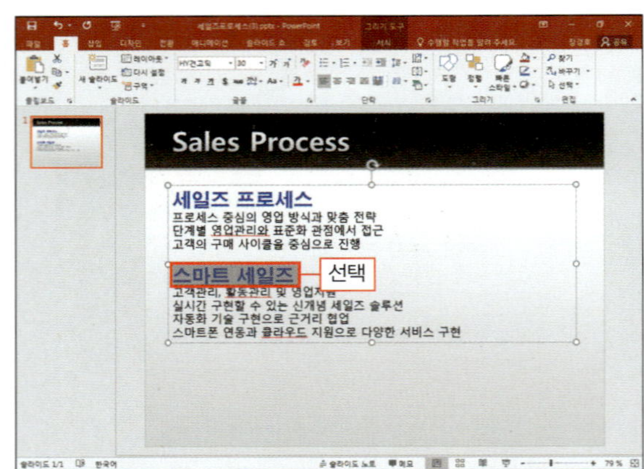

TIP

[홈] 탭-[클립보드] 그룹에서 [서식 복사]를 한 번 클릭하면 한 번만 서식이 복사됩니다. [서식 복사]를 연속으로 두 번 클릭하면 서식을 무한대로 복사할 수 있습니다.

글머리 기호 삽입하고 크기 조절하기

: : **준비파일** Part02₩Chapter01₩Section02₩세일즈프로세스(4).pptx | **완성파일** Part02₩Chapter01₩Section02₩세일즈프로세스(4)_완성.pptx

개체 틀에 텍스트를 입력하면 글머리 기호가 생성됩니다. 만일, 글머리 기호가 나타나지 않는다면 [홈] 탭-[단락] 그룹에서 글머리 기호를 생성할 수 있습니다.

01_ 텍스트 상자를 선택합니다. 글머리 기호를 지정하기 위해 [홈] 탭-[단락] 그룹에서 [글머리 기호]-[글머리 기호 및 번호 매기기]를 클릭합니다.

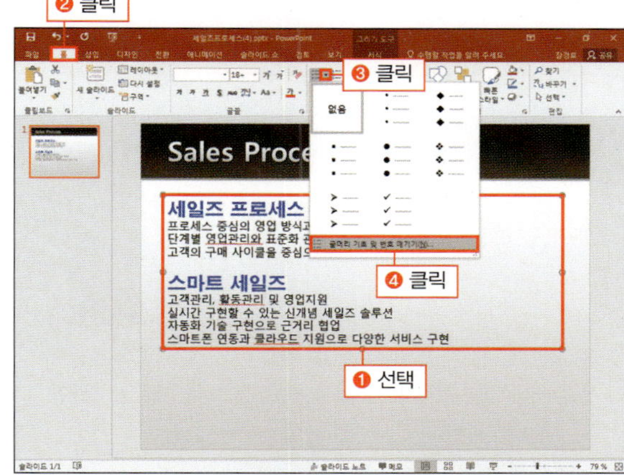

02_ [글머리 기호 및 번호 매기기] 대화상자가 나타나면 [글머리 기호] 탭에서 [속이 찬 큰 둥근 글머리 기호]를 선택하고 [텍스트 크기]를 '80%'로 설정한 후 [확인]을 클릭합니다. 텍스트 상자에 글머리 기호가 삽입됩니다.

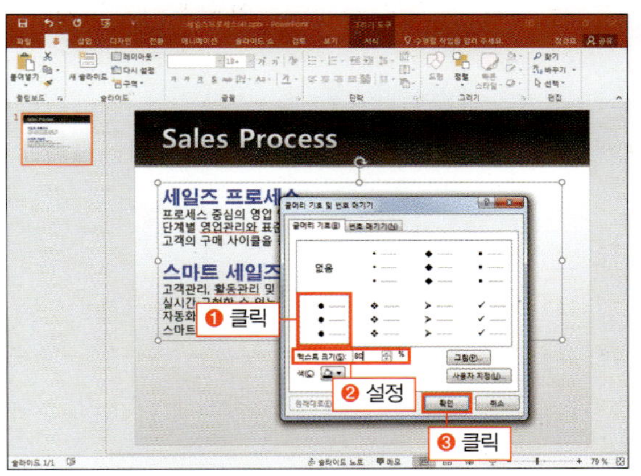

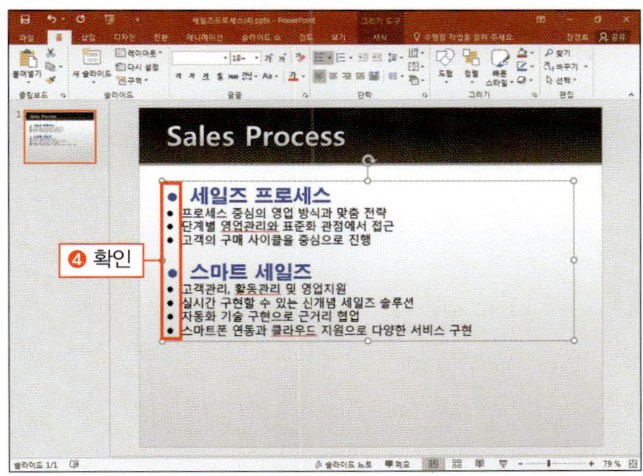

TIP

[텍스트 크기]에 수치를 입력하여 글머리 기호의 크기를 조정할 수 있습니다.

줄 간격과 텍스트 간격 조절하기

:: **준비파일** Part02₩Chapter01₩Section02₩세일즈프로세스(5).pptx | **완성파일** Part02₩Chapter01₩Section02₩세일즈프로세스(5)_완성.pptx

줄 간격을 통해 단락 사이의 간격을 조절할 수 있으며, 텍스트 간격을 통해 '매우 좁게, 좁게, 표준, 넓게, 매우 넓게' 중 하나를 선택하여 텍스트 간격을 조절할 수도 있습니다.

01_ 줄 간격을 조절하기 위해 텍스트 상자를 선택합니다. [홈] 탭-[단락] 그룹에서 [줄 간격]을 클릭한 후 목록에서 '1.5'를 선택합니다.

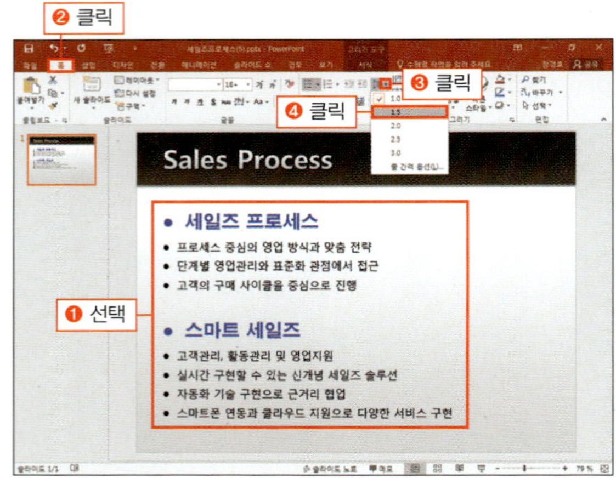

> **TIP**
>
> 줄 간격을 통해 문단의 줄 간격을 자유롭게 조절할 수 있습니다. [줄 간격 옵션]을 선택하면 보다 정밀한 조정이 가능합니다.

02_ 이번에는 텍스트의 간격을 조절하기 위해 [홈] 탭-[글꼴]-[문자 간격]-[좁게]를 선택합니다.

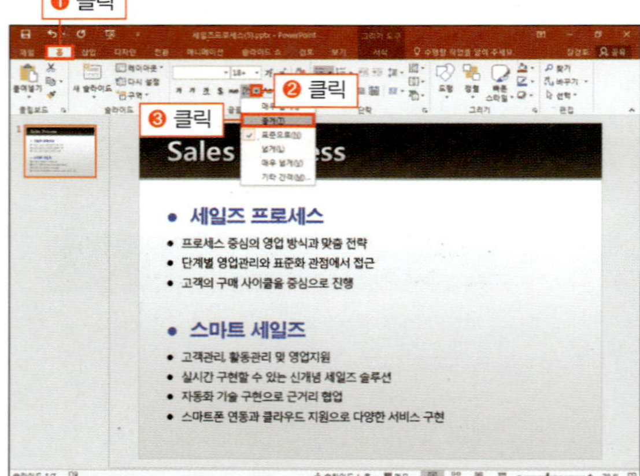

> **TIP**
>
> 줄 간격뿐만 아니라 텍스트 간격도 조절할 수 있습니다. 텍스트 간격은 '매우 좁게, 좁게, 표준으로, 넓게, 매우 넓게'로 선택할 수 있으며, [기타 간격]을 통해 정밀한 조정이 가능합니다.

들여쓰기 내어쓰기 수준 조절하기

:: **준비파일** Part02₩Chapter01₩Section02₩세일즈프로세스(6).pptx | **완성파일** Part02₩Chapter01₩Section02₩세일즈프로세스(6)_완성.pptx

'목록 수준을 줄인다'는 말은 내어쓰기를 통해 상위 항목과 동일한 등급으로 내용을 표시한다는 말이고 '목록 수준을 늘린다'는 말은 들여쓰기를 통해 상위 항목의 하위 등급으로 내용을 표시한다는 말입니다. 말이 어렵다면 아래 예제를 통해 이해하기 바랍니다.

01_ '프로세스 중심의'라고 적힌 텍스트 앞에 마우스 포인터를 위치시킨 후 [홈] 탭-[단락] 그룹에서 [목록 수준 늘림]을 클릭합니다.

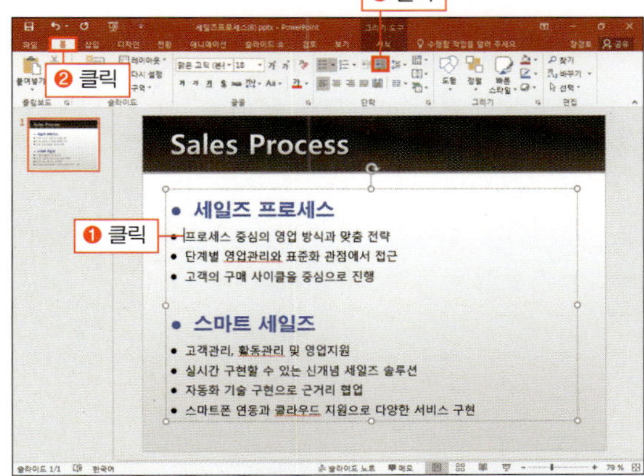

02_ 텍스트가 들여쓰기됩니다. Tab 을 눌러도 들여쓰기가 됩니다. Tab 을 누릅니다.

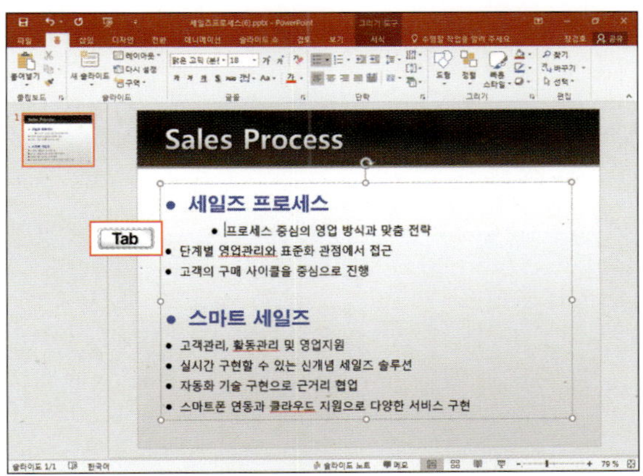

03_ 텍스트 들여쓰기가 한 단계 더 들여쓰기가 됩니다.

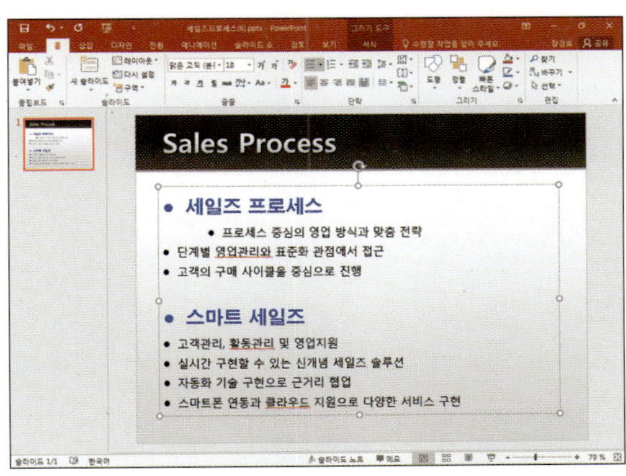

04_ [목록 수준 줄임]을 클릭하여 내어쓰기를 합니다.

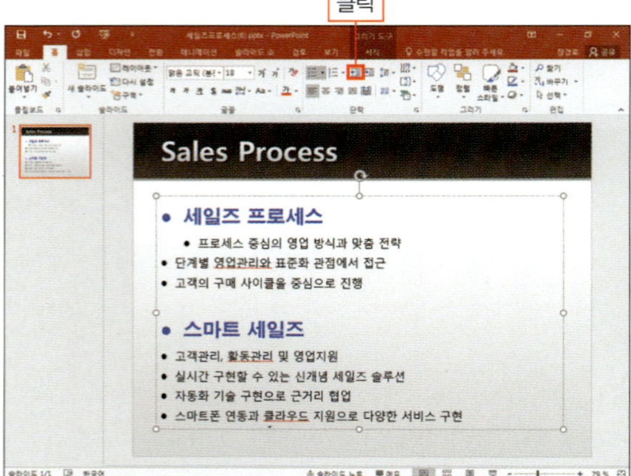

05_ 내어쓰기가 되면 나머지 단락에도 텍스트 앞에 마우스 포인터를 위치시킨 다음 [홈] 탭–[단락] 그룹에서 [목록 수준 늘림]을 클릭하여 문서를 완성합니다.

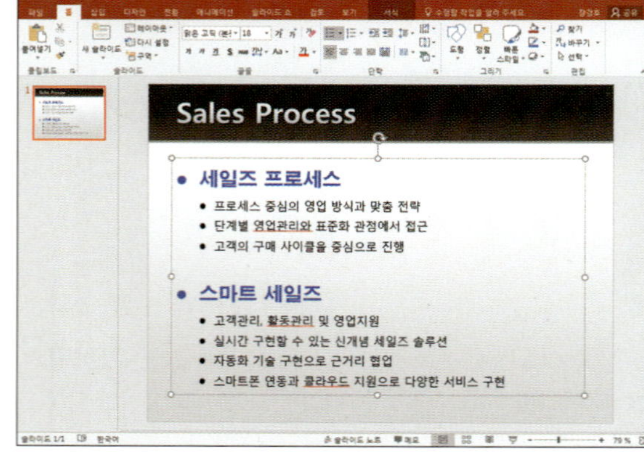

> **TIP**
>
> [홈] 탭–[단락] 그룹에 있는 [목록 수준 줄임]을 클릭하면 내어쓰기를 할 수 있습니다. 내어쓰기는 Shift + Tab 을 눌러도 됩니다.

:: 준비파일 Part02₩Chapter01₩Section02₩목차.pptx | **완성파일** Part02₩Chapter01₩Section02₩목차_완성.pptx

입력한 한글을 한자로 변환하거나 기호 기능을 통해 특수 문자를 삽입할 수 있습니다.

01_ '목차'라고 적혀있는 텍스트를 드래그하여 선택한 후 [검토] 탭-[언어] 그룹에서 [한글/한자 변환]을 클릭합니다. [한글/한자 변환] 대화상자가 나타나면 변환할 한자를 선택한 다음 [입력 형태]에서 [漢子]에 체크하고 [변환]을 클릭합니다.

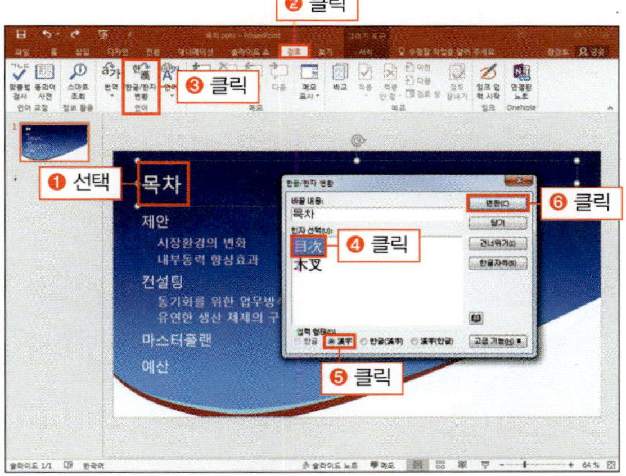

02_ '목차'라는 단어가 한자로 변환됩니다. 다시 [검토] 탭-[언어] 그룹에서 [한글/한자 변환]을 클릭합니다. 그리고 [한자 사전]을 클릭합니다. [한자 사전] 창이 나타나면 '목차'라는 단어의 한자 뜻과 음을 확인한 후 [확인]을 클릭합니다.

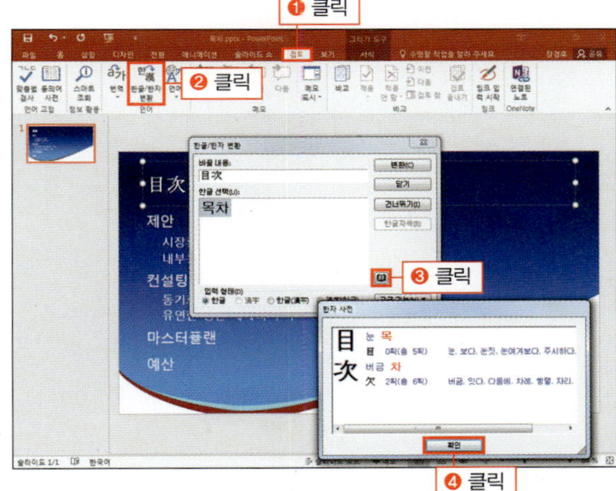

03_ [한글/한자 변환] 대화상자의 [입력 형태]에서 [한글(漢子)]을 체크한 다음 [변환]을 클릭합니다.

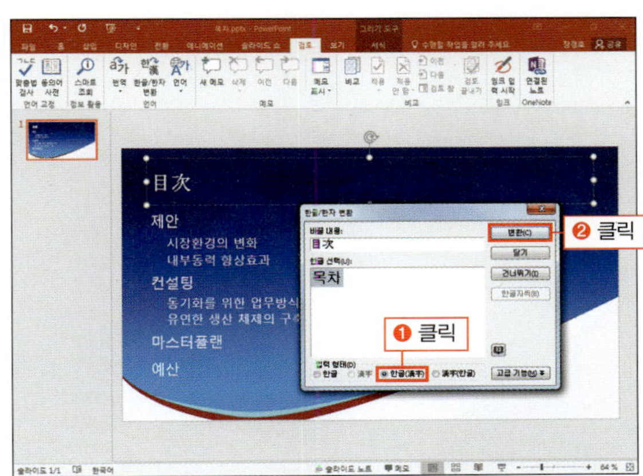

04_ 이번에는 '업무방식'이라고 적힌 텍스트 앞에 커서를 위치시킨 후 [삽입] 탭-[기호] 그룹에서 [기호]를 클릭합니다.

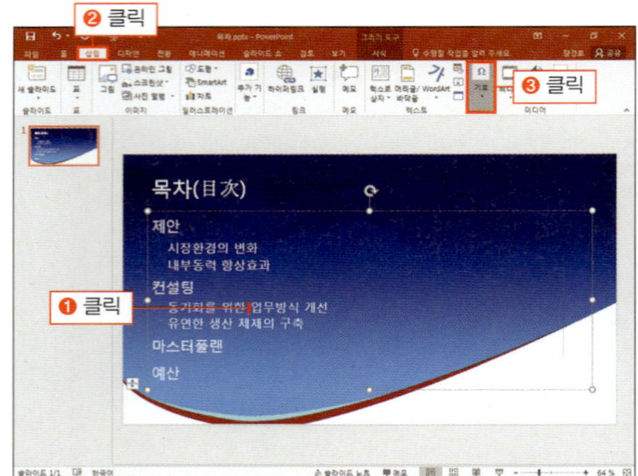

05_ [기호] 대화상자가 나타나면 [글꼴]은 '(현재 글꼴)', [하위 집합]은 '기타 기호'로 설정한 후 '★'을 선택하고 [삽입]/[닫기]를 차례대로 클릭합니다.

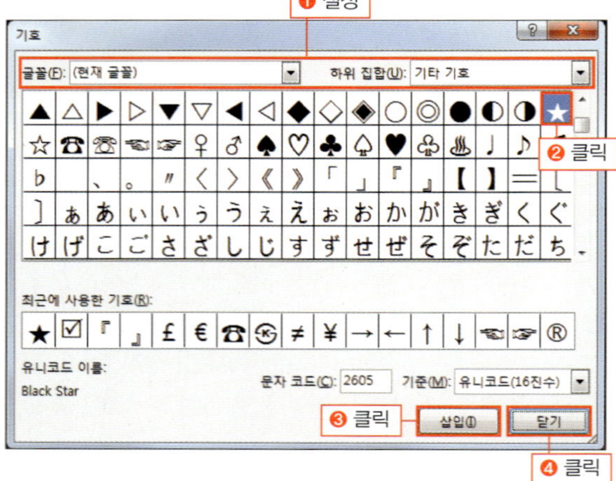

06_ 슬라이드에 '★' 기호가 삽입됩니다.

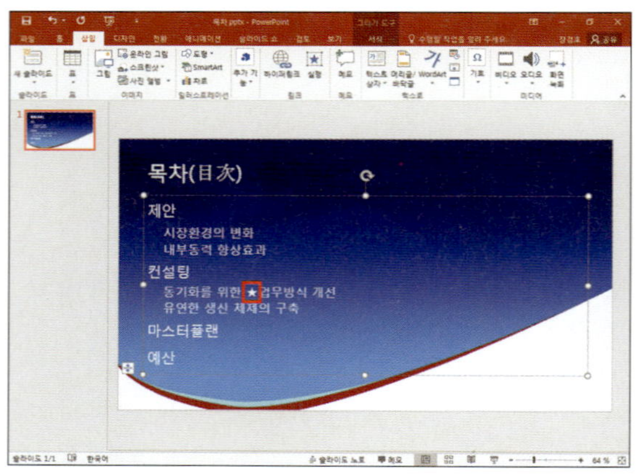

선택한 텍스트 번역하기

:: **준비파일** Part02₩Chapter01₩Section02₩목차(2).pptx | **완성파일** Part02₩Chapter01₩Section02₩목차(2)_완성.pptx

앞선 예제에서 한글을 한자로 변환하는 방법에 대해서 살펴보았습니다. 이번에는 선택한 한글을 영어나 일본어 등 다른 언어로 번역하는 방법에 대해서 알아보겠습니다.

01_ '제안'이라는 텍스트를 드래그하여 선택한 후 [검토] 탭-[언어] 그룹에서 [번역]-[선택한 텍스트 번역]을 클릭합니다.

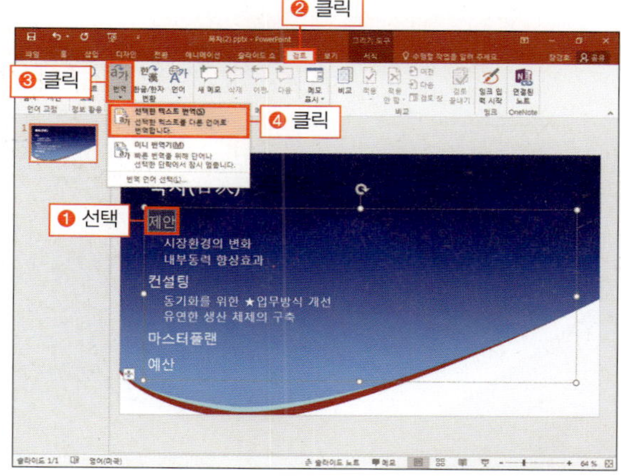

02_ [선택한 텍스트 번역] 창이 나타나면 [예]를 클릭합니다.

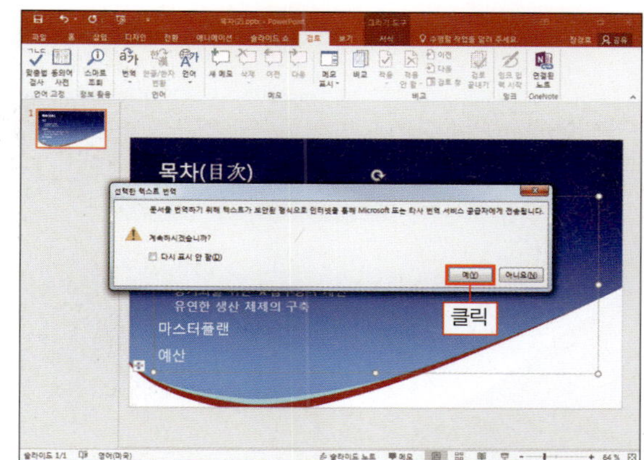

03_ [리서치] 옵션 창이 나타나면 [번역 전 언어]에서 '한국어'를 선택합니다. [번역 후 언어]는 '영어(미국)'으로 설정한 후 [검색을 시작합니다]를 클릭합니다.

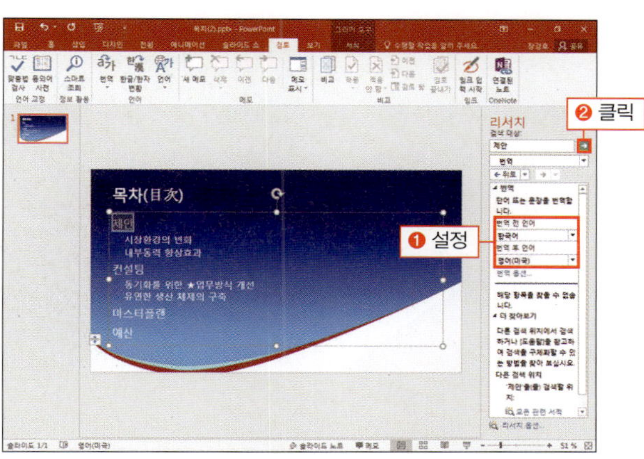

TIP

번역은 영어뿐만 아니라 일본어, 중국어, 이란어, 포르투칼어 등 다양한 언어로 번역할 수 있습니다. 번역을 위해서는 인터넷이 연결되어 있어야 하며, Microsoft 또는 번역 서비스 제공자에게 번역할 내용이 제공됩니다.

04_ 번역한 단어가 나타나면 드래그하여 복사한 후 슬라이드 편집 창에 붙여 넣거나, 원하는 형식으로 활용할 수 있습니다. 여기서는 **Ctrl**＋**C**를 눌러 단어를 복사한 후 '제안' 단어 뒤에 **Ctrl**＋**V**를 눌러 붙여 넣습니다.

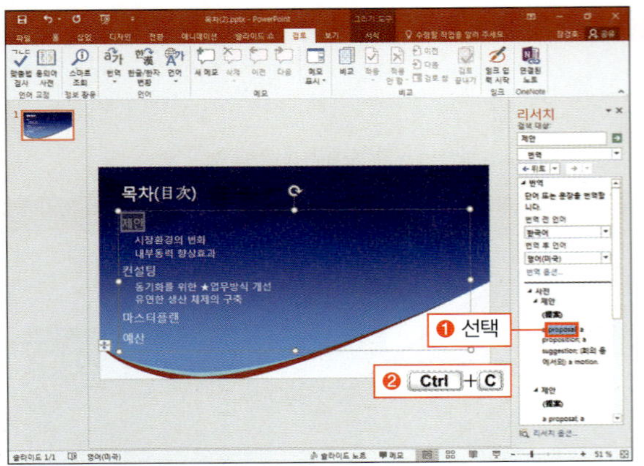
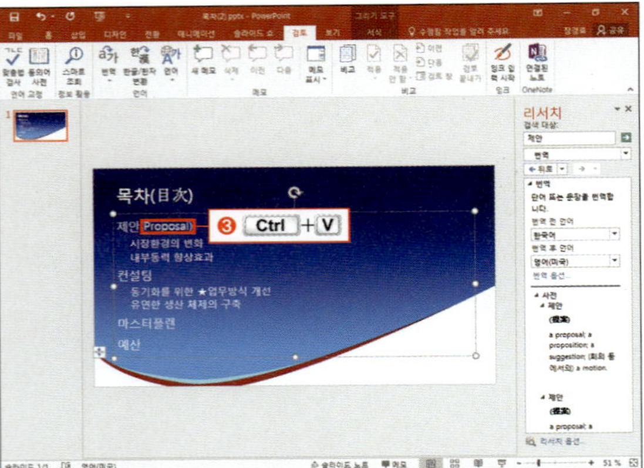

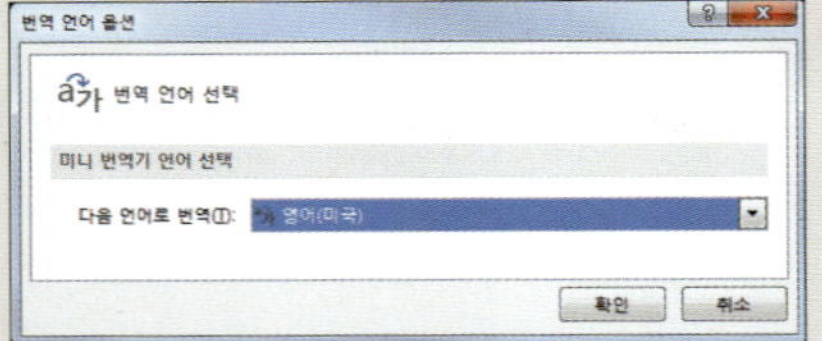

꼭!! 알고가기 — 미니 번역기

텍스트 번역 이외에도 슬라이드 편집 창에 미니 번역기를 표시할 수 있습니다. [검토] 탭–[언어] 그룹에서 [번역]–[미니 번역기]를 클릭한 후 번역할 언어를 지정하면 선택한 단어에 해당하는 번역 단어가 화면에 나타납니다.

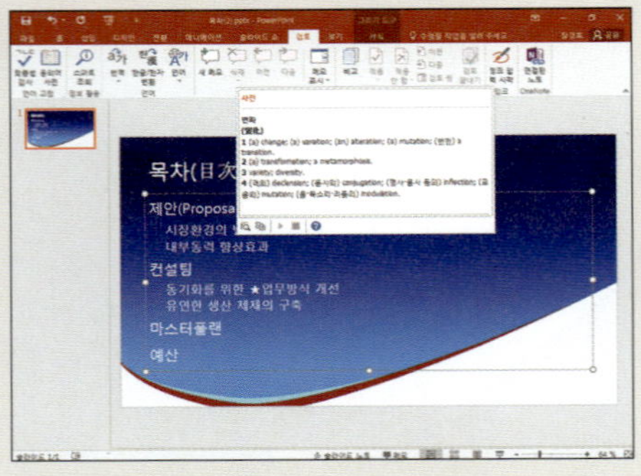

글머리 기호를 그림으로 삽입하기

:: **준비파일** Part02₩Chapter01₩Section02₩목차(3).pptx, icon_ 01.png | **완성파일** Part02₩Chapter01₩Section02₩목차(3)_완성.pptx

삽입한 글머리 기호는 그림으로 변경할 수 있으며 변경한 글머리 기호의 그림을 원하는 크기로 조정할 수도 있습니다.

01_ 텍스트 개체 틀을 선택한 후 [홈] 탭-[단락] 그룹에서 [글머리 기호]-[글머리 기호 및 번호 매기기]를 클릭합니다. [글머리 기호 및 번호 매기기] 대화상자가 나타나면 [그림]을 클릭합니다.

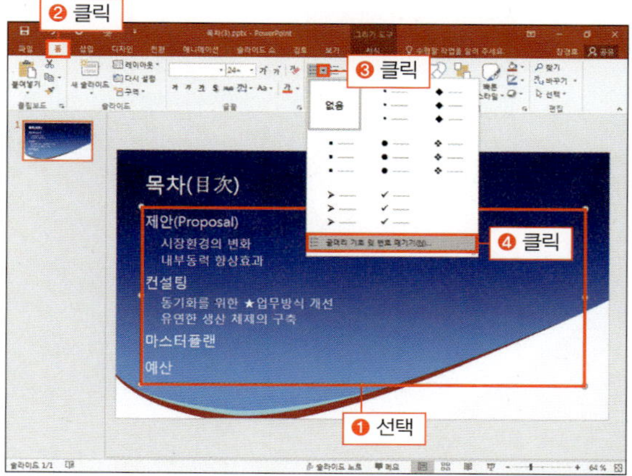
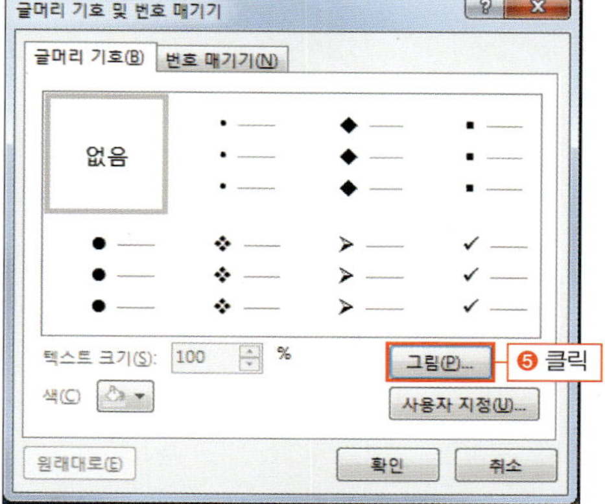

02_ [그림 삽입] 창에서 [파일에서]-[찾아보기]를 클릭합니다. [그림 삽입] 대화상자가 나타나면 'icon_03.png' 파일을 선택한 후 [삽입]을 클릭합니다.

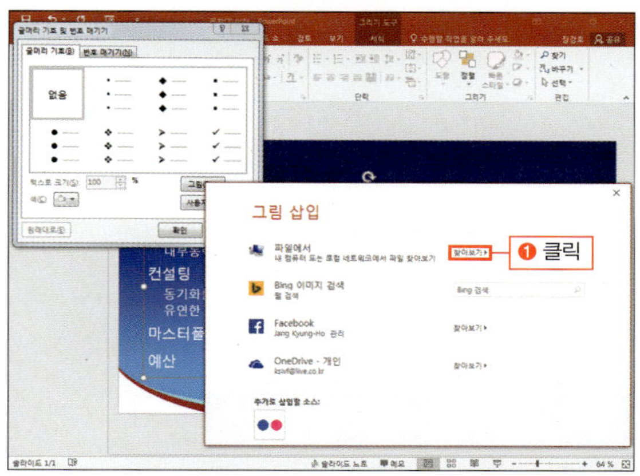
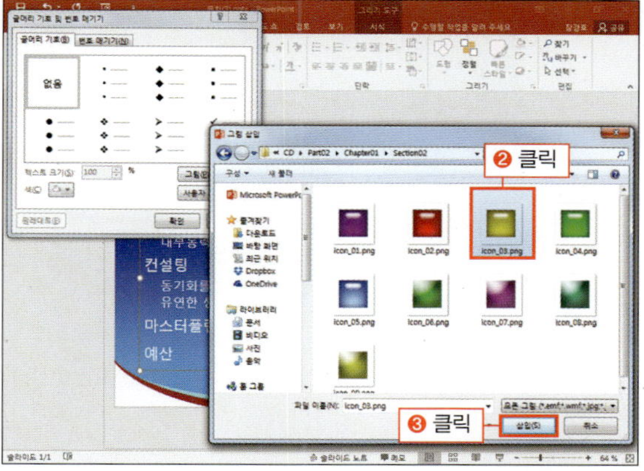

TIP

[그림 삽입] 창에 Facebook, OneDrive를 비롯해 다양한 검색 도구를 연결할 수 있습니다. Facebook 등을 연결하는 방법은 99페이지에서 설명합니다.

글머리 번호 매기기

::**준비파일** Part02₩Chapter01₩Section02₩목차(4).pptx | **완성파일** Part02₩Chapter01₩Section02₩목차(4)_완성.pptx

텍스트에 삽입한 글머리 기호를 아라비아 숫자나 영어 알파벳순의 글머리 번호로 변경할 수 있습니다.

01_ 내용 개체 틀을 선택한 상태로 [홈] 탭-[단락] 그룹에서 [번호 매기기]-[글머리 기호 및 번호 매기기]를 클릭합니다.

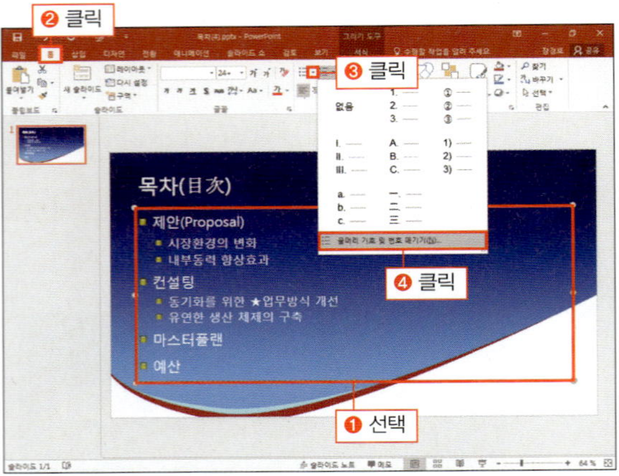

02_ 원하는 글머리 번호를 선택하고 [텍스트 크기]와 [색]에 원하는 크기와 색상을 지정합니다. 여기서는 [텍스트 크기]에 『110』, [색]은 '노랑'을 선택한 후 [확인]을 클릭합니다.

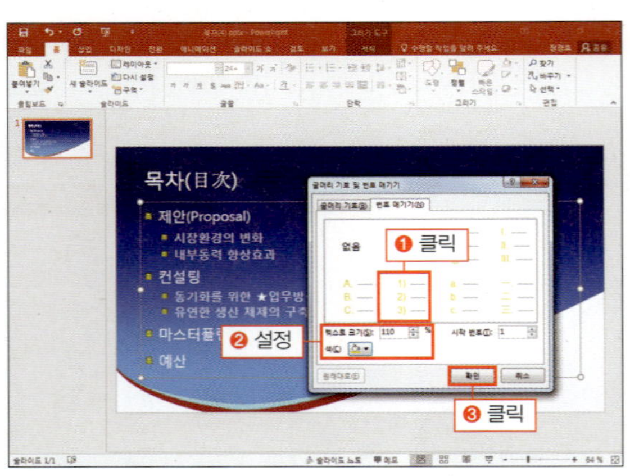

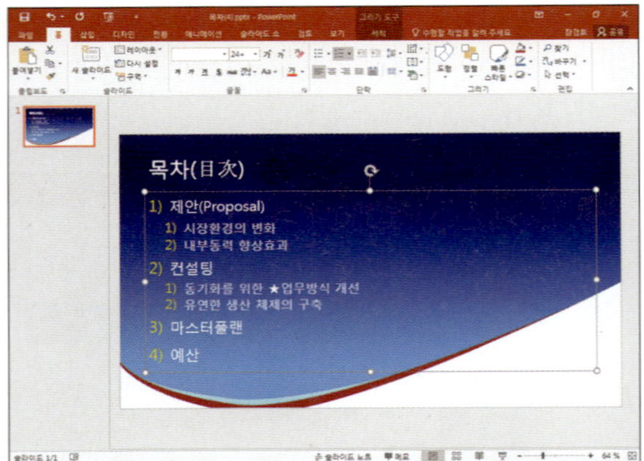

TIP

글머리 번호는 '1'부터 번호가 시작되지만 [시작 번호]에 원하는 번호를 입력하면 시작 번호를 변경할 수 있습니다.

텍스트를 워드아트로 변환하기

:: **준비파일** Part02₩Chapter01₩Section02₩영업프로세스.pptx | **완성파일** Part02₩Chapter01₩Section02₩영업프로세스_완성.pptx

텍스트를 워드아트 변환하여 3차원 효과의 서식이 포함된 텍스트로 만들 수 있습니다.

01_ '스마트 세일즈란?'이라고 적힌 텍스트 개체 틀을 선택하고 [그리기 도구]–[서식] 탭–[WordArt 스타일] 그룹에서 [빠른 스타일]을 선택한 후 원하는 스타일을 선택합니다.

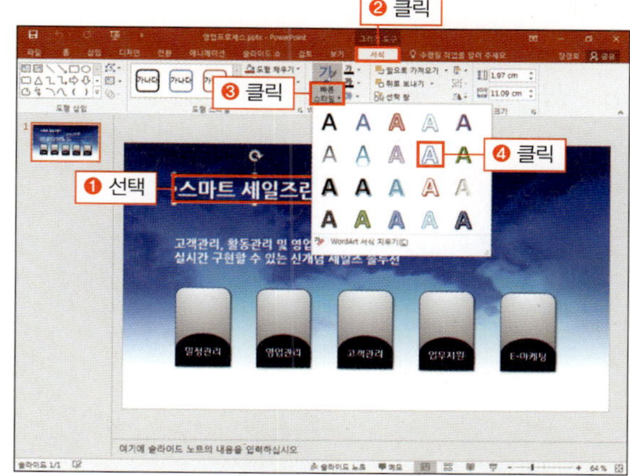

02_ 보다 화려한 효과를 원한다면 [그리기 도구]–[서식] 탭–[WordArt 스타일] 그룹에서 [텍스트 효과]–[반사]를 클릭한 후 원하는 반사 스타일을 선택합니다.

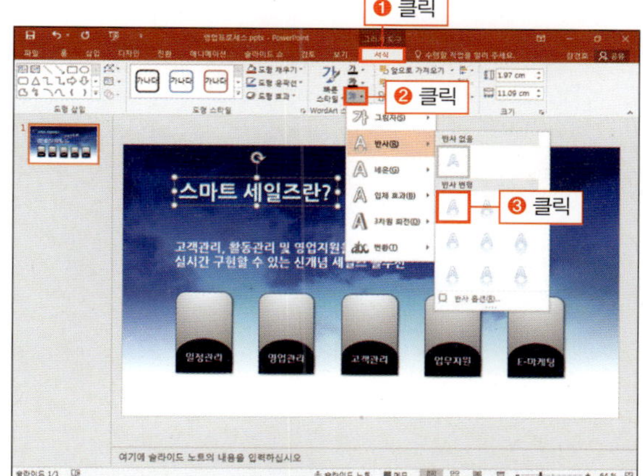

03_ 반사 효과가 지정되면 텍스트를 변형하기 위해 [그리기 도구]–[서식] 탭–[WordArt 스타일] 그룹의 [텍스트 효과]–[변환]에서 원하는 효과를 선택합니다. 여기서는 [휘기]–[삼각형]을 선택합니다.

> **TIP**
>
> 워드아트의 경우 변환 효과를 통해 다양한 형식으로 모양을 변경할 수 있습니다.

> **TIP**
>
> 노란색의 변환 조절 핸들을 위쪽으로 드래그하여 워드아트 변환을 완성합니다.

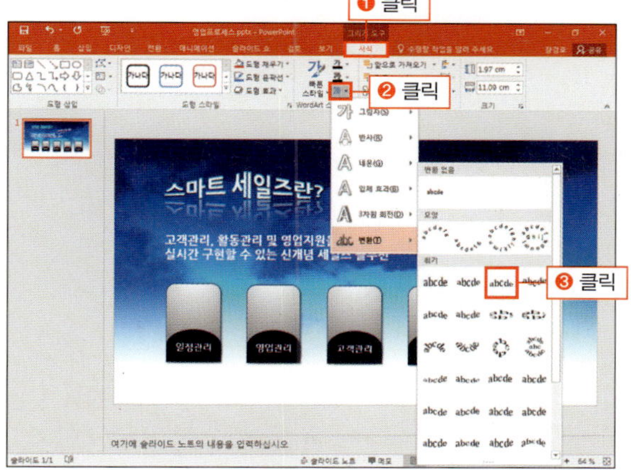

텍스트와 워드아트에 적용한 서식 지우기

:: **준비파일** Part02₩Chapter01₩Section02₩영업프로세스(2).pptx | **완성파일** Part02₩Chapter01₩Section02₩영업프로세스(2)_완성.pptx

텍스트와 워드아트에는 다양한 서식을 적용할 수 있습니다. 적용한 서식은 한 번에 삭제할 수도 있습니다.

01_ 워드아트에 적용된 다양한 서식을 처음으로 되돌리고 싶을 경우에는 [WordArt 스타일] 그룹에서 [빠른 스타일]-[WordArt 서식 지우기]를 클릭합니다.

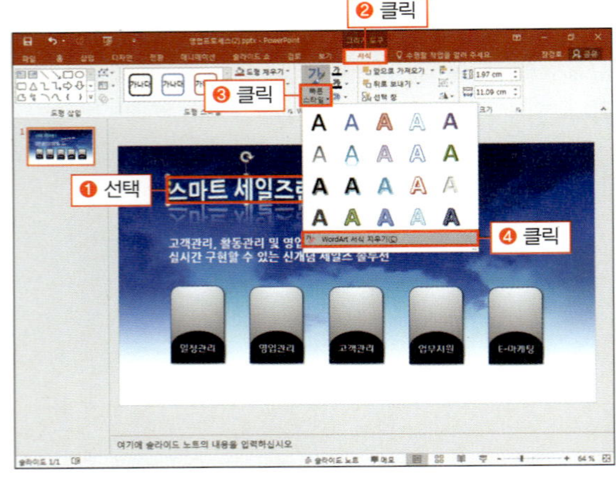

02_ 텍스트에 지정한 색상을 비롯해 크기 등 텍스트 관련 서식을 모두 지우고 싶다면 [홈] 탭-[글꼴] 그룹에서 [모든 서식 지우기]를 클릭합니다.

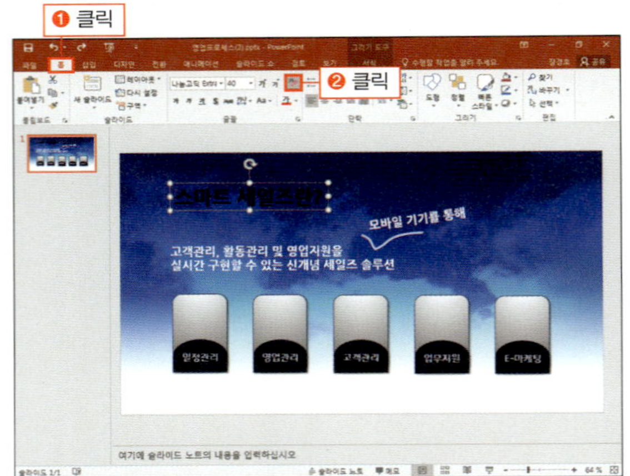

03_ 텍스트에 지정된 모든 서식이 삭제됩니다.

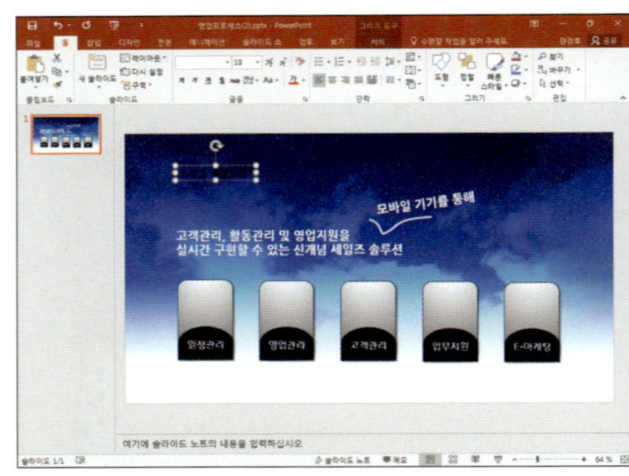

> **TIP**
>
> 단축키인 Ctrl + Space Bar 를 눌러도 모든 서식을 지울 수 있습니다.

슬라이드에 입력한 서체를 한 번에 변경하기

전체 슬라이드에 삽입한 글꼴이 마음에 들지 않을 때 일일이 수정하지 않더라도 글꼴을 한 번에 변경할 수 있습니다.

Part02₩Chapter01₩Section02₩장학생.pptx   Part02₩Chapter01₩Section02₩장학생_완성.pptx

01 현재 슬라이드는 '돋움'이라는 기본 서체로 작성되어 있습니다. 이를 '나눔체'로 변경해 보겠습니다. [홈] 탭-[편집] 그룹에서 [바꾸기]-[글꼴 바꾸기]를 클릭합니다.

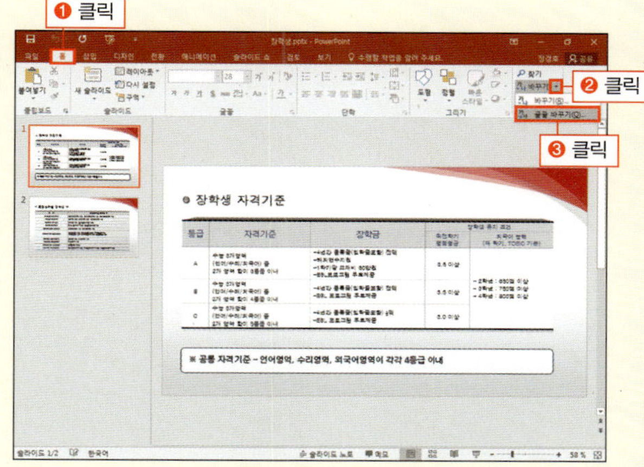

02 [글꼴 바꾸기] 대화상자가 나타나면 [현재 글꼴]에서 '돋움'을 선택합니다.

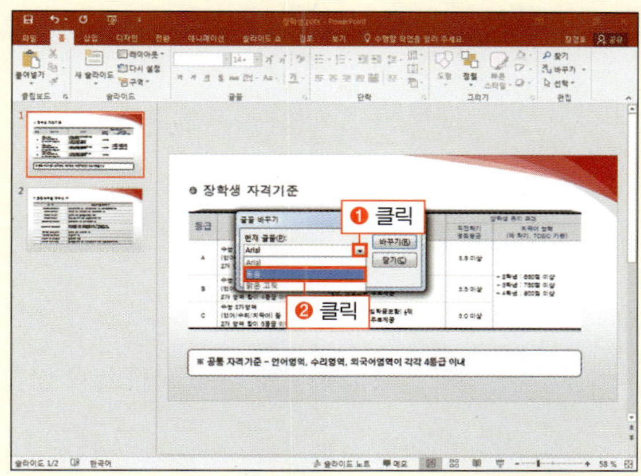

TIP

[글꼴 바꾸기] 대화상자에서 [현재 글꼴]의 화살표를 클릭하면 현재 슬라이드 파일에 적용된 글꼴이 모두 나타납니다. 본 슬라이드 파일에는 'Arial' 글꼴과 '돋움', '맑은 고딕' 글꼴이 적용되어 있습니다.

03 [새 글꼴]에서는 '나눔고딕'을 선택한 후 [바꾸기]를 클릭합니다. 글꼴이 적용되면 [닫기]를 클릭합니다.

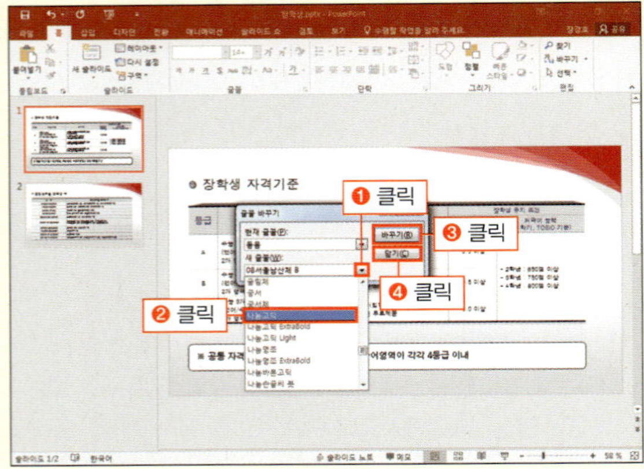

04 전체 슬라이드가 [새 글꼴]에서 선택한 글꼴로 한 번에 변경된 것을 확인할 수 있습니다.

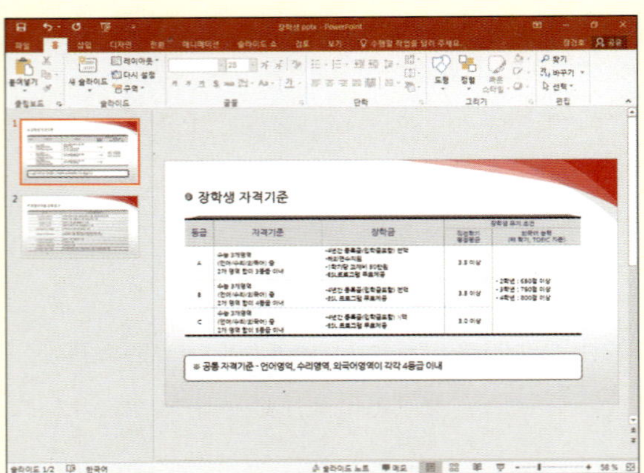

1 텍스트에 삽입한 글머리 기호를 아라비아 숫자나 영어 알파벳순의 번호 매기기로 변경해 보세요.

◎ 준비파일 : Part02₩Chapter01₩Check₩목차.pptx   ◎ 완성파일 : Part02₩Chapter01₩Check₩목차_완성.pptx

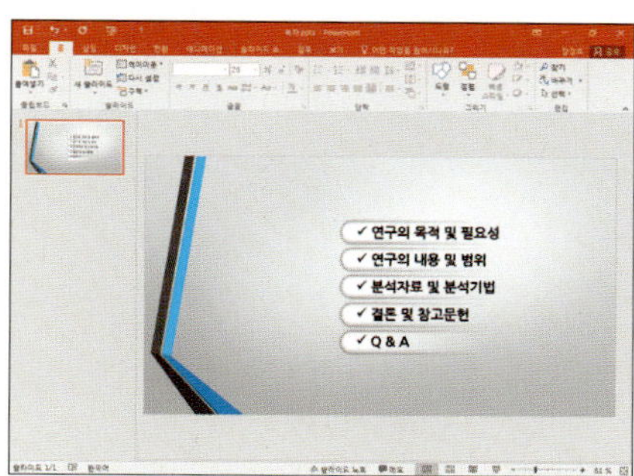

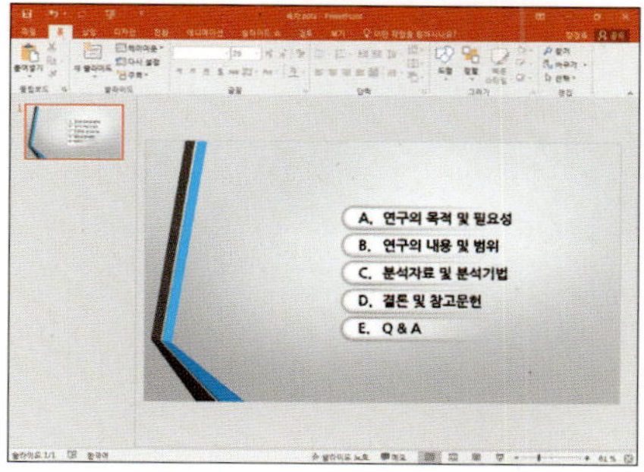

힌트

❶ [홈] 탭–[단락] 그룹에서 [번호 매기기]의 목록을 클릭합니다.

❷ 아라비아 숫자나 영어 알파벳을 선택합니다.

---

2 텍스트 개체 틀을 하나하나 선택해 서체를 변경할 수 있지만 한 번에 모든 서체를 변경할 수도 있습니다. 여기서는 '맑은 글꼴' 서체를 '나눔고딕' 서체로 변경해 보세요. '나눔고딕'이 없다면 인터넷에서 다운로드 받아 설치해 보세요.

◎ 준비파일 : Part02₩Chapter01₩Check₩부동산.pptx   ◎ 완성파일 : Part02₩Chapter01₩Check₩부동산_완성.pptx

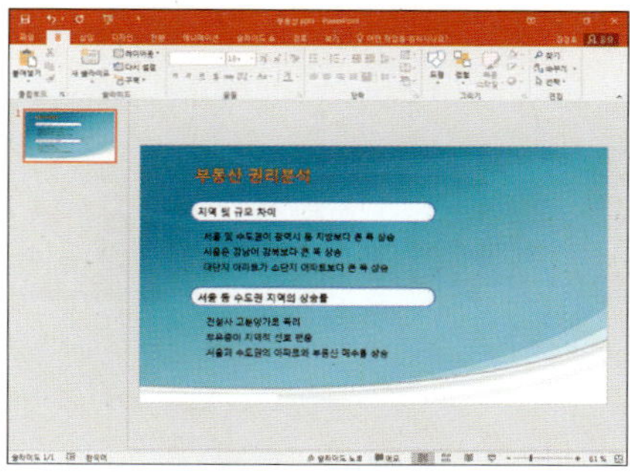
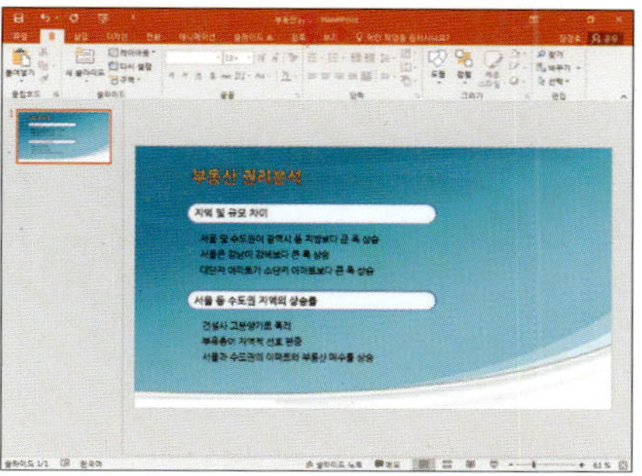

힌트

❶ 네이버에서 '나눔고딕'을 검색한 후 내 컴퓨터에 서체를 다운로드 받습니다.

❷ [홈] 탭–[편집] 그룹에서 [바꾸기]–[글꼴 바꾸기]를 클릭하여 변경될 서체와 원하는 서체를 선택합니다.

도형과 그래픽 개체 활용하기

파워포인트는 텍스트만큼이나 도형이나 그래픽 개체가 자주 활용됩니다. 이번 Chapter에서는 도형을 그리는 다양한 방법과 함께 도형의 정렬을 도와주는 스마트 가이드를 비롯해 반사, 네온, 부드러운 가장자리, 그리고 3차원 회전 등 다양한 서식 효과에 대해서 알아보겠습니다. 또한, 여러 가지 도형을 이해하기 쉬운 도해로 만들어주는 스마트아트를 비롯해 표와 차트를 작성하는 방법도 함께 살펴보겠습니다.

Section 1. 도형과 그라데이션

Section 2. 그림 삽입과 서식 지정하기

Section 3. 표와 차트 작성하기

도형과 그라데이션

파워포인트에서는 선, 사각형, 기본 도형, 블록 화살표, 별 및 현수막 등 다양한 도형을 그릴 수 있으며 곡선이나 자유형을 이용하여 도형을 직접 만들 수도 있습니다. 또한, 여러 색상이 혼합된 그라데이션을 쉽게 만들 수 있으며, 여러 도형을 응용한 병합 기능으로 전혀 다른 새로운 도형을 만들 수도 있습니다.

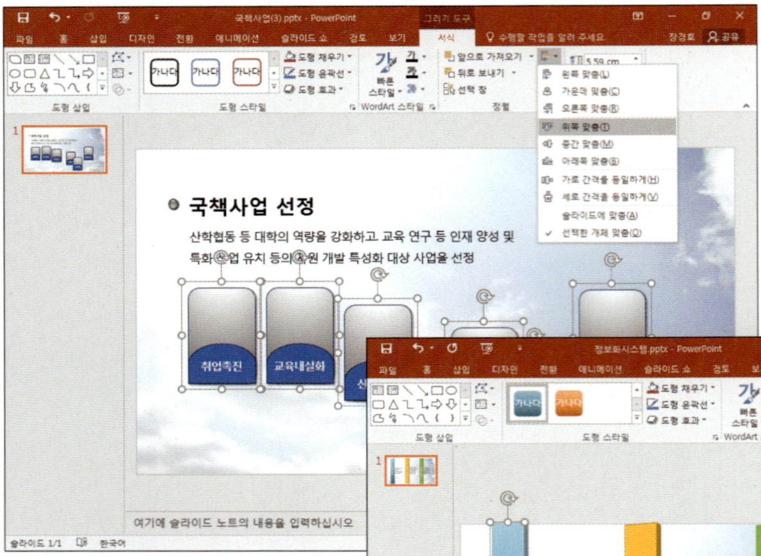

▲ 동일한 선상에 개체 정렬하고,
　사이 간격 맞추기

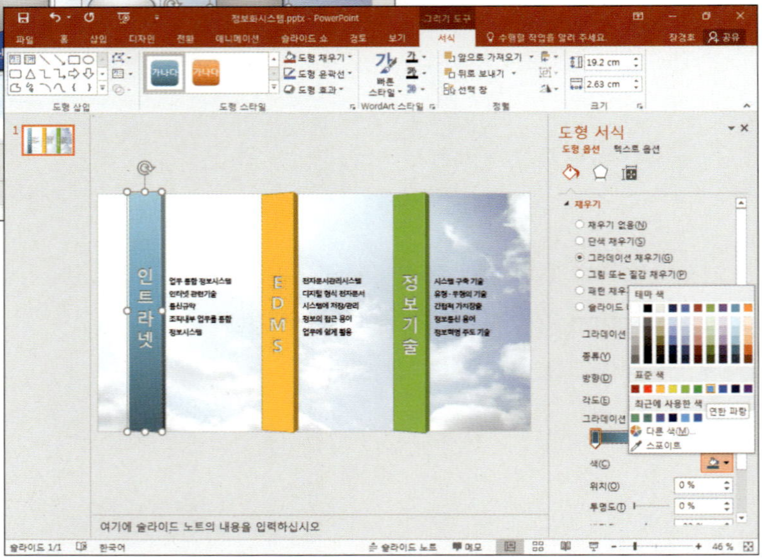

도형에 그라데이션 지정하기 ▶

이번 섹션에서 배울 주요 내용

- 그룹 지정하고 그룹 해제하기
- 스마트 가이드로 도형을 빠르게 정렬하기
- 동일한 선상에 개체 정렬하고, 사이 간격 맞추기
- 도형 삽입하고 조절 핸들을 통해 모양 변경하기
- 빠른 스타일과 도형 효과 적용하기

- 서식 복사하고 크기까지 동일하게 적용하기
- 선 개체를 삽입하여 연결선 만들기
- 도형에 그라데이션 지정하기
- **스페셜** 도형 병합 기능으로 파워포인트에 없는 새로운 도형 만들기

그룹 지정하고 그룹 해제하기

:: **준비파일** Part02₩Chapter02₩Section01₩국책사업.pptx | **완성파일** Part02₩Chapter02₩Section01₩국책사업_완성.pptx

도형을 슬라이드에 삽입한 다음 연관있는 개체를 한 번에 선택하여 그룹으로 지정해 놓으면 하나의 개체로 인식하게 됩니다. 하나의 개체로 인식하게 되면 개체를 이동하거나 정렬 등의 작업을 편리하게 할 수 있습니다.

01_ '산학협력'이라고 적힌 개체에서 큰 도형을 선택한 후 드래그하면 도형만 드래그가 됩니다. 이를 그룹으로 지정하여 하나의 개체로 만들어 보겠습니다. Ctrl + Z 를 눌러 실행한 기능을 되돌리기 합니다.

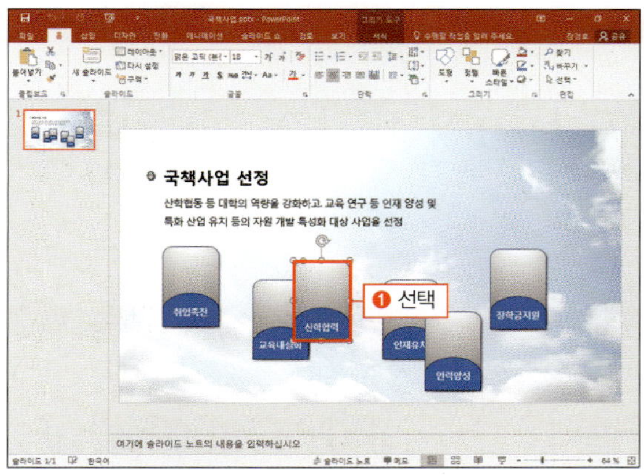

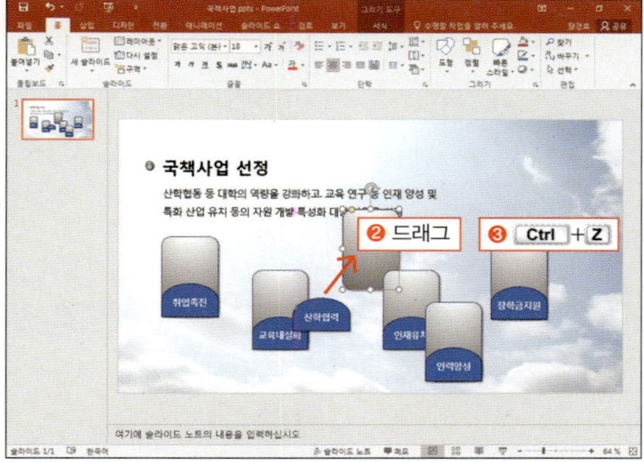

02_ '취업촉진'이라고 적힌 개체를 드래그하여 모두 선택하고, [그리기 도구]–[서식] 탭–[정렬] 그룹에서 [그룹화]–[그룹]을 클릭합니다.

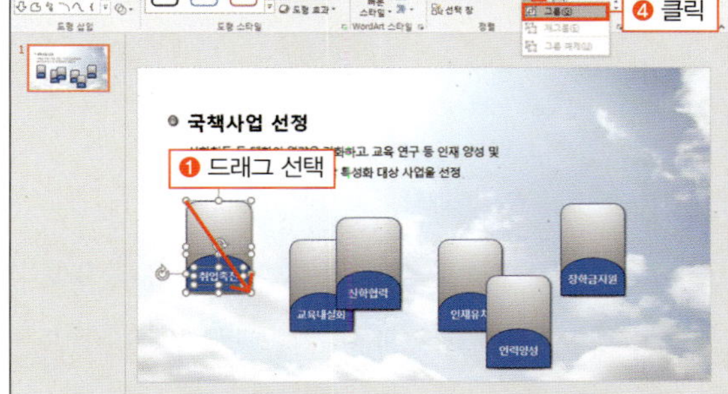

> **TIP**
>
> 그룹으로 지정할 개체를 모두 선택하고 마우스 오른쪽 버튼을 클릭한 후 [그룹화]–[그룹]을 선택해도 됩니다.

> **TIP**
>
> 그룹을 해제하려면 동일한 방법으로 개체를 선택한 후 [그룹 해제]를 선택합니다.

03_ 하나의 개체로 그룹화됩니다. '취업촉진'이라고 적힌 개체를 선택하고 드래그해 봅니다. 전체가 함께 이동하는 것을 확인한 후 Ctrl + Z 를 눌러 실행한 기능을 되돌리기 합니다.

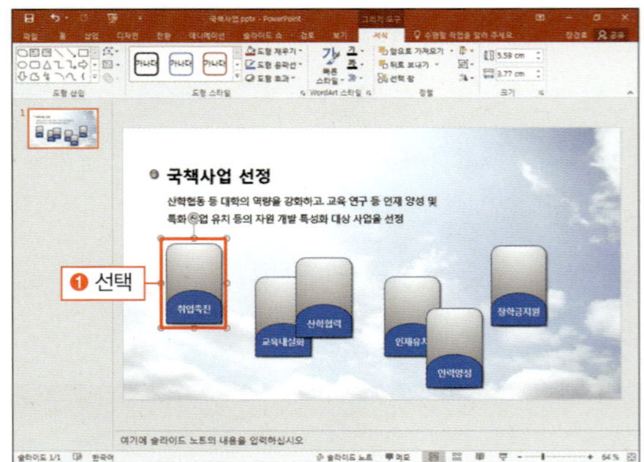
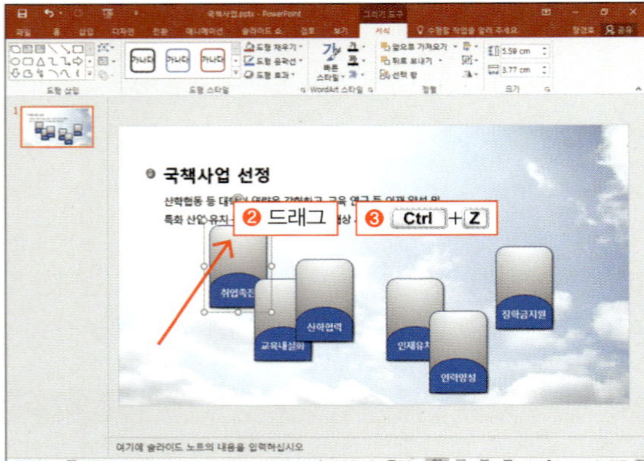

> **TIP**
> 그룹화가 된 개체라고 하더라도 그룹 안의 도형을 두 번 연속 클릭하면 개별적으로 도형을 선택할 수 있고 이동 역시 개별적으로 할 수 있습니다.

04_ '교육내실화'를 비롯해 '산학협력', '인재유치' 등 나머지 개체도 동일한 방법으로 그룹화합니다.

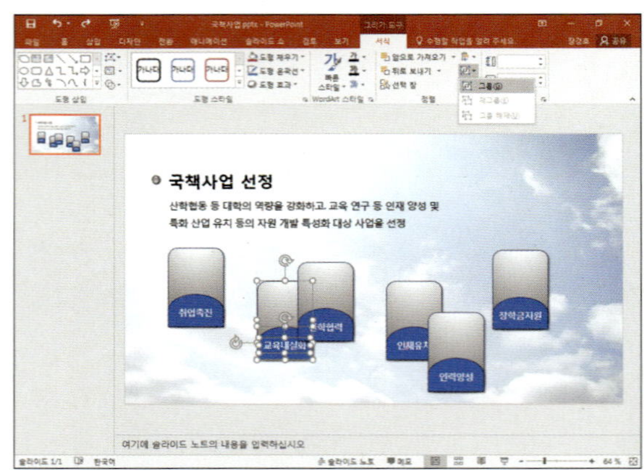

05_ 그룹으로 지정한 도형을 모두 선택해 보면, 총 6개의 개체가 선택되는 것을 확인할 수 있습니다.

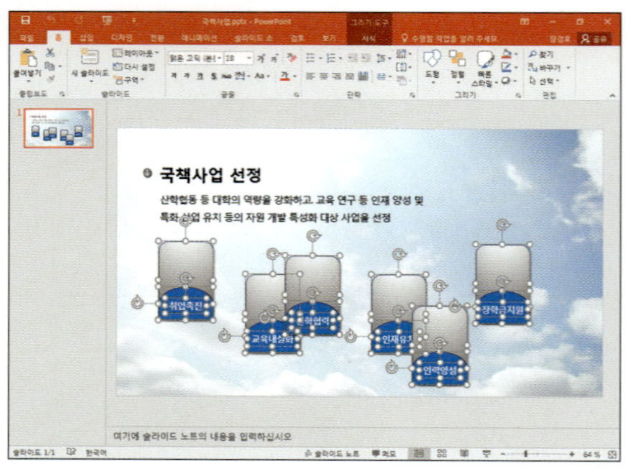

▲ 그룹화 전

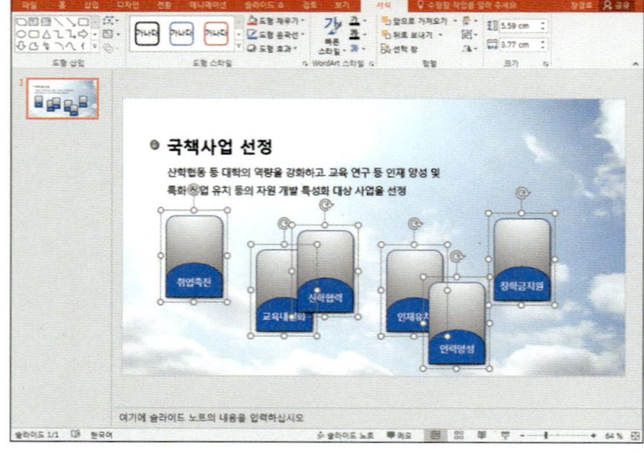

▲ 그룹화 후

스마트 가이드로 도형을 빠르게 정렬하기

: : 준비파일 Part02₩Chapter02₩Section01₩국책사업(2).pptx | **완성파일** Part02₩Chapter02₩Section01₩국책사업(2)_완성.pptx

'스마트 가이드'는 슬라이드에 포함되어 있는 개체들의 중심점이나 교차점, 회전 각도 등을 인지하여 각각의 개체마다 기준선을 잡아주는 기능입니다.

01_ '교육내실화' 개체를 선택한 후 '취업촉진' 개체 옆으로 이동시킵니다. 자동으로 스마트 가이드가 나타나며 상, 하 간격을 비롯해 좌, 우 간격을 알려줍니다. 상, 하 간격을 '취업촉진'과 동일하게 맞춘 후 마우스 버튼을 놓습니다.

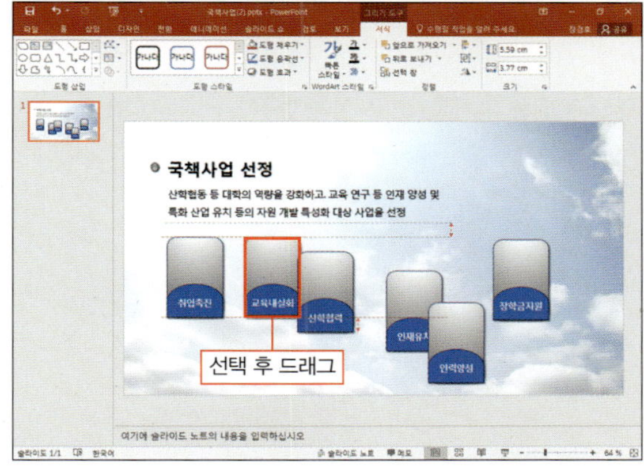

02_ 마찬가지로 '교육내실화' 개체를 선택한 후 '취업촉진' 개체와 '산학협력' 개체 사이에서 균등한 간격으로 놓기 위해 중앙에 위치시킵니다. 자동으로 스마트 가이드가 나타나면 균등한 간격으로 개체를 배치한 후 마우스 버튼을 놓습니다.

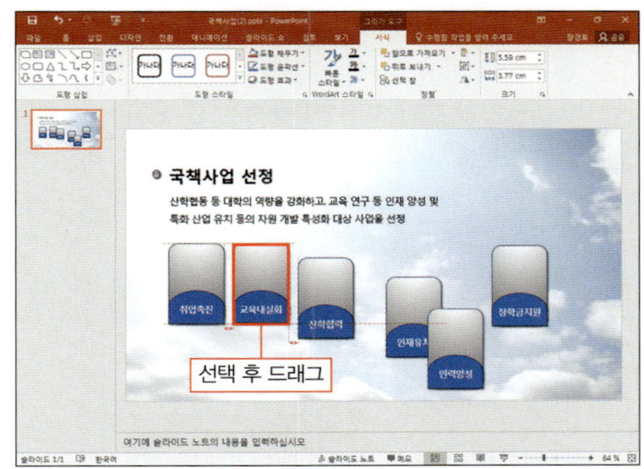

:: **준비파일** Part02₩Chapter02₩Section01₩국책사업(3).pptx | **완성파일** Part02₩Chapter02₩Section01₩국책사업(3)_완성.pptx

슬라이드에 포함된 개체는 마우스 한 두 번의 클릭으로 가로 간격이나 세로 간격을 동일하게 정렬시킬 수 있습니다. 동일한 선상에 개체를 정렬하고 사이 간격을 맞추고 싶다면 맞춤 기능을 활용합니다.

01_ 모든 개체를 '취업촉진' 개체와 동일한 간격으로 정렬하기 위해 개체를 모두 선택합니다. [그리기 도구]–[서식] 탭–[정렬] 그룹에서 [맞춤]–[위쪽 맞춤]을 클릭합니다.

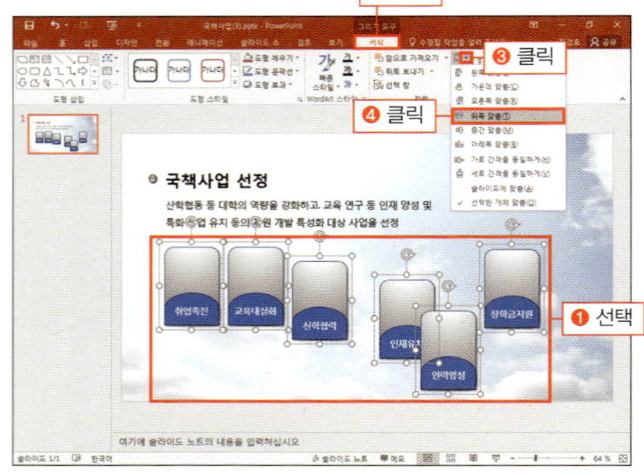

02_ 동일한 선상에 개체가 정렬됩니다. 이번에는 사이 간격을 동일하게 정렬시키기 위해 [그리기 도구]–[서식] 탭–[정렬] 그룹에서 [맞춤]–[가로 간격을 동일하게]를 선택합니다.

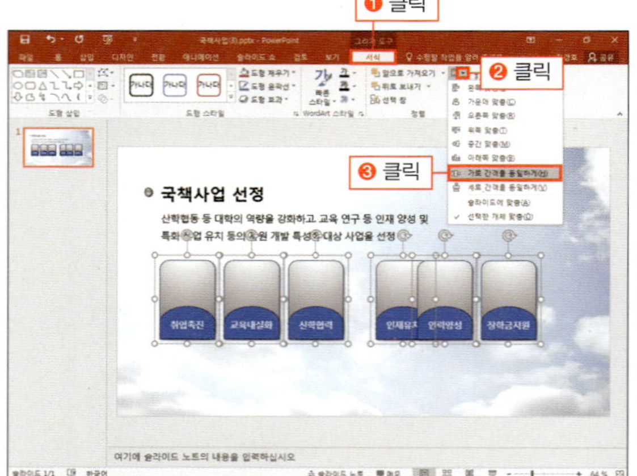

03_ 사이 간격이 동일하게 정렬된 것을 확인할 수 있습니다.

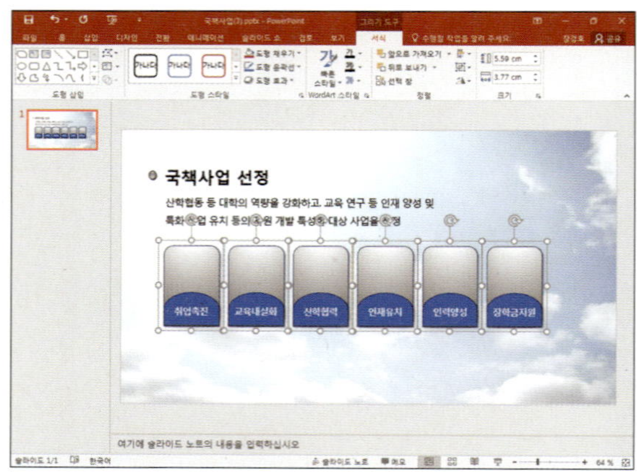

04_ 이번에는 사이 간격을 조금 더 넓게 벌리기 위해 '장학금지원' 개체를 선택한 후 오른쪽으로 드래그합니다.

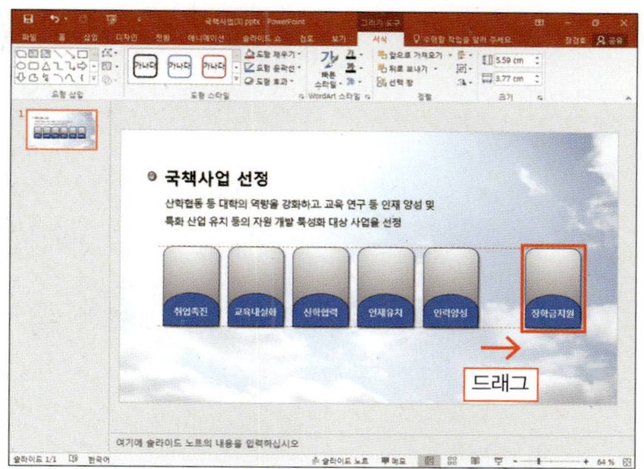

05_ 개체를 모두 선택하고 [그리기 도구]–[서식] 탭–[정렬] 그룹에서 [맞춤]–[가로 간격을 동일하게]를 클릭합니다.

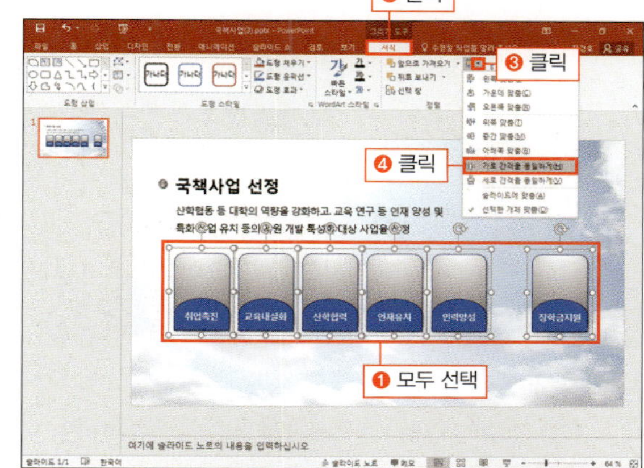

> TIP
>
> [서식] 탭–[정렬] 그룹에서 [맞춤]–[선택한 개체 맞춤]에 체크가 되어 있어야 합니다. 만일, [슬라이드에 맞춤]에 체크가 되어 있다면 정렬되는 기준이 개체가 아닌 슬라이드 화면이 기준이 됩니다.

06_ 조금 더 넓은 사이 간격으로 동일하게 정렬됩니다.

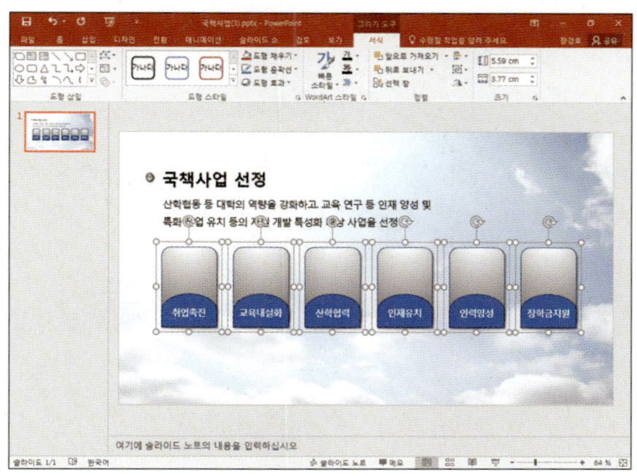

도형 삽입하고 조절 핸들을 통해 모양 변경하기

:: **준비파일** Part02₩Chapter02₩Section01₩기대효과.pptx ㅣ **완성파일** Part02₩Chapter02₩Section01₩기대효과_완성.pptx

파워포인트의 슬라이드는 보통 여러 가지 도형을 조합하여 완성합니다. 여기서는 슬라이드에 도형을 삽입해보고 빠른 스타일을 통해 서식을 적용하는 방법에 대해서 살펴보겠습니다.

01_ 도형을 추가해 보겠습니다. [홈] 탭–[그리기] 그룹에서 [자세히]–[기본 도형]–[십자형]을 클릭합니다.

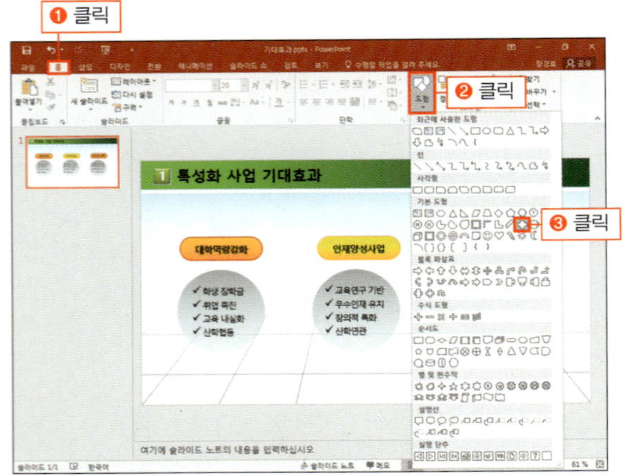

TIP

[도형] 목록 중에서 [최근에 사용한 도형]은 최근에 사용했던 도형 목록이 나타나게 되며 평소에 즐겨 사용하는 도형을 빨리 선택해서 슬라이드에 추가할 수 있습니다.

02_ 드래그하여 도형을 삽입합니다. 도형을 선택하면 [크기 조절 핸들]과 [모양 조절 핸들]이 나타납니다. [크기 조절 핸들]( )을 드래그하여 크기를 적절히 조절합니다.

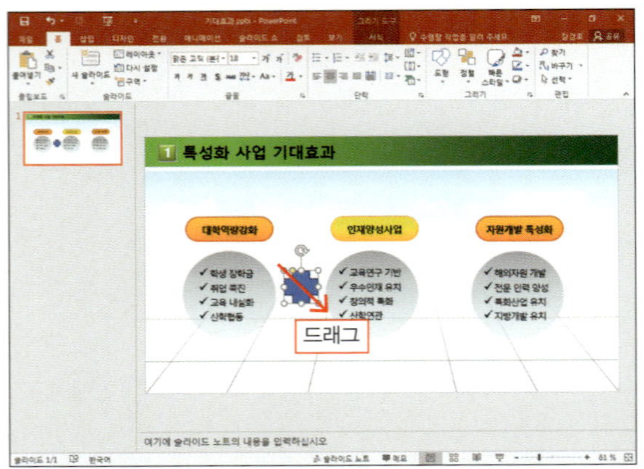

03_ 이번에는 [모양 조절 핸들]( )을 안쪽으로 드래그하여 도형의 모양을 변경합니다.

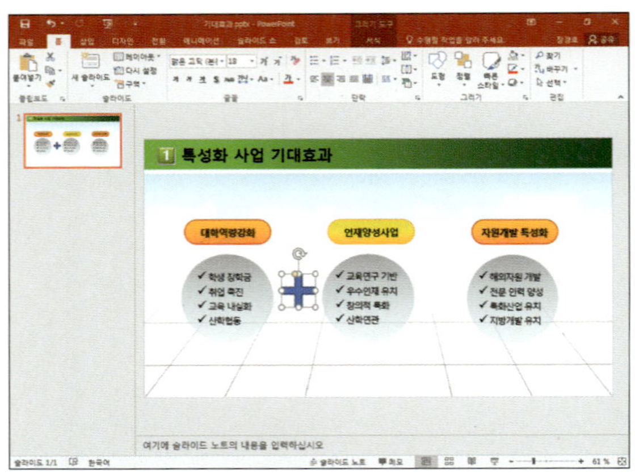

04_ 도형을 선택한 상태에서 Ctrl+C를 눌러 복사한 후 Ctrl+V를 눌러 붙여 넣습니다. 복사한 도형을 드래그하여 위치를 이동시킵니다.

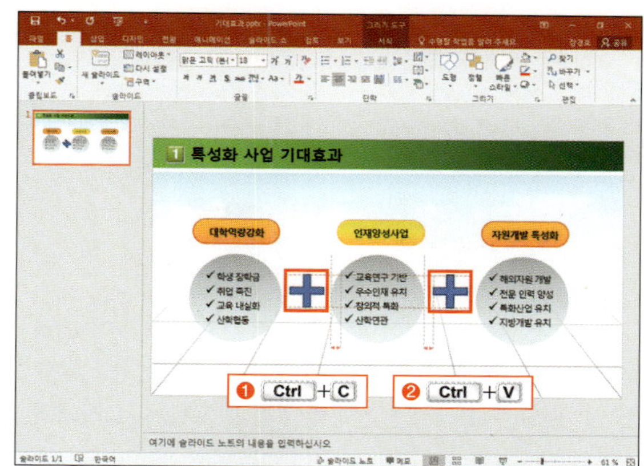

꿕!! 알고가기

모양 조절 핸들

[모양 조절 핸들](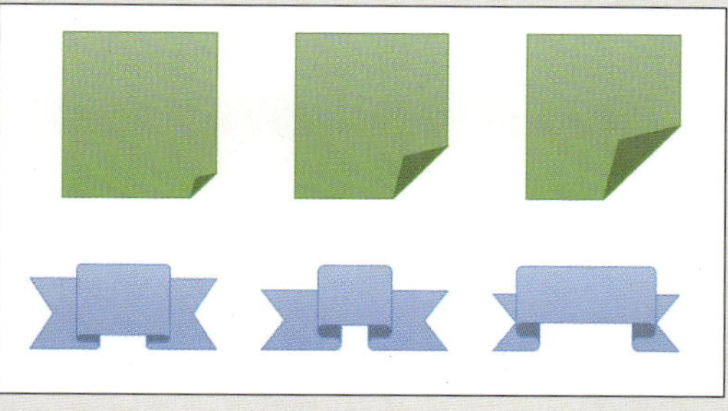)이 나타나는 도형의 경우 핸들을 드래그하여 원하는 모양으로 변경할 수 있습니다.

빠른 스타일과 도형 효과 적용하기

::**준비파일** Part02₩Chapter02₩Section01₩기대효과(2).pptx | **완성파일** Part02₩Chapter02₩Section01₩기대효과(2)_완성.pptx

삽입한 도형에는 다양한 스타일을 적용할 수 있습니다. 여기서는 빠른 스타일 효과와 도형 효과를 지정하는 방법에 대해서 알아보겠습니다.

01_ 첫 번째 도형을 선택한 후 [그리기 도구]–[서식] 탭을 클릭합니다. [도형 스타일] 그룹에서 [자세히]를 클릭한 후 원하는 스타일을 선택합니다. 여기서는 [그라데이션 채우기–검정, 어둡게1, 윤곽선 없음]을 선택합니다.

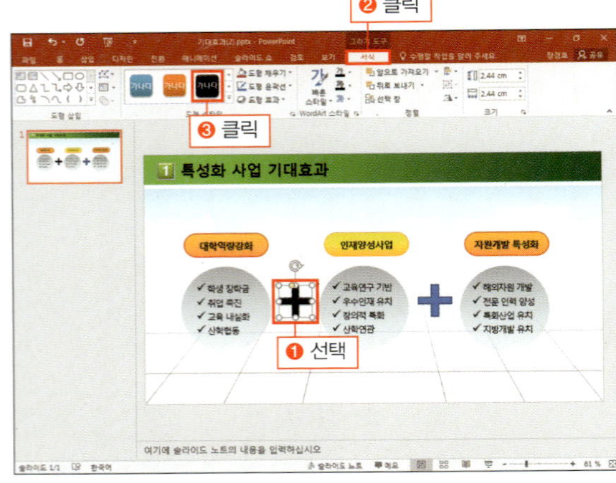

02_ [그리기 도구]–[서식] 탭–[도형 스타일] 그룹에서 [도형 효과]–[기본 설정]–[기본 설정 10]을 클릭합니다.

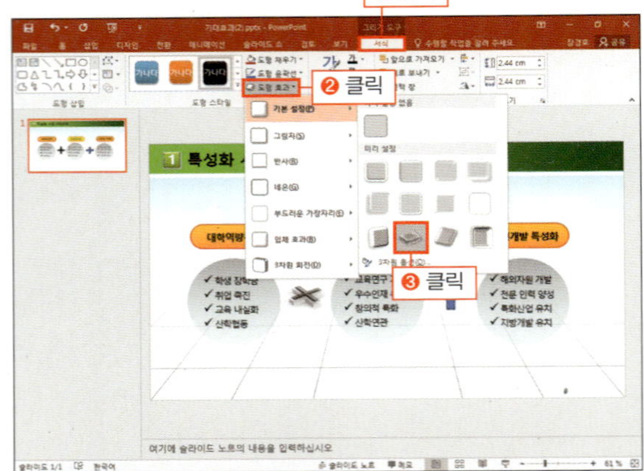

03_ 도형 스타일이 변경되면 크기 조절 핸들을 드래그하여 크기를 조절합니다.

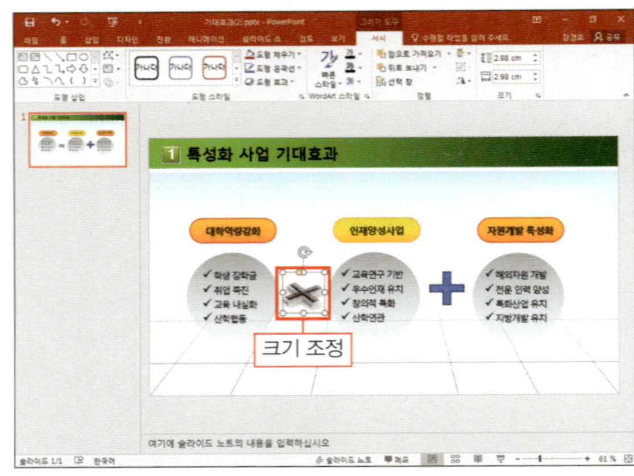

서식 복사하고 크기까지 동일하게 적용하기

:: **준비파일** Part02₩Chapter02₩Section01₩기대효과(3).pptx | **완성파일** Part02₩Chapter02₩Section01₩기대효과(3)_완성.pptx

도형에 지정한 서식은 다른 도형에도 그대로 적용할 수 있습니다. 여러 개의 서식을 지정한 도형의 경우 한 번에 서식을 가져올 수 있기에 특히 유용합니다.

01_ 서식을 지정한 도형을 선택하고 [홈] 탭-[클립보드] 그룹에서 [서식 복사]를 클릭합니다. 마우스 포인터의 모양이 서식 복사 모양으로 변경되면 두 번째 도형을 선택합니다. 서식이 복사됩니다.

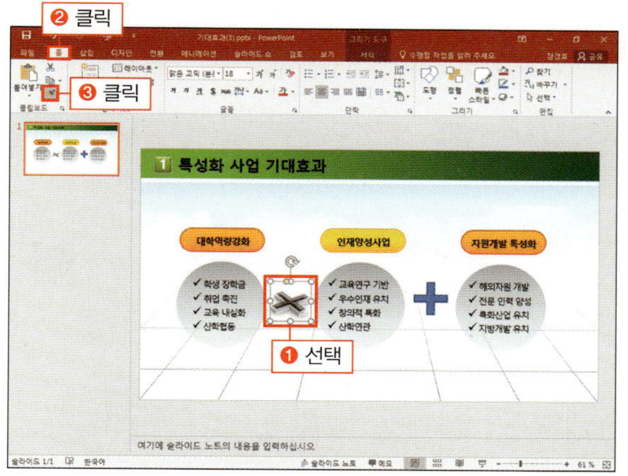
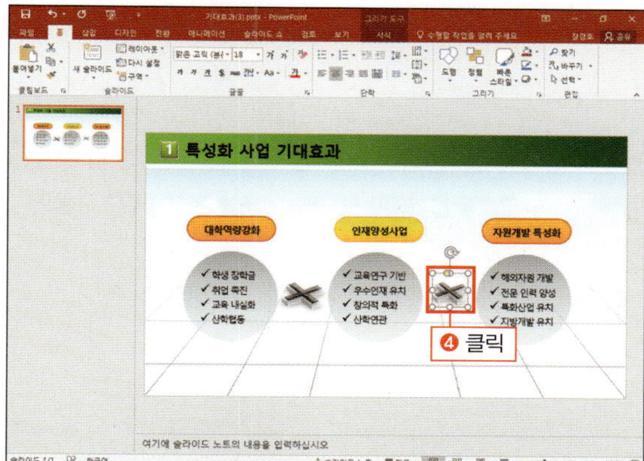

> [홈] 탭-[클립보드] 그룹에서 [서식 복사]를 한 번 클릭하면 단 한 번만 서식이 복사됩니다. 여러 개의 도형에 동일하게 서식을 복사하고 싶다면 [서식 복사]를 두 번 연속으로 클릭합니다.

02_ 하지만 도형의 크기는 변함이 없습니다. 첫 번째 도형을 선택한 후 [그리기 도구]-[서식] 탭-[크기] 그룹에서 [높이]와 [너비]를 확인하고 메모합니다.

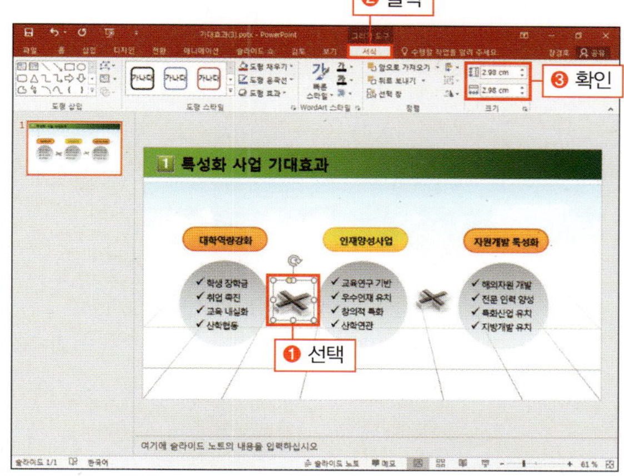

03_ 두 번째 도형을 선택하고 [그리기 도구]–[서식] 탭–[크기] 그룹에서 [높이]와 [너비]에 첫 번째 도형의 높이와 너비를 입력합니다.

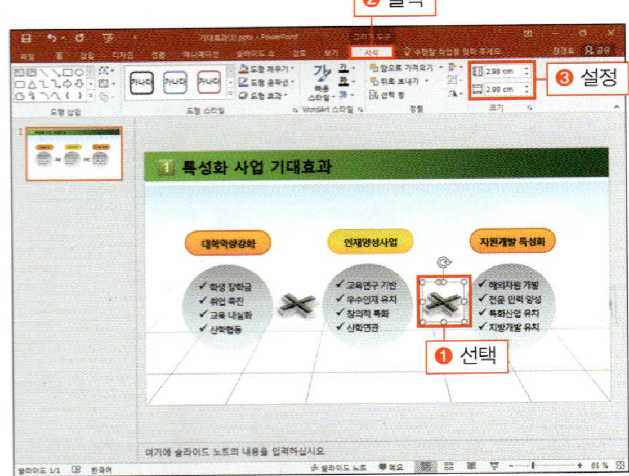

04_ 첫 번째 도형과 두 번째 도형의 크기가 동일하게 변경됩니다. 위치를 동일하게 조정하기 위해 두 개의 도형을 모두 선택하고 [그리기 도구]–[서식] 탭–[정렬] 그룹에서 [중간 맞춤]을 클릭합니다.

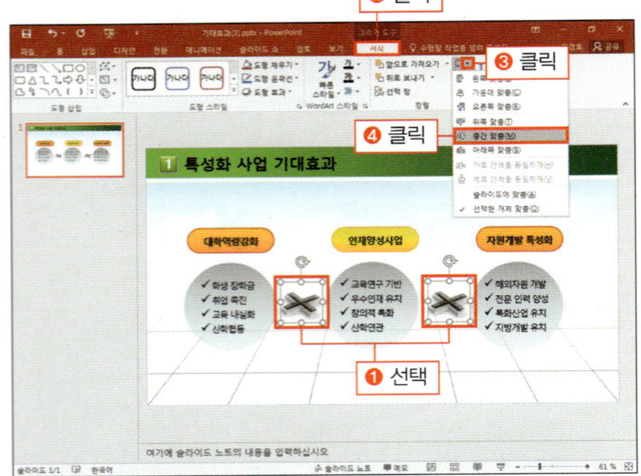

05_ 도형의 크기와 위치가 동일하게 조정됩니다.

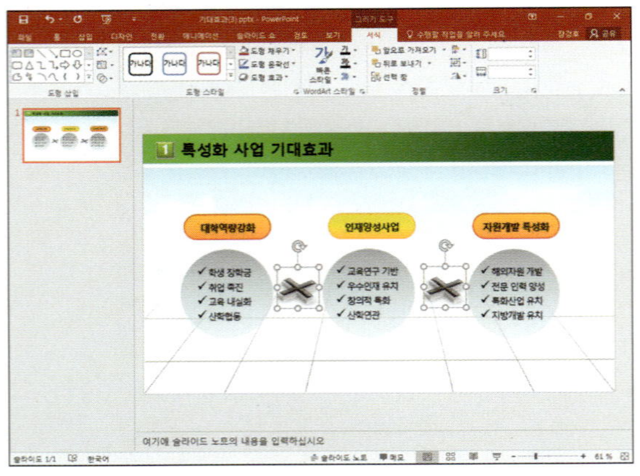

선 개체를 삽입하여 연결선 만들기

:: **준비파일** Part02₩Chapter02₩Section01₩조직도.pptx | **완성파일** Part02₩Chapter02₩Section01₩조직도_완성.pptx

연결 선을 삽입하여 도형과 도형을 이어주면 하나의 개체로 인식되어 편리하게 작업할 수 있습니다.

01_ [홈] 탭-[그리기] 그룹에서 [도형]-[선]-[선]을 클릭합니다.

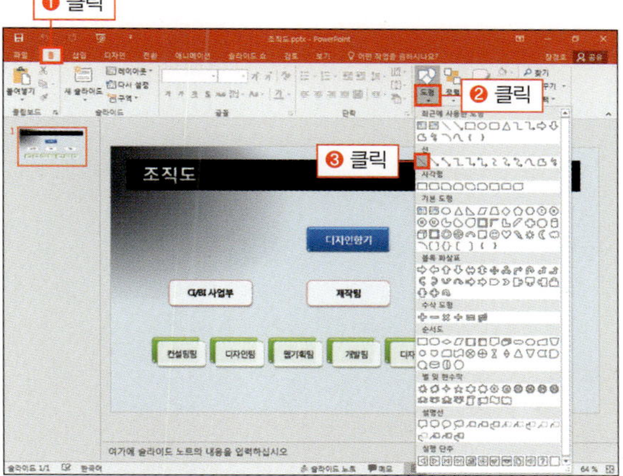

02_ 첫 번째 도형에 마우스 포인터를 위치시키면 검은 영역이 나타납니다. 이를 드래그하여 도형과 도형을 연결합니다.

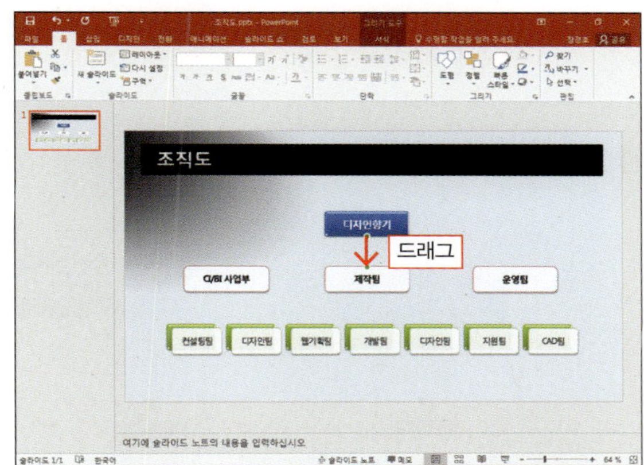

03_ 첫 번째 도형을 드래그합니다. 선까지 함께 함께 이동하는 것을 확인할 수 있습니다.

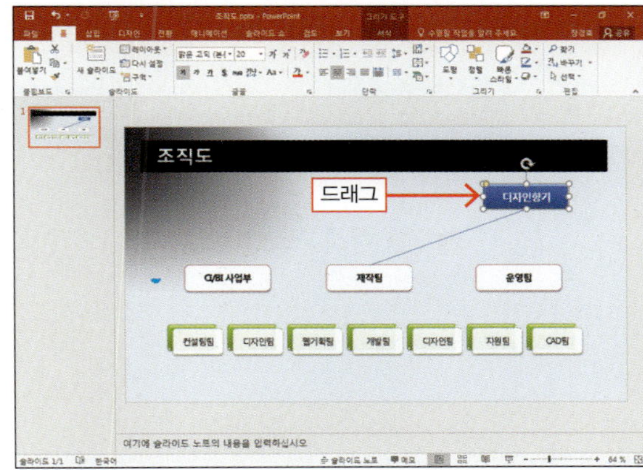

> **TIP**
> 선까지 함께 이동하지 않는다면 연결 선으로 지정되지 않았음을 의미합니다. Ctrl + Z 를 눌러 되돌린 후 연결 선을 다시 이어줍니다.

04_ 나머지 영역에도 선을 연결하여 조직도를 완성합니다. 꺾인 선을 그릴 경우에는 비록 연결선은 아니지만 자유형을 활용해 그리는 것이 좋습니다.

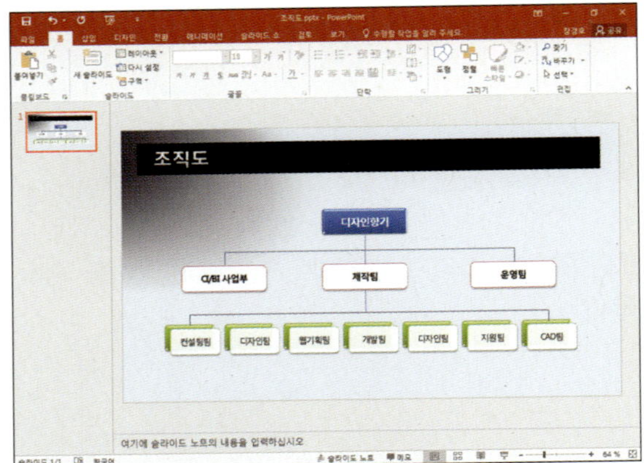

일반 선과 연결 선

파워포인트에 삽입하는 선은 '일반 선'과 '연결 선'으로 나눌 수 있습니다. 일반 선은 말 그대로 파워포인트에 삽입하는 선을 말합니다. 연결 선은 도형과 도형을 서로 연결해 주는 선으로써 연결과 동시에 도형과 하나의 그룹으로 지정됩니다. 장점은, 도형을 이동할 때 함께 이동된다는 점입니다. 하지만 가끔 제대로 연결되지 않는 경우도 발생하는 데 이를 확인하는 방법은 선의 선택 핸들 색상으로 확인할 수 있습니다.

연결 선은 초록색과 흰색으로 구분할 수 있는데 초록색의 선택 핸들은 연결 선으로 지정된 것을 의미합니다. 도형과 도형 사이의 선이 초록색의 선택 핸들로 나타나면 도형과 연결된 선을 의미하며, 흰색의 선택 핸들로 나타나면 도형과 연결된 선이 아닌 일반 선을 의미합니다.

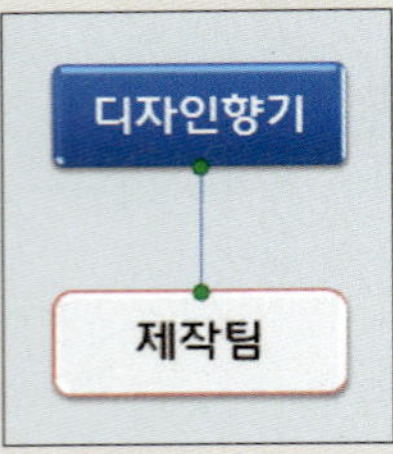
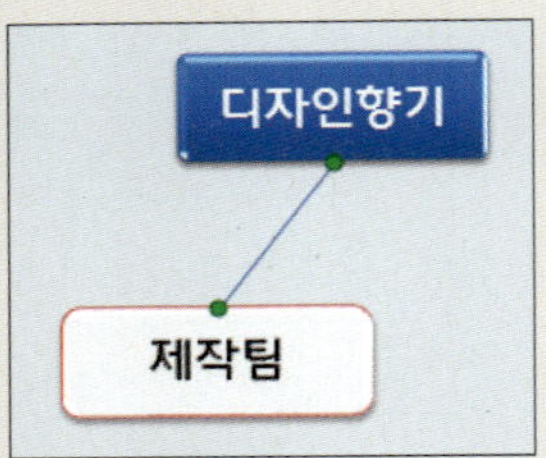

▲ 양쪽 연결 선

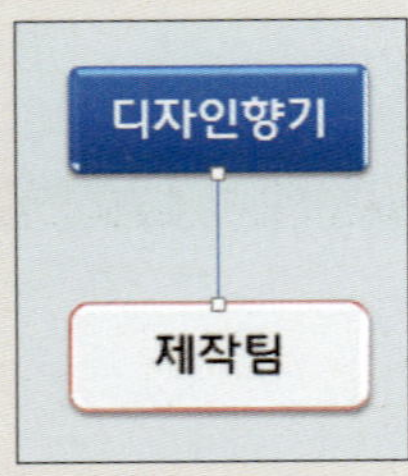
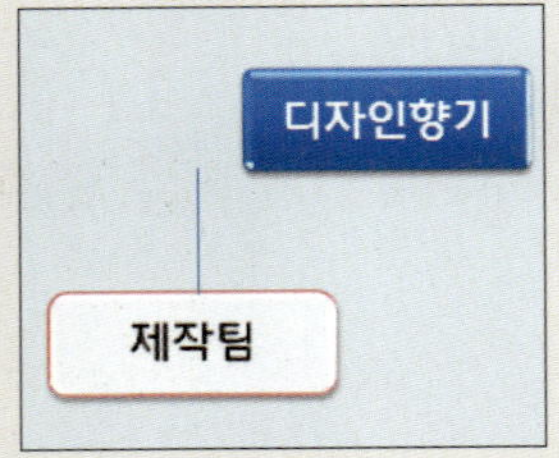
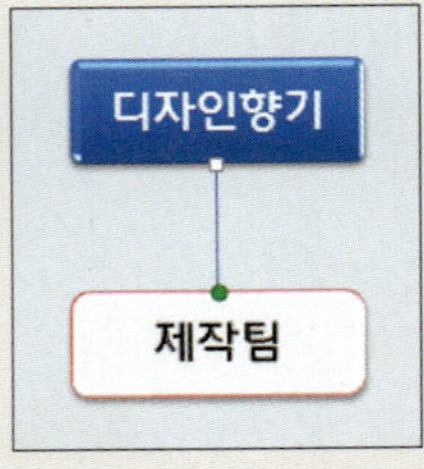
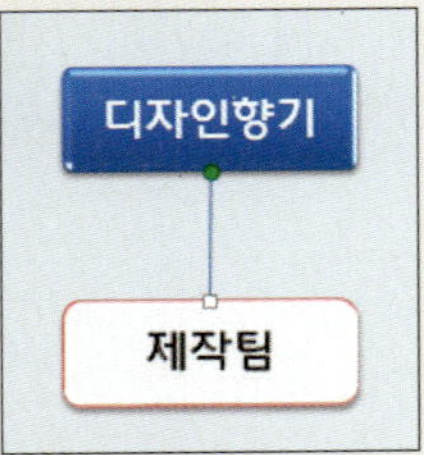

▲ 양쪽 일반 선　　　　▲ 일부 연결 선　　　　▲ 일부 연결 선

도형에 그라데이션 지정하기

:: **준비파일** Part02₩Chapter02₩Section01₩정보화시스템.pptx | **완성파일** Part02₩Chapter02₩Section01₩정보화시스템_완성.pptx

포토샵 등의 그래픽 프로그램을 이용하여 만들 수 있는 멋진 그라데이션 도형을 파워포인트에서도 충분히 만들 수 있습니다.

01_ 그라데이션을 적용할 첫 번째 도형을 선택하고 [그리기 도구]–[서식] 탭의 [도형 스타일] 그룹에서 도형 서식 옵션 창을 클릭합니다. [도형 서식] 옵션 창이 나타납니다. [채우기]를 클릭하면 [단색 채우기]로 색상이 지정되어 있는 것을 확인할 수 있습니다.

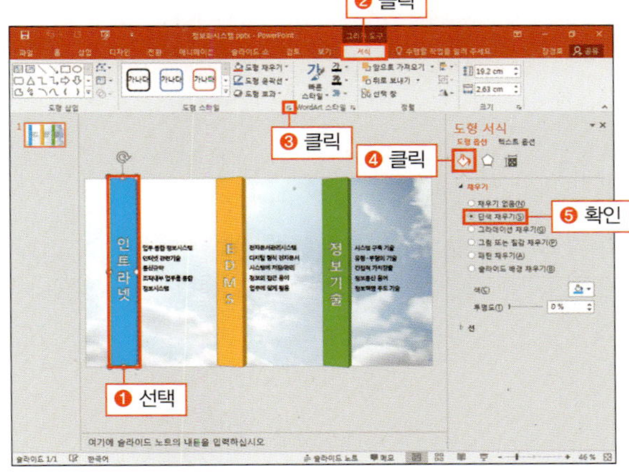

02_ 그라데이션으로 변경하기 위해 [채우기]–[그라데이션 채우기]를 체크합니다. [그라데이션 미리 설정]에서 '가운데 그라데이션–강조 5'를 선택합니다.

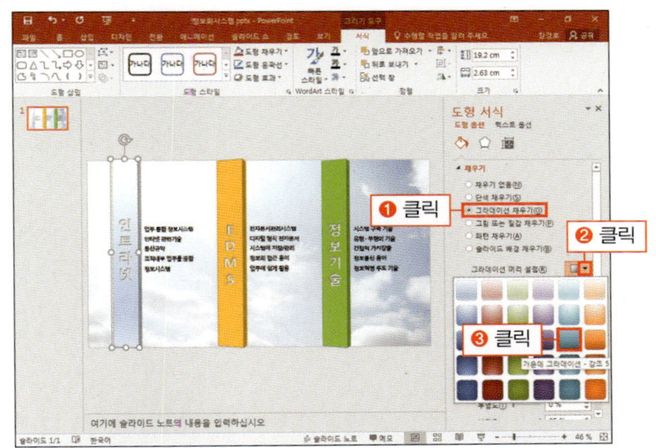

03_ [그라데이션 중지점]에서 첫 번째 중지점을 선택합니다. [색]을 클릭하고 [연한 파랑]을 선택합니다.

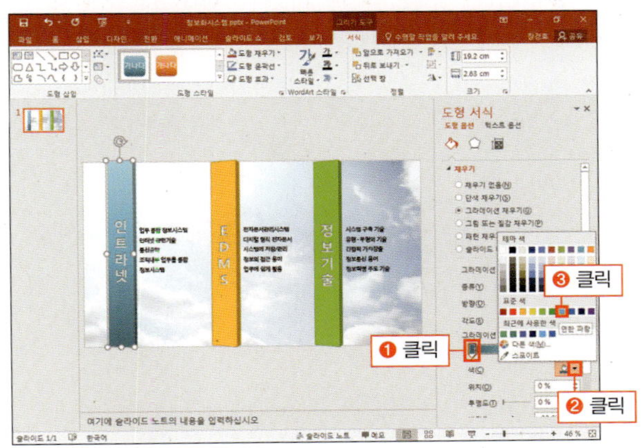

04_ 같은 방법으로 두 번째 중지점과 세 번째 중지점도 [연한 파랑]으로 색상을 변경합니다.

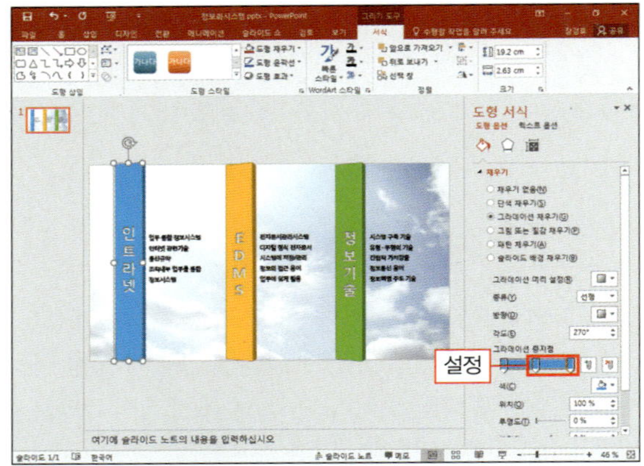

05_ 두 번째 중지점을 선택하고 왼쪽으로 조금 드래그 합니다. [밝기]에 『20』을 입력하여 그라데이션을 조절합니다.

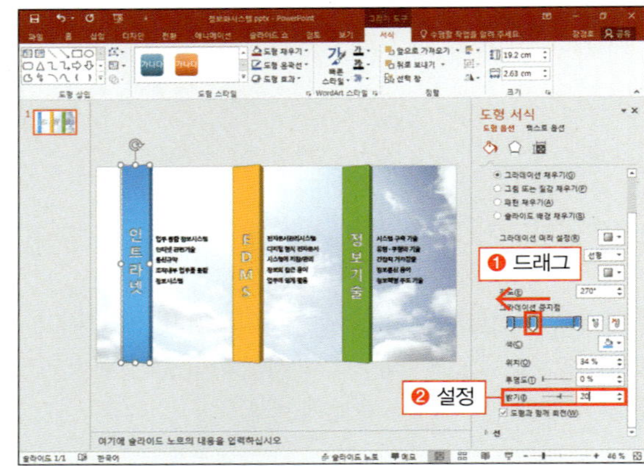

> **TIP**
>
> [그라데이션 중지점]을 살펴보면 여러 가지 중지점이 생성됩니다. 필요 없는 중지점은 [삭제]를 클릭해 삭제하고, 중지점을 추가하고 싶다면 [추가]를 클릭해 새로운 그라데이션을 만들 수 있습니다. 또한, 중지점의 위치를 드래그하여 조절할 수도 있습니다.

06_ 두 번째 도형과 세 번째 도형도 동일한 방법으로 그라데이션 색상을 완성합니다.

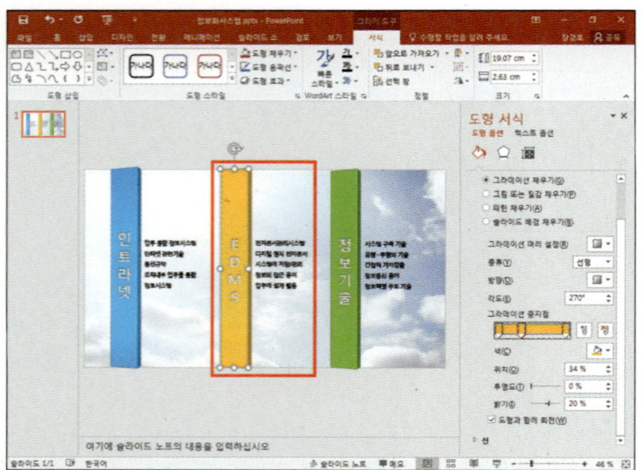

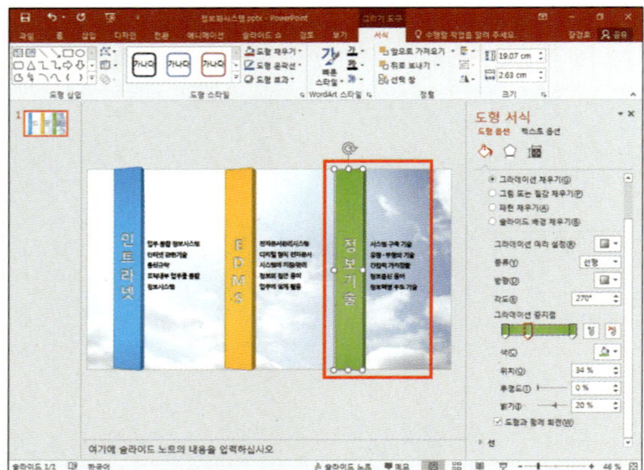

도형 병합 기능으로 파워포인트에 없는 새로운 도형 만들기

도형 병합 기능을 이용하면 두 개의 도형을 합치거나 교차되는 부분을 삭제하는 방법 등으로 파워포인트에서 지원하지 않는 다양한 도형을 만들 수 있습니다.

준비 파일 | Part02₩Chapter02₩Section01₩강의시간.pptx

완성 파일 | Part02₩Chapter02₩Section01₩강의시간_완성.pptx

01 [홈] 탭−[그리기] 그룹에서 [도형]−[도넛]을 클릭한 후 슬라이드에 드래그하여 도넛 모양의 도형을 만듭니다.

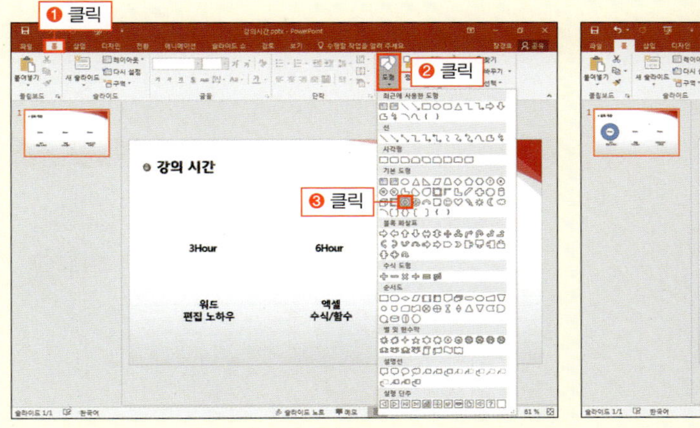

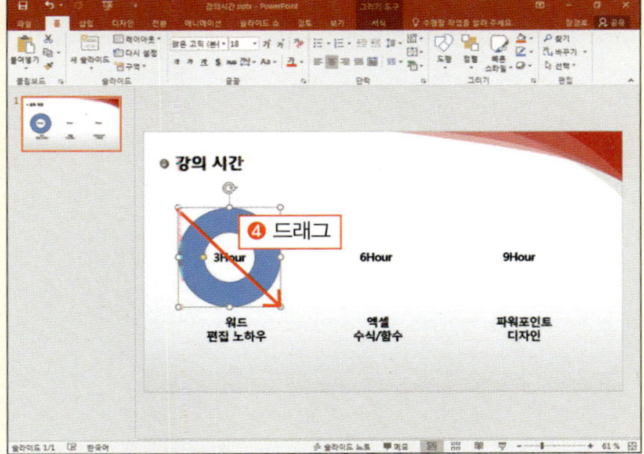

02 모양 조절 핸들을 드래그하여 모양을 변경합니다. [그리기 도구]−[서식] 탭−[도형 스타일] 그룹에서 [자세히]를 클릭한 후 색상을 선택합니다.

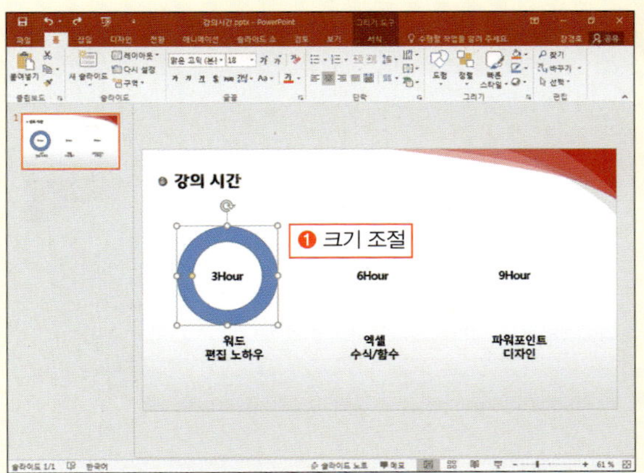

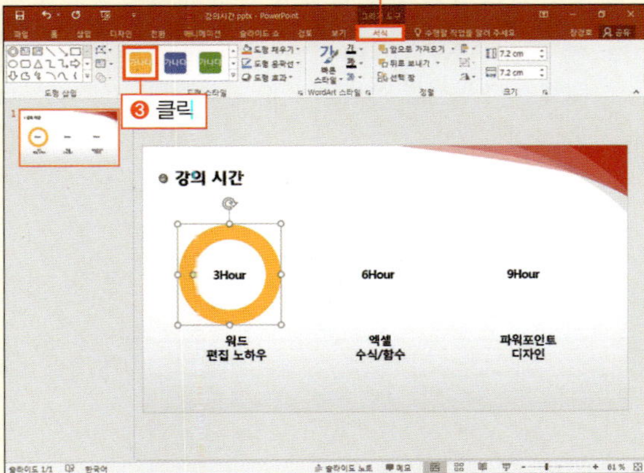

03 `Ctrl`+`D`를 눌러 도넛 모양을 복제합니다. 도형
의 모양을 변형하기 위해 [홈] 탭-[그리기] 그룹에서
[도형]-[자유형]을 클릭합니다.

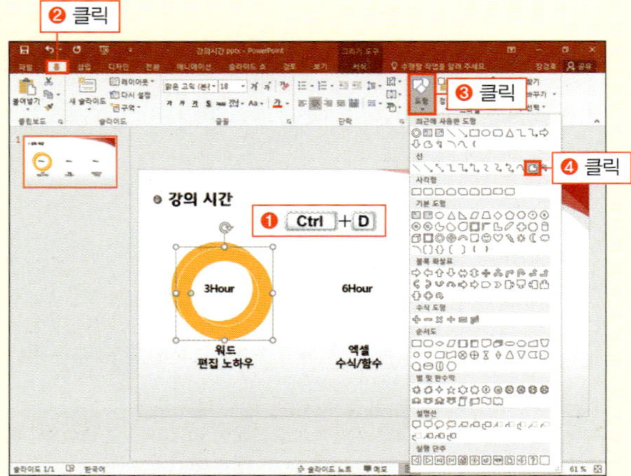

04 자유형 도구는 슬라이드 편집 화면에서 원하는 모양
으로 도형을 만들어주는 도구입니다. 드래그하여 그
림과 같은 모양의 도형을 만듭니다.

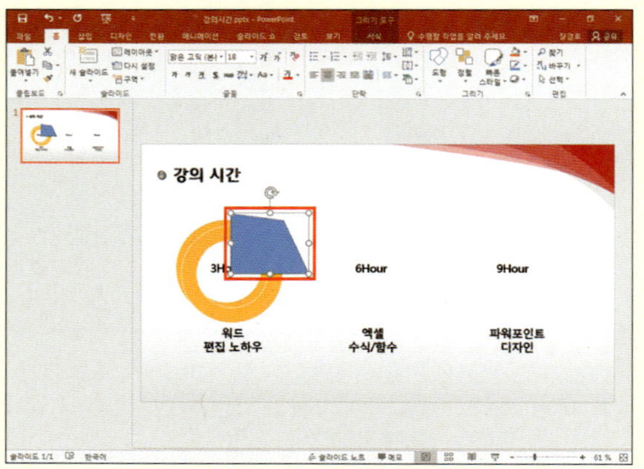

05 사각형 모양의 도형을 선택하고 `Ctrl`을 누른 상
태로 도넛 도형을 선택합니다.

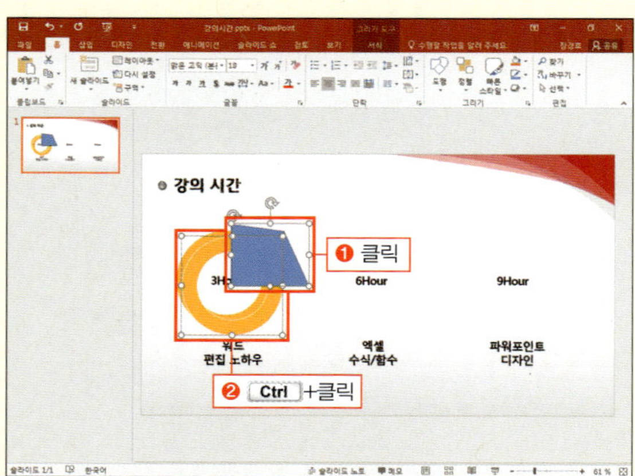

06 [그리기 도구]–[서식] 탭–[도형 삽입] 그룹에서 [도형 병합]–[교차]를 클릭합니다.

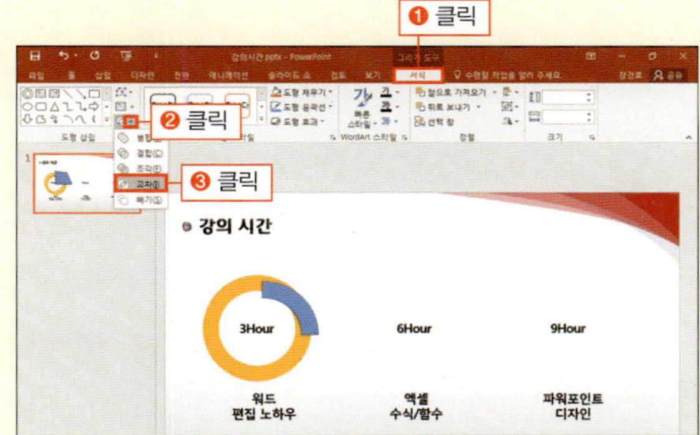

도형 병합은 첫 번째 선택하는 도형을 기준으로 적용되기에 도형 병합을 지정할 도형을 먼저 선택해야 합니다.

07 도형이 병합되면 병합된 도형의 위치를 조절한 후 [그리기 도구]–[서식] 탭–[도형 스타일] 그룹에서 [도형 채우기]–[빨강] 색상을 선택합니다. [도형 윤곽선]을 클릭하여 [윤곽선 없음]을 선택합니다.

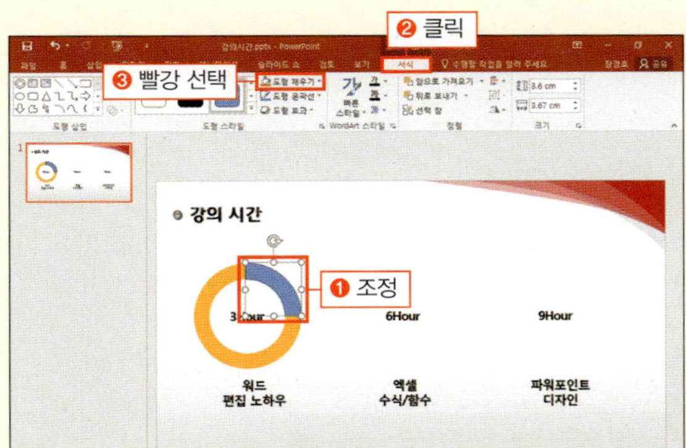

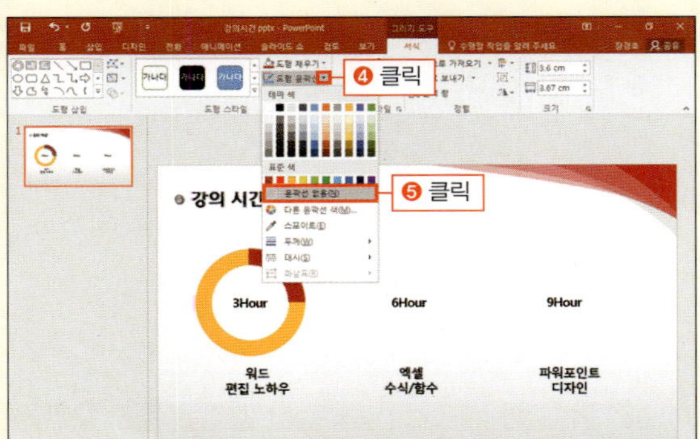

08 나머지 영역에도 **01~07** 따라하기를 반복하여 병합 기능으로 도형을 그려 넣고 색상을 지정합니다.

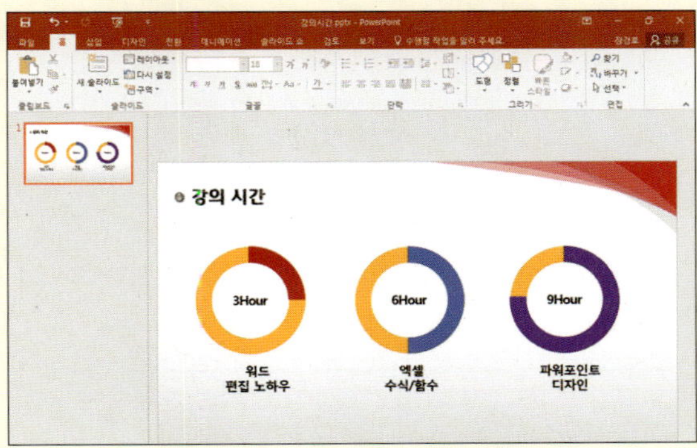

1 [그리기 도구]–[서식] 탭–[도형 삽입] 그룹을 이용하여 슬라이드에 삽입한 모서리가 둥근 직사각형을 타원으로 변경해 보세요.

◎ 준비파일 : Part02\Chapter02\Check\전략시스템.pptx   ◎ 완성파일 : Part02\Chapter02\Check\전략시스템_완성.pptx

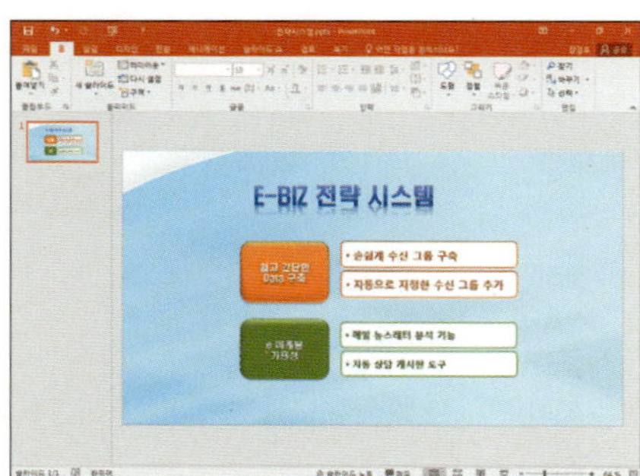
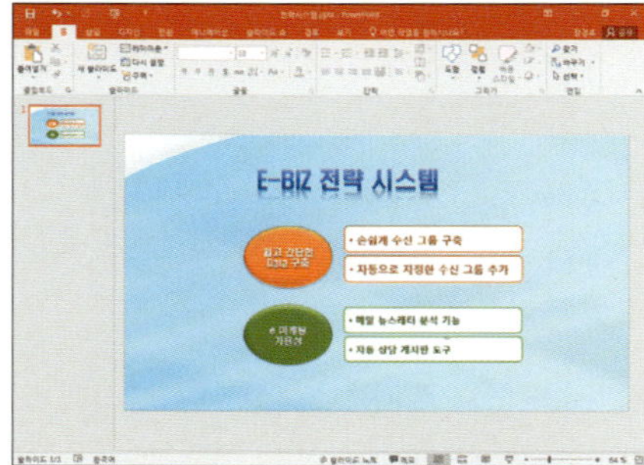

힌트

❶ 도형을 선택한 다음 [서식] 탭–[도형 삽입] 그룹에서 [도형 편집]–[도형 모양 변경]을 클릭합니다.

❷ [기본 도형]–[타원]을 선택합니다.

---

2 파워포인트의 도형을 활용하면 다양한 모양을 만들 수 있습니다. 여기서는 자유형 도형을 이용하여 자유롭게 도형을 만들어 봅니다.

◎ 준비파일 : Part02\Chapter02\Check\오피스세션.pptx   ◎ 완성파일 : Part02\Chapter02\Check\오피스세션_완성.pptx

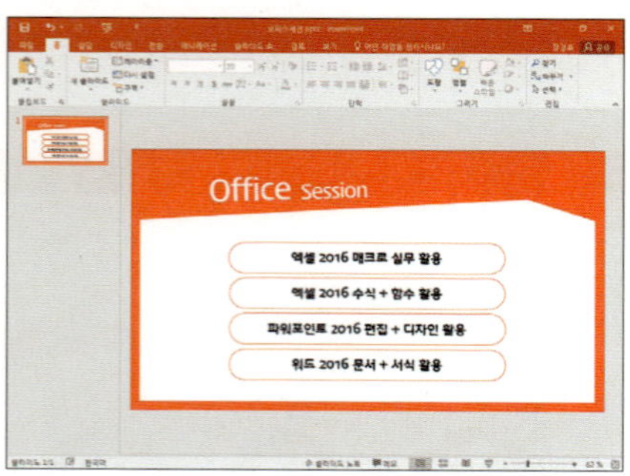
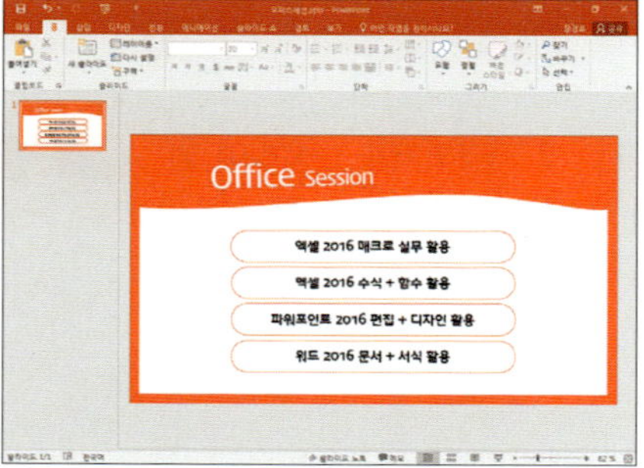

힌트

❶ [홈] 탭–[그리기] 그룹에서 [도형]–[자유형]을 클릭한 후 자유롭게 도형을 만듭니다.

그림 삽입과 서식 지정하기

그림이나 사진과 같은 이미지 개체를 슬라이드에 삽입하면 프레젠테이션의 사실감이나 청중의 이해도를 높일 수 있습니다. 이미지를 삽입하려면 슬라이드의 내용에 적합한 이미지를 찾아야 하며, 슬라이드의 배경이나 구성에 어울리게 이미지를 편집할 수 있어야 합니다.

▲ 밝기 및 대비, 색상 톤 조정하기

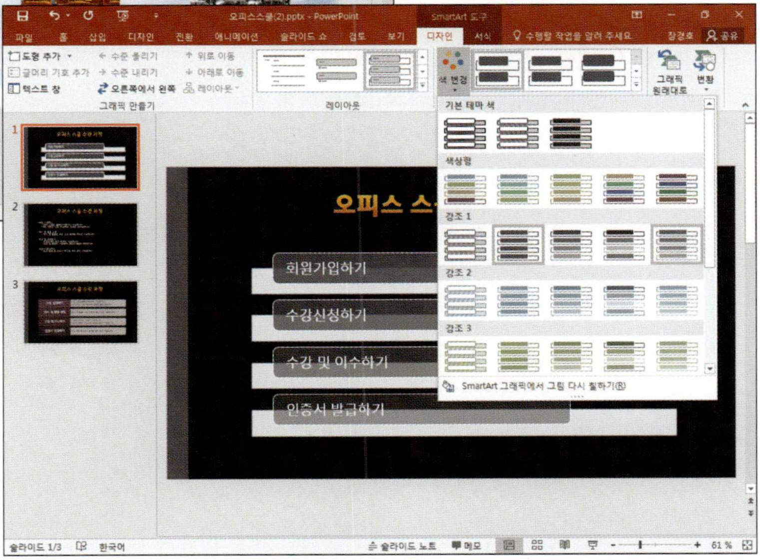

SmartArt 그래픽 색상 및 스타일 변경하기 ▶

이번 섹션에서 배울 주요 내용

- 그림 개체 삽입하고 스타일 지정하기
- 밝기 및 대비, 색상 톤 조정하기
- 스포이트 기능으로 색상 추출하기
- 온라인 그림 삽입하기
- 그림의 배경 삭제하기
- 그림 자르고 도형 모양에 맞춰 넣기
- 스크린 샷과 화면 캡처하기

- 사진 앨범으로 사진 불러오기
- SmartArt 그래픽 삽입하기
- SmartArt 그래픽 색상 및 스타일 변경하기
- SmartArt 그래픽을 다른 도형으로 변경하기
- 텍스트를 SmartArt 그래픽으로 변경하기
- **스페셜** 페이스북 연결하고, 내 계정의 그림 가져오기

그림 개체 삽입하고 스타일 지정하기

:: **준비파일** Part02₩Chapter02₩Section02₩여행앨범.pptx, pic_01.png, pic_02.png, pic_03.png | **완성파일** Part02₩Chapter02₩Section02₩여행앨범_완성.pptx

다양한 종류의 그림 파일을 슬라이드에 삽입할 수 있으며, [그림 도구]–[서식] 탭을 활용하면 다양한 스타일을 지정할 수 있습니다.

01_ [삽입] 탭–[이미지] 그룹에서 [그림]을 클릭합니다. [그림 삽입] 대화상자가 나타나면 'pic_01.png, pic_02. png, pic_03.png' 파일을 모두 선택한 후 [삽입]을 클릭합니다.

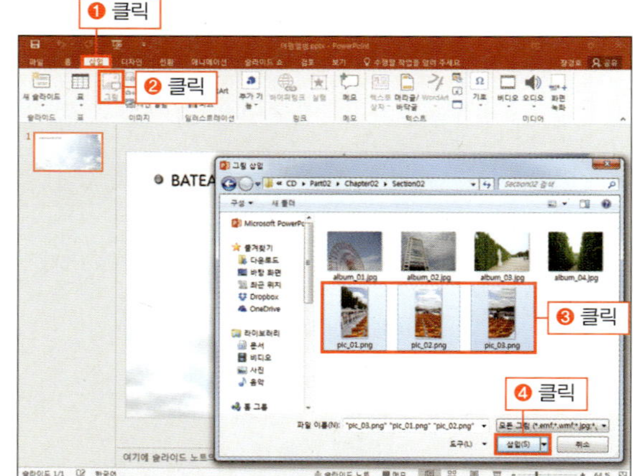

> **TIP**
>
> .jpg나 .gif는 물론 .emf나 .png, .tif 등의 확장자를 지닌 파일도 삽입할 수 있습니다.

02_ 그림이 삽입되면 위치를 조정합니다. 스마트 그리드가 나타나면서 간격을 일정하게 조정할 수 있습니다. 그림을 모두 선택한 후 [그림 도구]–[서식] 탭–[그림 스타일] 그룹에서 [그림 효과]–[반사]를 클릭한 후 원하는 반사 효과를 선택합니다.

> **TIP**
>
> [그림 스타일] 그룹의 [그림 효과]를 이용하면 반사 효과를 비롯해 그림자, 네온, 입체 효과, 3차원 회전 등 다양한 효과를 적용할 수 있습니다.

밝기 및 대비, 색상 톤 조정하기

⠿ 준비파일 Part02₩Chapter02₩Section02₩여행앨범(2).pptx | **완성파일** Part02₩Chapter02₩Section02₩여행앨범(2)_완성.pptx

밝기 및 대비, 색상 톤을 조정하여 포토샵과 같은 프로그램에서 작업하던 것처럼 다양한 효과를 지정할 수 있습니다.

01_ 두 번째 그림을 선택하고 [그림 도구]-[서식] 탭-[조정] 그룹에서 [수정]을 클릭한 다음 [선명도 조절]-[선명하게 : 50%]를 클릭합니다. 선택한 선명도가 반영되어 선택한 그림에 미리 보기됩니다.

02_ 세 번째 그림을 선택하고 [그림 도구]-[서식] 탭-[조정] 그룹에서 [꾸밈 효과]-[연필 스케치]를 클릭합니다. 선택한 선명도가 반영되어 그림에 미리 보기됩니다.

> **TIP**
>
> 보다 다양한 효과를 지정하고 싶다면 [그림 도구]-[서식] 탭-[조정] 그룹에서 [수정]-[그림 보정 옵션]을 클릭하거나, [색]-[색 그림 옵션], 혹은 [꾸밈 효과]-[꾸밈 효과 옵션]을 클릭합니다.

:: **준비파일** Part02₩Chapter02₩Section02₩여행앨범(3).pptx | **완성파일** Part02₩Chapter02₩Section02₩여행앨범(3)_완성.pptx

스포이트를 이용하면 특정 색상을 추출하여 원하는 개체에 똑같이 적용할 수 있습니다. 스포이트로 일치시키려는 색을 선택하여 텍스트나 도형에 적용하면 됩니다.

01_ 제목 텍스트를 그림에 있는 색상으로 변경해 보겠습니다. 제목 텍스트를 선택한 후 [홈] 탭–[글꼴] 그룹에서 [글꼴 색]–[스포이트]를 클릭합니다.

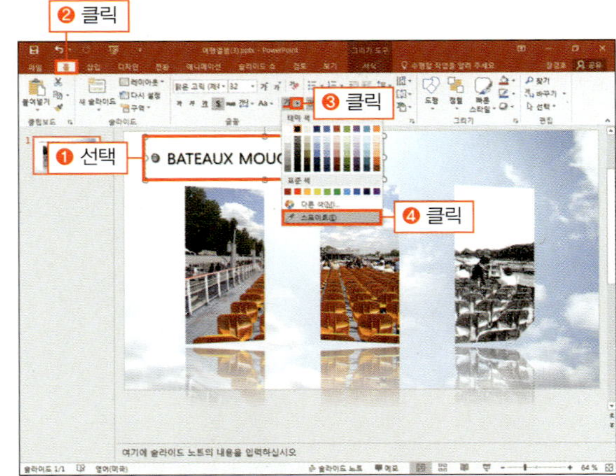

TIP

텍스트가 아닌 도형의 색상을 스포이트 기능으로 변경하고 싶다면 도형을 선택한 상태로 [그리기 도구]–[서식] 탭–[도형 스타일] 그룹에서 [도형 채우기]–[스포이트]를 클릭합니다.

02_ 가져오고 싶은 색상에 마우스 포인터를 위치시키면 나타나는 색상을 클릭합니다. 스포이트로 지정한 색상이 텍스트에 적용됩니다.

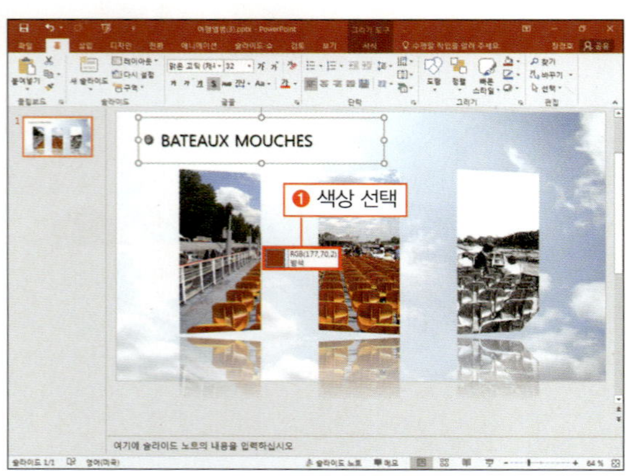
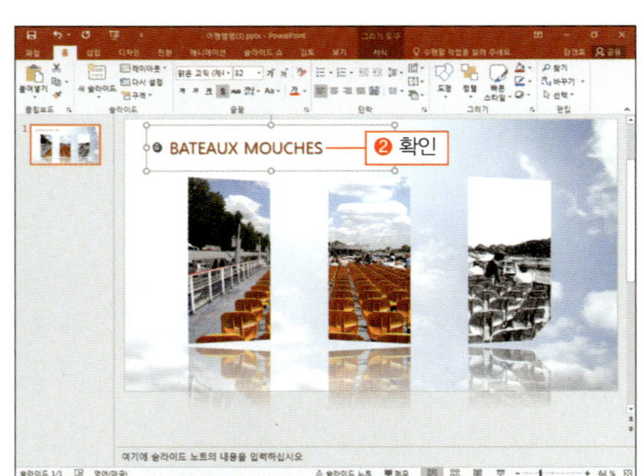

TIP

슬라이드 편집 화면 이외의 색상을 추출하고 싶다면 스포이트를 클릭하고, 마우스 왼쪽 버튼을 클릭한 후 원하는 색상이 있는 곳으로 드래그합니다.

온라인 그림 삽입하기

:: **준비파일** Part02₩Chapter02₩Section02₩온라인그림.pptx

파워포인트 슬라이드에는 Bing 이미지나 가입되어 있는 페이스북, 원드라이브 계정에 삽입되어 있는 이미지를 추가할 수 있습니다.

01_ [삽입] 탭-[이미지] 그룹에서 [온라인 그림]을 클릭하면 [그림 삽입] 창에 여러 개의 항목이 나타납니다. 여기서는 [Bing 이미지 검색]에 『powerpoint』를 입력한 후 [찾기]를 클릭합니다.

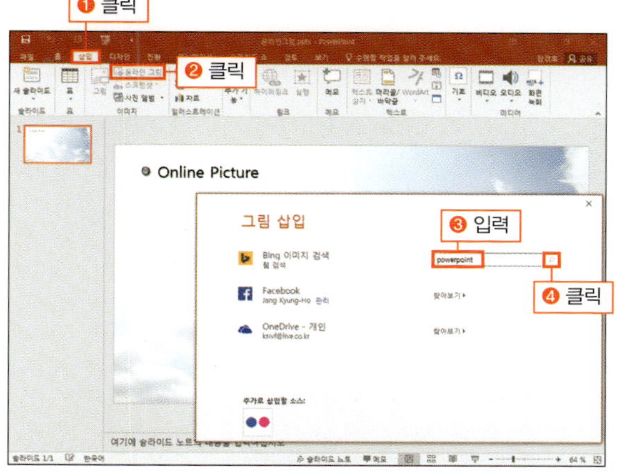

02_ 다양한 이미지가 검색되면 원하는 이미지를 선택하고 [삽입]을 클릭합니다.

> **TIP**
>
> Bing 이미지를 삽입할 경우에는 저작권에 특히 주의해야 합니다. 이미지를 삽입하기 전에 해당 이미지의 라이선스를 검토하고 준수해야 합니다.

그림의 배경 삭제하기

:: **준비파일** Part02₩Chapter02₩Section02₩그림배경.pptx | **완성파일** Part02₩Chapter02₩Section02₩그림배경_완성.pptx

파워포인트에 삽입한 그림은 배경이나 원하는 부분을 투명하게 없앨 수 있습니다.

01_ 그림의 배경을 삭제하기 위해 그림을 선택하고 [그림 도구]–[서식] 탭–[조정] 그룹에서 [색]–[투명한 색 설정]을 클릭합니다.

02_ 마우스 포인터의 모양이 바뀌면 투명하게 만들고 싶은 부분을 클릭합니다. 그러면 배경이 투명하게 변경됩니다. 보다 정밀하게 배경을 삭제하고 싶을 경우 [조정] 그룹에서 [배경 제거]를 통해 삭제할 수 있습니다. [그림 도구]–[서식] 탭–[조정] 그룹에서 [배경 제거]를 클릭합니다.

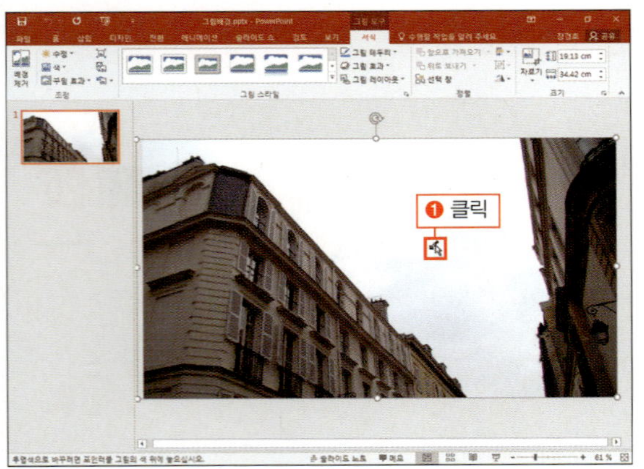

03_ [배경 제거] 탭이 나타나면서 그림의 영역을 보관하거나 제거할 수 있습니다. 그림 영역을 드래그하여 영역을 변경합니다.

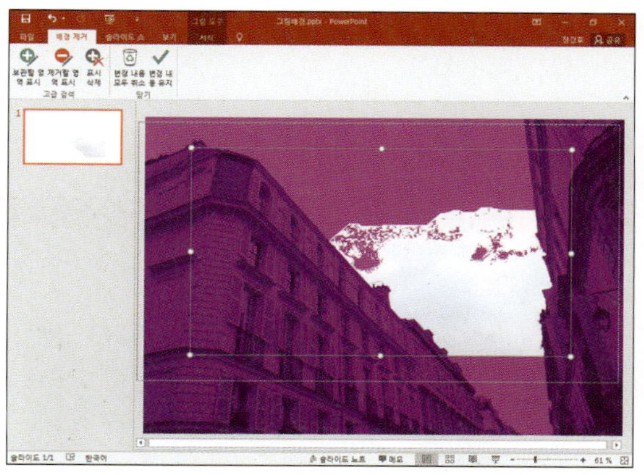
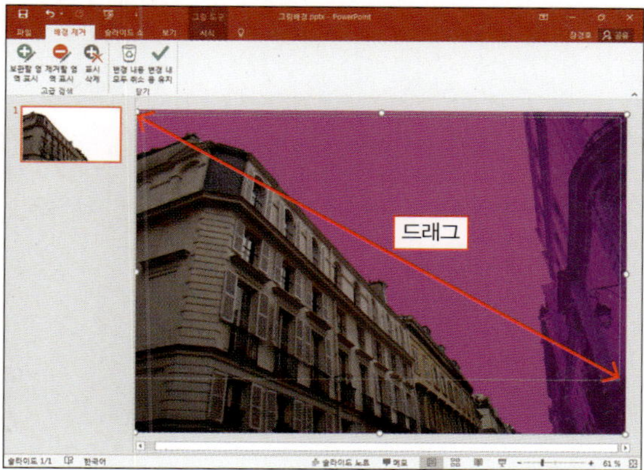

04_ [배경 제거] 탭-[고급 검색] 그룹에서 [보관할 영역 표시]를 클릭한 다음 마우스로 보관할 영역을 드래그하여 지정합니다. 여기서는 오른쪽 건물을 드래그하여 지정합니다. 드래그를 여러 번하여 정밀하게 조정할 수 있습니다.

05_ 보관할 영역이 지정되었으면 이번에는 제거할 부분을 지정하기 위해 [배경 제거] 탭-[고급 검색] 그룹에서 [제거할 영역 표시]를 클릭한 다음 제거할 배경이 포함되어 있는 부분을 드래그하여 지정합니다. [닫기] 그룹에서 [변경 내용 유지]를 클릭합니다. 배경이 제거되며 원하는 부분만 남겨집니다.

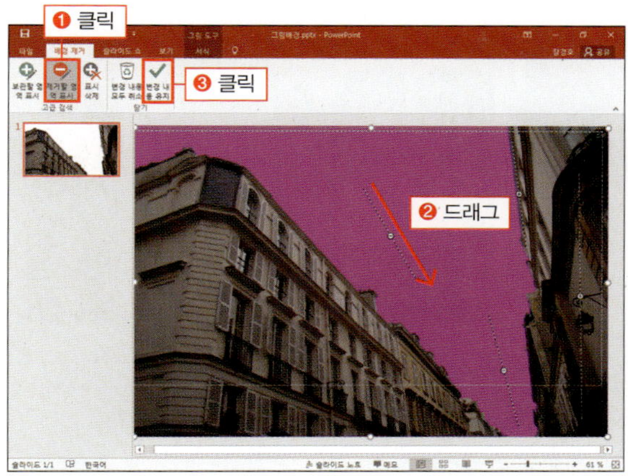

그림 자르고 도형 모양에 맞춰 넣기

:: **준비파일** Part02₩Chapter02₩Section02₩영국.pptx | **완성파일** Part02₩Chapter02₩Section02₩영국_완성.pptx

그림을 삽입한 후 원하는 모양으로 자르거나 둥근 원형이나 별과 같은 도형 모양에 그림을 맞춰 넣을 수도 있습니다.

01_ 삽입된 그림을 선택하고 [그림 도구]–[서식] 탭–[크기] 그룹에서 [자르기] 윗부분을 클릭합니다.

02_ 자르기 핸들이 나타나면 드래그하여 원하는 부분만 표시되도록 크기를 조정하고 [서식] 탭–[크기] 그룹에서 [자르기] 윗부분을 클릭하거나 슬라이드 편집 화면의 빈 공간을 클릭합니다. 또는, Esc 를 눌러 자르기를 완성합니다.

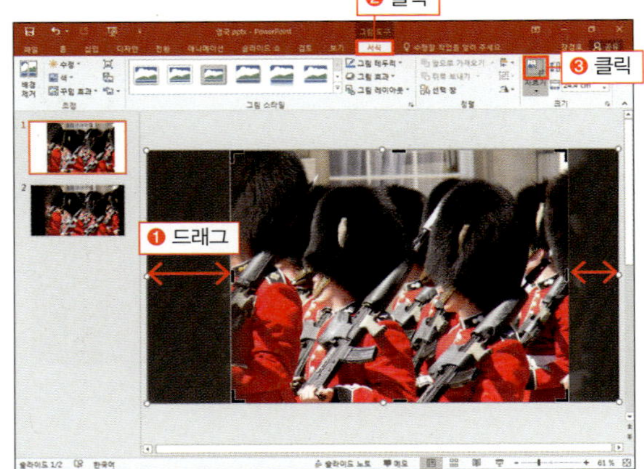

03_ 이번에는 도형 모양에 맞춰 그림을 넣어보겠습니다. 두 번째 슬라이드의 이미지를 선택하고 [그림 도구]–[서식] 탭–[크기] 그룹에서 [자르기] 아랫부분을 클릭한 다음 [도형에 맞춰 자르기]에서 원하는 도형 모양을 클릭합니다.

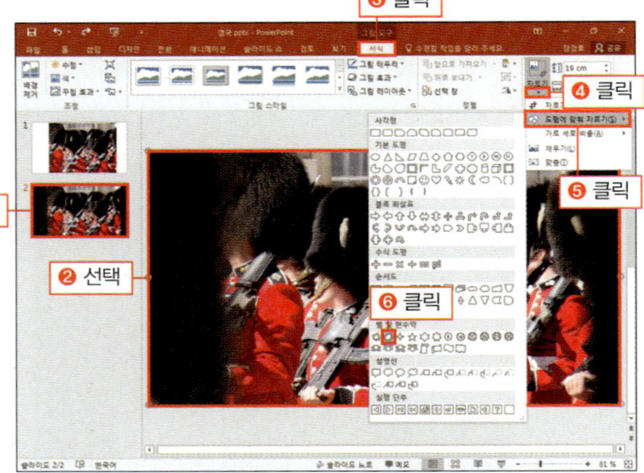

04_ 도형에 맞춰 그림이 편집됩니다. 그림의 크기 및 위치를 조절한 후 완성합니다.

자르기 옵션 살펴보기

[그림 도구]-[서식] 탭-[크기] 그룹에서 [자르기] 아랫부분을 클릭하면 다양한 자르기 옵션을 선택할 수 있습니다.

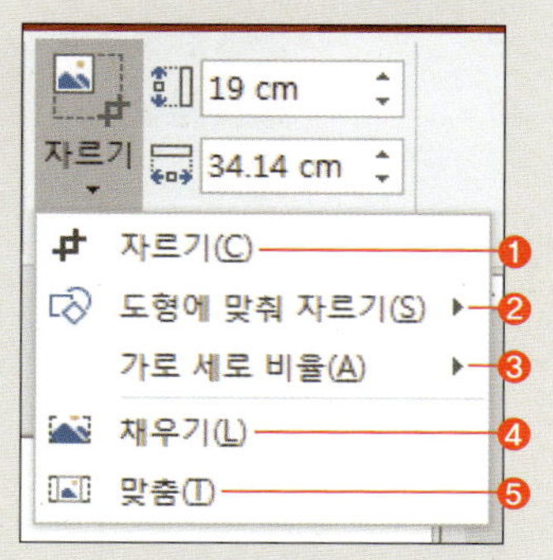

❶ **자르기 :** 원하는 가로, 세로 방향으로 그림을 자릅니다.

❷ **도형에 맞춰 자르기 :** 직사각형, 원형 등 도형의 모양에 맞춰 그림을 자릅니다.

❸ **가로, 세로 비율 :** 1대1, 2대3, 3대4 등 가로, 세로 비율을 유지하면서 그림을 자릅니다.

❹ **채우기 :** 채우기를 통해 자른 그림을 이동시킵니다.

❺ **맞춤 :** 잘라진 비율에 맞게 그림을 고정시킵니다.

스크린 샷과 화면 캡처하기

:: **준비파일** Part02₩Chapter02₩Section02₩실무카페.pptx | **완성파일** Part02₩Chapter02₩Section02₩실무카페_완성.pptx

스크린 샷이나 화면 캡처 기능을 이용하면 인터넷의 다양한 그림을 캡처하여 슬라이드에 삽입할 수 있습니다.

01_ 인터넷 브라우저를 실행한 후 스크린 샷 기능으로 파워포인트에 캡처할 'http://cafe.naver.com/ppt' 사이트로 이동합니다. 파워포인트로 돌아와서 [삽입] 탭–[이미지] 그룹에서 [스크린 샷]을 클릭하면 내 컴퓨터에 현재 띄워져 있는 창이 나타납니다. 이 중에 'http://cafe.naver.com/ppt' 사이트를 선택합니다.

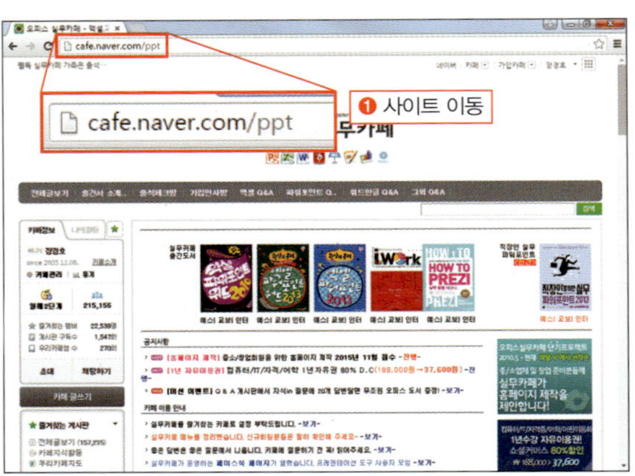

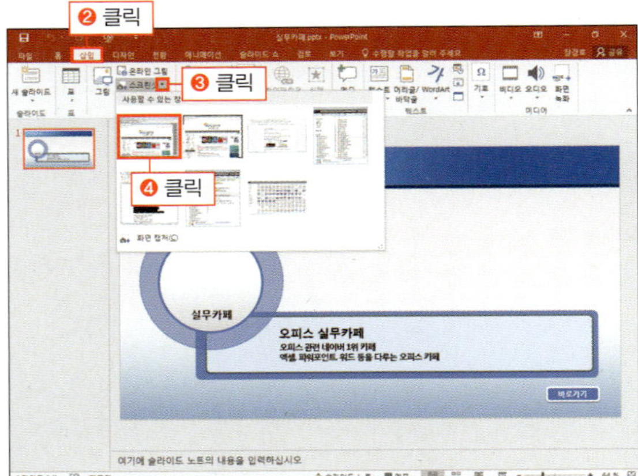

> **TIP** 스크린 샷 기능은 내 컴퓨터에서 파워포인트 이외의 다른 프로그램이 실행되어 있을 때 제대로 작동합니다. 캡처를 원하는 프로그램이나 인터넷 창을 실행한 후 본 기능을 진행합니다.

02_ [캡처된 브라우저 창의 URL로 자동 연결되는 하이퍼링크를 스크린 샷에 지정하시겠습니까?] 창이 나타납니다. 인터넷 창을 캡처했을 때 나타나는 경고 창으로 [예]를 클릭합니다. 그림이 삽입되면 [그림 도구]–[서식] 탭–[크기] 그룹에서 [자르기]를 통해 필요 없는 부분을 삭제한 후 위치 및 크기를 조정합니다.

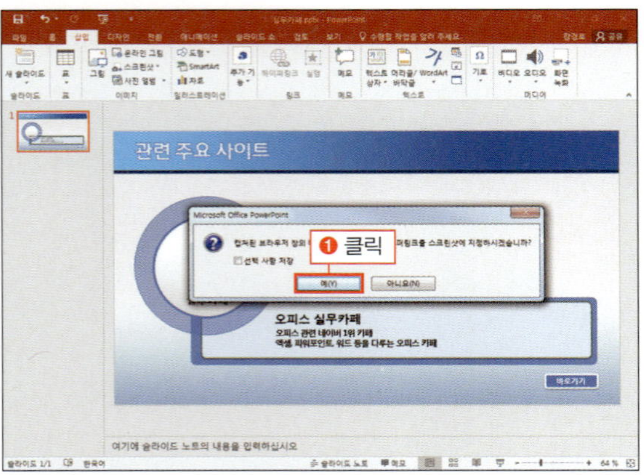

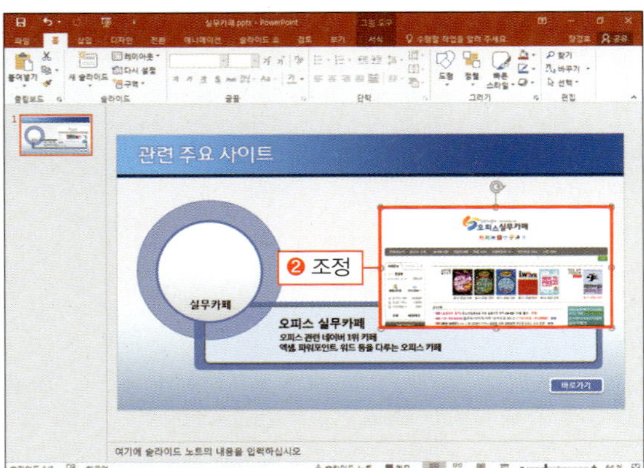

[캡처된 브라우저 창의 URL로 자동 연결되는 하이퍼링크를 스크린 샷에 지정하시겠습니까?] 창은 인터넷 창을 캡처했을 때 나타나는 경고 창으로 [예]를 클릭하면 슬라이드 쇼 진행 시 스크린 샷에 하이퍼링크가 자동 연결됩니다. 참고로, 본 경고 창은 인터넷 익스플로러에서만 작동하며, 구글 크롬 등에서는 작동하지 않습니다.

03_ 이번에는 'http://cafe.naver.com/ppt' 사이트의 로고를 슬라이드에 삽입해 보겠습니다. 인터넷 창을 통해 'http://cafe.naver.com/ppt' 사이트를 엽니다. 파워포인트로 돌아와 [삽입] 탭–[이미지] 그룹에서 [스크린 샷]–[화면 캡처]를 클릭합니다.

[화면 캡처] 기능은 바로 전에 실행한 프로그램 화면이 캡처되는 기능입니다. 캡처를 하고 싶은 화면을 먼저 실행한 후 [삽입] 탭–[이미지] 그룹에서 [스크린 샷]–[화면 캡처]를 클릭합니다.

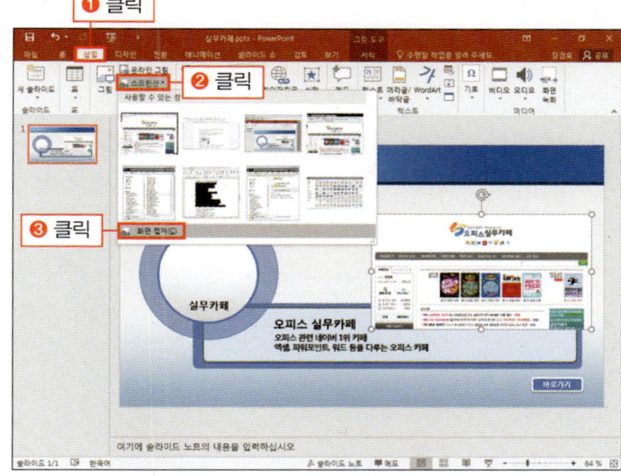

04_ 캡처할 창이 나타나면 원하는 부분을 드래그하여 선택합니다.

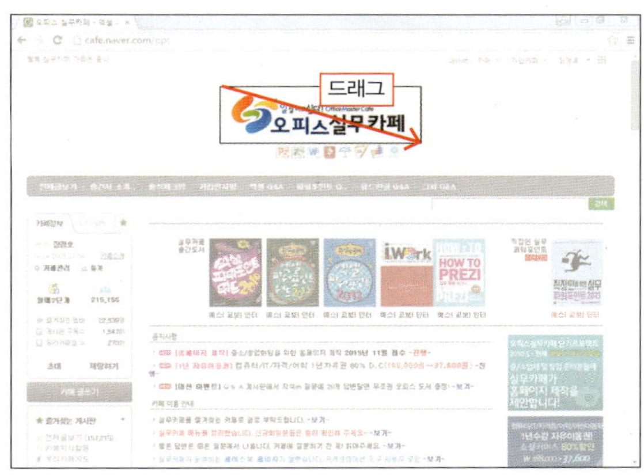

05_ 캡처한 영역이 슬라이드 편집 화면에 나타납니다. 크기 및 위치를 조정하여 완성합니다.

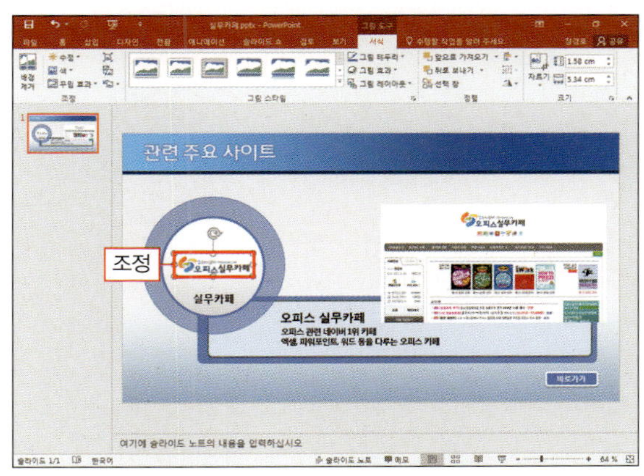

:: **준비파일** Part02₩Chapter02₩Section02₩album_01.jpg, album_02.jpg, album_03.jpg, album_04.jpg
　완성파일 Part02₩Chapter02₩Section02₩사진앨범_완성.pptx

하드 디스크나 디지털 카메라에 담겨 있는 사진을 슬라이드에 삽입하고 캡션을 추가한 후 테마를 적용하면 멋진 앨범을 만들 수 있습니다.

01_ 새 프레젠테이션을 준비합니다. [삽입] 탭–[이미지] 그룹에서 [사진 앨범]의 윗부분이나 아랫부분의 [새 사진 앨범]을 클릭합니다.

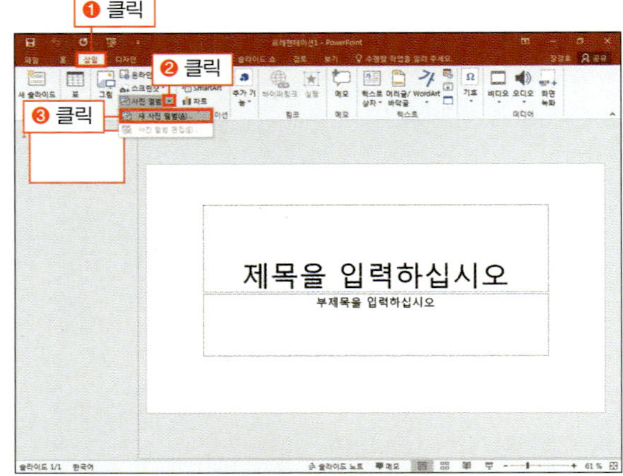

02_ [사진 앨범] 대화상자가 나타나면 [파일/디스크]를 클릭합니다. [새 그림 삽입] 대화상자가 나타나면 ‘album _01.jpg’, ‘album_02.jpg’, ‘album_03.jpg’, ‘album_04.jpg’ 파일을 모두 선택한 후 [삽입]을 클릭합니다.

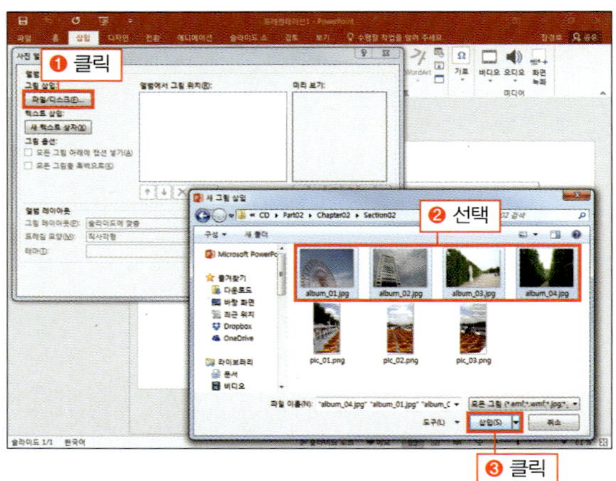

03_ [사진 앨범] 대화상자가 나타나면 [앨범에서 그림 위치]에서 그림의 순서를 조절합니다. [앨범에서 그림 위치]에서 'album_04'에 체크 표시를 한 후 [위]를 여러 번 클릭하여 제일 위로 이동시킵니다. [그림 레이아웃]에서 '슬라이드에 맞춤'을 선택하고 [테마]에서 [찾아보기]를 클릭합니다.

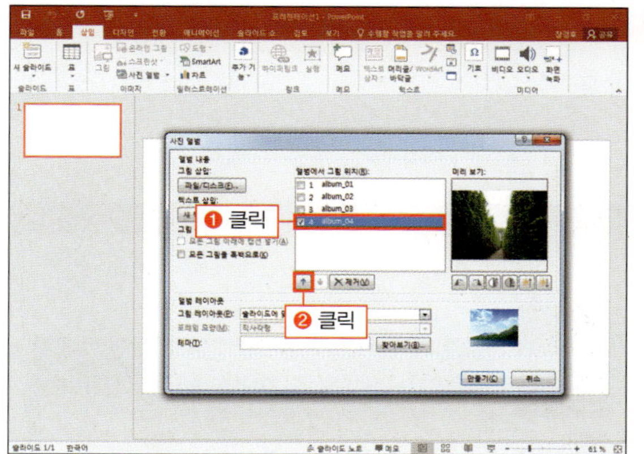
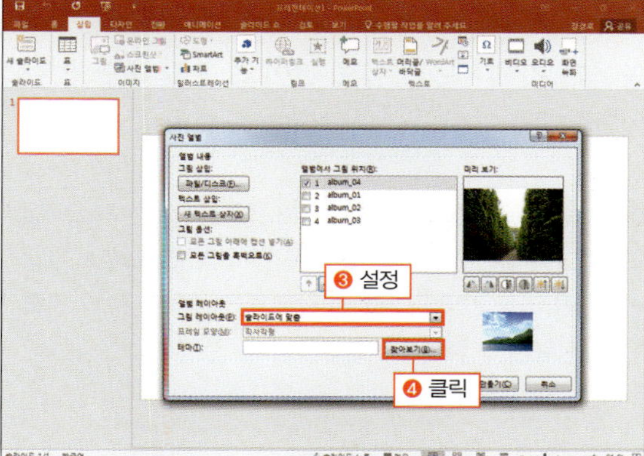

그림의 서식은 [미리 보기] 창의 하단에 있는 밝기 및 대비, 색상 톤 등을 통해 변경할 수 있습니다.

04_ [테마 선택] 대화상자가 나타나면 원하는 테마를 선택하고 [선택]을 클릭한 후 [만들기]를 클릭합니다.

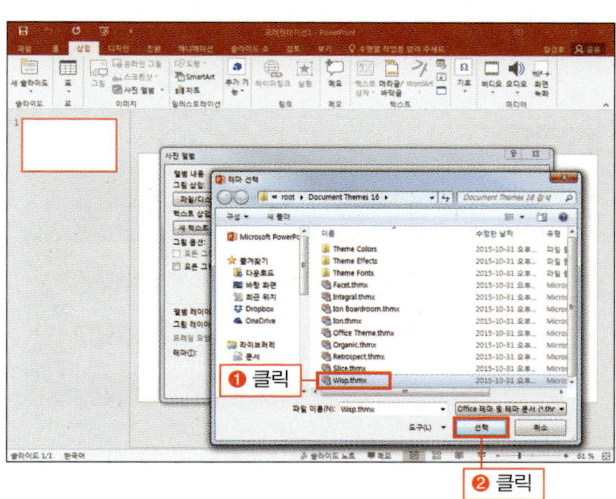
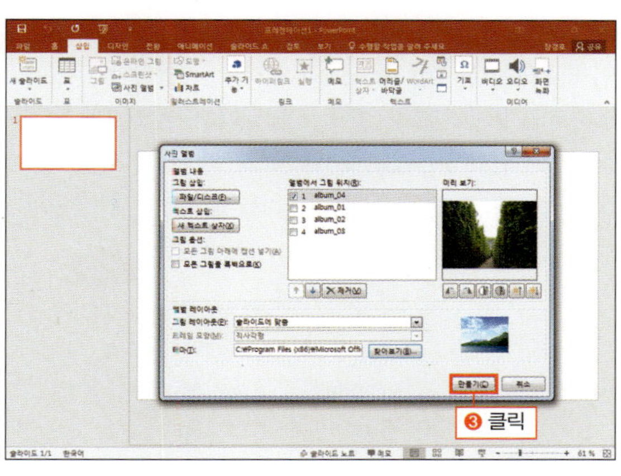

05_ 테마가 적용되면서 사진 앨범이 완성됩니다.

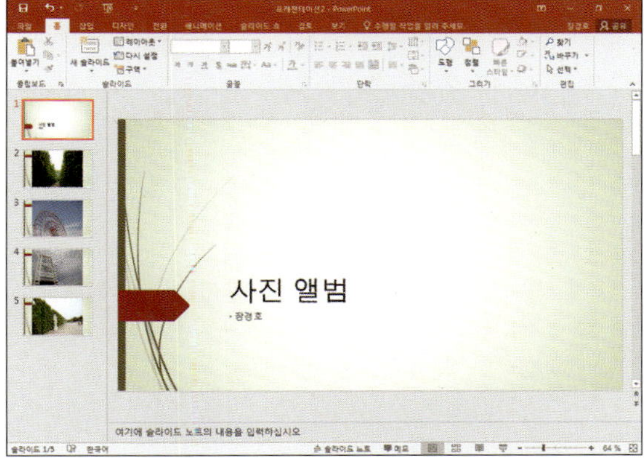

SmartArt 그래픽 삽입하기

:: **준비파일** Part02₩Chapter02₩Section02₩오피스스쿨.pptx | **완성파일** Part02₩Chapter02₩Section02₩오피스스쿨_완성.pptx

텍스트보다 도해로 구성된 슬라이드가 청중들을 설득하는데 있어 더 효과적입니다. 하지만, 도해를 만들기 위해서는 시간도 많이 소요될 뿐만 아니라 만들기도 쉽지 않습니다. 이럴 때 사용할 수 있는 기능이 바로 SmartArt(스마트아트)입니다.

01_ 스마트아트를 삽입하기 위해 [삽입] 탭–[일러스트레이션] 그룹에서 [SmartArt]를 클릭합니다. [SmartArt 그래픽 선택] 대화상자가 나타나면 [목록형]–[세로 상자 목록형]을 선택한 후 [확인]을 클릭합니다.

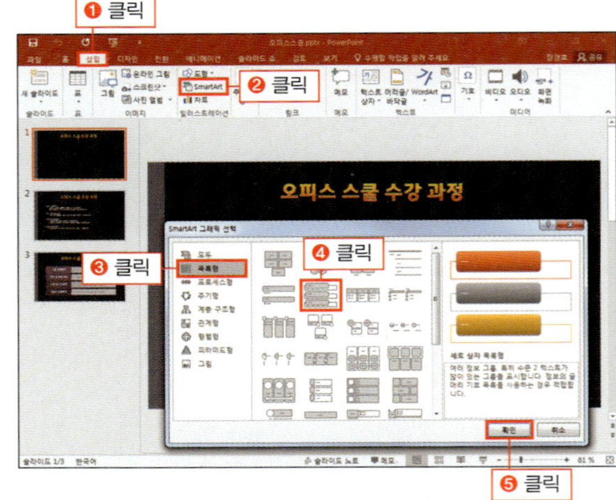

02_ 스마트아트가 슬라이드에 삽입됩니다. 스마트아트의 테두리를 선택한 후 크기와 위치를 변경합니다. 스마트아트와 함께 텍스트 창이 나타납니다. 만일, [텍스트] 창이 표시되지 않는다면 [SmartArt 도구]–[디자인] 탭–[그래픽 만들기] 그룹에서 [텍스트] 창을 클릭합니다.

TIP

[텍스트] 창은 [SmartArt 도구]–[디자인] 탭–[그래픽 만들기] 그룹에서 [텍스트 창]을 클릭하거나 스마트아트의 왼쪽 중앙에 있는 [컨트롤](❮), (❯)을 클릭하여 열거나 닫을 수 있습니다.

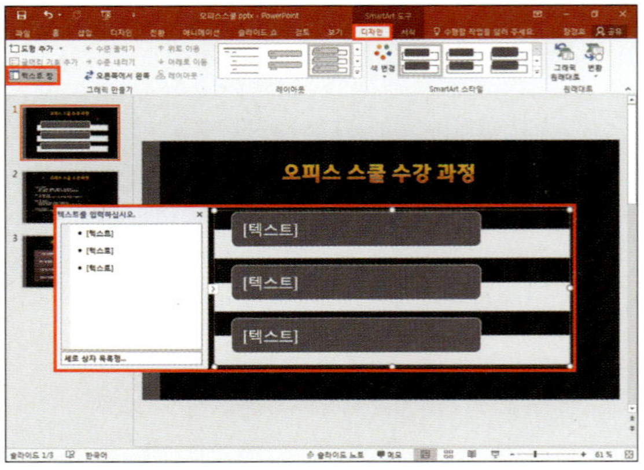

03_ [텍스트] 창에 그림과 같이 텍스트를 입력합니다.

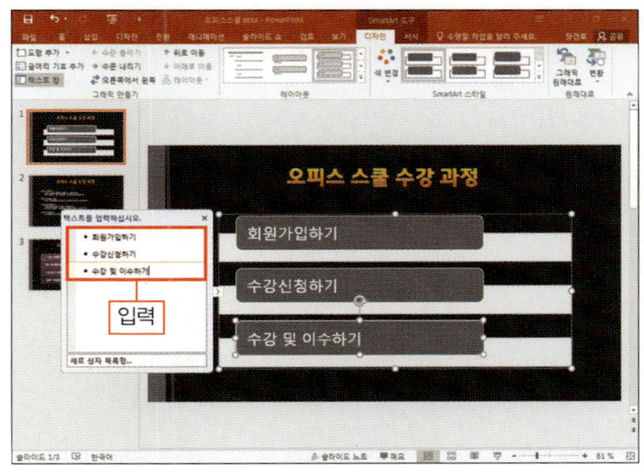

04_ 스마트아트 그래픽에 도형을 추가해 보겠습니다. '수강 및 이수하기' 도형이 선택된 상태로 [SmartArt 도구]-[디자인] 탭-[그래픽 만들기] 그룹에서 [도형 추가]-[뒤에 도형 추가]를 클릭합니다.

> **TIP**
>
> [텍스트] 창에서 Enter를 눌러 도형을 추가할 수도 있습니다.

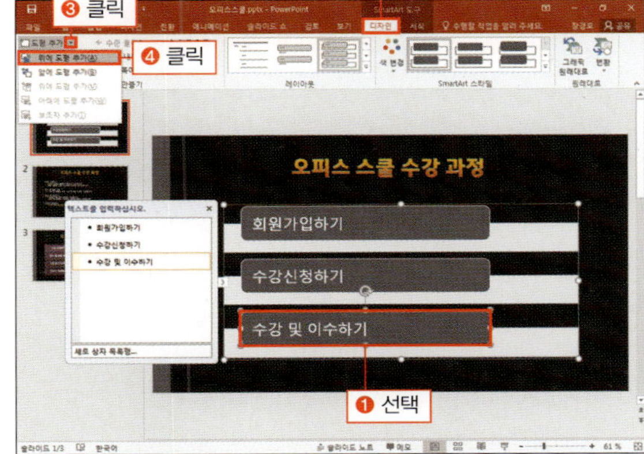

05_ 도형이 추가되면 『인증서 발급하기』를 입력합니다. [SmartArt 도구]-[디자인] 탭-[그래픽 만들기] 그룹에서 [텍스트 창]을 클릭하여 [텍스트] 창을 닫습니다.

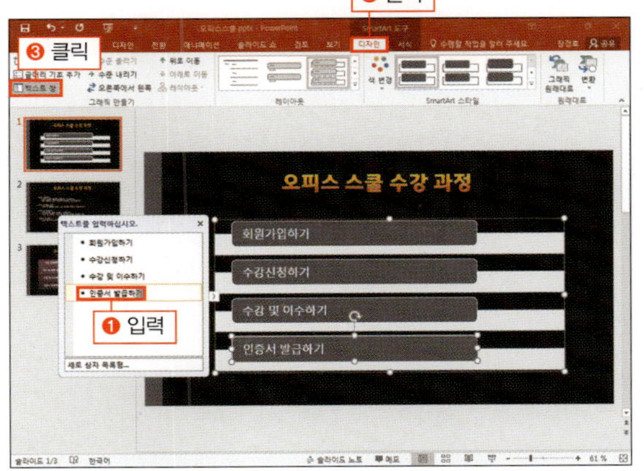

SmartArt 그래픽 색상 및 스타일 변경하기

:: **준비파일** Part02₩Chapter02₩Section02₩오피스스쿨(2).pptx | **완성파일** Part02₩Chapter02₩Section02₩오피스스쿨(2)_완성.pptx

스마트아트를 슬라이드에 삽입하고, 원하는 색상이나 스타일을 지정할 수 있습니다.

01_ 스마트아트의 테두리를 선택합니다. 색상을 변경하기 위해 [SmartArt 도구]-[디자인] 탭-[SmartArt 스타일] 그룹에서 [색 변경]을 클릭합니다. 나타나는 다양한 갤러리 중에서 원하는 색상을 선택합니다.

> **TIP**
>
> 스마트아트에 포함된 각종 도형의 색상을 하나씩 변경할 수도 있습니다. 도형 하나를 선택한 다음 색상을 지정하면 됩니다.

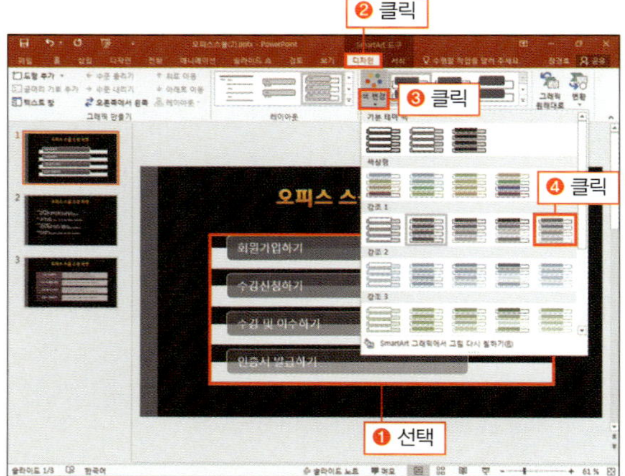

02_ 색상이 변경되면 이번에는 스마트아트의 스타일을 변경해 보겠습니다. [SmartArt 도구]-[디자인] 탭의 [SmartArt 스타일] 그룹에서 [자세히]를 클릭한 후 다양한 갤러리 중에서 원하는 스타일을 선택합니다.

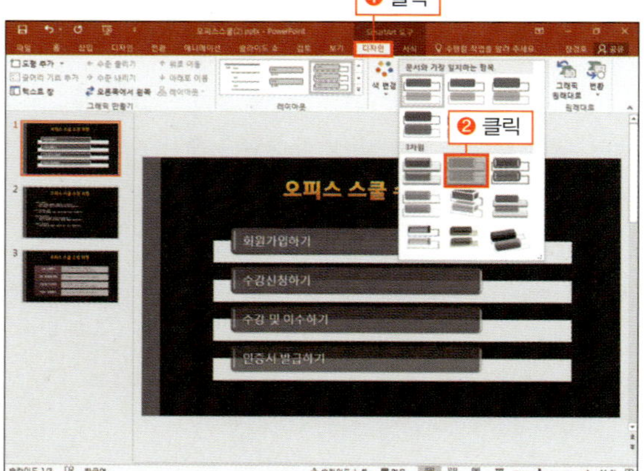

SmartArt 그래픽을 다른 도형으로 변경하기

:: **준비파일** Part02₩Chapter02₩Section02₩오피스스쿨(3).pptx | **완성파일** Part02₩Chapter02₩Section02₩오피스스쿨(3)_완성.pptx

스마트아트도 사실상 여러 가지 도형으로 구성된 도형 집합체입니다. 그렇기에 삽입된 도형을 다른 도형으로 얼마든지 변경할 수 있습니다.

01_ 스마트아트를 선택한 상태에서 [SmartArt 도구]–[디자인] 탭–[레이아웃] 그룹에서 [자세히]를 클릭한 후 원하는 모양을 선택합니다. 여기서는 [기타 레이아웃]을 선택합니다.

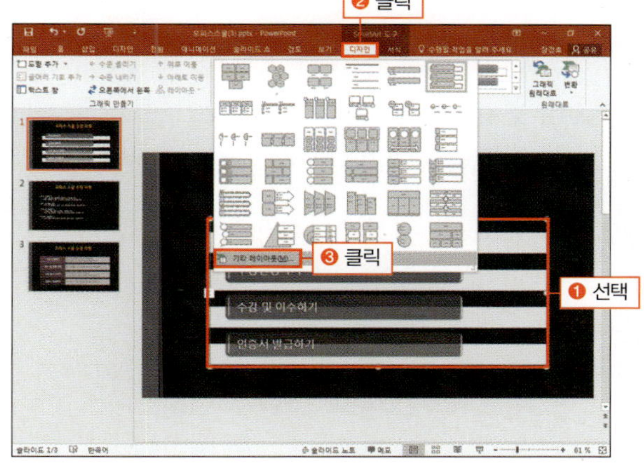

02_ [SmartArt 그래픽 선택] 대화상자가 나타나면 변경하고 싶은 스마트아트를 선택합니다. 여기서는 [목록형]의 [세로 곡선 목록형]을 선택하고 [확인]을 클릭합니다. 스마트아트 모양이 변경됩니다.

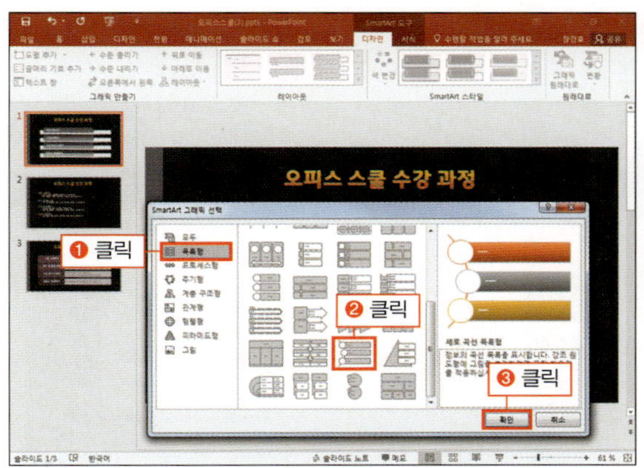

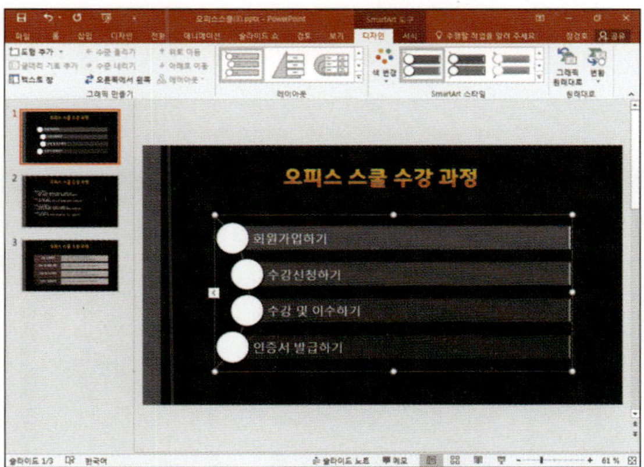

텍스트를 SmartArt 그래픽으로 변경하기

⠿ 준비파일 Part02₩Chapter02₩Section02₩오피스스쿨(4).pptx | **완성파일** Part02₩Chapter02₩Section02₩오피스스쿨(4)_완성.pptx

슬라이드에 입력한 텍스트를 스마트아트로 간단히 변경할 수 있습니다. 스마트아트 역시 텍스트나 도형으로 간단히 변환할 수 있습니다.

01_ 먼저 텍스트 상자에 작성되어 있는 개체를 선택해 스마트아트로 변경해 보겠습니다. 두 번째 슬라이드를 선택한 후 텍스트 개체 틀을 클릭합니다. [홈] 탭–[단락] 그룹에서 [SmartArt로 변환]–[세로 블록 목록형]을 클릭합니다.

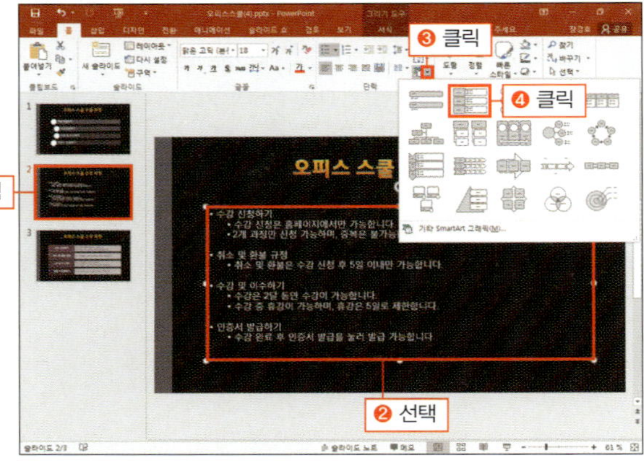

TIP

원하는 스마트아트가 없다면 [기타 SmartArt 그래픽]을 클릭하여 [SmartArt 그래픽 선택] 대화상자에서 선택합니다.

02_ 텍스트가 세로 분류 목록형으로 변경됩니다. 스마트아트의 크기 및 위치를 적절히 조정한 후 [SmartArt 도구]–[디자인] 탭–[SmartArt 스타일] 그룹에서 [색 변경]을 클릭한 후 원하는 색상을 선택합니다. 마찬가지로 [SmartArt 도구]–[디자인] 탭–[SmartArt 스타일] 그룹에서 [자세히]를 클릭해 원하는 스타일을 선택합니다.

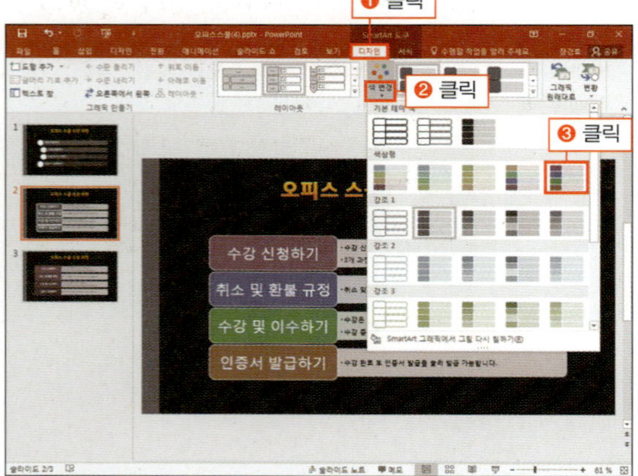
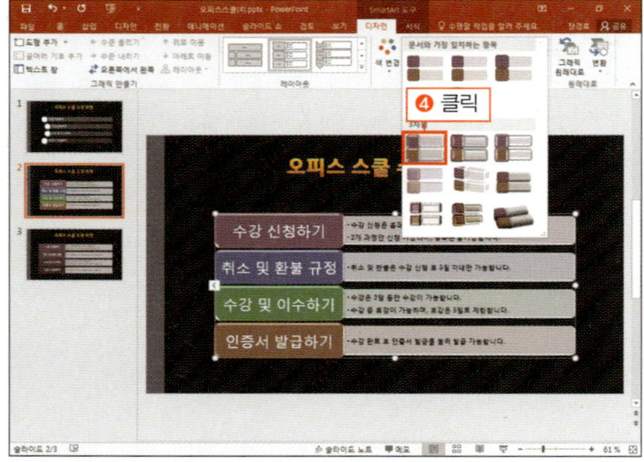

03_ 이번에는 스마트아트를 텍스트로 변환하기 위해 세 번째 슬라이드를 선택합니다. 스마트아트를 선택한 상태에서 [SmartArt 도구]–[디자인] 탭–[원래대로] 그룹에서 [변환]–[텍스트로 변환]을 클릭합니다.

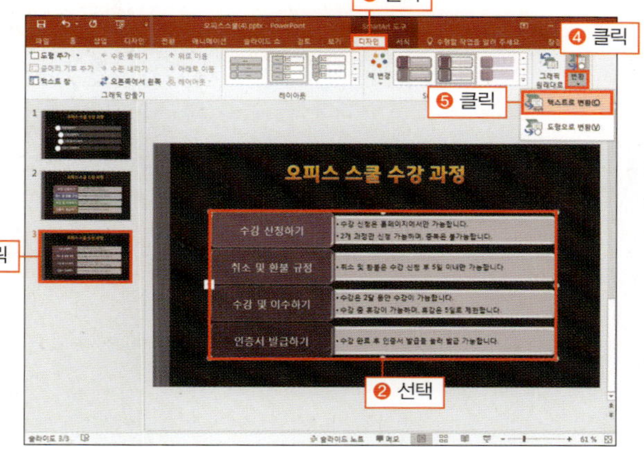

04_ 스마트아트가 텍스트로 변경됩니다. 줄 간격을 비롯해 텍스트 개체 틀을 수정합니다.

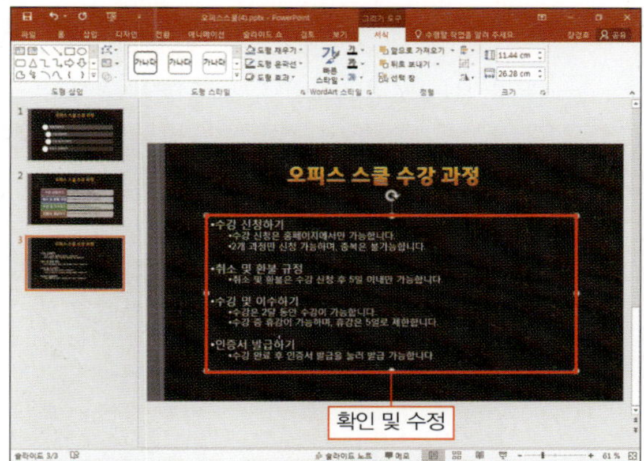

05_ 이번에는 스마트아트를 도형 개체로 변경해 보겠습니다. 다시, 두 번째 슬라이드를 선택하고 스마트아트를 선택합니다. 스마트아트는 하나의 개체로 움직이지만 도형으로 변환하면 개별 개체로 만들 수 있습니다. [SmartArt 도구]–[디자인] 탭–[원래대로] 그룹에서 [변환]–[도형으로 변환]을 클릭합니다.

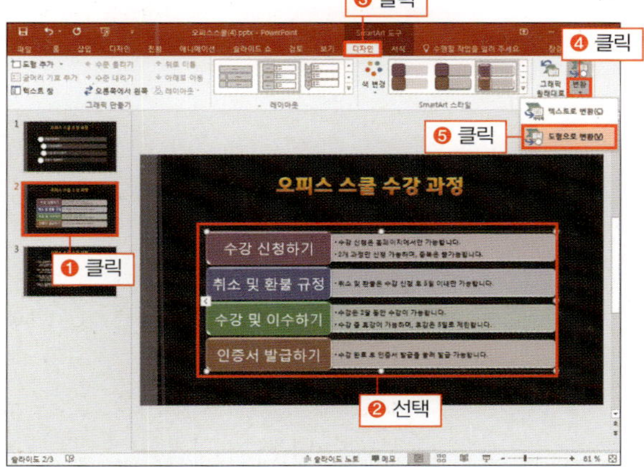

06_ 탭의 명칭이 [그리기 도구]–[서식] 탭으로 변경된 것을 확인할 수 있습니다. 처음 변환되면 도형이 그룹으로 묶여있기 때문에 그룹 해제가 필요합니다. 도형 개체를 마우스 오른쪽 버튼으로 선택한 후 [그룹화]–[그룹 해제]를 선택합니다.

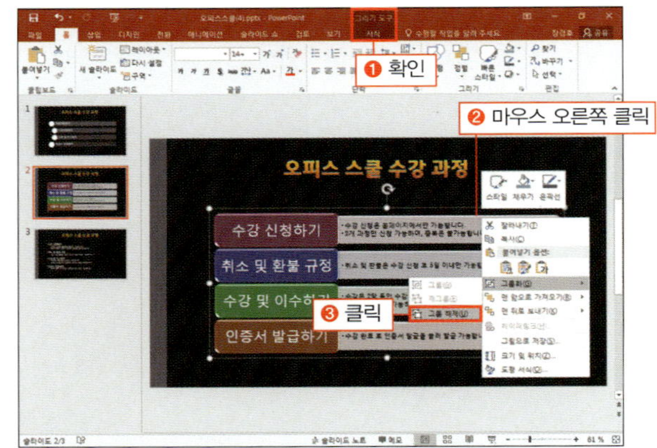

07_ 이제 도형의 간격 조정이나 다양한 서식을 적용할 수 있습니다. 도형을 선택하고 간격을 비롯해 슬라이드 크기에 맞게 조정합니다.

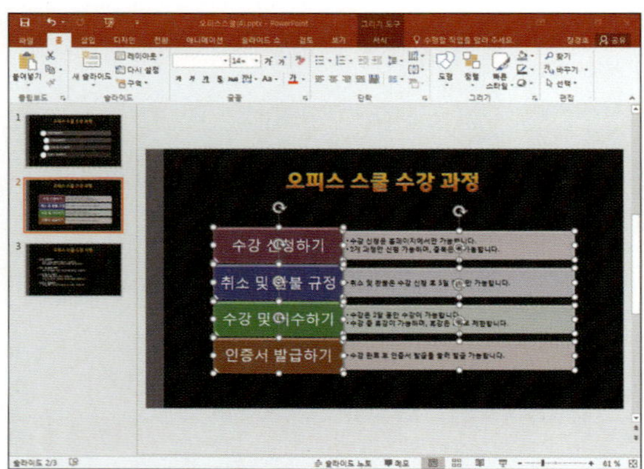

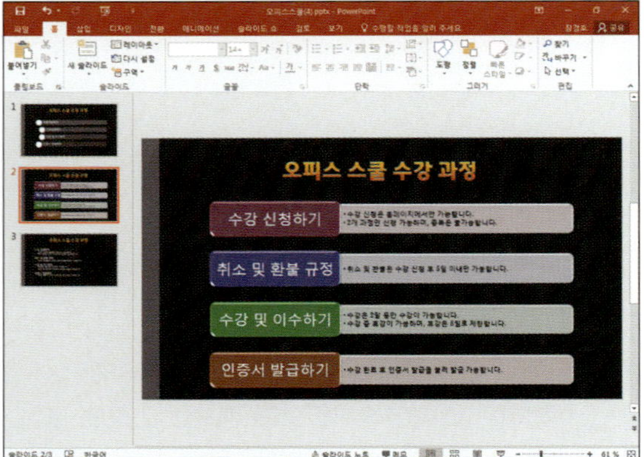

페이스북 연결하고, 내 계정의 그림 가져오기

파워포인트는 페이스북이나 원드라이드 등 본인의 계정에 접속하여 그림을 가져올 수 있습니다. 여기서는 페이스북에 접속하여 그림을 가져오는 방법에 대해서 살펴보겠습니다.

준비 파일 Part02₩Chapter02₩Section02₩페이스북.pptx

완성 파일 Part02₩Chapter02₩Section02₩페이스북_완성.pptx

01 페이스북을 파워포인트에 연결하기 위해서는 연결된 서비스에 페이스북을 추가해야 합니다. [삽입] 탭-[이미지] 그룹에서 [온라인 그림]을 클릭합니다. [그림 삽입] 창이 나타나고 그림 삽입 항목에 페이스북이 없다면 [추가로 삽입할 소스:]에서 페이스북 아이콘을 클릭합니다.

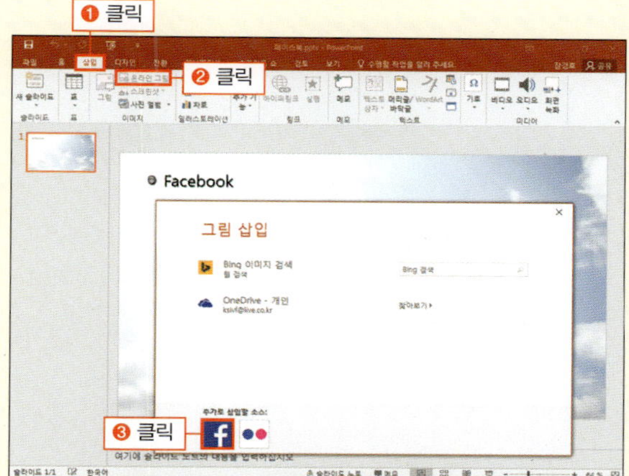

TIP

이미 연결된 서비스에 페이스북이 있다면 본 과정은 생략합니다.

02 잠시 후 페이스북 창이 나타나면 [연결]을 클릭한 후 본인의 페이스북 아이디 및 패스워드를 입력하여 계정에 연결합니다.

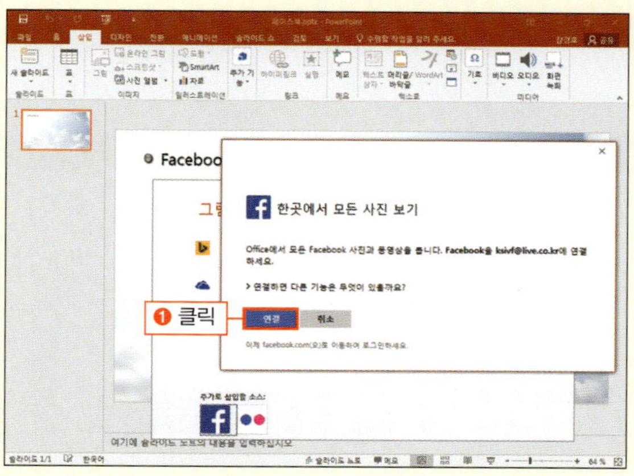

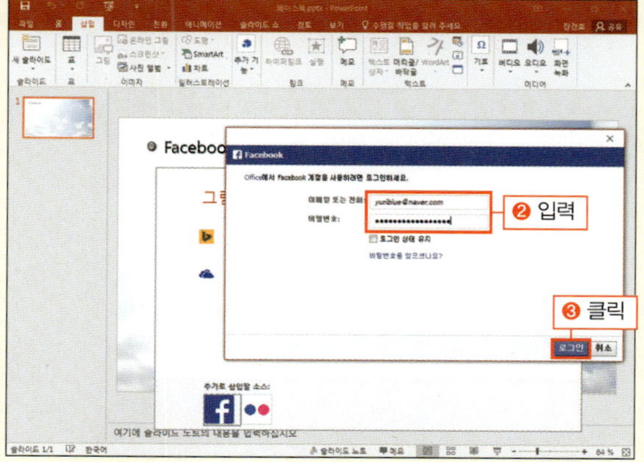

TIP

페이스북(facebook)은 전 세계에서 가장 많은 사용자를 확보한 소셜 네트워크 서비스(Social Network Service, SNS)입니다. 한국의 싸이월드와 유사한 서비스로써 개인의 일상이나 관심사를 공유하는 사이트입니다. 페이스북 계정이 없다면 'http://www.facebook.com'에 접속하여 가입할 수 있습니다.

03 연결이 완료되면 [완료]를 클릭합니다.

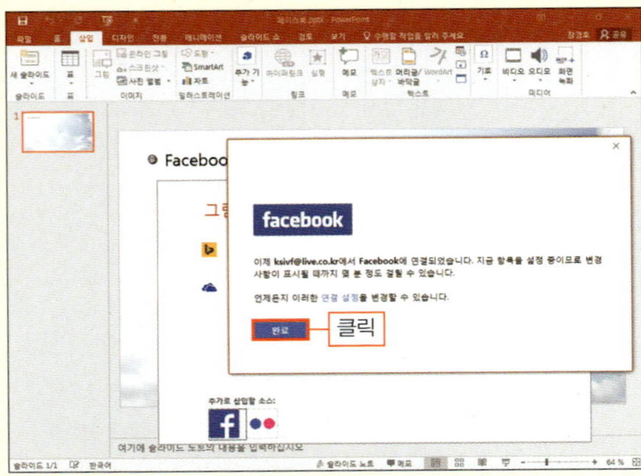

04 다시 [그림 삽입] 창이 나타납니다. [Facebook]이 [그림 삽입] 창에 나타나면 [Facebook]에서 [찾아보기]를 클릭합니다.

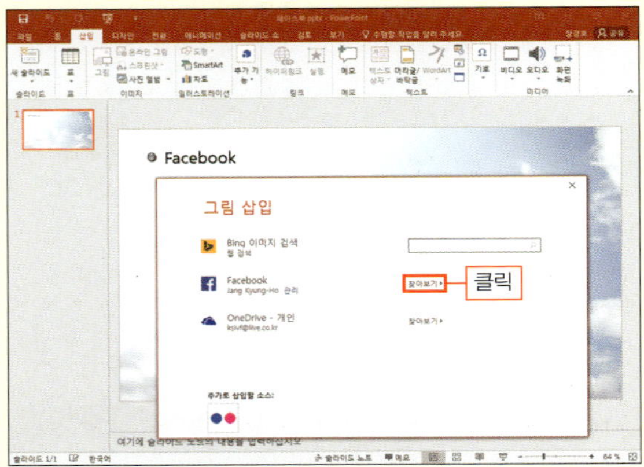

05 페이스북의 모든 앨범이 나타납니다. 원하는 항목을 두 번 클릭합니다.

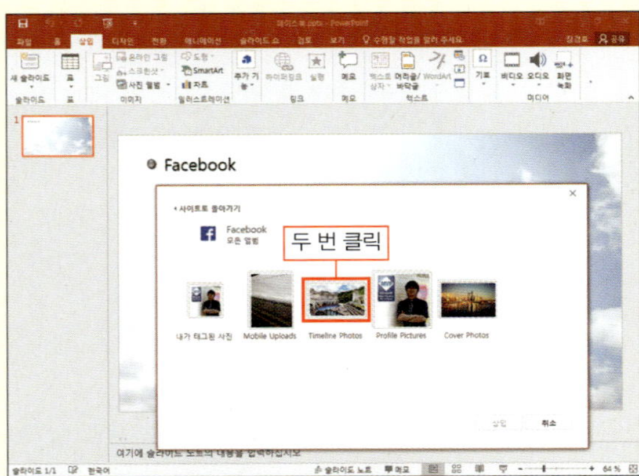

> **TIP**
>
> 페이스북에 표시되는 그림은 사용자에 따라 모두 다르게 나타납니다.

06 항목에 해당하는 그림이 나타납니다. 원하는 그림을
선택하고 [삽입]을 클릭합니다.

07 페이스북에 저장되어 있는 그림이 파워포인트 슬라
이드에 추가됩니다.

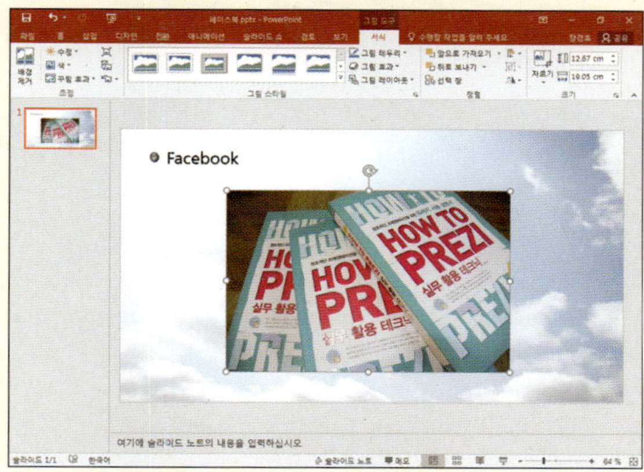

1 파워포인트에 삽입되어 있는 그림을 원하는 도형 모양으로 변경할 수 있습니다. 여기서는 그림을 별 모양으로 변경해 보세요.

◎ 준비파일 : Part02₩Chapter02₩Check₩사진.pptx　　◎ 완성파일 : Part02₩Chapter02₩Check₩사진_완성.pptx

힌트

❶ [그림 도구]–[서식] 탭–[크기] 그룹에서 [자르기]의 아랫부분을 클릭하고 [도형에 맞춰 자르기]를 선택한 후 원하는 도형을 선택합니다.

---

2 [서식] 탭–[도형] 그룹에서 [도형 모양 변경]을 이용하여 스마트아트 중앙의 도형을 빗면 도형으로 변경해 보세요.

◎ 준비파일 : Part02₩Chapter02₩Check₩시스템.pptx　　◎ 완성파일 : Part02₩Chapter02₩Check₩시스템_완성.pptx

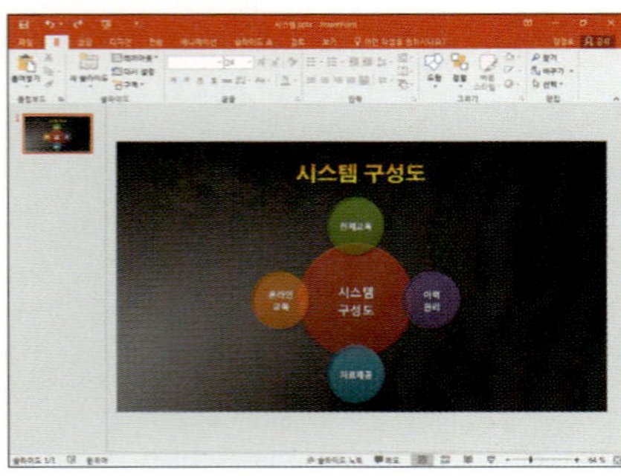

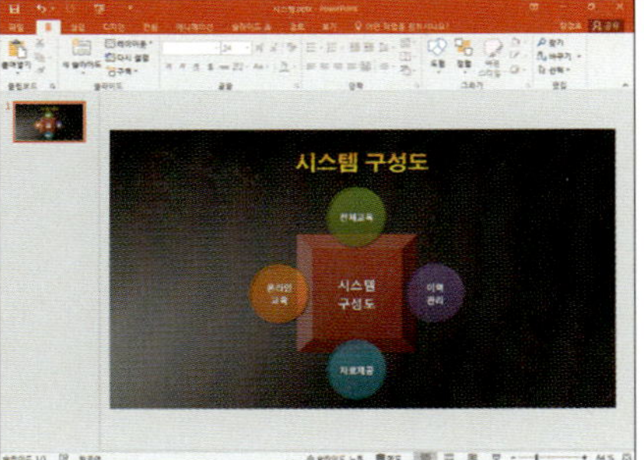

힌트

❶ [서식] 탭–[도형] 그룹에서 [도형 모양 변경]을 클릭합니다.
❷ [기본 도형]–[빗면] 도형을 선택합니다.

Section# 03

표와 차트 작성하기

프레젠테이션에서는 수많은 텍스트와 수치 데이터가 오고 갑니다. 이럴 때 표를 이용하여 복잡한 텍스트를 일목요연하게 작성하고, 차트를 이용하여 보기에도 골치 아픈 수치 데이터를 한 눈에 볼 수 있게 작성한다면 파워포인트를 제대로 활용하고 있는 것입니다. 여기서는 표와 차트 기능에 대해서 살펴보겠습니다.

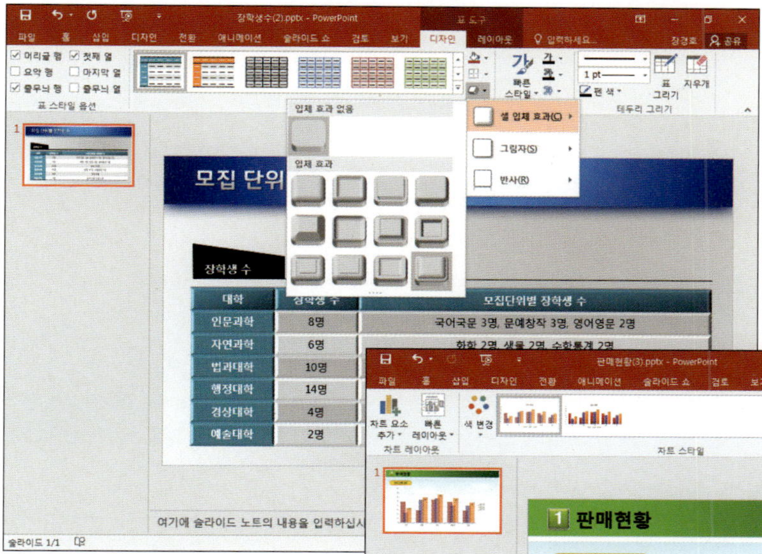

▲ 표 디자인 변경하고 음영 지정하기

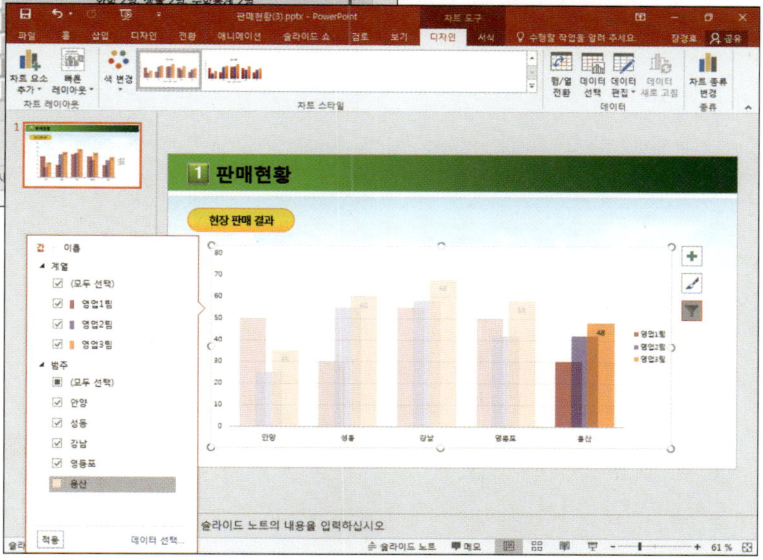

▲ 차트 레이아웃과 데이터 요소

이번 섹션에서 배울 주요 내용

- 표 삽입하고 셀 추가하기
- 표 디자인 변경하고 음영 지정하기
- 엑셀 워크시트를 통해 표 작업하기
- 엑셀 표를 파워포인트에 연동하기
- 차트 삽입하고 데이터 입력하기
- 차트 스타일과 색 변경하기
- 차트 레이아웃과 데이터 요소
- **스페셜** 원형 차트로 변경하고 3차원 효과 적용하기

표 삽입하고 셀 추가하기

:: **준비파일** Part02₩Chapter02₩Section03₩장학생수.pptx | **완성파일** Part02₩Chapter02₩Section03₩장학생수_완성.pptx

표 삽입에는 '모형대로 표 삽입, 행과 열을 입력하여 표 삽입, 표 그리기, Excel 스프레드시트로 표 작성하기'의 4가지 방법이 있습니다. 여기서는 가장 흔히 사용하는 [삽입] 탭-[표] 그룹에서 [표]를 이용해 삽입하는 방법에 대해서 살펴보겠습니다.

01_ [삽입] 탭-[표] 그룹에서 [표]를 클릭합니다. 표 삽입 셀이 나타나면 마우스 포인터를 드래그하여 원하는 가로 및 세로 개수를 선택합니다. 여기서는 가로 3칸, 세로 6칸을 드래그하여 선택합니다.

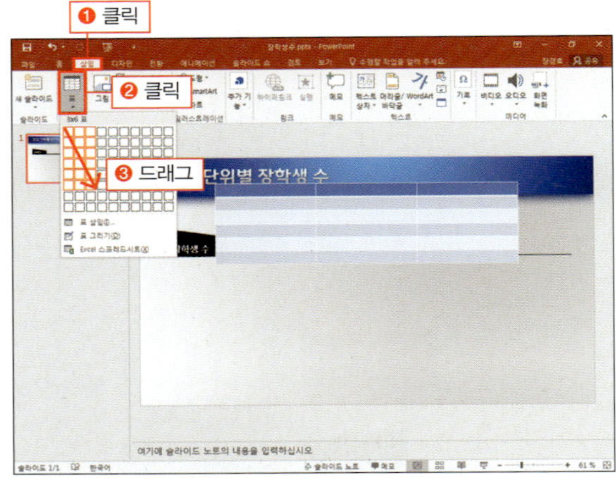

02_ 표가 슬라이드에 삽입되면 표의 크기와 위치를 조정한 다음 아래와 같이 텍스트를 입력합니다.

대학	장학생 수	모집 단위별 장학생 수
인문과학	8명	국어국문 3명, 문예창작 3명, 영어영문 2명
자연과학	6명	화학 2명, 생물 2명, 수학통계 2명
법과대학	10명	법학 10명
행정대학	14명	행정 10명, 경찰행정 4명
경상대학	4명	경영 4명

> **TIP**
>
> 셀에 텍스트를 입력한 후 `Tab`을 누르면 다음 셀에 텍스트를 입력할 수 있으며, 기존 셀에 되돌아가고 싶다면 `Shift` + `Tab`을 누릅니다.

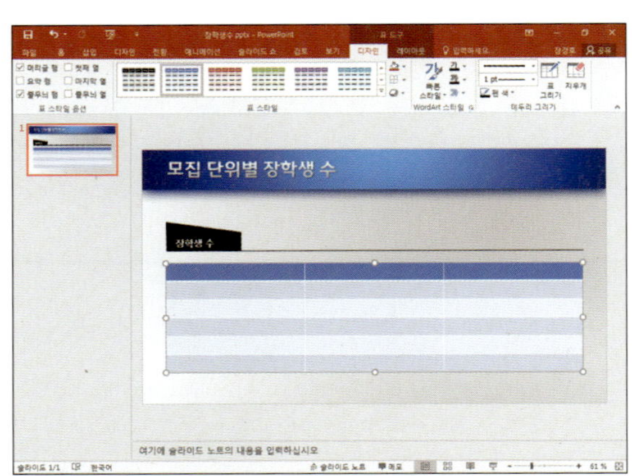

03_ 셀을 추가해 보겠습니다. 셀을 추가하고 싶은 부분을 선택합니다. 여기서는 '경상대학' 셀에 마우스 포인터를 위치시킨 후 [표 도구]–[레이아웃] 탭–[행 및 열] 그룹에서 [아래에 삽입]을 클릭합니다.

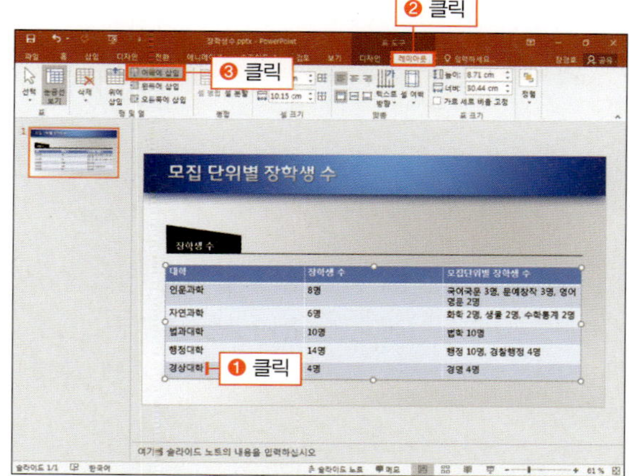

> **TIP**
>
> 표 작업을 하다보면 셀을 추가해야 하는 경우가 발생합니다. [표 도구]–[레이아웃] 탭–[행 및 열] 그룹을 이용하거나 셀을 선택한 후 마우스 오른쪽 버튼을 클릭하고 [셀 분할]을 선택하면 셀을 추가할 수 있습니다.

04_ 표 안에 행이 추가됩니다. 추가된 셀에 텍스트를 입력합니다.

대학	장학생 수	모집 단위별 장학생 수
예술대학	2명	음악 1명, 미술 1명

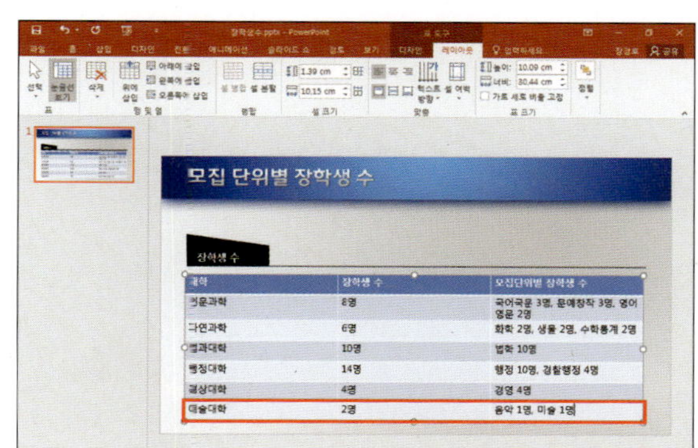

05_ 첫 번째 열을 선택하고 [표 도구]–[레이아웃] 탭–[셀 크기] 그룹에서 [표 열 너비]에 『5』를 입력하여 열 너비를 조정합니다. 나머지 열도 같은 방법으로 너비를 조정합니다.

첫 번째 열 : 5	
두 번째 열 : 5	
세 번째 열 : 21	

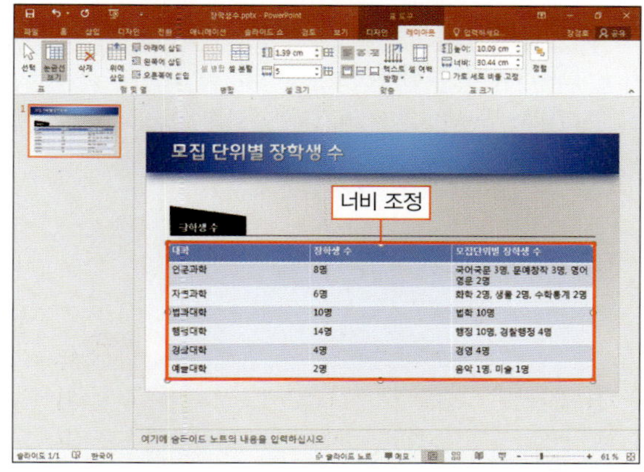

> **TIP**
>
> [표 도구]–[레이아웃] 탭–[셀 크기] 그룹에서 [표 열 너비] 입력란을 통해 너비를 조정할 수 있지만 표의 셀 테두리를 드래그하여 조정할 수도 있습니다.

표 디자인 변경하고 음영 지정하기

:: **준비파일** Part02₩Chapter02₩Section03₩장학생수(2).pptx | **완성파일** Part02₩Chapter02₩Section03₩장학생수(2)_완성.pptx

표 스타일마다 독특한 테두리와 음영을 조합하여 표 모양을 다르게 지정할 수 있습니다.

01_ 표 안의 텍스트를 정렬하기 위해 표를 드래그하여 선택하고 [표 도구]-[레이아웃] 탭-[맞춤] 그룹에서 [가운데 맞춤], [세로 가운데 맞춤]을 각각 클릭하여 텍스트를 정렬합니다.

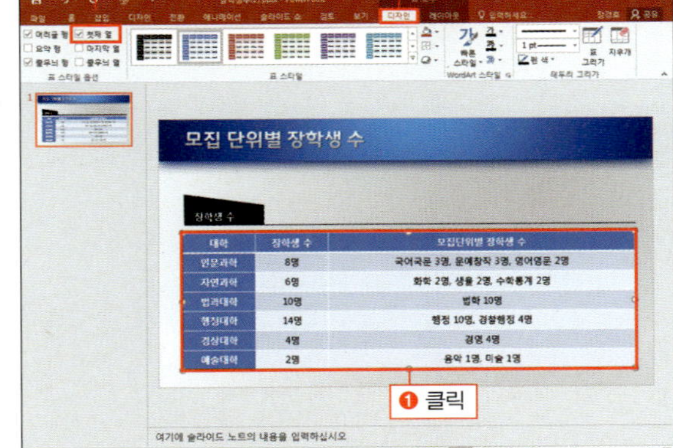

02_ 표를 선택하고 [표 도구]-[디자인] 탭-[표 스타일 옵션] 그룹에서 [첫째 열]에 체크하면 첫 번째 열에 스타일이 지정됩니다.

> **TIP**
> 표 스타일 옵션을 지정하면 표 스타일 갤러리의 스타일도 함께 변경됩니다.

03_ [표 스타일] 그룹에서 [자세히]를 클릭한 후 원하는 표 스타일을 선택합니다. 여기서는 [보통 스타일 3, 강조 5]를 선택합니다.

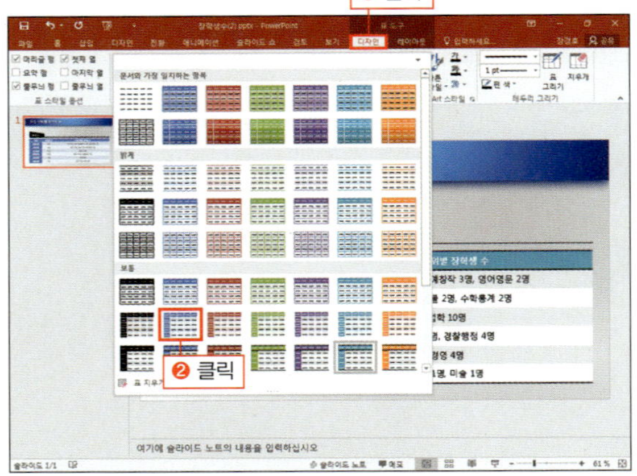

> **TIP**
> 표 스타일 지정을 해제하려면 [표 도구]-[디자인] 탭-[표 스타일] 그룹에서 [자세히]를 클릭한 후 [스타일 없음, 눈금 없음]을 선택합니다.

04_ 이번에는 음영을 지정하기 위해 첫 번째 행을 드래 그하여 선택합니다. [표 도구]-[디자인] 탭-[표 스타일] 그 룹에서 [음영]-[그라데이션]을 클릭하고 원하는 형식을 선택합니다.

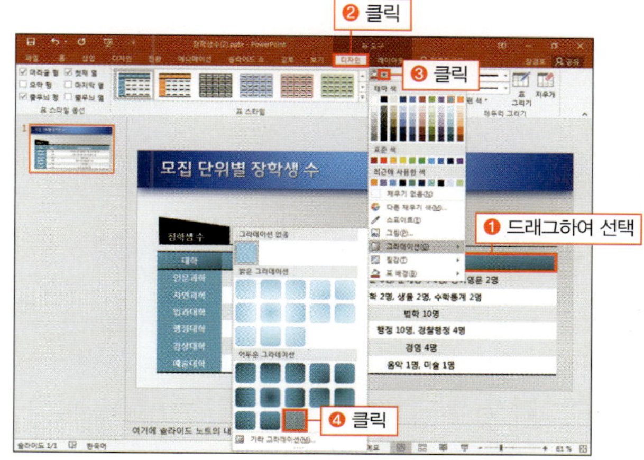

> **TIP**
>
> 표 디자인을 변경하여 원하는 스타일을 선택해도 그라 데이션이나 다른 채우기 색을 통해 표 색상이나 디자인 을 변경할 수 있습니다.

05_ 첫 번째 행에 음영이 지정됩니다. 표에 입체 효과 를 주기 위해 표의 테두리를 선택하고 [표 도구]-[디자인] 탭-[표 스타일] 그룹에서 [효과]를 클릭합니다. [입체 효 과] 중 원하는 스타일을 선택합니다.

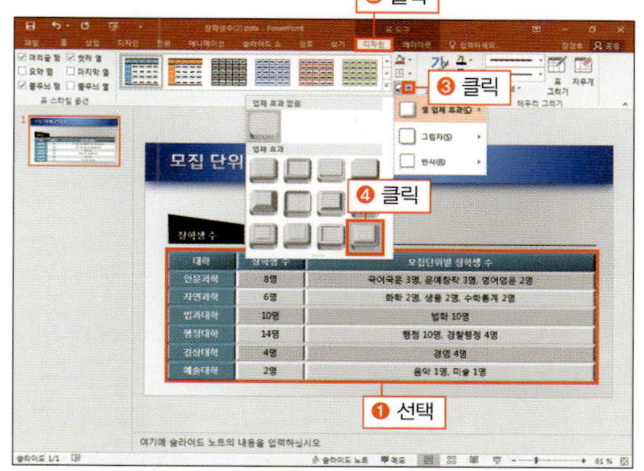

QR 코드로 더 자세히

파워포인트에서 표를 삽입하는 4가지 방법

파워포인트에서 표를 삽입하는 방법에는 4가지가 있습니다. 표를 삽입하는 방법이 더 궁금한 독자는 저자의 블로그(http://blog21.kr/40193537120)에서 알아보기 바랍니다. QR 코드를 스마트폰으로 찍 으면 바로 확인할 수도 있습니다.

엑셀 워크시트를 통해 표 작업하기

:: 준비파일 Part02₩Chapter02₩Section03₩영업망현황.xlsx, 영업망현황.pptx | **완성파일** Part02₩Chapter02₩Section03₩영업망현황_완성.pptx

엑셀의 장점은 수식 및 자동 산출이 가능하다는 점이고, 파워포인트의 장점은 개체를 효과적으로 꾸
밀 수 있다는 점입니다. 이 둘을 잘 활용하는 것이 좋습니다.

01_ 엑셀 예제 파일을 불러온 후 워크시트가 열리면 셀
영역을 마우스로 드래그하고 [홈] 탭–[클립보드] 그룹에서
[복사]를 클릭합니다. 워크시트의 표에 점선 나타납니다.

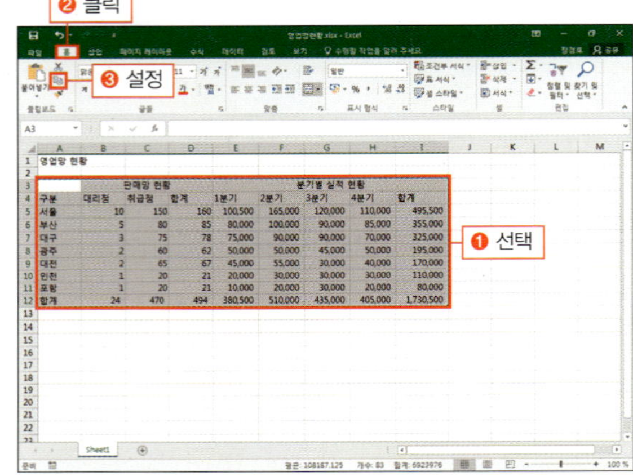

02_ 파워포인트 슬라이드를 엽니다. [홈] 탭–[클립보드]
그룹에서 [붙여넣기]–[대상 스타일 사용]을 클릭합니다.
표의 위치를 옮기고 테두리를 드래그하여 크기를 조절하
고 텍스트 및 텍스트 크기, 서식 등을 수정합니다. 여기서
는 [홈] 탭–[글꼴] 그룹에서 [글꼴]–[나눔바른고딕]을 클
릭합니다. [글꼴 크기]–[14]로 설정하고 [단락] 그룹에서
[가운데 맞춤]을 클릭합니다.

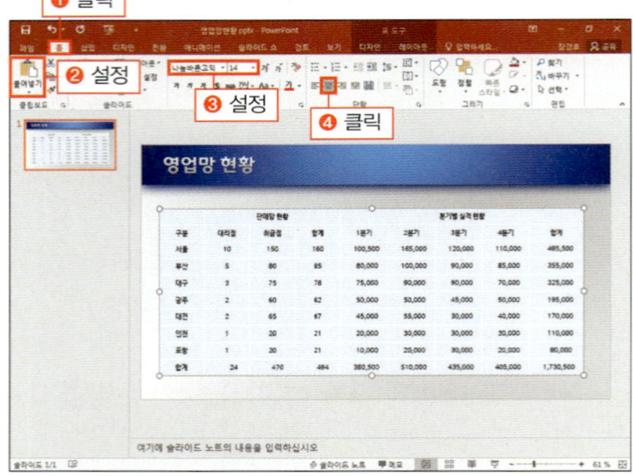

03_ [표 도구]–[디자인] 탭–[표 스타일 옵션] 그룹에서
[머리글 행], [요약 행], [줄무늬 행]에 체크합니다.

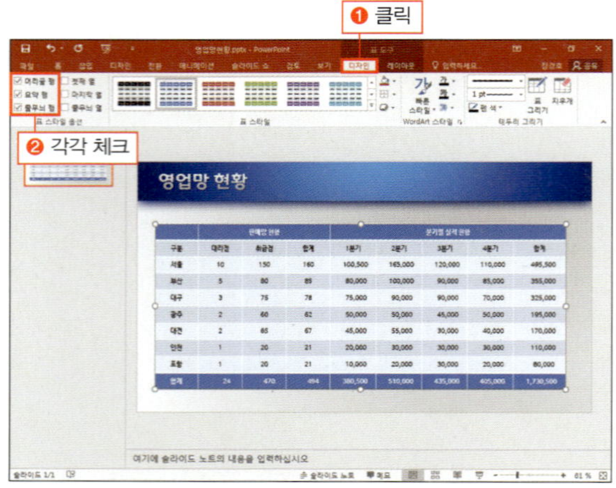

엑셀 표를 파워포인트에 연동하기

:: **준비파일** Part02₩Chapter02₩Section03₩제품발주현황.xlsx, 제품발주현황.pptx | **완성파일** Part02₩Chapter02₩Section03₩제품발주현황_완성.pptx

엑셀에서 만든 표를 복사하여 파워포인트와 연동시킬 수 있습니다. 엑셀의 표 데이터를 수정하면 파워포인트에 연동한 표의 데이터도 함께 수정됩니다.

01_ 엑셀 예제 파일을 불러온 후 워크시트가 열리면 파워포인트로 가져가고 싶은 표를 드래그합니다. 여기서는 [C4] 셀에서 [G15] 셀까지를 선택합니다. **Ctrl** + **C** 를 누르거나, [홈] 탭–[클립보드] 그룹에서 [복사]를 클릭하여 복사합니다.

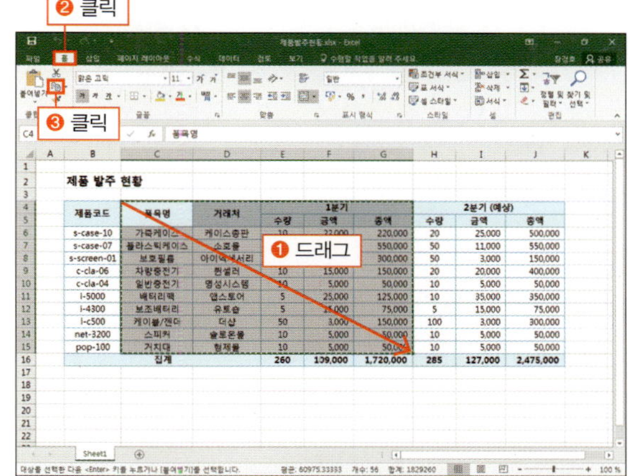

> 엑셀 데이터를 파워포인트에 연결하여 붙여넣기를 하면 엑셀 원본 파일이 파워포인트와 연결됩니다. 그렇기 때문에 엑셀 원본 데이터가 변경되면 파워포인트에서도 자동으로 수정되어 나타납니다. 표 데이터가 종종 변경되거나 방대한 데이터로 작업한 경우 오류를 바로 잡는다는 것은 매우 불편한 일이지만 연동을 통해 엑셀과 파워포인트를 함께 활용하면 매우 간단한 일입니다.

02_ 파워포인트에서 [홈] 탭–[클립보드] 그룹의 [붙여넣기]–[선택하여 붙여넣기]를 클릭합니다. [선택하여 붙여넣기] 대화상자가 나타나면 [연결하여 붙여넣기]를 체크하고 [Microsoft Excel 워크시트 개체]를 선택한 다음 [확인]을 클릭합니다.

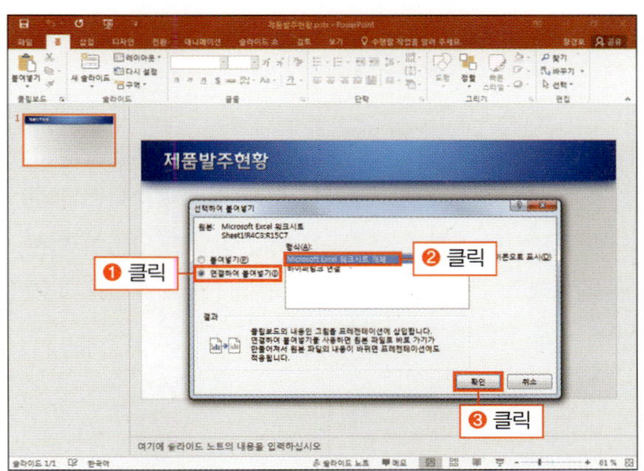

03_ 파워포인트에 엑셀 표가 붙여넣기 됩니다. 표 크기 및 위치를 조정합니다.

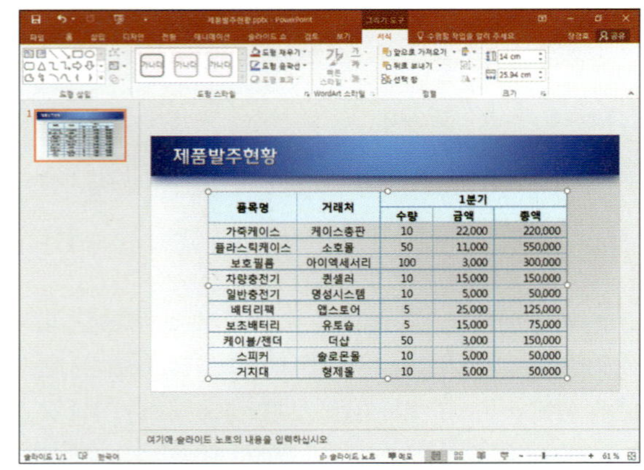

04_ 이제 엑셀 데이터를 수정해 보겠습니다. 다시 엑셀 파일을 불러온 후 엑셀 워크시트에서 표 내용을 수정합니다. 여기서는 [E6] 셀의 '10'을 '100'으로 변경합니다.

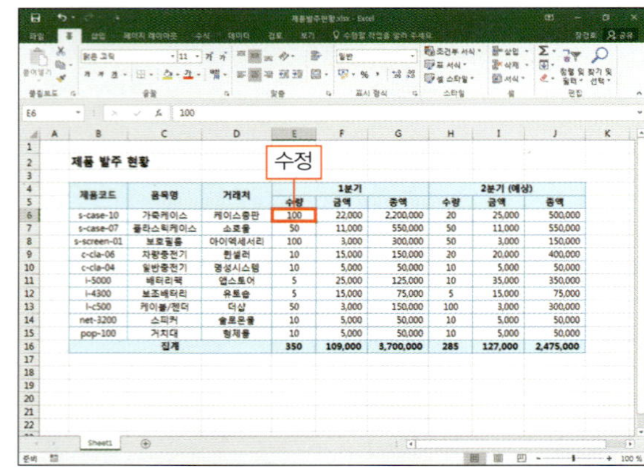

> **TIP**
>
> 선택하여 붙여넣기한 엑셀 표는 파워포인트의 [빠른 스타일]이나 [그리기 도구]–[서식] 기능 중 일부를 사용할 수 없습니다. 그렇기 때문에 엑셀에서 빠른 스타일이나 서식을 적용한 후 가져오는 방법을 추천합니다.

05_ 파워포인트 표에서 [E6] 셀의 내용이 수정되었는지 확인합니다. 엑셀 워크시트에서 직접 수정하는 방법 외에도 파워포인트 표를 더블클릭하거나 마우스 오른쪽 버튼을 클릭하고 [연결된 워크시트 개체]–[편집]을 선택하여 엑셀 표를 수정할 수도 있습니다.

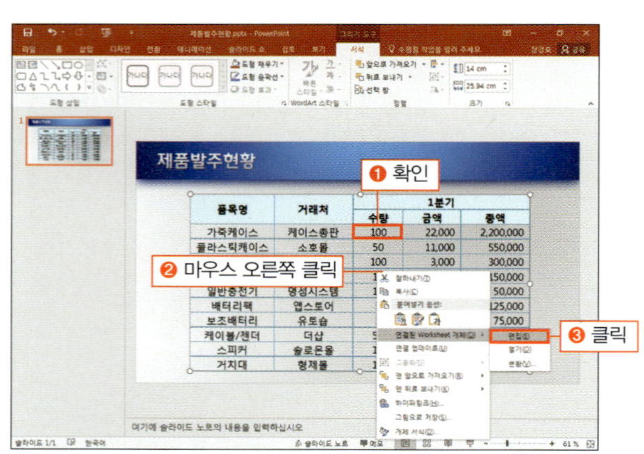

차트 삽입하고 데이터 입력하기

:: **준비파일** Part02\Chapter02\Section03\판매현황.pptx | **완성파일** Part02\Chapter02\Section03\판매현황_완성.pptx

파워포인트에서 비교 대상을 나열할 때는 텍스트보다 차트로 작성하는 것이 효과적입니다. 차트는 시각적으로 데이터를 표현하기 때문에 의사결정을 내리기가 훨씬 쉽습니다.

01_ 차트를 삽입하기 위해 [삽입] 탭–[일러스트레이션] 그룹에서 [차트]를 클릭합니다. [차트 삽입] 대화상자가 나타나면 [세로 막대형]–[묶은 세로 막대형]을 선택하고 [확인]을 클릭합니다.

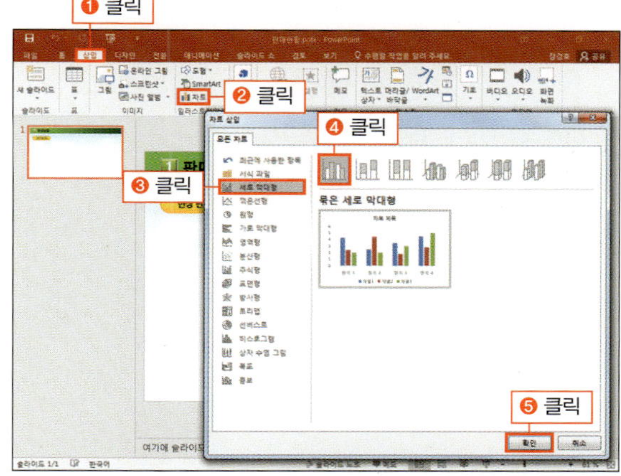

02_ 엑셀 시트 창이 나타나면 계열이나 항목, 혹은 데이터 범위를 늘리기 위해 조정 핸들을 드래그합니다. 여기서는 보라색 선의 범위 조정 핸들(☐)을 아래로 드래그하여 늘린 후 계열을 입력합니다.

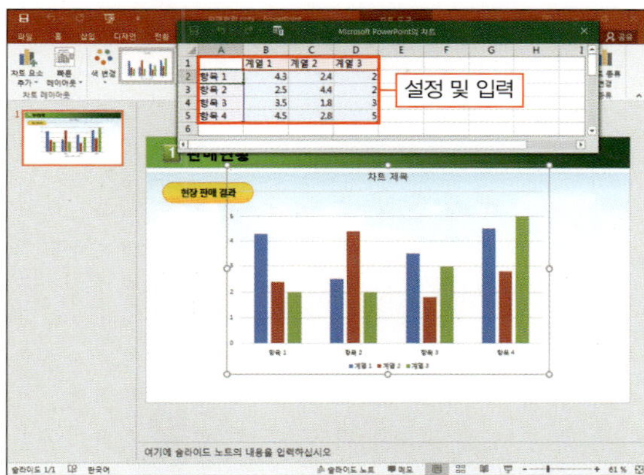

> **TIP**
>
> 엑셀 시트에는 빨간색, 보라색, 파란색 선이 나타납니다. 이 선은 계열과 항목, 그리고 데이터의 범위를 알려줍니다.

03_ 데이터를 다음과 같이 입력한 후 엑셀 시트 창의 [닫기]를 클릭합니다.

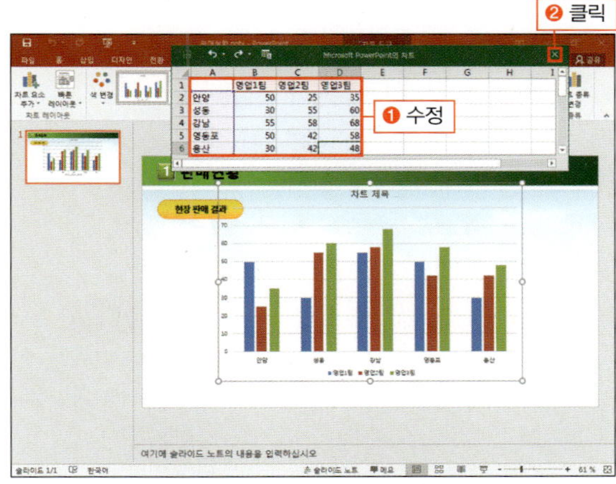

:: **준비파일** Part02₩Chapter02₩Section03₩판매현황(2).pptx | **완성파일** Part02₩Chapter02₩Section03₩판매현황(2)_완성.pptx

[차트 도구]–[디자인] 탭의 여러 기능을 이용해 차트 스타일 및 레이아웃을 변경하는 방법에 대해서 살펴보겠습니다.

01_ 차트를 선택한 상태에서 크기 및 위치를 조정합니다. [차트 도구]–[디자인] 탭–[차트 스타일] 그룹에서 [자세히]를 클릭하고 원하는 스타일을 선택합니다. 여기서는 [스타일 14]를 선택합니다.

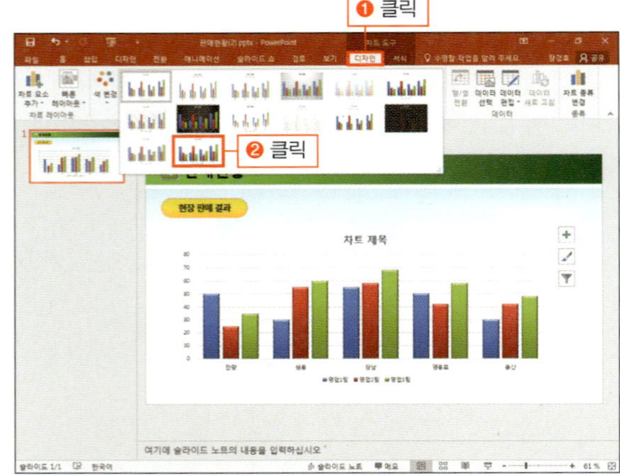

02_ [차트 도구]–[디자인] 탭–[차트 스타일] 그룹에서 [색 변경]을 클릭합니다. 다양한 색상 중에 원하는 색상을 선택합니다. 여기서는 [색 3]을 클릭합니다.

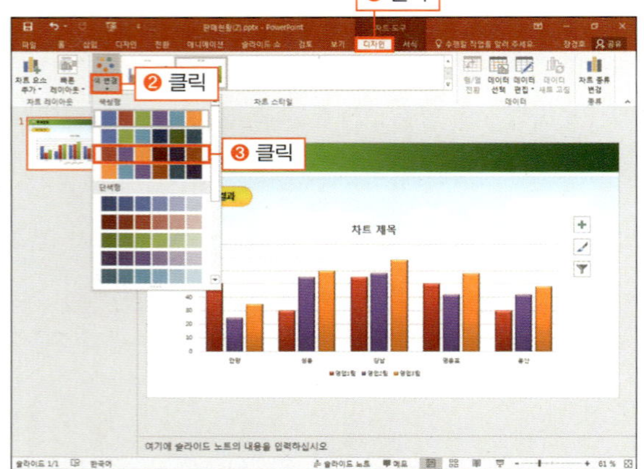

03_ 차트 상단 오른쪽에 있는 아이콘을 통해서도 차트 요소를 비롯해 스타일, 색 등을 변경할 수 있습니다. [차트 스타일]을 선택합니다. [차트 스타일]에는 [스타일]과 [색] 중에서 원하는 항목을 선택할 수 있습니다. 여기서는 [스타일]–[스타일 13]을 클릭합니다.

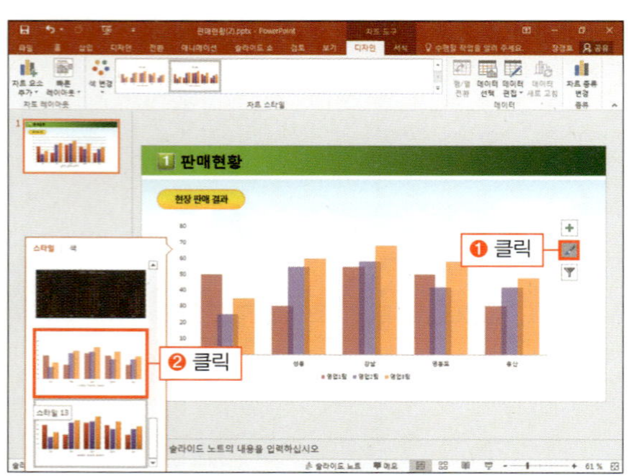

> **TIP**
>
> 차트를 선택하면 상단 오른쪽에 차트 요소를 비롯해, 스타일, 색 등을 변경할 수 있는 빠른 실행 단추가 나타납니다.

차트 레이아웃과 데이터 요소

:: **준비파일** Part02₩Chapter02₩Section03₩판매현황(3).pptx | **완성파일** Part02₩Chapter02₩Section03₩판매현황(3)_완성.pptx

설정한 차트 모양은 [차트 레이아웃] 그룹을 통해 축 제목이나 차트 제목 등의 차트 요소를 추가하거나 다른 레이아웃으로 변경할 수 있습니다. 또한, 차트 필터 기능을 통해 데이터 요소를 얼마든지 추가하거나 삭제 및 수정할 수도 있습니다.

01_ 이번에는 범례의 위치를 이동해 보겠습니다. 차트를 선택한 상태로 [차트 도구]-[디자인] 탭-[차트 레이아웃] 그룹에서 [차트 요소 추가]를 클릭합니다. 다양한 차트 요소가 나타나면 [범례]-[오른쪽]을 선택합니다.

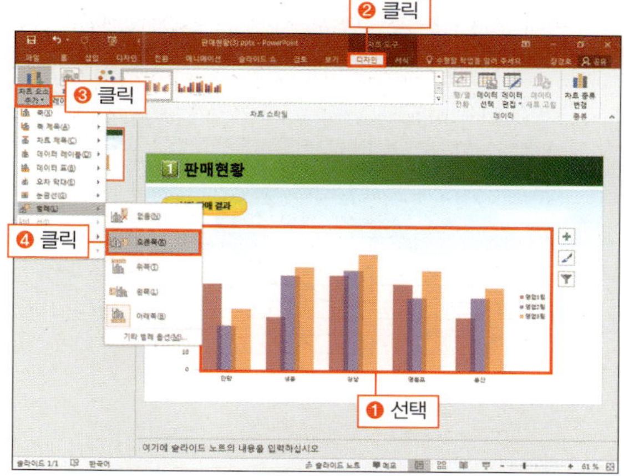

02_ 범례가 오른쪽으로 이동합니다. [차트 레이아웃] 그룹에서 [빠른 레이아웃]을 클릭합니다. 다양한 레이아웃이 나타나면 [레이아웃 10]을 선택합니다.

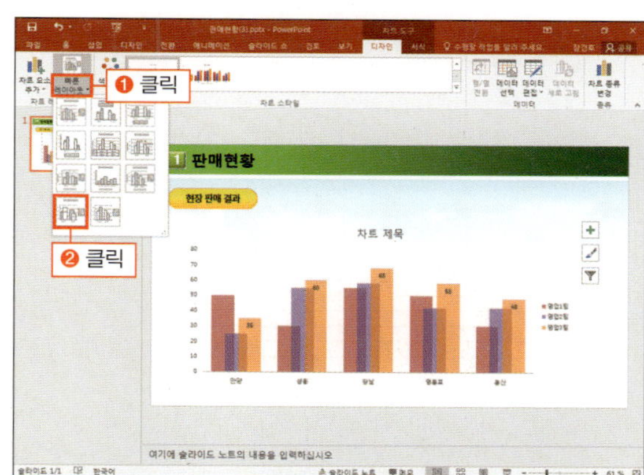

> **TIP**
>
> [차트 요소 추가]는 개별적으로 차트 요소를 변경 가능하지만 [차트 레이아웃]은 한 번에 차트 요소를 변경할 수 있습니다.

03_ 레이아웃이 변경됩니다. 다시 '차트 제목'이 표시되면 '차트 제목'을 선택한 후 마우스 오른쪽 버튼을 클릭하고 [삭제]를 선택합니다.

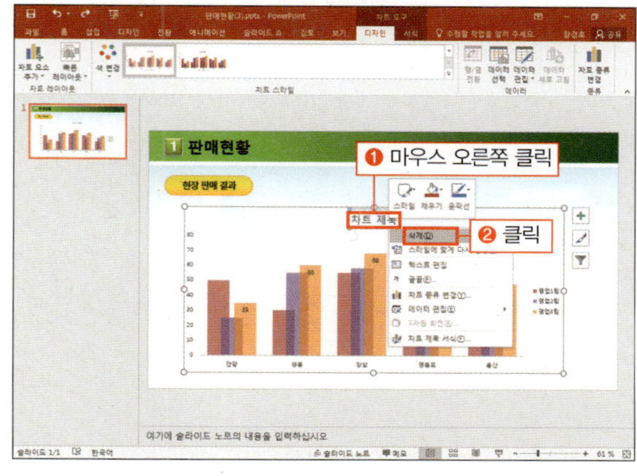

04_ 계열이나 범주를 삭제하기 위해 차트의 상단 오른쪽의 [차트 필터]를 클릭합니다. 차트 왼쪽에 데이터 요소 및 이름이 나타납니다. 차트에서 삭제하고 싶은 항목을 선택해 체크 해제합니다. 여기서는 [용산]의 체크를 해제하고 [적용]을 클릭합니다.

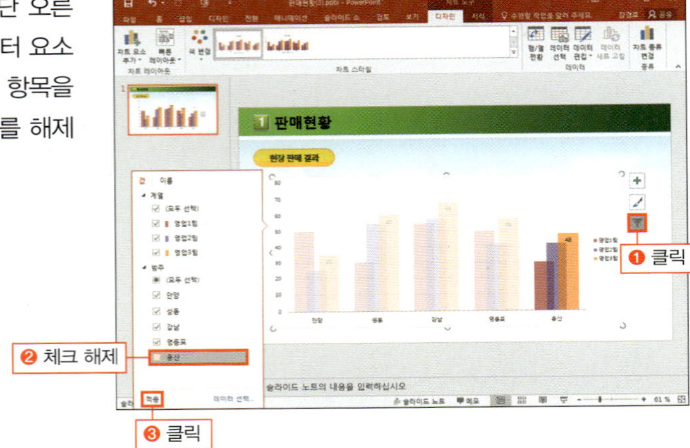

05_ 선택한 범주가 삭제됩니다. 참고로, [이름] 항목에서 계열이나 범주의 이름도 삭제할 수 있으며, 체크 해제된 항목을 다시 체크한 후 [적용]을 클릭하면 원래대로 복원됩니다.

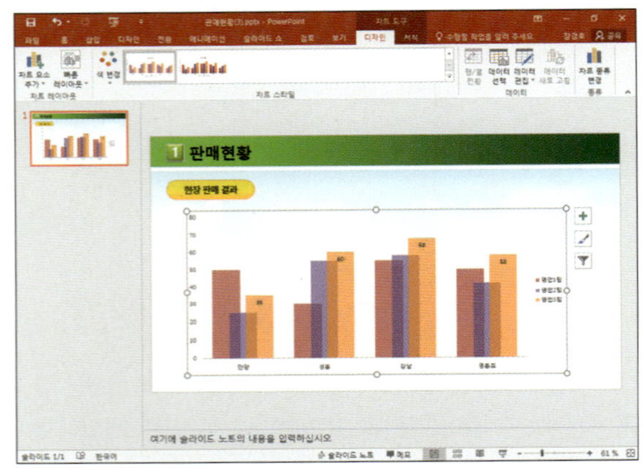

> **TIP**
>
> 차트는 레이아웃 변경이나 차트 요소 추가뿐만 아니라 혼합(콤보)로 만들거나 데이터 영역에 클립아트를 삽입하여 강조할 수 있습니다. 차트 기능은 엑셀, 파워포인트, 워드 등 오피스 2016의 공통 기능이기에 더 자세히 알고 싶다면 엑셀편의 91페이지를 참조하기 바랍니다.

원형 차트로 변경하고 3차원 효과 적용하기

막대형으로 구성한 차트를 원형 차트로 손쉽게 변경할 수 있습니다. 특히, 원형 차트는 축이 하나이기에 단조롭기 쉬운데 이를 보완하기 위해 3차원 효과를 적용해 보겠습니다.

> **준비 파일** Part02₩Chapter02₩Section03₩투자분석서.pptx
>
> **완성 파일** Part02₩Chapter02₩Section03₩투자분석서_완성.pptx

01 예제 파일을 불러오면 막대형 차트가 나타납니다. 먼저 막대형 차트를 원형 차트로 변경해 보겠습니다. 차트를 선택하고 [차트 도구]–[디자인] 탭–[종류] 그룹에서 [차트 종류 변경]을 클릭합니다. [차트 종류 변경] 대화상자가 나타나면 [원형]–[3차원 원형]을 선택하고 [확인]을 클릭합니다.

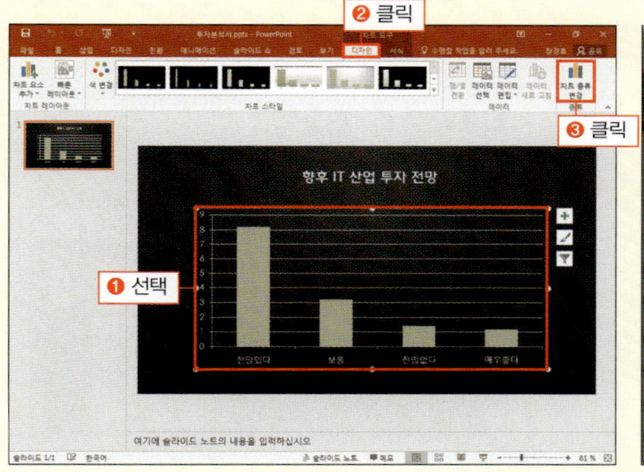

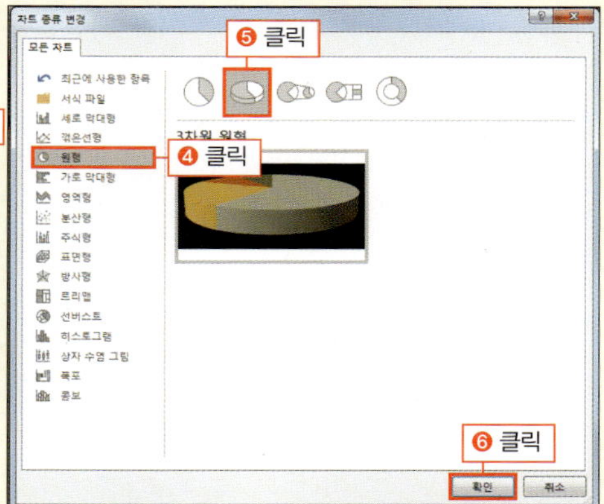

02 막대형 차트가 원형 차트로 변경됩니다. 데이터 레이블을 표시하기 위해 [차트 도구]–[디자인] 탭–[차트 레이아웃] 그룹에서 [차트 요소 추가]–[데이터 레이블]을 클릭한 후 [바깥쪽 끝에]를 선택합니다.

> **TIP**
>
> 원형 차트를 작성할 때 값(Y) 축의 개수가 너무 많으면 안됩니다. 여기서 말하는 값(Y) 축이란 원형 차트 각각의 조각을 말하는 것으로 이 조각이 너무 많으면 차트를 분석하기가 어려워질 뿐만 아니라 차트의 모양도 좋지 않습니다.

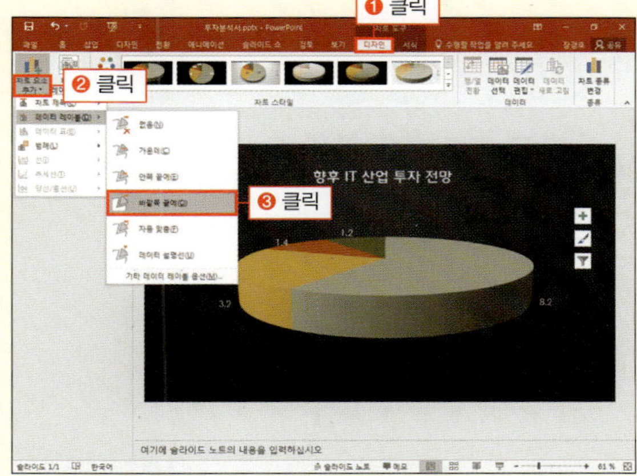

03 이번에는 차트 오른쪽에 있는 [차트 요소]를 클릭하여 원하는 요소를 추가해 보겠습니다. [차트 요소]를 클릭한 후 [범례]-[아래쪽]을 선택합니다. 차트에 범례가 추가되는 것을 확인합니다.

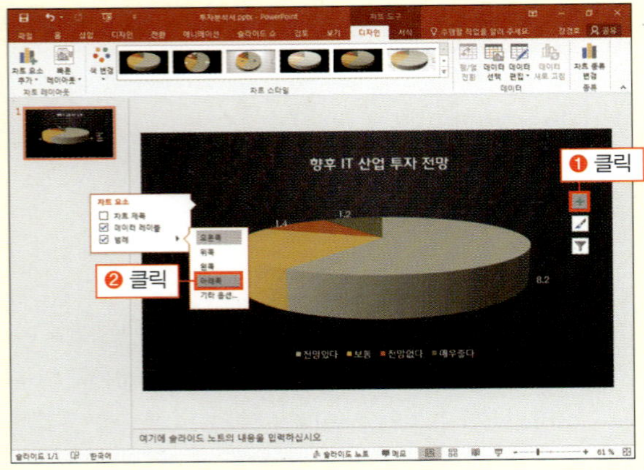

04 이번에는 차트에 3차원 서식을 적용해 보겠습니다. 차트 영역을 선택한 다음 마우스 오른쪽 버튼을 클릭하여 [데이터 계열 서식]을 선택합니다.

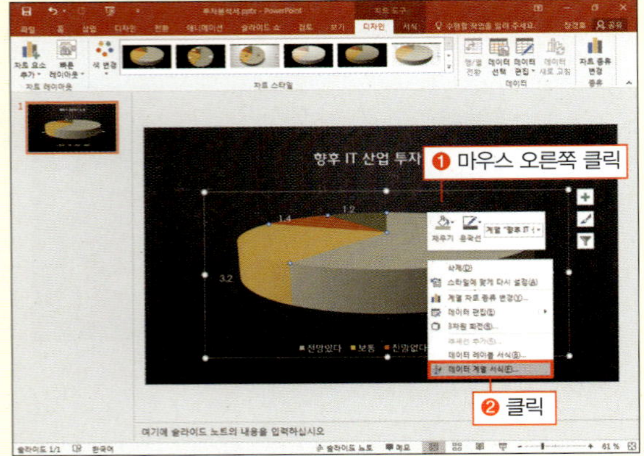

05 [데이터 계열 서식] 창이 나타나면 항목의 [계열 옵션]-[효과]에서 [3차원 서식]을 선택합니다. [3차원 서식]의 [위쪽 입체]에서 '둥글게'를 선택하고 [너비]는 『30』, [높이]는 『20』을 입력합니다.

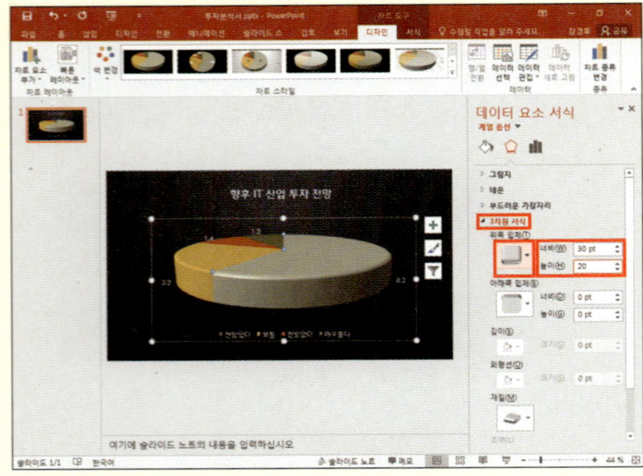

06 동일한 방법으로 [아래쪽 입체]에서 '둥글게'를 선택하고 [너비]는 『6』, [높이]는 『6』을 입력합니다.

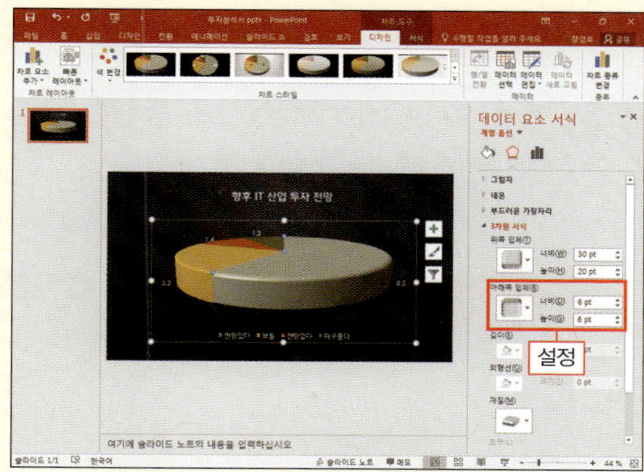

07 [재질]에서 [특수 효과]–[평면]을 클릭하면 차트의 재질이 변경됩니다.

08 이번에는 원형 차트를 회전시키고 나눠보겠습니다. [데이터 계열 서식] 창의 [계열 옵션]을 클릭하고 [첫째 조각의 각]에 『130』을 입력하면 차트의 각도가 조절됩니다. [쪼개진 원형]에 『10』을 입력하면 차트가 분리되어 나타납니다.

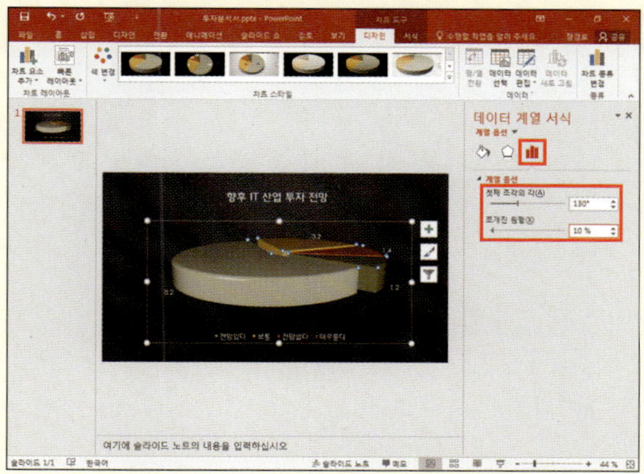

1 표 기능을 이용하면 다양한 방법으로 셀을 꾸미고 디자인할 수 있습니다. [표 스타일] 그룹에서 원하는 스타일을 선택하고 여러 셀을 병합해 봅니다.

◎ 준비파일 : Part02₩Chapter02₩Check₩역량사업.pptx　　◎ 완성파일 : Part02₩Chapter02₩Check₩역량사업_완성.pptx

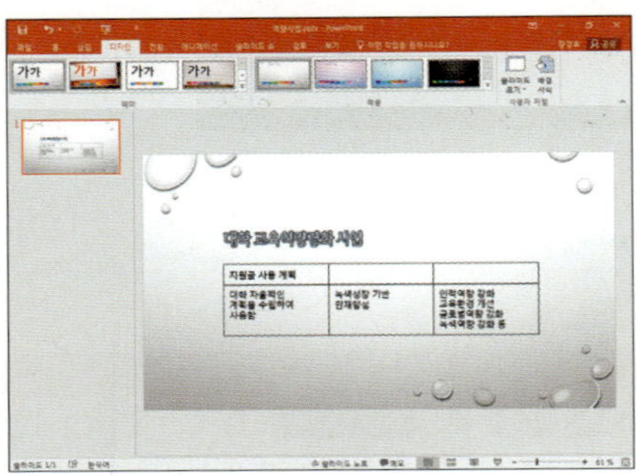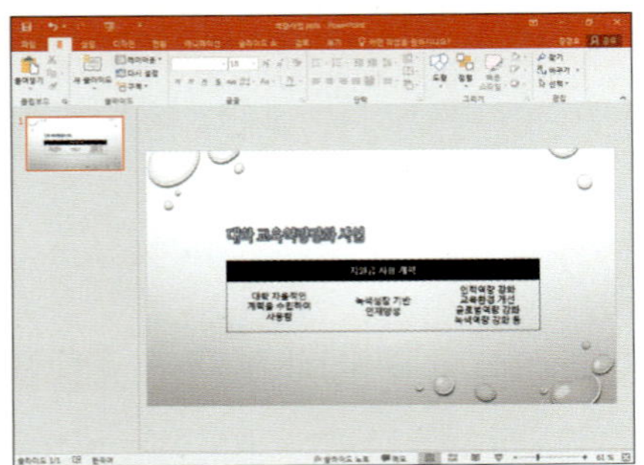

힌트
❶ [표 도구]–[디자인] 탭–[표 스타일] 그룹에서 [자세히]를 클릭한 후 원하는 스타일을 선택합니다.
❷ [표 도구]–[레이아웃] 탭–[병합] 그룹에서 [셀 병합]을 클릭합니다.

---

2 한번 삽입한 차트도 얼마든지 다른 차트로 변경할 수 있습니다. 여기서는 세로 막대형 차트를 가로 막대형 차트로 변경하되 3차원 묶은 가로 막대형으로 변경해 봅니다.

◎ 준비파일 : Part02₩Chapter02₩Check₩시공실적.pptx　　◎ 완성파일 : Part02₩Chapter02₩Check₩시공실적_완성.pptx

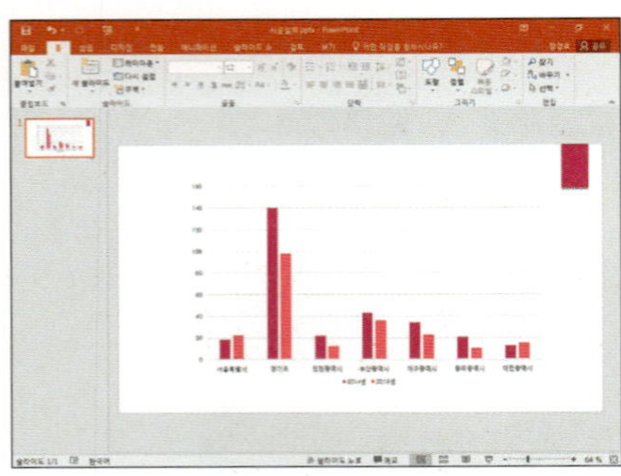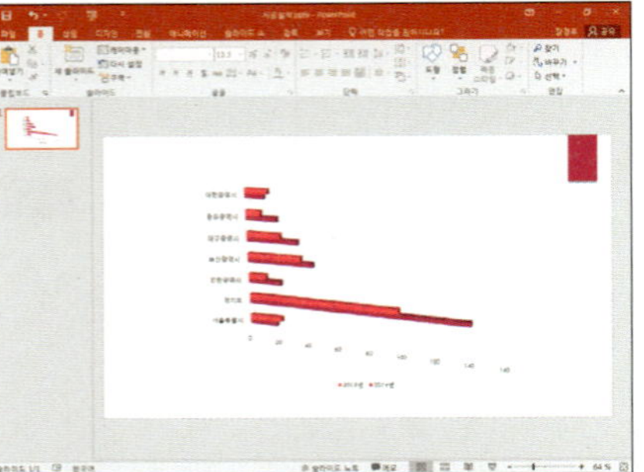

힌트
❶ [차트 도구]–[디자인] 탭–[종류] 그룹에서 [차트 종류 변경]을 선택합니다.

Chapter 3

멀티미디어와 슬라이드 쇼

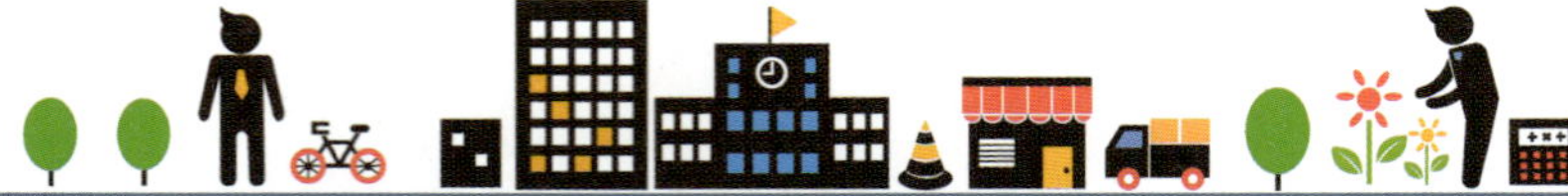

파워포인트 2016은 기존 영상 편집 프로그램에서나 가능하던 오디오나 비디오 편집 등을 간단히 적용할 수 있으며, 유튜브 등을 연결하여 스트리밍으로 재생할 수 있습니다. 또한, 애니메이션이나 화면 전환 효과를 통해 다이내믹한 슬라이드를 만들 수도 있습니다.

Section 1. 오디오와 비디오 편집하기

Section 2. 애니메이션과 화면 전환, 슬라이드 쇼

오디오와 비디오 편집하기

파워포인트는 WAV, MID, WMA 뿐만 아니라 MP3 등 다양한 소리 파일을 삽입할 수 있습니다. 또한, AVI, WMV, MP4 등 다양한 동영상 파일을 삽입할 수 있습니다. 여기서는 오디오나 비디오 파일을 이용한 다양한 편집 기능에 대해서 살펴보겠습니다.

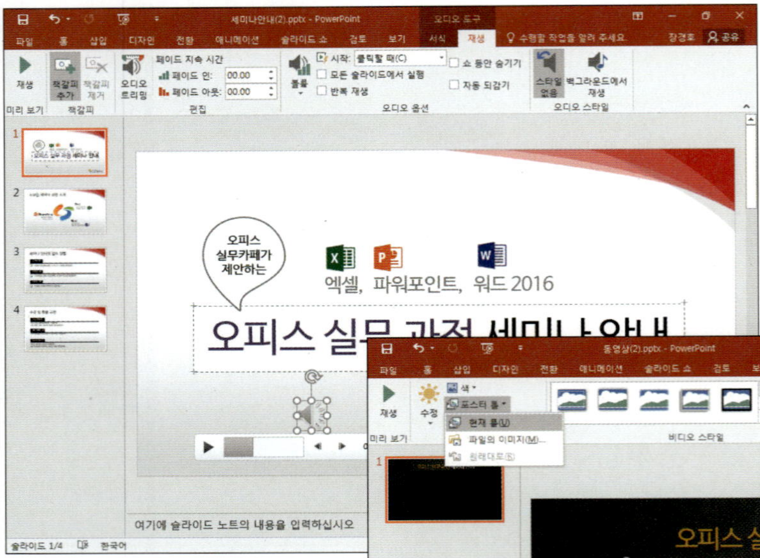

▲ 오디오 책갈피 추가하기

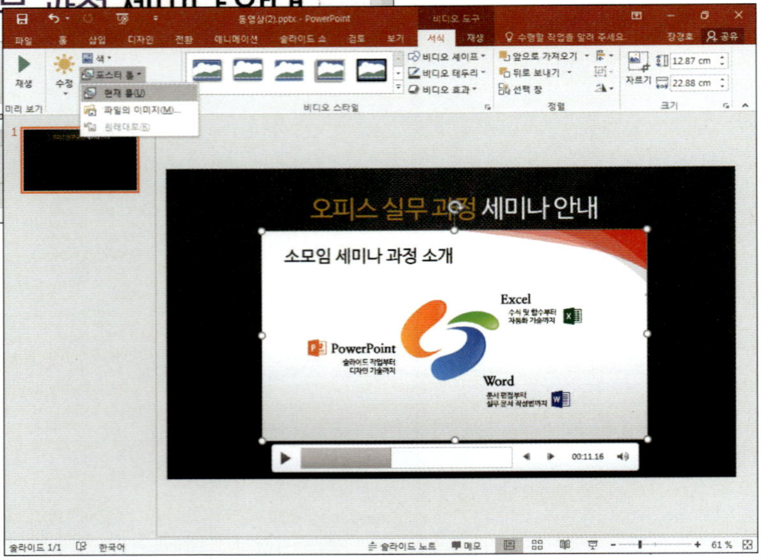

동영상 표지 만들기 ▶

이번 섹션에서 배울 주요 내용

- 오디오 파일 삽입하기
- 오디오 책갈피 추가하기
- 오디오 트리밍하기
- 연속으로 오디오 재생하기
- 비디오 파일 삽입하기
- 동영상 표지 만들기

- 비디오 서식 변경하기
- 페이드 인과 아웃 설정하기
- **스페셜** 화면 녹화를 통해 작업 화면 녹화하기
- **스페셜** 슬라이드를 비디오로 만들기

오디오 파일 삽입하기

:: **준비파일** Part02₩Chapter03₩Section01₩세미나안내.pptx, music.wma | **완성파일** Part02₩Chapter03₩Section01₩세미나안내_완성.pptx

오디오 파일을 삽입하면 [오디오 도구]–[재생] 탭이 생성됩니다. [재생] 탭을 통해 오디오 파일을 다양한 방법으로 조절할 수 있습니다.

01_ 오디오 파일을 삽입하기 위해 [삽입] 탭–[미디어] 그룹에서 [오디오]를 클릭하고 [내 PC의 오디오]를 클릭합니다. [오디오 삽입] 대화상자가 나타나면 'music.wma' 파일을 선택한 후 [삽입]을 클릭합니다.

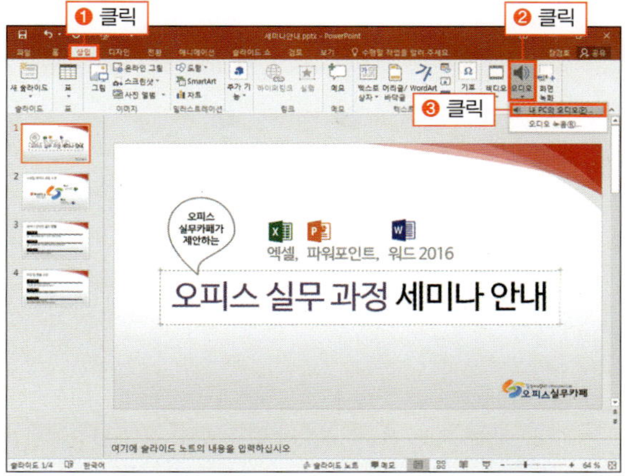

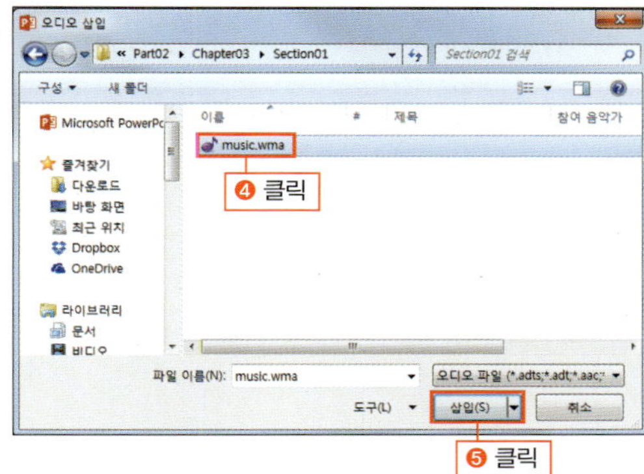

02_ [소리 아이콘](🔊)을 드래그하여 위치를 조절합니다. [소리 아이콘](🔊) 아래에 있는 제어판에서 [재생]을 클릭하면 소리 파일을 미리 들어볼 수 있습니다.

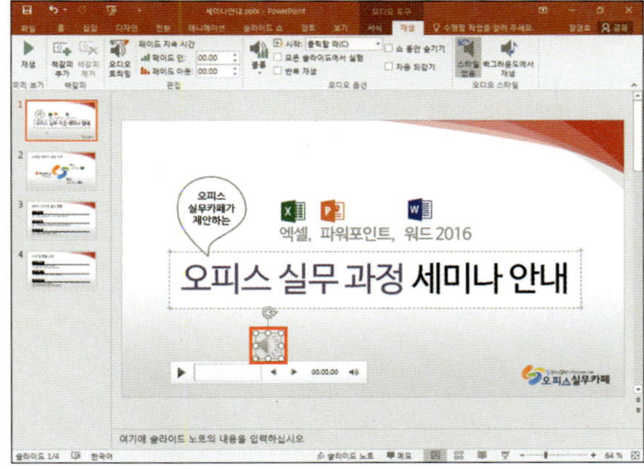

오디오 책갈피 추가하기

:: **준비파일** Part02₩Chapter03₩Section01₩세미나안내(2).pptx | **완성파일** Part02₩Chapter03₩Section01₩세미나안내(2)_완성.pptx

책갈피 추가 기능은 오디오 클립의 특정 지점을 빠르게 찾기 위해 사용합니다. 오디오 재생 시간이 길 경우 책갈피를 추가하여 원하는 지점에 빠르게 접근할 수 있습니다.

01_ [소리 아이콘](🔊)을 클릭하면 제어판이 나타납니다. 책갈피를 넣을 부분을 드래그하여 위치를 조정합니다. [오디오 도구]–[재생] 탭–[책갈피] 그룹에서 [책갈피 추가]를 클릭합니다.

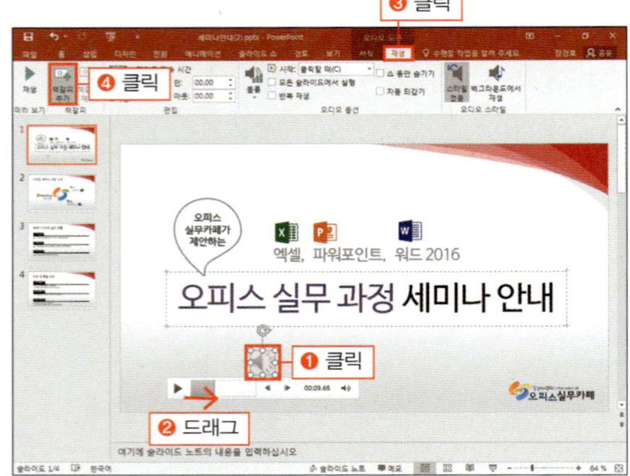

02_ 클릭한 지점에 책갈피가 추가됩니다. F5 를 눌러 슬라이드 쇼를 진행한 다음 오디오 클립 아이콘에 마우스 포인터를 위치시키면 책갈피가 나타납니다. 추가한 책갈피를 클릭하여 원하는 지점부터 오디오를 재생할 수 있습니다.

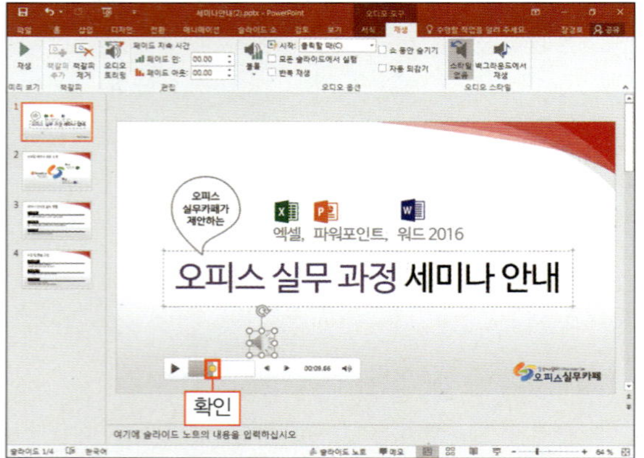

오디오 트리밍하기

:: **준비파일** Part02₩Chapter03₩Section01₩세미나안내(3).pptx | **완성파일** Part02₩Chapter03₩Section01₩세미나안내(3)_완성.pptx

트리밍이란 오디오나 비디오의 시작 지점과 끝 지점을 조절하여 원하는 부분만 재생할 수 있는 기능입니다.

01_ [소리 아이콘]( )을 클릭한 상태에서 [오디오 도구]-[재생] 탭-[편집] 그룹에서 [오디오 트리밍]을 클릭합니다. [오디오 맞추기] 대화상자가 나타나면 녹색( ) 지점을 드래그하여 시작 지점을 설정하고, 빨간( ) 지점을 드래그하여 끝 지점을 설정한 후 [확인]을 클릭합니다.

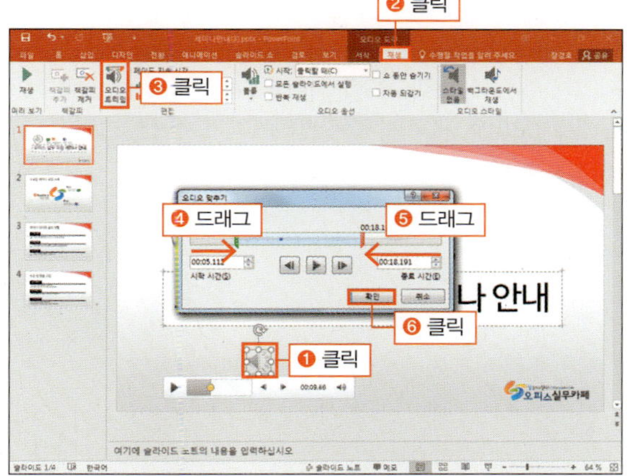

02_ 제어판에서 [재생]을 클릭하면 [오디오 맞추기] 대화상자에서 지정한 처음과 끝 지점만 재생되는 것을 확인할 수 있습니다.

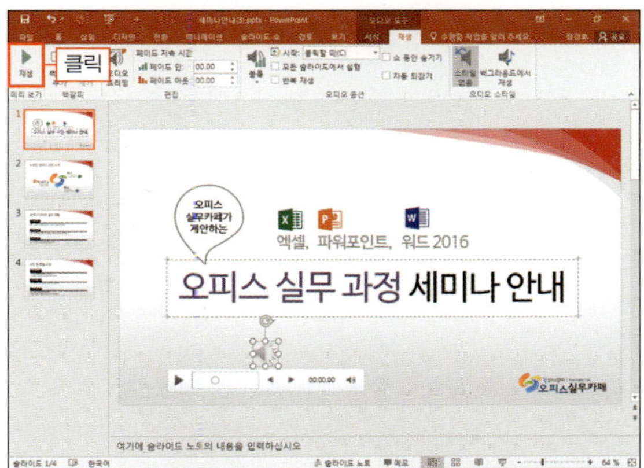

연속으로 오디오 재생하기

:: **준비파일** Part02₩Chapter03₩Section01₩세미나안내(4).pptx | **완성파일** Part02₩Chapter03₩Section01₩세미나안내(4)_완성.pptx

특정 슬라이드까지 페이지가 넘어가도 삽입한 음악이 계속 나오게 하고 싶다면 [오디오 재생] 대화상자에서 설정할 수 있습니다.

01_ 슬라이드 쇼가 진행되면 자동으로 오디오가 재생되도록 설정해 보겠습니다. [소리 아이콘](🔊)을 클릭한 상태로 [오디오 도구]–[재생] 탭–[오디오 옵션] 그룹에서 [시작]–[자동 실행]을 클릭합니다.

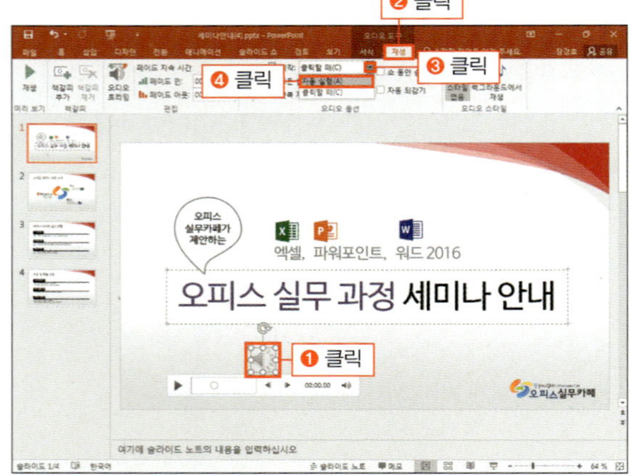

> **TIP**
>
> 두 번째 슬라이드로 넘어가면 오디오는 멈추게 됩니다. 이럴 때에는 [오디오 옵션] 그룹에서 [모든 슬라이드에서 실행]을 체크하거나 [오디오 스타일] 그룹에서 [백그라운드에서 재생]을 클릭하여 전체 슬라이드에 오디오를 재생할 수 있습니다.

> **TIP**
>
> 페이드 인과 페이드 아웃 기능을 통해 오디오 클립이 재생될 때 소리의 음향 조절이 자동으로 설정되면서 부드럽게 시작되고 종료되도록 만들 수 있습니다. 오디오 클립을 선택한 상태로 [오디오 도구]–[재생] 탭–[편집] 그룹에서 [페이지 인]과 [페이드 아웃]에 원하는 재생 속도를 입력합니다.

02_ 전체 슬라이드가 아닌 1번 슬라이드부터 3번 슬라이드까지 오디오를 연속으로 재생해 보겠습니다. [소리 아이콘](🔊)을 클릭한 상태에서 [애니메이션] 탭–[애니메이션] 그룹의 [추가 효과 옵션 표시]를 클릭합니다. [오디오 재생] 대화상자가 나타나면 [효과] 탭–[재생 중지]–[지금부터]를 체크한 후 『3』을 입력하고 [확인]을 클릭합니다.

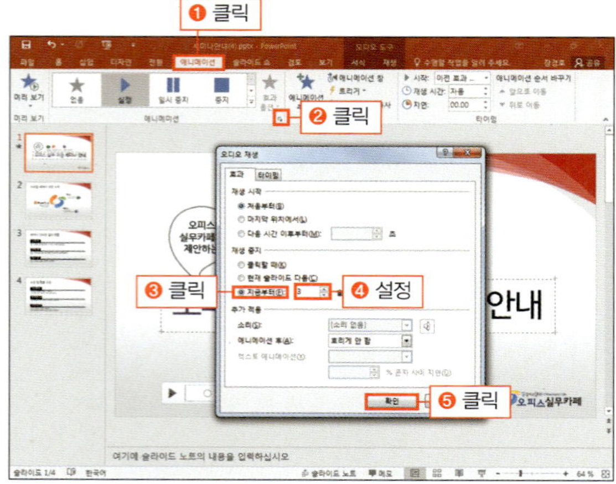

비디오 파일 삽입하기

:: **준비파일** Part02₩Chapter03₩Section01₩동영상.pptx, 세미나안내.mp4 | **완성파일** Part02₩Chapter03₩Section01₩동영상_완성.pptx

비디오 파일을 삽입하면 [비디오 도구]–[재생] 탭이 생성됩니다. [재생] 탭을 통해 비디오 파일을 다양한 방법으로 실행할 수 있습니다.

01_ 동영상 파일을 삽입하기 위해 [삽입] 탭–[미디어] 그룹에서 [비디오]–[내 PC의 비디오]를 클릭합니다. [동영상 삽입] 대화상자가 나타나면 '세미나안내.mp4' 파일을 선택하고 [삽입]을 클릭합니다.

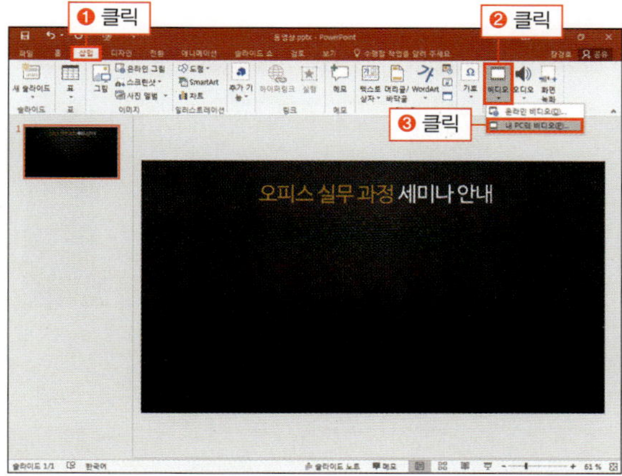

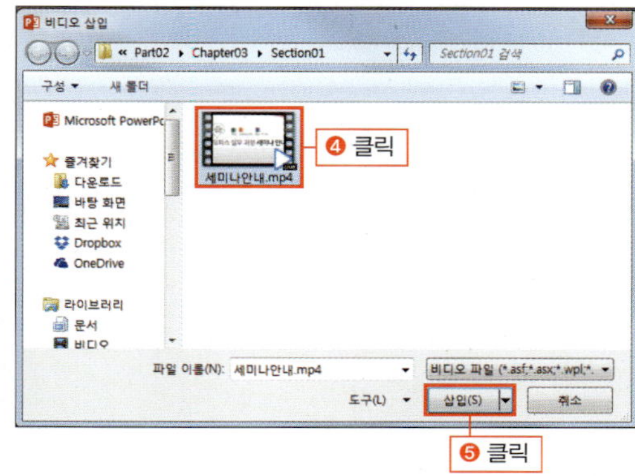

02_ 슬라이드에 동영상이 삽입됩니다. 크기 및 위치를 조정한 후 비디오 클립 아래에 있는 제어판에서 [재생] 단추를 클릭하여 동영상을 확인합니다.

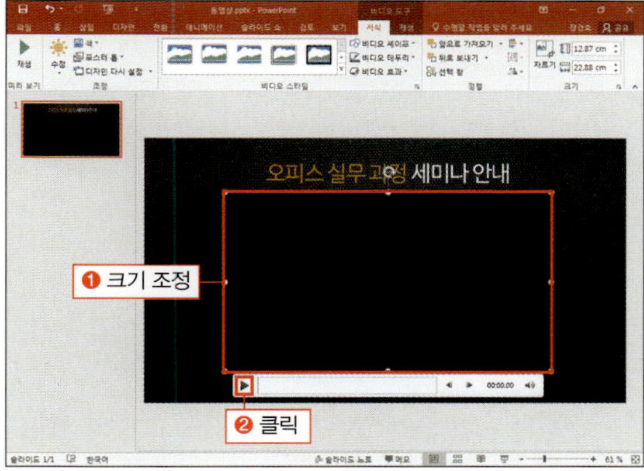

동영상 표지 만들기

:: **준비파일** Part02₩Chapter03₩Section01₩동영상(2).pptx | **완성파일** Part02₩Chapter03₩Section01₩동영상(2)_완성.pptx

동영상을 삽입한 슬라이드에는 검은색이나 무의미한 화면이 표지로 나타납니다. 그러므로 포스터 틀을 이용하여 동영상 표지를 만들어 주는 것이 좋습니다.

01_ 동영상을 재생한 후 표지로 사용할 부분을 선택합니다. [비디오 도구]-[서식] 탭-[조정] 그룹에서 [포스터 틀]-[현재 틀]을 클릭합니다.

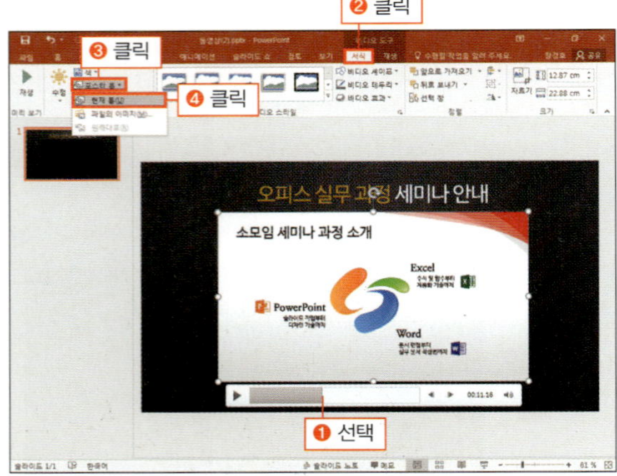

02_ 재생 바에 포스터 틀이 설정되었다는 문구가 나타납니다.

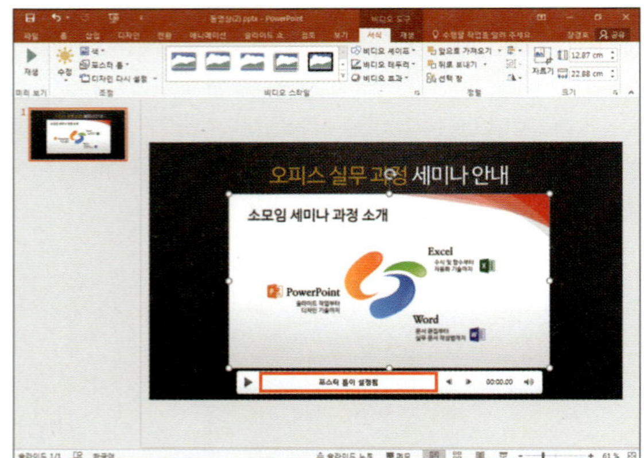

03_ F5 를 눌러 슬라이드 쇼를 진행해보고, 현재 틀이 동영상 표지로 지정되어 있는지 확인합니다.

비디오 서식 변경하기

:: **준비파일** Part02₩Chapter03₩Section01₩동영상(3).pptx | **완성파일** Part02₩Chapter03₩Section01₩동영상(3)_완성.pptx

비디오 파일에도 도형이나 이미지처럼 색이나 포스터 틀 등을 적용하여 꾸밀 수 있습니다.

01_ 비디오를 선택한 상태에서 [비디오 도구]-[서식] 탭-[비디오 스타일] 그룹에서 [자세히]를 클릭하고 [원근 감(낮은 수준의 입체)]를 선택합니다.

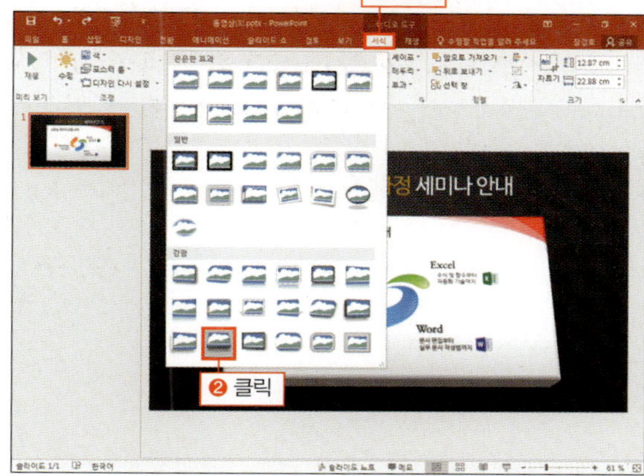

02_ 비디오 클립의 서식이 변경됩니다. 참고로, 비디오 클립의 색상도 변경할 수 있습니다. [비디오 도구]-[서식] 탭-[조정] 그룹에서 [색]을 클릭한 후 원하는 색상을 선택하여 변경할 수 있습니다.

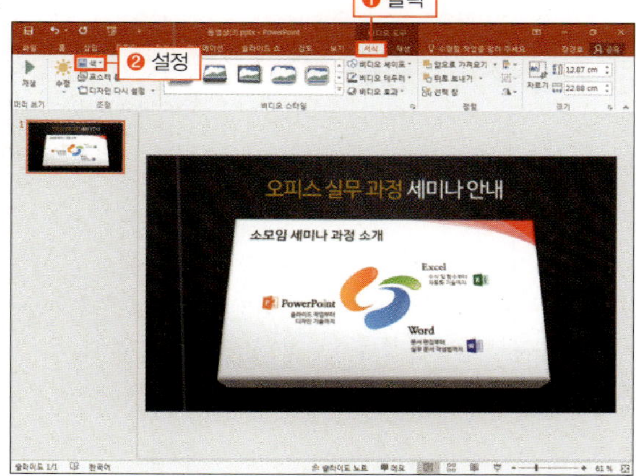

페이드 인과 아웃 설정하기

:: **준비파일** Part02₩Chapter03₩Section01₩동영상(4).pptxv | **완성파일** Part02₩Chapter03₩Section01₩동영상(4)_완성.pptx

페이드 인은 점점 밝아지는 효과를 말하며, 페이드 아웃은 점점 어두워지는 효과를 말합니다.

01_ 비디오를 선택한 상태에서 [비디오 도구]-[재생] 탭-[편집] 그룹에서 [페이드 인]에 『05.00』을 입력하고 [페이드 아웃]에 『05.00』을 입력합니다.

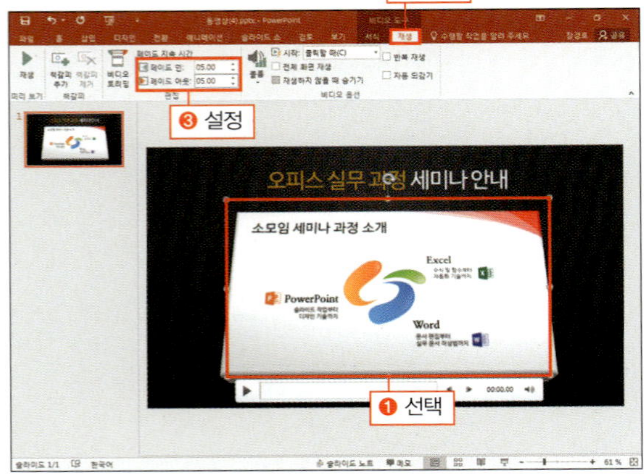

02_ [비디오 도구]-[재생] 탭-[미리 보기] 그룹에서 [재생]을 클릭합니다. 5초 동안 페이드 인 효과가 지속되며, 동영상의 마지막 부분에서 5초 동안 페이드 아웃 효과가 지속됩니다.

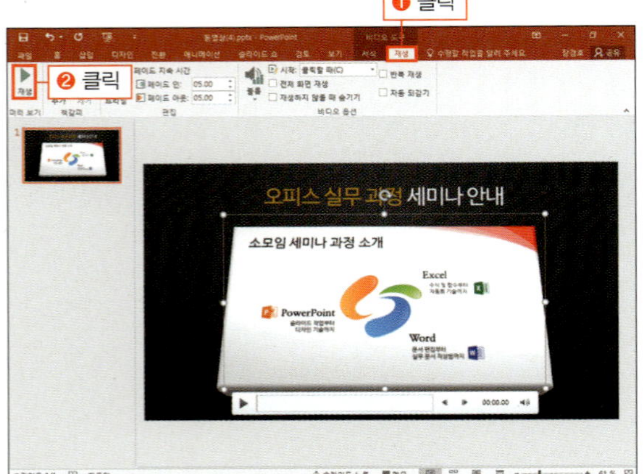

화면 녹화를 통해 작업 화면 녹화하기

파워포인트 2016의 기능 중에 가장 눈에 띄는 기능이 '화면 녹화'입니다. '화면 녹화' 기능을 통해 사용자가 직접 화면을 녹화하여 동영상 파일로 생성하거나 슬라이드에 삽입할 수 있습니다.

01 파워포인트를 실행하고 [삽입] 탭–[미디어] 그룹에서 [화면 녹화]를 클릭합니다.

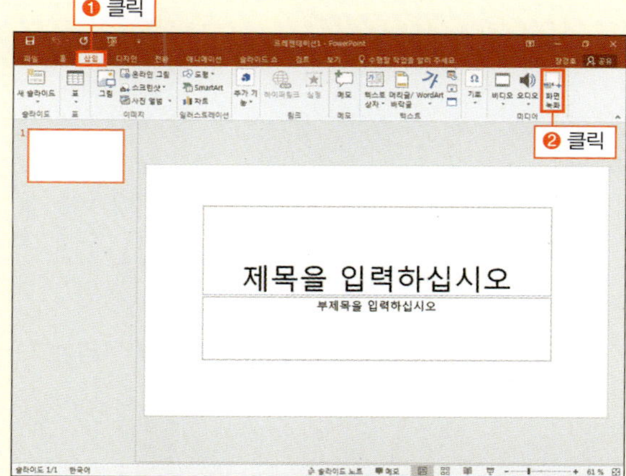

02 상단 중앙에 작은 옵션 창이 나타납니다. 동영상으로 만들 범위를 지정하기 위해 [영역 선택]을 클릭합니다. 마우스 포인터가 영역 선택 커서로 변경되면 동영상으로 만들 범위를 드래그하여 지정합니다.

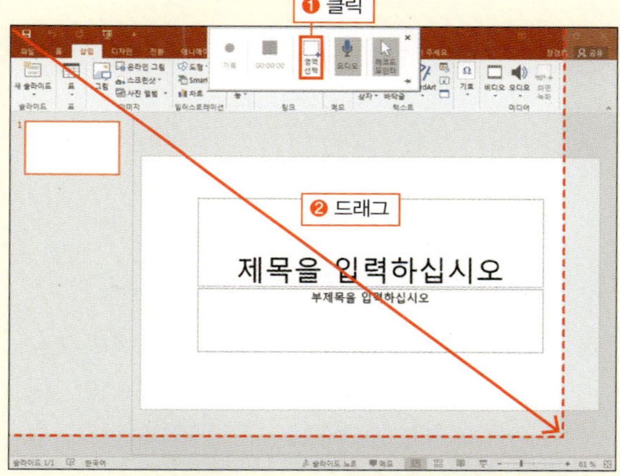

TIP

영역 선택이 중요한 이유는 영역 선택된 범위에서 동영상이 만들어지기 때문입니다. 영역을 벗어난 부분은 동영상에 포함되지 않습니다.

03 빨간색의 테두리가 나타나면 [기록]을 클릭합니다.

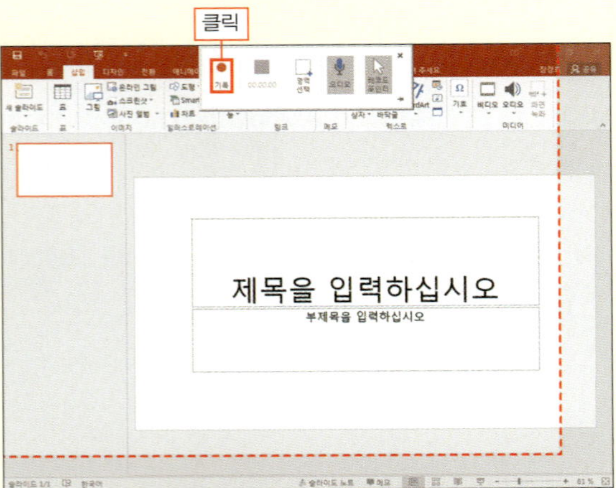

> **TIP**
>
> 만일, 오디오를 음소거하고 싶다면 [오디오] 아이콘을
> 클릭해 비활성화합니다. 또한, 마우스 포인터를 표시하
> 고 싶지 않다면 [레코드 포인터] 아이콘을 클릭해 비활
> 성화합니다.

04 잠시 후 동영상 녹화가 진행됩니다. 이제 동영상으
로 만들 내용을 작업합니다.

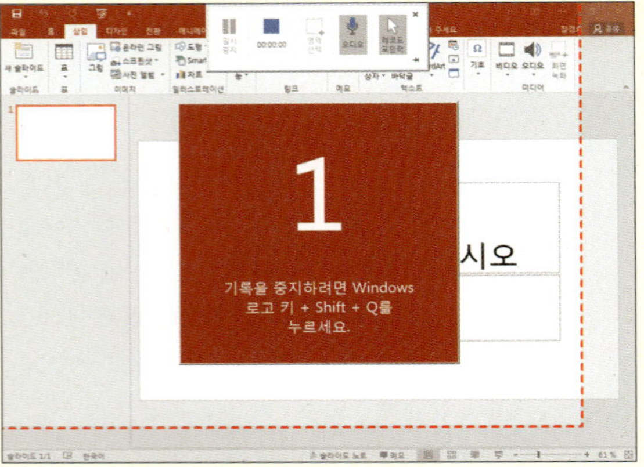

05 여기서는 동영상 삽입하는 방법을 화면 녹화 기능
을 통해 작업했습니다. 작업이 완료되었다면
+ Shift + Q 를 누르거나 상단 중앙에 마우스를
올려 옵션 창을 불러온 다음 [멈춤]을 클릭합니다.

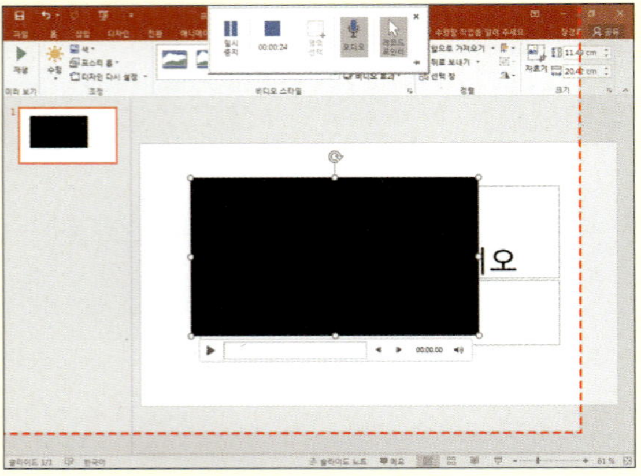

06 동영상이 만들어집니다. 재생을 클릭하면 동영상으로 만든 내용을 확인할 수 있습니다.

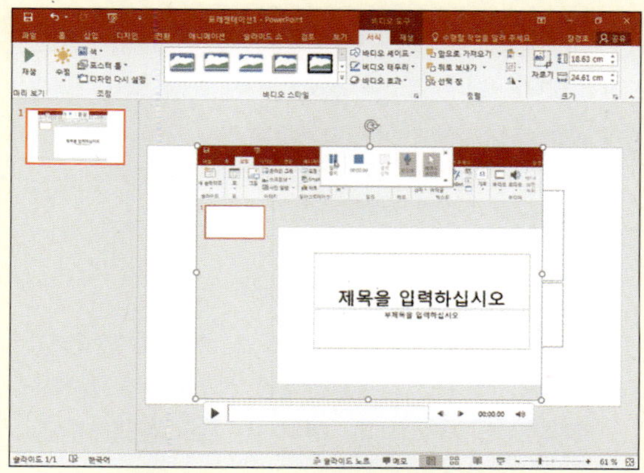

07 파워포인트 슬라이드에 동영상이 포함되었지만 이를 파일로 만들고 싶다면 동영상을 마우스 오른쪽 버튼으로 클릭한 후 [다른 이름으로 미디어 저장]을 선택합니다.

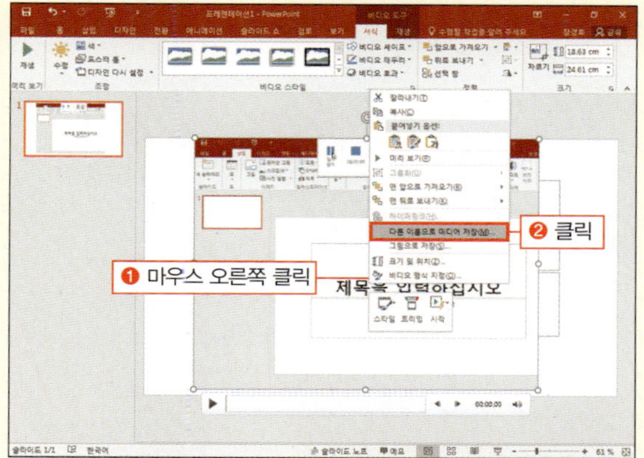

08 [다른 이름으로 미디어 저장] 대화상자가 나타나면 원하는 파일 이름과 파일 형식을 지정한 후 [저장]을 클릭합니다.

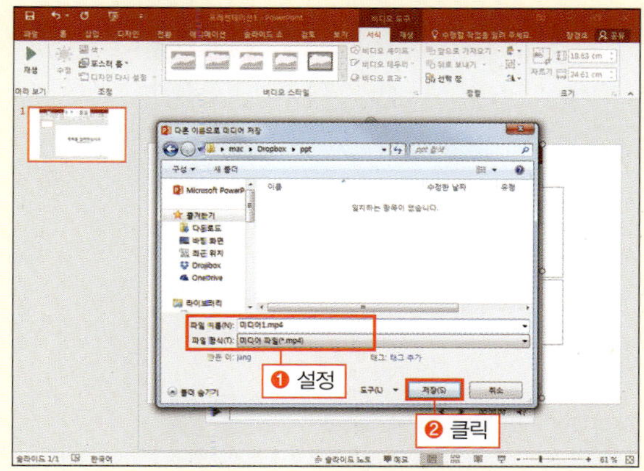

슬라이드를 비디오로 만들기

여러 장의 슬라이드를 웹이나 전자 메일을 통해 배포할 수 있는 고화질 동영상 파일로 변환할 수 있습니다.

준비
파일 Part02₩Chapter03₩Section01₩이미지검색.pptx

01 [파일] 탭–[내보내기]–[비디오 만들기]를 클릭하고 '컴퓨터 및 HD 디스플레이'를 선택합니다. 원하는 해상도를 선택합니다. 여기서는 [프레젠테이션 품질]을 선택합니다.

TIP

파워포인트 2016은 1920 * 1080 해상도의 고품질 비디오도 만들 수 있습니다.

02 [각 슬라이드에 걸리는 시간(초)]에 원하는 시간을 입력한 후 [비디오 만들기]를 클릭합니다.

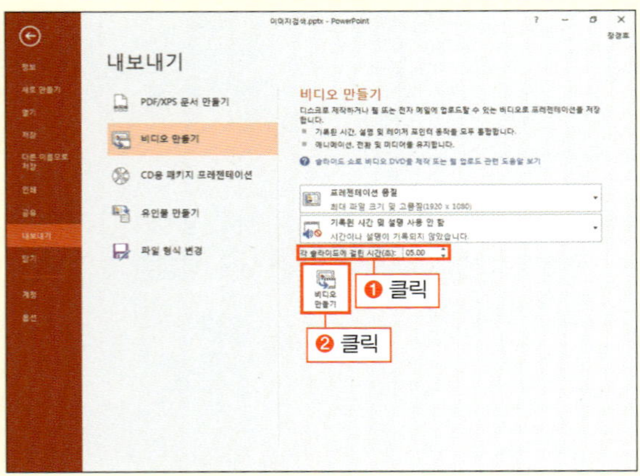

03 [다른 이름으로 저장] 대화상자가 나타나면 [저장 위치]를 선택하고 [파일 이름]을 입력한 후 [저장]을 클릭합니다.

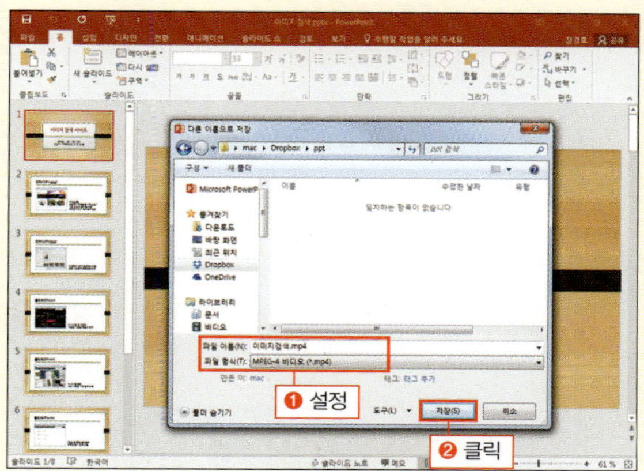

04 슬라이드가 동영상 파일로 변환됩니다. 저장한 파일을 실행하면 슬라이드가 아닌 동영상 파일이 열립니다.

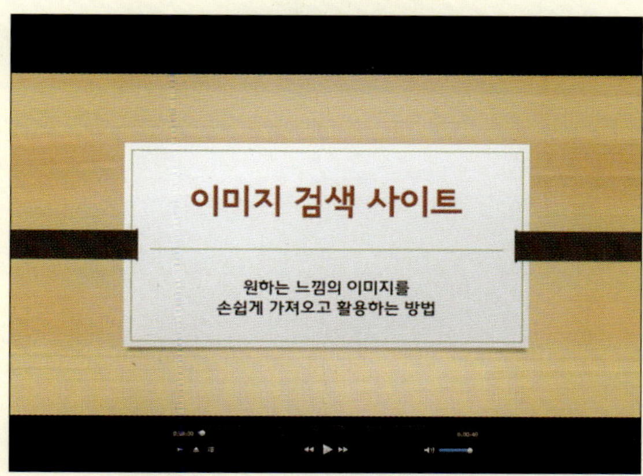

1 슬라이드에 삽입한 동영상은 테두리나 그림자 등 다양한 서식을 지정할 수 있습니다. 여기서는 삽입한 비디오의 스타일을 다른 모양으로 변경해 봅니다.

◎ 준비파일 : Part02₩Chapter03₩Check₩동영상.pptx   ◎ 완성파일 : Part02₩Chapter03₩Check₩동영상_완성.pptx

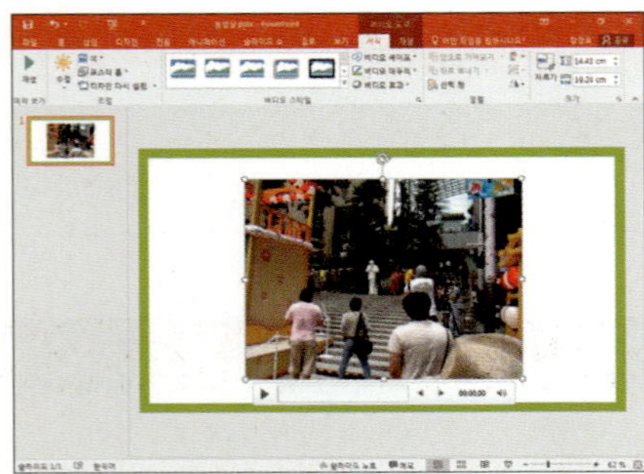

힌트

❶ [비디오 도구]–[서식] 탭–[비디오 스타일] 그룹의 [자세히]를 클릭해 원하는 스타일을 선택합니다.

---

2 유튜브와 같은 채널에 저장되어 있는 비디오를 검색하여 예제 슬라이드로 가져와 보세요.

◎ 준비파일 : Part02₩Chapter03₩Check₩스티브잡스.pptx   ◎ 완성파일 : Part02₩Chapter03₩Check₩스티브잡스_완성.pptx

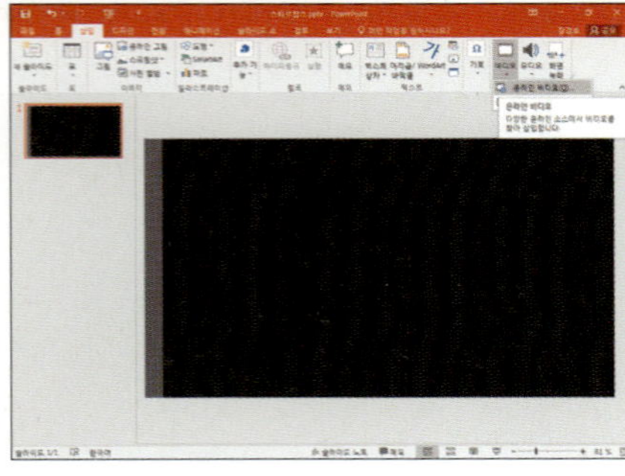

힌트

❶ [삽입] 탭–[미디어] 그룹에서 [비디오]의 아랫부분을 클릭합니다.
❷ [비디오 삽입] 대화상자가 나타나면 [YouTube]에 원하는 키워드를 입력합니다.

애니메이션과 화면 전환, 슬라이드 쇼

청중의 시선을 사로잡는 데 효과적인 파워포인트 기능 중 하나가 바로 애니메이션과 화면 전환 효과입니다. 애니메이션과 화면 전환 효과를 이용하면 슬라이드를 다이내믹하게 만들 수 있습니다. 또한, 프레젠테이션을 진행할 때에는 슬라이드 쇼 관련 기능은 반드시 숙지하고 있어야 합니다. 아무리 파워포인트의 다양한 기능을 숙지하고 잘 활용하더라도 슬라이드 쇼의 기능을 모른 채 프레젠테이션을 진행할 수는 없습니다.

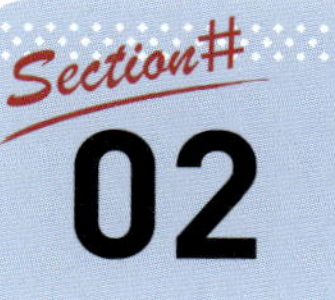

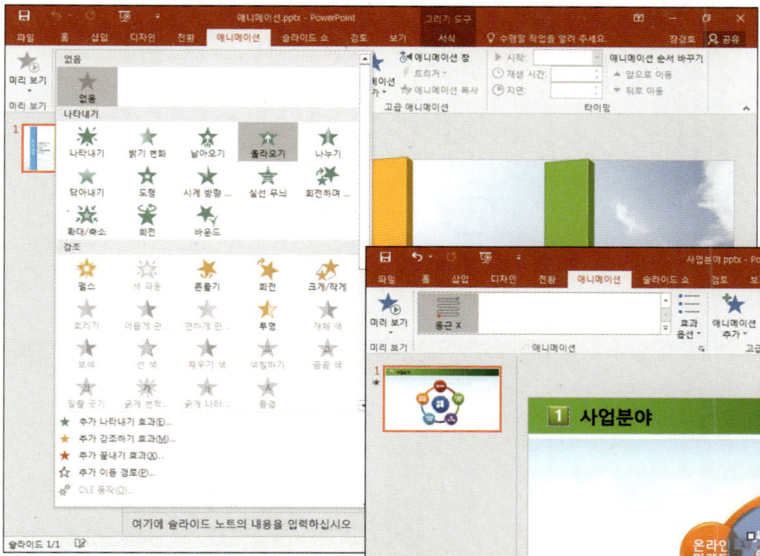

▲ 사용자 지정 애니메이션 지정하기

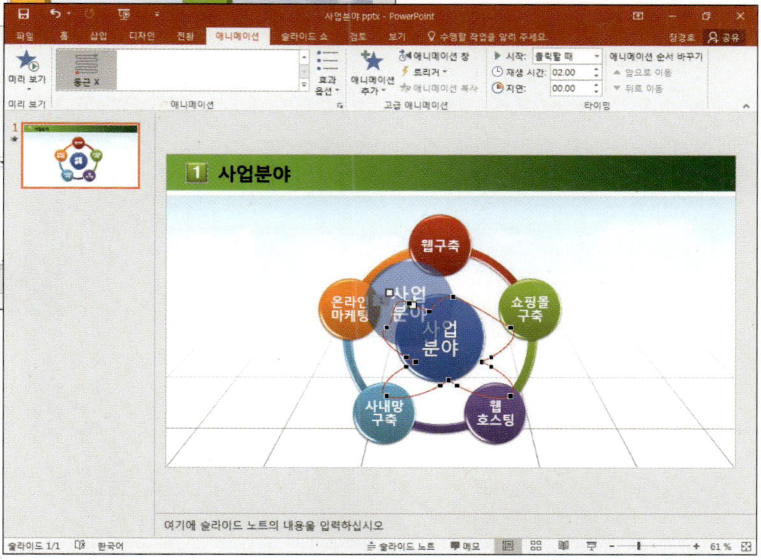

사용자 지정 경로 그리기 ▶

이번 섹션에서 배울 주요 내용

- 사용자 지정 애니메이션 지정하기
- 애니메이션 복사하기
- 사용자 지정 경로 그리기
- 화면 전환 효과 지정하기
- 화면 전환 동작 변경하기
- 전체 슬라이드 자동 전환하기
- 슬라이드 쇼 진행하기

- 포인트 옵션 적용하기
- 특정 영역 확대하여 쇼하기
- 슬라이드 쇼 재구성하기
- 필요 없는 슬라이드 숨기기
- **스페셜** 빠른 실행을 통해 전문가답게 작업하기
- **스페셜** 발표자 도구 활용하기

사용자 지정 애니메이션 지정하기

:: **준비파일** Part02₩Chapter03₩Section02₩애니메이션.pptx | **완성파일** Part02₩Chapter03₩Section02₩애니메이션_완성.pptx

애니메이션 효과는 나타내기, 강조, 끝내기, 이동 경로 등 총 4개의 영역으로 표시되며, 각각의 영역마다 강조하는 애니메이션 효과가 다릅니다.

01_ 첫 번째 개체를 선택하고 [애니메이션] 탭―[애니메이션] 그룹에서 [자세히]를 클릭한 후 [나타내기]―[올라오기]를 선택합니다.

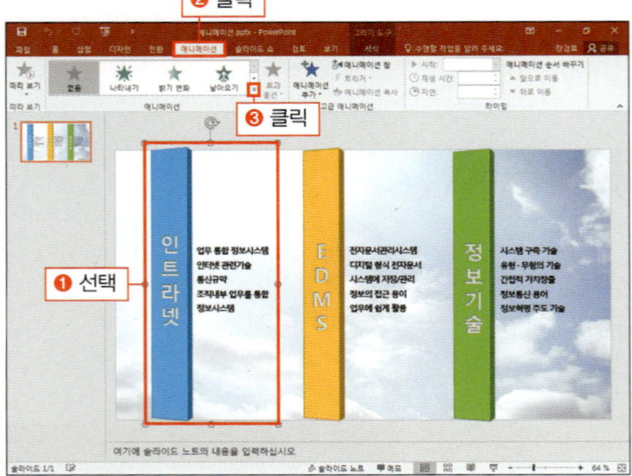

02_ 애니메이션이 적용되면 개체에 번호가 지정됩니다. 선택한 애니메이션은 효과 옵션을 통해 방향을 변경할 수 있습니다. [애니메이션] 탭―[애니메이션] 그룹에서 [효과 옵션]을 클릭한 후 [떠오르며 내려가기]를 선택합니다.

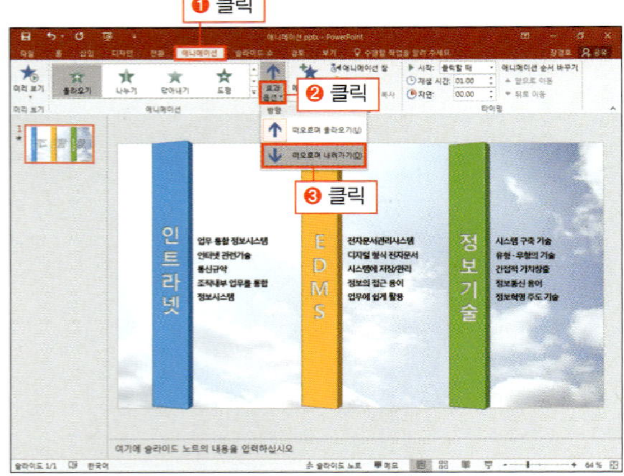

03_ 하나의 개체에 여러 개의 애니메이션을 중복 적용할 수 있습니다. [애니메이션] 탭―[고급 애니메이션] 그룹에서 [애니메이션 추가]를 클릭하고 [강조]―[펄스]를 선택합니다. 첫 번째 개체에 1, 2번 번호가 매겨집니다. 이는 개체에 애니메이션이 2개 지정되었다는 것을 의미합니다.

> **TIP**
> 개체 왼쪽에 번호가 매겨진 번호는 애니메이션 효과의 진행 순서를 의미하며, 슬라이드 쇼 화면이나 인쇄 시에는 나타나지 않습니다.

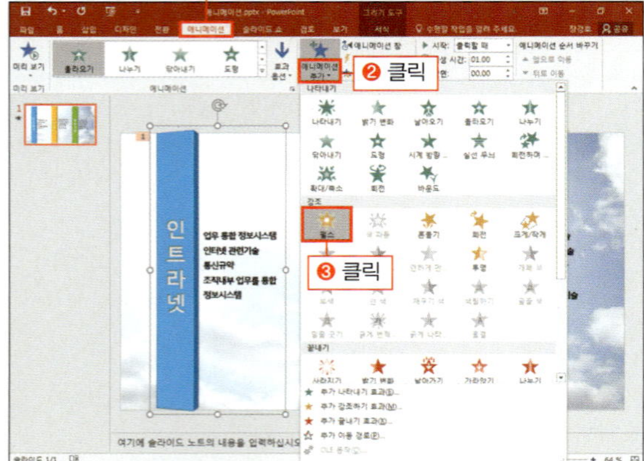

애니메이션 복사하기

：：준비파일 Part02₩Chapter03₩Section02₩애니메이션(2).pptx | **완성파일** Part02₩Chapter03₩Section02₩애니메이션(2)_완성.pptx

[애니메이션] 탭–[애니메이션] 그룹에서 [애니메이션 복사]를 두 번 클릭하면 여러 번 연속으로 애니메이션을 복사할 수 있습니다.

01_ 첫 번째 개체에 적용되어 있는 애니메이션 효과를 두 번째, 세 번째 개체에도 적용해 보겠습니다. 그러기 위해서는 애니메이션을 복사하는 것이 좋습니다. 애니메이션을 복사할 첫 번째 개체를 선택한 다음 [애니메이션] 탭–[고급 애니메이션] 그룹에서 [애니메이션 복사]를 두 번 연속으로 클릭합니다.

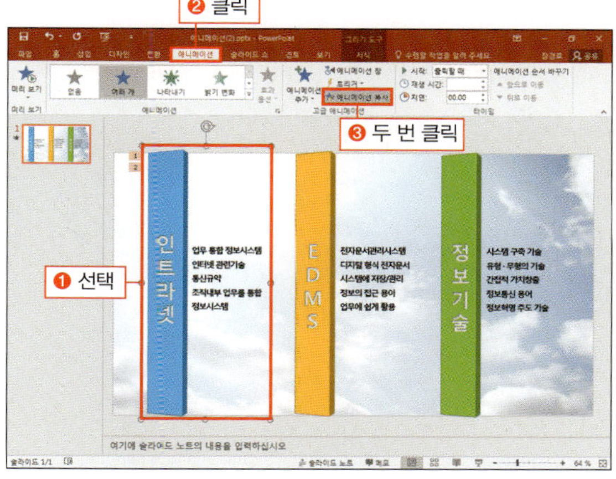

02_ 마우스 포인터 모양이 애니메이션 복사 모양으로 변경되면 두 번째 개체를 클릭합니다.

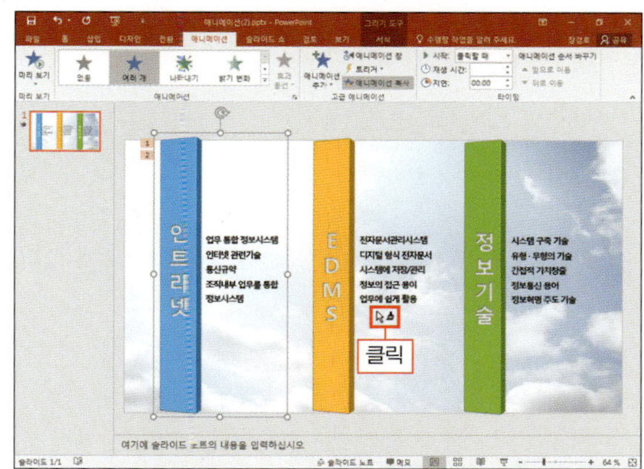

03_ 두 번째 개체에 3, 4번 번호가 매겨진 것을 확인하고 세 번째 개체를 클릭합니다. 애니메이션 지정이 완료되면 [애니메이션 복사]를 다시 클릭하거나 [Esc]를 누릅니다.

> **TIP**
>
> [애니메이션 복사]를 한 번 클릭한 후 애니메이션을 복사하면 단 1회 복사가 진행됩니다. [애니메이션 복사]를 두 번 클릭한 후 예제를 따라하면 애니메이션을 연속으로 복사할 수 있습니다.

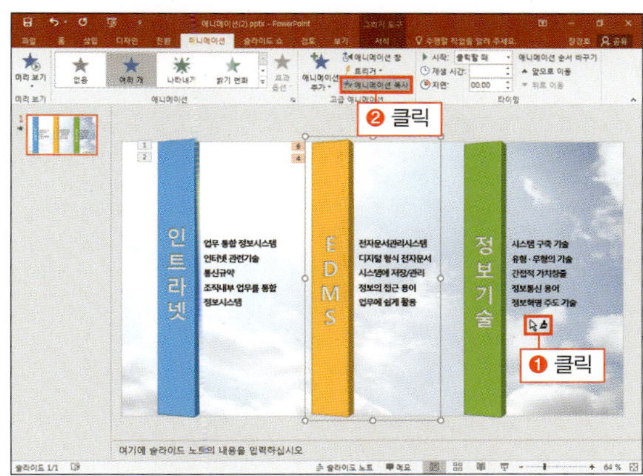

사용자 지정 경로 그리기

:: **준비파일** Part02₩Chapter03₩Section02₩사업분야.pptx | **완성파일** Part02₩Chapter03₩Section02₩사업분야_완성.pptx

사용자 지정 경로 그리기는 사용자가 지정하는 경로대로 애니메이션이 작동하게끔 만드는 작업을 의미합니다.

01_ 중앙에 위치하는 도형을 선택한 후 [애니메이션] 탭-[애니메이션] 그룹에서 [자세히]를 클릭한 후 [추가 이동 경로]를 선택합니다.

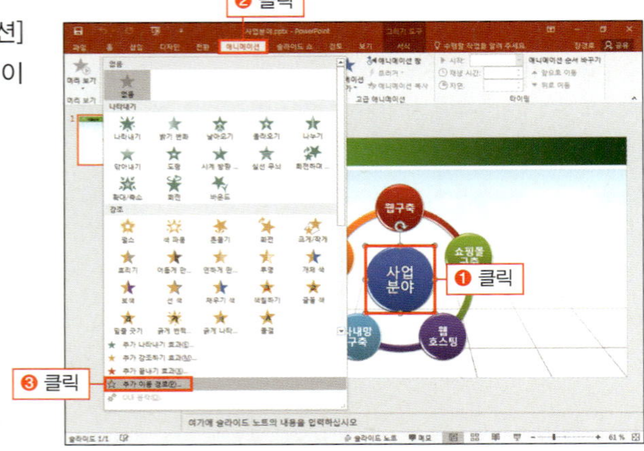

02_ [이동 경로 변경] 대화상자가 나타나면 [기타 경로]-[둥근 X]를 선택한 후 [확인]을 클릭합니다.

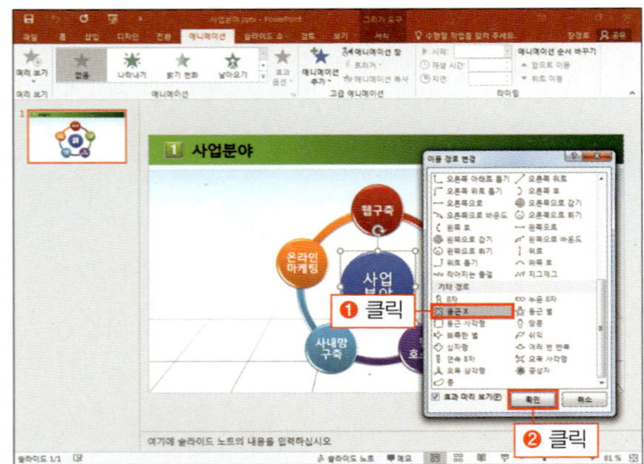

03_ 이동 경로가 지정되면, 슬라이드 편집 화면에 나타납니다.

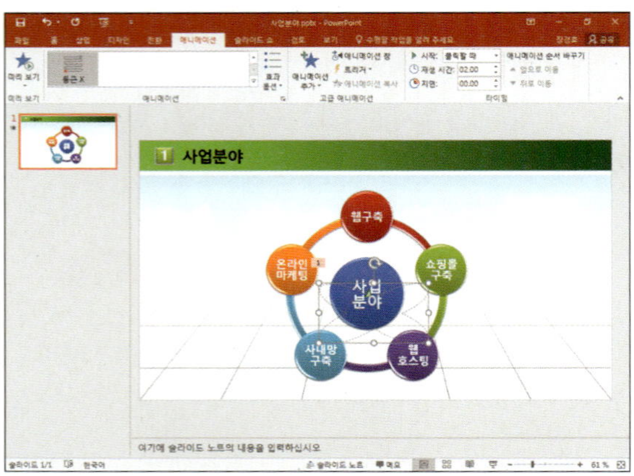

04_ 지정 경로의 선은 점 편집 기능을 통하여 변경할 수 있습니다. [애니메이션] 탭-[애니메이션] 그룹에서 [효과 옵션]을 클릭한 후 [경로]-[점 편집]을 선택합니다.

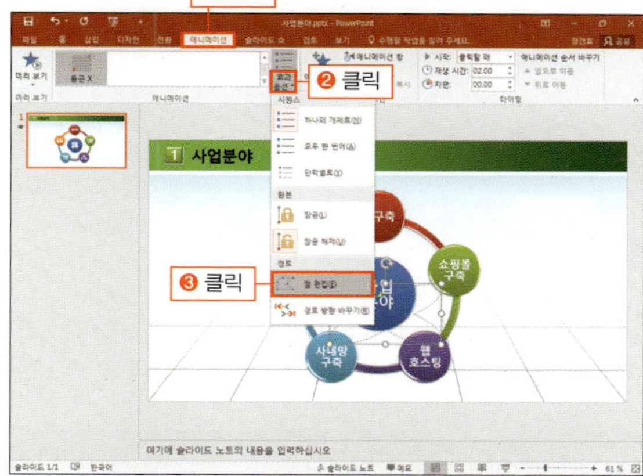

05_ 지정한 경로의 점이 편집 가능한 상태로 열립니다. 드래그하여 지정 경로를 변경하고 **Esc** 를 눌러 지정 경로를 마무리합니다.

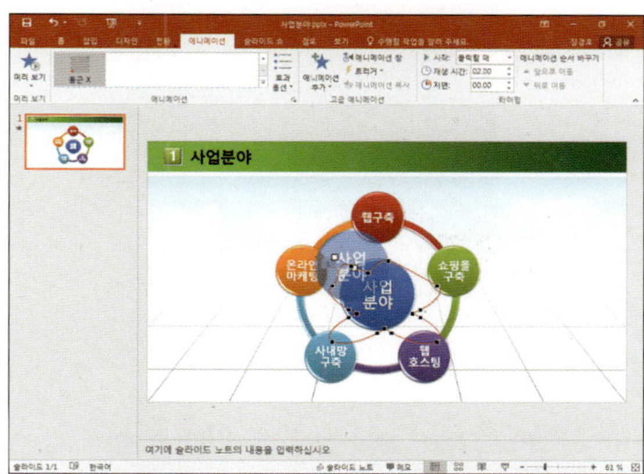

화면 전환 효과 지정하기

:: **준비파일** Part02₩Chapter03₩Section02₩화면전환효과.pptx | **완성파일** Part02₩Chapter03₩Section02₩화면전환효과_완성.pptx

화면 전환 효과는 슬라이드 쇼를 진행하는 경우에, 현재 슬라이드에서 다음 슬라이드로 넘어갈 때 작동하는 애니메이션 효과를 말합니다.

01_ 화면 전환 효과를 지정하기 위해 1번 슬라이드와 2번 슬라이드를 선택한 다음 [전환] 탭─[슬라이드 화면 전환] 그룹에서 [자세히]를 클릭합니다. 화면 전환 관련 갤러리가 나타나면 [화려한 효과]─[벗겨내기]를 선택합니다.

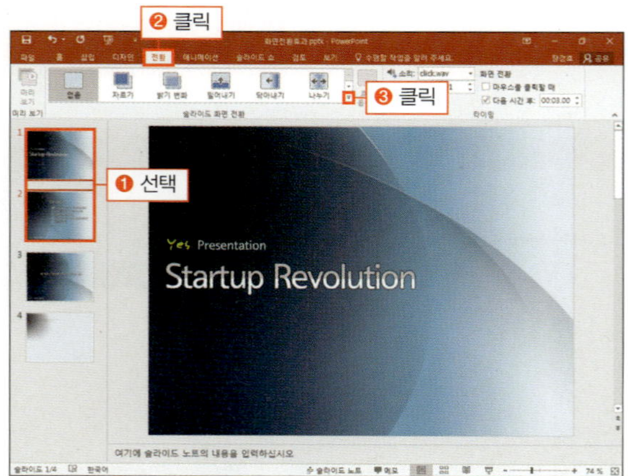

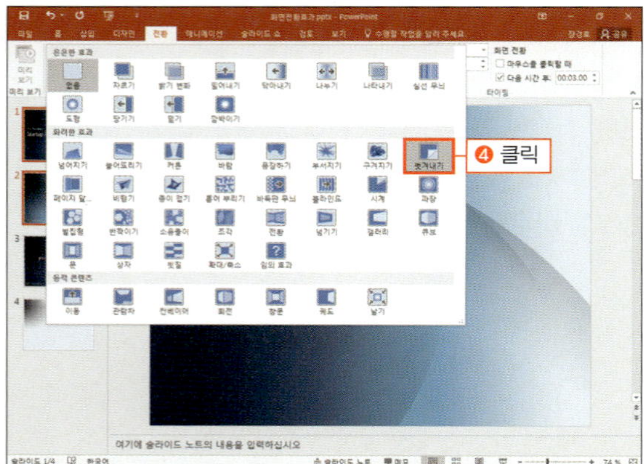

02_ 슬라이드 미리 보기 창에 애니메이션 효과 아이콘이 나타납니다. 두 번째 슬라이드를 선택한 후 [전환] 탭─[미리 보기] 그룹에서 [미리 보기]를 클릭하여 선택한 화면 전환 효과가 제대로 작동하는지 확인합니다.

화면 전환 동작 변경하기

:: **준비파일** Part02₩Chapter03₩Section02₩화면전환효과(2).pptx | **완성파일** Part02₩Chapter03₩Section02₩화면전환효과(2)_완성.pptx

적용된 화면 전환 효과는 [효과 옵션]을 통해 진행되는 동작 옵션을 변경할 수 있습니다.

01_ 두 번째 슬라이드를 선택한 상태로 [전환] 탭–[슬라이드 화면 전환] 그룹에서 [효과 옵션]–[오른쪽으로]를 클릭합니다.

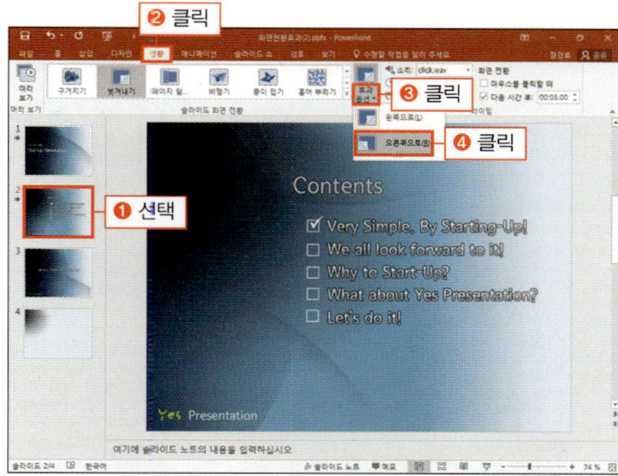

02_ 이번에는 전체 슬라이드에 동일한 화면 전환 효과를 지정하기 위해 [타이밍] 그룹에서 [모두 적용]을 클릭합니다. 슬라이드 미리 보기 화면에 화면 전환 효과 아이콘이 모두 나타납니다.

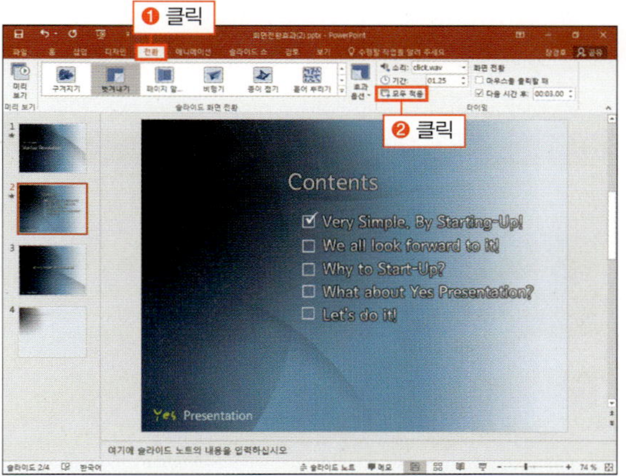

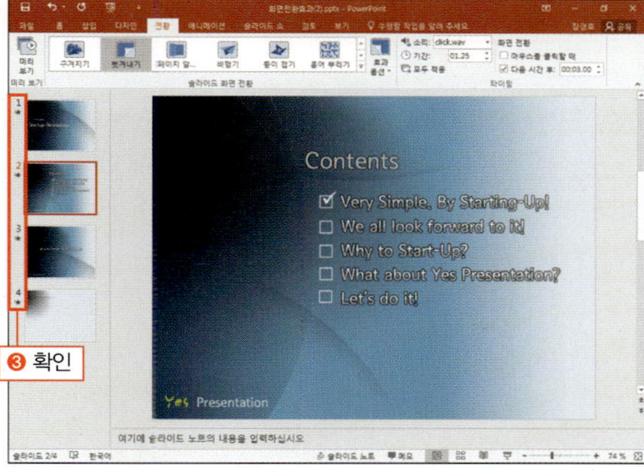

전체 슬라이드 자동 전환하기

:: **준비파일** Part02₩Chapter03₩Section02₩화면전환효과(3).pptx | **완성파일** Part02₩Chapter03₩Section02₩화면전환효과(3)_완성.pptx

슬라이드 화면이 일정 시간 후 자동으로 다음 슬라이드 화면으로 전환하도록 만들 수 있습니다.

01_ [전환] 탭–[타이밍] 그룹에서 [마우스를 클릭할 때]에 체크를 해제한 다음 [다음 시간 후]에 체크하고 『00:05』을 입력한 후 [모두 적용]을 클릭합니다.

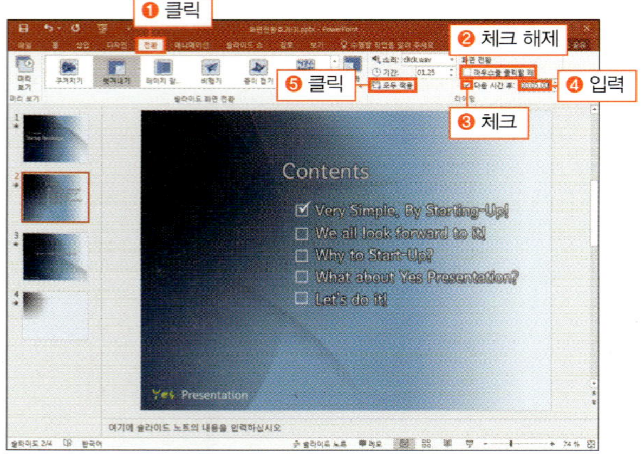

> **TIP**
> [마우스를 클릭할 때]에 체크 표시가 되어 있으면 슬라이드 쇼 진행 시 마우스를 클릭해야만 다음 슬라이드로 이동되기에 지금처럼 자동 전환으로 슬라이드 쇼를 진행하고 싶다면 [마우스를 클릭할 때]에 체크 표시를 해제한 다음 [다음 시간 후]에 원하는 자동 시간을 입력하는 것이 좋습니다.

02_ 전체 슬라이드에 시간이 제대로 지정되었는지 확인해 보겠습니다. [여러 슬라이드](圖)를 클릭합니다. 여러 슬라이드 보기 화면이 열리면 각 슬라이드의 아래쪽에 화면 전환 아이콘과 시간이 나타납니다.

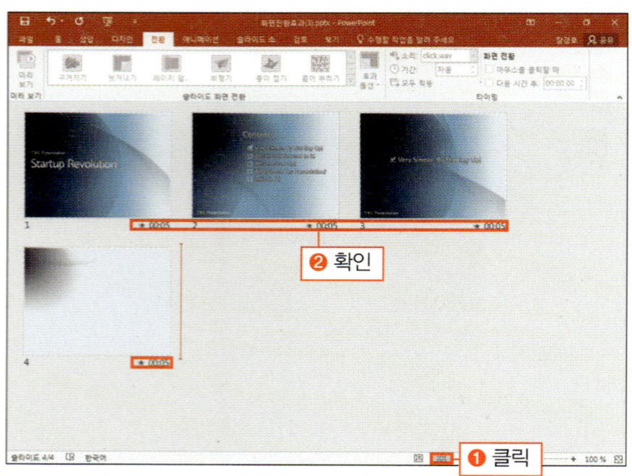

> **TIP**
> 특정 슬라이드에만 시간을 변경할 수도 있습니다. 특정 슬라이드를 선택한 후 [전환] 탭–[타이밍] 그룹에서 [다음 시간 후]에 시간을 입력하고 Enter 를 누릅니다.

슬라이드 쇼 진행하기

:: **준비파일** Part02₩Chapter03₩Section02₩사업계획서.pptx

슬라이드 쇼는 슬라이드 작업의 최종 단계입니다. 프레젠테이션을 진행하기 전에 전체 화면을 확인하는 과정에서도 반드시 거쳐야 하는 단계입니다.

01_ 슬라이드 쇼를 처음부터 실행하기 위해 [슬라이드 쇼] 탭–[슬라이드 쇼 시작] 그룹에서 [처음부터]를 클릭하거나 F5 를 누릅니다.

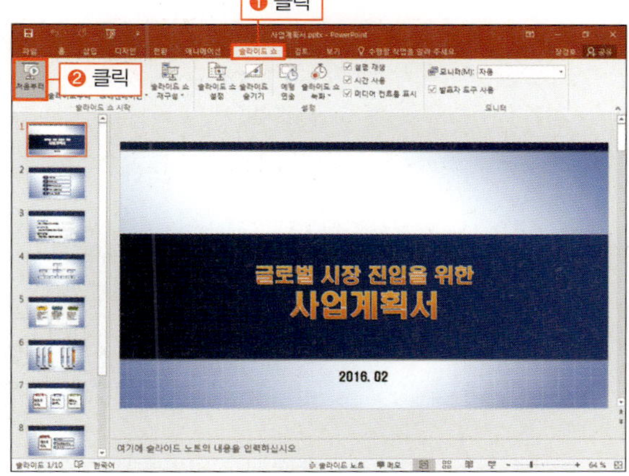

> **TIP**
> 특정 슬라이드부터 슬라이드 쇼를 실행하려면 시작할 슬라이드를 선택한 다음 [슬라이드 쇼] 탭–[슬라이드 쇼 시작] 그룹에서 [현재 슬라이드부터]를 클릭하거나 Shift + F5 를 누릅니다.

02_ 슬라이드 쇼로 전환됩니다. 마우스로 화면을 클릭하거나 Enter 혹은, Space Bar 를 눌러 다음 페이지로 이동할 수 있습니다. 슬라이드 쇼에서 마우스 오른쪽 버튼을 클릭하여 [모든 슬라이드 보기]를 선택합니다.

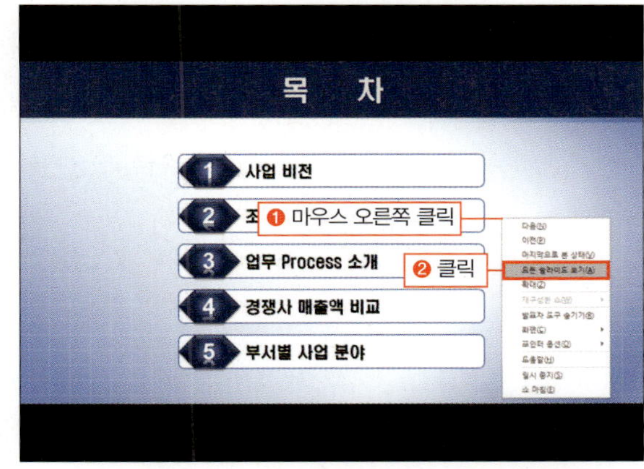

> **TIP**
> 슬라이드 쇼에서 왼쪽 하단의 아이콘 중 4번째를 클릭해도 [모든 슬라이드 보기]를 선택할 수 있습니다.

03_ 모든 슬라이드가 슬라이드 쇼 모드에서 열립니다. 원하는 슬라이드를 클릭하여 빠르게 넘어갈 수 있습니다. 여기서는 6번 슬라이드를 클릭합니다.

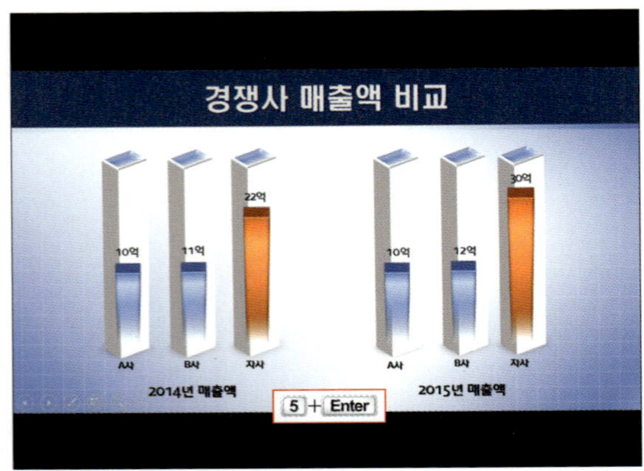

> **TIP**
>
> 화면을 크게 확대하고 싶다면 오른쪽 하단에 위치하고 있는 [확대/축소] 단추를 활용합니다.

04_ 6번 슬라이드가 슬라이드 쇼로 열립니다. 슬라이드 쇼에서 왼쪽 하단의 아이콘 중 첫 번째, 두 번째 아이콘을 클릭해 이전, 다음 슬라이드로 넘어갈 수 있습니다. 또한, 슬라이드 쇼 화면에서 페이지 번호를 입력한 후 Enter 를 누르면 원하는 슬라이드로 쉽게 이동할 수 있습니다. 여기서는 5번 슬라이드로 바로 넘어가기 위해 5 + Enter 를 누릅니다.

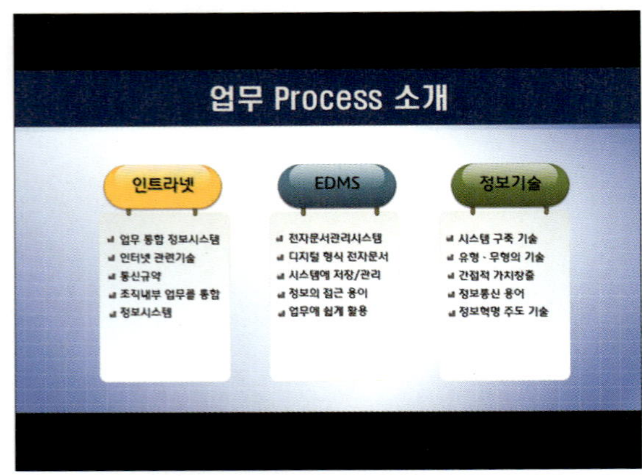

05_ 5번 슬라이드로 바로 넘어갑니다. 슬라이드 쇼를 마치고 슬라이드 편집 화면으로 돌아오기 위해 Esc 를 누르거나 마우스 오른쪽 버튼을 클릭해 [쇼 마침]을 선택합니다.

:: 준비파일 Part02₩Chapter03₩Section02₩사업계획서.pptx | **완성파일** Part02₩Chapter03₩Section02₩사업계획서_완성.pptx

슬라이드 쇼를 진행하는 도중에 청중들에게 중요한 정보나 분위기 전환을 위해 포인트 옵션 기능을 사용할 수 있습니다.

01_ F5 를 눌러 슬라이드 쇼를 진행한 다음 마우스 오른쪽 버튼을 클릭하고 [포인트 옵션]–[잉크 색]에서 원하는 색상을 선택합니다.

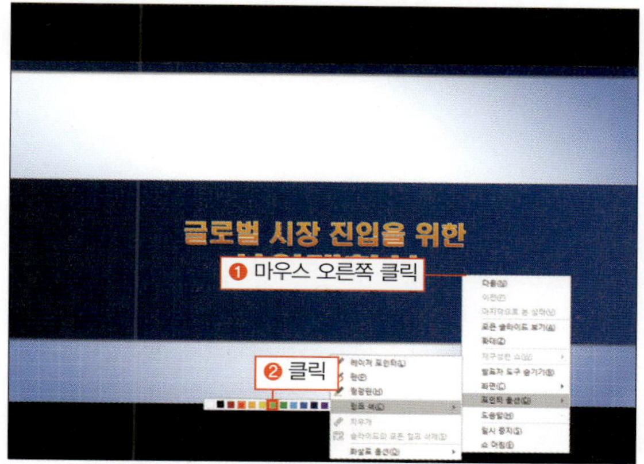

02_ 마우스 포인터 모양이 변경됩니다. 다음과 같이 드래그하여 그리면 펜 효과가 슬라이드 쇼에 적용됩니다.

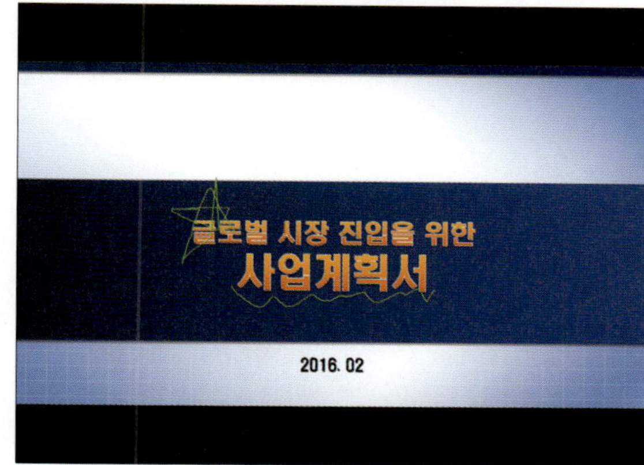

TIP

Ctrl + P 를 누른 후 마우스를 드래그해도 동일하게 펜 기능을 실행할 수 있으며, 내용을 삭제하고 싶다면 E 를 누른 후 삭제할 수 있습니다.

TIP

슬라이드 쇼에서 왼쪽 하단의 아이콘 중 세 번째 아이콘을 클릭해도 레이저 포인터나 펜, 형광펜 등을 선택해 그려 넣을 수 있습니다.

03_ (Esc)를 눌러 슬라이드 쇼를 마칩니다. 잉크 주석을 유지하겠냐고 묻는 메시지 창이 나타나면 [예]를 클릭합니다.

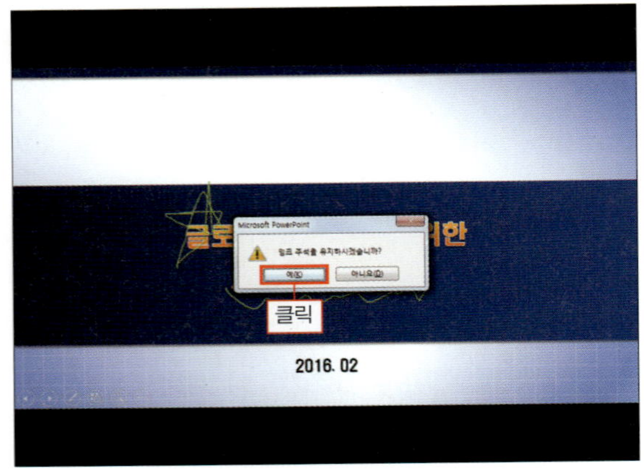

04_ 슬라이드 편집 화면에 잉크 주석이 유지된 채 저장됩니다. 잉크 주석은 하나의 개체로 인식되기 때문에 삭제를 원할 경우 클릭하여 삭제할 수 있습니다.

TIP

레이저 빔 없이도 레이저 빔 효과를 적용할 수 있습니다. 슬라이드 쇼를 진행하다 레이저 빔을 사용할 필요가 있을 경우에는 (Ctrl)을 누른 채 마우스를 드래그하거나 왼쪽 하단의 아이콘 중 세 번째 아이콘을 클릭해서 레이저 포인터를 선택한 후 레이저 포인트를 표시할 수 있습니다.

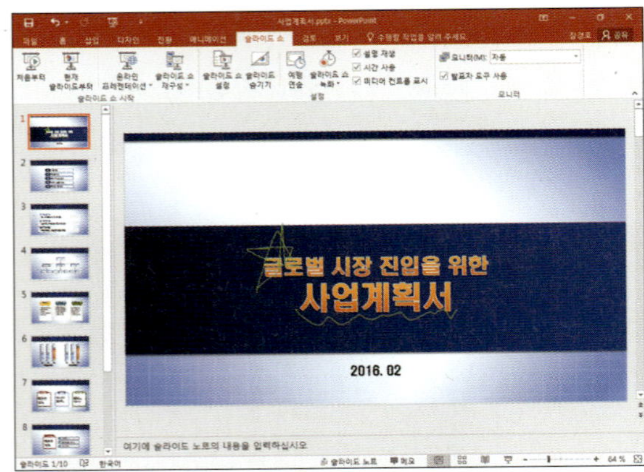

꼭!! 알고가기

포인트 옵션 살펴보기

프레젠테이션을 진행할 때 보통 레이저 펜을 이용하여 슬라이드 쇼를 진행하게 됩니다. 하지만 파워포인트 내에도 이와 유사한 기능이 숨겨져 있습니다. 슬라이드 쇼에는 왼쪽 하단에 6개의 아이콘을 통해 옵션을 지정할 수 있습니다.

❶ 이전 슬라이드로 돌아가기
❷ 다음 슬라이드로 넘어가기
❸ 레이저 포인터를 비롯해 펜, 형광펜 표시하기
❹ 섬네일 화면으로 모든 슬라이드 보기
❺ 슬라이드 일부 확대하기
❻ 슬라이드 쇼 옵션 더 보기

특정 영역 확대하여 쇼하기

:: **준비파일** Part02₩Chapter03₩Section02₩사업계획서(2).pptx

파워포인트에서는 슬라이드 쇼 진행 시 특정 영역을 크게 확대하여 표시할 수 있습니다.

01_ F5 를 눌러 슬라이드 쇼 상태에서 5 + Enter 를 누릅니다.

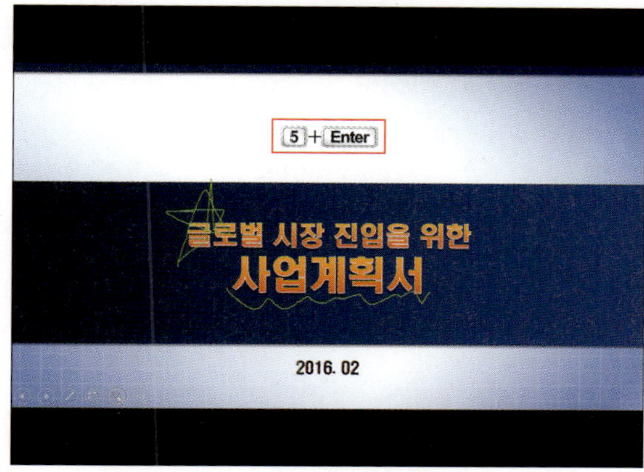

02_ 5번째 슬라이드가 바로 나타납니다. 왼쪽 하단의 아이콘 중 돋보기 모양의 다섯 번째 아이콘을 클릭합니다. 직사각형 모양의 영역이 나타납니다. 확대를 원하는 영역을 마우스로 클릭합니다.

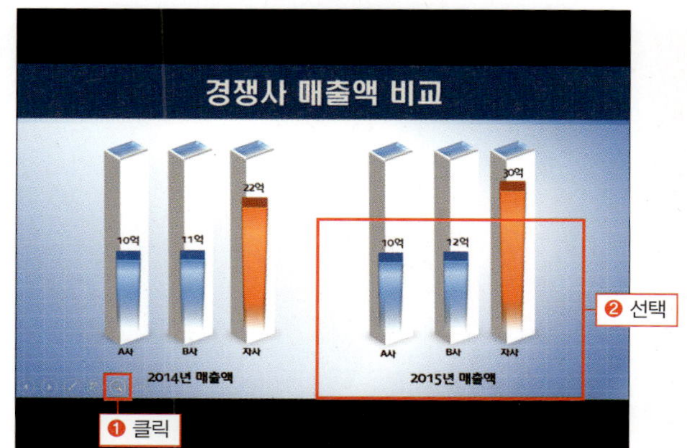

03_ 원하는 영역이 확대되어 나타납니다. Esc 를 눌러 확대를 해제합니다.

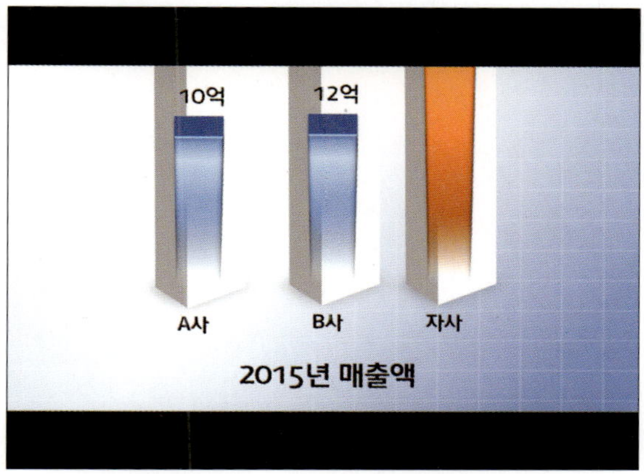

> **TIP**
> 슬라이드 쇼에서 여섯 번째 아이콘을 클릭한 후 [화면]–[화면 어둡게 하기]를 선택하거나 단축키 B 를 누르면 슬라이드 쇼 화면이 어둡게 변경됩니다.

슬라이드 쇼 재구성하기

:: 준비파일 Part02₩Chapter03₩Section02₩사업계획서(2).pptx | **완성파일** Part02₩Chapter03₩Section02₩사업계획서(2)_완성.pptx

슬라이드 쇼를 재구성하면 전체 슬라이드 중 몇몇 슬라이드를 선택하여 슬라이드 쇼를 진행할 수 있습니다.

01_ 특정 페이지만으로 슬라이드 쇼를 재구성하기 위해 [슬라이드 쇼] 탭–[슬라이드 쇼 시작] 그룹에서 [슬라이드 쇼 재구성]–[쇼 재구성]을 클릭합니다.

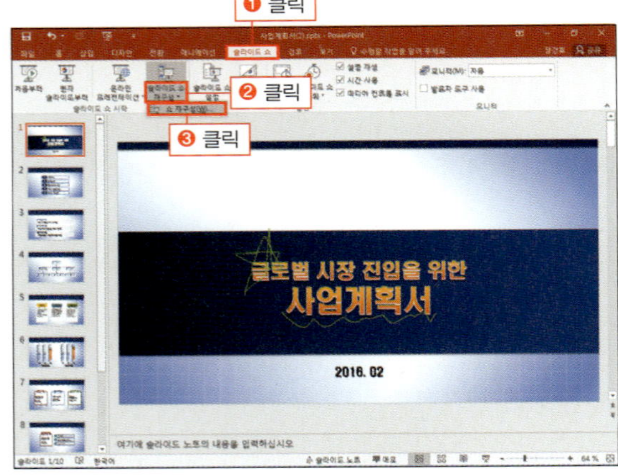

02_ [쇼 재구성] 대화상자가 나타나면 [새로 만들기]를 클릭합니다.

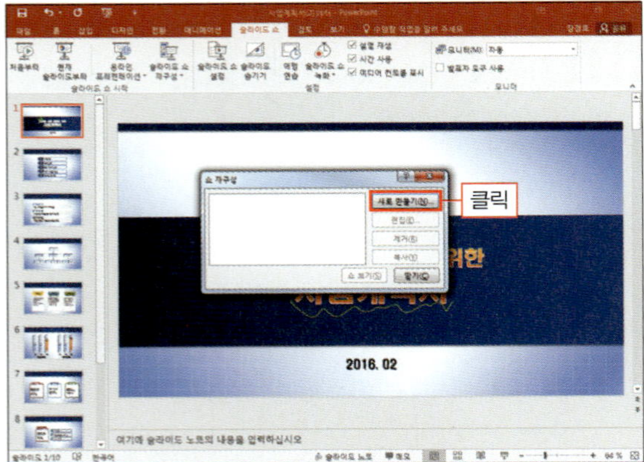

03_ [쇼 재구성하기] 대화상자가 나타나면 [슬라이드 쇼 이름]에 『재구성한 쇼 1』을 입력합니다. 재구성할 슬라이드에 체크한 후 [추가]를 클릭합니다. [재구성할 쇼에 있는 슬라이드] 목록에 선택한 슬라이드가 나타나면 [확인]을 클릭합니다.

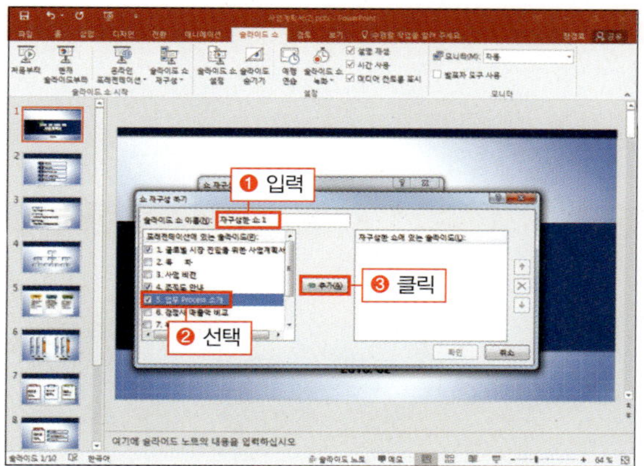

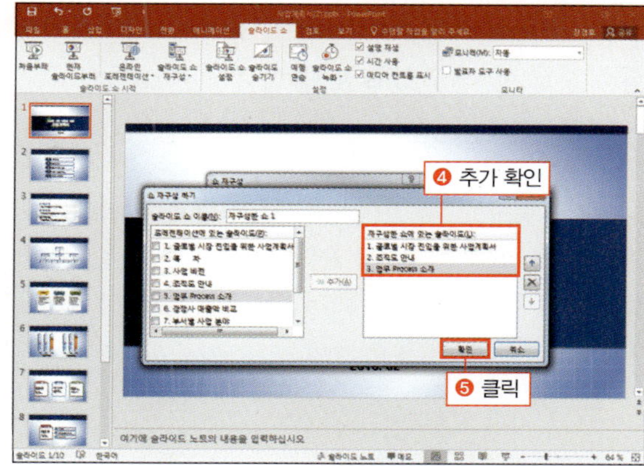

04_ [쇼 재구성] 대화상자가 나타납니다. [쇼 재구성] 목록에 새로 만든 재구성한 슬라이드 쇼가 나타납니다. [쇼 보기]를 클릭하면 재구성한 슬라이드 쇼가 진행됩니다. 여기서는 [닫기]를 클릭합니다.

> **TIP**
>
> [쇼 재구성] 대화상자에서 [편집]을 클릭하면 원하는 슬라이드를 다시 재구성할 수 있습니다.

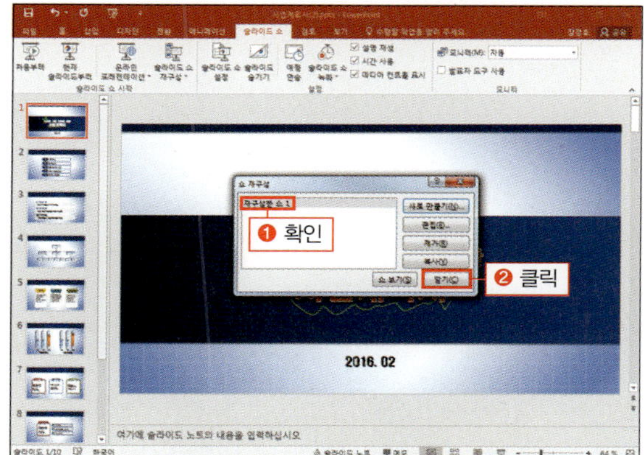

05_ [슬라이드 쇼] 탭-[슬라이드 쇼 시작] 그룹에서 [슬라이드 쇼 재구성]을 클릭하면 '재구성한 쇼 1'이라는 슬라이드 쇼 파일이 생성된 것을 확인할 수 있습니다. '재구성한 쇼 1'을 클릭하면 재구성한 슬라이드로 슬라이드 쇼를 진행할 수 있으며, [쇼 재구성]을 클릭하면 슬라이드를 다시 구성하거나 추가, 혹은 삭제할 수 있습니다.

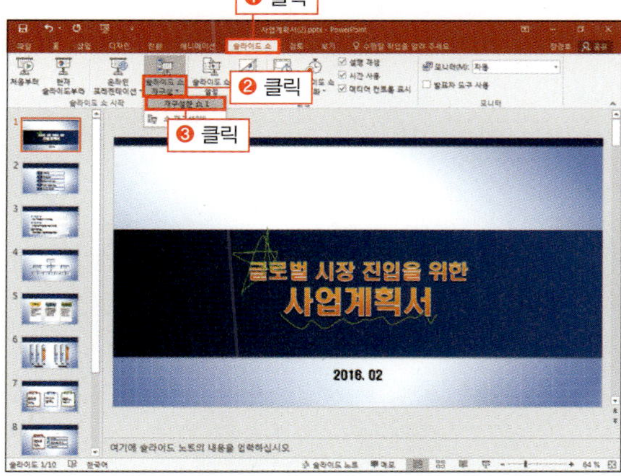

:: 준비파일 Part02₩Chapter03₩Section02₩사업계획서(3).pptx | **완성파일** Part02₩Chapter03₩Section02₩사업계획서(3)_완성.pptx

'슬라이드 쇼 재구성하기'와 비슷한 기능이긴 하지만 슬라이드 쇼 진행 시 일회성으로 슬라이드를 숨겨야할 경우 유용하게 사용됩니다.

01_ 5번 슬라이드를 숨기기 위해 5번 슬라이드를 선택하고 마우스 오른쪽 버튼을 클릭한 후 [슬라이드 숨기기]를 선택하거나, [슬라이드 쇼] 탭-[설정] 그룹에서 [슬라이드 숨기기]를 클릭합니다.

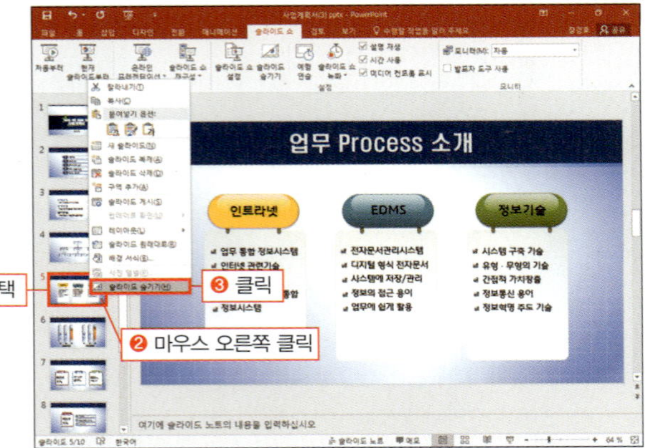

> **TIP**
> 슬라이드 쇼를 진행하다 보면 시간적인 제약이나 청중들의 스타일에 따라 특정 슬라이드를 보여주지 말아야 할 경우가 생깁니다. [슬라이드 쇼 재구성하기] 기능을 통해서도 가능하지만 [슬라이드 숨기기] 기능을 이용하면 보다 간편하게 슬라이드를 재구성할 수 있습니다.

02_ 5번 슬라이드가 연한 색상으로 변경됩니다. 이 슬라이드는 슬라이드 편집 화면에서는 보이지만 슬라이드 쇼를 진행하면 표시되지 않게 됩니다.

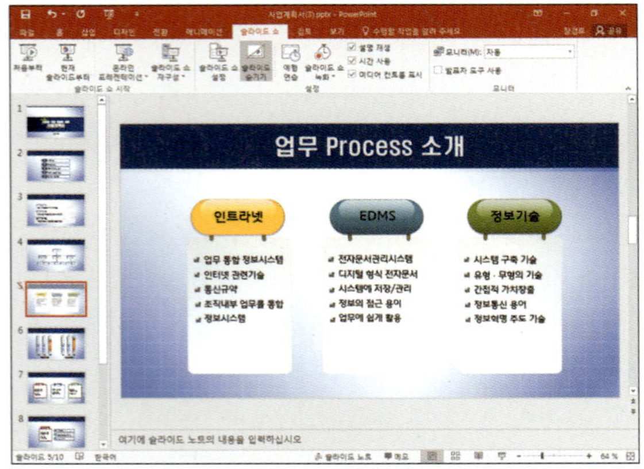

빠른 실행을 통해 전문가답게 작업하기

빠른 실행이란, 파워포인트 2016에 새롭게 등장한 기능으로 리본 메뉴의 [수행할 작업을 알려 주세요]에 원하는 명령을 입력하여 빠르게 작업을 수행할 수 있는 기능을 말합니다.

준비 파일   Part02\Chapter03\Section02\빠른실행.pptx   완성 파일   Part02\Chapter03\Section02\빠른실행_완성.pptx

01 예제 파일을 불러온 다음 첫 번째 이미지를 선택합니다. 리본 메뉴의 [수행할 작업을 알려 주세요.]에 『애니』라고 입력합니다.

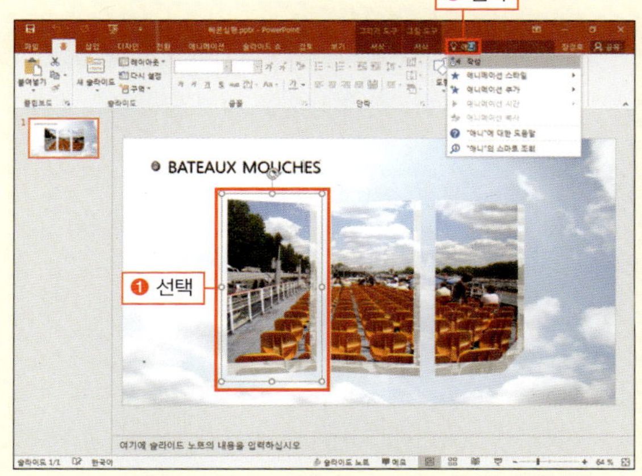

02 '애니'로 시작하는 다양한 기능과 도움말이 나타납니다. 여기서는 [애니메이션 스타일]을 선택한 후 [강조]–[펄스]를 클릭하면 애니메이션이 지정됩니다. 이처럼, 원하는 기능을 빠른 실행을 통해 빠르게 작업할 수 있습니다.

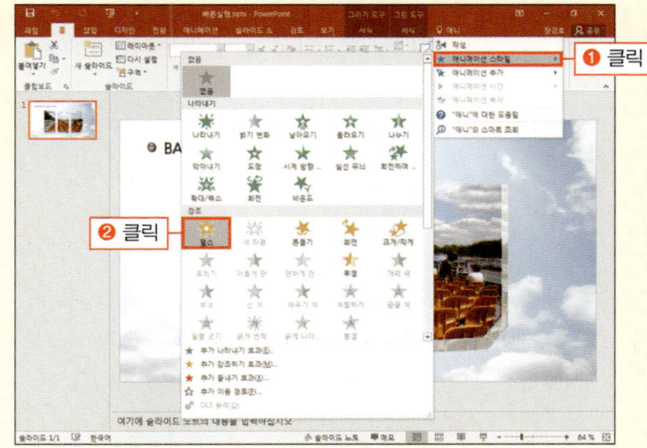

발표자 도구 활용하기

발표자 도구를 사용하면 발표자의 모니터에는 슬라이드 노트를 표시하고, 청중에게는 슬라이드 쇼를 표시할 수 있습니다.

준비 파일 ― Part02₩Chapter03₩Section02₩영업프로세스.pptx

01 [슬라이드 쇼] 탭-[모니터] 그룹에서 [발표자 도구 사용]에 체크가 되어 있는지 확인합니다. 체크되어 있지 않다면 체크한 후 F5 를 눌러 슬라이드 쇼를 진행합니다.

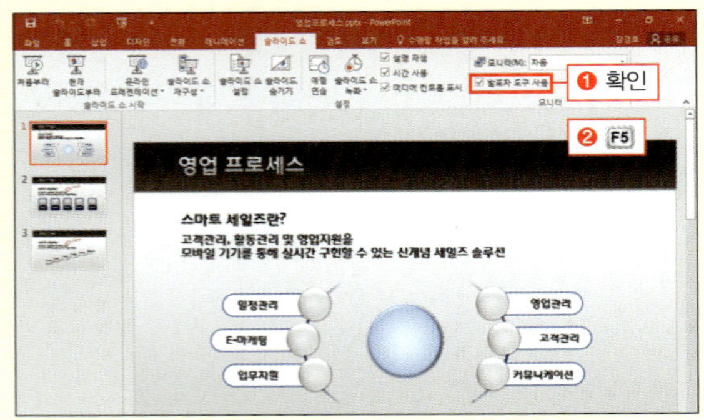

02 만일, 슬라이드 쇼 진행 시 발표자 도구가 표시되지 않는다면 마우스 오른쪽 버튼을 클릭하고 [발표자 도구 표시]를 선택합니다.

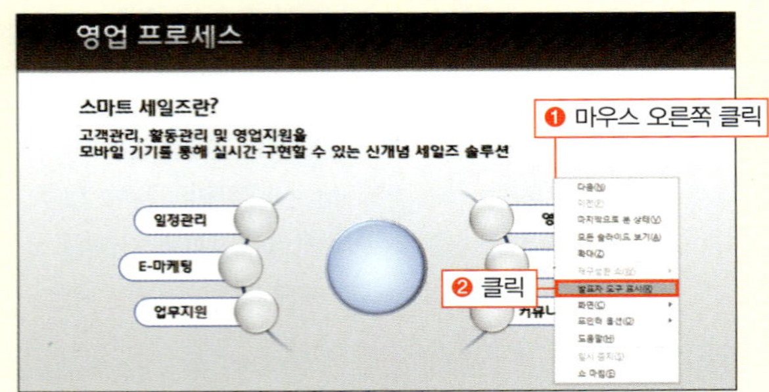

03 [발표자 보기] 창이 나타나면 발표자 보기는 프레젠테이션을 진행하는 발표자만 볼 수 있으며, 실제 프레젠테이션에서는 슬라이드 쇼가 진행됩니다.

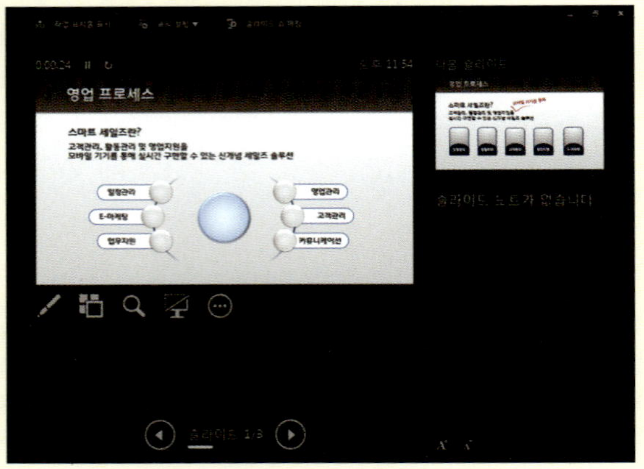

1 화면 전환을 통해 인트로 페이지를 설명할 때 커튼이 열리는 것과 같은 효과를 표현할 수 있습니다.

◎ 준비파일 : Part02₩Chapter03₩Check₩커튼.pptx   ◎ 완성파일 : Part02₩Chapter03₩Check₩커튼_완성.pptx

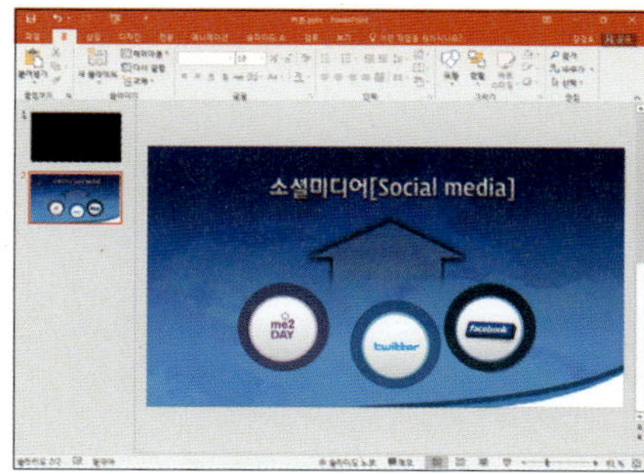
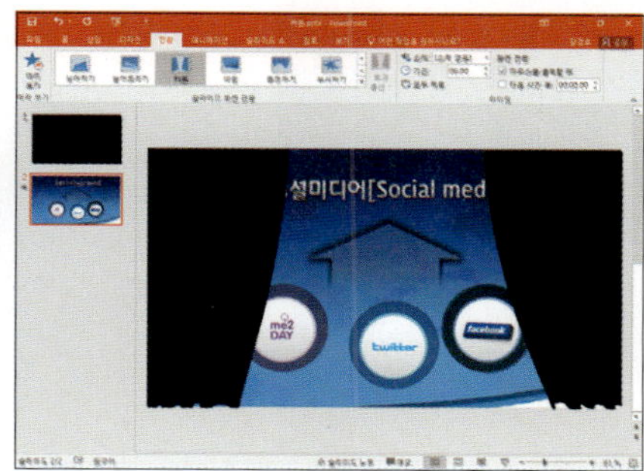

힌트

❶ 이미지를 선택하고 [전환] 탭–[슬라이드 화면 전환] 그룹에서 [자세히]를 클릭한 후 [커튼]을 선택합니다.

---

2 전체 슬라이드에 화려한 화면 전환 효과를 삽입하고, 카메라 소리를 각각의 슬라이드마다 적용해 보세요.

◎ 준비파일 : Part02₩Chapter03₩Check₩전자상거래.pptx   ◎ 완성파일 : Part02₩Chapter03₩Check₩전자상거래_완성.pptx

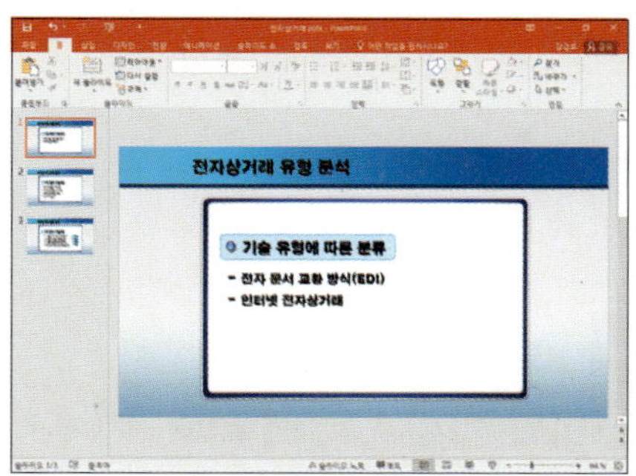
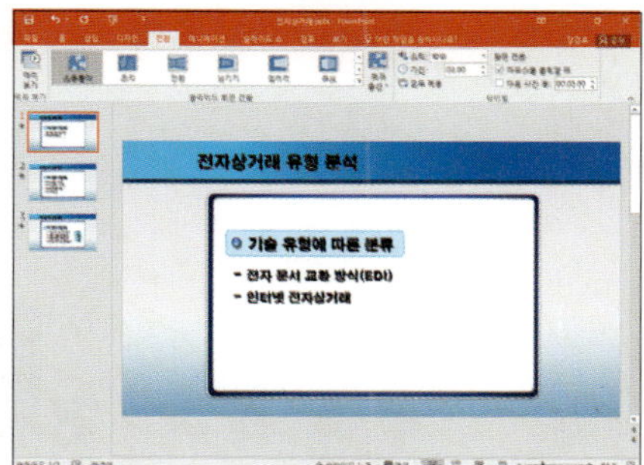

힌트

❶ [전환] 탭–[슬라이드 화면 전환] 그룹에서 [자세히]를 클릭합니다.
❷ [타이밍] 그룹에서 [소리]를 선택한 후 원하는 소리를 삽입합니다.

테마 설정하고
인쇄 및 공유하기

파워포인트는 테마를 통해 사용자가 원하는 색상이나 글꼴을 전체 슬라이드에 적용할 수 있습니다. 원하는 테마를 선택하면 테마 효과에 해당하는 다양한 도형 스타일이나 선 효과가 변경됩니다. 여기서는 슬라이드에 테마를 적용하는 방법을 비롯해 슬라이드 검토 및 인쇄 기능에 대해서 살펴보겠습니다.

Section 1. 테마와 슬라이드 마스터

Section 2. 검토하고 인쇄하기

Section# 01

테마와 슬라이드 마스터

테마는 배경이나 색상 등을 미리 완성해 놓은 스타일 갤러리로 사용자의 취향에 따라 원하는 스타일을 선택할 수 있습니다. 또한, 슬라이드 마스터를 통해 원하는 테마를 사용자가 직접 만들 수도 있습니다. 이번 섹션에서는 테마 기능을 비롯해 슬라이드 마스터에 대해서 살펴보겠습니다.

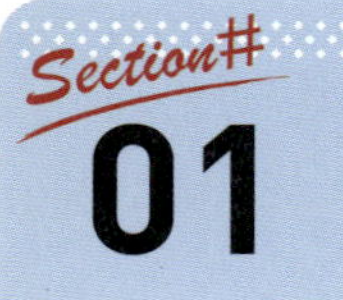

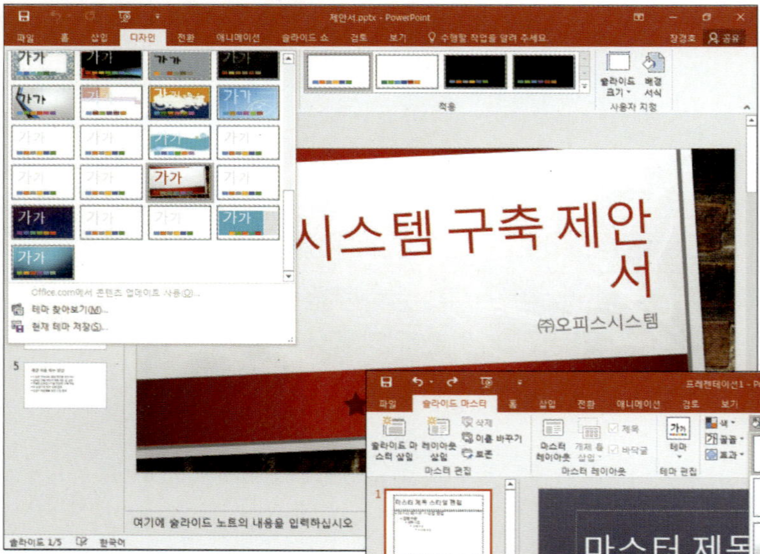

▲ 테마 적용하기

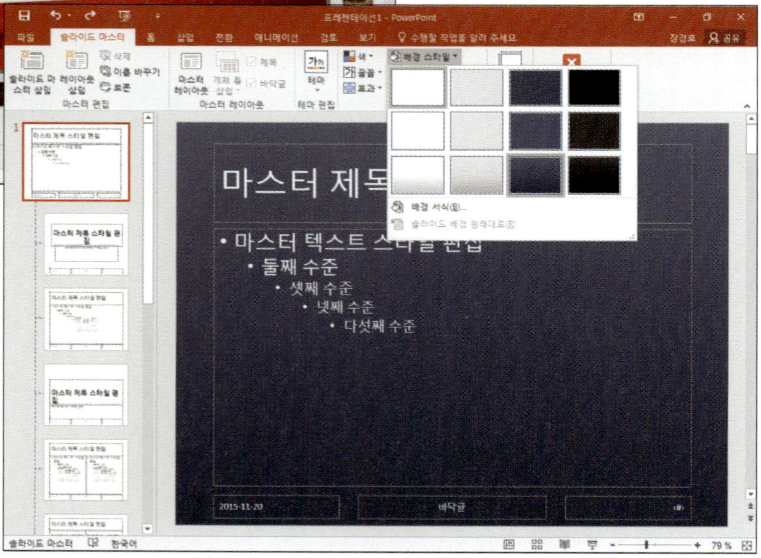

▲ 슬라이드 그림 배경 설정하기

이번 섹션에서 배울 주요 내용

- 테마 적용하기
- 사용자 테마 색 만들기
- 사용자 테마 글꼴 만들기
- 테마 및 서식 파일 저장하기
- 슬라이드 마스터란 살펴보기
- 슬라이드 그림 배경 설정하기
- **스페셜** 슬라이드 마스터 여러 개 적용하기

테마 적용하기

:: 준비파일 Part02₩Chapter04₩Section01₩제안서.pptx | **완성파일** Part02₩Chapter04₩Section01₩제안서_완성.pptx

여기서는 흰색 배경으로 구성된 예제 파일에 테마를 적용해 디자인이 가미된 멋진 슬라이드로 만들어보겠습니다.

01_ [디자인] 탭–[테마] 그룹에서 [자세히]를 클릭하면 테마 갤러리가 나타납니다. 원하는 테마 스타일을 선택하는데 여기서는 [주요 이벤트]를 클릭합니다.

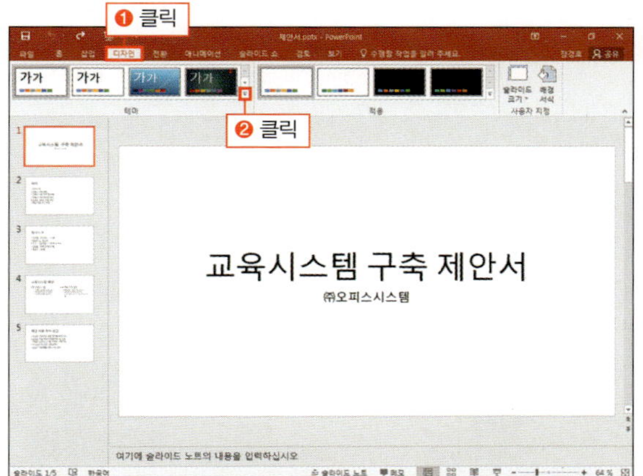

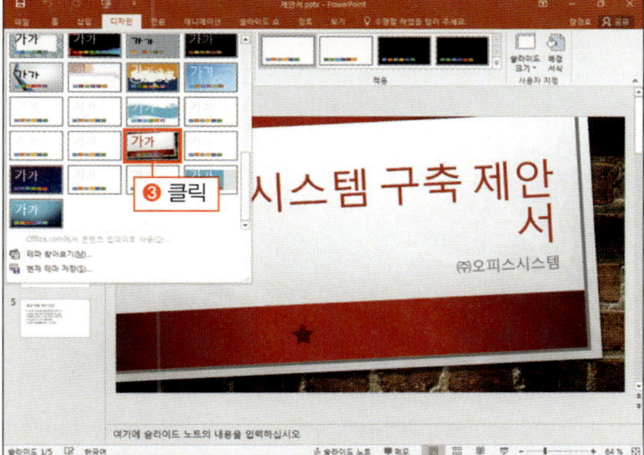

> **TIP**
>
> 테마 갤러리 위에 마우스 포인터를 위치시키면 슬라이드 편집 화면에 선택한 테마가 미리 보기됩니다.

02_ 선택한 테마가 전체 슬라이드에 적용됩니다. 선택한 테마도 다른 색상 및 텍스트 등을 지정할 수 있습니다. [디자인] 탭–[적용] 그룹에서 원하는 색상을 선택합니다. 원하는 색상이 없다면, [자세히]를 클릭한 후 색상을 선택합니다. 여기서는 [움직이는 텍스트]를 클릭합니다.

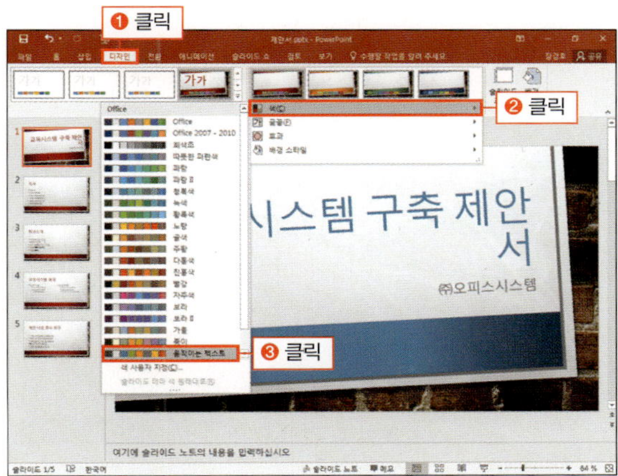

> **TIP**
>
> [디자인] 탭–[적용] 그룹에서 [자세히]를 클릭하면 색상을 비롯해 글꼴이나 효과 등을 적용하여 원하는 스타일로 변경할 수 있습니다.

:: 준비파일 Part02₩Chapter04₩Section01₩제안서(2).pptx ┃ **완성파일** Part02₩Chapter04₩Section01₩제안서(2)_완성.pptx

테마를 이용하면 배경과 색상, 그리고 글꼴 등 서로 다른 서식이 적용되어 있는 사용자의 취향에 따라 원하는 효과로 변경할 수 있습니다.

01_ 테마 색을 변경하기 위해 [디자인] 탭–[적용] 그룹에서 [자세히]를 클릭한 후 [색]–[색 사용자 지정]을 클릭합니다. [새 테마 색 만들기] 대화상자가 나타나면 각각의 색상을 클릭해 원하는 색상을 합니다. [이름]에 『사용자 색상』을 입력하고 [저장]을 클릭합니다.

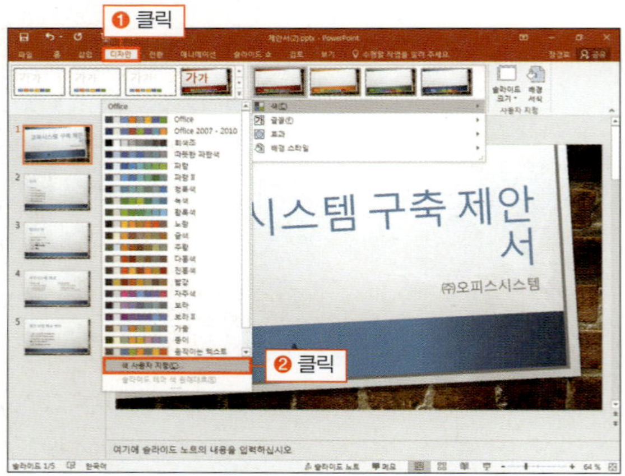
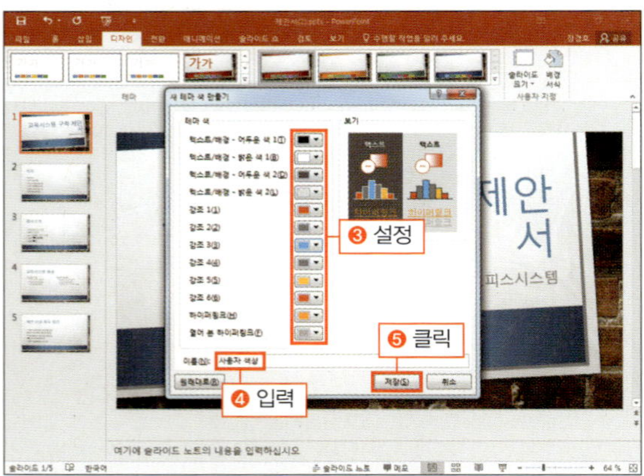

02_ 사용자가 지정한 색상으로 테마 색상이 변경됩니다. [디자인] 탭–[적용] 그룹에서 [자세히]를 클릭한 다음 [색]–[사용자 지정]에 새롭게 구성한 사용자 지정 색상을 확인합니다.

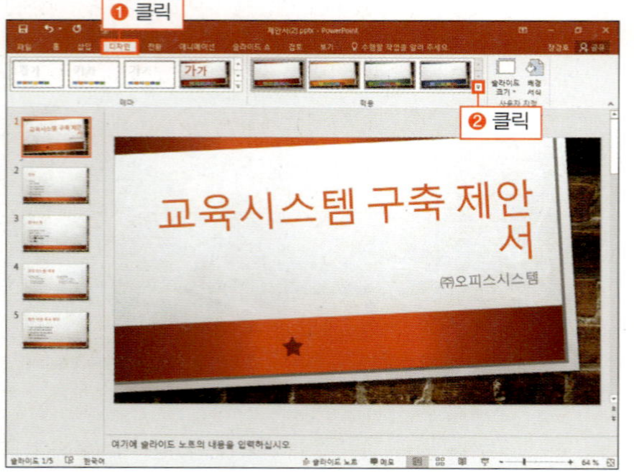
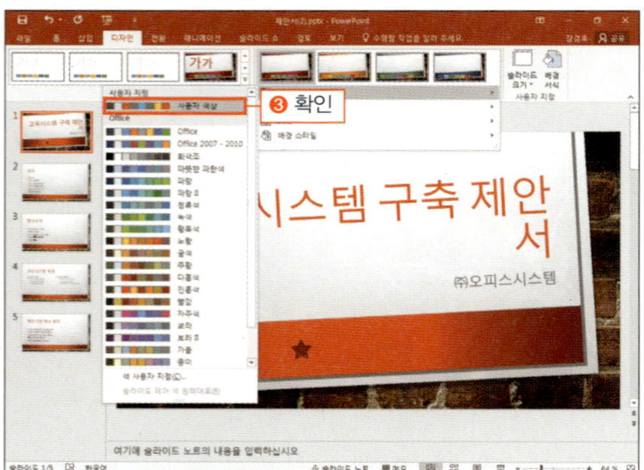

사용자 테마 글꼴 만들기

:: **준비파일** Part02\Chapter04\Section01\제안서(3).pptx | **완성파일** Part02\Chapter04\Section01\제안서(3)_완성.pptx

슬라이드에 테마를 적용하면 모든 레이아웃에 동일한 테마가 적용되며, 선택한 테마 스타일에 따라서 텍스트, 도형 등의 서식에도 변화가 생깁니다.

01_ 테마 글꼴을 변경하기 위해 [디자인] 탭–[적용] 그룹에서 [자세히]를 클릭한 후 [글꼴]–[글꼴 사용자 지정]을 클릭합니다. [새 테마 글꼴 만들기] 대화상자가 나타나면 [한글 글꼴]–[제목 글꼴(한글)]의 글꼴을 '다음_ SemiBold'로 변경합니다. [본문 글꼴(한글)]에는 '다음_ Regular'를 선택한 후 [이름]에 『사용자 글꼴』을 입력하고 [저장]을 클릭합니다.

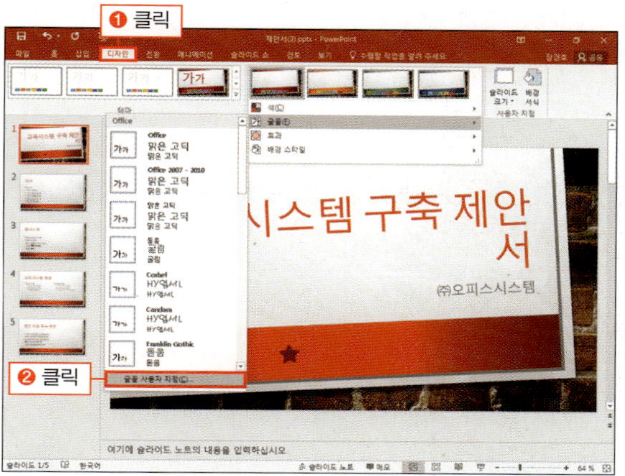
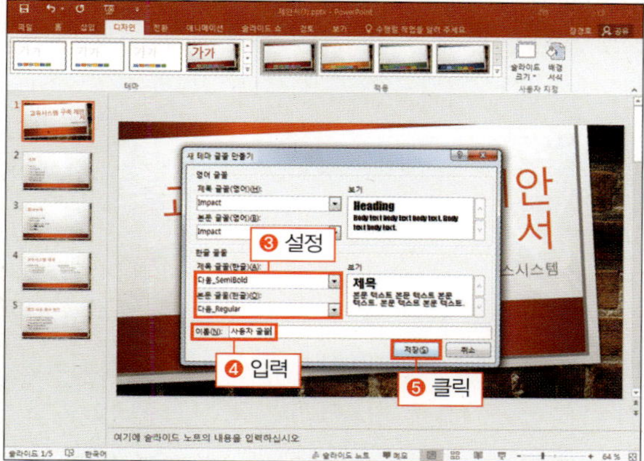

02_ 사용자가 지정한 글꼴로 모두 변경됩니다. 텍스트를 정렬한 다음 [디자인] 탭–[적용] 그룹에서 [자세히]를 클릭하고 [글꼴]–[사용자 지정]에 새롭게 구성한 사용자 지정 글꼴을 확인합니다.

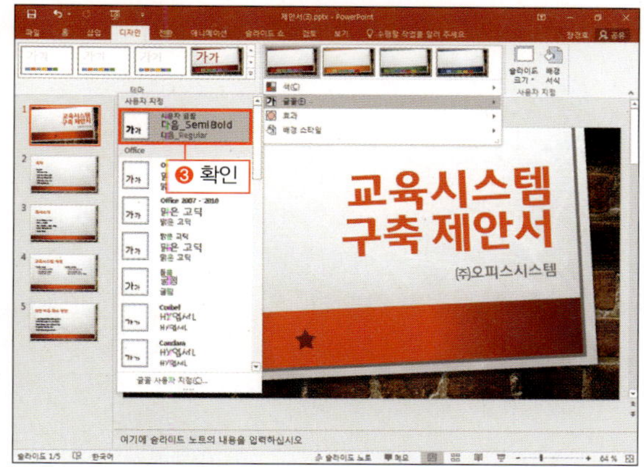

> **TIP**
>
> 사용자 지정한 테마를 삭제하고 싶으면 새롭게 구성한 사용자 지정 글꼴을 마우스 오른쪽 버튼으로 클릭하고 [삭제]를 선택합니다.

테마 및 서식 파일 저장하기

:: **준비파일** Part02₩Chapter04₩Section01₩제안서(4)pptx | **완성파일** Part02₩Chapter04₩Section01₩제안서(4)_완성.pptx

서식 파일이라는 별도의 파일로 저장해두면 필요할 때마다 불러와 사용할 수 있습니다.

01_ [디자인] 탭–[테마] 그룹에서 [자세히]를 클릭하고 [현재 테마 저장]을 선택합니다.

02_ [현재 테마 저장] 대화상자가 나타나면 [파일 이름]에 『테마1.thmx』를 입력하거나 확인한 후 [저장]을 클릭합니다.

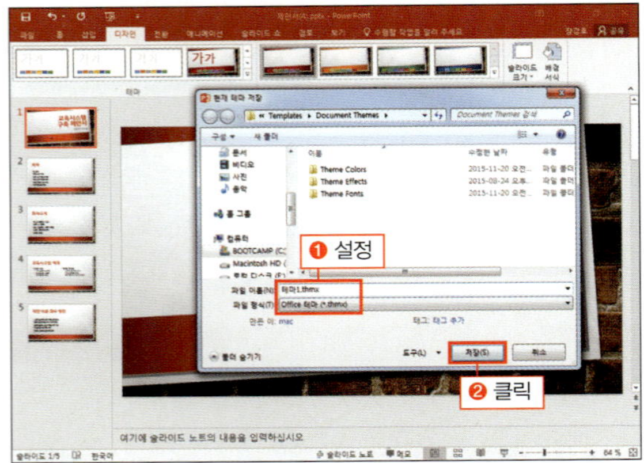

03_ [디자인] 탭–[테마] 그룹에서 [자세히]를 클릭합니다. [사용자 지정]에 새로운 테마가 나타납니다. 마우스 포인터를 위치시키면 파일 이름으로 지정한 '테마'이라는 나만의 테마를 확인할 수 있습니다.

04_ 이제 저장된 테마를 불러오기 위해 새 슬라이드를 엽니다. [디자인] 탭–[테마] 그룹에서 [자세히]를 클릭한 후 [사용자 지정]–[테마]을 선택합니다.

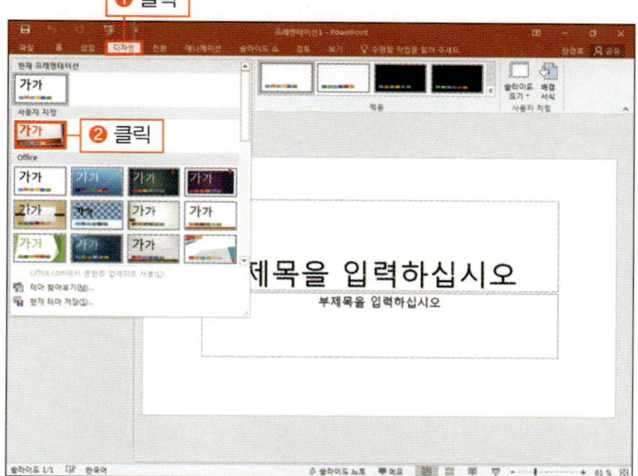

05_ 저장한 테마가 새 슬라이드에 적용되어 나타납니다. 이처럼 사용자 지정 테마 색이나 글꼴을 통해 완성한 슬라이드 테마를 사용자 지정 테마로 저장하여 원할 때마다 언제든지 불러올 수 있습니다.

> **TIP**
>
> 저장한 테마는 [디자인] 탭–[테마] 그룹에서 [자세히]를 클릭한 후 [사용자 지정]–[테마]를 마우스 오른쪽 버튼을 클릭하여 삭제할 수도 있습니다.

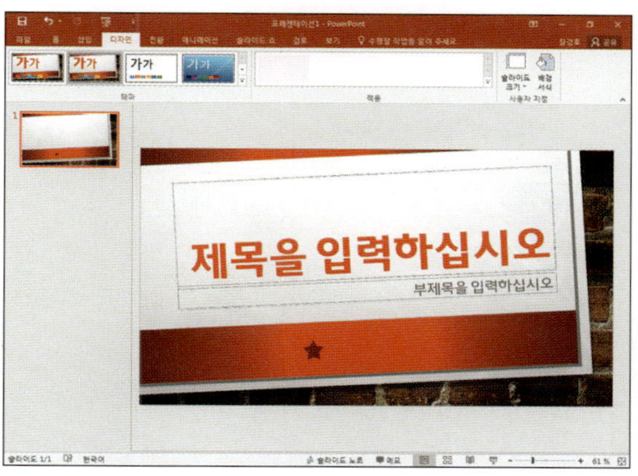

슬라이드 마스터 살펴보기

마스터는 '슬라이드 마스터, 유인물 마스터, 슬라이드 노트 마스터' 등 3가지 종류로 나누어집니다.

마스터 종류

'슬라이드 마스터'는 일반적으로 슬라이드의 배경과 서식, 머리글과 바닥글, 페이지 번호 등을 설정할 수 있으며, 슬라이드 레이아웃과 모든 테마 정보를 저장하는 슬라이드를 말합니다. '유인물 마스터'는 프레젠테이션 인쇄 시 유인물로 인쇄할 경우에 유인물의 배경 등을 지정할 때 사용합니다. '슬라이드 노트 마스터'는 프레젠테이션을 슬라이드 노트로 인쇄할 경우에 슬라이드 노트의 머리글이나 날짜 등 서식을 지정할 때 사용합니다.

▲ 슬라이드 마스터　　　▲ 유인물 마스터　　　▲ 슬라이드 노트 마스터

슬라이드 마스터와 제목 슬라이드 레이아웃

슬라이드 마스터는 주로 본문과 제목 슬라이드의 서식을 지정할 때 사용합니다. 필요에 따라서 슬라이드 마스터를 변경할 수 있는데, 슬라이드 마스터를 수정하면 프레젠테이션의 모든 슬라이드의 스타일이 일괄적으로 수정되어 편리하게 프레젠테이션을 관리할 수 있습니다.

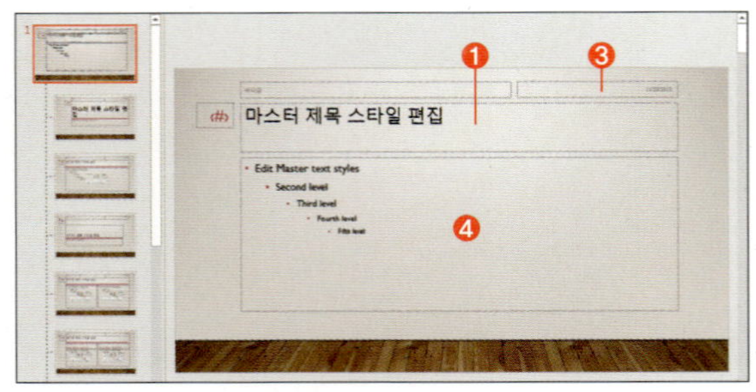

▲ 슬라이드 마스터

▲ 제목 슬라이드 레이아웃

❶ **제목 영역** : 제목 서식을 작성할 수 있는 영역입니다. 슬라이드의 제목이나 본문 내용의 제목 스타일을 편집합니다.

❷ **부제목 영역** : 부제목 서식을 작성할 수 있는 영역입니다.

❸ **날짜/바닥글/번호 영역** : 날짜나 바닥글, 번호를 입력할 수 있는 영역으로 내용을 표시하거나, 하지 않을 수도 있습니다.

❹ **본문 영역** : 본문을 입력할 수 있는 영역입니다. 본문에는 글머리 기호나 여러 텍스트 서식을 지정합니다.

슬라이드 그림 배경 설정하기

:: **준비파일** Part02₩Chapter04₩Section01₩bg_01.png, bg_02.png | **완성파일** Part02₩Chapter04₩Section01₩마스터_완성.pptx

슬라이드 마스터에서 배경 서식을 지정하면 모든 슬라이드에 동일한 배경이 지정됩니다.

01_ 새 프레젠테이션을 실행하고 [디자인] 탭-[사용자 지정] 그룹에서 [슬라이드 크기]-[표준 (4:3)]을 클릭합니다.

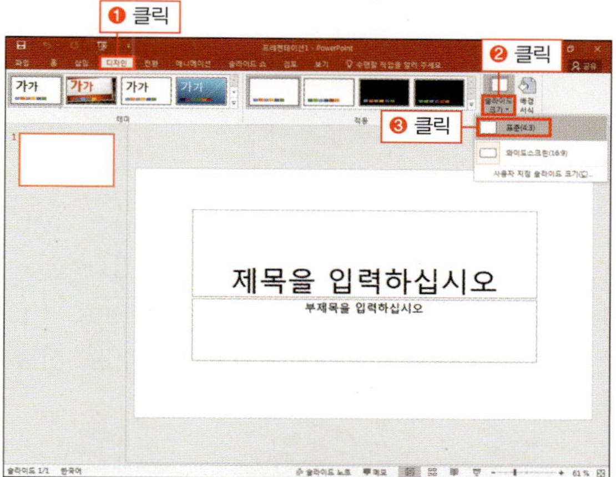

> **TIP**
>
> 슬라이드 크기를 '표준 (4:3)'으로 변경하면 슬라이드 편집 화면이 와이드 크기에서 표준 크기로 변경됩니다.

02_ 슬라이드 편집 화면의 창 크기가 와이드 화면에서 표준 화면으로 변경되면 슬라이드 마스터에서 배경 서식을 지정하기 위해 [보기] 탭-[마스터 보기] 그룹에서 [슬라이드 마스터]를 클릭합니다.

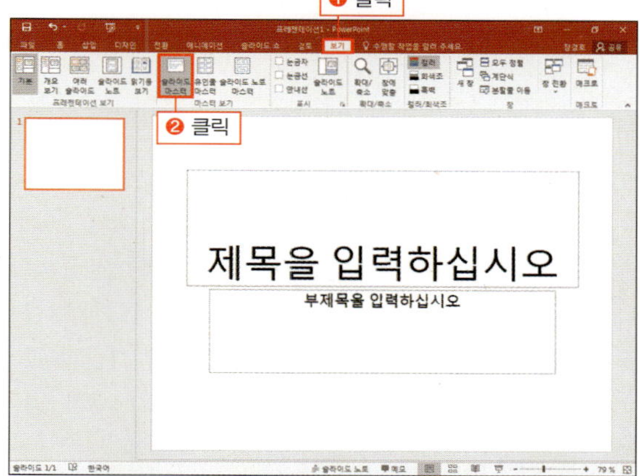

03_ 슬라이드 마스터 화면이 나타나면 제일 위에 있는 슬라이드 마스터를 클릭합니다. [슬라이드 마스터] 탭-[배경] 그룹에서 [배경 스타일]을 클릭한 후 [스타일 11]을 선택합니다.

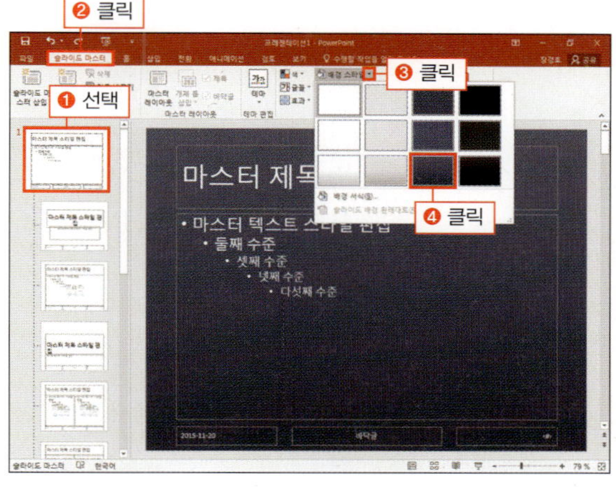

> **TIP**
>
> 슬라이드 미리 보기 화면에 다양한 레이아웃이 나타납니다. 각각의 레이아웃에 다른 서식을 지정할 수도 있지만 제일 위에 있는 슬라이드 마스터에서 한 번에 동일한 서식을 지정하는 것이 가장 효율적입니다. 특정 레이아웃만 서식을 변경하려면 원하는 슬라이드 레이아웃을 선택한 다음 서식을 지정하면 됩니다.

04_ 배경 스타일이 적용됩니다. 배경 서식을 가져와 슬라이드 마스터의 배경으로 지정할 수도 있습니다. [슬라이드 마스터]를 선택하고 [슬라이드 마스터] 탭–[배경] 그룹에서 [배경 스타일]을 클릭한 후 [배경 서식]을 선택합니다.

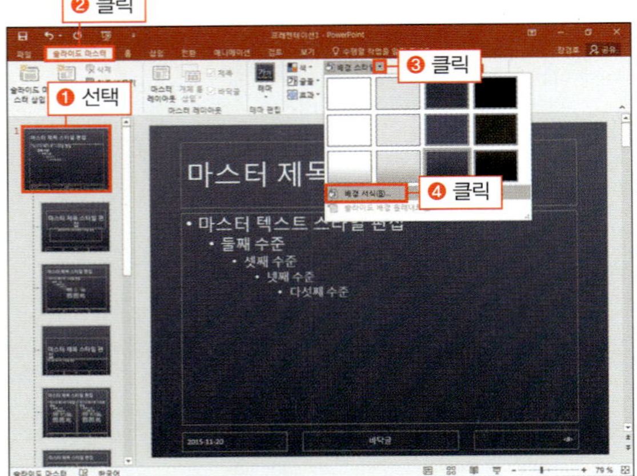

05_ [배경 서식] 창이 나타납니다. [채우기]에서 [그림 또는 질감 채우기]를 체크한 다음 [파일]을 클릭합니다. [그림 삽입] 대화상자가 나타나면 'bg_02.png' 파일을 선택하고 [삽입]을 클릭합니다.

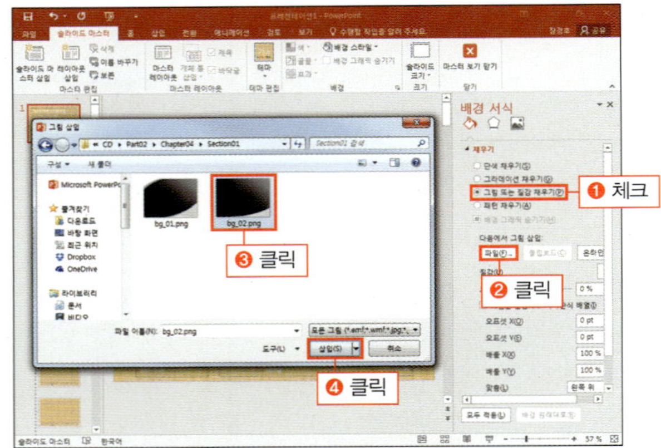

06_ 슬라이드 마스터 편집 화면에 배경 그림이 삽입됩니다. 이번에는 제목 슬라이드에 배경 그림을 삽입해 보겠습니다. 제목 슬라이드 레이아웃을 선택한 후 그림과 같이 [파일]을 클릭합니다. [그림 삽입] 대화상자가 나타나면 'bg_01.png' 파일을 선택하고 [삽입]을 클릭합니다.

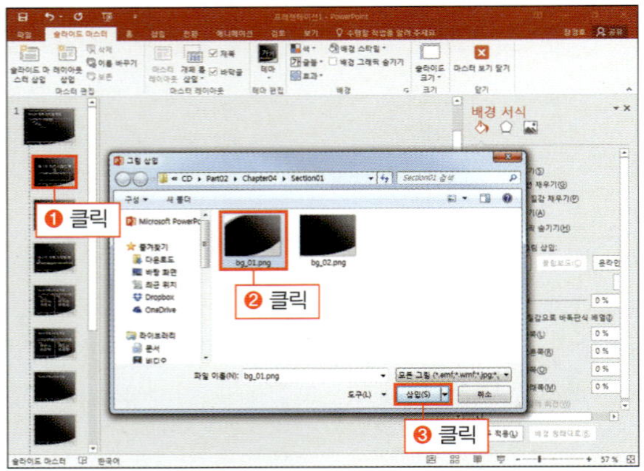

07_ 제목 슬라이드에만 다른 배경 그림이 지정됩니다. [배경 서식] 창의 [닫기]를 클릭한 후 [슬라이드 마스터] 탭–[닫기] 그룹에서 [마스터 보기 닫기]를 선택합니다.

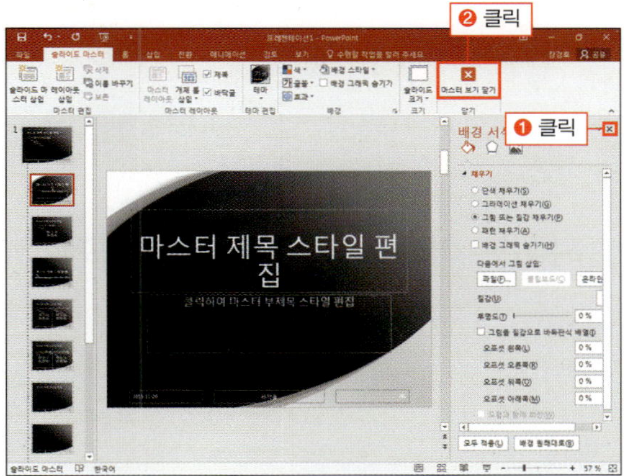

08_ 슬라이드 편집 화면으로 돌아옵니다. 슬라이드 미리 보기 화면을 선택한 후 Enter 를 눌러 새 슬라이드를 추가합니다. 슬라이드 마스터에서 지정한 배경이 적용되는 것을 확인할 수 있습니다.

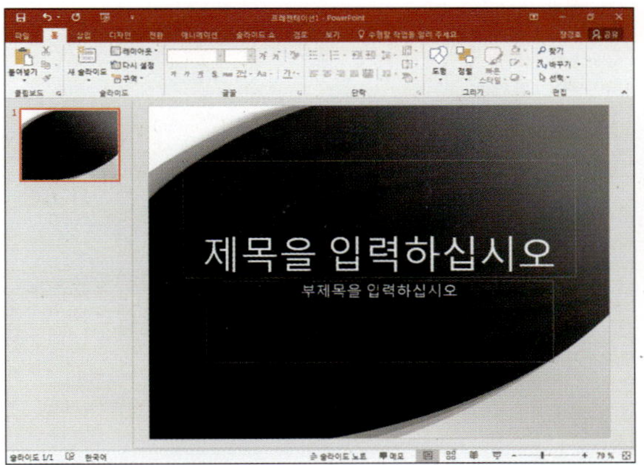

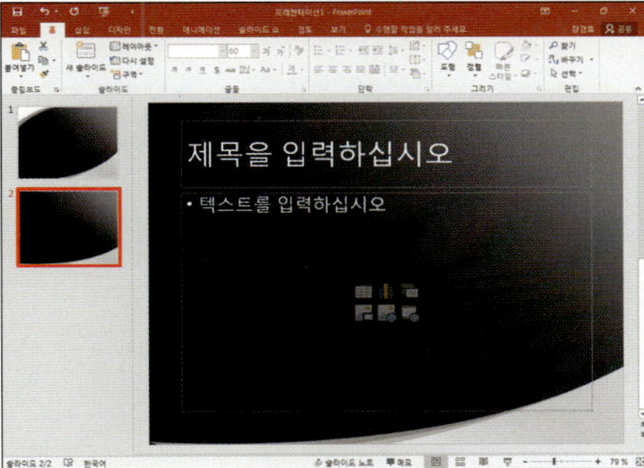

슬라이드 마스터 여러 개 적용하기

슬라이드 마스터는 하나뿐만 아니라 여러 개를 적용할 수도 있습니다. 이를 '다중 마스터' 기능이라고
합니다.

준비
파일　Part02₩Chapter04₩Section01₩다중마스터.pptx

완성
파일　Part02₩Chapter04₩Section01₩다중마스터_완성.pptx

01_ [보기] 탭-[마스터 보기] 그룹에서 [슬라이드 마스
터]를 클릭합니다.

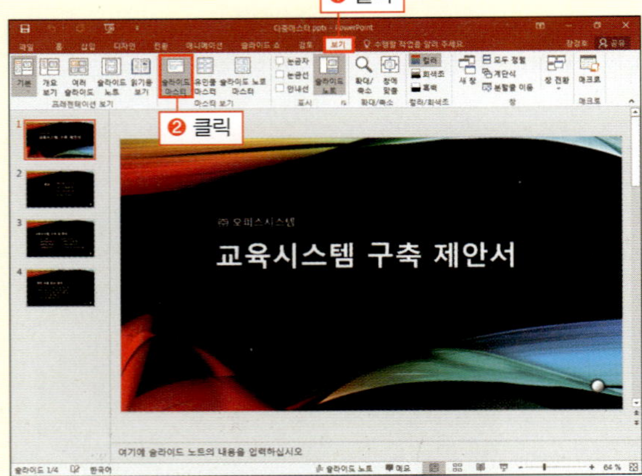

TIP

슬라이드 마스터는 파워포인트 기능 중에 다소 고급 기능에 속합니다. 하지만 슬라이드 마스터를 제대로 활용할 수 있다
면 슬라이드 작업 시간을 비롯해 다양한 슬라이드를 취합할 때에도 시간을 획기적으로 줄일 수 있습니다.

02_ [슬라이드 마스터]에서 마우스 오른쪽 버튼을 클릭
한 후 [마스터 유지]를 선택하거나, [마스터 편집] 그룹에
서 [보존]을 클릭합니다.

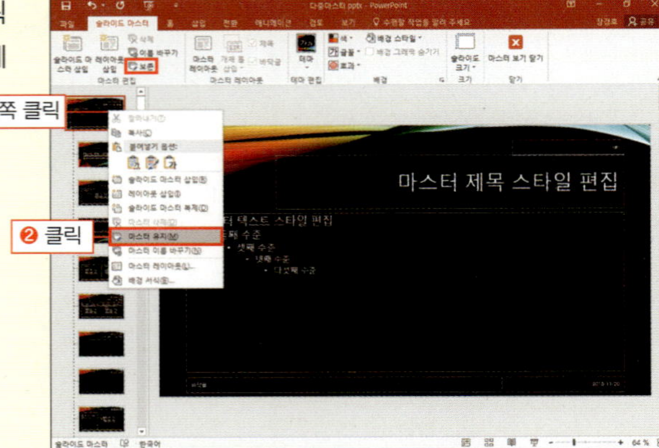

03_ 슬라이드 마스터에 고정 단추가 생성됩니다. 슬라이드 마스터에서 마우스 오른쪽 버튼을 클릭해 [슬라이드 마스터 복제]를 선택합니다.

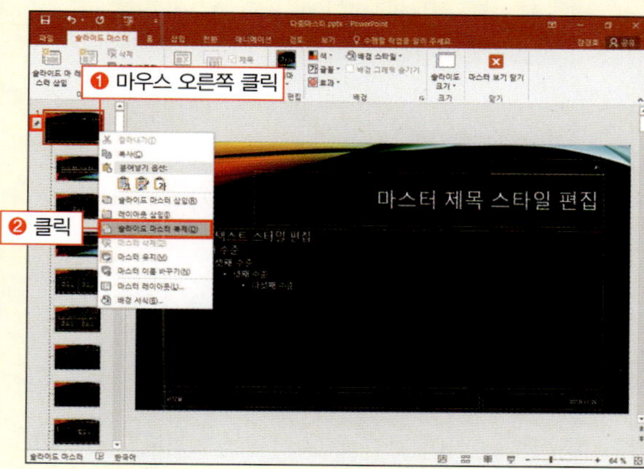

> **TIP**
>
> 다중 마스터 기능은 슬라이드 마스터에 여러 개의 슬라이드 마스터를 만들어 놓고 슬라이드 편집 화면에서 슬라이드마다 다른 슬라이드 마스터를 지정할 수 있는 기능입니다.

04_ 슬라이드가 복제되면서 하단에 슬라이드 마스터를 비롯해 다중 마스터가 만들어집니다.

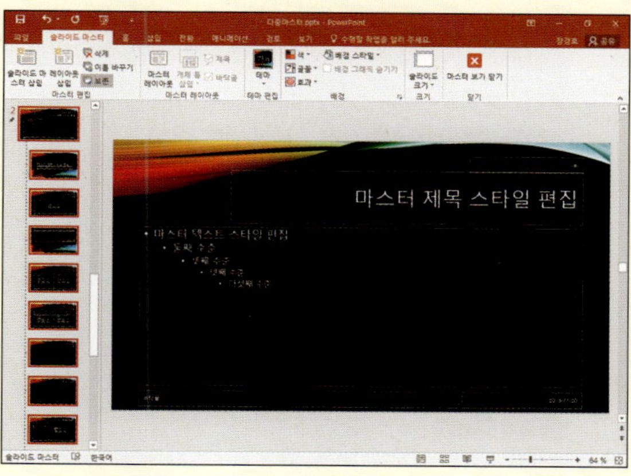

05_ 다중 마스터도 기존에 적용한 슬라이드 마스터처럼 원하는 배경 및 서식을 적용할 수 있습니다. [슬라이드 마스터] 탭–[테마 편집] 그룹에서 [테마]를 클릭한 후 원하는 테마를 선택합니다.

06_ 다중 마스터가 완성되면 [닫기] 그룹에서 [마스터 보기 닫기]를 클릭합니다.

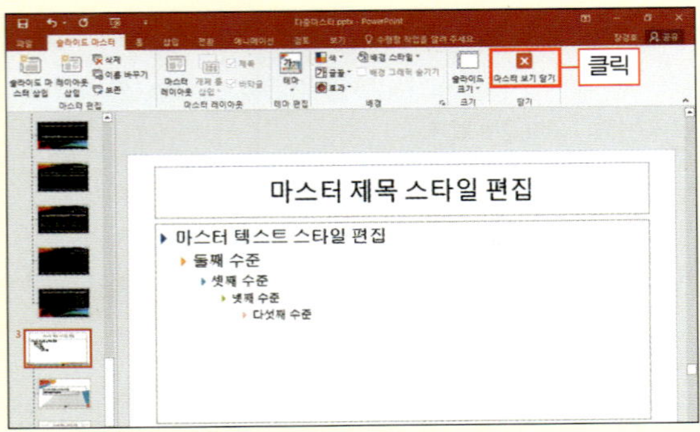

07_ [홈] 탭-[슬라이드] 그룹에서 [새 슬라이드]의 하단을 클릭하면, 다중 슬라이드 레이아웃이 적용되어 있는 것을 확인할 수 있습니다.

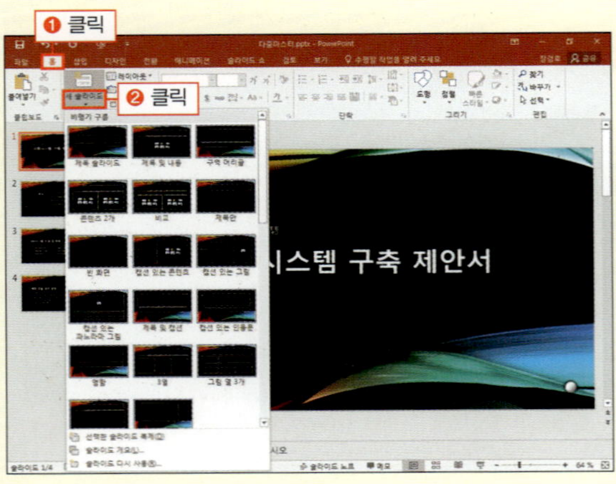
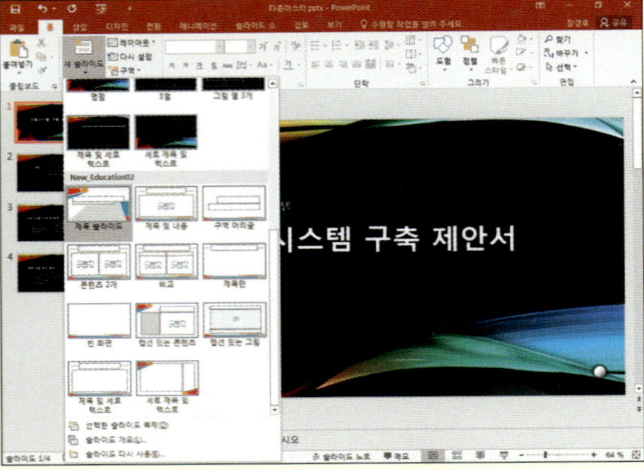

꼭!! 알고가기

[마스터 편집] 그룹의 [보존]

다중 마스터를 적용할 경우 기존 마스터가 적용 해제될 수 있습니다. 다중 마스터를 지정하기 전에 [마스터 편집] 그룹에서 [보존]을 클릭하여 기존 마스터를 유지해야 합니다. [보존]을 클릭하면 슬라이드 마스터에 [고정] 아이콘 표시가 나타나면서 마스터가 유지됩니다.

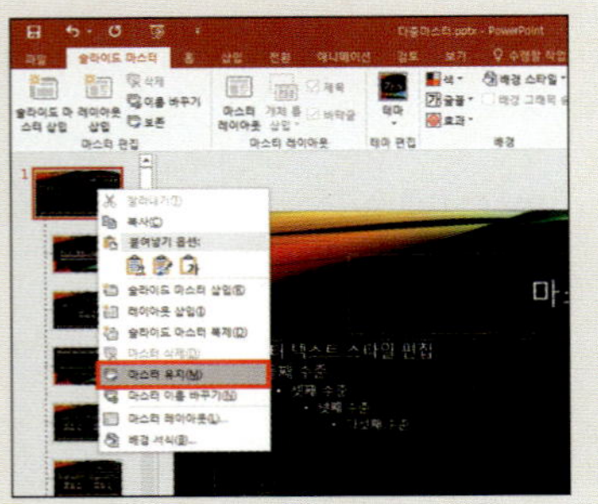

1 [보기] 탭–[마스터 보기] 그룹에서 [슬라이드 마스터]를 클릭하여 회사 로고를 전체 페이지에 삽입해 보세요.

◎ 준비파일 : Part02\Chapter04\Check\실적과전망.pptx   ◎ 완성파일 : Part02\Chapter04\Check\실적과전망_완성.pptx

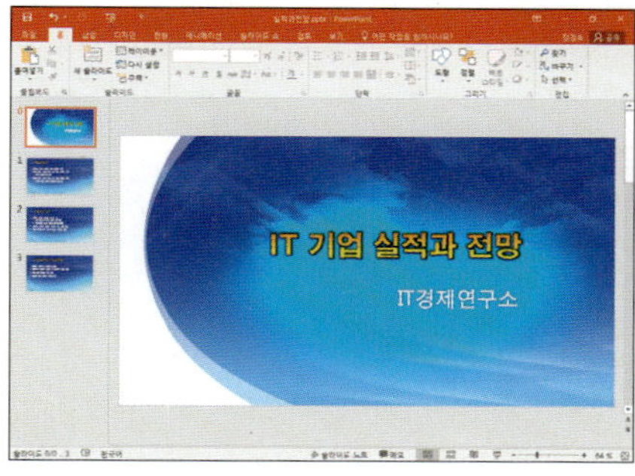
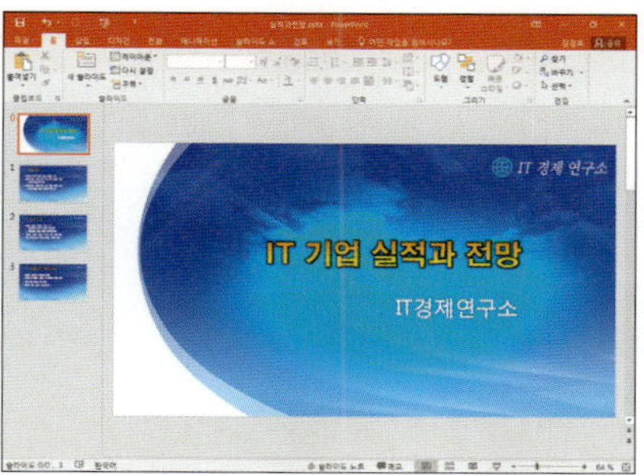

힌트

❶ [보기] 탭–[프레젠테이션 보기] 그룹에서 [슬라이드 마스터]를 클릭합니다.

❷ [삽입] 탭–[일러스트레이션] 그룹에서 [그림]을 클릭한 후 'logo.png' 파일을 선택합니다.

---

2 보통 슬라이드 마스터를 적용하면 하나만 적용할 수 있지만 파워포인트 2016은 슬라이드 마스터를 중복해서 적용할 수 있습니다. 여기서는 슬라이드 마스터를 3개 적용해 봅니다.

◎ 준비파일 : Part02\Chapter04\Check\다중마스터.pptx   ◎ 완성파일 : Part02\Chapter04\Check\다중마스터_완성.pptx

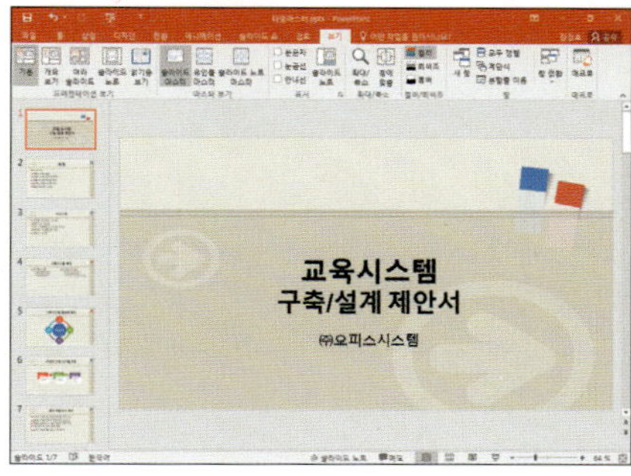
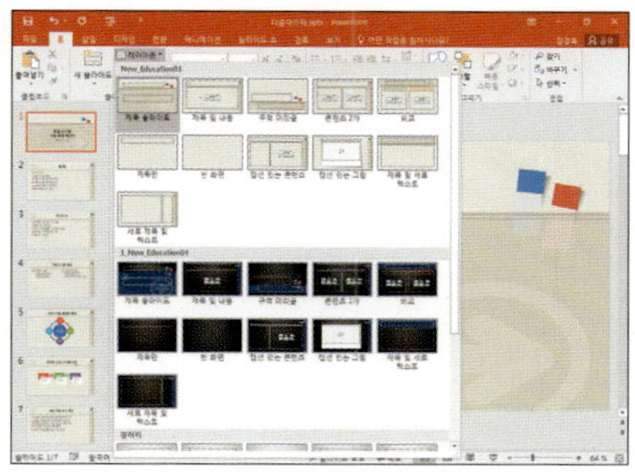

힌트

❶ [보기] 탭–[마스터 보기] 그룹에서 [슬라이드 마스터]를 클릭합니다.

❷ 슬라이드 마스터를 마우스 오른쪽 버튼으로 클릭한 후 [슬라이드 마스터 복제]를 선택합니다.

02 검토하고 인쇄하기

슬라이드 작업 후 혹시나 모를 오타에 대비해 맞춤법 검사를 진행하는 것이 좋습니다. 또한, 문서에 암호를 지정하여 보안을 강조하는 것도 좋습니다. 이번 섹션에서는 슬라이드 문서를 검토하는 방법을 비롯해 슬라이드를 인쇄하는 방법에 대해서 살펴보겠습니다.

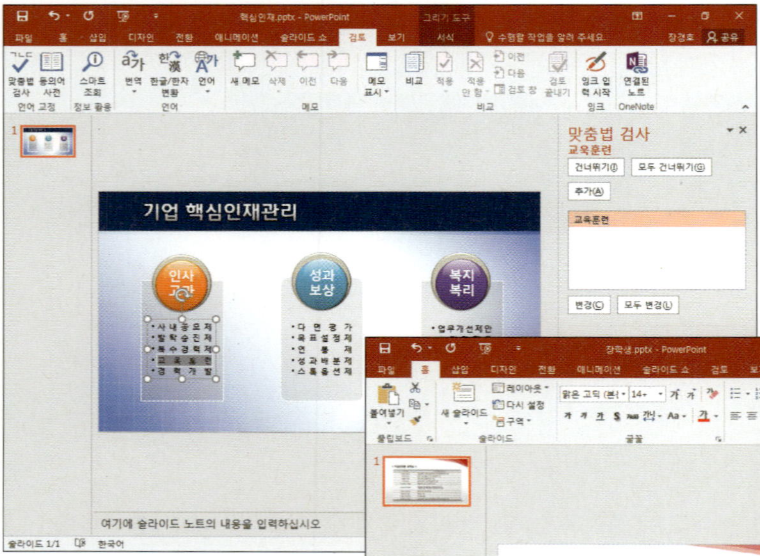

▲ 맞춤법 검사하기

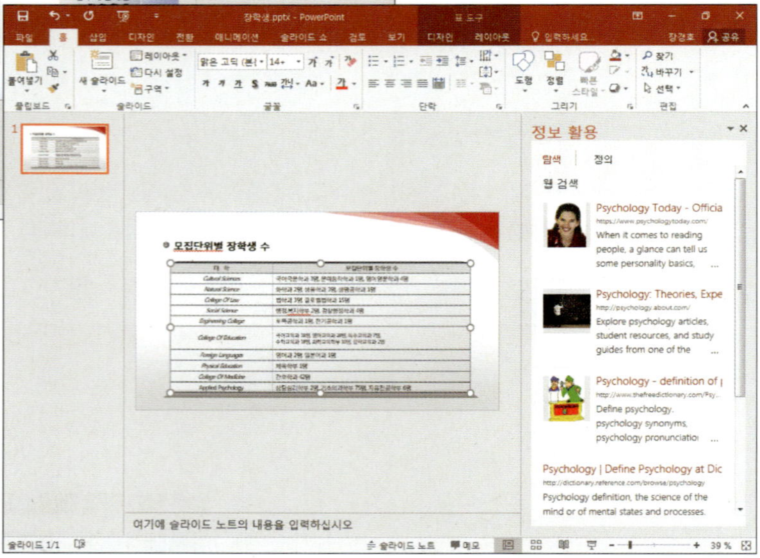

스마트 조회로 빠르게 탐색하기 ▶

이번 섹션에서 배울 주요 내용

- 맞춤법 검사하기
- 메모 활용하기
- 슬라이드 보호 및 암호 설정하기
- 하이퍼링크 지정하기
- 스마트 조회로 빠르게 탐색하기

- 슬라이드 인쇄하기
- 한 페이지에 여러 슬라이드 인쇄하기
- 흑백이나 회색조로 인쇄하기
- **스페셜** 클라우드에서 공동 작업하기

맞춤법 검사하기

:: **준비파일** Part02₩Chapter04₩Section02₩핵심인재.pptx | **완성파일** Part02₩Chapter04₩Section02₩핵심인재_완성.pptx

맞춤법 검사를 통해 오타나 잘못 표기된 단어를 맞춤법에 맞도록 변경할 수 있습니다.

01_ [검토] 탭-[언어 교정] 그룹에서 [맞춤법 검사]를 클릭합니다. 슬라이드 화면에 오류가 있는 텍스트가 블록으로 설정되면서 [맞춤법 검사] 창이 나타납니다. 맞춤법이 맞는 단어를 선택한 후 [변경]을 클릭합니다.

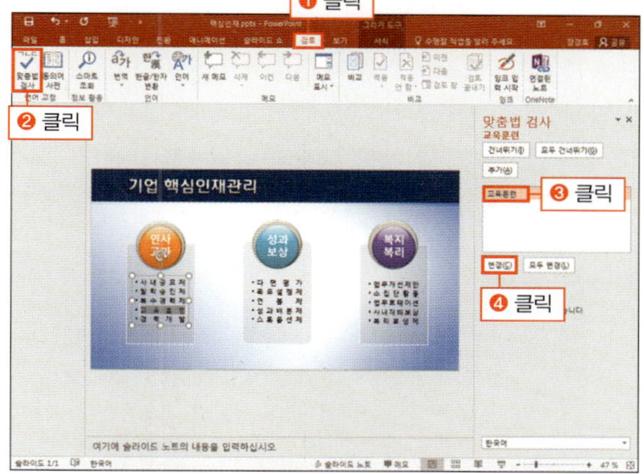

02_ 바른 맞춤법이 표기되며 [맞춤법 검사가 끝났습니다.] 창이 나타나면 [확인]을 클릭합니다.

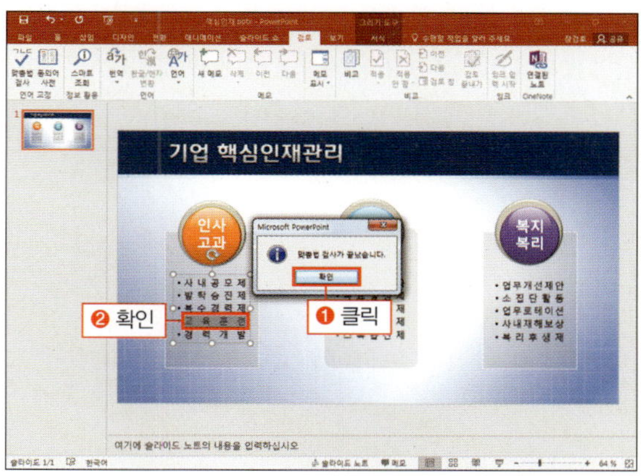

메모 활용하기

:: **준비파일** Part02₩Chapter04₩Section02₩핵심인재(2).pptx | **완성파일** Part02₩Chapter04₩Section02₩핵심인재(2)_완성.pptx

슬라이드에 포스트잇처럼 메모를 붙여 협업하는 사용자들에게 공유할 수 있습니다.

01_ [삽입] 탭–[메모] 그룹에서 [메모]를 클릭합니다. 메모를 추가할 텍스트나 개체에 주황색의 메모 아이콘이 생성되며 [메모] 창이 나타나면 입력란에 메모를 입력합니다. 입력을 완료하면 메모 상자의 바깥쪽을 클릭하거나 **Tab** 을 누릅니다.

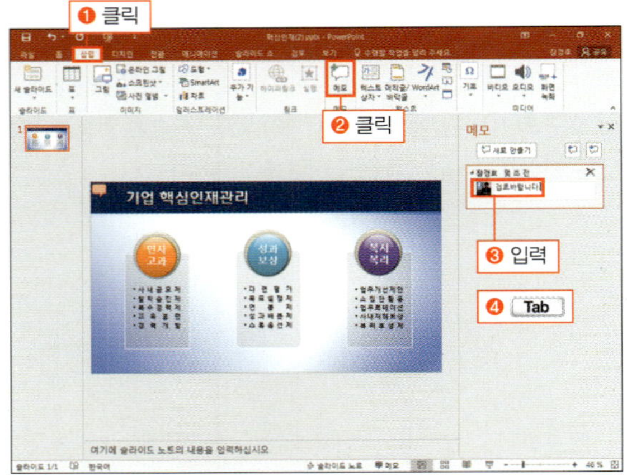

02_ [메모] 창의 사진을 더블클릭하면 메모를 남긴 상대방에게 메일이나 Skype 등에 가입되어 있다면 실시간 채팅도 진행할 수 있습니다. [메모] 창을 닫습니다.

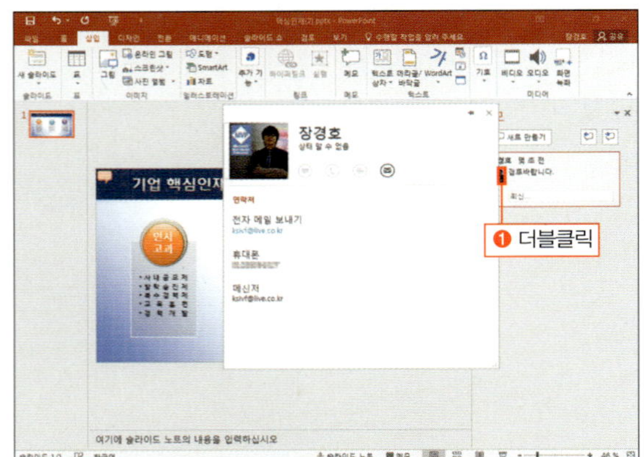

TIP

입력한 메모를 더블클릭하면 입력한 메모 내용을 수정할 수 있습니다. 또한, 상대방이 남긴 메모의 [회신]에 내용을 입력해 메모를 회신할 수도 있습니다.

슬라이드 보호 및 암호 설정하기

:: **준비파일** Part02₩Chapter04₩Section02₩핵심인재(3).pptx | **완성파일** Part02₩Chapter04₩Section02₩핵심인재(3)_완성.pptx

문서에 암호를 지정하여 보안을 설정할 수 있습니다. 암호를 분실하면 슬라이드를 열 수 없기 때문에
신중하게 암호를 지정하는 것이 좋습니다.

01_ [파일] 탭-[정보]를 클릭한 다음 [프레젠테이션 보
호]-[암호 설정]을 선택합니다.

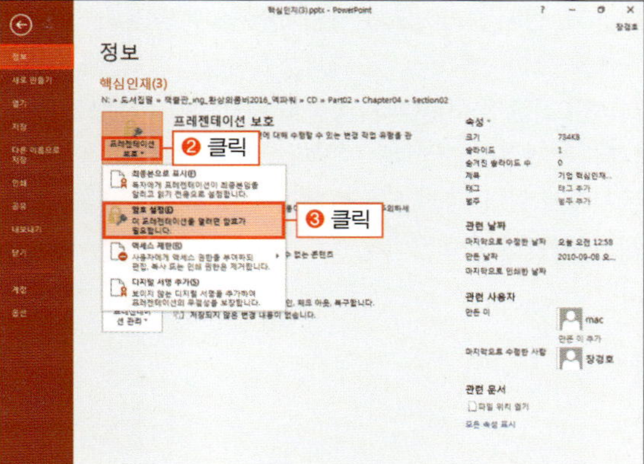

02_ [문서 암호화] 대화상자가 나타나면 암호를 입력한
후 [확인]을 클릭합니다. 여기서는 『1234』를 입력했습니
다. [암호 확인] 대화상자가 나타나면 암호를 재입력한 후
[확인]을 클릭합니다.

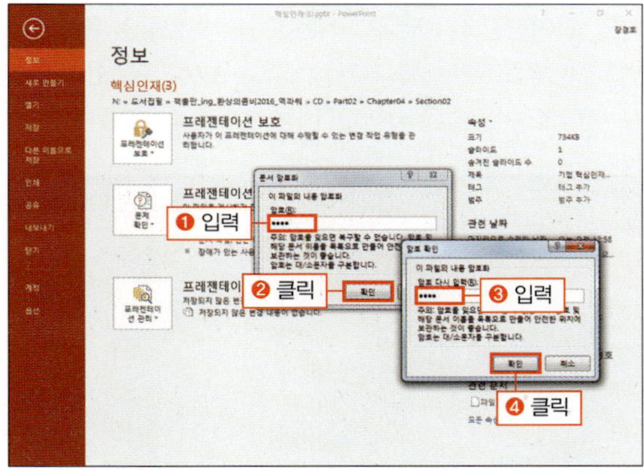

하이퍼링크 지정하기

:: **준비파일** Part02₩Chapter04₩Section02₩하이퍼링크.pptx | **완성파일** Part02₩Chapter04₩Section02₩하이퍼링크_완성.pptx

프레젠테이션의 다른 슬라이드에 연결하거나 다른 프레젠테이션의 슬라이드, 혹은 메일 주소 등을 하이퍼링크로 연결할 수 있습니다.

01_ 두 번째 슬라이드의 '제안 비용 회수 방안'이라고 적힌 텍스트를 선택한 다음 [삽입] 탭-[링크] 그룹에서 [하이퍼링크]를 클릭합니다. [하이퍼링크 삽입] 대화상자가 나타나면 [연결 대상]에서 [현재 문서]를 클릭합니다. [이 문서에서 위치 선택]에서 '4. 제안 비용 회수 방안'을 선택하고 [확인]을 클릭합니다.

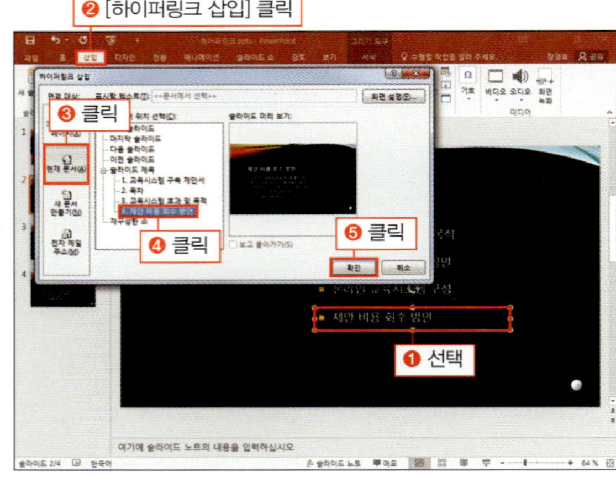

02_ 하이퍼링크가 제대로 작동하는지 확인하기 위해 Shift + F5 를 누릅니다. 목차 슬라이드에서 '제안 비용 회수 방안'에 마우스 포인터를 위치시킵니다. 포인터의 모양이 화살표에서 손 모양으로 변경되면 하이퍼링크가 걸려있는 개체로 판단할 수 있습니다. '제안 비용 회수 방안'을 클릭하면 4번 슬라이드로 넘어갑니다.

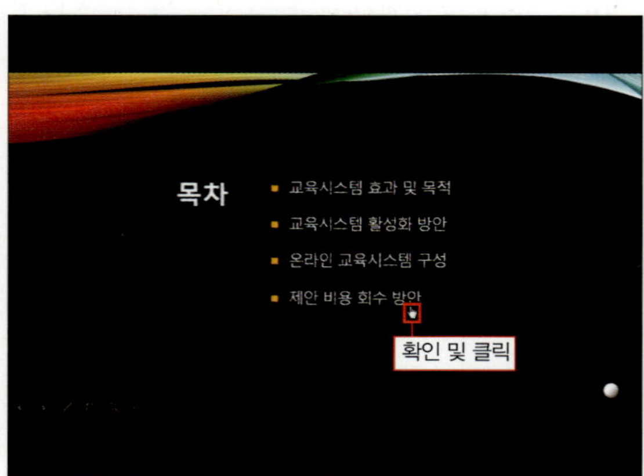

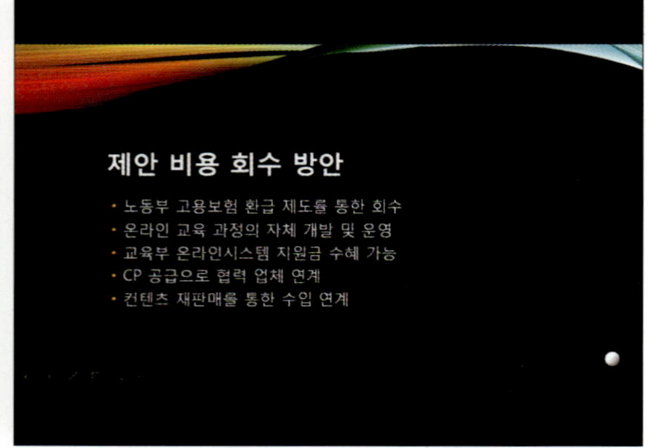

TIP

하이퍼링크를 걸 때 슬라이드뿐만 아니라 인터넷 주소나 전자 메일 주소도 이용할 수 있습니다. [삽입] 탭-[링크] 그룹의 [하이퍼링크]에서 [연결 대상]-[기존 파일/웹 페이지]의 [주소]에 인터넷 주소를 입력하거나 [연결 대상]-[전자 메일 주소]에 전자 메일 주소를 입력하면 됩니다.

스마트 조회로 빠르게 탐색하기

:: **준비파일** Part02₩Chapter04₩Section02₩장학생.pptx

스마트 조회는 파워포인트 2016에 새롭게 등장한 기능으로 파워포인트 2013의 리서치 기능이 조금 더 업그레이드되었다고 할 수 있습니다. 스마트 조회를 이용하면 원하는 키워드를 Wiki 문서 등 인터넷에서 파워포인트로 바로 불러올 수 있습니다.

01_ 원하는 키워드를 마우스 오른쪽 버튼으로 클릭한 후 [스마트 조회]를 선택합니다.

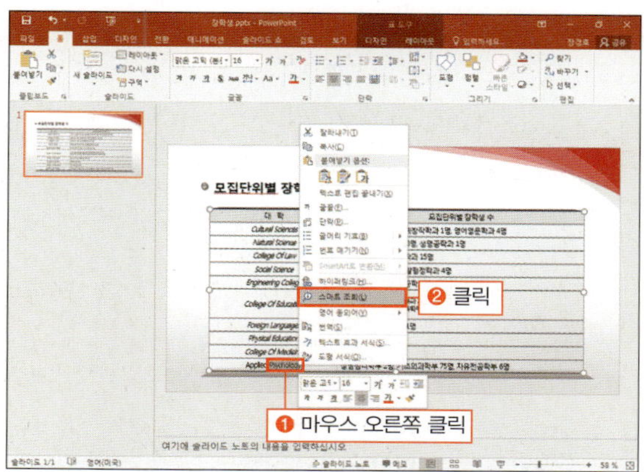

> **TIP**
>
> 스마트 조회는 Bing.com에서 제공합니다. 정보 활용 창을 통해 정의, Wiki 문서, 웹에서 가장 관련성이 높은 검색 결과가 표시됩니다

02_ [정보 활용] 창에서 정보 활용에 대한 동의가 나타나면 [알겠습니다.]를 클릭합니다.

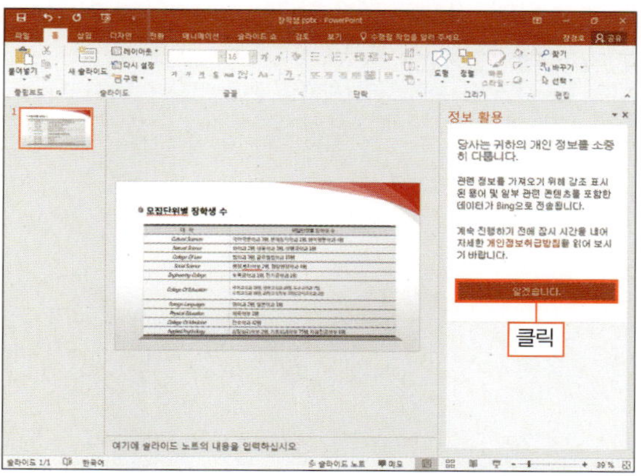

> **TIP**
>
> 정보 활용에 대한 동의를 이미 하였다면 본 내용은 표시되지 않습니다.

03_ 키워드와 연관된 다양한 정보가 나타납니다. 특정 항목을 클릭하면 웹 검색을 비롯한 다양한 정보를 확인할 수 있습니다.

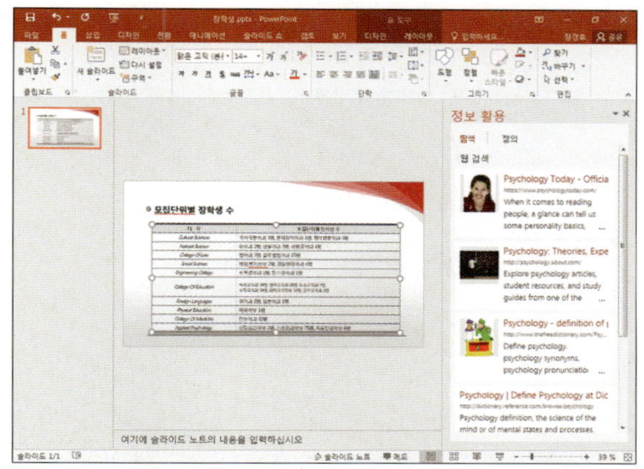

슬라이드 인쇄하기

준비파일 Part02₩Chapter04₩Section02₩세미나안내.pptx

[파일] 탭–[인쇄]를 클릭하면 슬라이드 미리 보기 화면을 비롯하여 인쇄할 슬라이드 수, 인쇄 모양과 유인물, 컬러/회색조/흑백 등 다양한 옵션을 통해 인쇄를 진행할 수 있습니다.

01_ [파일] 탭–[인쇄]를 클릭하거나, Ctrl + P 를 누릅니다.

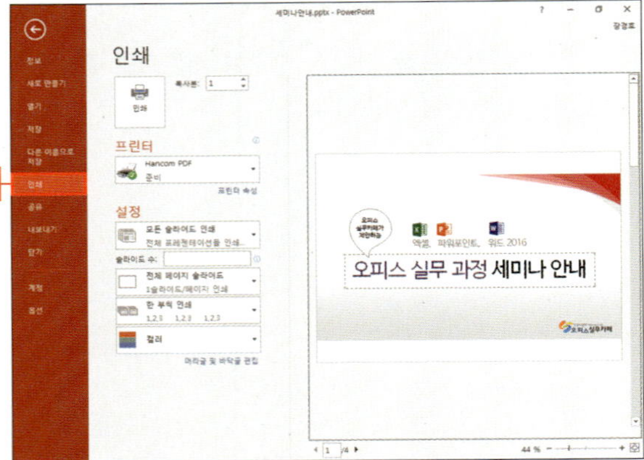

02_ 인쇄와 관련된 설정 옵션이 나타납니다. 오른쪽 미리 보기 화면을 통해 인쇄될 화면을 미리 확인할 수 있습니다. [다음 페이지]를 클릭하여 인쇄될 페이지를 확인합니다. [프린터]를 클릭하여 사용할 프린터를 선택하고 [인쇄]를 클릭합니다.

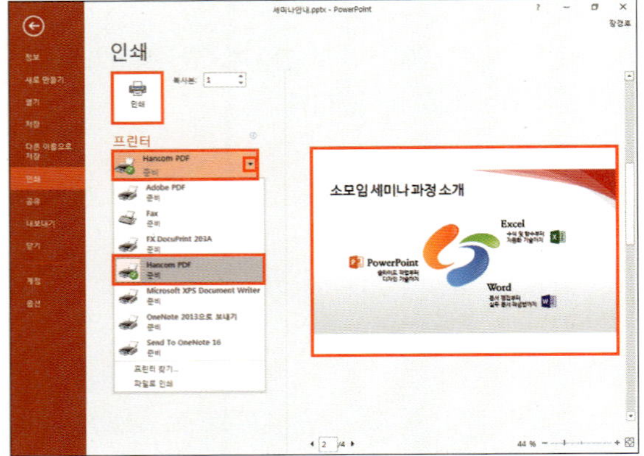

한 페이지에 여러 슬라이드 인쇄하기

:: 준비파일 Part02₩Chapter04₩Section02₩세미나안내.pptx

검토용으로 슬라이드를 인쇄하거나 유인물 형태에 인쇄를 하기 위해서는 한 페이지에 여러 슬라이드를 인쇄하는 것이 효율적입니다.

01_ [파일] 탭-[인쇄]를 클릭한 후 한 페이지에 두 개의 슬라이드를 인쇄하기 위해 [설정]-[전체 페이지 슬라이드]-[2슬라이드]를 선택합니다.

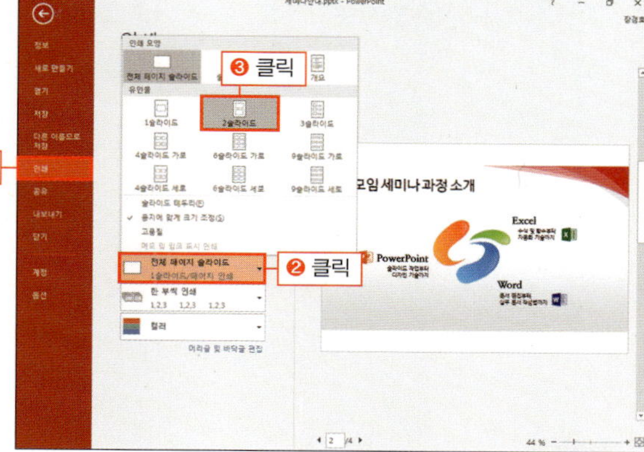

> **TIP**
> 한 페이지에 여러 장의 슬라이드를 인쇄하는 것을 유인물 인쇄라고 하며, 유인물로 먼저 설정이 되어야 한 페이지에 넣을 페이지 수를 지정할 수 있습니다.

02_ 하나의 페이지에 두 장의 슬라이드가 나타납니다.

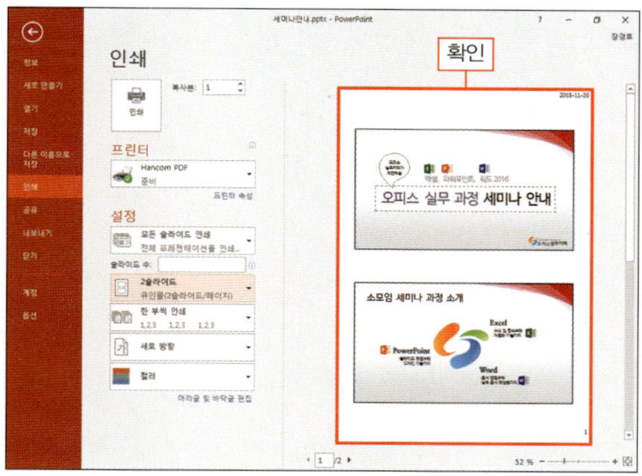

흑백이나 회색조로 인쇄하기

:: **준비파일** Part02₩Chapter04₩Section02₩세미나안내.pptx

파워포인트는 컬러 인쇄뿐만 아니라 회색조나 흑백으로 인쇄할 수 있습니다.

01_ [파일] 탭–[인쇄]를 클릭한 후 [컬러]에서 [회색조]를
선택합니다.

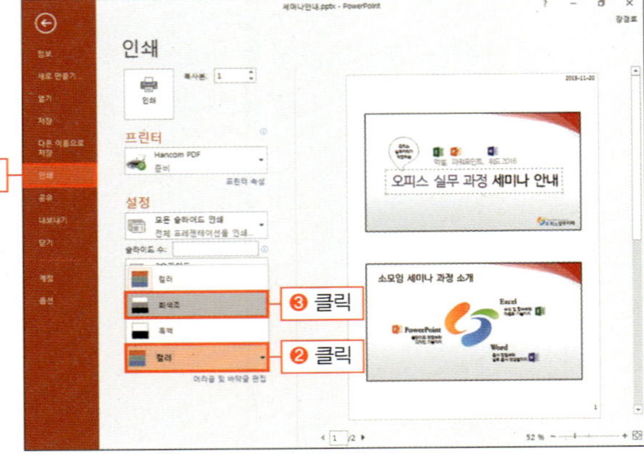

02_ 컬러에서 회색조로 변경됩니다.

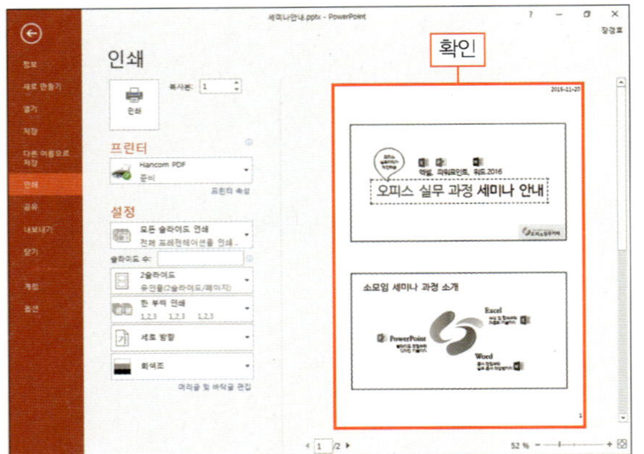

> **TIP**
>
> 회색조나 흑백으로 인쇄시 이미지나 텍스트가 자동으로 회색조와 흑백으로 전환되어 나타납니다. 만일, 그라데이션 색상
> 이나 다른 프로그램에서 만든 이미지나 아이콘의 경우 제대로 표시되지 않을 수 있습니다.

클라우드에서 공동 작업하기

원드라이브라는 마이크로소프트 클라우드에 프레젠테이션 문서가 저장된 경우 동시에 여러 사람들과 공동 작업할 수 있습니다.

준비 파일 : Part02₩Chapter04₩Section02₩공동작업.pptx

01 파일을 연 다음 클라우드에 저장하기 위해 [파일]-[다른 이름으로 저장]을 클릭합니다. 클라우드에 저장하기 위해 [OneDrive]-[공개] 혹은, [공유 문서] 등의 폴더를 선택합니다.

02 [다른 이름으로 저장] 대화상자가 나타나면 [저장]을 클릭합니다.

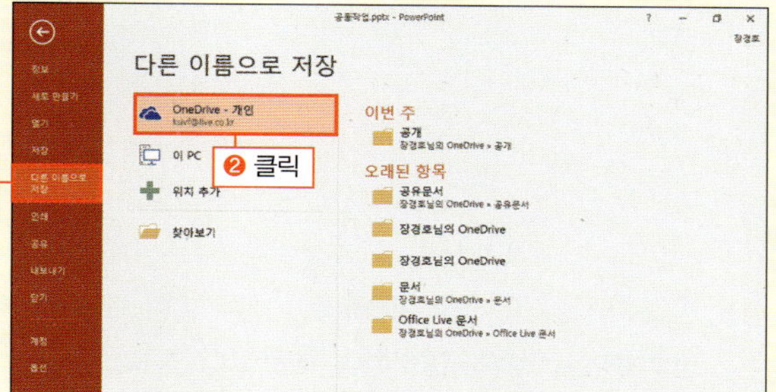

03 리본 메뉴의 오른쪽에 [공유] 단추를 클릭합니다. [공유] 창이 나타나면 [사용자 초대]에 함께 작업할 사용자의 이메일 주소를 입력합니다. 그리고 [편집 가능]을 선택한 후 [공유]를 클릭합니다.

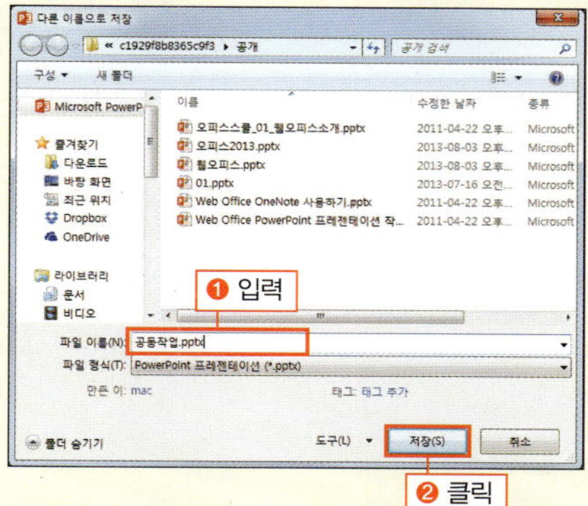

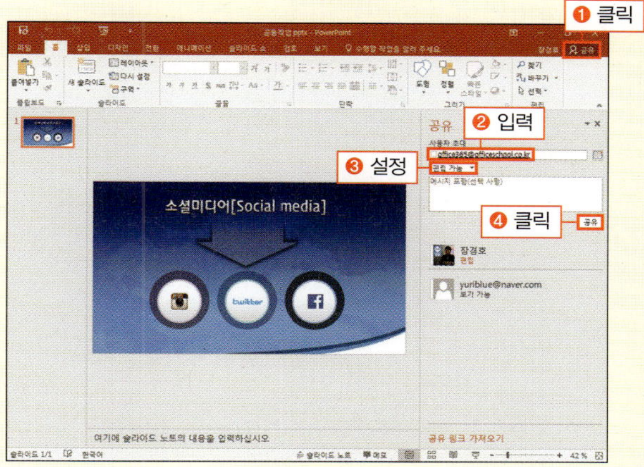

04 사용자가 추가됩니다. 공유된 사용자가 이메일을 통해 공유된 문서를 선택하면 동일한 화면으로 문서를 작업할 수 있습니다.

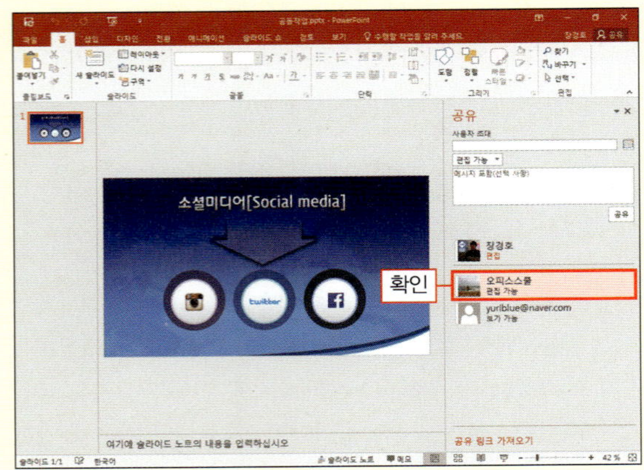

05 변경 내용을 즉시 동기화하려면 빠른 실행 도구 모음의 [저장] 단추를 클릭하여 새로 고칩니다.

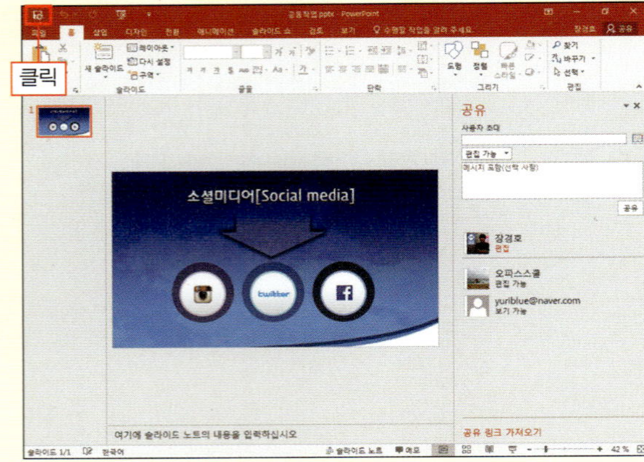

> **TIP**
> 클라우드에 저장하면 [저장] 단추의 모양이 [공유] 단추로 변경된 것을 확인할 수 있습니다.

06 공유를 받은 사용자는 본인의 이메일을 확인하면 공유된 문서를 확인할 수 있습니다. [OneDrive에서 보기]를 클릭하여 문서를 확인하고 슬라이드를 수정할 수 있으며, 다운로드를 받을 수 있습니다.

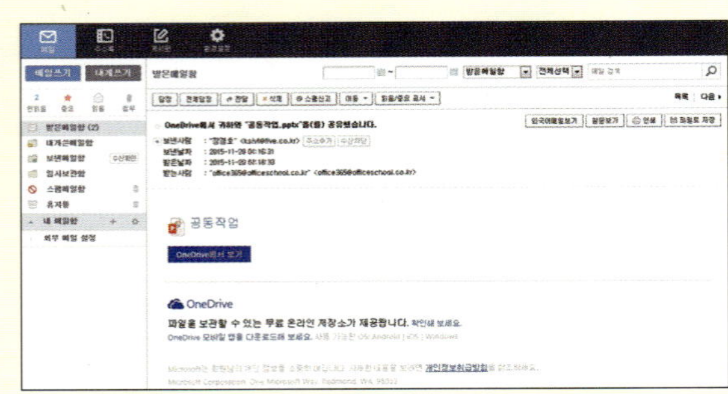

1 [인쇄] 대화상자에서 한 페이지에 넣을 슬라이드 수를 '4'로 선택하고, 인쇄 색상을 '회색조'로 변경합니다. 그리고 [인쇄 미리 보기] 창에서 인쇄 방향을 '가로 방향'으로 변경해 보세요.

◎ 준비파일 : Part02₩Chapter04₩Check₩시장분석.pptx　　◎ 완성파일 : Part02₩Chapter04₩Check₩시장분석_완성.pptx

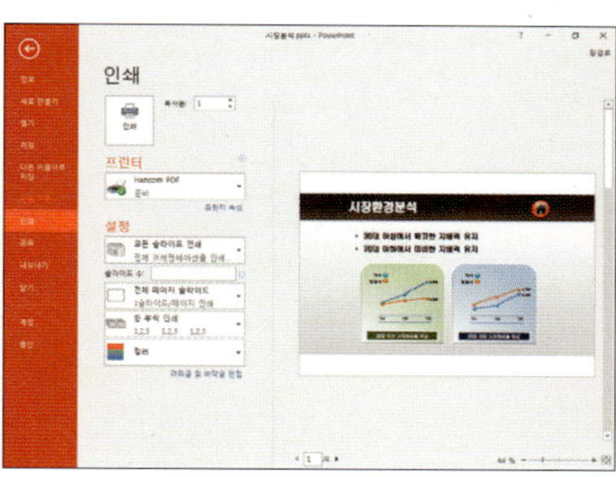
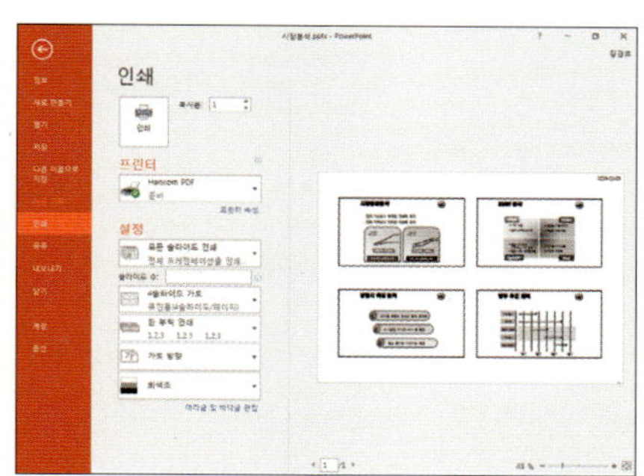

힌트

❶ [인쇄] 대화상자에서 [인쇄 범위]를 '모두', [인쇄 대상]을 '유인물'로 설정합니다.

❷ [한 페이지에 넣을 슬라이드 수]를 '4', [컬러/회색조]는 '회색조'로 설정한 후 [미리 보기]를 클릭합니다.

❸ [인쇄 미리 보기] 창의 [페이지 설정] 그룹에서 [용지 방향]을 '가로'로 설정합니다.

---

2 [파일] 탭에서 [다른 이름으로 저장]을 클릭한 후 슬라이드를 PNG 파일 형식의 그림 파일로 저장해 보세요.

◎ 준비파일 : Part02₩Chapter04₩Check₩리틀야구.pptx　　◎ 완성파일 : Part02₩Chapter04₩Check₩리틀야구 폴더

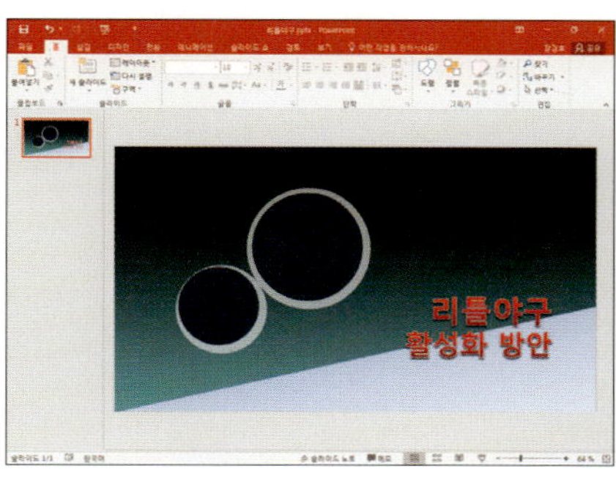

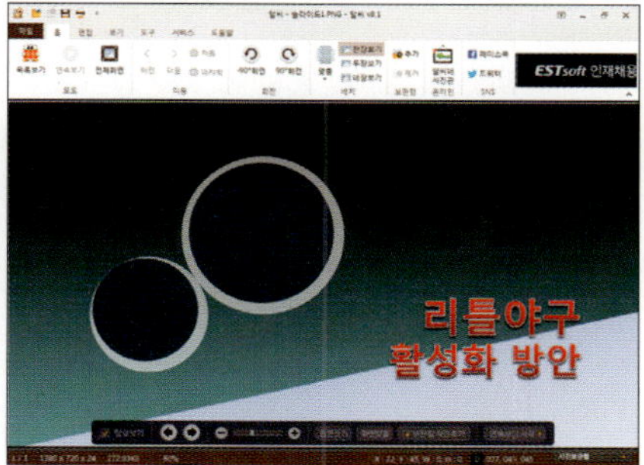

힌트

❶ [파일] 탭을 클릭한 후 [다른 이름으로 저장]을 클릭합니다.

❷ [다른 이름으로 저장] 대화상자에서 [파일 형식]을 'PNG 형식'으로 설정합니다.

index

다양한 실무 예제로 배우는
환상의 콤비
엑셀+파워포인트 2016+한글 NEO

✓ 더욱 강력해진 엑셀, 파워포인트 2016과 한글 NEO의 핵심 기능 소개

✓ 회사 업무에서 꼭 필요한 오피스 2016과 한글 NEO 실전 활용 예제 수록

✓ 기초부터 응용까지, 문서 작업 효율의 극대화를 위한 필살 노하우 공개

PART.2 파워포인트 2016

Chapter 01
파워포인트 2016, 슬라이드 디자인하기

Chapter 02
도형과 그래픽 개체 활용하기

Chapter 03
멀티미디어와 슬라이드 쇼

Chapter 04
테마 설정하고 인쇄 및 공유하기

오피스 | 값 17,000원

9 788931 453065
ISBN 978-89-314-5306-5

NO.1 환상의 콤비 오피스 시리즈

BEST 안 되는 일도 되게하는 비법의 책

3권. 한글 NEO편

엑셀 and 파워포인트 2016 and 한글 NEO

서정동 지음

환상의 콤비

• 부록 CD •

예제/완성 파일 및 해설 파일 수록

YoungJin.com Y.
영진닷컴

Part 03

한글 NEO

한글과 컴퓨터에서 새롭게 선보인 한컴오피스 NEO에 수록되어 있는 '한글'은 아마도 국내에서 가장 많이 사용되고 있는 워드프로세서일 것입니다. 한층 업그레이드된 한글은 강력해진 호환성을 자랑하기 때문에 어떤 문서 형식이든지 자유롭게 작업할 수 있는 것이 특징입니다. 또한 PDF를 오피스 문서로 변환하는 기능을 제공하며, 그림 파일을 별도의 프로그램 없이 한컴오피스 NEO에서 편집 가능한 '한포토' 기능도 제공합니다. 그럼 사용자 입장에서 더욱 쓰기 편리해진 한글 NEO의 핵심적인 기능들을 자세한 따라하기로 하나씩 익혀보겠습니다.

PREFACE

한글과 컴퓨터에서 새롭게 선보인 한컴오피스 NEO에 수록되어 있는 '한글'은 새로운 기능들이 많이 추가되었습니다. WORD 문서 형식인 *.doc, *.docx 파일을 '한워드'에서 자유롭게 편집할 수 있으며, PDF 문서를 불러와 한글에서 바로 사용할 수 있게 되었습니다. 또한, 인터넷 사전 연동 기능이나 문서 작성 시간을 단축시켜 주는 다양한 편의 기능들은 문서를 만드는 재미를 느끼게 해줄 것입니다.

한글과 컴퓨터에서는 이러한 한컴오피스 NEO를 **100일 동안 자유롭게 체험해 볼 수 있는 체험판**을 온라인에서 제공하고 있습니다. 체험판을 다운로드하기 위해서는 한글과 컴퓨터 홈페이지(www.hancom.com)의 메인 화면에서 [무료 다운로드]–[체험판]–[한컴오피스]를 클릭합니다.

한프렌즈 홈페이지(www.hanfriends.com)로 이동하면 회원가입을 한 후 로그인 상태에서 [다운로드 받기]를 클릭합니다. 설치 파일의 다운로드가 완료되면 한컴오피스 NEO를 내 컴퓨터에 설치하면 됩니다.

위와 같이 한컴오피스 NEO를 내 컴퓨터에 설치했다면 이제 본격적인 학습을 진행하면 됩니다. 본 도서는 문서 작업의 흐름을 따라하기 방식으로 기술하여, 한글 NEO의 필수 기능들을 쉽게 익힐 수 있도록 구성하였습니다. 열심히 집필한 본 도서를 통해 누구나 한글 NEO를 제대로 써먹을 수 있는 능력자가 되었으면 하는 바램입니다.

저자 서정동

Contents

한글 NEO로
문서 작성하기

이번 챕터에서는 한컴오피스 NEO에 포함되어 있는 한글의 작업 환경을 알아보고 어떠한 기능이 업그레이드됐는지 알아봅니다. 또한, 한글의 기본적인 문서 작성 및 편집 기능을 이용하여 사업계획서를 만들어보겠습니다.

Section 1. 새로워진 한글 만나기!

Section 2. 문서 작성의 핵심 기능으로 사업계획서 만들기

Section# **01**

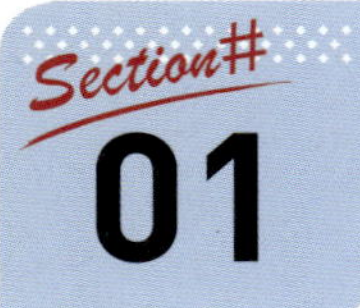

새로워진 한글 만나기!

한글은 문서 작업을 전문적으로 지원하는 프로그램입니다. 이곳에서는 한글 인터페이스 사용 Tip과 작업 환경에 대한 설정 및 문서 작업에 유용한 단축키, 한워드의 인터페이스와 기능, 한글과 한워드의 호환 기능 등에 대해 알아보겠습니다.

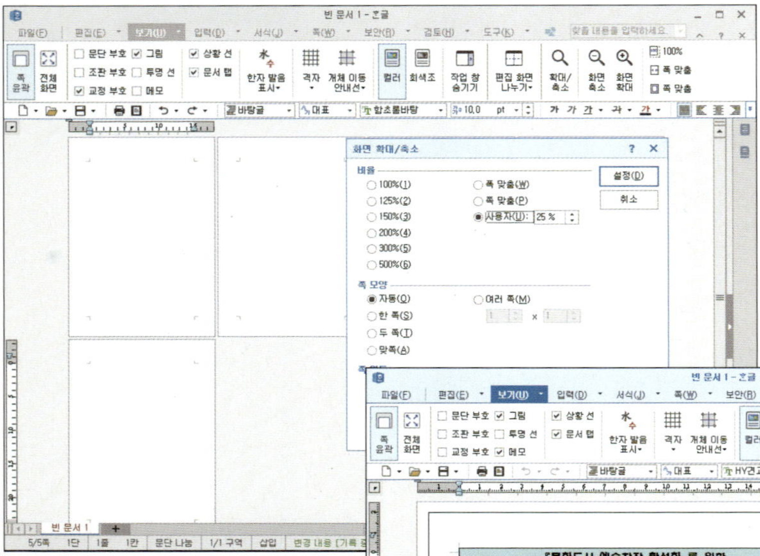

▲ [화면 확대/축소] 대화상자

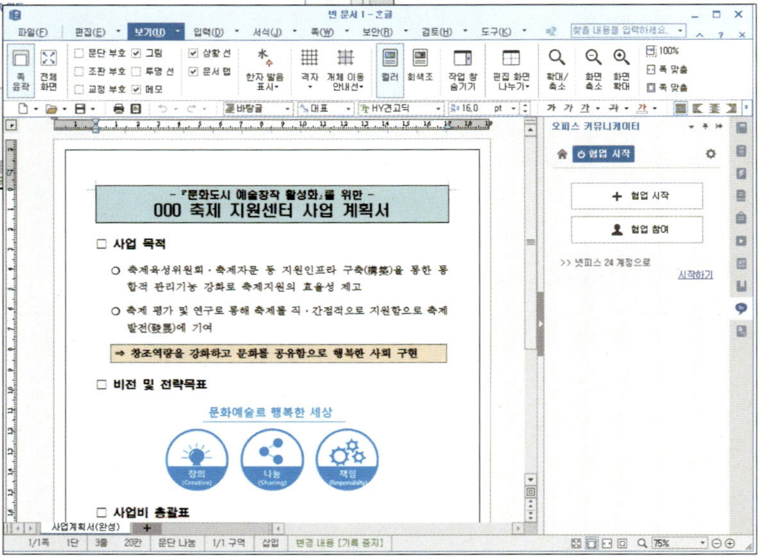

▲ 협업이 가능한 오피스 커뮤니케이터

이번 섹션에서 배울 주요 내용

- 한글의 화면 구성 살펴보기
- 한글 시작하기
- 한글 NEO의 신기능 살펴보기
- 한워드의 화면 구성 살펴보기
- 한워드의 호환성 알아보기
- **스페셜** 한글 NEO 문제 해결_01

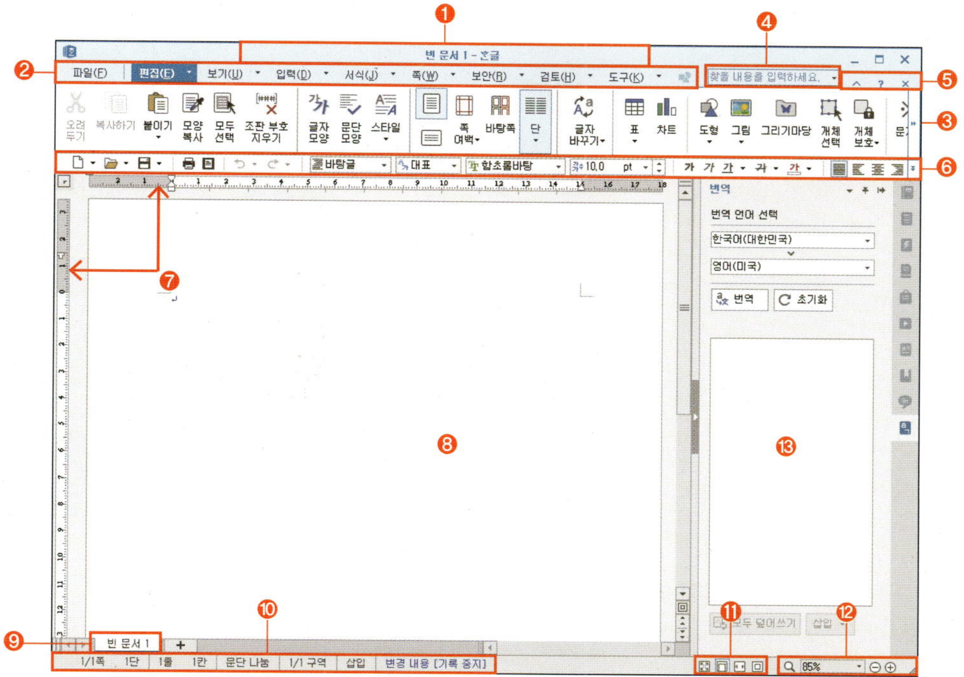

❶ **제목 :** 현재 작업 중인 문서의 작업 경로와 이름을 표시합니다. [최소화], [최대화], [닫기] 단추가 나타납니다.

❷ **메뉴 :** 한글에서 제공하는 기능으로 구성되어 있으며 F10 을 눌러 사용 가능합니다.

❸ **기본 도구 상자 :** 메뉴에서 자주 사용하는 기능을 탭 형식으로 제공합니다.

❹ **찾기 :** 문서 내에서 해당되는 내용을 검색합니다.

❺ **작업 단추 :** 도구 상자 단계별 접기/펴기, 도움말, 문서 닫기 기능을 제공합니다.

❻ **서식 도구 상자 :** 한글에서 자주 사용되는 기능을 아이콘으로 제공합니다.

❼ **눈금자 :** 여백, 탭을 보여주는 눈금자를 표시합니다.

❽ **편집 창 :** 글자, 도형 그림, 표 등의 작업이 가능한 공간입니다.

❾ **문서 탭 :** 현재 작업 중인 문서를 표시합니다.

❿ **상황 선 :** 쪽 수, 줄 수 등을 표시합니다.

⓫ **보기 :** 전체 화면, 쪽 윤곽, 폭 맞춤, 쪽 맞춤의 화면 보기를 제공합니다.

⓬ **확대/축소 :** 화면 확대 및 축소 비율 변경이 가능합니다. 한글은 사용자 편의를 위한 기본 도구를 제공합니다. 화면 보기와 환경 설정을 세팅하면 조금 더 편한 작업 편의를 제공 받을 수 있습니다.

⓭ **작업 창 :** 작업 창을 활용하면 작업 속도를 높여 효율적인 문서 작업을 수행할 수 있습니다.

한글은 사용자 편의를 위한 기본 도구를 제공합니다. 화면 보기와 환경 설정을 세팅하면 조금 더 편한 작업 편의를 제공 받을 수 있습니다.

01_ 윈도우 시작 창에서 [한글과컴퓨터]–[한컴오피스 NEO]–[한글]을 클릭합니다.

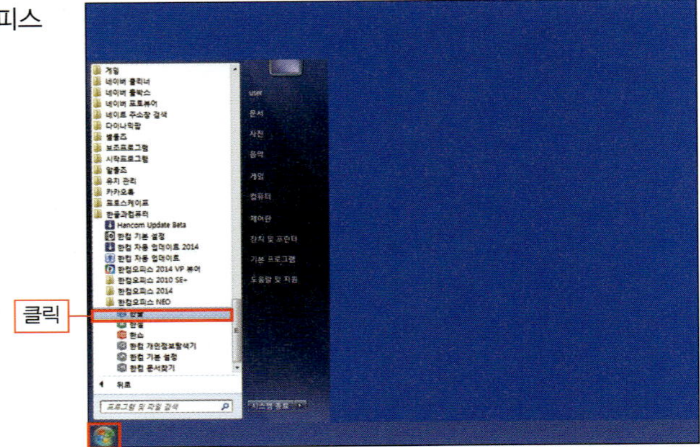

02_ 한글은 메뉴를 클릭하면 탭 형태로 펼쳐지는 기본 도구와 각 메뉴 이름 옆의 펼침 단추(▾)를 클릭하면 나타나는 펼침 메뉴 두 가지를 제공합니다.

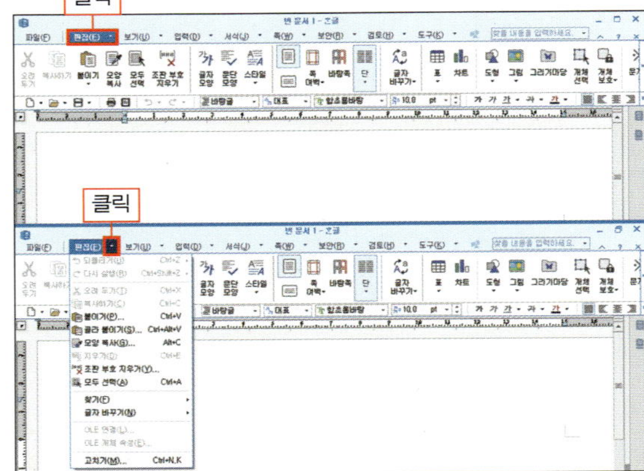

> **TIP**
> • [메뉴 활성화] 단축키 : F10
> • [편집] 탭 단축키 : Alt + E

03_ Ctrl 을 누르고 마우스 가운데 휠을 위/아래로 돌리거나 화면 오른쪽 아래의 확대/축소(⊕, ⊖) 아이콘을 클릭하여 화면의 크기를 조정합니다.

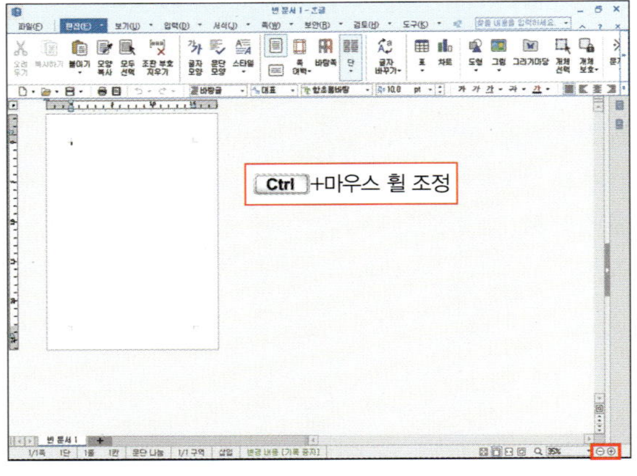

04_ [쪽] 탭–[쪽 나누기]를 클릭하면 새로운 쪽이 추가됩니다. 많은 쪽이 있는 문서 작업 시 **Shift** + **+** / **−** 또는 **Ctrl** +마우스 휠을 위/아래로 돌려 화면 크기를 확대/축소해 효율적인 작업을 할 수 있습니다.

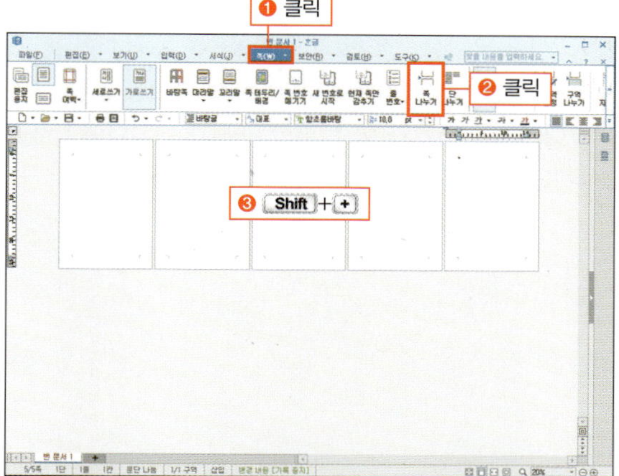

05_ [보기] 탭–[확대/축소]를 클릭해 [화면 확대/축소] 대화상자에서 [쪽 모양]–[자동]을 선택하면 편집 용지의 크기에 맞춰서 한 쪽 또는, 여러 쪽을 한 화면에 배치할 수 있습니다.

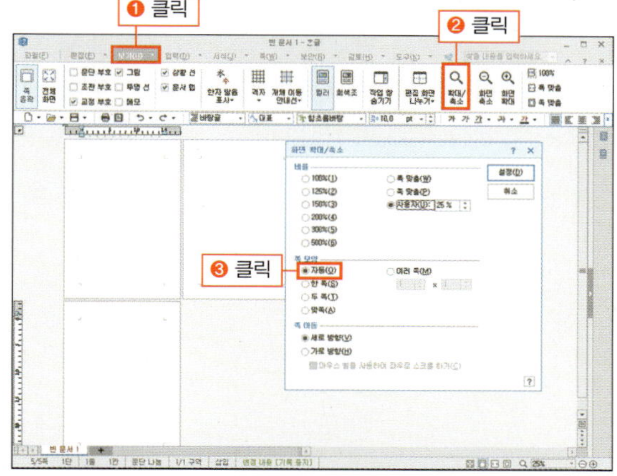

06_ 마우스 또는, 키보드로 쪽 이동을 하는 것보다 상황선 번호를 클릭하여 나타나는 [찾아가기] 대화상자에서 [쪽]에 숫자를 입력하고 [가기]를 클릭하면 쪽 이동을 빠르게 할 수 있습니다.

TIP

[찾아가기] 단축키 : **Alt** + **G**

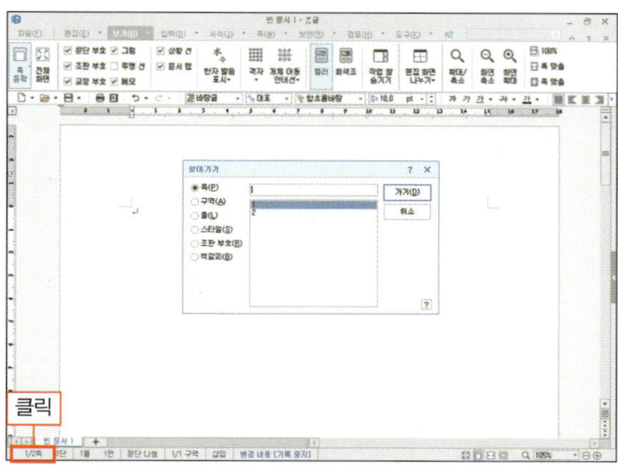

07_ '한글 문서'를 입력합니다. Enter 를 눌러 다음 줄로 내려가 '한셀 계산'을 입력합니다. [보기] 탭–[조판 부호]를 체크하면 띄어쓰기와 줄 바꿈한 표시가 나타나며 [문단 부호]도 자동으로 선택되어 파란색 기호가 표시됩니다.

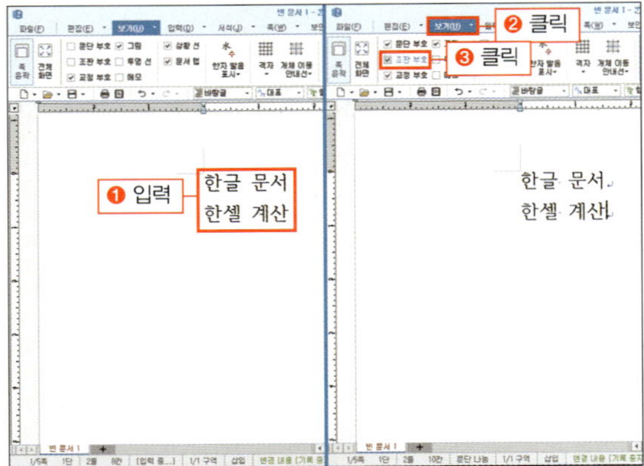

08_ '문' 글자 뒤에 커서를 두고 [입력] 탭–[교정 부호]–[띄움표]를 클릭하면 [조판 부호]가 선택되어 있어 [띄움표 시작], [띄움표 끝]이 표시됩니다.

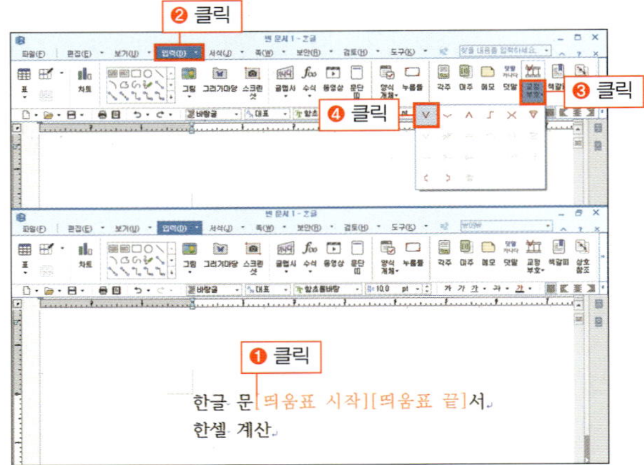

09_ [보기] 탭–[조판 부호]를 클릭해 선택 해제한 후 [문단 부호]를 체크하면 띄어쓰기와 줄 바꿈 표시, 교정 부호 표시가 나타납니다.

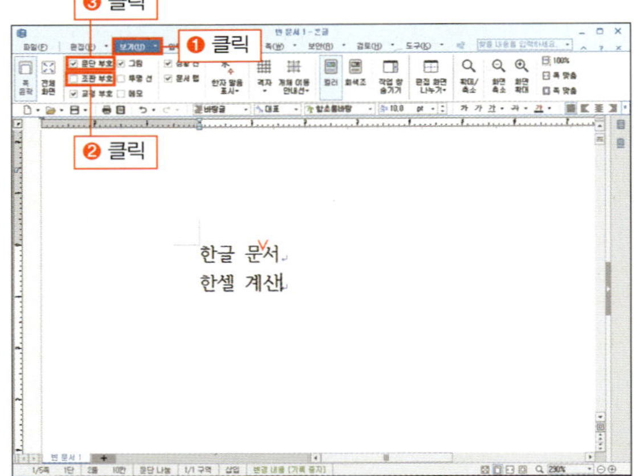

10_ 한글 문서에 '– – –'을 입력한 후 Enter 를 누르면 검은색 문단 띠가 나타납니다.

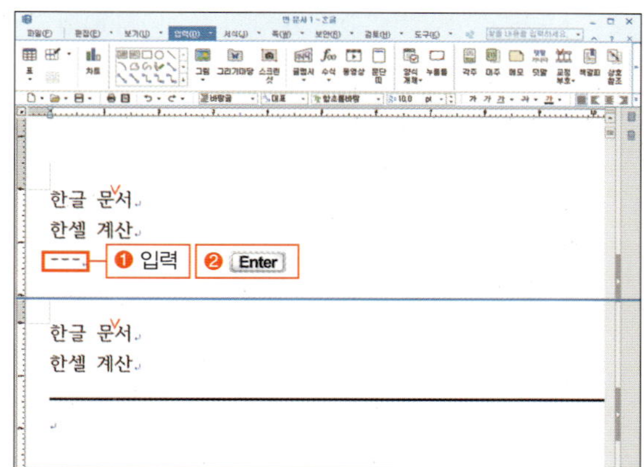

꼭!! 알고가기

문단 띠 출력 모양

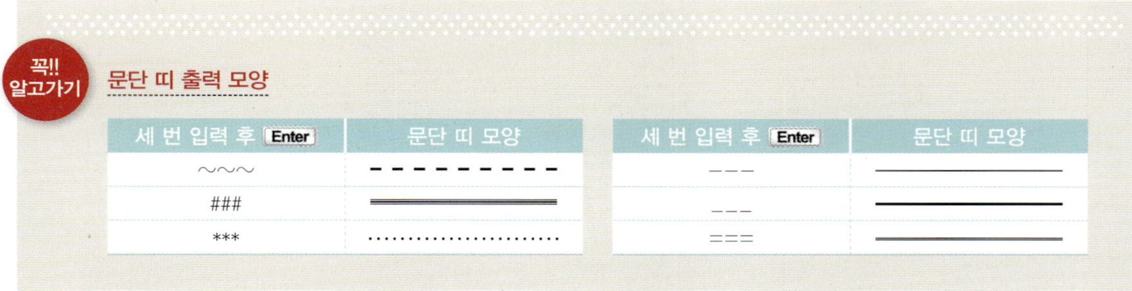

세 번 입력 후 Enter	문단 띠 모양	세 번 입력 후 Enter	문단 띠 모양
~~	- - - - - - - - -	– – –	——————
###	═══════════	– – –	——————
***	··························	===	——————

11_ 검은색 문단 띠를 선택하면 [도형] 탭이 나타납니다. [선 색] 펼침 단추(▼)를 클릭하여 문단 띠의 색상 변경이 가능합니다.

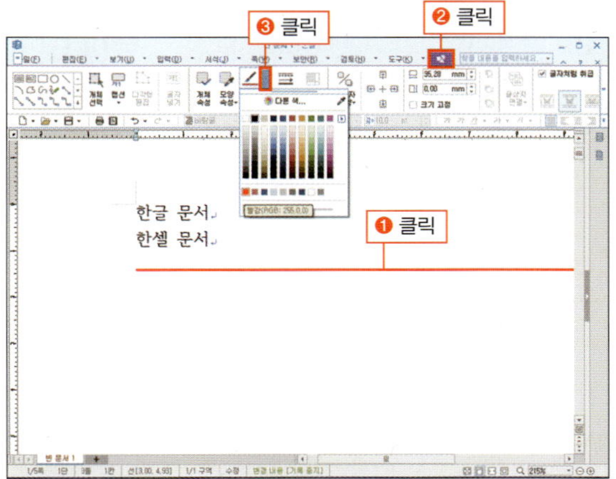

12_ '－－－'을 입력했을 때 문단 띠가 나타나지 않게 하려면 [도구] 탭-[빠른 교정]-[빠른 교정 내용]을 클릭한 뒤 [빠른 교정 내용] 대화상자의 [입력 자동 서식] 탭-[문단 띠 넣기]를 선택 해제하고 [닫기]를 클릭합니다.

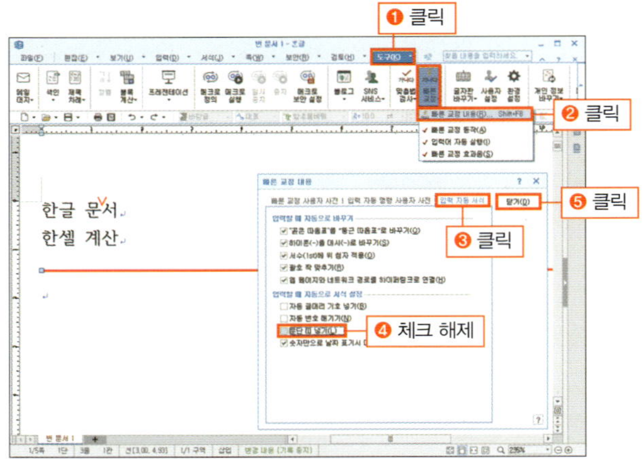

13_ '－－－'을 입력 후 Enter 를 눌러도 문단 띠가 나타나지 않고 입력한 '－－－'만 유지됩니다.

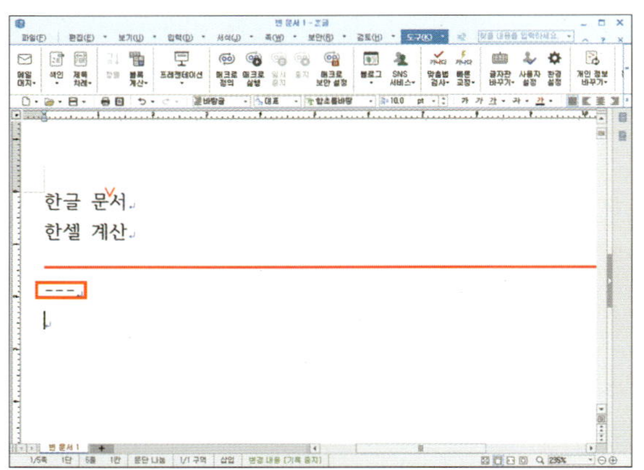

14_ 한글 문서에 대한 환경 설정은 [도구] 탭-[환경 설정]을 클릭하여 작업합니다. [편집] 탭-[최근 문서]-[파일 메뉴에 최근 문서 보이기]에서 최근 작업한 문서의 개수를 설정할 수 있습니다.

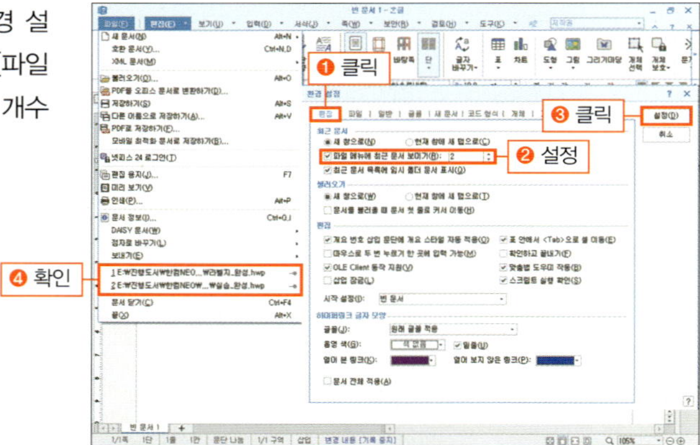

다국어 번역 기능

'다국어 번역' 기능은 문서의 내용을 원하는 언어로 번역해 주는 기능으로, 문서의 일부분 혹은 전체를 번역해 줍니다. 사용자가 알지 못하는 언어로 작성된 문서를 즉시 번역할 수 있으므로 매우 높은 활용성을 제공합니다.

> **TIP**
>
> 문서 전체를 번역할 때는 머리말, 꼬리말, 각주, 미주, 메모를 포함합니다. 또한 원문이 변경된 경우, 작업 창을 통해 알려주고 변경된 내용으로 다시 번역해 줍니다.

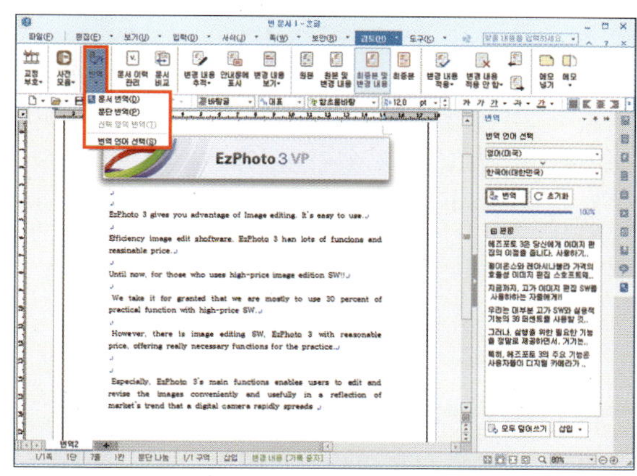

쪽 지우기 기능 추가

사용자의 편의성 향상을 위해 문서의 특정 쪽을 손쉽게 제거할 수 있는 '쪽 지우기' 기능이 추가되었습니다. [쪽] 탭–[쪽 지우기]를 클릭하면 쉽게 쪽을 지울 수 있습니다.

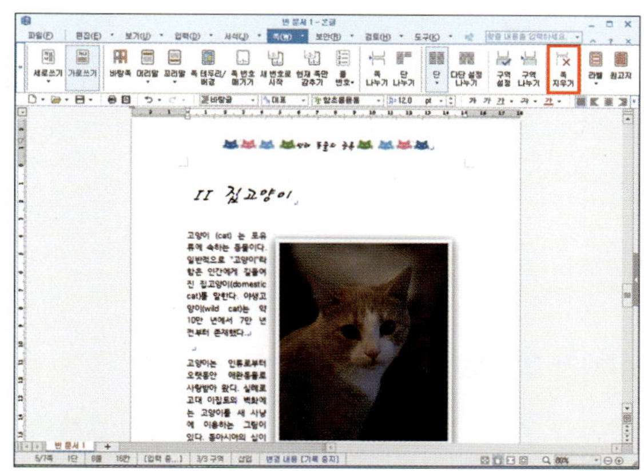

차례 새로 고침 기능 추가

차례 필드로 만들어진 차례 항목을 추가하거나 삭제한 경우 차례를 빠르게 새로 고칠 수 있습니다.

> **TIP**
>
> [차례 만들기] 대화상자에서 [하이퍼링크 만들기]를 선택하고 차례를 만들면 차례 항목을 클릭했을 때 관련 내용으로 바로 이동할 수 있습니다.

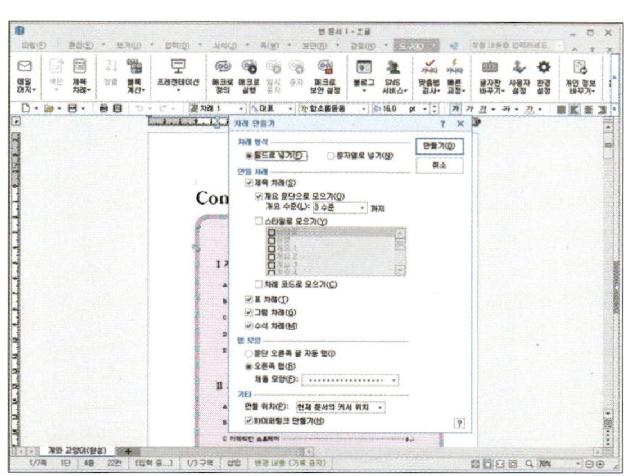

악성 코드 차단 동작 지원 포맷 확대

한글 문서를 불러올 때 악성 코드 포함 여부를
확인하고 만약 악성 코드가 포함된 경우, 이를
사전에 차단한 후 사용자에게 메시지를 통해 알
려주고 해당 문서를 불러오지 않도록 하는 기
능입니다. 악성코드 차단 동작 지원 포맷으로
*.docx가 추가되어 MS 워드 문서에 대한 보안
취약성을 미리 확인할 수 있게 되었습니다.

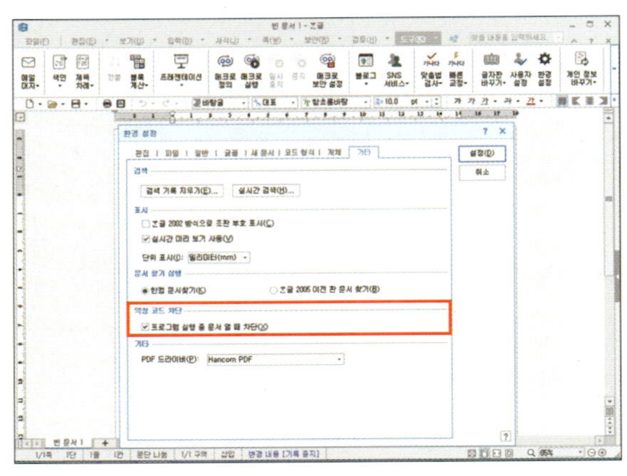

수식 편집기 개선

수식 편집기를 이용하여 수식을 작성할 때 수식
길이 제한이 기존 999자에서 4,000자까지 증가
되었습니다. 또한 [수식 편집기] 대화상자에 '글
자 크기 변경' 기능이 추가되어 사용이 편리해졌
으며, 구역마다 다른 수식 속성을 설정할 수 있
게 개선되었습니다.

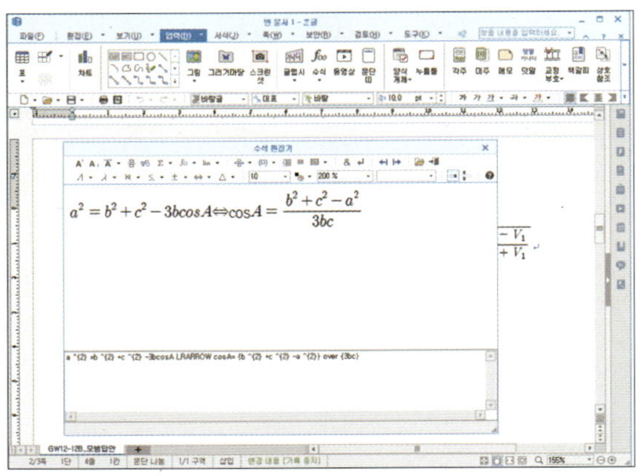

실시간 협업 오피스 커뮤니케이터

오피스 커뮤니케이터는 여러 사람이 실시간으
로 문서의 변경 내용을 확인하고 편집할 수 있
는 실시간 협업 기능을 지원합니다. 이러한 환
경 제공을 통해 작업의 생산성을 극대화하고 구
성원들이 보다 적극적으로 커뮤니케이션을 할
수 있습니다.

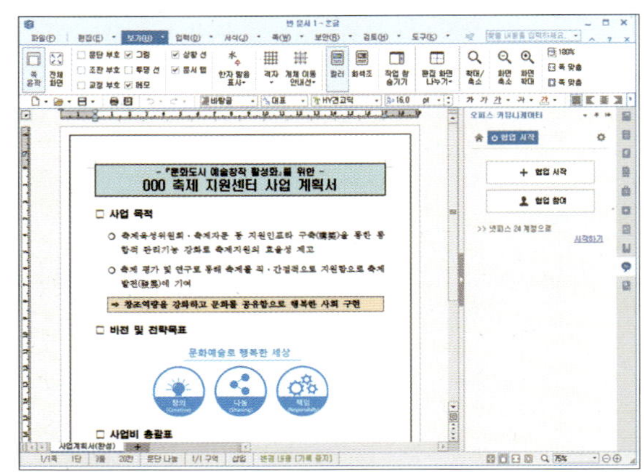

온라인 도움말 제공

한컴오피스 NEO가 설치된 사용자 컴퓨터가 인터넷에 연결된 경우 F1을 눌러 업데이트되는 최신 온라인 도움말을 실시간으로 제공 받을 수 있습니다. 기존의 목차와 색인을 비롯하여 도움말 내 검색 기능을 그대로 제공하여 쉽게 사용할 수 있습니다.

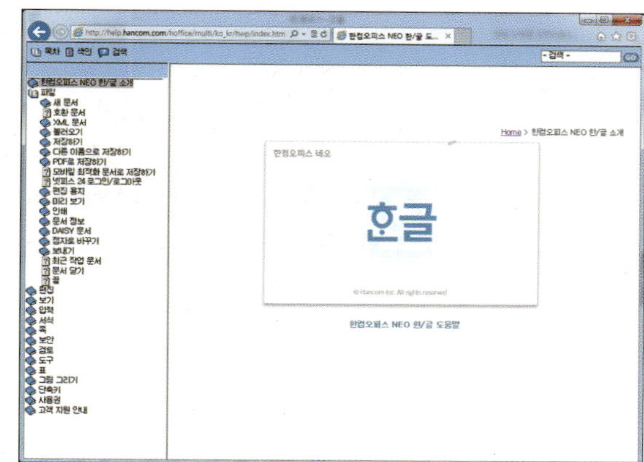

온라인 도움말
- 릴리즈 및 패치 일정과 상관없이 새로운 기능에 대한 설명을 신속하게 업데이트하여 웹에 게시해 사용자가 최신 내용의 도움말을 즉시 확인할 수 있도록 합니다.
- 사용자 작업 환경이 오프라인인 경우 패키지에 포함된 오프라인 전용 도움말을 불러옵니다.

스크린 샷 넣기

프로그램을 작업 창 전체, 혹은 일부분을 캡처하여 문서에 손쉽게 삽입할 수 있습니다.

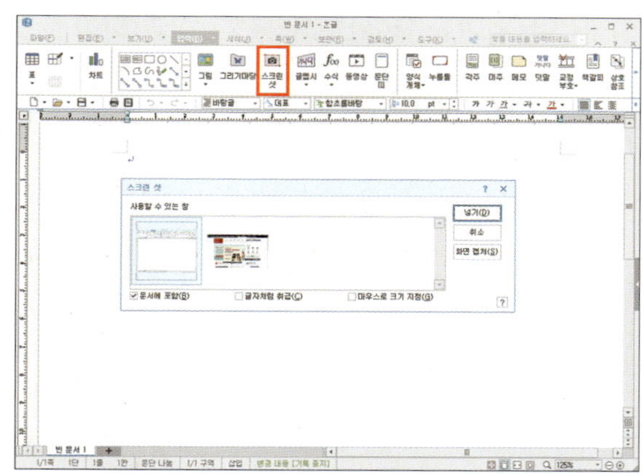

실시간 사전 검색 및 상용구 입력 기능

단어를 입력하는 동시에 단어의 뜻을 검색하고 등록된 상용구를 입력할 수 있습니다. 검색할 사전 및 상용구의 종류를 선택할 수 있으며 검색 지연 시간, 검색 결과의 개수도 설정할 수 있습니다.

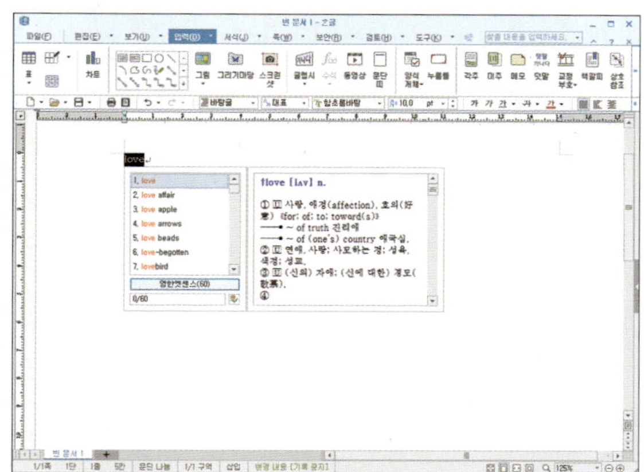

동영상 개체 삽입하기

동영상 파일을 문서에 삽입하여 영상을 문서 밖에서 재생해야 하는 번거로움을 없애 보다 동적인 문서를 만들 수 있습니다. 문서의 용량에 제한이 있다면 동영상 파일을 문서에 포함하지 않고 링크로만 연결할 수도 있습니다. 또한 웹 사이트에 게시된 동영상의 소스 코드를 이용하여 문서에서 동영상 파일을 재생할 수 있습니다.

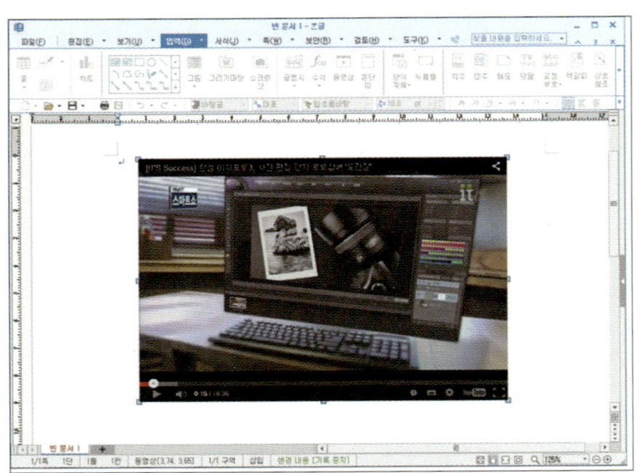

한글 문서에 *.mpg, *.avi, *.asf, *.wmv, *.mp4 확장자의 동영상 파일을 삽입할 수 있습니다.

편집 화면 회색조 보기 지원

컬러 인쇄가 필요하지 않을 경우 양질의 회색조 인쇄물을 출력할 수 있도록 편집 또는 [미리 보기] 탭에서 '회색조 보기' 기능을 지원합니다.

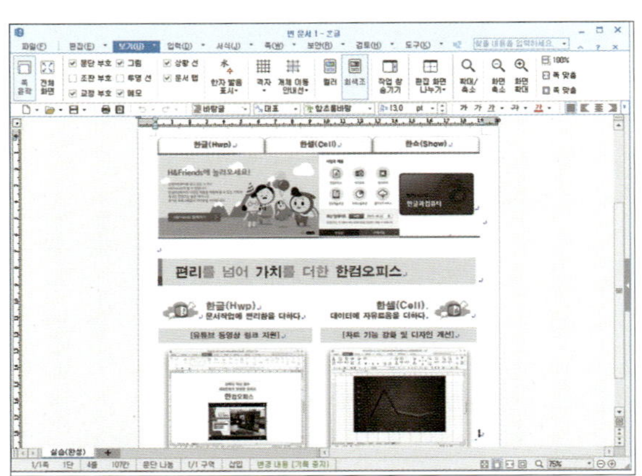

소책자 모양으로 인쇄하기

여러 장으로 구성된 문서를 책처럼 펼쳐지도록 용지 한 면에 2쪽을 인쇄할 수 있습니다.

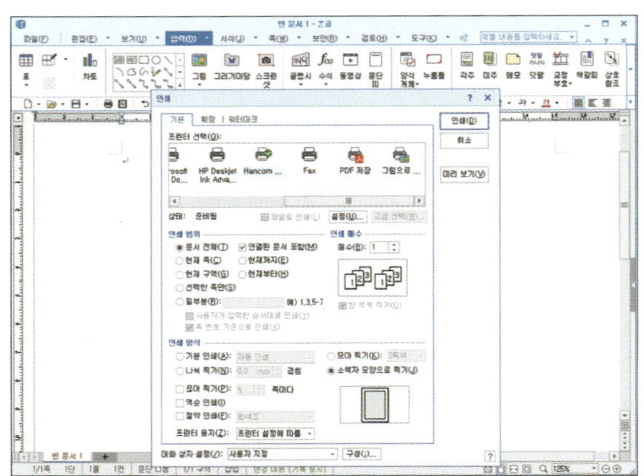

탭 형식의 메뉴와 열림 상자

[파일], [편집], [보기], [입력], [서식], [쪽], [보안], [검토], [도구] 메뉴를 탭 형식으로 제공하며 펼침 단추를 클릭하면 메뉴가 펼쳐집니다. 탭 아래에는 기본 도구를 제공하고 메뉴 오른쪽에 공통적으로 자료를 검색할 수 있는 찾기, 창 접기/펴기, 도움말, 닫기 등을 제공합니다. 각 탭별 기능에 대한 자세한 설명은 각 장에서 다루도록 하겠습니다.

[편집] 탭

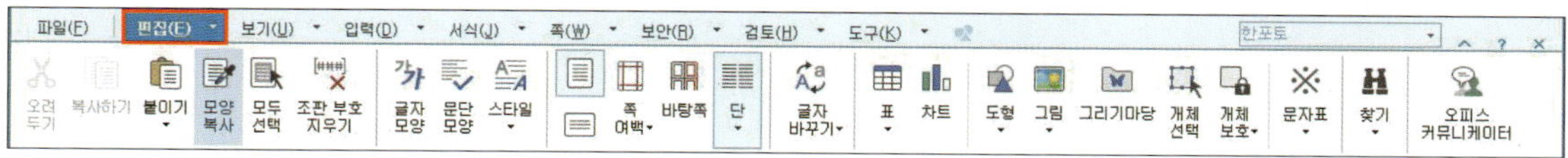

[보기] 탭

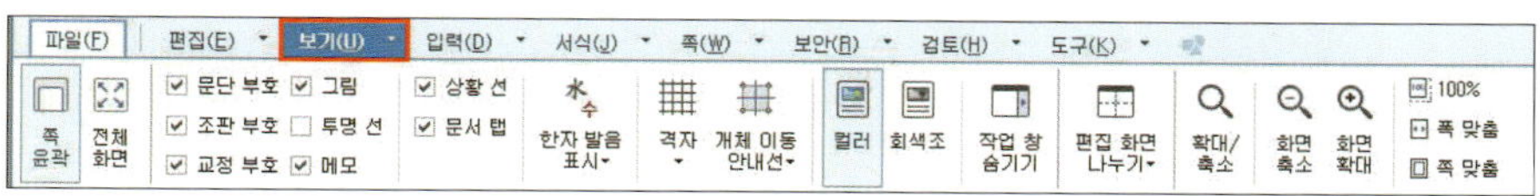

[입력] 탭

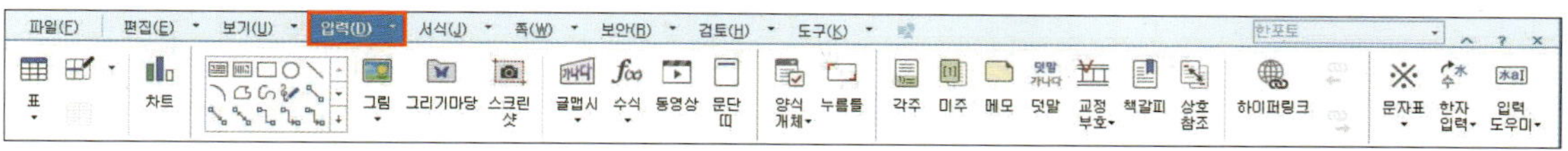

[서식] 탭

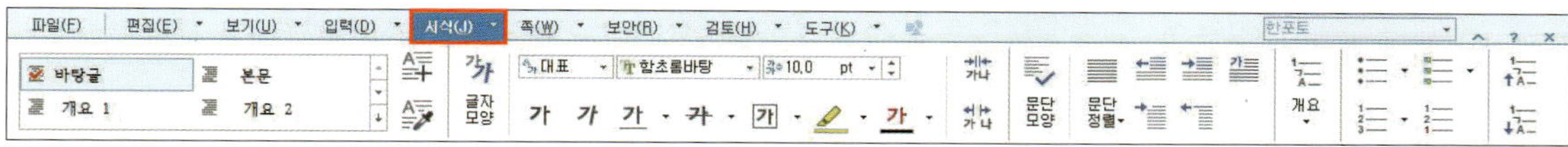

[쪽] 탭

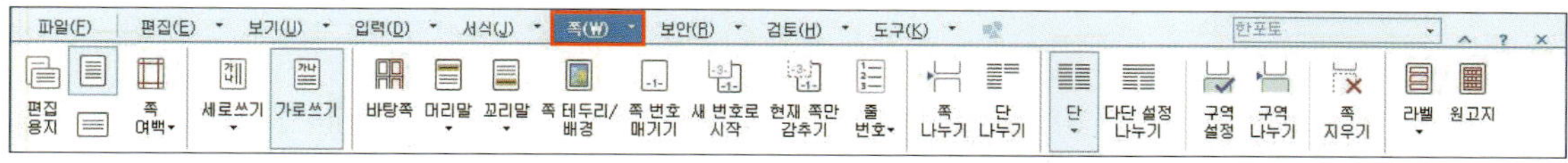

[보안] 탭

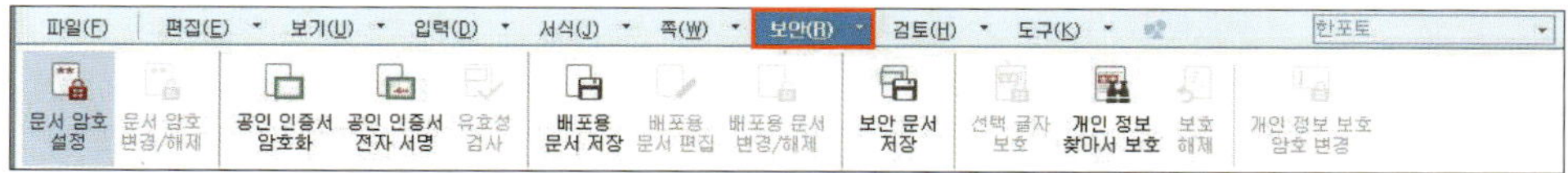

[검토] 탭

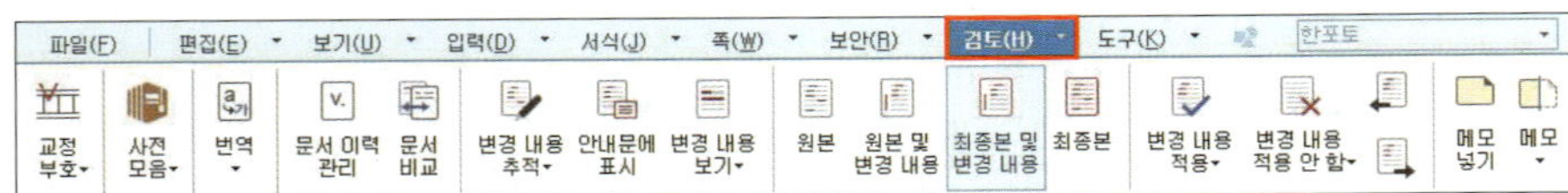

[도구] 탭

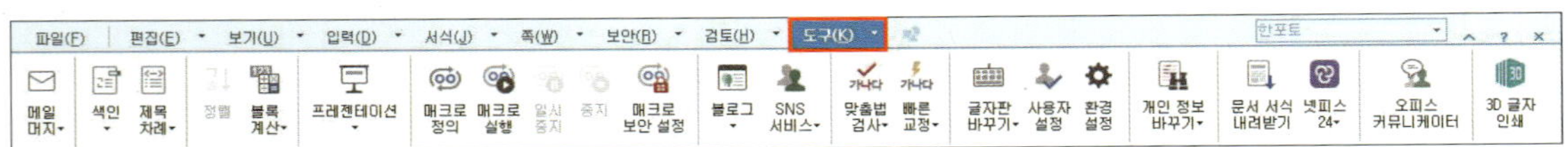

단축키 알아보기

기능	단축키	기능	단축키
새 문서	Alt + N	붙이기	Ctrl + V, Shift + Insert
새 탭	Ctrl + Alt + T	골라 붙이기	Ctrl + Alt + V
문서마당	Ctrl + Alt + N	모양 복사	Alt + C
불러오기	Alt + O	복사한 모양 붙이기 (일반 편집 상태)	F3, F4 → Alt + C
최근 작업 문서	Alt + F3	복사한 모양 붙이기 (표 편집 상태)	F5 → Alt + C
저장하기	Alt + S, Ctrl + S	지우기	Ctrl + E
다른 이름으로 저장하기	Alt + V	모두 선택	Ctrl + A
호환 문서	Ctrl + N → D	블록 설정	F3
문서 정보	Ctrl + Q → I, Ctrl + Q → D	낱말 블록	F3 2번
인쇄	Alt + P, Ctrl + P	한 문단 블록	F3 3번
되돌리기	Ctrl + Z	문서 전체 블록	F3 4번
다시 실행	Ctrl + Shift + Z	원하는 만큼 블록 설정	Shift + ← / →
오려 두기	Ctrl + X, Shift + Delete	끝	Alt + X
복사하기	Ctrl + C, Ctrl + Insert	문서 닫기	Ctrl + F4

한워드의 화면 구성 살펴보기

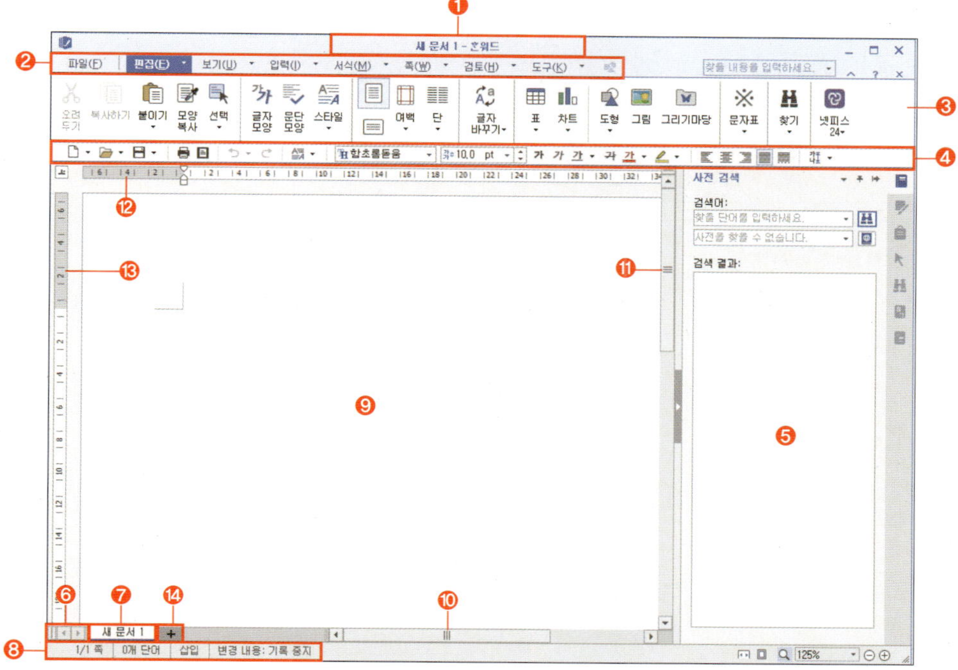

❶ **제목** : 프로그램의 제목과 [최소화], [최대화], [닫기] 단추가 나타납니다.

❷ **메뉴** : 프로그램에서 사용하는 메뉴를 비슷한 기능별로 묶어 놓은 곳입니다.

❸ **기본 도구 상자** : 각 메뉴에서 자주 사용하는 기능을 그룹별로 묶어서 탭 형식으로 제공합니다. 기본적으로는 메뉴별 기본 도구가 나타나며, 상황에 따라 개체별, 상태별로 동적으로 나타납니다.

❹ **서식 도구 상자** : 문서 편집 시 자주 사용하는 기능을 모아 아이콘으로 묶어서 놓은 곳입니다.

❺ **작업 창** : 작업 창을 활용하면 문서 편집 시간을 줄이고 작업 속도를 높이는 등 효율적인 문서 작업을 수행할 수 있습니다.

❻ **탭 이동 아이콘** : 여러 개의 탭이 열려 있을 때 이전 탭/다음 탭으로 이동합니다.

❼ **문서 탭** : 작성 중인 문서와 파일 이름을 표시합니다. 저장하지 않은 문서는 파일 이름이 빨간색으로 표시되고, 자동 저장된 문서는 파란색, 저장 완료된 문서는 검은색으로 표시됩니다.

❽ **상황 선** : 편집 창의 상태 및 마우스가 있는 곳에 대한 정보 등을 보여 줍니다.

❾ **편집 창** : 글자나 그림과 같은 내용을 넣고 꾸미는 작업 공간입니다.

❿ **가로 이동 막대** : 문서 내용이 편집 화면보다 클 때 화면을 가로로 이동하기 위해 사용합니다.

⓫ **세로 이동 막대** : 문서 내용이 편집 화면보다 클 때 화면을 세로로 이동하기 위해 사용합니다.

⓬ **가로 눈금자** : 개체의 가로 위치나 너비를 파악하기 위해 사용합니다.

⓭ **세로 눈금자** : 개체의 세로 위치나 높이를 파악하기 위해 사용합니다.

⓮ **새 탭** : 문서에 새 탭을 추가합니다.

높은 호환성

한워드에서는 MS 워드 문서(*.docx)를 불러 오는데 있어 글자 호환뿐만 아니라 이미지, 표, 서식 등의 레이아웃이 틀어지지 않는 높은 호환성을 자랑합니다. 다음은 한워드에서 MS 워드로 작성한 문서를 불러온 모습입니다.

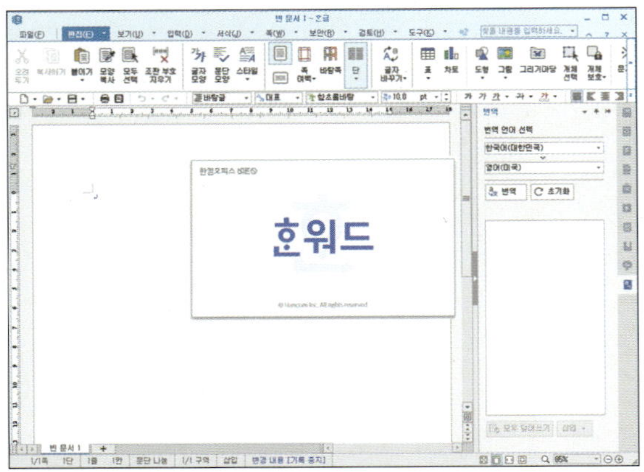

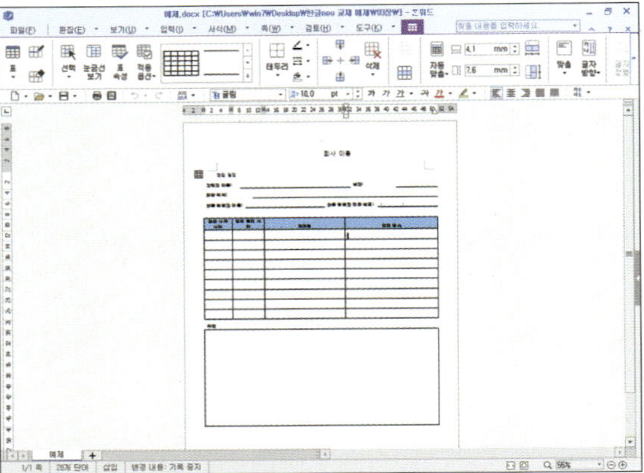

프로그램 접근성 강화

한컴오피스 NEO 한글에서 MS 워드 문서(*.docx)를 불러오면 자동으로 한워드 프로그램이 실행되면서 문서가 열립니다. 또한 한워드 프로그램에서 한글(*.hwp) 문서를 열면 한컴오피스 NEO 한글이 자동 실행되므로 프로그램 접근성이 좋습니다.

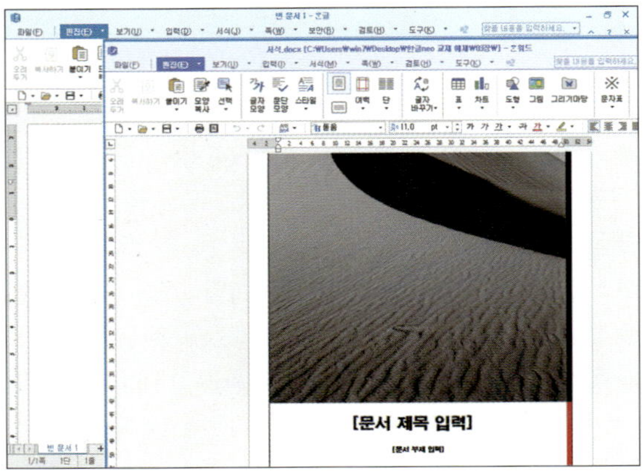

프로그램 테마별 메뉴 및 단축키 사용

01_ [도구] 탭–[사용자 설정]을 클릭합니다. [사용자 설정] 대화상자에서 [일반] 탭–[프로그램 테마]–[Microsoft Word 2010]을 클릭한 후 [닫기]를 클릭합니다.

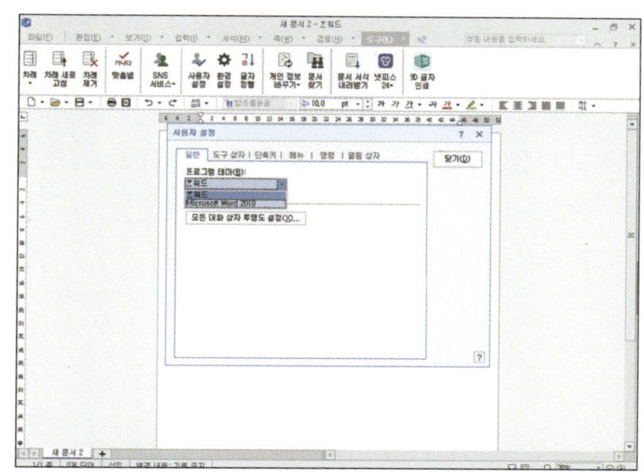

한워드에서는 기존 한글 프로그램 사용자 또는 MS 워드 프로그램 사용자들을 위해 [한워드], [Microsoft Word 2010] 중 원하는 프로그램 테마를 선택할 수 있으며, 테마별로 메뉴 및 단축키 동작 등을 분리하여 사용할 수 있습니다.

02_ 메뉴가 MS 워드 2010과 같은 모습으로 변경된 것을 알 수 있습니다. 또한 표 편집도 MS 워드에서 했던 것처럼 할 수 있습니다.

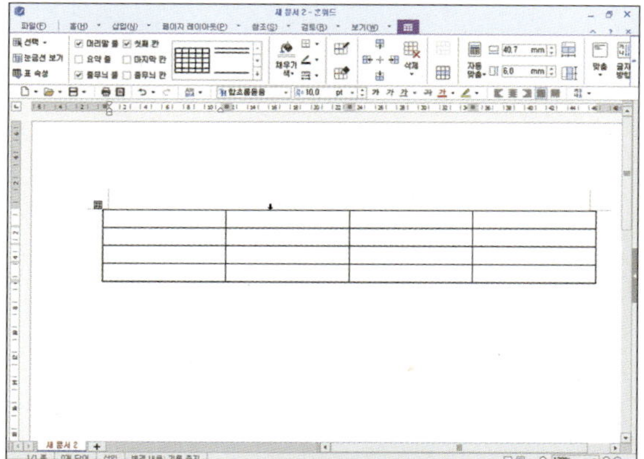

03_ [Microsoft Word 2010] 테마에서 [한워드] 테마로 변경하려면 [파일] 탭–[사용자 설정]을 클릭하고 [사용자 설정] 대화상자에서 [프로그램 테마]–[한워드]를 클릭하면 됩니다.

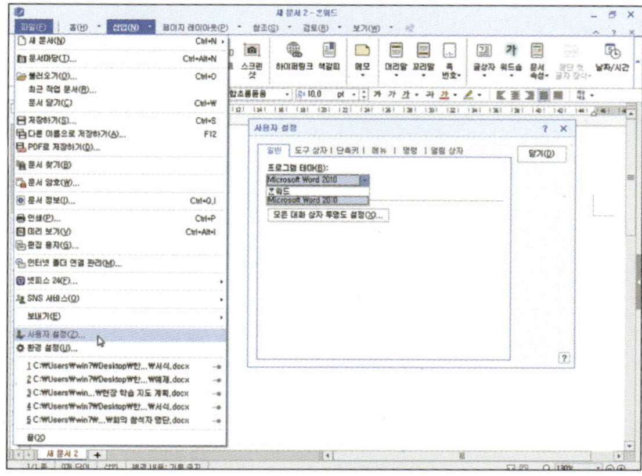

04_ 메뉴 모습이 '한워드'로 변경되었습니다. [블록 설정] 단축키 **F5**를 눌러 셀을 블록 설정하고 [셀 크기] 단축키 **Ctrl** + **↓**로 셀 크기를 조절합니다. [한워드] 테마로 설정되어 있을 때 기존 사용했던 한글 단축키를 사용할 수 있습니다.

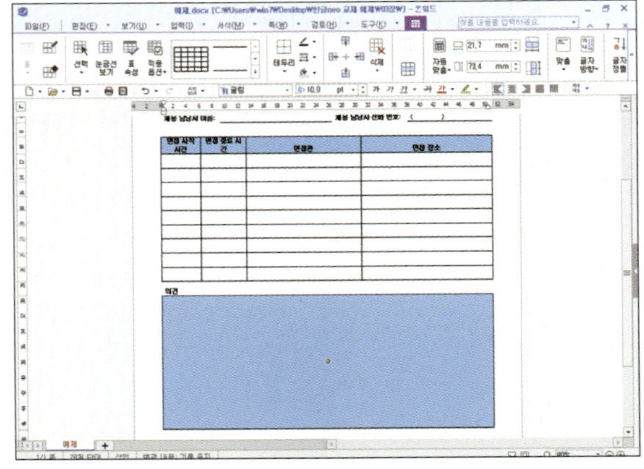

한글 NEO 문제 해결 _01

Q1 글자 아래에 빨간색 줄이 나타나는데 어떻게 하나요?

[도구] 탭-[환경 설정]을 클릭하고 [환경 설정] 대화
상자의 [편집] 탭-[맞춤법 도우미 작동]이 선택되어
있는지 확인합니다. 선택되어 있다면 도우미가 작
동되어 글자 아래에 빨간색 줄이 나타나는 것입니
다. [맞춤법 도우미 작동]을 클릭해 선택 해제를 진
행합니다.

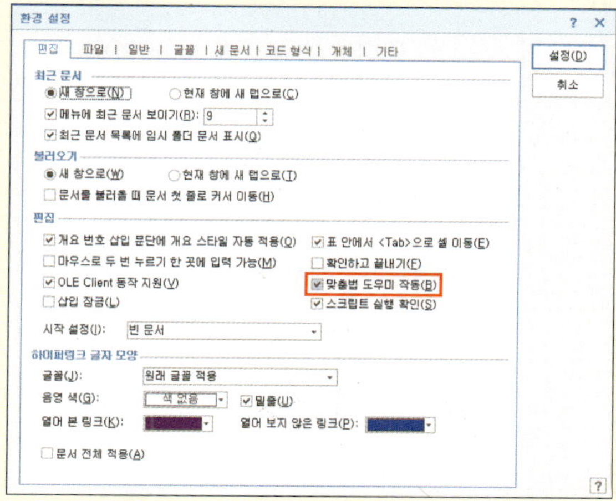

Q2 영어를 입력하는데 자꾸 한글이 입력됩니다. 왜 이
러는 건가요?

[도구] 탭-[글자판 바꾸기]-[글자판 자동 변경]이
선택되어 있어 단어 사전에 없는 영어가 한글로 자
동 변경되었습니다. [글자판 자동 변경]을 클릭해
선택 해제를 진행합니다.

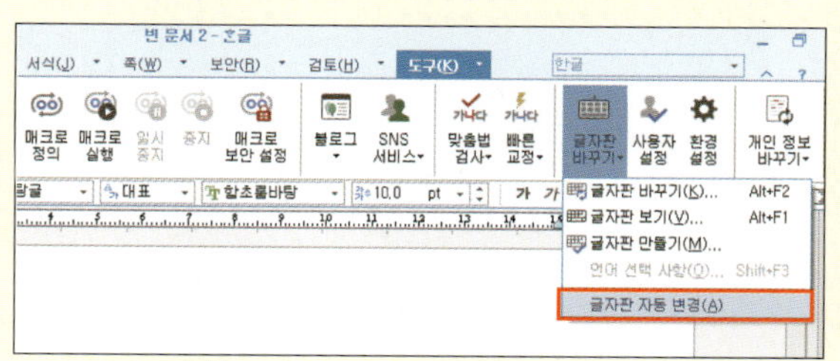

Q3 인쇄할 때 '소책자 모양의 찍기' 기능이 비활성화되어 있는데 어떻게 활성화하나요?

소책자 인쇄는 프린터가 자동 양면으로 설정된 경우에만 활성화되며, 프린터가 양면으로 설정되지 않았거나 수
동 양면으로 설정된 경우 이 메뉴는 비활성화됩니다. 따라서 자동 양면 인쇄를 지원하지 않는 프린트에서는 사
용할 수 없습니다.

Q4 한글 프로그램에서 표, 그림 등 개체가 포함된 MS 워드 문서(*.docx)를 불러올 때 스타일이 틀어지지 않나요?

한컴오피스 NEO 한글에서 MS 워드 문서를 불러오면 자동으로 한워드 프로그램이 실행되어 문서가 열립니다. 한
워드는 국제 문서 표준인 OOXML(Office Open XML)을 준수함으로써 MS 워드 파일 형식과의 높은 호환성을 제
공합니다. 때문에 MS 워드로 작업한 문서에 표, 그림 등 개체가 포함되어 있어도 레이아웃이 틀어지지 않습니다.

1 유튜브(https://www.youtube.com)에 접속해 '이지포토' 관련 영상을 검색하여 '[이지포토3 VP] 이미지 쉽게 합성하기' 영상을 새 문서에 삽입해 봅니다.

◎ 준비파일 : 없음　　◎ 완성파일 : Part03₩Chapter01₩Check₩(체크)유튜브영상 넣기_완성.hwp

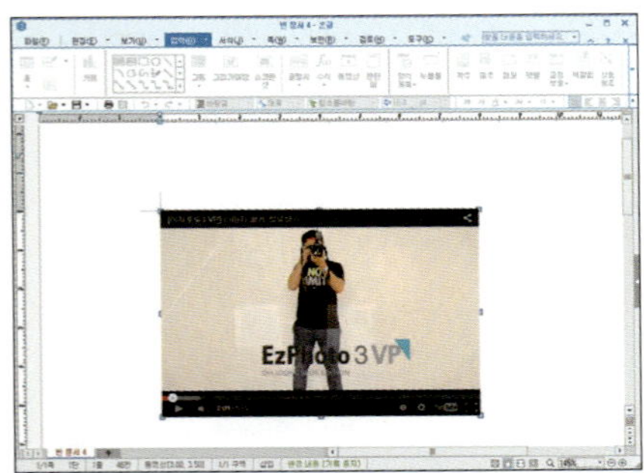

힌트

❶ 유튜브에서 검색한 '[이지포토3 VP] 이미지 쉽게 합성하기'의 영상 아래 [Share]를 클릭한 후 소스 코드를 복사합니다.

❷ 한글에서 [입력] 탭–[동영상]을 클릭하고 [동영상 넣기] 대화상자가 나타나면 [웹 동영상]을 선택하고 [동영상 태그] 입력란에 복사했던 소스 코드를 붙여넣은 다음 [넣기]를 클릭합니다.

---

2 한컴오피스 NEO 한글에서 준비파일 '회의참석자 명단.docx'을 불러옵니다. 그 후 한워드 테마를 [Microsoft Word 2010]으로 수정하고 메뉴 구성이 변경된 것을 확인해 봅니다.

◎ 준비파일 : Part03₩Chapter01₩Check₩(체크)회의참석자 명단.docx

◎ 완성파일 : Part03₩Chapter01₩Check₩(체크)회의참석자 명단_완성.docx

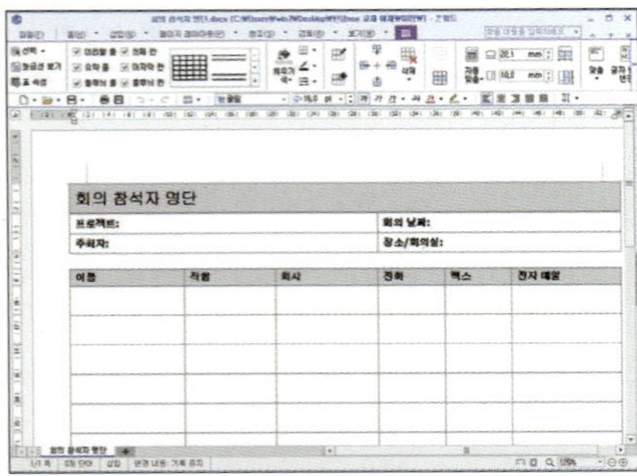

힌트

❶ 한글에서 [파일] 탭–[불러오기]에서 '회의참석자 명단.docx'을 불러오면 한워드가 자동으로 실행됩니다.

❷ 테마 변경은 [도구] 탭–[사용자 설정]을 클릭한 후 [사용자 설정] 대화상자의 [일반] 탭–[프로그램 테마]에서 설정합니다.

Section 02
문서 작성의 핵심 기능으로 사업계획서 만들기

사업계획서 작성을 통해 글자 모양, 문단 모양 등 한글의 기본 문서 편집 기능에 대해 알아보겠습니다. 또한, 실무 위주의 빠른 글자 입력과 편집 방법에 대해 살펴보도록 하겠습니다.

– 『문화도시 예술창작 활성화』를 위한 –
OOO 축제 지원센터 사업 계획서

☐ **사업 목적**

  ○ 축제육성위원회·축제자문 등 지원인프라 구축을 통한 통합적 관리기능 강화로 축제지원의 효율성 제고

  ○ 출제 평가 및 연구로 통해 축제를 직·간접적으로 지원함으로 축제 발전(發展)에 기여

⇒ 창조역량을 강화하고 문화를 공유함으로 행복한 사회 구현

☐ **비전 및 전략목표**

문화예술로 행복한 세상

☐ **사업비 총괄표**

(단위: 천원)

구 분	금 액	산 출 내 역	
회 의 비	45,000	• 회의수당	25,000
		• 현장평가 수당	20,000
행 사 운 영 경 비	5,000	• 진행경비	5,000
연 구 개 발 비	130,000	• 연구원	90,000
		• 직원 급여	40,000
계	180,000		

※ 별 첨: 1. 기관소개 1부.
      2. 세부 사업안내 1부.

이번 섹션에서 배울 주요 내용

- [서식] 탭의 기능 살펴보기
- 한자·특수 문자·사용구·표 기능 활용하기
- 공문서 작성에 필요한 글자·문단 모양 활용하기
- 모양 복사를 활용해 서식 반복 적용하기
- 수식 작성기를 이용해 사업비 계산하기
- 다국어 번역기 사용하기
- **스페셜** 한글 NEO 문제 해결_02

[서식] 탭의 기능 살펴보기

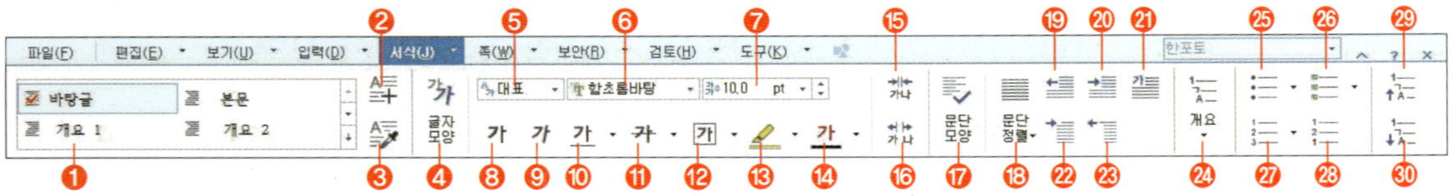

❶ **스타일 :** 커서가 있는 문단의 글자 모양, 문단 모양이 선택한 스타일로 적용됩니다.

❷ **스타일 추가하기 :** 자주 사용하는 글자 모양과 문단 모양을 새 스타일로 만들어 등록할 수 있습니다.

❸ **현재 모양으로 바꾸기 :** 선택한 스타일을 현재 커서가 놓인 위치의 글자나 문단의 스타일로 덮어씁니다.

❹ **글자 모양 :** 글자 모양을 변경할 수 있도록 [글자 모양] 대화상자를 나타냅니다.

❺ **언어 :** 대표, 한글, 영문, 한자 등 언어별 글꼴을 변경할 수 있습니다.

❻ **글꼴 :** 사용할 글꼴을 설정합니다.

❼ **글자 크기 :** 글자 크기를 키우거나 줄일 수 있습니다.

❽ **진하게 :** 선택한 글자를 획이 굵은 글씨로 나타냅니다.

❾ **기울임 :** 선택한 글자를 오른쪽으로 기운 글씨로 나타냅니다.

❿ **밑줄 :** 선택한 글자에 밑줄을 긋습니다.

⓫ **취소선 :** 선택한 글자의 가운데를 가로지르는 취소선을 표시합니다.

⓬ **글자 테두리 :** 선택한 글자에 테두리를 그어줍니다. 글자 테두리의 굵기, 색 등을 설정합니다.

⓭ **형광펜 :** 형광펜 색을 선택하여 선택한 글자를 형광펜으로 덧칠합니다.

⓮ **글자 색 :** 선택한 글자의 글자 색을 원하는 색으로 변경합니다.

⓯ **글자 자간 좁게 :** 글자와 글자 사이의 간격이 1%씩 줄어듭니다.

⓰ **글자 자간 넓게 :** 글자와 글자 사이의 간격이 1%씩 늘어납니다.

⓱ **문단 모양 :** 문단 모양을 변경할 수 있도록 [문단 모양] 대화상자를 나타냅니다.

⓲ **문단 정렬 :** 문단 모양을 양쪽, 왼쪽, 가운데, 오른쪽, 배분, 나눔 정렬 중 원하는 방식으로 정렬합니다.

⓳ **왼쪽 여백 줄이기 :** 한 번 클릭할 때마다 현재 문단의 왼쪽 여백이 1pt씩 줄어듭니다.

⓴ **왼쪽 여백 늘리기 :** 한 번 클릭할 때마다 현재 문단의 왼쪽 여백이 1pt씩 늘어납니다.

㉑ **문단 첫 글자 장식 :** 문단의 첫 글자를 크게 만들어 문단을 장식합니다.

㉒ **첫 줄 들여쓰기 :** 문단 첫 줄이 그 문단 전체의 왼쪽 여백보다 오른쪽으로 들어가서 시작되도록 설정합니다.

㉓ **첫 줄 내어쓰기 :** 한 번 클릭할 때마다 첫 줄 내어쓰기가 1pt씩 됩니다.

㉔ **개요 :** 단계별로 번호를 매겨가며 글의 내용을 요약할 수 있고, 제목 차례도 간편하게 만들 수 있습니다.

㉕ **글머리표 :** 문단의 머리에 불릿 모양의 글머리표를 붙이거나 해제할 수 있습니다.

㉖ **그림 글머리표 :** 문단의 머리에 그림 글머리표를 붙이거나 해제할 수 있습니다.

㉗ **문단 번호 :** 문단의 머리에 문단 번호를 매기거나 해제할 수 있습니다.

㉘ **문단 번호 새 번호로 시작 :** 현재 문단부터 새로운 번호로 다시 시작합니다.

㉙ **한 수준 증가 :** [한 수준 증가]를 클릭할 때마다 개요, 문단 번호의 수준이 한 수준씩 증가합니다.

㉚ **한 수준 감소 :** [한 수준 감소]를 클릭할 때마다 개요, 문단 번호의 수준이 한 수준씩 감소합니다.

한자 · 특수 문자 · 상용구 · 표 기능 활용하기

:: **준비파일** Part03₩Chapter01₩Section02₩사업계획서.hwp, 상용구.hwp

키보드로 바로 입력할 수 없는 기호나 단위, 도형 문자 등 특수 문자와 한자를 입력하는 다양한 방법에 대해 살펴보고 상용구, 글자 겹치기 등 실무에 자주 사용하는 문자를 빠르게 입력하는 방법에 대해 알아봅니다.

01_ 준비파일 '사업계획서.hwp'를 불러옵니다. 먼저 '구축'을 한자로 바꾸기 위해 커서를 바꾸고자 하는 단어 뒤, 즉 '축' 뒤에 두고 [한자] 또는 [F9]를 누릅니다. [한자로 바꾸기] 대화상자의 [한자 목록]에서 한자를 선택한 후 [입력 형식]-[한글(漢子)]을 선택한 후 [바꾸기]를 클릭합니다.

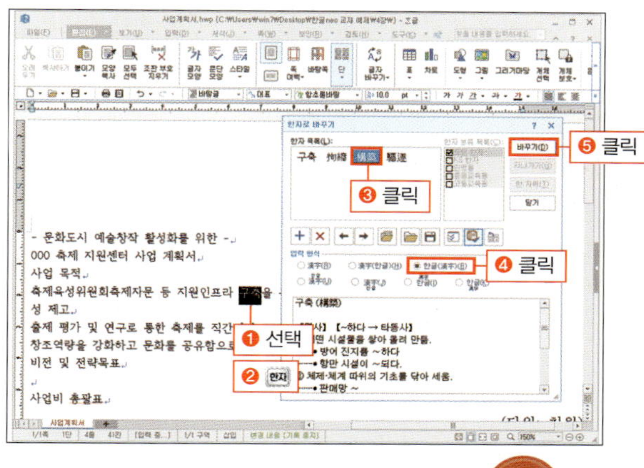

> **TIP**
>
> 한글을 한자로 변경할 수 있는 형식은 모두 7가지 모양이 있습니다.
>
> 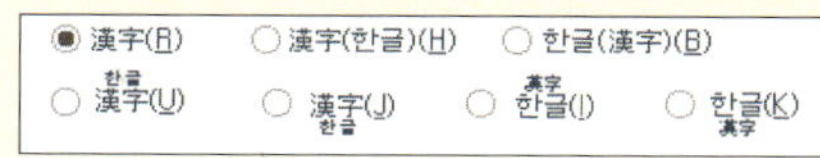
>

02_ 이번에는 '실시간 검색' 기능을 이용하여 본문의 '발전'을 한자로 변경해 봅니다. 먼저 [실시간 검색]에서 '한자 사전'은 기본 검색 목록이 아니므로 설정부터 합니다. '발전'을 블록 설정하면 나타나는 [실시간 검색] 결과의 [설정](🔽)을 클릭합니다.

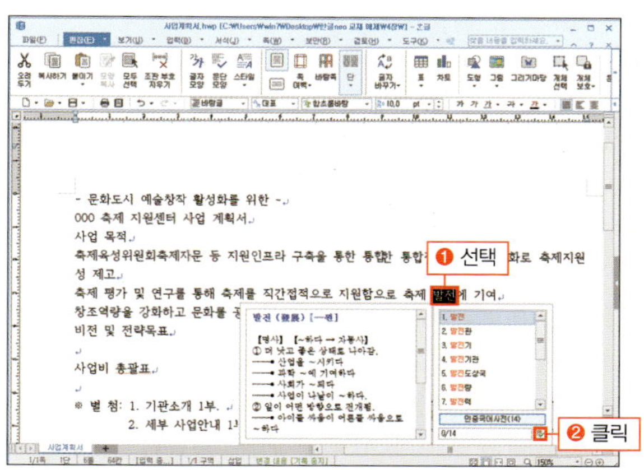

> **TIP**
>
> '실시간 검색' 기능은 단어의 뜻을 검색하고 등록된 상용구 및 한자를 입력할 수 있도록 도와줍니다.

03_ [실시간 검색] 대화상자에서 [한자사전]을 선택하고 [설정]을 클릭합니다.

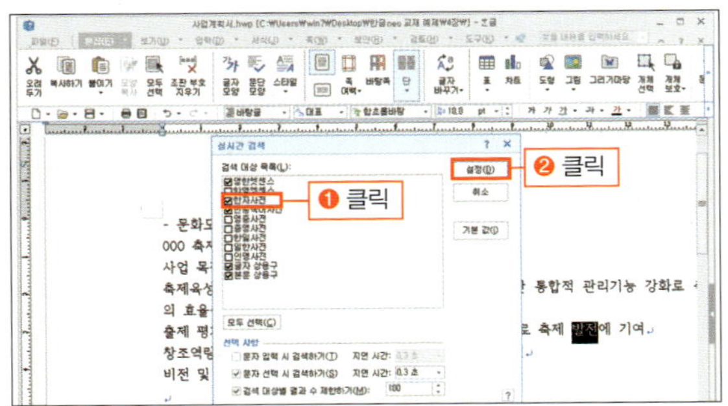

[선택 사항] 항목

- **문자 입력 시 검색하기** : 문자를 입력한 후 일정 시간이 지나면 검색 결과가 표시됩니다. 시간은 0~2초까지 설정할 수 있습니다.
- **문자 선택 시 검색하기** : 문자를 블록 설정 후 일정 시간이 지나면 검색 결과가 표시됩니다. 시간은 0~2초까지 설정할 수 있습니다.
- **검색 대상별 결과 수 제한하기** : 검색 결과의 개수를 설정할 수 있습니다.

04_ 본문의 '발전'을 다시 블록 설정하면 잠시 후 한자사전 실시간 검색 결과가 나타납니다. 이때 검색 결과 목록에서 해당 한자를 더블클릭하거나 목록 앞에 표시된 숫자 키를 누르면 즉시 입력됩니다. 숫자 ①을 눌러 해당 한자인 '發展'으로 변경합니다.

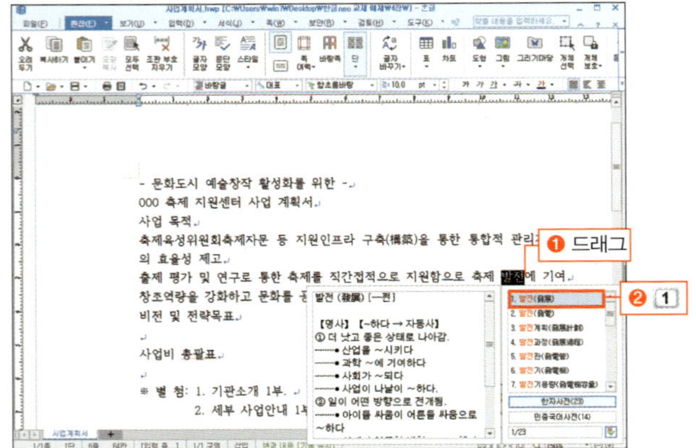

05_ 특수 문자를 입력하려면 [편집] 탭–[문자표]를 클릭하거나 [문자표] 단축키 **Ctrl** + **F10** 을 누릅니다. [문자표 입력] 대화상자가 나타나면 문자표의 종류를 선택한 뒤 입력할 기호를 더블클릭한 후 [넣기]를 클릭합니다.

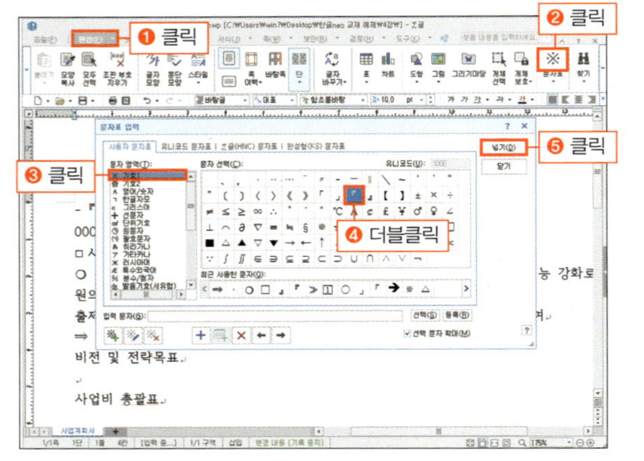

06_ 그림에서 표시한 특수 문자를 [문자표 입력]대화상자의 [사용자 문자표] 탭에서 각각 입력해 봅니다.

- [기호 1] : 『 』, ·, □
- [기호 2] : ⇒
- [특수기호 및 딩뱃기호] : ○

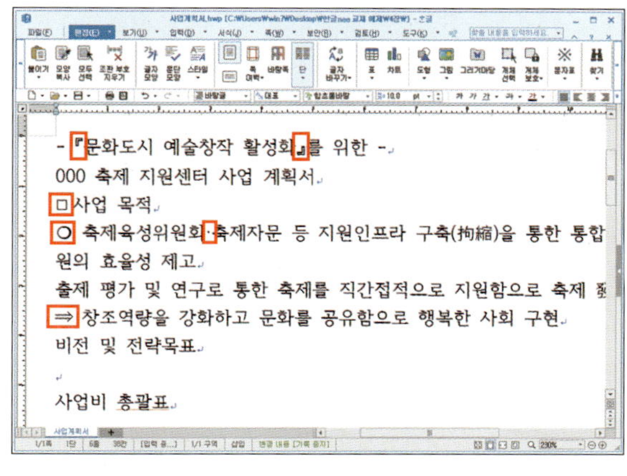

07_ 자주 사용하는 특수 문자를 빠르게 입력하는 다양한 방법에 대해 알아봅니다. 가운데 온점(·)은 한국어 글자판을 '두벌식 표준2'로 변경하면 ⌨를 눌러 입력할 수 있습니다. [도구] 탭-[글자판 바꾸기]-[글자판 바꾸기]를 클릭합니다. [입력기 환경 설정] 대화상자에서 [글자판 바꾸기] 탭-[제 1글자판]-[한국어], [두벌식 표준2]를 클릭하고 [설정]을 클릭합니다.

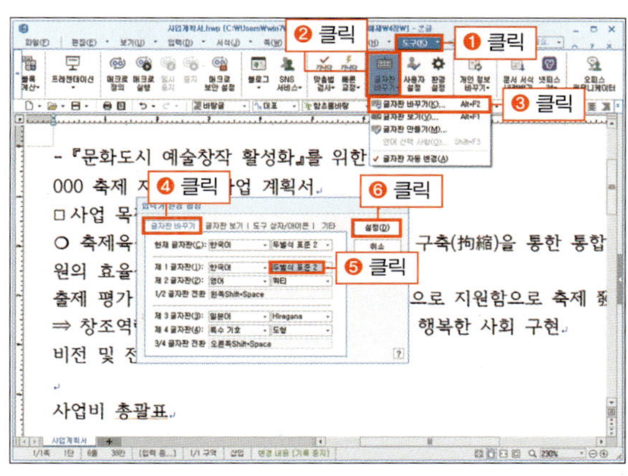

08_ 본문 내용에 커서를 두고 ⌨를 눌러 가운데 온점(·)을 입력해 봅니다.

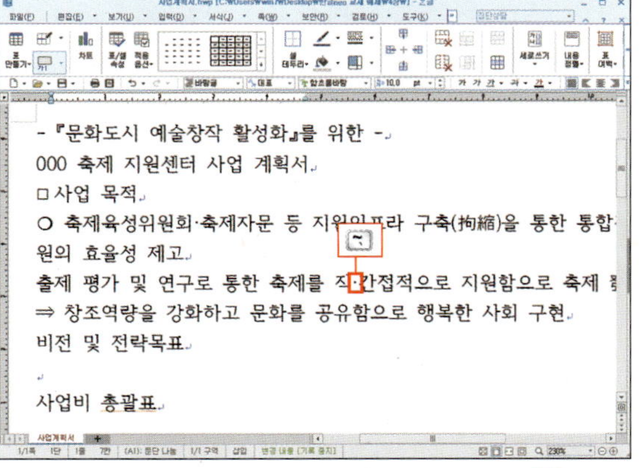

'두벌식 표준2' 자판 배열에서는 ⌨를 눌렀을 때 한글 입력 상태에서만 가운데 온점(·)이 입력됩니다. 영어 입력 상태에는 '가 입력됩니다.

09_ 자주 사용하는 특수 문자는 '빠른 교정' 기능을 활용해 편리하게 입력할 수 있습니다. 이 기능은 사용자가 오타, 띄어쓰기 등 틀린 단어를 입력했을 때 자동으로 고쳐주는 기능입니다. 문서에 자주 사용하는 '□, ○'을 빠른 교정에 등록해 봅니다. [도구] 탭–[빠른 교정]–[빠른 교정 내용]을 클릭합니다.

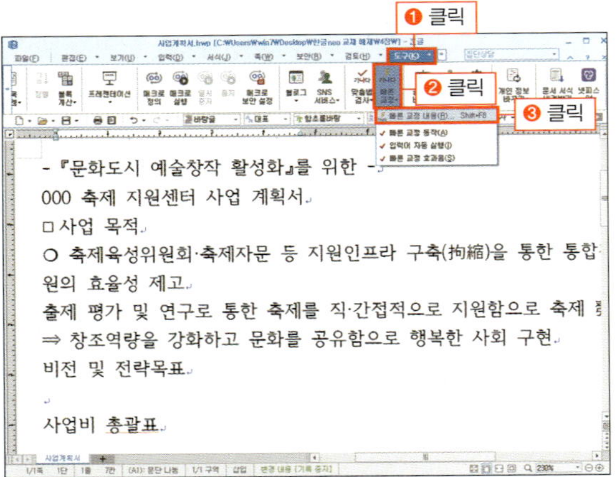

10_ [빠른 교정 내용] 대화상자에서 [빠른 교정 추가하기]를 클릭합니다. [빠른 교정 추가하기] 대화상자에서 다음과 같이 설정한 후 [추가]를 클릭하여 등록하고 [닫기]를 클릭합니다. 같은 방법으로 [틀린 말]에 'ㅁ', [맞는 말]에 '□'을 넣어 추가해 줍니다.

- [틀린 말] : ㅁ
- [맞는 말] : **Ctrl** + **F10** 을 눌러 [문자표 입력] 대화상자의 [사용자 문자표]–[기호 1]에서 '□'을 더블클릭–[넣기]

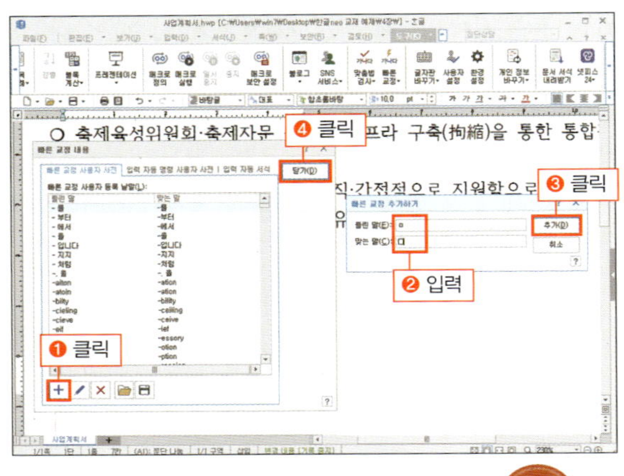

같은 방법으로 [틀린 말]에 'ㅇ', [맞는 말]에 '○'를 넣어 추가해 봅니다. [틀린 말]에 넣는 'ㅁ'과 'ㅇ'은 한글 자음입니다.

11_ 등록된 빠른 교정을 활용하기 위해서는 '틀린 말'을 입력한 후 **Enter**, **Space Bar**, **Tab** 중 하나를 누릅니다. 그림처럼 커서를 두고 'ㅇ'을 입력 후 **Space Bar**, 'ㅁ'을 입력 후 **Space Bar** 를 눌러 특수 문자로 변환해 봅니다.

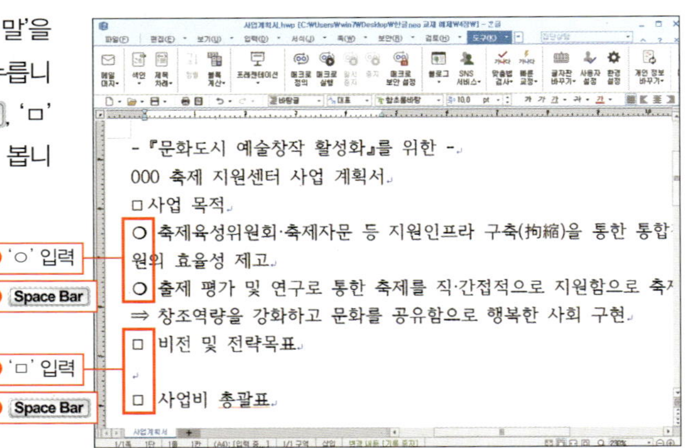

글자 겹치기 활용

'글자 겹치기' 기능은 [문자표 입력] 대화상자에서도 입력하기 어려운 원 문자, 사각형 문자 등을 입력할 수 있습니다.

[입력] 탭–[입력 도우미]–[글자 겹치기]를 클릭합니다. [글자 겹치기] 대화상자에서 [겹쳐 쓸 글자]에 '종이'를 입력하고 [겹치기 종류]에서 [모양과 겹치기]를 선택, [기타 문자](△·)를 클릭합니다. [글자 크기 조절]은 '50%'로 설정한 후 [넣기]를 클릭합니다.

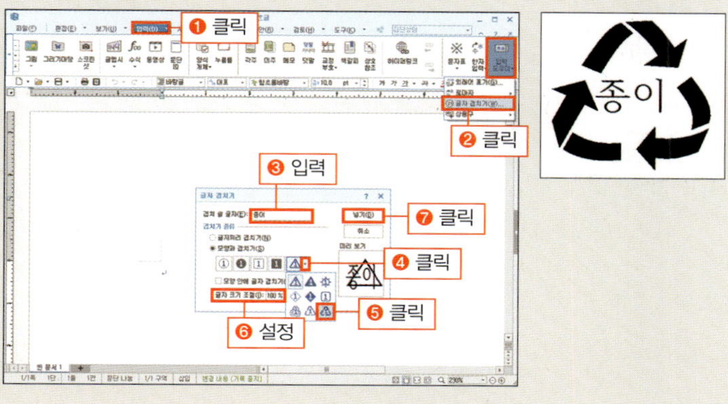

12_ 준비파일 '상용구.hwp'를 불러옵니다. '상용구' 기능을 활용하여 보고서에서 자주 사용하는 모양의 표를 삽입해 봅니다. 표를 클릭하고 [상용구] 단축키 Alt + I 를 누릅니다. [본문 상용구 등록] 대화상자에서 [준말]에 '표'를 입력하고 [설정]을 클릭합니다.

> **TIP**
>
> '상용구' 기능은 자주 사용하는 낱말, 기호 등을 빠르게 입력하는 방법 중 하나인데, 글자뿐만 아니라 표, 그림 등 한글 문서에 입력할 수 있는 모든 개체를 등록할 수 있습니다.

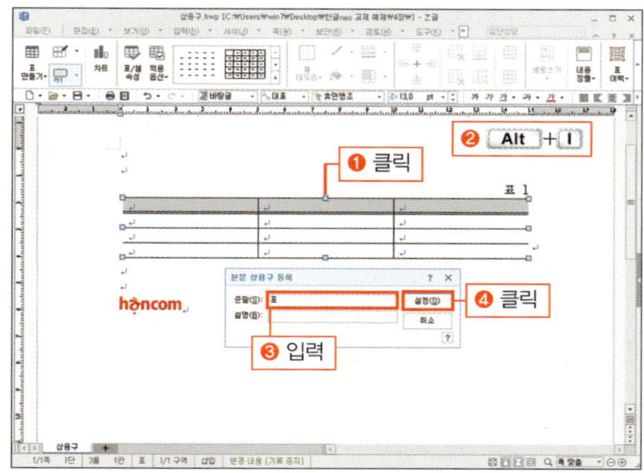

13_ '사업계획서.hwp' 준비파일로 돌아옵니다. 커서를 '□ 사업비 총괄표' 아래쪽에 두고 상용구 준말 '표'를 입력한 후 [상용구] 단축키 Alt + I 를 누릅니다.

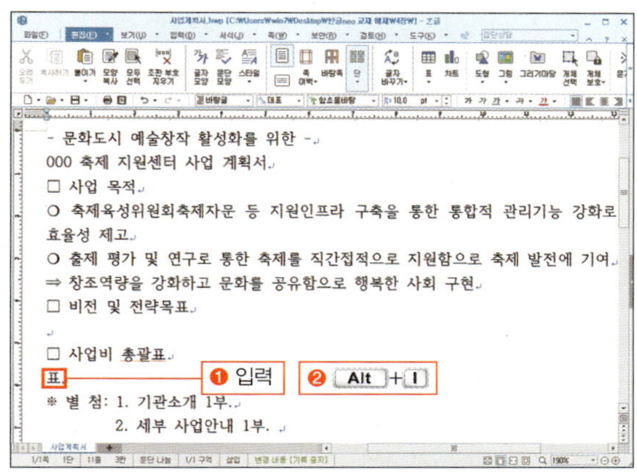

14_ 표가 입력되었습니다. 상용구와 관련된 단축키는 다음과 같습니다.

- 상용구 등록 : `Alt` + `I`
- 상용구 실행 : [준말] 입력 후 `Alt` + `I`
- 상용구 내용 확인 : `Ctrl` + `F3` 또는, [입력] 탭–[입력 도우미]–[상용구]–[상용구 내용]

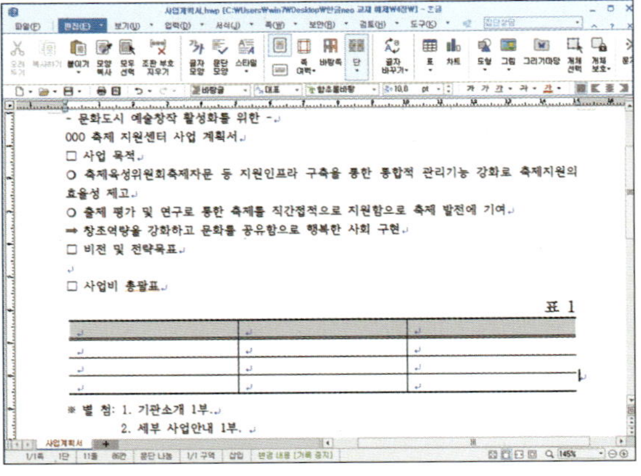

공문서 작성에 필요한 글자 · 문단 모양 활용하기

문서 작성에서 주로 사용하는 보고서 표준 서식에 맞춰 글자 모양, 문단 모양을 변경하는 방법과 편집 용지 설정에 대해 알아봅니다.

01_ 앞선 따라하기에 이어서 편집 용지를 설정하기 위해 [편집 용지] 단축키 F7을 누르고 [편집 용지] 대화상자가 나타나면 [용지 여백]을 다음과 같이 설정합니다.

- [용지 여백]–[위쪽], [아래쪽] : 15mm
- [용지 여백]–[왼쪽], [오른쪽] : 20mm
- [용지 여백]–[머리말], [꼬리말] : 10mm

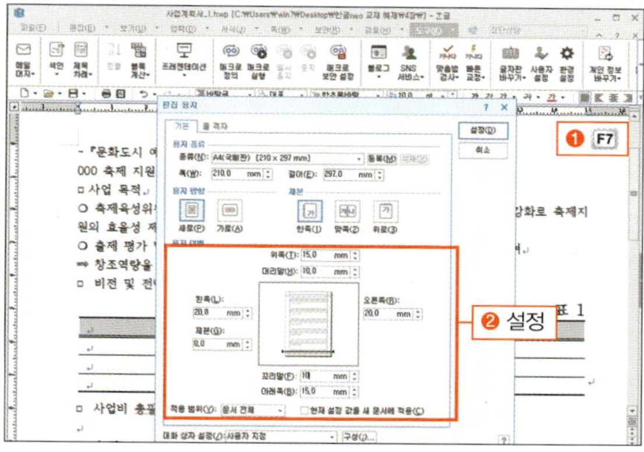

02_ 자주 사용하는 편집 용지를 등록해 놓으면 다음에 편리하게 사용할 수 있습니다. [등록]을 클릭한 후 [다른 이름으로 등록] 대화상자에서 [용지 이름]에 '보고서'를 입력하고 [등록]을 클릭한 후 [설정]을 클릭합니다.

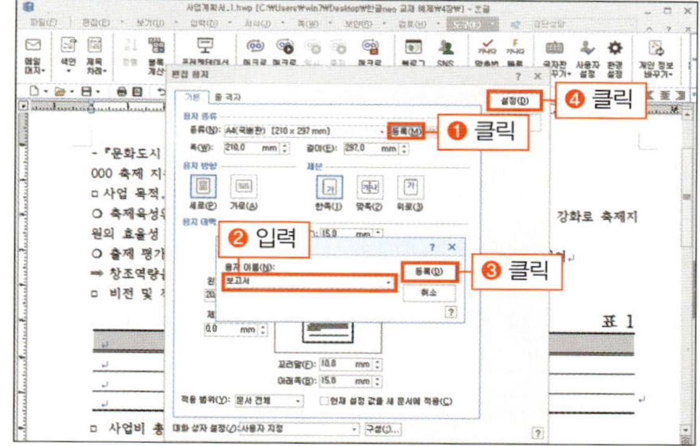

> **TIP**
>
> 새 문서에서 F7을 누르고 [편집 용지] 대화상자에서 [용지 종류]–[보고서]를 클릭하면 보고서 편집 용지로 쉽게 설정할 수 있습니다.

꼭!! 알고가기 — 편집 용지 기본 값 변경하기

새 문서를 열 때마다 사용자가 원하는 편집 용지로 설정하고 싶다면 [환경 설정]을 변경하면 됩니다. [도구] 탭–[환경 설정]을 클릭합니다. [환경 설정] 대화상자에서 [새 문서]를 클릭하고 [용지 종류]–[보고서]로 클릭한 다음 [설정]을 클릭합니다. 새 문서를 열어 편집 용지가 변경한 값으로 설정되었는지 확인해 봅니다.

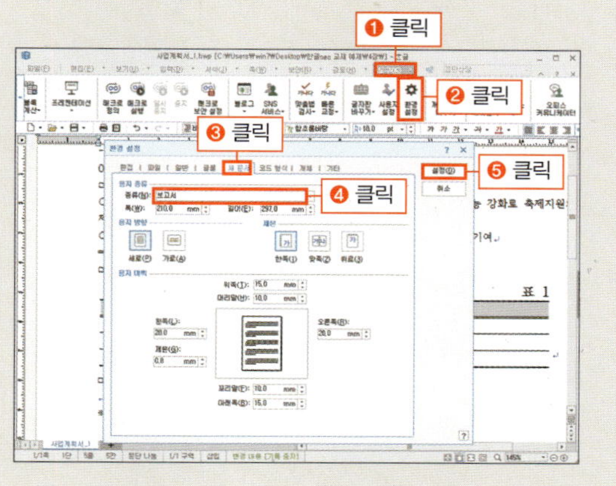

03_ 제목을 꾸미기 위해 그림처럼 블록을 설정한 후 서식 도구 상자에서 다음과 같이 설정합니다.

- [글꼴] : HY헤드라인M
- [글자 크기] : 22pt
- [가운데 정렬] : 선택

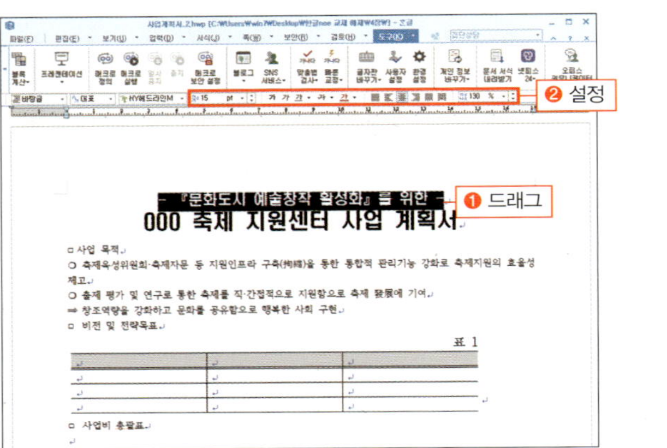

04_ 그림처럼 블록 설정한 후 서식 도구 상자에서 다음과 같이 설정합니다.

- [글자 크기] : 15pt
- [줄 간격] : 130%

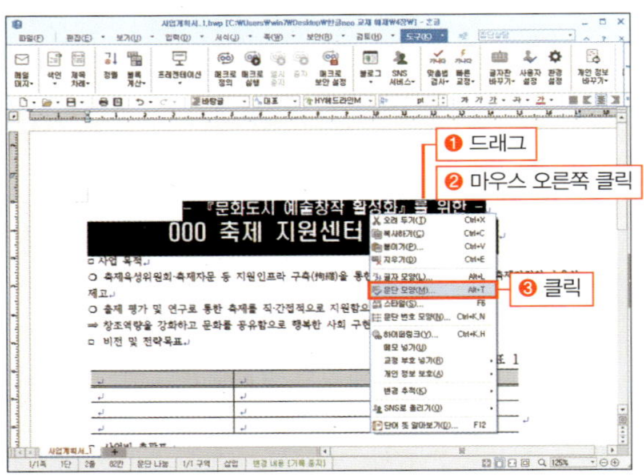

05_ 문단 테두리/배경을 설정하기 위해 블록 설정한 후 마우스 오른쪽 버튼을 클릭하고 [문단 모양]을 선택합니다.

TIP

[문단 모양] 단축키 : Alt + T

06 _ [문단 모양] 대화상자→[테두리/배경] 탭을 클릭하고 다음과 같이 설정한 뒤 [모두](□)를 클릭, [설정]을 클릭합니다.

- [테두리]-[종류]-[실선]
- [테두리]-[굵기] : 0.3mm
- [테두리]-[색] : 검정

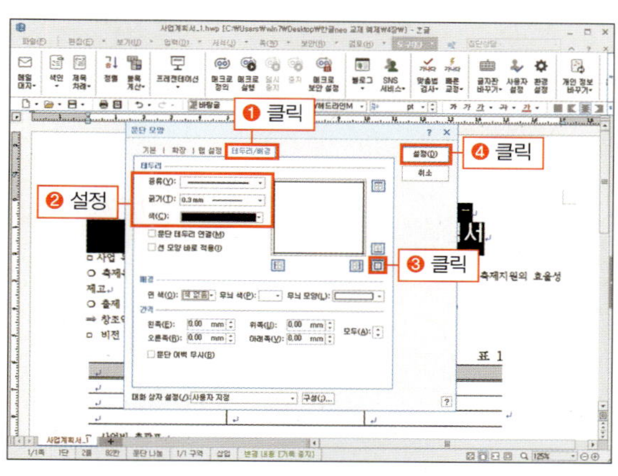

07 _ 문단 테두리가 설정되었습니다. 하지만 문단마다 테두리가 설정되었고, 또한 문단 위/아래 여백이 맞지 않습니다. 이를 해결하기 위해 제목을 다시 블록 설정한 후 [문단 모양] 단축키 Alt + T 를 누릅니다.

TIP

- [문단 구분] 단축키 : Enter
- [단어 구분] 단축키 : Space Bar
- [문단 유지 줄 바꾸기] 단축키 : Shift + Enter

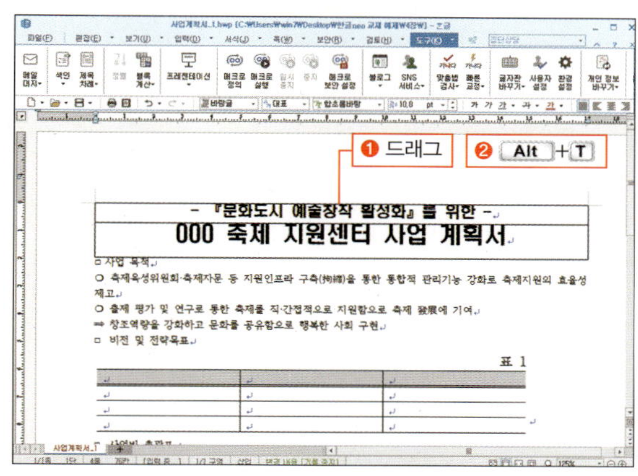

08 _ [문단 모양] 대화상자→[테두리/배경] 탭에서 다음과 같이 설정하고 [설정]을 클릭하여 제목 꾸미기를 마칩니다.

- [테두리]-[문단 테두리 연결]
- [배경]-[면 색] : 에메랄드 블루 80% 밝게
- [간격]-[위쪽], [아래쪽] : 2mm
- [간격]-[문단 여백 무시]

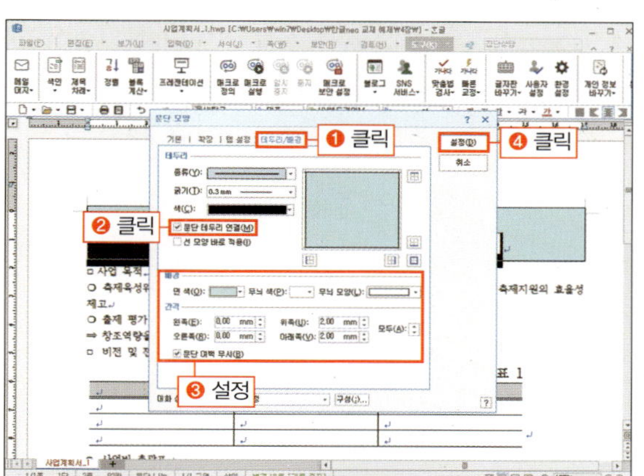

겹낫표 입력하기

01 문자표로 겹낫표를 입력하면 글꼴에 따라 자간이 벌어지는 경우가 있습니다. 이를 해결하기 위해 [도구] 탭–[글자판 바꾸기]–[글자판 바꾸기]를 클릭합니다.

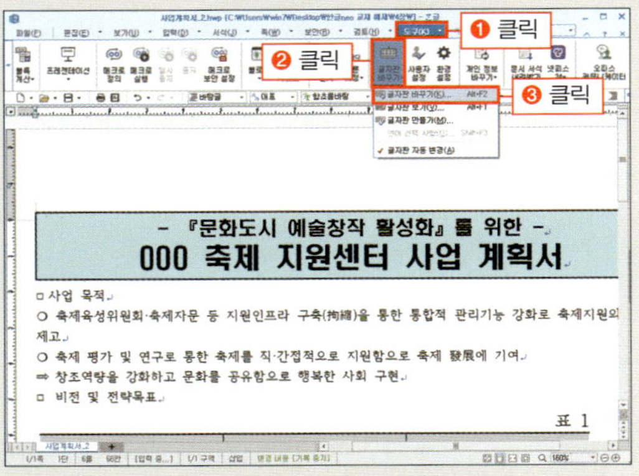

02 [입력기 환경 설정] 대화상자에서 [기타] 탭–[겹낫표 입력]을 선택한 후 [설정]을 클릭합니다.

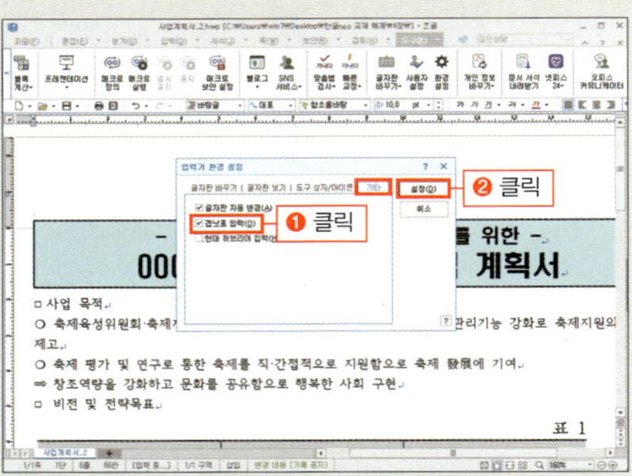

03 Shift + [를 누르면 '『', Shift +] 를 누르면 '』'가 입력됩니다. 오른쪽 그림처럼 기존에 입력되어 있는 특수 문자를 지우고 겹낫표를 입력하면 자간이 벌어지는 문제를 해결할 수 있습니다.

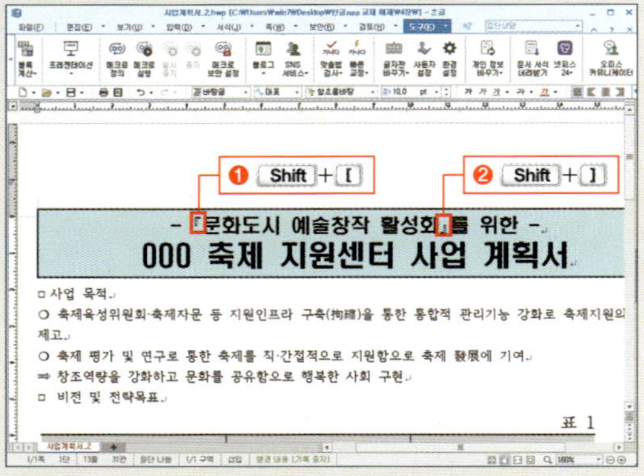

TIP

[[,]]를 누르면 '「 」'가, { { , } }를 누르면 '『 』'가 입력됩니다. 겹낫표는 한글 입력 상태에서만 입력되고 영어 입력 상태에서는 원래대로 '[ ]', '{ }'가 입력됩니다.

09_ '□사업 목적'을 블록 설정한 후 서식 도구 상자에서 [글꼴] 'HY견고딕', [글자 크기] '16pt'로 설정합니다.

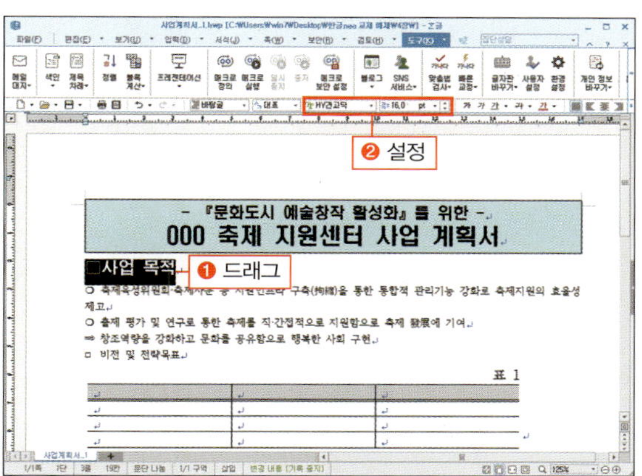

10_ '□사업 목적'이 블록 설정되어 있는 상태에서 마우스 오른쪽 버튼을 클릭하고 [문단 모양]을 선택합니다.

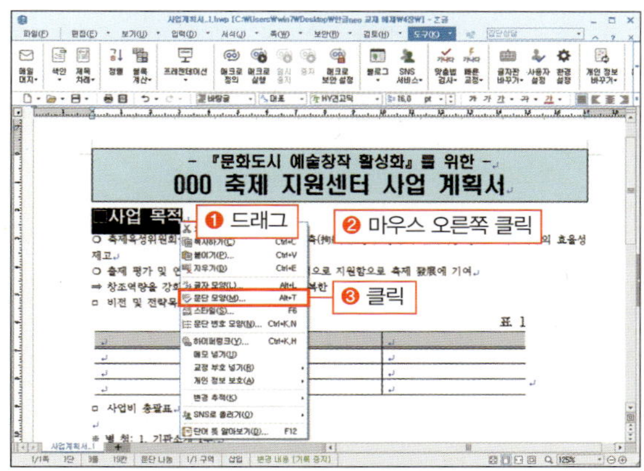

11_ [문단 모양] 대화상자의 [기본] 탭에서 [간격]−[문단 위] '15pt', [문단 아래] '5pt'로 입력한 후 [설정]을 클릭합니다.

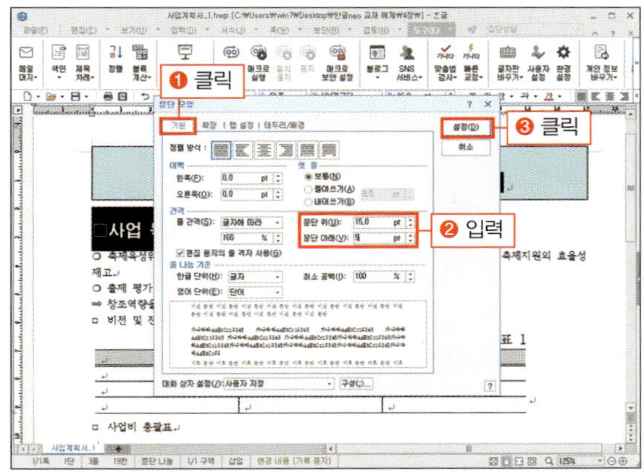

12_ '○ 축제육성위원회~구현'까지 블록 설정한 후 서식 도구 상자에서 [글꼴] '휴먼 명조', [글자 크기] '15pt'로 설정합니다.

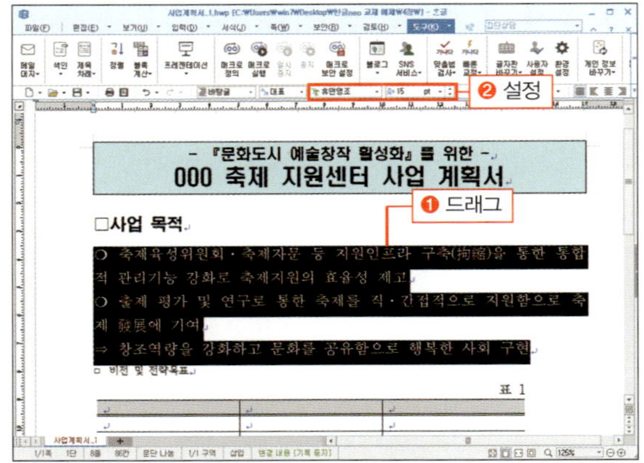

13_ 문단 위/아래 간격을 주기 위해 본문 '○ 축제육성위원회~기여'까지 블록 설정한 후 마우스 오른쪽 버튼을 클릭하고 [문단 모양]을 선택합니다.

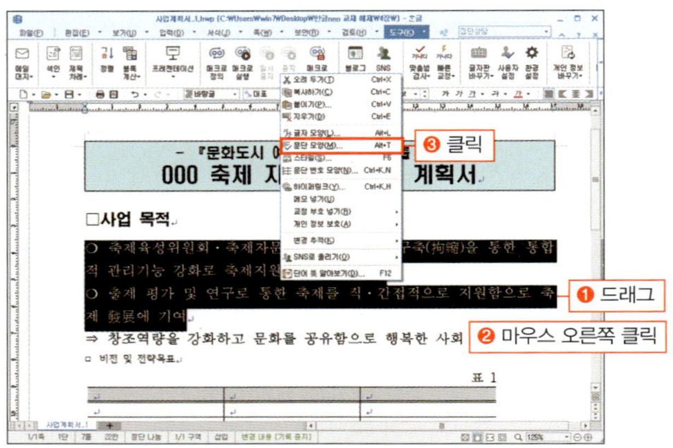

14_ [문단 모양] 대화상자의 [기본] 탭에서 다음과 같이 설정한 후 [설정]을 클릭합니다.

- [여백]–[왼쪽] : 20pt
- [간격]–[문단 위] : 7pt
- [간격]–[문단 아래] : 3pt

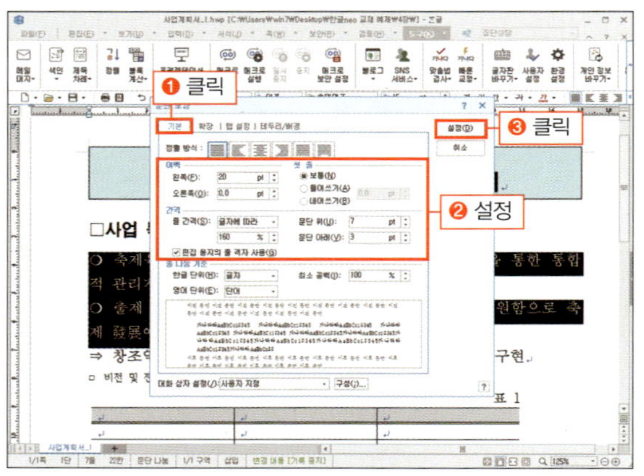

> **TIP**
>
> 문단 시작에 한 칸씩 띄울 때마다 문단 왼쪽 여백을 '10pt'씩 더해주면 됩니다. 즉, 한 칸 띄울 때는 문단 왼쪽 여백을 '10pt', 두 칸은 '20pt'씩 설정합니다.

15_ 커서를 '축제육성위원회' 앞에 두고 [Shift]+[Tab] 을 누릅니다. 그러면 커서를 기준으로 문단 첫 줄 내어 쓰 기가 됩니다. 다음 단락 '축제 평가' 앞에도 커서를 두고 [Shift]+[Tab] 을 누릅니다.

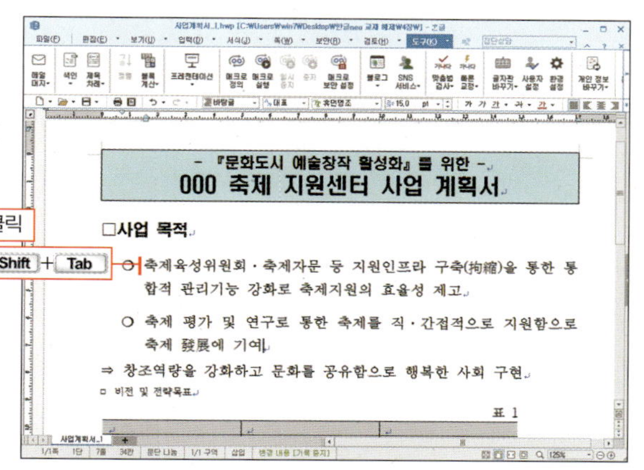

16_ 그림처럼 블록 설정한 후 [자간 줄이기] 단축키 [Alt]+[Shift]+[N] 을 여러 번 눌러 분리되어 있는 '통합 적'이라는 단어를 1줄에 표시되도록 합니다.

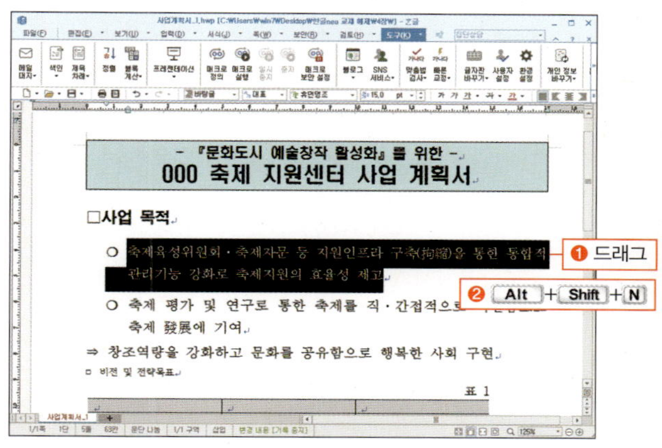

17_ '※ 별 첨~1부.'까지 블록 설정한 후 서식 도구 상자 에서 [글꼴] '중고딕', [글자 크기] '13pt'로 설정합니다.

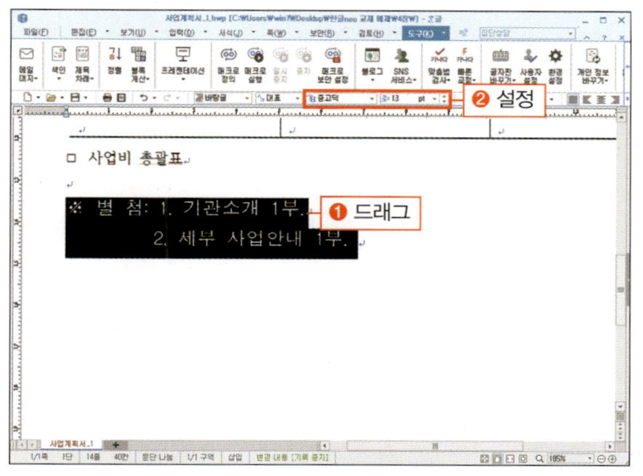

18_ 본문처럼 반 칸 정도 줄이 맞지 않을 경우 [고정 폭 빈칸] 단축키 Alt + Space Bar 를 누르면 쉽게 해결됩니다. 커서를 '2. 세부 사업안내' 앞에 두고 Alt + Space Bar 를 누릅니다.

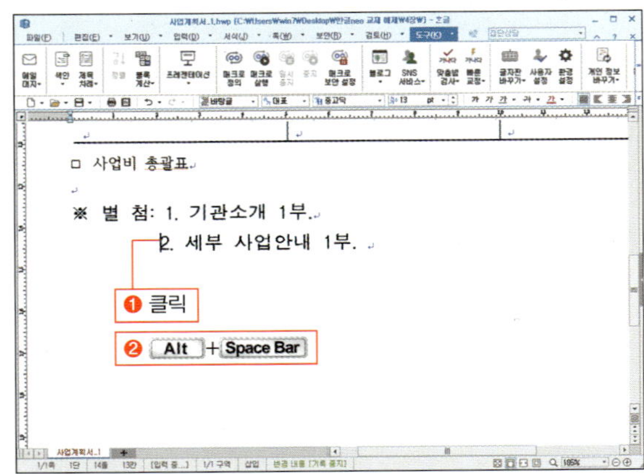

꼭!! 알고가기

'고정 폭 빈 칸' 기능은 말 그대로 빈 칸의 폭을 고정하는 것입니다. 보통 빈 칸은 한 문단이 자동 줄 바꿈될 때 [양쪽 맞춤]을 하기 위해서 폭이 조절됩니다. 이때 빈 칸 폭을 고정할 때 사용하는 것인데, 주로 예제처럼 반 칸 정도 줄이 맞지 않을 때 사용합니다.

모양 복사를 활용해 서식 반복 적용하기

:: **준비파일** Part03₩Chapter01₩Section02₩모양복사.hwp, 사업계획서_1.hwp

반복적으로 자주 사용하는 글자 모양, 문단 모양은 '모양 복사' 기능을 활용하면 빠르고 쉽게 문서를 편집할 수 있습니다.

01_ 준비파일 '모양복사.hwp'를 불러옵니다. 모양을 복사할 곳, 즉 '01.' 뒤에 커서를 두고 [모양 복사] 단축키 Alt + C 를 누릅니다. [모양 복사] 대화상자에서 [글자 모양과 문단 모양 둘 다 복사]를 선택하고 [복사]를 클릭합니다.

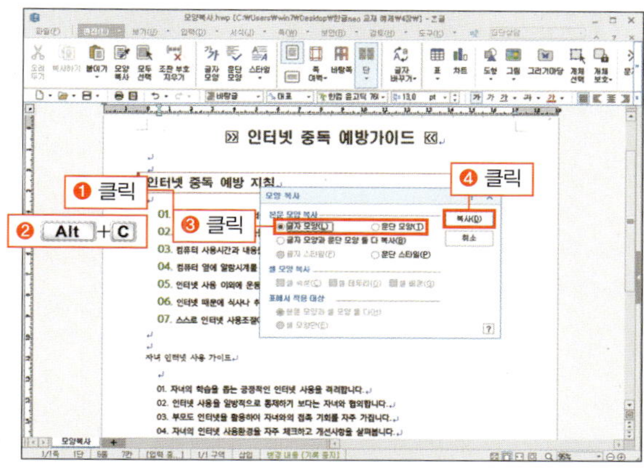

TIP

모양 복사하기

- 모양 복사하기 : 복사할 문자에 커서를 두고 Alt + C 를 누릅니다. 블록 설정은 하지 않습니다.
- 모양 복사 적용하기 : 적용할 문자를 블록 설정한 후 Alt + C 를 누릅니다.

02_ 그림처럼 '01~07'까지 Alt 를 먼저 누른 상태에서 드래그하여 구역 단위 블록을 설정합니다. 그리고 [모양 복사] 단축키 Alt + C 를 눌러 복사한 모양을 적용합니다.

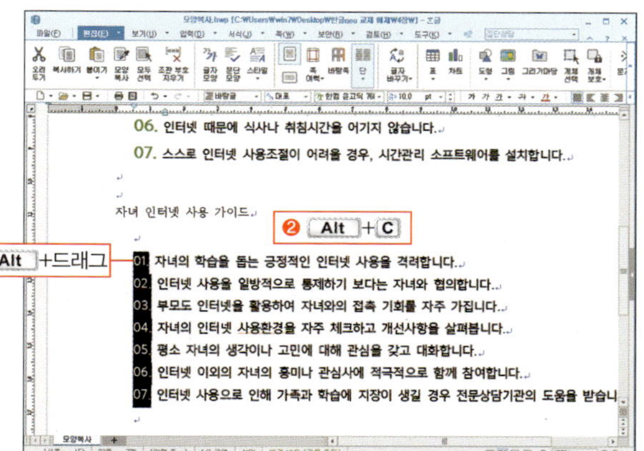

TIP

마우스 드래그는 줄 단위 블록을 설정합니다. 예제처럼 구역 단위 블록 설정은 먼저 Alt 를 누른 상태에서 드래그하면 됩니다.

03_ 모양 복사가 된 것을 확인할 수 있습니다.

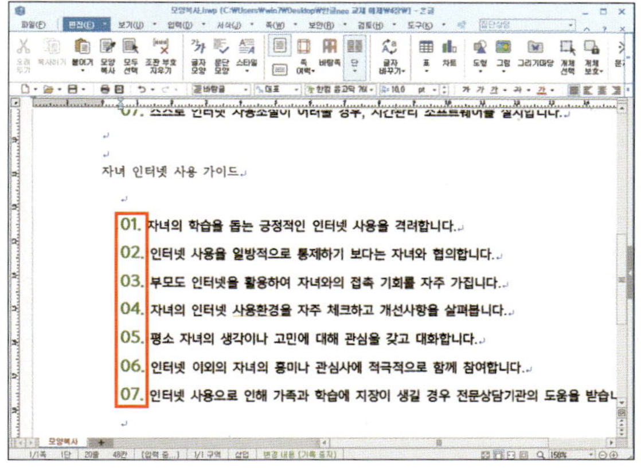

04_ '인터넷 중독 예방 지침'에 적용되어 있는 글자 모양, 문단 모양을 복사하기 위해 커서를 두고 [모양 복사] 단축키 **Alt** + **C** 를 누릅니다.

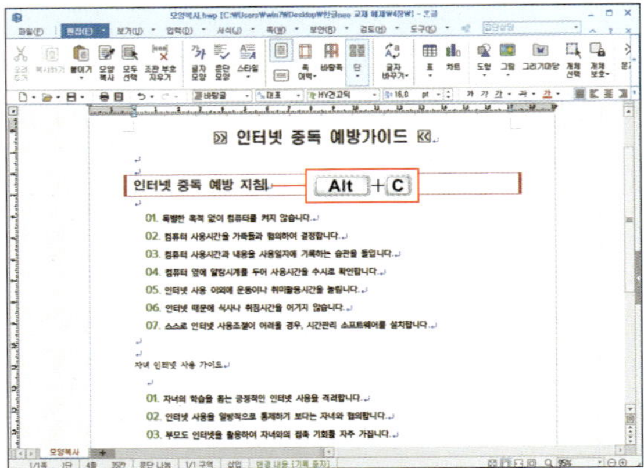

05_ [모양 복사] 대화상자에서 [글자 모양과 문단 모양 둘 다 복사]를 선택하고 [복사]를 클릭합니다.

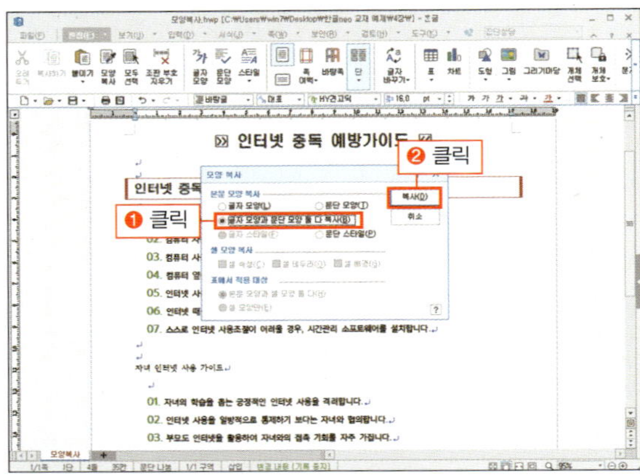

06_ 모양 복사를 적용할 '자녀 인터넷 사용 가이드'를 블록 설정한 후 [모양 복사] 단축키 **Alt** + **C** 를 눌러 문서 편집을 완성합니다.

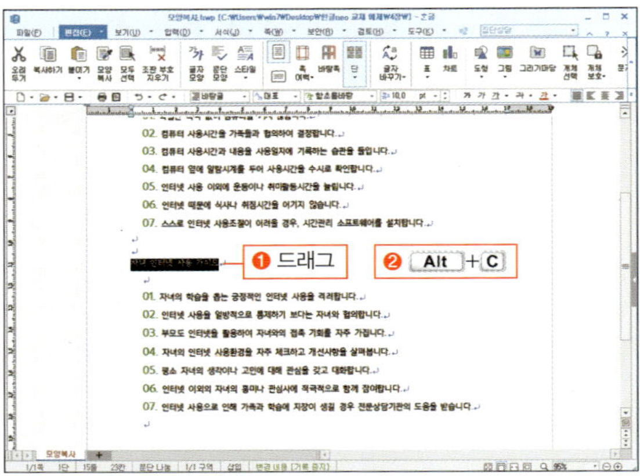

07_ 준비파일 '사업계획서_1.hwp'를 불러옵니다. '□ 사업 목적'에 커서를 두고 [모양 복사] 단축키 **Alt** + **C** 를 누릅니다.

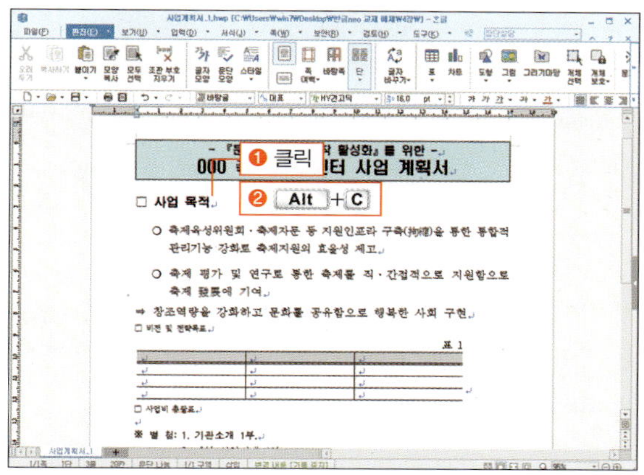

08_ [모양 복사] 대화상자에서 [글자 모양과 문 단 모양 둘 다 복사]를 선택하고 [복사]를 클릭합니다.

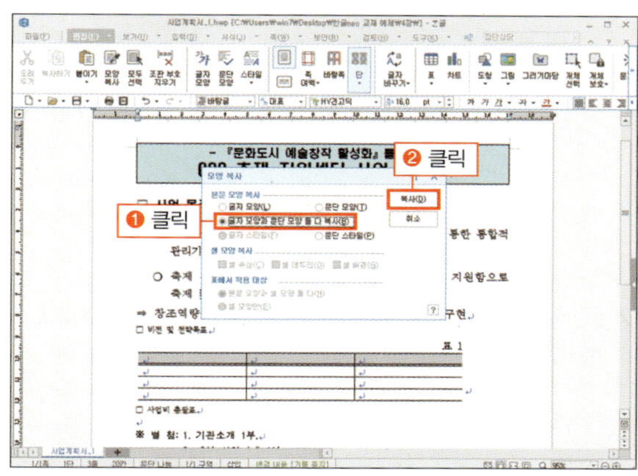

09_ 본문 '□ 비전 및 전략목표'를 블록 설정하고 **Alt** + **C** 를 누릅니다. 그리고 '□ 사업비 총괄표'도 블록 설정한 후 [모양 복사] 단축키 **Alt** + **C** 를 눌러 모양 복사를 적용합니다.

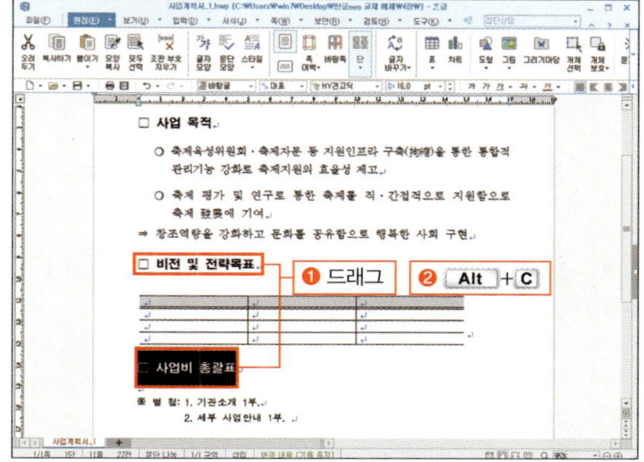

수식 작성기를 이용해 사업비 계산하기

:: **준비파일** Part03₩Chapter01₩Section02₩img.png | **완성파일** Part03₩Chapter01₩Section02₩사업계획서_완성.hwp

'사업비 총괄표' 작성을 통해 표 계산 기능 및 탭 설정, 글머리표 삽입 등을 살펴봅니다.

01_ 앞선 따라하기에 이어서 본문 '⇒ 창조역량~'으로 시작하는 단락을 표 안에 넣기 위해 블록 설정한 후 [표 만들기] 단축키 Ctrl + N → T 를 누릅니다. 혹은 [편집] 탭–[표]를 클릭합니다.

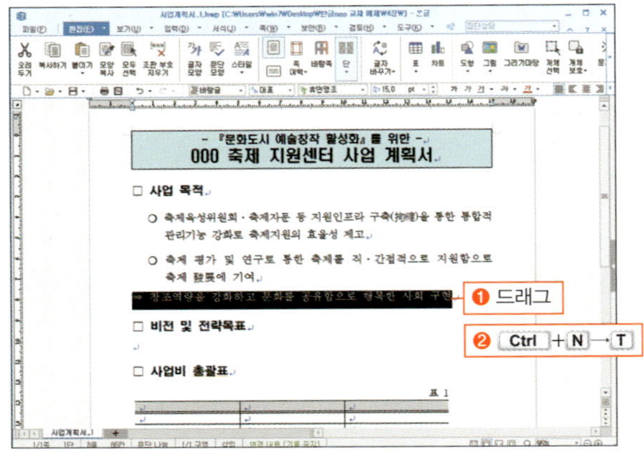

02_ 커서를 '⇒ 창조역량~' 표 안에 두고 [표] 탭–[셀 배경 색] 펼침 단추(▼)–[노른자 색 80% 밝게]를 클릭합니다.

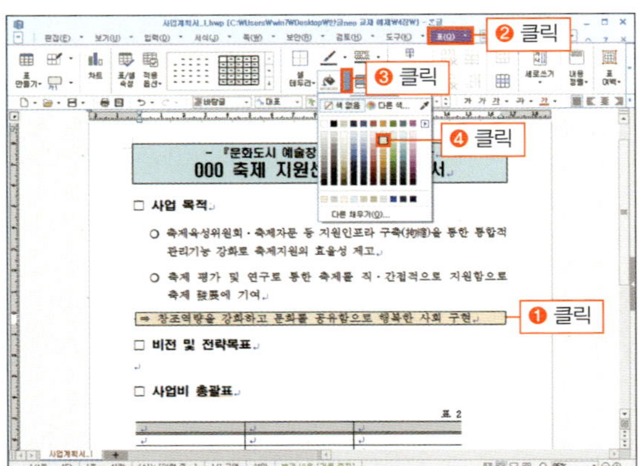

03_ 커서를 '⇒ 창조역량~' 표 안에 두고 [표] 탭–[배치]–[글자처럼 취급]을 클릭합니다.

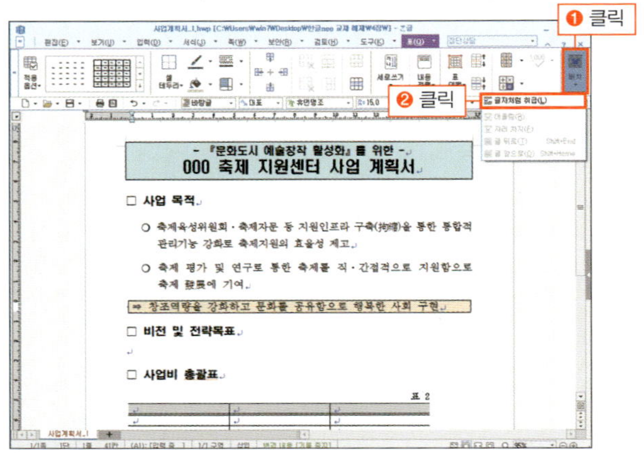

04_ **F5**를 눌러 블록 설정한 후 서식 도구 상자에서 [진하게]를 선택합니다. **Ctrl**+**↓**를 두세 번 정도 눌러 표의 높이를 적당히 키웁니다.

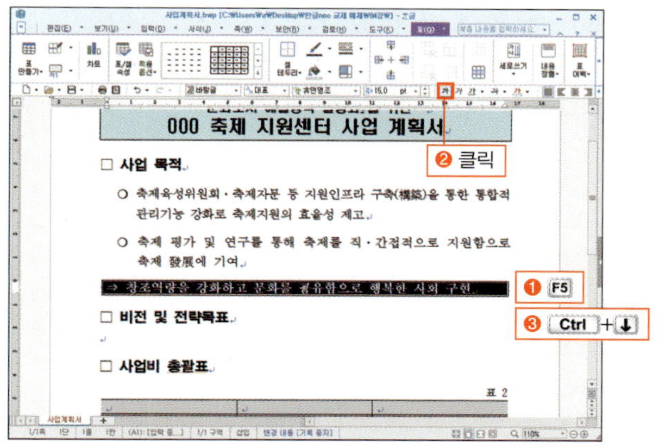

05_ 줄을 추가하기 위해 그림처럼 표 안에 커서를 두고 [표] 탭-[아래에 줄 추가하기](圃)를 클릭합니다.

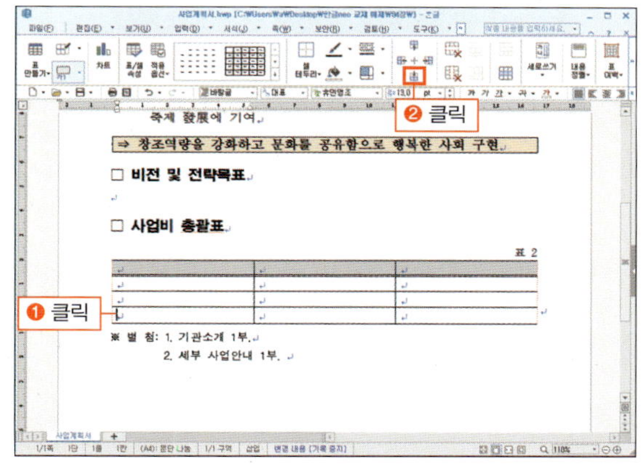

> **TIP**
>
> [아래에 줄 추가하기] 단축키 : **Ctrl**+**Enter**

06_ 그림처럼 표 안에 내용을 입력합니다.

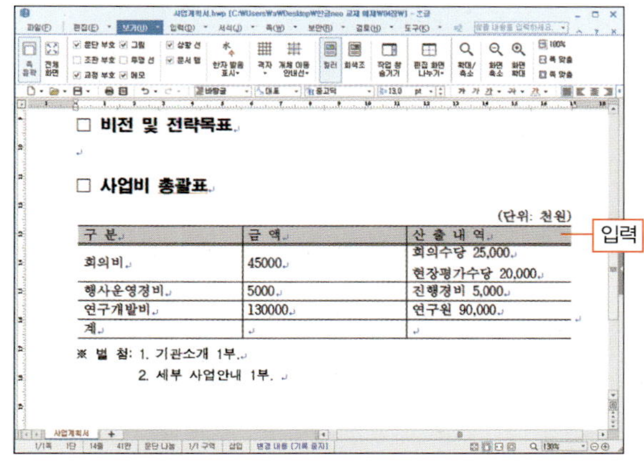

구 분.	금 액.	산 출 내 역.
회의비.	45000.	회의수당 25,000.
		현장평가수당 20,000.
행사운영경비.	5000.	진행경비 5,000.
연구개발비.	130000.	연구원 90,000.
계.		

> **TIP**
>
> **셀 이동 단축키**
> - [표 안 다음 셀 이동] 단축키 : **Tab**
> - [표 안 이전 셀 이동] 단축키 : **Shift**+**Tab**

07_ F5 를 세 번 누르거나 마우스 드래그로 표 전체를 블록 설정하고 서식 도구 상자에서 [가운데 정렬]을 선택합니다.

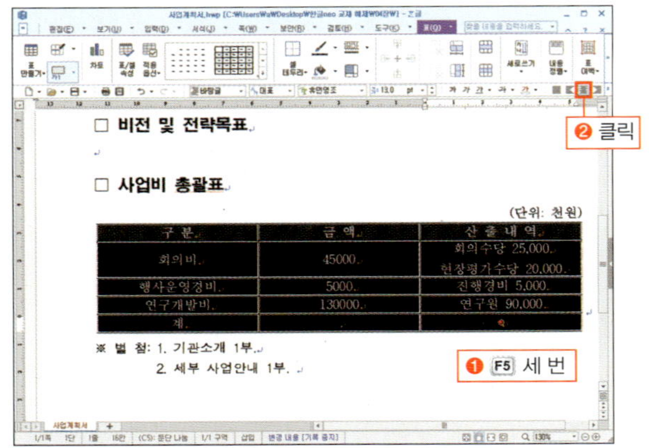

08_ '회의비~연구개발비'를 블록 설정하고 마우스 오른쪽 버튼을 클릭한 후 [문단 모양]을 선택합니다.

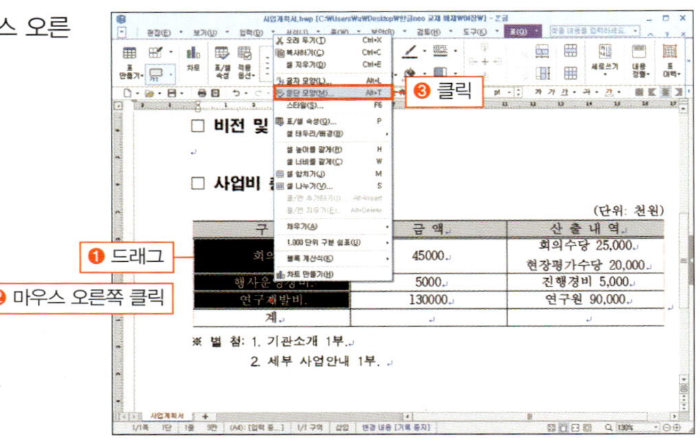

09_ [문단 모양] 대화상자에서 [기본] 탭-[정렬 방식]-[배분 정렬](▤)을 선택하고 [여백]-[왼쪽], [오른쪽]을 각각 '10pt'로 입력한 후 [설정]을 클릭합니다.

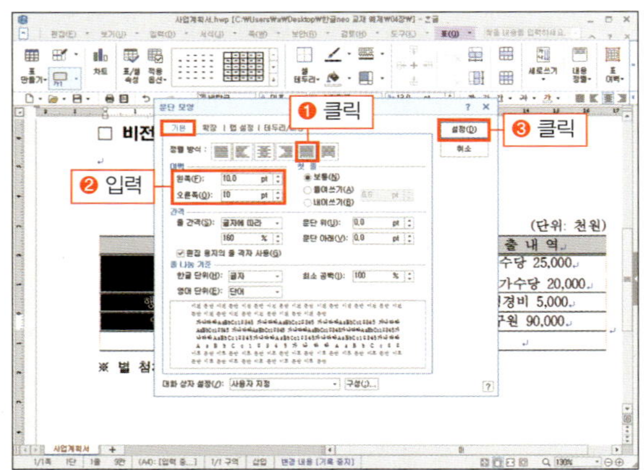

10_ 그림처럼 1열과 2열 사이 경계선에 마우스 포인터를 두고 크기 조절하는 모양으로 변경되면 왼쪽으로 드래그하여 1열의 너비를 조절합니다.

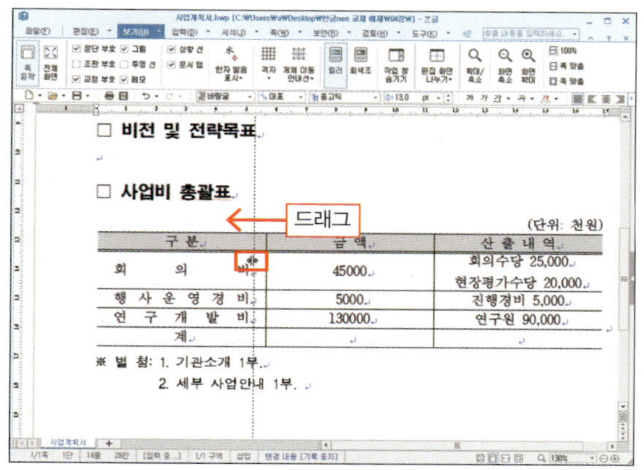

11_ 그림처럼 두 번째 열을 블록 설정한 후 마우스 오른쪽 버튼을 클릭하고 [문단 모양]을 선택합니다. [문단 모양] 대화상자에서 다음과 같이 설정하고 [설정]을 클릭합니다.

- [정렬 방식]–[오른쪽 정렬]
- [여백]–[오른쪽] : 10pt

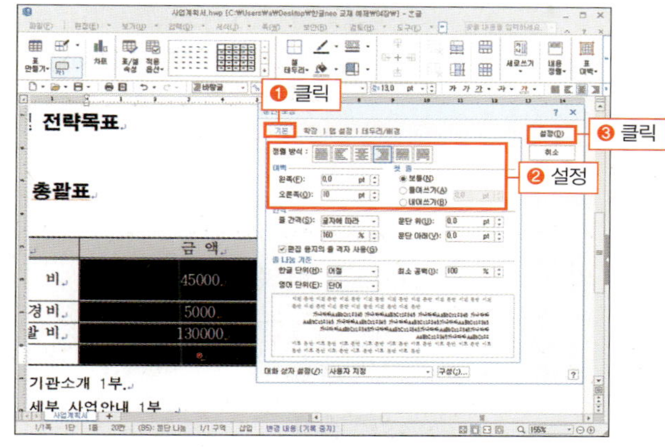

12_ 단위 구분 쉼표를 넣기 위해 2열을 블록 설정한 후 마우스 오른쪽 버튼을 클릭하고 [1,000 단위 구분 쉼표]–[자릿점 넣기]를 선택합니다.

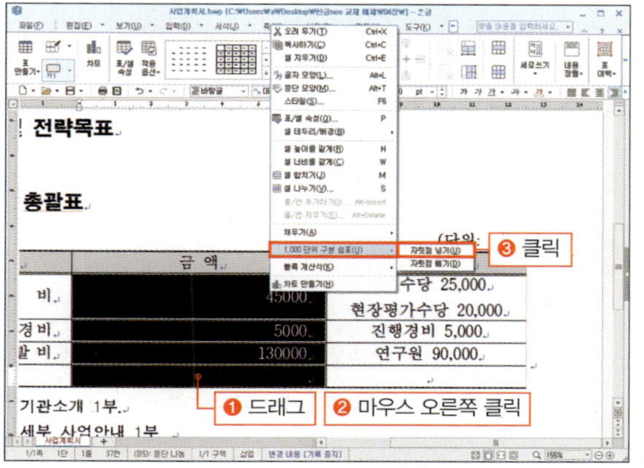

13_ 2열과 3열 사이 경계선에 마우스 포인터를 맞추고 크기 조절하는 모양으로 변경되면 왼쪽으로 드래그하여 2열의 너비를 적절히 조절합니다.

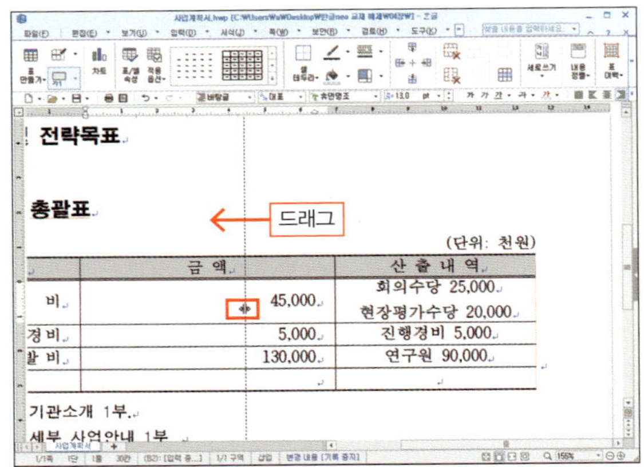

14_ 커서를 '금액' 합계를 구할 자리에 두고 마우스 오른쪽 버튼을 클릭하고 [쉬운 계산식]-[세로 합계]를 선택합니다.

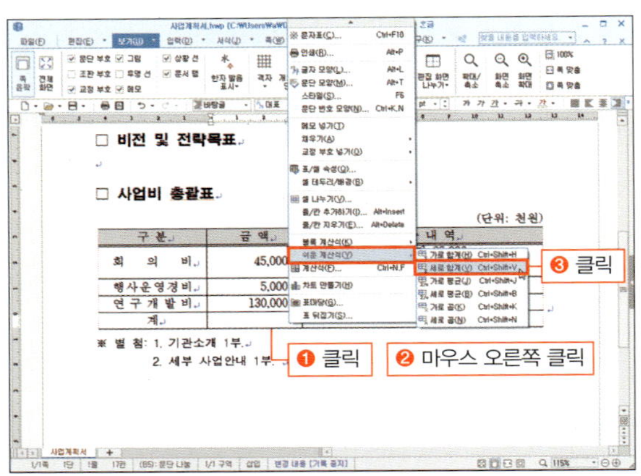

15_ 그림처럼 '산출내역' 부분을 블록 설정한 후 마우스 오른쪽 버튼을 클릭하고 [문단 모양]을 선택합니다.

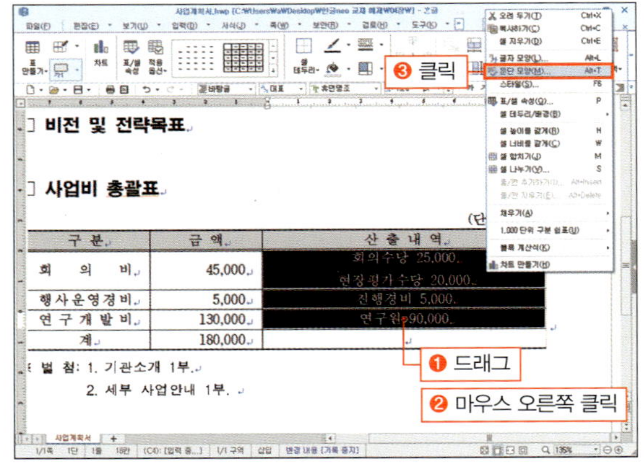

16_ [문단 모양] 대화상자에서 [기본] 탭–[정렬 방식]–[양쪽 정렬], [여백]–[왼쪽], [오른쪽]을 각각 '10pt'로 설정합니다.

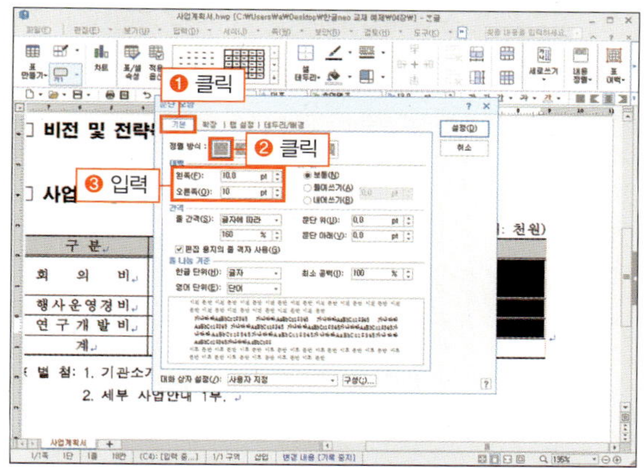

17_ [문단 모양] 대화상자의 [탭 설정] 탭–[자동 탭]–[문단 오른쪽 끝 자동 탭]을 선택하고 [설정]을 클릭합니다.

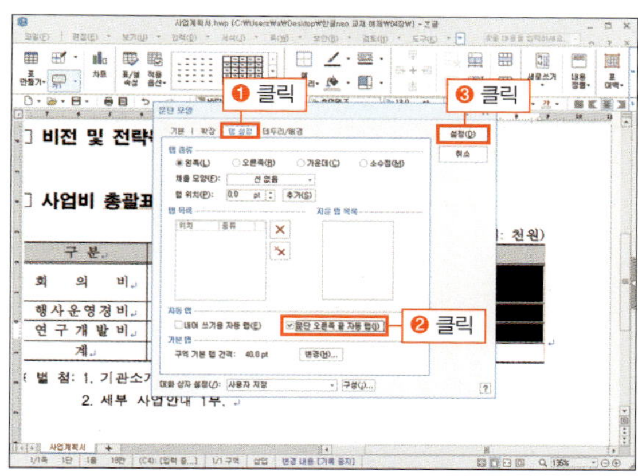

18_ 표의 '회의 수당' 뒤에 커서를 두고 Ctrl + Tab 을 누릅니다.

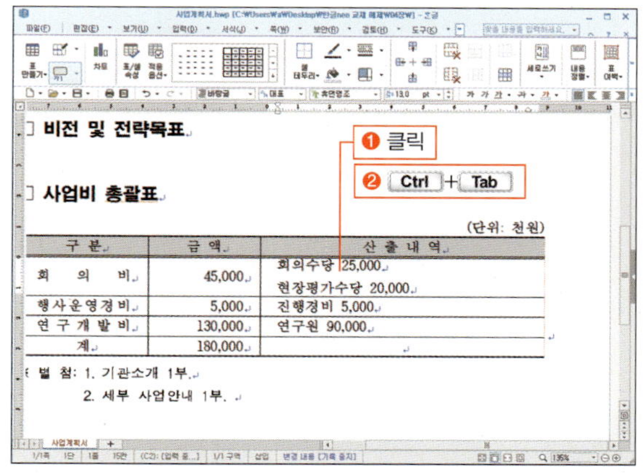

19_ 그림처럼 '산출내역'의 '현장평가수당', '진행경비', '연구원' 뒤에 각각 커서를 두고 **Ctrl** + **Tab** 을 누릅니다.

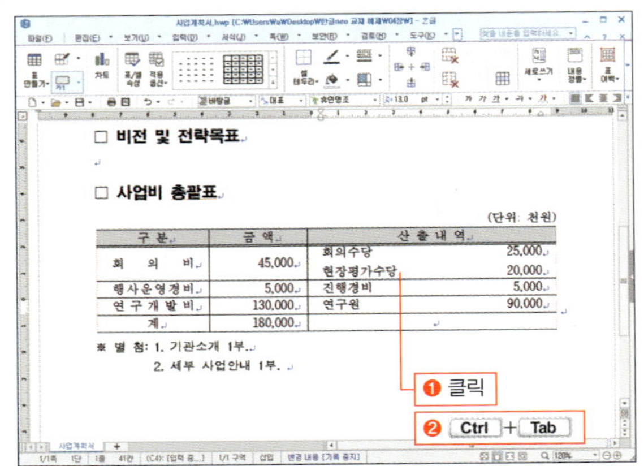

20_ 표 1행을 마우스 드래그로 블록 설정하고, 떨어져 있는 5행을 블록 설정하기 위해 **Ctrl** 을 누른 상태에서 마우스 드래그합니다. 서식 도구 상자에서 [진하게]를 선택합니다.

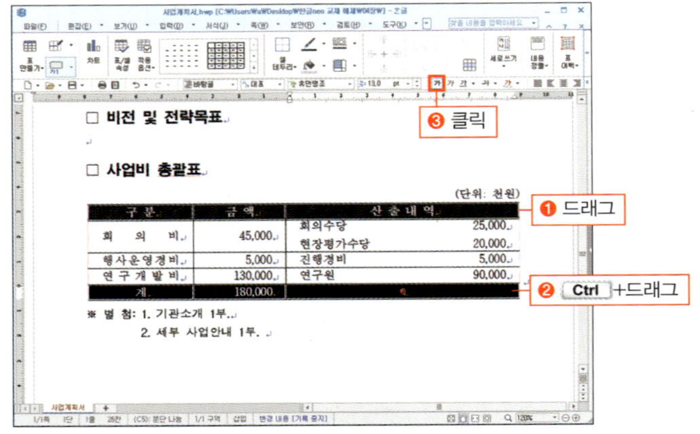

21_ 그림처럼 3열을 블록 설정한 후 [서식] 탭-[글머리표] 펼침 단추(▼)를 클릭해 적용하려는 글머리표를 클릭합니다.

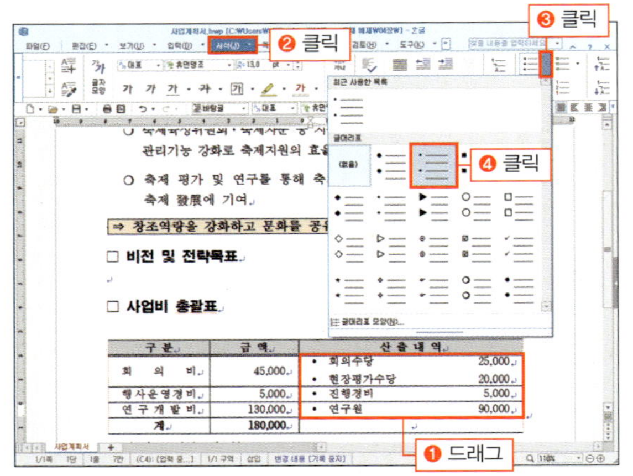

문단 유지 줄 바꿈

[문단 번호/글머리표]는 여러 개 항목을 나열할 때 문단 머리에 번호나 블릿 모양의 글머리표를 붙이는 것입니다. 때문에 [문단 번호/글머리표]가 적용된 문서에서 Enter를 누르면 새로운 문단이 시작되므로 자동으로 [문단 번호/글머리표]가 붙여집니다. 이때 문단은 그대로 유지하고 줄만 바꾸고 싶다면 Shift + Enter를 누르면 됩니다.

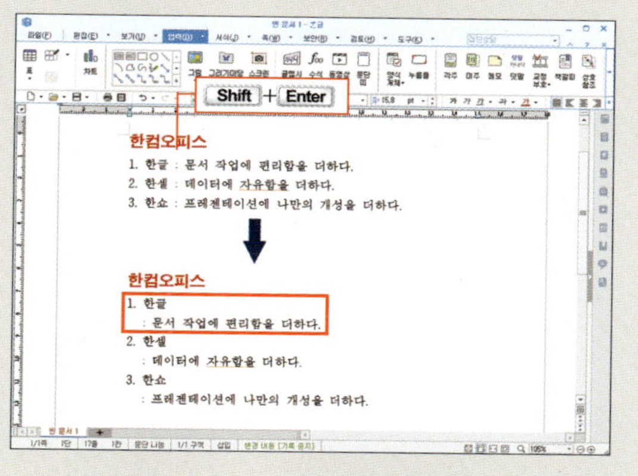

22_ '□ 비전 및 전력목표' 아래에 커서를 두고 [입력] 탭-[그림]을 클릭합니다. [그림 넣기] 대화상자에서 'Img.png'를 클릭한 후 [문서에 포함]과 [글자처럼 취급]을 선택합니다. [넣기]를 클릭합니다.

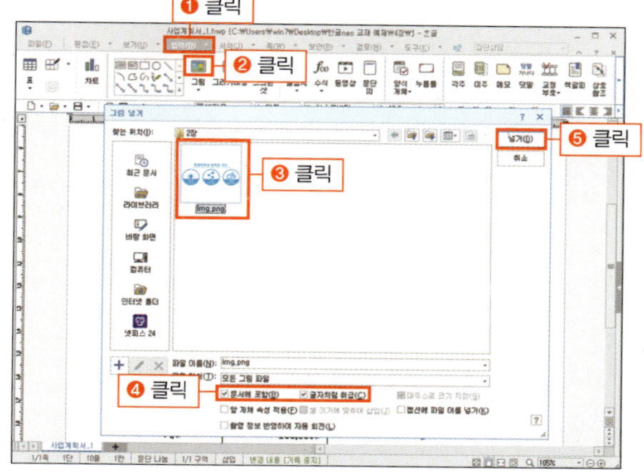

23_ 입력한 그림 뒤에 커서를 두고 서식 도구 상자에서 [가운데 정렬]을 선택합니다.

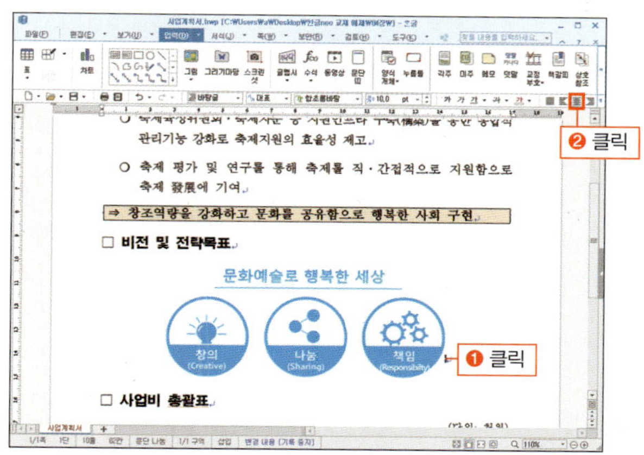

24_ [쪽] 탭-[쪽 테두리/배경]을 클릭합니다. [쪽 테두리/배경] 대화상자에서 다음과 같이 설정하고 [모두] 단추(回)를 클릭하고 [설정]을 클릭합니다.

- [테두리]-[종류]-[실선]
- [테두리]-[굵기] : 0.1mm
- [테두리]-[색] : 검정

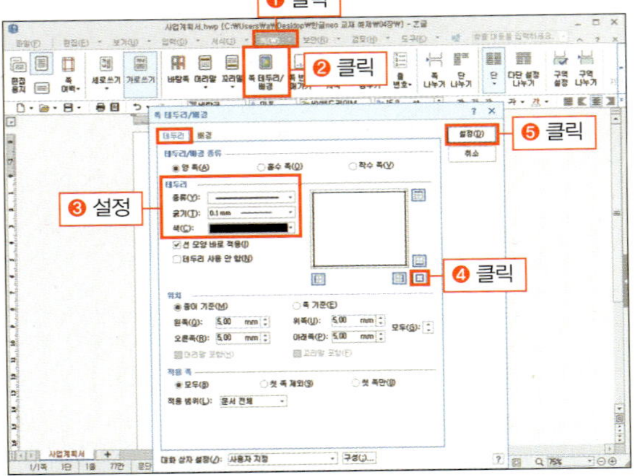

다국어 번역기 사용하기

:: **준비파일** Part03₩Chapter01₩Section02₩번역1.hwp, 번역2.hwp | **완성파일** Part03₩Chapter01₩Section02₩번역1_완성.hwp, 번역2_완성.hwp

'번역' 기능으로 문서의 내용을 원하는 언어로 번역할 수 있습니다. 또한 다른 나라 언어로 작성된 문서를 한국어로 쉽게 번역할 수 있습니다.

01_ 준비파일 '번역1.hwp'를 불러옵니다. 내용의 일부 혹은 문단 전체 번역은 작업 창의 [번역]을 이용합니다. 그림처럼 '인터넷 중독'을 블록 설정한 후 작업 창의 [번역]을 클릭합니다. [번역 언어 선택]에서 다음과 같이 설정 후 [번역]을 클릭하면 번역된 문장이 나타납니다.

- 번역 전 : 한국어(대한민국)
- 번역 후 : 영어(미국)

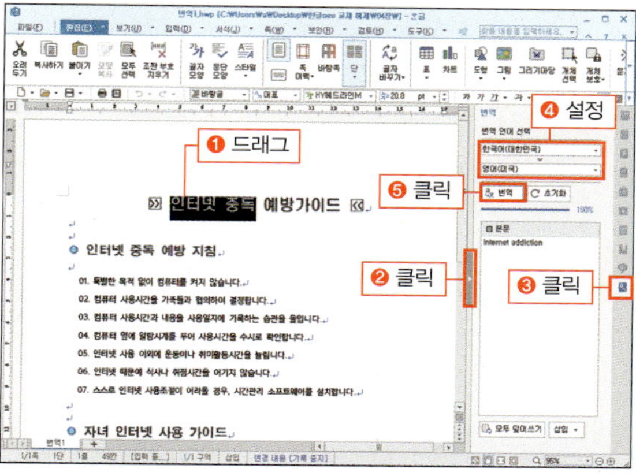

02_ 문단 전체를 번역하고자 할 때는 블록 설정하지 않고 커서만 문단 내에 두면 됩니다. 커서를 '인터넷 중독 예방가이드'라는 문단 내에 두고 작업 창–[번역 언어 선택]에서 다음과 같이 설정한 후 [번역]을 클릭합니다.

- 번역 전 : 한국어(대한민국)
- 번역 후 : 영어(미국)

TIP

'번역' 기능을 사용하려면 인터넷에 연결되어 있어야 합니다.

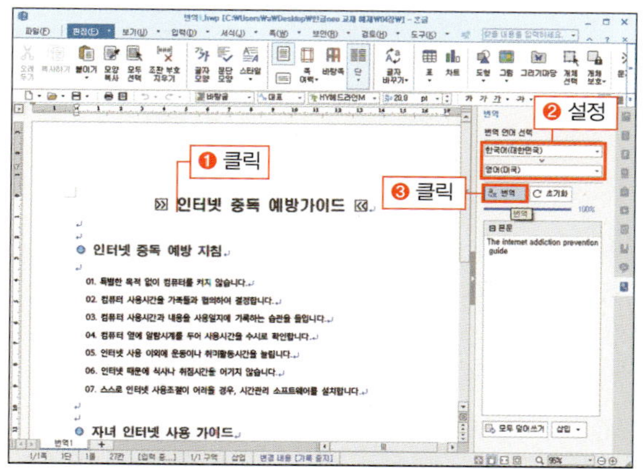

03_ [번역] 작업 창에서 [삽입]–[문단 위에 삽입]을 클릭합니다.

TIP

번역한 문장은 '덮어쓰기', '문단 위에 삽입', '문단 아래 삽입' 형태로 삽입할 수 있습니다.

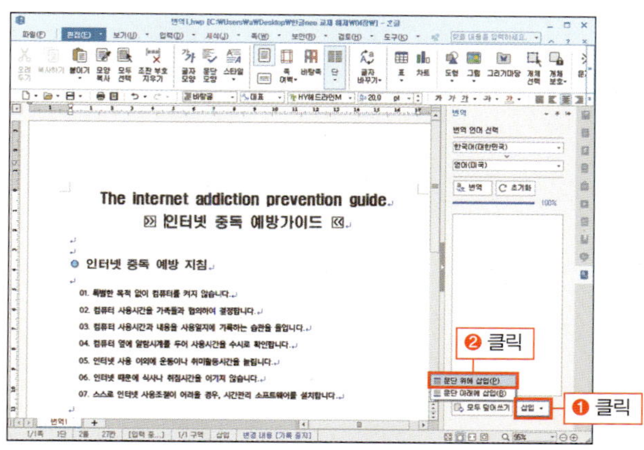

04_ 번역된 문장이 문단 위에 삽입된 것을 확인할 수 있습니다.

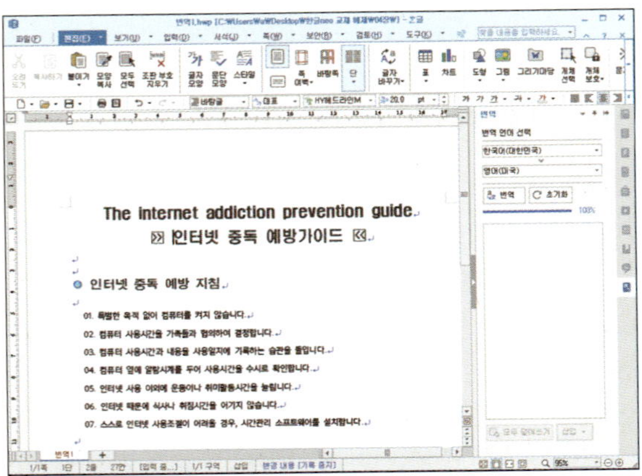

05_ 준비파일 '번역2.hwp'를 불러옵니다. 영어로 작성된 문서 전체를 한국어로 번역하고자 합니다. [검토] 탭-[번역]-[번역 언어 선택]을 클릭합니다. [번역] 작업 창에서 [번역 언어 선택]에서 다음과 같이 설정합니다.

- 번역 전 : 영어(미국)
- 번역 후 : 한국어(대한민국)

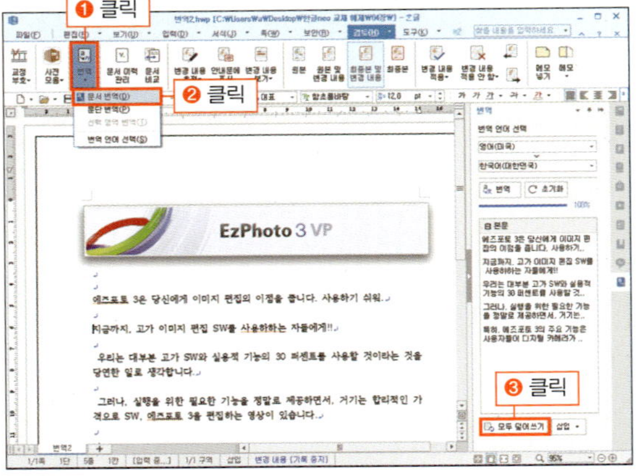

06_ [검토] 탭-[번역]-[문서 번역]을 클릭합니다. [번역] 작업 창에 한국어로 번역된 본문을 확인할 수 있습니다. [모두 덮어쓰기]를 클릭하면 한국어로 번역된 문장이 모두 덮어쓰기 형태로 삽입된 것을 확인할 수 있습니다.

한글 NEO 문제 해결_02

Q1 한글 입력 중에 갑자기 일본어가 입력되고 있어요.
키보드의 오른쪽 `Shift` + `Space Bar` 를 누르면 일
본어 자판으로 변경됩니다. [도구] 탭–[글자판 바꾸
기]–[글자판 바꾸기]를 클릭합니다. [입력기 환경 설
정] 대화상자에서 [일본어]로 설정되어 있는 [제 3 글
자판]을 [한국어], [두벌식 표준]으로 설정하면 실수
로 오른쪽 `Shift` + `Space Bar` 를 눌러도 일본어 자
판으로 변경되지 않습니다.

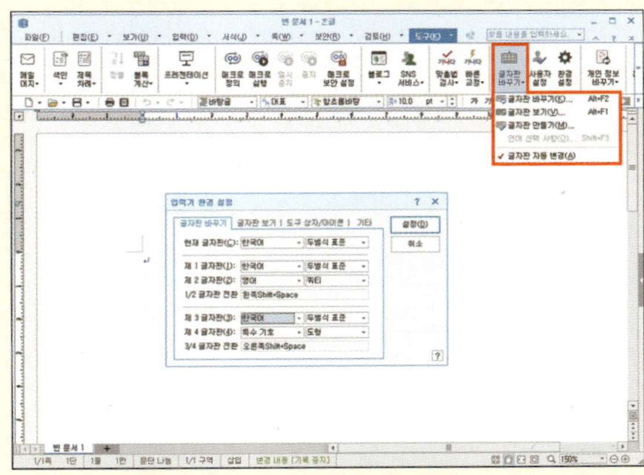

Q2 서식은 제외하고 글자만 복사하는 방법은 없나요?
다른 문서의 내용을 복사하면 글자뿐만 아니라 글자
모양, 문단 모양 등 서식까지 모두 붙여집니다. 때문
에 현재 문서 서식에 맞게 다시 수정한다는 건 좀 번
거로운 일일 수 있습니다. 이때 서식은 제외하고 글
자만 선택해서 붙일 수 있습니다. 원하는 내용을 복
사한 다음 한글에서 [편집] 탭–[붙이기]–[골라 붙이
기]를 클릭합니다. [골라 붙이기] 대화상자에서 [텍스
트 문서]를 선택하고 [확인]을 클릭합니다.

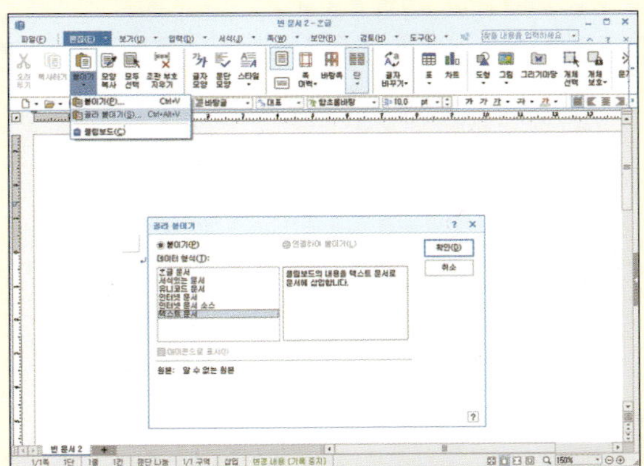

1 준비파일을 불러온 뒤 '안드로메다자리~목동자리'까지의 글자를 다음과 같이 편집하고 '가넷~에메랄드 (emerald, 비취옥)–5월'까지 모양 복사해 봅니다.

◎ 준비파일 : Part03₩Chapter01₩Check₩(체크)회의참석자 명단.docx

◎ 완성파일 : Part03₩Chapter01₩Check₩(체크)회의참석자 명단_완성.docx

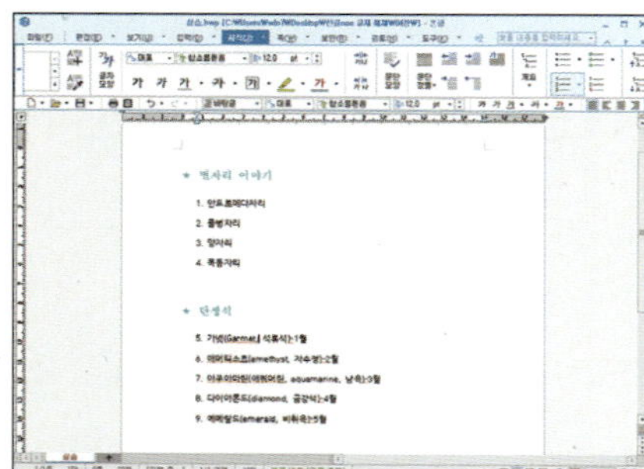

- [문단 번호] : 1, 2, 3, ...
- [글꼴] : 함초롬돋움
- [글자 크기] : 12pt
- [여백]–[왼쪽] : 20pt
- [간격]–[문단 위] : 7pt
- [간격]–[문단 아래] : 3pt

힌트

❶ 문단 번호는 [서식] 탭–[문단 번호], [글자 모양]은 서식 도구 상자에서 찾아 적용합니다.

❷ [문단 모양] 단축키는 Alt + T, [모양 복사] 단축키는 Alt + C입니다.

---

2 '5. 가넷(Garmet, 석류석)–1월'의 문단 번호를 '1'번부터 시작되도록 수정해 봅니다.

◎ 준비파일 : Part03₩Chapter01₩Check₩(체크)시작번호수정.hwp

◎ 완성파일 : Part03₩Chapter01₩Check₩(체크)시작번호수정_완성 .hwp

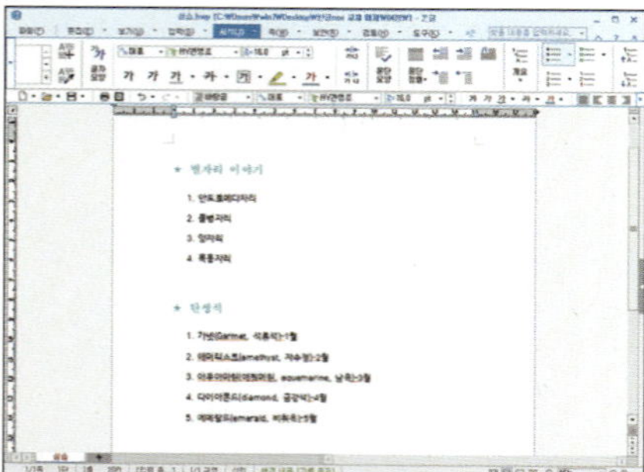

힌트

❶ [서식] 탭–[문단 번호 새 번호로 시작]을 클릭해 수정합니다.

표와 이미지로
문서 꾸미기

한글 NEO의 표 기능을 이용하면 문서의 데이터들을 일목요연하게 정리하여 쉽게 확인할 수 있습니다. 이번 챕터에서는 표 기능을 이용하여 회사의 조직도를 만들어 보고, 문서에서 개인 정보를 보호하는 방법도 소개합니다. 그리고 문서에 삽입하는 이미지들을 어떻게 편집하고 활용하는지도 알아보겠습니다.

Section 1. 표 기능을 이용해 조직도 만들기

Section 2. 이미지 기능을 이용해 문서 작성하기

표 기능을 이용해 조직도 만들기

표를 활용한 조직도 작성을 통해 전반적인 한글 표 작성 및 편집 기능에 대해 알아보겠습니다. 또한, 한셀 표와 차트를 한글로 가져와 활용하는 방법과 문서 내 개인 정보 보호 기능에 대해 살펴보겠습니다.

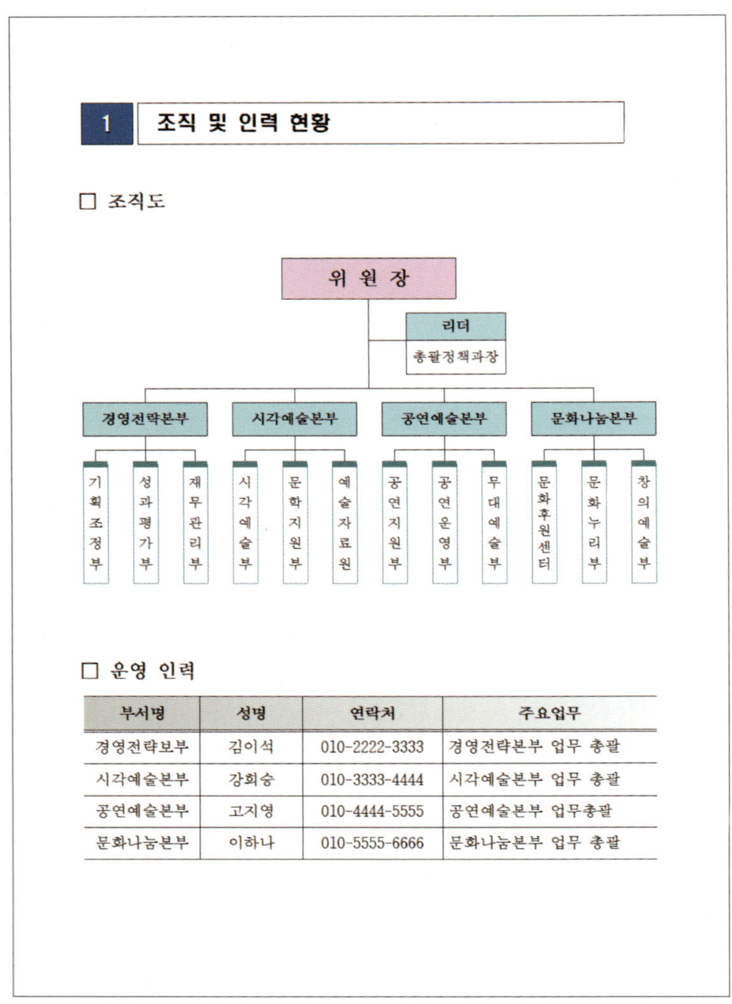

부서명	성명	연락처	주요업무
경영전략보부	김이석	010-2222-3333	경영전략본부 업무 총괄
시각예술본부	강회승	010-3333-4444	시각예술본부 업무 총괄
공연예술본부	고지영	010-4444-5555	공연예술본부 업무총괄
문화나눔본부	이하나	010-5555-6666	문화나눔본부 업무 총괄

⭐ **이번 섹션에서 배울 주요 내용**

- [표] 탭의 기능 살펴보기
- 표 작성하고 편집하기
- 표의 가로/세로 뒤집기 기능 활용하기
- 표 계산식 사용하기
- 한셀의 표와 차트 활용하기
- 표 제목 반복 표시하기
- 개인 정보 보호 설정하기
- **스페셜** 한글 NEO 문제 해결_03

[표] 탭의 기능 살펴보기

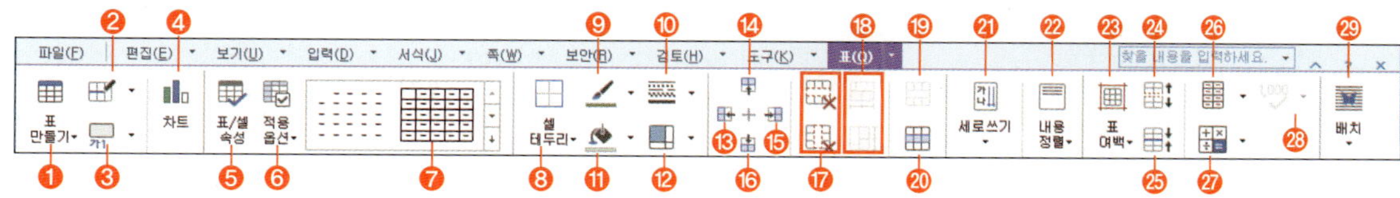

❶ **표 만들기** : [표 만들기] 대화상자를 나타냅니다. 또는 마우스 드래그로 표를 만듭니다.

❷ **표 그리기** : [표 그리기]는 마우스를 연필처럼 이용해 새로운 표를 만듭니다. [표 지우개]는 표의 일부 셀 선을 지웁니다.

❸ **캡션** : 표의 위, 왼쪽 위, 왼쪽 가운데, 왼쪽 아래, 오른쪽 위 등 여러 방향 중 원하는 곳에 캡션을 넣습니다.

❹ **차트** : 차트를 삽입합니다.

❺ **표/셀 속성** : [표/셀 속성] 대화상자에서 본문에 삽입한 표의 크기와 위치, 여백, 배경, 테두리 등을 설정할 수 있습니다.

❻ **적용 옵션** : 선택한 표의 테두리, 글자/문단 모양, 셀 배경, 회색조와 같은 서식을 현재 표에 그대로 적용할지를 각각 선택합니다. 선택하지 않은 항목은 현재 표의 모양을 그대로 유지합니다.

❼ **표 스타일** : 다양한 채우기 속성과 선 속성, 효과가 조합된 표 스타일 이미지 꾸러미를 제공합니다.

❽ **셀 테두리** : 셀 테두리 모음에서 원하는 테두리 모양을 선택하면 셀 블록으로 설정된 부분에 테두리가 적용됩니다.

❾ **셀 테두리 색** : 셀의 테두리 색상을 선택합니다.

❿ **셀 테두리 모양/굵기** : 셀의 테두리 모양 또는 굵기를 선택합니다. 셀 테두리는 11가지의 선 종류 중에서 선택할 수 있습니다. 선 굵기는 두께 목록 중에서 선택만 할 수 있고, 값을 직접 입력하여 두께를 정할 수는 없습니다.

⓫ **셀 배경 색** : 셀의 배경 색을 선택합니다.

⓬ **셀 음영** : 셀 블록으로 설정된 셀의 밝기 비율을 증가/감소시켜 줍니다.

⓭ **왼쪽에 칸 추가하기** : 선택한 셀 왼쪽에 칸을 추가합니다.

⓮ **위에 줄 추가하기** : 선택한 셀 위쪽에 줄을 추가합니다.

⓯ **오른쪽에 칸 추가하기** : 선택한 셀 오른쪽에 칸을 추가합니다.

⓰ **아래에 줄 추가하기** : 선택한 셀 아래쪽에 줄을 추가합니다.

⓱ **줄/칸 지우기** : 선택한 현재 셀의 줄/칸을 지웁니다. 커서가 놓여 있는 줄/칸 전체를 지웁니다.

⓲ **셀 너비/높이를 같게** : 셀 블록으로 설정된 셀의 너비/높이를 모두 같게 만듭니다.

⓳ **셀 합치기** : 셀 블록으로 설정된 모든 셀을 하나의 셀로 합칩니다.

⓴ **셀 나누기** : 현재 셀이나 셀 블록으로 설정된 셀들에 대하여 나눌 줄 수와 칸 수를 설정하여 셀을 나눕니다.

㉑ **세로 쓰기** : 설정한 셀 영역의 내용을 세로쓰기 형태로 바꿔줍니다.

㉒ **내용 정렬** : 셀에 입력된 내용의 정렬 방식을 설정합니다.

㉓ **표 여백** : 자주 사용하는 바깥 여백, 셀 안 여백 이미지 꾸러미가 펼쳐집니다.

㉔ **표 나누기** : 현재 커서를 기준으로 하나의 표를 2개 이상으로 나눌 수 있습니다.

㉕ **표 붙이기** : 2개 이상의 표를 하나의 표로 합치고자 할 때 앞쪽에 있는 표 안에 커서를 두고 실행합니다.

㉖ **채우기** : 표의 일부 셀에서 규칙을 찾아 사용자가 설정한 셀 전체를 규칙에 따라 자동으로 채웁니다.

㉗ **계산식** : [블록 계산식], [쉬운 계산식], [계산식]을 통해 사칙연산, 함수 등으로 계산식을 사용할 수 있습니다.

㉘ **1,000단위 구분 쉼표** : 표 안 숫자에 1,000단위마다 자릿점(,)을 넣거나 뺄 수 있습니다.

㉙ **배치** : 표와 본문의 배치(글자처럼 취급, 어울림, 자리 차지, 글 뒤로, 글 앞으로)를 설정합니다.

표 작성하고 편집하기

:: **준비파일** Part03₩Chapter02₩Section01₩조직도.hwp

표를 이용한 조직도 만들기를 통해 표를 만들고 편집하는 전반적인 기능에 대해 살펴보고 작업속도를 높이는 단축키에 대해 알아봅니다.

01_ 준비파일을 불러옵니다. 본문 '□ 조직도' 아래 커서를 두고 [편집] 탭–[표]를 클릭합니다.

> **표 만드는 다양한 방법**
> - 단축키 사용 : `Ctrl`+`N`→`T`를 눌러 표를 만듭니다.
> - [편집] 탭–[표]를 클릭하여 원하는 줄 수, 칸 수만큼 마우스로 드래그해 표를 만듭니다.

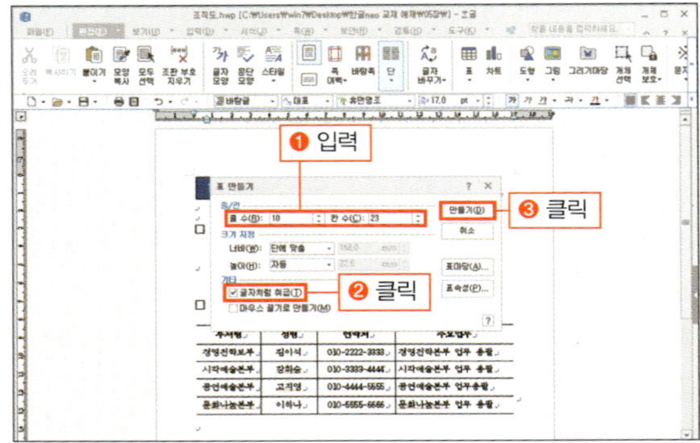

02_ [표 만들기] 대화상자에서 다음과 같이 설정한 후 [만들기]를 클릭합니다.

- [줄 수] : 10
- [칸 수] : 23
- [글자처럼 취급] : 선택

> 표를 [글자처럼 취급]으로 선택하면 글을 입력하거나 지우는 대로 표의 위치가 같이 변경됩니다.

03_ 그림처럼 표의 마지막 행을 드래그하여 블록 설정합니다. 연속된 셀은 드래그, 떨어져 있는 셀은 `Ctrl`+클릭 또는 `Ctrl`+드래그로 블록을 설정할 수 있습니다.

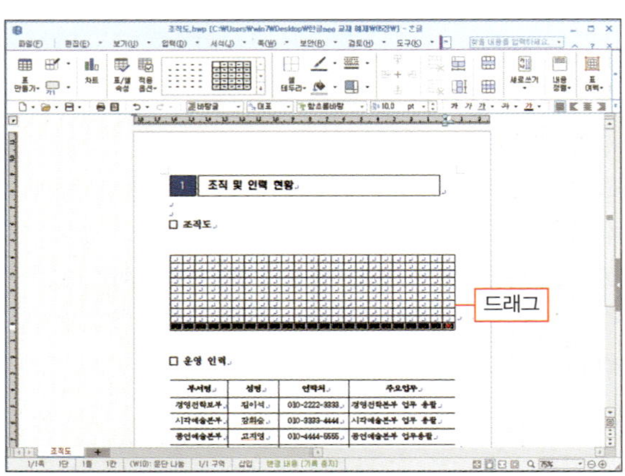

04_ 블록 설정 상태에서 `Ctrl`+`↓`를 여러 번 눌러 행 높이를 조절합니다.

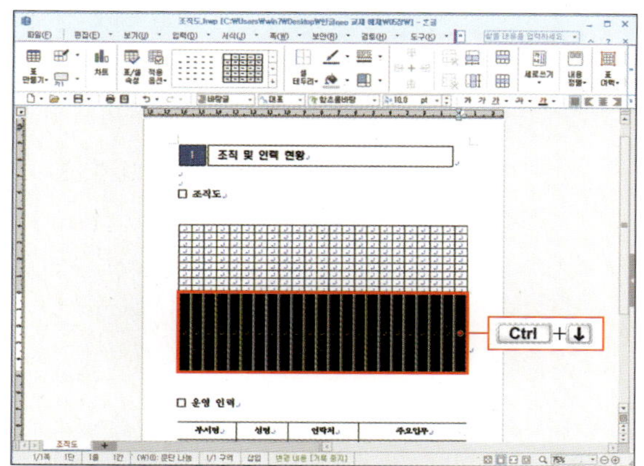

셀 블록 설정 단축키

- `F5` **한 번** : 하나의 셀 블록 설정
- `F5` **두 번** : 여러 셀을 블록으로 설정
- `F5` **세 번** : 표 전체 블록 설정
- `F5` → `F7` : 칸 전체 블록 설정
- `F5` → `F8` : 열 전체 블록 설정
- `F5` **두 번** + `Page Down` : 현재 셀에서 아래 칸 모두 블록 설정
- `F5` **두 번** + `End` : 현재 셀에서 오른쪽 마지막 셀까지 모두 블록 설정

표 크기 조절 단축키

- `Ctrl`+방향키 : 줄, 칸의 크기가 바뀌는 만큼 표 전체 크기도 변경
- `Alt`+방향키 : 줄, 칸의 크기가 조절되는 만큼 이웃 줄, 칸이 조절
- `Shift`+방향키 : 블록 설정된 셀만 크기 조절

셀 높이와 너비 동일하게 설정하기

셀의 높이나 너비의 크기를 같게 설정할 수 있습니다. 동일한 크기로 설정하고 싶은 셀을 블록 설정한 후 마우스 오른쪽 버튼을 클릭하고 [셀 높이를 같게]를 선택합니다.

- [셀 높이 같게] 단축키 : `H`
- [셀 너비 같게] 단축키 : `W`

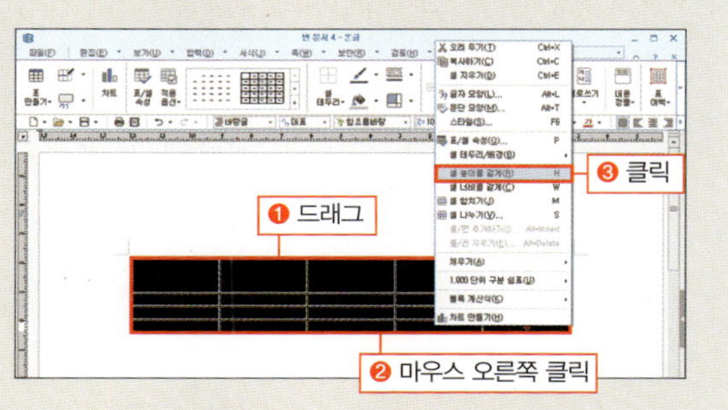

05_ 표 안에서 **F5**를 세 번 눌러 표 전체를 블록 설정한 후 서식 도구 상자에서 [글꼴] '휴먼명조', [글자 크기] '12pt'로 설정합니다.

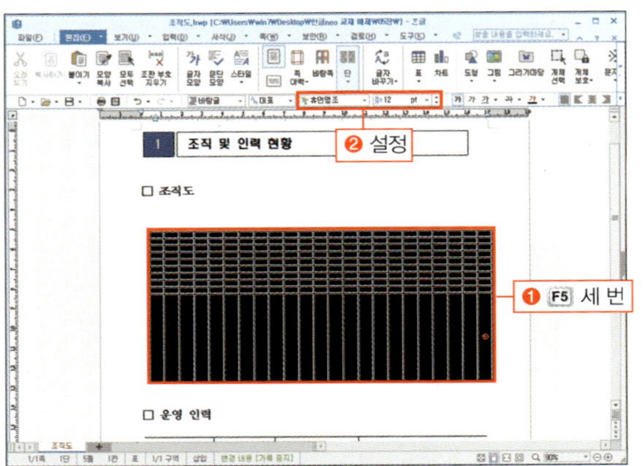

06_ [표] 탭–[일반 – 투명] 테마를 클릭하고 [표 여백]–[표 모든 셀의 안 여백]–[없음]을 클릭합니다.

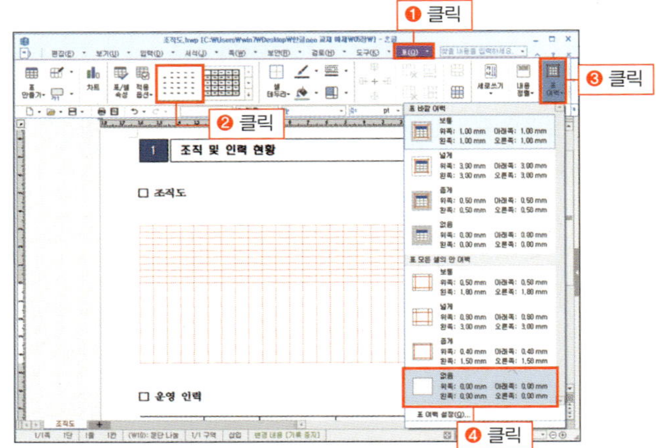

07_ 마지막 줄 첫 번째 칸을 클릭한 후 **F5**를 눌러 블록 설정합니다. [표] 탭–[세로 쓰기]를 클릭한 후 마우스 오른쪽 버튼을 클릭하고 [문단 모양]을 선택합니다.

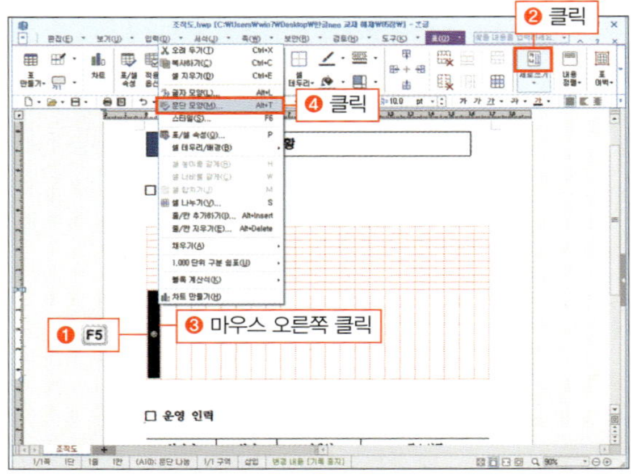

TIP

[문단 모양] 단축키 : **Alt** + **T**

08_ [문단 모양] 대화상자의 [기본] 탭에서 다음과 같이
설정한 후 [설정]을 클릭합니다.

- [정렬 방식]-[배분 정렬]
- [여백]-[왼쪽], [오른쪽] : 각 10pt

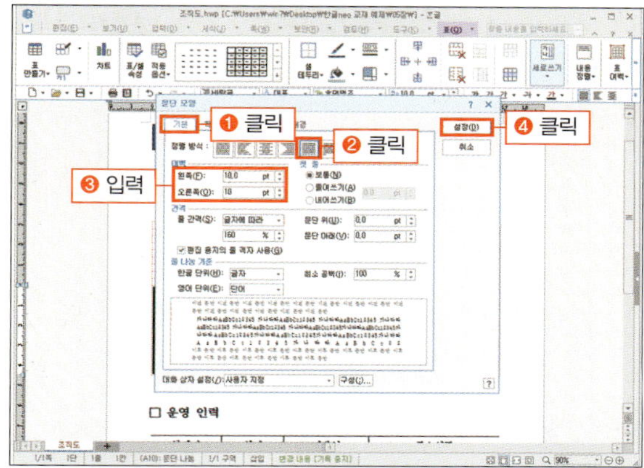

09_ 마지막 줄 첫 번째 칸에 '기획조정부'라고 입력하고
F5를 눌러 블록 설정합니다. 마우스 오른쪽 버튼을 클릭
하고 [셀 테두리/배경]-[각 셀마다 적용]을 선택합니다.

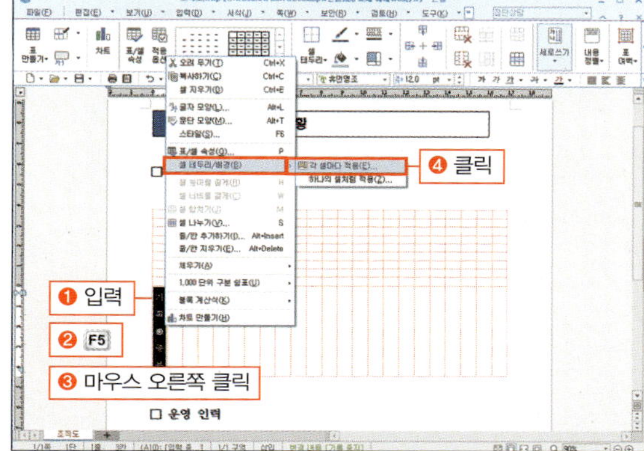

셀 테두리/배경 단축키
- [셀 테두리 변경] 단축키 : **L**
- [셀 배경 변경] 단축키 : **C**

10_ [셀 테두리/배경] 대화상자의 [테두리] 탭에서 다음
과 같이 설정합니다.

- [선 모양 바로 적용] : 선택 해제
- [테두리]-[종류]-[실선]
- [테두리]-[색]-[에메랄드 블루]
- [바깥쪽] : 선택

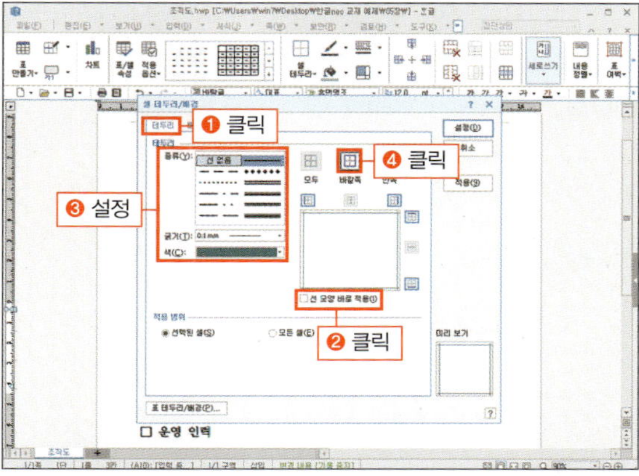

[선 모양 바로 적용]을 선택 해제하면 서로 다른 종류의 선을 한 번에 적용할 수 있습니다.

11_ [굵기] '2mm'로 설정하고 [위](囲)를 두 번 클릭, [설정]을 클릭합니다.

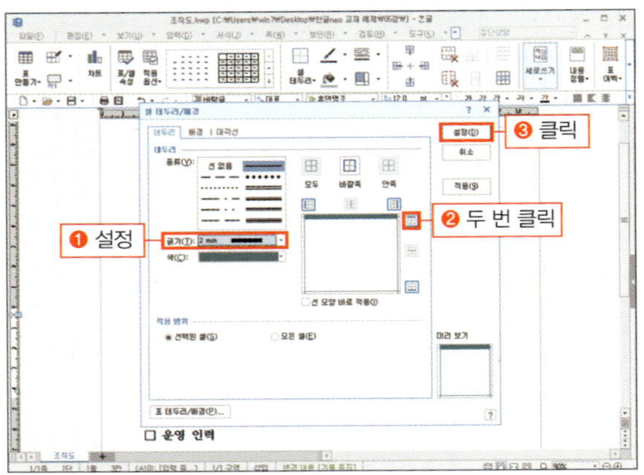

12_ '기획조정부' 내에 커서를 두고 [모양 복사] 단축키 **Alt** + **C** 를 누릅니다. [모양 복사] 대화상자에서 다음과 같이 설정한 후 [복사]를 클릭합니다.

- [본문 모양 복사]-[글자 모양과 문단 모양 둘 다 복사] : 선택
- [셀 모양 복사]-[셀 속성], [셀 테두리], [셀 배경] : 선택

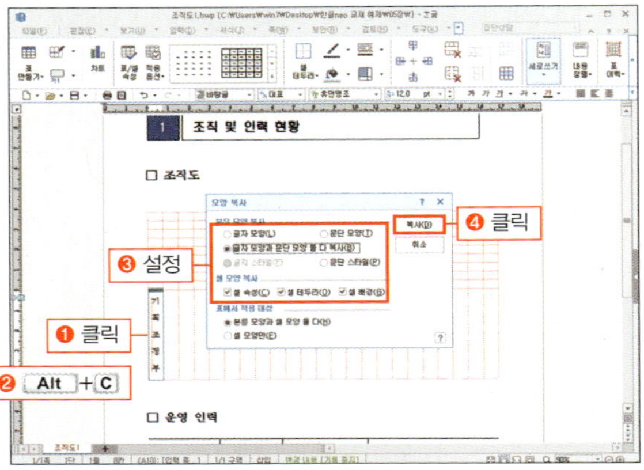

13_ 그림처럼 모양 복사를 적용할 셀을 **Ctrl** +클릭하여 블록 설정한 후 [모양 복사] 단축키 **Alt** + **C** 를 누릅니다.

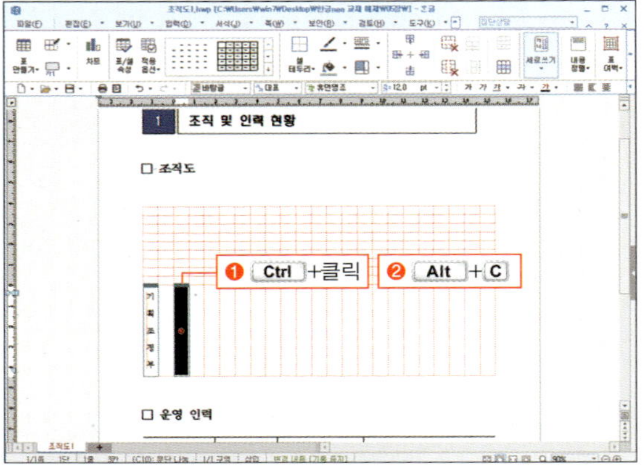

14_ 동일한 방법으로 [모양 복사] 단축키 Alt + C 를 눌러 모양 복사를 모두 적용합니다. 모양 복사가 적용된 셀에 다음과 같이 각 부서명을 입력합니다.

- 성과평가부, 재무관리부, 시각예술부, 문학지원부, 예술자료원, 공연지원부, 공연운영부, 무대예술부, 문화후원센터, 문화누리부, 창의예술부

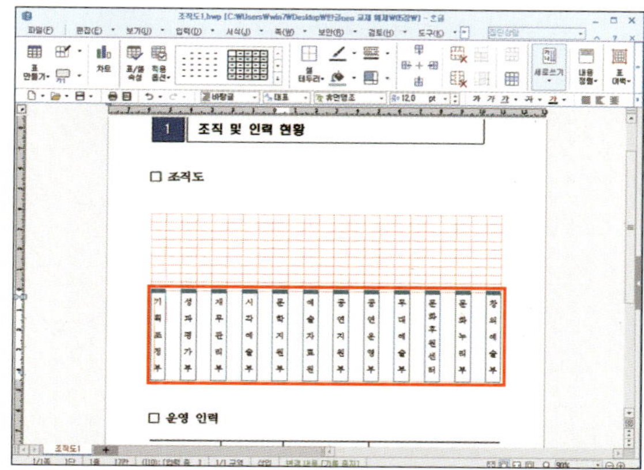

15_ 입력한 부서명 위 2개의 줄을 블록 설정한 후 [셀 나누기] 단축키 S 를 누릅니다. [셀 나누기] 대화상자에서 [줄/칸 나누기]–[줄 수]를 클릭하여 체크를 해제한 뒤 [칸 수]에 '2'를 입력하고 [나누기]를 클릭합니다.

TIP

[셀 나누기] 단축키 : S

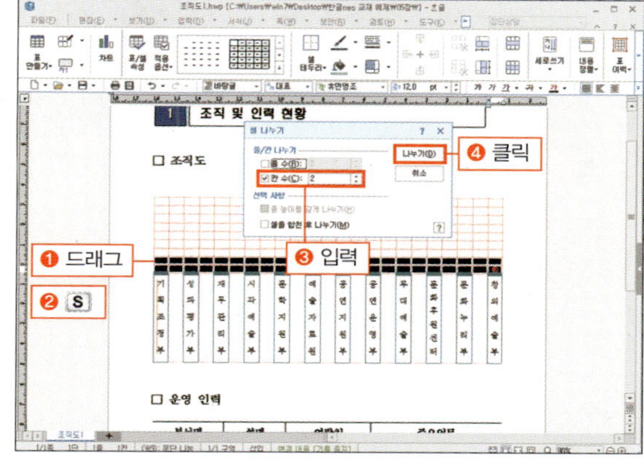

16_ 그림처럼 블록 설정 후 [셀 테두리 변경] 단축키 L 을 누릅니다. [셀 테두리/변경] 대화상자에서 다음과 같이 설정하고 [설정]을 클릭합니다.

- [테두리]–[종류]–[실선]
- [왼쪽], [오른쪽], [위] : 선택

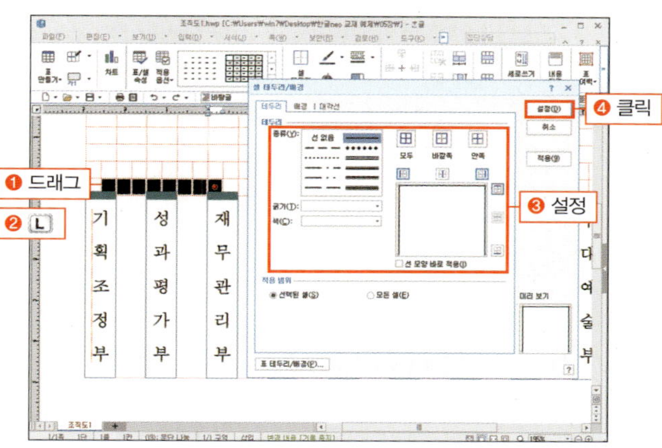

17_ 그림처럼 블록 설정한 후 [표] 탭-[셀 테두리]-[왼쪽]을 클릭합니다.

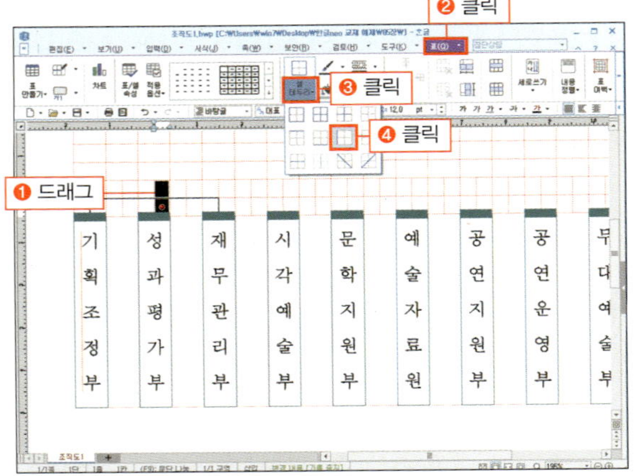

18_ 그림처럼 블록 설정한 후 [복사하기] 단축키 Ctrl +C 를 누릅니다.

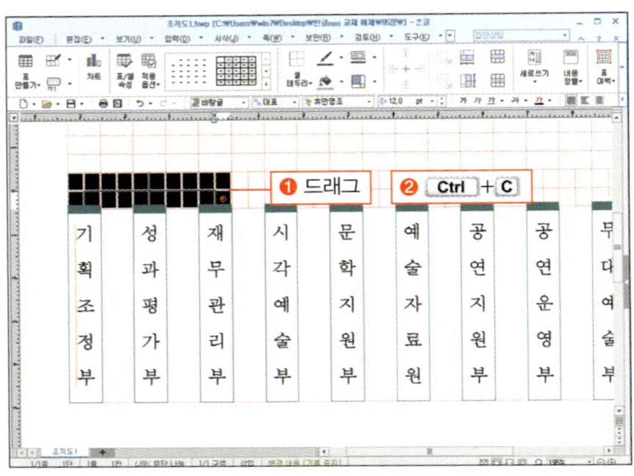

19_ 그림처럼 복사한 내용을 붙일 셀을 클릭한 후 [붙이기] 단축키 Ctrl +V 를 누릅니다. [셀 붙이기] 대화상자에서 [덮어쓰기]를 클릭, [붙이기]를 클릭합니다.

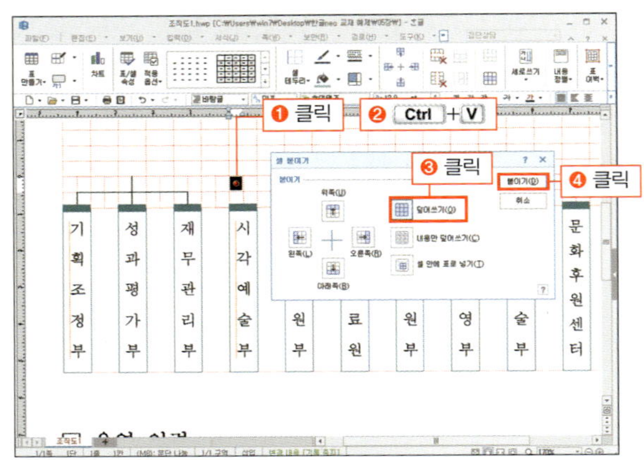

20_ 동일한 방법으로 [붙이기] 단축키 **Ctrl** + **V** 를 눌러 복사한 내용을 덮어쓰기 형태로 붙입니다.

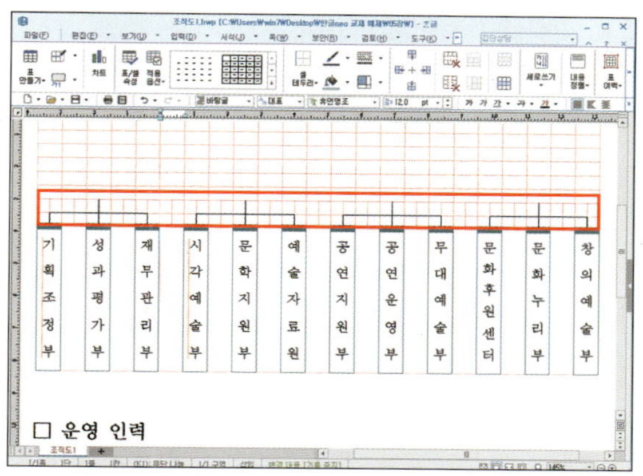

21_ 그림처럼 블록 설정한 후 [셀 합치기] 단축키 **M** 을 누르고 서식 도구 상자에서 [가운데 정렬]을 선택합니다.

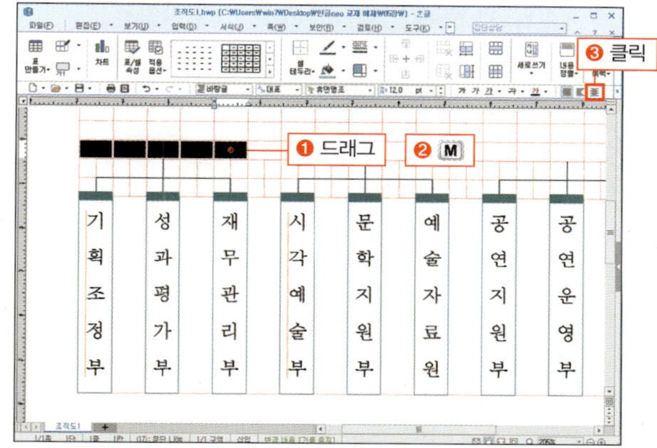

> **TIP**
>
> [셀 합치기] 단축키 : **M**

22_ 동일한 방법으로 셀을 합치고, 합친 각 셀에 다음과 같이 입력합니다.

- 경영전략본부, 시각예술본부, 공연예술본부, 문화나눔본부

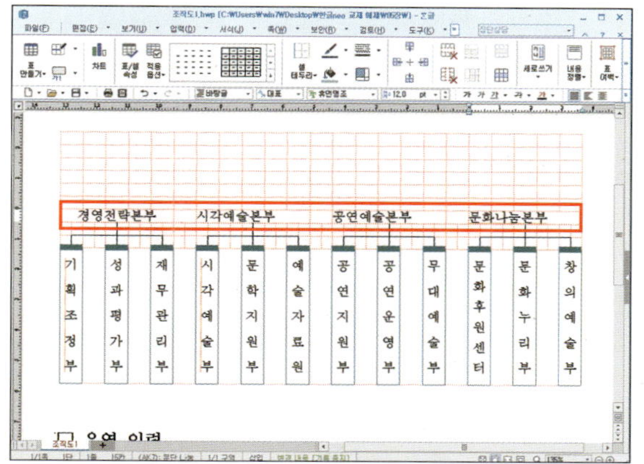

23_ '경영전략본부' 셀을 선택하고 F5 를 눌러 블록 설정한 후 Ctrl + ↓ 을 세 번 눌러 행 높이를 키웁니다. 셀은 다음과 같이 설정합니다.

• [표] 탭–[셀 배경 색] : 에메랄드 블루 60% 밝게
• [셀 테두리]–[바깥쪽 모두] : 선택

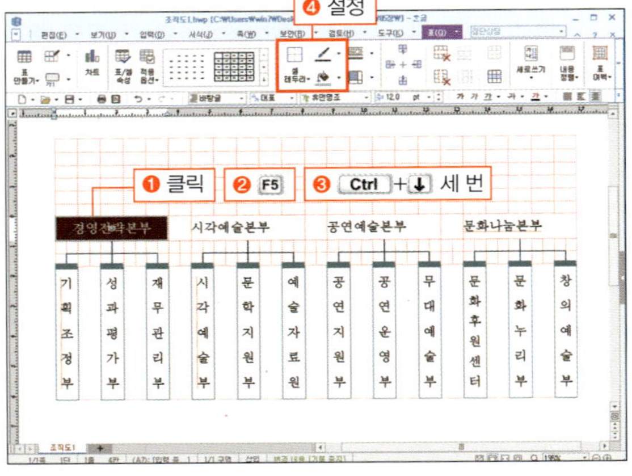

24_ '경영전략본부' 셀을 선택하고 [모양 복사] 단축키 Alt + C 를 누릅니다. [모양 복사] 대화상자에서 다음과 같이 설정하고 [복사]를 클릭합니다. '시각예술본부' 셀을 Ctrl +클릭하여 블록 설정하고 [모양 복사] 단축키 Alt + C 를 눌러 모양 복사를 적용합니다. '공연예술본부', '문화나눔본부'도 동일하게 모양 복사를 적용합니다.

• [본문 모양 복사]–[글자 모양과 문단 모양 둘 다 복사] : 선택
• [셀 모양 복사]–[셀 속성], [셀 테두리], [셀 배경] : 선택

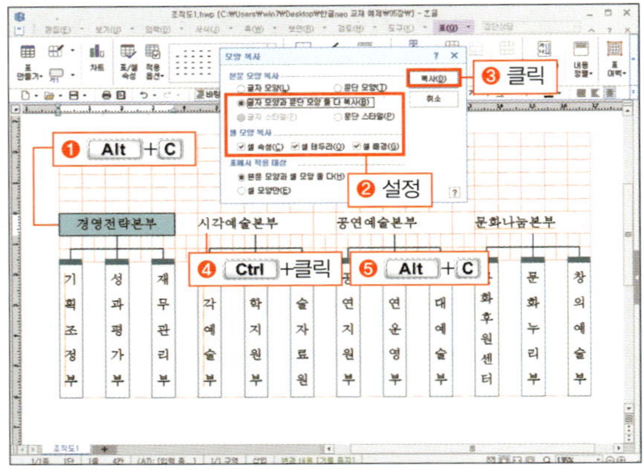

25_ 그림처럼 블록 설정 후 [셀 나누기] 단축키 S 를 누릅니다. [셀 나누기] 대화상자에서 [줄/칸 나누기]–[줄 수]를 클릭하여 체크를 해제한 뒤 [칸 수]에 '2'를 입력하고 [나누기]를 클릭합니다.

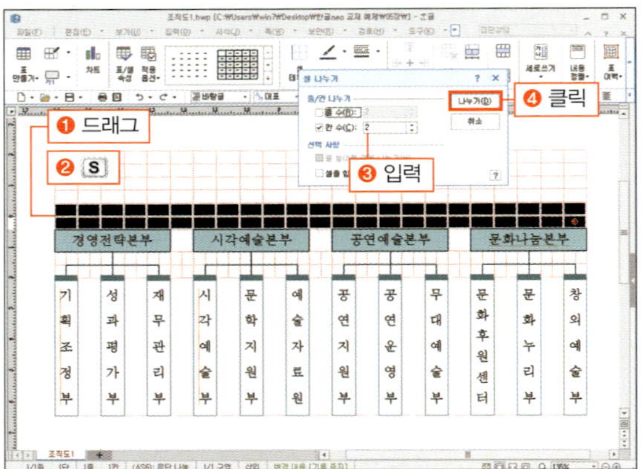

26_ 동일하게 셀 테두리를 변경합니다.

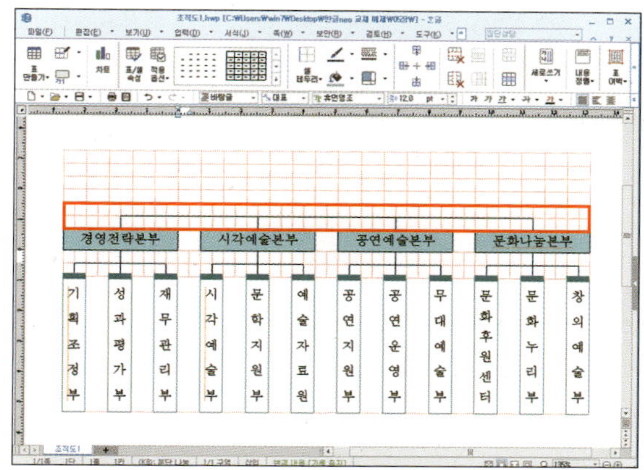

27_ 셀 합치기, 셀 나누기, 셀 테두리/배경 등의 기능을
활용하여 그림처럼 조직도를 완성합니다.

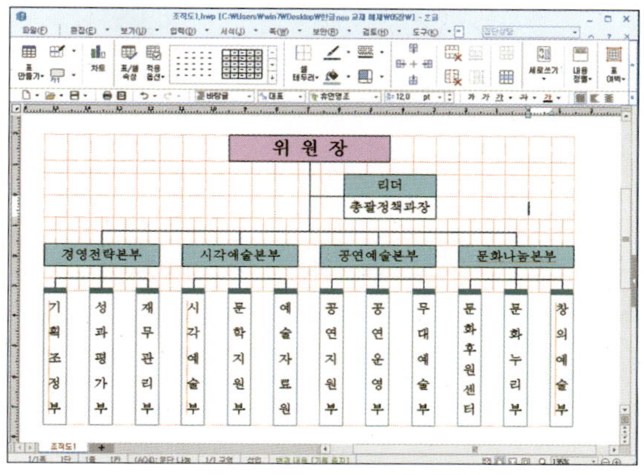

표의 가로/세로 뒤집기 기능 활용하기

:: **준비파일** Part03₩Chapter02₩Section01₩조직도.hwp

일반 문자열을 표로 변환하고 표 뒤집기 기능을 활용하는 방법에 대해 알아봅니다.

01_ 준비파일을 불러옵니다. 2쪽으로 이동한 뒤 '지역별 공연건수'를 표로 변환해 봅니다. [보기] 탭-[조판 부호]를 체크합니다. 각 항목이 공백으로 구분된 것을 알 수 있습니다.

> **TIP**
> [조판 부호]를 선택하면 사용자가 내리는 명령을 볼 수 있습니다. 또한 Enter , Tab , Space Bar 는 모양으로 보통 문서에서는 보이지 않는 문자도 볼 수 있습니다.

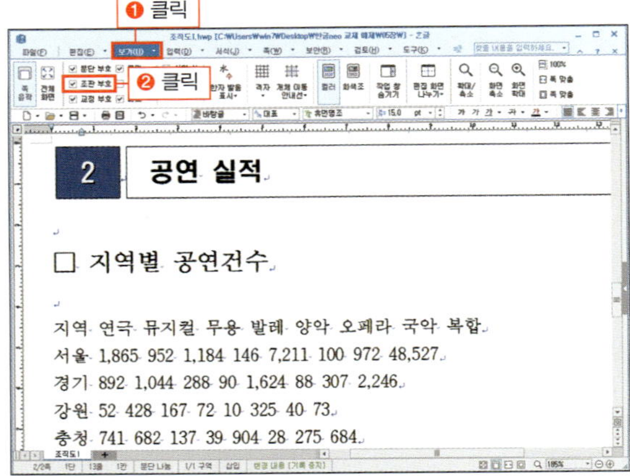

02_ 공백을 기준으로 셀을 구분하여 표로 변경해 봅니다. '지역~제주' 행까지 블록 설정한 후 [입력] 탭의 펼침 단추(⊡)를 클릭하고 [표]-[문자열을 표로]를 클릭합니다.

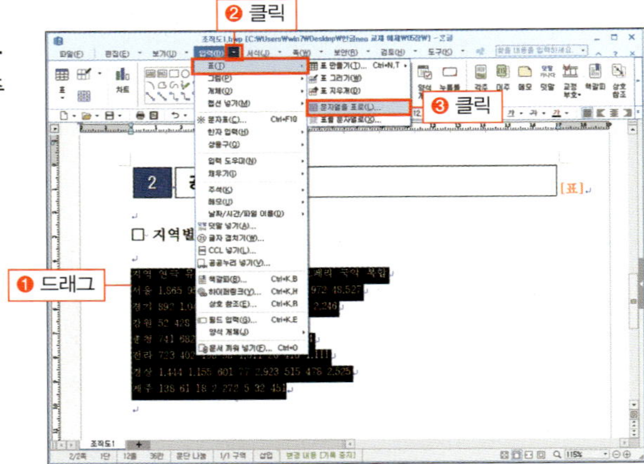

03_ [문자열을 표로] 대화상자에서 [분리 방법 지정], [기타 문자]를 선택하고 입력란에 커서를 두고 Space Bar 를 누른 뒤 [설정]을 클릭합니다.

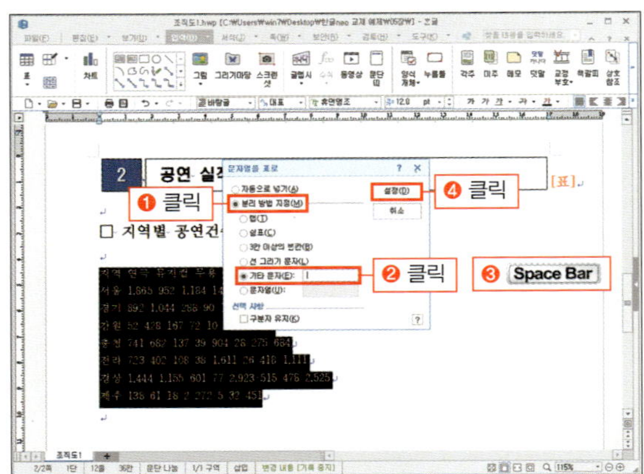

04_ 줄 수보다 칸 수가 많아 줄, 칸을 뒤집어 봅니다. 먼 서 커서를 표 안에 두고 [표] 탭의 펼침 단추(▾)를 클릭하고 [표 뒤집기]를 클릭합니다.

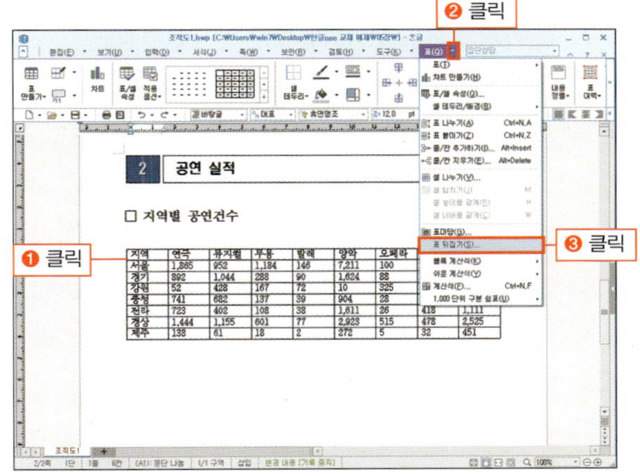

05_ [표 뒤집기] 대화상자에서 [줄/칸 뒤집기] 선택, [뒤 집기]를 클릭합니다.

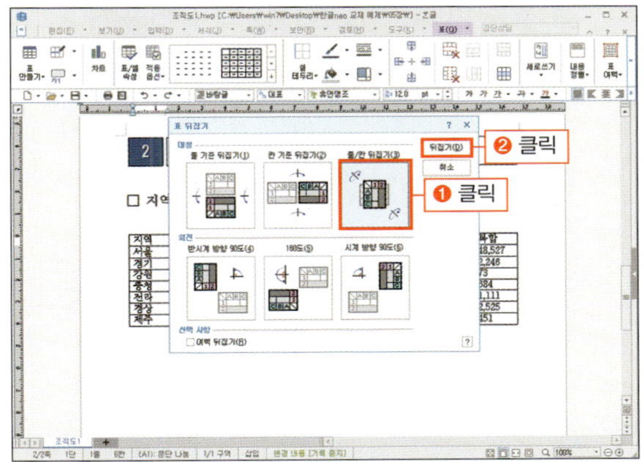

06_ 줄/칸이 뒤집어 졌습니다. 표 안에 커서를 두고 F5 를 세 번 눌러 표 전체를 블록 설정합니다. Ctrl + → 와 Ctrl + ↑ 를 여러 번 눌러 표 전체 크기를 적절히 조절 합니다.

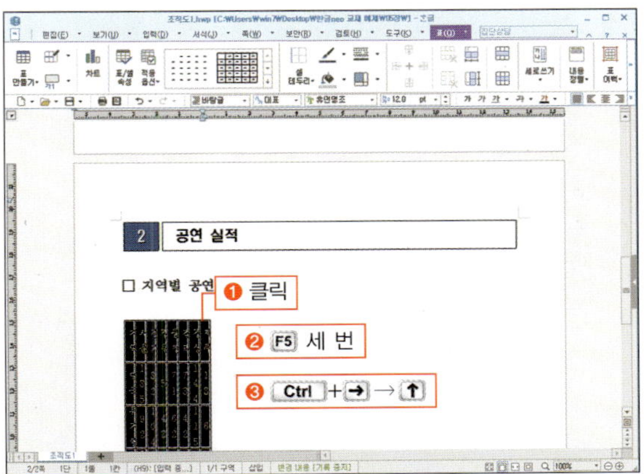

07_ 표 전체가 블록 설정되어 있는 상태에서 서식 도구 상자에서 [가운데 정렬]을 선택하고, 마우스 오른쪽 버튼을 클릭하고 [표/셀 속성]을 선택합니다.

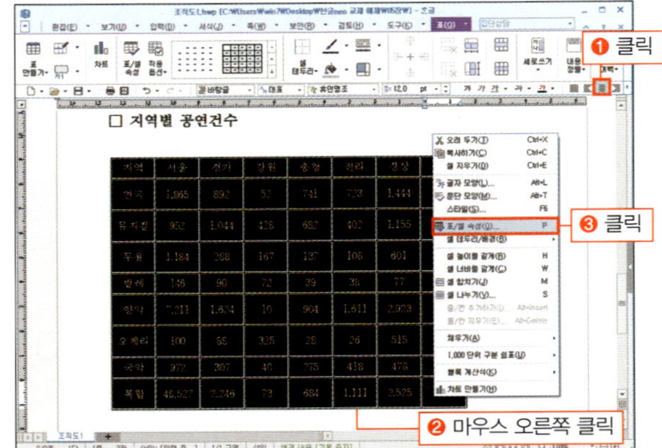

TIP

[표/셀 속성] 단축키 : **P**

08_ [표/셀 속성] 대화상자에서 [셀] 탭–[속성]–[한 줄로 입력]을 선택하고 [설정]을 클릭합니다.

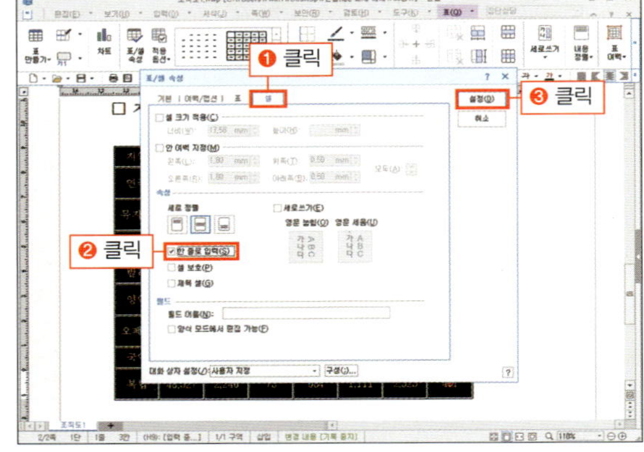

TIP

[한 줄로 입력]은 셀 너비보다 더 긴 내용이 입력되더라도 2줄로 자동 줄 바꿈을 하지 않고 1줄로 입력할 수 있게 해 주는 기능입니다.

09_ 커서를 '제주'에 두고 [표] 탭–[오른쪽에 추가]( )를 두 번 클릭해 칸을 2개 추가합니다.

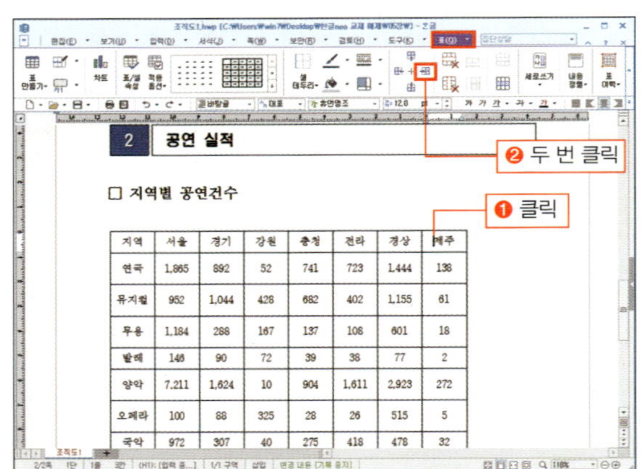

10_ 커서를 '복합' 내에 두고 Ctrl + Enter 를 두 번 누르면 아래쪽으로 줄이 2개 추가됩니다.

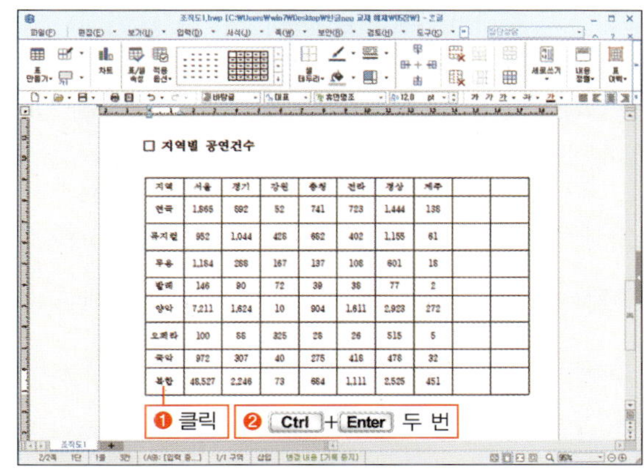

> **TIP**
>
> **줄 추가하기**
> - Ctrl + Enter : 현재 커서 아래로 줄이 추가됩니다.
> - Tab : 표의 제일 마지막 셀에서 누르면 마지막 줄 아래로 줄이 추가됩니다.

11_ 마우스 포인터를 표 오른쪽 끝 테두리에 두고 크기 조절하는 모양이 되면 문서 폭만큼 드래그하여 표 전체 크기가 문서 폭에 맞게 조절합니다.

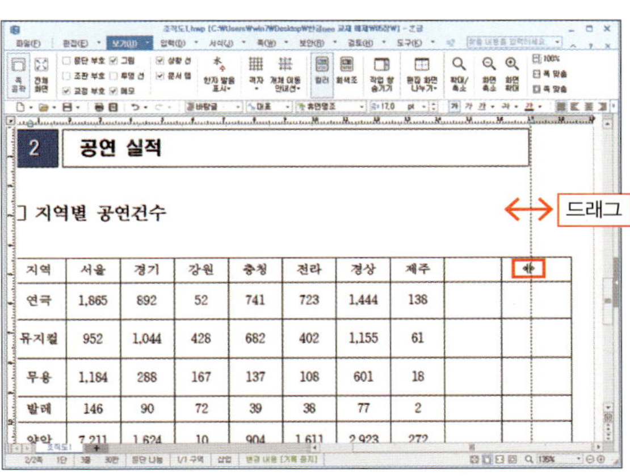

> **TIP**
>
> 표 전체 크기가 문서 폭보다 작다면 오른쪽으로 드래그하고 크다면 왼쪽으로 드래그합니다.

12_ F5 를 세 번 눌러 표 전체를 블록 설정하고 [셀 너비 같게] 단축키 W 를 누르고 [셀 높이 같게] 단축키 H 를 누릅니다.

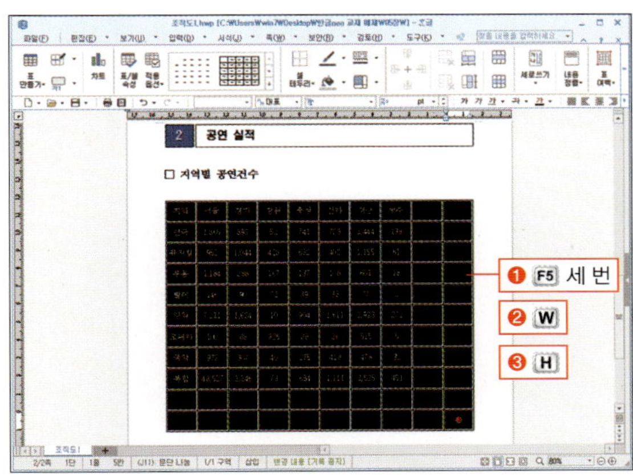

13_ 새로 추가된 칸의 제목 부분에 '합계', '평균', 줄 제목 부분에 '합계', '구성비'를 각각 입력합니다. 첫 번째 열을 블록 설정한 후 서식 도구 상자에서 [진하게], [배분 정렬]을 선택합니다.

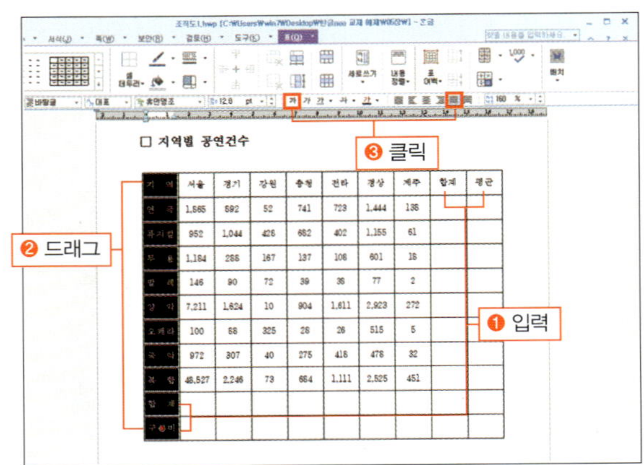

14_ 표 테마를 사용하기 위해 커서를 표 안에 두고 [표] 탭-[표 테마]의 [자세히](■)를 클릭합니다.

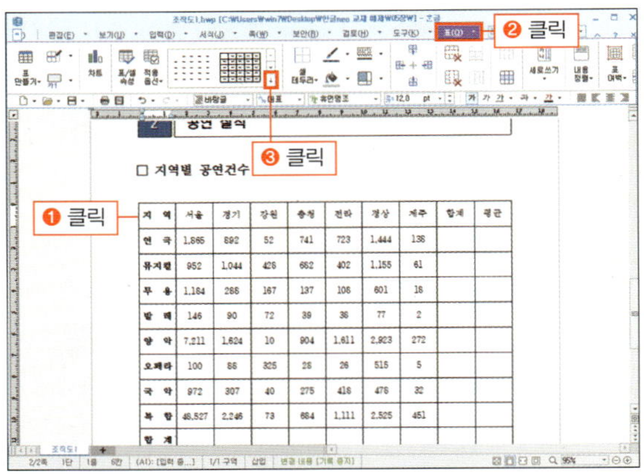

15_ 표 테마 목록에서 [밝은 스타일2 - 청록 색조]를 클릭합니다. 표 테마를 활용하면 빠르고 쉽게 표를 꾸밀 수 있습니다.

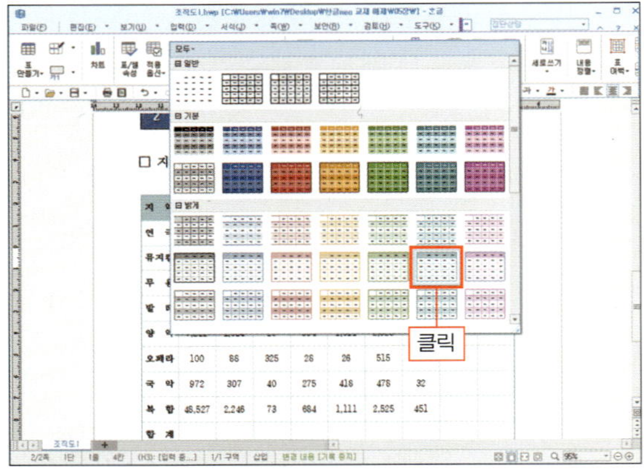

표 계산식 사용하기

쉬운 계산식, 블록 계산식, 계산식 등 한글에서 제공하는 표 계산식을 활용하는 방법에 대해 알아봅니다.

01_ 앞선 따라하기에 이어서 커서를 서울 합계를 구할 곳에 두고 마우스 오른쪽 버튼을 클릭하고 [쉬운 계산식]-[세로 합계]를 선택합니다.

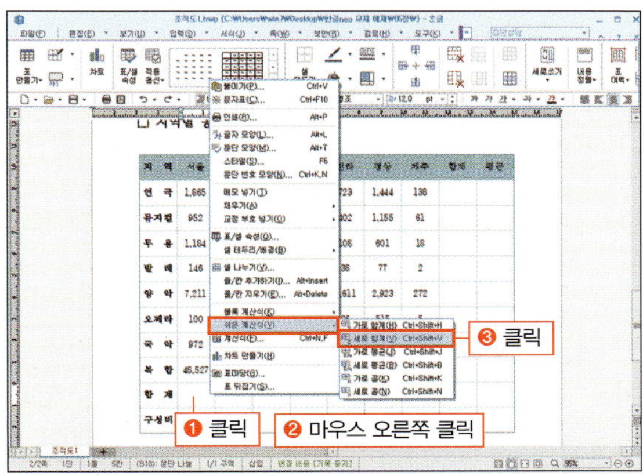

> **TIP**
>
> '쉬운 계산식' 기능으로 현재 셀을 기준으로 가로/세로 합계, 가로/세로 평균, 가로/세로 곱 등을 쉽게 계산합니다.

02_ 블록 설정을 한 후 [자동 채우기] 단축키 A를 눌러 지역별 합계를 구합니다.

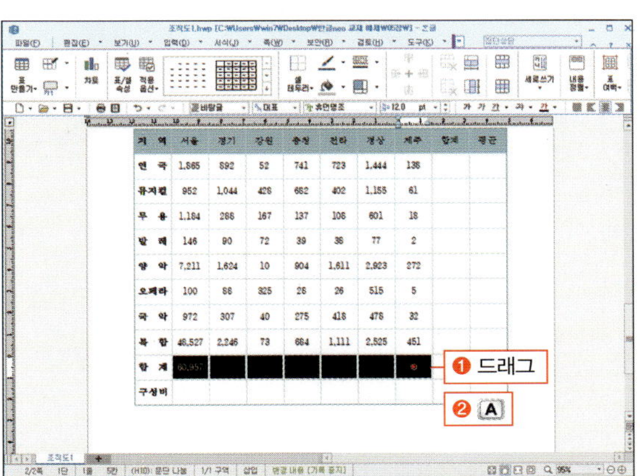

[표 자동 채우기] 단축키 Ⓐ

- **연속해서 채우기** : 숫자를 2개 입력한 경우, 숫자가 포함된 문자를 2개 입력한 경우, [입력] 탭의 펼침 단추(⏷)를 클릭하고 [채우기]─[자동 채우기 내용]에 등록되어 있는 문자를 2개 입력하고 표 자동 채우기를 실행했을 때 다음과 같습니다.

1	1교시	월
2	2교시	화

→

1	1교시	월
2	2교시	화
3	3교시	수
4	4교시	목
5	5교시	금
6	6교시	토

- **반복해서 채우기** : 숫자나 문자를 1개 입력했을 경우, 다음과 같이 반복해서 채워집니다.

1	월	상
		하

→

1	월	상
1	월	하
1	월	상
1	월	하
1	월	상
1	월	하

- **표 자동 채우기가 안 되는 경우** : ① 블록 시작 셀이 비었을 때, ② 떨어져 있는 셀이 블록 설정되었을 때 등의 이유에서입니다.

03_ 그림처럼 블록 설정한 후 마우스 오른쪽 버튼을 클릭하고 [블록 계산식]─[블록 합계]를 선택합니다.

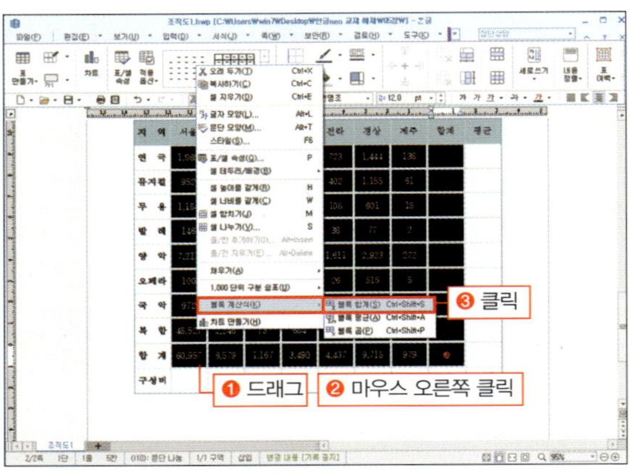

04_ 블록 설정한 후 마우스 오른쪽 버튼을 클릭하고 [블록 계산식]─[블록 평균]을 선택합니다.

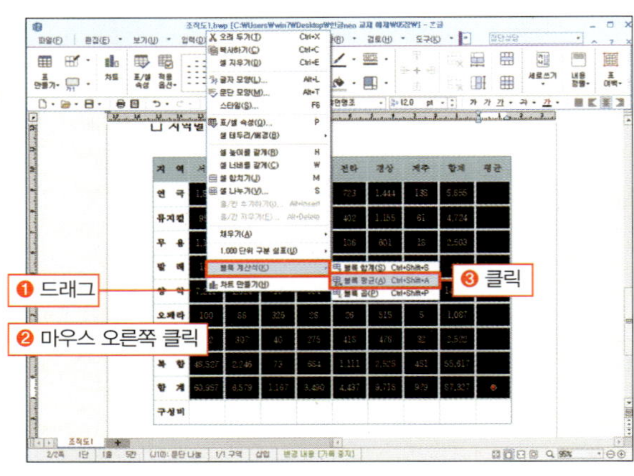

'합계'는 입력한 내용이 아닌 계산된 값이므로 블록 평균을 구할 때 자동으로 범위에서 제외됩니다. 때문에 '서울~제주'까지의 평균이 오류 없이 구해집니다.

05_ 평균값을 소수 이하 1자리로 수정해 봅니다. 커서를 연극 평균값 '836.43'에 두고 마우스 오른쪽 버튼을 클릭하고 [계산식 고치기]를 선택합니다.

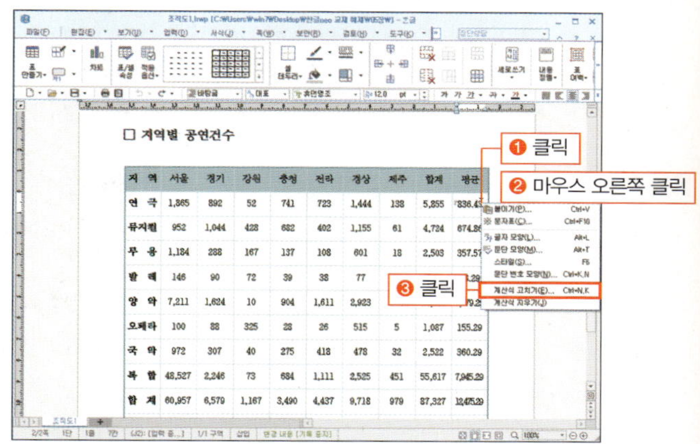

06_ [계산식] 대화상자에서 [형식]-[소수점 이하 한 자리]로 클릭하고 [확인]을 클릭합니다.

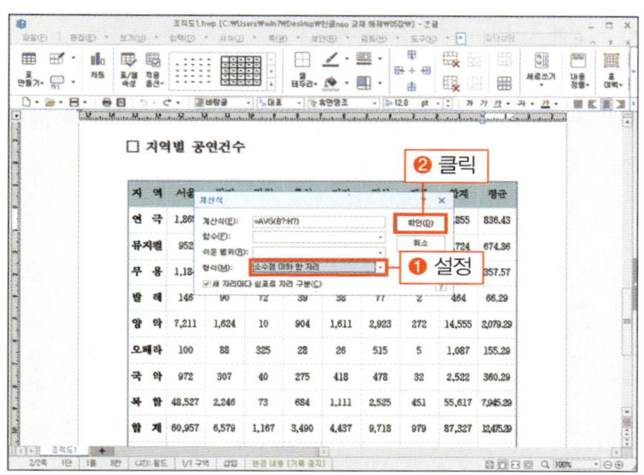

07_ 뮤지컬에서 합계까지의 평균값을 블록 설정한 후 Delete 를 눌러 지웁니다.

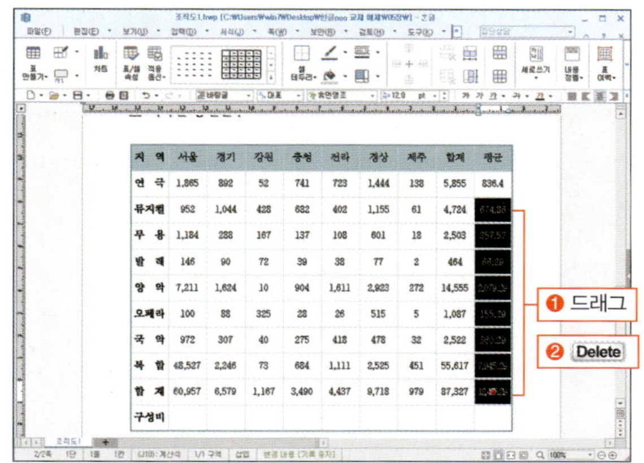

08_ 연극에서 합계까지의 '평균' 열을 블록 설정한 후 [표 자동 채우기] 단축키 A를 눌러 평균값을 구합니다.

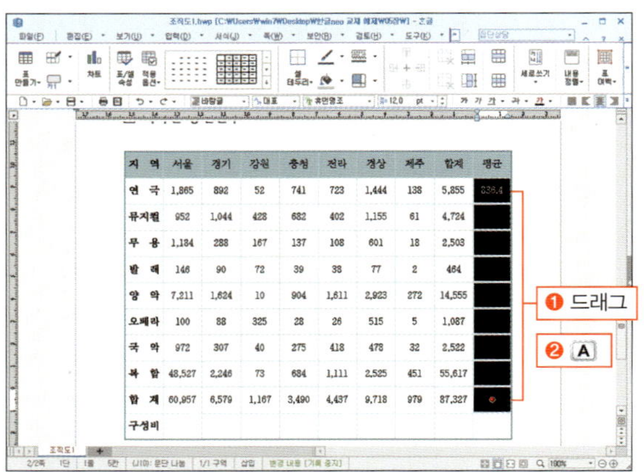

09_ 각 지역별 구성비를 구하려면 직접 계산식을 작성해야 합니다. 먼저 '서울' 지역 '합계'에 커서를 두고 상황선에서 셀 번지를 확인하면 [B10]번 셀로 표시됩니다. 동일한 방법으로 총합계 셀 번지는 [I10]번 셀로 확인됩니다.

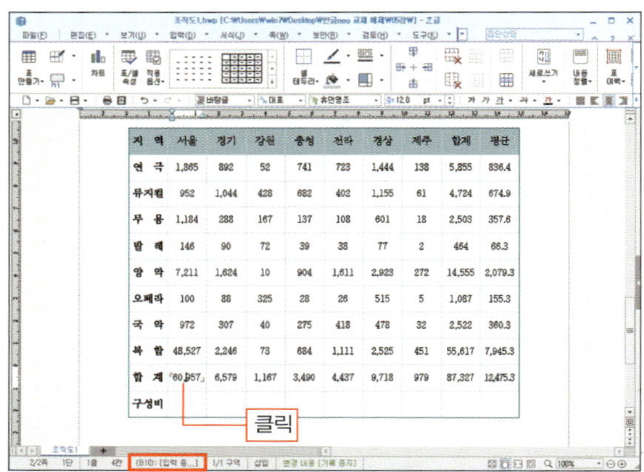

10_ '서울' 지역 구성비를 구할 곳에 커서를 두고 마우스 오른쪽 버튼을 클릭하고 [계산식]을 선택합니다. [계산식] 대화상자에서 다음과 같이 설정하고 [확인]을 클릭합니다.

- [계산식] : =(?10/I10)*100
- [형식]ᄂ[소수점 이하 한 자리]

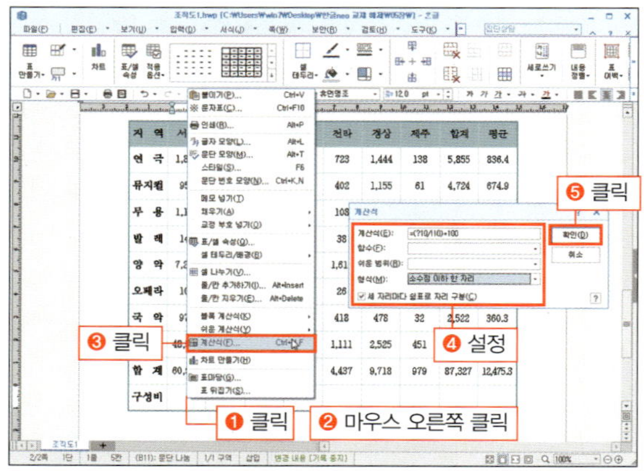

11_ 계산된 서울 구성비 '69.8' 뒤에 '%'를 입력하고 블록 설정한 후 [표 자동 채우기] 단축키 A 를 누릅니다.

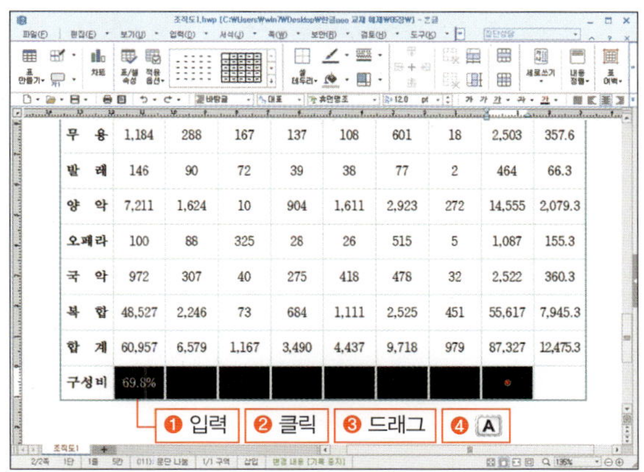

12_ 표 내용을 다음과 같이 설정합니다.

• 1줄, 1칸 전체
  [진하게] : 선택

• 표 안 숫자
  [오른쪽 정렬] : 선택

• '합계', '평균', '구성비'
  [셀 배경 색]-[검정색 90% 밝게]

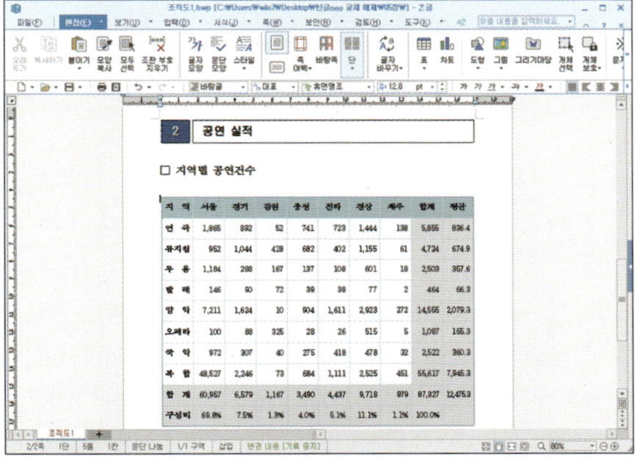

한셀의 표와 차트 활용하기

:: **준비파일** Part03₩Chapter02₩Section01₩전국공연장리스트.cell

앞선 따라하기에 이어서 한셀에서 작성한 표와 차트를 한글로 가져오는 다양한 방법에 대해 알아봅니다.

01_ '커서를 '지역별 공연건수' 아래에 두고 [편집 용지] 단축키 **F7**을 누릅니다. [편집 용지] 대화상자에서 다음과 같이 설정하고 [설정]을 클릭합니다.

- [용지 방향]–[가로]
- [용지 여백]–[적용 범위]–[새 구역으로]

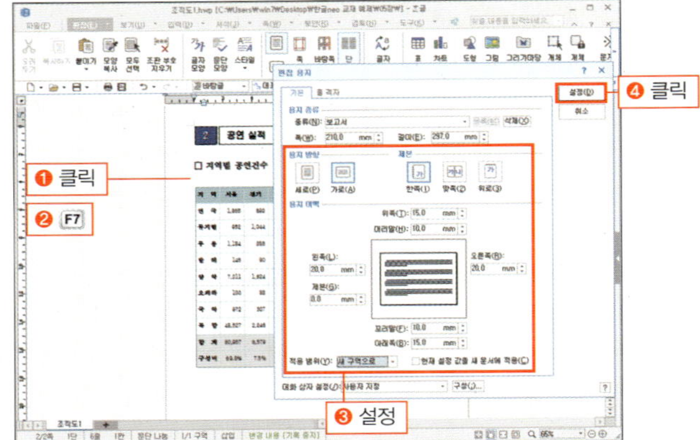

02_ 새로운 구역으로 나눠지고 편집 용지 방향은 가로로 적용되었습니다. 2쪽에서 '2.공연실적', 'ㅁ 지역별 공연건수'를 복사하여 붙이고, 내용을 '3.전국 공연장 현황', 'ㅁ 등록 현황'으로 수정합니다.

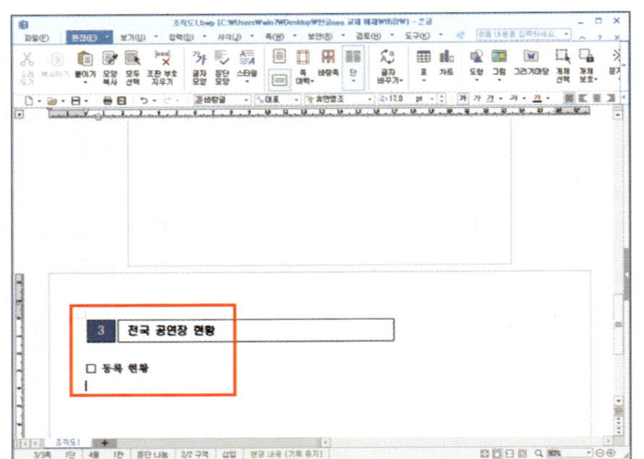

03_ 준비파일 '전국공연장리스트.cell'을 불러옵니다. [등록현황] 시트에서 [B3:S4] 셀을 드래그로 블록 설정한 후 [복사하기] 단축키 **Ctrl**+**C**를 눌러 복사합니다.

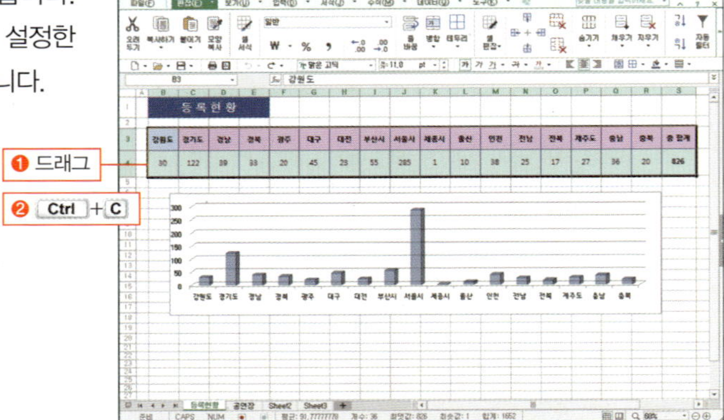

04_ 작업 중이던 한글 문서 '조직도.hwp'로 돌아와 '□ 등록 현황' 아래에 커서를 둡니다. [붙이기] 단축키 **Ctrl** + **V** 를 눌러, 한셀의 표를 한글 문서에 표로 붙여 넣습니다. 한셀 표가 커서 다 표현이 되지 않았으므로 복사한 표를 선택하고 **Delete** 를 눌러 삭제합니다.

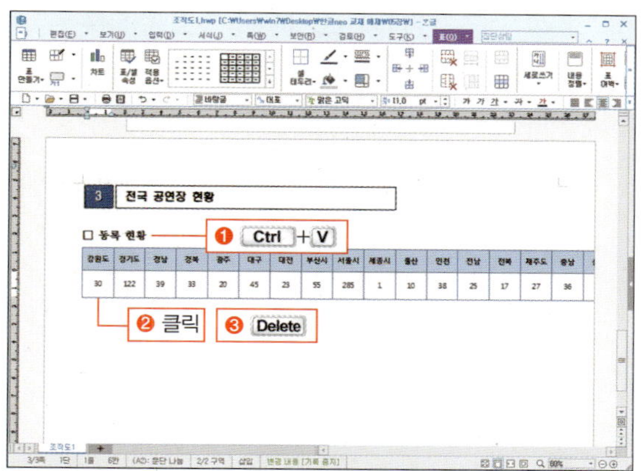

05_ 이번에는 한셀 표를 그림으로 붙여 봅니다. 커서를 '□ 등록 현황' 아래에 두고 [붙이기] 단축키 **Ctrl** + **Alt** + **V** 를 누릅니다. [골라 붙이기] 대화상자에서 [데이터 형식]–[비트맵]을 선택하고 [확인]을 클릭합니다.

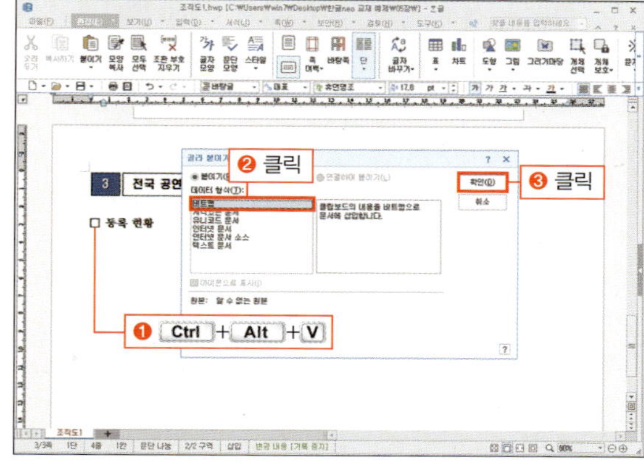

TIP

06_ 붙여진 등록 현황을 선택하고 [그림] 탭–[배치]–[글자처럼 취급]을 선택합니다.

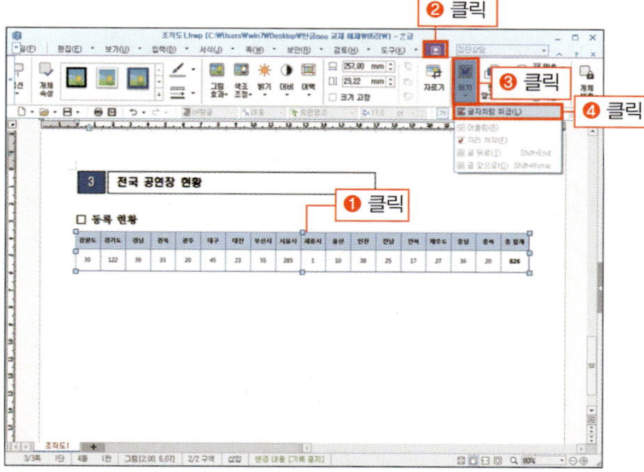

TIP

[그림처럼 취급]이 그림과 같이 선택된 형태로 설정합니다.

07_ 한셀 '전국공연장리스트.cell' 준비파일의 [등록현황] 시트에 있는 차트를 클릭하고 [복사하기] 단축키 **Ctrl** + **C** 를 눌러 복사합니다.

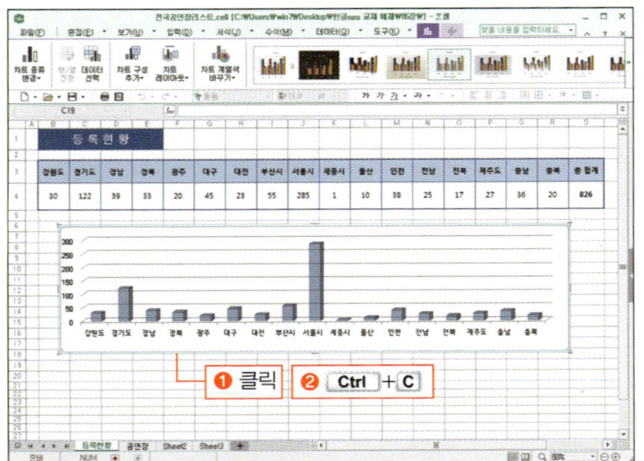

08_ 한글 문서로 와서 '등록 현황' 개체 아래에 커서를 두고 [붙이기] 단축키 **Ctrl** + **V** 를 눌러 붙여 넣습니다. 붙여진 차트를 클릭하고 [그림] 탭－[배치]－[글자처럼 취급]을 선택합니다.

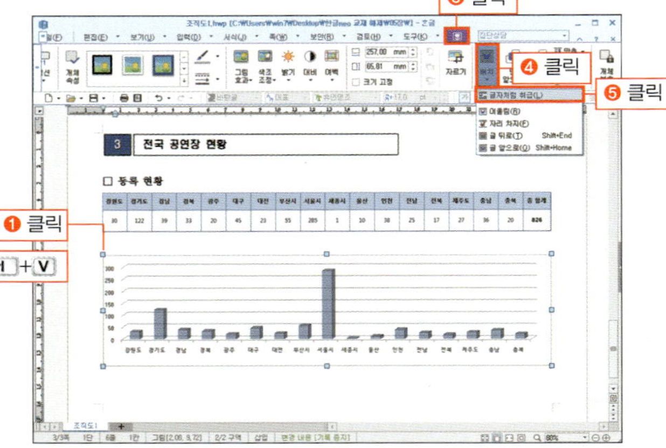

> **TIP**
> 한셀 차트를 복사하여 한글에 붙이면 그림 개체로 붙여집니다.

09_ 차트 아래에 커서를 두고 **Ctrl** + **Enter** 를 눌러 쪽을 나눕니다. 새로운 쪽에 다음과 같이 입력, 설정합니다.

- [글꼴] : 휴먼 명조
- [글꼴 크기] : 17pt

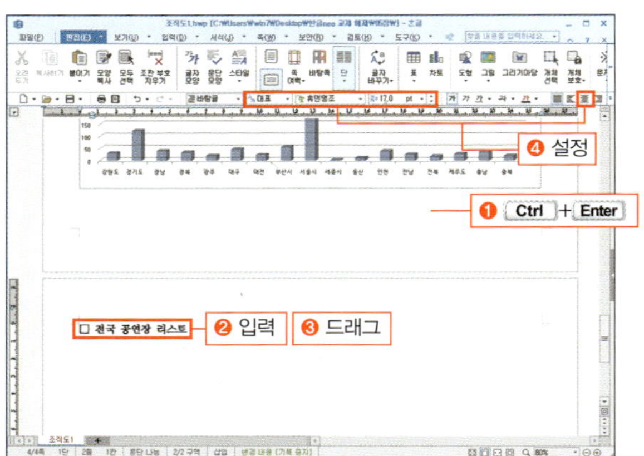

10_ 한셀 '전국공연장리스트.cell' 준비파일의 [공연장] 시트의 입력된 셀을 클릭하고 [모두 선택] 단축키 **Ctrl** +**A** 를 눌러 데이터 목록 전체를 선택하고 [복사하기] 단축키 **Ctrl** +**C** 를 눌러 복사합니다.

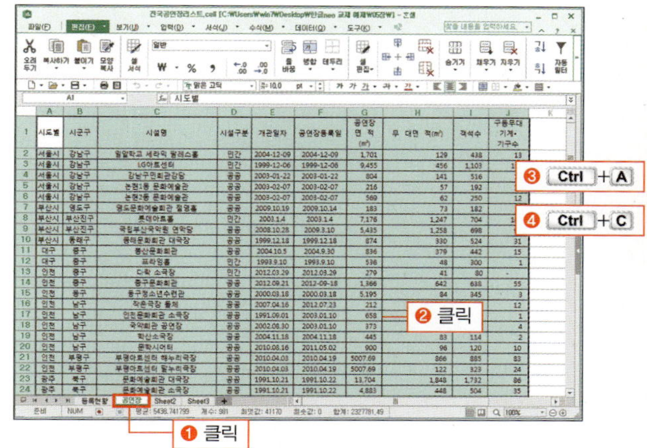

11_ 한글 문서로 전환해 '□ 전국 공연장 리스트' 아래에 커서를 두고 [붙이기] 단축키 **Ctrl** +**V** 를 누릅니다.

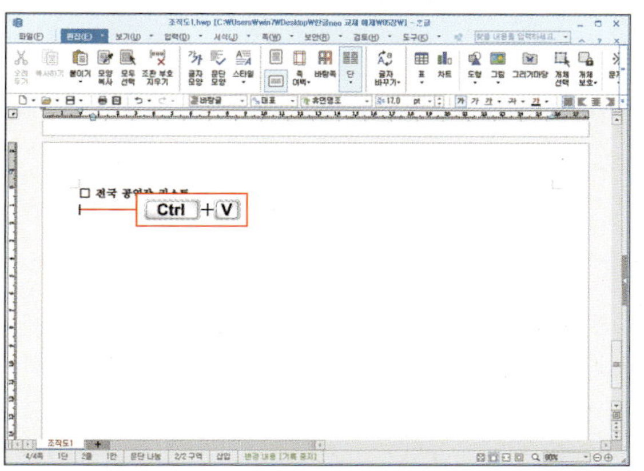

표 제목 반복 표시하기

:: **완성파일** Part03₩Chapter02₩Section01₩조직도_완성.hwp

1쪽이 넘어가는 큰 표에서 매 쪽마다 표 제목을 표시하고, 빠르게 일련번호를 입력하는 방법에 대해 알아봅니다.

01_ 앞선 따라하기에 이어서 커서를 '시도별' 셀에 두고 [표] 탭-[왼쪽에 칸 추가하기](📊)를 클릭합니다. 새로 추가된 칸에 'NO', '1', '2'를 순서대로 다음의 그림처럼 입력합니다.

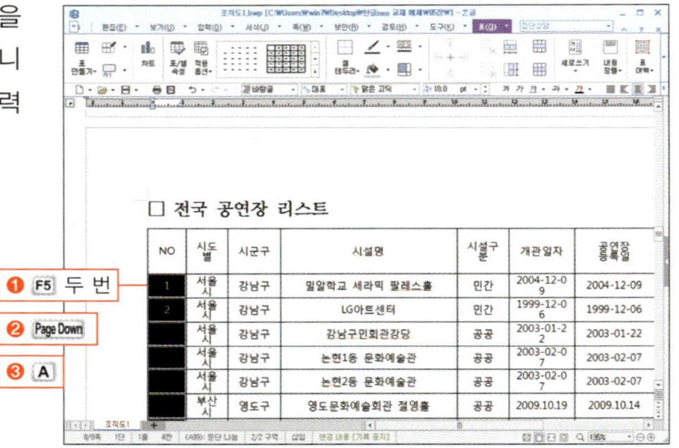

02_ 커서를 '1'에 두고 F5를 두 번 누르고 Page Down을 눌러 현재 커서 위치에서 아래 칸 전체를 블록 설정합니다. [표 자동 채우기] 단축키 A를 눌러 일련번호를 입력합니다.

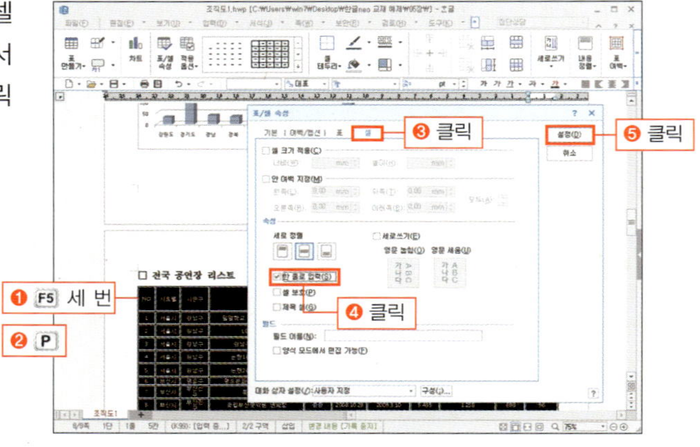

03_ F5를 세 번 눌러 표 전체를 블록 설정하고 [표/셀 속성] 단축키 P를 누릅니다. [표/셀 속성] 대화상자에서 [셀] 탭-[속성]-[한 줄로 입력]을 선택하고 [설정]을 클릭합니다.

04_ 표의 첫 행을 블록 설정하고 [표] 탭–[셀 배경 색]–[하양 15% 어둡게]를 선택하고 서식 도구 상자에서 [진하게]를 선택합니다.

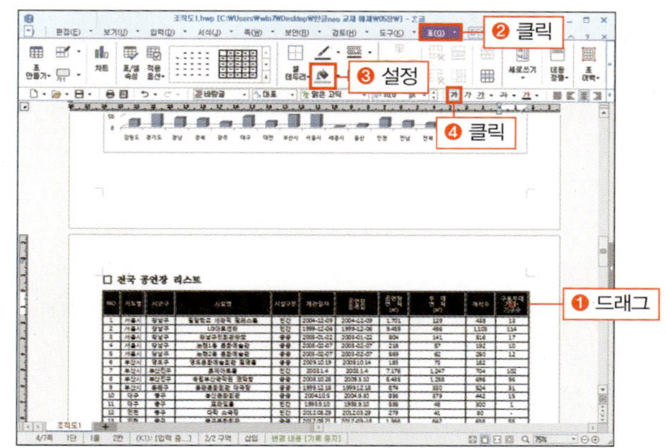

05_ 표의 첫 행이 블록 설정되어 있는 상태에서 [표/셀 속성] 단축키 [P]를 누릅니다. [표/셀 속성] 대화상자 [셀] 탭–[속성]–[제목 셀]을 선택하고 [설정]을 클릭합니다.

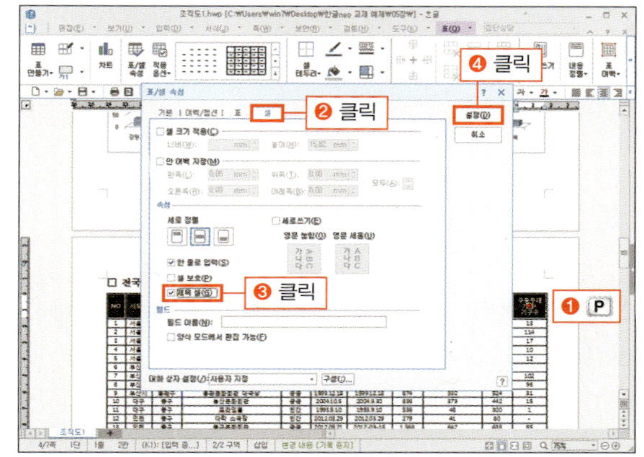

06_ 그림처럼 매 쪽마다 표 제목이 반복되어 표시된 것을 알 수 있습니다.

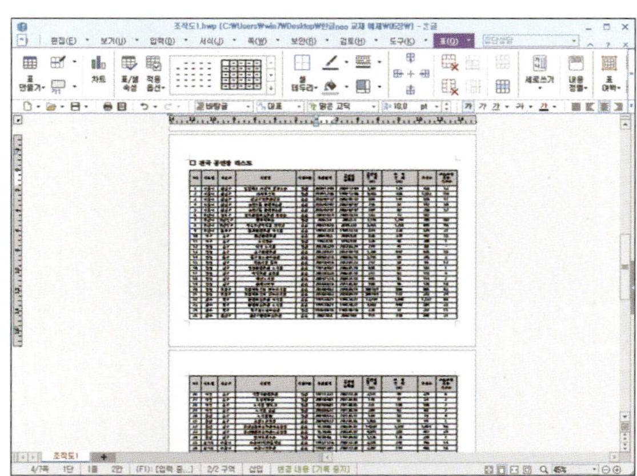

1쪽보다 큰 표는 [글자처럼 취급]이 되어 있지 않아야 다음 쪽까지 연결되어 넘어가 표시됩니다.

개인 정보 보호 설정하기

앞선 따라하기에 이어서 문서 내용 중 개인 정보를 찾아 사용자가 원하는 특수 문자로 바꿀 수 있습니다. 또한 보안 암호를 사용하여 암호화하므로 개인 정보를 완벽하게 보호할 수 있습니다.

01_ **Ctrl** + **Page Up** 를 눌러 1쪽으로 커서를 이동합니다. [보안] 탭−[개인 정보 찾아서 보호]를 클릭합니다. [개인 정보 보호하기] 대화상자에서 다음과 같이 설정한 후 [모두 보호]를 클릭합니다.

- [개인 정보 선택 사항]−[전화번호]
- [보호 문자 선택]−[******(G)]

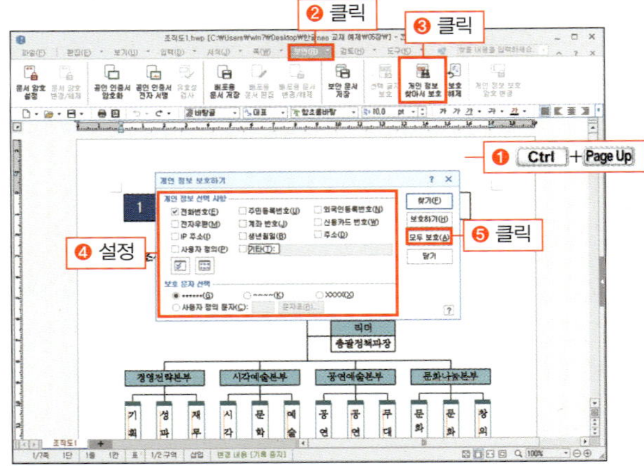

02_ [개인 정보 보호 암호 설정] 창이 나타나면 [보호 암호 설정]과 [암호 확인] 입력란에 5자 이상의 암호를 입력하고 [설정]을 클릭합니다.

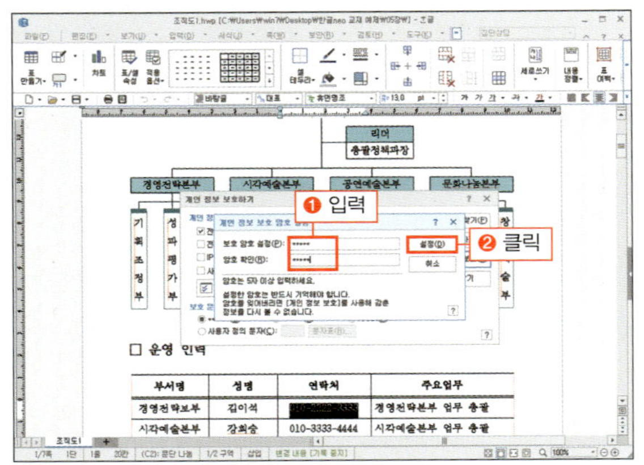

03_ [개인 정보 보호하기를 4번 했습니다.]라는 메시지 창에서 [확인]을 클릭하고, [개인 정보 보호하기] 대화상자의 [닫기]를 클릭합니다.

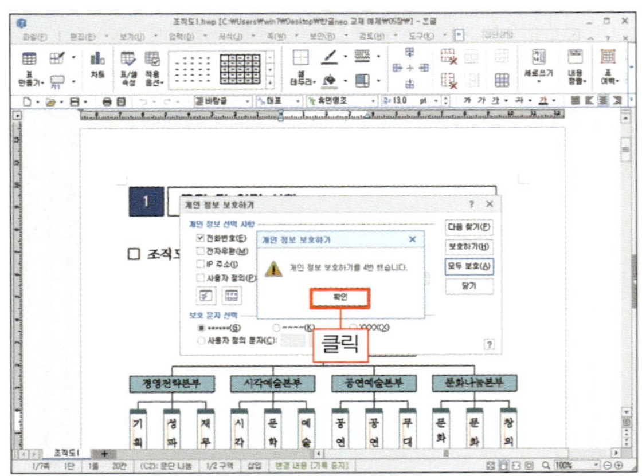

04_ 그림처럼 연락처 전화번호가 "*****" 문자로 보호된 것을 알 수 있습니다.

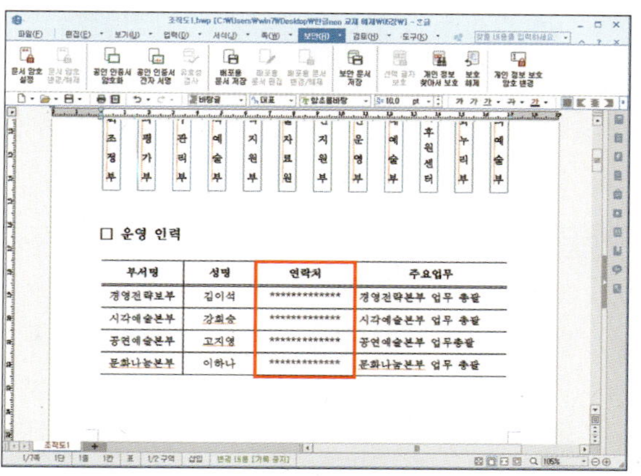

05_ 연락처 정보를 확인하려면 보호 암호를 해제해야 합니다. [보안] 탭–[보호 해제]를 클릭합니다. 문서를 닫았다가 다시 열면 [개인 정보 보안] 대화상자의 [현재 암호]에 암호를 입력하고 [확인]을 클릭하면 보호된 연락처를 확인할 수 있습니다.

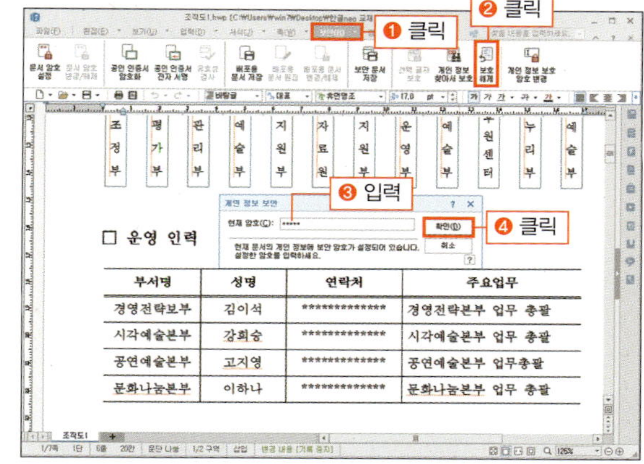

TIP

암호가 설정된 문서의 암호를 잊어버리면 암호 변경, 해제는 물론 그 누구도 사용자가 설정한 암호를 알 수 없습니다.

한글 NEO 문제 해결_03

Q1 표와 캡션과의 간격을 조절할 수 있나요?
표와 캡션과의 간격 조절은 [표] 탭-[표/셀 속성]
을 클릭하고 [표/셀 속성] 대화상자의 [여백/캡션]
탭-[개체와의 간격]에서 설정할 수 있습니다. 표에
서 마우스 오른쪽 버튼을 클릭하고 [표/셀 속성]을
선택해도 됩니다.

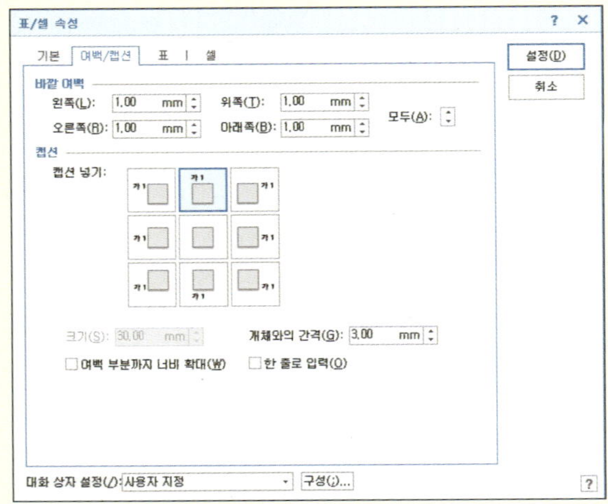

Q2 표의 크기 조정이 더 이상 작아지지 않습니다. 줄/칸의 크기를 최대한 줄이고 싶은데 어떻게 하나요?
표의 모든 셀의 안쪽 여백을 없애면 줄/칸 크기를 매우 작게 조절할 수 있습니다. 특히 줄 크기는 글자 크기와도
관련이 있으므로 글자 크기도 '1pt', '2pt'로 작게 설정해야 합니다.

Q3 엑셀에서 작업한 표를 한글에 붙이면 숫자 앞에 많은 공백이 생기는데 이것을 없애고 싶어요.
엑셀에서 숫자가 '쉼표 스타일' 표시 형식으로 되어
있기 때문입니다. 숫자 표시 형식을 '#,##0'으로 설
정하거나 숫자 표시 형식을 '일반'으로 설정하고 한
글에서 '1000단위 구분 쉼표' 표시를 설정하면 됩
니다. 한글에서 1,000단위 구분 쉼표를 표시하려면
표를 블록 설정하고 마우스 오른쪽 버튼을 클릭하
고 메뉴에서 [1,000단위 구분표]-[자릿점 넣기]를
선택하면 됩니다.

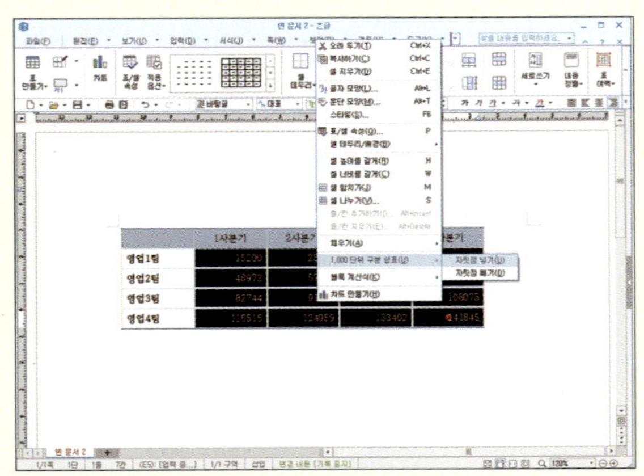

1 준비파일을 불러온 뒤 표에서 '합계', '총지출액', '평균' 값을 구해 봅니다.

◎ 준비파일 : Part03₩Chapter02₩Check₩(체크)표계산.hwp　◎ 완성파일 : Part03₩Chapter02₩Check₩(체크)표계산_완성.hwp

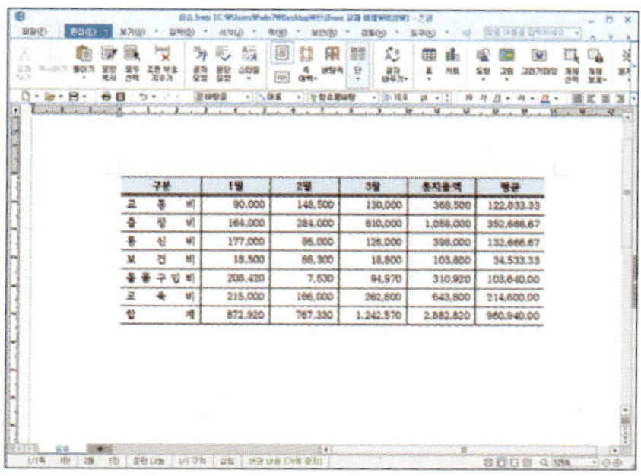

힌트

❶ '합계'와 '총지출액'은 [블록 계산식]–[블록 합계]로, '평균'은 [블록 계산식]–[블록 평균]을 적용해 구합니다.

---

2 표 캡션으로 〈1 사분기 경비 내역〉 이라는 내용을 넣고 다음과 같이 설정해 봅니다.

◎ 준비파일 : Part03₩Chapter02₩Check₩(체크)표캡션.hwp　◎ 완성파일 : Part03₩Chapter02₩Check₩(체크)표캡션_완성.hwp

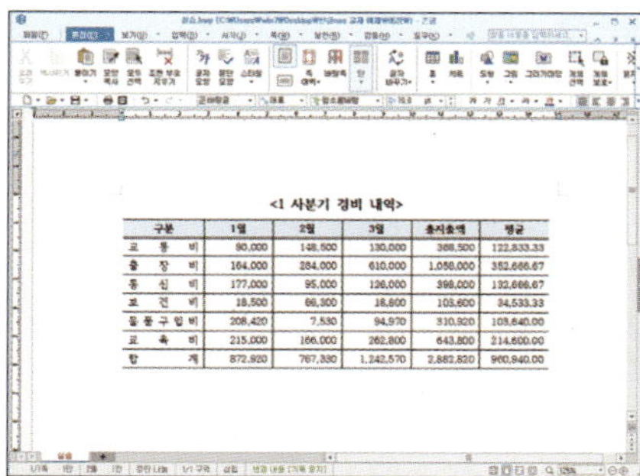

- [글자 크기] : 13pt
- [진하게] : 선택
- [가운데 정렬] : 선택

힌트

❶ 커서를 표 안에 두고 [표] 탭–[캡션] 펼침 단추(·)를 클릭. [위]를 클릭하고 내용을 입력 후 서식 도구 상자에서 서식을 설정합니다.

Section 02
이미지 기능을 이용해 문서 작성하기

이번 장에서는 이미지를 삽입하는 다양한 방법과 한포토로 편집 기능을 이용한 이미지 편집에 대해 알아보겠습니다. 또한, 사용자가 원하는 위치에 글자나 이미지 등 개체를 자유롭게 삽입할 수 있도록 표를 활용한 페이지 레이아웃을 설정하고 문서를 꾸미는 방법에 대해 알아보고, 한글에 편집된 최종 이미지의 크기로 저장하는 이미지 용량 최적화 방법도 알아보겠습니다.

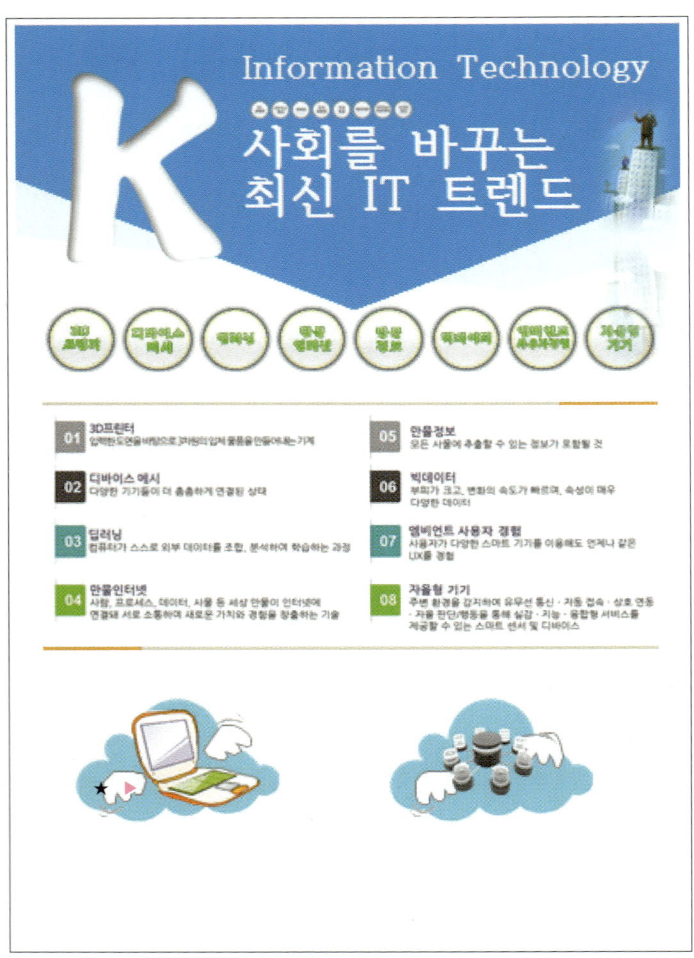

이번 섹션에서 배울 주요 내용

- [그림] 탭의 기능 살펴보기
- 표를 이용해 그림 삽입하기
- 그림 삽입하고 효과 적용하기
- 스크린 샷 & 한포토로 그림 편집하기
- 그리기마당 활용하고 개체 풀기
- 그림 용량 줄이기
- **스페셜** 한글 NEO 문제 해결_04

[그림] 탭의 기능 살펴보기

❶ **그림 넣기 :** 저장되어 있는 그림을 삽입하거나 문서에 연결된 그림으로 새로 고침할 수 있습니다.

❷ **바꾸기/저장 :** '바꾸기'는 선택한 그림을 다른 그림으로 바꿀 때 '삽입 그림 저장하기'는 문서에 포함된 그림을 파일을 저장할 때 사용합니다.

❸ **줄이기 :** 문서 내 그림의 용량을 줄여 문서 용량을 작게 만들 때 사용합니다.

❹ **원본 그림으로 :** 그림에 적용했던 다양한 효과를 없애고, 그림을 원본 상태로 되돌릴 수 있습니다.

❺ **개체 선택 :** 문서에 삽입된 그림을 선택할 때 이용합니다.

❻ **캡션 :** 선택한 그림에 필요에 따라 번호와 제목, 간단한 설명 등을 붙이는 기능을 제공합니다.

❼ **개체 속성 :** 본문에 삽입한 개체의 크기, 위치, 회전 등의 속성을 변경할 수 있습니다.

❽ **스타일 :** 미리 정의되어 있는 다양한 효과로 그림 효과를 빠르게 적용합니다.

❾ **선 색 :** 선택한 개체의 테두리 색을 변경합니다.

❿ **선 스타일 :** 개체에 적용할 '선 종류' 또는 '선 굵기'를 선택합니다.

⓫ **그림 효과 :** 그림에 그림자, 반사, 네온, 옅은 테두리 효과를 설정합니다.

⓬ **색조 조정 :** 그림에 회색조, 흑백, 워터마크, 효과 없음을 설정할 수 있습니다.

⓭ **밝기 :** 그림의 밝기를 조절하여 보다 선명하거나 희미한 그림을 만들 수 있습니다.

⓮ **대비 :** 그림의 대비를 조절할 수 있습니다.

⓯ **여백 :** 자주 사용하는 바깥 여백 이미지 꾸러미가 펼쳐집니다.

⓰ **한포토 :** [한포토] 창이 나타나며 그림의 보정 · 편집을 할 수 있습니다.

⓱ **높이/너비 :** 그림 개체의 높이/너비를 설정합니다.

⓲ **크기 고정 :** 그림 개체의 [너비]와 [높이]를 모두 [고정 값]으로 선택하여 그림 개체의 크기를 변경할 수 없게 합니다.

⓳ **너비를 같게 :** 선택한 개체의 너비를 기준 개체의 너비와 같게 만듭니다.

⓴ **높이를 같게 :** 선택한 개체의 높이를 기준 개체의 높이와 같게 만듭니다.

㉑ **너비/높이를 같게 :** 선택한 개체의 너비/높이를 기준 개체의 너비/높이와 같게 만듭니다.

㉒ **자르기 :** 그림의 일부분을 잘라냅니다.

㉓ **배치 :** 개체와 본문을 어떤 방식으로 배치할 것인지를 설정합니다.

㉔ **맨 앞으로 :** '맨 앞으로'는 여러 개체가 포개져 있는 경우 순서를 맨 앞으로 이동하고 '앞으로'는 개체의 순서를 현재 순서보다 한 개체 앞으로 이동합니다.

㉕ **맨 뒤로 :** '맨 뒤로'는 여러 개체가 포개져 있는 경우 개체의 순서를 맨 뒤로 이동하고 '뒤로'는 개체의 순서를 현재 순서보다 한 개체 뒤로 이동합니다.

㉖ **맞춤 :** 여러 개체를 선택한 경우 개체의 정렬 기준 위치를 설정하거나 거리 배분을 설정합니다.

㉗ **그룹 :** 선택한 여러 개의 개체를 하나로 묶거나, 묶어 놓은 개체를 풀어줄 때 사용합니다.

㉘ **회전 :** 선택된 그림 개체를 1도부터 360도 사이에서 자유롭게 회전하고, 그림을 좌우 대칭, 상하 대칭으로 뒤집어 줍니다.

㉙ **개체 보호 :** '개체 보호하기'는 특정 그림을 개체 보호해서 선택이 되지 않게 하여 실수로 편집하거나 삭제되지 않게 하는 것이고, '모든 보호 개체 해제하기'는 [개체 보호] 기능을 사용한 모든 개체의 개체 보호를 해제할 때 사용합니다.

:: **준비파일** Part03₩Chapter02₩Section02₩로고.png, 1_img.jpg~8_img.jpg

표를 이용해 텍스트, 이미지 등 개체들이 삽입할 레이아웃을 잡고 이미지를 삽입하는 다양한 방법에 대해 알아봅니다.

01_ 용지의 여백 설정하기 위해 새 문서에서 [쪽] 탭ᅳ[쪽 여백]ᅳ[좁게]를 클릭합니다.

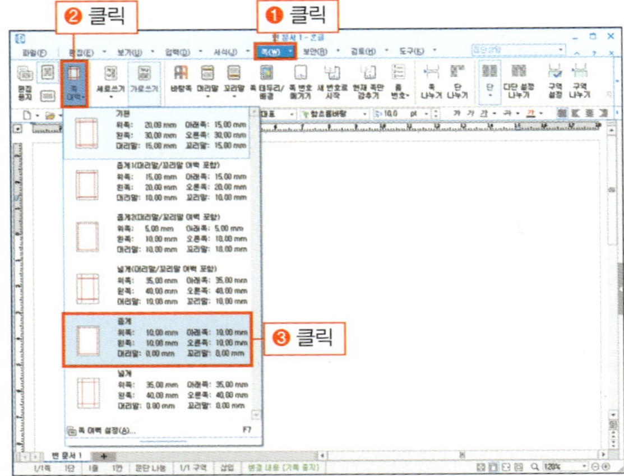

02_ 왼쪽 눈금자에서 Alt 를 누른 상태로 [위쪽 여백]을 아래로 드래그하면 이동한 거리가 cm 단위로 표시가 됩니다. '8cm' 정도까지 드래그합니다.

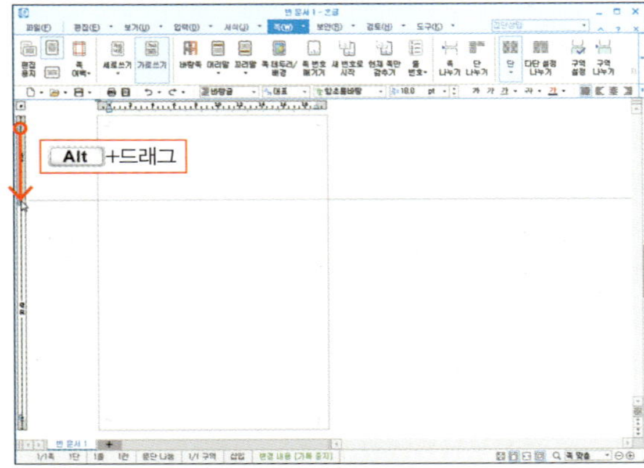

> **TIP**
> [위쪽 여백]은 영문 T자 모양입니다.

03_ 바탕글의 스타일을 변경하기 위해 [스타일] 단축키 F6 을 누릅니다. [스타일] 대화상자에서 [스타일 목록]ᅳ[바탕글]을 클릭하고 [글자 모양 정보]의 [글자 모양]을 클릭합니다. [글자 모양] 대화상자를 그림과 같이 설정하고 [설정]을 클릭합니다. [스타일] 대화상자에서도 [설정]을 클릭해 대화상자를 닫습니다.

- [기준 크기] : 12pt
- [글꼴] : HY견고딕
- [글자 색] : 검정 30%

04_ 제목을 꾸미기 위해 [입력] 탭-[다각형]을 클릭하고 문서 왼쪽 위 모서리를 시작점으로 선택하고 **Shift** 를 누른 상태로 두 번째 꼭짓점으로 드래그한 후 클릭, 세 번째, 네 번째 꼭짓점까지 클릭한 다음 **Shift** 를 눌러 다섯 번째 꼭짓점으로 드래그한 후 클릭합니다. **Shift** 를 눌러 처음 시작점을 클릭하면 다각형 도형이 완성됩니다.

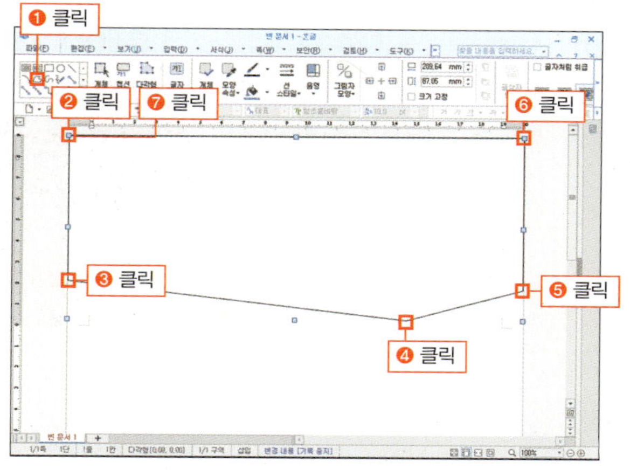

05_ 도형 안에 연한 파란색을 사용해 봅니다. [도형] 탭-[채우기] 펼침 단추(·)를 클릭하고 [색 골라내기]를 클릭합니다. 마우스 포인터가 스포이드 모양으로 바뀌면 한글 제목 표시줄의 연한 파란색 부분을 클릭하여 색상을 추출합니다.

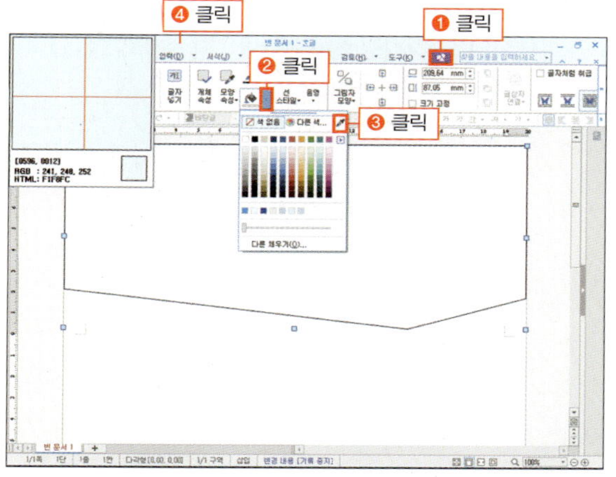

06_ **Ctrl** + **C** (복사) 후 **Ctrl** + **V** (붙여넣기)를 실행하여 도형을 한 개 더 복제합니다. 도형 안에 진한 파란색을 사용해 봅니다. [도형] 탭-[채우기] 펼침 단추(·)를 클릭하고 [색 골라내기]를 클릭합니다. 마우스 포인터가 스포이드 모양으로 바뀌면 한글 제목 표시줄의 '빈 문서' 글자를 클릭하여 진한 파란색 부분의 색상을 추출합니다.

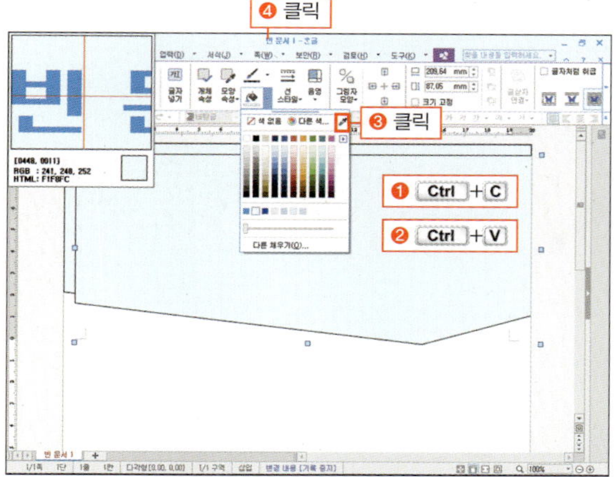

07_ Shift 와 위쪽 방향키를 눌러 도형의 크기를 조정합니다.

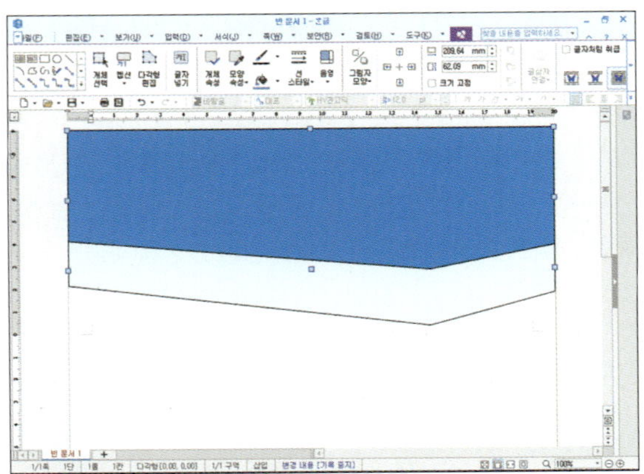

08_ [도형] 탭–[다각형 편집]을 클릭하고, 도형의 클릭점을 드래그하여 모양을 변경합니다.

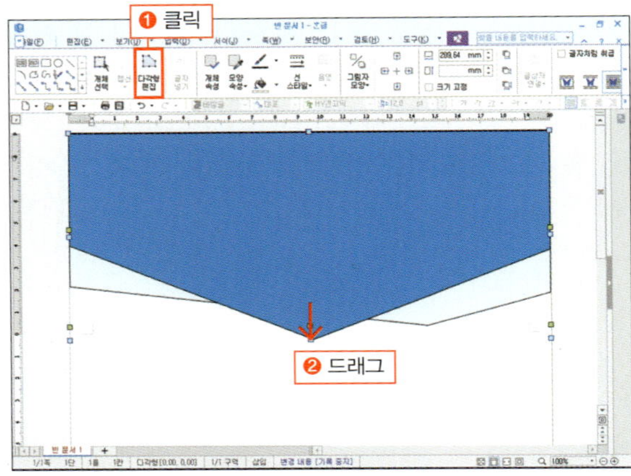

09_ Shift 를 누른 상태로 두 개의 도형을 모두 선택하고 [도형] 탭–[선 스타일]–[선 종류]–[선 없음]을 클릭합니다.

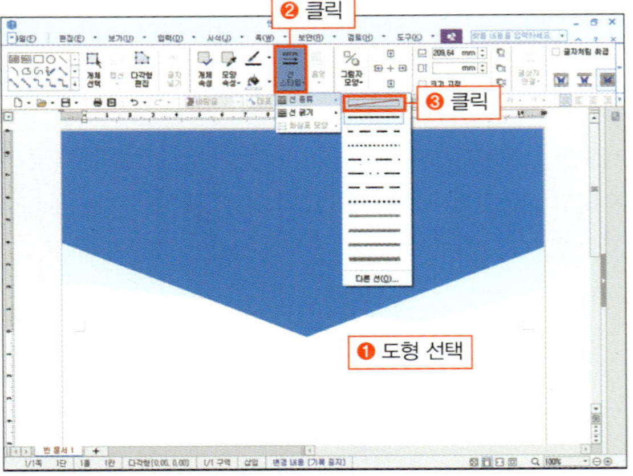

10_ [입력] 탭–[그림]을 클릭합니다. [그림 넣기] 대화상자에서 '로고.png' 파일을 선택하고 [마우스로 크기 지정]을 체크한 후 [넣기]를 클릭합니다.

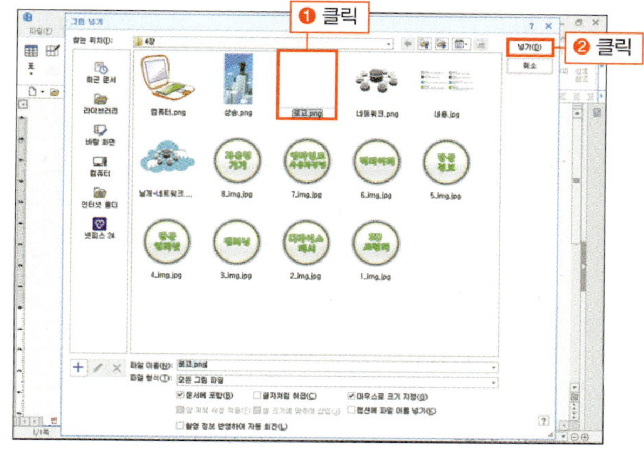

11_ 그림 파일을 삽입할 위치를 드래그합니다.

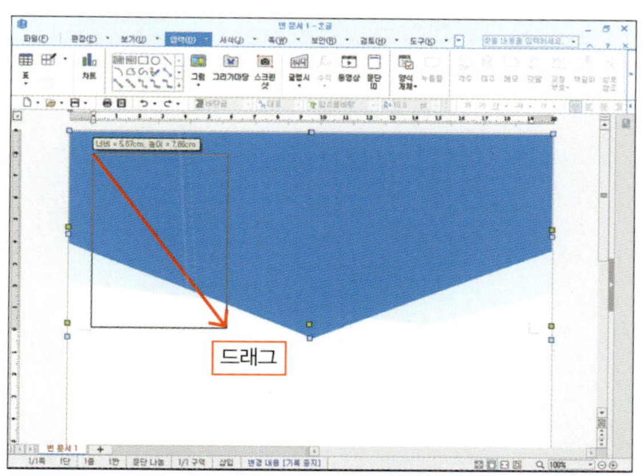

12_ 삽입한 그림을 선택하고 [그림] 탭–[배치]–[글 앞으로]를 클릭합니다.

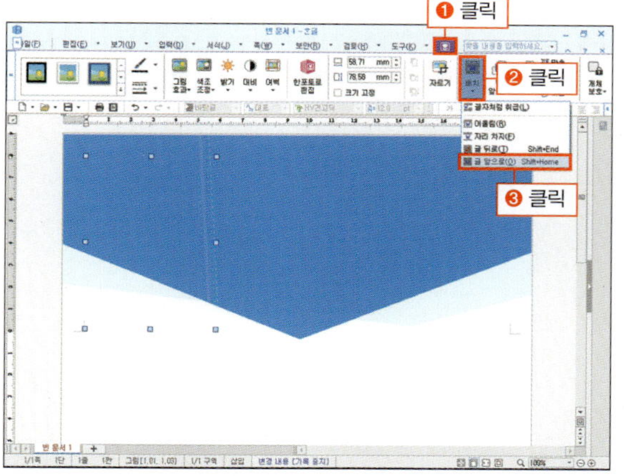

13_ [그림] 탭-[개체 속성]을 클릭하여 [개체 속성] 대화상자가 나타나면 [그림자] 탭-[대각선 왼쪽 위]를 선택하고 [설정]을 클릭합니다.

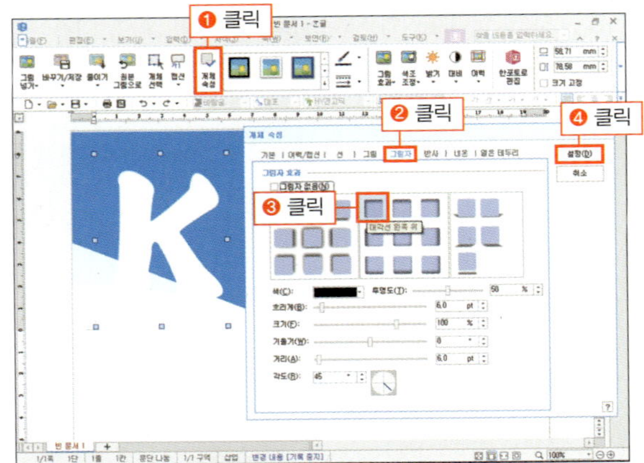

14_ [입력] 탭-[가로 글상자]를 클릭하고 드래그하여 글상자를 삽입합니다.

15_ 글상자에 'Information Technology'를 입력하고 다음과 같이 설정한 후 [도형] 탭-[채우기] 펼침 단추(·)-[색 없음], [선 스타일]-[선 종류]-[선 없음]을 클릭합니다.

- [글꼴] : 함초롬바탕
- [진하게] : 선택
- [글자 크기] : 30pt
- [글자 색] : 하얀색

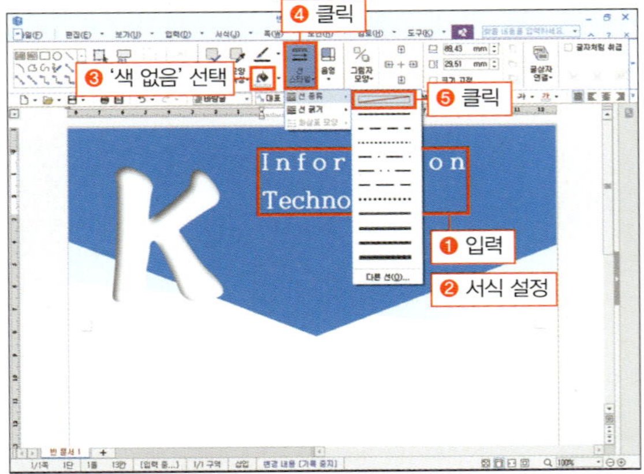

16_ 가로 글상자를 선택하고 Shift 와 방향키로 글상자의 크기를 조정한 후 방향키로 위치를 조정합니다.

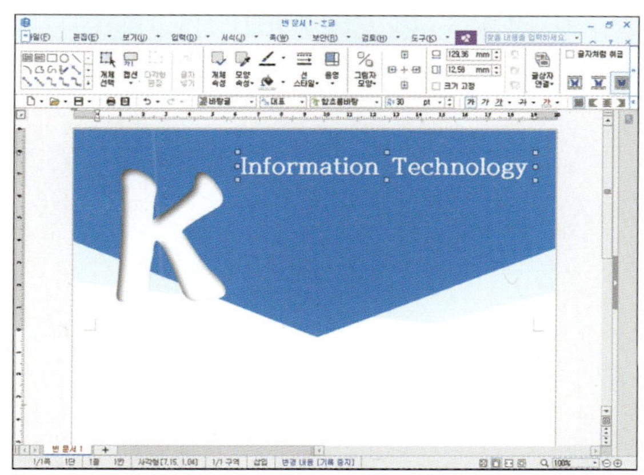

17_ 'Information Technology' 글상자를 선택하고 Ctrl + Shift 를 누른 상태에서 아래쪽으로 드래그하여 수직으로 글상자를 복사합니다. 그리고 '사회를 바꾸는 최신 IT 트렌드'로 내용을 변경한 후 다음과 같이 설정합니다.

- [글꼴] : 함초롬바탕
- [진하게] : 선택
- [글자 크기] : 43pt
- [글자 색] : 하얀색
- [줄 간격] : 100

18_ 본문에 커서를 위치시키고 [입력] 탭−[표]를 클릭합니다. [표 만들기] 대화상자를 다음과 같이 설정한 후 [만들기]를 클릭합니다.

- [줄 수] : 1
- [칸 수] : 8
- [글자처럼 취급] : 선택

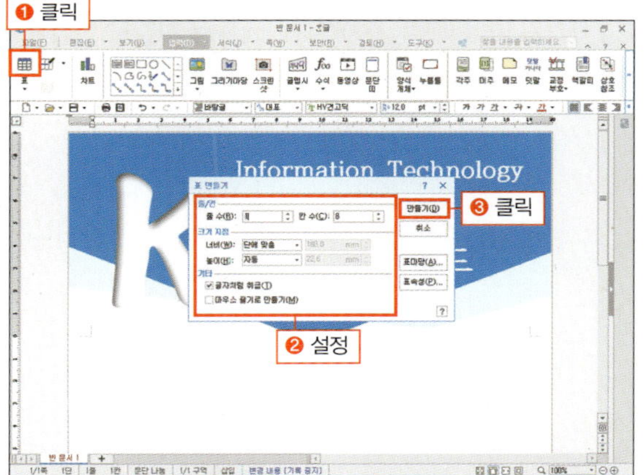

19_ 커서를 표의 가장 왼쪽에 위치시키고, [표] 탭-[일반-투명]을 클릭하여 테두리를 투명하게 변경합니다.

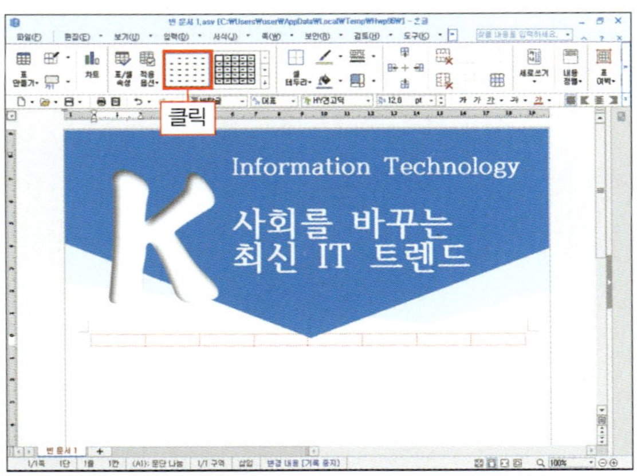

20_ [F5]를 눌러 셀 범위를 지정하고 [셀 배경] 단축키 [C]를 누릅니다. [셀 테두리/배경] 대화상자가 나타나면 [배경] 탭-[그림]을 클릭하고 [그림 선택]을 클릭합니다.

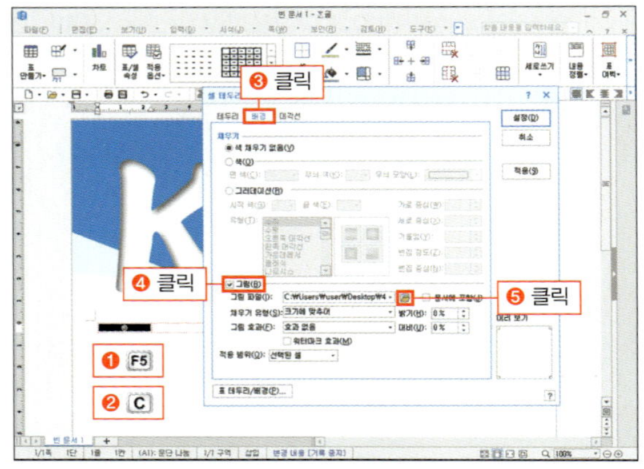

21_ [그림 넣기] 대화상자에서 '1_img.jpg' 파일을 선택하고 [넣기]를 클릭합니다.

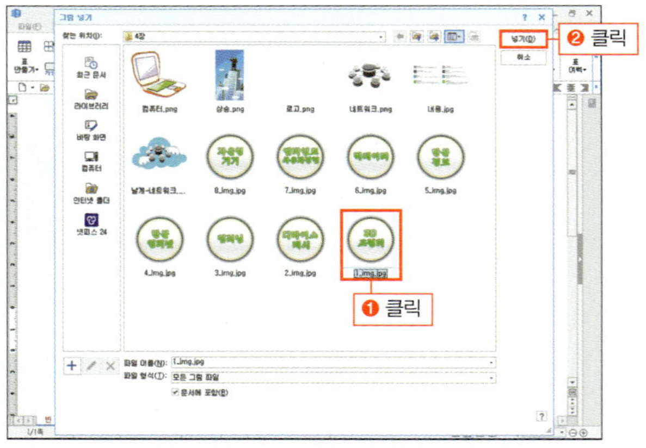

22_ [셀 테두리/배경] 대화상자로 돌아오면 [채우기]-[채우기 유형]-[크기에 맞추어]를 클릭하고 [설정]을 클릭합니다.

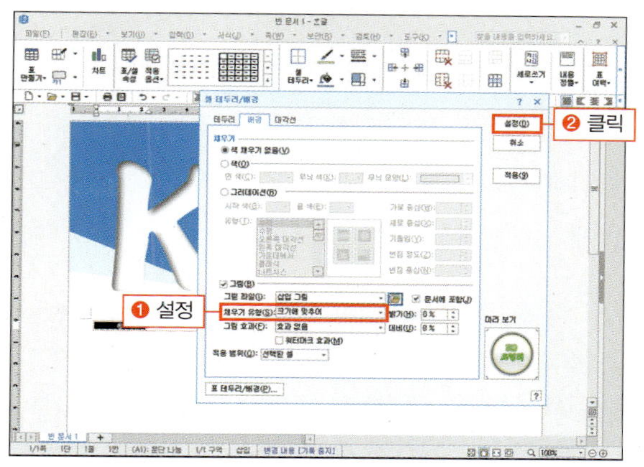

23_ 표의 셀 안에 그림으로 채워진 것을 확인할 수 있습니다. **Ctrl** + **↓** 를 여러 번 눌러 표 높이를 적당히 키워주면 그림이 셀 크기에 맞게 확대됩니다.

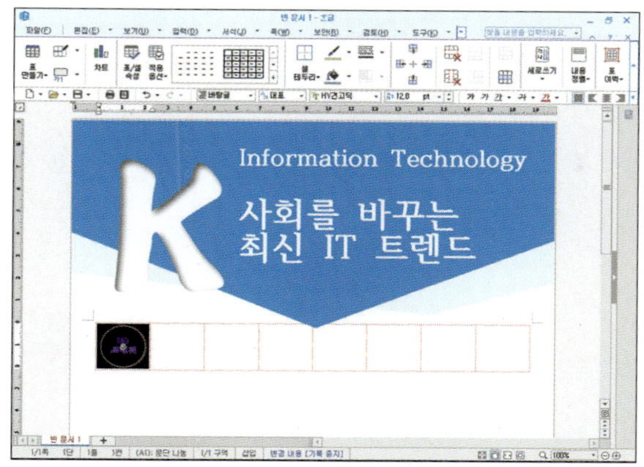

24_ 앞선 따라하기와 마찬가지로 각각의 셀로 이동하여 그림을 채워줍니다.

두 번째 셀 : 2_img
네 번째 셀 : 4_img
여섯 번째 셀 : 6_img
여덟 번째 셀 : 8_img
세 번째 셀 : 3_img
다섯 번째 셀 : 5_img
일곱 번째 셀 : 7_img

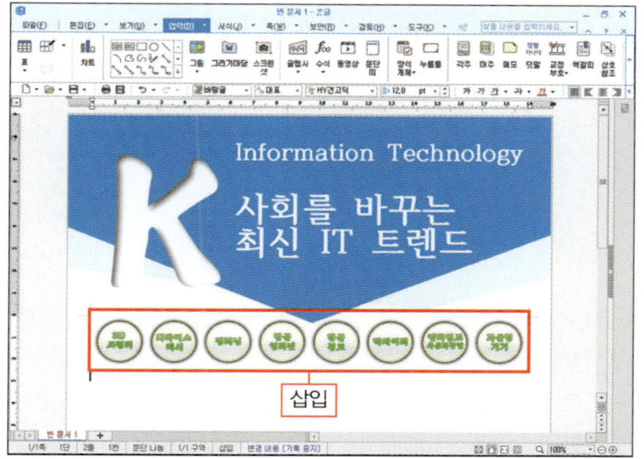

그림 삽입하고 효과 적용하기

:: **준비파일** Part03₩Chapter02₩Section02₩상승.png

앞선 따라하기에 이어서 문서에 그림을 삽입하고 한글에서 제공하는 다양한 그림 서식을 설정하는 방법에 대해 알아보겠습니다.

01_ [입력] 탭–[그리기마당]을 클릭하고 [그리기마당] 대화상자의 [공유 클립아트] 탭을 선택합니다. [선택할 꾸러미]에서 [상승]을 선택하고 스크롤바를 내려 '달성03'을 더블클릭하거나 [넣기]를 클릭합니다.

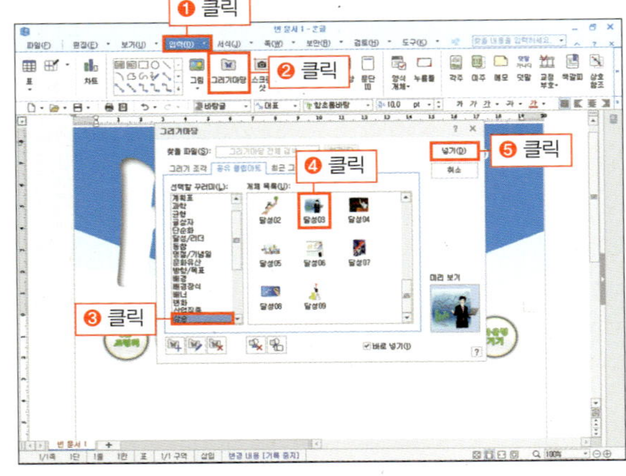

02_ 드래그하여 위치를 지정한 뒤 [그림] 탭–[배치]–[글 앞으로]를 클릭합니다.

03_ 삽입한 그림을 선택하고 [그림] 탭–[회색 아래쪽 그림자]에 마우스 포인터를 위치시키면 그림 효과를 미리 보기로 확인할 수 있습니다. 다양한 효과를 보기 위하여 [자세히]를 클릭합니다.

04_ [그림] 탭-[옅은 테두리 반사]를 클릭하여 그림 효과를 적용합니다.

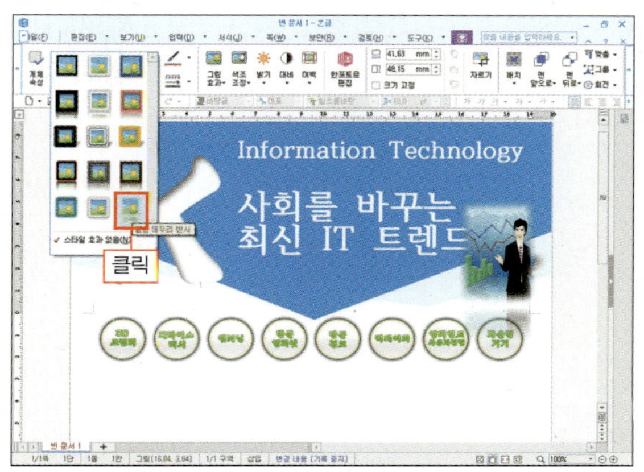

05_ 옅은 테두리의 강도는 사용자가 직접 선택하여 조절할 수 있습니다. 그림을 선택하고 [그림] 탭-[그림 효과]-[옅은 테두리]-[30pt]를 클릭하여 그림의 바깥쪽 테두리 영역에 희미한 효과를 적용합니다.

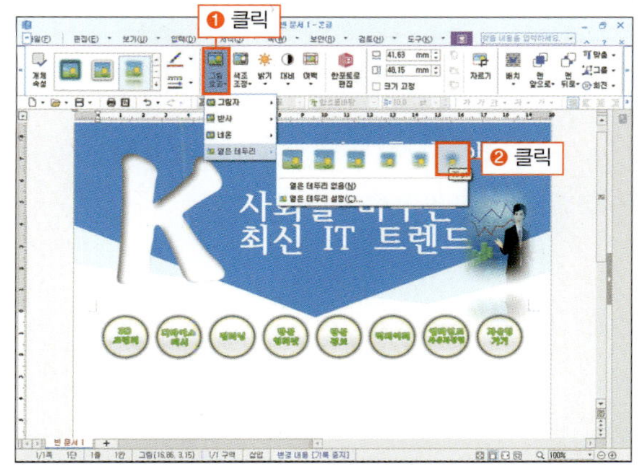

06_ 그림을 선택하고 [그림] 탭-[그림 효과]-[반사]-[전체 크기, 근접]을 클릭하여 그림 아래쪽에 반사된 그림자가 나타나게 합니다.

07_ 삽입된 그림은 [그림] 탭-[개체 속성]을 클릭하여 사용자가 효과를 직접 변경할 수 있습니다. [옅은 테두리] 탭의 [크기]를 '50'으로 설정하고 [설정]을 클릭합니다.

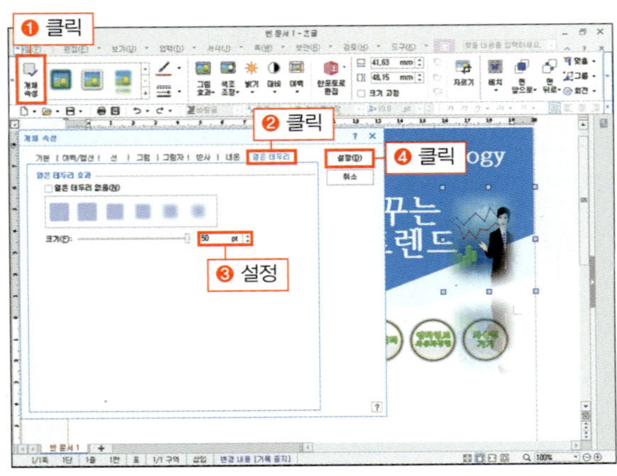

> **TIP**
> [개체 속성] 탭의 [그림]-[밝기]를 '100'으로 설정하면 그림 전체가 흰색으로 나타납니다.

08_ 효과가 적용된 그림은 위치 및 효과 속성을 유지하면서 다른 그림으로 변경할 수 있습니다. 그림을 선택하고 [그림] 탭-[바꾸기/저장]-[그림 바꾸기]를 클릭합니다. [그림 넣기] 대화상자에서 '상승.png' 파일을 선택하고 [넣기]를 클릭합니다.

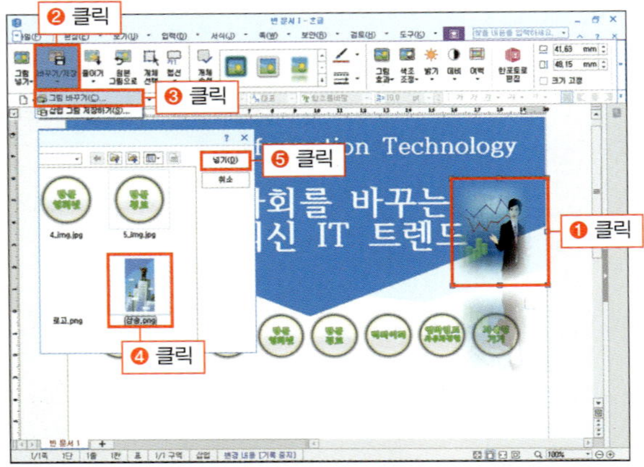

09_ **Shift**를 누른 상태로 키보드 방향키를 이용하여 크기와 위치를 그림과 같이 설정합니다.

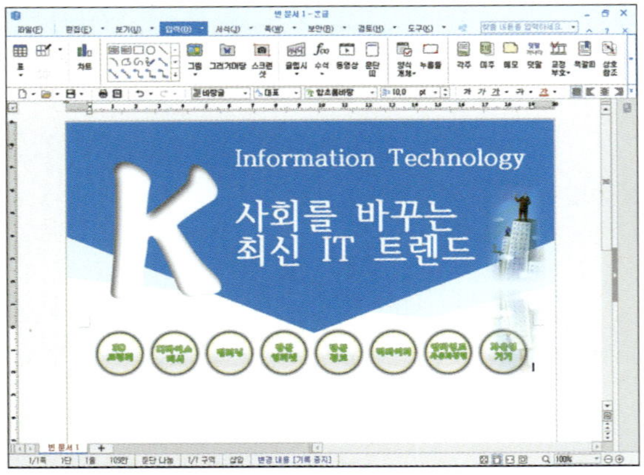

스크린 샷 & 한포토로 그림 편집하기

:: **준비파일** Part03₩Chapter02₩Section02₩내용.jpg

한글에서 제공하는 '스크린 샷' 기능을 이용하여 화면을 캡처한 후 한컴오피스 NEO에서 제공하는 '한 포토'를 이용하면 그림에 효과를 적용하고 배경을 제거할 수도 있습니다.

01_ 앞선 따라하기에 이어서 작업 중인 창 화면을 캡처 하기 위해 [입력] 탭-[스크린 샷]을 클릭합니다. [스크린 샷] 대화상자에서 현재 작업 중인 한글 창을 선택하고 [넣 기]를 클릭합니다.

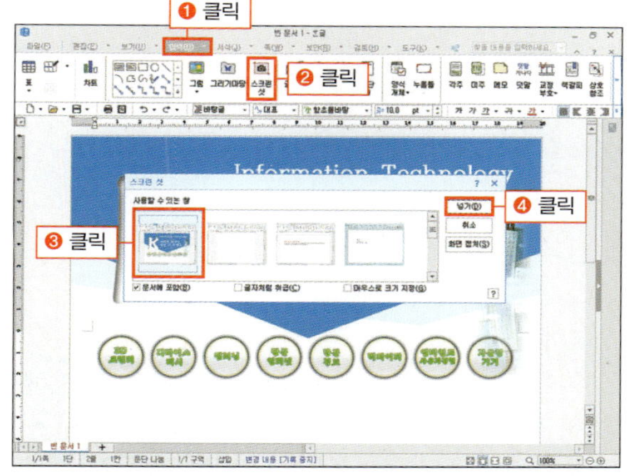

02_ 작업 화면이 복사되어 나타납니다. 그림을 선택한 후 [그림] 탭-[자르기]를 클릭합니다.

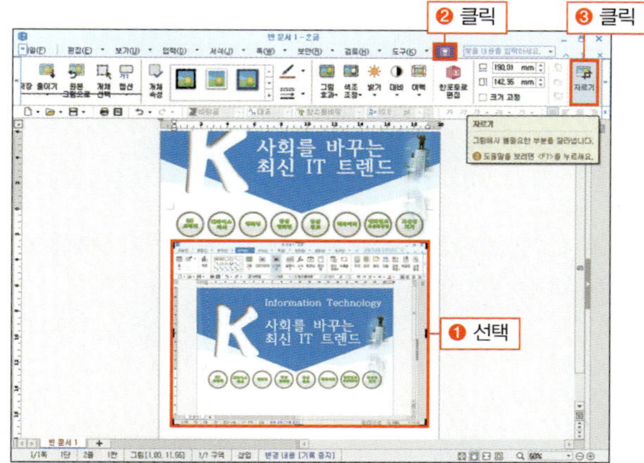

03_ 자르기 표시가 나타나면 상하좌우로 드래그하여 불 필요한 영역을 제거합니다.

> **TIP**
> 자르기 단축키 : Shift 를 누른 상태에서 마우스 포인 터로 사각 테두리를 드래그

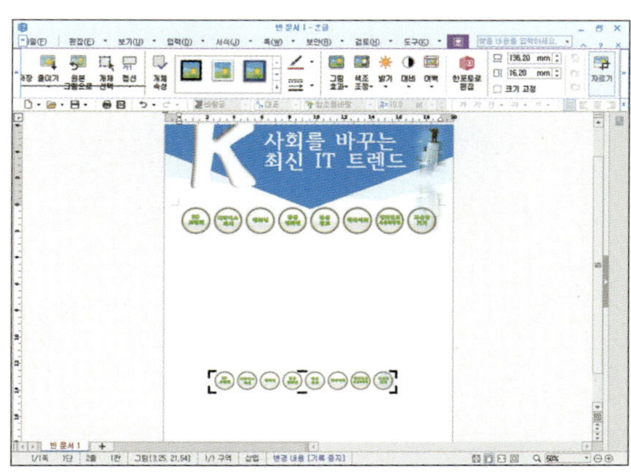

04_ 그림을 드래그하면 본문 영역에만 위치가 이동됩니다. 머리글 영역으로 이동하기 위하여 그림을 더블클릭하거나, [그림] 탭–[개체 속성]을 클릭하여 [개체 속성] 대화상자가 나타나면 [기본] 탭에서 [글 앞으로]를 클릭하고 가로와 세로를 [종이]로 설정한 후 [설정]을 클릭합니다.

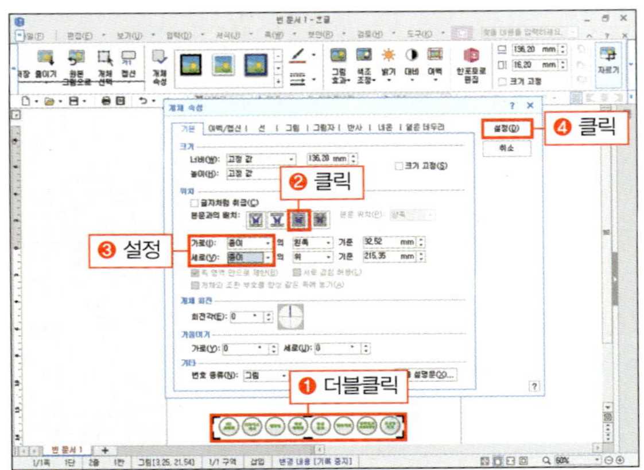

05_ 그림의 크기 및 위치를 조정합니다.

06_ 그림을 보정하고 및 흰색 배경을 제거하기 위해 [그림] 탭–[한포토로 편집]을 클릭합니다.

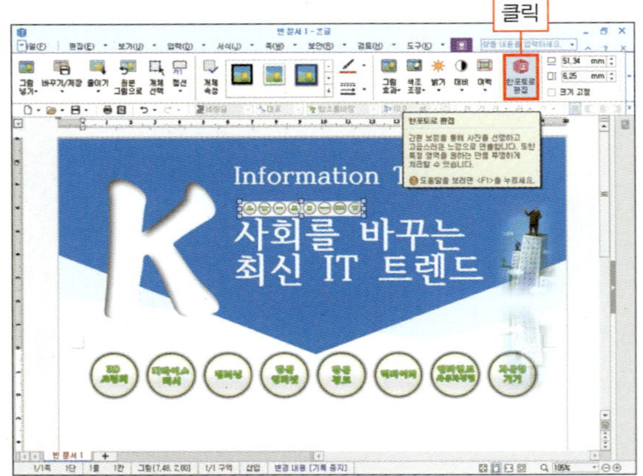

07_ [한포토] 편집 화면에서 왼쪽 하단의 버튼을 클릭하여 보정 전, 보정 후의 배치를 조정합니다.

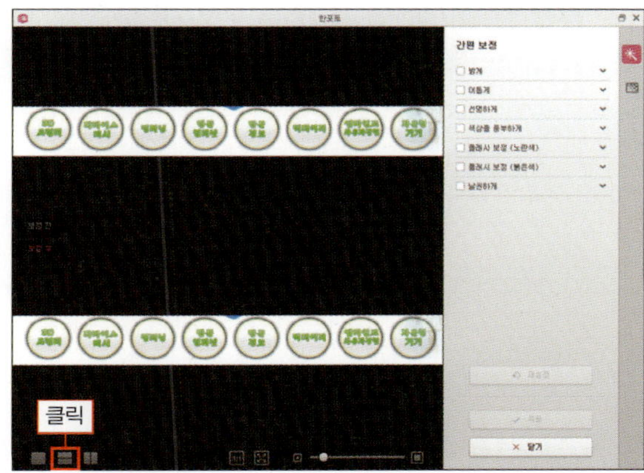

08_ [선명하게]를 체크하고 [5단계]를 선택하면 흰색은 더욱 희게, 어두운 색은 더욱 진하게 변경됩니다.

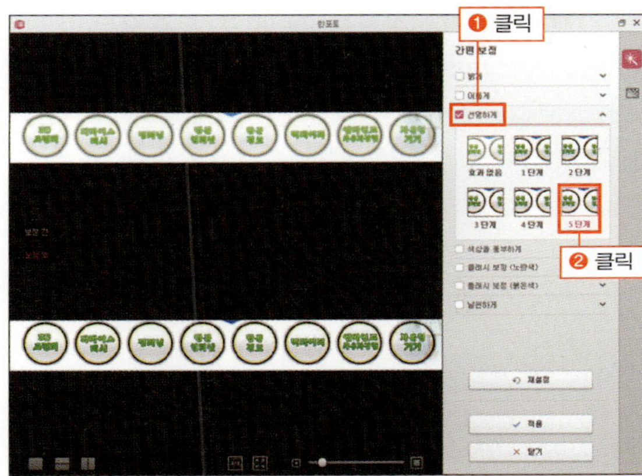

09_ [플래시 보정(노란색)]에 체크하고 [5단계]를 클릭하면 노란색 색상이 제거됩니다.

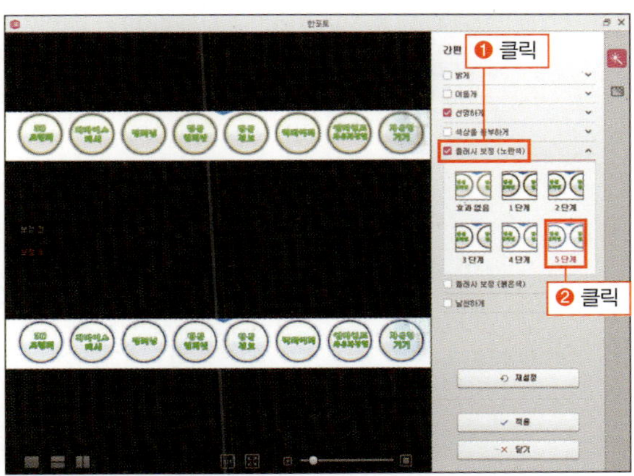

10_ 우측 하단의 확대를 선택하여 보정 사항을 자세히 확인합니다.

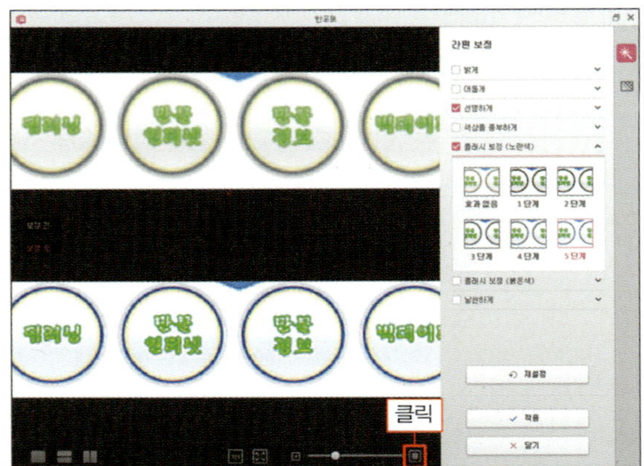

11_ [배경 투명하게 하기]를 클릭하고 [유사 색상 범위]를 '15'로 설정한 후 흰색 영역을 클릭하여 배경 흰색을 제거합니다. 그림을 왼쪽 오른쪽으로 이동하여 흰색 배경을 클릭 반복하여 모든 흰색 배경을 제거한 후 [적용]을 클릭합니다.

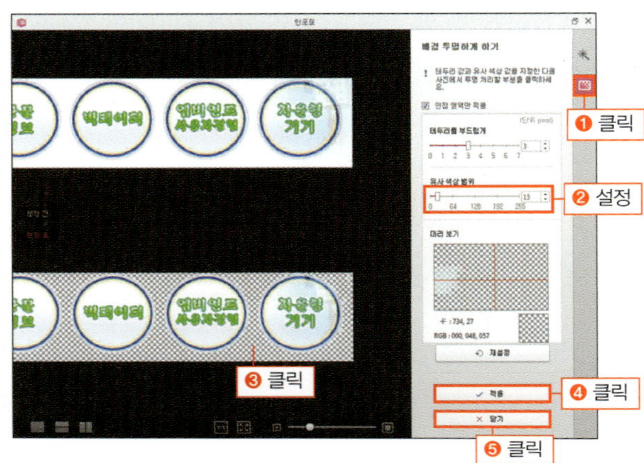

12_ [그림] 탭–[색조 조정]–[회색조]를 클릭하여 색상을 차분하게 변경합니다.

13_ [편집] 탭–[표]를 클릭하고, [표 만들기] 대화상자에서 다음과 같이 설정한 후 [만들기]를 클릭합니다.

- [줄 수] : 2
- [칸 수] : 2

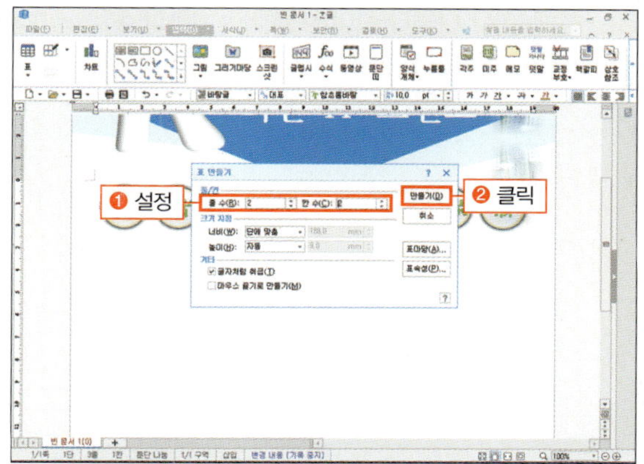

14_ 커서를 표 안에 두고 [표] 탭–[일반–투명]을 클릭하고 [표] 탭–[표 여백]–[표 모든 셀의 안 여백]–[없음]을 클릭합니다.

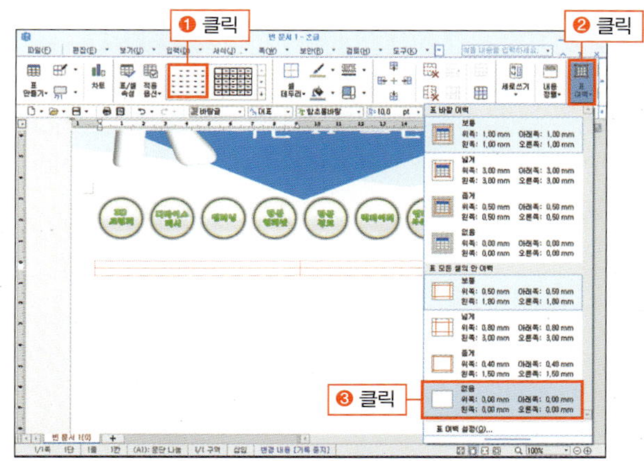

15_ 셀 배경 색을 여러 색으로 설정하기에 편하도록 메뉴에서 [셀 배경 색]을 분리해 봅니다. [표] 탭–[셀 배경 색] 펼침 단추(·)를 클릭하고 그림처럼 드래그하면 셀 배경 색이 분리됩니다.

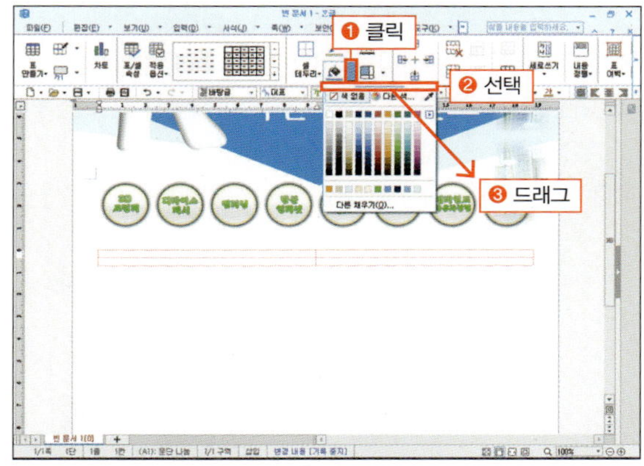

16_ 각 셀마다 다음과 같이 설정하고 왼쪽의 셀의 크기를 오른쪽으로 넓혀 조정합니다.

- 첫 번째 [셀 배경 색] : 연한 올리브색
- 두 번째 [셀 배경 색] : 노른자색

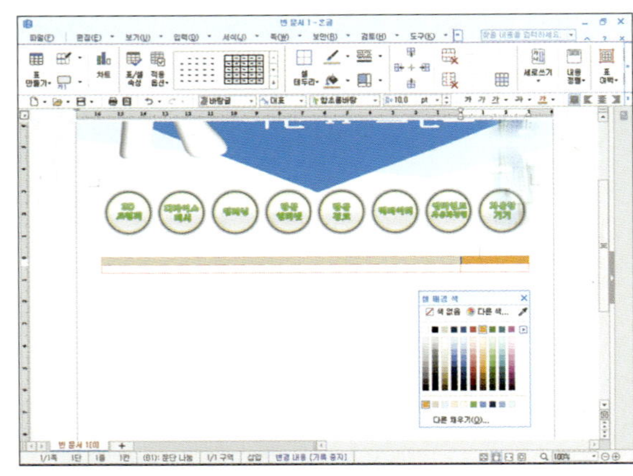

17_ 두 번째 줄 표에 커서를 두고 범위를 지정하고, M을 눌러 셀을 병합한 후 [입력] 탭–[그림]을 클릭합니다. [그림 넣기] 대화상자에서 [글자처럼 취급]에 체크하고 '내용.jpg' 파일을 선택한 후 [넣기]를 클릭합니다. 그러면 표의 크기에 맞게 그림의 크기가 자동 조정됩니다.

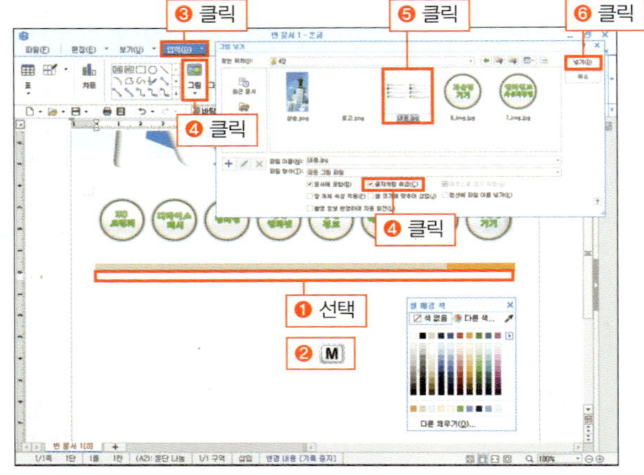

18_ 가장 윗줄을 범위로 지정하고 Ctrl + C 를 눌러 복사, 표 밖의 빈 곳에서 Ctrl + V 를 눌러 붙여넣습니다. 표 안에 커서를 두고 마우스 오른쪽 버튼을 클릭한 후 [표 뒤집기]를 선택합니다. [표 뒤집기] 대화상자에서 [칸 기준 뒤집기]를 선택하고 [뒤집기]를 클릭합니다.

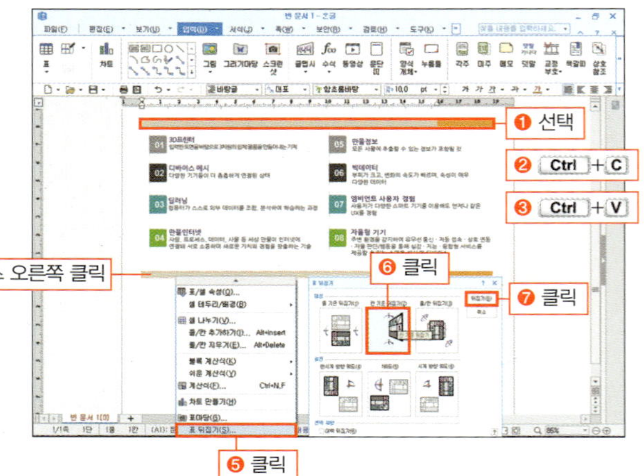

19_ 첫 번째 행에 커서를 두고 아래쪽으로 한줄 이동한 뒤 두 번째 행에서 [표] 탭의 펼침 단추(·)를 클릭, [표 붙이기]를 선택합니다.

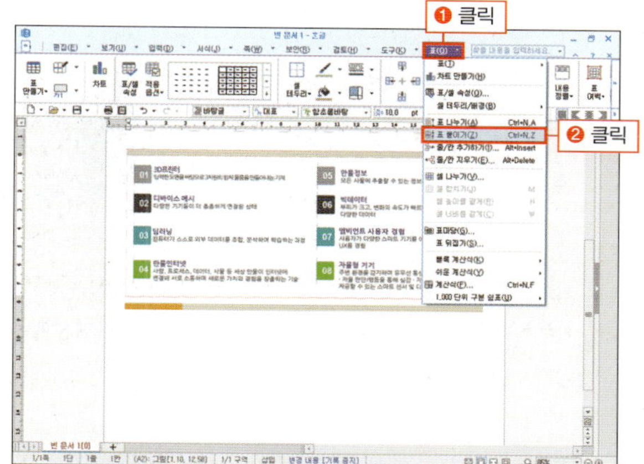

20_ **F5** 를 세 번 눌러 전체 표를 선택하고 글자 크기를 '3'으로 조정하고, **Ctrl** +방향키로 표 크기를 조정하면 위 아래 색상 띠의 높이가 작게 조정됩니다.

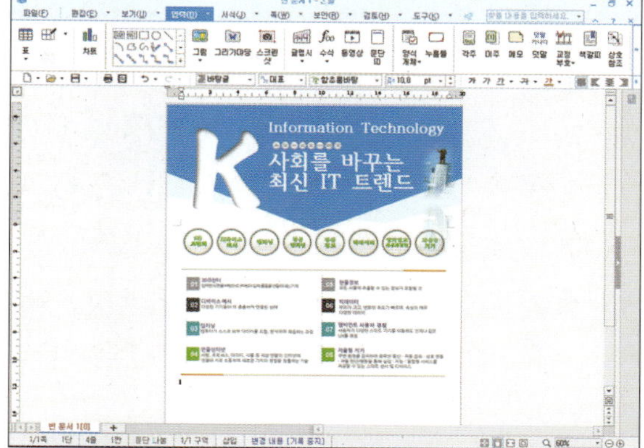

TIP

색상 띠가 작아서 커서가 표에 들어가지 않으면 화면의 크기를 확대하여 클릭합니다.

그리기마당 활용하고 개체 풀기

:: **준비파일** Part03₩Chapter02₩Section02₩컴퓨터.png, 네트워크.png

그리기마당은 자주 사용하는 그림을 등록해 놓고 필요할 때마다 원하는 그림을 빠르고 쉽게 사용할 수 있습니다. 그리기마당에 등록되어 있는 그림을 삽입하고 편집하는 방법에 대해 알아보겠습니다.

01_ 앞선 따라하기에 이어서 빈 화면에 커서를 위치시키고 [입력] 탭–[그리기마당]을 클릭합니다. [그리기마당] 대화상자의 [찾을 파일]에 '날개'를 입력하고 [찾기]를 클릭합니다. [찾기 결과]–[그리기 조각]의 그림을 선택하고 [넣기]를 클릭합니다.

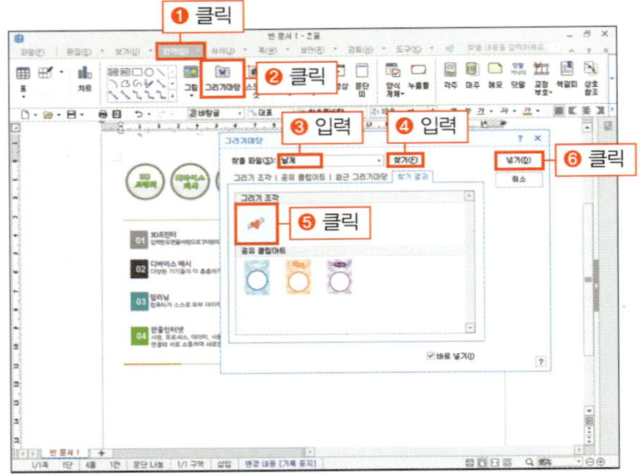

02_ 마우스 포인트 모양이 그림과 같이 십자 모양으로 변하면 그림표처럼 표 아래에 적당한 크기로 드래그합니다.

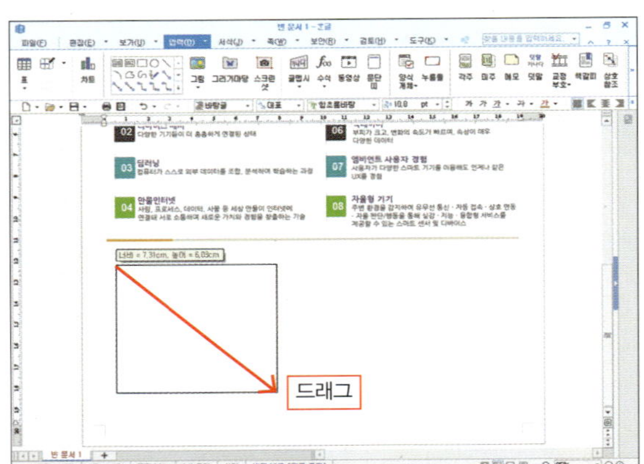

03_ 삽입된 이미지에서 마우스 오른쪽 버튼을 클릭하고 [개체 풀기]를 선택합니다.

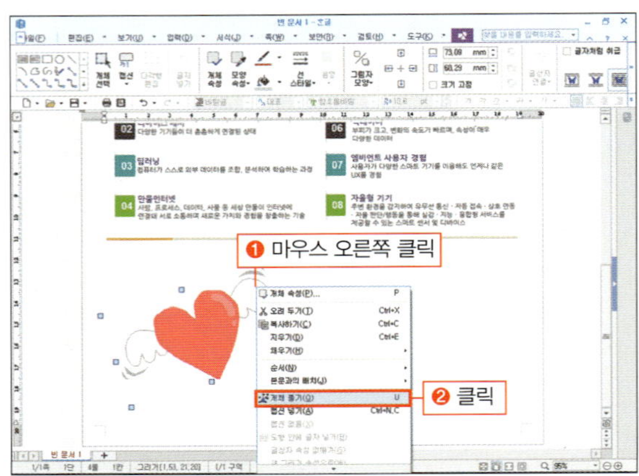

04_ 빈 화면을 클릭하고 '하트' 이미지를 선택한 후
Delete 를 눌러 삭제합니다.

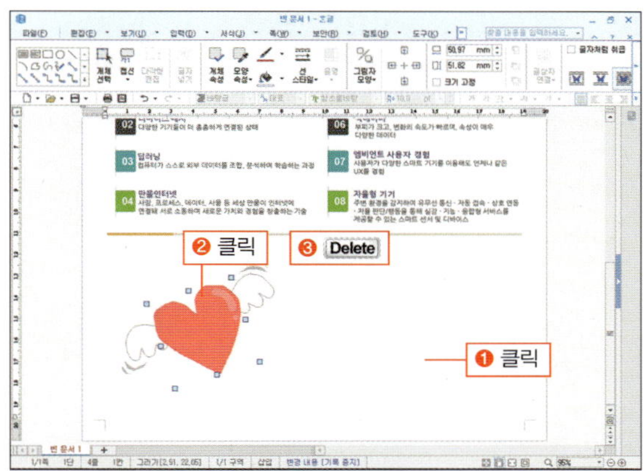

05_ [입력] 탭–[그림]을 클릭합니다. [그림 넣기] 대화상
자의 [찾는 위치]에서 '컴퓨터.png' 파일을 선택하고 [마우
스로 크기 지정]을 체크한 후 [넣기]를 클릭합니다.

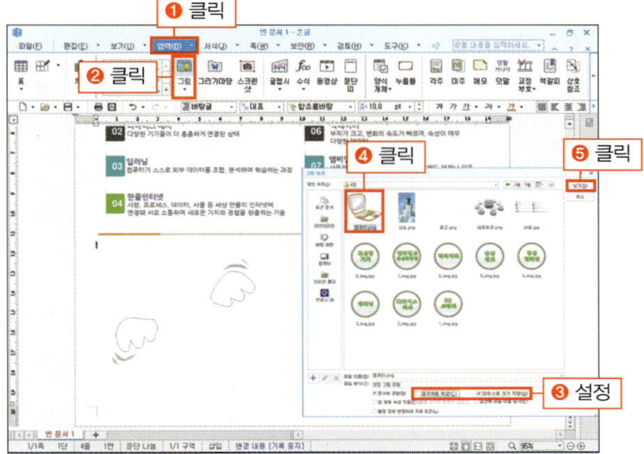

06_ 마우스 포인터 모양이 그림과 같이 십자 모양일 때
그림처럼 날개 그림 사이에 드래그합니다. 그리고, 마우
스 오른쪽 버튼을 클릭한 후 [글 앞으로]를 선택합니다.

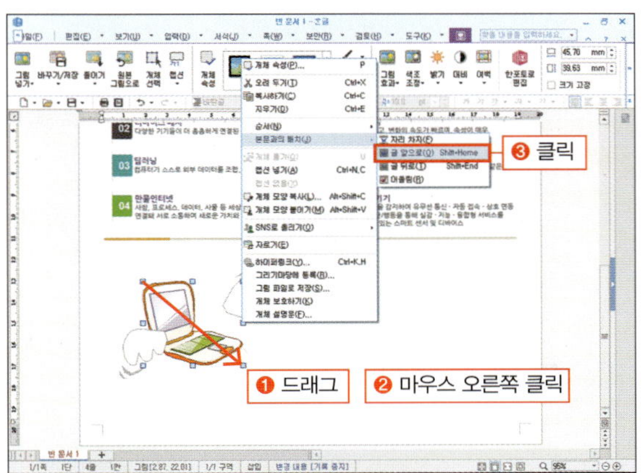

07_ 그림 개체를 선택하고 [그림] 탭–[개체 선택]을 클릭한 후 '컴퓨터.png' 파일과 날개 그림을 드래그하여 모두 선택합니다.

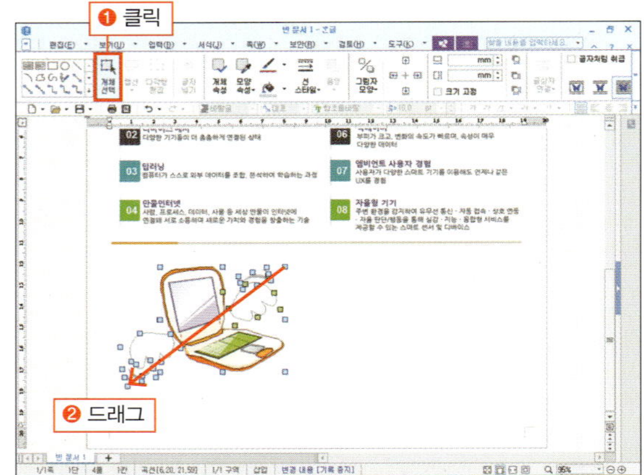

08_ [그림] 탭–[그룹]–[개체 묶기]를 클릭하여 한 개의 개체로 묶어주면 크기 변경 및 위치 이동 등을 동시에 할 수 있습니다.

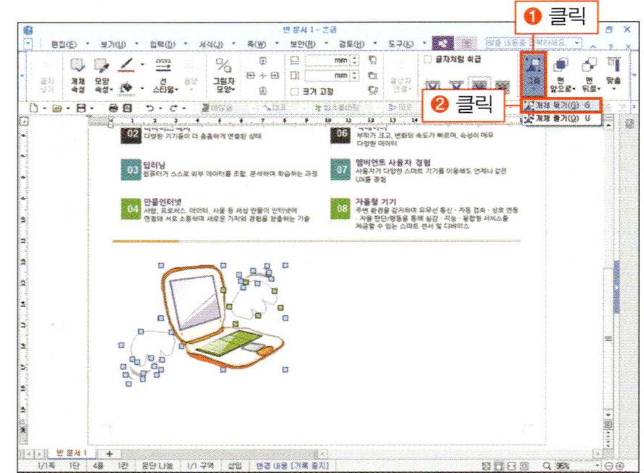

09_ [입력] 탭–[그리기마당]을 클릭하고 [그리기마당] 대화상자에서 [찾을 파일]에 '구름'을 입력한 후 [찾기]를 클릭합니다. [찾기 결과]–[공유 클립아트]의 '푸른하늘02'를 선택하고 [넣기]를 클릭합니다.

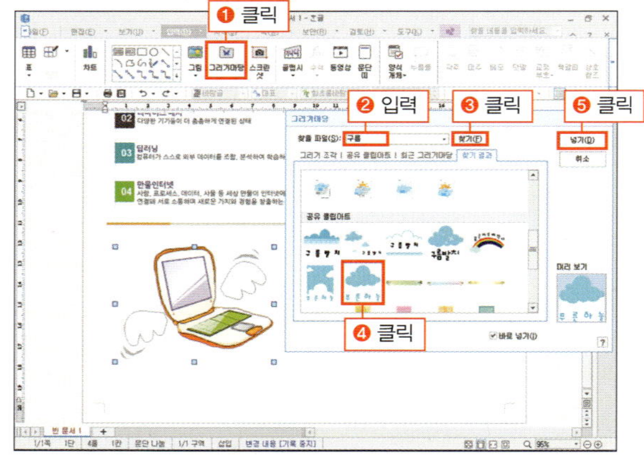

10_ 마우스 포인터 모양이 그림과 같이 십자 모양일 때 드래그하여 그림을 삽입합니다.

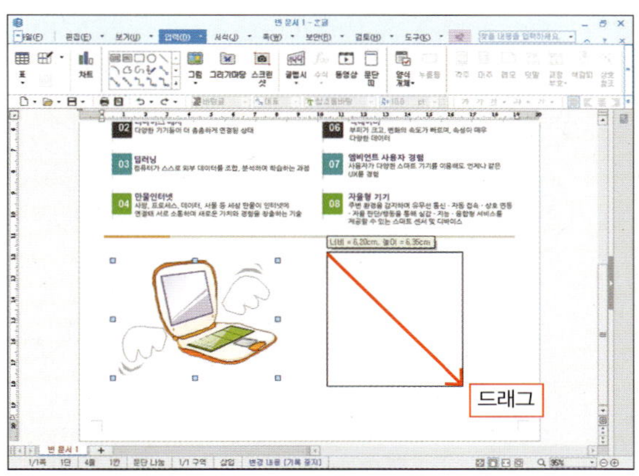

11_ 삽입된 그림의 아래쪽 가운데 크기 조정점에 마우스 포인터를 위치시키고 Shift 를 누른 상태에서 위쪽 방향으로 드래그하여 '푸른하늘' 글자를 잘라냅니다.

[그림 자르기] 단축키 : Shift +드래그

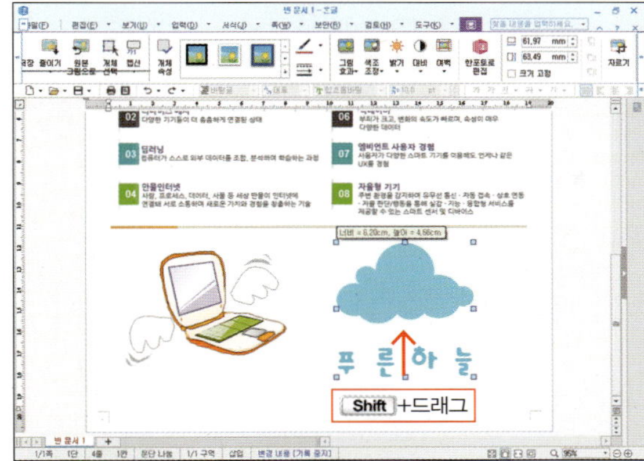

12_ 구름의 위치를 조정하여 기존 그림과 겹친 뒤 Shift 를 누른 상태로 각각 선택하고 마우스 오른쪽 버튼을 클릭한 후 [개체 묶기]를 선택합니다.

[개체 묶기] 단축키 : G

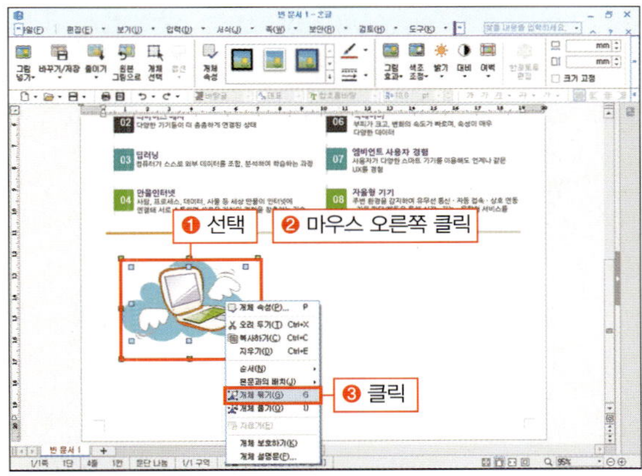

13_ Ctrl+Shift를 누르고 오른쪽으로 드래그하여 일직선으로 복사합니다.

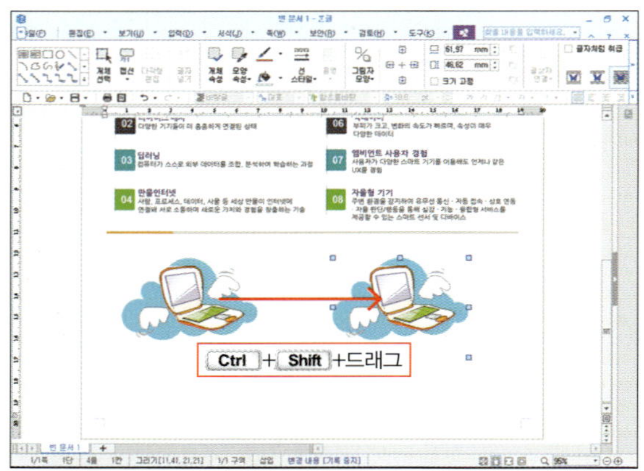

14_ 복사된 그림을 마우스 오른쪽 버튼으로 클릭한 후 [개체 풀기]를 두 번 선택합니다.

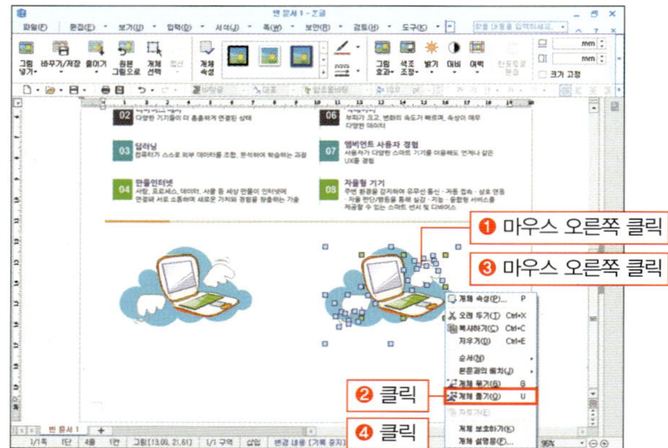

> **TIP**
>
> [개체 풀기] 단축키 : U

15_ 배경을 클릭하고 다시 '컴퓨터.png' 파일을 선택합니다. [그림] 탭–[바꾸기/저장]–[그림 바꾸기]를 클릭하여 [그림 넣기] 대화상자에서 '네트워크.png' 파일을 선택하고 [넣기]를 클릭합니다.

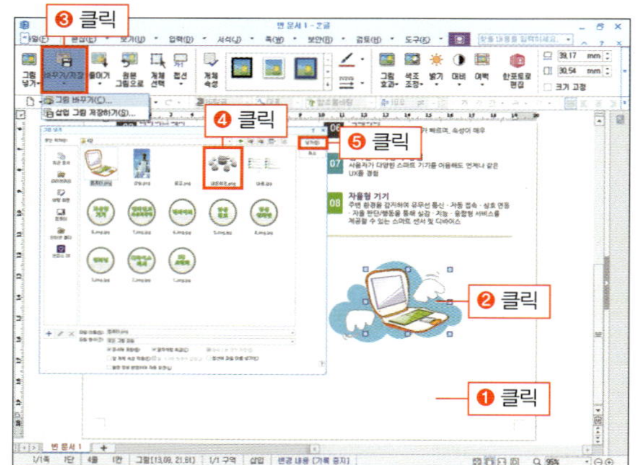

16_ 날개의 방향을 변경하기 위해 날개를 선택하고 [도형] 탭-[회전]-[개체 회전]을 클릭합니다.

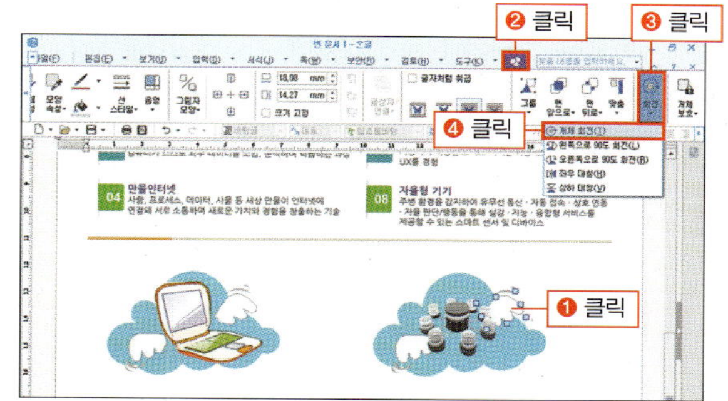

17_ 회전 표시를 클릭하고 드래그하여 날개의 위치를 조정합니다. 만약 회전 조절점이 나타나지 않는다면 화면을 확대하여 진행합니다.

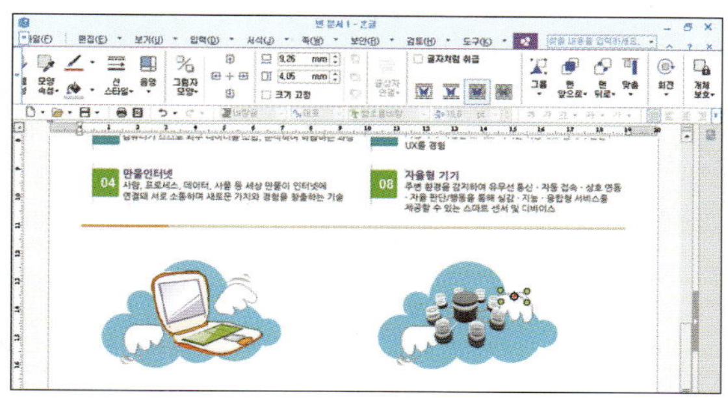

18_ [도형] 탭-[개체 선택]을 클릭하고 오른쪽의 이미지를 드래그하고 마우스 오른쪽 버튼을 클릭한 후 [개체 묶기]를 선택합니다.

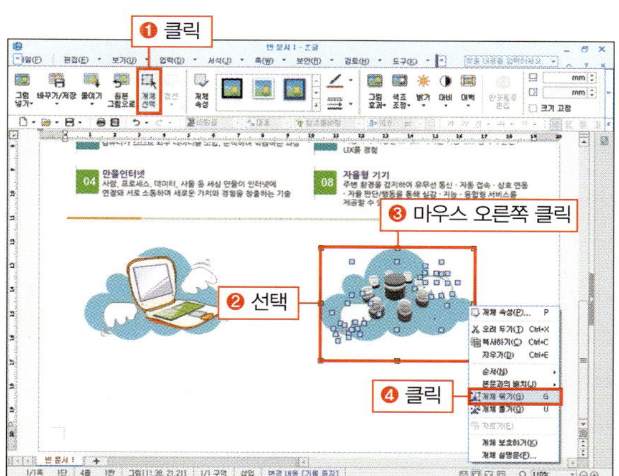

19_ 개체 풀기와 묶기를 진행한 이미지를 한글의 그리기마당에 등록하기 위해 [입력] 탭-[그리기마당]을 클릭합니다. [그리기마당] 대화상자에서 [새 꾸러미]를 클릭하고 [새 꾸러미] 대화상자의 [꾸러미 이름]에 '1'을 입력하고 [설정]을 클릭합니다. [취소]를 클릭하여 [그리기마당]을 종료합니다.

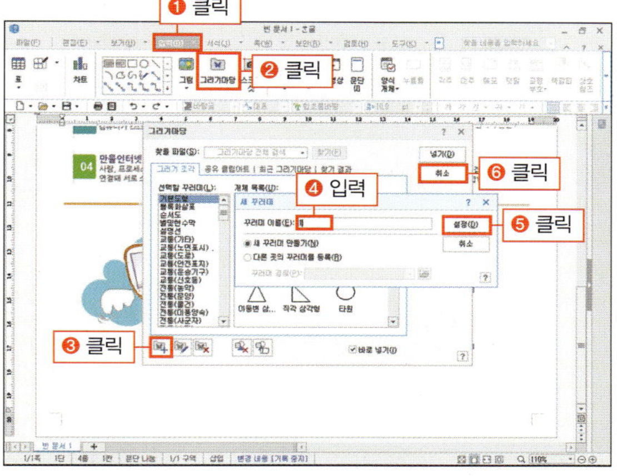

20_ 작업된 그림을 마우스 오른쪽 버튼으로 클릭하고 [그리기마당에 등록]을 선택합니다.

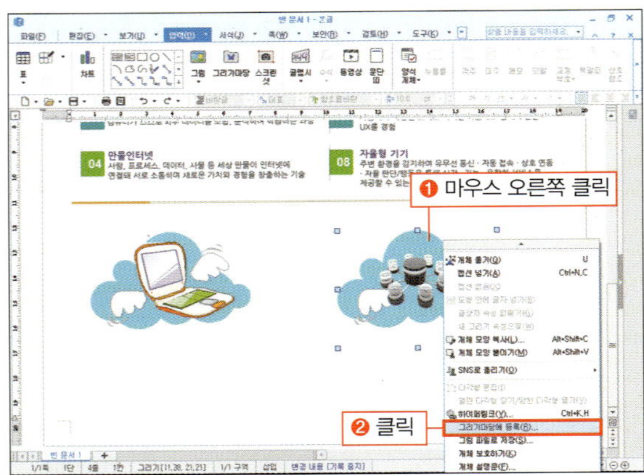

21_ [그리기 조각 등록] 대화상자의 [등록할 꾸러미 목록]에 사용자가 작성한 '1'을 선택하고 [이름]을 [날개-네트워크]로 설정한 뒤 [등록]을 클릭합니다.

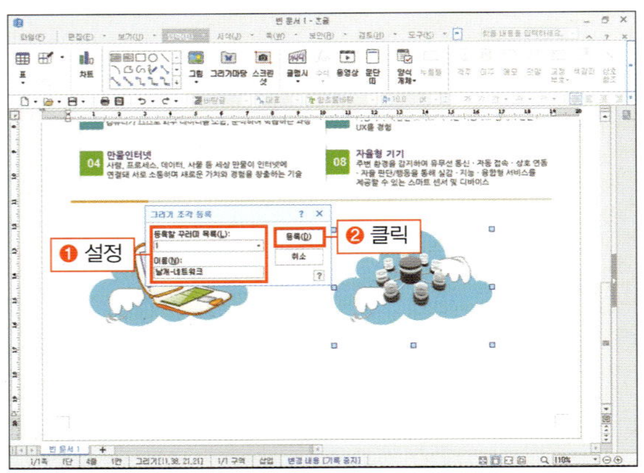

22_ [입력] 탭-[그리기마당]을 클릭하고 [그리기마당] 대화상자의 [그리기 조각]-[1]을 클릭하면 등록한 '날개-네트워크.png' 파일을 확인할 수 있습니다. 이렇게 저장된 자료는 새 문서에서 불러와 사용할 수 있습니다.

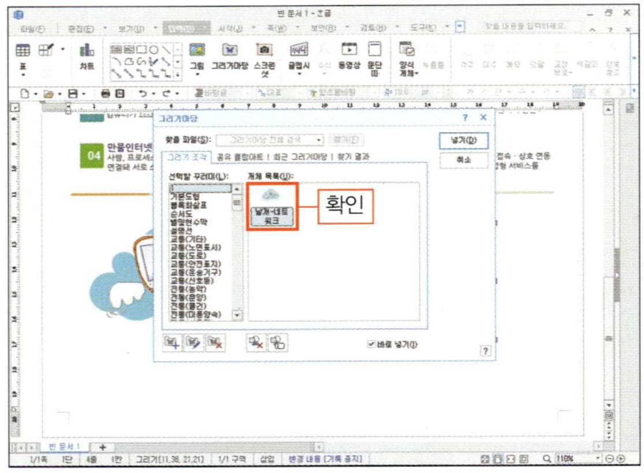

그림 파일을 글머리 기호로 사용하기

01_ 그림을 마우스 오른쪽 버튼으로 클릭하고 [그림 파일로 저장]을 선택하여 저장합니다.

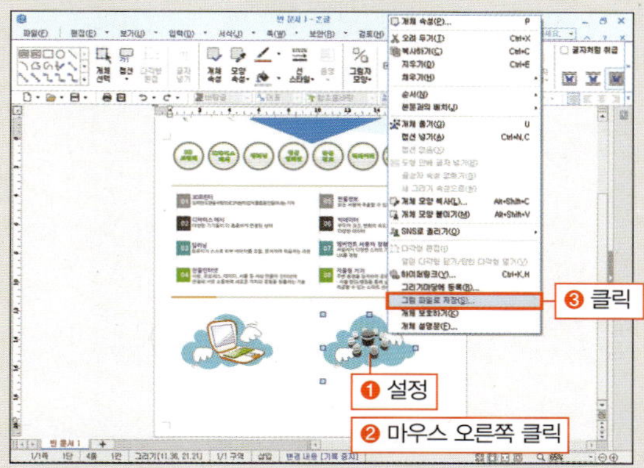

02_ 텍스트에 커서를 위치시키고 [서식] 탭-[그림 글머리표]를 클릭한 뒤 [그림 글머리표 모양]을 클릭합니다.

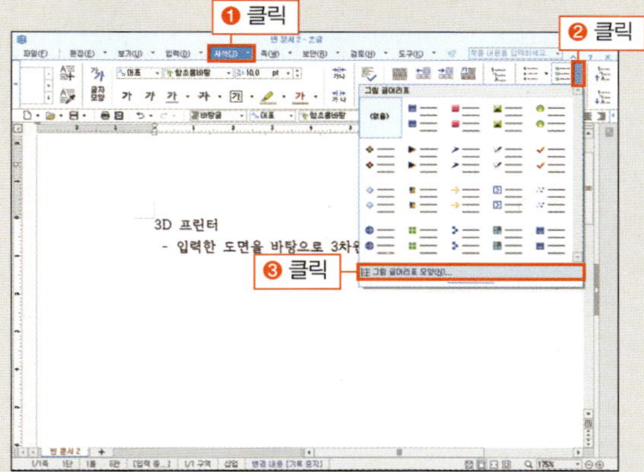

03_ 임의의 글머리표를 선택하고 [사용자 정의]를 클릭합니다.

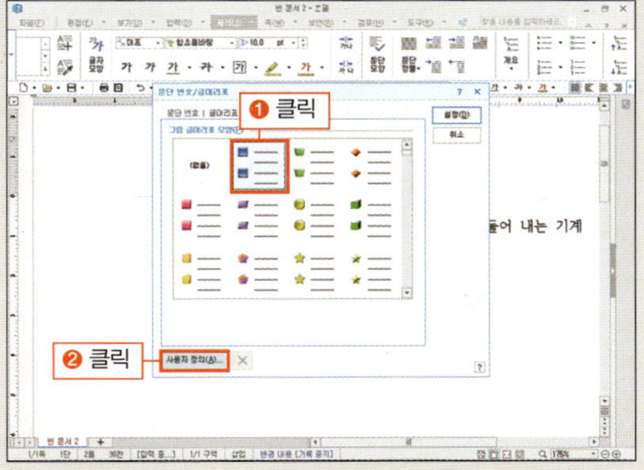

04_ [그림 글머리표 사용자 정의 모양] 대화상자가 나타나면 [그림 선택]을 클릭합니다. [그림 넣기] 대화상자에서 [파일 형식]을 '모든 파일'로 설정하고 '날개-네트워크.png' 파일을 선택한 후 [열기]를 클릭합니다. 대화상자들의 [설정]을 클릭하여 종료합니다.

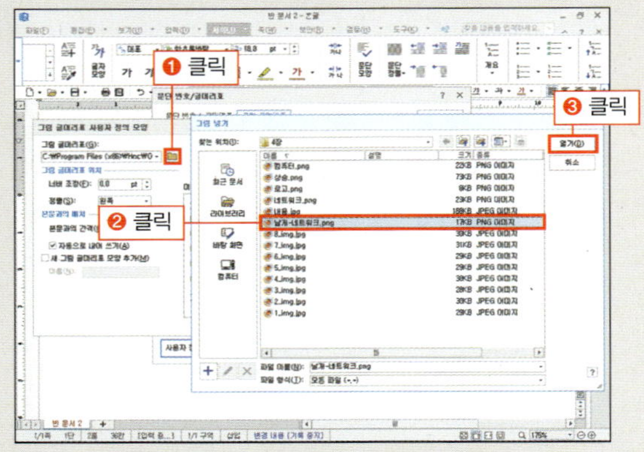

05_ `Enter` 를 누르면 글자 앞에 '날개-네트워크.png' 그림 글머리표가 나타납니다.

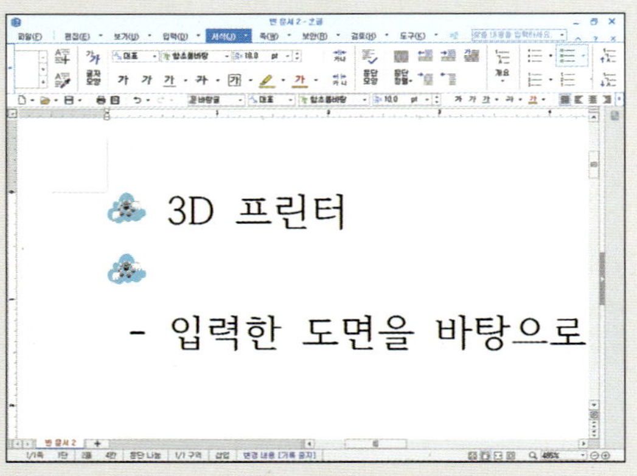

그림 한 번에 삭제

[편집] 탭-[조판 부호 지우기]를 클릭하여 [그림]을 선택하고 [지우기]를 클릭하면 문서에 있는 그림 파일이 모두 삭제됩니다.

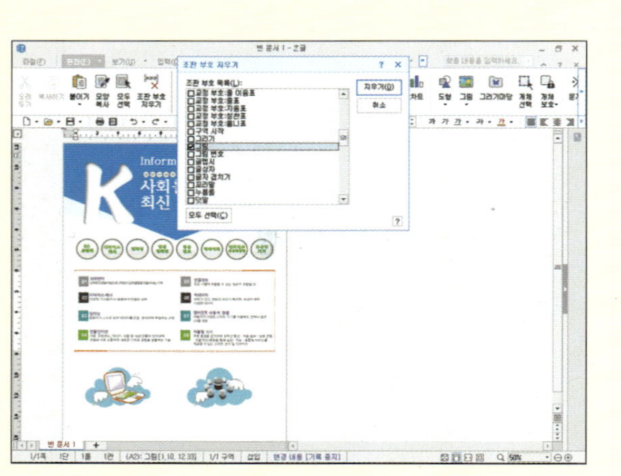

그림 용량 줄이기

∷ 완성파일 Part03₩Chapter02₩Section02₩이미지 문서_완성.hwp

문서에 포함된 그림의 용량을 줄이는 다양한 옵션들에 대해 알아보겠습니다.

01_ 문서에 포함된 이미지를 클릭하고 [그림] 탭ㅡ[줄이기]ㅡ[용량 줄이기 설정]을 클릭합니다.

> **TIP**
>
> [그림 용량 줄이기]를 실행했을 때 용량이 줄어드는 그림 파일 형식은 JPG, BMP, PNG, GIF(ani GIF 제외) 형식입니다. 이 형식을 제외한 나머지 그림 파일 형식은 [그림 용량 줄이기]를 실행해도 용량이 많이 줄어들지 않습니다.

02_ [그림 용량 줄이기] 대화상자에서 [용량 줄이기]ㅡ[저장할 때 모든 그림에 적용]을 선택하고 [선택 사항]의 3개의 선택 박스를 모두 선택한 후 [확인]을 클릭합니다.

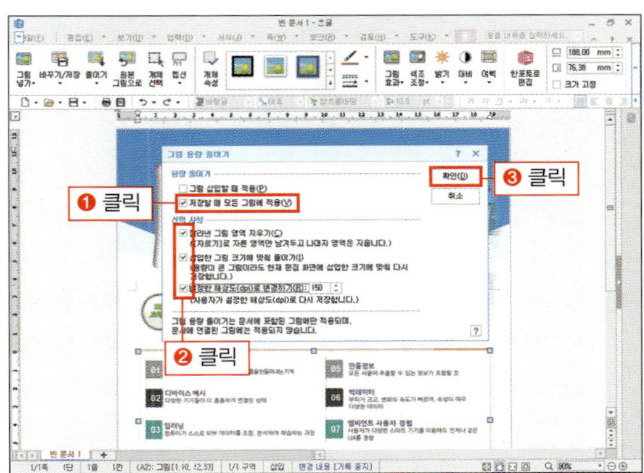

> **TIP**
>
> [저장할 때 모든 그림에 적용]을 선택했으므로 문서를 저장할 때마다 선택한 옵션대로 문서 내의 모든 그림의 용량이 자동으로 줄어듭니다.

03_ 만약 문서 내의 특정 그림만 용량을 줄이고 싶다면, 위의 [그림 용량 줄이기] 대화상자의 [용량 줄이기]에서 [그림 삽입할 때 적용]과 [저장할 때 모든 그림에 적용]은 선택하지 않아야 합니다. 그림을 선택하고 [그림] 탭ㅡ[줄이기]ㅡ[선택한 그림에만 바로 적용]을 클릭하면 됩니다.

한글 NEO 문제 해결_04

Q1 글자 뒤로 배치되어 있는 그림이 잘 선택하려면 어떻게 하나요?

[Alt] 를 누른 상태에서 그림을 클릭하면 쉽게 선택할 수 있습니다. 또는 [편집] 탭-[개체 선택]을 클릭해도 그림을 선택하는데 편리합니다. 혹시 개체가 보호되어 있는 경우라면 [편집] 탭-[개체 보호]-[모든 개체 보호 해제하기]를 클릭한 다음 그림을 선택하면 됩니다.

Q2 그림이 나타나지 않고 모양으로 표시되는데 어떻게 하나요?

[보기] 탭-[그림]을 클릭하여 선택하면 됩니다. 간혹 빠르게 문서 편집을 하기 위해서 [보기] 탭-[그림]을 선택 해제하여 그림을 화면에 표시하지 않는 경우가 있습니다.

Q3 그림을 원하는 위치로 잘 이동시키고 싶어요.

그림에서 마우스 오른쪽 버튼을 클릭하고 [개체 속성]을 선택합니다. [개체 속성] 대화상자의 [기본] 탭에서 [위치]-[가로]-[종이], [세로]-[종이]로 설정하면 종이의 어느 위치든 이동이 가능합니다.

1 새 문서를 열고 '3줄×3칸' 표를 만들고 아래와 같이 작업해 봅니다.

◎ 준비파일 : 새 문서　　◎ 완성파일 : Part03₩Chapter02₩Check₩표그림넣기_완성.hwp

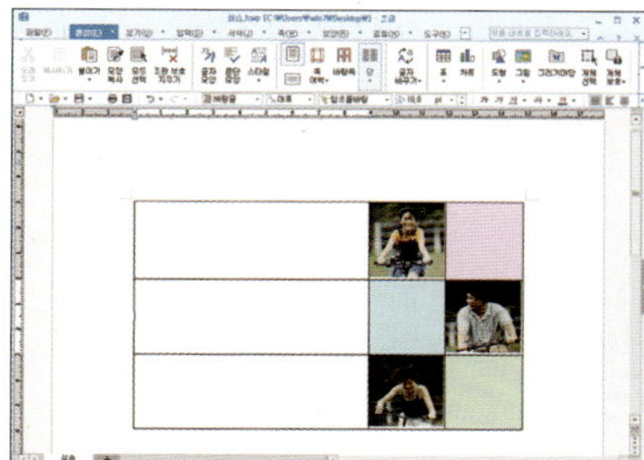

- 표 모든 셀의 안쪽 여백을 없애고 오른쪽 그림 처럼 표의 열 너비를 조절합니다.
- (1줄, 2칸) '나.jpg' 삽입
- (1줄, 3칸) [셀 배경 색] : 진달래색 80% 밝게
- (2줄, 2칸) [셀 배경 색] : 에메랄드 블루 80% 밝게
- (1줄, 3칸) '아빠.jpg' 삽입
- (3줄, 2칸) '엄마.jpg' 삽입
- (3줄, 3칸) [셀 배경 색] : 멜론색 80% 밝게

힌트

❶ 표 모든 셀 안쪽 여백 없애기는 [표] 탭–[표 여백]–[표 모든 셀 안쪽 여백]–[없음]을 클릭합니다.

❷ 그림 삽입을 하기 위해 [입력] 탭–[그림]을 클릭합니다.

❸ 셀 배경 색은 [표] 탭–[셀 배경 색]을 클릭해 설정합니다.

---

2 그림과 같이 작업한 다음 '가족 여행'이라는 이름으로 모바일 최적화 문서로 저장해 봅니다.

◎ 준비파일 : Part03₩Chapter02₩Check₩(체크)표그리기마당활용.hwp

◎ 완성파일 : Part03₩Chapter02₩Check₩(체크)표그리기마당활용_완성.hwp

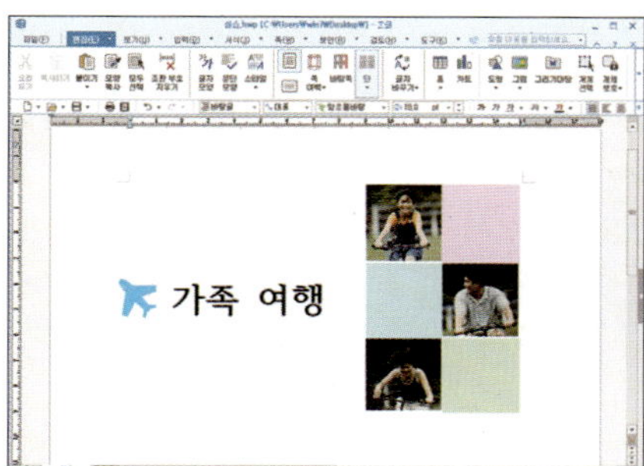

- 1칸의 셀을 모두 합치고 '가족 여행' 입력
- [글꼴] : 함초롬바탕
- [크기] : 38pt
- [진하게], [가운데 정렬] : 선택
- 표 전체 테두리 없음
- '가족 여행' 앞에 [그리기마당]에서 '비행기' 검색 하여 삽입

힌트

❶ 범위 지정한 뒤 [셀 합치기] 단축키 Ⓜ을 눌러 셀을 합치고, 표 전체 테두리를 없애기 위해 표를 전체 블록 설정한 후 [표] 탭–[셀 테두리]–[테두리 없음]을 클릭합니다.

❷ [입력] 탭–[그리기마당]에서 '비행기'를 검색하여 선택하고 [넣기] 단추를 클릭해 삽입합니다.

신속 정확한
문서 고급 기능
활용하기

이번 챕터에서는 한글 NEO가 지원하는 문서 작성 고급 기능들을 살펴보겠습니다. 여러 문서를 취합하는 방법과 공통 서식을 빠르게 변경하는 방법, 목차 만들기 등을 살펴보며, 다단 설정 및 한 개의 양식에 여러 데이터를 연결하는 메일 머지 기능을 소개하겠습니다.

Section 1. 대량의 문서 편집하기

Section 2. 문서를 풍부하게 하는 한글 개체와 메일 머지 활용하기

대량의 문서 편집하기

여러 문서를 취합하는 방법과 쪽 단위로 삭제하는 방법, 그리고 공통된 서식으로 빠르게 변경하는 방법에 대해 알아보겠습니다. 또한 구역 나누기를 통해 구역별 쪽을 꾸미는 방법과 목차 만들기 등을 진행하며 기능을 살펴보겠습니다.

I 애완견

개(Canis lupus familiaris)는 식육목 개과에 속하는 동물로, 회색늑대(Canis lupus)의 아종이다.개는 인류가 최초로 가축으로 삼은 동물로 알려져 있으며, 역사적으로 애완견, 사냥견으로서 길러 왔다.

개는 여러 모로 유용하였기 때문에 모든 원시 인류 사회가 개를 길렀다. 개는 사냥, 목축, 운송, 경비와 같은 일에 사용되고 있으며, 애완 동물로 기르기도 한다. 사람들은 이러한 일들에 적합하도록 오래전부터 개를 다양한 품종으로 육종하였다.

개의 수명은 보통 12 - 16년 정도이지만, 최근 장수하는 개가 늘어나는 추세이다.[9] 2001년 생물학자 레이 쿠니퍼는 전 세계 개의 개체수를 약 4억 마리 정도로 추정했고[10], 2013년 하지홍은 10억 마리 이상으로 추정했다.

A 진돗개

진돗개는 한국의 대표적인 사냥개이다. 용맹하고 충성심이 강해 주인을 잘 따른다. 그러나 한 주인에게 매이는 성격이 너무 강한지라 사역견으로는 못 쓴다.

털은 주로 노란 것(황구, ?狗)과 흰 것(백구, 白狗)이 있으며, 그 외 재구, 네눈박이, 호구, 흑구(黑狗) 등 10여 종류의 다양한 것이 있다. 귀가 쫑긋 서 있고 꼬리는 위로 말려 있다.

2

이번 섹션에서 배울 주요 내용

- [스타일] 대화상자와 [쪽] 탭의 기능 살펴보기
- 문서 취합하고 쪽 단위로 삭제하기
- 바꾸기 기능을 활용한 빈 줄 삭제하기
- 스타일을 활용해 빠르게 서식 변경하기
- 쪽마다 동일한 내용과 서식 설정하기
- 구역별 쪽 꾸미기
- 목차 작성과 업데이트하기
- **스페셜** 한글 NEO 문제 해결_05

[스타일] 대화상자와 [쪽] 탭의 기능 살펴보기

[스타일] 대화상자 이해하기

[스타일] 대화상자는 단축키 F6 을 누르거나 [편집] 탭-[스타일]을 클릭해 나타낼 수 있습니다.

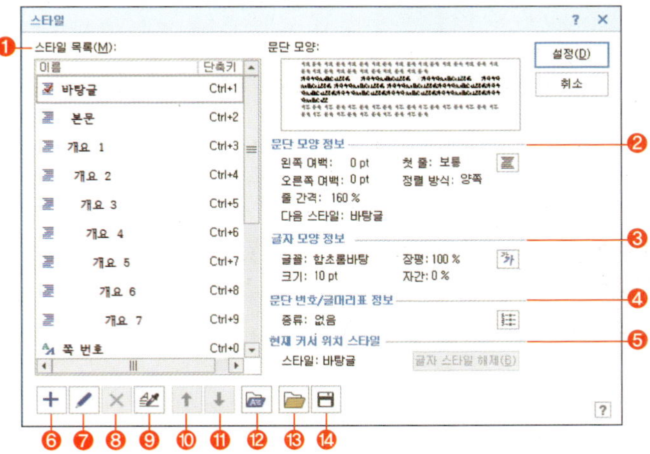

❶ **스타일 목록** : 현재 등록된 스타일 목록이 나타납니다.

❷ **문단 모양 정보** : 선택한 스타일의 왼쪽 여백, 오른쪽 여백, 줄 간격 등의 정보를 보여 줍니다.

❸ **글자 모양 정보** : 선택한 스타일의 글꼴, 크기, 장평, 자간 정보를 보여 줍니다.

❹ **문단 번호/글머리표 정보** : 선택한 스타일의 문단 번호/글머리표 정보를 보여 줍니다.

❺ **현재 커서 위치 스타일** : 편집 창에서 현재 커서 위치에 적용된 스타일의 이름을 보여 줍니다.

❻ **스타일 추가하기** : 자주 사용하는 글자 모양과 문단 모양을 스타일로 만들어 등록할 수 있습니다.

❼ **스타일 편집하기** : 스타일을 편집합니다.

❽ **스타일 지우기** : 불필요한 스타일을 지워 스타일 목록을 정리합니다.

❾ **현재 모양으로 바꾸기** : 현재 커서가 놓인 위치의 글자나 문단의 모양을 선택되어있는 스타일로 변경합니다.

❿ **한 줄 위로 이동하기** : 스타일 목록에서 1줄 위로 순서를 변경할 수 있습니다.

⓫ **한 줄 아래로 이동하기** : 스타일 목록에서 1줄 아래로 순서를 변경할 수 있습니다.

⓬ **스타일마당** : [스타일마당] 대화상자가 나타납니다.

⓭ **스타일 가져오기** : 스타일이 적용된 한글 문서나 저장해 놓은 스타일 파일(*.sty)을 불러옵니다.

⓮ **스타일 내보내기** : 현재 문서에 정의되어 있는 스타일 내용을 별도의 스타일 파일(*.sty)로 저장합니다.

[쪽] 탭

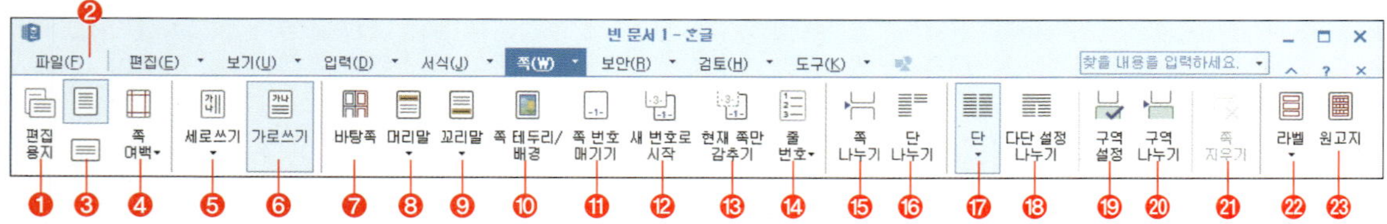

❶ 편집 용지 : [편집 용지] 대화상자에서 용지 종류, 방향, 여백 등을 설정합니다.

❷ 세로 : 편집 용지를 세로로 설정합니다.

❸ 가로 : 편집 용지를 가로로 설정합니다.

❹ 쪽 여백 : 편집 용지의 여백을 제공합니다. 기본, 좁게, 넓게 등을 골라서 사용할 수 있습니다.

❺ 세로쓰기 : 일반 편집 상태에서 세로쓰기를 실행합니다.

❻ 가로쓰기 : 세로쓰기로 설정된 모양을 가로쓰기로 되돌리고 싶은 경우 실행합니다.

❼ 바탕쪽 : 문서 전체 쪽에 공통으로 적용되는 쪽 모양은 바탕쪽에서 작성합니다.

❽ 머리말 : 1쪽의 맨 위에 반복되는 머리말을 설정합니다.

❾ 꼬리말 : 1쪽의 맨 아래에 반복되는 꼬리말을 설정합니다.

❿ 쪽 테두리/배경 : 매 쪽마다 쪽 전체 테두리를 넣거나 바탕색, 배경 그림 등 배경을 꾸밉니다.

⓫ 쪽 번호 매기기 : 간단하게 문서에 쪽 번호를 자동으로 매겨 주는 기능입니다.

⓬ 새 번호로 시작 : 쪽, 그림, 표, 수식, 각주/미주 등의 차례 번호를 새로운 번호로 시작하고 싶을 때 사용합니다.

⓭ 현재 쪽만 감추기 : 현재 커서가 있는 쪽에만 머리말, 꼬리말, 쪽 번호, 쪽 테두리 등을 감춥니다.

⓮ 줄 번호 : 문서 전체 또는 일부에 줄 번호를 표시하거나 숨길 수 있습니다.

⓯ 쪽 나누기 : 커서 위치부터 쪽을 새로 나누어야 할 때 사용합니다.

⓰ 단 나누기 : 커서 위치에서부터 단을 새로 나눕니다.

⓱ 단 : 1쪽을 여러 개의 단으로 나눕니다. 하나, 둘, 셋, 왼쪽, 오른쪽 다단을 제공합니다.

⓲ 다단 설정 나누기 : 1쪽 내에 여러 개의 단 모양을 만들어야 할 때 사용합니다.

⓳ 구역 설정 : 시작 쪽 번호, 개체 시작 번호 등 다양한 구역 속성을 설정합니다.

⓴ 구역 나누기 : 커서 위치에서부터 구역을 새로 나눕니다.

㉑ 쪽 지우기 : 현재 쪽을 지우거나 블록으로 선택된 여러 쪽을 삭제할 수 있습니다.

㉒ 라벨 : 원하는 라벨 문서를 만듭니다. 라벨을 이용하면 이름표, 명함 등을 쉽게 만들 수 있습니다.

㉓ 원고지 : 원고지 문서를 만듭니다. [현재 문서에서 내용을 가져다 채움]을 클릭하면 현재 문서를 원고지에 적용합니다.

문서 취합하고 쪽 단위로 삭제하기

:: **준비파일** Part03₩Chapter03₩Section01₩문서1.hwp, 문서2.hwp

여러 사람이 작성한 문서를 취합하는 방법과 특정 쪽을 지우고 각 문서마다 적용되어 있는 조판 부호를 한 번에 삭제하는 방법에 대해 알아봅니다.

01_ 준비파일 '문서1.hwp'를 불러옵니다. 이 문서 끝에 '문서2.hwp' 문서를 추가하려고 합니다. **Ctrl** + **Page Down** 을 눌러 커서를 문서의 제일 끝으로 이동합니다. [입력] 탭의 펼침 단추(▼)–[문서 끼워 넣기]를 클릭합니다. [문서 끼워 넣기] 대화상자에서 '문서2.hwp'를 클릭, [넣기]를 클릭합니다.

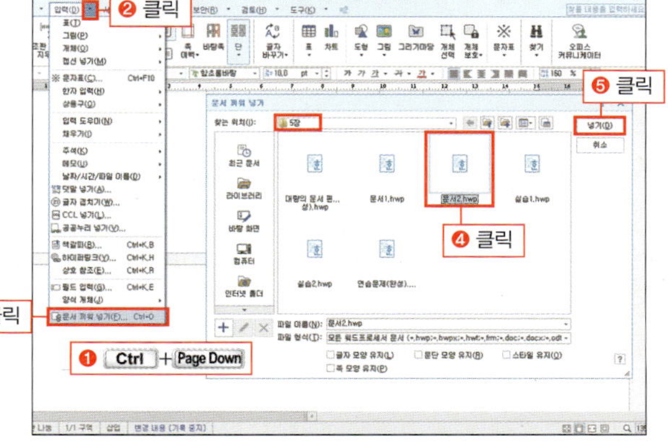

02_ 2개의 문서를 취합했는데 머리말, 꼬리말, 쪽 번호의 위치 등 각기 다른 모양이 적용되어 있습니다. [보기] 탭–[조판 부호]를 선택하면 조판 부호를 쉽게 확인할 수 있습니다.

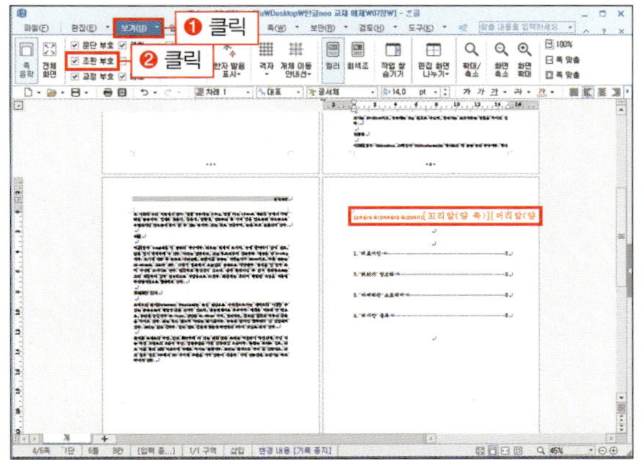

03_ 조판 부호를 한 번에 삭제하기 위해 [편집] 탭의 펼침 단추(▼)–[조판 부호 지우기]를 클릭합니다. [조판 부호 지우기] 대화상자에서 [머리말], [꼬리말], [쪽 번호 위치]를 선택하고 [지우기]를 클릭합니다.

TIP

[조판 부호 지우기] 대화상자에서 조판 부호의 각 첫 번째 글자를 입력하면 쉽게 찾을 수 있습니다.

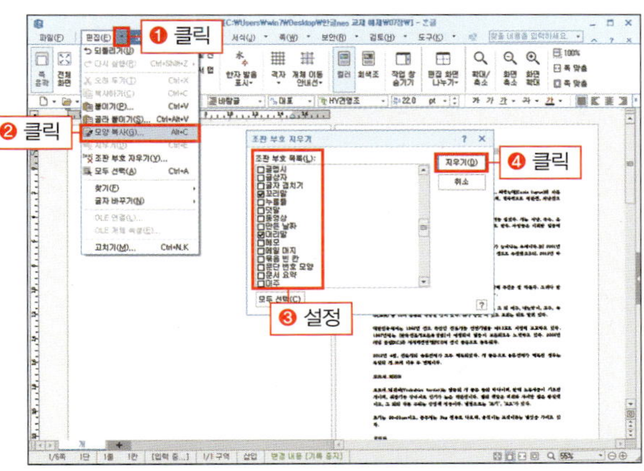

04_ 작업 창의 [쪽 모양 보기]()를 클릭하면 문서 전체 페이지의 섬네일을 볼 수 있습니다. 4쪽에 목차가 들어 있는데 이를 지우려면 4쪽 섬네일에서 마우스 오른쪽 버튼을 클릭하고 [현재 쪽 지우기]를 선택합니다.

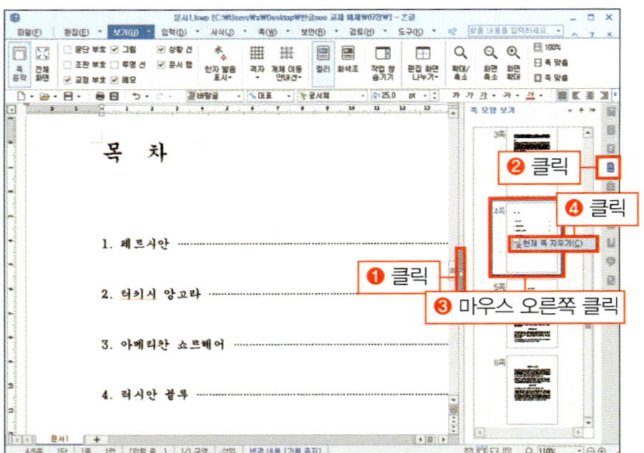

 [쪽] 탭–[쪽 지우기]를 클릭하면 커서가 있는 현재 쪽을 지울 수 있습니다.

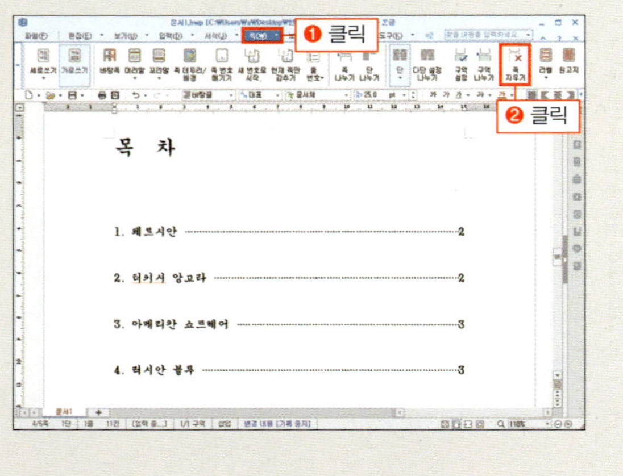

문단마다 빈 줄이 들어가 있는 경우, 찾기 기능을 이용해 빠르게 삭제할 수 있습니다. 방법에 대해 알아봅니다.

01_ 오른쪽 그림처럼 각 문단마다 Enter 가 두 번 입력되어 빈 줄이 있는 것을 알 수 있습니다. 이를 한 번에 지우기 위해 Ctrl + Page Up 을 눌러 문서 제일 처음에 커서를 두고 [편집] 탭–[찾기]–[찾아 바꾸기]를 클릭합니다.

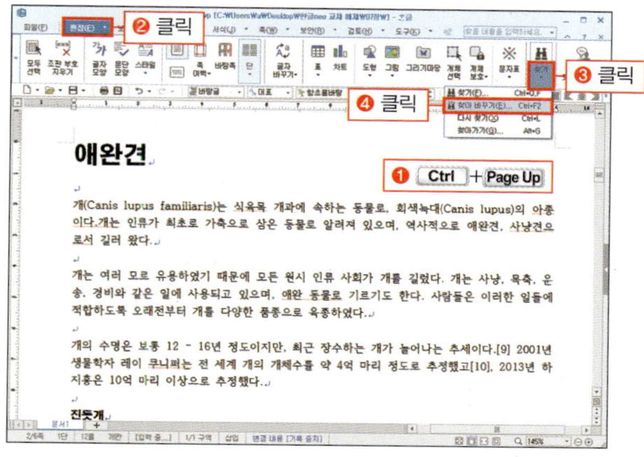

02_ Enter 가 두 번 연속 입력된 것을 한 번으로 바꾸면 빈 줄을 지울 수 있습니다. [찾아 바꾸기] 대화상자에서 [찾을 내용]–[서식 찾기](H·)를 클릭하고 [문단 끝]을 두 번 클릭합니다. 그러면 찾을 내용에 '^n^n'이 표시됩니다.

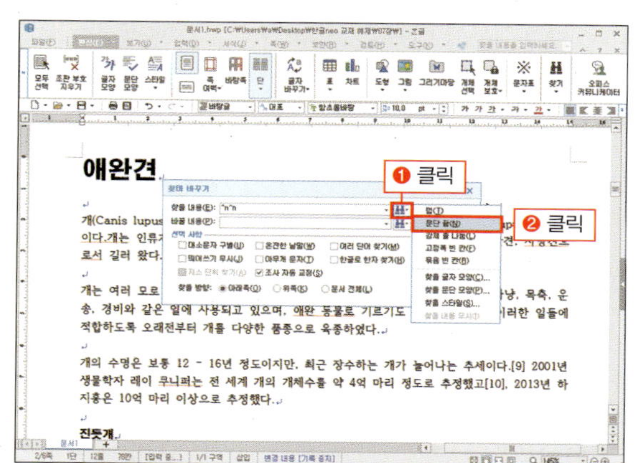

03_ 동일한 방법으로 [바꿀 내용]에는 '문단 끝'을 한 번 클릭해서 '^n'만 표시되게 합니다. [모두 바꾸기]를 클릭한 후 창이 뜨면 [찾음]–[확인]을 클릭하여 빈 줄을 한 번에 지웁니다.

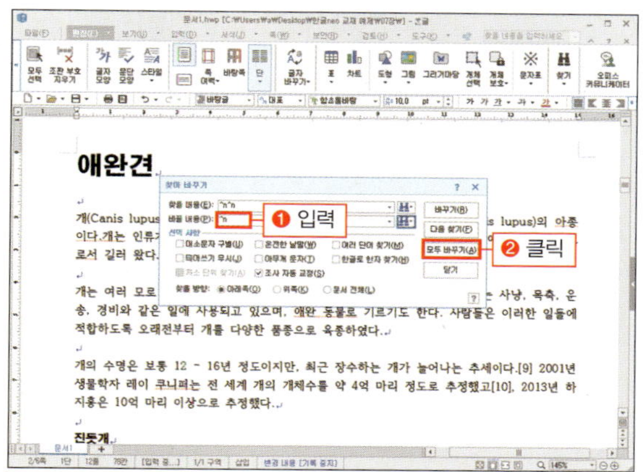

서로 다른 글자 모양, 문단 모양이 적용되어 있는 문서를 스타일을 활용해 빠르게 정돈하는 방법에 대해 알아봅니다.

01_ [스타일] 단축키 F6을 누릅니다. 먼저 '바탕글' 스타일을 수정하기 위해 [스타일] 대화상자에서 [스타일 목록]-[바탕글]을 클릭하고 [글자 모양 정보]-[글자 모양] (図)을 클릭합니다.

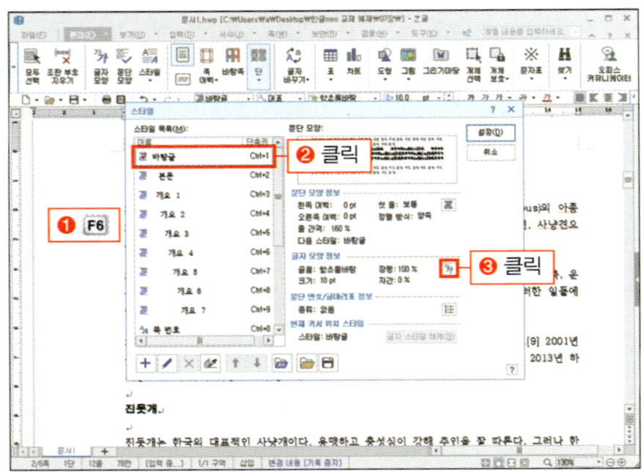

02_ [글자 모양] 대화상자에서 다음과 같이 설정한 후 [설정] 단추를 클릭합니다.

- [기준 크기] : 12pt
- [글꼴] : 함초롬돋움

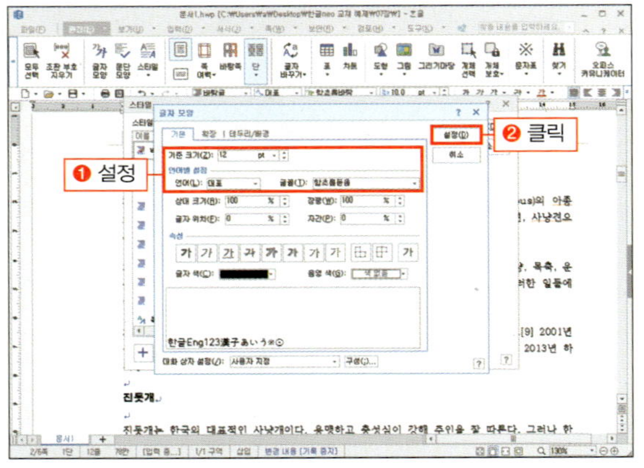

03_ [스타일] 대화상자에서 [문단 모양 정보]-[문단 모양](図)을 클릭합니다.

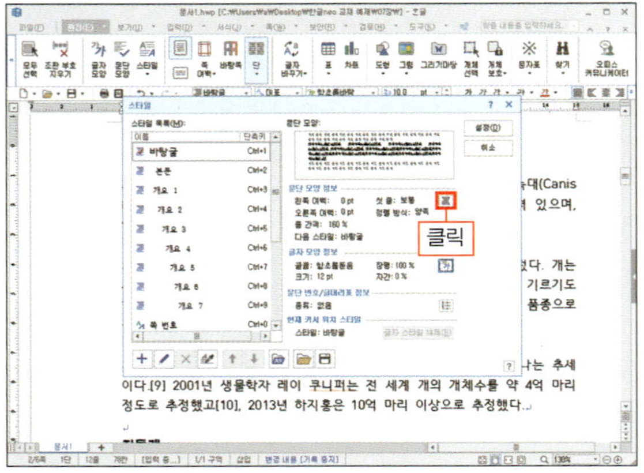

04_ [문단 모양] 대화상자에서 [간격]-[문단 위]를 '5pt'
로 입력하고 [설정]을 클릭합니다.

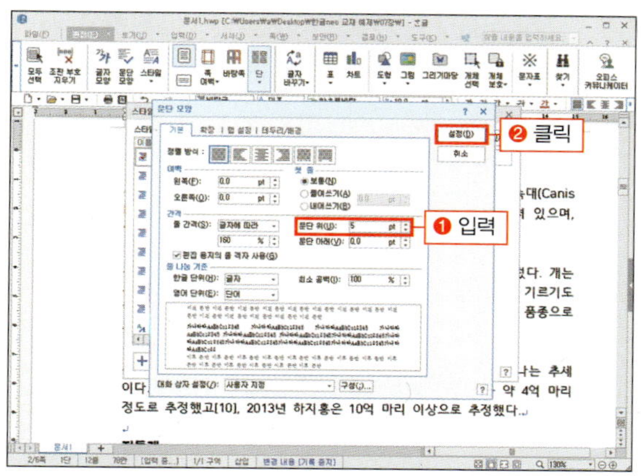

05_ 같은 방법으로 '개요 1', '개요 2' 스타일을 설정합니
다. 모든 수정이 끝나면 [스타일] 대화상자에서 [설정] 단
추를 클릭해 스타일 편집을 종료합니다.

- [개요 1]
  [글자 모양]-[글꼴] : 한컴 쿨재즈 B, [기준 크기] : 40pt
  [문단 모양]-[간격]-[문단 위] : 25pt, [문단 아래] : 10pt
  [문단 모양]-[여백]-[왼쪽] : 10pt
- [개요 2]
  [글자 모양]-[글꼴] : 한컴 윤고딕 230, [기준 크기] : 14pt
  [문단 모양]-[간격]-[문단 위] : 20pt, [문단 아래] : 7pt
  [문단 모양]-[여백]-[왼쪽] : 20pt

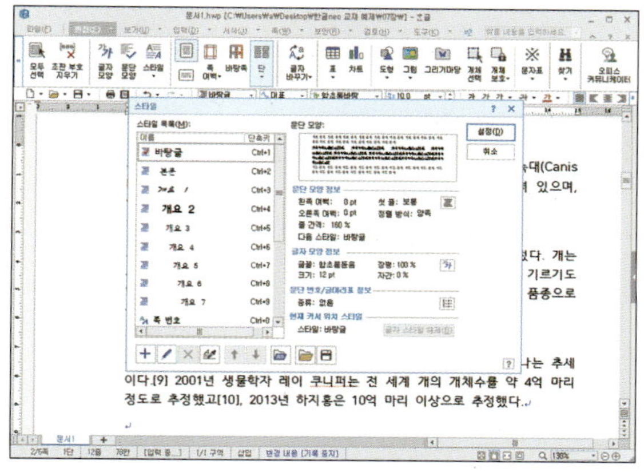

06_ [서식] 탭-[개요]-[I/A/1/a] 모양의 개요 번호를 클릭
합니다.

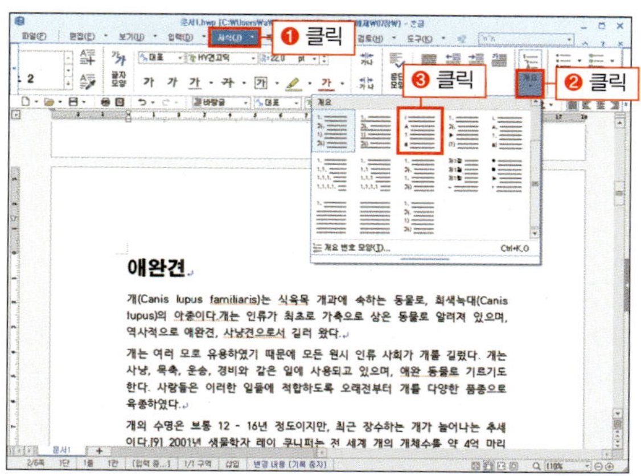

> **TIP**
>
> 개요 스타일을 적용할 때마다 개요 번호가 문단 앞에
> 나타납니다. '개요 1' 스타일은 '1 수준'의 개요 번호,
> '개요 2' 스타일은 '2 수준'의 개요 번호가 나오는데, [서
> 식] 탭-[개요]에서 번호 모양을 선택할 수 있습니다.

07_ 준비파일 2쪽 '애완견' 앞에 커서를 두고 [모두 선택] 단축키 **Ctrl** + **A** 를 눌러 문서 끝까지 블록 설정합니다. 서식 도구 상자에서 [스타일]-[바탕글]을 클릭합니다.

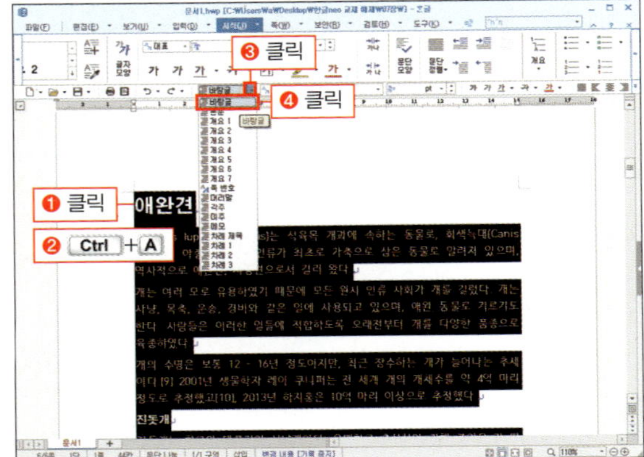

 [바탕글 스타일] 단축키 : **Ctrl** + **1**

꼭!! 알고가기

스타일 적용 단축키

01_ 개요 스타일 단축키

- **Ctrl** + **+** : 개요 스타일 한 수준 내리기 (개요 1 → 개요 2 → 개요 7까지)
- **Ctrl** + **-** : 개요 스타일 한 수준 올리기 (개요 3 → 개요 2 → 개요 1)
- 개요 스타일 단축키의 **+**, **-**는 숫자 키패드에 있는 **+**와 **-**를 사용합니다.

02_ [스타일] 대화상자의 스타일은 차례대로 1번부터 10개의 번호를 갖게 됩니다. 스타일을 적용할 곳에 커서를 놓고 **Ctrl**과 함께 해당 스타일의 번호를 누르면 그 번호에 해당하는 스타일이 바로 적용됩니다.

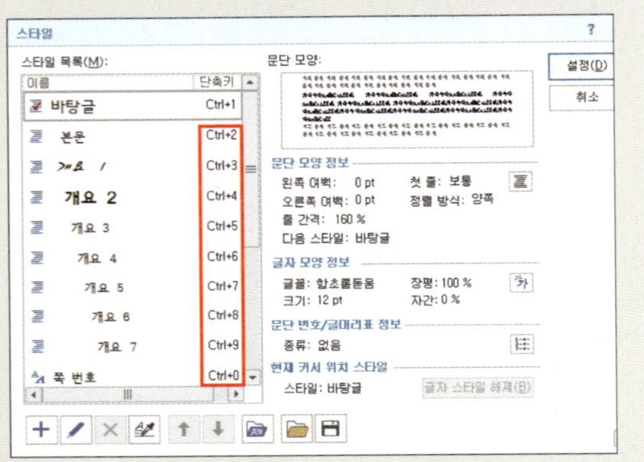

08_ 준비파일 2쪽 '애완견'을 블록 설정하고 **Ctrl** + **+** 를 한 번 눌러 '개요 1' 스타일을 적용합니다. '진돗개'는 블록 설정하고 **Ctrl** + **+** 를 두 번 눌러 '개요 2' 스타일을 적용합니다. 동일한 방법으로 '집고양이'는 '개요 1' 스타일, '개 종류'와 '고양이 종류'는 '개요 2' 스타일로 적용해 봅니다.

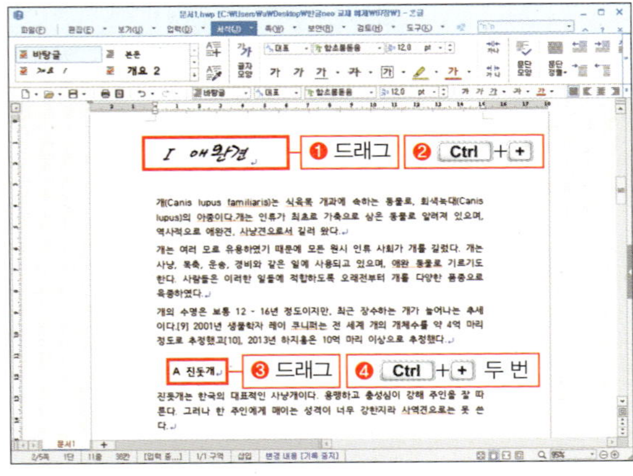

쪽마다 동일한 내용과 서식 설정하기

:: **준비파일** Part03₩Chapter03₩Section01₩img1.jpg

매 쪽마다 위쪽, 아래쪽에 공통된 내용을 표시하는 머리말/꼬리말, 쪽 번호를 삽입하고 쪽 번호 모양을 변경하는 방법에 대해 알아봅니다.

01_ 앞선 따라하기에 이어서 [쪽] 탭–[쪽 번호 매기기]를 클릭합니다. [쪽 번호 매기기] 대화상자에서 [번호 모양]–[줄표 넣기]를 선택 해제하고 [넣기]를 클릭합니다.

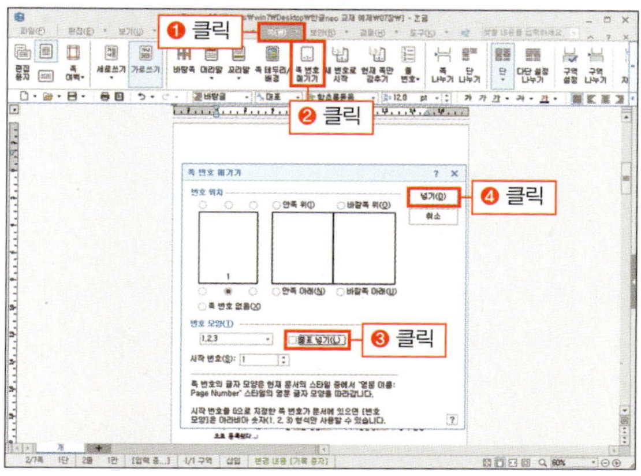

02_ 쪽 번호 모양은 [스타일] 대화상자에서 변경할 수 있습니다. [스타일] 단축키 F6을 누르고 [스타일] 대화상자에서 [스타일 목록]–[쪽 번호]를 클릭합니다. [글자 모양 정보]–[글자 모양](가)을 클릭합니다.

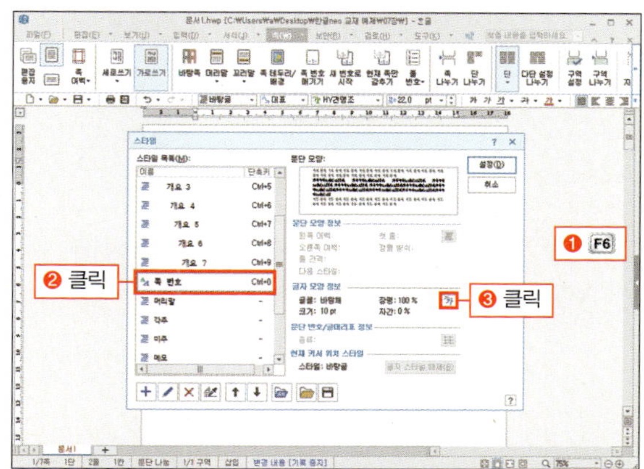

03_ [글자 모양] 대화상자에서 다음과 같이 설정하고 [설정]을 클릭합니다.

- [기준 크기] : 16pt
- [글꼴] : 한컴 윤고딕 230

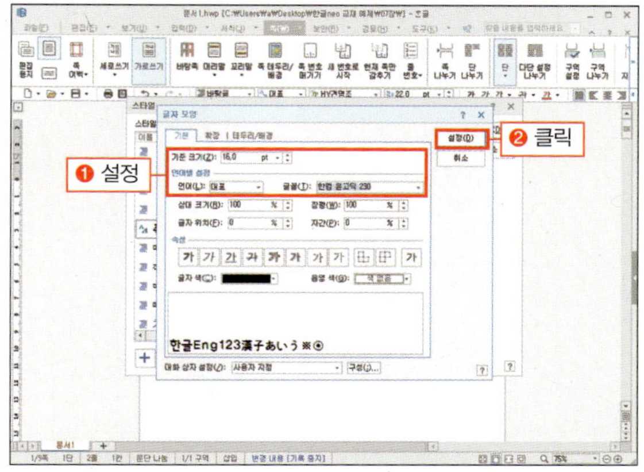

04_ [스타일] 대화상자에서 [설정]을 클릭하고, 쪽 번호 모양이 변경된 것을 확인합니다.

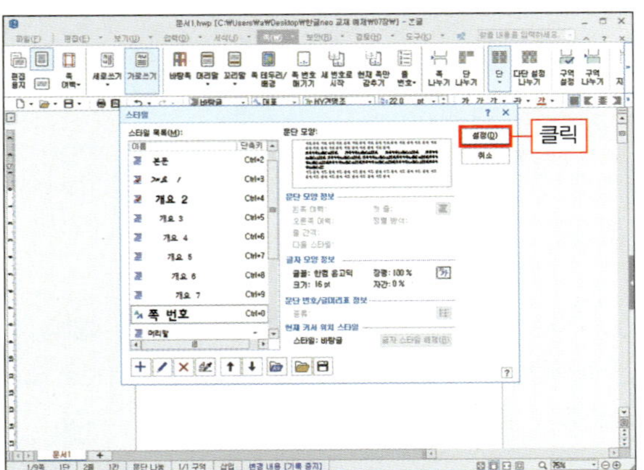

05_ 매 쪽마다 위에 공통된 내용이 나오는 머리말을 적용해 봅니다. 머리말은 커서가 위치한 곳 부터 적용됩니다. 커서를 'Contents' 앞에 두고 [쪽] 탭–[머리말]–[머리말/꼬리말]을 클릭합니다.

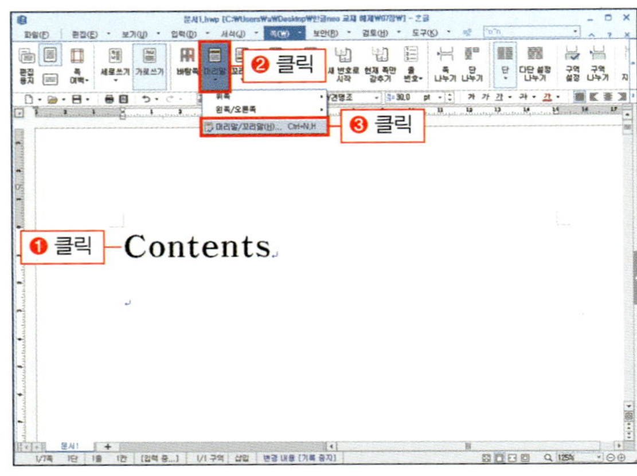

06_ [머리말/꼬리말] 대화상자가 나타나면 [만들기]를 클릭합니다.

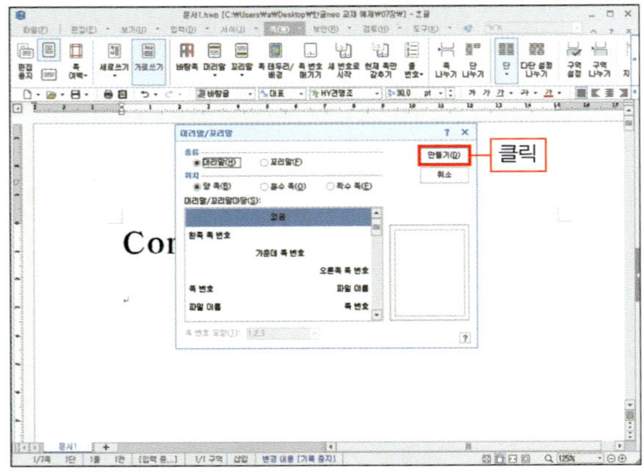

07_ 머리말 편집 영역에서 [입력] 탭–[그림]을 클릭해 'img1.jpg'를 [글자처럼 취급] 형태로 삽입하고, '반려 동물의 종류'를 [글꼴] '한컴 쿨재즈 B', [글자 크기] '16pt'로 설정합니다. 'img1.jpg'을 복사해서 '반려 동물의 종류' 뒤에 붙인 다음 [그림] 탭–[회전]–[좌우 대칭]을 클릭합니다.

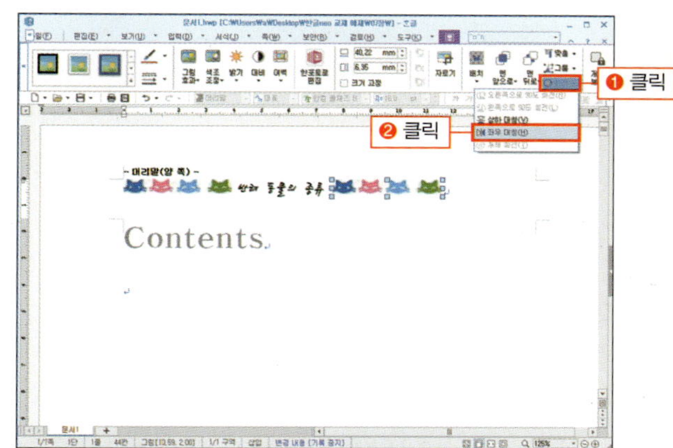

08_ [가운데 정렬]을 선택 후 [머리말/꼬리말] 탭의 [닫기]를 클릭하여 머리말 편집을 종료합니다.

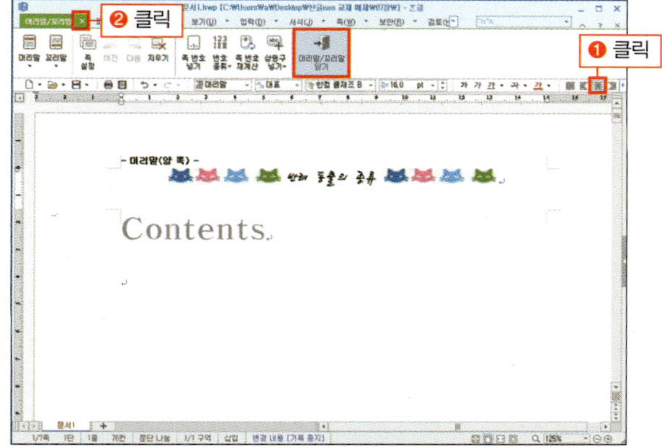

TIP

[머리말/꼬리말 닫기]를 클릭해도 됩니다.

구역별 쪽 꾸미기

:: **준비파일** Part03₩Chapter03₩Section01₩배경1.jpg, 배경2.jpg, 배경3.jpg

한 문서를 구역으로 나누어 구역마다 편집 용지, 쪽 테두리/배경, 개요 번호 모양 등을 다르게 설정할 수 있습니다.

01_ 앞선 따라하기에 이어서 1쪽의 'Contents'는 1구역, 2~3쪽의 '애완견'는 2구역, 4쪽에서 문서 끝까지는 3구역으로 나누려고 합니다. 커서를 '애완견' 앞에 두고 [쪽] 탭-[구역 나누기]를 클릭합니다.

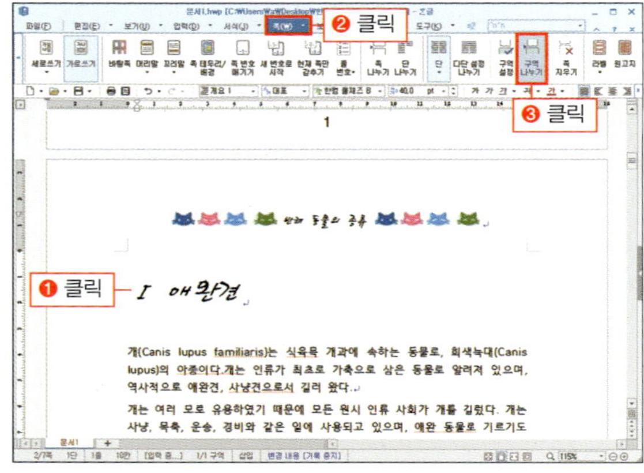

02_ 창 아래쪽을 보면 현재 커서가 '2구역'인 것이 확인됩니다. 그런데 구역을 나누면서 쪽까지 자동으로 나누어졌으므로 위쪽에 삽입된 빈 쪽에 커서를 두고 Delete 를 눌러 삭제합니다.

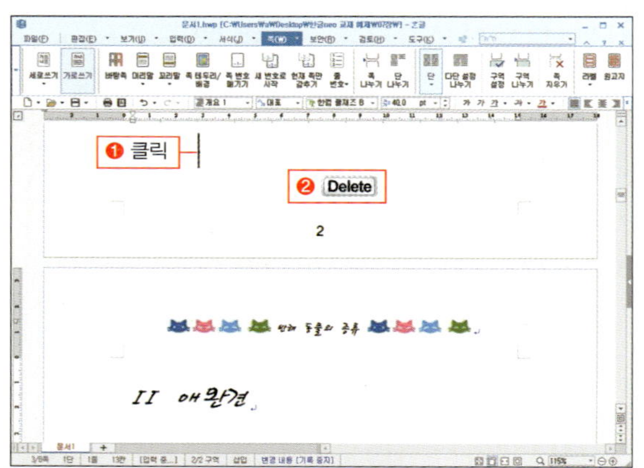

03_ 커서를 5쪽 '집고양이' 앞에 두고 [쪽] 탭-[구역 나누기]를 클릭하여 3구역으로 나눕니다. 위에 삽입된 빈 쪽은 Delete 를 눌러 삭제합니다.

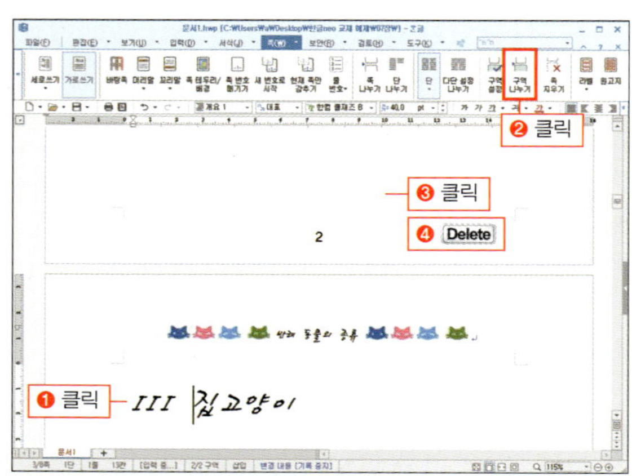

04_ **Ctrl** + **Page Up**을 눌러 문서 제일 처음인 1구역으로 커서를 이동시킵니다. [쪽] 탭–[쪽 테두리/배경]을 클릭합니다. [쪽 테두리/배경] 대화상자에서 [배경] 탭–[그림]을 선택한 후 [그림 선택]을 클릭합니다.

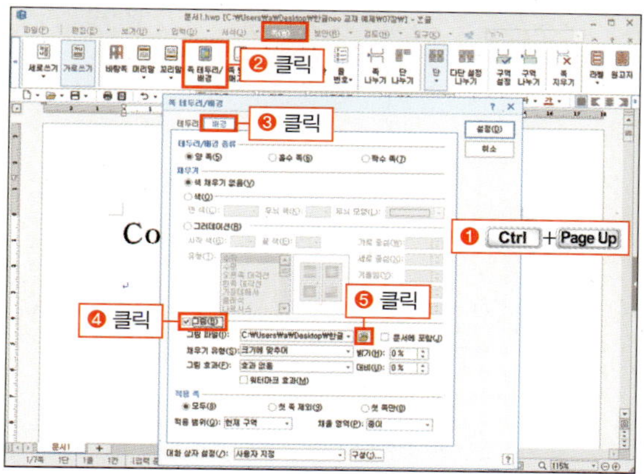

05_ [그림 넣기] 대화상자에서 '배경1.jpg'를 클릭, [넣기]를 클릭합니다.

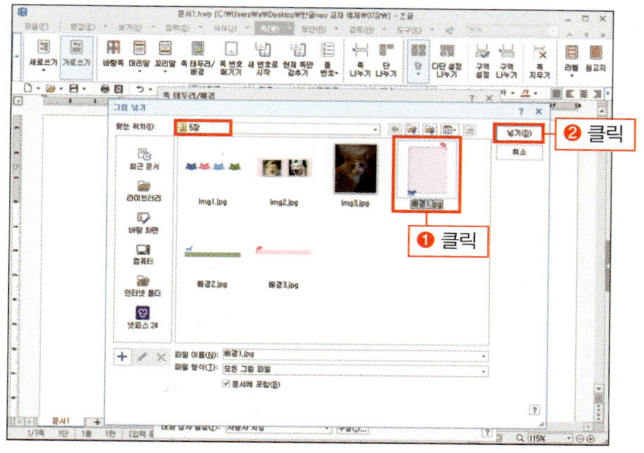

06_ [쪽 테두리/배경] 대화상자에서 [채우기]–[채우기 유형]–[가운데로]를 클릭하고 [설정]을 클릭합니다.

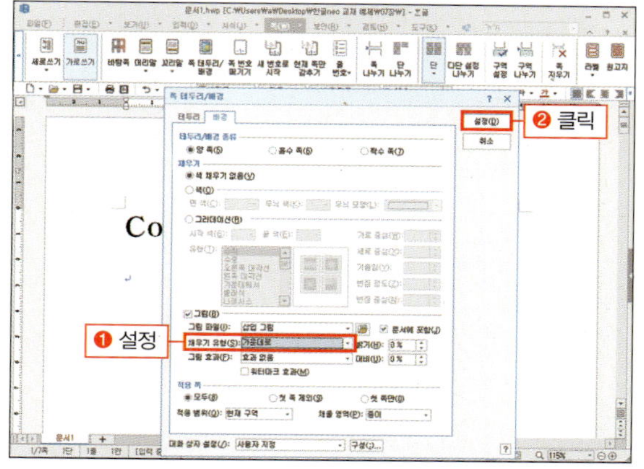

07_ 위의 동일한 방법으로 2구역과 3구역의 [쪽 테두리/배경]을 설정합니다.

- 2구역
  [그림 파일] : 배경2.jpg
  [채우기 유형]-[가운데 아래로]
- 3구역
  [그림 파일] : 배경3.jpg
  [채우기 유형]-[가운데 아래로]

08_ 오른쪽 그림처럼 각 구역별 쪽 배경이 설정되었는지 확인합니다.

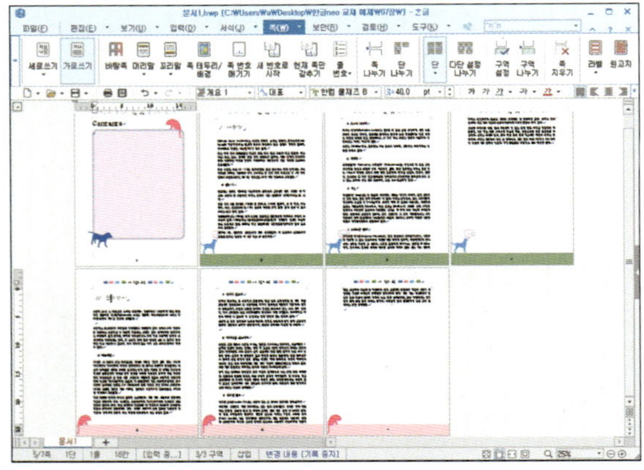

목차 작성과 업데이트하기

:: **준비파일** Part03₩Chapter03₩Section01₩img2.jpg, img3.jpg

목차를 자동으로 만들고 문서가 수정되었을 때 목차를 업데이트하는 방법에 대해 알아봅니다.

01_ '커서를 1쪽에 두고 [도구] 탭–[제목 차례]–[차례 만들기]를 클릭합니다.

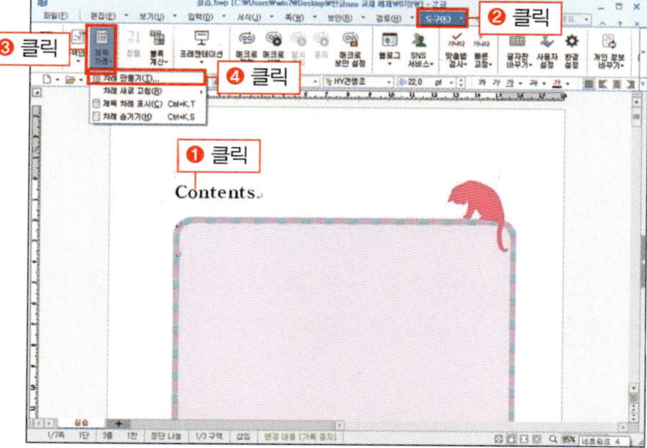

02_ [차례 만들기] 대화상자에서 [차례 형식]–[필드로 넣기], [만들 차례]–[제목 차례], [개요 문단으로 모으기]를 [2수준]으로 클릭하고 그림과 같이 설정한 후 [만들기]를 클릭합니다.

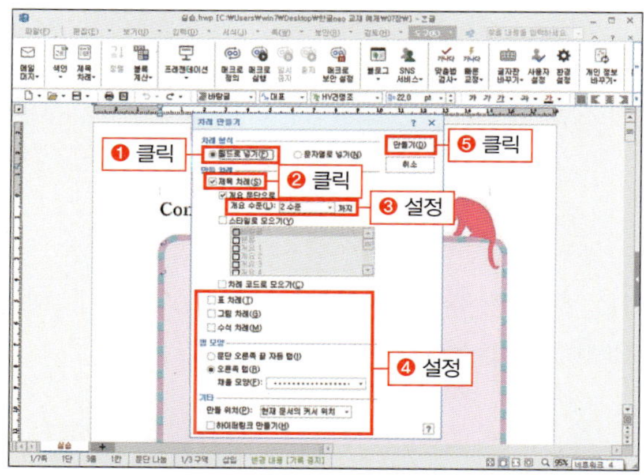

> **TIP**
>
> [차례 형식]에서 [필드로 넣기]를 선택하면 차례 새로 고침이 가능합니다. 또한 [하이퍼링크 만들기]를 선택하면 차례 항목에 하이퍼링크를 적용할 수 있습니다.

03_ 오른쪽 그림처럼 개요 스타일 2수준까지 차례가 자동으로 만들어졌습니다.

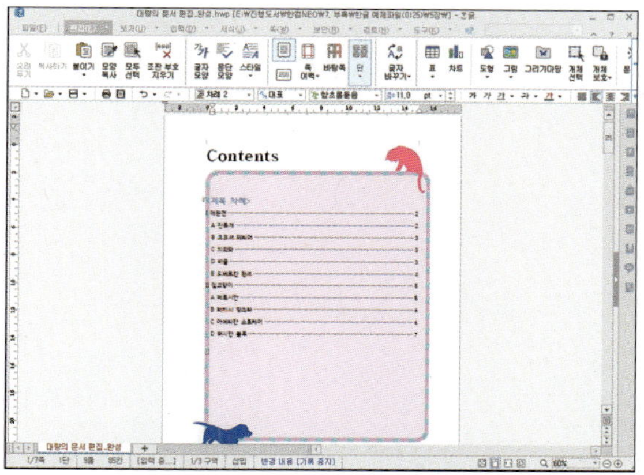

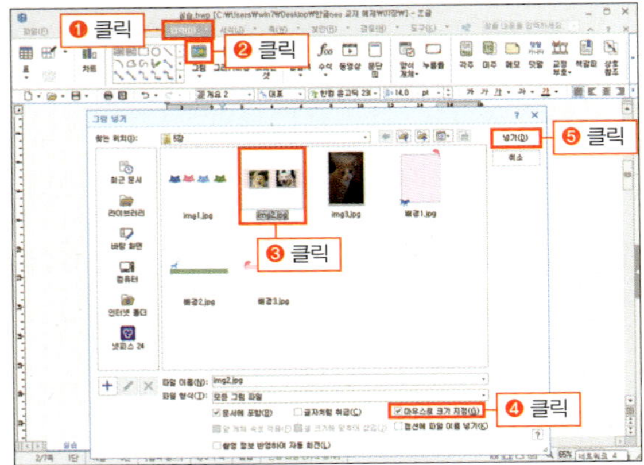

04_ 2쪽에 커서를 두고 [입력] 탭–[그림]을 클릭하고 [그림 넣기] 대화상자에서 'img2.jpg'를 클릭, [마우스로 크기 지정]을 선택하고 [넣기]를 클릭합니다.

05_ 그림처럼 마우스를 드래그하여 그림을 삽입한 후 [그림] 탭–[배치]–[자리 차지]를 클릭합니다.

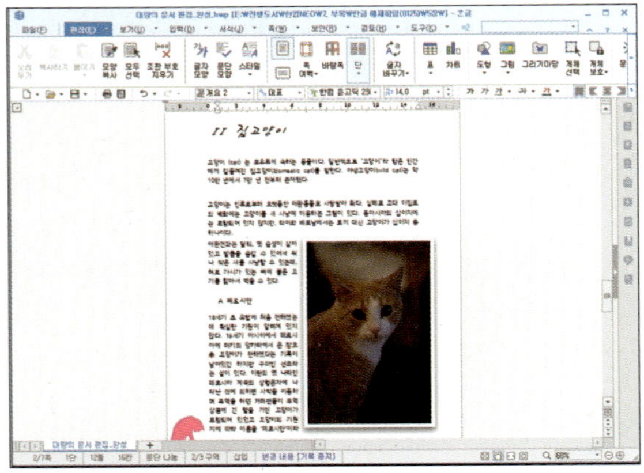

06_ 5쪽에는 'img3.jpg'를 삽입하고 [그림] 탭–[배치]–[어울림]을 클릭합니다.

07_ 문서가 수정되어 차례가 변경되었습니다. 차례를 업데이트하기 위해 커서를 1쪽 차례 안에 두고 마우스 오른쪽 버튼을 클릭하고 [차례 새로 고침]을 선택합니다.

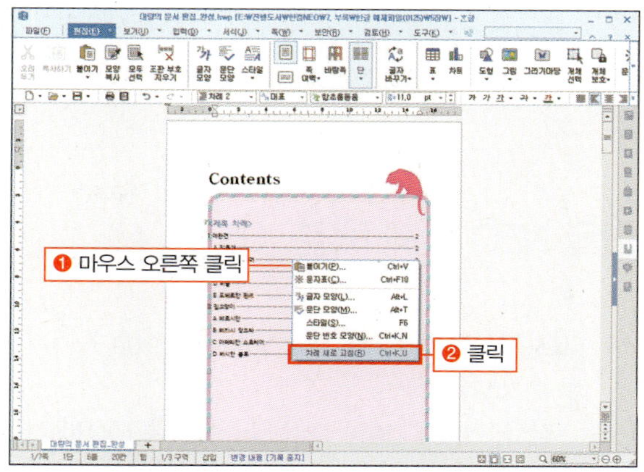

08_ 오른쪽 그림처럼 글자 모양, 문단 모양을 적용하여 차례 모양을 꾸며 줍니다.

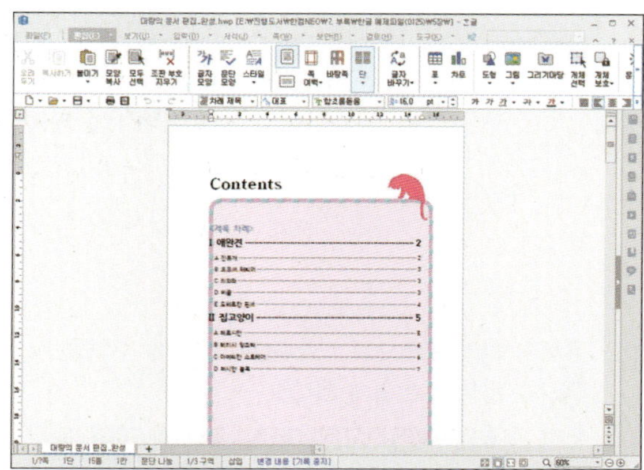

TIP

- [문서 폭 좁게/넓게] 단축키 : **Ctrl** + **F7**, **Ctrl** + **F8**
- [줄 간격 좁게/넓게] 단축키 : **Alt** + **Shift** + **A**, **Alt** + **Shift** + **Z**
- [글자 크기 크게/작게] 단축키 : **Ctrl** + **[**, **Ctrl** + **]**
- [글자 진하게] 단축키 : **Ctrl** + **B**

한글 NEO 문제 해결_05

Q1 다른 문서에 적용되어 있는 스타일은 어떻게 가져
올 수 있나요?

[스타일] 단축키 **F6**을 눌러 [스타일] 대화상자에서
[스타일 가져오기](📁)를 클릭합니다. [스타일 가져
오기] 대화상자에서 [파일 선택](📁)을 클릭해 스타
일을 가져올 문서를 선택한 다음 [모두 복사](≫)를
클릭하면 스타일을 가져올 수 있습니다.

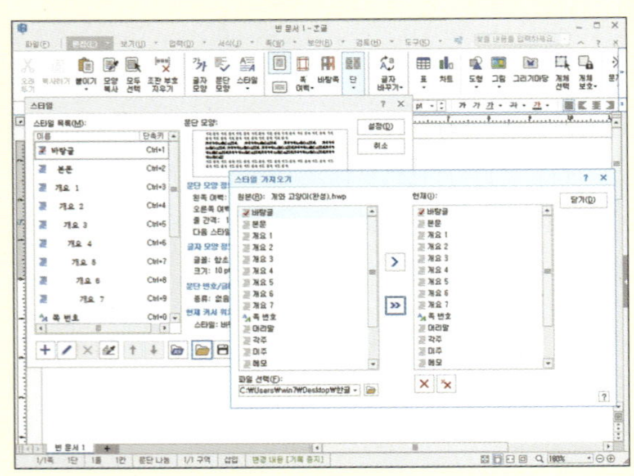

Q2 문서가 여러 구역으로 나누어져 있을 때 구역을 지
우려고 하는데 어떻게 하나요?

특정 구역만 삭제하고 싶다면 [상황선] 구역 표시
부분을 클릭하고 [찾아가기] 대화상자에서 지우고
자 하는 구역 번호를 입력한 다음 [가기]를 클릭합
니다. 지정한 구역의 처음으로 커서가 이동하면 글
자를 지우듯이 키보드 **Back Space**를 눌러 쉽게 구
역을 지울 수 있습니다. 만약 문서 전체의 구역을
한 번에 지우고 싶다면 [편집] 탭의 펼침 단추(▾)
를 클릭해 [조판 부호 지우기]를 클릭합니다. [조판
부호 지우기] 대화상자에서 [구역 시작]을 선택하고
[지우기]를 클릭하면 됩니다.

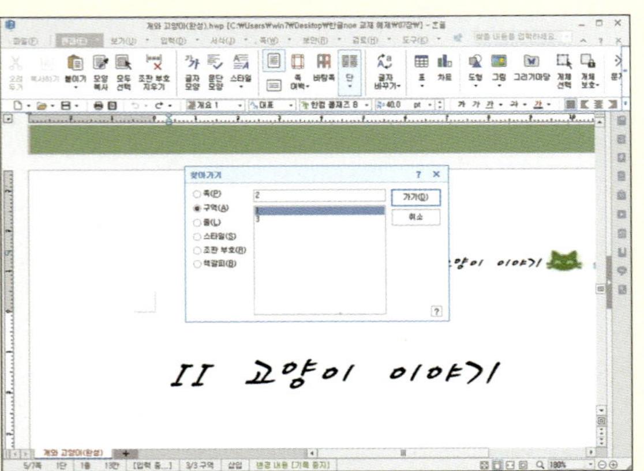

1 준비파일 '(체크)실습_1.hwp'를 불러온 뒤 문서 끝에 '(체크)실습_2.hwp' 문서를 끼워 넣고 3쪽을 지워봅니다.

◎ 준비파일 : Part03₩Chapter03₩Check₩(체크)실습_1.hwp,(체크)_실습_2.hwp

◎ 완성파일 : Part03₩Chapter03₩Check₩(체크)문서끼워넣기_완성.hwp

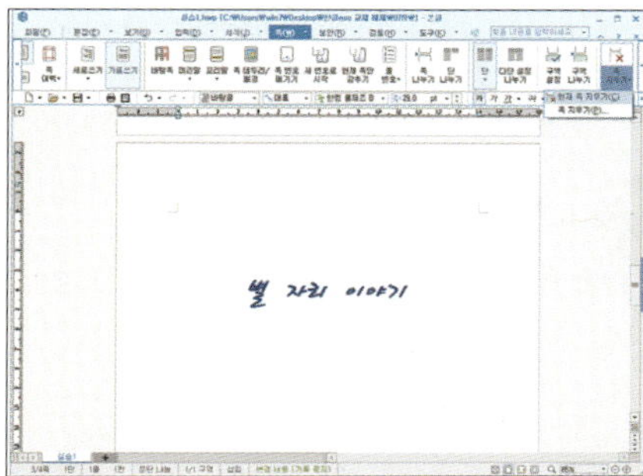

힌트

❶ 문서를 끼워넣기 위해서 [입력] 탭의 펼침 단추(⊡)를 클릭하고 [문서 끼워넣기]를 클릭합니다.

❷ 쪽 지우기는 [쪽] 탭–[쪽 지우기]를 클릭합니다.

---

2 다음과 같이 스타일을 수정하고 적용해 봅니다.

◎ 준비파일 : Part03₩Chapter03₩Check₩(체크)스타일.hwp

◎ 완성파일 : Part03₩Chapter03₩Check₩(체크)스타일_완성.hwp

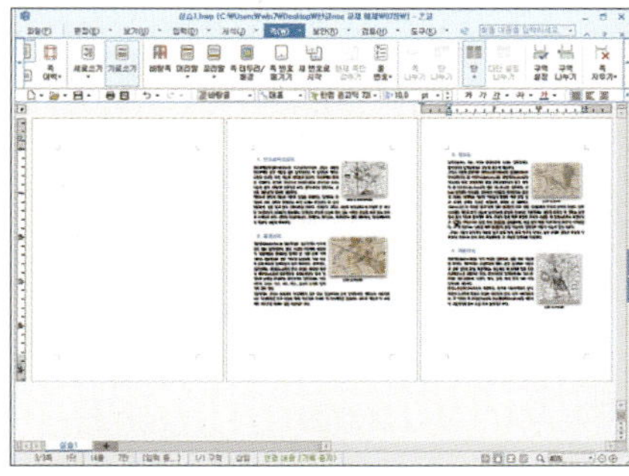

- [바탕글]
  [글꼴] : 한컴 윤고딕720
  [글자 크기] : 10pt
- [개요 1]
  [글꼴] : HY견고딕
  [글자 크기] : 14pt
  [글자 색] : 바다색 40% 밝게
  안드로메다, 물병자리, 양자리, 목동자리

힌트

❶ [스타일 수정] 단축키 F6을 눌러 대화상자에서 스타일을 수정합니다.

❷ 스타일 적용은 서식 도구 상자에서 [스타일]을 클릭한 후 원하는 스타일을 선택하면 됩니다.

문서를 풍부하게 하는 한글 개체와 메일 머지 활용하기

한글 문서에는 글자 외에 도형 개체를 입력하여 문서를 더욱 풍부하게 꾸밀 수 있습니다. 도형과 다단을 이용하여 수료증 양식을 작성한 뒤 메일 머지와 결합하면 많은 자료를 1개의 양식 문서와 연결하여 출력 가능합니다.

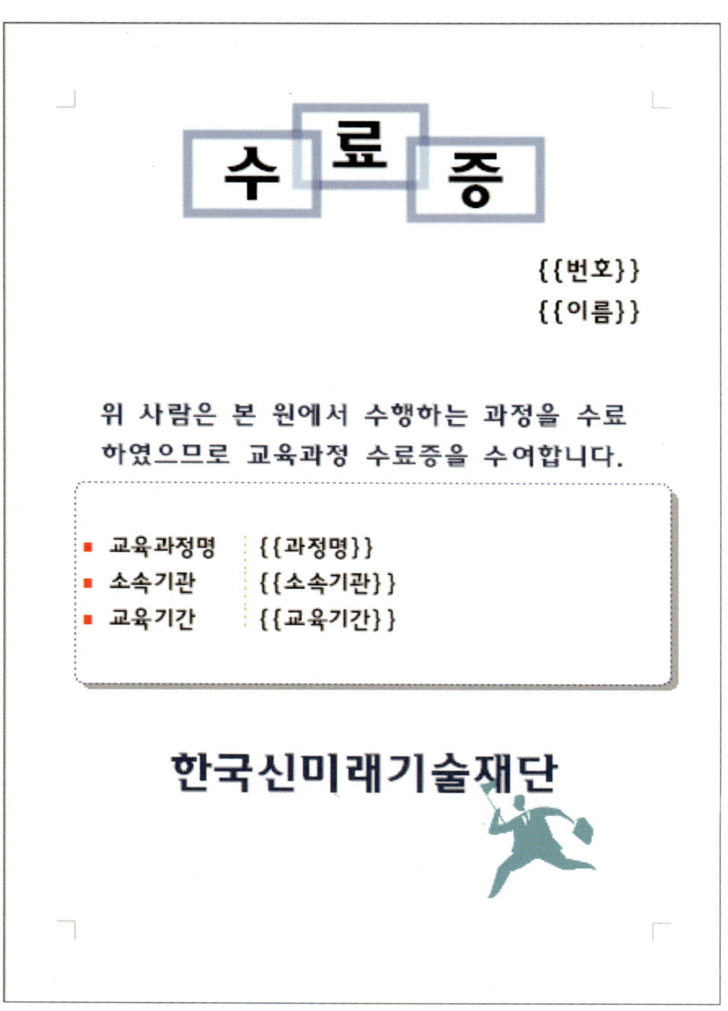

이번 섹션에서 배울 주요 내용

- [도형] 탭의 기능 살펴보기
- 도형 개체 작성 및 편집하기
- 다단 설정하기
- 메일 머지 활용하기
- **스페셜** 한글 NEO 문제 해결_06

[도형] 탭의 기능 살펴보기

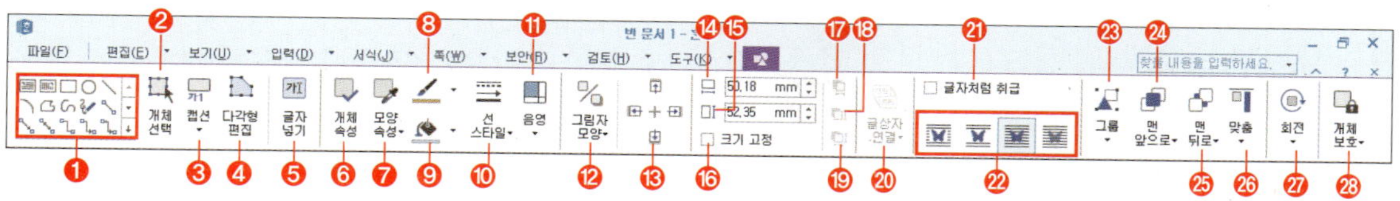

❶ **도형 :** 원하는 도형을 선택하여 삽입합니다.

❷ **개체 선택 :** 개체를 선택할 때 사용합니다.

❸ **캡션 :** 선택한 도형 개체에 필요에 따라 번호와 제목, 간단한 설명 등을 붙이는 기능입니다.

❹ **다각형 편집 :** 선택된 다각형이나 곡선을 편집해 개체의 모양을 변경합니다.

❺ **글자 넣기 :** 원이나 다각형, 호 등 한글에서 그린 그리기 개체를 글상자로 만들어 다양하게 활용할 수 있습니다.

❻ **개체 속성 :** 본문에 삽입한 개체의 크기와 위치, 여백 등의 속성을 변경할 수 있도록 [개채 속성] 대화상자를 나타냅니다.

❼ **모양 속성 :** 개체 모양 복사, 개체 모양 붙이기, 새 그리기 속성으로 메뉴를 제공합니다.

❽ **선 색 :** 선택한 직선이나 개체의 테두리 색을 변경합니다.

❾ **채우기 :** 선택한 개체의 면 색을 변경하거나 앞으로 그려질 개체의 면을 어떤 색으로 할 것인지 설정합니다.

❿ **선 스타일 :** 선택한 개체에 적용할 선 종류, 굵기 또는 화살표 모양을 설정합니다.

⓫ **음영 :** 선택한 개체의 밝기 비율을 증가/감소시켜 줍니다.

⓬ **그림자 모양 :** 도형 개체에 원하는 방향과 모양의 그림자를 추가하거나 제거할 수 있습니다.

⓭ **그림자 이동 :** 도형 개체의 그림자가 선택한 화살표 방향으로 1mm씩 이동합니다.

⓮ **너비 :** 도형 개체의 너비를 설정합니다.

⓯ **높이 :** 도형 개체의 높이를 설정합니다.

⓰ **크기 고정 :** 현재 개체의 크기를 변경할 수 없도록 크기를 고정시킬 수 있습니다.

⓱ **너비를 같게 :** 2개 이상 선택한 도형 개체의 너비를 같게 맞춥니다.

⓲ **높이를 같게 :** 2개 이상 선택한 도형 개체의 높이를 같게 맞춥니다.

⓳ **너비/높이를 같게 :** 2개 이상 선택한 도형 개체의 너비와 높이를 같게 맞춥니다.

⓴ **글상자 연결 :** 글상자를 연결하여 입력 내용이 넘치면 다음 글상자로 넘어가도록 합니다.

㉑ **글자처럼 취급 :** 도형 개체를 보통 글자와 똑같이 취급하여 글을 입력하거나 지우는 대로 개체의 위치가 같이 변합니다.

㉒ **어울림 도형 :** 개체와 본문 내용의 배치 방법을 설정할 수 있습니다.

㉓ **그룹 :** 선택한 여러 개의 개체를 하나로 묶거나, 묶어 놓은 개체를 풉니다.

㉔ **맨 앞으로 :** 여러 개체가 포개져 있는 경우 개체의 순서를 맨 앞으로 이동합니다.

㉕ **맨 뒤로 :** 여러 개체가 포개져 있는 경우 개체의 순서를 맨 뒤로 이동합니다.

㉖ **맞춤 :** 여러 개체를 선택한 경우 개체의 정렬 기준 위치를 설정하거나 거리 배분을 설정합니다.

㉗ **회전 :** 선택한 개체를 1도부터 360도 사이에서 자유롭게 회전합니다.

㉘ **개체 보호 :** 개체를 선택하여 크기를 변경하거나 위치를 이동할 수 없도록 개체를 보호합니다.

도형 개체 작성 및 편집하기

:: 준비파일 Part03₩Chapter03₩Section02₩실습.hwp

도형 개체 입력 및 도형 개체에 대한 색상 채우기, 선 색 채우기, 도형 개체 연결 등 도형의 편집 방법에 대해 알아봅니다.

01_ 준비파일을 불러옵니다. 수료증 글자가 있는 줄에서 `Ctrl` + `Y`를 눌러 1줄 삭제합니다.

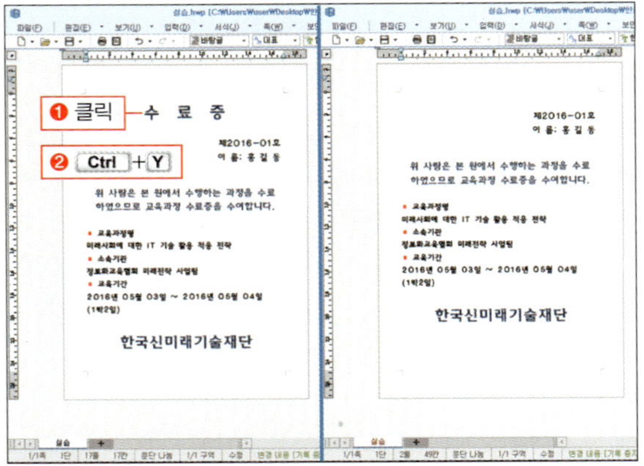

02_ [입력] 탭–[가로 글상자]를 선택한 후 문서에 클릭하면 사각 가로 글상자 도형이 입력됩니다.

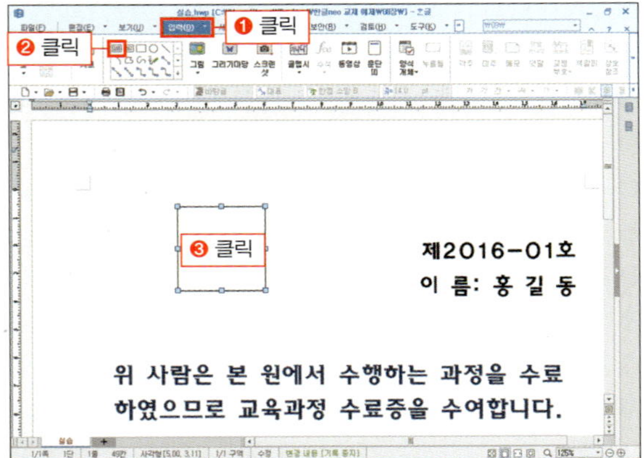

03_ 가로 글상자를 클릭한 후 [도형] 탭–[선 색], [선 스타일]을 이용해 선의 모양을 다음과 같이 변경합니다.

- [선 색] : 바다색 10% 어둡게
- [선 스타일]–[선 굵기] : 3mm

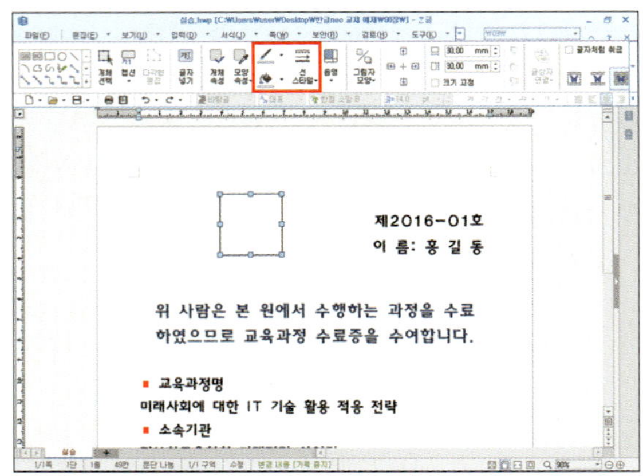

04_ 서식이 설정된 가로 글상자 안에 커서를 클릭한 후 글자 '수'를 입력합니다. 글자를 블록 설정 후 **Ctrl** + **[** , **Ctrl** + **]**로 글자 크기를 조정합니다.

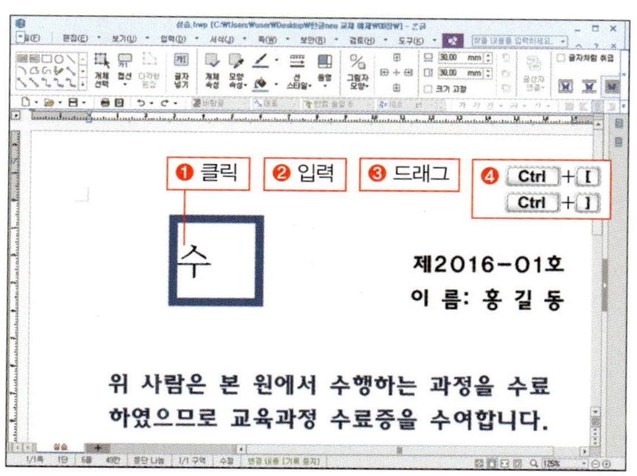

05_ '수료증'을 글상자 안에 입력합니다. 그리고 글상자를 클릭한 후 **Ctrl**을 누른 상태에서 드래그하여 복사합니다.

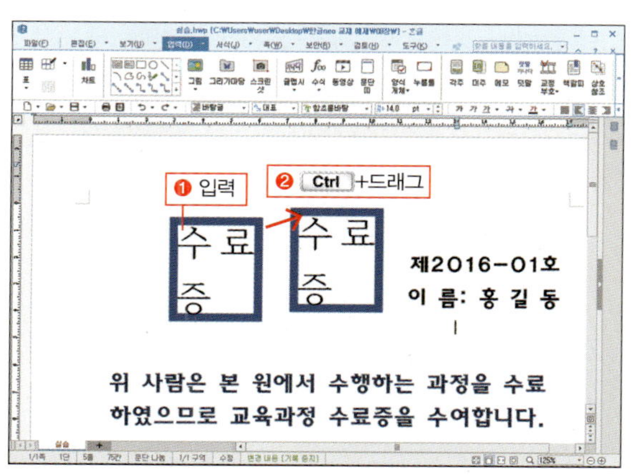

06_ 첫 번째 글상자를 클릭한 뒤 [도형] 탭-[글상자 연결]-[글상자 연결]을 클릭한 후 두 번째 글상자를 클릭합니다.

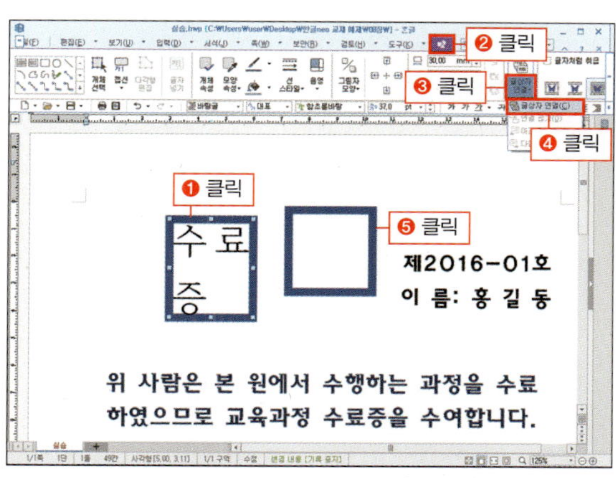

07_ 첫 번째 글상자에 글자가 넘치면 연결된 두 번째 글상자로 글자가 자동으로 넘어갑니다. 두 번째 글상자를 선택한 후 `Ctrl`을 누른 상태에서 드래그하여 복사합니다. 그 후 [도형] 탭-[글상자 연결]-[글상자 연결]을 클릭하고 생성한 세 번째 글상자를 클릭합니다.

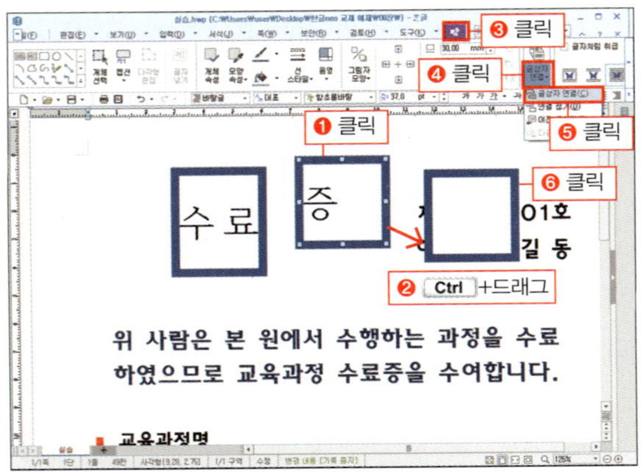

08_ 첫 번째 글상자의 글자가 넘치면 두 번째, 세 번째 글상자로 글자가 자동으로 넘어가 표시됩니다. `Shift`+ 방향키로 글자를 블록 설정하여 선택 후 글자 서식을 변경합니다.

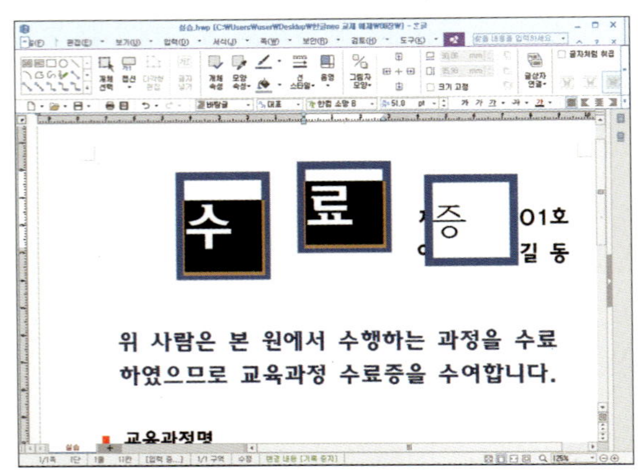

꼭!! 알고가기

첫 번째 글상자를 클릭하고 `Delete`로 모두 삭제 가능하며, 첫 번째 글상자에 '감사장'이라고 입력하면 두 번째, 세 번째 글상자로 연결되어 표시됩니다.

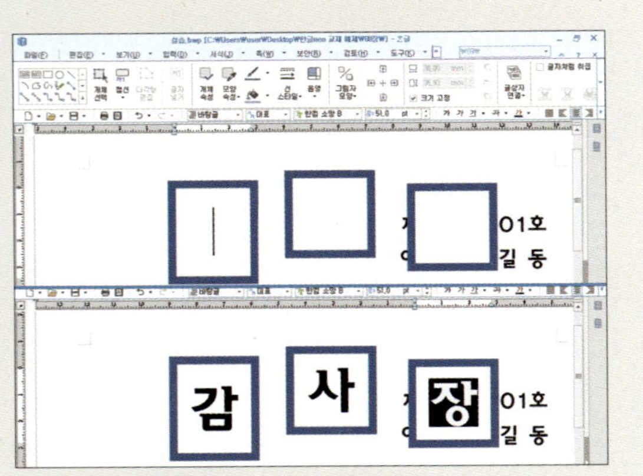

09_ 글상자 개체의 면 색은 글상자를 선택한 후 [도형] 탭-[채우기] 펼침 단추(▼)-[색 골라내기]를 클릭합니다. 그 후 제목 표시줄을 클릭하여 색상을 선택해 글상자를 채울 수 있습니다.

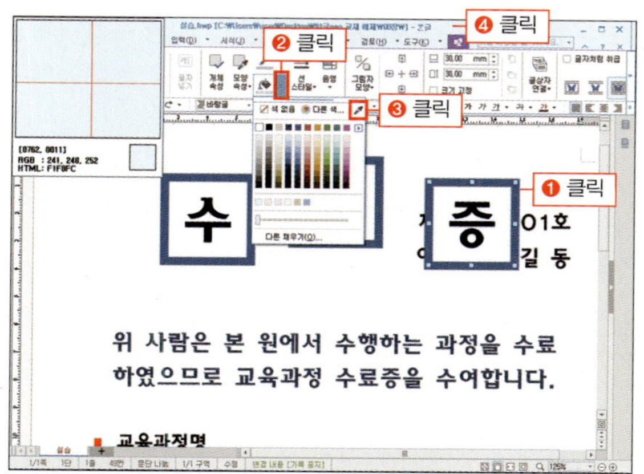

10_ [도형] 탭-[채우기] 펼침 단추(▼)-[투명도]를 변경하여 채우기의 투명도를 결정합니다. 선 색도 투명도 설정이 가능합니다.

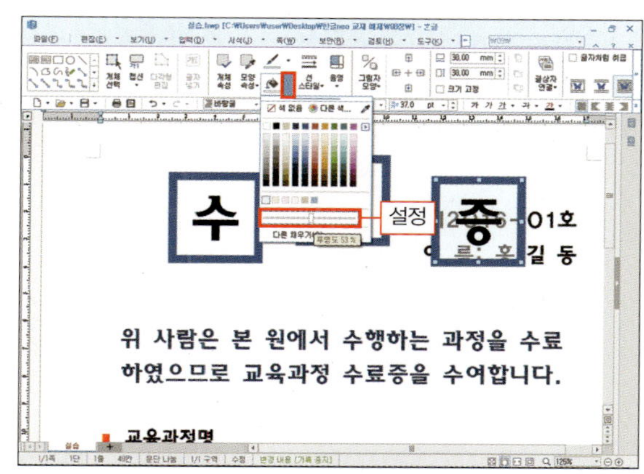

11_ 드래그하여 위치 조정하고 그림과 같이 겹치기 하여 투명도 효과를 확인합니다. 작성된 글상자 개체의 선, 채우기, 크기는 [도형]-[모양 속성]-[개체 모양 복사]를 클릭하면 나타나는 [개체 모양 복사] 대화상자에서 [선 모양], [개체 크기], [그림자], [채우기]를 체크하고 [복사]를 클릭합니다.

TIP

글상자의 크기는 글상자 선택 후 **Shift**+방향키(↑), ↓, ←, →)로 조정 가능합니다.

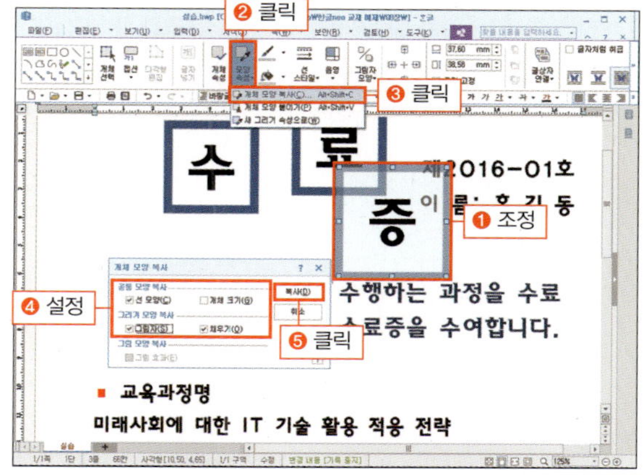

12_ '수' 글상자를 선택한 후 [도형] 탭–[모양 속성]–[개체 모양 붙이기]를 클릭합니다. '료' 글상자를 선택한 후 동일하게 진행합니다.

> • [개체 모양 복사] 단축키 : Alt + Shift + C
> • [개체 모양 붙이기] 단축키 : Alt + Shift + V

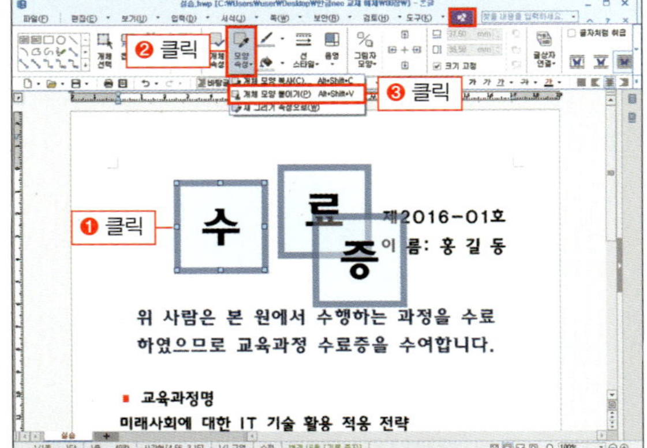

13_ '수', '료', '증' 3개의 글상자를 Shift 를 누른 채 클릭한 후 [도형] 탭–[그룹]–[개체 묶기]를 클릭하여 1개의 글상자로 만든 후 [글자처럼 취급]을 선택합니다. 크기 조정 및 위치를 이동하여 완성합니다.

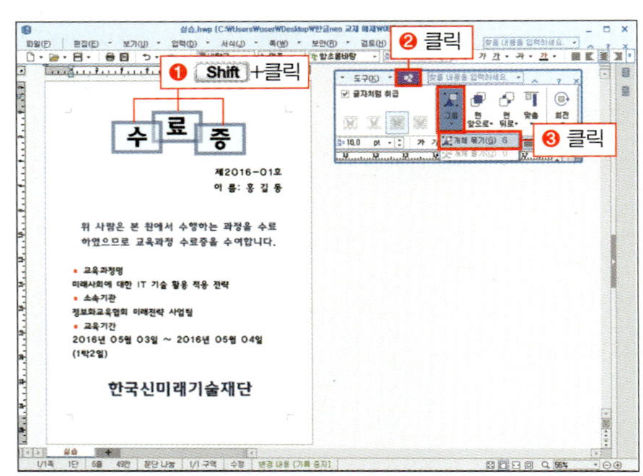

14_ [입력] 탭–[가로 글상자]를 선택한 후 드래그하여 그림과 같이 글상자를 작성합니다.

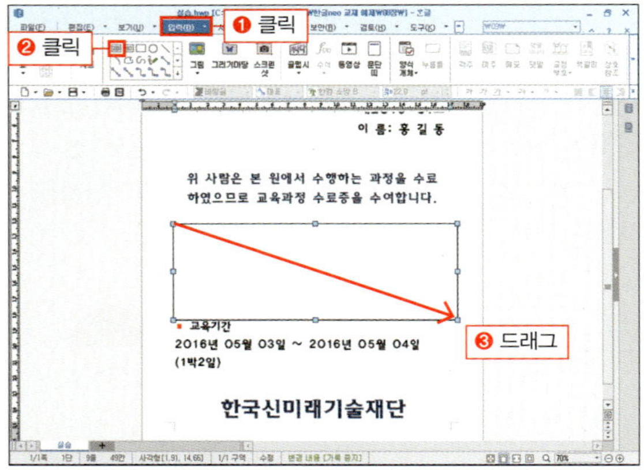

15_ 글상자를 선택한 후 [도형] 탭–[그림자 모양]을 클릭하여 그림자 모양을 클릭합니다.

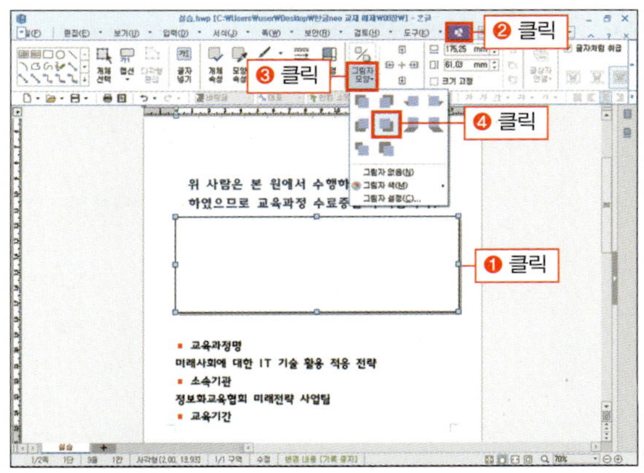

16_ 도형을 더블클릭하여 나타나는 [개체 속성] 대화상자의 [선] 탭에서 선의 서식을 설정합니다. [사각형 모서리 곡률]–[곡률 지정]을 클릭해 '5'를 입력 후 [설정]을 클릭합니다.

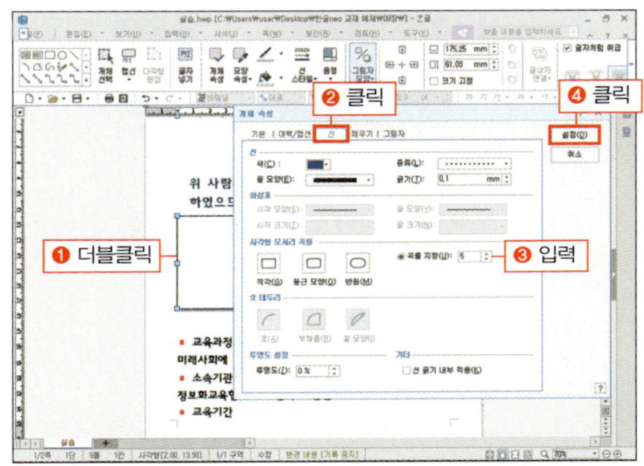

17_ [도형] 탭–[글자처럼 취급]을 선택하고 글자를 도형 안으로 이동합니다.

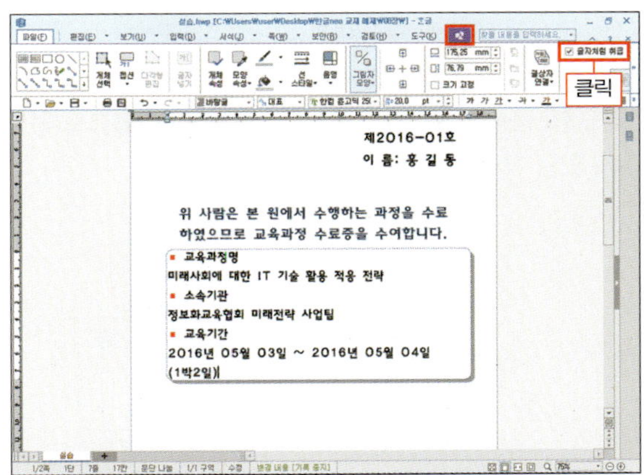

18_ 문서를 1장으로 마무리합니다.

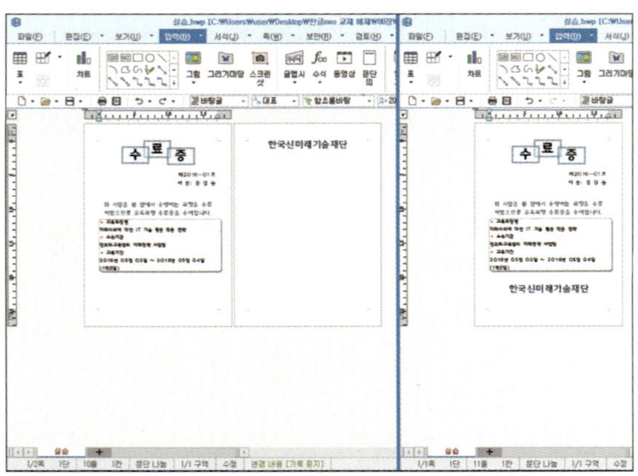

19_ [입력] 탭-[그리기마당]을 클릭한 후 [그리기마당] 대화상자에서 [그리기 조각] 탭-[프레젠테이션(인물)]-[인물14]를 선택하고 [넣기]를 클릭합니다.

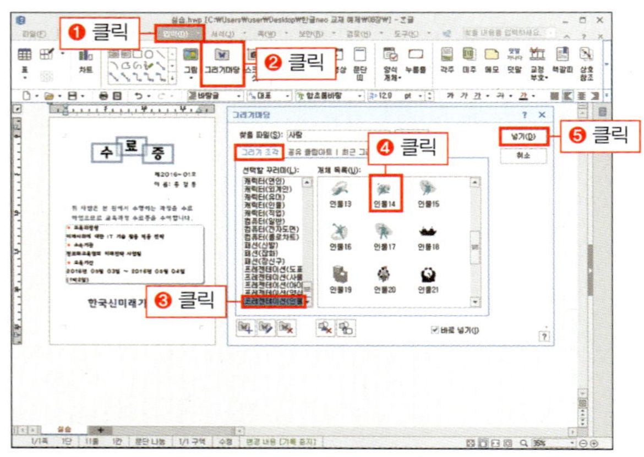

20_ 문서에 마우스 클릭하여 그림을 입력한 후 드래그 또는 Shift +방향키로 크기를 조절합니다. 그림을 클릭 후 [도형] 탭-[그룹]-[개체 풀기]를 클릭하면 그룹으로 묶여져 있던 개체가 각각의 개체로 분리됩니다.

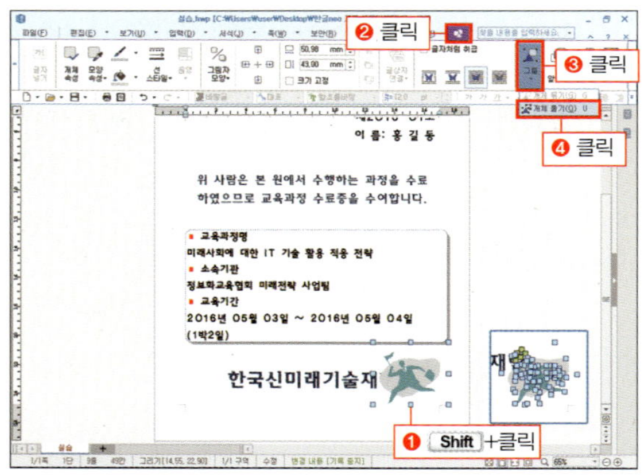

21_ 불필요한 부분은 **Delete** 로 삭제하고 1개로 묶어야 할 개체는 [도형] 탭–[개체 선택]을 클릭, 드래그하여 개체가 선택되면 [도형] 탭–[그룹]–[개체 묶기]를 선택하여 1개의 개체로 묶어줍니다.

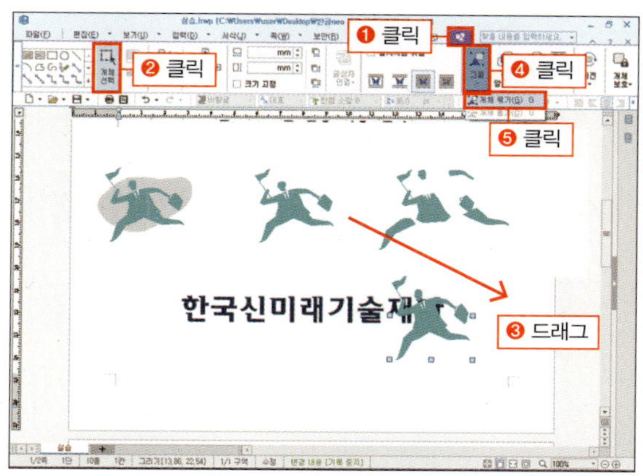

22_ 묶어진 클립 도형을 클릭한 후 [도형] 탭–[글 뒤로]를 선택하여 글자보다 뒤에 위치하게 합니다.

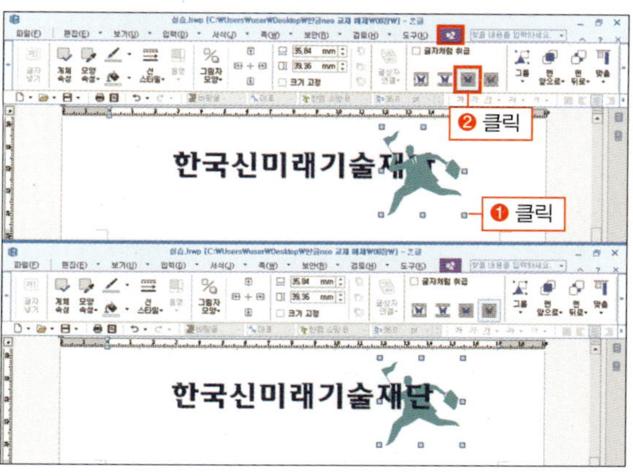

다단 설정하기

글자 자료를 왼쪽에서 오른쪽으로 2개 이상 나눌 때 다단 설정을 이용합니다. 왼쪽에서 입력한 내용이 넘쳐날 때 오른쪽으로 자동으로 이동되게 하는 다단 설정에 대해 알아봅니다.

01_ 글자를 블록 설정한 후 [쪽] 탭–[단]–[둘]을 클릭합니다.

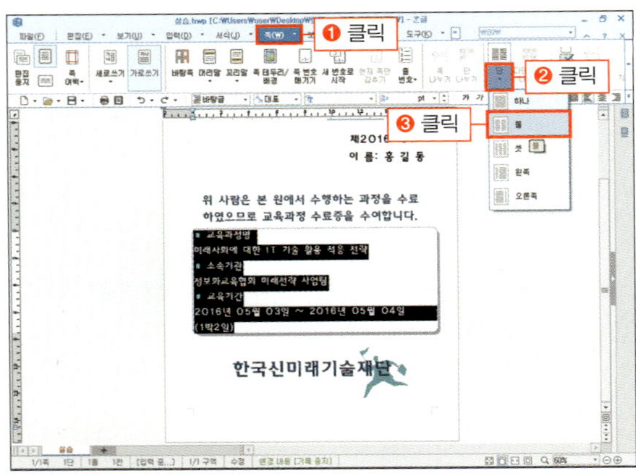

02_ 2개의 단으로 나누어집니다. 왼쪽 단에서 Enter 를 누르면 자동으로 내용이 오른쪽으로 이동됩니다.

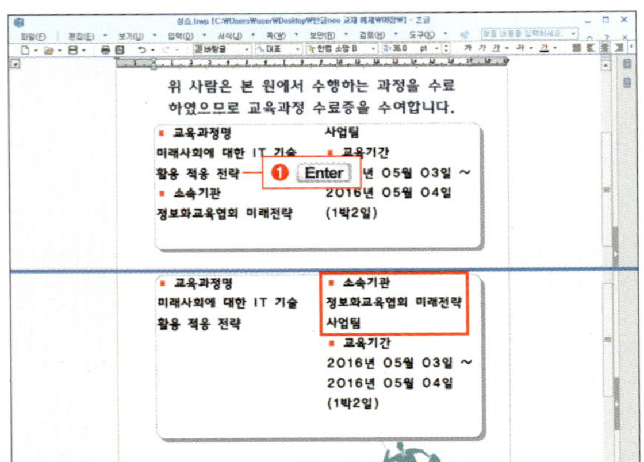

03_ [되돌리기] 단축키 Ctrl + Z 를 눌러 되돌린 후 다시 블록 설정하여 [쪽] 탭–[단]을 클릭합니다.

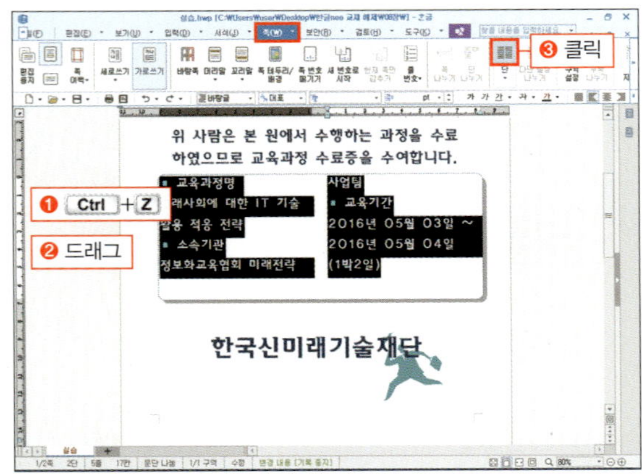

04_ [단 설정] 대화상자에서 [자주 쓰이는 모양]–[왼쪽]을 클릭하고 [구분선 넣기]를 선택합니다. [구분선의 종류]를 다음과 같이 설정한 후 [설정]을 클릭합니다.

- [종류] : 점선
- [굵기] : 0.7mm
- [색] : 노른자색 20% 밝게

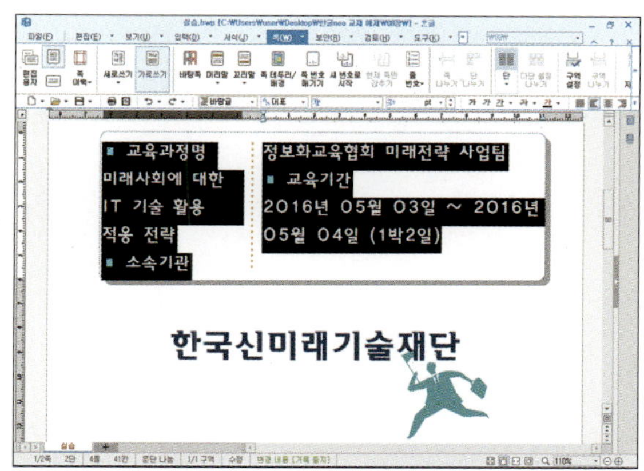

05_ 오른쪽보다 왼쪽의 영역이 작게 나타나며 설정한 선의 모양과 색상이 나타납니다.

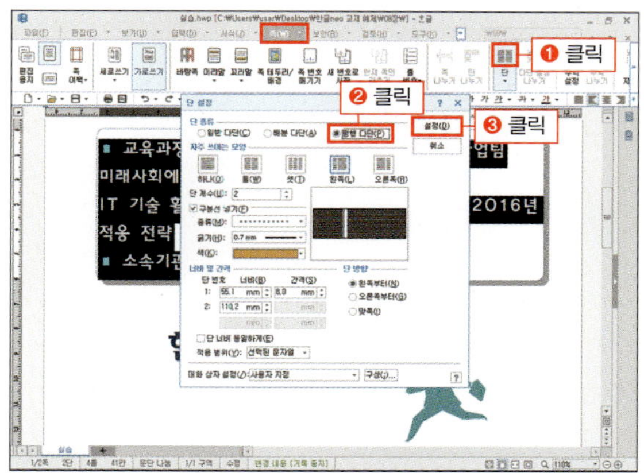

06_ 블록 설정된 상태에서 [쪽] 탭–[단]을 클릭하고 [평행 다단]을 선택한 후 [설정]을 클릭합니다.

07_ 내용이 모두 왼쪽 단으로 나타납니다. '미래사회에 대한' 글자 앞에 커서를 두고 [쪽] 탭–[단 나누기]를 클릭합니다.

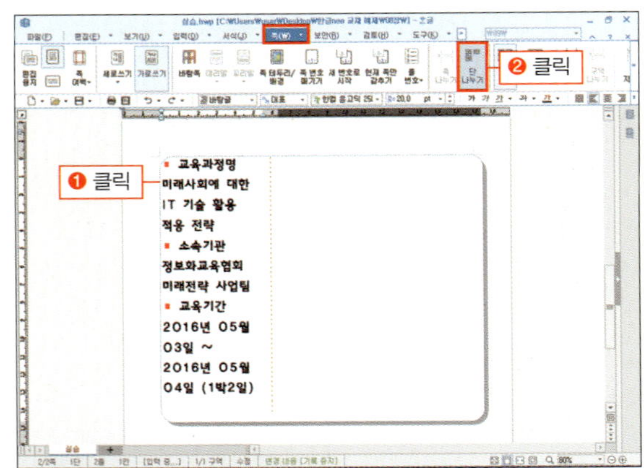

08_ '미래사회에 대한' 내용부터 오른쪽 단으로 넘어갑니다. 다시 '소속기간' 앞에 커서를 두고 [쪽] 탭–[단 나누기]를 클릭합니다. '정보화' 글자 앞에 커서를 두고 [쪽] 탭–[단 나누기]를 클릭합니다.

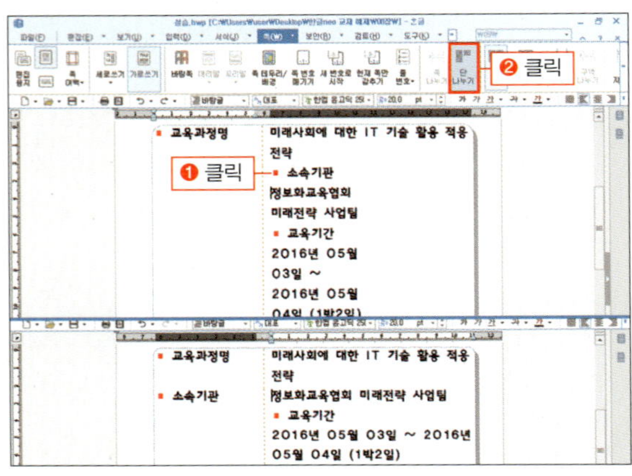

09_ [쪽] 탭–[단 나누기]를 클릭하면 선택한 내용이 단의 왼쪽, 오른쪽으로 이동합니다.

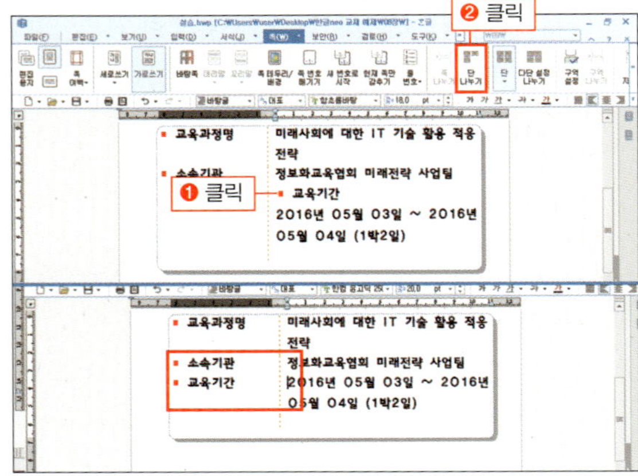

10_ 블록 설정 후 [쪽] 탭-[단]-[자주 쓰이는 모양]-[왼쪽]을 클릭하고 [너비 및 간격]에서 단의 너비를 '45'로 입력하여 왼쪽 단의 크기를 조정합니다.

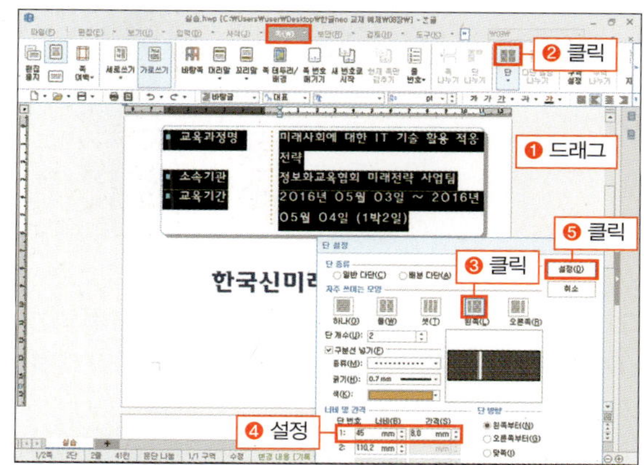

메일 머지 활용하기

:: **준비파일** Part03₩Chapter03₩Section02₩교육생명단.cell, 라벨지-배경.png

같은 양식에 일부 내용만 다른 내용일 때는 같은 문서를 많이 만들지 않고 메일 머지 기능을 이용해 1개의 양식에 여러 데이터를 연결하는 방법에 대해 알아봅니다.

01_ 준비파일 '교육생명단.cell'을 실행합니다. [sheet1] 시트의 [A1], [B1], [C1]의 1행에 제목, 2행부터 내용이 나열되어 있습니다.

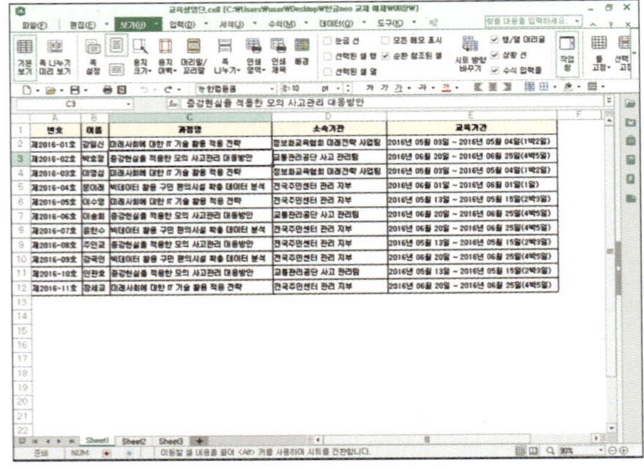

02_ 다시 한글 파일로 돌아와서 메일 머지를 생성할 위치에 커서를 두고 [도구] 탭-[메일 머지]-[메일 머지 표시 달기]를 클릭합니다.

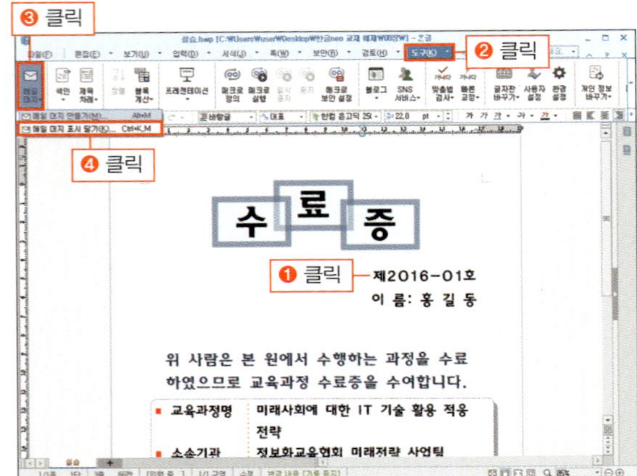

03_ [메일 머지 표시 달기] 대화상자에서 [필드 만들기] 탭을 클릭한 후 '번호' 입력 후 [넣기]를 클릭합니다. {{번호}} 필드가 나타납니다. '제2016-01호' 글자는 삭제합니다.

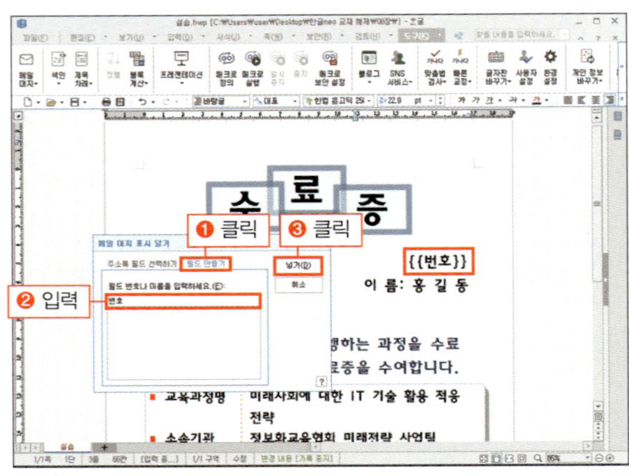

04_ '이 름: 홍 길 동'을 블록 설정한 후 [도구] 탭
–[메일 머지]–[메일 머지 표시 달기]를 클릭한 후 [필드 만들기] 탭에서 '이름'을 입력한 후 [넣기]를 클릭합니다.

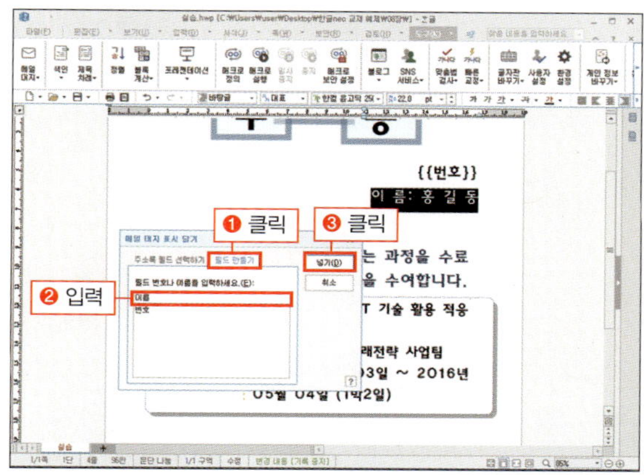

05_ '미래사회에 대한~전략'까지 내용을 블록 설정한 후 [도구] 탭–[메일 머지]–[메일 머지 표시 달기]를 클릭한 후 [필드 만들기] 탭에서 '과정명'을 입력한 후 [넣기]를 클릭합니다.

- 소속기관 내용 블록 설정 후 [필드 만들기] 탭에서 '소속기관'을 입력
- 교육기간 내용 블록 설정 후 [필드 만들기] 탭에서 '교육기간'을 입력

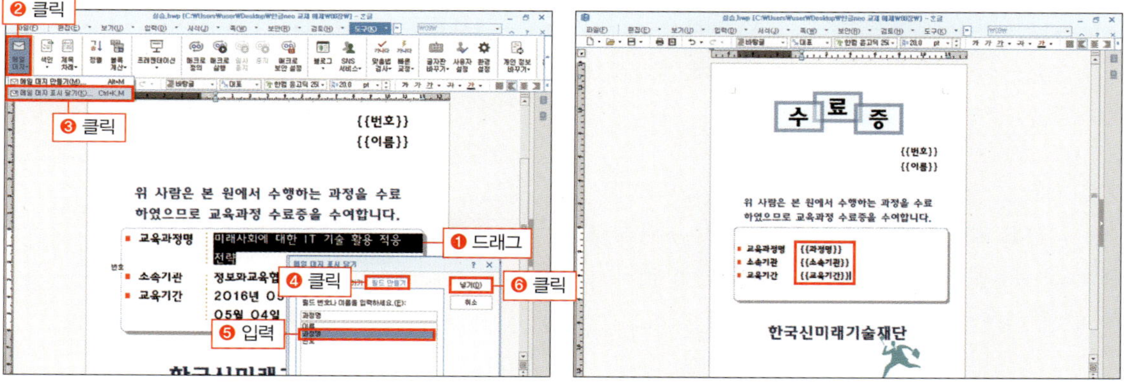

06_ [도구] 탭–[메일 머지]–[메일 머지 만들기]를 클릭합니다.

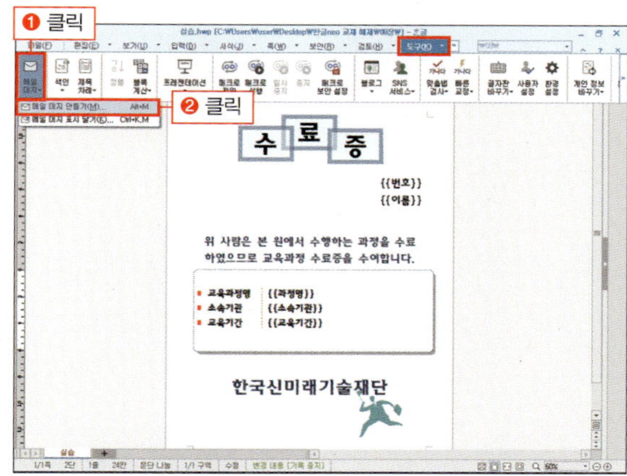

07_ [한셀/엑셀 파일]을 선택한 후 [파일 선택]을 클릭해 '교육생명단.cell'을 더블클릭하여 불러옵니다.

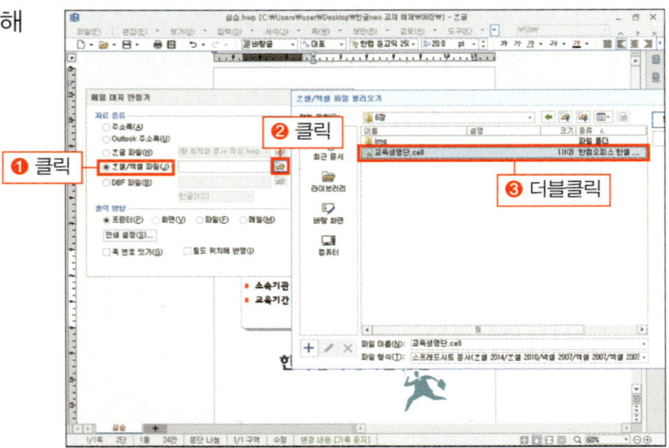

08_ [출력 방향]–[화면]을 선택한 후 [확인]을 클릭하면 [시트 선택] 대화상자가 나타납니다. [시트목록]에서 [Sheet1]을 클릭하고 [선택]을 클릭합니다.

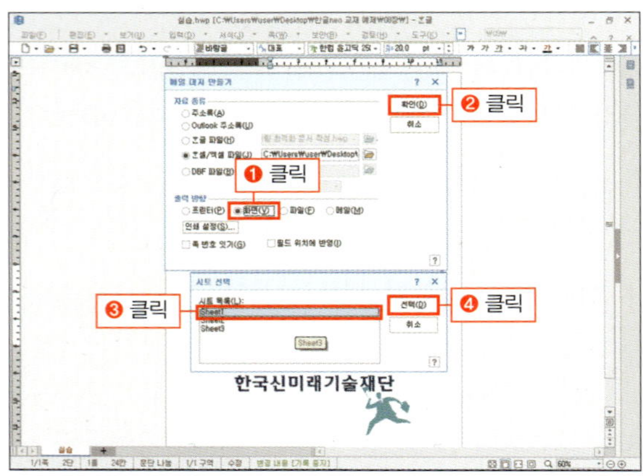

09_ [주소록 레코드 선택] 대화상자에 데이터 리스트 중 불필요한 부분은 클릭하여 제외 가능합니다. 데이터 리스트를 선택한 후 [선택]을 클릭합니다.

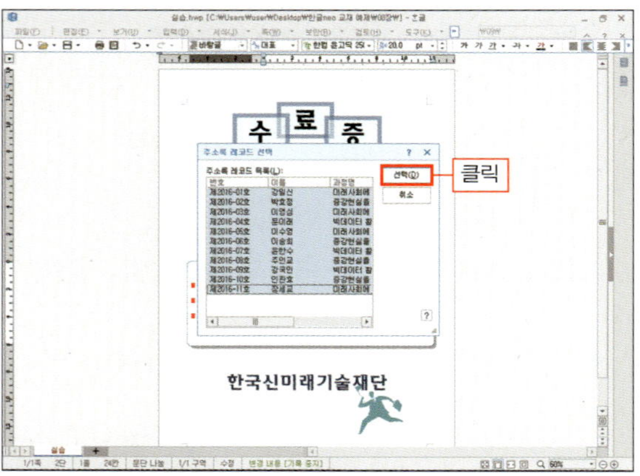

10_ {{번호}}, {{이름}}, {{교육과정}}, {{소속기관}}, {{교육기간}}에 '교육생명단.cell'의 내용이 연결되어 표시됩니다.

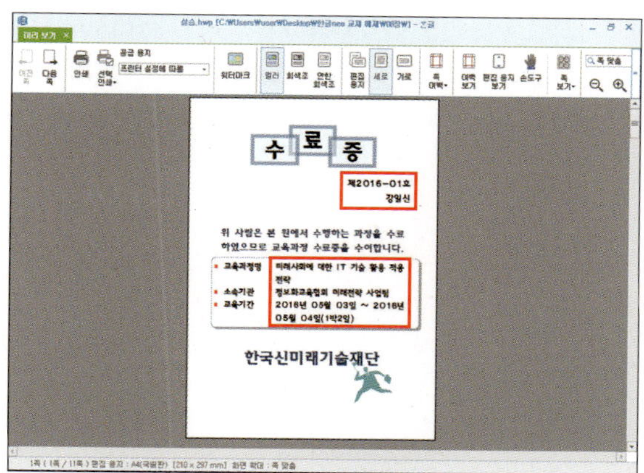

11_ [다음 쪽]을 클릭하여 번호, 이름, 교육과정, 소속기관, 교육기간 내용 변경을 확인합니다. [미리 보기] 탭–[닫기]를 클릭합니다.

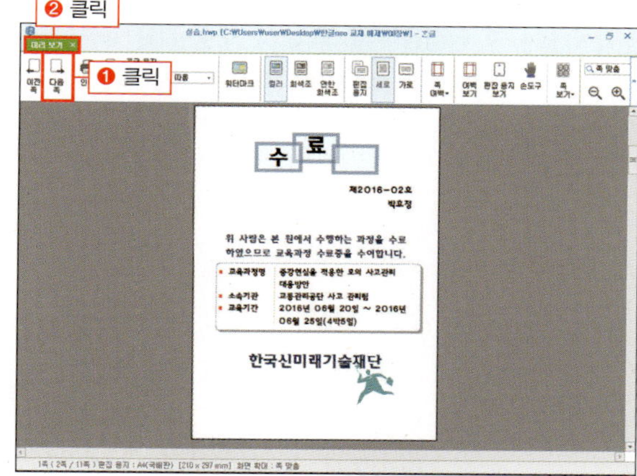

글상자 연결 개체는 메일 머지할 때 나타나지 않습니다.

12_ [파일] 탭–[새 문서]를 클릭해 새 문서를 실행합니다. [쪽] 탭–[라벨]–[라벨 문서 만들기]를 클릭합니다.

[새 문서]의 단축키 : Alt + N

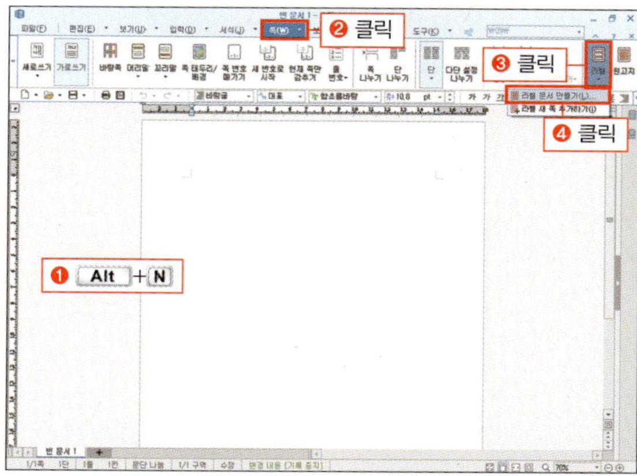

13_ [라벨 문서 만들기] 대화상자에서 [라벨 문서 꾸러미] 탭을 클릭하고 [Formtec A4 size]–[2008–이름표라벨(8칸)]을 클릭하고 [열기]를 클릭합니다.

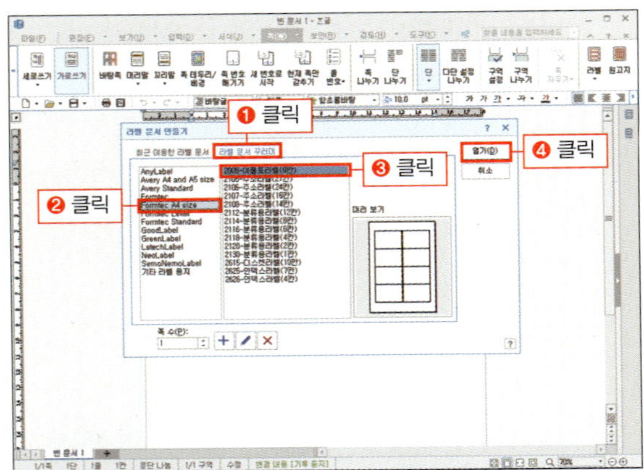

14_ 8칸 표가 나타납니다. 표의 첫 번째 칸을 클릭 후 [도구] 탭–[메일 머지]–[메일 머지 표시 달기]를 클릭합니다.

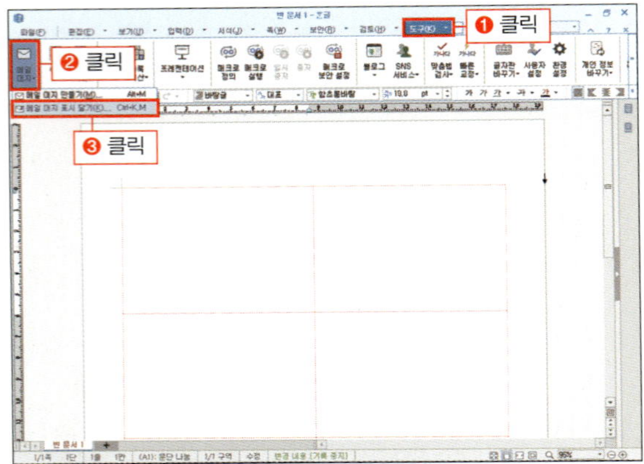

15_ [메일 머지 표시 달기] 대화상자에서 [필드 만들기] 탭–[이름]을 클릭하고 [넣기]를 클릭합니다.

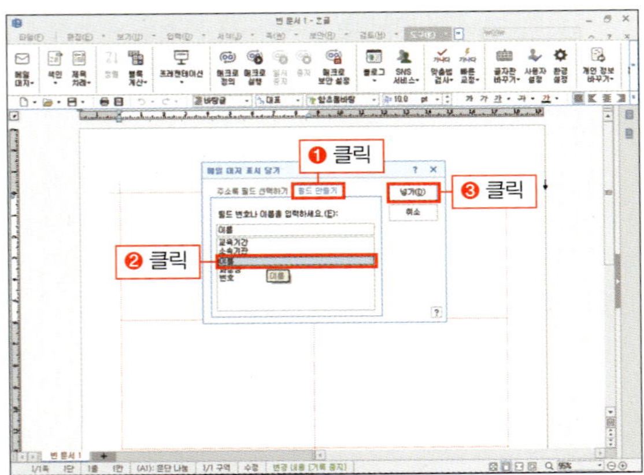

16_ '{{이름}}'을 블록 설정하여 서식 도구 상자에서 다음과 같이 글자 서식을 설정한 뒤 **F5**를 눌러 표 셀을 선택한 후 **L**을 눌러 [셀 테두리/배경] 대화상자의 [테두리] 탭에서 선 테두리 모두를 [얇고 굵은 이중선]으로 설정합니다.

- [글꼴] : 함초롬바탕
- [글자 크기] : 51pt
- [표] 탭-[내용 정렬]-[세로 정렬]-[세로 가운데 정렬]
- [가운데 정렬] : 선택

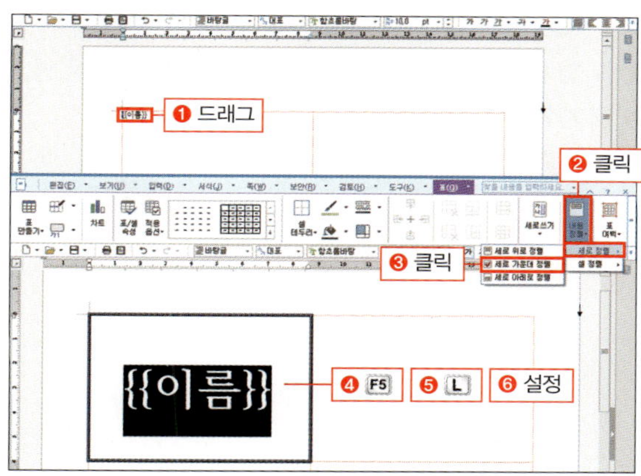

17_ [입력] 탭-[세로 글상자]를 클릭해 드래그하여 생성한 후 'SMART KOREA'를 입력하고 다음과 같이 설정합니다.

- [글꼴] : 함초롬바탕
- [글자 크기] : 13pt

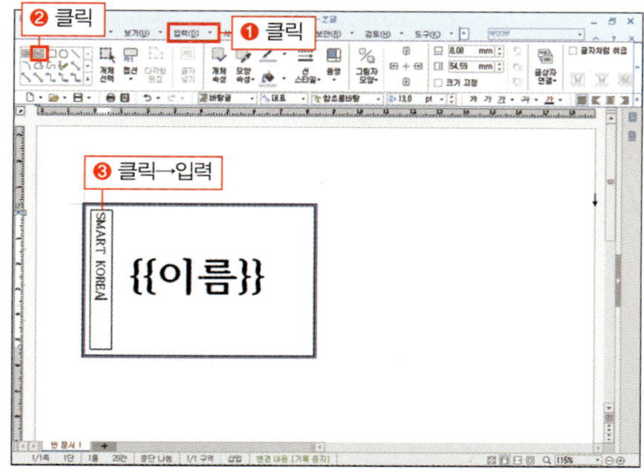

18_ 세로 글상자를 더블클릭한 후 나오는 [개체 속성] 대화상자의 [글상자] 탭-[영문 세움]을 선택하고 [설정] 단추를 클릭합니다.

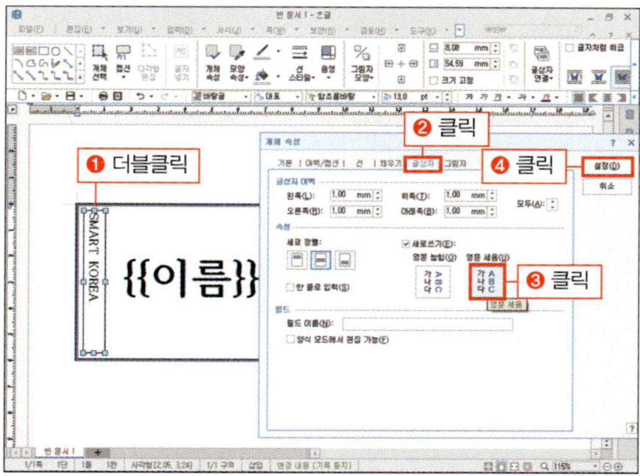

19_ 세로 글상자가 선택된 상태에서 [도형] 탭–[채우기] 펼침 단추(▼)–[바다색]으로 설정하고 [선 스타일]–[선 종류]–[선 없음]을 클릭합니다.

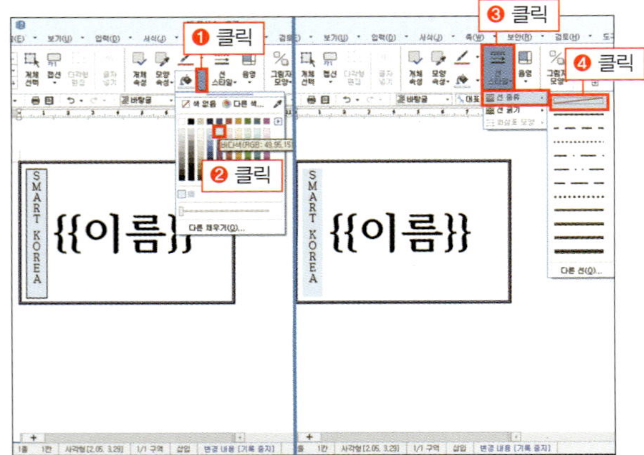

20_ [도구] 탭–[메일 머지]–[메일 머지 만들기]를 선택해 기존 연결 자료를 확인한 후 [확인]을 클릭합니다. 나타나는 [시트 선택] 대화상자에서 [시트 목록]의 [sheet1] 시트를 선택한 후 [선택]을 클릭합니다. [주소 레코드 선택] 대화상자에서 [선택]을 클릭합니다.

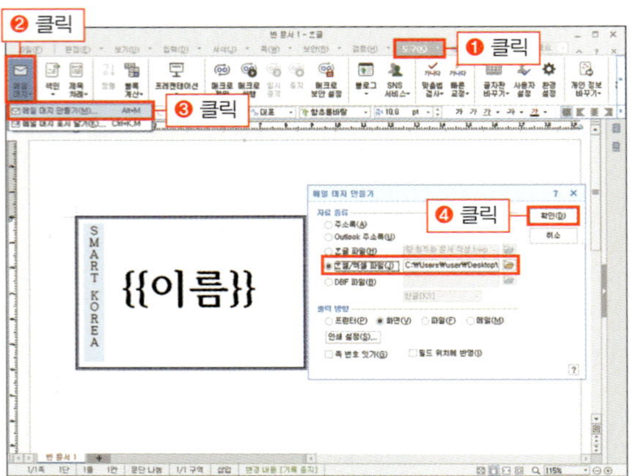

21_ 교육생 명단이 세로 글상자, 표와 함께 {{이름}} 부분에 출력됩니다. [미리 보기] 탭–[닫기]를 클릭하여 메일 머지 결과 화면을 종료합니다.

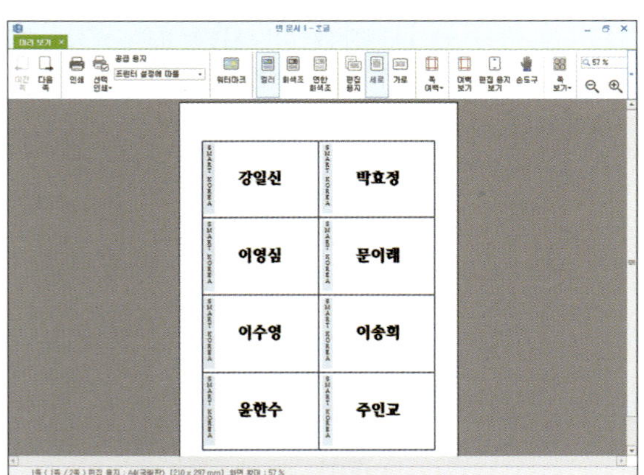

TIP

라벨 메일 머지에서 그림 또는 개체가 출력되지 않을 때는 작성된 그림 또는 개체를 [잘라내기] 단축키 **Ctrl**+**X**로 오려 내기한 후 다시 [붙이기] 단축키 **Ctrl**+**V**로 붙여넣기한 후 메일 머지를 실행합니다.

22_ 메일 머지 원본 자료의 표 안에 커서를 두고 F5 →
C 를 눌러 [셀 테두리/배경] 대화상자의 [배경] 탭–[그림]–[찾아보기]에서 '라벨지–배경.png'를 선택한 뒤 [설정]을 클릭합니다.

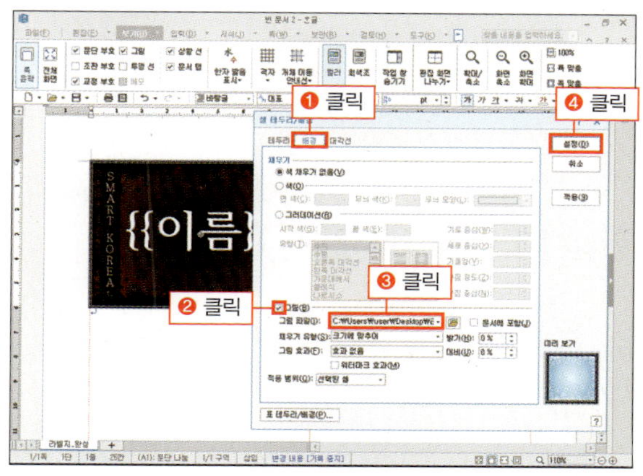

23_ 셀의 크기에 맞추어서 배경이 그림으로 출력됩니다.

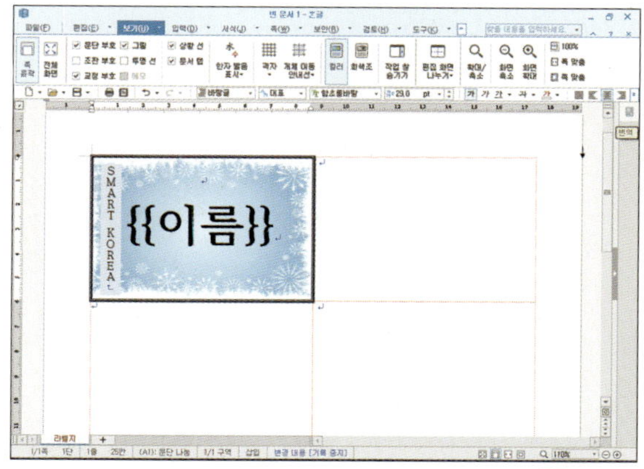

라벨 문서의 표는 크기가 고정되어 있어 X , Ctrl , Alt , Shift 와 키보드 방향키로 크기 조정이 동작되지 않습니다. 라벨의 크기를 변경하고자 할 때는 [표/셀 속성] 대화상자의 [기본] 탭–[크기 고정]을 선택 해제합니다.

24_ [도구] 탭–[메일 머지]–[메일 머지 만들기]를 클릭해 '교육생명단.cell'과 연결하여 메일 머지를 만들고 확인합니다.

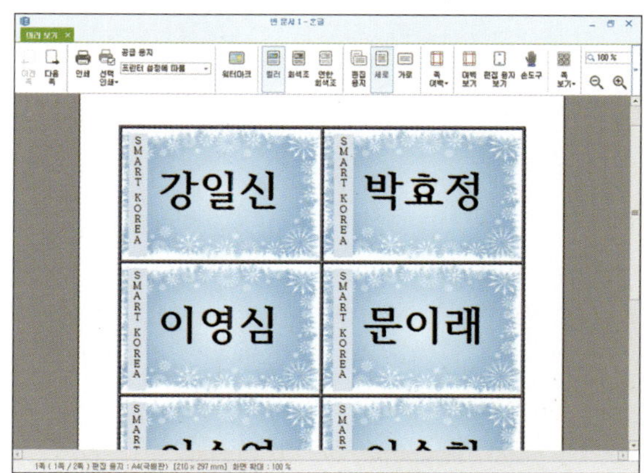

한글 NEO 문제 해결_06

Q1 그룹화한 도형을 해제하면 엉망이 됩니다. 해결 방법이 없을까요?

그룹화한 도형이 [글자처럼 취급]에 선택되어 있을 때 개체 풀기를 하면 도형이 모두 흐트러집니다. 때문에 개체 풀기를 하기 전에 [글자처럼 취급]의 선택을 해제합니다.

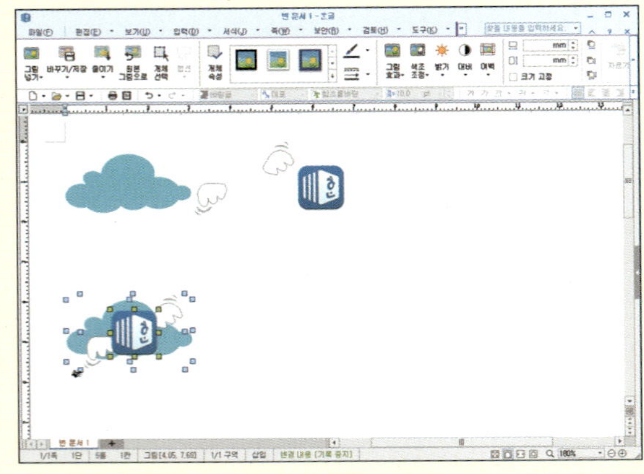

Q2 여러 도형의 너비와 높이의 크기를 동일하게 맞추려면 어떻게 하나요?

Shift+클릭으로 크기를 동일하게 하고 싶은 도형을 모두 선택합니다. 이때 크기의 기준이 되는 도형은 제일 마지막에 선택합니다. [도형] 탭-[너비를 같게], [높이를 같게], [너비/높이를 같게]를 클릭하면 크기를 동일하게 맞출 수 있습니다.

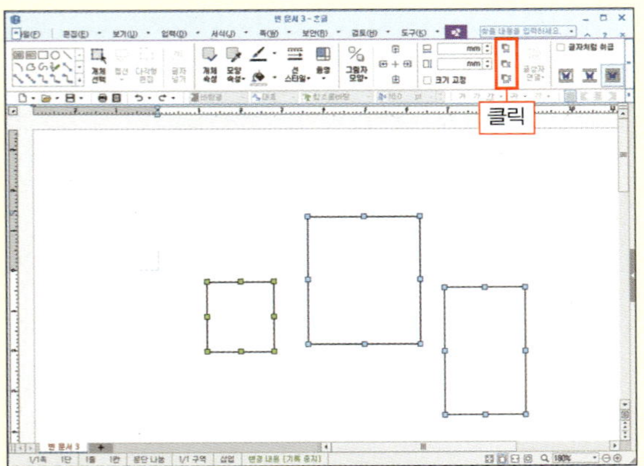

1 준비파일을 불러온 뒤 본문 '개(Canis lupus familiaris)는~ 추정했다.'까지 2단으로 구성하고, '진돗개는 한 국의~두 번째이다.'까지도 2단으로 구성해 봅니다.

◎ 준비파일 : Part03₩Chapter03₩Check₩(체크)다단.hwp   ◎ 완성파일 : Part03₩Chapter03₩Check₩(체크)다단_완성.hwp

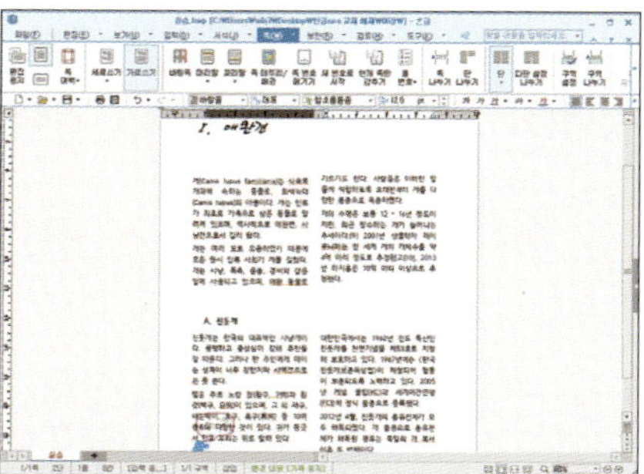

힌트

❶ 다단은 [쪽] 탭–[단]을 클릭합니다.

---

2 오른쪽 그림처럼 제목 'I. 애완견' 옆에 글상자를 5개 만들고 각 글상자를 연결하여 그림과 같이 '개와 고양이' 글자가 입력되도록 편집해 봅니다.

◎ 준비파일 : Part03₩Chapter03₩Check₩(체크)글상자.hwp

◎ 완성파일 : Part03₩Chapter03₩Check₩(체크)글상자_완성.hwp

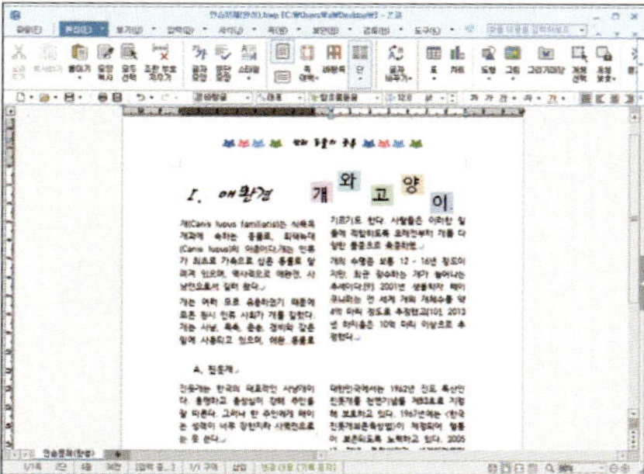

힌트

❶ 글상자 만들기는 [입력] 탭–[가로 글상자]를 클릭합니다.

❷ 글상자를 연결하려면 [도형] 탭–[글상자 연결]을 클릭하여 설정합니다.

index

환상의 콤비
엑셀 & 파워포인트 2016 & 한글 NEO

1판 1쇄 발행 2016년 4월 25일

저　　자 | 장경호, 서정동
발 행 인 | 김길수
발 행 처 | (주)영진닷컴
주　　소 | (우)08591 서울특별시 금천구 가산디지털 1로 24 대륭테크노타운
　　　　　 13차 10층

등　　록 | 2007. 4. 27. 제16-4189호

ⓒ2016. (주)영진닷컴
ISBN | 978-89-314-5306-5

이 책에 실린 내용의 무단 전재 및 무단 복제를 금합니다.

🍀 차 례

고난도 유형 독해 모의고사

pdf 파일

 A 목적 찾기

A01
□ resident ⓝ 주민
□ in accordance with ~에 따라
□ regulation ⓝ 규정
□ hallway ⓝ 복도
□ belonging ⓝ 물품, 소유물
□ evacuation ⓝ 대피
□ pose ⓥ 가하다, 야기하다

A02
□ craft ⓝ 공예품
□ annual ⓐ 연례의, 1년의
□ fair ⓝ 박람회
□ registration form 신청서
□ upcoming ⓐ 다가오는
□ leave out ~을 놓대[남기다]

A03
□ express ⓥ 표하다
□ gratitude ⓝ 감사
□ dedication ⓝ 헌신
□ exceptional ⓐ 뛰어난
□ significantly ⓐ 상당히
□ reflect on ~을 숙고하다
□ contribution ⓝ 기여
□ renewal ⓝ 갱신
□ given ⓟⓡⓔⓟ ~을 감안하여
□ extension ⓝ 연장
□ academic ⓐ 학업의
□ involvement ⓝ 참여

A04
□ coordinator ⓝ 코디네이터, 중재자
□ accessibility ⓝ 접근성
□ attendee ⓝ 참석자
□ strictly ⓐ 엄격하게
□ procedure ⓝ 절차
□ obtain ⓥ 얻다
□ approval ⓝ 승인
□ eagerly ⓐ 간절하게

A05
□ immediate ⓐ 즉각적인
□ consideration ⓝ 고려
□ apparent ⓐ 분명한
□ budget ⓝ 예산
□ adjustment ⓝ 조정
□ modification ⓝ 수정 사항
□ wage ⓝ 임금
□ allocation ⓝ 배당
□ expense ⓝ 경비, 비용
□ attachment ⓝ 부속물, 첨부물

A06
□ take advantage of ~을 이용하다
□ resident ⓝ 주민
□ weed ⓝ 잡초
□ decoration ⓝ 장식
□ lawn ⓝ 잔디밭

A07
□ apply for ~에 지원하다
□ counselor ⓝ 상담사
□ certification ⓝ 증명서
□ application ⓝ 지원

A08
□ attendance ⓝ 출석, 참석
□ maximize ⓥ 극대화하다
□ potential ⓝ 잠재력
□ concerned ⓐ 걱정하는
□ unapproved ⓐ 허가되지 않은
□ absence ⓝ 결석
□ explanation ⓝ 설명
□ unjustified ⓐ 정당하지 않은
□ absent ⓐ 결석한
□ disadvantage ⓝ 불이익, 불리한 점

A09
□ facility ⓝ (특정 목적·활동용 장소나 건물을 가리키는) 시설
□ modern ⓐ 현대의, 근대의
□ generous ⓐ (무엇을 주는 데 있어서) 후핸[너그러운]
□ donation ⓝ 기부, 기증
□ foundation ⓝ 재단
□ renovate ⓥ (낡은 건물·가구 등을) 개조[보수]하다
□ outdated ⓐ 구식인
□ auditorium ⓝ 강당
□ repair ⓝ 수리, 보수
□ brief ⓐ 짧은, 잠시 동안의
□ inconvenience ⓝ 불편함
□ encourage ⓥ 장려하다, 권장하다

A08
□ request ⓥ 요청하다
□ extension ⓝ 연장
□ obtain ⓥ 얻다
□ submit ⓥ 제출하다
□ consideration ⓝ 고려

A10

- exhibit ⓥ 전시하다
- admire ⓥ 좋아하다
- emphasize ⓥ 강조하다
- purchase ⓥ 구매하다 ⓝ 구매
- horizon ⓝ 지평선
- house ⓥ 소장하다
- inquiry ⓝ 문의

A11

- subscription ⓝ 구독
- currently ⓐⓓ 현재
- continue ⓥ 계속하다
- unfortunately ⓐⓓ 안타깝게도, 불행히도
- eyesight ⓝ 시력
- contact ⓥ 연락하다
- offer ⓥ 제공하다

A12

- on behalf of ~을 대신하여 [대표하여]
- organization ⓝ 조직, 단체, 기구
- found ⓥ 설립하다
- belief ⓝ 신념, 믿음
- respect ⓥ 존경하다, 존중하다
- treat with ~로 대하다
- protect ⓥ 보호하다
- protection ⓝ 보호
- shelter ⓝ 주거지
- seek ⓥ 찾다, 구하다
- donation ⓝ 기부(금)
- amount ⓝ 양, 액수
- donate ⓥ 기부하다
- support ⓥ 지지하다, 지원하다

A13

- host ⓥ 개최하다
- annual ⓐ 연례의
- support ⓝ 후원
- donate ⓥ 기부하다
- certificate ⓝ 상품권
- grateful ⓐ 감사해하는
- exchange ⓝ 대가
- generosity ⓝ 관대함
- advertisement ⓝ 광고
- request ⓝ 요청

A14

- inform ⓥ 알리다
- ongoing ⓐ 지속되는
- disrupt ⓥ 방해하다
- struggle ⓥ 애를 먹다
- bounce ⓥ 튀기다
- restrict ⓥ 제한하다
- appreciate ⓥ 감사하다
- assistance ⓝ 도움, 협조

A15

- commute ⓥ 통학하다
- public transport 대중교통
- available ⓐ 이용 가능한
- council ⓝ (지방 자치 단체의) 의회
- discontinue ⓥ 중단하다
- drop ~ off ~를 (어디로 가는 길에) 내려주다
- including ⓟⓡⓔⓟ ~을 포함하여
- resident ⓝ (특정 지역) 거주자 [주민]

A16

- expand ⓥ 확대하다
- recruit ⓥ 모집하다
- fill in ~을 채우다
- preschooler ⓝ 미취학 아동
- opportunity ⓝ 기회
- positive ⓐ 긍정적인
- reply ⓝ 답변

A17

- occur ⓥ 발생하다
- halfway ⓐⓓ 중간에
- unaware of ~을 알지 못하는
- ignore ⓥ 무시하다
- improvement ⓝ 개선

A18

- by oneself 혼자
- appreciate ⓥ 감사하다, 알다
- following ⓐ (시간상으로) 그 다음의
- fully ⓐⓓ 완전히, 충분히
- original ⓐ 원래의
- special-offer 특가로 제공되는
- nonexchangeable ⓐ 교환할 수 없는
- match ⓝ 경기
- grateful ⓐ 감사하는
- in advance 미리

---

sincerely ⓐⓓ 진심으로

unacceptable ⓐ 받아들일 수 없는
urge ⓥ 강력히 촉구하다
concern ⓝ 우려, 걱정

B 심경의 이해

B01

□ harsh ⓐ 강렬한
□ unwell ⓐ 아픈, 몸이 좋지 않은
□ sweaty ⓐ 땀에 젖은
□ symptom ⓝ 증상
□ concern ⓝ 걱정
□ reassure ⓥ 안심시키다
□ examine ⓥ 검사하다
□ shot ⓝ 주사
□ wash over 밀려오다
□ thrilled ⓐ 신나는
□ relieved ⓐ 안도하는

B02

□ passport control 입국 심사
□ inspector ⓝ 심사관
□ window ⓝ 창구
□ model ⓥ 모범을 보이다
□ seriousness ⓝ 심각성
□ uneasy ⓐ 불안한
□ trembling ⓐ 떨리는
□ regulation ⓝ 규정
□ truthfully ⓐⒹ 정직하게
□ against ⓟⓡⓔⓟ ~에 반하는 [어긋나는]
□ burden ⓝ 짐, 부담
□ vanish ⓥ 사라지다
□ weigh down ~을 짓누르다
□ comfort ⓝ 편안함

B03

□ board ⓥ 탑승하다
□ flush ⓝ 홍조, 화끈거림

□ panic ⓝ 당황, 공포
□ attendant ⓝ 승무원
□ resolve ⓥ 해결하다
□ reassuring ⓐ 안심시키는
□ melt away 차츰 사라지다
□ settle ⓥ 정착하다, 앉다
□ let out ~을 내뿜다
□ tension ⓝ 긴장
□ ashamed ⓐ 부끄러운
□ sympathetic ⓐ 동정하는

B04

□ clay ⓝ 점토
□ jar ⓝ 항아리
□ hut ⓝ 오두막, 집
□ baobab tree 바오밥나무
□ clear ⓥ 치우다
□ sparkle ⓥ 반짝이다
□ swell ⓥ 부풀다, 벅차오르다
□ ashamed ⓐ 부끄러운
□ disappointed ⓐ 실망한

B05

□ unexpected ⓐ 예상치 못한
□ unfold ⓥ (어떤 내용이 서서히) 펼쳐지다
□ receptionist ⓝ 접수 담당자
□ deliberately ⓐⒹ 신중하게
□ misspelling ⓝ 오타, 잘못된 철자
□ ease ⓝ 편안함
□ proceed ⓥ 진행하다
□ fulfilled ⓐ 성취감을 느끼는
□ stir ⓥ 마음을 움직이게 하다
□ exhausted ⓐ 지친

B06

□ artwork ⓝ 예술 작품
□ judgment ⓝ 심사, 판단
□ judge ⓝ 심사위원
□ uniqueness ⓝ 독창성
□ confirm ⓥ 확인하다
□ identity ⓝ 정체성
□ frightened ⓐ 두려운
□ discouraged ⓐ 낙담한
□ delighted ⓐ 기쁜

B07

□ championship ⓝ 결승전
□ anxiously ⓐⒹ 초조하게
□ heart rate 심박 수
□ approach ⓥ 다가가다
□ smoothly ⓐⒹ 순조롭게
□ doubtful ⓐ 의심하는
□ disappointed ⓐ 실망한
□ indifferent ⓐ 무관심한

B08

□ pour ⓥ (비가) 마구 쏟아지다
□ eagerly ⓐⒹ 열렬히, 간절히
□ hesitation ⓝ 망설임, 주저함
□ envelope ⓝ 봉투
□ anticipate ⓥ 고대하다, 기대하다
□ ashamed ⓐ 부끄러운
□ embarrassed ⓐ 당황한
□ indifferent ⓐ 무관심한

B09

□ private ⓐ 개인적인, 사적인
□ anxiously ⓐⒹ 초조하게
□ command ⓝ 지시

- immediately ⓐⓓ 즉시
- discipline ⓝ 훈육, 처벌
- rap ⓥ 톡톡 두드리다
- attentively ⓐⓓ 주의 깊게, 신경 써서
- contempt ⓝ 경멸
- ridicule ⓝ 조소, 조롱
- openhearted ⓐ 솔직한, 숨김없는
- ecstasy ⓝ 환희
- startling ⓐ 놀라운, 깜짝 놀라게 하는
- demonstration ⓝ 시연
- ashamed ⓐ 수치스러운

B10

- stump ⓝ 그루터기
- rite ⓝ 의례
- tribe ⓝ 부족
- blindfold ⓝ 눈가리개
- dread ⓝ 두려움
- complete ⓥ 완수하다
- regain ⓥ 되찾다
- stability ⓝ 안정
- panic ⓥ 겁에 질리게 하다
- vanish ⓥ 사라지다
- doubtful ⓐ 의구심이 드는
- ashamed ⓐ 수치스러운

B11

- knock ⓥ (문을) 두드리다
- swing ⓥ 휙 움직이다
- rusty ⓐ 녹슨
- creak ⓝ 삐걱거리는 소리
- race ⓥ (두려움 · 흥분 등으로 심장이) 요동치다
- calmly ⓐⓓ 차분하게

- reflection ⓝ 반사, (거울 등에) 비친 모습
- terrified ⓐ 두려운
- anxious ⓐ 염려스러운
- thrilled ⓐ 흥분한

B12

- desperate ⓐ 필사적인
- border on 거의 ~에 달하다
- irritation ⓝ 짜증
- bother ⓥ 신경쓰이게 하다
- trivial ⓐ 하찮은, 사소한
- inscribe ⓥ (이름 등을) 새기다
- purchase ⓝ 구입한 것
- ashamed ⓐ 부끄러운
- indifferent ⓐ 무관심한

B13

- ache ⓥ 아프다
- invisible ⓐ 보이지 않는
- apply ⓥ 바르다
- refreshments ⓝ 다과, 음식물
- accidentally ⓐⓓ 우연히
- stain ⓥ 얼룩지게 하다
- nerve ⓝ 초조함, 날카로운 신경
- torture ⓥ 괴롭히다
- escape ⓥ 빠져나가다
- victim ⓝ 희생자
- palm ⓝ 손바닥
- sweat ⓥ 땀이 나다
- have butterflies in one's stomach 안절부절못하다
- nearly ⓐⓓ 거의
- costume ⓝ 의상
- tighten ⓥ 조이다

- corset ⓝ 코르셋
- tense ⓐ 긴장되는
- confident ⓐ 자신감 있는
- relieved ⓐ 안도하는
- indifferent ⓐ 무관심한
- irritated ⓐ 짜증이 난

B14

- anticipation ⓝ 기대(감)
- shake off ~을 쫓아버리다
- doubt ⓝ 의심
- inspiration ⓝ 영감
- paintbrush ⓝ 그림 그리는 붓
- transform ⓥ 변형시키다
- landscape ⓝ 풍경화
- fade ⓥ 서서히 사라지다
- handiwork ⓝ (예술적 솜씨를 발휘한) 일[작품]
- envious ⓐ 부러워하는
- indifferent ⓐ 무관심한
- uneasy ⓐ 불안한

B15

- buzz ⓥ (진동 등이) 울리다
- faint ⓥ 기절하다, 정신을 잃다
- portion ⓝ 부분, 몫
- blank ⓐ 텅 빈
- wonder ⓥ 생각하다
- hold together 정신을 가다듬다
- entire ⓐ 전체의
- vanish ⓥ 사라지다
- beam ⓥ 활짝 웃다
- panicked ⓐ 공황 상태에 빠진
- sorrowful ⓐ 슬픈
- indifferent ⓐ 무관심한
- sympathetic ⓐ 동정하는

□content ⓐ 만족한
□humiliated ⓐ 모욕적인

B16

□sit up (앉아 있는 상태에서) 자세를 바로 하다[바로 앉다]
□surfboard ⓝ 서핑보드
□toward prep ~쪽으로, ~을 향하여
□horizon ⓝ 수평선, 지평선
□nightmare ⓝ 악몽
□shore ⓝ 해변, 해안가
□shiver ⓥ (몸을) 떨다
□lifetime ⓝ 일생, 평생
□at ease 걱정 없이
□contented ⓐ 만족스러운
□sigh ⓝ 한숨, 한숨 소리

C 주장 찾기

C01

□generation ⓝ 세대
□comfort ⓝ 편안함
□convenience ⓝ 편리함
□tempt ⓥ 유혹하다
□mere ⓐ 단순한
□patience ⓝ 인내심
□prey ⓝ 먹잇감
□impatience ⓝ 조바심

C02

□unwanted ⓐ 원하지 않는
□unpleasant ⓐ 불편한
□nonetheless ⓐⓓ 그렇더라도
□hatred ⓝ 증오, 혐오
□acceptance ⓝ 수용
□compassion ⓝ 연민
□accomplish ⓥ 성취하다

C03

□incline ⓥ 성향이 있다
□owe ⓥ 빚지다
□corresponding ⓐ 상응하는
□obligation ⓝ 의무, 책임
□entitle ⓥ 자격을 주다
□mildly ⓐⓓ 부드럽게
□possess ⓥ 소유하다
□confidently ⓐⓓ 자신 있게
□fulfill ⓥ (의무, 직무 등을) 다하다
□end ⓝ 몫, 부분
□bargain ⓝ 합의, 거래

C04

□come in contact with ~와 접촉하다
□thrive ⓥ 성장하다, 번영하다
□isolation ⓝ 고립
□at large 전체적인, 대체적인

C05

□tactic ⓝ 전술
□military ⓐ 군대의
□usage ⓝ 용어
□strategy ⓝ 전략
□direct ⓥ 지휘하다, 총괄하다
□attack ⓥ 공격하다
□vein ⓝ 맥, 경향
□impose ⓥ 부과하다
□nanosecond ⓝ 나노초 (10억분의 1초)
□finite ⓐ 유한한
□eliminate ⓥ 없애다
□reorient ⓥ 방향을 바꾸다
□transform ⓥ 변화시키다
□perspective ⓝ 관점
□renew ⓥ 새롭게 하다
□profound ⓐ 심오한
□burden ⓝ 짐
□springboard ⓝ 도약판
□critique ⓝ 비판
□reflection ⓝ 성찰
□inner ⓐ 내부의, 내면의

C06

□mathematically ⓐⓓ 수학적으로
□literate ⓐ 문해력 있는
□critically ⓐⓓ 비판적으로

□ bearing ⓝ 관련, 영향
□ complex ⓐ 복잡한
□ interdisciplinary ⓐ 범교과적인 (여러 학문 분야가 관련된)
□ mirror ⓥ 비추다, 반영하다
□ innovative ⓐ 혁신적인
□ quantify ⓥ 수량화하다
□ measure ⓥ 측정하다
□ estimate ⓥ 추산하다
□ classify ⓥ 분류하다
□ conjecture ⓥ 추측하다
□ justify ⓥ 근거를 제시하다
□ prove ⓥ 증명하다
□ generalize ⓥ 일반화하다
□ qualitatively ⓐⓓ 질적으로
□ context ⓝ 맥락
□ explicitly ⓐⓓ 명시적으로

C07

□ resist ⓥ 거부하다
□ self-estimate 자기 평가
□ downgrade ⓥ 낮추다
□ self-aware 자신을 인식하는
□ refuse ⓥ 거부하다
□ self-assessment 자기 평가
□ admit ⓥ 인정하다
□ state ⓥ 말하다
□ underestimate ⓥ 과소평가하다
□ overestimate ⓥ 과대평가하다
□ cultivate ⓥ 기르다
□ accurately ⓐⓓ 정확하게
□ inward ⓐ 내부의
□ discern ⓥ 식별하다
□ unlock ⓥ 열다

C08

□ merely ⓐⓓ 겨우
□ convince ⓥ 설득하다
□ senseless ⓐ 의미 없는
□ content ⓐ 만족하는
□ guilt ⓝ 죄책감
□ be subject to ~의 영향을 받기 쉽다
□ will ⓝ 의지
□ eliminate ⓥ 제거하다
□ refuse ⓥ 거부하다
□ contentment ⓝ 만족
□ accompany ⓥ 수반하다

C09

□ airways ⓝ 항공사
□ announcement ⓝ 발표, 공고
□ operate ⓥ 운항하다
□ uneconomical ⓐ 경제성이 안 맞는
□ airline ⓝ 항공사
□ merely ⓐⓓ 그저, 단지
□ scarce ⓐ 부족한, 드문
□ resource ⓝ 자원
□ demand ⓝ 수요
□ persuade ⓥ 설득하다
□ principle ⓝ 원리
□ scarcity ⓝ 희소성, 결핍
□ salesperson ⓝ 판매원
□ point out ~을 강조하다
□ derive A from B B에서 A를 얻다
□ uniqueness ⓝ 유일함
□ miss out on ~을 놓치다
□ desirable ⓐ 가치 있는

C10

□ clarity ⓝ 명확성
□ in one accord 합심하여, 조화롭게
□ energize ⓥ 활력을 주다
□ component ⓝ 요소
□ transparency ⓝ 투명성
□ assess ⓥ 평가하다
□ mistrust ⓝ 불신
□ productive ⓐ 생산적인
□ cohesive ⓐ 응집력 있는
□ assessment ⓝ 평가
□ hinder ⓥ 방해하다
□ conduct ⓥ 수행하다
□ accurate ⓐ 정확한
□ empower ⓥ 권한을 주다
□ optimal ⓐ 최적의

C11

□ march ⓥ 나아가다
□ ethnic ⓐ 민족의
□ traditionally ⓐⓓ 전통적으로
□ perspective ⓝ 관점
□ valuable ⓐ 가치 있는
□ open-minded 개방적인
□ extensive ⓐ 광범위한
□ multicultural ⓐ 다문화적인
□ creative ⓐ 창의적인
□ measure ⓥ 측정하다
□ association ⓝ 연상, 연관
□ capture ⓥ 포착하다
□ unconventional ⓐ 관습에 얽매이지 않는, 색다른
□ expand ⓥ 확장하다
□ expose ⓥ 노출시키다
□ at home 국내에서
□ explore ⓥ 탐방하다, 탐험하다

C 12

- guidance ⓝ (특히 연장자에 의한) 지도[안내]
- embark ⓥ 나서다, 착수하다
- journey ⓝ 여정, 여행
- personal ⓐ 개인의, 개인적인
- development ⓝ 발달, 성장
- recognize ⓥ 인정하다, 알아보다
- cooperation ⓝ 협력
- leave ~ to one's own devices ~을 자기 뜻대로 하게 놔두다
- instinctively ⓐⓓ 본능적으로, 무의식적으로
- increasingly ⓐⓓ 점점 더
- competitive ⓐ 경쟁을 하는
- compare ⓥ 비교하다
- report ⓝ 성적표
- arena ⓝ (원형) 경기장[공연장]
- successful ⓐ 성공적인
- multitude ⓝ 다수, 수많음
- interpersonal ⓐ 대인관계와 관련된
- awareness ⓝ 의식, 인식
- inherently ⓐⓓ 선천적으로
- minority ⓝ (한 사회·국가 내의) 소수집단
- consciously ⓐⓓ 의식적으로
- continuously ⓐⓓ 계속해서, 끊임없이
- throughout ⓟⓡⓔⓟ ~동안 쭉, 내내

C 13

- psychologist ⓝ 심리학자
- empathize ⓥ 공감하다
- point of view 관점
- exhibit ⓥ 보이다, 드러내다
- trait ⓝ 특성
- acceptable ⓐ 용인되는
- unreliability ⓝ 신뢰할 수 없음

C 14

- agriculture ⓝ 농업
- fertilize ⓥ 비료 주다
- pest ⓝ 해충
- distribute ⓥ 분배하다
- civilization ⓝ 문명
- stable ⓐ 안정적인
- supply ⓝ 공급
- vital ⓐ 중요한
- numerous ⓐ 수많은
- scarcity ⓝ 부족
- degradation ⓝ 저하
- biodiversity ⓝ 생물 다양성
- sustainable ⓐ 지속 가능한
- ensure ⓥ 보장하다

C 15

- imaginary ⓐ 가상의
- concern ⓝ 걱정거리
- replace ⓥ 대체하다, 바꾸다
- interaction ⓝ 상호 작용
- pretend ⓐ 가짜[상상]의
- socially ⓐⓓ 사회적으로
- beneficial ⓐ 유익한, 이로운
- reassurance ⓝ 안심, 안도
- respectful ⓐ 존중하는
- tease ⓥ 놀리다

- humiliate ⓥ 창피를 주다, 굴욕감을 주다
- ridicule ⓥ 조롱하다, 비웃다
- tire ⓥ 지치다, 피곤해지다
- signify ⓥ 의미하다, 나타내다
- imagination ⓝ 상상력

C 16

- switch off ~을 끄다
- overtired ⓐ 극도로 피로한
- complicated ⓐ 복잡한
- association ⓝ 연상
- escapism ⓝ 현실도피
- guilt ⓝ 죄책감
- regret ⓝ 후회
- overwhelm ⓥ 압도하다
- fatigue ⓝ 피로감
- connotation ⓝ 함축
- steer clear of ~을 피하다
- perception ⓝ 인식
- persuade ⓥ 설득하다
- vital ⓐ 필수적인
- permission ⓝ 허락
- set aside A for B B를 위해 A를 확보하다
- urgent ⓐ 긴급한
- overstimulate ⓥ 지나치게 자극하다

C 17

- achievement ⓝ 성취
- recognition ⓝ 인정
- majority ⓝ 대다수
- humble ⓐ 작은, 초라한
- neglect ⓥ 소홀히 하다
- tough ⓐ 힘든
- valueless ⓐ 가치 없는

□ adviser ⓝ 조언자
□ grateful ⓐ 감사하는
□ gratitude ⓝ 감사
□ determine ⓥ 결정하다

C 18

□ introduction ⓝ 도입, 전래
□ sustainable ⓐ 지속 가능한
□ take into account ~을 고려하다
□ sector ⓝ 분야, 부문
□ nuclear energy 원자력
□ agriculture ⓝ 농업
□ environmental ⓐ 환경의
□ profound ⓐ 심오한
□ industrial revolution 산업혁명
□ workplace ⓝ 직장
□ destroy ⓥ 소멸시키다
□ assess ⓥ 평가하다

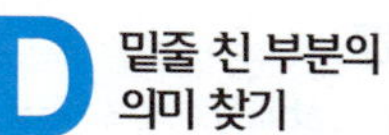
D 밑줄 친 부분의 의미 찾기

D01

□ ecosystem ⓝ 생태계
□ maximization ⓝ 극대화
□ intervene ⓥ 개입하다
□ dynamics ⓝ 역학 관계
□ spray ⓥ 뿌리다
□ fence ⓥ 울타리를 치다
□ patch ⓝ 좁은 땅
□ inherently ⓐⓓ 본질적으로
□ unstable ⓐ 불안정한
□ effectively ⓐⓓ 사실상
□ slope ⓝ 경사면
□ yield ⓝ 수확량, 생산량
□ crowd out ~을 밀어내다
□ intervention ⓝ 개입
□ alter ⓥ 바꾸다
□ stability ⓝ 안정성
□ diversity ⓝ 다양성
□ boost ⓥ 촉진하다
□ harmonious ⓐ 조화로운

D02

□ unfortunate ⓐ 불행한
□ regional ⓐ 지역의
□ speciality ⓝ (지역의) 특산물
□ corruption ⓝ 변질, 오염
□ norm ⓝ 규범
□ savor ⓥ (맛을) 음미하다
□ sensibly ⓐⓓ 현명하게, 분별있게
□ fad ⓝ (일시적인) 유행
□ nutritionist ⓝ 영양학자

□ lose one's marbles 분별을 잃다
□ utterly ⓐⓓ 완전히, 아주
□ disrupt ⓥ 지장을 주다
□ supply chain 공급망
□ vividly ⓐⓓ 생생하게
□ witness ⓥ 목격하다
□ rebirth ⓝ 부활, 재탄생
□ distinctive ⓐ 독특한

D03

□ impose ⓥ 부과하다
□ definite ⓐ 명확한, 정해진
□ proportion ⓝ 비율
□ pointless ⓐ 무의미한
□ miserable ⓐ 비참한
□ horizon ⓝ 지평선
□ vary ⓥ 다르다

D04

□ empathy ⓝ 공감
□ make sense 타당하다
□ possess ⓥ 소유하다, 가지다
□ ape ⓝ 유인원
□ publicly ⓐⓓ 공공연하게
□ speculate ⓥ 추측하다
□ herd ⓝ 떼, 무리
□ wave ⓥ 흔들다
□ fin ⓝ 지느러미
□ knit ⓐ 짜여진
□ reluctant ⓐ 꺼리는
□ empathize ⓥ 공감하다
□ potentially ⓐⓓ 잠재적으로
□ cautious ⓐ 경계하는
□ potential ⓐ 잠재적인
□ conflict ⓝ 경쟁

D 05

- □ stingy ⓐ 인색한
- □ delight in ~을 즐기다
- □ generosity ⓝ 관대함
- □ booster ⓝ 촉진제
- □ praiseworthy ⓐ 칭찬할 만한 점이 있는
- □ philosopher ⓝ 철학자
- □ virtue ⓝ 미덕
- □ nontypical ⓐ 비전형적인
- □ impulse ⓝ 충동
- □ instant ⓐ 즉각적인
- □ impulsive ⓐ 충동적인
- □ deed ⓝ 행위, 행동
- □ reputation ⓝ 명성
- □ insincere ⓐ 진실하지 않은
- □ goodwill ⓝ 선의
- □ impress ⓥ 감명을 주다
- □ frequency ⓝ 빈도
- □ shortcut ⓝ 지름길
- □ trait ⓝ (성격적) 특성
- □ acquire ⓥ 획득하다
- □ inborn ⓐ 타고난

D 06

- □ brick ⓝ 벽돌
- □ accelerator ⓝ 가속 페달
- □ barrier ⓝ 장애물
- □ be worth -ing ~할 가치가 있다
- □ pursue ⓥ 추구하다
- □ possess ⓥ 소유하다
- □ operate ⓥ 작동하다
- □ refined ⓐ 정제된
- □ pose a challenge 어려움을 주다

D 07

- □ replicability ⓝ 반복 가능성
- □ keenness ⓝ 예리함, 명민함
- □ era ⓝ 시대
- □ minimize ⓥ 최소화하다
- □ variation ⓝ 변화
- □ maximize ⓥ 극대화하다
- □ consistency ⓝ 일관성
- □ shift ⓥ 변화하다, 이동하다
- □ repeatability ⓝ 반복 가능성
- □ suppress ⓥ 짓누르다
- □ profit ⓝ 이윤
- □ innovation ⓝ 혁신
- □ symphony ⓝ 교향악단
- □ conductor ⓝ 지휘자
- □ foster ⓥ 기르다, 조성하다
- □ scope ⓝ 범위
- □ variability ⓝ 가변성
- □ promote ⓥ 촉진하다
- □ forecast ⓥ 예측하다

D 08

- □ precisely ⓐd 정확히
- □ disaster ⓝ 재난
- □ rehearsal ⓝ 예행연습
- □ stage ⓥ (집회 등을) 벌이다 [조직하다]
- □ prior ⓐ 사전의
- □ mirror ⓥ (그대로) 반영하다 [나타내다]
- □ sprint ⓥ (짧은 거리를) 전력 질주하다
- □ get into shape 몸 상태를 좋게 만들다
- □ build up ~을 단련하다
- □ endurance ⓝ 지구력
- □ optimal ⓐ 최적의

- □ predetermined ⓐ 미리 정해진
- □ assume ⓥ 가정하다
- □ a range of 다양한
- □ potential ⓝ 잠재력
- □ long-term 장기적인
- □ recovery ⓝ 복구
- □ seek ⓥ 구하다
- □ supply ⓝ 공급품, 지급품

D 09

- □ attempt ⓥ 시도하다
- □ soften ⓥ 완화시키다
- □ address ⓥ 다루다
- □ term ⓝ 용어
- □ coin ⓥ 만들다
- □ target ⓝ 표적, 대상
- □ emotion ⓝ 감정
- □ courage ⓝ 용기
- □ deliver ⓥ 전달하다
- □ superior ⓝ 상사
- □ innocent ⓐ 무고한, 순진한
- □ firing line 사선, (활동의) 제일선
- □ instinct ⓝ 본능
- □ kick in 발동하다, 효과가 나다
- □ override ⓥ 무효화하다
- □ truth ⓝ 진상
- □ water down 희석시키다, 효과를 약화시키다
- □ resulting ⓐ 그로 인해 발생하는
- □ filtering ⓝ 여과
- □ devastating ⓐ 파괴적인
- □ steep ⓐ 가파른
- □ hierarchy ⓝ 위계 관계
- □ subordinate ⓝ 부하 직원
- □ peacemaker ⓝ 평화 중재자
- □ pursue ⓥ 추구하다

□ negotiator ⓝ 협상가
□ mutual ⓐ 상호의
□ blame ⓝ 비난
□ unpleasant ⓐ 불쾌한, 불편한

D 10

□ exhibit ⓥ (감정 등을) 보이다 [드러내다]
□ paradoxical ⓐ 역설의, 모순의
□ tendency ⓝ 경향, 성향
□ assume ⓥ (사실일 것으로) 추정[가정]하다
□ mutually ⓐⓓ 서로, 상호간에
□ exclusive ⓐ 배타적인
□ contradictory ⓐ 모순되는
□ relevant ⓐ 관련 있는
□ mastery ⓝ 숙달, 통달
□ process ⓝ 과정, 절차
□ involve ⓥ 수반하다, 포함하다
□ perspective ⓝ 관점, 시각
□ prevailing ⓐ 우세한, 널리 퍼진
□ established ⓐ 입증된, 확실히 자리를 잡은
□ newcomer ⓝ 신입자, 신참
□ naive ⓐ 순진한, 지식이 없는
□ accelerate ⓥ 가속하다
□ establish ⓥ 세우다, 설립하다
□ short-term 단기의, 단기적인
□ long-term 장기의, 장기적인
□ challenging ⓐ 도전 의식을 북돋우는
□ adopt ⓥ (특정한 방식이나 자세를) 쓰다[적용하다]
□ temporary ⓐ 일시적인, 임시의

□ permanent ⓐ 영구적인, 종신의
□ utilize ⓥ 활용하다
□ aspect ⓝ 견지, 관점
□ expert ⓝ 전문가
□ rookie ⓝ 신참, 초심자
□ simultaneously ⓐⓓ 동시에

D 11

□ illustrate ⓥ 보여주다
□ assimilation ⓝ 동화(同化)
□ context ⓝ 맥락
□ flat ⓐ 평평한
□ fit ⓥ 일치하다, 맞다
□ attempt ⓥ 시도하다
□ spherical ⓐ 구체(球體)의
□ sphere ⓝ 구(球)
□ interpret ⓥ 해석하다
□ surface ⓝ 표면
□ incorporate ⓥ 통합하다
□ preexisting ⓐ 기존의
□ establish ⓥ 확립하다
□ favor A over B B보다 A를 더 선호하다
□ evaluate ⓥ 평가하다
□ theory ⓝ 지식, 이론

D 12

□ peak ⓝ 정점, 최고조
□ motivation ⓝ 동기 부여
□ ideally ⓐⓓ 이상적으로
□ analytical ⓐ 분석적인
□ distraction ⓝ 방해물
□ consistently ⓐⓓ 꾸준히
□ stick to ~을 고수하다
□ overthink ⓥ 너무 많이 생각하다

□ scenario ⓝ 시나리오, 대본
□ hang over ~의 뇌리를 떠나지 않다
□ strategic ⓐ 전략적인
□ fuel ⓝ 연료
□ reflect ⓥ 떠올리다
□ demanding ⓐ 부담이 큰, 힘든

D 13

□ threat ⓝ 위협
□ concentrate ⓥ 집중하다
□ irregularly ⓐⓓ 불규칙적으로
□ rhythm ⓝ 규칙적인 반복, 규칙성
□ filter ⓥ 거르다, 여과하다
□ regulate ⓥ 조절하다, 규제하다
□ device ⓝ 기기, 장비
□ strict ⓐ 엄격한
□ nutrition ⓝ 영양
□ stick to ~을 고수하다
□ metabolism ⓝ 신진대사
□ in-between 중간의
□ phase ⓝ 단계
□ belly ⓝ 배
□ consumption ⓝ 소비
□ false ⓐ 틀린, 잘못된
□ nutritional ⓐ 영양(상)의
□ stimulate ⓥ 자극하다
□ separate ⓥ 분리하다
□ toxic ⓐ 해로운

D 14

□ delight ⓥ 기쁘게 하다
□ exceptional ⓐ 뛰어난
□ overall ⓐ 전반적인

□ rank ⓥ (순위를) 차지하다
□ hospitality industry 서비스업
□ satisfaction ⓝ 만족
□ passion ⓝ 열정
□ satisfy ⓥ 만족시키다
□ sum up 요약하다
□ memorable ⓐ 기억될 만한
□ firm ⓝ 기업, 회사
□ seek ⓥ 추구하다
□ competitor ⓝ 경쟁자, 경쟁사
□ maximize ⓥ 최대화하다
□ lower ⓥ 낮추다
□ profit ⓝ 이윤
□ generate ⓥ 창출하다
□ profitably ⓐⓓ 수익을 내며
□ delicate ⓐ 미묘한
□ risk ⓥ 위협하다
□ overlook ⓥ 간과하다
□ reputation ⓝ 평판
□ abandon ⓥ 포기하다

D 15

□ suspect ⓥ 짐작하다
□ emerge ⓥ 나타나다
□ victorious ⓐ 우세한
□ infect ⓥ 감염시키다
□ oak ⓝ 오크(떡갈나무 · 참나무 따위의 총칭)
□ maple ⓝ 단풍나무
□ fir ⓝ 전나무
□ sprout ⓥ 싹이 나다
□ dependent ⓐ 의존하는
□ stable ⓐ 안정적인
□ underground ⓐⓓ 지하에
□ complete ⓐ 완전한
□ collapse ⓝ 붕괴

□ dominate ⓥ 우세하다
□ invasion ⓝ 침입
□ dominance ⓝ 지배, 우위
□ stability ⓝ 안정성
□ indifferent ⓐ 무관심한
□ regenerate ⓥ 재건하다
□ territory ⓝ 영역, 지역
□ occupy ⓥ (공간 등을) 차지하다

D 16

□ cost ⓥ 비용을 치르게 하다
□ kiss up to 아부하다
□ inevitably ⓐⓓ 반드시
□ pay well 이익이 되다
□ examine ⓥ 고찰하다
□ transaction ⓝ 거래
□ slavery ⓝ 노예제
□ reside ⓥ 존재하다, 거주하다
□ marble ⓝ 대리석
□ prisoner ⓝ 죄수
□ jail ⓝ 감옥
□ miserable ⓐ 비참한
□ guarantee ⓥ 보장하다
□ glory ⓝ 영광

D 17

□ aesthetics ⓝ 미학
□ engage with ~에 참여하다
□ vehicle ⓝ 매개체
□ contend with ~와 싸우다
□ masterpiece ⓝ 걸작
□ heartbreaking ⓐ 가슴 아픈
□ racism ⓝ 인종차별
□ discrimination ⓝ 차별
□ pursuit ⓝ 추구
□ psychological ⓐ 심리적인

□ enlighten ⓥ 이해시키다
□ absoluteness ⓝ 절대성
□ conceal ⓥ 숨기다

D 18

□ expression ⓝ 표현
□ obstacle ⓝ 장애물
□ all-or-nothing 양단의
□ mentality ⓝ 사고방식
□ alter ⓥ 변경하다
□ outcome ⓝ 결과
□ emerge ⓥ 나타나다
□ conceive ⓥ 고안하다
□ bill ⓝ 법안
□ vastly ⓐⓓ 훨씬
□ cost-saving 비용 절감
□ donation ⓝ 기부(금)

E 요지 찾기

E01

- significance ⓝ 중요성
- measurement ⓝ 측정
- mechanical ⓐ 기계로 작동되는
- peak ⓝ 최고점
- stroke ⓝ 치는 소리
- contribute ⓥ 기여하다
- commerce ⓝ 상업
- interaction ⓝ 상호 작용
- transaction ⓝ 거래
- retailer ⓝ 소매업자
- wholesaler ⓝ 도매업자
- allocate ⓥ 분배하다
- resource ⓝ 자원

E02

- relevance ⓝ 적합성
- assume ⓥ 가정하다
- ambitious ⓐ 야심에 찬
- victim ⓝ 희생자
- embrace ⓥ 포용하다
- executive ⓐ 경영의
- be exposed to ~에 노출되다
- integrate ⓥ 흡수하다
- excel ⓥ 뛰어나다, 탁월하다
- resistant ⓐ 저항하는
- retirement ⓝ 은퇴

E03

- commitment ⓝ 약속, 책무
- characteristically ⓐⓓ 특유의 성질대로

- predictable ⓐ 예측 가능한
- facilitate ⓥ 용이하게 하다
- coordination ⓝ 조정
- joint ⓐ 공동의
- agent ⓝ 주체
- destination ⓝ 목적지
- credible ⓐ 신뢰할 만한
- notably ⓐⓓ 특히
- sustain ⓥ 유지하다
- currency ⓝ 통화
- institution ⓝ 제도
- government ⓝ 정부
- collaboration ⓝ 공동 작업, 협업
- depend (up)on ~에 의존하다
- stability ⓝ 안정성
- credibility ⓝ 신뢰성

E04

- vivid ⓐ 생생한
- potential ⓐ 잠재적인
- establishment ⓝ 기관, 시설
- fashion ⓝ 방식
- dependence ⓝ 의존
- restaurateur ⓝ 식당 경영자
- diner ⓝ 식사 손님
- sample ⓥ 맛보다
- offering ⓝ 제공물
- neon sign 네온사인
- flashy ⓐ 화려한
- market ⓥ 광고하다
- a host of 많은
- organism ⓝ 생물
- obtain ⓥ 얻다
- nectar ⓝ (꽃의) 꿀
- effectively ⓐⓓ 효과적으로

E05

- substituting ⓐ 대체하는
- complementing ⓐ 보완하는
- villain ⓝ 악당
- dominance ⓝ 지배권
- displace ⓥ 대체하다
- simultaneously ⓐⓓ 동시에
- automation ⓝ 자동화
- misplaced ⓐ 잘못된
- underestimate ⓥ 과소평가하다
- altogether ⓐⓓ 완전히
- economist ⓝ 경제학자
- dismissive ⓐ 무시하는
- unemployment ⓝ 실업

E06

- determine ⓥ 측정하다
- mass ⓝ 질량
- balance ⓝ 저울
- complicated ⓐ 복잡한
- distant ⓐ 먼
- roughly ⓐⓓ 대략적으로
- instance ⓝ 사례
- calculate ⓥ 계산하다
- quantity ⓝ 수치
- equation ⓝ 방정식
- unmediated ⓐ 중재되지 않은
- estimation ⓝ 측정
- independently ⓐⓓ 독립적으로
- existing ⓐ 존재하는
- property ⓝ 속성, 특성
- magnitude ⓝ 크기
- background ⓝ 배경

E07

- □ threatening ⓐ 위협적인
- □ barrier ⓝ 장벽
- □ lower ⓥ 낮추다
- □ disruption ⓝ 혼란
- □ fire drill 소방 훈련
- □ etiquette ⓝ 에티켓, 예절
- □ authoritative ⓐ 공신력 있는
- □ run riot 마구 날뛰다, 제멋대로 빠르게 퍼지다
- □ unproven ⓐ 입증되지 않은

E08

- □ lobby ⓥ 로비하다
- □ restructure ⓥ 구조 조정하다
- □ profitable ⓐ 이윤을 남기는
- □ moral ⓐ 도덕적인
- □ hazard ⓝ 위험요소, 해이
- □ rescue ⓥ 구제하다
- □ intervene ⓥ 개입하다

E09

- □ overrate ⓥ 과대평가하다
- □ absorb ⓥ 흡수하다
- □ implement ⓝ 도구
- □ fundamental ⓐ 근본적인
- □ vast ⓐ 수많은
- □ classic ⓐ 전형적인
- □ feeding ⓝ 수유
- □ substitute ⓥ 대체하다
- □ potentially ⓐⓓ 잠재적으로
- □ implication ⓝ 영향
- □ overlook ⓥ 간과하다

E10

- □ adopt ⓥ 채택하다
- □ parent ⓥ 양육하다

- □ variable ⓝ 변수
- □ uniqueness ⓝ 독특함
- □ take a page from the book 참고하다, 모방하다
- □ gardener ⓝ 정원사
- □ resistance ⓝ 거부감, 저항
- □ requirement ⓝ 요구 사항
- □ flourish ⓥ 번성하다
- □ custom-design 맞춤 설계하다
- □ bless ⓥ 축복하다

E11

- □ advice ⓝ 조언
- □ well-meaning 좋은 뜻에서 [선의에서] 하는
- □ swear ⓥ 확언하다
- □ doubt ⓥ 의심하다
- □ beat oneself up 자책하다
- □ approach ⓝ 접근법
- □ strive for ~을 위해 노력하다

E12

- □ extent ⓝ 정도, 크기
- □ unwind ⓥ 긴장을 풀다
- □ fantasize ⓥ 상상하다
- □ energize ⓥ 활기를 북돋우다
- □ inevitable ⓐ 피할 수 없는
- □ undercut ⓥ 약화시키다
- □ temporary ⓐ 일시적인
- □ inactivity ⓝ 비활동, 정지

E13

- □ stick to ~을 고수하다
- □ commitment ⓝ 약속, 다짐
- □ sit-up 윗몸 일으키기
- □ routine ⓝ 일상

- □ create ⓥ 만들다
- □ offer ⓥ 제공하다
- □ long-term 장기적인

E14

- □ behave ⓥ 예의 바르게 행동하다
- □ manage ⓥ 관리하다
- □ ultimately ⓐⓓ 궁극적으로
- □ obstacle ⓝ 장애물
- □ respond ⓥ 반응하다
- □ take place 발생하다
- □ trigger ⓥ 유발하다
- □ full-scale 최대치의
- □ tsunami ⓝ 해일, 쓰나미
- □ constructively ⓐⓓ 건설적으로
- □ stormy ⓐ 폭풍 같은
- □ reflect ⓥ 성찰하다
- □ equilibrium ⓝ 평정심
- □ steer ⓥ 조종하다
- □ inner ⓐ 내면의
- □ enable ⓥ 가능하게 하다

E15

- □ official ⓝ 공무원
- □ wrongly ⓐⓓ 잘못되게, 그릇되게
- □ lead back to ~로 되돌리다
- □ glory ⓝ 영광, 영예
- □ massive ⓐ 거대한, 큰
- □ construction ⓝ 건설, 공사
- □ light rail 경(輕)철도
- □ convention center 전시 장소나 숙박 시설이 집중된 지역 또는 종합 빌딩
- □ housing ⓝ 주택 (공급)
- □ exception ⓝ 예외, 이례

□ **tidal** ⓐ 시간[상황]에 따라 변하는
□ **urban** ⓐ 도시의
□ **real estate** 부동산 (중개업)
□ **dress up** (보기 좋게 또는 달라 보이게) ~을 꾸미다
□ **declining** ⓐ 기우는, 쇠퇴하는
□ **underlying** ⓐ 기저에 있는, 본질적인
□ **hallmark** ⓝ (전형적인) 특징[특질]
□ **infrastructure** ⓝ 사회[공공] 기반시설
□ **strength** ⓝ -력(力)
□ **supply** ⓝ 공급
□ **demand** ⓝ 수요
□ **folly** ⓝ 어리석음
□ **renewal** ⓝ 재생, 부활
□ **remind** ⓥ 상기시키다

E16

□ **pursuit** ⓝ 추구
□ **unremarkable** ⓐ 특별할 것 없는, 평범한
□ **benefit** ⓝ 이점, 혜택
□ **seeker** ⓝ 추구하는 사람
□ **modified** ⓐ 수정된
□ **depict** ⓥ 표현하다, 묘사하다

E17

□ **fear** ⓝ 두려움
□ **damage** ⓥ 해치다, 피해를 입히다
□ **sound** ⓐ 건전한
□ **conservationist** ⓝ 환경 보호주의자
□ **minimize** ⓥ 최소화하다
□ **disruption** ⓝ 파괴

□ **risk** ⓝ 위험
□ **confused** ⓐ 혼란스러워하는, 혼란된
□ **suppose** ⓥ 전제로 하다
□ **not to say** ~라고까지는 할 수 없어도
□ **mislead** ⓥ 잘못된 방향으로 이끌다
□ **static** ⓐ 정적인
□ **dynamic** ⓐ 역동적인
□ **endure** ⓥ 지속되다
□ **apparently** ⓐⓓ 겉보기에는
□ **in comparison with** ~와 비교해 보면
□ **lifespan** ⓝ 수명
□ **eventually** ⓐⓓ 결국, 마침내(는)
□ **species** ⓝ 생물 종(種)
□ **community** ⓝ (동식물의) 군집
□ **adapt to** ~에 적응하다
□ **alter** ⓥ 바꾸다
□ **circumstance** ⓝ (일, 사건 등을 둘러싼) 환경
□ **examine** ⓥ 조사하다, 검토하다
□ **fine** ⓐ 미세한
□ **adaptation** ⓝ 적응
□ **consequent** ⓐ 결과적인
□ **constantly** ⓐⓓ 항상
□ **myth** ⓝ 잘못된 통념
□ **arrangement** ⓝ (사는) 모습, (생활) 방식
□ **inhabitant** ⓝ 서식자, 거주자

E18

□ **advent** ⓝ 출현, 도래
□ **prediction** ⓝ 전망
□ **beyond** ⓟⓡⓔⓟ 이상, 능가하는
□ **mimic** ⓥ 모방하다, 흉내를 내다

□ **puzzle** ⓥ 어리둥절하게 하다
□ **executive** ⓝ 경영진, 임원
□ **automatize** ⓥ 자동화하다
□ **bump up against** ~와 우연히 만나다
□ **impossibility** ⓝ 불가능(한 것)

E

F 주제 찾기

F01

- □ opt for ~을 선택하다
- □ sum ⓝ 액수, 합계
- □ interest ⓝ 이자
- □ compensate ⓥ 보상하다
- □ generously ⓐⓓ 관대하게, 넉넉히
- □ hold out 버티다
- □ introduction ⓝ 도입
- □ inconsistent ⓐ 일관되지 않은
- □ immediacy ⓝ 즉시성
- □ drawback ⓝ 단점
- □ stability ⓝ 안정성
- □ necessity ⓝ 필요성
- □ financial ⓐ 재정적인

F02

- □ diversity ⓝ 다양성
- □ objective ⓐ 객관적인
- □ aspire ⓥ 열망하다
- □ ethnicity ⓝ 인종
- □ carry out ~을 수행하다
- □ pursue ⓥ 추구하다
- □ curiosity ⓝ 호기심
- □ perspective ⓝ 관점
- □ angle ⓝ 각도
- □ trial and error 시행착오
- □ specialization ⓝ 전문성

F03

- □ tier ⓝ 단계, 층위
- □ give rise to ~을 유발하다
- □ sensation ⓝ 감정
- □ differentiate ⓥ 구별하다
- □ familiarity ⓝ 친숙함
- □ recall ⓝ 회상
- □ clarify ⓥ 명확하게 하다
- □ encounter ⓥ 마주치다
- □ flag up ~을 표시하다
- □ partial ⓐ 부분적인
- □ impact ⓝ 영향
- □ emotional ⓐ 감정적인
- □ retrieval ⓝ 회복, 복구
- □ danger ⓝ 위험성
- □ memory loss 기억 상실
- □ distinction ⓝ 구분

F04

- □ neuroscience ⓝ 신경 과학, 뇌 과학
- □ strive for ~을 추구하다
- □ homeostasis ⓝ 항상성
- □ compensatory ⓐ 보상의
- □ cushion ⓥ 완화시키다
- □ reliant ⓐ 의존하는
- □ correspondingly ⓐⓓ 상응하여
- □ psychiatrist ⓝ 정신과 의사
- □ miserable ⓐ 비참한
- □ neutral ⓐ 중립적인
- □ interplay ⓝ 상호 작용
- □ disruption ⓝ 방해, 지장
- □ counteraction ⓝ 중화 작용
- □ overflow ⓝ 범람
- □ induce ⓥ 유도하다
- □ ignorance ⓝ 무지

F05

- □ specify ⓥ 명시하다
- □ stress ⓥ 강조하다
- □ emphasize ⓥ 강조하다
- □ perspective ⓝ 관점
- □ negotiate ⓥ 협상하다
- □ affective ⓐ 정서적인
- □ empathic ⓐ 공감의
- □ consultant ⓝ 자문 위원
- □ foster ⓥ 기르다, 양육하다
- □ market research 시장 조사
- □ fulfill ⓥ 충족시키다
- □ color-blind 색맹의
- □ interpretation ⓝ 해석

F06

- □ react against ~에 반(발)하다
- □ characteristic ⓐ 특유한
- □ context ⓝ 맥락
- □ purely ⓐⓓ 순전히
- □ underlying ⓐ 근원적인, 기저를 이루는
- □ strip A of B A에게서 B를 벗겨내다[없애다]
- □ represent ⓥ 나타내다
- □ misconception ⓝ 오해
- □ phenomenon ⓝ 현상 (pl. phenomena)

F07

- □ biology ⓝ 생물학
- □ biological ⓐ 생물학의
- □ anthropologist ⓝ 인류학자
- □ it stands to reason ~은 당연하다
- □ consequence ⓝ 결과

□ outsourcing ⓝ 아웃소싱
《외부 용역이나 부품으로 대체하는 것》

□ corporation ⓝ 기업

□ exclusive ⓐ 독점적인,
배타적인

□ responsibility ⓝ 책임(감)

□ conflict ⓝ 갈등

□ dynamic ⓝ 역학

□ be bound to ~하게 마련이다

□ spark ⓥ 촉발하다

□ household ⓝ 가정

□ invest ⓥ 투자하다

□ pursuit ⓝ 일, 취미

□ substantially ⓐⓓ 상당히,
많이

□ commercial ⓐ 상업적인

□ dietary ⓐ 식의 요법의

□ domestic ⓐ 가정의

F08

□ refer to ~을 지칭하다

□ profiling ⓝ 자료[정보] 수집

□ blink ⓥ 눈을 깜빡이다

□ reveal ⓥ 드러내다

□ rate ⓝ 비율

□ indicate ⓥ 나타내다, 보여 주다

□ measurement ⓝ (무엇의)
치수[양], 측정

□ reputation ⓝ 평판

□ fearful ⓐ 겁이 많은

□ mammal ⓝ 포유동물

□ evolution ⓝ 진화

□ minimize ⓥ 최소화하다

□ approach ⓥ 다가오다

□ predator ⓝ 포식자

□ involuntarily
ⓐⓓ 무의식적으로

□ frighten ⓥ 위협하다

□ symptom ⓝ 증상

□ fatigue ⓝ 피로

□ significant ⓐ 중요한

□ proof ⓝ 증거

□ predatory ⓐ 포식성의

□ instinct ⓝ 본능

F09

□ consequence ⓝ 결과, 영향

□ shed ⓥ (빛을) 비추다,
(견해를) 밝히다

□ intake ⓝ 섭취

□ cognitively ⓐⓓ 인지적으로

□ isolate ⓥ 분리하다

□ component ⓝ 요소, 부품

□ inverse ⓐ 역의, 반대의

□ cortex ⓝ (대뇌의) 피질

□ excessive ⓐ 지나친, 과도한

□ consumption ⓝ 섭취

□ metabolic ⓐ 신진대사의

□ universal ⓐ 보편적인

□ enhance ⓥ 향상시키다

□ nutritional ⓐ 영양학적인

F10

□ weatherman ⓝ 기상 캐스터

□ confront A with A를 ~와
대면시키다

□ seemingly ⓐⓓ 겉보기에

□ rebel ⓥ 저항하다

□ befriend ⓥ 친구가 되어 주다

□ predictability ⓝ 예측 가능성

□ appealing ⓐ 매력적인

□ engage ⓥ 끌어들이다

□ autopilot ⓝ 자동 조종 장치

□ reward ⓝ 보상

□ predictable ⓐ 예측 가능한

□ random ⓐ 임의의

□ unpredictable ⓐ 예측
불가능한

□ gratify ⓥ 만족시키다

□ consideration ⓝ 고려 사항

□ inclination ⓝ 성향

□ device ⓝ 장치

□ plot ⓝ 줄거리

□ routine ⓝ 틀에 박힌 일상

□ function ⓝ 기능

F11

□ preparation ⓝ 준비

□ launch ⓥ 개시하다, 시작하다

□ neurochemical ⓐ 신경
화학적인

□ preparatory ⓐ 준비의

□ stamina ⓝ 힘

□ carry out ~을 수행하다

□ rush ⓥ 돌격하다

□ victim ⓝ 희생자

□ victor ⓝ 승리자

□ firsthand ⓐⓓ 직접, 체험적으로

□ risk ⓥ 위험을 감수하다

□ arousal ⓝ (정서적) 자극

□ compensate for ~을
보상하다

□ march ⓥ 행진하다

□ intimidate ⓥ 겁을 주다

□ witness ⓥ 목격하다

□ spectacle ⓝ 장관

□ bagpipe ⓝ 백파이프 (악기)

□ sheer ⓐ 순전한

□ vulnerable ⓐ 취약한

F12

□ trunk ⓝ (나무의) 몸통
□ branch ⓝ 나뭇가지
□ twig ⓝ (나무의) 잔가지
□ emerge ⓥ 나오다
□ stem from ~에 유래하다
□ practitioner ⓝ 종사자, 종업자
□ innovation ⓝ 혁신
□ abstract ⓥ 추출하다, 끌어내다
□ disciplinary ⓐ 학문의
□ boundary ⓝ 경계
□ conception ⓝ 개념, 관념
□ discipline ⓝ 학문, 학과
□ universal ⓐ 보편적인
□ meaningful ⓐ 의미 있는
□ drawback ⓝ 결점, 문제점
□ diversify ⓥ 다양화하다
□ integrate ⓥ 통합시키다
□ concrete ⓐ 구체적인

F13

□ bring up ~을 기르다[양육하다]
□ get lost 길을 잃다, 헤매다
□ sooner or later 머지않아
□ compass ⓝ 나침반
□ author ⓝ 작가
□ confirm ⓥ 확인하다
□ virtually ⓐd 실제로, 사실상
□ slightly ⓐd 살짝, 조금
□ hike ⓥ 하이킹하다, 걷다
□ backpack ⓝ 배낭
□ inevitably ⓐd 불가피하게, 어쩔 수 없이
□ off balance 균형을 잃고
□ dominant ⓐ 우성의, 지배적인

□ factor into ~을 요인으로 포함하다
□ right-handed 오른손잡이의
□ obstacle ⓝ 장애물
□ subconsciously ⓐd 무의식적으로
□ construct ⓥ 구성하다
□ dominance ⓝ (생물·심리에서) 우성

F14

□ efficient ⓐ 효율적인
□ interval ⓝ 간격
□ cram ⓥ 밀어 넣다
□ spread out ~을 분산시키다
□ neuroscience ⓝ 신경과학
□ discovery ⓝ 발견
□ inactivity ⓝ 비활동
□ garbage ⓝ 쓰레기
□ collection ⓝ 수집
□ accumulate ⓥ 축적하다
□ contrary ⓐ 반대되는
□ remain ⓥ 유지하다
□ algorithm ⓝ 알고리즘
□ record ⓥ 기록하다
□ previous ⓐ 이전의
□ gradually ⓐd 점진적으로
□ transfer ⓥ 이동시키다, 옮기다
□ compartment ⓝ 구획
□ adequate ⓐ 충분한
□ method ⓝ 방법
□ engagement ⓝ 참여
□ alert ⓐ 기민한, 경계하는
□ side effect 부작용
□ medication ⓝ 약물
□ function ⓝ 기능

F15

□ conceivable ⓐ 생각할 수 있는
□ solar panel 태양광 패널
□ collapse ⓝ 폭락
□ maintenance ⓝ 유지보수
□ acre ⓝ ((단위)) 에이커
□ intense ⓐ 강렬한
□ radiation ⓝ 방사선
□ endure ⓥ 견디다
□ care for ~을 돌보다[살피다]
□ renewable energy 재생 에너지
□ installation ⓝ 설치
□ impractical ⓐ 비현실적인
□ space exploration 우주 탐사

F16

□ advertisement ⓝ 광고
□ persuade ⓥ 설득하다
□ baby carriage 유모차
□ turning point 전환점
□ disguise ⓥ 위장하다
□ accomplish ⓥ 성취하다
□ logic ⓝ 논리
□ persuasive ⓐ 설득력 있는
□ innovative ⓐ 혁신적인
□ materialism ⓝ 물질주의
□ layout ⓝ 배치

F17

□ marine ⓐ 바다의, 해양의
□ oyster ⓝ 굴
□ marsh ⓝ 습지
□ deliberately ⓐd 의도적으로
□ erosion ⓝ 침식, 부식

□fish and shellfish 어패류
□intentionally (ad) 고의로, 의도적으로
□escape (v) 탈출하다
□ecosystem (n) 생태계
□livelihood (n) 생계 (수단)
□Atlantic (a) 대서양의
□salmon (n) 연어
□rear (v) 기르다, 부양하다
□recover (v) (분실물·도난물 등을) 되찾다[찾아내다]
□saltwater (n) 해수, 바닷물
□freshwater (n) 담수, 민물
□recreational (a) 오락의, 여가의
□spread (v) 전파하다, 퍼뜨리다 (n) 확산
□invasive species 침입종
□seaweed (n) 해초
□discard (v) 버리다, 폐기하다
□organism (n) 유기체
□colonize (v) 식민지로 만들다
□biodiversity (n) 생물의 다양성
□potential (a) 잠재적인
□ecotourism (n) 생태 관광
□contribution (n) 기여, 공헌

F18

□individual (a) 개별의
□differ (v) 다르다
□physically (ad) 신체적으로
□a multitude of 많은, 다수의
□visible (a) 가시적인
□invisible (a) 비가시적인
□race (n) 인종
□define (v) 정의하다
□biological (a) 생물학적

□ancestry (n) 혈통, 조상
□trait (n) 특성
□coloration (n) 천연색
□identify (v) 식별하다
□representative (n) 전형, 표본
□continuously (ad) 계속
□variable (a) 변할 수 있는
□classify (v) 분류하다
□construction (n) 구성(물)
□variation (n) 차이
□racism (n) 인종 차별주의
□evolution (n) 진화
□misconception (n) 오해
□construct (n) 구성물

G 제목 찾기

G01

□prevalent (a) 만연한, 일반적인
□obligation (n) 의무감
□pressure (n) 압박
□instantly (ad) 즉각적으로
□ins and outs 세부 사항들
□blow up ~을 폭파시키다
□inducing (a) 유발하는
□aggressive (a) 공격적인
□within reach 손이 닿는 곳에

G02

□supplement (n) 추가물
□drift (n) 표류, 떠내려감
□formalize (v) 공식화하다
□punctuation (n) 구두법
□virtually (ad) 사실상
□unintelligible (a) 이해할 수 없는
□materialize (v) (불가사의하게) 나타나다
□continuation (n) 연속, 지속
□driving force 원동력
□evolution (n) 진화, 발전

G03

□sitcom (n) 시트콤
□chart (v) 기록하다, 보여주다
□conflict (n) 갈등
□multiculturalism (n) 다문화주의
□conception (n) 개념
□progressive (a) 진보적인

□ridiculous ⓐ 어리석은
□stupidity ⓝ 어리석음
□scolding ⓝ 비난, 꾸짖음
□tolerant ⓐ 관용적인
□acceptability ⓝ 수용 가능성

G04

□handedness ⓝ 잘 쓰는 쪽
□reliably ⓐd 확실히, 믿을 만하게
□assumption ⓝ 가정
□incorrect ⓐ 틀린, 옳지 않은
□establish ⓥ 확립하다
□movement ⓝ 움직임
□unborn ⓐ 태어나지 않은
□womb ⓝ 자궁
□evaluate ⓥ 평가하다
□approximately ⓐd 대략
□sway ⓥ 영향을 주다
□uncover ⓥ 밝히다
□root ⓝ 뿌리
□intelligent ⓝ 지능
□determinant ⓝ 결정 요인

G05

□continuum ⓝ 연속선
□descriptor ⓝ 기술어
□mindlessly ⓐd 생각 없이
□distinction ⓝ 구분
□dramatically ⓐd 극적으로
□marginal ⓐ 근소한
□arbitrariness ⓝ 자의성, 독단
□severely ⓐd 심각하게
□borderline ⓝ 경계선
□endless ⓐ 끝없는
□statistician ⓝ 통계학자
□cognitively ⓐd 인지적으로

□impaired ⓐ 어려움[장애]이 있는
□unfold ⓥ 전개되다, 펼쳐지다
□distinct ⓐ 분명한
□appropriate ⓐ 적절한
□myth ⓝ 미신
□cognitive ⓐ 인지의

G06

□masterfully ⓐd 노련하게
□sow ⓥ 씨를 뿌리다
□adequacy ⓝ 적절성
□itch ⓝ 욕구, 가려움
□revolutionize ⓥ 변혁을 일으키다
□utter ⓐ (강조의 의미로) 완전한 [순전한]
□blur ⓥ 흐릿하게 만들다
□ceaseless ⓐ 끊임없는
□temptation ⓝ 매력
□compelling ⓐ 강력한
□manipulative ⓐ 조종하는

G07

□unit ⓝ 단위
□psychologist ⓝ 심리학자
□deadline ⓝ 마감 기한
□timeframe ⓝ 시간의 틀
□manageable ⓐ 관리될 수 있는
□perception ⓝ 인식
□trick ⓥ 속이다

G08

□code ⓝ 규범
□competent ⓐ 유능한
□internalize ⓥ 내면화하다

□gradually ⓐd 점차적으로
□criminal ⓐ (법적) 형사 범죄의
□sufficient ⓐ 충분한
□maturity ⓝ 성숙
□accountable ⓐ 책임을 지는
□vote ⓥ 투표하다
□formally ⓐd 공식적으로
□democratic ⓐ 민주적인
□boundary ⓝ 경계
□optimal ⓐ 최적인
□somewhat ⓐd 다소
□questionable ⓐ 의심스러운
□cognition ⓝ 인지
□democracy ⓝ 민주주의

G09

□awareness ⓝ 인식
□mess up ~을 망치다
□discover ⓥ 발견하다
□weakness ⓝ 약점
□expense ⓝ 희생
□permanently ⓐd 영원히
□disappointment ⓝ 실망
□criticism ⓝ 비판
□mislead ⓥ 잘못 인도하다
□mindset ⓝ 사고방식
□trap ⓝ 덫, 함정

G10

□unofficial ⓐ 비공식적인
□mark ⓥ 나타내다
□consequently ⓐd 그 결과, 따라서
□profitable ⓐ 이득이 되는, 수익성이 있는
□retailer ⓝ 소매상

☐ come to light (사람들에게) 알려지다[밝혀지다]

☐ ecological ⓐ 생태학적인

☐ philosophy ⓝ 철학

☐ seek ⓥ 추구하다

☐ raise ⓥ 불러일으키다, 자아내다

☐ awareness ⓝ 의식, 관심

☐ emission ⓝ 배출, 배출물

☐ mindlessly ⓐⒹ 의식이 없이, 어리석게

☐ switch ⓥ 바꾸다, 전환하다 ⓝ 전환, 바꾸기

☐ mindset ⓝ 사고방식

☐ alternative ⓐ 대안적인, 대체의

☐ population ⓝ 인구

☐ beyond ⓟⓡⓔⓟ ~ 이상으로, ~을 넘어서

☐ budget ⓝ 예산, 비용

G 11

☐ hazard ⓝ 위험

☐ deception ⓝ 속임수

☐ vulnerable ⓐ 취약한

☐ companion ⓝ 친구

☐ fool ⓥ 속이다

☐ cognitive ⓐ 인지의

☐ deficit ⓝ 결함

☐ cartoonish ⓐ 만화같은

☐ synthetic ⓐ 인조의

☐ unsophisticated ⓐ 순수한

☐ uncanny ⓐ 불쾌한

☐ recipient ⓝ 수용자

☐ dignity ⓝ 존엄성

☐ surpass ⓥ 능가하다

G 12

☐ political ⓐ 정치적인

☐ corporation ⓝ 기업

☐ mindful ⓐ 유념하는

☐ deserve ⓥ ~을 받을 만하다

☐ construction ⓝ 건설

☐ genuinely ⓐⒹ 진심으로

☐ corporate ⓐ 기업의

☐ embrace ⓥ 받아들이다

☐ sustainable ⓐ 지속 가능한

☐ green ⓐ 환경 친화적인

☐ consciously ⓐⒹ 의식적으로

☐ voter ⓝ 유권자, 투표자

G 13

☐ inanimate ⓐ 무생물의

☐ statement ⓝ 진술

☐ brick ⓝ 벽돌

☐ rusting ⓐ 녹슨

☐ surround ⓥ 둘러싸다

☐ weed ⓝ 잡초

☐ abandon ⓥ 버리다

☐ mini-mansion 소형 저택

☐ instantly ⓐⒹ 즉시

☐ accent ⓝ 억양

☐ silently ⓐⒹ 조용히

☐ deliberate ⓐ 의도적인

☐ low-income 저소득의

☐ high-income 고소득의

☐ register ⓥ 명심하다

☐ consciously ⓐⒹ 의식적으로

☐ vague ⓐ 모호한

☐ grasp ⓥ 이해하다, 파악하다

☐ attach ⓥ 의미, 가치 등을 두다

G 14

☐ contain ⓥ ~이 들어[함유되어] 있다

☐ ingredient ⓝ 성분

☐ regulation ⓝ 규정, 규제

☐ sweetener ⓝ 감미료

☐ requirement ⓝ 요구, 요구 조건

☐ source ⓝ 원료, 원천

☐ motive ⓝ 동기, 이유

☐ convey ⓥ 전달하다

☐ indicate ⓥ 나타내다, 보여 주다

☐ serving ⓝ 1회분, 1인분

☐ intake ⓝ 섭취

G 15

☐ craze ⓝ 열풍

☐ urban ⓐ 도시의

☐ accompany ⓥ 수반하다

☐ symbolic ⓐ 상징적인

☐ reinterpretation ⓝ 재해석

☐ poverty ⓝ 가난

☐ recreational ⓐ 여가의

☐ commuting ⓝ 통근

☐ aspirational ⓐ 열망의

☐ demonstrative ⓐ 표현하는

☐ construction ⓝ 형성, 구축

☐ the well-off 부유한 사람들

☐ value-laden 가치 판단적인

☐ conspicuous consumption 과시적 소비

☐ manifest ⓐ 분명한

☐ atmosphere ⓝ 분위기

☐ dweller ⓝ 거주자

☐ worsen ⓥ 악화시키다

☐ sustain ⓥ 유지하다

☐ inclusive ⓐ 포괄적인

G 16

- fancy ⓐ 화려한, 고급의
- high-rise 고층 건물
- financial ⓐ 금융의, 재정의
- headquarters ⓝ 본사, 본부
- souvenir ⓝ 기념품
- peddler ⓝ 행상인
- gross ⓐ 역겨운
- landfill ⓝ 쓰레기 매립지
- temporarily ⓐⓓ 일시적으로
- commission ⓥ (미술, 음악 작품 등을) 의뢰[주문]하다
- significant ⓐ 의미심장한
- public work 공공사업
- installation ⓝ 설치 미술품
- wheat field 밀밭
- gleaming ⓐ 빛나는, 반짝이는
- acre ⓝ 에이커(약 4,050평방미터에 해당하는 크기의 땅)
- amber ⓐ 호박색의, 황색의
- grain ⓝ 곡물
- atop (prep) 꼭대기, 맨 위
- irrigation ⓝ 관개
- thriving ⓐ 무성한, 잘 자라는
- nourish ⓥ 영양분을 공급하다
- fade away 사라지다
- skyscraper ⓝ (초)고층 건물
- expansion ⓝ 확장, 팽창

G 17

- mistakenly ⓐⓓ 잘못하여, 틀리게
- hypothesis ⓝ 가설
- guarantee ⓥ 보장하다
- slow down ~을 둔화시키다
- shore ⓝ 해변
- establish ⓥ 설립하다

(중단)

- venture into ~로 과감히 들어가 보다
- uncharted waters 미지의[위험한] 영역
- prediction ⓝ 예측
- alley ⓝ 골목길
- blind ⓐ 막다른
- turn out 모습을 드러내다
- reluctant ⓐ 꺼리는
- ruin ⓥ 망치다

G 18

- routine ⓐ 일상적인, 매일의
- interaction ⓝ 상호 작용
- immediate ⓐ (시간적 · 공간적으로) 아주 가까이에 있는
- formulate ⓥ 표현하다, 만들어 내다
- aid ⓝ 도움, 원조
- mutual ⓐ 상호의, 서로의
- confidence ⓝ 확신, 신뢰
- property ⓝ 재산, 소유물
- contract ⓝ 계약(서)
- exchange ⓝ 교환, 주고받음
- description ⓝ 설명, 묘사
- precise ⓐ 정확한, 정교한
- unambiguous ⓐ 모호하지 않은, 명확한
- otherwise ⓐⓓ 그렇지 않으면
- misunderstanding ⓝ 오해, 착오
- arise ⓥ 발생하다, 생기다
- counterparty ⓝ 상대방, 한쪽 당사자
- uncertainty ⓝ 불확실성
- a measure of 어느 정도의, 꽤 많은 양의
- distrust ⓝ 불신

(중단)

- facilitate ⓥ 용이하게 [가능하게] 하다
- clarification ⓝ 명확화, 해명
- settlement ⓝ 해결, 합의
- dispute ⓝ 분쟁, 논란
- translation ⓝ 통역
- interchange ⓝ (특히 생각 · 정보의) 교환
- reliable ⓐ 믿을 만한
- transaction ⓝ 거래, 매매
- barrier ⓝ 장벽

G 19

- realization ⓝ 실현
- domination ⓝ 지배
- industrial revolution 산업 혁명
- advance ⓝ 발달, 발전
- manufacturing ⓝ 제조(업)
- transform ⓥ 변화시키다
- significant ⓐ 중대한
- impact ⓝ 영향
- structure ⓥ 구축하다
- multiple ⓐ 다수의
- capitalistic ⓐ 자본주의적
- mechanized ⓐ 기계화된
- in mass quantities 대량으로
- rural ⓐ 시골의
- agriculture ⓝ 농업
- abandon ⓥ 버리다
- urban ⓐ 도시의
- innovation ⓝ 혁신
- textile ⓝ 직물, 섬유
- iron ⓝ 철
- profit ⓝ 이윤, 수익
- simultaneously ⓐⓓ 동시에
- exert ⓥ 행사하다, 휘두르다

□authority ⓝ 권력, 권한
□dump ⓥ (쓰레기 따위를) 버리다
□hazardous ⓐ 유해한
□by-product 부산물
□waterway ⓝ 수로
□urbanization ⓝ 도시화
□sustainable ⓐ 지속 가능한
□capitalism ⓝ 자본주의
□greed ⓝ 탐욕, 욕망

G20

□recognize ⓥ 인식하다
□equal ⓐ 동등한
□aspect ⓝ 영역
□namely ⓐⓓ 즉, 다시 말해
□clinical ⓐ 임상의, 병상의
□mythology ⓝ 신화
□medicine ⓝ 의학, 의료
□preventive ⓐ 예방적인
□hygiene ⓝ 위생
□treatment ⓝ 치료
□curing ⓝ 치유
□societal ⓐ 사회의
□professionalism ⓝ 전문성
□overshadow ⓥ 가리다
□heroic ⓐ 영웅적인
□figure ⓝ 인물
□sanitary ⓐ 위생의
□human population 인류
□attributable to ~에 기인하는
□surgical ⓐ 수술적인
□innovative ⓐ 혁신적인
□pharmaceutical ⓐ 제약의
□bioengineered ⓐ 생물 공학적인
□availability ⓝ 이용 가능성

□sanitation ⓝ 위생 (관리)
□sewage ⓝ 하수
□consumption ⓝ 소비
□attainable ⓐ 달성 가능한
□equipment ⓝ 장비
□supporting actor 조연 배우
□controversy ⓝ 논란
□massive ⓐ 상당한
□initiative ⓝ 계획
□open up ~을 열다

G21

□liberate ⓥ 자유롭게 하다, 해방시키다
□classic ⓐ 대표적인
□Enlightenment ⓝ 계몽주의 (시대)
□humanity ⓝ 인류, 인간
□weakness ⓝ 약점
□violence ⓝ 폭력
□wage ⓥ (전쟁 등을) 벌이다
□in the long run 장기적으로
□establishment ⓝ 설립
□destiny ⓝ 운명
□overwhelming ⓐ 압도적인, 저항하기 힘든
□devastating ⓐ 파괴적인
□reflection ⓝ 투영, 반영
□innate ⓐ 타고난, 선천적인
□framework ⓝ 틀, 골조
□stabilize ⓥ 안정화하다
□invisible ⓐ 보이지 않는
□disrupt ⓥ 방해하다
□capitalism ⓝ 자본주의

H 도표의 이해

H01

□elementary ⓐ 초보의, 초급의
□reverse ⓝ 정반대

H02

□E-bike 전기 자전거
□purchase ⓝ 구매
□recreational ⓐ 레크리에이션의, 오락의
□account for 차지하다
□commute ⓝ 통근

H03

□dairy ⓐ 유제품의
□import ⓝ 수입액
□consistently ⓐⓓ 일관되게
□reverse ⓝ 반대

H04

□conduct ⓥ 진행하다
□respondent ⓝ 응답자
□method ⓝ 방법, 수단
□payment ⓝ 결제
□exceed ⓥ 넘어서다
□credit card 신용 카드

H05

□estimate ⓥ 추정하다
□respectively ⓐⓓ 각각
□surpass ⓥ 능가하다, 뛰어넘다
□anticipate ⓥ 예상하다
□exceed ⓥ 초과하다
□project ⓥ 예상하다, 추정하다

H06

□ protein ⓝ 단백질
□ consumption ⓝ 섭취(량)
□ dairy ⓝ 유제품
□ poultry ⓝ 가금류
□ respectively ⓐⓓ 각각

H07

□ emission ⓝ 배출
□ surpass ⓥ 능가하다

H08

□ unpaid ⓐ 돈을 지불받지 않은, 무급의
□ notably ⓐⓓ 특히

H09

□ targeted ⓐ 표적이 된
□ respondent ⓝ 응답자
□ intrusive ⓐ 침해적인
□ inappropriate ⓐ 부적절한

H10

□ account for ~을 차지하다
□ share ⓝ 몫

H11

□ distribution ⓝ 분포
□ demand ⓝ 수요
□ transportation ⓝ 교통
□ petrochemicals ⓝ 석유화학
□ industry ⓝ 산업
□ aviation ⓝ 항공
□ electricity ⓝ 전기
□ generation ⓝ 생성, 생산
□ residential ⓐ 주거의

□ commercial ⓐ 상업의
□ agricultural ⓐ 농업의
□ marine ⓐ 해상의
□ domestic ⓐ 국내의
□ waterway ⓝ 수로

H12

□ finding ⓝ 결과
□ respondent ⓝ 응답자
□ decrease ⓝ 감소

H13

□ mode of transportation 교통수단
□ daily ⓐ 매일의
□ commute ⓥ 통근하다 ⓝ 통근
□ in terms of ~에 관하여
□ immediately ⓐⓓ 즉시

H14

□ tourism ⓝ 관광
□ contribution ⓝ 기여
□ previous ⓐ 이전의
□ reverse ⓝ 반대

H15

□ average ⓐ 평균의
□ primary education 초등교육
□ decrease ⓥ 줄다, 감소하다
□ compared to ~와 비교하면
□ reverse ⓝ 반대

H16

□ dose ⓝ 투여, 복용
□ vaccination ⓝ 백신 접종
□ the Mediterranean 지중해
□ exceed ⓥ 넘다, 능가하다

I 내용 불일치

I 01

- zoology ⓝ 동물학
- instructor ⓝ 강사
- distinguished ⓐ 훌륭한, 구별되는
- arctic ⓐ 북극의
- expedition ⓝ 탐험
- consultant ⓝ 컨설턴트
- ecology ⓝ 생태계
- demonstrate ⓥ 설명하다
- food chain 먹이사슬
- bureau ⓝ 부서, 국

I 02

- notable ⓐ 유명한
- arranged marriage 중매결혼
- literacy ⓝ 식자율(글을 읽고 쓸 줄 아는 능력)
- reject ⓥ 거부하다
- doctorate ⓝ 박사 학위
- botany ⓝ 식물학
- co-author 공동 집필하다
- famine ⓝ 기근
- deforestation ⓝ 삼림 벌채
- advocate ⓝ 옹호자
- preservation ⓝ 보존
- hydroelectric ⓐ 수력 발전의

I 03

- marked ⓐ 뚜렷한
- mineralogy ⓝ 광물학
- mineral ⓝ 광물
- attribute ⓝ 속성

I 04

- classification ⓝ 분류
- conflict ⓝ 갈등
- conventional ⓐ 전통적인
- appoint ⓥ 임명하다

- found ⓥ (기관 등을) 설립하다
- architecture ⓝ 건축
- artistically ⓐⓓ 예술적으로
- goldsmith ⓝ 금 세공인
- sculptor ⓝ 조각가
- remains ⓝ 유적
- commission ⓝ 임무
- chapel ⓝ 예배당
- reputation ⓝ 평판
- stunning ⓐ 멋진
- machinery ⓝ 기계
- theatrical ⓐ 연극의
- bury ⓥ (땅에) 묻다

I 05

- Jewish ⓐ 유대인의
- immigrant ⓝ 이민자
- ecologist ⓝ 생태학자
- founder ⓝ 창시자
- doctoral degree 박사 학위
- cellular biology 세포 생물학
- plant physiology 식물 생리학
- nuclear ⓝ 핵
- vehicle ⓝ 수단

I 06

- immigrant ⓝ 이민자
- adopt ⓥ 채택하다
- moderate ⓐ 온건한
- retirement ⓝ 은퇴

- advocate ⓥ 지지하다, 옹호하다

I 07

- quit ⓥ 그만두다
- set up ~을 설립하다
- self-built 직접 지은
- volume ⓝ ((책 단위)) 권

I 08

- mind ⓝ 지성인
- doctoral degree 박사 학위
- engineering ⓝ 공학
- lecturer ⓝ 강연자
- consultant ⓝ 자문 위원
- laboratory ⓝ 연구실

I 09

- photographer ⓝ 사진작가
- author ⓝ 작가
- film director 영화감독
- document ⓥ 기록하다
- eventually ⓐⓓ 결국
- drop out of school 학교를 중퇴하다
- inspire ⓥ 영감을 주다
- migrant ⓝ 떠돌이, 이주자
- concerto ⓝ 협주곡, 콘체르토
- inspiring ⓐ 고무적인, 영감을 주는

I 10

- access ⓥ 접근하다, 이용하다
- athletic ⓐ (운동) 경기의, 운동 선수용의
- facility ⓝ 시설, 설비
- racism ⓝ 인종 차별(주의)

☐ of the time 그 당시의, 당대의
☐ barefoot (ad) 맨발로
☐ dirt road 비포장도로, 흙길
☐ homemade (a) 집에서 만든
☐ equipment (n) 장비
☐ track and field 육상 경기
☐ noticeable (a) 눈에 띄는, 주목할 만한
☐ competition (n) 대회
☐ compete (v) 겨루다, (시합 등에) 참가하다
☐ accomplishment (n) 성과
☐ including (prep) ~을 포함하여
☐ dedicate (v) (시간·노력을) 바치다, 헌신하다

I 11

☐ monarch (n) 제왕, 군주
☐ splash (v) 얼룩이 튀다
☐ outer (a) 바깥쪽의
☐ margin (n) 가장자리
☐ hind (a) (동물의 다리·발을 가리킬 때) 뒤의
☐ milkweed (n) ((식물)) 밀크위드
☐ hatch (v) (알이) 부화하다
☐ northern (a) 북부의
☐ migrate (v) 이주하다
☐ climate (n) 기후

I 12

☐ astronomy (n) 천문학
☐ origin (n) 기원
☐ manuscript (n) 원고
☐ assistant (n) 조수
☐ passionately (ad) 열성적으로
☐ publication (n) 출판물

I 13

☐ prominence (n) 명성
☐ discrimination (n) 차별
☐ promote (v) 장려하다
☐ charitable (a) 자선의
☐ belong to ~에 속하다
☐ Great Depression 대공황
☐ merge with ~와 합병하다
☐ thrive (v) 번창하다
☐ continually (ad) 지속적으로
☐ improvement (n) 개선

I 14

☐ blacksmith (n) 대장장이
☐ priesthood (n) 사제직
☐ botany (n) 식물학
☐ household (n) 가정
☐ catalogue (n) 목록, 카탈로그

I 15

☐ orphan (v) 고아로 만들다
☐ storytelling (a) 이야기를 하는
☐ inspire (v) 영감을 주다
☐ mathematics (n) 수학
☐ professor (n) 교수
☐ edit (v) (글 등을 발간할 수 있게) 수정하다
☐ yearly (a) 연간의
☐ publish (v) 출판하다, 발행하다
☐ fiction (n) 허구, 소설
☐ nonfiction (n) 논픽션(소설이나 허구의 이야기가 아닌 전기·역사·사건 기록 따위)
☐ award (n) 상

I 16

☐ notable (a) 저명한, 주목할 만한
☐ meteorologist (n) 기상학자
☐ earn (v) 얻다
☐ mathematical physics 수리 물리학
☐ apparently (ad) 짐작하건대
☐ establish (v) 설립하다
☐ geophysical (a) 지구 물리학의
☐ scholarship (n) 장학금
☐ weather forecasting 일기 예보
☐ supporter (n) 지지자
☐ circulation (n) 순환
☐ boundary (n) 경계
☐ air mass 기단(氣團)
☐ chair (n) 권위 있는 지위

I 17

☐ portrait (n) 인물 사진
☐ energetically (ad) 활기차게
☐ devote to ~에 전념하다
☐ convert (v) 개조하다
☐ illustrative (a) 설명적인, 실례가 되는
☐ convince (v) 설득하다
☐ theatrical costume 연극용 의상
☐ compose (v) 구성하다
☐ convention (n) 관습
☐ composition (n) (사진의) 구도
☐ spiritual (a) 정신적인
☐ artistic (a) 예술의

I18

- advocate ⓥ 옹호하다, 지지하다
- concentrate on ～에 집중하다
- ophthalmology ⓝ 안과학
- branch ⓝ (지식의) 분야
- disease ⓝ 질병, 질환
- disorder ⓝ (신체 기능의) 장애[이상]
- progress ⓥ 진보하다
- prevention ⓝ 예방
- blindness ⓝ 시각 장애
- treatment ⓝ 치료
- patent ⓝ 특허권[증]

J 실용문의 이해

J01

- charity ⓝ 자선
- endangered ⓐ 멸종 위기에 처한
- species ⓝ 종(種)
- registration ⓝ 등록
- include ⓥ 포함하다
- length ⓝ 길이
- complete ⓥ 끝마치다, 완료하다
- receive ⓥ 받다
- purchase ⓥ 구매하다

J02

- chat ⓥ 대화하다
- hallway ⓝ 복도
- dine ⓥ 식사하다
- priority ⓝ 우대, 우선권

J03

- hands-on 직접 하는
- lecture ⓝ 강의
- sustainable ⓐ 지속 가능한
- eco-friendly 친환경의

J04

- annual ⓐ 연례의
- registration ⓝ 등록
- fee ⓝ 비용

J05

- conserve ⓥ 보존하다
- comfortable ⓐ 편안한
- athletic ⓐ 운동용의

J06

- profit ⓝ 수익금
- installation ⓝ 설치
- designate ⓥ 지정하다
- yield ⓥ 양보하다
- wildlife ⓝ 야생 동물

J07

- show off 뽐내다
- engineering skill 공학 기술
- load ⓝ 하중
- register ⓥ 등록하다

J08

- barefoot ⓐⓓ 맨발로
- confirmation ⓝ 확정
- wrist ⓝ 손목
- souvenir ⓝ 기념품
- designate ⓥ 지정하다
- emergency ⓝ 긴급 상황

J09

- employee ⓝ 직원
- consultant ⓝ 상담가

J10

- steam ⓥ 데우다
- ingredient ⓝ 재료
- dairy ⓝ 유제품
- alternative ⓝ 대체, 대안

J11

□ bonding ⓝ 유대
□ preserve ⓝ 자연 보호 구역
□ accompany ⓥ 동반하다

J12

□ explore ⓥ 탐험하다
□ wonder ⓝ 경이로움
□ robotics ⓝ 로봇 공학

J13

□ treat ⓝ 음식
□ experienced ⓐ 숙련된
□ show up 나타나다

J14

□ annual ⓐ 연례의
□ casual ⓐ 가벼운, 격식 없는
□ gathering ⓝ 모임

J15

□ sustainable ⓐ 지속 가능한
□ inspire ⓥ 영감을 주다
□ fabulous ⓐ 멋진
□ vintage ⓐ 빈티지의, 구식의
□ runway showcase 패션쇼

J16

□ exhibition ⓝ 전시회
□ illuminate ⓥ 비추다
□ route ⓝ 경로
□ surround ⓥ 둘러싸다
□ admire ⓥ 감상하다, 감탄하며 바라보다
□ alongside ⓟⓡⓔⓟ ~을 따라
□ souvenir ⓝ 기념품

J17

□ portable ⓐ 휴대용의
□ manual ⓝ (사용) 설명서
□ indicator ⓝ 표시기
□ charge ⓥ 충전하다
□ operate ⓥ 작동하다
□ wirelessly ⓐⓓ 무선으로
□ device ⓝ 장치
□ load ⓥ 장착하다
□ insert ⓥ 넣다
□ face ⓥ ~을 향하다
□ downward ⓐⓓ 아래로

J18

□ competition ⓝ 대회
□ talent ⓝ 재능
□ participant ⓝ 참가자
□ randomly ⓐⓓ 무작위로
□ assign ⓥ 배정하다
□ literary genre 문학 장르
□ submit ⓥ 제출하다
□ submission ⓝ 제출
□ entry ⓝ 출품작
□ revise ⓥ 수정하다
□ deadline ⓝ 마감 기한
□ finalist ⓝ 결승 진출자
□ publish ⓥ 출판하다
□ overall ⓐ 전체적인
□ award ⓥ 수여하다

J19

□ instrument ⓝ 악기
□ entry ⓝ 출품물, 참가작

J20

□ submission ⓝ 제출
□ plain paper 백지
□ include ⓥ 포함하다
□ participation ⓝ 참여

J21

□ virtual ⓐ 가상의
□ athletic ⓐ 체육의, 경기의
□ entry ⓝ 출품작

J22

□ compassion ⓝ 온정
□ qualification ⓝ 자격
□ souvenir ⓝ 기념품

J23

□ virtual ⓐ 가상의
□ gala ⓝ (경축) 행사
□ host ⓥ 주최하다
□ raise funds 기금을 모으다
□ charity ⓝ 자선
□ gather ⓥ 모이다
□ in person 직접
□ include ⓥ 포함하다
□ auction ⓝ 경매
□ stream ⓥ (방송) 스트리밍되다

J24

□ instruction ⓝ 강습
□ qualified ⓐ 자격을 갖춘
□ fundamental ⓐ 기본의
□ equipment ⓝ 장비
□ registration ⓝ 등록
□ available ⓐ 유효한

J 25

□ back-to-school 신학기의
□ requirement ⓝ 요건
□ resident ⓝ 거주민
□ valid ⓐ 유효한
□ guardian ⓝ 보호자

J 26

□ clay ⓝ 점토, 찰흙
□ session ⓝ (어떤 활동의) 기간
□ ceramic ⓐ 도자기의
□ fire ⓥ (도자기 등을) 굽다
□ suitable ⓐ 적절한
□ necessary ⓐ 필요한
□ instruction ⓝ 강습
□ limited ⓐ 제한적인
□ book ⓥ 예약하다

J 27

□ refreshing ⓐ 신선한, 상쾌한
□ coughing ⓝ 기침
□ snoring ⓝ 코 고는 소리
□ adjust ⓥ 조정하다

J 28

□ foreign ⓐ 외국의
□ show off ～을 뽐내다
□ submission ⓝ 제출
□ deadline ⓝ 마감일
□ mention ⓥ 언급하다
□ beginning ⓝ 시작, 도입부

J 29

□ lawn chair (야외용) 접이식 의자
□ dispose of ～을 처리하다
□ beverage ⓝ 음료
□ strictly ⓐⓓ 엄격히
□ ban ⓥ 금지하다

J 30

□ in-person 대면의, 직접 하는
□ costume ⓝ 의상
□ tram ⓝ ((교통수단)) 트램

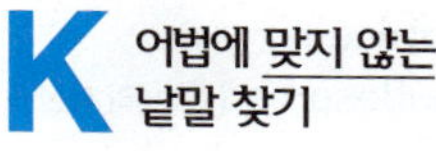

K 어법에 맞지 않는 낱말 찾기

K 01

□ prominence ⓝ 부각, 눈에 띔
□ dimension ⓝ 측면, 차원
□ back seat 뒷좌석, 뒷전
□ secondary ⓐ 부수적인
□ belly ⓝ 배
□ dynamics ⓝ 역학
□ characterize ⓥ 특징을 짓다
□ independently of ～와는 독립적으로, 별개로
□ appreciation ⓝ 감상, 소감
□ ritual ⓝ 의식
□ sensation ⓝ 감각
□ excessively ⓐⓓ 지나치게
□ significance ⓝ 중요성

K 02

□ institution ⓝ 기관
□ wealth ⓝ 부
□ differentiate ⓥ 구별하다
□ developed country 선진국
□ developing country 개발도상국
□ accompany ⓥ 수반하다
□ awareness ⓝ 인식
□ address ⓥ 다루다
□ suffering ⓐ 고통을 야기하는
□ harmful ⓐ 해로운
□ damage ⓝ 피해
□ imperfect ⓐ 불완전한
□ indicate ⓥ 나타내다
□ moral ⓐ 도덕적인

□concern ⓝ 관심
□widespread ⓐ 널리 퍼진

K03

□illusion ⓝ 착각, 환상
□depth ⓝ 깊이
□graduated ⓐ 점증하는
□accurately ⓐ🇩 정확하게
□flat ⓐ 평평한
□dimension ⓝ 차원
□represent ⓥ 나타내다
□realistic ⓐ 현실적인
□three-dimensional
　3차원의

K04

□ritual ⓝ 의식
□connection ⓝ 연결
□agricultural ⓐ 농경의
□pre-modern 전근대의
□monitor ⓥ 관찰하다
□conversely ⓐ🇩 반대로
□lunar ⓐ 음력의
□sensible ⓐ 합리적인
□inevitable ⓐ 필연적인
□religious ⓐ 종교적인
□geography ⓝ 지리
□filter ⓥ 거르다

K05

□conditioned ⓐ 조건부의
□associate ⓥ 연관 짓다
□obviously ⓐ🇩 명백히
□unpleasant ⓐ 불쾌한
□cancer ⓝ 암

K06

□built-in 내재된, 선천적인
□capacity ⓝ 능력
□remarkable ⓐ 놀라운, 현저한
□observation ⓝ 관찰
□deaf ⓐ 청각 장애의
□blind ⓐ 시각 장애의
□disappear ⓥ 사라지다
□reinforce ⓥ 강화하다
□feedback ⓝ 피드백
□die out 사라지다
□fascinating ⓐ 흥미로운,
　놀라운
□bounce ⓥ 흔들다
□tickle ⓥ 간지럽히다
□operate ⓥ 작용하다
□biology ⓝ 생리 작용

K07

□take place 일어나다, 발생하다
□inhabitant ⓝ 거주자
□orbit ⓥ 공전하다
□grasp ⓥ 이해하다
□notion ⓝ 개념
□revolve ⓥ 돌다
□perspective ⓝ 관점
□well-being 행복, 안녕
□account for ~을 책임지다
□clarify ⓥ 명확히 하다
□identify ⓥ 밝히다
□cooperate on ~에 대해
　협력하다
□accelerate ⓥ 가속화하다

K08

□psychologist ⓝ 심리학자
□address ⓥ 해결하다
□personality ⓝ 성격
□workaholism ⓝ 일중독
□shopaholism ⓝ 쇼핑 중독
□and the like 기타 등등
□fall into ~에 속하다
□suggestion ⓝ 암시
□modification ⓝ 수정, 변경
□tactic ⓝ 전략
□reinforce ⓥ 강화하다

K09

□verbal ⓐ 말의, 언어의
□account ⓝ 설명, 기술
□questionnaire ⓝ 설문지
□inventory ⓝ 목록
□variable ⓝ 변수
□plague ⓥ 역병에 걸리게 하다
□distortion ⓝ 왜곡
□problematic ⓐ 문제가 있는
□social desirability bias
　사회적 바람직성에 의한 편향
□favorable ⓐ 호의적인
□impression ⓝ 인상, 느낌

K10

□protein ⓝ 단백질
□crucial ⓐ 중요한
□carbohydrate ⓝ 탄수화물
□molecule ⓝ 분자
□gut ⓝ 장
□bodily fluid 체액
□overload ⓝ 과다
□aching joint 관절통
□dementia ⓝ 치매

□infertility ⓝ 불임
□eliminate ⓥ 제거하다
□hypothesis ⓝ 가설
□dopaminergic ⓐ 도파민
 작용성의

K11

□abundant ⓐ 많은, 풍부한
□warning ⓝ 경고
□measure ⓥ 평가하다, 재다
□meaning-seeking 의미를
 추구하는
□interpersonal ⓐ 대인
 관계에 관련된
□comparison ⓝ 비교
□evaluate ⓥ 평가하다
□standing ⓝ 지위
□enhance ⓥ 높이다, 향상하다
□self-esteem 자존감
□inadequate ⓐ 무능한
□malignant ⓐ 악성의
□undeserving ⓐ 가치가 없는
□beneficence ⓝ 호의
□beneath one's notice
 주목할 가치가 없는
□benign ⓐ 양성의
□longing ⓝ 열망, 동경
□reproduce ⓥ 재생산하다
□accomplishment ⓝ 성취
□circumstance ⓝ 상황

K12

□stream ⓝ 흐름
□carbon footprint 탄소 발자국
 ((온실 효과를 유발하는 이산화탄소의
 배출량))
□ judgement ⓝ 판단

□caution ⓝ 경고
□encourage ⓥ 격려하다,
 조장하다
□manufacturer ⓝ 제조업자,
 제조사
□consume ⓥ 소비하다
□toxic ⓐ 유독한
□perishable ⓐ 잘 상하는
□non-perishable 잘 부패하지
 않는
□cost-effective 비용 효율이
 높은

K13

□anchoring bias 기준점 편향
□cognitive ⓐ 인지의
□relative ⓐ 상대적인
□relevance ⓝ 관련성, 적절성
□initial ⓐ 초기의, 처음의
□anchor ⓝ 기준점
□significantly ⓐⓓ 상당히
□challenging ⓐ 힘든, 도전적인
□alter ⓥ 바꾸다
□logically ⓐⓓ 논리적으로
□emergency ⓝ 응급
□medicine ⓝ 의학
□impression ⓝ 인상
□subsequent ⓐ 그다음의
□aching ⓐ 쑤시는
□jaw ⓝ 턱
□occasionally ⓐⓓ 이따금
□extend ⓥ 퍼지다, 확장하다
□chest ⓝ 가슴, 흉부
□label ⓥ (꼬리표를 붙여)
 분류하다
□treat ⓥ 치료하다

K14

□design ⓥ 고안하다
□rival ⓝ 경쟁자
□intent ⓝ 의도
□imply ⓥ 암시하다
□rewarding ⓐ 득이 되는
□up-weight 가중치를 두다
□entrant ⓝ 진입자
□launch ⓥ 진출하다
□potential ⓐ 잠재적인
□variant ⓝ 변형
□accommodate ⓥ 수용하다
□arguably ⓐⓓ 거의 틀림없이
□untapped ⓐ 아직 손대지 않은

K

K15

□relation ⓝ 관계
□resultant ⓐ 그에 따른,
 그 결과로 생긴
□external ⓐ 외부의
□infant ⓝ 유아
□self-efficacy 자아 효능감
□agent ⓝ 주체자, 행위자
□perceive ⓥ 인식하다,
 인지하다
□readily ⓐⓓ 쉽게
□consequence ⓝ 결과
□perceptual ⓐ 지각의
□characteristic ⓝ 특성, 성질
□virtually ⓐⓓ 실제로
□assure ⓥ 확실하게 하다
□orient ⓥ ~로 향하다
□contrasting ⓐ 현저하게 다른
□engage with ~와 관계를 맺다
□exaggerate ⓥ 과장하다
□facial expression 얼굴 표정
□fascinated ⓐ 매료된

□ responsive ⓐ 반응하는
□ vocalization ⓝ 발성
□ vary ⓥ 다양하게 하다
□ context ⓝ 맥락

K16

□ certainty ⓝ 확실성
□ alongside ⓟ옆에, 곁에서
□ poisonous ⓐ 독이 있는
□ threat ⓝ 위협
□ afterward ⓐⓓ 그 후에
□ label ⓥ 꼬리표를 붙이다
□ vague ⓐ 모호한
□ unpredictable ⓐ 예측할 수 없는
□ sensation ⓝ 느낌, 감각

L 문맥에 맞지 않는 낱말 찾기

L01

□ critical ⓐ 비판적인
□ objectivity ⓝ 객관성
□ biased ⓐ 편향된, 편파적인
□ dietary ⓐ 식용의, 식단의
□ fund ⓥ 자금을 지원하다
□ obesity ⓝ 비만
□ diabetes ⓝ 당뇨병
□ fuel ⓥ 부채질하다, 연료를 넣다
□ suspicion ⓝ 의심
□ safeguard ⓝ 안전장치
□ disclosure ⓝ 공개
□ compulsory ⓐ 의무의

L02

□ consistency ⓝ 일관성
□ virtue ⓝ 장점
□ detect ⓥ 감지하다
□ combine ⓥ 결합하다
□ statistical ⓐ 통계의
□ forecast ⓥ 예측하다
□ demand ⓝ 수요
□ average ⓥ 평균을 내다
□ competitor ⓝ 경쟁자
□ introduction ⓝ 도입
□ incorporate ⓥ 통합하다
□ accurate ⓐ 정확한

L03

□ provision ⓝ 제공
□ stimulate ⓥ 촉진하다
□ stimulus ⓝ 자극
□ conversely ⓐⓓ 반대로

□ shrink ⓝ 감소
□ sector ⓝ 부문
□ disprove ⓥ 반증하다
□ notion ⓝ 개념
□ contraction ⓝ 축소
□ typify ⓥ 대표하다, 정형화하다
□ output ⓝ 생산량
□ trillion ⓝ 1조

L04

□ empathy ⓝ 공감
□ scholar ⓝ 학자
□ figure ⓝ 인물
□ booster ⓝ 지지자
□ interpersonal ⓐ 사람 간의
□ intergroup ⓐ 집단 간의
□ conflict ⓝ 갈등
□ insensitivity ⓝ 무감각
□ suffering ⓝ 고통
□ empathize ⓥ 공감하다
□ competitive ⓐ 경쟁적인
□ threatening ⓐ 위협적인
□ context ⓝ 맥락, 상황
□ prescription ⓝ 처방
□ mentality ⓝ 사고방식
□ dissimilar ⓐ 다른
□ accurately ⓐⓓ 정확하게
□ frustration ⓝ 좌절
□ employ ⓥ 이용하다
□ pursuit ⓝ 얻음, 추구
□ rational ⓐ 이성적인
□ compassion ⓝ 연민
□ moral ⓐ 도적적인
□ shame ⓝ 수치심

L05

- □ equator ⓝ 적도
- □ temperate ⓐ (기후가) 온화한 [온대의]
- □ define ⓥ 정의하다
- □ trigger ⓥ 촉발시키다
- □ reluctant ⓐ 꺼리는
- □ breed ⓥ 번식하다
- □ incapable ⓐ 할 수 없는
- □ reproductive ⓐ 번식의
- □ shrink ⓥ 줄다
- □ exception ⓝ 예외
- □ initiate ⓥ 시작하다
- □ exceptionally ⓐⓓ 유난히, 특별히
- □ successive ⓐ 잇따른

L06

- □ adapt ⓥ 적응하다
- □ interrupt ⓥ 방해하다
- □ enjoyable ⓐ 즐거운
- □ annoying ⓐ 성가신, 귀찮은
- □ adaptation ⓝ 적응
- □ melt-in-your-mouth 입에서 살살 녹는
- □ goodness ⓝ 좋은 것
- □ pleasurable ⓐ 즐거운
- □ accelerate ⓥ 빠르게 하다
- □ disrupt ⓥ 방해하다

L07

- □ socialization ⓝ 사회화
- □ foundational ⓐ 기초적인
- □ regulation ⓝ 조절
- □ extra-familial 가족 이외의
- □ agent ⓝ 주체

□ comparable ⓐ 비슷한, 상응하는
- □ soothing ⓝ 위로, 위안
- □ directive ⓐ 지시적인
- □ cultivate ⓥ 기르다, 장려하다
- □ adolescent ⓝ 청소년
- □ autonomy ⓝ 자율성
- □ striving ⓝ 추구
- □ crisis ⓝ 위기
- □ autonomous ⓐ 자율적인
- □ nonjudgmental ⓐ 무비판적인
- □ acceptance ⓝ 수용

L08

- □ evolve ⓥ 진화하다
- □ tropical ⓐ 열대의
- □ region ⓝ 지역
- □ ray ⓝ 광선
- □ debate ⓝ 논쟁
- □ in time 언젠가
- □ upright ⓐⓓ 직립으로
- □ vegetarian ⓐ 채식의
- □ territory ⓝ 영역, 영토

L09

- □ optical ⓐ 시각적인
- □ flatten ⓥ 평평하게 하다
- □ illuminate ⓥ 비추다
- □ gradually ⓐⓓ 점차
- □ depth ⓝ 깊이, 농도
- □ uniformly ⓐⓓ 균일하게
- □ back ⓝ 등
- □ lighten ⓥ 밝히다
- □ belly ⓝ 복부
- □ blend in with ~와 섞이다

□ coloration ⓝ 배색
- □ reinforce ⓥ 강화하다
- □ impression ⓝ 인상

L10

- □ advanced ⓐ 진보된
- □ unstable ⓐ 불안정한
- □ automated ⓐ 자동화된
- □ operator ⓝ 조작자
- □ dependence ⓝ 의존
- □ paradox ⓝ 역설
- □ reliable ⓐ 신뢰할 수 있는
- □ distracted ⓐ 산만한
- □ extreme ⓐ 극단적인
- □ pilot ⓥ 조종하다
- □ massive ⓐ 거대한
- □ airliner ⓝ 여객기
- □ passive ⓐ 수동적인
- □ occupation ⓝ 직업
- □ flexibility ⓝ 유연성, 융통성
- □ collaborate ⓥ 협력하다
- □ in pursuit of ~을 추구하여
- □ joint ⓐ 공동의
- □ merely ⓐⓓ 단지
- □ oversight ⓝ 관리, 감독

L11

- □ point out ~을 지적하다
- □ specialization ⓝ 전문화
- □ specific ⓐ 특정한
- □ general ⓐ 전반적인
- □ improvement ⓝ 향상
- □ well-being 복지
- □ specialize in ~을 전문으로 하다
- □ production ⓝ 생산
- □ construction ⓝ 건설

□ **mastery** ⓝ 숙달
□ **make sense** 성립하다, 말이 되다
□ **subsequently** ⓐⓓ 후속적으로
□ **trade** ⓥ 거래하다
□ **output** ⓝ 생산물
□ **household** ⓝ 가정, 가구
□ **scarce** ⓐ 부족한
□ **shelter** ⓝ 주거지
□ **division** ⓝ 분업
□ **labor** ⓝ 노동
□ **extent** ⓝ 규모
□ **determine** ⓥ 결정하다
□ **degree** ⓝ 정도

L12

□ **privacy** ⓝ 사생활
□ **justify** ⓥ 정당화하다
□ **expand** ⓥ 확장하다
□ **available** ⓐ 이용할 수 있는
□ **struggle** ⓥ 투쟁하다
□ **enact** ⓥ 법률을 제정하다
□ **permission** ⓝ 허가
□ **reconsideration** ⓝ 재고
□ **re-affirm** 재확인하다
□ **distinction** ⓝ 구별
□ **automatically** ⓐⓓ 자동적으로
□ **consent** ⓝ 동의

L13

□ **agreement** ⓝ 합의, 협정
□ **quota** ⓝ 할당
□ **restriction** ⓝ 제한, 규제
□ **export** ⓝ 수출
□ **prevalent** ⓐ 널리 퍼진

□ **enact** ⓥ 제정하다
□ **discriminatory** ⓐ 차별적인
□ **comply with** ~을 준수하다
□ **impose** ⓥ 부과하다
□ **import** ⓝ 수입
□ **manufacturer** ⓝ 제조사
□ **conform** ⓥ (관습 등에) 따르다
□ **importer** ⓝ 수입국
□ **absorb** ⓥ (비용, 세금 등을) 부담하다

L14

□ **wear off** 차츰 사라지다
□ **liver** ⓝ 간
□ **degrade** ⓥ 분해하다
□ **genetics** ⓝ 유전적 특징
□ **bloodstream** ⓝ 혈류
□ **fall fast asleep** 곤히 잠들다
□ **midnight** ⓝ 자정
□ **eliminate** ⓥ 제거하다
□ **insensitive** ⓐ 둔감한
□ **clearance** ⓝ 없애기, 정리
□ **sleep-disrupting** 수면 붕괴

L15

□ **encounter** ⓥ 부딪히다, 마주치다
□ **phenomenon** ⓝ 현상 (*pl.* phenomena)
□ **accommodate** ⓥ 수용하다
□ **mismatch** ⓝ 불일치
□ **prediction** ⓝ 예측, 예견
□ **experimental** ⓐ 실험의
□ **eliminate** ⓥ 제거하다
□ **minor** ⓐ 사소한
□ **puzzle** ⓝ (어려운) 문제

□ **conservative** ⓐ 보수적인
□ **earth-shattering** 극히 중대한, 근본을 흔드는
□ **discovery** ⓝ 발견
□ **extend** ⓥ 확장하다, 연장하다
□ **novelty** ⓝ 참신함, 신기함
□ **stress** ⓥ 강조하다
□ **accept** ⓥ 수용하다, 받아들이다
□ **unquestioningly** ⓐⓓ 의심하지 않고
□ **conduct** ⓥ 실행하다
□ **correspond** ⓥ 상응하다
□ **assume** ⓥ 추정하다
□ **faulty** ⓐ 결함이 있는

L16

□ **objective** ⓐ 객관적인
□ **point of view** 관점
□ **illustrate** ⓥ (실례 등을 이용하여) 설명하다[분명히 보여주다]
□ **philosophy** ⓝ 철학
□ **at a distance** 멀리서, 거리를 두고
□ **employ** ⓥ (기술, 방법 등을) 쓰다[이용하다]
□ **static** ⓐ 정적인
□ **concentrate** ⓥ 집중하다
□ **emotional** ⓐ 감정적인
□ **subject** ⓝ 대상
□ **record** ⓥ 기록하다
□ **straightforwardly** ⓐⓓ 있는 그대로, 솔직하게
□ **positioning** ⓝ 위치 선정
□ **comment on** ~에 관해 논평하다

□ interpret ⓥ 해석하다
□ merely 🔠 그저
□ unfold ⓥ 전개되다
□ viewpoint ⓝ 관점
□ impersonal ⓐ 냉담한, 인간미 없는
□ observer ⓝ 관찰자
□ unnoticeably 🔠 눈에 띄지 않게

M 빈칸 완성하기

M01

□ explosion ⓝ 폭발적인 증가
□ circulation ⓝ 유통, 순환
□ industry ⓝ 산업
□ propel ⓥ 촉진하다
□ second-hand 중고의
□ inclusive ⓐ 포용적인
□ rebellion ⓝ 저항
□ punk ⓝ ((음악의 장르)) 펑크
□ condition ⓝ 조건, 필수 요건
□ accessible ⓐ 접근 가능한
□ exclude ⓥ 배제하다
□ novelty ⓝ 참신성
□ empowerment ⓝ 자율성
□ sphere ⓝ 계, 영역
□ accessibility ⓝ 접근성
□ responsibility ⓝ 책임감
□ preservation ⓝ 보존
□ profitability ⓝ 수익성

M02

□ paradoxically 🔠 역설적으로
□ occasion ⓝ 경우, 순간
□ engaged ⓐ 몰두한
□ risky ⓐ 위험한
□ parasailing ⓝ 패러세일링
□ feel-good 기분 좋게 하는
□ chance ⓐ 우연한
□ encounter ⓝ 만남, 조우
□ financial ⓐ 금전적인
□ reward ⓝ 보상
□ plot twist (줄거리의) 반전
□ astonishing ⓐ 놀라운

M03

□ strength ⓝ 장점, 강점
□ incentive ⓝ 유인
□ political ⓐ 정치적인
□ negotiation ⓝ 협상
□ preference ⓝ 선호
□ clear ⓥ 깨끗해지다, 팔리다
□ room ⓝ 여지
□ sticky ⓐ 고착된
□ instantaneously 🔠 즉각
□ optimal ⓐ 최적의
□ motivational ⓐ 동기의
□ denial ⓝ 부정
□ brutal ⓐ 잔혹한
□ endure ⓥ 견디다
□ hardship ⓝ 어려움, 고난
□ contribute ⓥ 기여하다
□ stabilization ⓝ 안정화
□ competition ⓝ 경쟁

M04

□ climate ⓝ 기후
□ continent ⓝ 대륙
□ encounter ⓥ 마주치다
□ precipitation ⓝ 강수(량)
□ windward ⓐ 바람이 불어오는 쪽의
□ opposite ⓐ 반대편의
□ leeward ⓐ 바람이 가려지는 쪽의
□ range ⓝ 산맥
□ uplift ⓝ 상승
□ extremely 🔠 극도로
□ desert ⓝ 사막

□rainfall ⓝ 강우(량)
□drastic ⓐ 급격한
□ascend ⓥ 올라가다
□descend ⓥ 내려오다, 내려가다
□equalize ⓥ 동일하게 하다
□surrounding ⓐ 주위의, 인근의

M05

□the other way around 반대로
□biomass ⓝ 생물량
□mammal ⓝ 포유류
□weigh ⓥ 무게가 나가다
□Industrial Era 산업시대
□explode ⓥ 폭발하다, 폭발적으로 증가하다
□industrial ⓐ 산업의, 대규모의
□scale ⓝ 규모
□shift ⓥ 바꾸다, 변화하다
□add in ~을 포함하다
□domesticate ⓥ 사육하다
□cattle ⓝ (집합적으로) 소
□comparison ⓝ 비교
□ridiculous ⓐ 터무니없는
□tame ⓥ 길들이다
□represent ⓥ 나타내다, 해당하다
□mammalian ⓐ 포유류의
□illustrate ⓥ 보여주다
□fundamental ⓐ 기본적인
□end ⓝ 목적, 목표
□impose ⓥ 강요하다, 부과하다
□ecological ⓐ 생태학의

M06

□evaluate ⓥ 평가하다
□cheat ⓥ 속이다
□appeal ⓝ 호소
□urge ⓥ 강요하다
□ethical ⓐ 윤리적인, 도덕적인
□cast a shadow 그림자를 드리우다
□immorality ⓝ 비도덕성
□tie ⓥ 엮다
□identity ⓝ 정체성
□attractive ⓐ 매력적인
□isolated ⓐ 독립된
□logic ⓝ 논리
□consequence ⓝ 결과
□evoke ⓥ 환기시키다
□trigger ⓥ 촉발하다
□appropriateness ⓝ 적절성
□evidence ⓝ 증거
□embrace ⓥ 받아들이다, 포용하다
□thoughtfully ⓐⓓ 사려 깊게
□rephrase ⓥ 바꿔 말하다
□originality ⓝ 독창성
□expert ⓝ 전문가
□keep a close eye on ~을 주시하다
□shift ⓥ 옮기다
□emphasis ⓝ 중점
□reason ⓝ 이성

M07

□unusual ⓐ 특이한
□profession ⓝ 직업
□practitioner ⓝ 전문직 종사자
□classic ⓐ 고전적인

□clergy ⓝ 성직자
□draw A from B B에서 A를 얻다[끌어내다]
□income ⓝ 수입
□theoretical ⓐ 이론적인
□in practice 실제는, 실제로
□fire ⓥ 해고하다
□at will 마음대로
□revenue ⓝ 수익
□advertiser ⓝ 광고주
□lack ⓝ 부족
□independence ⓝ 독립성
□constant ⓐ 지속적인
□disregard ⓝ 무시
□faith ⓝ 신념
□overconfidence ⓝ 과신

M08

□respectable ⓐ 훌륭한, 존경할 만한
□institution ⓝ 단체, 기관, 협회
□instrument ⓝ 악기
□trace back to ~로 거슬러 올라가다
□primitive ⓐ 원시적인
□origin ⓝ 기원
□horn ⓝ 뿔
□hide ⓝ 가죽
□gut ⓝ 내장
□aggression ⓝ 공격(성)
□awe-inspiring 경외심을 자아내는
□assertiveness ⓝ 당당함, 자기 주장
□monumental ⓐ 기념비적인
□remain ⓥ 남아 있다
□core ⓐ 핵심의

□leading ⓐ 주요한, 일류의
□composer ⓝ 작곡가
□summon up ~을 떠올리다
□band ⓝ 무리
□chase ⓥ 쫓다
□dominance ⓝ 지배, 우월함
□expression ⓝ 표현
□predatory ⓐ 공격적인, 포식
동물 같은

M09

□specifically ⓐⓓ 구체적으로
말하면
□threat ⓝ 위협
□insect ⓝ 곤충
□evolve ⓥ 진화시키다
□vocalization ⓝ 발성
□scale ⓝ 비늘
□acoustic ⓐ 음향의
□absorb ⓥ 흡수하다
□emit ⓥ 방출하다
□fierce ⓐ 격렬한, 맹렬한
□scarce ⓐ 부족한
□sensory ⓐ 감각의
□wildlife ⓝ 야생동물
□adapt ⓥ 적응하다
□absent ⓐ 부재의, 없는

M10

□appear ⓥ ~인 것 같다
□block ⓥ 막다, 차단하다
□guardian ⓝ 보호자
□stranger ⓝ 낯선 사람
□remove ⓥ 제거하다, 없애다
□reveal ⓥ 드러내다
□companion ⓝ 동반자, 동행
□reaction ⓝ 반응

□attentive ⓐ 주의를 기울이는
□typically ⓐⓓ 보통, 전형적으로
□stare at ~을 응시하다[빤히
쳐다보다]
□gaze at ~을 응시하다
□familiar ⓐ 익숙한, 친숙한
□pause ⓥ 잠시 멈추다
□conclusion ⓝ 결론, 판단
□prediction ⓝ 예측
□puzzle ⓥ 당황하게 하다
□sense ⓥ 감지하다, 느끼다
□detect ⓥ 발견하다, 감지하다
□imitate ⓥ 모방하다, 흉내내다
□habitual ⓐ 습관적인
□selectively ⓐⓓ 선택적으로
□obey ⓥ 복종[순종]하다
□command ⓝ 명령

M11

□philosophical ⓐ 철학의,
철학에 관련된
□philosopher ⓝ 철학자
□thirst ⓝ 갈망
□attempt ⓝ 시도
□hinder ⓥ 방해하다
□discovery ⓝ 발견
□dialogue ⓝ 대화
□conception ⓝ 생각
□beforehand ⓐⓓ 미리, 사전에
□factual ⓐ 사실에 기반을 둔
□content ⓝ 내용물
□acquire ⓥ 습득하다
□recognition ⓝ 인식
□ignorance ⓝ 무지
□emphasis ⓝ 강조
□self-assurance 자기 확신,
자신

□conformity ⓝ (규칙 · 관습
등에) 따름[순응]
□achievement ⓝ 업적,
성취한 것
□thinker ⓝ 철학자, 사상가
□comprehension ⓝ 이해
□phenomenon ⓝ 현상 (pl.
phenomena)

M12

□tour ⓝ 순회공연
□slip ⓥ (실력이) 떨어지다
□dear ⓐ 친애하는
□concerto ⓝ 협주곡
□splendidly ⓐⓓ 훌륭하게
□standard ⓝ 기준
□artistry ⓝ 예술성
□above all 무엇보다도
□appreciation ⓝ 감식력,
이해력

M13

□translate ⓥ 바꾸다, 번역하다
□academic ⓐ 학문적인,
이론적인
□essential ⓐ 필수적인, 가장
중요한
□clarify ⓥ 명료하게 하다
□theorist ⓝ 이론가
□generally ⓐⓓ 일반적으로
□state ⓝ 상태
□on the contrary 도리어,
반대로
□means ⓝ 수단
□discovery ⓝ 발견
□figure out ~을 알아내다
[이해하다]

□crucial ⓐ 매우 중요한, 결정적인
□as opposed to ~가 아니라, ~와는 대조적으로

M14

□mechanism ⓝ (목적을 달성하기 위한) 방법, 메커니즘
□waistline ⓝ 허리둘레
□function ⓝ 함수
□consume ⓥ 먹다, 소비하다
□comparison ⓝ 비교
□alternative ⓝ 대안
□satisfied ⓐ 만족하는
□equally ⓐⓓ 똑같이, 동일하게
□nourishment ⓝ 영양분

M15

□psychological ⓐ 심리적인
□expert ⓝ 전문가
□amateur ⓐ 아마추어의
□sommelier ⓝ 소믈리에 (식당에서 요리와 어울리는 와인을 추천해 주는 직원)
□liquor ⓝ 독한 술, 독주
□bother ⓥ 애를 쓰다, 신경 쓰다
□retain ⓥ 기억하다, 보유하다
□festivity ⓝ 만찬, 축제 행사
□divide up ~을 나누다
□cognitive ⓐ 인지적인
□labor ⓝ 노동
□disagreement ⓝ 의견 충돌
□wisdom ⓝ 지혜
□leisure ⓝ 여가

M16

□assert ⓥ 발휘하다
□obedient ⓐ 복종적인
□subordinate ⓝ 부하, 하급자
□deliberately ⓐⓓ 의도적으로
□dose ⓥ 주다, 투여하다
□moderate ⓐ 적절한
□negotiate ⓥ 협상하다
□conflict ⓝ 갈등
□verbal ⓐ 언어의
□complicated ⓐ 복잡한
□selective ⓐ 선택력이 있는

M17

□narrative ⓝ 이야기, 서사
□historian ⓝ 역사가, 사학자
□ancient ⓐ 고대의
□establish ⓥ 확립하다
□examine ⓥ 살펴보다
□villain ⓝ 악당
□meditate ⓥ 숙고하다
□strength ⓝ 장점
□weakness ⓝ 단점
□emperor ⓝ 황제
□general ⓝ 장군
□exemplar ⓝ 표본
□virtuous ⓐ 도덕적인
□imitate ⓥ 모방하다
□chronicler ⓝ 연대기 학자 [기록자]
□account ⓝ 이야기
□knight ⓝ 기사
□reflection ⓝ 성찰
□rise and fall 흥망성쇠
□empire ⓝ 제국
□violence ⓝ 폭력
□oppression ⓝ 억압
□mediate ⓥ 중재하다
□conflict ⓝ 분쟁
□integral ⓐ 불가결한
□innovation ⓝ 혁신

M18

□vivid ⓐ 생생한
□day care center 어린이집, 탁아소
□fine ⓥ 벌금을 부과하다 ⓝ 벌금
□opposite ⓝ 정반대의 일
□imposition ⓝ 도입, 시행
□ensure ⓥ 반드시 ~하게 하다
□introduce ⓥ 도입하다
□entire ⓐ 전체의, 온
□contract ⓝ 계약
□worth the price 값을 하는
□abandon ⓥ 그만두다
□common good 공익
□existing ⓐ 기존의, 현재 사용되는
□compensate for ~을 보상하다
□bond ⓝ 유대감
□mindset ⓝ 사고방식
□undermine ⓥ 훼손시키다
□institution ⓝ 관습, 제도

M19

□consumption ⓝ 소비
□imply ⓥ 암시하다
□supposedly ⓐⓓ 소위
□considerable ⓐ 상당한
□composition ⓝ 구성
□Danish ⓐ 덴마크의
□theatrical ⓐ 극장의
□comprise ⓥ ~으로 구성되다
□correspond with ~와 부합하다
□embrace ⓝ 수용, 포용
□seemingly ⓐⓓ 겉보기에는
□prejudice ⓝ 편견
□realm ⓝ 영역

□ legitimate ⓐ 정통의
□ artistic ⓐ 예술적인
□ inexperienced ⓐ 경험이 부족한

M 20

□ one-hit wonder 반짝 스타
□ prime ⓐ 주요한, 대표적인
□ mechanics ⓝ 역학
□ gravitation ⓝ 중력
□ calculus ⓝ 미적분학
□ optimization ⓝ 최적화
□ legitimacy ⓝ 정당성
□ quality ⓐ 고급의, 우수한
□ collaborator ⓝ 협력자
□ payoff ⓝ 보상
□ odds ⓝ 가능성
□ appealing ⓐ 매력적인
□ alternative ⓐ 대안의
□ endeavor ⓝ 노력
□ exceptionally ⓐⓓ 유난히, 이례적으로
□ probability ⓝ 확률
□ dictate ⓥ 좌우하다, 결정하다
□ inseparable ⓐ 분리될 수 없는
□ indicative ⓐ 나타내는

M 21

□ anecdote ⓝ 일화, 이야기
□ association ⓝ 연관성
□ gossip ⓝ 소문
□ entire ⓐ 전체의
□ capable ⓐ 할 수 있는
□ thoroughly ⓐⓓ 철저하게
□ abstract ⓐ 추상적인
□ concerning ⓟⓡⓔⓟ ~에 관해

□ dropout ⓝ 탈락률
□ statistic ⓝ 통계
□ symbolic ⓐ 상징적인

M 22

□ analogy ⓝ 유사성, 비유
□ embrace ⓥ 받아들이다
□ virtual ⓐ 가상의
□ radically ⓐⓓ 급진적으로, 혁신적으로
□ fundamentally ⓐⓓ 근본적으로
□ win over 설득하다, 사로잡다
□ mass ⓝ 대중
□ workplace ⓝ 일터
□ term ⓝ 용어
□ parallel ⓝ 유사점
□ prioritize ⓥ 우선시하다
□ highlight ⓥ 강조하다
□ linguistic ⓐ 언어적인

M 23

□ hinder ⓥ 방해하다
□ unawareness ⓝ 알아채지 못함, 모름
□ identify ⓥ 식별하다
□ compulsory ⓐ 강제적인
□ simplify ⓥ 평이하게 하다
□ investigation ⓝ 조사
□ equipment ⓝ 기구
□ vital ⓐ 필수적인
□ applicable ⓐ 해당되는, 적용되는
□ alternative ⓐ 대안의
□ persistence ⓝ 끈기, 지속
□ distribution ⓝ 분배
□ integration ⓝ 통합

M 24

□ unfavorable ⓐ 불리한
□ outraging ⓐ 분노를 일으키는
□ combination ⓝ 결합
□ attribute A to B A를 B의 탓으로 돌리다
□ outcome ⓝ 결과
□ reassure ⓥ 안심시키다
□ deserved ⓐ 응당한
□ externalize ⓥ 외부화하다
□ overestimate ⓥ 과대평가하다

M 25

□ ethnologist ⓝ 민속학자
□ in-depth 심도 있는
□ stretch back 거슬러 올라가다
□ reproduction ⓝ 복제
□ adjust ⓥ 조정하다
□ plate ⓝ 판
□ origin ⓝ 기원, 유래
□ analyse ⓥ 분석하다
□ constant ⓐ 일정한, 지속적인
□ element ⓝ 요소
□ come up with ~을 구상하다
□ intuitive ⓐ 직관적인
□ approximate ⓐ 대략의
□ precise ⓐ 정확한
□ mathematical ⓐ 수학적인
□ statistical ⓐ 통계적인
□ height ⓝ 높이
□ waistline ⓝ 허리선
□ unambiguously ⓐⓓ 분명하게
□ scale ⓝ 척도
□ practically ⓐⓓ 사실상, 거의
□ periodic ⓐ 주기의

□ **progressive** ⓐ 진보적인
□ **swiftly** ⓐⓓ 빠르게, 신속하게

M26

□ **implicit** ⓐ 암시적인
□ **explicit** ⓐ 명시적인
□ **mastery** ⓝ 숙달
□ **interfere** ⓥ 방해하다
□ **autopilot** ⓝ 자동 조종
□ **diver** ⓝ 다이버
□ **spin** ⓥ 돌다, 회전하다
□ **intuitive** ⓐ 직관적인
□ **route** ⓝ 방법, 방향
□ **struggle** ⓥ 고전하다
□ **detail-oriented** 꼼꼼한
□ **fundamental** ⓝ 기본

M27

□ **drive** ⓝ 욕구
□ **novel** ⓐ 새로운, 참신한
□ **reflection** ⓝ 반영
□ **curiosity** ⓝ 호기심
□ **reward** ⓝ 보상(감)
□ **investigator** ⓝ 연구자
□ **influence** ⓥ 영향을 미치다
□ **composition** ⓝ 작곡
□ **exploration** ⓝ 탐구
□ **standardize** ⓥ 정형화하다
□ **predictable** ⓐ 예측 가능한
□ **critic** ⓝ 비평가

M28

□ **be on the lookout** 세심히 살피다
□ **quantifiable** ⓐ 정량화할 수 있는
□ **measurable** ⓐ 측정 가능한

□ **lifeblood** ⓝ 생명줄
□ **identify** ⓥ 식별하다
□ **concrete** ⓐ 구체적인
□ **assess** ⓥ 평가하다
□ **bias** ⓝ 편향
□ **illusion** ⓝ 착각
□ **end** ⓝ 목적
□ **genuine** ⓐ 진정한
□ **count** ⓥ 중요하다, 세다
□ **continuous** ⓐ 지속적인
□ **valid** ⓐ 타당한, 유효한
□ **prioritize** ⓥ 우선순위를 매기다
□ **establish** ⓥ 정립하다
□ **substitute A for B** B 대신 A를 사용하다

M29

□ **stamp** ⓝ 우표
□ **vintage** ⓐ 빈티지의, 유서 깊은
□ **practical** ⓐ 실용적인
□ **side** ⓐ 부수적인
□ **attractiveness** ⓝ 매력도
□ **agreement** ⓝ 합의
□ **from scratch** 처음부터
□ **classify** ⓥ 분류하다
□ **phenomenon** ⓝ 현상
□ **deprive A of B** A에서 B를 뺏다
□ **short** ⓐ 부족한
□ **excess** ⓝ 과잉

M30

□ **life span** 수명
□ **external** ⓐ 외부적인
□ **starvation** ⓝ 굶주림
□ **predator** ⓝ 포식자
□ **internal** ⓐ 내부적인

□ **genetic** ⓐ 유전의
□ **flee** ⓥ 도망치다
□ **extent** ⓝ 정도
□ **coexist** ⓥ 공존하다

M31

□ **sort** ⓥ 분류하다
□ **inflow** ⓝ 유입
□ **overwhelming** ⓐ 압도적인
□ **chaos** ⓝ 혼란
□ **enormous** ⓐ 엄청난
□ **sensory** ⓐ 감각적인
□ **impression** ⓝ 인상
□ **usable** ⓐ 사용 가능한
□ **stock** ⓝ 저장품
□ **expectancy** ⓝ 예상
□ **accomplish** ⓥ 수행하다
□ **irrelevant** ⓐ 무관한
□ **contradiction** ⓝ 모순
□ **fraction** ⓝ 일부, 부분
□ **favor** ⓥ 호의를 보이다
□ **steady** ⓐ 지속적인
□ **elimination** ⓝ 제거
□ **external** ⓐ 외부의
□ **memory capacity** 기억 용량
□ **determine** ⓥ 결정하다
□ **accuracy** ⓝ 정확성
□ **incoming** ⓐ 유입되는
□ **facilitate** ⓥ 촉진하다
□ **chaotic** ⓐ 혼란스러운

M32

□ **peasant** ⓝ 농부
□ **produce** ⓥ 생산하다
□ **yield** ⓝ 생산량
□ **marvelously** ⓐⓓ 엄청나게

□combination ⓝ 조합	□phenomenon ⓝ 현상	□pesticide ⓝ 농약
□failure ⓝ 실패	□anticipate ⓥ 예상하다	□shift ⓥ 전환하다
□starve ⓥ 굶주리다	□primary ⓐ 일차적인	□cultivation ⓝ 재배, 경작
□congratulate ⓥ 축하하다	□cortex ⓝ 피질	□innovation ⓝ 혁신
□aim ⓝ 목표	□fade away 사라지다	□resistance ⓝ 저항
□make sure 확실히 하다	□vigorously ⓐⓓ 힘차게	□neglect ⓝ 방치
□starvation ⓝ 기아, 굶주림	□fire ⓥ 활성화하다	□unity ⓝ 통일성
□make sense 말이 되다	□alternating ⓐ 교차하는, 교대로 발생하는	

M36

□inevitable ⓐ 피할 수 없는	□extreme ⓐ 극심한
□occasional ⓐ 가끔의	□alternation ⓝ 교차	□harsh ⓐ 혹독한
□vary ⓥ (많은 것이 서로) 다르다	□trigger ⓥ 일으키다, 촉발하다	□midday ⓝ 한낮, 정오
□independently ⓐⓓ 독립적으로		□Antarctic ⓝ 남극 지역

alternating ⓐ 교차하는, 교대로 발생하는

combination ⓝ 조합	phenomenon ⓝ 현상	pesticide ⓝ 농약
failure ⓝ 실패	anticipate ⓥ 예상하다	shift ⓥ 전환하다
starve ⓥ 굶주리다	primary ⓐ 일차적인	cultivation ⓝ 재배, 경작
congratulate ⓥ 축하하다	cortex ⓝ 피질	innovation ⓝ 혁신
aim ⓝ 목표	fade away 사라지다	resistance ⓝ 저항
make sure 확실히 하다	vigorously ⓐⓓ 힘차게	neglect ⓝ 방치
starvation ⓝ 기아, 굶주림	fire ⓥ 활성화하다	unity ⓝ 통일성
make sense 말이 되다		

M36

inevitable ⓐ 피할 수 없는	alternation ⓝ 교차	extreme ⓐ 극심한
occasional ⓐ 가끔의	trigger ⓥ 일으키다, 촉발하다	harsh ⓐ 혹독한
vary ⓥ (많은 것이 서로) 다르다		midday ⓝ 한낮, 정오
independently ⓐⓓ 독립적으로	**M34**	Antarctic ⓝ 남극 지역
poorly ⓐⓓ 형편없이	define ⓥ 정의하다	physiological ⓐ 생리학의
leveling ⓝ 평평하게 함	subordinate ⓝ 부하	tolerance ⓝ 내성, 저항력
trimming ⓝ 정돈, 손질	empower ⓥ 힘을 부여하다	cactus ⓝ 선인장 (pl. cacti)
scattering ⓝ 흩어놓기, 흩뿌리기	constituent ⓝ 구성원	ecologist ⓝ 생태학자
organic ⓐ 유기농의	misunderstanding ⓝ 오해	emotive ⓐ 감정을 나타내는
fertilization ⓝ 비옥화	wind up (상황에) 처하게 되다	complex ⓐ 복잡한
	category ⓝ 범주	organism ⓝ 유기체
M33	objective ⓝ 목표	ecological ⓐ 생태학적
organism ⓝ 유기체	judgment ⓝ 판단	diversity ⓝ 다양성
violate ⓥ 어기다, 위반하다	formally ⓐⓓ 공식적으로	predictable ⓐ 예측 가능한
expectation ⓝ 예상	expert ⓝ 전문가	
fundamental ⓐ 근본적인	rigid ⓐ 엄격한	**M37**
driver ⓝ 동력	fluid ⓐ 유동적인	subordinate ⓝ 부하, 하위(의 사람)
a series of 일련의 ~	stable ⓐ 안정적인	sympathizer ⓝ 동조자, 지지자
identical ⓐ 동일한	apparent ⓐ 명백한	belong ⓥ 속하다
note ⓝ 음(표)		incident ⓝ 사건
draw out ~을 끌어내다	**M35**	cover ⓝ 위장
auditory ⓐ 청각의	peculiar ⓐ 독특한	cosy ⓐ 편안한
progressively ⓐⓓ 점진적으로	strict ⓐ 엄격한	corridor ⓝ 복도
adaptation ⓝ 적응	prompt ⓥ 촉발하다, 유발하다	slight ⓐ 약간의
deceptively ⓐⓓ 현혹하게, 속이게	illustration ⓝ 실례, 예시	ultimate ⓐ 궁극적인, 최후의
	contaminate ⓥ 오염시키다	comfort ⓝ 편안함
	fertilizer ⓝ 비료	

□convenience ⓝ 편의, 안락함
□challenge ⓝ 도전, 힘든 일
□controversy ⓝ 논쟁
□be eager to ~하고 싶어 하다
□reluctant ⓐ 꺼리는
□commitment ⓝ 헌신, 약속
□sail ⓥ 항해하다
□abandon ⓥ 버리다
□independence ⓝ 독립성

M38

□capitalism ⓝ 자본주의
□constitute ⓥ 구성하다
□allocate ⓥ 분배하다
□output ⓝ 생산(량)
□socialism ⓝ 사회주의
□communism ⓝ 공산주의
□wholesale ⓐⓓ 대대적으로, 완전히
□widespread ⓐ 광범위한
□acceptance ⓝ 수용
□involvement ⓝ 개입
□enforcement ⓝ 집행
□regulation ⓝ 규정
□mortgage ⓝ 담보
□agency ⓝ 기관, 대행사
□treasury ⓝ 재무 기관
□ups and downs 흥망성쇠
□entirely ⓐⓓ 완전히
□reluctant ⓐ 주저하는
□intervene ⓥ 개입하다
□inequality ⓝ 불평등
□competition ⓝ 경쟁
□guarantee ⓥ 보장하다
□maximum ⓐ 최대의

M39

□rebel ⓝ 반역자, 반항자
□alternative ⓝ 대안
□persuader ⓝ 설득자
□reject ⓥ 거부하다
□independence ⓝ 독립(성)
□uniqueness ⓝ 독특성, 유일성
□trick ⓥ 속이다
□independently ⓐⓓ 독자적으로
□mainstream ⓝ 주류, 대세
□loyalty ⓝ 충성(심)
□reversal ⓝ 반전
□imitation ⓝ 모방
□repetition ⓝ 반복
□conformity ⓝ 순응
□collaboration ⓝ 협동

M40

□coincidence ⓝ 우연
□statistically ⓐⓓ 통계적으로
□irrational ⓐ 비이성적인
□glorious ⓐ 영광스러운
□obedience ⓝ 순응
□phrase ⓥ 표현하다
□intervention ⓝ 개입
□occurrence ⓝ 발생
□methodical ⓐ 체계적인
□divine ⓐ 신적인
□inspiration ⓝ 영감
□excuse ⓝ 핑계
□ignorance ⓝ 무지
□flexibility ⓝ 유연성
□satisfaction ⓝ 만족
□exaggeration ⓝ 과장

M41

□abstract ⓐ 추상적인
□debt ⓝ 빚, 채무
□contend ⓥ 다투다, 씨름하다
□make peace with ~와 잘 지내다
□loss ⓝ 손실
□designation ⓝ 명칭
□folk ⓝ (일반적인) 사람들
□sidestep ⓥ 피하다
□dreaded ⓐ 두려운
□resolve ⓥ 해결하다
□compensate for ~을 보상하다
□complicated ⓐ 복잡한
□unify ⓥ 통합하다
□subtraction ⓝ 뺄셈

M42

□abstract ⓐ 추상적인
□complex ⓐ 복잡한
□fictional ⓐ 허구의
□creator ⓝ 제작자
□speculate ⓥ 추측하다
□plot ⓝ 줄거리
□considerable ⓐ 상당한
□with ease 쉽게
□abstraction ⓝ 관념, 추상적 개념
□reflection ⓝ 반영
□unrealistic ⓐ 비현실적인
□desire ⓝ 욕망
□demonstrate ⓥ 보여주다
□framework ⓝ 틀, 뼈대
□indicate ⓥ 나타내다
□unnecessary ⓐ 불필요한

M43

- □ observational ⓐ 관찰의
- □ insufficiently ⓐd 불충분하게
- □ suitable ⓐ 적절한
- □ confounding ⓐ 교란하는, 혼란스럽게 하는
- □ undermine ⓥ 손상시키다, 약화시키다
- □ causal ⓐ 인과관계의
- □ variable ⓝ 변수
- □ epidemiologist ⓝ 역학자
- □ consumption ⓝ 섭취, 소비
- □ cancer ⓝ 암
- □ identify ⓥ 확인하다
- □ significant ⓐ 상당한
- □ correlation ⓝ 상관관계
- □ coronary ⓐ 관상 동맥성의
- □ reliability ⓝ 신뢰성
- □ distort ⓥ 왜곡하다
- □ interpretation ⓝ 해석
- □ isolate ⓥ 분리시키다
- □ conceal ⓥ 숨기다
- □ conduct ⓥ 수행하다
- □ ethical ⓐ 도덕적인
- □ refrain from ~을 삼가다
- □ intervene ⓥ 개입하다

M44

- □ subsequent ⓐ 이후의
- □ external ⓐ 외부의
- □ integrate into ~에 통합하다
- □ encode ⓥ 부호화하다
- □ degrade ⓥ 저하시키다
- □ confirm ⓥ 확인하다
- □ validity ⓝ 유효성
- □ explicit ⓐ 명시적인
- □ unconscious ⓐ 무의식적인

M45

- □ interference ⓝ 방해
- □ recall ⓝ 상기
- □ blow ⓝ 타격
- □ self-esteem 자존감
- □ examine ⓥ 조사하다
- □ possibility ⓝ 가능성
- □ threat ⓝ 위협
- □ supportive ⓐ 협력적인
- □ loving ⓐ 애정 있는
- □ threatening ⓐ 위협적인
- □ interpret ⓥ 해석하다
- □ imply ⓥ 암시하다
- □ incompetence ⓝ 무능력
- □ self-relevant 자기 연관적인
- □ self-defining 자기 정의적인
- □ achievement ⓝ 성취
- □ undermine ⓥ 손상시키다
- □ potential ⓐ 잠재적인
- □ self-concept 자아 개념
- □ rest on ~에 놓여 있다
- □ ego ⓝ 자아, 자존감
- □ master ⓐ 유능한, 숙달한
- □ challenge ⓝ 도전
- □ discourage ⓥ 낙담시키다

M46

- □ connectedness ⓝ 연결성
- □ vulnerable ⓐ 취약한
- □ infection ⓝ 감염
- □ financial ⓐ 금융의, 재정의
- □ borrower ⓝ 채무자
- □ insurer ⓝ 보증인
- □ investment ⓝ 투자
- □ collective ⓐ 집단의
- □ distress ⓝ 고통

- □ self-fulfilling 자기 충족적인
- □ troublesome ⓐ 골치 아픈
- □ aspect ⓝ 측면
- □ uncertainty ⓝ 불확실성
- □ unaffordable ⓐ 감당할 수 없는
- □ loan ⓝ 대출, 융자
- □ pose a risk 위험을 끼치다
- □ ignorance ⓝ 무지
- □ restriction ⓝ 제약
- □ poisonous ⓐ 해로운, 독성의

M47

- □ logically ⓐd 논리적으로
- □ consistent ⓐ 일관성 있는
- □ neatly ⓐd 깔끔하게
- □ productive ⓐ 생산적인
- □ resemblance ⓝ 유사성
- □ consequently ⓐd 결론적으로
- □ qualify ⓥ 자격을 주다
- □ figure out 이해하다
- □ border ⓝ 경계
- □ flexible ⓐ 유연한
- □ boundary ⓝ 경계
- □ attempt ⓥ 시도하다
- □ exceptional ⓐ 특이한, 예외적인
- □ forum ⓝ 토론의 장
- □ expansive ⓐ 광범위한
- □ accommodate ⓥ 수용하다
- □ distinct ⓐ 별개의
- □ separation ⓝ 분리, 단절

M48

- □ investor ⓝ 투자자
- □ entirely ⓐd 전적으로

□ boost ⓥ 끌어올리다
□ exchange ⓥ 교환하다
□ expense ⓝ 비용
□ accountant ⓝ 회계사
□ recognition ⓝ 인식
□ simplify ⓥ 간소화하다
□ additional ⓐ 부가적인
□ intensify ⓥ 강화하다
□ trigger ⓥ 유발하다

M49

□ adolescence ⓝ 청소년기
□ encounter ⓝ 만남, 접촉, 조우
□ absorb ⓥ 흡수하다
□ enrich ⓥ 풍부하게 하다
□ vulnerability ⓝ 취약성
□ creeping ⓐ 서서히 다가오는
□ superiority ⓝ 우월감
□ close off ~을 차단하다
□ advocate ⓥ 주장하다
□ skeptical ⓐ 회의적인
□ dependence ⓝ 의존(도)
□ obsession ⓝ 집착
□ inferiority ⓝ 열등감
□ misconception ⓝ 오해
□ self-destructive 자멸적인, 자기 파괴적인

M50

□ sequence ⓝ 순서
□ prime ⓥ 준비시키다
□ halt ⓥ 중단하다
□ tag along 뒤따라가다
□ clumsy ⓐ 서툰
□ companion ⓝ 동반자
□ narrative ⓝ 이야기
□ leading edge 최첨단, 선도

□ afterthought ⓝ 나중에 생각한 것
□ deep-seated 뿌리 깊은, 고질적인

M51

□ evolve ⓥ 진화하다
□ crawl ⓥ 기어가다
□ rational ⓐ 이성적인
□ reflection ⓝ 반사
□ sparkling ⓐ 번쩍이는
□ hatch ⓥ 부화하다
□ head for ~로 향하다
□ nearby ⓐ 근처의
□ self-destructive 자멸하는
□ irrational ⓐ 비이성적인
□ cue ⓝ 단서
□ reliable ⓐ 믿을 만한
□ lighthouse ⓝ 등대
□ brightness ⓝ 밝음
□ dominate ⓥ 지배하다

M52

□ sensory ⓐ 감각의
□ organ ⓝ 기관
□ channel ⓝ 통로, 채널
□ surgery ⓝ 수술
□ surgeon ⓝ 외과 의사
□ isolate ⓥ 분리시키다
□ blind-folded 눈이 가려진
□ deprivation ⓝ 박탈, 차단
□ auditory ⓐ 청각의
□ tactile ⓐ 촉각의
□ incoherent ⓐ 일관성 없는
□ intellect ⓝ 지성
□ illusion ⓝ 환각
□ selectively ⓐⓓ 선택적으로

□ interconnect ⓥ 서로 연결하다

M53

□ constantly ⓐⓓ 끊임없이
□ debt ⓝ 빚
□ creditor ⓝ 채권자
□ dependency ⓝ 의존
□ addiction ⓝ 중독
□ homeowner ⓝ 주택 소유자
□ property ⓝ 재산
□ blow up 폭파하다
□ capture ⓥ 체포하다
□ loyalist ⓝ 로열리스트, 충신
□ nickname ⓥ 별명을 붙이다
□ slang ⓝ 속어, 은어
□ ever-changing 변화무쌍한
□ invention ⓝ 발명품

M54

□ photograph ⓝ 사진
□ confine ⓥ 한정하다
□ literal ⓐ 문자 그대로의
□ imply ⓥ 함축하다
□ interpretation ⓝ 해석
□ advertising ⓝ 광고
□ symbolic ⓐ 상징적인
□ guide ⓥ 유도하다
□ identification ⓝ 식별
□ combine ⓥ 결합하다
□ accurate ⓐ 정확한
□ depth ⓝ 깊이
□ eliminate ⓥ 제거하다
□ breadth ⓝ 폭
□ rational ⓐ 이성적인
□ tagline ⓝ 끝맺음말
□ remote-control 원격 제어하다

□ textual ⓐ 원문의
□ disregard ⓥ 무시하다
□ artistic quality 예술성
□ accompany ⓥ 동반하다
□ in isolation 별개로

M55

□ translator ⓝ 번역가
□ interpretation ⓝ 해석
□ dialogue ⓝ 대화
□ set about ~을 시작하다
□ draw on ~을 이용하다
□ consists of 구성되다
□ linguistic ⓐ 언어적인
□ blank page 백지
□ imprison ⓥ 가두다

M56

□ capability ⓝ 능력
□ misguided ⓐ 잘못 이해한
□ repetitive ⓐ 반복적인
□ vertical ⓐ 수직의
□ rotation ⓝ 회전
□ axis ⓝ 축
□ minimize ⓥ 최소화하다
□ constraint ⓝ 제약
□ hostility ⓝ 적대감
□ morality ⓝ 도덕성

M57

□ invest ⓥ 투자하다
□ repay ⓥ 보답하다
□ venture ⓝ 사업
□ walk away 벗어나다
□ fallacy ⓝ 오류
□ instinct ⓝ 본능
□ worthwhile ⓐ 가치 있는

□ acknowledge ⓥ 인정하다
□ bet ⓝ 내기, 투자
□ lay down ~을 내려 놓다
□ admit ⓥ 인정하다
□ stick to ~을 고수하다
□ pay off ~을 갚다

M58

□ practical ⓐ 실제의
□ lightbulb ⓝ 전구
□ glow ⓥ 빛나다
□ physically ⓐⓓ 물리적으로
□ unpleasantly ⓐⓓ 불쾌하게
□ filament ⓝ 필라멘트
□ illuminate ⓥ 밝히다
□ socket ⓝ 소켓
□ nonsensical ⓐ 말도 안 되는
□ infinitely ⓐⓓ 무한하게
□ cross ⓥ 가로지르다
□ vastness ⓝ 광대함
□ immense ⓐ 엄청난
□ galaxy ⓝ 은하
□ witness ⓥ 목격하다

M59

□ financial ⓐ 금융의
□ capital ⓝ 자본
□ smooth ⓥ 원활하게 하다
□ fancy ⓐ 멋진
□ income ⓝ 소득
□ earn ⓥ 벌다, 얻다
□ crop ⓝ 농작물
□ reasonably ⓐⓓ 합리적으로
□ harvest ⓝ 수확
□ sophisticated ⓐ 정교한
□ retirement ⓝ 은퇴
□ flexibility ⓝ 유연성

□ complexity ⓝ 복잡성
□ divorce ⓥ 분리시키다
□ impulse ⓝ 충동

M60

□ collective ⓐ 집단의
□ prosperity ⓝ 부, 번영
□ skyrocket ⓥ 급증하다
□ technological ⓐ 기술의
□ progress ⓝ 진보, 발전
□ wealthy ⓐ 부유한
□ settle on[upon] ~을 채택하다
□ inequality ⓝ 불평등
□ strain ⓝ 긴장, 부담
□ immense ⓐ 막대한
□ unemployment ⓝ 실업
□ threaten ⓥ 위협하다
□ radical ⓐ 급진적인
□ take place 발생하다
□ break down 무너지다
□ investment ⓝ 투자

M61

□ deep-fried 튀긴
□ tasty ⓐ (풍미가 강하고) 맛있는
□ bland ⓐ (맛이) 자극적이지 않은
□ fatty ⓐ 지방이 많은
□ oxytocin ⓝ 옥시토신
□ calm ⓥ 진정시키다
□ antistress ⓐ 스트레스 예방의, 항 스트레스의
□ relax ⓥ 편하게 하다, 진정시키다
□ influence ⓝ 효과, 영향
□ opposite ⓝ 반대되는 것
□ adrenaline ⓝ 아드레날린, 흥분시키는 것

□ comfort ⓝ 위안, 안락
□ genetically ㉾ 유전적으로
□ scarce ⓐ 부족한, 드문
□ nutrient ⓝ 영양소[분]
□ availability ⓝ 이용 가능성
□ gather ⓥ 모으다
□ grocery store 식품점, 슈퍼마켓
□ carry-out 포장 음식
□ ingrained ⓐ 뿌리 깊은
□ caveman ⓝ 원시인
□ mentality ⓝ 정신, 사고방식
□ craving ⓝ 갈망, 열망
□ ultimately ㉾ 궁극적으로, 결국
□ lead to ~로 이어지다
□ ecosystem ⓝ 생태계
□ dramatically ㉾ 극적으로
□ appetite ⓝ 식욕
□ strengthen ⓥ 강화하다
□ preference ⓝ 선호

M62

□ profit ⓝ 수익, 이익
□ board ⓝ 이사회
□ investor ⓝ 투자자
□ reconsider ⓥ 재고하다
□ underlying ⓐ 근본적인
□ motive ⓝ 동기, 동인
□ produce ⓝ 농산물
□ manufacture ⓥ 제조하다
□ loyalty card 고객 우대 카드
□ track ⓥ 추적하다
□ precisely ㉾ 정밀하게
□ analytics ⓝ 분석(학)
□ machine learning 기계 학습(과거의 작동 축적을 통해 자기 동작을 개선하는 슈퍼컴퓨터의 능력)

□ slice ⓥ 쪼개다, 자르다
□ insight ⓝ 통찰(력)
□ currency ⓝ 통화, 화폐
□ capitalist system 자본주의 체제
□ tendency ⓝ 경향
□ maximize ⓥ 최대화하다
□ rely on ~에 달려 있다
□ innovative ⓐ 혁신적인
□ word-of-mouth 말로 전하는
□ value-creation 가치 창출
□ effectiveness ⓝ 효율성

M63

□ interpretation ⓝ 해석
□ wavelength ⓝ 파장
□ internally ㉾ 내부적으로
□ visible light 가시광선
□ spectrum ⓝ 스펙트럼
□ constitute ⓥ 구성하다
□ fraction ⓝ 부분
□ trillion ⓝ 1조
□ specialized ⓐ 특화된
□ biological ⓐ 생물학적
□ hinder ⓥ 방해하다
□ derive A from B B에서 A를 얻다
□ perceive ⓥ 인지하다
□ filter ⓥ 거르다
□ stereotype ⓝ 고정 관념
□ biology ⓝ 생명 작용

M64

□ recovery ⓝ 복구
□ sensitive ⓐ 민감한, 예민한
□ technician ⓝ 기술자

□ fundamentally ㉾ 근본적으로
□ incompetence ⓝ 무능
□ irrational ⓐ 비이성적인
□ stand ⓥ 견디다
□ malfunction ⓝ 오기능, 기능 이상
□ biased ⓐ 편향된

M65

□ operate ⓥ 조작하다, 운전하다, 작동하다
□ vehicle ⓝ 탈 것, 차량
□ cell ⓝ 세포
□ navigate ⓥ 주행하다
□ destination ⓝ 목적지, 도착지
□ spring ⓥ 발생하다, 생기다, 일어나다
□ neuron ⓝ 신경 세포
□ street sign 도로 표지
□ originate from ~에서 생기다
□ conscious ⓐ 의식적인
□ awareness ⓝ 인지
□ cognitive ⓐ 인지의
□ neural ⓐ 신경(계)의
□ firing ⓝ 활성화
□ synthesize ⓥ 종합하다, 합성하다
□ overall ⓐ 전반적인
□ trick ⓝ 기술, 속임수
□ strengthen ⓥ 강화하다
□ certain ⓐ 특정한, 어떤
□ component ⓝ 구성 요소
□ bottom line 요점
□ preserve ⓥ 보존하다, 유지하다
□ concentrate on ~에 집중하다

M66

- □ correlation ⓝ 상관관계
- □ relatively ⓐⓓ 비교적으로
- □ causality ⓝ 인과관계
- □ statistician ⓝ 통계학자
- □ auction ⓝ 경매
- □ analysis ⓝ 분석
- □ defect ⓝ 결함
- □ enthusiast ⓝ 애호가
- □ hypothesis ⓝ 가설
- □ illuminate ⓥ 설명하다
- □ mathematically ⓐⓓ 수학적으로
- □ framework ⓝ 틀, 체제
- □ hold off ~을 미루다[시작하지 않다]

M67

- □ laughter ⓝ 웃음
- □ examine ⓥ 조사하다
- □ frequency ⓝ 빈도
- □ match ⓥ 짝을 이루다
- □ pair ⓝ (짝진 것의) 한 쌍
- □ stranger ⓝ 모르는 사람
- □ humorous ⓐ 익살스러운
- □ individual ⓝ 개인
- □ nearly ⓐⓓ 거의
- □ slightly ⓐⓓ 약간
- □ serve ⓥ 도움이 되다, 기여하다
- □ bond ⓝ 유대
- □ support ⓥ 지지하다
- □ condition ⓝ 조건
- □ differ ⓥ 다르다
- □ rating ⓝ 평가
- □ anxiousness ⓝ 불안감
- □ imply ⓥ 의미하다

- □ reluctant ⓐ 꺼리는
- □ reveal ⓥ 드러내다
- □ innermost ⓐ 가장 내밀한
- □ content ⓝ 내용(물)

M68

- □ tendency ⓝ 성향, 기질
- □ state ⓥ 진술하다
- □ obtain ⓥ 얻다, 입수하다
- □ possession ⓝ 소유, 보유
- □ spiral ⓝ 나선형, 소용돌이
- □ consumption ⓝ 소비
- □ additional ⓐ 추가의
- □ spot ⓥ 발견하다
- □ pattern ⓝ (정형화된) 양식, 패턴, 경향
- □ chain reaction 연쇄 반응
- □ remind ⓥ 상기시키다
- □ laundry ⓝ 세탁실
- □ detergent ⓝ 세제
- □ cue ⓝ 신호
- □ trigger ⓥ 유발하다, 촉발시키다

M69

- □ sociologist ⓝ 사회학자
- □ prove ⓥ 입증하다
- □ view ⓝ 관점
- □ value ⓝ 가치
- □ encounter ⓥ 직면하다
- □ affect ⓥ 영향을 주다
- □ race ⓝ 인종
- □ get into (특정한 상태에) 처하다
- □ progressive ⓐ 진보적인
- □ share ⓥ 공유하다
- □ absurd ⓐ 터무니없는
- □ racism ⓝ 인종 차별주의

- □ intention ⓝ 의도
- □ make fun of ~을 놀리다 [비웃다]
- □ foolish ⓐ 어리석은
- □ demonstrate ⓥ 입증하다, 보여주다

M70

- □ equality ⓝ 평등(함)
- □ compassion ⓝ 연민, 동정심
- □ sensitivity ⓝ 세심함, 민감성
- □ mathematically ⓐⓓ 수학적으로
- □ revolve ⓥ 돌다
- □ instrument ⓝ 도구
- □ immediately ⓐⓓ 즉시, 즉각
- □ fight for ~을 위해 싸우다
- □ found on ~에 기초하여 설립하다
- □ acceptance ⓝ 수용

M71

- □ immediately ⓐⓓ 즉시
- □ practice ⓝ 일, 실행
- □ rub ⓥ 문지르다
- □ energetically ⓐⓓ 힘차게
- □ impatient ⓐ 참을성이 없는
- □ discouraged ⓐ 풀이 죽은, 좌절한
- □ rest ⓥ 쉬다, 휴식을 취하다
- □ altogether ⓐⓓ 완전히
- □ completely ⓐⓓ 완전히
- □ actually ⓐⓓ 사실은
- □ carry on ~을 계속하다

M

M72

- □ amplify ⓥ 증폭시키다
- □ evolve ⓥ 진화하다
- □ virtual ⓐ 가상의
- □ fulfill ⓥ 충족시키다
- □ conversely ⓐⓓ 반대로
- □ sustain ⓥ 지속시키다
- □ handful ⓝ 몇 안 되는 수
- □ invent ⓥ 만들다
- □ immersive ⓐ 몰입형의
- □ consume ⓥ 소모하다
- □ weird ⓐ 이상한
- □ psychological ⓐ 정신의, 심리의
- □ historical ⓐ 역사적
- □ affair ⓝ 일, 문제
- □ strict ⓐ 엄격한
- □ enhance ⓥ 높이다
- □ approval ⓝ 승인
- □ religious ⓐ 종교의

M73

- □ perception ⓝ 감지
- □ principle ⓝ 원리
- □ detect ⓥ 감지하다
- □ distinguish ⓥ 구별하다
- □ observation ⓝ 관찰
- □ variation ⓝ 변형
- □ thoroughly ⓐⓓ 대단히, 철저히

M74

- □ instinct ⓝ 본능, 직감
- □ inner ⓐ 내면의
- □ perception ⓝ 인식
- □ visible ⓐ 가시적인
- □ inconsistency ⓝ 불일치
- □ fleeting ⓐ 순식간의

- □ rushed ⓐ 서두르는
- □ resort to ~에 의존하다
- □ pit ⓝ 구덩이
- □ butterfly ⓝ 긴장감
- □ cognitive ⓐ 인지의
- □ instance ⓝ 경우, 사례
- □ discard ⓥ 버리다, 폐기하다
- □ mechanism ⓝ 기제, 메커니즘
- □ overcome ⓥ 극복하다
- □ conflict ⓝ 갈등
- □ representation ⓝ 표현, 묘사
- □ vulnerability ⓝ 취약성
- □ concrete ⓐ 구체적인
- □ miscommunication ⓝ 의사소통 오류

M75

- □ revolutionary ⓝ 혁명가
- □ cause ⓝ 대의
- □ amply ⓐⓓ 충분히
- □ illustrate ⓥ 입증하다, 설명하다
- □ nationalism ⓝ 민족주의
- □ communism ⓝ 공산주의
- □ variously ⓐⓓ 다양하게
- □ recovery ⓝ 회복
- □ heroic ⓐ 영웅의
- □ outcome ⓝ 결과(물)
- □ contemporary ⓝ 동시대 사람들
- □ accumulation ⓝ 축적
- □ in reverse 반대로
- □ orientation ⓝ 방향, 성향
- □ entitle ⓥ 자격을 주다
- □ disconnect ⓥ 분리하다, 연결을 끊다

- □ expectation ⓝ 예상, 기대
- □ perception ⓝ 인식, 인지
- □ purely ⓐⓓ 순수하게

M76

- □ philosopher ⓝ 철학자
- □ purely ⓐⓓ 순전히, 순수하게
- □ logical ⓐ 논리적인
- □ recall ⓥ 떠올리다, 상기하다
- □ range ⓝ 범위
- □ phenomenon ⓝ 현상 (*pl.* phenomena)
- □ gravity ⓝ 중력
- □ body ⓝ 물체
- □ exert ~ on ... …에 ~을 행사하다
- □ gravitational attraction 중력
- □ fundamental ⓐ 기본의, 근본적인
- □ principle ⓝ 원리
- □ moral ⓝ 교훈
- □ generalize ⓥ 일반화되다
- □ make use of ~을 이용하다
- □ govern ⓥ 지배하다
- □ observation ⓝ 관찰

N 흐름에 맞지 않는 문장 찾기

N01

- □ high-profile 세간의 이목을 끄는
- □ instruction ⓝ 지침
- □ mere ⓐ 단지, 겨우
- □ guidance ⓝ 안내
- □ genetic ⓐ 유전적인
- □ route ⓝ 경로
- □ exposure ⓝ 노출
- □ undoubtedly ⓐⓓ 틀림없이
- □ legal ⓐ 법적인
- □ ethical ⓐ 윤리적인
- □ insurance ⓝ 보험
- □ interpretation ⓝ 해석, 설명

N02

- □ rational ⓐ 이성적인, 합리적인
- □ outcome ⓝ 결과
- □ instinct ⓝ 본능
- □ intuition ⓝ 직관
- □ variable ⓝ 변수
- □ existing ⓐ 존재하는, 기존의
- □ pedestrian ⓝ 보행자
- □ appearance ⓝ 모습, 모양
- □ precisely ⓐⓓ 정확히

N03

- □ relatively ⓐⓓ 비교적으로
- □ define ⓥ 정의하다
- □ fairly ⓐⓓ 꽤, 상당히
- □ at one's disposal ~의 마음대로 이용할 수 있게
- □ cross-reference 상호 참조
- □ translator ⓝ 번역기

- □ pulchritudinous ⓐ (문어체) 외모가 아름다운
- □ kalokagathia ⓝ 《철학》 칼로카가티아, 지덕체를 갖춘 전인적 인간상

N04

- □ zoologist ⓝ 동물학자
- □ accurate ⓐ 정확한
- □ reflector ⓝ 반사경
- □ sentiment ⓝ 감정
- □ react ⓥ 반응하다
- □ threat ⓝ 위협
- □ ill-tempered 성질이 나쁜
- □ instantaneously ⓐⓓ 즉시
- □ conscious ⓐ 의식적인
- □ cease ⓥ 멈추다
- □ potential ⓐ 잠재적인
- □ retain ⓥ 유지되다
- □ ancestral ⓐ 조상의
- □ heritage ⓝ 유산, 상속
- □ barefoot ⓐ 맨발의
- □ spiritual ⓐ 영적인
- □ hardwired ⓐ 굳어진
- □ disagreeable ⓐ 불쾌한
- □ prehistoric ⓐ 선사시대의

N05

- □ mass ⓝ 질량
- □ bend ⓥ 구부리다, 휘게 하다
- □ phenomenon ⓝ 현상
- □ gravitational ⓐ 중력의
- □ precise ⓐ 정확한
- □ orbit ⓝ 궤도
- □ solar system 태양계
- □ observational ⓐ 관찰의
- □ disrupt ⓥ 방해하다
- □ shift ⓝ 이동

N06

- □ benefit ⓥ 이익을 얻다
- □ common resource 공동 자원
- □ traffic jam 교통 체증
- □ overuse ⓝ 과도한 사용
- □ tragedy ⓝ 비극
- □ expand ⓥ 확장하다
- □ dynamic ⓝ 역학
- □ infinite ⓐ 무한한
- □ destruction ⓝ 파괴
- □ degeneration ⓝ 퇴보
- □ regenerate ⓥ 재생산하다

N07

- □ minimal ⓐ 최소한의
- □ processing ⓝ 가공
- □ flavor ⓝ 풍미
- □ artificial ⓐ 인공적인
- □ flavoring ⓝ 향료
- □ additive ⓝ 첨가물
- □ sensitive ⓐ 민감한
- □ anti-oxidant 항산화물질
- □ milling ⓝ 제분
- □ cereal ⓝ 곡물
- □ harsh ⓐ 가혹한
- □ dramatically ⓐⓓ 극적으로
- □ grain ⓝ 곡물
- □ rich ⓐ 풍부한
- □ micronutrient ⓝ 미량 영양소
- □ fiber ⓝ 섬유질
- □ wholemeal ⓐ 통밀로 된
- □ fertilizer ⓝ 비료
- □ spoilage ⓝ 손상
- □ density ⓝ 밀도
- □ foodstuff ⓝ 식품, 식량

□ season ⓥ 양념하다
□ deliberately ⓐⓓ 의도적으로
□ alter ⓥ 바꾸다
□ flavor ⓥ 맛을 내다
□ herb ⓝ 허브
□ spice ⓝ 향신료
□ evolutionary ⓐ 진화의
□ antibacterial ⓐ 항균성의
□ inhibit ⓥ 억제하다
□ bacterium ⓝ 박테리아
  (pl. bacteria)
□ ginger ⓝ 생강
□ coriander ⓝ ((향신료)) 고수
□ spoilage ⓝ 부패
□ arise ⓥ 생기다

N09

□ democracy ⓝ 민주주의
□ thrive ⓥ 번성하다
□ prosper ⓥ 번영하다
□ remarkably ⓐⓓ 현저하게
□ millennium ⓝ 천 년
□ assess ⓥ 가늠하다, 평가하다
□ substantial ⓐ 상당한
□ striking ⓐ 눈에 띄는, 두드러진
□ revenue ⓝ 세입
□ awfully ⓐⓓ 엄청나게
□ medieval ⓐ 중세의
□ emperor ⓝ 황제
□ extract ⓥ 얻어내다
□ exception ⓝ 예외
□ city-state 도시 국가

N10

□ pivotal ⓐ 중추적인, 중심이 되는
□ care ⓝ 돌봄, 관리
□ structure ⓝ 구조, 체계
□ centre ⓝ 중심, 가운데
□ communication ⓝ 의사소통
□ contact ⓝ 접촉, 연락
□ well-developed 잘 발달된
  [다듬어진]
□ professional ⓝ 전문직
  종사자
□ crucial ⓐ 중요한, 결정적인
□ interdisciplinary ⓐ 학제
  간의(여러 학문 분야가 관련된)
□ mediate ⓥ 중개하다, 중재하다
□ legally ⓐⓓ 법적으로
□ be bound to ~하기 마련이다
□ unwilling ⓐ 꺼리는, 싫어하는
□ translate ⓥ 번역하다
□ acceptable ⓐ 용인되는
□ comprehensible ⓐ 이해
  할 수 있는
□ sensitive ⓐ 민감한
□ skilled ⓐ 숙련된, 노련한
□ alternative ⓐ 대안이 되는

N11

□ essentially ⓐⓓ 본질적으로
□ rational ⓐ 합리적인, 이성적인
□ skillfully ⓐⓓ 능숙하게
□ sort ⓥ 분류하다, 구분하다
□ timeless ⓐ 영원한, 세월이
  흘러도 변치 않는
□ calculate ⓥ 계산하다
□ probability ⓝ 가능성
□ accurately ⓐⓓ 정확히

□ conversely ⓐⓓ 반대로
□ psychological ⓐ 심리적인
□ disorder ⓝ 장애
□ cognitive ⓐ 인지적인
□ bias ⓝ 편견
□ picture ⓝ (전반적인) 상황
□ reasonable ⓐ 이성적인
□ interaction ⓝ 상호 작용
□ outcome ⓝ 결과
□ reasoning ⓝ 이성, 사고

N12

□ cab ⓝ 택시
□ intimidating ⓐ 겁을 주는
□ involve ⓥ 포함하다
□ layout ⓝ 배치
□ feat ⓝ 기술, 묘기
□ resource ⓝ 자원
□ cabby ⓝ 택시 운전사
□ issue ⓥ 발행하다, 발급하다
□ spatial ⓐ 공간의

N13

□ stand ⓝ 입장
□ tribe ⓝ 부족
□ viewpoint ⓝ 견해, 관점
□ display ⓥ 보여주다
□ perspective ⓝ 관점
□ prospective ⓐ 장래의,
  미래의
□ retain ⓥ 유지하다
□ existing ⓐ 기존의, 현존하는
□ development ⓝ 개발
□ adjust ⓥ 고치다, 조정하다
□ function ⓥ 기능하다

N14

- □ academic ⓝ (대학) 교수
- □ politician ⓝ 정치인
- □ in the past (완료형과 함께) 지금까지
- □ ethically ⓐⓓ 윤리적으로
- □ dilemma ⓝ 딜레마
- □ psychologist ⓝ 심리학자
- □ manipulate ⓥ 조종하다, 조작하다
- □ admit to ~한 것을 인정하다
- □ take advantage of ~을 이용하다
- □ competitor ⓝ 경쟁자
- □ marketplace ⓝ 시장
- □ competitive ⓐ 경쟁력 있는
- □ unfavorable ⓐ 부정적인, 바람직하지 못한
- □ thereby ⓐⓓ 그로 인해
- □ play on (감정 등을) 이용하다
- □ emotional ⓐ 정서적인
- □ vulnerability ⓝ 취약성
- □ constant ⓐ 끊임없는
- □ inadequateness ⓝ 부적절함, 불충분함
- □ contribute to ~에 기여하다, ~의 원인이 되다
- □ instant ⓐ 즉각적인
- □ material ⓐ 물질적인
- □ possession ⓝ 소유물

N15

- □ moral ⓐ 도덕의
- □ excellence ⓝ 우수성
- □ repetition ⓝ 반복
- □ innate ⓐ 선천적인

N16

- □ component ⓝ 요소
- □ thereabouts ⓐⓓ 그 무렵에
- □ rotation ⓝ 회전
- □ stabilize ⓥ 안정시키다
- □ cognitive ⓐ 인지의
- □ optimistic ⓐ 낙관적인

N16

- □ inflationary ⓐ 인플레이션의
- □ uncertainty ⓝ 불확실성
- □ investment ⓝ 투자
- □ fee ⓝ 수수료
- □ interest ⓝ 이자
- □ untouched ⓐ 손대지 않은
- □ goods ⓝ 상품, 물건
- □ earn ⓥ (이자·수익 등을) 받다
- □ purchasing power 구매력
- □ revenue ⓝ 수입
- □ differentiate ⓥ 구별하다

N17

- □ phenomenon ⓝ 현상
- □ arise from ~에서 발생하다
- □ proof ⓝ 증거, 증명
- □ accept ⓥ 받아들이다
- □ peer ⓝ 또래
- □ rely on ~에 의존하다
- □ judgment ⓝ 판단, 심사
- □ controversial ⓐ 논란이 많은
- □ credible ⓐ 믿을 만한
- □ nonverbal ⓐ 비언어적인
- □ cue ⓝ 신호
- □ facial expression 표정
- □ credibility ⓝ 신뢰성
- □ direct proportion 정비례

N18

- □ management ⓝ 경영
- □ demand ⓝ 수요
- □ overcrowded ⓐ 너무 붐비는
- □ peak ⓝ 최고조, 정점
- □ usage ⓝ 사용, 사용량
- □ excess ⓐ 초과한
- □ task ⓝ 일, 과업, 과제
- □ temporarily ⓐⓓ 일시적으로
- □ permanently ⓐⓓ 영구적으로
- □ compensate ⓥ 보상하다
- □ loss ⓝ 손실
- □ supply ⓝ 공급
- □ aim ⓝ 목적, 목표
- □ shift ⓥ 이동시키다
- □ seek ⓥ 추구하다
- □ objective ⓝ 목표

N

N19

- □ digital native 디지털 원주민
- □ immerse in ~에 몰두시키다
- □ possess ⓥ 가지다
- □ aptitude ⓝ 소질, 재능
- □ utilize ⓥ 활용하다
- □ technological literacy 기술 활용 능력
- □ mechanics ⓝ 역학, 기계학
- □ elemental ⓐ 기본적인, 본질적인
- □ lifespan ⓝ 수명
- □ empower ⓥ 권한을 주다
- □ utility ⓝ 유용(성), 쓸모가 있음
- □ maximize ⓥ 극대화하다

□ bulky ⓐ 부피가 큰
□ transport ⓥ 운반하다
□ split ⓥ 쪼개지다
□ dominant ⓐ 지배적인
□ win out 수행해내다
□ guardian ⓝ 수호자
□ remarkable ⓐ 놀라운, 눈에 띄는

○ 05

□ consist in 존재하다, ~에 있다
□ in short-hand 단기간에
□ analytically ⓐⓓ 분석적으로
□ implication ⓝ 함의
□ reasoning ⓝ 추론
□ statement ⓝ 진술
□ premise ⓝ 전제

○ 06

□ wired ⓐ 조직된, 연결된
□ hierarchy ⓝ 위계
□ make sense of ~을 이해하다
□ argument ⓝ 말다툼
□ equivalent ⓐ 동일한, 상응하는
□ regress ⓥ 되돌아가다
□ threat ⓝ 위협
□ inherent ⓐ 내재한
□ cut off 끼어들다
□ violate ⓥ 위반하다
□ imply ⓥ 의미하다, 암시하다
□ status ⓝ 지위
□ road rage 운전자의 분노
□ kick in 발생하다

○ 07

□ nail ⓥ 못을 박다
□ hammer ⓥ 망치질하다
□ friction ⓝ 마찰
□ stretch ⓥ 늘이다
□ fiber ⓝ 섬유
□ grip ⓥ 붙잡다
□ rip apart 쪼개다
□ split ⓥ 갈라지다, 나뉘다
□ loose ⓐ 느슨한
□ overcome ⓥ 극복하다

○ 08

□ theoretically ⓐⓓ 이론적으로
□ capacity ⓝ 수용력
□ theoretical ⓐ 이론상의
□ associate A with B A와 B를 관련시키다
□ maintain ⓥ 유지하다
□ underlying ⓐ 근본적인
□ visualization ⓝ 시각화
□ diverse ⓐ 다양한
□ circumstance ⓝ 상황
□ shortcut ⓝ 지름길
□ contextual ⓐ 상황적인
□ optimize ⓥ 최적화하다
□ unnecessary ⓐ 불필요한
□ simplify ⓥ 단순화하다
□ generalize ⓥ 일반화하다
□ facilitate ⓥ 돕다, 촉진하다
□ cognitive ⓐ 인지의

○ 09

□ explanatory ⓐ 설명하기 위한
□ experimental ⓐ 실험의
□ predictable ⓐ 예측 가능한
□ neglect ⓥ 무시하다

□ contribution ⓝ 기여
□ interpretive ⓐ 해석상의
□ straightforward ⓐ 단순한, 명백한
□ blind ⓥ 눈을 멀게 하다
□ limitation ⓝ 한계
□ construct ⓥ 구축하다
□ framework ⓝ 틀
□ systematically ⓐⓓ 체계적으로
□ consistent ⓐ 일관적인
□ storyline ⓝ 줄거리
□ conceal ⓥ 감추다
□ element ⓝ 요소
□ interpretation ⓝ 해석

○ 10

□ consume ⓥ 소비하다
□ power ⓥ 동력을 공급하다
□ trick ⓝ 속임수
□ rest assured 확신하다
□ process ⓥ 처리하다
□ operate ⓥ 작동하다
□ energy-efficient 에너지 효율적인
□ minimum ⓐ 최소한의
□ navigate ⓥ 항해하다
□ neuroscientist ⓝ 신경과학자
□ gaze ⓝ 시선
□ guarantee ⓝ 보장

○ 11

□ consumption ⓝ 소비
□ employ ⓥ 고용하다
□ scenario ⓝ 시나리오
□ productive ⓐ 생산성 있는
□ rest ⓝ 나머지

□tuition ⓝ 등록금
□investment ⓝ 투자
□laboratory ⓝ 실험실
□construction ⓝ 공사
□fancy ⓐ 멋진
□graduate ⓝ 졸업생
□auto ⓝ 자동차

O 12

□structural ⓐ 구조적인
□richness ⓝ 풍부함
□random ⓐ 무작위의
□nonrandom ⓐ 비무작위의
□stimulate ⓥ 자극하다,
　활성화하다
□eliminate ⓥ 제거하다
□sculpt ⓥ 조각하다
□variability ⓝ 변이성
□undergo ⓥ 거치다, 겪다
□immune ⓐ 면역의
□extension ⓝ 확장
□genetically ⓐⓓ 유전적으로
□positionally ⓐⓓ 위치적으로
□phase ⓝ 단계
□cellular ⓐ 세포의
□built-in 확립된
□criterion ⓝ 기준
　(pl. criteria)

O 13

□competent ⓐ 능력 있는
□competence ⓝ 능력
□cluster ⓝ 무리, 모임
□brilliant ⓐ 훌륭한
□superb ⓐ 뛰어난
□gourmet ⓝ 미식(가)
□screw up 망치다

□uncomfortable ⓐ 불편한
□unapproachable
　ⓐ 접근할 수 없는
□superhuman ⓐ 초인간적인
□paradoxical ⓐ 역설적인

O 14

□computational ⓐ 컴퓨터를
　사용하는
□algorithm ⓝ 알고리즘
□embody ⓥ 구현하다
□computation ⓝ 계산
□bother ⓥ 성가시게 하다
□worthwhile ⓐ 가치 있는
□internal ⓐ 내부의
□prescriptive ⓐ 규정하는
□assign A to B A를 B에
　부여하다
□waggle ⓝ 상하로 움직임
□honeybee ⓝ 꿀벌
□convey ⓥ 전달하다
□hive ⓝ 벌집
□nectar ⓝ 꿀
□locate ⓥ 위치를 찾아내다
□stylize ⓥ 양식화하다

O 15

□doubt ⓝ 의심, 의혹
□length ⓝ 길이
□literary ⓐ 문학의
□overwhelming ⓐ 압도적인
□translate ⓥ 번역하다
□foreign language 외국어
□adequately ⓐⓓ 충분히
□illustrate ⓥ 설명하다, 예증하다
□plot ⓝ 줄거리
□gradual ⓐ 점진적인

□involvement ⓝ 몰입, 몰두
□imply ⓥ 내포하다
□unfolding ⓝ 전개
□complex ⓐ 복잡한
□contrasting ⓐ 대조적인,
　대비되는
□passage ⓝ 단락
□variety ⓝ 다양성
□have a greater chance
　of ~할 가능성이 더 크다
□monotony ⓝ 단조로움
□flavour ⓝ 묘미, 특징
□chunk ⓝ 토막, 덩어리
□satisfaction ⓝ 만족감
□overall ⓐ 전반적인
□pattern ⓝ 구성, 양식
□seek ⓥ 찾다

O 16

□accidental ⓐ 우연한
□inhabit ⓥ 서식하다
□fluctuation ⓝ 변화
□shrink ⓥ 줄어들다
□notable ⓐ 두드러지는
□overheat ⓥ 과열되다
□chamois ⓝ ((영양((羚羊)류))
　샤모아

O 17

□endemic species 고유종,
　토착종
□extinction ⓝ 멸종
□deprive ⓥ 빼앗다
□moisture ⓝ 수분, 습기
□habitat ⓝ 서식지
□tropical ⓐ 열대 지방의
□brilliantly ⓐⓓ 눈부시게

□ mountainous ⓐ 산악의
□ extinct ⓐ 멸종된
□ moisture-laden 물기를 포함한, 습기 찬

O 18

□ examine ⓥ 조사하다
□ versus [prep] ~ 대(對), ~에 비해
□ tie ⓝ 유대관계
□ relevant ⓐ 관련 있는
□ expose ⓥ 노출시키다
□ geographically [ad] 지리적으로
□ novel ⓐ 새로운, 참신한
□ frequently [ad] 빈번하게, 자주
□ sizable ⓐ 규모가 상당한, 엄청난
□ via [prep] ~을 통해
□ medium ⓝ 중간, 보통

O 19

□ matter ⓥ 중요하다
□ particular ⓐ 특별한
□ come as a surprise 놀라움으로 다가오다
□ biologist ⓝ 생물학자
□ complexity ⓝ 복잡성
□ assume ⓥ 추정하다
□ gene ⓝ 유전자
□ massively [ad] 극도로
□ complicated ⓐ 복잡한
□ neuron ⓝ ((신경계 단위)) 뉴런
□ implement ⓥ 실행하다
□ genome ⓝ ((유전자 총체)) 게놈
□ incompletely [ad] 불완전하게

□ refine ⓥ 정교하게 만들다
□ correctly [ad] 바르게
□ develop ⓥ 발달하다
□ draft ⓝ 초안, 밑그림
□ completion ⓝ 완성, 완료
□ millennium ⓝ 천년

O 20

□ reason ⓝ 근거
□ argument ⓝ 주장
□ foster ⓥ 기르다
□ disagree ⓥ 동의하지 않다
□ progress ⓝ 발전
□ achieve ⓥ 달성하다
□ refute ⓥ 반박하다
□ convince ⓥ 설득하다
□ appreciate ⓥ 이해하다
□ opposing ⓐ 서로 다른
□ open up 열리다

O 21

□ innovative ⓐ 혁신적인
□ impressive ⓐ 인상적인
□ remarkably [ad] 놀랍도록
□ auditorium ⓝ 강당
□ interlock ⓥ 서로 맞물리다
□ acoustic ⓐ 음향의
□ behave ⓥ 행동하다, 작동하다
□ blindly [ad] 무턱대고
□ instinctively [ad] 본능적으로, 무의식적으로
□ refined ⓐ 정제된
□ sensibility ⓝ 감수성
□ criterion ⓝ 기준 (pl. criteria)
□ lightweight ⓐ 가벼운, 경량의

O 22

□ surface ⓝ 표면, 지면
□ volume ⓝ 부피, 체적
□ rapidly [ad] 빠르게
□ nearly [ad] 거의
□ heartbeat ⓝ 심장 박동
□ exception ⓝ 예외
□ completely [ad] 완전히, 전적으로
□ consume ⓥ 먹다, 마시다
□ energy requirement 에너지 요구량
□ curiously [ad] 이상하게도, 기묘하게도
□ lifetime ⓝ 일생, 평생

O 23

□ continuum ⓝ 연속체
□ misguide ⓥ 잘못 이끌다
□ imply ⓥ 암시하다
□ input ⓥ 가하다
□ get rid of ~을 제거하다
□ unwanted ⓐ 바람직하지 않은
□ addiction ⓝ 중독
□ villain ⓝ 악당
□ aggressively [ad] 격렬하게, 공격적으로
□ defeat ⓥ 패배시키다

O 24

□ incorrect ⓐ 잘못된
□ assumption ⓝ 가정, 추정
□ eventually [ad] 결국
□ wholegrain ⓐ 통밀로 만든
□ deep-seated 뿌리 깊은
□ reason ⓥ 추론하다
□ quality ⓐ 양질의

□ultimately @d 궁극적으로

O25

□survey ⓝ (설문) 조사
□government ⓝ 정부, 정권
□assistance ⓝ 도움, 지원
□framing ⓝ 구성
□aim ⓝ 목적, 목표
□obtain ⓥ (특히 노력 끝에) 얻다
□politician ⓝ 정치인
□prove ⓥ 입증하다, 증명하다
□majority ⓝ (특정 집단 내에서) 가장 많은 수[다수]
□welfare ⓝ 복지
□in favour 찬성하는
□individual @ 각각의, 개인의
□financial @ 재정의
□illness ⓝ 병, 질환
□income ⓝ 소득, 수입
□broadly @d 대략
□refer to ~을 나타내다
□exact @ 정확한
□negative @ 부정적인
□newspaper ⓝ 신문
□portray ⓥ (그림·글로) 그리다 [묘사하다]

O26

□conception ⓝ 개념, 이해
□responsibility ⓝ 책임
□unfair @ 부당한
□interfere ⓥ 침해하다
□shopkeeper ⓝ 가게 주인
□patent ⓝ 특허권
□grant ⓥ 승인하다
□manufacture ⓥ 제조하다
□bullet ⓝ 총알

□police ⓥ 감시하다
□neglect ⓥ 등한시하다
□extreme @ 극단적인
□license ⓥ 허가하다
□weight ⓥ 가중치를 주다

O27

□roughly @d 대략
□refer to ~을 지칭하다
□scholar ⓝ 학자
□anthropologist ⓝ 인류학자
□sociologist ⓝ 사회학자
□philosopher ⓝ 철학자
□complicated @ 복잡한
□picture ⓝ 상황
□intertwine ⓥ 뒤얽히다
□interdependent @ 상호 의존적인, 서로 의존하는
□rely on ~에 의존하다
□symbol ⓝ 상징
□rationalist ⓝ 합리주의자
□prize ⓥ 높이 평가하다, 소중하게 여기다
□conclude ⓥ 결론을 내리다
□primitive @ 원시적인
□frame ⓝ (생각의) 틀
□metaphor ⓝ 은유
□shape ⓥ 형성하다
□transform ⓥ 변화하다
□involve ⓥ 포함하다
□calculation ⓝ 계산
□universe ⓝ 우주

O28

□evaluate ⓥ 평가하다
□concentrate on ~에 집중하다

□particular @ 특정한
□downplay ⓥ 경시하다
□unintended @ 의도하지 않은
□consequence ⓝ 결과
□autoworker ⓝ 자동차 제조 공장 노동자
□competition ⓝ 경쟁
□steelworker ⓝ 철강 노동자
□tariff ⓝ 관세
□domestic @ 국내의
□impose ⓥ (세금 등을) 부과하다
□import ⓥ 수입하다
□manufacturer ⓝ 제조사

O29

□quarrel ⓥ 언쟁을 벌이다, 싸우다
□back and forth 결론 없는 논쟁
□crack ⓝ (좁은) 틈
□librarian ⓝ (도서관의) 사서
□invent ⓥ 발명하다, ~을 지어내다
□underlying @ (겉으로 잘 드러나지는 않지만) 근본적인 [근원적인]
□typical @ 전형적인, 대표적인
□negotiation ⓝ 협상
□party ⓝ (소송·계약 등의) 당사자
□conflict ⓝ 갈등, 충돌
□satisfy ⓥ 만족시키다
□avoid ⓥ 피하다

O30

- □ register ⓥ 기억하다
- □ demonstrate ⓥ 증명하다, 입증하다
- □ disturbance ⓝ 교란, 소동
- □ coastal ⓐ 해안의
- □ intensity ⓝ 강도, 세기
- □ hammer ⓥ 강타하다, 세게 치다
- □ intense ⓐ 극심한, 강렬한
- □ persist ⓥ 지속되다
- □ impact ⓝ 영향, 충격
- □ minimize ⓥ 최소화하다
- □ destructive ⓐ 파괴적인
- □ nurture ⓥ 키우다
- □ coral ⓝ 산호
- □ bleaching ⓝ 표백
- □ reef ⓝ 암초
- □ acute ⓐ 극심한, 격심한

O31

- □ feature ⓝ 특징
- □ matter ⓥ 중요하다
- □ coordinate ⓥ 조정하다
- □ placement ⓝ 배치
- □ awkward ⓐ 어색한
- □ standard ⓝ 표준
- □ era ⓝ 시대
- □ manual ⓐ 수동의
- □ typewriter ⓝ 타자기
- □ frequently ⓐⓓ 자주
- □ jam ⓥ 걸리다, 막히다
- □ electronic ⓐ 전자의
- □ evolve ⓥ 발전하다

O32

- □ receptor ⓝ 수용체
- □ spread ⓥ 퍼지게 하다
- □ evenly ⓐⓓ 골고루
- □ individually ⓐⓓ 각각
- □ tell ⓥ 구별하다
- □ poke ⓥ (손가락 등으로) 쿡 찌르다

O33

- □ distinct ⓐ 구별되는
- □ privacy ⓝ 사생활
- □ reveal ⓥ 드러내다
- □ define ⓥ 정의하다
- □ criminal ⓐ 범죄의
- □ conviction ⓝ 유죄 판결
- □ domain ⓝ 영역
- □ broadly ⓐⓓ 광범위하게
- □ conflict ⓝ 충돌
- □ formal ⓐ 공식적인
- □ exception ⓝ 예외
- □ security ⓝ 안보

O34

- □ tribal ⓐ 부족의
- □ people ⓝ (단수 명사) 민족
- □ overwhelm ⓥ 제압하다
- □ value ⓥ 가치 있게 여기다
- □ humanity ⓝ 인간성
- □ contribute to ~에 기여하다, ~의 원인이 되다
- □ self-defeating 스스로를 파괴하는
- □ rewarding ⓐ 가치 있는, 보상해주는
- □ hold on ~을 고수하다

retain

- □ retain ⓥ 보유하다, 확보하다
- □ pity ⓥ 동정하다
- □ hunter-gatherer 수렵 채집인
- □ stuck ⓐ 꽉 막힌
- □ simplicity ⓝ 단순함

O35

- □ compete ⓥ 경쟁하다
- □ variety ⓝ 다양성
- □ vision ⓝ 상상, 환상
- □ structure ⓝ 구조
- □ outcome ⓝ 결과
- □ misconception ⓝ 오해
- □ account for ~을 설명하다
- □ advertise ⓥ 광고하다
- □ competitor ⓝ 경쟁자
- □ differentiate ⓥ 구별하다
- □ temptation ⓝ 유혹

O36

- □ graduate ⓝ 졸업생
- □ corresponding ⓐ 상응하는, 대응하는
- □ lack ⓝ 부족
- □ relaxation ⓝ 휴식
- □ contribute to ~의 원인이 되다
- □ life expectancy 평균 수명
- □ take over ~을 장악하다
- □ correlate with ~와 관련 있다
- □ extremely ⓐⓓ 몹시, 매우
- □ hard-working 근면한
- □ ambitious ⓐ 야망 있는
- □ at first glance 처음 봐서는
- □ imply ⓥ 의미하다
- □ at all costs 무슨 수를 써서라도

O 37

- preference ⓝ 기호, 선호
- structure ⓝ 구조
- consume ⓥ 소비하다
- underlying ⓐ 기저에 있는
- problematic ⓐ 문제가 있는
- income ⓝ 소득
- inherent ⓐ 내재적인
- baby boom 베이비 붐 (일시적으로 출생률이 뚜렷한 증가를 보이는 시기)
- baby bust 출산율 급락
- taste ⓝ 취향, 선호도
- relative ⓐ 상대적인
- stable ⓐ 안정적인
- unsound ⓐ 불안정한
- equivalent ⓐ 대등한, 상응하는
- mortality ⓝ 사망률

O 38

- shortcut ⓝ 지름길
- reuseable ⓐ 재사용 가능한
- ordinary ⓐ 일반적인
- convert ⓥ 변환하다
- fitting ⓐ 적절한
- conventional ⓐ 기존의
- element ⓝ 요소

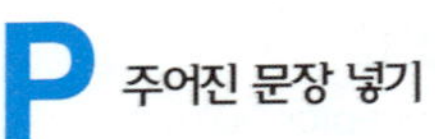

P 주어진 문장 넣기

P 01

- demonstrate ⓥ 입증하다
- usefulness ⓝ 유용성
- rule-based 규칙에 기반한
- procedure ⓝ 절차, 과정
- philosophical ⓐ 철학의
- invention ⓝ 발명
- cook up 만들어내다
- mystically ⓐ 신비롭게
- computation ⓝ 계산
- hypothesis ⓝ 가설
- experimental ⓐ 실험의
- eliminate ⓥ 제거하다
- modify ⓥ 수정하다
- account for ~을 설명하다
- statistician ⓝ 통계학자
- philosopher ⓝ 철학자
- mathematical ⓐ 수학적인
- whereby ⓐ (그것에 의하여) ~하는
- predictive ⓐ 예측의
- repetitive ⓐ 반복적인
- variant ⓝ 변형

P 02

- imprecision ⓝ 부정확성
- messiness ⓝ 번잡함
- shortcoming ⓝ 단점
- precisely ⓐ 정밀하게
- quantum mechanics 양자 역학
- comprehensive ⓐ 포괄적인
- humankind ⓝ 인류

- flawlessly ⓐ 완벽하게
- precision-oriented 정확성을 지향하는
- tradeoff ⓝ 거래

P 03

- migration ⓝ 이주
- preexisting ⓐ 기존의
- crisis ⓝ 위기
- migrant ⓝ 이주민
- overcrowd ⓥ 과밀화하다
- labor ⓝ 노동
- poverty ⓝ 빈곤
- questionable ⓐ 의문스러운
- assumption ⓝ 가정
- involuntary ⓐ 비자발적인, 본의가 아닌
- flee ⓥ 떠나다, 도망가다
- redistribute ⓥ 재분배하다
- surplus ⓝ 과잉
- selective ⓐ 선택적인
- flexible ⓐ 유연한
- endure ⓥ 견디다
- hardship ⓝ 고난, 역경
- prospect ⓝ 전망
- intergenerational ⓐ 세대 간의
- mobility ⓝ 이동

P 04

- inherently ⓐ 본질적으로
- run ⓥ 운영하다
- temptation ⓝ 유혹
- politician ⓝ 정치인
- inflation ⓝ 인플레이션
- deprive ⓥ 박탈하다
- inflationary ⓐ 인플레이션의

□ rapidly @ad 빠르게
□ convertible @a 전환될 수 있는
□ back up 보장하다
□ misleading @a 오해의 소지가 있는
□ issue @v 발행하다

P 05

□ wheat @n 밀
□ petrol @n 휘발유
□ cautious @a 조심스러운
□ flashy @a 화려한
□ arrogant @a 거만한
□ blow @v (돈을) 펑펑 쓰다
□ champagne @n 샴페인
□ speculate @v 투기하다
□ drought @n 가뭄
□ wheat-growing 밀 생산의

P 06

□ metal foil 금속 호일
□ mechanical @a 물리적인
□ property @n 특성
□ fold @v 접다
□ bend @v 구부리다
□ cellulose @n 셀룰로오스
□ fiber @n 섬유
□ partially @ad 부분적으로
□ snap @v 꺾다
□ permanent @a 영구적인
□ crack @v 갈라지다
□ fall apart 떨어져 나가다
□ accurately @ad 정확하게
□ initial @a 초기의
□ winning @a 우수한
□ combination @n 조합
□ assume @v 취하다

□ hence @ad 이런 이유로
□ stiff @a 뻣뻣한

P 07

□ questioning @n 질의, 심문, 의문
□ authority @n 권위
□ arrangement @n 합의
□ encounter @v 마주하다
□ contrary @a 상반된
□ theorist @n 이론가
□ solitary @a 고독한
□ counter @v 반박하다
□ detachment @n 단절
□ appreciation @n 인식, 인정
□ complexity @n 복잡성
□ passivity @n 수동성
□ acceptance @n 수용
□ credit @v 믿다
□ identification @n 동일시
□ division @n 경계
□ fellowship @n 동료 의식
□ keen @a 열정적인, 열렬한
□ injustice @n 불의
□ progressive @a 진보적인
□ slavery @n 노예제

P 08

□ mutual @a 상호 간의
□ affection @n 애정
□ morally @ad 도덕적으로
□ instinct @n 본능
□ morality @n 도덕
□ liberty @n 자유
□ sovereign @a (국가 내에서) 최고 권력을 지닌
□ emerge @v 출현하다

□ antisocial @a 반사회적인
□ assemble @v 모으다
□ drive @n 추진력

P 09

□ viral @a 바이러스성의
□ behavioral @a 행동의
□ proximity @n 근접성
□ infect @v 감염시키다
□ excessively @ad 과도하게
□ visibility @n 가시성
□ inhibit @v 억제하다
□ infectious @a 전염성의
□ panel @n 패널, 판
□ stimulate @v 자극하다
□ installation @n 설치
□ visibly @ad 눈에 띄게

P 10

□ profound @a 깊은
□ unconsciousness @n 무의식
□ dramatic @a 급격한
□ hibernate @v 동면하다
□ neurological @a 신경학적인
□ metabolic @a 신진대사의
□ conventional @a 전형적인
□ wintry @a 겨울의
□ awaken @v 깨우다
□ accurately @ad 정확하게

P 11

□ mass media 대중 매체
□ replace @v 대체하다
□ commerce @n 상업, 상거래
□ virtual @a 가상의
□ catalogue @n 카탈로그

□ track ⓥ 추적하다
□ shipment ⓝ 배송
□ corporate ⓐ 기업의
□ broadcasting ⓝ 방송
□ distribute ⓥ 배포하다
□ critique ⓥ 비평하다
□ modify ⓥ 수정하다

P 12

□ automation ⓝ 자동화
□ entirely ⓐⓓ 완전히
□ fire ⓥ 해고하다
□ industrial revolution 산업혁명
□ workforce ⓝ 노동력
□ eliminate ⓥ 제거하다
□ idle ⓐ 한가로운
□ man ⓥ 일하다
□ manufacture ⓥ 제조하다
□ equipment ⓝ 기구
□ occupation ⓝ 직업
□ appliance ⓝ 가전제품
□ chemist ⓝ 화학자
□ vast ⓐ 엄청난

P 13

□ fate ⓝ 운명
□ population ⓝ 개체 수
□ vagrant ⓐ 부랑하는, 헤매는
□ reorientate ⓥ 방향을 다시 잡다
□ range ⓝ 범위
□ phenomenon ⓝ 현상
□ undoubtedly ⓐⓓ 의심의 여지 없이
□ perish ⓥ 죽다, 멸망하다
□ infrequent ⓐ 드문

□ unfold ⓥ 펼쳐지다
□ profound ⓐ 중대한, 심오한
□ breeding ⓝ 번식
□ migration ⓝ 이동
□ wintering ⓝ 월동, 겨울나기

P 14

□ reexamine ⓥ 재검토하다
□ stereotype ⓝ 고정 관념
□ hold true 진실이다
□ introverted ⓐ 내향적인
□ presumption ⓝ 억측
□ extrovert ⓝ 외향적인 사람
□ split into ~로 분열하다
□ introvert ⓝ 내향적인 사람
□ executive ⓝ 임원
□ extroverted ⓐ 외향적인
□ introversion ⓝ 내향성
□ be of service to ~에게 도움이 되다
□ empower ⓥ 힘을 주다
□ servant ⓝ 봉사자
□ adhere to ~을 고수하다
□ shine a light on ~에 빛을 비추다
□ ultimately ⓐⓓ 궁극적으로
□ pay off 결실을 맺다

P 15

□ connect ⓥ 연결하다
□ chunk ⓝ 덩어리
□ intensity ⓝ 강도, 세기
□ ordinary ⓐ 보통의
□ discharge ⓥ 해방시키다
□ contract ⓥ 줄어들다, 수축하다
□ vary ⓥ 변화를 주다
□ range ⓝ 범위
□ interference ⓝ 간섭

P 16

□ speculate ⓥ 사색하다
□ merely ⓐⓓ 단지
□ consume ⓥ 소비하다
□ adaptive ⓐ 적응할 수 있는
□ economize ⓥ 절약하다
□ resource ⓝ 자원
□ shift ⓥ 이동하다
□ analysis ⓝ 분석
□ nuance ⓝ 미묘한 차이
□ at hand 당면한
□ higher-thinking 고차원적 사고
□ automatic ⓐ 자동적인
□ reflexive ⓐ 반사적인

P 17

□ drastically ⓐⓓ 급격히, 극적으로
□ productivity ⓝ 생산성
□ tangled ⓐ 복잡한, 뒤얽힌
□ deliberation ⓝ 숙고
□ attack ⓝ 착수
□ publication ⓝ 출판
□ amplify ⓥ 증폭시키다
□ substitute ⓥ 대체하다

P 18

□ fixed ⓐ 고정된
□ refer to ~을 지칭하다
□ production rate 생산율
□ meet the demand 요구[수요]를 충족하다
□ production level 조업도
□ inflexible ⓐ 유연하지 못한
□ inelastic ⓐ 비탄력적인
□ it is worth -ing ~할 가치가 있다

□ equipment ⓝ 장비
□ revenue ⓝ 수익, 수입
□ extend ⓥ 연장하다
□ distribution ⓝ 배급, 배포

P 19

□ inherit ⓥ 상속받다, 이어받다
□ arise from ~에서 발생하다
□ uncertainty ⓝ 불확실성
□ party ⓝ (소송ㆍ계약 등의) 당사자
□ minimize ⓥ 최소화하다
□ capital cost 자본 비용
□ tooling ⓝ 연장을 쓰는 일, 도구
□ equipment ⓝ 장비, 용품
□ production ⓝ 생산
□ complex ⓐ 복잡한
□ manufacturer ⓝ (상품을 대량으로 만들어 내는) 제조자[사]
□ component ⓝ (구성) 요소, 부품
□ supplier ⓝ 공급업자
□ relieve A of B A에게서 B를 덜어주다
□ rely on ~에 의존하다
□ end-item 완제품

P 20

□ healthful ⓐ 건강에 좋은
□ non-nutritive 비영양의
□ compound ⓝ 화합물, 혼합물
□ the Mediterranean 지중해
□ incidence ⓝ 발생 정도
□ surface ⓥ 표면화되다, 드러나다
□ protection ⓝ 보호
□ cell ⓝ 세포

P 21

□ vastly ⓐ 대단히, 엄청나게
□ overshadow ⓥ 가리다
□ ideology ⓝ 이데올로기, 이념
□ literature ⓝ 문학
□ literary ⓐ 문학의
□ formative ⓐ 모양을 만드는, 형성하는
□ massive ⓐ 거대한, 엄청난
□ intellectually ⓐ 지적으로
□ reflect ⓥ 반영하다
□ unconsciously ⓐ 무의식적으로
□ reveal ⓥ 드러내다
□ socialise ⓥ 사회화시키다
□ agent ⓝ 중요한 작용을 하는 사람[것], 동인
□ considerable ⓐ 상당한, 많은
□ televise ⓥ 텔레비전으로 방송하다
□ resultant ⓐ 그 결과로 생긴, 그에 따른
□ subsequent ⓐ 그다음의, 차후의

P 22

□ flavor ⓝ 맛
□ disgusting ⓐ 역겨운
□ antinutrient ⓝ 항영양소(다른 영양소의 흡수를 방해하는 성분)
□ unwell ⓐ 몸이 아픈
□ intuitively ⓐ 직관적으로
□ pass down ~을 물려주다
□ innate ⓐ 타고난
□ intuition ⓝ 직관
□ justify ⓥ 정당화하다

P 23

□ debris ⓝ (무엇이 파괴된 후의) 잔해(물)
□ satellite ⓝ (인공)위성
□ orbit ⓝ 궤도 ⓥ 궤도를 돌다
□ mission ⓝ 임무
□ tricky ⓐ 까다로운
□ enforce ⓥ (법률 등을) 집행[시행/실시]하다
□ tackle ⓥ (문제 등을) 다루다
□ drag ⓥ (힘들여) 끌다
□ atmosphere ⓝ (지구의) 대기
□ magnet ⓝ 자석, 자철

P 24

□ inequality ⓝ 불균형
□ necessary condition 필요조건
□ operation ⓝ 작동
□ global-scale 전지구적 규모의
□ tropic ⓝ 열대 지방
□ polar ⓐ 극지방의
□ region ⓝ 지역
□ hemisphere ⓝ 반구
□ solar radiation 태양 복사열
□ fluid ⓝ 유체(流體)
□ atmosphere ⓝ 대기
□ moisture ⓝ 수분
□ contain ⓥ 포함하다
□ expand ⓥ 확장하다
□ flow ⓥ 흘러가다
□ northward ⓐ 북쪽으로
□ southward ⓐ 남쪽으로

□ altitude ⓝ 고도
□ descend ⓥ 내려가다
□ equator ⓝ 적도

P 25

□ psychologist ⓝ 심리학자
□ general ⓐ 전반적인, 일반적인
□ creativity ⓝ 창의성
□ wave ⓝ 물결
□ personality ⓝ 성격
□ intelligence ⓝ 지능
□ potential ⓝ 잠재력
□ endeavor ⓝ 노력
□ literature ⓝ 문학
□ universal ⓐ 보편적인
□ specific ⓐ 특정한
□ sphere ⓝ 범위
□ particular ⓐ 특정적인
□ domain ⓝ 영역
□ gifted ⓐ 재능 있는
□ conductor ⓝ 지휘자
□ compose ⓥ 작곡하다

P 26

□ instinct ⓝ 본능
□ generalize ⓥ 일반화하다
□ distort ⓥ (사실을) 왜곡하다
□ categorize ⓥ (개개의 범주로) 분류하다
□ unconsciously ⓐⓓ 무의식적으로
□ prejudiced ⓐ 편견을 가진
□ enlightened ⓐ 계몽된
□ function ⓥ (정상적으로) 활동하다
□ structure ⓝ 체계

□ mistakenly ⓐⓓ 실수로, 잘못하여
□ group together ~을 하나로 묶다
□ jump to a conclusion 성급하게 결론을 내리다

P 27

□ flow ⓥ 흐르다
□ impact ⓝ 충돌
□ push back 밀다
□ liquid ⓝ 액체
□ destructive ⓐ 파괴적인
□ foam ⓝ 발포 고무
□ beneath ⓟⓡⓔⓟ ~ 밑에서
□ tap ⓝ 수도꼭지
□ stir ⓥ 젓다
□ sting ⓥ 쓰리게 하다
□ belly-flop 배로 수면을 치며 뛰어들다
□ land ⓥ 착지하다, 떨어지다
□ destroy ⓥ 망치다, 부수다, 파괴하다
□ incompressibility ⓝ 비압축성
□ deadly ⓐⓓ 치명적인
□ tsunami ⓝ (일본어에서) 쓰나미, 해일
□ toss ⓥ 던지다

P 28

□ independent ⓐ 독립적인
□ formulate ⓥ 만들어 내다
□ carry out 수행하다
□ instruction ⓝ 지시 사항
□ process ⓥ 처리하다
□ accurately ⓐⓓ 정확하게

□ respect ⓝ 측면, 사항
□ lack ⓥ 부족하다
□ common sense 상식
□ combine ⓥ 결합하다
□ strength ⓝ 강점, 장점
□ occur ⓥ 일어나다, 발생하다
□ output ⓝ 산출
□ exceed ⓥ 초과하다
□ sum ⓝ 합
□ resource ⓝ 자원
□ employ ⓥ 이용하다, 쓰다
□ separately ⓐⓓ 각각
□ relatively ⓐⓓ 상대적으로
□ sophisticated ⓐ 정교한
□ enable ⓥ ~을 가능하게 하다
□ implement ⓥ 시행하다, 실행하다
□ initial ⓐ 초기의
□ combination ⓝ 결합
□ translate ⓥ (다른 형태로) 바꾸다, 고치다

P 29

□ occur ⓥ 일어나다, 발생하다
□ fundamental ⓐ 근본적인
□ manipulation ⓝ 조작
□ manipulate ⓥ 조작하다, 조종하다
□ variable ⓝ 변수, 변인
□ potential ⓐ 잠재적인
□ overstate ⓥ 과장하다
□ correlate ⓥ 상관관계를 보여주다
□ supplement ⓝ 보충제
□ merely ⓐⓓ 그저, 단순히
□ separate ⓥ 분리하다
□ constant ⓐ 변함없는

P 30

- **short-lived** 오래가지 못하는, 일시적인
- **in the long run** 장기적으로
- **brightness** ⓝ 밝기, 밝음
- **frequency** ⓝ 주파수
- **overtone** ⓝ 상음(上音)
- **subjectively** ⓐⓓ 주관적으로
- **track** ⓝ (음반 테이프에 녹음된 음악) 한 곡

P 31

- **tide** ⓝ 조수
- **gravitational** ⓐ 중력의
- **stretching** ⓐ 늘리는
- **slightly** ⓐⓓ 약간
- **compress** ⓥ 누르다
- **tidal** ⓐ 조수의
- **rubber** ⓝ 고무
- **face** ⓥ 향하다, 마주하다
- **rotate** ⓥ 자전하다
- **midpoint** ⓝ 중간 지점

P 32

- **continual** ⓐ 끊임없는
- **desire** ⓝ 욕망, 욕구
- **communicate** ⓥ 전달하다
- **feeling** ⓝ 감정
- **conceal** ⓥ 감추다
- **proper** ⓐ 적절한
- **functioning** ⓝ 기능
- **constantly** ⓐⓓ 끊임없이
- **nonverbal** ⓐ 말을 쓰지 않는, 비언어적인
- **cue** ⓝ 신호
- **elaborate** ⓐ 정교한
- **battle** ⓥ 다투다

continually

- **continually** ⓐⓓ 끊임없이
- **leak out** 누설되다, 새어 나오다
- **form** ⓝ 방식, 형태
- **posture** ⓝ 자세
- **fixate** ⓥ 고정시키다, 정착시키다
- **potential** ⓐ 잠재적인
- **possess** ⓥ 소유하다

P 33

- **capacity** ⓝ 능력
- **inherit** ⓥ (성질·특성 따위를) 전하다
- **adaptation** ⓝ 적응
- **population** ⓝ 개체군, 집단
- **characteristic** ⓝ 특징, 성질
- **acclimation** ⓝ 순응
- **organism** ⓝ 유기체
- **alter** ⓥ 바꾸다
- **concentration** ⓝ 농도
- **temporary** ⓐ 일시적인
- **intensely** ⓐⓓ 강렬히
- **thrive** ⓥ 번영하다
- **subsequent** ⓐ 그 다음의
- **countless** ⓐ 수많은
- **distinctive** ⓐ 특색 있는
- **advantage** ⓝ 유리한 점
- **feed on** ~을 먹고 살다

P 34

- **necessarily** ⓐⓓ 반드시
- **correspond** ⓥ 일치하다
- **occasion** ⓝ 경우
- **coin** ⓥ (용어를) 만들다
- **stimulative** ⓐ 자극하는
- **lexicon** ⓝ 어휘
- **misleading** ⓐ 오해의 소지가 있는

quasi-memory

- **quasi-memory** 유사 기억
- **hypothetical** ⓐ 가상의

P 35

- **internalized** ⓐ 내재화된
- **expertise** ⓝ 전문 지식
- **evidence-based** 증거에 기초한
- **hard-earned** 애써서 얻은
- **think on one's feet** 곧 결단을 내리다
- **conviction** ⓝ 확신
- **crisis** ⓝ 위기 (*pl.* crises)
- **substance** ⓝ 실체
- **be inclined to** ~의 경향이 있다
- **reinforce** ⓥ 강화하다
- **tendency** ⓝ 경향
- **rational** ⓐ 합리적인
- **sensible** ⓐ 분별력 있는

P 36

- **noteworthy** ⓐ 주목할 만한
- **engagement** ⓝ 몰입
- **theoretical** ⓐ 이론적인
- **standpoint** ⓝ 관점
- **driver** ⓝ 동인(動因)
- **manipulate** ⓥ 조작하다, 조종하다
- **camp** ⓝ 분야, 진영, 견해
- **resource** ⓝ 자원
- **constructive** ⓐ 건설적인
- **exceed** ⓥ 넘어서다, 능가하다
- **expectation** ⓝ 기대, 예상
- **ambition** ⓝ 포부
- **meaningful** ⓐ 의미 있는
- **evident** ⓐ 명백한

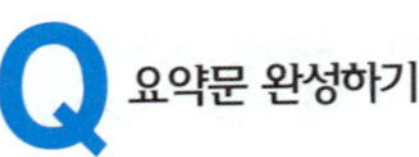

P 37

- □ temperature ⓝ 온도
- □ surface ⓝ 표면
- □ emit ⓥ 방출하다
- □ visibly ⓐⓓ 눈에 띄게
- □ glow ⓥ 빛나다
- □ poker ⓝ 부지깽이
- □ astronomer ⓝ 천문학자
- □ distance ⓝ 거리
- □ precise ⓐ 정확한
- □ interior ⓝ 내부
- □ conceal ⓥ 숨기다
- □ obtain ⓥ 얻다

P 38

- □ revolutionary ⓐ 혁명적인
- □ concerning (prep) ~에 관한
- □ special theory of relativity 특수 상대성 이론
- □ paper ⓝ 논문
- □ illustrate ⓥ 설명하다
- □ advent ⓝ 출현
- □ periodical ⓝ 정기 간행물
- □ gradually ⓐⓓ 점진적으로
- □ journal ⓝ 학술지
- □ chief ⓐ 주된
- □ abandon ⓥ 버리다
- □ altogether ⓐⓓ 완전히
- □ establish ⓥ 세우다, 확립하다
- □ reputation ⓝ 명성
- □ contribution ⓝ 기여, 공헌
- □ treatment ⓝ (주제·예술 작품 등을) 다룸
- □ status ⓝ 지위, 상태
- □ publication ⓝ 출간

Q 요약문 완성하기

Q 01

- □ spark ⓥ 촉발하다
- □ envy ⓝ 부러움
- □ ownership ⓝ 소유권
- □ status ⓝ 지위
- □ popularity ⓝ 인기
- □ jealousy ⓝ 질투
- □ identical ⓐ 동일한
- □ paradoxically ⓐⓓ 역설적이게도
- □ resentment ⓝ 불쾌감
- □ residence ⓝ 거주지
- □ potter ⓝ 도공
- □ possession ⓝ 소유물
- □ favorable ⓐ 호의적인

Q 02

- □ distinguish ⓥ 구별하다, 식별하다
- □ direction ⓝ 방향
- □ determine ⓥ 알아내다
- □ occur ⓥ 발생하다
- □ dimension ⓝ 차원, 관점
- □ influence ⓝ 영향
- □ evolution ⓝ 진화
- □ vertical ⓐ 수직의
- □ gravity ⓝ 중력
- □ mobile ⓐ 이동하는
- □ positioning ⓝ 배치
- □ perception ⓝ 지각, 자각
- □ horizontal ⓐ 수평의
- □ relevant ⓐ 의미가 있는, 중요한

Q 03

- □ upside down 거꾸로
- □ observe ⓥ 관찰하다
- □ contain ⓥ 포함하다
- □ invert ⓥ 바꾸다
- □ artificial ⓐ 인공적인
- □ perceive ⓥ 인식하다
- □ instantly ⓐⓓ 즉각, 즉시
- □ spatial ⓐ 공간의
- □ scarce ⓐ 희소한
- □ auditory ⓐ 청각의
- □ accessible ⓐ 접근 가능한
- □ desirable ⓐ 바람직한

Q 03

- □ interaction ⓝ 상호 작용
- □ unequal ⓐ 불평등한
- □ construction ⓝ 구조
- □ favored ⓐ 혜택을 받고 있는
- □ terminology ⓝ (전문) 용어
- □ progress ⓥ 진전되다
- □ loan ⓝ 차용, 빌림
- □ indigenous ⓐ 토착의
- □ fate ⓝ 운명
- □ extinction ⓝ 멸종
- □ suppress ⓥ 억압하다
- □ dominant ⓐ 우세한
- □ exemplify ⓥ 예로 들다
- □ vanish ⓥ 사라지다
- □ imbalance ⓝ 불균형
- □ prevail ⓥ 널리 퍼지다
- □ integration ⓝ 통합
- □ prosper ⓥ 번영하다

Q 04

- □ considerable ⓐ 상당한
- □ involve ⓥ 포함하다

- application ⓝ 적용
- afford ⓥ 제공하다
- neuroscience ⓝ 신경과학
- stream ⓝ 흐름
- examine ⓥ 조사하다
- cognitive ⓐ 인지의
- efficacy ⓝ 효율성
- conjunction ⓝ 결합
- deliberative ⓐ 숙고하는, 깊이 생각하는
- contradict ⓥ 모순되다
- conventional ⓐ 전통적인, 관습적인
- stoic ⓐ 냉철한
- fashion ⓝ 방식
- optimal ⓐ 최적의
- hinder ⓥ 막다
- counter ⓥ 반하다
- distort ⓥ 왜곡하다
- approve ⓥ 찬성하다

Q05

- kitten ⓝ 새끼 고양이
- litter ⓝ 한 배에서 난 새끼들
- scent ⓝ 냄새
- offspring ⓝ 자식, 새끼
- wander ⓥ 헤매다, 방황하다
- favor ⓥ 편애하다
- retrieve ⓥ 되찾다
- distress ⓝ 조난, 곤경
- vocalization ⓝ 발성
- resist ⓥ 거부하다
- predator ⓝ 포식자
- rapid ⓐ 신속한
- rescue ⓝ 구조
- unwanted ⓐ 원치 않는
- deceive ⓥ 속이다

- detect ⓥ 탐지하다
- distract ⓥ 산만하게 하다

Q06

- cognitive ⓐ 인지적인
- phenomenology ⓝ 현상학
- participant ⓝ 참여자
- depict ⓥ 묘사하다
- symbolic ⓐ 상징적인
- imply ⓥ 함의하다, 암시하다
- association ⓝ 연관성
- intense ⓐ 강렬한
- diminished ⓐ 줄어든

Q07

- fast-growing 빨리 성장하는
- tremendous ⓐ 엄청난
- numerous ⓐ 수많은
- exceed ⓥ 능가하다
- tomb ⓝ 무덤
- archive ⓝ 보관소
- extract ⓥ 추출하다
- manually ⓐ 수동으로
- input ⓥ 입력하다
- costly ⓐ 비용이 드는
- time consuming 시간 소모가 큰
- call for ～을 요구하다

Q08

- psychologist ⓝ 심리학자
- vary ⓥ 다르다
- distress ⓝ 곤경
- kindergarten ⓝ 유치원
- reverse ⓥ 뒤바뀌다
- embarrassed ⓐ 창피한, 당황한

- overreact ⓥ 과잉 반응하다
- openly ⓐ 공공연하게
- deliberately ⓐ 의도적으로
- poker face 무표정한 얼굴

Q09

- distance ⓝ 거리
- reliable ⓐ 믿을 만한
- indicator ⓝ 지표
- further ⓐ 더 멀리
- apart ⓐ 떨어져
- acquaintance ⓝ 지인, 아는 사람
- violate ⓥ 위반하다, 침범하다
- recall ⓥ 떠올리다
- packed ⓐ 가득 찬
- nonverbal ⓐ 비언어적인
- channel ⓝ 채널(정보의 전달 경로)
- compensate for ～을 상쇄[보상]하다
- determine ⓥ 결정하다
- adjust ⓥ 조절하다
- conceal ⓥ 감추다
- interpret ⓥ 해석하다
- ignore ⓥ 무시하다
- predict ⓥ 예측하다
- decrease ⓥ 줄이다

Q10

- irony ⓝ 아이러니, 역설
- doubt ⓥ 의심하다
- indulge ⓥ ～에 빠지다[탐닉하다]
- inner ⓐ 내면의
- skepticism ⓝ 회의
- logic ⓝ 논리

□ refute ⓥ 반박하다
□ accordingly 〔ad〕 이에 따라
□ fuel ⓝ 연료
□ mindset ⓝ 사고방식
□ immune to ~에 영향을 받지 않는
□ uncertainty ⓝ 불확실성
□ rational ⓐ 이성적인
□ perspective ⓝ 시각
□ proportion ⓥ 할당하다
□ get away with ~을 잘 해내다
□ skeptical ⓐ 회의적인
□ eliminate ⓥ 없애다
□ arrogant ⓐ 거만한
□ critical ⓐ 비판적인
□ stubborn ⓐ 고집스러운

Q11

□ laboratory ⓝ 실험실
□ demonstrate ⓥ 증명하다
□ contributor ⓝ 기여자
□ reputation ⓝ 평판
□ perceive ⓥ 인식하다
□ trustworthy ⓐ 신뢰할 수 있는
□ status ⓝ 지위
□ uncooperative ⓐ 비협조적인
□ verbal ⓐ 언어적인
□ generosity ⓝ 관대함
□ hostility ⓝ 적개심
□ humiliation ⓝ 굴욕
□ hospitality ⓝ 환대
□ tolerance ⓝ 인내심

Q12

□ recruit ⓥ 모집하다, 뽑다
□ hobbyist ⓝ 취미에 아주 열심인 사람
□ to begin with 먼저, 우선
□ measure ⓥ 측정하다
□ seriousness ⓝ 심각함, 진지함
□ rate ⓥ 평가하다
□ agreement ⓝ 동의, 합의
□ statement ⓝ 진술, 서술
□ assess ⓥ 평가하다
□ dedicate ⓥ 전념[헌신]하다
□ scale ⓝ 척도
□ effectively 〔ad〕 효과적으로, 실질적으로
□ self-efficacy 자기 효능감
□ dissimilar ⓐ 같지 않은, 다른
□ boost ⓥ 신장시키다, 북돋우다
□ sufficiently 〔ad〕 충분히

Q13

□ widely 〔ad〕 널리
□ underlie ⓥ 기초가 되다, 기저가 되다
□ interaction ⓝ 상호작용
□ maximize ⓥ 극대화하다
□ reward ⓝ 보상
□ minimize ⓥ 최소화하다
□ accountant ⓝ 회계사
□ benefit ⓝ 수익, 이익
□ analysis ⓝ 분석
□ philosopher ⓝ 철학자
□ utilitarianism ⓝ 공리주의
□ discomfort ⓝ 불편함
□ anxiety ⓝ 불안, 걱정
□ guilt ⓝ 죄책감

□ approval ⓝ 인정, 승인
□ exceed ⓥ 초과하다
□ prescribe ⓥ 규정하다
□ socialization ⓝ 사회화
□ reciprocity norm 상호성 규범
□ expectation ⓝ 기대
□ relation ⓝ 관계
□ status ⓝ 지위
□ compel ⓥ 강요하다

Q14

□ briefly 〔ad〕 잠시, 짧게
□ memorize ⓥ 암기하다
□ digit ⓝ 자릿수
□ opt for ~을 선택하다
□ fatten ⓥ 살찌우다
□ impulse ⓝ (마음의) 충동
□ distraction ⓝ 주의를 산만하게 하는 것
□ intellective ⓐ 지적인
□ load ⓝ 부담, 무거운 짐

Q15

□ mold ⓥ (성격 등을 형성하도록) 만들다
□ employee ⓝ 직원
□ indicate ⓥ 보여주다
□ rhythmic ⓐ 리드미컬한, 리듬감이 있는
□ be inclined to ~의 경향이 있다
□ irrespective of ~와 관계없이
□ academic background 학력
□ boost ⓝ 촉진제, 부양책

□ **willingness** ⓝ 기꺼이 하기, 자발성
□ **induce** ⓥ 야기하다, 유발하다
□ **agreeable** ⓐ 기분 좋은, 쾌활한
□ **spectrum** ⓝ 스펙트럼, 빛 띠
□ **rhythm** ⓝ 리듬
□ **steady** ⓐ 고정적인, 한결같은
□ **pulse** ⓝ 리듬, 맥박
□ **beat** ⓝ 박자, 운율
□ **translate** ⓥ 설명하다
□ **tempo** ⓝ 박자, 속도
□ **workplace** ⓝ 직장, 업무 현장
□ **competitive** ⓐ 경쟁적인
□ **disturbing** ⓐ 불안감을 주는

Q 16

□ **excessive** ⓐ 지나친, 과도한
□ **dependence** ⓝ 의존
□ **generate** ⓥ 초래하다, 야기하다
□ **productive** ⓐ 생산적인
□ **diversification** ⓝ 다양화, 다양성
□ **growth** ⓝ 성장
□ **abundance** ⓝ 풍요
□ **in itself** 그 자체로
□ **abundant** ⓐ 풍부한
□ **outgrow** ⓥ (성장하여) ~에서 벗어나다
□ **diversify** ⓥ 다양화하다
□ **trap** ⓥ 가두다
□ **capital** ⓝ 자본(금), 자원
□ **exclude** ⓥ 배제하다
□ **thereby** ⓐ 그것 때문에
□ **interfere with** ~을 저해하다
□ **rely on** ~에 의존하다

Q 17

□ **primary** ⓐ (순서 · 단계상으로) 최초의
□ **physician** ⓝ (내과) 의사
□ **willpower** ⓝ 의지력
□ **motivation** ⓝ 동기
□ **slight** ⓐ 약간의, 조금의
□ **alter** ⓥ 바꾸다, 고치다
□ **architecture** ⓝ 구조, 구성
□ **arrange** ⓥ 배열하다
□ **locate** ⓥ 위치하고 있다
□ **cash register** 금전 등록기
□ **meanwhile** ⓐ 한편, 반면에
□ **consumption** ⓝ (상품의) 소비

Q 18

□ **predictable** ⓐ 예측 가능한
□ **nod** ⓥ (고개를) 끄덕이다
□ **proprioceptive** ⓐ 자기 수용의
□ **psychology** ⓝ 심리학
□ **reverse** ⓝ 정반대, 역
□ **initially** ⓐ 처음에
□ **controversial** ⓐ 논란이 많은
□ **compelling** ⓐ 설득력 있는, 강력한
□ **fixate** ⓥ 고정하다
□ **vertically** ⓐ 수직으로
□ **horizontally** ⓐ 수평으로
□ **respond** ⓥ 응답하다
□ **unconsciously** ⓐ 무의식적으로
□ **favorably** ⓐ 호의적으로
□ **instinct** ⓝ 본능

□ **unfavorably** ⓐ 비판적으로
□ **irrationally** ⓐ 비이성적으로
□ **prejudice** ⓝ 편견

Q 19

□ **colleague** ⓝ 동료
□ **conduct** ⓥ 수행하다
□ **experiment** ⓝ 실험
□ **external** ⓐ 외부의
□ **factor** ⓝ 요소, 요인
□ **manipulation** ⓝ 조작
□ **a series of** 일련의
□ **recall** ⓥ 떠올리다, 상기하다
□ **sway** ⓥ 흔들리다
□ **false** ⓐ 잘못된
□ **fake** ⓐ 거짓의
□ **draw** ⓥ 끌다, 끌어당기다
□ **fabricate** ⓥ 조작하다, 꾸며내다
□ **distinguish** ⓥ 구분하다
□ **modify** ⓥ 수정하다
□ **fit** ⓥ 꼭 맞추다
□ **expose** ⓥ 노출시키다

Q 20

□ **motivation** ⓝ 동기
□ **terrorist attack** 테러 공격
□ **assistance** ⓝ 도움
□ **discomfort** ⓝ 불편
□ **initial** ⓐ 초기의
□ **discharge** ⓥ 해소하다, 해방시키다
□ **empathize** ⓥ 공감하다
□ **struggle** ⓥ 고군분투하다
□ **self-centered** 자기 중심의
□ **sustain** ⓥ 지속하다
□ **decline** ⓝ 감소

□ maximization ⓝ 극대화
□ indirect ⓐ 간접적인
□ variation ⓝ 변화
□ reduction ⓝ 감소

Q21

□ adorable ⓐ 사랑스러운, 귀여운
□ overwhelming ⓐ 압도적인
□ urge ⓝ 충동
□ squeeze ⓥ 짜다, 쥐다
□ pinch ⓥ 꼬집다
□ cuddle ⓥ 꼭 껴안다
□ aggression ⓝ 공격성
□ cruel ⓐ 잔인한
□ compulsion ⓝ 충동
□ complex ⓐ 복잡한
□ neurological ⓐ 신경학적인
□ overloaded ⓐ 과부하 된
□ tempering ⓐ 조절하는

Q22

□ stock market 주식 시장
□ wheat ⓝ 밀
□ reward ⓝ 보상
□ forecast ⓝ 예측
□ divide ⓥ 나누다, 가르다
□ separate ⓐ 별개의, 서로 다른
□ payment ⓝ 보답, 보상
□ accurate ⓐ 정확한
□ prospect ⓝ 기대, 예상
□ reasoning ⓝ 추리, 추론
□ determine ⓥ 결정하다
□ prediction ⓝ 예측
□ contradict ⓥ 모순되다
□ disregard ⓝ 무시
□ assurance ⓝ 보장

Q23

□ investigate ⓥ 연구하다
□ cost ⓝ 비용, 손실
□ prejudice ⓝ 선입견
□ blind ⓐ 맹목적인
□ assumption ⓝ 가정
□ Danish ⓐ 덴마크의
□ ethnic ⓐ 인종적인
□ religious ⓐ 종교적인
□ evident ⓐ 분명한
□ race ⓝ 인종
□ potential ⓐ 잠재적인
□ colleague ⓝ 동료
□ income ⓝ 소득
□ financial ⓐ 경제적인
□ rational ⓐ 이성적인
□ hesitation ⓝ 주저함, 망설임
□ underlie ⓥ 기저를 이루다

Q24

□ environmentally friendly 친환경적인
□ claim ⓝ 주장
□ irrelevant ⓐ 무의미한, 무관한
□ puffery ⓝ 과대광고
□ exaggerate ⓥ 과장하다
□ vague ⓐ 모호한
□ label ⓥ 표기하다
□ contain ⓥ 포함하다
□ unverifiable ⓐ 확인할 수 없는
□ laundry detergent 세탁 세제
□ household ⓐ 가정용의
□ advocate ⓝ 옹호자 ⓥ 옹호하다
□ ensure ⓥ 확실하게 하다
□ adequately ⓐⓓ 적절하게
□ attract ⓥ 유인하다

□ conscious ⓐ 의식 있는
□ in the short term 단기적으로
□ backfire ⓥ 역화를 일으키다
□ deceive ⓥ 기만하다
□ permanently ⓐⓓ 영구적으로
□ manipulate ⓥ 조종하다
□ temporarily ⓐⓓ 일시적으로
□ momentarily ⓐⓓ 잠시 동안
□ ultimately ⓐⓓ 궁극적으로
□ underestimate ⓥ 과소평가하다
□ consistently ⓐⓓ 지속적으로

R 장문의 이해

R 01~02

- □ alternative ⓝ 대안
- □ manufacturer ⓝ 제조업자
- □ electricity ⓝ 전기
- □ electric ⓐ 전기의
- □ affordable ⓐ 저렴한
- □ intensive ⓐ 집중적인
- □ speed ⓥ 촉진시키다
- □ accelerate ⓥ 가속화하다
- □ shift ⓝ 변화
- □ rapid ⓐ 빠른
- □ expertise ⓝ 전문 지식
- □ exotic ⓐ 이국적인, 생소한
- □ commonplace ⓐ 일상의
- □ halt ⓝ 중단
- □ bankruptcy ⓝ 파산
- □ plant ⓝ 공장
- □ surpass ⓥ 능가하다, 초과하다

R 03~04

- □ confront ⓥ 직면하다
- □ gourmet ⓐ 미식의, 고급 음식의
- □ walk away 떠나다
- □ destination ⓝ 목적지
- □ disruptive ⓐ 혼란스러운
- □ acknowledge ⓥ 인정하다
- □ tyranny ⓝ 횡포, 독재
- □ constrain ⓥ 제약하다
- □ drown ⓥ 잠식시키다
- □ expectation ⓝ 기대
- □ superiority ⓝ 우월성
- □ irony ⓝ 역설

(R 05~06 앞)

- □ trap ⓝ 함정
- □ flood ⓝ 홍수

R 05~06

- □ pursue ⓥ 추구하다
- □ accumulate ⓥ 축적하다
- □ storage ⓝ 저장
- □ deposition ⓝ 축적량
- □ mass ⓝ 질량
- □ constrain ⓥ 제한하다
- □ reserve ⓝ 비축량
- □ metabolic ⓐ 신진대사의
- □ expense ⓝ 비용
- □ accumulation ⓝ 축적
- □ predator ⓝ 포식자
- □ rot ⓥ 썩다, 상하다
- □ robber ⓝ 도둑
- □ expend ⓥ 소비하다
- □ convert ⓥ 전환하다
- □ fast ⓥ 금식하다
- □ prolong ⓥ 지속하다

R 07~08

- □ genome ⓝ 게놈 (세포나 생명체의 유전자 총체)
- □ accumulate ⓥ 쌓다
- □ alteration ⓝ 변화
- □ acquire ⓥ 얻다
- □ mutation ⓝ 돌연변이
- □ accelerate ⓥ 가속화하다
- □ noticeable ⓐ 뚜렷한
- □ readability ⓝ 가독성
- □ multiply ⓥ 증식하다
- □ lineage ⓝ 혈통, 계보
- □ inherit ⓥ 물려받다
- □ radical ⓐ 급진적인

(R 09~10 앞)

- □ irresolvable ⓐ 해결할 수 없는
- □ incompetent ⓐ 무능한

R 09~10

- □ shift ⓥ 전환하다, 이동하다
- □ wire ⓥ 회로를 연결하다, 발달시키다
- □ sequentially ⓐⓓ 순차적으로
- □ multitasking ⓝ 멀티태스킹 (동시에 여러 가지 일을 하는 것)
- □ fraction ⓝ 일부
- □ turn out 드러나다
- □ simultaneously ⓐⓓ 동시에
- □ insurance ⓝ 보험
- □ redesign ⓥ 재설계하다
- □ attention span 주의집중 시간
- □ automaticity ⓝ 자동성

R 11~12

- □ bias ⓝ 편견
- □ partial ⓐ (~을) 편애하는
- □ memorable ⓐ 기억할 만한
- □ frame ⓥ (특정한 방식으로) 표현하다
- □ consistent ⓐ 한결같은
- □ justify ⓥ 정당화시키다
- □ sensible ⓐ 합리적인
- □ conduct ⓥ (특정한 활동을) 하다
- □ imbalanced ⓐ 불균형의
- □ evaluate ⓥ 평가하다
- □ subconsciously ⓐⓓ 잠재의식적으로
- □ interaction ⓝ 상호작용
- □ cherry-pick (최고를) 선별하다

□ambitious ⓐ 야심 있는
□committed ⓐ 헌신적인
□significant ⓐ 중요한
□structured ⓐ 구조가 있는
□hypothetical ⓐ 가상적인, 가설의
□dramatically ⓐⓓ 극적으로
□threefold ⓐ 3배의
□preconception ⓝ 선입견
□mislead ⓥ 오도하다
□add up to 결국 ~이 되다

R 13~14

□question ⓥ 의문을 제기하다
□authority ⓝ 권위, 권한
□figure ⓝ 인물
□socialization ⓝ 사회화
□noncontroversial ⓐ 논쟁의 여지가 없는
□spontaneously ⓐⓓ 즉흥적으로
□unquestioningly ⓐⓓ 의심 없이
□persist ⓥ 지속하다
□dismiss ⓥ 해산시키다
□yell ⓥ 고함치다
□bothering ⓐ 성가신
□meaningless ⓐ 의미 없는
□irritating ⓐ 짜증나는
□time-pressed 시간에 쫓기는
□morality ⓝ 도덕성
□crucial ⓐ 중요한

R 15~16

□distinction ⓝ 구분
□doer ⓝ 행위자
□decidedly ⓐⓓ 분명히
□passive ⓐ 수동적인
□reinforce ⓥ 강화하다
□afford ⓥ 제공하다
□approval ⓝ 호응
□incorporate ⓥ 포함하다
□sing-along activity 함께 노래 부르기 활동
□clap ⓥ 박수를 치다
□boost ⓥ 높이다
□engagement ⓝ 참여
□glimpse ⓝ 흘긋 봄
□perspective ⓝ 관점
□biographical ⓐ 전기(傳記)의
□significant ⓐ 중요한
□composer ⓝ 작곡가
□insight ⓝ 통찰력
□metaphorically ⓐⓓ 비유적으로
□enhance ⓥ 향상시키다
□expressive ⓐ 표현적인
□divide ⓝ 분리
□composition ⓝ 작곡

R 17~18

□self-worth 자부심 (= self-esteem)
□associate A with B A를 B와 연관시키다
□trap ⓝ 함정
□rooted in ~에 뿌리를 둔
□descriptive ⓐ 설명하는
□reflection ⓝ 반영
□virtue ⓝ 미덕

□unreasonable ⓐ 부당한
□certification ⓝ 증명, 보증
□reaffirm ⓥ 재확인하다
□attend to ~에 주의를 기울이다
□term ⓝ 말
□rationalize ⓥ 합리화하다
□secondary ⓐ 부차적인
□variable ⓝ 변수
□relieve ⓥ 완화하다
□affirm ⓥ 확인하다
□dedication ⓝ 헌신
□meet ~ head on ~에 정면으로 맞서다
□repetition ⓝ 반복
□sound ⓐ 건전한, 건강한

R 19~20

□driver ⓝ 동기
□pressure ⓝ 압박
□obligate ⓥ 의무를 지우다
□combine A with B A를 B와 결합시키다
□wear down ~를 지치게 만들다
□disconnect ⓥ 단절되다
□constantly ⓐⓓ 끊임없이
□firmly ⓐⓓ 굳게
□establish ⓥ 확고히 하다
□emotionally ⓐⓓ 정서적으로
□intelligent ⓐ 현명한
□essentially ⓐⓓ 본질적으로
□content with ~에 만족하는
□let go of ~을 놓다
□intentional ⓐ 의도적인
□permission ⓝ 허락
□acknowledge ⓥ 인식하다
□keep up with ~을 따라잡다
□activate ⓥ 활성화하다

□ competitive ⓐ 경쟁적인
□ anxious ⓐ 걱정스러운
□ conquer ⓥ 얻다
□ priority ⓝ 우선순위
□ self-deception 자기기만
□ catch up with ~을 따라잡다
□ isolated ⓐ 고립된
□ dos and don'ts 행동 수칙

R 21~22
□ impact ⓝ 영향
□ virtual ⓐ 가상의
□ at first glance 언뜻 보기에는
□ resource ⓝ 자원, 재원(財源)
□ package ⓥ 포장하다
□ transport ⓥ 운송하다
□ assume ⓥ (사실일 것으로) 추정[가정]하다
□ overlook ⓥ 간과하다
□ invisible ⓐ 보이지 않는
□ particularly ⓐⓓ 특히
□ when it comes to ~에 관한 한
□ incredible ⓐ (너무 좋거나 커서) 믿어지지 않을 정도인
□ quantity ⓝ 양, 분량
□ gigantic ⓐ 거대한
□ transmit ⓥ 전송하다
□ consume ⓥ 소비하다, 소모하다
□ minimum ⓐ 최소한의, 최저의
□ air conditioning 에어컨
□ cooling ⓝ 냉각
□ carbon ⓝ 탄소
□ emission ⓝ (빛 · 열 · 가스 등의) 배출

□ conscious ⓐ 자각하는
□ mindful ⓐ 주의하는, 염두에 두는
□ unnecessary ⓐ 불필요한
□ record ⓝ 기록
□ alternative ⓐ 대체 가능한, 대안이 되는

R 23~24
□ maturity ⓝ 성숙도, 성숙함
□ sensitivity ⓝ 예민함, 민감성
□ personality ⓝ 개성, 특성
□ empathy ⓝ 공감
□ adaptability ⓝ 적응성, 융통성
□ interpret ⓥ 해석하다
□ adapt ⓥ 맞추다
□ accordingly ⓐⓓ 부응해서, 그에 맞춰
□ deserve ⓥ ~을 받을 만하다
□ bear in mind ~을 명심하다
□ receptive ⓐ 수용적인
□ bundle ⓥ 묶다
□ trait ⓝ 특성
□ circumstance ⓝ 상황, 환경
□ mindset ⓝ 사고방식
□ connection ⓝ 관련성, 연관성
□ compassion ⓝ 동감
□ individualize ⓥ 개별화하다
□ consistent ⓐ 일관된
□ guarantee ⓥ 보장하다
□ flexible ⓐ 유연한
□ appealing ⓐ 매력적인
□ recognition ⓝ 인식
□ suffer ⓥ 어려움을 겪다

R 25~26
□ deal with ~을 다루다
□ determine ⓥ 결정짓다, 결정하다
□ function ⓥ 기능하다, 작용하다
□ flight ⓝ 도주, 도망
□ fight ⓝ 공격, 싸움
□ mechanism ⓝ (목적을 달성하기 위한) 방법, 메커니즘, 체제
□ predator ⓝ 포식자, 포식 동물
□ consistent ⓐ 일관된
□ precisely ⓐⓓ 정확하게
□ assume ⓥ 추정하다, 가정하다
□ assessment ⓝ 평가
□ accelerate ⓥ 속력을 내다, 빨라지다
□ perceive ⓥ 인식하다
□ trap ⓥ 가두다
□ flee ⓥ 달아나다, 도망하다
□ stand one's ground 물러나지 않고 버티다
□ migrate ⓥ 이동하다, 이주하다
□ survival ⓝ 생존
□ competition ⓝ 경쟁

R 27~28
□ ordinary ⓐ 보통의, 일상적인
□ compete with ~와 겨루다
□ storehouse ⓝ 창고
□ consequently ⓐⓓ 결과적으로
□ combine together 결합하다
□ a sort of 일종의 ~
□ generic ⓐ 포괄적인, 총칭의
□ impression ⓝ 인상

R

□ merge ⓥ 병합하다
□ fundamental ⓐ 기본의, 본질적인
□ extract ⓥ 추출하다
□ abstract ⓐ 추상적인
□ routinize ⓥ 일상화하다
□ garbage truck 쓰레기 청소차
□ distinctive ⓐ 독특한
□ leftover ⓐ 남은
□ repetition ⓝ 반복
□ sharp ⓐ 예리한
□ distort ⓥ 왜곡하다
□ vivid ⓐ 생생한
□ recollection ⓝ 기억

R 29~30

□ civil ⓐ 정중한, 예의 바른
□ classic ⓐ 고전적인
□ architect ⓝ 건축가
□ technically ⓐⓓ 기술적으로
□ competent ⓐ 유능한
□ peer ⓝ 동료
□ friction ⓝ 충돌, 불화, 마찰
□ household ⓝ 집안
□ tense ⓐ 긴장감 있는
□ secure ⓐ 안전한
□ note ⓥ 언급하다
□ anything but 전혀 ~이 아닌
□ harmonious ⓐ 조화로운
□ verbally ⓐⓓ 언어적으로
□ abusive ⓐ 학대하는
□ shy away from ~을 피하다
□ conflict ⓝ 갈등
□ stand up for ~의 입장을 내세우다
□ invent ⓥ 발명하다
□ argument ⓝ 논쟁

□ ceaseless ⓐ 끊임없는
□ quarrel ⓥ 싸우다, 말다툼하다
□ passionate ⓐ 열정적인
□ prolonged ⓐ 장기적인
□ critical ⓐ 결정적인, 중대한
□ assumption ⓝ 가정
□ soar ⓥ 날아오르다
□ constructive ⓐ 건설적인
□ lighten ⓥ 가볍게 하다
□ compromise ⓝ 타협
□ resolve ⓥ 해결하다
□ crisis ⓝ 위기

R 31~32

□ organization ⓝ 조직
□ import ⓥ 수입하다
□ machinery ⓝ 기계(류)
□ capacity ⓝ 능력
□ produce ⓥ 생산하다
□ be responsible for ~에 책임이 있다
□ quantity ⓝ 양
□ relatively ⓐⓓ 상대적으로
□ span ⓝ 기간, 시간
□ utilization ⓝ 이용, 활용
□ operate ⓥ 작동시키다
□ maximum ⓐ 최대의
□ downtime ⓝ (기계, 특히 컴퓨터가) 작동하지 않는 시간
□ recovery ⓝ 회복
□ general ⓐ 일반적인
□ maintenance ⓝ 유지, 보수 관리
□ profitability ⓝ 수익성
□ soar ⓥ 치솟다
□ appreciate ⓥ 인정하다
□ promote ⓥ 승진시키다

□ location ⓝ 장소, 위치
□ in charge of ~을 맡아서 [담당해서]
□ significantly ⓐⓓ 상당히, 크게
□ significant ⓐ 상당한
□ production ⓝ 생산
□ ignore ⓥ 무시하다
□ ultimately ⓐⓓ 궁극적으로
□ overuse ⓝ 과도한 사용, 남용

R 33~34

□ evolutionary ⓐ 진화의, 진화론적인
□ biologist ⓝ 생물학자
□ sociability ⓝ 사회성
□ drive ⓥ 이끌다
□ complex ⓐ 복잡한
□ fossil ⓝ 화석
□ trade ⓥ 거래하다
□ gossip ⓥ 잡담하다
□ extend ⓥ 뻗어 있다
□ considerable ⓐ 상당한
□ wayfinding ⓝ 길 찾기
□ square ⓐ 제곱의
□ wilderness ⓝ 황야, 황무지
□ navigation ⓝ 길 찾기
□ spatial ⓐ 공간의
□ awareness ⓝ 인지, 인식
□ store ⓥ 저장하다
□ landscape ⓝ 풍경, 배경
□ motivation ⓝ 동기
□ anthropologist ⓝ 인류학자
□ ancestor ⓝ 조상
□ attribute ⓝ 특징
□ keep in touch ~와 연락하며 지내다
□ primed for ~의 준비가 된

□ foster ⓥ 기르다, 발전시키다
□ sophisticated ⓐ 수준 높은, 정교한
□ adapt to ~에 적응하다
□ extinct ⓐ 멸종한
□ prehistoric ⓐ 선사 시대의
□ badland ⓝ 불모지

R 35~36
□ neuropsychologist ⓝ 신경 심리학자
□ conduct ⓥ 수행하다
□ excel ⓥ 탁월하다, 능가하다
□ deceive ⓥ 속이다
□ visible ⓐ 보이는
□ hemisphere ⓝ 반구(半球)
□ generate ⓥ 생성하다
□ fabricate ⓥ 꾸며내다
□ rationalization ⓝ 설명, 합리화
□ relevant ⓐ 관련 있는
□ deceptive ⓐ 속이는
□ dominance ⓝ 우세함

R 37~38
□ common sense 상식
□ moderate ⓐ 온건한
□ be the case 사실이다
□ polarization ⓝ 양극화
□ extreme ⓐ 극단적인
□ be inclined to ~의 경향이 있다
□ reverse ⓥ 뒤집다
□ pressure ⓝ 압력
□ conformity ⓝ 순응

□ like-minded 같은 생각을 가진
□ affiliate ⓥ 뭉치다, 연합하다
□ reinforcement ⓝ 강화
□ counterargument ⓝ 반론
□ opposing ⓐ 상반되는
□ exposure ⓝ 노출
□ conflicting ⓐ 상충되는
□ oppose ⓥ 반대하다
□ companion ⓝ 동지
□ competition ⓝ 경쟁
□ weaken ⓥ 약화하다
□ identity ⓝ 정체성
□ foster ⓥ 기르다

R 39~40
□ unusual ⓐ 흔치 않은, 드문
□ spread ⓥ 퍼지다, 보급되다
□ consequence ⓝ 결과
□ accumulate ⓥ 축적하다, 모으다
□ norm ⓝ 규범, 일반적인 것
□ perception ⓝ 인식, 지각
□ shift ⓥ 바뀌다
□ advent ⓝ 도래, 출현
□ printing press 인쇄기
□ literacy ⓝ 글을 읽고 쓸 줄 아는 능력
□ oral ⓐ 구두의
□ fade ⓥ 서서히 사라지다
□ signify ⓥ 의미하다, 뜻하다
□ chronological ⓐ 연대순의
□ biological age 생물학적 연령
□ struggle ⓥ 분투하다, 고투하다
□ adapt ⓥ 적응하다
□ stereotype ⓝ 고정 관념
□ unnoticeable ⓐ 눈에 띄지 않는

□ ongoing ⓐ 계속 진행 중인
□ generational ⓐ 세대 간의
□ depend on ~에 달려 있다

R

S 복합 문단의 이해

S 01~03

- grocery ⓝ 식료품 및 잡화
- attach ⓥ 붙이다
- independence ⓝ 독립
- load ⓥ 싣다
- frame ⓝ 뼈대
- put together ~을 조립하다

S 04~06

- pack up 짐을 싸다
- drill ⓝ 연습, 훈련
- hesitate ⓥ 망설이다
- reluctant ⓐ 꺼리는, 내키지 않는
- soften ⓥ 부드러워지다
- hard ⓐ 엄격한
- matter ⓥ 중요하다
- reassuring ⓐ 안심시키는
- perfection ⓝ 완벽함
- firmly ⓐⓓ 단호하게
- recall ⓥ 떠올리다

S 07~09

- countryside ⓝ 시골
- chatter ⓝ 대화, 수다
- hurriedly ⓐⓓ 분주하게
- struggle ⓥ 씨름하다, 애쓰다
- blood pressure 혈압
- dizzy ⓐ 어지러운
- nod ⓥ 끄덕이다
- gaze ⓝ 시선
- tap ⓥ 두드리다
- slide ⓥ 밀어넣다
- reassure ⓥ 안심시키다

S 10~12

- unsure ⓐ 확신하지 않는
- hesitate ⓥ 망설이다
- assist ⓥ 돕다
- pale ⓐ 창백한
- urgency ⓝ 긴박함
- kneel down 무릎을 꿇다

- replace A with B A를 B로 교체하다
- contribute ⓥ 기여하다
- allowance money 용돈
- dealership ⓝ 판매 대리점
- fund ⓝ 돈, 자금
- driveway ⓝ 진입로
- sincerely ⓐⓓ 진심으로
- thoughtful ⓐ 사려 깊은
- bow ⓝ 리본 장식
- beam ⓥ 빛나다
- envelope ⓝ 봉투
- stack ⓝ 다발, 더미
- exclaim ⓥ 외치다

S 13~15

- satisfying ⓐ 만족스러운
- embrace ⓥ 맞이하다
- unpredictable ⓐ 예측 불가의
- ruin ⓥ 망치다
- in haste 급하게
- furiously ⓐⓓ 열성적으로
- browse ⓥ 뒤적거리다

S 16~18

- furry ⓐ 털이 많은
- companion ⓝ 반려자, 동료
- beloved ⓐ 사랑하는

- vet ⓝ 수의사
- desperately ⓐⓓ 간절히
- minor ⓐ 경미한, 사소한
- infection ⓝ 감염
- medication ⓝ 약물 치료
- playful ⓐ 장난기 넘치는
- administer ⓥ (약을) 투여하다
- pat ⓥ 쓰다듬다
- spirit ⓝ 활기
- gently ⓐⓓ 조심스럽게
- heartbreaking ⓐ 가슴 아픈

S 19~21

- with respect to ~에 관하여
- struggle ⓥ 고생하다
- tease ⓥ 괴롭히다
- frown upon ~에 눈살을 찌푸리다
- unsympathetic ⓐ 인정 없는
- caring ⓐ 친절한, 보살피는
- outline ⓝ 윤곽
- embark on ~을 착수하다 [시작하다]
- imaginative ⓐ 상상의
- lay the groundwork 토대를 마련하다
- agency ⓝ 회사, 대행사

S 22~24

- conflict ⓝ 갈등
- argument ⓝ 논쟁
- explode ⓥ 폭발하다
- carpenter ⓝ 목수
- awkwardly ⓐⓓ 어색하게
- isolation ⓝ 고립
- openness ⓝ 관대함
- creek ⓝ 샛강

□ bulldozer ⓝ 불도저
□ meadow ⓝ 초원
□ material ⓝ 재료

S25~27
□ sensitive ⓐ 민감한
□ breeze ⓝ 산들바람
□ touch ⓥ 닿다
□ burst out ~을 터뜨리다
□ contagious ⓐ 전염성이 있는
□ end up (in) 결국 ~한 상태가 되다
□ endless ⓐ 끝없는
□ control ⓥ 억제하다, 조절하다
□ ticklishness ⓝ 간지럼
□ shave ⓥ (몸에 난 털을) 밀다, (수염을) 깎다
□ clown ⓝ 광대
□ cheer up ~을 격려하다
□ orphaned ⓐ 고아가 된
□ completely ⓐⓓ 완전히
□ light up 밝아지다
□ retire ⓥ 은퇴하다
□ carry on ~을 계속하다
□ replace ⓥ ~의 뒤를 잇다
□ shelter ⓝ 보호 시설
□ gift ⓝ 재능
□ onward ⓐⓓ 앞으로

S28~30
□ cheerful ⓐ 쾌활한
□ shoemaker ⓝ 제화공, 구두장이
□ worst of all 무엇보다도 나쁜 것은
□ seize ⓥ 움켜쥐다
□ ill ⓐ 아픈

□ out of one's sight 보이지 않는 곳에
□ chimney ⓝ 굴뚝
□ uneasy ⓐ 불안한
□ in a little while 잠시 후에
□ it is no use -ing ~해도 소용없다
□ as for ~에 관해서라면
□ miserable ⓐ 몹시 불행한, 비참한
□ utter ⓥ (목소리를) 내다
□ note ⓝ 음, 음표
□ at once 즉시, 당장

S31~33
□ belong ⓥ 속하다
□ shoot ⓥ 던지다, 쏘다
□ bounce ⓥ 튕기다
□ backboard ⓝ (농구 골대의) 백보드
□ score ⓥ 득점하다
□ intense ⓐ 팽팽한, 격렬한
□ tie ⓥ ~와 동점을 이루다
□ leap ⓥ 뛰다
□ frustrated ⓐ 좌절한
□ in a row 연이어
□ scream ⓥ 외치다
□ sting ⓥ 따끔거리다
□ comforting ⓐ 위로하는
□ appreciate ⓥ 고마움을 느끼다

S34~36
□ insurance ⓝ 보험
□ lively ⓐ 활기찬
□ adoption ⓝ 입양
□ racial ⓐ 인종의

□ rejection ⓝ 거부
□ independent ⓐ 독립적인
□ richness ⓝ 풍요로움
□ intention ⓝ 의도, 의사
□ rage ⓥ 몹시 화를 내다
□ ungrateful ⓐ 배은망덕한
□ unmanly ⓐ 남자답지 못한
□ confusion ⓝ 혼란
□ resolve ⓝ 단호한 결심
□ firm ⓐ 확고한
□ flourishing ⓐ 번영하는
□ fundraising ⓝ 모금
□ stepping stone 디딤돌
□ orphan ⓥ 고아가 되게 하다
□ disown ⓥ 의절하다

S37~39
□ bother ⓥ 괴롭히다
□ severe ⓐ 심한
□ consult ⓥ 상담하다
□ galaxy ⓝ 기라성 같은 무리
□ medicate ⓥ 약을 투여하다
□ undergo ⓥ 겪다
□ injection ⓝ 주사
□ persist ⓥ 지속되다
□ call for ~를 부르다
□ suffering ⓐ 고통받는
□ servant ⓝ 하인
□ pour ⓥ 붓다
□ purchase ⓥ 구매하다
□ fortune ⓝ 재산
□ concentrate on ~에 집중하다
□ prescription ⓝ 처방
□ desperate ⓐ 절박한
□ barrel ⓝ 통

S40~42

□ severe ⓐ 가혹한, 혹독한
□ struggle ⓝ 투쟁, 시련
□ enviable ⓐ 선망의 대상이 되는
□ defeat ⓝ 패배
□ endure ⓥ 견디다
□ inquire ⓥ 문의하다, 묻다
□ acquaintance ⓝ 아는 사람, 지인
□ undertake ⓥ 맡다
□ restore ⓥ 회복시키다
□ in vain 허사가 되어, 헛되이
□ occasion ⓝ 행사, 때
□ applause ⓝ 박수
□ mingle ⓥ 섞다
□ rejoice ⓥ 크게 기뻐하다
□ good deed 선행
□ fame ⓝ 명성
□ helplessness ⓝ 무력감
□ impulsively ⓐⓓ 충동적으로
□ beckon ⓥ (오라고) 손짓하다

S43~45

□ board ⓥ 탑승하다
□ greet ⓥ 인사하다
□ companion ⓝ 동반자
□ middle-aged 중년의
□ aisle ⓝ 통로, 복도
□ bin ⓝ 칸, 통
□ take off 이륙하다
□ grab ⓥ 잡다
□ put away ~을 치우다
□ neatly ⓐⓓ 가지런히
□ incredibly ⓐⓓ 놀랍게도
□ bumpy ⓐ 험난한
□ land ⓥ 착륙하다

□ descent ⓝ 하강
□ keep an eye on ~을 계속 지켜보다
□ fasten ⓥ 매다
□ encounter ⓥ (특히 반갑지 않은 일에) 맞닥뜨리다[만나다]
□ rough ⓐ 거친

S46~48

□ tryout ⓝ (스포츠의) 적격 시험
□ shade ⓝ 그늘
□ garage ⓝ 차고
□ stretch ⓥ 쭉 펴다
□ connection ⓝ 연대감
□ rearrangement ⓝ 재배열
□ immediately ⓐⓓ 즉시
□ posture ⓝ 자세
□ roar ⓥ 소리치다
□ hop ⓥ 급히 움직이다

1회 모의고사

01

□ unity ⓝ 통일성
□ correspond to ~에 해당하다, ~와 일치하다
□ metaphysics ⓝ 형이상학
□ intelligible ⓐ 이해할 수 있는
□ intermediate ⓐ 중간의
□ generality ⓝ 일반성
□ justify ⓥ 정당화하다
□ self-evidence 자명함
□ mechanics ⓝ 역학
□ derive ⓥ 도출하다, 유래하다
□ precedence ⓝ 우선(함)
□ consideration ⓝ 관찰

02

□ coordination ⓝ 조율, 조화
□ label ⓥ 명칭을 붙이다
□ objective ⓐ 객관적인
□ pursuit ⓝ 추구
□ collective ⓐ 집단적인
□ negotiation ⓝ 협상
□ consensus ⓝ 합의
□ fundamental ⓐ 근본적인
□ exist ⓥ 존재하다
□ infinite ⓐ 무한한
□ remark ⓝ 발언
□ optimize ⓥ 최적화하다
□ function ⓝ 함수, 기능
□ mathematically ⓐⓓ 아주 정확히, 수학적으로
□ interpret ⓥ 해석하다
□ phenomenon ⓝ 현상 (pl. phenomena)

03

- □ visible ⓐ 눈에 잘 띄는, 눈에 보이는
- □ intrigue ⓥ 호기심을 돋우다
- □ considerable ⓐ 상당한
- □ obstacle ⓝ 방해물, 장애물
- □ noticeably ⓐⓓ 눈에 띄게, 두드러지게
- □ cooperative ⓐ 협력적인
- □ hypothesis ⓝ 가설
- □ infant ⓝ 유아
- □ adaptive ⓐ 적응의

04

- □ sufficient ⓐ 충분한
- □ make sense of ~을 이해하다
- □ accumulate ⓥ 쌓다, 축적하다
- □ enterprise ⓝ 활동
- □ delimit ⓥ 범위[한계]를 정하다
- □ categorize ⓥ 분류하다
- □ therapeutic ⓐ 치료적인
- □ normalcy ⓝ 정상(임)
- □ be equipped with ~을 갖추다
- □ illusion ⓝ 환상
- □ acquisition ⓝ 습득
- □ be interwoven with ~와 얽히다

05

- □ abundance ⓝ 풍요로움, 많음
- □ intimate ⓐ 친밀한
- □ formulate ⓥ 표현하다
- □ reproduction ⓝ 복제

(가운데 단)

- □ transmit ⓥ 전승하다, 전달하다
- □ profound ⓐ 깊은, 심오한
- □ substitute ⓥ 대체하다
- □ plurality ⓝ 다수
- □ transform ⓥ 탈바꿈하다
- □ assert ⓥ 주장하다
- □ interfere ⓥ 간섭하다
- □ authority ⓝ 위신
- □ fabric ⓝ 기본 구조
- □ twofold ⓐ 이중적인

06

- □ fragile ⓐ 무너지기 쉬운
- □ indeterminate ⓐ 막연한
- □ ambiguous ⓐ 애매한
- □ settle for ~을 받아들이다
- □ eliminate ⓥ 없애다
- □ adequate ⓐ 적절한
- □ stability ⓝ 안정성
- □ indeterminacy ⓝ 불확정(성)
- □ hazardous ⓐ 위험한
- □ fluidity ⓝ 유동성
- □ interdependency ⓝ 상호 의존성

07

- □ aesthetics ⓝ 미학
- □ facilitate ⓥ 용이하게 하다
- □ intuitive ⓐ 직관적인
- □ methodologically ⓐⓓ 방법론적으로
- □ discipline ⓥ 통제하다
- □ liberate ⓥ 자유롭게 하다
- □ non-chaotic 혼란스럽지 않은
- □ restrict ⓥ 제한하다

(오른쪽 단)

- □ originality ⓝ 독창성
- □ instinct ⓝ 본능
- □ embrace ⓥ 포용하다
- □ coincidence ⓝ 우연

08

- □ simplification ⓝ 단순화
- □ generalization ⓝ 일반화
- □ compromise ⓝ 타협
- □ cognitive ⓐ 인지의
- □ noticeable ⓐ 두드러지는
- □ separate ⓐ 별개의
- □ proper noun 고유 명사
- □ identical ⓐ 동일한

09

- □ sensation ⓝ 감각
- □ facial expression 얼굴 표정
- □ inherit ⓥ 물려받다
- □ prominent ⓐ 두드러진
- □ disgust ⓝ 싫증, 혐오감
- □ gravity ⓝ 중력
- □ intuitive ⓐ 직관적인
- □ innate ⓐ 선천적인
- □ categorise ⓥ 분류하다

10

- □ assume ⓥ 가정하다
- □ generate ⓥ 생성하다
- □ compose ⓥ 만들다
- □ initial ⓐ 최초의
- □ conceive ⓥ 생각해 내다
- □ implement ⓥ 실행하다
- □ intention ⓝ 의도
- □ theoretically ⓐⓓ 이론적으로
- □ predictability ⓝ 예측 가능성

□ **absence** ⓝ 부재
□ **be credited to** ~의 공으로 인정되다
□ **prescribed** ⓐ 규정된
□ **foreseeable** ⓐ 예측할 수 있는

11~12

□ **inevitable** ⓐ 불가피한, 피할 수 없는
□ **prospect** ⓝ 가능성
□ **opposition** ⓝ 대립, 반대
□ **literary** ⓐ 문학의
□ **convey** ⓥ 전달하다
□ **clarification** ⓝ 해명
□ **offset** ⓥ 상쇄하다
□ **compromise** ⓥ 훼손하다, 타협하다
□ **prompt** ⓥ 자극하다, 촉발하다
□ **regional** ⓐ 지역의

2회 모의고사

01

□ **perception** ⓝ 인식, 지각
□ **input** ⓝ 투입, 입력
□ **auditory** ⓐ 청각의
□ **correlation** ⓝ 상관 관계
□ **significant** ⓐ 유의미한
□ **label** ⓥ 라벨[표]을 붙이다
□ **subject** ⓝ 피험자
□ **revise** ⓥ 수정하다
□ **placebo effect** 위약 효과 (가짜 약이지만 약을 복용하고 있다는 데 대한 심리효과 따위로 실제 환자의 상태가 좋아지는 것)
□ **psychological** ⓐ 정신적인
□ **dismiss** ⓥ 묵살하다

02

□ **sociologist** ⓝ 사회학자
□ **tribe** ⓝ 부족
□ **reputation** ⓝ 평판
□ **trustworthy** ⓐ 신뢰할 수 있는
□ **override** ⓥ ~보다 더 중요하다
□ **mortality** ⓝ 죽음
□ **irrational** ⓐ 비이성적인
□ **death sentence** 사형 선고
□ **drive** ⓝ 욕구
□ **oppose** ⓥ 반대하다
□ **favor** ⓥ 편들다, 유리하게 하다
□ **objective** ⓐ 객관적인

03

□ **matter** ⓥ 중요하다
□ **hence** ⓐ 이런 이유로
□ **doorstep** ⓝ 문간

□ **proverb** ⓝ 속담
□ **shade** ⓝ 그늘
□ **dispose of** ~을 버리다
□ **solely** ⓐ 단지, 오로지
□ **for the sake of** ~을 위해서
□ **preserve** ⓥ 보존하다, 유지하다
□ **in play** 작용하여, 영향을 끼치는
□ **management** ⓝ 관리
□ **infrastructure** ⓝ 사회 기반 시설

04

□ **being** ⓝ 존재
□ **uprooted** ⓐ 뿌리째 뽑힌
□ **undergo** ⓥ 겪다
□ **gradually** ⓐ 점차(적으로)
□ **privilege** ⓥ 특권을 주다
□ **define** ⓥ 정의하다
□ **anew** ⓐ 새롭게
□ **clarity** ⓝ 명확성
□ **cultivate** ⓥ 기르다
□ **reinvention** ⓝ 재창조, 재발명
□ **transformation** ⓝ 변화
□ **boundary** ⓝ 경계
□ **existence** ⓝ 존재
□ **compel** ⓥ 강요하다
□ **invariants** ⓝ 불변성

05

□ **exclusive** ⓐ 배타적인
□ **incorporate** ⓥ 포함하다
□ **combine** ⓥ 결합하다
□ **weighted** ⓐ 치우친, 편중된
□ **fashion** ⓝ 방식
□ **ecological** ⓐ 생태학적인
□ **validity** ⓝ 타당성

□ reliable ⓐ 믿을 수 있는
□ estimation ⓝ 추정, (가치 · 자질에 대한) 판단[평가]
□ consistent with ~와 일치하는

06

□ continually ⓐd 지속적으로
□ coordination ⓝ 협응, 협조
□ handwriting ⓝ 필기
□ mastery ⓝ 숙달, 통달
□ eliminate ⓥ 제거하다
□ logical ⓐ 타당한, 논리적인
□ characteristic ⓝ 특징
□ earlier ⓐ 초기의
□ intense ⓐ 강렬한
□ preoccupation ⓝ 집착
□ whole ⓐ 전체의, 온전한
□ give way to ~로 바뀌다
□ correctness ⓝ 정확성
□ conventional ⓐ 상투적인, 관습적인
□ literal ⓐ 사실에 충실한, 글자 그대로의
□ accompanying ⓐ 수반하는
□ originality ⓝ 독창성
□ characterize ⓥ 특징짓다
□ firmly ⓐd 단호히, 확고히
□ grounded ⓐ 현실에 기반을 둔
□ metaphor ⓝ 은유(법)
□ by now 이제
□ gaseous ⓐ 기체의
□ mass ⓝ 덩어리
□ float ⓥ 떠다니다
□ in contrast with[to] ~와 대조를 이루어
□ innocent ⓐ 순진한
□ stem ⓝ 줄기

07

□ commonsense ⓐ 상식적인
□ moral status 도덕적 지위
□ conform ⓥ 따르다
□ responsibility ⓝ 책임
□ offend ⓥ 기분 상하게 하다, 불쾌하게 여겨지다
□ determine ⓥ 결정하다
□ sacrifice ⓝ 희생
□ benefit ⓝ 이익
□ recipient ⓝ 수혜자
□ assert ⓥ 주장하다
□ organ donor 장기 기증자
□ mortal ⓐ 치명적인
□ remarkably ⓐd 놀랍게도
□ explicit ⓐ 명백한
□ denial ⓝ 부인, 부정
□ deserving ⓐ (도움 · 보답 · 칭찬 등을) 받을 만핸[자격이 있는]
□ assurance ⓝ 확신
□ in one's shoes ~의 입장에서
□ obligation ⓝ 의무
□ humanity ⓝ 인류
□ appreciation ⓝ 감탄, 찬사
□ in return 대신에, 답례로
□ inapplicable ⓐ 적용되지 않는, 사용할 수 없는

08

□ pursuit ⓝ 일, 연구
□ varying ⓐ 다양한
□ flexible ⓐ 유연한
□ combination ⓝ 조합
□ adjust ⓥ 적응하다, 조절하다
□ analytical ⓐ 분석적인
□ spectrum ⓝ 범위, 스펙트럼
□ concerto ⓝ 협주곡
□ exacting ⓐ 고된

□ spontaneously ⓐd 자발적으로
□ consciousness ⓝ 의식
□ myth ⓝ 전설
□ portray ⓥ 그리다, 묘사하다
□ inhibition ⓝ 억제
□ fundamental ⓝ 원리, 기초
□ theory ⓝ 이론
□ germ ⓝ 기원, 싹틈
□ reflect ⓥ 깊이 생각하다, 심사숙고하다

09

□ real-time 실시간
□ rate ⓝ 요금, 비율
□ generalize ⓥ 일반화하다
□ stereotype ⓝ 고정 관념
□ calculate ⓥ 계산하다
□ insure ⓥ (보험업자가) ~의 보험을 맡다
□ shield ⓥ 보호하다
□ disastrous ⓐ 처참한, 형편없는
□ manufacturing ⓝ 제조업
□ revolutionary ⓐ 혁명의
□ premium ⓝ 보험료, 할증금
□ enthusiast ⓝ 열광적인 팬
□ classification ⓝ 분류
□ bias ⓝ 편견
□ outright ⓐ 노골적인
□ discrimination ⓝ 차별
□ disadvantaged ⓐ 불이익을 받는
□ Big Brother 정보의 독점을 통해 사회를 통제하는 권력 또는 그러한 사회 체계를 일컫는 말
□ connotation ⓝ 함축(된 의미)
□ threaten ⓥ 협박하다

10

□plasticity ⓝ 적응성, 가소성
□neuroscience ⓝ 신경 과학
□intentionally ad 의도적으로
□carry on 계속 가다[움직이다]
□craft ⓥ 공들여 만들다
□immigration policy 이민 정책
□modify ⓥ 수정하다
□immobilize ⓥ 고정시키다
□blossom ⓥ 번성하다
□interpretation ⓝ 해석
□narrator ⓝ 화자, 내레이터
□stretch ⓥ 늘이다
□notion ⓝ 개념, 생각
□ongoing ⓐ 진행 중인

11~12

□tone ⓝ 어조
□perspective ⓝ 관점
□generate ⓥ 만들어 내다
□associate ⓥ 연관 짓다, 연상하다
□assume ⓥ 가정하다
□restructure ⓥ 재구성하다
□underlying ⓐ 기저의
□layer ⓝ 층, 막
□surface ⓝ 표면
□momentarily ad 순간적으로
□automatic ⓐ 무의식의, 반사적인
□navigate ⓥ 항해하다
□anxiety ⓝ 불안감
□reject ⓥ 거부하다
□potentially ad 잠재적으로
□heighten ⓥ 고조되다

3회 모의고사

01

□reputation ⓝ 평판
□immediate ⓐ 즉각적인, 당면한
□intrigue ⓝ 관심, 흥미
□charitable ⓐ 관대한, 자선의
□boost ⓥ 북돋우다, 높이다
□chance ⓝ 가능성
□converse ⓝ 정반대
□favor ⓝ 호의
□indirect ⓐ 간접적인
□reciprocity ⓝ 호혜(互惠)
□encourage ⓥ 권장[장려]하다, 용기를 북돋우다
□by the same token 마찬가지로
□shape ⓥ 형성하다
□possibility ⓝ 가능성
□trouble ⓥ 괴롭히다, 애 먹이다
□deed ⓝ 행동
□consequence ⓝ 결과
□charity ⓝ 너그러움, 관용
□mean-spirited ⓐ 비열한
□cast ⓥ (빛을) 발하다, (그림자를) 드리우다
□conflict ⓝ 갈등, 충돌
□regardless of ~에 상관없이
□ultimately ad 궁극적으로, 근본적으로
□reap ⓥ 거두다, 수확하다
□sow ⓥ (씨를) 뿌리다[심다]

02

□measure ⓝ 조치, 정책
□continual ⓐ 거듭[반복]되는
□carry on ~을 계속하다
□internalized ⓐ 내면화된
□likewise ad 똑같이, 또한
□encounter ⓥ 마주치다 ⓝ 만남, 접촉
□evaluation ⓝ 평가
□profile ⓝ 개요(서)
□argument ⓝ 논쟁, 언쟁
□exchange ⓝ 교환, 교류 ⓥ (이야기를) 주고받다
□address ⓥ 건네다, 보내다
□advantage ⓝ 유리한 점, 이점
□demonstrate ⓥ 입증[실증]하다
□effectively ad 효과적으로, 실질적으로
□imitate ⓥ 모방하다, 본뜨다
□debate ⓥ 논쟁하다
□synchronize ⓥ 동시에 발생하다[움직이다]
□cooperate ⓥ 협력[협조]하다
□inherently ad 본래
□via prep ~을 통해, ~을 경유하여[거쳐]
□cognitive ⓐ 인식[인지]의
□trait ⓝ 특성

03

□enormous ⓐ 막대한, 거대한
□immediate ⓐ 인접한
□surroundings ⓝ 환경
□dispersed ⓐ 분산된
□virtually ad 사실상, 거의
□odd ⓐ 이상한

□**give off** ~을 방출하다
□**stationary** ⓐ 움직이지 않는, 정지된
□**nature** ⓝ 천성, 본성
□**broad** ⓐ (폭이) 넓은, 일반[개괄]적인
□**generate** ⓥ 생성하다
□**put ~ to use** ~을 이용하다
□**store** ⓥ 저장하다
□**portable** ⓐ 휴대[이동]가 쉬운, 휴대용의
□**fulfill** ⓥ (약속·요구 등을) 이행하다[충족시키다]

04
□**century** ⓝ 100년, 세기
□**suffer** ⓥ 시달리다, 고통받다
□**overdramatically** ⓐⓓ 지나치게 극적으로
□**exclusively** ⓐⓓ 오로지, 배타적으로
□**exactly** ⓐⓓ 정확히, 꼭
□**surely** ⓐⓓ 확실히, 분명히
□**nonetheless** ⓐⓓ 그렇기는 하지만, 그럴더라도
□**aim** ⓥ 목표하다
□**ruler** ⓝ 통치자, 지배자
□**grant** ⓥ 주다, 수여하다
□**institution** ⓝ 기관
□**tremendous** ⓐ 엄청난
□**observatory** ⓝ 천문대
□**cover** ⓥ (언급된 지역에) 걸치다
□**generation** ⓝ 세대
□**scholar** ⓝ 학자, 장학생
□**prefix** ⓝ 접두사
□**owe** ⓥ 빚지다, ~(의 존재·성공)은 … 덕분이다

□**origin** ⓝ 기원, 근원
□**alchemy** ⓝ 연금술
□**algebra** ⓝ 대수학
□**grind to a halt** 서서히 멈추다
□**apparent** ⓐ ~인 것 같은, ~인 것으로 보이는
□**unmistakably** ⓐⓓ 확실히

05
□**desire** ⓝ 욕구, 갈망
□**collapse** ⓥ 붕괴하다
□**deliver** ⓥ (사람들의 기대대로 결과를) 내놓다[산출하다]
□**last** ⓥ 오래가다, 지속되다
□**fulfillment** ⓝ 만족감
□**subsequent** ⓐ 이후의
□**sale** ⓝ ((pl.)) 매출(량)
□**figure** ⓝ 수치
□**likewise** ⓐⓓ 비슷하게, 또한
□**explicitly** ⓐⓓ 명쾌하게, 분명하게
□**manner** ⓝ (일의) 방식, (사람의) 태도
□**sufficiently** ⓐⓓ 충분히
□**inferior** ⓐ 열등한
□**due to** ~ 때문에
□**yellow** ⓥ 노랗게 되다, 노래지다
□**rush** ⓥ 급(속)히 움직이다
□**correlate** ⓥ 연관성[상관관계]을 보여주다
□**shade** ⓝ 색조

06
□**religious** ⓐ 종교의, 독실한
□**contract** ⓝ 계약
□**provided** ⓒⓞⓝⓙ (만약) ~라면
□**ritual** ⓐ 의식상의, 의식을 위한

□**fragment** ⓝ 작은 일부, 파편
□**bear out** ~을 유지하다, ~을 지지하다
□**admire** ⓥ 존경하다
□**practice** ⓝ 관습
□**taboo** ⓝ 금기
□**derive from** ~에서 유래하다
□**extensive** ⓐ 광범위한, 폭넓은
□**honour** ⓥ 존경하다, 경의를 표하다
□**method** ⓝ 방법
□**soften** ⓥ 부드럽게 하다, 누그러뜨리다
□**disquiet** ⓝ 불안
□**arise** ⓥ 생기다, 일어나다
□**fundamentally** ⓐⓓ 근본[본질]적으로
□**aware of** ~을 알고 있는
□**sound** ⓐ 타당한
□**counterpart** ⓝ 상응하는 것
□**predator** ⓝ 포식자
□**smooth** ⓥ 완화하다
□**edge** ⓝ 문제, 위기
□**domesticate** ⓥ (동물을) 길들이다[사육하다], (작물을) 재배하다
□**supernatural** ⓐ 초자연적인
□**worship** ⓥ 예배하다, 숭배하다

07
□**adaptation** ⓝ 각색
□**vampiric** ⓐ 흡혈귀의
□**draw** ⓥ 끌어내다, 뽑아내다
□**pale** ⓐ 창백한, 핼쑥한
□**prior** ⓐ 사전의, 이전의
□**afterlife** ⓝ 내세
□**otherwise** ⓐⓓ (만약) 그렇지 않으면[않았다면]

□refusal ⓝ 거절, 거부
□inspiring ⓐ 고무적인
□engage ⓥ 사로잡다
□function ⓥ 기능하다
□monument ⓝ 기념비
□flesh ⓝ 살, 고기, 과육
□in general 보통, 대개
□come across (특정한) 인상을 주다
□old-fashioned ⓐ 구식인
□irrelevant ⓐ 무관한, 상관없는
□combination ⓝ 조합[결합](물)
□heroic ⓐ 영웅의, 영웅에 관한
□spotlight ⓝ (세간 · 언론의) 주목[관심]
□literary ⓐ 문학의, 문학적인

08

□consist in ~에 있다
□worldly ⓐ 세속적인, 속세의
□existence ⓝ 존재
□disclose ⓥ 밝히다, 드러내다
□relevant ⓐ 적절한, 타당한
□eternal ⓐ 영원한
□naturalistic ⓐ 자연주의적인
□metaphysical ⓐ 형이상학의
□point out ~을 지적하다[말하다]
□conclusion ⓝ 결론, (최종적인) 판단
□somewhat ⓐⓓ 어느 정도, 약간

09

□negotiation ⓝ 협상, 교섭, 절충
□linguistic ⓐ 언어(학)의
□be filled with ~으로 가득 차다

□intention ⓝ 의도
□rather ⓐⓓ 오히려, 차라리
□embedded ⓐ 뿌리 박힌
□be derived from ~에서 유래하다
□universal ⓐ 보편적인
□context ⓝ 상황, 맥락
□accomplishment ⓝ 달성, 성취
□in turn 결국
□institutional ⓐ 제도적인
□force ⓝ 물리력, 힘
□conventionalized ⓐ 관습화된
□bind ⓥ 묶다
□to some degree 어느 정도
□simultaneously ⓐⓓ 동시에
□typical ⓐ 전형적인
□position ⓥ (특정한 위치에) 두다 [배치하다]
□in relation to ~와 관련하여

10

□rise ⓝ 출현, 발생
□consequence ⓝ 결과
□urbanism ⓝ 도시화
□dissolve ⓥ 해체하다
□informal ⓐ 비공식적인
□resident ⓝ 거주자, 주민
□interaction ⓝ 상호 작용
□occur ⓥ 일어나다, 발생하다
□attendant ⓝ 안내원, 수행원, 종업원
□norm ⓝ ((pl.)) 규범
□density ⓝ 밀도
□coordination ⓝ 조정
□a wide range of 광범위한, 다양한

□regulation ⓝ 규제
□maintenance ⓝ (건물 · 기계 등을 정기적으로 점검 · 보수하는) 유지
□minimize ⓥ 최소화하다
□pollution ⓝ 오염
□condition ⓝ ((pl.)) (생활 · 작업 등의) 환경[상황]
□introduce ⓥ 도입하다, 들여오다
□measure ⓝ 조치, 정책
□induce ⓥ 설득하다, 유도하다

11~12

□scholar ⓝ 장학생, 학자
□stereotypical ⓐ 고정관념의
□discuss ⓥ 논의하다
□notion ⓝ 개념
□state ⓝ 상태
□affair ⓝ (현재 얘기되거나 다뤄지는) 일[사건]
□assume ⓥ 추정하다
□absence ⓝ 부재, 없음
□mention ⓥ 언급하다
□associate ⓥ 결부[연관] 짓다
□stereotype ⓝ 고정 관념, 정형화된 생각[이미지]
□tendency ⓝ 성향, 기질, 경향
□representation ⓝ 표현
□channel ⓥ 특정한 방향으로 돌리다
□chase ⓥ 쫓다
□root ⓥ 뿌리박다
□associative ⓐ 연상의
□linguistic ⓐ 언어(학)의
□afford ⓥ (~을 살 · 할 금전적 · 시간적) 여유[형편]가 되다

□theoretical ⓐ 이론적인
□confront ⓥ 직면하다
□nonetheless ⓐⓓ 그렇기는
  하지만, 그럴더라도
□categorization ⓝ 범주화

MEMO